LE THÉATRE FRANÇAIS

AVANT

LA RENAISSANCE

CORBEIL. — TYP. ET STÉR. CRÉTÉ.

LE THÉATRE FRANÇAIS

AVANT

LA RENAISSANCE

1450 — 1550

MYSTÈRES, MORALITÉS ET FARCES

PRÉCÉDÉ D'UNE INTRODUCTION

ET ACCOMPAGNÉ DE NOTES POUR L'INTELLIGENCE DU TEXTE

PAR

M. ÉDOUARD FOURNIER

ORNÉ DU PORTRAIT EN PIED COLORIÉ DU PRINCIPAL PERSONNAGE DE CHAQUE PIÈCE
Dessiné par MM. Maurice SAND, ALLOUARD et Adrien MARIE

DEUXIEME ÉDITION

PARIS

LAPLACE, SANCHEZ ET Cie, ÉDITEURS

3, RUE SEGUIER, 3

INTRODUCTION

I

On s'est beaucoup occupé de notre ancien théâtre, mais presque toujours moins pour lui que pour soi, c'est-à-dire en historien qui se mire dans ce qu'il raconte, bien plutôt qu'en simple éditeur, soucieux seulement de faire bien connaître ce qu'il veut qu'on connaisse, et de tirer de la chose même la vérité telle qu'elle fut, avec ses preuves.

Il y a de nombreux volumes d'histoire ou de dissertations sur notre littérature dramatique au XVᵉ et au XVIᵉ siècle; mais il n'existe pas un seul vrai recueil, venant à l'appui de ces dissertations et de ces histoires, qui complète bien ce qu'on y trouve, et permette à chacun de se renseigner soi-même, d'après les sources.

Avec ces « historiques » sans fin qui vous tiennent à l'entrée pour expliquer ce qu'ils ne montrent jamais, on en reste — le mot est ici trop à sa place pour que nous nous en privions — on en reste aux « bagatelles de la porte ». Le spectacle lui-même demeure hermétiquement clos, personne n'y pénètre.

Quelques uns l'ont entr'ouvert, mais inutilement. Ils avaient oublié d'éclairer la salle, et de lever la rampe!

Ceux-là ne sont plus les historiens et les dissertateurs dont je parlais; ce sont, plus simplement, ces copistes de textes, qui tant bien que mal transcrivent la pièce telle qu'ils l'ont trouvée, et la publient telle qu'ils l'ont transcrite.

N'attendez d'eux ni notices ni notes, ils croiraient faire outrage au texte en laissant voir qu'il faut l'éclairer. Les autres expliquaient trop ce qu'ils ne donnaient pas; eux, ils n'expliquent pas du tout ce qu'ils donnent; enfin, comme nous le disions, les premiers n'ouvraient pas le spectacle, après avoir prodigué les lumières à la porte; les seconds, après avoir ouvert la porte, oublient les lumières du spectacle!

Notre tâche, à nous, a été de faire, de notre mieux, ce que n'ont fait ni les uns ni les autres.

Publier les pièces en les éclairant de tout ce qui peut, notice, argument ou notes, leur être une lumière dans l'obscurité que leur a faite l'oubli du temps où elles parurent, et du langage qu'elles parlèrent; montrer le spectacle, toutes portes ouvertes, lustre allumé et rampe levée · voilà ce que nous avons voulu.

a

II

Dans le travail sur notre ancien théâtre comique, qu'il donna pour préface à sa curieuse édition de la *Farce de Pathelin*, qui en est le chef-d'œuvre, Génin émit le vœu qu'une publication, telle que la nôtre, fût enfin entreprise, et, par quelques mots, il en exposa les conditions, les exigences :

« Il ne s'agit pas seulement d'exhumer, écrivit-il, il faudra encore et surtout savoir choisir, car il y a bien du mélange, ensuite rétablir les textes en ruine, et enfin les éclaircir. »

Nous nous sommes fait de ces quelques mots tout un programme, dont la première partie, celle des pièces à exhumer, était la plus facile, et se trouvait déjà même presque accomplie. Quand nous nous sommes mis à l'œuvre, la tâche sur ce point était à peu près faite.

Après la decouverte du recueil des soixante-quatre pièces : moralités, sotties, farces, qui se trouve aujourd'hui, à Londres, au *British Museum*[1], rien d'important n'était plus à découvrir ; mais une autre question, celle du choix, n'en devenait que plus difficile, plus délicate.

Nous y avons mis tout notre soin.

Ce recueil, que nous appellerons, tantôt le *Recueil de Londres*, tantôt le *Recueil du British Museum*, fut un de nos points de départ les plus utiles. L'exemplaire unique en avait été réimprimé, quelques années après sa découverte, dans les trois premiers volumes de l'*Ancien Théâtre* de la Bibliothèque Elzévirienne ; le texte nous était ainsi plus accessible, le choix des pièces plus commode.

Ce choix fait, nous revîmes le texte à Londres, sur l'exemplaire original, et nous pûmes ainsi corriger quelques fautes, combler quelques lacunes de l'édition elzévirienne[2], et de plus donner, ce qu'on y avait omis, la description de chacune des pièces choisies par nous, page pour page et ligne pour ligne.

Afin de satisfaire à une autre condition du programme si bien tracé par Génin, nous nous occupâmes ensuite de l'éclaircissement, c'est-à dire de l'annotation et de l'historique des pièces.

Notre soin fut de n'y rien épargner, et d'être d'autant plus prodigue qu'on avait été plus économe dans la réimpression de la Bibliothèque Elzévirienne, où le *Glossaire* de l'Ancien Théâtre peut bien à peu près suffire à l'explication philologique, mais où ne se trouve rien de ce qui devrait expliquer les allusions aux choses et aux faits du temps, les détails de mœurs, de modes, etc.

III

Pour un autre recueil, publié longtemps auparavant, avec encore plus de sans gêne, car tout y manque, même un *glossaire*, nous prîmes la même peine, après y avoir fait un choix pareil.

Il existe manuscrit à la bibliothèque de la rue de Richelieu[3]. De 1834 à 1837, il fut

---

1. Sur ce recueil, dont l'exemplaire dont nous parlons est unique, V. plus haut, p. 12, la Notice de la *Farce de la tarte et du paste*.
2. V. notamment, p. 319.
3. Il porte le n° 63 du fonds La Vallière.

imprimé en quatre volumes, avec une pagination particulière pour chacune des soixante-quatorze pièces qui le composent, d'après une transcription faite à tour de rôle par MM. Francisque Michel et Le Roux de Lincy. Son titre général, sur l'édition, est *Recueil de Farces, Moralités et Sermons joyeux ;* nous le désignerons, nous, par celui de *Recueil Leroux de Lincy et Francisque Michel,* ou plutôt encore de *Recueil La Vallière.*

Il vient en effet de l'admirable bibliothèque du duc de La Vallière, cet incomparable amateur, qui, à lui seul, sauva de notre ancienne littérature, et surtout de notre ancien théâtre, plus d'épaves que tous les autres bibliophiles du dernier siècle réunis.

Pour laisser dans le domaine des amateurs cette curieuse série venue d'un amateur, on la publia avec une sorte de défiance du public, comme si l'on avait eu peur non-seulement de la vulgariser à son usage, mais même de la faire arriver jusqu'à lui.

Chaque pièce ne fut tirée qu'à « soixante-seize exemplaires », et pour aucune il n'y eut ni la plus petite notice, ni le plus laconique argument, ni la moindre notule.

Toutes sont, par conséquent, ou inconnues de presque tout le monde, ou, pour qui les connaît par hasard, à peu près inintelligibles.

On verra par ce qu'il nous a fallu de soins pour en redresser le texte d'après le manuscrit, et pour éclairer chaque mot, élucider chaque détail, combien notes et éclaircissements y étaient nécessaires.

Nous avons ainsi rendu présentables les pièces que nous y avons choisies, sûr que le public nous tiendrait compte de cette petite toilette de gloses et de clartés, et qu'à ce prix, les amateurs eux-mêmes ne nous en voudraient pas d'avoir rendu moins rare ce qu'ils n'aimaient que pour la rareté.

IV

En dehors de ces deux recueils, que nous avons dépouillés de ce qui nous convenait le plus, et pour ainsi dire écrémés de leurs pièces qui pouvaient le mieux aller à nos lecteurs, sans trop effaroucher leur décence, ce qui était, pour notre choix, le point le plus délicat et le plus difficile, nous avions à chercher encore et à choisir dans un certain nombre d'autres pièces, non réunies celles-là, mais éparses de tous côtés au contraire, et par là presque insaisissables.

Nous sommes parvenu à mettre la main sur toutes celles dont nous avions à cœur de grossir notre volume pour qu'il se présentât bien complet, sans ombre ni lacune, avec l'ensemble que nous rêvions.

La *Farce de Pathelin,* qui n'avait pas encore paru dans son vrai milieu, c'est-à-dire dans un ensemble assez complet pour qu'on pût apprécier, par la comparaison avec les pièces venues avant ou après, ce qu'elle a de supérieur, fut pour nous l'objet d'un soin tout particulier.

Pour la *Farce de la Pippée,* plus inconnue, mais tout aussi digne de reparaître, nous nous sommes donné plus de peine encore, comme on en pourra juger par le travail d'annotation. Elle manque dans tous les recueils, même les plus importants : c'est ce qui nous a fait tenir d'autant plus à ce qu'elle ne manquât pas dans le nôtre.

Il en est de même de la jolie *Farce de la Cornette,* laissée presque perdue dans l'isolement de son unique manuscrit : la publication « à vingt-cinq exemplaires », qui fut faite, il y a plus de quarante ans, par M. de Montaran, ne l'en a pas en effet réellement tirée.

La *Farce du Porteur d'eau*, tout aussi perdue, méritait presque de l'être. Nous l'avons donnée, cependant, comme un spécimen curieux, et l'on peut dire unique, de la pièce vraiment populaire, de l'anecdote de la rue mise en scène, du fait divers traduit en farce.

Une de ses voisines de la fin du volume, la *Farce des Théologastres*, dédommage d'ailleurs par ce qu'elle a de sérieux elle-même, et de pédantesque, de ce qui peut manquer chez l'autre à ce point de vue de la littérature et du sérieux. Elle est, elle aussi, d'une rareté insigne. Ainsi qu'on le verra par la Notice, elle n'a été réimprimée qu'à « soixante-quatre exemplaires », d'après le seul qui ait survécu de l'édition originale.

De la *Moralité de Mundus, Caro et Demonia*, suivie de la *Farce des deux Savetiers*, c'est de même tout ce qui reste. L'exemplaire que nous avons vu à la Bibliothèque de Dresde, où il passa, en 1744, par acquisition faite à la vente du maître des comptes Barré, l'un des grands curieux de Paris, est absolument unique.

Il servit pour une réimpression *fac-simile*, à très-petit nombre, qui nous a fourni à nous-même le texte complet de la Moralité, mais non entièrement celui de la Farce. Afin d'en éclaircir quelques points, nous avons dû recourir au *Recueil* donné, en 1612, par Nicolas Rousset, réimprimé sous le premier empire, par Caron, à cinquante-cinq exemplaires, et dans lequel se trouve cette Farce avec des variantes et surtout des rajeunissements de style.

L'exemplaire de la *Collection Caron*, qui existe à la réserve de la Bibliothèque, nous a fourni ces variantes. Ce n'est pas le seul service que nous ait rendu cette collection due au plus singulier des bibliophiles, à ce Caron qui, sous l'enveloppe du plus obscur figurant du Vaudeville, cacha pendant vingt ans un curieux de livres, un fureteur de pièces rares, et qui, après avoir passé ces vingt ans à copier et à publier des chansons ou des farces, finit par se tuer [1].

C'est à sa collection que nous avons aussi emprunté le texte des deux Sotties genevoises, celle des *Béguins* et celle du *Monde*, qu'il avait copiées sur l'unique exemplaire acheté par la Bibliothèque à la vente La Vallière.

Maintenant que l'on sait ce que fut Caron, il est inutile d'ajouter que ses réimpressions sont de la plus complète sécheresse. Puisque des lettrés et des érudits, des philologues de l'École des Chartes et de l'Institut se dispensent, aujourd'hui encore, de toute notice et de toute annotation pour ce qu'ils publient, il va de soi qu'un pauvre figurant du Vaudeville devait, à plus forte raison, s'en dispenser, il y a soixante ans.

Ce que la Bibliothèque devait aux collections de M. de La Vallière, cet autre bibliophile, dont la magnifique existence et l'opulente curiosité font si étrangement disparate avec l'humble furetage et les souffreteuses recherches de Caron, avait été le véritable terrain, le fonds presque unique des trouvailles de celui-ci. Seulement, comme, faute de savoir lire au delà de la lettre moulée, il ne pouvait aller jusqu'aux manuscrits, il laissa beaucoup à trouver après lui dans ces collections merveilleuses.

C'est ainsi que M. de Monmerqué y découvrit, manuscrite, la *Farce de la Pippée*, et M. Francisque Michel, manuscrite aussi, la *Moralité de l'Aveugle et du Boiteux* suivie de la *Farce du Munyer*, que nous donnons plus loin, l'une et l'autre, avec des éclaircissements qui manquaient, et une annexe encore plus indispensable.

Cette annexe est le compte rendu de la représentation des deux pièces et du Mystère qu'elles accompagnaient, écrit par l'auteur même et rempli des détails les plus singuliers sur ces sortes de

---

[1]. Il se suicida en 1803, n'ayant que quarante-trois ans. Ch. Nodier, *Mélanges d'une petite bibliothèque*, p. 76.

spectacles géants, où les acteurs se comptaient par centaines et les figurants presque par milliers.

Notre travail de glaneur ne s'est pas borné à ces récoltes déjà si diverses. Après l'avoir étendu des recueils de pièces aux pièces éparses, nous l'avons dirigé d'un autre côté. Nous avons passé aux livres qui pouvaient contenir des pièces non encore groupées avec leurs pareilles, et nous y avons fait une nouvelle moisson tout aussi précieuse.

Aux *Œuvres* de Gringore nous devons ainsi une des rares *Sotties* qui survivent, et certainement la plus intéressante, comme esprit, style et allusions.

Chez Villon, nous avons trouvé un *Dialogue* ou plutôt une *Farce* à deux personnages, qui n'est peut-être pas de lui, mais qu'on lui peut du moins attribuer sans la moindre invraisemblance.

Du petit volume de Roger de Collerye, Roger Bontemps, nous avons fait sortir, pimpant et leste, le *Monologue du Résolu*, type exquis d'un genre qui n'eut qu'un instant, qui ne jeta qu'une lueur, mais que nous ne devions pas laisser passer sans le fixer ici à sa place.

Un livre de médecine ou plutôt d'hygiène, la *Nef de santé*, nous a fourni la *Moralité de Banquet*, pièce étrange, gourmande et médicale, mélange de friandises et de remèdes, de bonne chère savourée et de ripailles châtiées, où le péché de mangerie ne s'étale avec amour que pour voir ensuite son châtiment se détailler avec plus de rigueur.

C'est la pièce la plus longue, et de beaucoup, que nous ayons eue à publier ici. On ne regrettera, croyons-nous, ni son étendue, ni les commentaires mélangés de cuisine, de médecine et de jurisprudence, que nous avons dû y greffer au risque d'en doubler presque la longueur.

Enfin, aux *Œuvres* poétiques de la reine de Navarre, *la Marguerite des Marguerites*, admirées sur la foi de leur titre ingénieux, mais à peine visitées par quelques fidèles du XVIe siècle, nous avons emprunté une pièce sans étiquette, que nous avons cru pouvoir appeler *la Vieille*, en nous réglant sur la pièce même et sur le caractère de son principal personnage.

Ce n'est plus une farce, c'est une comédie, ce qui nous approche du temps que nous nous sommes donné pour limite, c'est-à-dire nous met à deux pas de cette Renaissance classique et italienne que nous ne voulions que côtoyer ici sans y pénétrer.

V

Tout l'espace compris entre le XVe siècle bégayant ses premières farces et le XVIe essayant ses premières imitations classiques ou étrangères ; tout le long chemin qui s'étend de l'œuvre naïve à l'œuvre pédante et déclarée supérieure parce qu'elle a troqué sa naïveté pour l'éducation, le faux ou le plaqué pour le vrai ; toute la route qui commence aux premiers efforts comiques de l'esprit français et à ses premiers rires, pour n'aboutir qu'à la porte funeste par laquelle entra l'invasion d'un autre esprit ; ce terrain si accidenté, jalonné de tant d'essais adroits ou non, mais tous sincères, nous l'avons parcouru pas à pas, sans rien négliger de ce qui s'y trouvait, sans passer sur rien de ce qui pointait hors de terre.

Nous sommes ainsi arrivé à la Comédie, étant partis du *Mystère* et de la *Farce*, ou, pour mieux dire, de la *Farce* mêlée au *Mystère*.

Afin d'avoir en effet un type complet de ces représentations pieuses, où la gaieté populaire ne s'oubliait pas sous la piété, et riait d'un aussi bon rire que celle-ci priait d'une sincère ferveur, nous avons choisi, pour ajouter au spécimen intéressant des deux petits mystères, le

Martyre de saint Etienne et la *Conversion de saint Paul*, le Mystère de la *Vie de saint Fiacre*, qui présente cette particularité étonnante d'une farce beaucoup moins que pieuse, jetée comme entr'acte — on disait alors *pause* — au milieu de la pièce la plus dévote.

Ce Mystère, qui ne put être joué, comme tant d'autres, dans une église — l'intercalation de la farce suffirait à le prouver — nous est en outre une sorte d'échantillon précieux des pièces de dévotion que jouaient les confréries qui s'étaient formées en province à l'imitation de celle des *Confrères de la Passion*, créée à Paris, la seconde année du XVᵉ siècle.

De cette société, nous ne donnons rien, à cause de l'étendue des Mystères qu'elle représentait. Mais le répertoire de celle des *Sots*, ou *Enfants sans souci*, qu'elle ne tarda pas à s'adjoindre pour varier ses spectacles par un peu de gaieté, mélanger sa dévotion de quelques satires peu charitables, et faire du tout cette purée dramatique, qu'on appelait « les pois pilés », laissera dans ce volume plus d'une épave précieuse.

La *Sottie du Prince des Sots*, par Gringore, en vient. Nous pouvons y renvoyer aussi, non-seulement le *Mallepaye*, de Villon, si bien avec les *Sots* et leur Prince, mais encore la *Farce des deux Amoureux*, par Clément Marot, que nous faisons, preuves en main, redevenir ici, pour la première fois, un poète de théâtre, un collaborateur des *Enfants* ou *Galants sans souci*.

Un autre répertoire, plus ancien, et peut-être encore plus célèbre, celui de la Bazoche, pour lequel, chez les clercs du Palais, s'égayèrent les plus fins esprits, s'aiguisèrent les plus vives malices, se taillèrent les meilleures plumes, et cela pendant trois siècles, de Philippe le Bel à Charles IX, nous fournira aussi son lot de pièces, et même de chefs-d'œuvre : c'est de là qu'est sorti *Pathelin*, qui en est un.

Nous aurons, de plus, pour y prendre à notre aise tout le répertoire des colléges, les pièces scolaires, si faciles à reconnaître par les ridicules des pédants qui s'y pavanent et y jargonnent leur mauvais latin.

En même temps viendront les répertoires provinciaux : celui des *Bavards de Notre-Dame de Confort*, à Lyon, qui semble avoir fourni presque toutes les pièces du *Recueil de Londres* ; celui des *Conards de Rouen*, qui du temps de Brantôme allaient de pair avec les « Joueurs de Bazoche, » de Paris ; celui des *Veaux*, celui des *Sobres Sots*, tous deux aussi de Rouen, et de qui vinrent certainement la plus grande partie des pièces du *Recueil La Vallière ;* et que sais-je ? une foule d'autres répertoires encore.

Chaque ville avait alors en effet ses sociétés comiques, qui ne recouraient qu'à elles-mêmes pour se recruter de poètes aussi bien que d'acteurs, et qui, au moins une fois l'an, le mardi gras, donnaient des représentations où tout était du cru : le comique du *Fol* ou du *Badin* qui faisait rire, et les vers de la farce, dont on riait.

Nous avons enfin les pièces foraines, le répertoire des bateleurs. Nous ne le dédaignerons pas. Le « boniment » d'un pitre du temps de François Iᵉʳ a son prix, et une parade du temps de Charles IX peut être précieuse. On le verra bien.

VI

Ainsi, avec quelques pauses de dévotion et de satires, nous nous trouverons avoir parcouru toute la gamme comique d'un siècle, et en même temps, qui plus est, presque toute son histoire.

Il est rare, en effet, on le verra aussi, que les événements de cette époque n'aient pas tous jeté un reflet sur les pièces qui passaient à côté.

Dans ce volume de théâtre, il y a bien des chapitres de politique.

Dès le temps de Charles VII, quand, après les désastres de l'invasion anglaise, la Bazoche rouvre son théâtre et la confrérie des *Sots* remet sur pied ses tréteaux aux Halles, nous avons déjà une pièce d'allusions, une farce politique, *Mestier et Marchandise*, qui doit venir de l'un ou de l'autre répertoire.

Sous Louis XI, le théâtre se tait ou, comme dans *Pathelin*, n'ose tout au plus que faire rire. Le grand comédien du trône ne veut, en politique, aucune concurrence de comédie. Après la *Farce des gens nouveaux*, où ceux qu'il a fait monter avec lui pour remplacer les hommes de l'autre règne, sont traités comme le mérite leur voracité, nous ne trouvons rien, aucune pièce qui ose risquer contre lui la moindre attaque de franchise, la plus petite malice d'allusion. Sous ce qui se tait, on devine ce qui aurait pu se dire. Ce silence du théâtre est la plus terrible leçon du règne.

Il ne recommence à parler que sous Louis XII, qui, en vrai *père du peuple*, se fait de ce moyen populaire un expédient de popularité. Au lieu de le craindre, il cherche à s'en servir, et y parvient. Dans sa lutte contre le pape Jules II, c'est Gringore, avec sa *Moralité* et sa *Sottie*, jouées aux Halles de Paris, qui lui vient le mieux en aide auprès du populaire parisien, aussi ardemment catholique alors qu'il l'est peu aujourd'hui.

Sous François Ier reviennent, avec les scandales, les raisons de faire taire la *Farce* et la *Sottie*.

Sous Louis XII, honnête et bon homme, elles avaient eu leur franc parler, même contre l'avarice, péché mignon du roi; sous le prince débauché et l'intrigante Louise de Savoie, sa mère, plus un mot! Le rire et les gravelures, voilà seulement ce qu'on leur permet.

Malgré tout, le sérieux les gagne ; si ce n'est par la politique même, c'est par la religion, dont les luttes s'éveillent et s'avivent.

Les aigreurs de la grande querelle, entre Luther et le pape, se glissent dans les farces, toutes surveillées qu'elles soient, toutes claquemurées qu'on les tienne.

Ce n'est plus l'histoire politique, c'est l'histoire religieuse qui vibre alors à la surface des choses du théâtre, en échos haineux, comme dans la farce du *Maître d'École;* ou qui s'y reflète, comme dans celle des *Théologastres*, avec les lueurs sinistres des *auto-da-fé* qui s'allument.

Même lorsqu'on veut qu'il ne touche à rien, le théâtre déjà touche donc à tout, reflète tout, influe sur tout.

Il est déjà, quoi qu'on fasse, ce qu'il ne cessera plus d'être.

Aussi, en publiant ce recueil, que nous avons tâché de faire, autant que possible, varié et multiple, ne donnons-nous pas seulement, sous un de ses plus curieux aspects, l'histoire de l'esprit d'un siècle, mais la chronique de ses opinions, la gazette en action de ses idées.

ÉDOUARD FOURNIER.

15 novembre 1872.

JEUX DU MARTIRE S. ESTIENE

ET

DE LA CONVERCION S. POL

(XIVᵉ SIÈCLE. — RÈGNE DE CHARLES VI)

NOTICE ET ARGUMENT

Les mystères les plus intéressants à publier au commencement de ce volume étaient certainement le *Mystere de la Passion*, le *Mystere de Monseigneur saint Pierre et saint Paul*, ou bien encore le *Triomphant Mystere des Actes des Apôtres*, par Arnoul et Symon Gréban. Nous en avons été empêchés par l'énorme étendue de ces pieces, qui, pour cette même raison, n'ont pu être encore réimprimées : la première n'occupe pas moins de 228 feuillets à deux colonnes, dans son édition originale, et la seconde 180. Quant à la troisième, son édition, en caractères gothiques, forme deux volumes in-folio.

Devant l'impossibilité matérielle de telles réimpressions, nous avons dû nous rejeter sur ce qui pouvait le mieux les remplacer. Les deux petits Mystères par lesquels nous commençons nous ont paru être, pour cela, dans les conditions les meilleures : ils sont du même temps, le même esprit les pénètre, et l'on y retrouve quelques-uns des mêmes personnages.

Furent-ils d'une célébrité aussi grande, aussi populaire ? Nous ne le pensons pas, car ils restèrent *inédits*, et ne durent point, par conséquent, dépasser les limites du répertoire local, pour lequel ils furent écrits. Ce répertoire se composait de neuf mystères contenus dans le même volume in-folio, qui n'eut longtemps pour toute histoire que les quelques lignes écrites sur son dernier feuillet.

Il y est dit que « Messire Jehan le Docte, religieux de l'abaye et couvent de Saincte-Genneviefve de Paris, » avait prêté « le présent hvre » à son neveu Arnoul le Docte, qui, dans le cas où il serait « perdu ou prins par larrecin », donnerait le vin « volontiers et de bon cœur » à celui qui le rapporterait.

Fut-il pris ainsi ou perdu ? C'est à croire. Pendant plusieurs siècles, en effet, on ne le retrouve pas dans la Bibliothèque de l'abbaye de Sainte-Geneviève, où il semble qu'il eût dû rentrer, après qu'Arnoul le Docte l'aurait rendu à son oncle Jehan le genovéfain Au XVIIIᵉ siècle seulement, il reparaît. Il figure parmi les textes les plus précieux que le duc de la Vallière se faisait gloire de posséder dans son admirable collection.

Quand fut publié, en 1768, le curieux ouvrage qu'on attribue avec raison au noble amateur, et qui a pour titre : *Bibliothèque du théâtre françois*, le manuscrit des neuf mystères ne fut pas oublié. M. de la Vallière le décrivit [1] avec la passion de l'amateur qui possède, sans dire pourtant d'où il venait, et par quelle voie il lui était arrivé.

Heureusement pour la Bibliothèque des Genovéfains, l'abbé Mercier de Saint-Léger, qui était un de ses conservateurs, n'ignorait rien, dans le passé comme dans le présent, ni de la collection qui lui était confiée, ni de ce les des autres Il connaissait donc le volume dont monsieur le duc était si fier, et savait aussi les droits que la Bibliothèque Sainte-Geneviève pouvait avoir pour le réclamer.

Tant que vécut M. de la Vallière, il n'en parla pas; mais à sa mort il les fit d'autant mieux valoir. Quatre autres manuscrits étaient dans le même cas Il les comprit dans sa réclamation. Elle n'aboutit qu'à grand'peine et dut être acharnée.

M. de la Vallière était mort en 1780, c'est seulement onze ans après le vaillant abbé eut gain de cause pour sa chère Bibliothèque. Le 29 juin 1791, il put enfin écrire sur le feuillet de garde du manuscrit : « Ce volume est un des cinq qui avaient resté longtemps chez M. le duc de la Vallière et qui ont été rendus à ma sollicitation par Mᵐᵉ la duchesse de Châtillon, sa fille, pour être replacés dans la Bibliothèque Sainte Geneviève. »

Au moment du grand essor qui se fit vers le moyen âge, M. Jubinal, alors simple érudit tout frais émoulu de l'École des Chartes, et très-ardent à la poursuite des *inédits*, mit la main sur le précieux volume, en parla à M. Guizot, alors ministre de l'Instruction publique, et obtint de le faire imprimer sous le titre de *Mystères inedits du* XVᵉ *siècle* [2]

C'est au texte de sa publication, revue avec soin sur le manuscrit même, que nous empruntons les deux pièces qui vont suivre, et celle de la *Vie de saint Fiacre*, qui viendra un peu plus loin.

Nous y avons ajouté des notes, qui pouvaient ne pas paraître nécessaires quand de pareilles publications ne s'adressaient qu'aux érudits, mais qui sont indispensables maintenant qu'elles ont élargi leur cadre et tâchent d'aller droit au public.

Le texte, croyons-nous, sera ainsi suffisamment com-

[1] T. I, p 36 37.
[2] 1837, 2 vol. in-8°, chez Techener.

préhensible Il est du xvᵉ siècle : M. de la Vallière en fixait la date à 1450 environ ; nous avons cru pouvoir la reculer de plusieurs années sans trop d'invraisemblance.

La mention d'Arnoul le Docte, citée plus haut, est datée du 12 juillet 1502 ; mais l'écriture et le style prouvent que le manuscrit doit être d'un demi-siècle au moins plus ancien.

Il resterait à dire par qui furent écrits ces mystères, et en quelle ville ils furent représentés. Pour la première question, qui ne reviendra que trop souvent, dans le vaste désert d'anonymes que nous allons avoir à parcourir, aucune réponse n'est possible. La seconde est peut-être moins insoluble.

La représentation de ces deux petites pièces saintes, qui, pour former un spectacle plus complet, pouvaient se joindre, par des transitions indiquées dans le texte, aux deux autres qui les suivent : le *Martyre de saint Denis* et les *Miracles de sainte Geneviève*, dut avoir lieu dans la ville où sainte Geneviève et saint Denis étaient le plus populaires, c'est-à-dire à Paris même.

Une place du quartier de l'Université y servait pour ces sortes de représentations, comme on le voit par le « dizain » final de la sottie des *Menuz Propos* que Jehan Bouchet y fit jouer le 11 juin 1508 ; c'était la place Saint-Étienne. Ne se pourrait-il pas que nos deux petites pièces, dont la première est tout justement consacrée au patron de cette place, y aient été aussi représentées? Nous le croirons jusqu'à preuve du contraire.

Nous n'aurons que bien peu de chose à dire du sujet de ces deux mystères : leur titre l'indique assez. Ils ne sont que la mise en action la plus simple, la plus naïve des chapitres des *Actes des Apôtres*, où se trouvent racontés le martyre de saint Étienne et la conversion de saint Paul.

« L'acteur », — celui qui rimait les pièces s'appelait ainsi — n'eut guère à inventer, et, comme on le verra, « le feinteur », c'est-à-dire, suivant le mot du temps, l'ouvrier chargé des machines, n'eut pas à créer davantage.

CY COMMENCE

LE MARTIRE S. ESTIENE

s. PIERRE *die à S. Estiene.*
Doulces gens, un pou de silence!
Vous qui cy estes en presence,
Savez-vous comment nostre Seigneur
De tous les plus grans le greigneur [1]
Nous a esleus et envoiez,
Pour prescher la foy catholique,
Et par escripture ententique [2]
La prouver et par vrais miracles,
En garissant démoniacles
Et quelconque autre maladie,
Et en rendant aus mors la vie.
Par nostre labeur et estude
Croist chascun jour la multitude
Des croians; mercy nostre sire,
Sy avons fait au pueple eslire
vii diacres pour nous aidier [3].

Cy parle à S. Estiene.
Estiene vous estes premier.
Par divine ordinacion
Nous approuvons l'election :
Sy voulons que soiés de nous
Beneis; alez à genous.
Dieu le veult, frère, obéissez.

1. Le plus grand Cette expression, que nous retrouverons souvent, correspond au comparatif latin *grandior*.
2. Pour « authentique ».
3. Le titre de *diacre* était le second de la hiérarchie. Il équivalait à celui de *hazann* ou gardien de la synagogue chez les Juifs Etienne était le premier des sept qui l'avaient d'abord obtenu, par l'élection, comme il est dit ici.

s. ESTIENE.
Saint père [1] dont me beneissez.

Lors voise S. Estiene à genous, et S. Père li mete la main sus la teste en disant :

Le Saint-Esprit vueille descendre
En ton âme, par quoy entendre
Puisses à faire ton office
Saintement, sans mal et sans vice!
In nomine Patris, et Filii, et Spiritus sancti.

s. ESTIENE.
Amen! — Dieu doint qu'il soit ainssy.

Lors se lieve et voise aus Juifz en disant :

Doulz Jhésucrist puis qu'ainssy est
Qu'a vous, Sire, et au pueple il plaist
Que je soye i de vos diacres,
A vous rens loenges et grâces
En vous suppliant humblement
Que ne me lessiez nulement
Cheoir en pechié n'en négligence;
Mais vueilliez qu'à grant diligence
Face m'office sans erreur
A nostre bien, à vostre honneur.

Lors die aus Pharisiens :

Seigneurs, salut en Jhésucrist
Qui le monde forma et fist

1. On disait indifféremment saint Pierre ou saint Père. Le nom d'une rue de Paris en est la preuve on l'appelait rue de Saint-Pierre ou Saint-Pere Par une altération de ce dernier nom, elle est devenue rue des Saints Peres.

Comme vray Dieu et filz de Dieu,
Qui par vous en ce présent lieu
Mourut selonc l'humanite,
Que prinse avoit par charité
En la doulce Vierge Marie,
Puis revint-il de mort à vie,
Et au tiers jour resuscita,
Et hors d'enfer les siens geta.
Après monta voians nos yeulz
Au quarentisme jour aus cieulx,
Et en tel' forme proprement
S'en va au jour du jugement
Rendre à chascun juste loier [1] !

ANNAS, *évesque.*

Tès toi, c'on te puisse noier !
Ce sont trestoutes tromperies
Et erreurs et forsseneries.
Dy moy, où treuve tu que Dieu
Puisse estre comprins en i lieu ?
Comment pourras tu soustenir
Que Dieu peust homme devenir ?
Et se hom [2] fut, par quel manière
Le peut enfanter vierge entière
Sans avoir d'omme compaignie ?

S. ESTIENE.

Sire, le prophète Ysaye
Respont de plain sans fiction
A vostre triple question.

YSAYE (VII° *capitulo*) : *Ecce virgo concipiet et pariet Filium, et vocabitur nomen ejus Emmanuel.*

Ycy povez veoir clèrement
Qu'il dit qu'il sera vrayement
Une vierge qui concevra
i filz et vierge enfantera
Qui sera vray Dieu et vrai homo.

ANNAS.

Qui me tient que je t'assomme,
Meschant trubert [3], coquin moquart ?
Or me respon à ce broquart [4] !
Dy, ne fut pas Joseph le père
A ton Dieu Jhésus, et sa mère
Marie la Rousse nommée ?

S. ESTIENE.

Vous portez langue envenimée ;
Et l'anemy [5] sy vous estraint
Que vraye foy en vous estaint.
Marie saintement conceut,
N'oncques homme ne la cogneut,
Car le Saint-Esprit la ombra [6]

Qui du pur sang d'elle fourma
i corps précieux, digne et tendre
Que ly filz Dieu voult en soy prendre
Avecque l'âme précieuse.
Sy fu par euvre merveillieuse
Et Dieu et homme une personne ;
Sy fut sers [1] cil qui tout bien donne
Et qui partout a seigneurie.
Sy fut mortel qui donne vie,
Sy fut contenu qui contient
Et soustenu qui tout soustient
Et qui sans temps est temporel.

CAIPHAS.

Mengier te puist chevau morel [2] !
Où as tu ce sy bourbeté [3] ?
C'est i cas de nouvelleté :
Oncques mais n'oy tel merveille.

S. ESTIENE.

Voir c'est merveille sans pareille,
Merveille trestoute nouvelle
A merveilles et bonne et belle.
En Jéremie la quérez
Et tantost vous l'y trouverez.

JÉRÉMIE (XXXI° *capitulo*) : *Creavit Dominus homin en super terram.* — *Mulier circumdabit virum*

CAIPHAS.

Tu veulz nagier sans aviron :
Preuve à droit sans nous enchanter
Comme elle puet vierge enfanter
Et non pas par vaine logique
Ne par argument sophistique,
Mais par les dis de nostre loy !

S. ESTIENE.

Je le vous preuve sans delay.
Moyses sy vit i buisson
Tout emfranbe [4] sans nulle arssure [5]
Tout aussy nous regéisson
Que Marie out filz sans ledure [6].
La verge Aaron sans continuere
Fleury, foilly, et fruict porta :
Nostre vierge sans entameure
Conceut, porta et enfanta ;
Et aussi comme Dieu fourma
Adam de terre nete et pure,
Aussy quand il nous refourma
Print corps humain sans nulle ordure.

ALEXANDER.

Or regardez comme il applique
Trestout à sa foy catholique !
Ne l'aron point par dysputer ;
Mais s'il y a qui imputer

---

1. Prix, récompense. Ce mot, qui n'a plus que le sens restreint que nous connaissons tous, avait alors ce sens beaucoup plus étendu.
2. Pour « homme ». C'est de ce mot ainsi écrit, que fut fait le substantif abstrait *on*.
3. Trompeur, vaurien. Il n'est resté de ce mot, dont on retrouve le sens et l'origine dans *truant trucheur, truffeur*, que le radical *tru* ou *truc*.
4. Plaisanterie, mauvais propos. Molière et Voltaire l'ont encore employé dans le même sens.
5. Pour « l'ennemi ». C'est le Diable qu'on appelait ainsi au Moyen-âge.
6. La protégea en la couvrant de son ombre. Le même mot, avec le même sens, se trouve dans Monstrelet (liv I, ch. XIX) — C'est une inspiration du texte de S. Luc (I, 35) : *Spiritus sanctus obumbrabit tibi.*

1 Serf, serviteur.
2 Cheval noir, comme un more (morel), on dit plus tard, comme on le voit dans Cotgrave, « cheval tête de more. » Les chevaux de cette espece passaient pour féroces et indomptables.
3 Pris dans la boube.
4 Enflambé, enflammé.
5 Brûlure, du latin *ardere*, brûler On disait *arsin* pour *incendie*.
6 Tache, souillure Ce mot se trouve avec le même sens dans le *R man du Renard*, vers 6884.

L'y vueille aucun crime ou blafarde [1]
Lieve soy sus et plus ne tarde
Et nous orrons qu'il vourra dire !

LE PREMIER FAULX TESMOING.

J'ai trop de cas contre ly, sire :
Il a dit, c'est chose notoire,
De Moyse et Dieu de gloire
Injures granz et vilenies
Et ranposnes [2] et blafemies [3]
Qui est chose laide et horrible ;
Et vous savez selonc la Bible
Que tout homme qui est blaffême [4]
Doit mourir de mort dure et pesme [5] :
Par quoy il est digne de mort.

ANNAS.

Vecy i point qui bien te mort :
Respon tost sans faire lonc songe.

S. ESTIENE.

Tout quant qu'il a dit est mensonge !
De Dieu n'ay dit nulle blaffarde.
C'est cil qui tout fist et tout garde,
Dieu de gloire i en trinité
Et triple en une deite,
Qui aparut à noz sains pères
En leur revélant ses misteres.
Moyses fut son saint prophète
Qui sa gent [6] qui estoit subjecte
Au roy d'Egipte delivra :
Diex une verge li livra
Dont la rouge mer fist cesser
Et le pueple à pié cec passer.
Par le desert les conduisoit,
Riens fors péchié ne leur nuisoit.
Dieu tout-puissant, Adonay,
En la montaigne Synay
Les commandemens de la loy
Ly bailla escriptz de son doy,
Et moult de signes par Moyse
Fist Dieu, comme l'escript devise,
De quoy je me tês à présent.
Sy puet veoir qui vérite sent
Que je n'ay dit ne ne diz mie
De Dieu ne des siens vilenie,
Ne de chose qu'ait ordenee.

LE SECOND TESMOING.

Certes sy fais, hergne pelee [7] !

Faulz apostat, y tel es tu ;
Sire, ce maleureus testu
A dit que Jhésus son beau Dieu
Nostre temple, nostre saint lieu,
Nos sacrefices destruiroit ;
De la loy Moyse osteroit
Tous les poins cerimoniauls.

CAIPHAS.

Par foy ce sont cas criminauls
Et par raison doit mal fenir
Qui telz erreurs veult soustenir
C'est droite diablie, c'est rage.

ANNAS.

Or, avant Dammasque le sage !
Cy ne sorez vous que remordre ?
Respondez à ces poins par ordre
Et nous donnez response honneste.

S. ESTIENE.

Gens felons, gens de dure teste,
Gens de dur cuer et obstiné,
Tous jors avez vous mastiné [1]
Les saintes gens et contredit
Et resisté au Saint-Esperit.
Refuse avez beneisson,
Sy venra sus vous ma eiçon [2] :
Vous mesmes vous y commandastes
Quant Jhesus à mort condampnastes
Dont le péchié sus vous prensistes [3]
Et vous et vos enfans maudistes.
Il mourut, mais vueilliez ou non,
Il vit ; sy respons en son nom
Que faussement vous m'acusez
Et de mes dis trop mésusez.
Dieu fist, pas ne dis le contraire,
Et temple et tabernacle faire ;
Mais le temple et le tabernacle
Figure furent et synacle [4]
Que de Jhésus l'umanité
Fut temple de la déité,
Le quel temple vous destruisistes
Quant mauvaisement l'occisistes ;
Mais Dieu qui dedans habita
Au tiers jour le resuscita.
Sy fut le temple lors refait
Qu'aviez maisement [5] deffait.
De la loy dont faictes querelle
Je dy qu'elle fu bonne et belle ;
Mais mout [6] y a cerimonies
Qui sont ou temps présent fénies.
De nostre loy furent figure
Et par toute votre escripture

1. Mauvaise action, tromperie Ce mot qui doit avoir la même origine que blaffe, blaffoui, employés par Villon, est si peu commun sous la forme qu'il a ici, que le seul exemple donné par M Littré dans son Dictionnaire est le passage meme, objet de cette note.
2. Railleries On trouve dans le Roman de la Rose « Beauparler et ramponnes. »
3. Blasphême.
4 Blasphémateur.
5 Pour pâmée, navrée, avec convulsion On disait aussi speme, spame, comme on le voit dans Villehardouin, ce qui rapprochait tout a fait le mot de son radical, le spasma des Grecs, notre spasme.
6 Nation
7 La hergne ou hargne était un mal dont la hernie — son nom en vient — est une des formes Ici le nom de la maladie est donné a celui qui en est atteint hergne est mis pour hergneux ou hargneux, mot qui doit le sens qu'il a aujourd hui à la mauvaise disposition de caractere ou se trouvaient les malheureux pris de la hergne, et qui tous, suivant A Paré, étaient « mal plaisants et criarts ».

1. Corrompu, gâté. Le chien de basse race, le mâtin, gâtait les especes plus fines dans les chenils ou il se mélait
2 Malédiction. C'est la premiere forme du mot
3 Prites. Le mot, sous cette forme, se rapproche davantage de son radical latin prendere.
4. Cénacle, lieu ou se passa la Cene. Ce passage, fort peu clair, doit vouloir dire que le repas du cénacle fut un symbole (figure), et que la preuve de la divinité du Christ, homme et Dieu, temple et chair tout a la fois, doit en résulter
5. De façon mauvaise, « mauvaisement. »
6. Pour moult, beaucoup, multum.

Est la loy Jhésucrist trouvée
Des sains prophetes approuvée,
De Moyse et de Daniel,
De David et d'Ezéchiel,
D'Abacuc, d'Amos, d'Ysaye,
De Baruc et de Jérémie,
Et de moult d'autres à foison,
Es quels en plusieurs liex lison
Le mistère de nostre loy.

ALEXANDER.

Il yst[1] hors du sens ; liez l'oy.
Faulx renoiez[2], faulx apostat,
Nous te mestrons en tel estat
Que ly diables t'enporteront.

S. ESTIENE.

Non feront, tirant, non feront,
Mais ainçois[3] les anges des cielx,
Car je voys jà, loé soit Diex,
Le ciel ouvert à veue clère
Et à la dreste[4] Dieu le père
Jhésucrist le Sauveur du monde.

ANNAS, *en gregnant[5] les dens et en estoupant[6] ses oreilles.*

Ahay, glouton, Dieu te confonde !
Seigneurs, estoupez vos oreilles.
Ce forffault dit fines merveilles.
Levez sus, Juifz, levez sus,
Liez, ferez[7], frapez dessus,
Froissez la teste et la cervele,
Rompez les os et la mouele[8],
Hors de la ville a grosses pierres,
Me lapidez ce sanglant lierres[9] :
Il nous veult pervertir trestous.

LES II TESMOINGS ET II AUTRES.

Par le grand Dieu, sy ferons nous.

LE PREMIER, *en férant du poing.*

Passe avant, brigant forssené ;
Ly diables t'i ont amené :
Or, tien, ronge moy ce lopin !

LE SECOND, *en férant.*

Truant puant, tire lopin,
Passe avant en mal estraine.

LE TIERS, *en férant.*

Meschant, tu as puante aleine ;
Avale moy ceste ciboule.

LE QUART, *en férant.*

Li as tu donné une boule ?
Tu li as fait venir la boce.
Tien, vilain, tien ceste beloce[1]
Afin que le cuer ne te faille.

SAULUS.

Que faictes-vous fausse merdaille ?
Pourquoy le servez-vous de lobes[2] ?
Despouillez-moi toutes voz robes ;
Sy fraperez mieux au délivre[3].

LE PREMIER.

Par le grant Dieu, tu n'es pas yvre !
Or sus, despoullons nous tous III.

LES AUTRES III.

Volentiers, sire, por miex batre.
Lors se despouillent et baillent leurs vestemens à Saulus, en disant :
Saulet, garde nos vestemens.

SAULUS.

Avant, avant faulx garnemens ;
Ne l'espargniez plus qu'un viez chien.

LE PREMIER.

Il ara assez tost du mien
Ou de l'autry, que je ne mente.
Sa, ribaut, tu as fièvre lente :
Lie ce brief dessus ta teste.

En férant d'une pelote emplie ou toullée[4] de sanc[5].
Tu es seigné à jour de feste.

LE SECOND, *en frapant comme l'autre, die en férant :*
Tien mengeue ceste chasteloigne[6].

LE TIERS, *en férant.*
Pren ceste aumone de Bourgoigne[7].

LE PREMIER, *en férant.*
Met en ton sac, porte à ton Dieu.

LE QUART.
Tu l'as féru en mauvais lieu.
Regarde comme il fait la lipe !
Il li fault 1 morssel de tripe :
Por ce fait il sy maise[8] chière.
Ca, vilain, ten ta gibecière.

En férant.

1. Va, it.
2. Qui renie, renégat.
3. Plutot. C'est une des formes de *ains*, ce mot qui eut tant de sens divers et fut si employé jusqu'au XVIe siecle, et qui, cependant, a complètement disparu.
4. Droite. Le mot est écrit ici comme on le prononça, en Picardie, jusqu'à l'époque de La Fontaine.
5. Grinçant.
6. Bouchant. En picard, le mot *étouper* s'emploie encore aujourd'hui pour *boucher*, même lorsqu'on ne se sert pas d'étoupes.
7. Frappez, du verbe *ferir*.
8. M. Jubinal a reproduit la faute du manuscrit, ou on lit « bouele », qui n'a aucun sens.
9. Le lierre passait pour funeste, parce que, comme dit Montaigne (liv. III, ch. x), « il corrompt, et ruyne la paroy, qu'il accole. » V. aussi Est. Pasquier (*Lettres*, liv. III, x).

1. Prune. Dans le *Roman de la Rose*, vers 8256, il est parlé des « beloces d'Avesnes ». En Normandie, le fruit du prunellier s'appelle encore « beloce ».
2. Nous ne trouvons ce mot que dans Cotgrave, où il est donné du vieux français « old french », avec le sens de « moquerie ». Ce passage signifie donc · « Pourquoy ne faites-vous que plaisanter, etc. »
3. C'est-à-dire plus à votre aise. Cette expression est encore dans Montaigne.
4. Pour « toullée », c'est-à-dire souillée.
5. Cette « pelote remplie de sang », dont on se sert pour figurer la pierre qui frappa et fit saigner le martyr, est un détail curieux de la mise en scène des mystères.
6. Cette forme donnée au mot « châtaigne » — ce ne peut pas en être un autre — est bien bizarre.
7. C'est-à-dire « ce coup par derrière ». Les coups ainsi donnés s'appelaient « coups de Bourguignon » V l'*Etymologie des proverbes françois* de Fleury de Bellingen, 1648, in-8o, p 52.
8. Abréviation pour mauvaise. C'est encore du patois picard.

Tien, roinge et ne grumèle[1] mie.

S. ESTIENE, *à genoux.*

Doulz Jhésucrist, né de Marie,
Pour ceulz qui ainssy me tourmentent,
Qui ne scevent pas ne ne sentent
Qu'il font, vous supplie humblement
Que leur donnez avisement,
Et tout leur vueilliez pardonner,
Et mon espérit couronner
Lassus en la gloire des cielx.
A vous le rend, beau sire Diex,
Et en vos mains le recommande.

Lors se lesse chéoir à terre.

LE PREMIER.

Je vueil vestir ma houpelande ;
Alon en, qu'il en est sué[2],
S'il n'est mort sy est il tué :
Lessons le cy aus chiens menger.

Cy se revestent.

SAULUS.

Son Jhésus qui si bien venger
Le devoit, où est il alé ?

LE SECOND.

Il n'est encore pas devalé
Des nués où il est, ce dit.

LE TIERS.

Espoir qu'il est entredit[3],
Sy n'ose aler ne ça ne là.

LE QUART.

Je cuide quand il l'appela
Qu'il faisoit ou ven ou corbeille[4].

LE PREMIER.

Voire, ou il fist la sourde oreille,
Car il ne se peut remuer.
Alons en, lessons le suer.

Lors s'en voisent tous ensemble.

GAMALIEL[5].

Hélas ! chétis com deschiré
Et desrompu et martiré
Est cel preudommes S. Estienes.
Encore par droite malice
L'ont-il lessié comme une biche
Aus oiseaulx, aus chiens et aus chiennes ;
Mais Diex qui seult garder les siens
A gardé d'oisiaux et de chiens
Sa char que point ne l'ont ataínte.
Sy vous pry pour l'amor de Dieu
Mes amis qu'alons sus le lieu
Sy l'enterrons en terre sainte.

ABIBAS, *à Gamaliel.*

Mon chier seigneur et mon doulz père,
Depuis la mort ma doulce mère
Je n'eu au cuer douleur greigneur[1] ;
Mais puisque Dieu l'a ordené,
Soit ensevelis et mené
En vostre ville, mon seigneur.

NICHODEMUS.

Gamaliel, mon oncle chier,
Les maistres tous vis despechier
Nous feront si le vont savant ;
Sy alons tant com la nuit dure
Et le mettons en sépulture,
Ainçois qu'il soit jour Diex avant.

GAMALIEL.

Mon filz, et vous, Nichodemus,
Pater noster et oremus
Disons à Dieu por la siene ame.
Alons nous trois tout coiement[2]
L'enterrer en mon monument.
Or alon de par Nostre Dame.

Lors le portent hors du champ.

Qui le jeu S. Estiene vourra ycy finir com sy pres est escript le porra terminer

LA FIN DU JEU.

NICHODEMUS.

Sire, fait-il à martir injure
Qui d'onner por martir prent cure ;
Car l'âme vole ès ciex lassus
Sy que partie est du corps.
Sy chantons tous foibles et fors
En hault : *Te Deum laudamus,*
Qui le jeu cy ne finera
Ceste clause sy laissera.

Continue ainssy.

---

1. « Ronge et ne grommelle plus »
2. C'est-à dire à présent qu'il a rendu, « sué » tout son sang. On trouve dans la *Moralité de la vendition de Joseph* :

Mais le sang lui ferons suer

et dans la IVe Journée du *Mistère de la Passion*, quand Jésus es devant Pilate

Et luy faictes le *sang* suer.

L'expression argotique « faire *suer* le chêne, » pour assassiner, vient de la
3 Interdit.
4 Dans les *Evangiles de l'Enfance*, un des métiers qu'on fait exercer a Jésus enfant est celui de vannier, faiseur de corbeilles.
5. Rabbin juif, qu'on croit fils du vieillard Siméon, qui reçut Jésus dans ses bras, et petit-fils de Hillel. Il était secrètement disciple de la nouvelle loi, et saint Etienne passe pour avoir été son élève, c'est pourquoi il est mis en scène ici. On pense qu'il instruisit aussi saint Paul, et qu'avant de mourir il reçut le baptême des mains de saint Pierre et de saint Jean. Les premiers apôtres durent a son influence de n'être pas martyrisés par les Juifs de Jérusalem — Nicodeme, qui va paraître tout à l'heure, était, comme il le dit, son neveu.

1. Plus grande. — V. page 2, note 1.
2 Doucement, tranquillement. Adverbe dérivé de *coi*, dont la racine était le latin *quietus*, et qui n'a survécu que dans la locution « rester coi ».

LA CONVERCION S. POL

SAULUS
Mes chers amis, vueillez moi traire
Par la main, car je ne voy goute.

LA CONVERCION S. POL

AULUS ET SES COMPAIGNONS.
Dieu gart les maistres de la loy !

LES PHARISIENS.
Bien veigniez, amis par foy.

SAULUS.
Mes seigneurs, sachiez que Damasce
De folz crestiens a grant masse,
Qui nostre loy du tout confondent
Et une loy nouvele fondent,
Qui nostre loy confondra toute
Qui tost n'y pourverra sans doubte :
Nous avons 1 de leurs prescherres
Tue et lapidé à pierres.
Les autres plus en doubteront :
S'en les tient court ilz cesseront.
Sy me bailliez s'il vous plaist lettre
Que je lier les puisse et mectre
En vos prisons sans contredit.

ANNAS, CAÏPHAS, ALEXANDER.
Benoist[1] soit il qui a ce dit !

ANNAS.
Saulet, Saulet, mon fils, ça vien !
Tu es taillé à faire bien.

En baillant une lettre

Je te donne commission
D'aler par ceste région
En cerchier ces faulz crestiens.
Tien, va les metre en fors liens
Et les amaine en nos prisons.

SAULUS.
Sire, s'il y a jà prins homs
A rançon que je ne le face
Lier ou mourir en la place,
Je prie à Dieu qu'on me puist pendre.

ANNAS.
Va, le grant Dieu te puist deffendre !

Lors Saulus monte à cheval en disant :

A cheval, à cheval tout homme !
Nous ne valons pas une pomme
S'il y a nulz qui nous eschape.
Si je ne les vous met soulz trape
Sy me couronnez d'un trepié[2].

1. Pour « béni ».
2. Sur cette locution proverbiale, qui resta jusque sous Louis XIII, avec une simple variante une chaufferette, au lieu d'un trépied, V. la *Comedie des Proverbes* dans *L' Théâtre français au xvie et au xviie siècle*, p. 212. Paris, Laplace, Sanchez et Cie.

SES COMPAIGNONS.
Chevauchiez, nous yrons de pié.

Lors voisent[1] en passant par dessoulz Paradis[2].

SAULUS, *en alant.*
Alon en à Damas bon erre.
Le cuer d'ire ou ventre me serre
De ce que ces faulz crestiens,
Ces faulz bougres, ces ruffiens,
Sy vont nostre loy destruisant,
Certes je leur seray nuysant
Dore-en-avant quenque porray ;
Ou ilz mourront, ou je morray.
Brief et court n'en faut plus parler.

SES COMPAIGNONS.
Or tost, tost penssons de l'aler.

Lors sy comme Saulus passera por dessoulz Paradis, Jhésus prengne 1 ardant[3], et gete sus ly, et lors il se lesse chéoir à terre :

JHÉSUS *die :*
Saulé, Saulé, trop es testu.
Dy pour quoy me guerroies tu[4] ?

SAULUS.
Qui es tu qui es cy venu ?

JHÉSUS.
Je suis Jhésus Nazarethus
Que tu poursuis, quant guerroiant
Vas ceulz qui en moy vont croiant.
Tu fais que fol et que félon

1. Vont.
2. Pour comprendre ce mot, il faut savoir que le théâtre, au moyen âge, se partageait en trois étages ou « establies ». L'enfer se trouvait d'abord, représenté par une gueule de monstre à longues dents que recouvrait, lorsqu'on n'avait pas à la voir, un large voile, que, du nom d'un des diables, on appelait *chappe d'Helicquin*, mots conservés encore dans le vocabulaire théâtral, ou l'espece de rideau qui entoure la scene se nomme *manteau d'Arlequin*. Au dessus, était « le solier », c'est a dire le théâtre, la scene même, ou se passait « le jeu », avec tous ses personnages. Cet étage était surmonté d'un autre qu'on appelait « le paradis », ou se tenaient Dieu, Jesus, la Vierge et les Saints. C'était le plus orné Il fallait, comme on le voit par l'indication de mise en scène d'un mystere, qu'il fût « nué, et estoilé tres richement ». L'entrepreneur du jeu y mettait tous ses soins et son orgueil « voila bien le plus beau Paradis que vous vistes jamais, ne que vous verrez, » dit le maitre du théâtre de Saumur dans un des contes des *Serées* de G Bouchet (3e partie, 28e séree). Le plus souvent on y plaçait un orgue, pour accompagner le chœur des anges Ce nom de « paradis » est resté, comme on sait, a la plus haute galerie des théâtres, celle des dernières places.
3. C'est a-dire une torche. Ce mot, dans l'argot, signifie encore « une chandelle » Les Précieuses l'employaient avec le même sens « Inutile, oster le superflu de cet ardent », lit-on dans le *Grand Dictionnaire des precieuses*, 1661, in 8o, p 10, pour « Valet, mouchez la chandelle ».
4. Me fais-tu la guerre.

De regimber contre aguillon[1].

SAULUS.

Sire, que veulx tu que je face?

JHESUS.

Lieve sus, va t'en à Damasce;
Sy orras que tu devras faire.

Lors Saulus se lieve comme aveugle et die à ses compaignons :

Mes chiers amis, vueillez moy traire
Par la main, car je ne voy goute;
Et sy veulz qu'en vostre route
A Damas bientost me menez.

SES COMPAIGNONS.

Sa, la main, sire, car venez.

Lors le meinent aveugle à Damas qui soit en costé Paradis [2].

JHESUS, *sans soy bougier, die :*

Ananie, plus ne sommeille.
Lieve sus, tost sy t'apareille.
Va en la rue qu'on dit Recte.
Là trouveras de nostre secte
En oraison Saulet de Tharsse :
Toute malice est en lui arsse[3],
En ly n'a que bien et doctrine :
Va et les yeulz ly renlumine
Et le baptise en nostre nom.

ANANIAS.

Ah, doulz Dieux ! Il a le renon
D'estre i félon mauvès tirant
Qui va vostre gent martirant
En tous les lieus où il la treuve.

JHESUS.

Va seurement, va, si espreuve
Comme il est doulz et debonnaire.
Je l'ai esleu à tout bien faire;
Et ly monstreray que por moy
Souffrir devra et por ma loy.
Devant roys et princes yra,
Et plusieurs en convertira;
Partout aus champs et à la ville
Preschera la sainte Evangile[4]
Qu'enseigne je ly ay toute
Par ces iii jours qu'il n'a veu goute.
Va tost à ly, car il me plaist.

ANANIAS.

Monseigneur, je suis tout prest.

Lors voise à S. Pol et die :

Saulé, frère, Dieu te benéie !
Jhesus qui fu né de Marie,
Qui t'a aparu en la voye
Tout maintenant à toy m'envoye
Le saint baptesme te donner
Et ta veue renluminer,
Ou nom de Dieu triple en personne,
Baptesme et la veue te donne,
In nomine Patris et Filii et Spiritus sancti. Amen.

En le baptisant.

Frère, vous êtes crestien.
Dieu vous a osté du lien
De pechié et sa grâce avez.
La sainte Escripture savez :
Honnourez Dieu, sa loi preschiez,
Le peuple d'erreur depeschiez.
Pol vostre propre nom sera :
Faites bien, Dieu vous aidera.

Lors se voise seoir S. Pol en alant à Dinas.

Loé soit Dieu qui m'a geté
Hors d'erreur et de fausseté,
Qui m'a à sa grâce apelle,
Qui m'a ses secrez revelé,
Qui en moy a tout mal sechié,
Qui m'a à tout bien alechié,
Qui m'a en doulz aignel changié
De lou sauvasge et enragié;
Qui m'a de persécucion
Esleu à predicacion,
Qui m'a mis à salvacion
De voie de dampnation !
Je n'aray pas sa grâce en vain,
Je vueil tout metre soubz sa main,
Je vueil avant huy[1] que demain
Sa loy preschier à mon prochain.

Lors voise aus Juifs de Damas et die :

Seigneurs, à vous pren mon prologue
Que je voy en la sinagogue.
A vous doit on premièrement
Preschier le nouvel testament.
Vous savez comme Dieu permist
Que Mesyas, c'est (Jhésucrist),
Nestroit[2] de lignée royal,
Du roy David saint et loyal,
Qui sus le fust[3] mort soufferroit
Et son pueple deliverroit,
Qui les gens de diverse loy
Ausneroit à une foy;
Ceste promesse est acomplie :
Nez est de la vierge Marie,
En la crois mort et tormenté,
Resuscité, aus cieulx monté.
Croiez en ly, perseverez
En s'amor, et sauvez serez.

---

1. Ce sont les propres paroles, qui sont prêtées au Christ dans les *Actes des Apotres,* au moment de la conversion de saint Paul (ch xxvi, verset 14) « Saule, Saule, quid me persequeris? durum est tibi contra stimulum calcitrare » La traduction de Sacy emploie pour ces derniers mots les mêmes expressions qui sont ici « Il vous est dur de regimber contre l'aiguillon. »

2 Sur le second plan du soher, tout pres du paradis, comme il est dit ici, mais au dessous se trouvait ce qu'on appelait « les Mansions » ou constructions, qui représentaient les endroits, villes ou campagnes, ou, suivant les exigences de l'action, se rendaient les personnages, sans qu'il fût besoin de changer de décor Tout leur voyage consistait a se rendre de l'avant-scene, « le bord du soher, » au fond du théâtre, « les mansions » Ici, c'est Damas que ces mansions étaient censées représenter.

3 Brûlée, détruite V une note précédente sur le mot *arsure.*

4 Le mot évangile était alors du féminin. Jusqu'à Boileau et à Mme de Sévigné, c'est le genre qu'il garda.

1 Aujourd'hui.
2 Pour « naîtrait ».
3 Tige, de *fustis*, branche, bâton. Ce mot n'est resté que dans l'expression « fût de colonne ».

LE PREMIER JUIF DE DAMAS.

Qui est ce fol qui là parole[1]?
Es-ce ore histoire ou parabole
Dont il va ainssy sermonnant?

LE SECOND.

Sachiez c'est i fol christicole[2].
Qui a prins leçon à l'escole
Dont il va ainssy gergonnant[3].

LE TIERS.

Sire, la char de moy soit arsse
Se ce n'est Saulotin de Tarsse
Qui est yssu hors de son sens
Ou il est espoir enchanté;
Car il s'estoit trop fort vanté
De tourmenter les crestiens.

LE PREMIER.

Hé, le grant Dieu! ce crucifix
Met le pere contre le filz
Et la mère contre la fille,
Il nous destruit, il nous essille[4],
Il pert, il confont nostre loy.
Ne metton la chose en delay.
S'en lesse croistre le meschief,
Nous ne porrons venir à chief.
Il est homme de grant courage;
Puisqu'il commence il fera rage :
Alons le monstrer au prévost.

LES AUTRES.

Trop demourons, alons y tost.

Lors voisent au prévost de Damas.

LE PREMIER.

Monseigneur, pour Dieu mercy,
Il est venu depuis hier cy
I jeune homme de male part,
Plus fier, plus félon qu'un liépart[5],
Qui vostre loy, sire, et la nostre
Veult destruire et se fait apostre
D'un fol que nostre gent fist pendre.
Plaise vous, sire, à y entendre!
Tous ensemble vous en prions.

LE PRÉVOST.

Je voy bien vos péticions.

Prenez le moy sans plus tarder
Et faites les portes garder :
S'en ly trouvons nul maléfice
Nous vous ferons tantost justice,
Alez le prendre sans plus dire.

LES JUIFZ.

Le grand Dieu, sire, le vous mire!

Lors voisent où ils vourront.

ANANIAS.

Frère Pol, Dieu vous croisse honneur!
Les faulz Juifz grant et meneur
Qui demeurent en ceste ville
De vous tuer ont prins concile :
Por Dieu alez-en, n'y tardez!

S. POL.

Se vous dictes bien, resgardez
Qu'au premier assault je m'enfuie,
Qui ne doy doubter[1] vent ne pluie,
Roys ne princes, ne duc, ne conte :
Sire, ce seroit trop grant honte
Et escande[2] pour les enfermes[3].

ANANIAS.

Bien sçay, frère, qu'estes sy fermes
Que vous ne doubtez point mourir;
Mais, pour Dieu, vueilliez secourir
Au monde qui est en erreur!
Ce n'est escande ne horreur
S'un pou vostre mort différez;
Mès grant bien et grant sen ferez,
Por mielx en la foy labourer,
Et Jhésucrist plus honnourer
Qui a en vous sa grâce mise
Et vous a fait de sainte Eglise
Noble docteur et son apostre.

S. POL.

Dites donc vostre Pater nostre[4]
Por moy et à Dieu soiez vous.

Lors voise un pou avant, puis se siee à terre.

ANANIAS.

A Dieu, frère, priez pour nous.

S. BARNABÉ, aus Apostres.

Or, entendez-vous, mes seigneurs,
Que nostre sire a voulu faire?
Saulet qui tant maulz et douleurs
Et engoisse nous a fait traire,
Jhésucrist l'a voulu attraire
Et apeller à son servise.
Sy est aus faulz Juifz contraire
Et vray docteur de sainte Eglise.

---

1. Le verbe « paroler » s'employait surtout pour « parler de choses saintes », comme on le voit par ce passage de la *Bible Guiot*, vers 2336

> Moult *parolent* parfondement
> Des decrez et dou testament.

2. C'est le mot dont on se servait, pour parler des chrétiens avec dérision.

3. C'est la premiere forme du verbe « jargonner » dont, un peu plus tard, Villon se servait deja.

4. Pille, ravage. Le verbe *essiller*, dont l'emploi n'était pas commun, mais que nous trouvons dans le *Roman de Rou*, v. 7779, et dans l'*Eracles* de Gautier d'Arras, v. 5909, avait pour radical le mot *eckill*, qui, dans les langues du Nord, signifiait pirate.

5. C'est la premiere forme du mot « léopard ». On la trouve encore dans les poésies de Jean Marot.

> Cadet Duras amène de ces pars,
> Mille Gascons, humains comme lyepars,
> Ayans les doys aussy prenans que glus

---

1. Craindre. Le verbe « redouter », qui n'est que le reduplicatif de celui-ci, l'a remplacé.

2. Scandale. C'est la forme primitive du mot esclandre, qu'on écrivait aussi d'abord *scanle, escandle*.

3 Infirmes, faibles.

4. Les premiers mots de l'oraison dominicale écrits sous cette forme nous donnent l'étymologie de *patenôtre*. Lanoue le constate a ce mot, dans son *Dictionnaire des rimes*, 1596, in-8°, p. 107 : « l'oraison dominicale s'appelle ainsi, pour ce qu'elle se commence p*at*er noster, dont on a formé ce nom *patenostre*. »

S. PIERRE.

Doulz Dieu, vous soiez mercié
De sy noble convercion!
Vostre nom soit glorefié
D'avoir esleu tel champion!

S. ANDRIEU [1].

C'est un vessel de éleccion [2],
J'en regracie Dieu le père
Qui tous a en dileccion :
Por ce est fol qui se désespère.

S. JACQUES LE GRANT.

Hé! sainte Eglise, nostre mère,
Bien dois grant joye démener
Quant celuy presche ton mistère
Qui te souloit sy mal mener!

S. JEHAN.

Bien scet Jhésucrist asener [3],
Quant d'anemy fait amy chier;
Por ce se doit chascun pener [4]
De son cuer en Dieu tant fichier [5].

S. THOMAS.

Or, a Dieu un bon chevalier :
Il n'a pas failly à eslire
Celuy fait traire à son colier [6],
Qui ne le fesoit que despire [7].

S. JACQUES LE MENDRE [8].

Jhésucrist scet bien sa gent duire [9];
Qui d'un lou a fait i aignel;
Quant fait à luy servir déduire
Son très-grant anemy mortel.

S. PHILIPPE.

Nostre sire fait son chastel;
Il ne chaut de quelque monnoye
Quant son anemy fait a tel
Qu'à luy servir du tout s'employe.

S. BARTHOLOMEU.

Bien doit sainte Eglise avoir joye
Quant voit son nouveau bacheler
Se mettre en convoy et en voye
Du monde tout renouveler.

S. MATHIEU.

Vraye amour ne ce puet céler :
Sy ardans est en charité
Que le dos se fait marteler
Souvent pour soustenir vérité.

S. SYMON.

Hé Diex, benoiste Trinité!
Tant est ceste euvre glorieuse,
Bien est vostre benignité
A tout le monde gracieuse.

S. JUDE.

Vostre sagesce vertueuse,
Doulz Dieu, vostre bénivolence,
En ceste euvre sy merveilleuse
Se monstrent bien par excellence.

S. MATHIAS.

Loons à Dieu à grant révérance
Qui nulle âme ne veult périr
Volentiers le veisse en présence,
S'aucune âme l'alast quérir.

S. BARNABÉ.

En l'eure le feray venir.
Enclinant.
Congié et béñéiçon, Saint Père.

S. PIERRE, *en le seignant.*

Bien aler et bien revenir
Vous doint, nostre beau frère!
Cy voise S. Barnabeu S. Pol.
Frère Pol, Dieu vous doint s'amour!

S. POL.

Sire, Dieu vous doint benoist jour!

S. BARNABÉ.

Frère, mes seigneurs et les vostres,
Saint Père et les autres apostres,
Ont de vos fais oy conter :
Tel joye ont que nul raconter
Nel' saroit en nulle manière,
A cuer joieus, à liée chière [1].
Vous verroient volentiers, sire.

S. POL.

Hélas! c'est quenque je désire,
Sire ; pour Dieu car my menez.

S. BARNABE.

Je le vueil, biau frère, venez.
Lors voisent et S. Barnabé die :
Vecy Pol que je vous ameine.

S. POL.

Jhésus qui pour nous souffrit paine,
Mes seigneurs, vous doint bonne vie!

---

1. Le nom de saint André s'écrivit ainsi pendant tout le moyen âge, et devint, sous cette forme, un des noms qui sont encore le plus répandus. On sait que ce saint, qui était frère de saint Pierre, fut avec lui un des premiers apôtres.
2. Le nom de vase d'élection, *vas electionis*, est celui même qui fut donné a saint Paul, par les apôtres, après sa conversion. Du vieux mot « vessel » employé ici pour vase, vaisseau, est venu le mot vulgaire « vaisselle ».
3. Assigner, ou « assener », comme on dit encore dans le Berry. Le verbe *assener*, qui ne s'emploie encore que pour dire frapper violemment, se prenait pour « affirmer ». On le voit par ce passage, et par celui-ci de Montaigne : « J'aperçois, ce me semble, aux escrits des anciens, que celuy qui dit ce qu'il pense l'*assene* bien plus vivement que celuy qui se contrefaict. »
4. Se donner de la peine pour...
5. Ficher, fixer.
6. C'est-a-dire « attache a son joug ».
7. Biaver C'est « despiter » du dialecte catalan, qui a le même sens, et dont on a fait notre mot « dépiter », qui, dans les patois du Berry et de la Normandie, signifie encore « defier ».
8. Le moindre. C'est saint Jacques qu'on appelait *le Mineur*, pour le distinguer de l'autre, un des douze apôtres. Il était frère de saint Simon et de saint Jude, et fut le premier évêque de Jérusalem.
9. Mener a bien.

---

1. Chere joyeuse, bonne chere. — *Liée*, avec ce sens, se trouve dans le roman de Perceval. On disait plus souvent, comme on le voit dans Christine de Pisan, Alain Chartier, etc. « chiere lie », d'où est venu « liesse », joie.

LES APOSTRES.
Bien veigne celle conpaignie!
S. PIERRE.
Mon frère et mon amy loyal,
Mon compaignon spécial,
Mon confort, m'amour, mon soulas[1],
Por vous avons esté tous las;
Mais Jhésucrist nostre tristesce
Nous a muée[2] en grant léesce[3],
Quant mué a vostre courage
Et vostre fol propos en sage,
Quant vous a sy enluminé
Que par vous sera doctriné
En vraye foy trestout le monde,
Quant noblement sa grâce abonde
Où abondoit iniquité :
Gloire à la sainte Trinité!

1. Consolation, du latin *solatium*.
2. Changée, du latin *mutare*
3. Liesse.

Venez besier moy et mez frères.
S. POL.
Volentiers et de cuer, sains pères.

Lors les baise tous.

Qui voudra joindre ceste convercion avec le jeu S. Estiene, pourra finir ici endroit tout ensemble, en ceste forme qui ensuit :

S. PIERRE.
Frères, ceste convercion
Est des anges solemnisée;
Car par divine éleccion
A esté faitte et ordenée.
Sy voulons qu'elle soit célébrée
Dignement par dévocion
En sainte Eglise longue et lee[1];
Et pour ce chantons : *Te Deum.*

1. Large. Ce mot ne survit que dans celui de « lé », qui signifie largeur pour la mesure des étoffes.

FIN DU MARTIRE S. ESTIENE ET DE LA CONVERCION S. POL.

FARCE NOUVELLE DU PASTÉ ET DE LA TARTE

(XIVe SIÈCLE. — RÈGNE DE CHARLES VII)

NOTICE ET ARGUMENT

Cette pièce est une des soixante-quatre Moralités, Sotties et Farces dont le recueil, imprimé en gothique, fut vendu trois mille francs en 1845, par le libraire de Berlin, Ascher, au *British Museum*[1], où nous l'avons longuement étudié.

Il était resté inconnu presque jusqu'au moment de sa vente. C'est peu de mois auparavant qu'il avait été trouvé dans un grenier, en Allemagne.

Ce recueil est factice.

Chaque pièce est imprimée séparément, dans ce format oblong, dit format *d'agenda*, que la moralité des *Blasphémateurs* nous avait déjà fait connaître, et qu'on donnait le plus ordinairement alors aux pièces de théâtre. La plupart de celles qu'on y a groupées ne sont connues que par l'unique exemplaire qui s'y trouve. Celle-ci est du nombre.

Elle y occupe quatre feuillets ou huit pages à cinquante-huit lignes chacune, sans indication ni pour le lieu d'impression, ni pour la date.

Nous lui en avons donné une d'après une note de Charles Magnin, dans le *Journal des savants*[2].

Il fit observer qu'il est parlé dans cette farce d'une petite monnaie, *le niquet*, dont le cours ne dura que trois ans, de 1421 à 1424, et il en tira cette conclusion assez logique, que la *Farce du pasté et de la tarte* dut être jouée pendant une de ces trois années là.

1. V. *Bulletin du Bibliophile*, 1845, p. 187.
2. Avril 1858, p. 206.

C'est dans un des curieux articles consacrés par lui aux trois premiers volumes de l'*Ancien Théâtre* de la collection Jannet, qui ne sont, comme on sait, que la reproduction du recueil de Londres et dans lesquels cette farce avait dû, par conséquent, avoir sa place comme les autres[1], qu'il fit l'observation que nous avons suivie.

Venons à la pièce même. Elle est des plus simples, des plus élémentaires, comme la plupart des *repues franches*, mais avec la punition de plus.

Deux « coquins » avisent un pâtissier qui, partant pour dîner en ville, recommande à sa femme de remettre un pâté d'anguille tout frais cuit, au messager qu'il pourra lui envoyer et qui se fera reconnaître par un signal dont ils conviennent. Un des coquins retient ce signal, s'en sert quand il croit le moment venu, obtient le pâté et le croque avec son « compain ». Le mari revient, et, ne trouvant plus le pâté, il croit que sa femme s'en est régalée toute seule, et il la bat non sans qu'elle crie.

Les drôles l'ont trouvé parfait, mais bien léger, « fafelu. » Une tarte qui était auprès leur achèverait bien ce régal. Celui des deux qui n'est pas allé chercher le pâté se risque pour avoir la tarte et croit que le même signal lui suffira. Il trouve le mari qui l'accueille de la bonne façon et ne s'arrête de le battre qu'à la condition qu'il ira chercher l'autre, qui a pris le pâté. Il y court, l'amène, et une nouvelle volée de bois vert donne à la farce sa conclusion et sa moralité.

1. Elle s'y trouve au tome II, p 64-79.

FARCE NOUVELLE
DU PASTÉ ET DE LA TARTE

Quatre personnaiges, c'est assavoir

DEUX COQUINS
LE PATICIER
ET LA FEMME

LE PREMIER COQUIN *commence*.

Ouyche.

LE SECOND COQUIN.

Qu'as-tu?

LE PREMIER.

Si froyt que tremble,
Et si n'ay tissu ne fillé.

LE SECOND.

Sainct Jehan, nous sommes bien ensemble.

FARCE NOUVELLE DU PASTÉ ET DE LA TARTE.

Ouyche.

LE PREMIER.

Qu'as-tu?

LE SECOND.

Si froyt que tremble.

LE PREMIER.

Pauvres bribeurs[1], comme il me semble,
Ont bien pour ce jourd'huy vellé[2].
Ouyche.

LE SECOND.

Qu'as-tu?

LE PREMIER.

Si froyt que tremble;
Et si n'ay tissu ne fillé;
Par ma foy, je suis bien pelé.

LE SECOND.

Mais moy!

LE PREMIER.

Mais moy encore plus,
Car je suis de fain tout velus[3],
Et si n'ay forme de monnoye.

LE SECOND.

Ne sçaurions-nous trouver la voye
Que nous eussions à menger?

LE PREMIER.

Aller nous fault, pour abreger,
Briber[4] d'huys en huys quelque part.

LE SECOND.

Voire, mais ferions-nous à part
Tous deux?

LE PREMIER.

Et ouy, si tu veulx.
Soit de chair, pain, beurre ou d'oeufz,
Chascun en aura la moytié.
Le veulx-tu bien?

LE SECOND.

Ouy, Magnié[5].
Il ne reste qu'à commencer.

LE PATICIER.

Marion!

LA FEMME.

Que vous plaist, Gaultier?

LE PATICIER.

Je m'en voys disner à la ville;
Je vous laisse un pasté d'anguille[6],
Que je vueil que vous m'envoyez
Se je le vous mande.

LA FEMME.

Soyez
Tout certain qu'il vous sera fait.

LE PREMIER.

Commençons; cy est nostre faict.

LE SECOND.

Il n'y en fault que l'un du plus,
Et je m'y en veois; au surplus,
Va veoir si tu gaigneras rien,
Comment cela.

LE PREMIER.

Je le veulx bien.
En l'honneur de sainct Ernou,
De sainct Anthoine et sainct Marcou,
Vueillez me donnez une aulmosne.

LA FEMME.

Mon amy, il n'y a personne
Pour te bien faire maintenant;
Reviens une autre fois.

LE PATICIER.

En tant
Qui me souvient de ce pasté,
Ne le faicte point apporté
A personne, si n'a enseigne[1]
Certaine.

LA FEMME.

Je n'auroy engaigne[2];
Envoyez aussi seur message,
Ou point ne l'aurez.

LE PATICIER.

Voicy rage.
A tel enseigne comme on doyt,
Mais que vous preigne le doigt.
M'avez-vous entendu?

LA FEMME.

Oy.

LE PREMIER.

J'ay voulenté ce mot oy,
Je l'ay entendu plainnement.
Helas! bonne dame, comment
N'aurez point pitié de my?
Il y a deux jours et demy
Que de pain je ne mangay goutte.

LA FEMME.

Dieu vous vueille ayder.

---

1. Mendiants, chercheurs de bribes, de miettes.
2. Navigué, mis à la voile ou velle. Ce sens ne se trouve que dans Cotgrave.
3. Velus est ici pour veleux, plein, rempli. Le vers ne peut se comprendre que par un jeu de mots sur fam et fum. Le sens du mot veleux ne se trouve aussi que dans Cotgrave.
4. Mendier.
5. Compagnon, camarade de la même magnie, ou megnie, société, famille, comme on dit encore dans le patois bourguignon.
6. Ce fut un mets très en renom jusqu'au XVIIe siècle. On connaît le joli conte où La Fontaine le prit pour moyen et pour titre, mais on sait moins — car aucun commentateur ne l'a dit — que ce conte n'est qu'une imitation de Celio Malespini, dans le 57e de ses Ducento Novelle. Venetia, 1609, in-4°.

1. Signe, marque, preuves. C'est de ce mot pris dans ce sens, qu'est venue l'expression « à telles enseignes », qui, sous une forme différente, n'est que cette autre « a preuve que. »
2. C'est-à-dire « je ne serai pas trompée. » Le mot « engaigne », tromperie, vient de ce verbe « engagner » que regrettait si bien La Fontaine, et dont il disait dans sa fable la Grenouille et le Rat:

J'ai regret que ce mot soit trop vieux aujourd'hui,
Je l'ai toujours trouvé d'une énergie extrême.

LE PREMIER.

    Que la goutte
De sainct Mor et de sainct Gueslain
Vous puyst tresbucher à plain,
Ainsi que les enragés font.

LE SECOND.

De fain tout le cueur me morfont.
Mon compaignon ne revient point :
Y me verroit trop mal à point
Si me chyfroit de son gaignage.
Le voicy. Comment va?

LE PREMIER.

    J'enrage!
Je n'ay rien gagné, par ma foy.
Et toy, comment?

LE SECOND.

    Foy que je doy
A sainct Damien et sainct Cosme,
Je ne trouvay aujourd'huy homme
Qui me donnast un seul nicquet[1].

LE PREMIER.

Sainct Jehan, c'est un povre conquest
Pour faire aujourd'huy bonne chere.

LE SECOND.

Ne sçaurois-tu trouver manière
Ne tour, pour avoir à mouller[2]?

LE PREMIER.

Si feray, se tu veulx aller
Où te diray.

LE SECOND.

    Mon amy cher,
Où esse!

LE PREMIER.

    Au paticier,
Droit là, et demande un pasté
D'anguille, et sois affronté,
M'entends tu bien, ainsi qu'on doit;
Si prens la femme par le doigt,
Et dis : « Vostre mary m'a dit
« Que me bailles, sans contredit,
« Le pasté d'anguille. » Voy-tu?

LE SECOND.

Et s'il estoit jà revenu,
Que diray-je pour mon honneur?

LE PREMIER.

Il ne l'est point; j'en suis tout seur :
Car il s'en va tout maintenant.

LE SECOND.

Si seray doncq la main tenant?
Je m'en voys.

LE PREMIER.
Va tost, gros teste.

LE SECOND.

Sang bieu, je crains d'estre batu,
Et qu'il n'y soit; m'entends-tu bien?

LE PREMIER.

Qui ne s'aventure, il n'a rien.

LE SECOND.

Tu dy vray; je y voys sans songier.
Madame, veuillez envoyer
Ce pasté à vostre mary
D'anguille; oyez-vous?

LA FEMME.

    Mon amy,
A quelle enseigne?

LE SECOND.

    Il m'a dit
Que vous preigne, sans contredit,
Pour bonne enseigne, par le doigt.
Çà, vo main.

LA FEMME.

    C'est ainsi qu'on doit
Bailler l'enseigne; or, porte-luy
Tenez-le.

LE SECOND.

    Par le bon jourd'huy,
Porter le voys sans point doubter.
Maintenant me puis-je venter
Que je suis un maistre parfait.
Je l'ai, je l'ai, il en est fait!
Regarde-cy.

LE PREMIER.
Es-tu fourny?

LE SECOND.

Si je le suis? Ouy, ouy!
Qu'en dy-tu?

LE PREMIER.

    Tu es un droict maistre.
Voicy assez pour nous repaistre
Quand nous serions encores trois.

LE PATICIER.

Je m'apperchois bien par cest croix
Que mes gens m'ont joue d'abus[1],
Et je suis bien un coquibus[2]
De si longuement sejourni.
Sainct Jehan, je m'en revoys disner
De mon pasté avec ma femme;
Car je seroye bien infame
S'on se mocquoit ainsi de my.
Madame, je revien.

---

1. Petite monnaie, qui n'eut cours que pendant trois ans sous Charles VI, et dont la valeur était de trois mailles, c'est-à-dire un denier et demi. V. la notice en tête de la farce.

2. A manger, a moudre, les dents servant de meules.

1. M'ont abusé. Expression fort rare. Le *Diction. histor. de l'Académie française*, 1858, in 8º, t. I, p 366, n'en cite que cet exemple, que nous-même lui avons fourni.

2. Imbécile, grosse bête Cotgrave donne le même sens a « Coquardeau », vieux mot, dont Gavarni a fait un type.

LA FEMME.

   Sainct Remy!
Et avez-vous desjà disné?

LE PATICIER.

Sainct Jehan, non; je suis indigné;
Que le dyable y puist avoir part!

LA FEMME.

Et qui donc vous a meu, coquart,
D'envoyer querir le pasté?

LE PATICIER.

Comment, querir?

LA FEMME.

   Mais escouté
Comment il fait de l'esperdu!

LE PATICIER.

Quoy, esperdu? Tout entendu,
L'avez-vous baillé à quelqu'un?

LA FEMME.

Ouy. Il est cy venu un
Compagnon, qui m'est venu prendre
Par le doigt, disant, sans attendre,
Que je luy baillasse, medieu.

LE PATICIER.

Comment, bailler? Par le sang bieu,
Doncq seroit perdu mon pasté!

LA FEMME.

Par sainct Jehan, vous l'avez mandé
Aux enseignes que m'avez dit.

LE PATICIER.

Vous mentez : car je y contredit.
Vous me direz qu'en avez fait.

LA FEMME.

Et que vous estes bon! si fait,
Je l'ay baillé à ce message
Qui vint aurain[1].

LE PATICIER.

   Et voicy rage!
Fault-il que je prengne un baston?
Tu l'as mengé.

LA FEMME.

   Tant de langage!
Je l'ay baillé à ce message.

LE PATICIER.

Vous en aurez le desarreage[2].
Pensez-vous que soye un mouton?
Tu l'as mengé.

LA FEMME.

   Et voicy rage!

LE PATICIER.

Fault-il que je prengne un baston?
Vous en aurez sus le menton.
Tenez, dictes la verité :
Qu'avez-vous fait de ce pasté?

LA FEMME.

Le meurdre[1]! Me veult-tu meurdry,
Coquin, truant, sot rassoté?

LE PATICIER.

Qu'avez-vous fait de ce pasté?
Vous en aurés le dos froté,
L'avez-vous donc mengé sans my?
Qu'avez-vous faict de ce pasté?

LA FEMME.

Le meurdre! me veult-tu meurdry?
Et si l'est-on venu querir
Aux enseigne, et si le baillay,
Que m'aviés dit.

LE PATICIER.

   Sainct Nicolay,
Voicy assez pour enrager.
J'ay fain, et si n'ay que menger.
J'enrage.

LE PREMIER.

   Que dis-tu?

LE SECOND.

Le pasté estoit fafelu[2].
Se tu voulois faire debvoir,
Encore auroit-on bien, pour veoir
Par ma foy, une belle tarte
Que je vis là.

LE PREMIER.

   Par saincte Agatte,
Vas y doncques ainsi qu'on doit,
Et prens la femme par le doigt,
Puis luy dy que son mary
La renvoye encore querir.

LE SECOND.

Ne parle plus de tel sotie :
Car bien sçay que je n'yray myc.
Aussi j'ay fait mon fait devant;
C'est à toy de faire.

LE PREMIER.

   Or avant
Je y voy donc; mais garde ma part
De ce remenant[3].

LE SECOND.

   Sus la hart[4],

---

1. Ce matin. Cotgrave écrit « aurorain » et donne ainsi l'étymologie du mot, que M. Littré a eu tort d'oublier sous l'une et l'autre forme.

2. Désagrément. C'est le même mot que « désarroi » sous une forme très-peu usitée.

1. Meurtre.

2. Maigre, léger. C'est à ce mot, qui se trouve encore chez Mme de Sévigné (*Lettre* du 19 fév. 1690), et dont une des formes primitives, comme on le voit dans le *Roman de la Rose*, vers 9328, était *fanfelu*, que nous devons « fanfreluches ».

3. Reste. On lit dans une moralité presque du même temps, le *Debat du corps et de l'âme* :

 Et que le *remanant* est plein de vanité.

4. C'était la branche flexible dont on faisait le lien des fagots.

Sois seur que ce qu'avons promis
Te tenray, enten-tu, amis?
Et à cecy ne touchera nulz
Tant que tu seras revenus,
Je te le prometz par ma foy.

LE PREMIER.

T'es trop bon; or bien je m'en voy.
Attens moy cy.

LA FEMME.

Aye, mon costé;
Que mauldit soit le beau pasté!

LE PATICIER.

Y vous a fait sentir voz os.
Or paix, je voys fendre du boys
Là derrière.

LA FEMME.

Allez dehors en haste.

LE PREMIER.

Madame, envoyez celle tarte,
Que vostre mary a laissé;
Il est presque vif enragé
Pour tant que ne luy porté point
Avec le pasté.

LA FEMME.

Bien à point
Vous venez; entrez, s'il vous plaist.

LE PATICIER.

Et, coquin, estes-vous si fait?
Sainct Jehan, vous serez dorlote [1].
Que avez-vous faict de mon paste
Que vous estes venu querir?

LE PREMIER.

Helas! se n'ay-je point esté.

LE PATICIER.

Qu'avez-vous fait de mon paste?
Vrayement vous en serez frotte.

LE PREMIER.

Las! me voulez-vous cy meurdryr?

LE PATICIER.

Qu'avez-vous fait de mon pasté,
Que vous estes venu querir?

LE PREMIER.

Je le vous diray sans mentir,
Se vous ne me voullez plus batre.

LE PATICIER.

Nenny, dis le doncq, he, follastre,
Ou prestement je te tueray.

LE PREMIER.

Par ma foy, je le vous diray.
Orain [2] j'estoy si venu

Demander l'aulmosne; mais nul
Ne me donna, en verité.
Je ouy l'enseigne du pasté
Que envoyer on vous debvoit,
Prenant vo femme par le doigt;
Et moy qui suis, beaux doulx amis,
Plus que n'est point un loup famis [1],
Je retrouvay mon compagnon,
Qui est plus fin qu'esmerillon [2],
Et s'avons foy et loyauté
Promis ensemble; or escouté,
Car de tout ce que nous gaignons
Justement nous le partissons;
Se luy dis le tour de l'enseigne;
Si vint, dont je m'en engaigne.
Et quand c'est venu au menger,
Le dyable luy a fait songer
Que une tarte y avoit ceans.
Cy vins, dont se ne fut point sens
A my de le venir querir.

LE PATICIER.

Sang bieu, je te feray mourir
Se tu ne me promets de faire
Ton compagnon le venir querre;
Car, puis que vous faictes a part,
C'est raison qu'il en ayt sa part,
Tout tel et aussi bien que ty.

LE PREMIER.

Je le vous prometz, mon amy;
Mais je vous prie droictement
Qui soit bien escoux [3] vivement.

LE PATICIER.

Or va dont et faitz bonne myne.

LE PREMIER.

Foy que doy saincte Katherine,
Il en aura comme j'ay eu.

LE SECOND.

Comment! tu ne raporte rien?

LE PREMIER.

Hau, el m'a dit à brief langage
Que je y renvoie le message
Qui alla le pasté querir,
Et qu'il aura sans point faillir.

LE SECOND.

S'y voy dont sans cy plus songer.
Sang bieu, qu'il en fera bon menger!
Boute cela en tes cautellez.
Haula!

LA FEMME.

Qu'est là?

LE SECOND.

Çà, damoyselle,

On appela de son nom la corde des gibets Ce coquin jure ainsi par le licou qui quelque jour lui serrera la gorge.
1. Caressé, frotté, dans un sens ironique.
2. V. une des notes précédentes.

1 Affamé. Nous ne connaissons pas d'autre exemple de ce mot.
2 La femelle du faucon Du nom de cet oiseau a tres-vives allusions, on avait fait le verbe « émerillonner », que Mme de Sévigné emploie souvent.
3 Secoué, frappé Dans les langues du Midi, comme on le voit par un passage d'Odde de Triors, on disait escotu pour secoué.

Baillez-moy bien tost celle tarte
Pour vo mary.

LA FEMME.

A, saincte Agathe,
Entre ens[1].

LE PATICIER.

Et trahistre larron,
On vous pendera d'un las ron;
Vous aurez cent coups de baston.
Tenez, voylà pour no pasté!

LE SECOND.

Pour Dieu, je vous requier pardon.

LA FEMME.

Vous aurez cent coups d'un baston!
Estes-vous trouvé à taton?
Pour vous j'ay eu mon dos frotté.

LE PATICIER.

Vous aurez cent coups d'un baston.
Tenez, voylà pour no pasté!

LE SECOND.

Helas! ayez de moy pitié,
Jamais p'us y ne m'advenra,
A tousjours mais il y perra!
Helas! helas! je vault que mort[2]

LA FEMME.

Gaultier, à tousjours allez fort
Du pasté aura souvenance.

LE PATICIER.

Va, qu'on te puist percer la pance
D'une dague, et tous les boyaulx!

1 Ici dedans.
2. Je ne vaux pas mieux qu'e mort.

LE SECOND.

A, faulx trahistre deloyaux,
Tu m'as bien fait aller meuldryr!

LE PREMIER.

Et ne devois-tu point partir
Aussi bien au mal comme au bien?
Qu'en dy-tu, he, belitrien?
J'en ay eu sept foys plus que toy.

LE SECOND.

Dea, si tu m'eusse adverty,
Je n'y fusse jamais allé.
Helas! je suis tout affolle!

LE PREMIER.

Cé-tu point bien que on dit qu'enfin
Le compaignon n'est point bien fin,
Qui ne trompe son compaignon

LE SECOND.

Or bien, laisson cela; mengon
No pasté sans avoir la tarte
Et s'en fournisson no gorgette.
Nous sommes, nottes bien ces motz,
Par ma foy recevant de bos[1].

LE PREMIER.

Se sommes-nous; mais, sans doubter,
Il ne nous en fault point vanter
En quelque lieu ne hault ne bas,
Et prenez en gré noz esbas[2].

EXPLICIT.

1. *Bos* se disait pour bois, d'où le mot *bosquet*. Ici il s'entend pour coups de baton. Le coquin veut dire qu'ils ont reçu une volée de « bois vert ».
2 Les farces finissaient souvent par ces mots qui rappellent le « *plaudite* » des pieces de Plaute. Ainsi celle de *Mahuet*, qui est du même temps et du même repertoire, a une conclusion toute pareille

Et si vous ditz que, pour le cas,
Que prenez en gré nos esbatz.

FIN DE LA FARCE DU PASTE ET DE LA TARTE

LA VIE DE SAINT FIACRE

(XVe SIÈCLE. — RÈGNE DE CHARLES VII.)

NOTICE ET ARGUMENT

Ce mystère se trouve dans le même manuscrit que ceux qui précèdent, et, comme eux, il a été publié par M. Achille Jubinal dans ses *Mystères inédits du XVe siècle* [1]. Il est du même temps et du même caractère.

La vie du saint y est suivie de point en point avec une exactitude pareille.

C'est sa légende rimée et mise en scène de la façon la plus naïve, avec tous les détails qu'on en peut lire dans un manuscrit de la même époque qui se trouve aussi à la Bibliothèque nationale, et que nous aurons occasion de citer en note aux endroits qui se rapprocheront plus particulièrement des épisodes de la pièce.

Dans celle-ci comme dans la légende, nous trouvons d'abord saint Fiacre chez son père, noble et riche seigneur d'Irlande, « contte tenant soubz luy la seigneurie d'Ybernye. » Le père aime le luxe et la magnificence, le fils les fuit; le père voudrait qu'il se mariât à quelque noble jeune fille, et Fiacre a le mariage en haine. C'est Dieu seul qui le possède. La fille d'un comte, qu'on envoie vers lui pour le mettre en tentation, ne fait que le mettre en fuite. A tout ce qu'elle lui peut dire de gracieux, il répond par des refus.

« Ce oyant, dit la légende manuscrite, qui est la meilleure analyse de la pièce, la pucelle moult triste et honteuse s'en retourna, et le benoist saint Fiacre, touché de l'amour de Dieu, se mist en chemin pour passer la mer affin de s'en aller hermitte au pays de Brie près Meaulx. Et se adressa vers saint Faron, luy donnant à congnoistre sa voullante. »

Dans le mystère ce voyage est bientôt fait. Quelques vers y suffisent.

Saint Pharon, qui était alors évêque de Meaux, fait le meilleur accueil au pieux voyageur, et, pour qu'il puisse avoir une digne hermitage sur ses terres, il lui donne tout ce qu'il pourra bêcher de terre en un jour. Or, la bêche en ses mains bénies fait un tel travail, qu'avant la fin de la journée Fiacre se trouve maître d'un terrain immense. Toute une vaste forêt s'est trouvée défrichée.

Une vieille femme, qui aime mieux croire à quelque tour de sorcier qu'au miracle, s'en va dénoncer Fiacre à saint Pharon, qui, émerveillé, lui laisse ce que Dieu lui a donné par ce prodige.

Sa vie ne se prolonge guère. Dieu, à qui il l'a donnée toute, le prend en compassion et le retire vers lui.

Quand il est mort, l'évêque fait pieusement relever « le corps saint », et les miracles se multiplient sur la chapelle où il a été placé. Ils s'opèrent dans la pièce de la même manière et avec le même ordre que dans la légende. De solennelles actions de grâces, dont l'évêque donne le signal, remercient le ciel et mettent fin au mystère.

Ce qui lui donne une originalité particulière, pour ne pas dire étrange, c'est qu'arrivé aux deux tiers de sa longueur il est interrompu par une *farce*, qui, sans dire gare, s'ébat en toutes sortes d'impiétés, de ribauderies, de gaillardises, et cela entre la vie du saint qui vient de finir, et ses miracles qui vont commencer !

Un de ces soldats d'aventure et de pillage qu'on appelait alors du nom de « brigand », resté aux mauvais drôles qui ont gardé la pire moitié de leur métier, rencontre un paysan, « un vilain », et lui demande sa route vers Saint Omer, pour qu'il puisse rejoindre sa compagnie.

Le vilain fait d'abord la sourde oreille, puis ne lui répond — lorsqu'il y consent enfin — que par des moqueries ou des injures. Le brigand veut s'en venger, mais le vilain est déjà loin, et il ne trouve pour passer sa colère qu'un chapon gras auquel il tord le cou. Un sergent qui passe le lui dispute. De gros mots s'échangent, puis des coups; les plus lourds et les plus drus tombent sur le sergent, qui s'en va avec un bras cassé pendant que le brigand emporte le chapon.

De ce champ de bataille on passe, avec la facilité d'évolution particulière à ces pièces, chez la femme du sergent.

Celle du vilain lui vient conter, pour la réjouir, le mauvais cas de son mari, estropié par le brigand. Elles s'en donnent à cœur joie sur l'aventure, et pour la fêter mieux s'en vont au cabaret où la femme du vilain s'est éprise d'un certain vin nouveau qu'elle veut faire connaître à sa commère. Elles sont en train de boire à plein gosier, quand survient le sergent, qui, du seul bras qui lui reste, étrille sa femme bel et bien.

De rage, elle se jetterait, toute décoiffée, sur sa commère qui, en la menant au cabaret, l'a mise en cette mauvaise passe; mais un bon mouvement l'en détourne. Pour se consoler de ne plus boire, elles chantent ensemble. La farce finit et le mystère recommence.

M. le duc de la Vallière, dans sa *Bibliothèque du Théâtre Français* [1], et, d'après lui M. Lement, dans son livre *la Satire en France au Moyen Age* [2], avaient signalé cette singularité d'une farce au beau milieu d'un mystère dont elle interrompt les scènes dévotes par son rire et ses impiétés.

Nous croyons, comme eux, que c'est un fait unique dans l'histoire de ce théâtre bizarre, et c'est pour cela que, pour ce volume, où farces et mystères se trouvent mêlés, nous avons donné la préférence à cette *Vie de saint Fiacre*, qui est à la fois mystère et farce.

1. T. I, p. 304-353.

1. T. I, p. 38-42.
2. 1859 in 18, p. 342.

VIE Mgr S. FIACRE

LA PUCELLE

Amis, passe nous sans atendre;
Que de mal nous veulle defendre
Le Roy des Roys.

CY COMMANCE

LA VIE MGR S. FIACRE

RIMÉE EN FRANÇOYS

LE PÈRE S. FIACRE.

Dame, mon pensser vous vueil dire :
Sachiez, j'ay au cuer grant yre [1]
Toutes fois que mon filz regarde.
Je croy par Dieu, qui lez siens garde,
Que il ne vauldra jà riens née [2].
Il est tout adez [3] en pensée;
Il ne se porte bel ne gent;
Il samble que de bonne gent
    Ne soit pas nez.

LA MÈRE.

Monseigneur, tot de moy tenez
Que sens [4] sera s'en [5] le marie;
Car lors manie plus jolie
Demenra [6], créez [7] ma parole.
Il a trop esté à l'escole :
Retraire-le nous en convient;
D'estudier trop lui souvient :
    Point ne m'agrée.

LE PÈRE.

Vous vous estes bien apensée [8]:
Ceste parole tieng à sage,
Je li veul dire mon courage [9].
    Cy parle à son filz

Fiacre, mon filz, sà, venez
Icy devant moy vous tenez
    Sanz contredire.

S. FIACRE.

A vostre volenté, chier sire,
Feray de droit. J'y suis tenuz,
    Car c'est droiture.

LE PÈRE.

Mon chier enfant, de ta nature
Te deusses porter jolis,
Et avoir gent corps et polis,
Et chevaulchier et faire joye.

Il semble, quant tu vas la voie,
Que tu penssez trestout adez.
J'amasse miex qu'au jeu des dez
Ou auls tables te déportasses,
Qu'en tel guise te desmenasses.
    Ta guise mue [1].

S. FIACRE.

Mon chier seigneur, j'ay entendue
La parole de Jhésucrist;
Es Euvangiles est escript :
Dieu le dit, n'en sui en esmoy,
Qui veult venir droit après moy
Renier si fault sa plaisance
Et prendre croix de pénitence
Pour soy des péchiez aquiter.
Et s'ay souvent oy conter
Qu'en doit pou prisier le solas,
Dont en dit en la fin : « Hélas! »
    C'est verité.

LE PÈRE.

Biau filz, j'ai de toy grant pitié :
Marier te fault sanz doubtance;
Sy mueras ta contenance.
    Cy parle au chevalier.

Entendez à moy, biau compère,
Au nom de Dieu notre douz Père.
Devisiez-moy d'une pucelle
Qui soit sy avenant et belle
Que à Fiacre puisse plaire,
Afin que le face retraire
De la simple vie qu'il maine.
Elle me semble trop vilaine
    Et dissolue [2].

LE CHEVALIER.

J'en say une de grant value,
Gente de corps et de visage,
Et sy est de noble lignage,
Et de rente moult bien garnie;
Elle sera moult esjoie
De Fiacre votre filz prendre.
    Cy s'en part.

Je la voiz querre sanz attendre;
Je la voy là ou se repose.
    Cy parle à la pucelle.

---

1. Mécontentement, colère.
2. C'est-à-dire chose digne, noble. « Riens » ici est pris dans le sens primitif de chose, comme son radical latin *res*, et « née » se prend pour noble, « bien née »
3. Maintenant. C'est un reste du latin « adesto, » sois présent, qui se retrouve encore bien mieux dans l'italien *adesso.*
4. Sensé.
5. Si on.
6. Menera, démenera.
7. Croyez. C'est de ce verbe ainsi écrit qu'est venu le mot *creance* pour croyance.
8. Vous avez pensé sagement.
9. Mon sentiment, ma résolution. « Courage » est pris souvent avec ce sens dans la *Chanson de Roland*, et le *Roman de Roncevaux*.

1. Change ta fantaisie.
2. Déliée, dénuée de raison.

Ma suer[1], Dieu, qui tout dispose,
Vous octroit joye.

LA PUCELLE.

Sire, Jhésucrist vous pourvoie!
Dictes-moi quel besoing vous maine;
Je ne vous viz mez[2] des semaine
Prez de sà traire[3].

LE CHEVALIER.

Vous le sarez sanz nul contraire :
Monseigneur veult qu'à ly vegniez
A celle fin que vous preigniez
Fiacre son filz à mary.
Venez avec moy sanz destry[4],
Et sy ly faites bonne chiere
A celle fin qu'il vous ait chiere;
Miex en vauldrez.

LA PUCELLE.

G'iray quel part que vous vouldrez,
Car j'ay en vous bonne fiance,
Se le doulz Jhésus tant m'avance
Que Fiacre me veult prendre,
Guerredon[5] vous en vouldray rendre
Bon et grant, et à bonne chiere.
Venez avec moy, chamberiere :
C'est bon afaire.

LA CHAMBERIÈRE.

Vostre volenté me doit plaire,
Ma gracieuse damoiselle.
Bonne me samble la nouvelle
Qu'avez oie.

LE CHEVALIER.

Alons-ent, ne demourons mie,
Par ceste sente[6] qui est plaine.

Cy parle le chevalier au pere S. Fiacre.

Syre, cy endroit vous amaine
La damoiselle que disoie.
En convenant la vous avoie,
Vous le savez[7].

LE PERE S. FIACRE.

Biau compere, bien fait avez.

Cy parle à la pucelle.

Ma fille, je vous ay mandée
Pour ce que bonne renommee
Vous porte mon compere chier.

Je vous prie que aprochier
Veilliez de mon filz, par tel guise
Que il vous ait à fame prise :
Liez[1] en seroie.

LA PUCELLE.

A vostre gré faire m'octroie.
A Fiacre vois sanz demeure;
Ne veul plus y faire demeure,
A ly gentement parleray,
Et biau semblant li monterray
A soing selon sa contenance.

Cy parle à S. Fiacre.

Mon chier amy, sy suis venue;
A vous conforter sui tenue,
Car en m'en prie.

S. FIACRE.

En Dieu est mon confort, amie,
Car de solas[2] mondain n'ay cure.
Dieu vous octroit bonne aventure,
Je le voudroie.

LA PUCELLE.

Mon chier amy, je loeroie[3]
Que préissiez esbatement
Et que créez[4] le loement[5]
De votre père qui est sage.
C'est bonne ordre que mariage;
Bien dire l ose.

S. FIACRE.

Pas encontre vous ne propose,
Mais je sçay bien en verité
Que trop miex vault virginité.
Garder la veuil de bon corage :
N'ay soing d'entrer en mariage,
Doulce seur gente.

LA PUCELLE.

Mon amy, sy vous atalente[6],
Vostre fame de moy ferez.
De chacun miex prisiez serez
Se vous déportez gentement,
Qu'a vivre si musaclement[7] :
C'est grant douleur.

1. En liesse, joyeux, de *lætus*.
2. « Soulas, » plaisirs
3. Je vous féliciterais, louerais...
4. Croyiez.
5. Le consentement, l'assentiment.
6. Si je vous plais, vous donne du désir. Ce mot, dont nous ne connaissons pas d'exemple ailleurs, mais que nous retrouvons dans cette même piece un peu plus loin, vient de « tallent », désir, envie, qui n'était pas non plus d'un grand usage. Il est toutefois dans la farce du *Conseil au nouveau marié* :

    Tu cognoistras bien clerement
    Si la femme a nul *tallant*

Dans Cotgrave, « tallenté » est donné pour tres ardent, plein de désir.

7. Le sens de ce mot nous échappe, mais il y a à la probabilité une faute de copie, et c'est « maussadement » qu'on doit lire, mot qui ne serait pas dépaysé à cette époque, car il se trouve, un peu plus tard, donné comme usuel, dans l'*Esclaircissement de la langue françoise* par Palsgrave, p 810.

1 Sœur.
2 Point Dans la moralité de *Charité*, on trouve :

    Je ne me peux mes soutenir.

C'est de cette particule prise toujours dans un sens privatif ou péjoratif que sont venus les mots *mespriser, mesaltier, mesprendre.*
3 Venu pres d'ici
4 Sans délai On lit de même dans la moralité du *Mauvais Riche*

    Et venez tous deux sans destry.

5. Récompense Il est resté jusqu'à Voltaire dans le style marotique.
6 Sentier. Ce mot « sente » est encore employé dans les campagnes
7 C'est à dire « vous savez qu'il était convenu que je vous la conduirais » Le verbe « avoyer », avec le sens de conduire, guider, se trouve dans le *Roman du Renard*, vers 3126 et 5719.

S. FIACRE.

Vous me requérez de folour[1] ;
Mais pas ne m'y accorderay ;
Gente, ne me marieray
Fors à Dieu et à Nostre Dame
Qui lez leurs gardent de diffame,
    Et de vergogne[2].

LA CHAMBERIÈRE.

Alons-nous-ent sanz point d'esloigne[3],
Et prenez congié à son père ;
Trop est de diverse matère
Quant sy faitement vous refuse.
Sa jonesse povrement use,
Car il ne tient de luy nul conte,
Plus tendra terre que i conte[4],
    S'il vit à age.

LA PUCELLE.

M'amie, vous dictes que sage[5] :
A son père vois congié prendre.

    Cy parle au père S. Fiacre.

Sire, j'ay parlé sanz m'esprendre
A vostre filz, maiz n'a courage
De soy bouter en mariage.
Voir il m'a dit tout à délivre[6]
Qu'en virginité veult vivre,
    Et en mésaise[7].

LE PÈRE S. FIACRE.

Ma doulce suer, ne vous desplaise
Je vous pry que vous revegniez
Souvent cy, et ne vous fegniez[8]
De monstrer ly semblant d'amour.
Je pensse bien que sanz demour[9]
    S'avisera.

LA PUCELLE.

Sire, celle sui qui fera
De cuer la vostre volenté,
Mon vouloir est entalenté[10]
Pour vous ; je voiz en mon repaire

Par cy. Dieu vous gart de contraire
Par sa poissance.

S. FIACRE.

Vray Dieu en qui j'ay ma créance,
Donnez moy grâce de tant faire
Cy aval que vous puisse plaire.
Mon père me vuelt marier,
Mais ne me vuel mie lier
En mariage ; fol seroie
Se ma virginité perdroie.
Sy vous pry de vraie matère
Et vostre glorieuse Mère
Que me donnez voie tenir
Par laquelle puisse venir
    A sauvement.

DIEU.

    Cy parle Dieu à sa Mère.

Mère, voir moult piteusement,
Fiacre là aval me prie :
Son père veult qu'on le marie
Afin que gaiement se porte ;
Mais grandement s'en desconforte,
N'a soing d'orgueil ne de bobance[1],
Ne de carole[2], ne de dance ;
Ainz veult demener sainte vie,
Sa virginite m'a plevie[3]
    De bon courage.

LA MÈRE DIEU.

Mon chier filz, se sera domage
Sy se part de vostre service ;
Quar bien vous sert sanz faire vice,
Pour l'amour de vous het le monde,
Car bien voit qui n'i a riens monde[4].
Ottroiez-ly conseil sy ferme
Que il puist s'y user l'erme[5]
De sa vie qui est mortele.
Qu'il ait des ciex la joie belle
    Qui tout temps dure.

DIEU.

Bien m'y octroie, c'est droiture.
Gabriel, fay sy ; li va dire
Qu'il passe mer sanz contredire
Et délaisse sa cognoissance,
Et face tant qu'il viegne en France ;
Et tel conseil y trouvera
Par lequel il se sauvera
    Légièrement.

---

1. Folie. On disait plus souvent *folleur*, comme dans ce passage de *Colin qui loue et despite Dieu* :

    Folleur seroit que vous deïnse
    D'abus ne paroles loingtaines.

2. Honte.
3. C'est-à-dire sans différer. *Esloigne* est ici pour *eslongue*, retard. On disait *eslongier* pour différer, comme on le voit dans le roman de *Fior et Blancefor*.
4. C'est-à-dire : « il aura, il tiendra plus de biens, de domaines qu'un comte. » On sait que saint Fiacre était de grande noblesse, et son père n'était pas moins que comte en Irlande.
5. Ce que vous dites est sage.
6. Franchement, librement.
7. Malaise, ennui. Nous avons déjà rencontré ce mot avec le meme sens.
8. Ne vous épargniez, ne vous ménagiez pas. « Se feindre, » dans le sens de craindre, se dérober, s'épargner, est une locution encore employée dans le patois bourguignon Le mot *feignant* en vient, et non, comme on le croit, de *faineant*. V. a ce sujet une note curieuse dans la *Bibliothèque de l'Ecole des Chartes*, 2e série, t. II, p. 321.
9. Retard.
10. Bien intentionné, plein du meilleur désir. V. une des notes précédentes.

---

1. Faste, magnificence. C'est la première forme et le premier sens du mot *bombance*. On disait aussi *boban*, comme dans ce dicton sur l'orgueil et le faste des chevaliers de Saint-Jean : « *boban d'Ospitaliers.* »
2. Sorte de ronde à danser. « La ronde carolle, » lit-on dans le *Printemps d'Yver*, 1587, in-12, p. 192. Une petite place de Paris, dans le quartier Saint Denis, ou l'on venait danser aux chansons sous une image de la Vierge, s'appelait carrefour de Notre Dame de la Carole
3. Promise, garantie. Nous lisons « fille plévie » pour fiancée, promise, dans *les Chroniques de Flandres*.
4. Pur, sans tache, du latin *mundus*. Il n'en est resté que le mot « immonde, » son contraire.
5. Arme, force.

GABRIEL.

Je l'y vois dire[1] vraiement
Ens en l'eure[2]. Quant vous agrée,
De vous desdire n'ay penssee :
    Foleur[3] feroie.

S. FIACRE.

Gloriex Dieu, bien dormiroie :
Ycy en droit me coucheray.
1 petit me reposeray,
    S'a Dieu agrée.

GABRIEL.

Dire me convient ma pensée
A Fiacre qui se repose.

Cy parle l'ange à S. Fiacre quant il sera couché.

Mon amy, Dieu qui tout dispose
Vuelt que lesses ceste contrée
Et que passes la mer salée ;
Car se cy endroit demouroies
Pas sy bien ne te sauveroies,
N'en doubte pas, c'est chose voire,
De paradis en la grant gloire
    Des cieulx revois.

S. FIACRE.

J'ay oïe moult doulce voix ;
Bien croy que du ciel est venue :
Il dit que decy me remue.
Quant à Dieu plaist ne fineray[4]
Devant que à la mer seray.
Vers le batelier[5] me fault traire.

Cy voist au batelier et die :

Amis, Dieu vous gart de contraire.
Sy vous plaist vous me passerez
De çà, et bien paié serez,
    Sanz estrif[6] faire.

LE BATELIER.

Entrez enz[7], sire debonnaire :
Bien et à point vous passeray
(Pour l'amour de Dieu le feray
Au quel j'ay mise ma fiance),
Au port par où en va en France ;
Car je croy, se Diex me pourvoie,
Que n'avez pas moult de monnoie.
Je croy que de bon lieu soiez
Dieu nous a si bien avoiez[8]
Que sommes à bon port venuz.
A li loer[9] sommes tenuz,
    Car c'est raison.

S. FIACRE.

A Dieu, frère ; bien est saison

Que je voise[1] vers Miaulx[2] en Brie.
Aviz m'est[3], n'en mentiray mie[4],
Se l'évesque Pharon[5] trouvoie
Que par luy conseilliez seroie
Bien et à point sanz demourée ;
Car il a bonne renommée
    Jusques à Romme.

S. PHARON.

Jà, voy venir 1 estrange homme ;
Il semble moult bien à sa chière[6]
Qu'il n'ay mie foleur chière[7].
Il pert[8] bien qu'il est traveillié,
Il a jeuné et veillié,
Bien y apert[9] à son viaire[10].
Je croy qu'il soit de bonne afaire ;
Il vient vers nous la droite voie.
Diex doint que tielz nouvelles oie
    Qui soient belles !

LE CHAPELAIN.

Se Dieu plaist, il lez dira telles
De quoy liez[11] et joieux seron :
Sus ses mos[12] nous aviseron.
Avis m'est, à sa contenance,
Qu'il est homme de pénitance :
    Petit se prise[13].

S. FIACRE.

Un seigneur de dévoste guise[14]
Voylà ; il fault que m'y conseille ;
Pour Dieu prier bien souvent veille.
Je li vois dire mon courage[15].

Cy parle S. Fiacre à S. Pharon.

Sire, Diex vous gart de dommage
Et vous doint sa volenté faire !
Recorder vous veul mon afaire
    En verité.

1. Je lui vais dire.
2. Sur l'heure
3 Folie. V une des notes précédentes
4. Je n'aurai pas de cesse.
5. Pour comprendre cet embarquement de saint Fiacre, il faut
se rappeler qu'il est en Irlande, et qu'il veut venir en France.
6. Contestation, débat.
7 Dedans, du latin *in*
8 Conduits, mis dans la voie. V. une des notes précédentes
9 Le louer, lui rendre grace.

1 Que j'aille.
2 C'est en effet auprès de Meaux que saint Fiacre eut son ermitage.
3. « M'est avis, » expression encore en usage.
4 Je n'y manquerai pas
5 Il était alors évêque de Meaux, après avoir passé une partie de
sa vie à la cour, tant auprès de Théodebert, roi d'Austrasie, qu'auprès de Clotaire II, dont il fut le chancelier. C'est lui qui accueillit
saint Fiacre, comme il est dit ici, et lui fit don du lieu où il voulait batir un ermitage.
6. Mine, apparence, de l'italien *ciera*, visage, mine, accueil. On
lit dans la *Mappemonde* de Gautier de Metz (XIIIe siècle) :

Par fausse *chiere* et faux semblant.

7 C'est le même mot, avec un tout autre sens, qu'il a du reste
gardé, celui de repas, festin, bombance On dit encore « faire
bonne chère. » Malgré la différence du sens, la racine ne change
pas. Ici comme là, *chiere* vient de *ciera*, mine, accueil. La bonne
chère, le bon repas, ne sont qu'une des formes du bon accueil.

8 Il paraît. C'est l'indicatif du verbe *paroir*, qui a disparu, et
est remplacé par « paraître. »
9 Il est apparent, visible.
10. Visage.
11 Gai Nous avons déjà rencontré ce mot souvent, et le rencontrerons encore.
12 Mots maladie.
13 Ne se croit pas de grande valeur.
14 Façon, apparence.
15. Ma résolution. V. une des notes précédentes.

S. PHARON.

Dieu qui est plain de charité,
Vous doint[1] grâce de dire chose
Qui soit bonne; car, je suppose,
Soing n'avez de dire foleur;
Car vous portez simple couleur[2]
Et agréable.

S. FIACRE.

Sire, sachiez, ce n'est pas fable,
Je viens d'oustre la mer salée.
Touz mez parens et ma contrée
Ay lessié pour la Dieu amour[3];
Sy m'en suis venu sanz demour[4].
Bien say, se demouré y fusse,
A servir Dieu lessié eusse
Et ce fust pour moy grant folie[5].
Ou nom de la Vierge Marie
Ay renoncié de bon mémoire
A toute chose transitoire.
Sy vous pry qu'il vous vue le plaire
Qu'en aucun lieu solitaire
Soie mis ou face demeure;
Car j'ay désir que je labeure
En servant Dieu toute ma vie.
Car, voir, n'ai talent ne envie
Dez biens du monde.

S. PHARON.

Amis, Dieu en tout bien abonde.
En ce bon propos te maintiegne!
Je ne vuel pas que à moy tiegne.
Suis-moy, je te menray en l'eure[6]
En i lieu ou feras demeure.
Qui n'est mie[7] hanté de gens.
Regarde cy; lieu y a gent[8].
La terre t'est toute donnée
Que fourras[9] en une journée
Pour maison faire.

S. FIACRE.

Dieu qui toute chose peut faire,
Chier sir, le vous veulle rendre!
Au lieu faire vouldray entendre
De bonne guise.

S. PHARON.

Restourner me fault à l'église,
Mon chier amy; pour moy priez
Souvent, ne vous en détriez[10];
Venez à Miaulx pour moy veoir.
Jà ne vous puist-il meschéoir[11]
Pour chose née[12]!

1. Donne.
2. Apparence.
3. L'amour de Dieu
4. Retard.
5. Ces trois vers peuvent s'expliquer ainsi « Je sais que si j'y fusse demeuré, j'aurais dû renoncer a servir Dieu, et c'eût été pour moi grande faute »
6. Je te menerai sur l'heure.
7. Nullement.
8. Agréable.
9. Becheras. Du verbe « fouir », que nous trouverons plus loin.
10. Détournez, distrayez.
11. Arrive malheur.
12. Nulle.

LE CHAPFLAIN.

Alons-nous-ent sanz demourée,
Mon chier seigneur, par ceste voie.
Se jeune homme, que Dieu pourvoie
A bon courage sanz fauntise.
Nous serons tantost à l'eglise
Qui est faite d'œuvre moult chière[1].
Séez-vous en ceste chaëre,
Se il vous hete[2].

S. PHARON.

Vostre volenté sera faite,
Car elle n'est pas dissolue.
Sy m'asseray sans atendue
Pour repos prendre.

S. FIACRE.

Il me fault fouir[3] sanz atendre
De ceste besche qu'ay trouvee.
Tel euvre n'ay pas à user[4],
Mais il convient que je la preigne,
Dieu me doint faire tel ouvraingne
Qui li soit agréable et bonne;
Je croy que Dieu, qui tout bien donne,
Fait vertu pour moy, c'est sans doubte;
Car en lieu ma besche ne boute
Que la terre ne se remue
Tout partout, c'est chose séue.
A m bescheez seulement
Ay fouy de terre gramment
A poy[5] de paine.

LA VIEILLE HONDER.

Sire, ce soit en pute estraine
Que vous ay cy amene[6]:
Il fault que votre demené[7]
Sache l'evesque sanz atendre.
Toute sa terre voulez prendre.
On puet véoir a votre guise
Qu'estez plain de grant convoitise;
Mais je feray tant vraiement
Que ne fourrez[8] pas longuement:
Je le vois querre[9].

S. FIACRE.

Je ne convoite pas la terre,

1 Chère, de grand prix
2 « Plaît, » du vieux verbe « haiter ». Ce mot se maintint longtemps dans la locution « être de hait », c'est-à-dire à son aise, en plaisance.
3. V. une des notes précédentes.
4 En usage, en habitude.
5. Peu.
6. C'est a-dire « on a mal étrenné de vous amener ici. » « Put » est un vieil adjectif, dérivé de putidus, qui avait le sens de vilain, mauvais. Quand on souhaitait mauvaise chance a quelqu'un, et qu'on l'envoyait au diable, on lui disait d'aller « en pute étreinne, » témoin ces vers de la moralité du Mauvais Riche :

Allez vous en en pute estraine
De par Dieu je vous le commande.

7. Action, prise en mauvaise part, manœuvre. Commines, parlant (liv V, ch vi) des trahisons que tramait M. de Saint-Pol, les appelle « le demené du dict conte ».
8. Fouirez.
9. Quérir

Fame, dictez quanque verrez,
Car jà nuire ne me pourrez
 Se Dieu l'octroie.

HONDER.

A Miaulx m'en vois par ceste voie;
A l'evesque le fait diray,
Jà de riens ne l'en mentiray.

Cy parle à l'évesque et dit :

Sire, je suis à vous venue,
Car par guise trop dissolue [1]
Feutse [2] l'omme qu'avez lessie,
Il destruit tout votre plessie [3],
Sy feut longues [4], ainssy sanz doubte
Votre terre vous tendra [5] toute.
Venez-y et sy le véez,
Chier sire, se ne m'en créez;
 Trop sui dolente [6].

S. PHARON.

Véoir le vois [7]; il m'atalente [8].
Sy verray comment se deporte.
Jhésucrist qui lez siens conforte
Me veulle garder de méffaire!
N'aresteray pour nul contraire
Tant que voie la magnière.

Cy parle à S. Fiacre.

Par Dieu qui nous donne lumière,
Fiacre, vous fectes merveilles;
Je ne vy oncques lez pareilles,
Vous estes de digne matère,
Car vous fectes, c'est chose clère,
Ce que homme ne pourroit faire,
Tout votre plaisir me doit plaire
 Entièrement [9].

S. FIACRE.

Le fouir lairay vraiement,
Certes pas à mal n'y penssoie;
Car pas volentiers ne feroie
A vous ne à autre grevance [10].
Je prendray cy ma demourance,
Chier sire, quant il vous agrée;
Car j'ay désir et grant penssee
 De Dieu prier.

S. PHARON.

Je m'en revoiz sanz destrier [1],
Sains homs estes, j'en suis sçeur.
Priez pour moy, n'aiez peur.
Se il vous vient nesscicité,
Et je le say, en vérité,
 A vous venray.

S. FIACRE.

Sus ceste pierre me tenray;
Dessus feray ma reposée.
Vray, bien mole l'ay trouvée,
Je cuidoie qu'elle fust dure [2].
Dieu qui nasqui de vierge pure
Vois prier, quar il est raison.
Icy feray-je ma maison :
Jamais ne m'en departiray,
Cy endroit mes heures diray
 De bon courage.

LA PUCELLE.

Je m'en revois en l'éritage
Où le père Fiacre hante
Qui moult en viz [3] s'esbat et chante
Ne s'ay sa manière muée [4];
Chamberière, sanz demourée,
Alons-ent sanz faire demour;
Car savoir veul, sanz nul séjour,
Comment Fiacre se deporte
Et ly véoir me réconforte :
 Je l'aing sanz faille [5].

LA CHAMBERIÈRE.

Alons donc, vaille que vaille;
N'est pas raison que vous desdic [6],
De gre vous feray compaignie :
 Cy sui tenue.

LA PUCELLE.

Alons tout droit par ceste rue.
De Fiacre voilà le père.

Cy parle au père S. Fiacre.

Sire, Dieu et sa doulce Mere
Vous veullent octroier grant joie!
Volentiers Fiacre verroye.
Pour lui veoir sui sa venue
Afin que son courage mue
 Quant me verra.

LE PÈRE S. FIACRE.

Je ne sçay où en le querra [7],

---

1. Vilaine, désordonnée. V. une des notes précédentes
2. Fouille, bêche.
3. « Plessis, » parc planté d'arbres De ce mot est venu le nom de bien des lieux, tels que Plessis-lez-Tours, et de bien des personnes, du Plessis Mornay, etc , etc.
4. « S il fouit plus longtemps »
5. Tiendra.
6. Désolée.
7. Vais
8. Me plaît V une des notes qui précèdent.
9. Le miracle de saint Fiacre, défrichant en quelques instants une vaste étendue de terrain, et la dénonciation faite par la vieille a l'évêque, dont le domaine peut être ainsi tout envahi, puisqu'il a donné a Fiacre ce qu'il pourrait becher en un jour, se trouvent dans le ms 8190 de la Biblioth nat « S'ensuit la vie du glorieux amy de Dieu monsieur Sainct Fiacre. » Il manque ici le détail le plus frappant du miracle, et celui dont la vieille avait été le plus effrayée, les arbres tombant d'eux-mêmes a mesure que le saint s'avance
10. Tort, dommage.

1. Sans délai.
2. Le miracle de cette pierre sur laquelle le saint se repose, et qui s'amollit pour lui et le plus douce, se trouve aussi, mais bien plus au long, dans le ms que nous venons de citer. Quand saint Pharon accourt pour s'assurer du miracle des arbres tombés devant saint Fiacre, il le trouve assis sur cette pierre « qui par la vertu divine fut plus amollye que plume. » L'hagiographe ajoute a propos de cette pierre qui aurait été longtemps conservée a Meaux « Encores est-elle dedans l'église, non pas qu'elle soit molle, comme elle fust sous saint Fiacre. Incontinent après devint dure, et pour demonstrer le myracle, demoura ainsi comme un oreiller, où on se seroit assis »
3. En bien vivant.
4. Il n'a pas changé de manière de vivre.
5. Je l'aime, mais sans faillir.
6. Que je vous contredise
7. Cherchera.

Tout a lessié son tenement¹ :
Alez s'en est secrètement.
Je ne sçay qu'il est devenuz,
Touz sez amis groz et menuz
A déguerpis² par sa foleur ;
J'en ay en mon cuer grant douleur
　Et fort despit.

LE MESSAGIER.

Sire, sachiez que l'en me dist
L'autrier³, quant fu en Miaulx en Brie,
Qu'un jeune homme de sainte vie
Qui estoit Fiacre nommé,
A II lieues de la cité
Demeuroit en I hermitage.
A l'évesque qu'en tient à sage,
Conta qu'ost⁴ sa terre lessie
Pour ce que il ne vouloit mie
Espouser une fille belle.
Qui en vouldra oïr nouvelle
　Là le voit querre⁵.

LA PUCELLE.

Tant yray par mer et par terre,
Sy plaist à Dieu, que g'i seray ;
Par foy jamais ne fineray⁶
Tant que je voie l'ermitage.
Au port m'en vois sans arrestage.
　Cy parle au batelier.
Amis, passe-nous sans atendre ;
Que de mal nous veuille défendre
Le Roy des roys qui tout puet faire,
Et tu en auras bon salaire,
　Saches sanz doulte.

LE BATELIER.

Votre volenté feray toute :
Entrez en la nef sanz demeure,
Sy passerons en la bonne heure
Tandis comme bon vent avon ;
Car pas de certain ne savon
Se nous l'arons tel longuement.
Venuz à port de sauvement
　Dieu mercy sommes.

LA PUCELLE.

Il est droit que nous vous paiomes,
Tenez, amiz, pour nous priez,
Et sy vous pri que nous diez
Par où yrons à Miaulx en Brie,
N'ay talent que gaires destrie⁷
　Tant que j'y soie.

LE BATELIER.

Alez toute ceste grant voie
Et vous ne pourrez forvoier ;
Que Dieu vous veuille convoier
　Sanz destourbance¹ !

LA PUCELLE.

Adieu, frère. Côtoier France
Nous convendra, m'amie chière.
　Cy parle à sa chamberière.
Volentiers verroie la chière²
De Fiacre que nous quérons,
Se Dieu plaist, nous le trouverons ;
　G'y mettray paine.

S. FIACRE.

Ge voy venir par celle plaine
La pucelle qui a désir
Qu'avec li voise³ gésir⁴ ;
Mais n'ay talent⁵ de moy souillier.
Ycy me vois agenouillier
Pour prier Dieu devotement.
« Vray Dieu, si vray que fermement
Croy que nasquites de la belle
Qui enfanta Vierge pucelle
Votre saint corps sanz souffrir paine,
Et c'onques, franche ne villaine⁶,
Ne pot dire par vérité
Qu'enfantast en virginité,
Fors elle, ne donnez puissance
A telle qui a espérance
De moy trouver, qu'en nulle guise
Me recognoisse ne ravise ;
Car se de luy connus estoie
De li trestout semons seroie⁷.
Espoir qu'encluier me feroit⁸
A fait de quoy pis me seroit
　Et grant domage.

LA PUCELLE.

Je croy que c'est là l'ermitage.
A II lieues de Miaulx en Brie
Est ainsinques⁹ le devisoit
Le messagier quant il disoit
Oultre la mer dont sui venue,
Aler m'y fault sanz atendue,
　Suer debonnaire¹⁰.

LA CHAMBERIÈRE.

Ne sommes pas loing du repaire.
Alons y ; quant vous atalente

---

1. Tout ce qu'il tenait, possédait. Ce mot s'employait pour luxe, richesse ; on lit dans le *Debat du corps et de l'âme*

　Ton or et ton argent, et ton grant tenement

2. Abandonnés. Nous trouvons ce mot avec le même sens actif, qu'il n'a plus aujourd'hui, dans le roman des *Neuf Preux* : « Il eust un filz nommé Karles, lequel desguerpit le siecle, et devinst religieux. »
3. L'autre jour, proprement « l'autre hier », avant-hier.
4. Eut.
5. Aille le chercher la.
6. Ne m'arrêterai. V. une note plus haut.
7. J'ai désir de ne pas différer beaucoup...

1. Sans détour ni trouble.
2. Visage. V. une des notes qui précèdent.
3. Aille.
4. Coucher.
5. Désir.
6. C'est-à-dire femme libre, ou serve.
7. C'est-à-dire « je serais tout à fait (trestout) harcelé, pressé (semons). » Ce dernier mot fait partie du verbe « semondre », qui fut longtemps en usage, avec le sens que nous lui donnons.
8. « Espérant que je serais enferré, encloué. » De ce dernier mot, qui était alors terme de maréchalerie, employé pour les chevaux qu'on blessait de la pointe des clous en les ferrant, est venu le mot « encloüure » qui se trouve encore dans Molière, avec le sens de piége, embarras.
9. Ainsi que.
10. Bonne sœur.

Metons à li trouver entente
Quant avez fain de li trouver [1]
Nous nous en devons esprouver
Sanz terme prendre.

LA PUCELLE.

Aler m'y convient sanz atendre;
J'enterray ens [2].

Cy entre.

Dieu notre père
Soit séans et sa doulce Mère!
Icy endroit venue estoie
Pour la cause que je cuidoie [3]
Trouver ce que ne trouve mie.
Je me sui en vain traveillie
Se vous ne m'enseigniez i home
Que le commun Fiacre nomme.
A ii lieues de Miaulx demeure :
En hermitage là aeure [4]
Le Roy des roys.

S. FIACRE.

Dame, bon fait fouir [5] desrois [6],
Mais se Dieu me gart de dommaige,
N'a en ce païs hermitage
Fors que cestui; fole serez
Se nul autre plus enquerez,
Qu'il n'y est goute [7].

LA PUCELLE.

J'ai perdu ma paine toute,
Car, voir [8], Fiacre n'estez mie [9].
Il nous en fault aler, amie;
Fiacre n'a pas tel visage
Comme l'omme de l'ermitage
Je sui scéure.

S. FIACRE.

Hé! glorieuse Vierge pure,
Louer vous doy et mercier [10] :
Pas ne me voulez oublier.
Or sçay-je bien certainement
Que demourer scéurement
Puis bien ycy toute ma vie.
Bien sçay la pucelle polie
Plus ne vendra [11] pour moy trouver
Dorenavant me doy prouver

De faire le salut de m'âme;
Car je penssc que home ne fame
N'y mettra plus empeschement.
Plus ne revendra vraiement
La damoiselle.

DIEU, *en parlant à sa Mère.*

Mère, forment vie cruelle [1],
Maine Fiacre pour m'amour
Il ne fera pas grant demour
Là jus en la vie mortelle :
Il ara la célestielle;
Quar il a assez deservie.
Oncques ne vost [2] user sa vie
Là jus [3], fors en afflicion [4].
Bonne rémunération
En doit avoir.

LA MÈRE DIEU.

Il a esté plain de savoir
Et est encore sanz faulz vice;
A esté en votre service
Et on mien; par bonne penssée
M'a dévotement saluée
Plusieurs fois de bon courage,
Pour tant vous pri que du servage
A l'ennemy [5] soit deffenduz,
Car du tout s'est à vous renduz
Sanz nul moien.

DIEU.

Jà ne charra on faulx loien [6]
Du felon Sathan ennemy
Qui n'a bon sergent ne demy [7].
Guières ne demourra en vie :
Pharon l'aime, je n'en doubte mie,
Sanz tricherie.

S. FIACRE.

Soupris [8] me sent de maladie,
Il faut que je soie couchiez.
Je vous pry, vray Dieu, que touchiez
Ne soit mon corps de famme née [9],
Ne que nulle ne soit entrée
On lieu où je reposeray.

---

1 « Avoir faim de » pour désirer, se dit encore dans les campagnes
2 « J'enterrai dedans (in). »
3 Croyais.
4 Adore On disait plus souvent *orer*, ou *aorer* pour adorer Le vendredi-saint s'appelait « vendredi aoré », comme on le voit dans la *Farce d un pardonneur* :

G'y fut porte dans une hotte
Le jour vendredy aoure.

5. Fuir. Ce verbe s'écrivait souvent ainsi. On lit dans le roman de *Berte aux grans pies*

Tant a fouï la lasse
Par un estroit sentier.

6. Dérangement inutile.
7. Qui n'y est nullement.
8. Pour « voire », vraiment.
9. « Ne demeure pas ici. » Ester se prenait dans ce sens. On lit dans Beaumanoir « le pays ou on est *estans* et demorans. »
10. Remercier.
11. Viendra.

---

1. « La vie tourmente (*cruelle*) grandement (*forment*) » Le verbe « crueller », qui se changea plus tard en « crudelser, » que nous trouvons dans les *Contes d'Eutrapel*, et chez Cotgrave, était d'un emploi fort rare. L'adverbe « forment » dans le sens de « grandement » n'était pas plus commun. On lit toutefois dans la moralité du *Mauvais Riche :*

Et se delectoit moult forment.

2. Veut.
3 Sui terre, « en bas » On disait « çà-jus » pour ici-bas, comme on le voit par ce passage d'Alain Chartier (*Œuvres*, 1617, in-4°, p. 284) :

Car loy ne religion,
Ne vers Dieu devotion
Ça jus, sans toy n'eussion.

4. Tout ce passage doit s'entendre ainsi « Il ne veut passer sa vie sur terre qu'en affliction. »
5. Nous avons déjà vu qu'on appelait ainsi le malin, le diable.
6. « Ne cheira dans les faux liens... »
7. C'est-a dire « qui n'a, pas même a moitié, rien de bon pour vous arrêter. »
8. Surpris.
9. D'aucune femme.

LA VIĒ Mon S. FIACRE.

Ycy endroit me coucheray :
    Las corps moult poises[1].

DIEU.

Michiel, il convient que tu voises
Toy et Gabriel à Pharon,
Et ly dy que briefment[2] aron
De Fiacre bien briement la vie[3].
De li savoir ne veult diffame
Qu'il li port le saint sacrement
Et soit à son trespassement,
Et qu'il li face son service
Bien et à point sans nes 1 vice :
    Mieux en vaura.

S. MICHIEL.

Alons, compains[4], pas ne faura
A nous que nous ne voison dire.

Cy parle à Pharon Michiel et Gabriel.

Pharon, saches que notre sire
Veult que de toy soit visité
Fiacre ; car, en vérité,
Pas longuement ne vivra.
De par toy porté li sera
Le Saint Sacrement, c'est raison
Et ne te part de la maison
Devant qu'il sera en terre.
Il a le cuer de mal serre :
    Va le véoir.

S. PHARON.

Il me devroit bien meschéoir[5]
Se le plaisir Dieu refusoie.
Tantost yray ; se je targoie[6]
Je feroye haulte folie.
J'ay la voiz dez anges oïe.

Cy parle à son chapelain.

Chapelain, avec moy venez,
Et notre clerc y amenez
    Par compaignie.

LE CHAPELAIN.

Haston nous ; se il perdoit vie,
Ains que[7] nous y fussions venuz
Pour faulz en serions tenuz.

Cy parle au clerc.

Clerc, vien avec nous sanz atendre ;
L'iaue bénoiste te fault prendre,
    Sanz respit faire.

LE CLERC.

Et je le feray sanz contraire,
Certes moult volentiers feray,

Tout ce à quoy tenu seray,
Avançons nous d'aler au lieu,
Puisque c'est le vouloir de Dieu
    Qui nous pourvoie.

S. PHARON.

Ne fineray tant que g'i soie.
Alons par ce chemin ferré[1] :
J'aroie trop le cuer serré
Se mon devoir ne li fesoie.
Je le voy ; Jhésus le pourvoie !
Il le me fault araisonner[2].

Cy parle à S. Fiacre et dic :

Frère, Dieu qui puet pardonner
Touz meffaiz par sa courtoisie,
Veult que soiez de sa partie :
Venu sui pour vous visiter ;
Dévostement sans respiter[3]
    Feray l'afaire.

S. FIACRE.

Mon trèz chier seigneur débonnaire,
Chargié sui de grant malladie.
Estre ne puis longues[4] en vie ;
Trespasser me fault temprement[5].
Bailliez-moy le Saint-Sacrement.
J'en fineray plus asseur[6]
Contre l'anemy qui peur
    M'a fait souvent.

S. PHARON.

Vous l'arez, je vous en convent[7],
Volentiers et à bonne chière
Vous créez[8] en bonne manière,
Que c'est cil[9], ne n'en doubtez mie,
Le Filz de la Vierge Marie
Qui pour faire redempcion
Aulx humains souffry passion,
Puis au tiers jour resuscita
Et quant il voult[10] ès cielx monta
Et siet à la destre[11] son père,
Et revenra, c'est chose clère,
Quant temps sera, par bon avis,
Pour juger trestous mors et vis
    Au jugement.

S. FIACRE.

Ainsy le croy je fermement,
    Sanz nulle faille[12].

---

1. « Bien garni de cailloux. C'est le mot qu'on emploie encore, et il est curieux qu'il fût déjà en usage au XVe siècle. M. Littré aurait dû en faire la remarque.
2. Prêcher.
3. Sans prendre de répit.
4. Plus longtemps, du latin *longius*. Nous avons déjà vu ce mot.
5. Vite, promptement.
6. Fort, assuré.
7. « Je suis en cela d'accord avec vous. » On trouve, avec le même sens, dans le *Roman de Roncevaux*, p. 121 :

    Seigneur cousin, com vous est convenant.

8. Croyez.
9. Celui.
10. Voulut, *voluit*.
11. Droite, *dextra*.
12. Faute.

---

1. « Corps fatigué est bien pesant. »
2. Brievement, bientôt.
3. La fin, le « brisement » de la vie. Ce mot « briement » pour « brisement » se retrouve plus tard dans le nom du bourreau chargé de rompre les os des suppliciés, qui en argot s'appelait « brimard » ou « brimoit ». V. dans notre *Théâtre français des XVe et XVIe siècles*, la *Comédie des proverbes*, acte II, sc. IV.
4. Compagnons. Le mot « copin », encore en usage chez les écoliers, n'est qu'une altération de celui ci.
5. Arriver malheur.
6. Tardais.
7. Avant que. « Ains » du latin *ante*.

LA VIE Mon S. FIACRE.

S. PHARON.

Mon chier amy, je le vous baille.
Il est bien temps que le pregniez.
Usez-le bien, ne vous feigniez [1],
Mon tres-chier frère.

S. FIACRE.

J'ai de joie faire matère [2],
Car j'ay les anges prévéuz
Dont mon esperit-iert receuz :
Finer [3] veul le chief encline [4].
In manus tuas, Domine,
Commendo spiritum meum.

S. MICHIEL.

Gabriel, quant s'ame véon
Sy la porton lasus [5] en gloire.
Tous jors a éu en mémoire
De Jhésucrist la passion.
Ne faison plus dilacion [6]
De porter l'en à bonne chière [7]
Devant Dieu en vraie lumière
Qui point ne fine [8].

S. PHARON.

Ensevelir sanz lonc termine [9]
Nous fault Fiacre, c'est raison ;
N'y avons pas mis grant saison.
S'ame reçoit hui mult bon office
Mettre le convient en ce coffre,
Puis de ce drap le couverron :
Après cy entor nous serron,
Ne vous desplaise.

CY EST INTERPOSE UNE FARSSE [10]

LE BRIGANT [11].

Biau preudom, je ne sui pas aise.
J'ay perdue ma compaignie
Ensaigne-moy, ne mente mie [1],
Le droit chemin à Saint-Omer,
Par Dieu que chacun doit amer,
De forvoier sui en doubtance ;
Car oncques mais ne fu en France
N'en Picardie.

LE VILAIN.

Je mengeray de la boulie
Jà quant je vendray à maison ;
Mais j'ay perdue ma saison [2]
De tous poins ceste matinee,
Car le prestre sy a chantée
Hui au matin trop longue messe.
Ne prise le cry d'une asnesse,
Tout quanqu'il porroit sermonner [3].
Il ne pensse qu'à organer [4]
Pour traire notre argent de boursse.
Aussy tost aroit i pet d'oursse,
Qu'ait riens du mien par son abet [5],
Tout sache chanter au fausset
N'a haulte alaine.

LE BRIGANT.

Bons homs, dy-moy, ne te soit paine,
Par où sont lez brigans passez :
Je sui d'estrier [6] tout lassez,
Ensaigne-moy, que Dieu te voie,
De Saint-Omer la droite voie.

Le vilain ne daigne respondre.

En mon cuer en ay grant engaigne [7] ;
Sourt est, je croy.

LE VILAIN.

Qu'es-tu après i palefroy [8] !
Tu as robe bien escourtée.
N'aiez doubte qu'elle soit crotée [9].
Tu sembles mult en plain d'oultrage
Je ne sçay se tu as courage,
De moy férir en nulle guise,
Mais en vérité te devise [10]

---

1. Ne vous y ménagez pas V. une note plus haut.
2. J'ai matière pour avoir joie.
3. Finir.
4. Comme le Christ, qui expira en inclinant la tete :

... *Ponens caput expiravit,*

dit Vida.

5. La-haut. C'est l'opposé de « la jus » que nous avons vu tout a l'heure.
6. Délai, retard.
7. De bonne manière.
8. Ne prend pas de fin.
9. Sans y mettre un long terme.
10. Sur l'étrange interposition de cette *farce* au milieu du mystère, V. la Notice.
11. C'était alors un soldat, « manière de gens d'arme, courant et apert a pié, » comme on lit dans un texte, cité par Du Cange au mot *Brigancia*. Les « brigands » constituant une milice apparaissent pour la première fois pendant la captivité du roi Jean, vers 1357. Chaque archer a cheval en avait quatre a sa suite, aussi les appelait on comme on le voit dans le *Tite Live translate* de P Bercheure, qui fut écrit alors, « brigands ou sergans » Leur nom venait du celtique *briga*, réunion, compagnie, qui se retrouve encore dans « brigade ». Ils furent tout d'abord meilleurs pillards que bons combattants · « Et, dit Froissart, qui les connut bien et ne les hait guere, malgré leurs vols, et toujours gagnoient povres brigands a piller villes et châteaux. » T. II, p. 480-481. Ils faisaient cependant parfois d'assez bonne besogne, en campagne ou a l'attaque des places. Le meme Froissart nous montre un siège bien mené « avec brigants tous pavoisés, qui tenoient grands pics et hoyaux. » Comme chez eux le bandit l'emportait sur le soldat, c'est pour désigner le premier et non l'autre que leur nom survécut Au XVIe siecle, le brigand n'était déja plus qu'un voleur. Quand fut écrit le *Mystere de saint Fiacre*, il était encore un peu soldat, il tenait encore à une compagnie, comme on va voir, mais déja aussi il pillait fort. On était donc alors a l'époque intermédiaire de l'existence de cette milice, qui fut supprimée par Charles VII, c'est-a-dire dans le premier quart du XVe siecle. La date que nous avons donnée a ce mystere se trouve ainsi justifiée.

1 Sans me mentir en rien.
2. Mon temps
3. « Ce qu'il dit quand il se met a sermonner ne vaut pas plus pour moi que le cri d'une ânesse. »
4. Parler, chanter
5. Son bruit, son aboiement

Il n'est *abay* que de vieil chien,

lit-on dans la *Farce d'un Ramonneur*.

6. Marcher, courir, aller par chemin, *estrie* ou *estree*, d'où est venu le mot *street* anglais, *rue*
7. Aigre ennui Sur le mot « engaigne », V plus haut.
8. Que n'es-tu derriere un cheval ? — Le vilain se moque du brigand, dont le service, nous l'avons dit, consistait a suivre l'archer a cheval « Pour Guill. Colet, archer a cheval, et quatre brigands a pié, » lit-on dans Du Cange.
9. N'ayez pas peur qu'elle se crotte.
10. En vérité te le dis.

Que se de toy feru¹ estoie,
De mon houel² t'abatroie
    Le hasterel³.

            LE BRIGANT.

Se félon vilain boterel⁴
Me tient bien; ne me veult mot dire :
Voir me fait au cuer grant yre.
Encore l'araisonneray :
Bons homs, dy, par où passeray
Pour mez compaignons retrouver.
Je le te vouldroie rouver⁵
    Par courtoisie.

            LE VILAIN.

Ma fame mainne grant mestrie⁶;
Suz moy⁷ s'en sera tourmentée.
Quant je veul pois n'ay que poirée,
Trop me desprise malement.
Sy en ara grief paiement
    En brief termine.

            LE BRIGANT.

Faulx vilain, la male corrine⁸
Te puist tenir, et le lampas⁹!
Pour quoy m'ensaignes-tu pas
Mon chemin, chose que dye?
Par foy ne tieng qu'à moquerie,
Je te feray ains que¹⁰ m'en aille
En fourme de vilain sanz faille,
    Es bien taillé.

            LE VILAIN.

Se mon pain t'avoie baillié
Moult mal asseuré en seroie;
Car ataindre ne te pourroie,
    J'en sui sceur.

            LE BRIGANT.

Par foy, se n'eusse peur,
Que de justice repris fusse,
Je te tranchasse la capusse
De ma coustille de Randon¹¹;
Mais j'en porteray à bandon¹²
Se chapon gras sanz demourrée.
Mengié sera à la vesprée¹³
    Quant l'ay trouvé.

1. Frappé.
2. Houe, bêche. On disait alors « houer » pour bêcher.
3. La tête, et par extension ce qui la couvrait, le bonnet. Nous lisons dans la *Farce de tout mesnage* :

    Forger fault une menterie
    En m'en retournant a l'hostel ;
    Une en ai soubs mon *hasterel.*

4. Crapaud.
5. Ravir, obtenir.
6. Ma femme fait bien sa maîtresse.
7. Chez moi.
8. La mauvaise courroie, c'est-à-dire la corde à pendre. Pour *corrine* on disait aussi *corrion.*
9. Sorte de maladie du cheval, qui a pour caractère une enflure très douloureuse du palais.
10. Avant que.
11. Sorte de couteau qui se faisait à Randon en Auvergne. Les couteaux de Périgueux, « couteaux de Pierregort, » étaient encore plus fameux.
12. « Je m'en donnerai à volonté (*bandon*) sur... »
13. Pendant la soirée, *vespera.*

            LE SERGENT.

Tu sembles bien laron privé :
Pas le chapon n'enporteras.
Ja gorge n'en passeras¹.
Fay! met le jus², ribault porry :
A ceulz sera qui l'ont nourry.
Entre vous brigans, n'en dout mie:
Ne vivez que de roberie³.
Lessez le chapon sans attendre,
C'on te puist par la gorge prendre,
    Garson puant.

            LE BRIGANT.

En me devroit aler huant
Se le chapon pour toi lessoie;
Je le mettray enmy⁴ la voie
Tant que me soie combatu.
Se ton orgueil n'est abatu
Par moy, chétif sergenterel,
Je ne me prise un viex mérel⁵,
    Se n'as du pire.

            LE SERGENT.

Tien ! jamais sanz conseil de mire,
De ce coup n'auras garison
Ta coustille petit prison⁶;
Le chapon n'enporteras mie,
Petit priseroie ma vie
Se cy endroit tort me feroiez.
En ton païs bien le feroiez
Quant ycy endroit le veulz faire⁷ :
Pourtant en aras tel contraire,
    Que tu mourras.

            LE BRIGANT.

Jà deffendre ne te pourras
Contre moy se saingne r petit⁸
Tant ay-je plus grant apetit⁹
De moy vengier bien dire l'ose.
Se m'as prisié aucune chose
Mult bien m'en saray aquiter :
Il te convient à moy luitier¹⁰.
Puisque je te tiens tu charras¹¹;
Plus d'espée ne me ferras¹².
    Petit te prise.

            LE SERGENT.

Je sçay bien de luitier la guise;
Quant je te tiens petit te doubte¹³.
Il fault que le chapon te couste
    Vilainement.

1. « Il ne passera pas par ton gosier... »
2. « Mets-le par terre ... »
3. « Vous ne vivez que de dérober. »
4. Sur, au milieu.
5. Pour « morel », cheval moreau ou more, ainsi nommé de sa couleur sombre.
6. Nous faisons peu de cas de ton couteau..
7. « Je m'estimerais bien peu si tu étais capable de m'abattre ici. Va faire de tels coups en ton pays. Ici c'est moi qui le veux faire... »
8. « Tu ne pourras te défendre contre moi que tu n'en perdes un peu de sang... »
9. Désir.
10. Lutter contre moi.
11. Tomberas.
12. Frapperas.
13. Redoute.

LE BRIGANT.

Garde toy bien ; prochainement
Te verras verssé contre terre.
Tu ne sces mie mult de guerre.
Tien sela et sy te deporte[1] ;
Mais je te dy bien et enorte
Que de droit doiz paier ton lit[2].
Je m'en yray sy t'enbellit,
Et se il ne t'enbellit mie[3]
S'en porteray de ma partie,
   Le chapon cras.

LE SERGENT.

Haro ! il m'a rompu le bras
De luitier à lui filz folie :
Le chappon a par sa mestrie[4] :
S'en pais li eusse lessie,
De miex me fust ; car abessié
Mon nom grandement en sera.
Bien sçay con m'en desprisera.
Pour fol le cuidoie tenir ;
Meschief m'en devoit bien venir.
Il est huy, tant me suy prisié,
Qu'en ay éu le bras brisié,
Véez comme scet bien fouir[b] :
Je ne le pourroie suir[6].
   Voit[7] au diable !

LA FAME AU VILAIN.

Doulce commère, n'est pas fable,
Vostre mary est mahengnié[8].
Il cuidoit avoir gaangnie[9]
Contre un brigant, par sa foleur,
I cras chapon, mez grant douleur
L'en est forsse, pas n'en doubton ;
Sy n'i a conquis i bouton[10],
   Mais grant contraire.

LA FAME AU SERGENT.

Dieu veulle qu'il puist tel fait faire
Que en le pende par la gorge.
Le glorieux martir saint George,
Et la doulce Vierge Marie
Veullent qu'il face tel folie
Que mourir puist vilainement
Bientost et bien appertement[11],
Qu'il me maisne trop dure vie
Pour une garsse qui n'est mie

1. « Attrape cela et va-t'en plus loin... »
2. « Sache bien, je te le conseille (exhorte), que tu n'as plus qu'à payer ton lit »
3. Il y a dans ces deux vers un jeu de mot sur « embellir », que nous ne comprenions pas Nous croyons toutefois qu' « embellir » ou « embeller » n'est ici qu'une forme du verbe embler, voler.
4. Sa force qui l'a fait mon maître.
5. Fuir. V. une des notes qui précédent.
6. Suivre.
7. Qu'il aille.
8. « Méhaigné, » malade, en mauvais état.
9. Gagné.
10. C'est à dire rien du tout. « Bouton » se disait dans ce sens méprisant

   Mais tout ne valoit ung bouton,

lisons nous dans le Livre du bon Jehan Aujourd'hui l'on dit encore « Cela ne vaut pas un bouton de guetre. »
11. Ouvertement

Sy belle comme moy d'assez.
Ha plus de iii ans passez
   Qui la gouverne.

LA FAME AU VILAIN.

Ma suer, je sçay une taverne
Où il a un moult[1] sy friant,
Qu'à touz corps[2] fait le cuer riant
   Qui en avalle.

LA FAME AU SERGENT.

Voir j'ay de duel[3] la couleur palle,
Car essoir[4] fu trop bien batue.
Pourtant loue Dieu et salue,
Quant mon mary a grief fondée[5].
Je ne seray meshuy[6] frapée
De li puis qu'a le bras brisié,
Du moult que tant avez prisié
   Veul aler boire.

LA FAME AU VILAIN.

Commère, c'est vers Saint-Magloire,
Alons tost, car c'est le Filz Dieu[7],
Fain ay[8] que soie sus le lieu.
Ne dout point que batue soie ;
Pour mon mary riens ne feroie,
   Ne me fiert goute[9].

LA FAME AU SERGENT.

Entrons ens[10] ; trop le mien redoubte,
Trop me bat, ne s'en puet tenir
Male honte li puist venir
Et au brigant soit ajourné[11]
Bon jour qui sy l'a atourné[12],
Car j'en ay à mon cuer grant joie.

   Cy parle à la tavernière.

Tavernière, se Diex vous voie,
En i lieu privé nous metez,
Puis à boire nous aportez
   A bonne chière[13].

LA TAVERNIÈRE.

En ceste chambre cy derriere
Vous seez ; bien y a privé.
Jà a vous n'ara estrivé[14] ;
En l'eure servies serez
De ce que vous demenderez,
   Sanz demourer.

LA FAME AU VILAIN.

Faites que nous soit aportée

1. « Moût », vin nouveau, du latin mustum, qui avait le même sens.
2. Il faut lire « cops », coups.
3. Deuil.
4. Pour « essoir », contraction d'hier soir.
5. « Je loue Dieu, je ne me plains pas, quand les griefs de mon mari sont fondés contre moi... »
6 A partir d'aujourd'hui.
7. C'est la fête du Fils de Dieu.
8. J'ai désir V une des notes qui précédent.
9. Il ne m'agrée en aucune façon
10 Dedans, in
11 Qu'on l'ajourne, qu'on le renvoie au brigand.
12 C'est un heureux jour que celui ou il l'a si bien arrangé...
13. De la bonne façon
14. Il n'y aura rien qui vous soit contrarieté (estrif).

Une pinte de moult vermeil.
Je ne béu onan [1] son pareil
  En ceste ville.
        LA TAVERNIÈRE.
Volentiers l'arez, c'est sanz guille [2] ;
Je vois querre la pinte plaine.
    Cy voise quérir du vin et puis die :
Tenez, buvez à bonne estraine
  Paisiblement.
        LA FAME AU SERGENT.
Vous buvrez tout premièrement,
Commère, vous estes l'ainée.
Aussy m'avez aportee
La nouvelle premièrement
De mon mary qui malement
Est atourné ; j'en ay grant feste.
Je vouldroie qu'eust la teste
  Parmy brisiée [3].
        LA FAME AU VILAIN.
Buvez bien, commère prisiée ;
Que Dieu confonde nos maris !
Emplons [4] de ce moult nos baris,
  Car il est fin.
        LA FAME AU SERGENT.
J'en empliray sy mon coffin [5],
Que seray ivre bien le pensse.
Se mon mary me fait offense
Ou veult estrivier de riens née [6]
Puis qu'il a brache [7] brisiée,
Contre terre le bouteray.
Jamais ne le deporteray [8]
  Se me gart Diex.
        LA FAME AU VILAIN.
Mon mary fuet en nos tortiex [9],
Oncques ne fu de moy amé
Il vendra tout affamé.
  Mais ne m'en chault [10].
        LA FAME AU SERGENT.
Buvon se moult friant et chault.
Mal ait qui bien ne buivra !
Je croy que grant bien nous sera ;
Quant je l'avale, j'en ay feste,
Il m'est jà monté en la teste :
A paine me puis soustenir,
Et sy voy mon mary venir
Tout droit dedans ceste taverne.
Assez fièrement se gouverne ;
Ne semble pas qu'ait bras quassé.
Il ne semble pas trop lassé :
  Je suis perdue.

1. De toute l'année.
2. Feinte, tromperie.
3. Brisée au milieu.
4. Pour « emplissons. »
5. « J'en mettrai tant dans mon panier. »
6. Disputer sur quoi que ce soit.
7. Bras.
8. Remettrai sur ses pieds.
9. Fût envers nous bourreau, tortionnaire (*tortiex*).
10. Peu m'importe. Cette locution « il ne m'en chault » est longtemps restée.

        LA FAME AU VILAIN.
Aussy voi-je sanz atendue
Le mien droit sy à nous venir.
Chaude fièvre le puist tenir !
Il m'a mult bien aparcéue,
Je croy que je seray batue :
  Il vient des chans.
        LE VILAIN.
Par foy, je suis bien meschéans [1] !
Aulx chans me tue [2] chacun jour
Et ma fame prent son séjour
Es tavernes, c'est chose voire [3] ;
Je la voy là en présent boire
Le fort moult ; mez s'el n'est latrée [4],
Riens ne vail. Hé ! gloute prouvée [5],
Il te convient mon poing sentir.
    Cy bate sa fame.
Je pourroie consentir ta lécherie.
        LA FAME AU VILAIN.
Lasse ! je suis toute estourdie
  Et afolée.
        LE SERGENT.
Fame, qui t'a sy amenée ?
Voir de toy sui petit prisié,
Combien qu'aie le bras brisié.
    En frapant et en li ostant sa coiffe.
S'aras tu de moi se merel [6]
N'i ara coife ne boutel [7]
  Que ne despiesse [8].
        LA FAME AU SERGENT.
Sà, commère, qui vous meschesse [9] !
Quant vous m'avez çy amenée
Je n'avoie mie penssée
Que mon mary me péust batre.
Il me convient à vous combatre :
Au tel qui m'a fait vous feray ;
Car a mez mains vous pigneray
  Vos nerfz [10] cheveux.
        LA FAME AU VILAIN.
Foy que je doy tous mes neveux [11] !
La bouté [12] vous sera rendue,
Par terre serez abatue
  Se le puis faire.

1. Malchanceux.
2. Me fatigue.
3. Vraie.
4. Tout ne me sera plus rien, si elle n'est battue (*latrée*). Nous trouvons ce mot *lattre*, pour « battre a coups de latte ou de trique, » dans la farce de Jeninot.

Ne fais point ici le follastre,
Lieve tost, que ne te latire.

5. Gloutonne avérée.
6. Ce que tu mérites, cette récompense, *merel*, du latin *merces*.
7. Bouteille.
8. Ne mette en morceaux, dépèce.
9. Qu'il vous arrive malheur.
10. Nous ne comprenons pas ce mot.
11. Petits enfants, *nepotes*.
12. Ce qui m'aura été donné, bouté.

LA FAME AU SERGENT.

Doulce commère debonnaire,
Apaisons-nous et sens [1] sera ;
Mal ait qui plus estrivera [2],
Et chantons com desconfortées :
Mauvaises coiffes dessirées
  Avons par lez mous [3].

Cy fine la farsse.

DIEU.

Le corps Fiacre qui fut doulz [4]
Fault honnourer de bonne guise.
Vous ii archanges que je prise,
Alez à Pharon réciter
Que il lève sanz respiter,
Le corps Fiacre briément [5],
Por ce qu'a usée griement [6]
Sa char là jus, aval en terre,
Veul que l'en voit son corps requerre [7]
  Et c'on l'onneure.

GABRIEL.

Volentiers yrons, sanz demeure,
A l'évesque votre gré dire.
Bien sçay qu'il n'en ara pas yre :
Alons-y droit sanz plus atendre.

Cy parlent à Pharon.

Pharon pour voir te fas entendre
Que Jhésucrist veult vraiement
Que saint Fiacre soit briément
Hors du lieu où il gist levez.
Corps qui seront de mal grevez
Par le plaisir Dieu garira.
Personne qui de cuer yra,
De bon cuer le bon saint requerre,
Ystra de meschief [8] et de guerre
  Au Dieu vouloir.

S. PHARON.

Je le feray sanz moy douloir [9]
Volentiers, car il est droiture ;
Seigneurs, à la bonne aventure,
Saint Fiacre translateron ;
Du lieu où il est l'osteron.
En ceste chace sera mis ;
Car, voir, il est de Dieu amis.
Or tost aidiez-moy sanz default ;
Sus cel autel mestre le fault.
Avançons que Dieu vous voie
Des malades par mainte voie
Le vendrons cy endroit requerre ;
Car bien usa son temps en terre
  Bien le savon.

1. Raison.
2. Disputera.
3. A cause du vin, *moust*.
4. Ce mot du premier vers de la reprise du Mystere, qui n'a sa rime que dans le dernier vers de la farce, prouve bien qu'on devait toujours les jouer ensemble.
5. Brievement, bientôt.
6. Gravement.
7. Que l'on aille chercher son corps.
8. Sortira de malheur
9. Sans que cela me chagrine.

LE CHAPELAIN.

Monseigneur, moult bien mis l'avon.
Bon fait bien ouvrer [1] en sa vie.
Lassuz est s'ame hébergie [2]
Et le corps sera honnouré.
Voir touz ceulz sont bien éuré [3]
Qui à Dieu servir veullent tendre
Noble loier leur en scet rendre
  Et agréable.

LE CLERC.

C'est bien parole véritable :
Quiconques fait bien il le treuve.
Dieu veulle que fasson tel euvre
Qui au doulz Jhésucrist puist plaire.
Devers le corps saint [4] verrons traire
Des malades grant quantité,
I mesel [5] qui a cliqueté [6]
Voy venir par celle sentelle [7] ;
Saint Fiacre de cuer appelle ;
  Il vient grant erre [8].

LE MESEL.

Saint Fiacre, por vous requerre
Sui venus en ceste partie,
Chargié sui de meselerie [9] ;
Mult a lonc temps qui mult grieve [10].
Dieu par qui le cler soleil lieve,
Et vous me veulliez alégier,
Je soloie [11] estre moult legier
  En ma jouvance.

S. PHARON.

Metez au saint prier entente [12],
Et je croy qu'il vous aidera.
Jà votre mal tel ne sera
Qu'en aiez alégement.
Offrez au saint séurement
  D'entente fine.

LE MESEL.

Sy voir que je le tieng à digne.
De cire ma longueur li baille [13]

1. Bien travailler, faire bonne œuvre.
2. Son âme est là-haut logée, hébergée.
3. Bienheureux.
4. C'est le nom qu'on donnait aux reliques, et par extension aux fetes annuelles qui se donnaient pour les honorer. Dans l'Orléanais on appelle toujours « corps saints » certaines assemblées patronales des campagnes Les autres s'appellent « pardons ».
5. Lépreux. C'est par ce mot *mesel*, dont on faisait souvent *moseau*, que les lépreux étaient presque toujours désignés au Moyen Age.
6. Chaque lépreux était obligé d'agiter partout où il allait des cliquettes, dont le bruit avertissait les gens d'avoir a se garer de son approche. Il est dit de celui de la moralité du *Mauvais Riche* :

  Si connoit-il moult haultement
  Ses cliquettes abondamment

7. Sentier.
8 Le plus vite qu'il peut. Cette locution est encore employée à la chasse.
9 Lepre.
10. Me fait souffrir.
11. J'avais coutume, du latin *solebam*.
12. Soyez attentif (mettez entente) a prier le saint.
13. Je lui voue un cierge (elle) aussi haut que moi. C'était l'usage de mesurer le cierge donné en offrande a l'importance du miracle demandé.

A celle fin que il me baille [1].
Sy voir que c'est de bon courage
Avis m'est que de mon visage
Chiet la raffle [2], Dieu soit loez.
Bonnes gens véez et ouez
Le miracle que Dieu a fait,
Pour saint Fiacre tout-à-fait
De bonne heure sui sà venuz
Que tout sain y sui devenuz.

Cy preigne congiez, s'en voist un pou avant, et puis die :

Adieu, je m'en voiz à grant chière ;
Aulx gens conteray la manière
Partout là où je passeray.
Bonnes gens voir vous conteray :
Saint Fiacre m'a envoié
Garison de ma maladie
Vilaine qui tant m'a tenue.
Se nul grieté vous argue [3],
Alez-y et garis serez
Se de bon cuer le requérez,
 Sachiez sanz doubte.

L'AVEUGLE.

Lonc temps a que je n'y voy goute :
Qui m'y menast la droite voie
Certes mult volentiers yroie
 Pour clarté prendre.

LE POTENCIER [4].

Voir je ty merray sans atendre :
Met dessus m'espaule ta main.
N'aresteray ne soir ne main
Jusqu'à tant qu'en son moustier soie,
Savoir u non se garriroie
 Du mal qu'endure.

L'AVEUGLE.

Ce soit à la bonne aventure !
Alons, doulz frère débonnaire,
Dieu nous doint tel voiage faire
 Qui nous pourfite !

LE POTENCIER.

Biau lieu a çy, mult me délite [5].
Bien sommes venuz sanz demeure ;
Agenoillier nous fault en l'eure.
Devant le saint sommes venuz ;
A li prier sommes tenuz ;
Et saint Fiacre, qui jadis
Feistes tant qu'en paradis

Est l'âme de vous hostelée [1],
Priez Dieu que santé donnée
 Me soit briement.

L'AVEUGLE.

Sire, sy voir comme griement
Ay lonc temps usée ma vie,
Au filz de la vierge Marie
Priez tant pour moy que je voie.
Bien ay emploié ma voie,
Car je voy bien et clèrement.
Loez soit Dieu, qui point ne ment,
 De cest ouvrage.

LE POTENCIER.

Aussy doy-je de bon courage
Dieu et saint Fiacre prisier.
Plus ne me faudra debrisier
Sus potences [2] ; n'en ay que faire.
Dieu doy louer de cest afaire
 Bien fermement.

LA BOURGOISE DE LANGNY.

A Langny ay mult longuement
Hanté et prise demourée ;
Mais oncques créature nee,
N'y vint de quoy poit miex vasisse [3],
Ne truis [4] qui ma jambe garisse
Du mal qui est let et âcre.
Aler me fault à saint Fiacre ;
Ne fineray tant que g'i soie.
Doulz saint, je vous pry que ma voie
Aie çy endroit emploier
Tant que ma jambe soit garie.
Dieu a fait vertu bien pléniere :
Ma jambe sanz toute légière.
A Dieu et au bon saint doy rendre
Grans grâces de cuer sanz m'esprendre
 Quant la voy saine.

LA DAME CHEVALERESSE.

Chamberière, ne te soit paine !
A saint Fiacre droite voie
Vuel aler ; volentiers saroie,
Par la foy que doy Notre-Dame,
Qu'il avendroit à une famme
Qui enterroit en sa chapelle !
G'y bousteray madamoiselle [5],
 N'y fauldray mie.

LA CHAMBERIÈRE.

Je vous porteray compaignie

---

1. Protége. C'est de cette signification du mot *bailler* qu'est venu « bailli », juge, représentant du seigneur.
2. L'espece de masque dont la lepre couvrait le visage du lépreux s'appelait ainsi. « Nostre Seigneur Jhésus-Christ », lit-on dans la *Vie de Dagobert* par Nicole Gilles, afin qu'ils l'en voulsissent croire, s'approcha du ladre, et lui passa la main par-dessus le visage, et lui osta une *raphe* de la maladie de la lepre qu'il avoit au visage. Si que la face lui demeura belle, claire et nette... » Ce nom de *rafle* est resté à une maladie éruptive de l'espèce bovine.
3. Si aucun mal (*grieté*) vous tourmente (*argue*).
4. Porteur de béquilles qu'on appelait alors « potences ». Nous lisons dans les *Miracles de saint Loys* : « Estoit si malade que il alloit toujors à *potences* soubs ses esseles. »
5. Délecte.

---

1. Logée chez vous. Nous lisons dans la moralité du *Mauvais Riche* :

 Il sera en nos compaignies
 En enfer ennuy hostelez

2 Au diable les béquilles !
3 « Il n'est venu personne qui ait pu faire que j'allasse mieux »
4. Trouvé.
5. Ce passage fort peu clair doit, croyons-nous, s'expliquer ainsi « Je voudrais savoir, par Notre Dame, ce qu'il adviendrait à une femme qui enterrait dans sa chapelle. J'y enverrai ma demoiselle (ma chambriere). » Saint Fiacre avait été si peu bienveillant aux nobles dames pendant sa vie, que la chevaleresse pouvait croire qu'il ne leur serait pas favorable après sa mort

Moult volentiers, se Diex me voie ;
Saint Fiacre de cuer verroie
Il faut plenté de vertus belles,
Car fleures [1] grans et méselles
Garit ; contrais fait droit aler [2],
Et aussy lez muez parler,
Et lez aveugles enlumine ;
Plain est de la grâce divine
  Se Dieu me voie.

LA CHEVALERESSE.

Alons y droit par ceste voie ;
Voir assez briement ȳ seron.
Je te diray que nous feron.
Va-t'en à l'uis de la chapelle :
Sy attache ceste chandelle
  Sans destrier.

LA CHAMBERIÈRE.

Il ne me convient pas prier ;
Moult dévostement le feray,
Icy orendroit [3] meteray
La chandelle qui est bien belle :
N'enterray pas en la chapelle,
  Qui ne me couste.

LA DAME CHEVALERESSE, *en la boutant*.

Sy feras ; il fault que t'i boute ;
  Moult sui légiere.

LA CHAMBERIÈRE.

Je m'en restourneray arriere ;
Sanz raison m'avez boutée ;
J'ay esté forment [4] effraiée
  Pour cest afaire.

LA CHEVALERESSE.

Haro, lasse ! ne sçay que faire ;
A bien petit que je ne raige.
J'ay entrepris trop grant haussage [5] ;
Par droit me doit lasse clamer.
Chacun me doit bien diffamer,
Et apeler fole musarde :
Tant ay mal que l'eure ne garde [6]
  Que perde vie.

LE CHAPELAIN.

Arrestez-vous issy, m'amie ;
Ne bréez plus, ne criez plus.
A genoux le bon saint priez ;
Il vous fera alégement,
Ouvré avez mult folement
  Par escoutie [7].

LA CHEVALERESSE.

Doulz saint Fiacre, je vous prie
Qu'alégement me vuelliez faire,
Et je vous promet sanz contraire

Qu'offrande vous aporteray,
Et vostre feste garderay
Dévostement chascune année
Tant com pourray avoir durée.
Je me repent de ma foleur :
Alégée de ma douleur
M'a saint Fiacre grandement ;
Je le doy louer bonnement
  Et mercier.

LA FAME *qui prie son mary*.

Monseigneur, je vous vuel prier
Que je voise, mais qui vous plaise,
A saint Fiacre ; grant mesaise
De son mal [1] en mon corps endure,
Je pensse se d'entente pure
Le requier que seray garie.
Lonc temps a que je sui saisie,
  J'en suis certaine.

LE MARY.

Or, vous souffrez en pute estraigne [2] :
En saint Fiacre ne me fie
Ne qu'en une chienne enragie,
De moy n'est amé ne prisie.
S'il avoit 1 godet brisié,
En paradis banis en l'eure
En seroit fol [3] : fol qui l'onneure.
Il n'est requis que de mardaille,
Et à la fin sachiez sans faille
  Mie n'irez.

LA FAME.

Si vous plaist autrement direz,
Monseigneur ; fol est qui desprise
Des sains que le roy des roys prise
  Par son vouloir.

LE MARY.

Le cuer me prent fort à doloir ;
Il me venra-grief et doumache [4].
Il m'est avis que en m'esrache
Le cuer ; ne sçay que devenir,
La male mort me puist tenir
  Hastivement.

LA FAME.

Sire, parlez plus sagement
Et ne vous désespérez mie :
Le saint vous fera courtoisie
  Se le priez.

LE MARY.

J'iray, sanz estre détriez,
Moy et vous en portant offrende
Au saint ; n'ay mez douleur si grande
  Ne tel contraire.

---

1. Pour *fieures* (fievres).
2. « Fait aller droit les estropiés. » *Contrait*, n'est qu'une abréviation de *contrefait*.
3 Tout auprès
4. Grandement. V une des notes précédentes.
5 « J'ai trop osé. » On écrivait alors « ausé, hauzé », ce qui se rapprochait plus du latin *ausus*.
6 Il faut lire « tarde ».
7. Pour avoir écouté, par mauvais conseil

---

1. « Son mal », c'est à dire « le mal saint Fiacre », comme on disait, étaient les hémorroïdes C'est celui qu'on souhaitait le plus volontiers a ceux qu'on n'aimait pas « le mal saint Fiacre la puisse prendre, ou la puisse faire trotter », était une imprécation proverbiale très en usage. V Fleury de Bellingen, *Etymol. des Prov. françois*, 1648, in-8, p. 317.
2. V. plus haut pour cette locution.
3. Ce passage nous semble incompréhensible.
4. C'est dommage prononcé à l'auvergnate.

LE CHANOINE.

Un livre voy en celle aumoire ;
Il convient que je le deslie.
Voire c'est d'un meschant la vie,
Qui estoit un foueur [1] de chans ;
De certain ceulx sont bien meschans
    Qui le prisent.
        Là voit son livre.
Las ! à paine seray délivre
De la douleur qui me tormente,
Aler veul de loyal entente
Où saint Fiacre prieray,
Et son livre sy baiseray.

[1]. Fouilleur, bêcheur.

En son moustier vois droite voie :
Biaulx seigneurs, Dieu vous octroit joie !
Je vous vuel dire verite.
J'avoie le saint despité
De siens trop vilainement ;
Sy m'eschéi malement ;
Mais tantost que m'en repenty
Alégence du mal senty.
    Dieu soit loez !

S. PHARON.

Biaulx seigneurs qui cez mos ouez [1],
Chantons et ne soions pas muz,
De cuer : *Te Deum lavdamus.*

[1]. Ecoutez.

FIN DE LA VIE DE MGR S. FIACRE.

MARCHEBEAU

(XVᵉ SIÈCLE. — RÈGNE DE CHARLES VII)

Cette moralité, qui est plutôt une farce, se trouve au tome IV du *Recueil* des soixante-quatorze pièces, publié par MM. Francisque Michel et Leroux de Lincy, chez Techener (de 1831 à 1837), à soixante-seize exemplaires, d'après le manuscrit de la Bibliothèque Nationale, acquis à la vente La Vallière[1] Nous en avons revu le texte, sur l'original, et nous y avons joint des notes et éclaircissements, ce dont s'étaient dispensés les premiers éditeurs.

C'est une moralité de la plus libre allure.

Marchebeau et Galop, qui se disent frères d'armes, et dont l'un, si l'on en juge par son nom, devait servir à pied, tandis que l'autre paraissait à cheval, sont deux aventuriers de la même espèce que le *Franc archer de Bagnolet*, dont le *monologue*, attribué à Villon, est resté célèbre; et que *Messieurs de Baillevent et de Malepaye*,

qui n'ont pas inspiré un moins curieux dialogue. On le trouvera plus loin.

Galop et Marchebeau s'ébaudissent à l'envi sur leurs façons de faire lestes, dégagées, aux triomphes faciles, et sans argent comptant, même en amour.

Ils en sont au plus haut de leur forfanterie conquérante quand surviennent Amour et Convoitise, qui d'abord se laissent prendre à ce qu'elles en ont entendu, et font des offres, croyant tenir une proie. Mais Marchebeau et Galop se nomment; le charme cesse. On voit ce qu'est leur « basse seigneurie » de batteurs de pavés, et leur congé ne se fait pas attendre. Ils supplient, présentent requête, etc. Rien n'y fait. On leur délivre un arrêt en bonne forme, mais sans explication, « un *vidimus* sans queue. » Ils s'en vont piteux et penauds, en répétant le triste refrain

Amour ne fait rien sans argent,

qui est la seule morale de cette moralité.

1. V. le *Catalogue* en trois volumes, nᵒ 3304.

MARCHEBEAU

MORALLITÉ A IV PERSONNAGES

C'est a scavoir :

| MARCHEBEAU, | AMOUR, |
| GALOP, | ET CONVOYTISE. |

MARCHEBEAU *commence*.
Et puys, monsieur de Galop?

GALOP.
Quoy, monsieur de Marchebeau?

MARCHEBEAU.
On n'avon plaisance que trop,
Quant nous chevauchons le haut trot,
Sur un bayard[1] ou un moreau[2].

GALOP.
Tousjours debet[1].

MARCHEBEAU.
Esprit nouveau.

GALOP.
Prompt.

MARCHEBEAU.
Prest.

GALOP.
Bien apris.

1 Cheval rouge-brun Le fameux coursier de Renaud, l'un des quatre fils d'Aymon, se s'appelait ainsi qu'à cause de sa couleur. Le cheval *bayard* est notre cheval bai. C'est le même mot un peu diminué.

2. Cheval noir. V une note des pièces précédentes

1. Joyeux, gaillard. On disait *dehetter* ou *dehaiter*, pour se jouir.

MARCHEBEAU.
Gentil cerveau.

GALOP.
Plaisant babil.

MARCHEBEAU.
Langue a son cours.

GALOP.
Quant je suys aveq Isabeau,
Je fonce[1] et je rigolle beau,
Pour entretenir ses atours.

MARCHEBEAU.
Sangbieu ! j'ey faict cent mille tours
Depuys Paris jusques à Tours,
Et tout pour l'amour de la belle.

GALOP.
Et pour joyr de mes amours,
J'ey chevauché et nuictz et jours,
Voyre le plus souvent sans selle.

MARCHEBEAU.
Y ne fault poinct que je le celle,
Mais souvent je tremble et chancelle
Quant je pence au temps de jadis.

GALOP.
Tracaser de nuyct sans chandelle,
Fluter, chanter, et aux chans d'elle
Je cuydois estre en paradis.

MARCHEBEAU.
Mais, moy, j'en ay faict per a dis[2] :
Je cours, je trotes, je rauldis[3],
Je faictz gambades et grans saultz.

GALOP.
J'ey tant de chevaulx pour bondis,
Que mes reins de leurs rebondis
En endurent divers asaulx.

MARCHEBEAU.
Nous chevauchons...

GALOP.
Par mons,

MARCHEBEAU.
Par vaulx.

GALOP.
Puys à pic,

MARCHEBEAU.
Puys sur nos chevaulx,

GALOP.
Puys en archier,

MARCHEBEAU.
Puys en naquet[1],

GALOP.
Puys chault,

MARCHEBEAU.
Puys l'abé de Frevaulx[2].

GALOP.
Mais, pour nos paynes et travaulx.
Nous y trouvons bien peu d'aquest.

MARCHEBEAU.
Aucune foys, en un banquet
On dance.

GALOP.
On donne le bouquet[3],
On baise, on parle à sa mye.

MARCHEBEAU.
Et puys sy vient quelque braquet[4]
Qui soufle tout[5] ?

GALOP.
On faict choquet[6],
On faict ensemble l'arquemye[7],
Puys on s'en va.

MARCHEBEAU.
On tire vye,

GALOP.
Sans bruict,

MARCHEBEAU.
Sans noyse.

GALOP.
Sans envye,
Vivans en amoureulx traicté.

MARCHEBEAU.
Et en tel plaisance asouvye,
Nostre volonte est ravye
En amours et joyeuseté.

GALOP.
Nous avons pasé mainct esté

---

1. Je paye. Coquillart dit dans *les Droitz nouveaux* :
   Que pour le plaisir et deduict
   Il fonce, et qu'il n'espargne rien.
On dit encore dans le même sens « foncer a l'appointement ».
2. « J'ai gagné avec dix en jouant a pair ou non. »
3. « Je rôde ». En patois picard on dit encore *raudir* pour rôder

1. Valet de jeu de paume ou tripot, qui était chargé d'essuyer et de frotter les joueurs après le jeu. Nos deux drôles font, on le voit, tous les métiers.
2. Nom d'un personnage du théâtre de ce temps-là, que nous trouverons plus tard dans la *sotie* de Gringore. Il est parlé dans l'*Enqueste entre la simple et la rusée*, par Coquillard, d'une « religieuse de Frévaulx », qui doit être de la même confrérie.
3. C'est-a-dire on danse « le branle du bouquet », qui fut à la mode jusqu'au temps des Valois, et que notre vieille ronde de *la Boulangère*, ou l'on s'embrasse a bouche que veux-tu, rappelle beaucoup. On en peut juger par les détails que donne H. Estienne sur le *Branle du bouquet* dans les *Dialogues du nouveau langage françoys italianise*, 1597, in-12, p. 387.
4. Fou, éventé. On dirait aujourd'hui « quelque braque ».
5. Qui éteint toutes les lumieres.
6. « On fait comme le chat huant (*choquet*) qui voit clair dans l'ombre. » Dans quelques patois *choquar* veut dire encore chat-huant.
7. « Arquémye » est ici, comme presque partout alors, pour alchimie, art de faire de l'or. Dans ce passage « faire de l'alchimie », c'est se faire de l'argent a bon compte, c'est-a-dire voler. Il y a dans le *Dictionnaire comique* de Leroux, au mot Alchimie, une locution a peu près pareille.

Où nous avons joyeulx esté.

MARCHEBEAU.
Et maintenant le temps se passe,
Nous sommes....

GALOP.
En grant pauvreté.

MARCHEBEAU.
Nus,

GALOP.
Minches [1],

MARCHEBEAU.
En necessité.

GALOP.
Temps qui court ausy non compasse [2].

MARCHEBEAU.
Y fault jouer de passe passe :
Mes en endurant quelque espace,
Atendant le temps de jadis.

GALOP.
Y n'est dyamant ne topasse,
Mais faulte d'argent qui tost passe,
Nous rend un pou acouardis [3].

MARCHEBEAU.
Sy sommes nous frans,

GALOP.
Fors,

MARCHEBEAU.
Hardys,

GALOP.
Rustres et en faicts et en dis,
Sans engin, science et memoire.

MARCHEBEAU.
Mais tous nos sens sont interdis,
Quant nous nous trouvons escondis [4]
Sur le faict d'aulcun auditoire.

GALOP.
Quel tourment!

MARCHEBEAU.
Quel dur asessoir [5] !

GALOP.
Ce nous est un droict purgatoire,
Il n'est poinct de plus grans labis [6].

MARCHEBEAU.
Encor est le faict peremptoire,
Quant un marchant donne auditoire
Sur le faict de nouveaulx abis.

GALOP.
Nous cherchons partout nos ubis [1].

MARCHEBEAU.
Quites pour un *grates vos bis*,
Ou nous payons par ctiquete,
Et puys quoy?

GALOP.
Ramina grobis [2].

MARCHEBEAU.
Nous marchons.

GALOP.
Comme gens hardys,
Ayant la main sur la braguete.

MARCHEBEAU.
Par tel poinct on gaigne,

GALOP.
On aqueste,
Comme s'on l'avoyt par conqueste,
Pose [3] qu'on baille signe ou seau.

MARCHEBEAU.
Puys chascun qui nous voyt enqueste :
Mais qui est ce sieur sy honneste?

GALOP.
C'est le seigneur de Marchebeau.

MARCHEBEAU.
A! monsieur de Galop, tout beau;
Nous chemynons sur le careau,
Parmy les rues,

GALOP.
Puys au palais.

MARCHEBEAU.
Sy sourt connin [4] ou lapereau,
Poinct ne voulons de maquereau,
Nous sommes maistres.

GALOP.
Et valès.

MARCHEBEAU.
Je suys fort comme un Arcules [5].

1. Minces, maigres.
2. Ne donne rien. « Compasser » avec le sens de donner se trouve dans le *Roman de la Rose*, vers 9098

Quant Dieu biaute li *compassea*.

3. Couards, désarçonnés
4. Leconduits, refusés. L'infinitif « escondire » se disait pour refus. Nous lisons dans la *Moralité d'ung empereur qui tua son neveu*

Car son *escondire*
Si fault que l'endure.

5. Accueil, acces.
6. Affront, tache, du latin *labes*.

1. C'est-a-dire *où* aller et surtout *où* prendre, du latin *ubi*. Le Panurge de Rabelais cherchant, lui aussi, « ou prendre », dit en son latin « ubi prenu »
2. C'est-a-dire en nous rengorgeant (*raminant* ou *ruminant*) et faisant le gros dos (*gros-bis*). Trancher du gros-bis pour faire l'important se trouve dans Guill. Crétin. On sait que La Fontaine a donné le nom de Raminagrobis à un chat d'importance, aussi grave dans sa fourrure qu'un président sous la sienne. L'application du nom n'était pas de lui. Du temps de Voiture déja on l'avait faite « Vous savez bien, écrit il a une abbesse pour la remercier d'un matou dont elle lui avait fait l'envoi, vous savez bien, madame, que Raminagrobis est prince des chats. »

3 Il suffit que.
4. S'il sort lapin.
5. Hercule.

GALOP.
Et moy vaillant comme Achiles.

MARCHEBEAU.
Humble aulx coups.

GALOP.
Apre a la vitaille ¹.

MARCHEBEAU.
Nos langaiges ne sont pas lais,
Et sy ne tient rien au palais :
Quant c'est pour gibier qui le vaille
On forge aneaulx.

GALOP.
On congne.

MARCHEBEAU.
On maille ².

GALOP.
Nous faisons plus pour une maille ³,
Qu'aultres pour escus envers femmes.

MARCHEBEAU.
Aucune foys on prent.

GALOP.
On baille.

MARCHEBEAU.
Et seulement cherchons bataille,
Pour avoir la grâce des dames ⁴.

GALOP.
C'est un tresor.

MARCHEBEAU.
On y dict basmes ⁵.

GALOP.
Qui en peult joyr de deulx drames ⁶,
Il est ravy jusques aulx cieulx.

MARCHEBEAU.
J'abandonneroys corps et ames
Pour joir de celle que j'ames
Sans plus d'un baiser gratieux.

GALOP.
Mos doulx,

MARCHEBEAU.
Honnestes,

GALOP.
Précieux,
Sy bien dis qu'on ne sairoyt myeulx.

MARCHEBEAU.
Plaisans, avenans, atraictys ¹.

GALOP.
Y n'est poinct de gens sy joyeulx
Qu'entre nos povres amoureulx,
Ayant dame au cœur, amatis ².

MARCHEBEAU.
Gentis,

GALOP.
Joyeulx,

MARCHEBEAU.
Récréatis ³.

GALOP.
Aulcune foys temporiser :
Par telz points trouvons nos gratis ⁴.

MARCHEBEAU.
Ainsy, prenons nos apetis,
Sans bource ouvrir, n'esquot briser ⁵.
Qui n'a argent...

GALOP.
Doibt aviser
Quelque moyen pour s'escuser.

MARCHEBEAU.
Sy ne s'escuse?

GALOP.
Sy baille gage.

MARCHEBEAU.
Encor est il p'us a priser
Qui en sort pour bien deviser,
Payant seulement de langage.

GALOP.
Pour combatre.

MARCHEBEAU.
Gens de courage.

GALOP.
Pour batailler...

MARCHEBEAU.
C'est nostre usage,
Simple comme deulx freres d'armes.

GALOP.
Et sy nous trouvons aulx alarmes,
Quel deffence?

MARCHEBEAU.
Riens que des larmes,
Sans tirer verges ne batons.

GALOP.
Poinct ne sommes de ces gens d'armes

---

1. Victuaille.
2. On travaille comme l'armurier qui fait les mailles d'un haubert.
3. La moitié d'un denier.
4. Le franc archer de Bagnolet, qui est de l'espece de ces drôles, dit aussi dans son monologue :

    . . Par mon serment !
  C'est belle guerre que de femmes.

5. Paroles douces et odorantes comme baume (basme).
6. « Qui a seulement deux dragmes (drames) de leurs faveurs. »

1. Attirant, plein d'attraits
2. Vaincus, soumis, du verbe « amatir », dompter, mater.
3. Recréatifs.
4. Nos remises gratuites, comme a la chancellerie du Pape, où l'on obtenait les benefices, en payant plus ou moins, ou même pas du tout, avec ou sans « le gratis ».
5. Sans rien payer. Jeu de mot sur écot (escot) et écosse (escosse), qu'on brise.

Qui ont dagues, lances et armes;
Mais aulx femmes....

MARCHEBEAU.

Bien, combaton[1]!

AMOUR *entre en chantant.*

Helas! pourquoy s'y marie-t-on?
On est sy esse a marier[2]?
Quel bruict quant on a son guerrier
Aymant de bon amour certaine,
Qui faict de sa bource mytaine[3],
Et fonce argent pour gorgier[4].

CONVOYTISE *entre.*

Desoubz le houlx ou le laurier,
Auprès de la doulce fontaine....

AMOUR.

Quel bruict quant on a son gorier[5]
Aymant de bonne amour certaine!

CONVOYTISE.

Quelque argentier ou tresorier,
Ou quelque large capitaine,
Qui, pour heurter a la quitaine[6],
Donast des escus un millier.

AMOUR.

Quel bruict quant on a son gorier
Aymant de bon amour certaine,
Qui faict de sa bource mytaine,
Et fonce argent pour gorgier.

MARCHEBEAU.

J'os une voys en ce cartier
Qui fort en amour se fonde.

1. C'est toujours la doctrine du franc archer.
2. Est-on ici a marier?
3. C'est a dire qui a la main si souvent dans sa bourse que l'on croirait qu'il en est ganté. La mitaine du reste, qui n'avait qu'une seule séparation entre le pouce et les quatre doigts, ressemblait assez a une bourse. Nous avons retrouvé cette locution curieuse et spirituelle, que le *Dictionnaire* de M. Littré n'eût pas dû oublier, dans la *Satire Menippée*, a propos des gens de finances qui mettaient leurs mains trop avant dans les coffres du roi « Il haissoit a mort les financiers, qui faisoient de la bourse de leur maistre, mitaine. »
4. S'en donner jusqua a la gorge. On disait aussi *gorgiaser*, mais surtout avec le sens de faire parade, comme dans ce passage de Rabelais, *preface du livre IV* « Ainsi me suis je accoutré, non pour me *gorgiaser* et pomper, mais pour le gré du malade. »
5. Dameret, vêtu a la « grand'goire », c'est a dire a la grande mode, suivant l'expression du temps de Charles VII et de Louis XI M. de Soleinne avait dans sa Bibliothèque une farce manuscrite, *la Folie des Gorriers a IIII personnaiges*, ou se trouvait en action le dandysme de ces beaux du XVe siecle. Voici ce qu'on y lisait pour le costume

    Quand est de vostre habillement,
    Les robes porterez mal faictes
    Tant, que semblerez proprement
    Estre personnes contrefaictes,
    Faictes-vous bossus, se ne lesle.
    Grans manches plus que cordeliers,
    Chappeaux de travers et cornetes,
    Bonnet sur l'œil, larges solliers.
    Soyez en vos faits singulliers
    Et formes de princes vestuz,
    Et feussiez fils de charpentiers
    Fiers, orgueilleux, folz et testuz.

6. Toucher le but. La *quintaine* était, dans les lices, la figure de bois contre laquelle on s'escrimait de la lance ou de l'épée.

GALOP.

Sans qu'el demeure en son entier,
Y nous luy fault dreser metier,
Et qu'a sa chanson on responde.

MARCHEBEAU.

Et fust la plus belle du monde,
Sy on se ralie[1], resjouye et chante.
J'ey veu la beaulte ma mye
Enfermée dans une tour;
Pleust a la Vierge Marye
Que j'en fusse le seignour!

AMOUR.

Or sus, chantons a nostre tour,
Y les fault a nous attirer.

AMOUR ET CONVOYTISE *chantent.*

Franc cœur, qu'as tu a soupirer?
N'es tu poinct a ta plaisance?

GALOP.

Puysqu'ilz se metent en debvoir,
Chantons, y nous y fault remectre.

MARCHEBEAU.

D'aymer je m'y veulx entremectre,
Puysque je l'ay ouy chanter,
« A l'ourée[2] du boys l'alouete. »

AMOUR.

Sus, desplyons nostre gorgete[3],
Et leurs respondons a l'envye.

CONVOYTISE *chante.*

« Amy, las! dict el, que m'anvye! »

MARCHEBEAU.

Dame de plaisance asouvye,
Dieu vous doinct joye et bonne vye!

AMOUR.

Salut, sancté, bruict[4] et renon.

GALOP.

Honneur je vous rens a l'envye,
Dame de plaisance asouvye.

MARCHEBEAU.

Vostre beaulte tant me convye,
Qu'el a ma volonte ravye
Pour vous aymer, vueilles ou non.

GALOP.

Dame de plaisance asouvye,
Dieu vous doinct joye et bonne vye.

CONVOYTISE.

Salut, sancté, bruict et renon.

AMOUR.

Or ca, et quel est vostre nom?

1. Se ralie
2. La lisière. On disait plus souvent « orée », comme dans ce passage de Montaigne: « *l'orée* des terres cogneues est saisie de maretz, forêts profondes, déserts... »
3. Chantons à gorge déployée.
4. Bonne réputation

MARCHEBEAU.
Je suys monsieur de Marchebeau.

AMOUR.
Et vous ?

GALOP.
Monsieur de Galop.

AMOUR.
Hon !
Seurement, mon gentil mygnon,
Et vous et vostre compaignon,
Portes nom de bas signeuriau [1].

MARCHEBEAU.
Et comment cela ?

CONVOYTISE.
Bien et beau.
La raison est bien aparente.

AMOUR.
Telz gens marchant sur le carreau [2],
S'imposent telz gens de nouveau [3] ;
Mais ce sont Messeigneurs sans rente.

CONVOYTISE.
Portes vostre derrée [4] en vente,
Et sortisés qu'el ne s'esvente.

GALOP.
Ouy, dea, sy tost.

CONVOYTISE.
Trousés vos quilles [5],
Et n'y contés n'a vint, n'a trente :
Ce n'est pas ceans qu'est la vente
Ou debvés vendre vos coquilles.

MARCHEBEAU.
Quoy, dames gentes et abilles,
Esse maintenant la manyere
Et l'estat de sy belles filles
De donner responce sy fiere ?
Ne vous semblit poinct qu'il asserre
A moy [6], qui par amour vous ame ?
Dea, monsieur vault bien madame [7].

AMOUR.
Bien, sy vous estes grand seigneur,
Sy vous faictes donc bien servyr ;
Mais pas ne voys, pour mon honneur,
Qu'a vous je me doyve aservir,
Sy ne le voules deservir
Par fort donner : c'est ma responce.
On n'a plus d'amour qui ne fonce.

GALOP.
Encor, n'avons pas entendu
La requeste qui vous demande.
Croyes qu'a donner en temps dû
On n'y vouldroyct pas contredire ;
Mais pas ne debves escondire
Sy seurs amoureulx beaux et gens.
Beau parler apaise les gens.

CONVOYTISE.
Il en vient tant de telz que vous,
Chantereaulx, barbouilleurs, raillars,
Qui ne virent onques sis soublz [1],
Et font des amoureulx gaillars.
Se ne sont poinct tels coquillars [2]
Qu'amour doibt tenir en pasture ;
Amour sy est quant argent dure.

MARCHEBEAU.
Sy je vous ay mon cuer donne,
Dame gracieuse et honneste,
Me lerrés vous abandonné,
Sans ouir mon humble requeste ?
C'est que pityé vous amonneste [3],
Que vous secourés corps et ames,
Pityé se doibt tourner aulx dames.

AMOUR.
Fusiés vous compte palatin,
Et plus beau cent foys que Jason,
Vous perdriés vostre latin,
Et en vain faictes telz blason [4].
Plus n'est maintenant la saison
De secourir s'on n'y acqueste ;
En vain faictes vostre requeste.

MARCHEBEAU.
Un reguard preschant de vostre œuil
A faict d'amour mon cuer ferir,
Espoyrant que sy doulx acueil
Me voulsist un peu secourir ;
Ou aultrement je voys mourir
Sy de bref n'y donnes remede,
Racueill [5], confort, secours et ayde.

1. De basse seigneurie.
2. On disant encore dans le même sens de pavaner « faire de la piaffe sur le pavé du roi ». Carreau se disait plus souvent que pavé partout ou ce dernier mot aurait pu être employé.
3. « Ces nouveaux venus s'imposent à force de se pavaner sur le pavé.. »
4. Denrée, marchandise. Dans le Berry on dit encore *darrée* pour denrée.
5. Sortez, allez-vous-en.
6. « Ne vous semble-t-il pas qu'il y a grand tourment pour moi.. » Dans la *Farce de Colin qui loue et despite Dieu en ung moment a cause de sa femme*, Colin dit parlant de celle qui le tourmente :

Mieulx me seroit estre soubs terre
Qu'endurer, tant elle m'asserre.

7. C'était un proverbe. Il se trouve tourné ainsi : « Madame vault bien monsieur », dans les *Adages françois* (XVIᵉ siecle). On en avait fait une chanson sur l'air de laquelle se dansait un branle, indiqué par Arena dans sa macaronée *Ad suos compagnones studiantes*, etc., 1531, in-12.

1. Qui n'ont jamais vu six sous.
2. Pelerins, a cause des coquilles dont ils étaient bardés, et par extension « vagabonds ».
3. « Vous exhorte ». C'était alors le sens d'admonester. « Ses amis, lit-on dans le *Plutarque* d'Amyot (Solon, ch. LXV) l'admonestoient qu'il regardast a ce qu'il disoit. » L'orthographe du mot, telle qu'elle est ici, était conforme à la prononciation du temps, comme nous l'indiquent Théodore de Beze et Palsgrave.
4. Tels bavardages. Le blason était une petite piece de vers ou l'on blâmait ou louangeait a volonté. « Il est composé de dix vers ou moins. Le plus abrégé est le meilleur, » dit Ch. Fontaine dans son *Ab. eviction de l'Art poétique*, Lyon, 1576, in-8º, p. 255.
5. Retour de bienveillance pour faire meilleur accueil.

CONVOYTISE.

Mais avés vous force d'argent,
Qui voulés maintenir amours?

GALOP.

Chascun en est léger et gent[1] ;
Mais nous sommes de noble gent,
Dignes de porter les atours.

CONVOYTISE.

Pour neant faictes tant de tours,
Et en vain faictes tel demande.

MARCHEBEAU.

Au moins recevés ma demande.

AMOUR.

Qu'esse?

MARCHEBEAU.

Une requeste
Que vous presente par escript.

CONVOYTISE.

Y n'en fault plus faire d'enqueste,
Vous y venes en temps prescript[2].

MARCHEBEAU.

Et, pour l'amour de Jesus Christ,
Ayés pityé du povre amant.

AMOUR.

Mon amy, a Dieu vous commant[3].
On dict qu'a hardy demandeur
Y fault hardiment refuser.

GALOP.

Pas ne vous appartient tant d'eur[4],
Vous ne vous faictes qu'abuser.

AMOUR.

Encor s'en fault il excuser
Et leur faire quelque despesche[5];
Leur blason[6] m'enuye et empesche.

CONVOYTISE.

Je leur voys faire un court adieu,
Et les despescheray sy brief
Que plus ne vyendront en ce lieu
Nous faire requeste ne grief[7].
Tenés, galans, tenés se bref :
C'est une lestre veue et leue.

GALOP.

Qu'esse?

CONVOYTISE.

Un *vidimus* sans queue[1].

MARCHEBEAU.

Corbieu! nous sommes despesches[2].

CONVOYTISE.

Sus, seigneurs, sus, despeschés[3],
Ne faictes plus icy d'aproche.

GALOP.

Quel deshonneur!

MARCHEBEAU.

Quelles reproches !
Nous sommes bas.

GALOP.

Mal compasés,
Plas comme gens d'armes casés[4].

MARCHEBEAU.

Confus comme fondeurs de cloches[5].

GALOP.

On nous a coupé court les broches,
Sans que puisons aler jamais.

MARCHEBEAU.

Y n'y fault plus chercher despesches,
Nous avons eu le dernier vers.

CONVOYTISE.

Alles, chantereulx.

AMOUR.

Alles, nyueles[6].

CONVOYTISE.

Minches,

AMOUR.

Pietres.

CONVOYTISE.

De povre gent.

AMOUR.

Entendés que sont clers ou lès[7],
Chanoynes, seigneurs ou valés,
Au moins ne font rien sans argent.

---

1. Nous croyons qu'il faut lire « égent », ce qui serait presque du pur latin, *egens*, manquant, privé de tout.
2. Lorsqu'il n'est plus temps, lorsqu'il y a prescription.
3. « Recommande ». Dans la *Farce du Goutteux*, ce mot a le même sens

    Au diable soyez *commandé*,
    Tant vous me faictes de laydure.

4. De bonheur, et par suite d'orgueil.
5. Leur donner quelque raison pour les renvoyer.
6. La requête qu'ils viennent de nous adresser.
7. Souci, ennui.

---

1. C'est-à-dire un bel et bon arrêt sans considérants, tel que le donnait le juge qui s'y contentait d'écrire : « nous avons vu, *vidimus* ».
2. Expédiés.
3. Allez-vous-en.
4. Par la pragmatique du 2 nov 1439, aux états d'Orléans, Charles VII avait cassé les compagnies de gendarmes « Toutes compagnies, disait l'ordonnance, dont nous traduisons le texte latin, toutes compagnies existant jusqu'à ce jour sous les ordres des barons, ou chefs quelconques non agréés par le roi, auront a se dissoudre. » De la « les gendarmes cassés » et piteux, auxquels il est fait allusion ici. Cette piece dut être faite au moment ou ils furent licenciés C'est à cause de ce détail que nous l'avons placée sous Charles VII.
5. C'était une locution proverbiale. On disait « ébahi comme un fondeur de cloche », en sous-entendant « qui, lorsqu'il brise son moule, voit que sa cloche est manquée ».
6. Niais, diseur de sottises, *nivelenes*. La Fontaine, dans son *Voyage a Limoges*, emploie « niveler » dans le même sens. C'est a cause de ce mot qu'on a fait de Jean de Nivelle le type de la niaiserie.
7. Clercs (prêtres) ou lais (laïques).

CONVOYTISE.

S'on avoyt la force Hercules,
La beaulté d'Absalon le gent,
Avec la valeur Achiles,
Amour ne faict rien sans argent.

GALOP.

Il a beau faire compromys[1],
Qui est de foncer negligent,

1. Arrangement.

Plus est de parens que d'amys,
Amour ne faict rien sans argent.

MARCHEBEAU.

Conclusion : qui c'est sumys[1]
En amours povre et indigent,
Il est renvoyé et demys,
Amour ne faict rien sans argent.

1. Soumis.

FINIS.

FIN DE MARCHEBEAU

MESTIER ET MARCHANDISE

FARCE

(XVe SIÈCLE — RÈGNE DE CHARLES VII)

NOTICE ET ARGUMENT

Cette pièce, qui se trouve, comme la précédente, dans le Recueil La Vallière, est des plus curieuses. Ce n'est pas moins qu'une farce politique et d'actualité, pour l'une des années les plus intéressantes du règne de Charles VII, l'année 1440. On trouvera la date plus loin dans la farce même.

Tout ce qui occupait alors les esprits y est rappelé et mis en action : la révolte des seigneurs, rassemblés à Blois autour du duc d'Orléans, pour organiser cette guerre de la *Praguerie*, dans laquelle ils entraînèrent le jeune Dauphin, mais dont, malgré cela, Charles VII eut bientôt raison ; les plaintes du peuple de la ville et des champs : marchands, artisans et bergers, dont ces troubles arrêtaient les travaux, et qui ne savaient comment gagner leur vie ; puis enfin, comme unique consolation contre ces malheurs du temps, l'espoir de tous en l'aide de Dieu, et en la sagesse du roi, qui, en effet, avec le concours de plusieurs hommes de haute expérience, pris hors de la noblesse, Jacques Cœur, l'argentier, Jean Bureau, le maître des comptes, etc., fit beaucoup, à l'encontre des seigneurs et malgré leurs troubles, pour les gens des métiers et du commerce.

Les personnages sont de ceux que nous rencontrerons souvent : Marchandise parle pour les marchands, Mestier pour les artisans, et le Berger pour les hommes de la campagne.

Chacun d'eux gémit à son tour. Ils se plaignent du Temps qui court. Il paraît bientôt lui-même, attiré par le bruit de ces plaintes, et s'enquiert de ce qui en est la cause. On lui répond que tout n'ira bien que s'il change. Rien de plus simple ; il s'empresse de changer : il était venu en costumes de diverses couleurs, il revient paré d'une seule, le rouge.

On ne trouve pas que ce soit nuance d'heureux présage. Il y a de la révolte, de la guerre civile sous cette couleur du Temps.

Il change donc encore, mais c'est pour revenir armé en guerre et menaçant. On ne se plaint, on ne gémit que plus fort.

Autre métamorphose, mais tout aussi peu rassurante. Le Temps revient enveloppé, et « brouillé ». Que faire d'un Temps pareil ? Donc cris nouveaux, et plaintes de plus belle.

Le Temps répond que ce n'est pas à lui qu'il faut s'en prendre, s'il est ainsi brouillé, mais « aux Gens ». Or, qu'est-ce que les Gens ? Il le fait voir, en amenant un personnage qui les représente et qui est aussi bizarre de langage que d'aspect : sa figure est un masque placé derrière la tête ; son parler, un charabia inintelligible. Quant à sa démarche, il va à reculons !

Les « Gens » sont donc les hommes à faux visage, qui font tout en arrière, qui conspirent dans une langue qu'eux seuls comprennent, et dont les menées font que tout recule au lieu d'avancer. Par bonheur Dieu et le roi sont là qui remettront chaque chose dans l'ordre et changeront le Temps et les Gens.

La farce finit sur cette espérance, très-haut proclamée, et, suivant l'usage, par une petite chanson.

Comme toujours, on n'en sait pas l'auteur, mais nous serions tenté de croire qu'il était de classe bourgeoise, et de la Bazoche de Paris.

S'il en était ainsi, nous aurions là l'opinion des gens de Palais, chefs de la Bourgeoisie, sur les affaires du temps et plaintes du peuple ; ce qui ajouterait encore à la curiosité de cette pièce si curieuse.

MESTIER ET MARCHANDISE

FARCE A V PERSONNAGES

C'est a scavoir :

MESTIER,
MARCHANDISE,
LE BERGER,

LE TEMPS,
ET LES GENS.

MESTIER *commence.*

Marchandise !

MARCHANDISE.

Qu'esse, Mestier ?

MESTIER.

Que c'est ? Je ne scay quel signe esse
De chanter sans estre en leesse [1] :
Semble qui n'en fust ja mestier [2].

MARCHANDISE.

Escoutés ce povre bâtier [3]
Fondé en raison bien espesse.

MESTIER.

Marchandise !

MARCHANDISE.

Qu'esse, Mestier ?

MESTIER.

Y y a plus d'un an entier
Que Mestier ne cria largesse.

MARCHANDISE.

Mestier, il n'y a plus de gresse [4].

MESTIER.

Gresse, ce sont les mos Gaultier [5].
Marchandise !

MARCHANDISE.

Qu'esse, Mestier ?

MESTIER.

Que c'est ? Je ne scay quel signe esse
De chanter sans estre en leesse,
Semble qui n'en fust ja mestier.

MARCHANDISE.

Ne vous chaille, soubz le metier
Encore gist il quelque chose.

MESTIER.

Vous le songés.

MARCHANDISE.

Mais, Dieu, Gaultier,
Y n'est pas mort qui se repose.

MESTIER.

Vous le croyés.

MARCHANDISE.

Je présupose
Que quelque bien vous aviendra.

MESTIER.

Vous le dictes.

MARCHANDISE.

Je le supose.

MESTIER.

Y vous en croira qui vouldra.

MARCHANDISE.

J'espoire que le temps viendra
Qu'a grand paine fournir pourés
A ces bas que vous remboursés [1] ;
Et aures tant et tant d'ommage [2],
Sy vous estes ancrément [3] sage,
Que vous amaserés rouelles [4].

MESTIER.

Vous me contés bien des nouvelles,
Et viendroyt bien encor le temps [5]
Qu'il refist nos espritz contens,

---

1. Joie, liesse.
2. Me semble qu'il n'en fut jamais ainsi, Métier.
3. Faiseur de bâts pour les ânes. Le nom du « pauvre bâtier », sans doute a cause de sa marchandise, se prenait encore dans un autre sens : « mot de la lie du peuple, écrit Richelet, dans son *Dictionnaire*, pour dire benêt. » Aussi la profession ne foisonnait-elle pas en ouvriers, c'était a qui ne le serait pas : « Il n'y a que cinq batiers a Paris, » dit encore Richelet.
4. Graisse est ici pour abondance.
5. « L'abondance ce sont les maux de Gautier » C'était alors le nom typique de l'homme de travail, a la ville ou aux champs Il est donc naturel que Métier se le donne Quand, sous Louis XI, l'homme de campagne se mit a être un peu plus a l'aise, et ainsi se fit plus libre, on l'appela le Franc-Gauthier. C'est alors que parurent les *Dicts et contredicts de Franc-Gauthier*, par Philippe de Vitry.

1. C'est-a-dire : « que vous ne pourrez suffire a la fourniture des bâts que vous fabriquez. » — Nous avons vu que Mestier était un bâtier.
2. De demandes.
3. Solidement, « comme attaché par une ancre a la sagesse ». Marot a dit dans le même sens ·

   Comme nature est en peché ancrée
   Par art d'enfer.

4. De l'argent En argot, on dit aujourd'hui « des ronds » Le mot *rouelle* pouvait alors s'employer d'autant mieux avec ce sens, que, sous les regnes précédents, on avait eu, comme monnaies en cours, des rouelles de cuir avec un clou d argent au milieu.
5. « Il serait bien venu le temps qui. . »

Et que plus je ne fuse au bas.
MARCHANDISE.
Pourquoy non? Ne savés vous pas
Qu'après la pluye vient le beau temps?
Tout viendra bien.
MESTIER.
Je m'y atens.
Nous aurons des biens sur le tart.
Ainsy c'un poursuyvant fetart[1],
On apelle cela frimolle[2].
LE BERGER *commence, en chantant.*
La, la, la, la.
L'oysillon du boys s'envolle,
La, la, la, la,
L'oysillon du boys s'en va.
Onc faulce pye ne conna[3]
Un tel berger comme je suys.
Léger d'argent ainsy me va,
Sy je ne voys devant, je suys[4];
Tousjours gay le myeulx je suys.
La petite chanson joyeuse
Au matin, au desjone[5], et puys
A boire la soys[6] gratieuse.
L'une foys j'ey la pance heureuse,
L'aultre non[7], mais ce m'est tout un :
Berger de pensee amoureuse
Ne cherche jamais grand desiun[8];
On dict en proverbe commun
« Qui moins a moins a à respondre. »
Cela est commun a chascun;
Qui n'a betail y n'a que tondre.
Mais pour toutes heures confondre,
Quant est a moy ainsy midieulx[9]!
Que pour mon cas j'ayme trop mieulx
Vivre sain, povre, joyeulx, gent,
Que d'avoir soulcy et argent.
Ostes, les Galans sans soulcy[10]
N'avoyent en leur tresor ausy
Que sancté et petit bon temps,
Et voyla la fin où je tens,
Et voyrement, quant je m'avise.
Dieu gard Mestier et Marchandise!
MESTIER.
Et Dieu gard le metier des chans!
LE BERGER.
C'est un estat que moult je prise.
Dieu gard Mestier et Marchandise!

MARCHANDISE.
Et a, toy, tel temps qu'il devise
Pour ouyr des oyseaulx les chans[1].
LE BERGER.
Dieu gard Mestier et Marchandise!
MESTIER.
Et Dieu gard le berger des chans!
LE BERGER.
Trop plus souvent je voys marchans
Que je ne fais gens de metier[2]
Qu'a mes patures je ne tienne,
Et n'est pas que ne voi-ge ou vienne
Tousjours quelc'un pour marchander.
Je suys la à les regarder
Passer; les uns, en chevauchant,
Vont chantant, les aultres preschant,
En contant de leurs aventures.
Et je repose a mes patures,
En l'ombre d'un beau bisonnet[3],
Avec quelque sadin grongnet[4],
Chantant ou jouant quelque jeu.
Je dis bon jour, je dis adieu,
Ou Dieu gard le gentil berger.
Je suys tout fier, pour abréger,
Qui me saluent sy haultement.
MESTIER.
Ausy doibt on réalement
Se resjouyr de l'aultruy bien,
La sace[5] que aulcuns n'en font rien;
Mais ce n'est pas ce qui nous maine.
MARCHANDISE.
Non, non, c'est l'aultre sepmaine[6];
Laisons le moutier la où il est[7].
MESTIER.
Mais que dist ce gentil valest?
Quel temps court il en ceste ville?
Voyés vous non plus crois ni pille[8]
Que nous faisons en ce cartier?
LE BERGER.
Par ma foy, mon maistre Métier,
Je ne say que c'est que un temps[9] :
Prou[10] de gens en sont mal contens,

1. Fainéant toujours en retard · « de lire je suis faitard », dit Villon dans son *Grand Testament*, et Marot écrit en note à la marge « paresseux, qui fait tard sa besogne »
2. Diminutif de « frimes », mot déjà connu, mais qu'on écrivait plus souvent *frume* ou *frimas*, d'où la locution « avaleur de frimas », pour mangeur de riens.
3. « Jamais pie de mauvaise augure ne cogna, ne heurta. »
4. « Si je ne vais devant, je vais derrière »
5. Au déjeuner, quand on compt le jeûne.
6 Soif.
7 « Une fois, j'ai la panse pleine, l'autre fois, non »
8 Déjeuner.
9 Midi   « Il est pour moi toujours midi ».
10 « Nos hôtes, les Enfans (galants) sans souci ». Ce vers confirme ce que nous pensions de l'origine toute basochienne de cette piece, qui fut jouée certainement au Palais, chez les Enfants sans souci.

1. « Tu peux, toi, quelque temps qu'il fasse, ouïr les chants des oiseaux »
2 « Je vois plus de marchands que de gens de métier. »
3 Petit buisson Jusqu'au XVIIᵉ siecle on dit *busson* pour *buisson* Louis XIV le prononçait non autrement
4. « Avec quelque joli minois, quelque gentil museau » *Sadin* voulait dire joli, appétissant.

Si l'une a plus d'éclat, l'autre est plus *sadinette*,

dit Régnier. *Grognet* ou *grogne* voulait dire *moue, minois.*
5. Sache.
6 « C'est chose de l'autre semaine. »
7. « Ce proverbe, dit Estienne Pasquier (*Recherches*, liv VIII, ch XII) . marque particulièrement qu'il vaut toujours mieux laisser les choses comme elles sont »
8. « Ne voyez-vous plus d'argent ? ».
9 « Je ne sais au juste ce qu'on peut appeler un temps, une époque. »
10. Beaucoup. Le mot n'est resté longtemps que dans la locution « peu ou prou ».

Un chascun y est à reprendre,
Et debvés scavoir y entendre
Que j'en suys au bout de mon sens [1].

MESTIER.

Or, escoutés : l'an quatre cens
Trente neuf, que monsieur le compte [2],
Je vous en veulx conter un conte
Qui fust l'an, pour le faire court...

Le Temps qui court vient, et est vestu de diverses couleurs, et marche quoy [3] emmy [4] la salle, et dict :

Qu'esse qu'on dict du temps qui court !
Parle on de moy en ce cartier ?
Hon, qui, quoy, je ne suys pas sourt,
Qu'esse qu'on dict du temps qui court ?

MESTIER.

D'ou esse, d'ou ce bruict nous sourt ?

MARCHANDISE.

Comme il faict de l'entremetier [5] !

LE TEMPS.

Qu'esse qu'on dict du temps qui court ?
Parle on de moy en ce cartier ?

MESTIER.

Dieu gard le Temps !

LE TEMPS.

Dieu gard Mestier !

LE BERGER.

Marchandise ne ralle rien [6].

LE TEMPS.

Il est vray, je n'y voys pas bien
Comme un jeune homme.

LE BERGER.

J'en fais doubte.
Tel a beaulx yeulx qui n'y voyt goutte ;
Mais toutes foys où tirés vous [7] ?

MESTIER.

Le Temps qui court, alés tout doulx,
Vous semblés estrange à congnoistre.

MARCHANDISE.

Venés aquester avec nous [8],
Le Temps qui court.

LE BERGER.

Alés tout doulx.

LE TEMPS court emmy la salle.

Sy je ne suys aymé de tous,
Et que m'en peult il de pir estre ?

LE BERGER.

Le Temps qui court, ales tout doulx,
Vous semblés estrange a congnoistre.

LE TEMPS parle fièrement.

Quoy qui sera varlet ou maistre,
Rien, rien, je ne suys poinct estable [1] ;
Je suys variable et muable [2],
Comme une plume avant le vent [3].

MESTIER.

Le Temps qui court, le plus souvent,
Semble de diverses couleurs.

LE TEMPS.

Vous ne scavés qu'on nous les vent.

MARCHANDISE.

Le Temps qui court, le plus souvent,
Tu voys povres gens a l'esvent [4].

LE TEMPS.

Vous ramentevés [5] vos doulleurs.

MESTIER.

Le Temps qui court, le plus souvent,
Semble de diverses couleurs.

LE TEMPS.

Cuydés vous scavoir les valleurs
Du temps qui court ? Pour et afin
De le vous dire, qui n'est fin,
Caut [6] et inventif, bref et court,
Y ne scayt riens du temps qui court.
Et quant arrester me vouldriés,
Povres sos, vous y morfondriés.

(Le Temps s'en va abiller de rouge.)

MESTIER.

Adieu, le Temps.

MARCHANDISE.

Le Temps s'enfuyst.

LE BERGER.

Le Temps s'en va et on demeure ;
Sy dict on souvent qu'a toute heure
Y fault aler avec le temps.

MESTIER.

C'est pour néant : demourons contens,
Sy le Temps s'en voist a Dieu.

MARCHANDISE.

Vous voyrés que de quelque lieu

---

1. « De mon intelligence... »
2. De quel comte est il ici question ? Sans doute du bâtard d'Orléans, qui, à la fin de 1439, avait été fait comte de Dunois par Charles VII, ce qui ne l'avait pas empêché de se mettre contre lui avec les rebelles de la *Praguerie*.
3. Tranquille, avec calme. V. sur ce mot, et sur l'expression « rester coi », où il s'est maintenu, une note des pièces précédentes.
4. Au milieu de...
5. Faiseur d'*entremets*, sorte de spectacle avec machines qu'aux grandes fêtes de la cour ou des châteaux on promenait dans les salles du banquet Le personnage, qui vient d'arriver et marche au milieu de la salle, se donne, ce qui est vrai, bien des airs d'un entremetier.
6. « Ne pousse pas un souffle, ne sonne mot. »
7. « Où allez-vous ? »
8. « Acheter chez nous. »

1. Stable. On prononçait presque tous les mots commençant par *st* en les faisant précéder d'un *e* euphonique. C'est ainsi que chez le bas peuple on dit encore une *estatue*.
2. Changeant, du latin *mutare*.
3. Que pousse le vent.
4. Etourdis On dit encore « des têtes à l'évent ».
5. « Vous rappelez, vous remémorez. » Ce mot *ramentevoy* est bien du temps « Ledit cardinal, écrivait alors Monstrelet (liv. II, c. CLXXXVII) fit promettre au dit duc de Bourgogne que jamais en ramenteveroit la mort de son feu père. »
6. Adroit, rusé, du latin *cautus*, d'où « cautelle »

Qu'après ce temps viendra un aultre ;
Mais gardons qu'on ne nous epeaultre[1],
Et qui ne nous soyt plus terrible.

LE BERGER.

Pasons le par dedens un crible
Sy nous semble fort a passer.

LE TEMPS *revient abillé de rouge, et dict.*

Qui vous puisse le col caser !
Qu'esse que vous brouilles tous troys ?

MESTIER.

Que nous brouillons ?

LE TEMPS.

Mais toutes foys,
Vous raillés ou je vous voys rire.

MARCHANDISE.

Vous estes un merveilleux sire,
Le Temps ; estes vous ja changé ?

LE TEMPS.

Truc avant, c'est trop langagé[2].
Ouy changé, qu'en voulés vous dire ?
Me cuydés vous garder de fuyre ?
En despit de vostre visage,
Je yray et viendray davantage
Quant on vouldra que je ne bouge.

LE BERGER.

Y pleust a Blays[3], le Temps est rouge[4].

LE TEMPS.

Ouy dea, que j'areste tout beau,
Ainsy c'un gardeur de tombeau,
Qui est endormy sus son voulge[5].

MESTIER.

Y pleust a Blays, le Temps est rouge.

LE TEMPS.

Dictes, sy feroyt il beau temps,
Et seriés de moy tres contens ?
Onques l'on ne fust sy farouge.

MARCHANDISE.

Y pleust a Blays, le Temps est rouge.

LE TEMPS.

Dictes, sy feroyt il beau temps,
Et seriés de moy tres contens,

1. Étrille, écorche, nous trouvons ce mot dans la *Moralité de Charité :*

Helas ! Tricherie les epeaultre,
Et escorche de toules pars

2. Ce mot avec le sens de bavardé, comme ici, se trouve dans la farce des *Cris de Paris*

Ha, vous me ferez enrager,
Je ne vis onc tant langaiger.

3. C'était la prononciation du nom de la ville de Blois, qui, pour cela, avait mis dans ses armes un loup dont le nom en celtique est *blés*

4 C'est à Blois, comme nous l'avons dit dans la *Notice*, que les princes tenaient leur conciliabule de révolte, chez le duc d'Orléans Le berger a donc raison de dire qu'il y pleut, qu'il y fait mauvais temps.

5 Lourd bâton de gardien ou de chasseur. Nous n'avons trouvé ce mot que dans Cotgrave.

Sy vous avyés d'or plaine bouge[1].

LE BERGER.

Y pleust a Blays, le Temps est rouge.

LE TEMPS.

Rouge, mais de bonne couleur.
Pour estre singe à basteleur,
Droictement je pase et repase ;
Onques joueur de passe passe
Ne joua sy bien de quarante[2].
Mais je m'esbays qu'on ne chante !
Aultre fois vy en ce cartier
Sy bien chanter gens de métier,
Et ceulx de marchandise ausy ;
Mais maintenant tout est transy ;
Mesmement les bergers des chans
Vouloyent faire bruyre leurs chans.
Vous declines en piteux termes.

MESTIER.

Més chans sont convertys en larmes.
Que dirons nous par vostre foy,
Puysque fortune est contre moy ?

(*Ilz chantent.*)

LE BERGER.

L'homme bany de sa plaisance.

(*Ilz chantent.*)

MARCHANDISE.

Ou j'ay perdu mon espoirance,
Nous ne scavons plus rien de neuf.

LE TEMPS.

Vous ne debvés tous trois c'un œuf,
A confesse[3].

MARCHANDISE.

Voyla beau sens,
Combien que soyons innocens,
Sy n'avons nous de chanter cause.

LE TEMPS.

Or, sus, sus dictes quelque clause,
A coup faictes un abrege.

MESTIER.

Or, bien donc a vostre conge.

(*Ilz chantent, et le Temps s'en va armer de brigandine*[4]*, et salade*[5]*, et halebarde.*)

1. Poche, bourse. On disait aussi en diminutif *bougette, bugette.* C'est de ce dernier mot que les Anglais ont fait *budget*, qui nous est revenu de chez eux, comme un mot de leur façon, quoiqu'il soit tout a fait d'ancienne fabrique française.

2. Le Temps équivoque ici sur la date, qu'il représente, « l'an quarante », et sur le nom du vieux jeu de cartes « le quarante de rois ».

3. C'était un proverbe un œuf payera pour vous trois, puisque tous trois vous avez confessé la même chose.

4 La « brigandine » était un corselet formé de petites lames de métal superposées, et jouant avec souplesse l'une sur l'autre Son nom lui venait de l'homme de pied, *brigand*, qui l'avait pour vêtement défensif. V. sur cette milice une note du *Mystère de saint Fiacre.*

5 On sait que c'était une sorte de casque, quelquefois on en combinait la forme avec celle du morion, qui pour cela s'appelait « morion salé » Les Bourguignons surtout s'en coiffaient. De là leur surnom de « bourguignons salés ».

MESTIER.
Se pendant qu'on rit et qu'on chante,
Le Temps a joué de la plante ;
Il s'en va.
MARCHANDISE.
Mais s'en est alé.
LE BERGER.
Comme il cour, il est afollé.
Y fault avoir un tonnelier
Qui le vienne à coup relier [1] ;
Aultre chose dire ne puys.
LE TEMPS *revient armé, et dict :*
Qu'esse que l'on dict qui je suys ?
MESTIER.
Muable et estrange a congnoistre.
LE TEMPS *parle fièrement.*
A ! vous me cuydés faire paistre !
Entre vous ouy qu'il soyt metier [2],
Que Marchandise et que Metier,
Les Bergers des champs mesmement,
Me gouvernent paisiblement,
Ouy, dea, cherchés, je le voys faire.
MESTIER.
Ce Temps icy sent fort la guerre [3],
Il est armé comme sainct Gorge.
LE BERGER.
Voyre, par la vertu sainct Pierre,
Ce Temps icy sent fort la guerre.
LE TEMPS.
Dictes, je ne tiens non plus
Que feu feroyt de paille d'orge.
LE BERGER.
Ce Temps icy sent fort la guerre.
MESTIER.
Il est armé comme sainct Gorge.
Le Temps faict le terrible, et dict
Sy je vous empongne a la gorge,
Sangbieu ! je vous feray finesse [4].
Paix, paillars ! Mais a quel fin esse
De parler tousjours mal contens ?
Cuydés vous gouverner le Temps,
Et en faire a vostre devise ?
Le Temps s'en va abiller d'une vieille couverture et d'un faulx visage brouillé, et revyent apres la cosse [5] *dicte.*

MESTIER.
Metier ne faict pas a sa guise
Du Temps qui court.
LE BERGER.
Je l'aray quoy [1] ?
Y va, y change, y se desguise,
Metier ne faict pas a sa guise.
MARCHANDISE.
Ausy ne faict pas Marchandise.
LE BERGER.
Et povres bergers des champs quoy [2] ?
MESTIER.
Metier ne faict pas marchandise
Du Temps qui court.
MARCHANDISE.
Je l'apercoy,
Chantons le petit mot tout quoy [3].
MESTIER.
Je n'y scay tout.
MARCHANDISE.
Ne moy.
LE BERGER.
Ne moy.
LE TEMPS *revient brouillé.*
Ni Apuril [4], qu'esse qui vous fault ?
A ! je soyes pendu.....
MESTIER.
Parlés hault.
LE TEMPS.
Sy serai-ge [5] qui vous plaist dire.
MESTIER.
Tronc, vecy au dernier le pire,
Le Temps est maintenant brouillé.
LE TEMPS.
Riés vous ?
MARCHANDISE.
Je n'y voy que rire.
Tronc, vecy au dernier le pire.
LE TEMPS.
Et vostre nom ?
MESTIER.
Dieu vous gard, sire.
J'ey non Huet le Fatrouillé [6].

---

1. Équivoque sur un homme qui s'en va, et un tonneau « qui fuit », pour lequel il est besoin d'un tonnelier.
2. « J'ai entendu qu'il y avait entre vous quelque embarras, quelque trouble.... » *Metier* se prenait dans ce sens, témoin ce passage de la *Farce d'un amoureux :*

    Sentez un peu comment il tremble,
    Oncques ne fut en tel mestier.

3. Elle était en effet partout dans l'air, tant a cause de la rébellion des seigneurs, qu'en raison des inquiétudes qui venaient des Anglais, encore maîtres de plusieurs parties du territoire.
4. « Je finirai par quelque mauvais coup avec vous. » Le même sens se trouve dans un texte cité par Du Cange au mot *Finitia :* «... leur administrer bastons et aimnes deffensables pour faire leurs finesses. »
5. La chose qui suit.

1. « L'aurai-je coi, tranquille ? »
2. « Quoi ? fait-il aussi a sa guise, a sa fantaisie ? »
3. Tranquillement, doucement V. plus haut.
4. Le mot *mot*, qu'ils viennent de répéter deux fois, se prononçait *me*, le Temps, quand il dit, en revenant : « ni avril », équivoque sur le nom de ce mois et sur celui de *mai*.
5. Je saurai bien
6. C'est-a-dire « sot, diseur de fatras ». — *Huet* se prenait toujours dans le sens d'idiot, d'abêti. Voila pourquoi, au XVII° siecle, lorsque le célèbre Huet fut si longtemps évêque d'Avranches, on disait, confondant l'ancienne signification de son nom avec sa qualité. Je suis bien évêque d'Avranches », pour dire « je me sen

4

MESTIER ET MARCHANDISE.

LE BERGER.

Tronc[1], vecy au dernier le pire,
Le Temps est maintenant brouillé.
Qui vous a ainsy abillé,
Le Temps?

LE TEMPS.

Qu'en avés vous a faire?

MESTIER.

Et ne vous saroyt on défaire?

LE TEMPS.

On fera vos fiebvres cartaines[2].

LE BERGER.

Pour laver d'eau de Saine ou boire[3];
Et ne vous saroyt on deffaire?

LE TEMPS.

Nenni.

MARCHANDISE.

Or, disons pour parfaire,
En faisant de bourses mytaines[4],
Et ne vous saroyt on deffaire?

LE TEMPS.

On fera vos fiebvres cartaines.

LE BERGER.

Qui vous puisse serrer les vaines.

LE TEMPS.

Quelz oyseaulx!

MESTIER.

Pour le mal de dents[5].
Nous sommes achevés de paindre[6]
Et ne nous sarions de qui plaindre
Que du Temps qui nous faict meschans.

MARCHANDISE.

Y n'est pas les bergers des chans,
Qui ne se plaignent de ce Temps.

LE TEMPS.

Jone comme beaulx chiens couchans.

MESTIER.

Y n'est pas les bergers des chans,
Ne les simples gens non sachans,
Qui soyent du Temps brouillé contens.

LE BERGER.

Y n'est pas les bergers des chans
Qui ne se plaignent de ce Temps.

LE TEMPS.

Ainsy donc, a ce que j'entens,
Chascun se plaint du Temps a tort,
Et ne suys je pas grand et fort?

MESTIER.

Bien fort[1] à passer, voyrement.
Qui ne vous passe grossement,
Au moins pour tels gens comme nous.

LE TEMPS.

Et que deable vous plaignés vous,
Sy je suys brouillé ou troublé?
N'a vous pas du pain et du blé,
Du Temps qui court, pour un sizain,
Plus qu'autrefoys pour un douzain[2]?
L'en faict plus d'un escu de boys,
Qu'on n'en souloyt faire de troys[3].
Que vous fault il?

MESTIER.

Nous nous plaignons
Par faulte que onc ne gaignons;
Le poure Mestier est au bas,
Et Marchandise ne court pas,
Ainsy qu'elle souloyt courir.

MARCHANDISE.

Le Temps, vous me faictes mourir
De rire; cela n'y faict riens
Quant il seroyt tant de tous biens
Qu'on en eust de plain un panyer,
Et pot de vin pour un denyer,
Qui n'aroyt ce denyer encoire,
Trestout son faict seroyt freloire[4],
Et fauldroyt qui junast après,
Car vous congnoises par exprès[5]
Que l'argent faict partout la voye.

LE TEMPS.

Pardonnés moy, je ne savoye.

LE BERGER.

Et, non, non, c'est bien babillé;

---

bien bête. — Quant à « fatrouillé », si le mot fatras, qui est resté, ne nous en donnait pas le sens, nous le trouverions dans ce passage de la *Farce de Colin fils de Thévot le maire* :

Vous ne venez pas a propos,
Vous ne faictes que *fatrouiller*.

1. Cette interjection, qui vient de se répéter trois fois coup sur coup, est la même que celle des Méridionaux, *troun !*
2. Fievres quartes. L'imprécation par la fievre quartaine se retrouve a chaque instant dans Rabelais, et même dans Molière « Que la fievre quartaine puisse serrer bien fort le bourreau de tailleur ! » dit-il dans le *Bourgeois gentilhomme*, acte II, sc. VII.
3. On prononçait *bare* ce qui permet la rime avec *défaire*.
4. En ayant toujours la main a la bourse. V. sur cette expression une note de la piece précédente.
5. Il y a ici quelque jeu de mots fort peu intelligible. Peut-être existait-il, pour arracher les dents, quelque outil qu'on appelait « oiseau ». Je n'en serais pas surpris. L'instrument dont se servent les dentistes pour l'extraction des molaires porte encore un nom d'oiseau, « pélican ». Il se trouve déjà ainsi nommé dans Ambroise Paré, t III, p 689
6. C'était une locution proverbiale pour dire . « nous sommes finis ». A l'ayde, lisons-nous dans la *Farce du Goutteux* :

A l'ayde, larron, chien mâtin,
Tu m'as bien achevé de paindre.

1. Dur, rude.
2. Pour un sou. Le douzain valait en effet douze deniers. C'est le mot qu'on employait, avec un sens absolu, pour dire « avoir de l'argent ». Ce n'était, dit Th. Corneille dans sa comédie de la *Comtesse d Orgueil*, acte I, sc. III :

Ce n'était qu'un maraud, mais il a fait fortune.
Puisqu il a du *douzain*, il est demaraude.

3. « On a plus de bois avec un écu qu'on n'avait l'habitude d'en avoir pour trois. »
4 Perdu. *Freloire* ou plutôt *frelore*, que nous retrouverons dans *Pathelin*, est un mot qui nous était venu de l'allemand *verloren* qui a le même sens.
5. Positivement, expressément.

Mais qui vous a ainsy brouillé?
Qui vous habille? qui vous change?
Qui vous faict estre ainsy estrange?
Avés vous vales diligens?

LE TEMPS.
Ce sont les Gens.

MESTIER.
Les Gens?

LE TEMPS.
Les Gens.

MARCHANDISE.
Les Gens; et quelz Gens pouroist ce estre?
Le Temps, donnés nous a congnoistre
Qui vous peult changer en ce poinct?

LE TEMPS.
Les Gens, dict on; croyes vous poinct?
Ilz en font a leurs apétis.

LE BERGER.
Et sont ce Gens grans ou petis?
Sy vous plaist, vous nous le dirés.

LE TEMPS.
La foy de mon corps, vous sarés
Quelz Gens ce sont, et de quel sorte,
Qu'ilz ont la puisance sy forte
De faire le Temps tel qu'il est.

MESTIER.
Nous le voulons, puys qu'il vous plaist,
Au danger d'estre regauldis[1].

Le Temps s'en va querir un personnage qui est vestu d'une mante, et doibt avoir un faulx visage par deriere la teste, et doibt aler à reculons.

LE TEMPS.
Voyeci les Gens que je vous dis;
Venés parler a eulx, venés.
Estes vous bien sos estourdis?
Voyeci les Gens que je vous dis.

MESTIER.
Createur, Dieu de paradis,
Qu'esse que vous nous amenés?

LE TEMPS.
Voyeci les Gens que je vous dis,
Venés parler a eulx, venés.

MARCHANDISE.
Quelz grans oreilles!

MESTIER.
Et quelz nés!

LE BERGER.
Et quelz yeulx!

MARCHANDISE.
Quel bouche!

1. Joués, moqués.

LE BERGER.
Quel manyere!

LE TEMPS.
Regardés devant et deriere,
Et me dictes que vous en semble.

MESTIER.
Par la foy de mon cors, je tremble
De voir telz Gens.

MARCHANDISE.
Voecy merveilles.

LE TEMPS.
Congnoisés qu'ilz ont grans oreilles,
Ilz ont beaux yeulx et ne voyent goulte:
Et sy ne faictes quelque doubte
Qu'ilz ont condition saulvage,
Ilz vous montrent leur faulx visage,
Car ilz parlent mal en deriere;
Et pour en scavoir la manyere,
Parlés, Gens.

LES GENS *entrent, en parlant estrangement.*
Qui sterna, ha, la,
Fari planga, hardet, stella,
My hard, fiol, berty, hardit.

MESTIER.
Pendu soyt il qui scayt qu'il dict,
Quant de ma part[1].

MARCHANDISE.
Ny moy non plus.

LES GENS.
Tallas, barot, jahert, fridit.

MARCHANDISE.
Pendu soyt il qui scayt qu'il dict.

LES GENS.
Halco, jalpin, bacriadit,
Mynos, hacon, ȳsma, baclus.

LE BERGER.
Pendu soyt il qui scayt qu'il dict,
Quant de ma part.

MESTIER.
Ny moy non plus.

LE TEMPS.
Et sus ces termes je conclus
Que le Temps ne se changera,
Ne jamais se desbrouillera
Jusqu'a ce que les Gens se changent,
Et que plus ainsy ne s'estrangent[2],
Ne par condition saulvage,
Ils n'auront plus leur faulx visage;
Et par une bonne manyere
Ne parleront mal en deriere,
Et vouldront faire leur debvoir.
Sceurement vous debvés scavoir
Que je me changeray ainsy.

1. Quant a moi
2. Ne prennent des façons étrangeres

MESTIER.
Et, mon Dieu! a quoy tient cecy?
LE TEMPS.
Aulx Gens.
MARCHANDISE.
Et quelz Gens?
LE TEMPS.
Vous voyés.
LE BERGER.
Serons nous tousjours en soulcy?
Et, mon Dieu! a quoy tient cecy?
Je n'en puys plus.
MESTIER.
Ne moy ausy.
Serons nous tousjours desvoyés?
MARCHANDISE.
Et, mon Dieu! a quoy tient cecy?
LE TEMPS.
Aulx Gens.
MARCHANDISE.
Et quelz Gens?
LE TEMPS.
Vous voyes;
Quelque bon Temps que vous ayes,
Les Gens m'ont faict tel que je suys;
Mais je feray tant, sy je puys,
Moyennant une grand'chanson,
Que nous changerons de facon,
Et vous reverez aultrement.
LE BERGER.
A! il ne tiendra pas vrayment
A une chanson ny a trois.
MARCHANDISE.
Or sus, chantons a plaine vois.

Ilz chantent, et ce pendant le Temps et ces Gens s'en vont habiller en galans.

LE TEMPS.
De haict, de haict, de haict, de haict[1].
LES GENS.
Deboult, deboult, deboult, deboult,
Se sommes nous.
MESTIER.
Qu'esse que c'est?
LE TEMPS.
De haict, de haict, de haict, de haict,
Voecy le beau Temps à souhaict.
LES GENS.
Et voecy les Gens de bon goust.
LE TEMPS.
De haict, de haict, de haict, de haict.

LES GENS.
Deboult, deboult, deboult, deboult.
Sy vous eusies cherché partout,
Pour trouver encor deulx galans
Bien abillés et bien parlans,
Vous n'eusies myeulx sceu.
MESTIER.
Il est vray.
Et vostre non, par vostre foy?
LE TEMPS.
Nous sommes le Temps et les Gens,
Changés, voyes vous pas de quoy?
MARCHANDISE.
Mais vostre non, par vostre foy?
LES GENS.
Remercyés Dieu et le roy
De nous voir sy beaulx et sy gens.
LE BERGER.
Et vostre non, par vostre foy?
LE TEMPS.
Nous sommes le Temps et les Gens
Pour suvenir aux indigens.
Chascun, ne le voyes vous pas?

Le Temps et les Gens resourdent[1] Mestier, Marchandise et le Berger.

LES GENS.
Mestier ne sera plus en bas.
Sus, deboult! reveille, reveille[2];
Un bon amy pour aultruy veille.
Les Gens sont changes et le Temps,
Qui tous trois vous ferons contens.
A quoy penses vous, Marchandise?
Coures, faictes a vostre guise,
Le Temps vous sert presentement,
Et se vous aves longuement
Esté petits, il vous fault croistre.
MARCHANDISE.
Mon Dieu, quel resjouysement!
LE TEMPS.
Sy vous aves aulcunement
Este traicte petitement,
Y vous fault sus le bon boult mectre.
LES GENS.
Et sy vous aves longuement
Esté petits, il vous fault croistre.
MESTIER.
Il ne nous pouroyt que bien estre,
Puysque le Temps nous veult ayder.

1. Relevent. « Sourdre » voulait dire « élever » :

Adonc en haut le *sourdirent*,

lisons-nous dans la *Moralité de Charité*.

2. C'était un refrain de chanson, dont nous avons fait l'histoire dans une note de la *Comédie de chansons*. V. le *Théâtre français des XVIᵉ et XVIIᵉ siècles*, p. 472.

1 Ce mot ne peut mieulx s'expliquer que par Gai! gai! gai! qui a tout a fait le memc sens. V. une note des pieces précédentes.

MARCHANDISE.

Que sarions nous myeulx demander?
C'est la fin de nostre espoirance.

LE TEMPS *sourt le Berger, et dict :*

Berger des chans, sus, en plaisance,
Que chascun raverdir vous voye.

LE BERGER.

Vous me faictes ravir en joye
Que les Gens se changent ainsy,
Et le Temps, mon Dieu! qu'esse sy?
Se nous est un joyeux repas.

LE TEMPS.

Pour ce retenés sur ce pas
Tous trois, et ne l'oubliés pas
Que trop plus vite que le pas
Seres de vos maulx alégés.
Mestier ne sera plus an bas,
Et bergers vivront sans debas,
Quant les Gens se seront changés.

LES GENS.

Quant les gens ne seront saulvages,
Qui n'auront plus leurs faulx visages,
Qui laiserons mauvais langaiges,
Et auront asés sufisance,
Qui croiront le conseil des sages,
Qu'ilz yront droict en tous pasages,
Et ne permetront faire oultrage,
Le beau Temps viendra a plaisance.

MESTIER.

Et s'ensuyct qu'il ne tient qu'aulx Gens
Pour ce qu'ilz vivent mondainnement,
Et sont d'eulx changer negligens,
Tout cela va vilainement.

MARCHANDISE.

Or, chantons au département[1].

1. Au moment de partir.

FINIS.

FIN DE MESTIER ET MARCHANDISE

MIEULX QUE DEVANT

BERGERIE

(XVᵉ SIECLE. — RÈGNE DE CHARLES VII)

NOTICE ET ARGUMENT

Cette pièce se trouve dans le recueil du *British Museum*, dont nous avons déjà parlé. Elle y occupe six feuillets, avec quarante-six lignes à la page. Une gravure sur bois, insignifiante, est sur le titre, qui ne porte ni date, ni indication de lieu.

Dans l'*Ancien Théâtre* de la bibliothèque Elzévirienne, elle a été réimprimée au tome III, p. 213-231, mais sans un seul mot de description, de notice, ni d'annotation.

Le titre qu'elle porte « Bergerie » indique le sujet. Il prouve que nous avions dit vrai dans notre Introduction du *Théâtre français au* XVIᵉ *et au* XVIIᵉ *siècle*, en parlant des Pastorales comme d'un genre où notre littérature ne devait rien à celle de l'Italie.

Ici, la pastorale ou Bergerie s'imprègne de la couleur du temps. Elle n'a rien de l'*Aminta*, du *Pastor fido*, ni des galanteries riantes de celles de Racan, que, sous Louis XIII, on récitait dans les ruelles, ou qu'on jouait à l'hôtel de Bourgogne [1].

Elle est triste, comme les années qui suivent une invasion — celle des Anglais persistait sur quelques points du territoire; — elle est mélancolique comme tout pays qui souffre de ceux qui l'attaquent et de ceux qui le défendent.

Plat Pays, qui personnifie la campagne librement ouverte, facile à envahir, et Peuple Pensif, dont le nom dit assez les tristesses, se plaignent surtout des soldats qui ont survécu à la guerre et qui, par le pillage, se payent trop de n'avoir rien sauvé.

Le roi Charles VII les a licenciés, cassés. Il ne reconnaît plus que ceux dont il a organisé les compagnies en 1448 : les Gendarmes de son *ordonnance*. Peu importe, les autres tiennent toujours la campagne, pour la mettre à rançon. Par surcroît, la taille perpétuelle est venue, depuis 1455, frapper le pauvre peuple, et, comme on disait, le mettre *à quia*.

Par qui sera-t-il sauvé ? Par Mieux que devant, qui arrive avec les allures de Bontemps, ce joyeux Roger-Bontemps, que l'on connaissait déjà pour ne l'avoir vu que passer. Il suit cet heureux drôle « qui fait chapeaux de fleurs nouvelles », pour en coiffer le monde.

Il a, comme lui, les mains toutes pleines de promesses. Les tiendra-t-il ? On le verra par quelques-unes des pièces qui suivront.

[1] *Historiettes* de Tallemant des Réaux, t. V, p. 28.

BERGERIE NOUVELLE

FORT JOYEUSE ET MORALE

DE

MIEULX QUE DEVANT

A quatre personnaiges, c'est assavoir :

MIEULX QUE DEVANT
PLAT PAYS

PEUPLE PENSIF
ET LA BERGÈRE.

PLAT PAYS *commence.*
Dessus ces beaulx champs
Sont faillis [1] les chans
Des bergiers de nom.

PEUPLE PENSIF.
Guerre par les champs

Nous a fait meschans;
Mort est leur renom.

PLAT PAYS.
Bon Temps, que prison [1]
Est-il en prison ?
Rien je n'y entens.

[1] Tombés, perdus.

[1] Estimons.

PEUPLE.
Fault-il en tous sens
Laisser terre et sens
Pour ces gendarmeaulx?

PLAT PAYS.
Par leurs fins aveaulx[1]
Ils tuent moutons, veaulx,
Et à noz despens.

PEUPLE.
Cessons ces travaulx;
Par mons et par vaulx
Demourons suspens.

PLAT PAYS.
Peuple pensif.

PEUPLE.
Quoy?

PLAT PAYS.
Où est Bon Temps?

PEUPLE.
Ne sçay.

PLAT PAYS.
Ne moy.
Il n'y a plus avril ne may.
Long temps y a que je l'attens.

PEUPLE.
Comment sont aulcuns diligens
De folle noise maintenir[2]?

PLAT PAYS.
C'est aux depens des povres gens,
Se Dieu n'y veult la main tenir.

PEUPLE.
Où sont bergiers?

PLAT PAYS.
En desplaisir.

PEUPLE.
Qui les y met?

PLAT PAYS.
Maulvaises nouvelles.

PEUPLE PENSIF.
Bany de quoy?

PLAT PAYS.
De tout plaisir.

PEUPLE.
Où sont bergiers?

PLAT PAYS.
En desplaisir.

PEUPLE.
Comment?

PLAT PAYS.
Noise les vient saisir.

PEUPLE.
Ce sont males nouvelles.

PLAT PAYS.
Où sont bergiers?

PEUPLE.
En desplaisir.

PLAT PAYS.
Qui les y met?

PEUPLE.
Noise nouvelle.

PLAT PAYS.
C'est ung jamais[1].

PEUPLE.
C'est ung libelle[2].

PLAT PAYS.
Qui l'achette?

PEUPLE.
Noz brebiètes.

PLAT PAYS.
Je perdy, par guerre rebelle,
Mon pourpoint à grosse pompette[3].

PEUPLE.
Quant je os la trompette
Sonner la retraicte,
Je suis en soucy.

PLAT PAYS.
Se je vois en feste,
Salade en teste,
J'ay le cueur transy.

PEUPLE.
Allons sur les champs.

PLAT PAYS.
Si hardy!

PEUPLE.
Pourquoy?

PLAT PAYS.
De peur des gensdarmes.

PEUPLE.
Sont-ilz revenus?

PLAT PAYS.
Dès mardy.

PEUPLE.
Où dyable vont-ilz?

1. C'est une chose sans fin, qui ne cessera jamais.
2. Plainte, réclamation par écrit, pour obtenir justice. Dans la *Farce des Femmes*, le sergent dit au mary:

... C'est vostre femme,
Qui m'a prié vous adjourner
A demain sans plus retourner,
Et la vous orrez son *libelle*.

3 C'est-a-dire bien rembourré. C'était la mode du temps. Une chronique pour 1467, décrivant les pourpoints en usage, dit « les quels on garnissoit fort de bourre. »

---

1 Il faut, je crois, lire « appeaux », piéges, mot qui est d'ail leurs du temps, puisqu'il se trouve dans les *Repues franches*
2. « De continuer leurs folles querelles. »

PLAT PAYS.
      Le mien querre ¹.
PEUPLE.
C'est ung maulvais vent.
PLAT PAYS.
      D'Angleterre ².
PEUPLE PENSIF.
Doubter le fault.
PLAT PAYS.
      Je crains leurs grippes.
PEUPLE PENSIF.
Ils ont cassé mon pot de terre.
Qui servoit à cuire mes tripes.
PLAT PAYS.
Guerre bien nous picque;
Ilz ont beu deux pipes
De vin d'une tire.
PEUPLE.
Foy que doy sainct Philippe,
De peur me defrippe,
Tant crains ce martyre.
PLAT PAYS.
C'est ung jamais.
PEUPLE.
      C'est une lyre.
PLAT PAYS.
Où est le temps?
PEUPLE.
      Il est en arme.
PLAT PAYS.
Rien n'y cognois.
PEUPLE.
      Rien n'y sçay lire.
PLAT PAYS.
Qui règne sur les champs?
PEUPLE.
      Gendarmes.
PLAT PAYS.
De leurs maintiens?
PEUPLE.
      Rigoreux termes.
PLAT PAYS.
Où vont-ilz?
PEUPLE.
      Le diable le sache.
Ilz ont fait sur moy tel vacarme
Qu'ilz ont mangé et veau et vache.
PLAT PAYS.
Ce temps cy me fache;
Dy, hay! prenons tache
A faire ung edit ¹.
PEUPLE PENSIF.
Se mon chien je lache,
Et bien il ne chasse,
Je soye mauldit.
PLAT PAYS.
Vont-ilz en guerre?
PEUPLE.
      On le dit.
PLAT PAYS.
Que vont ilz faire?
PEUPLE.
      Leur esbatre.
PLAT PAYS.
A noz despens?
PEUPLE.
      Sans contredit.
PLAT PAYS.
Et puis quoy?
PEUPLE.
      Le bonhommeau batre ².
PLAT PAYS.
Et en chemin?
PEUPLE.
      Poules abatre.
PLAT PAYS.
Vela leur train.
PEUPLE.
      C'est leur destinée.
Emporté ont mon fléau à batre
Et le lard de ma cheminée.
PLAT PAYS.
Guerre fortunée,
De malheure née,

1. Chercher, conquérir.
2. Pendant le règne de Charles VII, même apres leur expulsion de presque toute la France, les Anglais furent un sujet d'effroi pour nos campagnes, qu'ils avaient si terriblement ravagées. On craignait toujours de les voir revenir. Partout on y était, suivant le mot du temps, « en doute (crainte) des Anglais ».

1. Il y a ici une allusion a l'édit de 1439, qui cassa les compagnies de gendarmes, mais qui n'avait pas suffi pour réprimer leurs pillages dans les campagnes v pour cette ordonnance une note sur un passage de *Marchebeau*, une des pieces précédentes.
2. Le peuple, surtout celui des campagnes, Jacques Bonhomme. Un rondeau, qui se trouve dans les *Œuvres* de Roger de Collerye, p. 239, et que Chateaubriand et Michelet citerent sans en connaitre l'origine, est une supplique aux gens de guerre, en faveur du Bonhomme qu'ils ruinent. En voici les premiers vers :

    Cessez, cessez, gendarmes et pietons
    De pillotter et menger le bonhomme,
    Qui de long temps Jacques Bon-home
    Se nomme
    Du quel bleds, vins et vivres achetons.

Sous Louis XIII, le Bonhomme ne souffrait pas encore moins : « Vous *faites suer le bonhomme*, tel est votre dire quand vous le pillez, » lisons-nous dans un pasquil de 1615, *Harhangue du capitaine La Carbonnade aux soldats de monsieur le Prince*.

Par toy je me dueil [1].

PEUPLE.

L'horrible assemblée
Print hier d'emblée
De mes moutons deux.

PLAT PAYS.

Ilz m'ont mengé.....

PEUPLE.

Quoy?

PLAT PAYS.

Deux cens d'eux.

PEUPLE.

Sont-ilz deslogez?

PLAT PAYS.

Ouy, des veaulx!

PEUPLE.

Qu'emporte-ilz?

PLAT PAYS.

Mes souliez neufz.

PEUPLE.

Boyvent-ilz bien?

PLAT PAYS.

Comme pourceaulx.

PEUPLE.

A quel mesure?

PLAT PAYS.

A plains seaulx.

PEUPLE.

Vela leur train.

PLAT PAYS.

Vela leur dance.

PEUPLE.

Emporté ont mes vielz houseaulx [2],
Et mon beau chauderon sans ance.

PLAT PAYS.

Bergerète franche,
Qui vit sans souffrance,
Vien toy cy esbatre.

PEUPLE.

Se quelc'un te lance,
Donne un coup de lance
Pour la guerre abattre [3].

PLAT PAYS.

T'ont-ilz batu?

PEUPLE.

Comme beau plastre.

PLAT PAYS.

I pert-il fort?

PEUPLE.

Ouy, sur ma teste.

PLAT PAYS.

Qu'i as-tu mis?

PEUPLE.

Ung emplastre.

PLAT PAYS.

Nous sommes martyrs.

PEUPLE.

Et je l'exete [1].

PLAT PAYS.

Je pers mon temps.

PEUPLE.

Riens je n'acqueste.

PLAT PAYS.

Je suis sans pain.

PEUPLE.

Et moy sans placques [2]..

PLAT PAYS.

Ilz m'ont derobbé ma jaquette,
Et mon chappeau jausne de Pasques.

PEUPLE.

J'auroy, par sainct Jacques,
Capeline [3] et jacques [4]
Pour leur faire assault.

PLAT PAYS.

Faisons hucquemaques [5],
A hacques et à macques,
Sur eulx de plain sault.

PEUPLE.

Ilz deslogent.

PLAT PAYS.

Il ne m'en chault.

PEUPLE.

En viendra-il d'autres?

---

1. Je me plains, je suis en deuil.
2. Longues guêtres de cuir que portaient les hommes des champs. de cu des savetiers et carreleurs de chaussures, dans les rues, fut longtemps :

Souliers, vieux houseaux!

3. Ce couplet sur la « bergerette » et sa lance qui abattrait la guerre doit être quelque débris de chanson sur la Pucelle, dont le souvenir était encore recent.

1. Le sens de ce mot nous échappe.
2. Sans argent. La plaque était une menue monnaie de Flandre que Villon nomme dans son *Testament* :

Pourveu qu'il payera quatre *plaques*.

3. La capeline était un casque de fer pour les soldats, et d'acier pour les chefs. V. dans Monstrelet, liv. I, ch. x, la description de l'armure complete du duc de Berry, avec la « capeline d'acier ».
4. Le jacques nous venait des Anglais, il remplaçait l'ancien hoqueton, la demi-cuirasse se mettait par-dessus. Il était souvent assez long, comme on le voit par le *Monologue du franc archer*.

Il portoit
Un grand vilain jacques d'Anglois
Qui lui pendoit jusqu'aux genoux.

5. Sonnons du clairon. La *hucque* et le *huchet* étaient des espèces de cors ou *cornets* de chasse et de combat.

PLAT PAYS.
           Assez.
PEUPLE.
Tout en passe.
PLAT PAYS.
           Souffle, Michault.
PEUPLE.
C'est le pis que la queue.
PLAT PAYS.
           Pensez.
PEUPLE.
Sont-ilz d'ordonnance [1]?
PLAT PAYS.
           Quassez [2].
PEUPLE.
Parlons à bas ton.
PLAT PAYS.
Ilz m'ont trestous les rains quassez,
Par Nostre Dame, d'un baston.
PEUPLE.
Point n'entens le son.
Il fault que façon
Ung coup à la chaulde.
PLAT PAYS.
Mon gentil garson,
Note la leçon :
Trop haste s'eschaulde.
PEUPLE.
Du remède?
PLAT PAYS.
           Une botte fauve [3].
PEUPLE.
Pascience.
PLAT PAYS.
           Par trop m'i dure [4].
PEUPLE.
Je n'y sçay tour.
PLAT PAYS.
           Je n'y sçay sauve [5].
PEUPLE.
Que disent-ilz?

PLAT PAYS.
Villain endure.
PEUPLE.
Bon Temps viendra.
PLAT PAYS.
           Par adventure.
PEUPLE.
Je suis tout mast [1].
PLAT PAYS.
           Te fault l'alayne [2]?
PEUPLE.
Ilz m'ont desrobé ma ceinture
Qui estoit, sur ma foy, de layne [3].
PLAT PAYS.
Par la Magdelaine,
Et moutons et layne
Ilz ont, bref et court.
PEUPLE.
Guerre trop soubdaine,
Prent blé et aveine
Et nous tient de court.
PLAT PAYS.
C'est le train.
PEUPLE PENSIF.
           C'est la loy qui court.
PLAT PAYS.
Ilz ont tué mon coq.
PEUPLE.
           Ils ont mes oyes.
PLAT PAYS.
Les plument-ilz?
PEUPLE.
           En nostre court.
PLAT PAYS.
De quoy font-ilz feu?
PEUPLE.
           De nos hayes.
PLAT PAYS.
Quelz gens sont-ce?
PEUPLE.
           Ce sont laquayes [4].

---

1 Les gendarmes d'ordonnance étaient les seuls qu fussent alors reconnus par le roi. Ils avaient été constitués par l'ordonnance du 28 avril 1448, en quinze compagnies de cent hommes d'armes chacune, avec trois archers, un coutillier, et un page pour chaque homme
2. C'est-à-dire licenciés, comme tous ceux que l'ordonnance des états d'Orléans en 1439 avait frappés, mais qui n'en couraient pas moins les champs, au grand dommage du Bonhomme.
3. Il faut lire, croyons-nous, une « bete fauve ». Ainsi l'on aura presque un sens.
4 J'en ai trop enduré.
5. Je n'y vois pas moyen de nous sauver.

1. Mâté, brisé.
2. Le souffle te mauque.
3 Nous trouverons dans *Pathelin* une plaisanterie du même genre.
4. Les laquais étaient alors une sorte de gens moitié soldats, moitié valets. Nous trouvons dans l'*Estat de la maison du duc de Bourgogne* par Olivier de La Marche des « varlets-laquais », chargés de le suivre, pour lui tenir l'étrier. Leur nom, qui dérive de l'arabe *Lakayy* (attaché), nous était venu à la suite des expéditions en Espagne au xive siècle. Nous voyons par un texte, que cite Du Cange au mot *Lacinones*, les arbalétriers d'une expédition en Catalogne appelés *laquais*.

PLAT PAYS.
Mot tout coys [1].
PEUPLE.
Gardons de reprise.
Il n'est pas mes vielles brayes,
Que tu scaches, qu'ilz n'ayent prises.
Autant m'est la paix que la treve.

BERGIÈRE, *en chantant.*
Saillez hors [2], hors de no fève,
Saillez hors, hors de no pois.

PLAT PAYS.
Bergière, tu resve.

BERGIÈRE.
Saillez hors, hors de no fève,
Saillez hors, hors de no pois.
Bon jour.

PLAT PAYS.
Bon vespre.

PEUPLE.
Hault le bois.

BERGIÈRE.
Quel est le cry?

PLAT PAYS.
Tout ung, tout ung.

PEUPLE.
J'enrage qu'avec vous ne voys.

BERGIÈRE.
Bon jour.

PLAT PAYS.
Bon vespre.

PEUPLE.
Hault le boys.

BERGIÈRE.
Vous me tenez en vos aboys ;
De moy n'avez mercy aucun.
Bonjour.

PLAT PAYS.
Bon vespre.

PEUPLE.
Hault le boys.
Quel est le cry?

PLAT PAYS.
Tout ung, tout ung.

PEUPLE.
J'ay icy autant comme à jeung.
En vous je prens mon aliance,
Et vostre nom?

BERGIÈRE.
Bonne Esperance ;
Bergière pleine de science,

Je me loue, soit blanc, soit bis,
En gardant brebis
Sur ces verds herbis,
Au soleil luysant,
Et là me hubis [1] ;
Rien ne m'est nuysant.
Par deduit [2] plaisant,
Au chant du faisant,
Fais ma panetière
Où paix a demène [3].

PLAT PAYS.
Bergière souveraine,
Honneur.

BERGIÈRE.
Et à vous aussy.
Que faictes-vous cy?
Songez-vous malheur?

PEUPLE.
Dame sans soussi,
J'ay le cueur transi,
Esperant bon heur.

BERGIÈRE.
Est-ce par ardeur,
Ou par grans chaleurs
Qu'estes ainsi nus?

PLAT PAYS.
D'abit de pasteur,
Par mon créateur,
Il n'en est plus nulz.

BERGIÈRE.
Et sans jouster, à culz nus,
Essayons-nous dessus ceste herbe,
Il n'est doussaine [4] ne harpe
Ne son de manycordion [5]
Qui sceust faire tel gaudion [6]
Que nous ferons à ceste fois.

MIEULX QUE DEVANT, *en chantant.*
Je tiens de Phebus, de Pheton [7] ?
De Phébé, des dieux, des deesses,
Et d'Orpheus vent de doulx ton.
Je voys chez princes et princesses,
Lesquelz j'entretiens en lyesses.
En court suis le premier devant
Garny suis de toutes sagesses
Et fus né vers souleil levant.

PEUPLE.
Qui estes-vous?

MIEULX.
Mieulx que devant.

1. Me réjouis : « Et de faict, dit Desperriers (*Nouv.* xv), soubdainement furent les homes joyeux, contens, sains, gays, drus, hubis. »
2. Exercice, passe-temps
3. « Je remplis ma panetiere ou la paix a son domaine. »
4. Sorte de flûte douce, que Du Cange se contente de nommer au mot *Dulcina*.
5 Sorte d'épinette, ou, dit Cotgrave, de clavecin d'ancienne fabrique
6. Joie, *gaudium*.
7. Phaéton.

1. Sur ce mot, restons cois.
2. Sortez.

BERGIÈRE.
Qu'aportez-vous?

MIEULX.
Bonnes nouvelles.

PLAT PAYS.
Suyvir vous veulx doresnavant.
Qui estes-vous?

MIEULX.
Mieulx que devant;
Roger Bon-Temps [1] je vois suyvant,
Faisant chapeaulx de fleurs nouvelles.

BERGIÈRE.
Qui estes-vous?

MIEULX.
Mieulx que devant.

PEUPLE.
Voz motz ne nous sont pas rebelles,
Et sont fournis de doulces tailles [2].

PLAT PAYS.
Par vous rabesseront les tailles [3].

BERGIÈRE.
Mieulx que devant, c'est un beau nom.

1. Type de gaîté et de farce, créé par le théâtre de cette époque, et qui se personnifia en Roger de Collerye, que nous retrouverons plus loin. Il avait un costume particulier. La moralité de l'*Homme pecheur*, citée par les frères Parfaict (t. III, p. 89), nous montre en effet « Franc-Arbitre » habillé en Roger Bontemps. Comme on disait indifféremment un Roger, ou un *Rouge* Bontemps, il est probable que ce costume était *rouge*.
2. De douces voix. Ce mot n'est resté que dans celui de *basse-taille*.
3. La *taille*, qui n'avait été d'abord qu'une contribution accidentelle, était devenue un impôt perpétuel par ordonnance de Charles VII, en 1445.

MIEULX.
Je veus estre vostre guydon;
Oster vous puis de malletoste [1].

PEUPLE.
Si vous plaist, vous serez nostre hoste,
Pour nous preserver des gensdarmes.

MIEULX.
Il faut que vous soyiez tous fermes,
Et ne soiez point esbahys.
Quel est vostre nom?

PLAT PAYS.
Plat Pays.

MIEULX.
Et vous, comment?

PEUPLE.
Peuple pensif.

MIEULX.
Affin qu'il n'y ait point d'estrif,
Je marqueré vostre logis,
Et, n'en serez point esbahys,
Aux gendarmes direz comptant
Que vous avez Mieulx que devant.

PLAT PAYS.
Grates.

PEUPLE.
Tout est à vo commant.
Mais je vous prie, Mieulx que devant,
Ainsi comme bon eschanson,
Que chantons, au departement,
Icy ung motet de chanson.

1. C'était « la taille forcée », l'impôt maudit, a qui, dès le temps de saint Louis, ou elle paraît d'abord, on avait donné pour nom d'exécration celui de « *mala tollitio*, » d'ou *male tolte*.

Cy fine la Farce joyeuse de Mieulx que devant,
à quatre personnaiges.

FIN DE LA BERGERIE DE MIEULX QUE DEVANT.

POU D'ACQUEST

FARCE

(XVe SIÈCLE. — RÈGNE DE CHARLES VII)

NOTICE ET ARGUMENT

Cette farce, extraite aussi du recueil de Londres, où elle occupe quatre feuillets à cinquante-neuf lignes par page, sans aucune indication de lieu ni de date, a été reproduite au tome III, p. 249-266 de l'*Ancien Théâtre* de a Bibliothèque Elzévirienne.

Ch. Magnin en a parlé dans le *Journal des Savants* [1], en lui donnant, d'après quelques détails, constatés aussi par nous, la date que nous lui donnons, c'est-à dire l'époque de Charles VII.

Elle ressemble beaucoup à celle de *Métier et Marchandise*, qu'on a pu lire plus haut.

Ces deux personnages symboliques de la misère d'un règne, où l'industrie et le commerce eurent tant de peine à reprendre quelque essor, y reparaissent avec les mêmes gémissements, les mêmes plaintes.

C'est au Temps qui court qu'ils s'en prennent encore. Qu'en faire? Comment le rendre moins dur? Ils s'ingénient de le passer par une étamine, mais rien n'y fait. Le Temps, ainsi filtré, n'est pas devenu meilleur.

Ils en sont pour leur sotte entreprise dont se moque un nouveau personnage qui survient alors, Pou d'acquest, ou, comme nous dirions, Peu de profit, type qui n'était que trop de mise en ces époques malheureuses, et qui s'y perpétua pendant plusieurs règnes.

Sous François Ier, en 1524, nous le retrouvons à Nancy, dans la troupe de Pont-Alais, dit *Songe-creux*, reprenant son rôle plaintif en compagnie d'autres personnages qui n'ont pas des noms de meilleur augure :

« La feste = dit un chroniqueur local rendant compte des journées joyeuses, dont ces types souffreteux étaient la gaîté, faute de mieux = la feste estoit esjouie par *Songe-creux* et ses enfants : *Mal-me-sert*, *Pou d'acquest* et *Rienne-vault*, qui, nuit et jour, jouoient farces vieilles et nouvelles, rebobelinées et joyeuses à merveille [1]. »

Ici, Pou d'acquest, d'autant plus leste que l'argent ne lui pèse, fait volontiers contre fortune bon cœur. Il se rit de sa misère pour avoir le droit de se moquer du Temps qui la lui a faite.

Il le plaisante surtout à propos des haillons qu'il donne pour seule couverture à Marchandise et à Métier, misérables rognures, qu'il appelle « retailles », mot du temps, qui, ainsi placé, fait équivoque avec le nom de l'impôt, « la taille », dont on venait de grever le peuple à perpétuité.

Pour qui tout l'argent qui vient de ces saignées sans merci? Pour Grosse Dépense, qui arrive à son tour, et se vante de ce qu'elle coûte. Elle fait chère lie en cour, s'en trouve bien, et continuera. Quant à Métier et à Marchandise, ils prendront la besace. C'est Pou d'acquest lui-même qui la leur jette sur le dos, et qui les envoie mendier, avec une effronterie bien digne de ces temps de luxe et de misère, de luxe sans pitié, de misère sans consolation.

[1]. Juillet 1858, p. 421.

[1]. *Mem de la Société des lettres de Nancy*, 1848, p 263.

FARCE NOUVELLE

A cinq personnaiges, c'est assavoir :

MARCHANDISE ET MESTIER
POU (peu) D'ACQUEST

LE TEMPS QUI COURT
ET GROSSE DESPENSE

MARCHANDISE *commence.*
De quel estat me puis-je outiller [1]
Pour parvenir à ce que je pretens?
De jour en jour ne fais que travailler;
Par quoy je dis, par bieu, sans me railler,
Qu'à grant peine puis avoir mes despens.
J'ay bien mengé deulx ou trois bons arpens
De mes meubles, sans gaigner une maille.
Et toy, Mestier?

MESTIER.
    Je pays de babiller [2],
De jour et nuict on me vient reveiller.
Au grant dyable en soit la quoquinaille [3].

MARCHANDISE.
Se aulcun Lombart [4] me vient livrer bataille,
Prendre noz biens par execution,
Je le payray, par bieu, quoy qu'il en aille;
Soit d'ung respit ou d'une cession.

MESTIER.
J'ay grant horreur voir la confusion.

MARCHANDISE.
Tout est bien cher; c'est piteulx contrepoint [5].

MESTIER.
Le Temps qui court nous tient en jussion [6].
Mais j'ay grant peur que par succession
Il me faille menger mon vieil pourpoint.

MARCHANDISE.
Le grant dieu Mars se lassera-il point
De tant nous battre et d'estoc et de taille?

MESTIER.
Les gros larrons, les pendera l'en point?

Nous tiendront-ilz tousjours en leur fermaille [1]?

MARCHANDISE.
Tel a brague [2], qui n'a denier ne maille.

MESTIER.
Tel mendye, qui a esté bien gourt [3].

MARCHANDISE.
Tel est vanteur qui couche sur la paille;
Voilà le train, par bieu, du Temps qui court.

MESTIER.
Marchandise, pour vous [le] faire court,
Passer le fault, sans plus crier ne braire.

MARCHANDISE.
Passer le Temps? Ma foy, il est trop lourt;
Les plus huppez y ont bien fort à faire.

MESTIER.
Kaku kaka [4], il nous le convient faire,
Qui me croira.

MARCHANDISE.
    De ce à moy ne tienne.

MESTIER.
En attendant que le bon Temps viendra,
Le maulvais fault passer, qui me croira.

MARCHANDISE.
J'y prendrai peine si bien qu'il y perra [5]
A quelque pris, par bieu, qu'il en adviengne.

MESTIER.
Passer le fault, par bieu, qui me croira,
Gentil mignon.

---

1. « Me puis-je faire un instrument, une ressource? » On ne croyait pas ce verbe aussi ancien, ni Palsgrave ni Cotgrave ne l'ont relevé.
2. Je ne me nourris que de bavardage « Paître de paroles » se trouve dans le *Roman de la Rose*, vers 14627.
3. Bande de coquins, de gueux, de truands. V. sur ce mot le *Lexique de la langue romane.*
4. Usuriers italiens, nombreux à Paris, où la rue où ils tenaient leurs banques de prêts sur gage a gardé leur nom
5. Mesure, reglement On lit dans la *Farce nouvelle d'un qui s'est fait examiner pour estre prestre :*

    Chemine par bon contrepoint
    Et te gouverne honnestement.

6. Commandement. On sait que les *lettres de jussion* des rois étaient des ordres suprêmes.

1. « Dans leurs fers, sous leur agrafe (*fermail*). »
2 Nippes à la mode. Dans la *Farce de Colin fils de Thevot le maire*, Colin dit :

    Combien que j'ai perdu contant
    A l'armee mainte bonne *brague.*

Le « braguard » était l'homme à la mode, mais souvent sans un écu, d'où le proverbe qui se trouve dans le *Thresor des sentences dorees* de Gabriel Meurier, p. 49 :

    Chacun fait le *bragard*
    Et chacun n'a pas un pliart

3 Pour *gourier, gorier*, homme « a la grand gorie », à la grande mode. V sur ces mots une note des pieces précédentes
4. C'est une des formes que prit l'adverbe onomatopique *cahin-caha*, avant d'être ce qu'il est. Coquillard, dans l'*Enquête de la Simple et de la Rusee*, dit « cahy caha »; mais Rabelais (*Prologue* du livre IV) écrit déja « En cestuy bas estat, gaignan *cahin-caha* sa povre vie. »

5. Pour « perira ».

MARCHANDISE.
De ce à moy ne tienne.
Icy Mestier et Marchandise prennent l'estamine pour passer le Temps [1].

POU D'ACQUEST.
Matin, matin, les aultres ne reviennent
Passer le Temps; il n'y a que ce dangier.
Hé, cessez-vous, que bon gré saint Estienne,
Je ne croy pas que aulcun mal ne vous vienne.
Les gens icy, estes-vous enragez?

MESTIER.
Nous ne sommes pas encore avoyez [2].

MARCHANDISE.
Je ne voy rien passer par l'estamine.

POU D'ACQUEST.
Il me semble que soyez ennuyez.
Avez-vous tous vos escus desployez?
Je vous viens veoir; donnez-moy mes estraines.

MESTIER.
Hé, *bona nox*.

POU D'ACQUEST.
Dieu gard lez capitaines.
Comment se portent les joyeulx assistens?

MARCHANDISE.
Voylà comment Fortune nous demaine.

MESTIER.
Hé, *bona nox*.

POU D'ACQUEST.
Dieu gard lez capitaines.
Comment se portent les joyeulx assistens?
Que, tous les dyables, vous faictes layde mine.
Que faictes-vous?

MARCHANDISE.
Et nous passons le Temps.

POU D'ACQUEST.
Ouy dea, ouy dea; vous le passerez tant,
Par sainct Jaques, vous n'en estes pas prestz.

MESTIER.
Tu me sembles ung joyeulx applicquant [3];
Comme est ton nom?

POU D'ACQUEST.
J'ay à nom Pou d'Acquest [4].

MARCHANDISE.
Pou d'Acquest?

MESTIER.
Pou d'Acquest?

POU D'ACQUEST.
Voire je le suis;
Longtemps y a que je vous suys.
Quoy, ne me congnoissiez-vous point?

MARCHANDISE.
Corbieu, nous sommes bien empoint;
Pou d'Acquest, cela me desgoute [1].

POU D'ACQUEST.
Vous en estes bien de Sainct Prins [2].
Il ne passe ne grain ne goutte.

MESTIER.
Je me suis rompu le costé.

MARCHANDISE.
Je commence à me lasser.

POU D'ACQUEST.
Pour le vous dire, somme toute,
Le Temps est trop fort à passer.

MESTIER.
Tel cuide par trop embrasser
Qui laisse eschaper son fardeau.

MARCHANDISE.
Tel cuide souvent menasser
Qui est frappé de son cousteau.

MESTIER.
Nous en sommes très bien et beau;
Possible n'est passer le Temps.

POU D'ACQUEST.
J'ay encore ung grant vieil drapeau [3];
Vous le passerez bien dedans.

MARCHANDISE.
Voicy ung droict engin [4] nouveau.
Ayde-nous.

POU D'ACQUEST.
A, j'en suis content.

MESTIER.
Or ça, ça, qu'en despit du Temps
Il n'y passe goutte ne grain.

POU D'ACQUEST.
C'est l'estamine de chagrin;
Vous n'aurez pas fait de dix ans.

MARCHANDISE.
Soit en chagrin ou aultrement;
Nous n'en sçaurions venir à bout.

POU D'ACQUEST.
Vous n'avez point d'entendement
Par ma foy, vous estes trop lourt.
Si vous voulez veoir le bout,
De passer le Temps en chagrin,
Je vous en diray le ragout.

---

1. C'est-à-dire filtrant, blutant le temps a travers un morceau d'étamine de laine ou de soie.
2. « Sur la voie, en bonne voie. »
3. « Un gaillard, qui met bien la joie en pratique. »
4. V. la notice en tête de la farce, sur ce nom de Pou d'acquest, *peu de profit*.

1. « M'ôte le goût, me décourage. »
2. De Saint-Prix, c'est-a-dire vous êtes bien pris, bien attrapé. Plus tard, d'après les *Curiositez*, d'Oudin, p. 394, « être de Saint-Prix » c'était être marié.
3. Un morceau de drap, pour remplacer l'étamine a travers laquelle le Temps n'a pas bien passé.
4. Instrument, mécanique.

MESTIER.
Compte nous en ung petit brin.

POU D'ACQUEST.
Si vous voulez sçavoir le train,
Escouter vous fault mon blason [1].
Quant il vient en vostre maison
Un sergent pour executer,
Et il vous fait tout emporter
Qu'il n'y demeure que la place,
Vous devez-vous pas chagrigner?

MARCHANDISE.
Par ce moyen le Temps se passe.

POU D'ACQUEST.
Si vous voulez avoir credit,
Dictes ainsi que m'orrez [2] dire,
Et vous l'aurez sans contredire.
Mais il est requis à l'affaire [3]
Faire ainsi que me voirrez faire,
Et vous l'aurez sans contredit.

MESTIER.
Faict sera.

POU D'ACQUEST.
« Monsieur mon amy,
« Faire vous veulx, sans long quaquet,
« Le plus très grant villain banquet,
« Ou le diable d'enfer m'emporte
« De la plus grant villaine sorte! »
Pour le vous dire brief et court,
Voyla comme flateurs de court
Disent aujourd'huy.

MARCHANDISE.
C'est oultraige
De contrefaire son langaige.

POU D'ACQUEST.
« Sang bieu, morbieu, je turay tout!
« Jergny bieu, j'en viendray a bout,
« Nul n'y peult mettre contredit [4]. »

MESTIER.
Tel cuydoit bien avoir credit
En aulcun lieu, a tout gaste.

POU D'ACQUEST.
Pour ce qui s'est par trop hasté
De monter, il est cheu à val.

MARCHANDISE.
Pour peu de chose il vient beaucoup de mal.

MESTIER.
De moins que de néant on faict maintes reproches.

MARCHANDISE.
Par icelluy qui les pechez rabat,
Une demarche nous mect en gros debat.

POU D'ACQUEST.
Voyre sans plus pour avoir une crosse [1].

MESTIER.
Fort à ferrer a tousjours fer qui loche,

MARCHANDISE.
Cheval hargneux une estable a par soy.

POU D'ACQUEST.
Passe partout souventes foys s'acroche
Et deschire ce qui est autour soy.

LE TEMPS.
Est-il saison que me tienne à requoy [2],
Puisque sur tous ay le bruyct [3], somme toute?
Le peuple tien et tiendray en aboy [4].
Est-il saison que me tienne à requoy?
Si je règne jusques au mois de may [5],
D'effusion [6] il cherra [7] mainte goutte.
Est-il saison que me tienne à requoy,
Puisque sur tous ay le bruyct, somme toute?
Les ungs m'ayment, les autres me deboute [8],
Si n'y entens, parbieu, ni qui ne quoy;
Resveiller Mars feray, quoy qui me couste,
Si je règne jusques au mois de may.

MARCHANDISE.
Gens de mestier, m'est advis que je voy
Le Temps qui court.

MESTIER.
C'est mon, sans nulle doubte.

POU D'ACQUEST.
Qu'il est pervers! je croy qu'il ayt les gouttes.
Male santé l'est venu visiter.

MARCHANDISE.
Il va.

MESTIER.
Il vient.

MARCHANDISE.
Il oreille [9].

MESTIER.
Il escoute.

---

1 Un évêché.
2 Repos, du latin, *requies*. « Laissez en requoy » est une locution d'Est. Pasquier dans les *Recherches de la France*, liv. I, ch. x.
3. Le renom, la responsabilité.
4. « Sans rien donner. » Tenir en aboi, et tenir le bec dans l'eau étaient expressions synonymes.
5 Peut-être s'agit-il encore ici, comme dans la pièce de *Metier et Marchandise*, de la ligue de la Praguerie, qui eût été terrible, en mai 1440, si Charles VII n'avait pris les devants et n'y eût coupé court en marchant dès le mois d'avril vers Poitiers, où devait être le plus fort de la révolte.
6 Ce mot est ici dans le sens absolu d'effusion de sang.
7. Choira.
8. Rejettent.
9. Il est sur l'oreille, il est attentif.

---

1 « Mon explication » — Sur ce mot *blason*, qui tour à tour désignait une louange ou une satire explicative, mais plus souvent celle ci, V. une note des pièces qui précèdent.
2. Entendrez.
3. « Mais il est indispensable pour que l'affaire réussisse »
4. Ce qu'il y a de remarquable en ce passage, c'est la quantité de jurons qui s'y succedent sous toutes les formes. On y trouve un usage du temps, surtout chez les gens de cour. L'abus en fut poussé si loin que l'on fut obligé de revenir a l'édit de Charles V contre les blasphémateurs, et même de le rendre plus rigoureux. C'est ce que fit Louis XII V. Fontanon, *Ordonnances*, t. IV, p. 237.

POU D'ACQUEST.
Je lui donroys une horrible sacoutte [1],
Se contre luy je puis resister.

MARCHANDISE.
Par devers luy nous convient assister,
Sans attendre plus tart dessus la brune.

POU D'ACQUEST.
Parlez tout doulx, car il tient de la lune [2],
Et a la teste massive de grillons [3];
Il nous mettera à la roue de fortune ;
C'est pour nous faire avoir les oreillons [4].

MESTIER.
Dieu gart le Temps.

LE TEMPS.
   Dieu vous gard, mes mignons.
Qui vous meult de venir en cest estre?
Vous me semblez tous gentilz compaignons.

MARCHANDISE.
Dieu gart le Temps.

LE TEMPS.
   Dieu vous gart, mes mignons.

MARCHANDISE.
Par devers vous comparer nous voulons
Comme voz cerfz.

LE TEMPS.
   Itelz vous devez estre.

POU D'ACQUEST.
Dieu gart le Temps.

LE TEMPS.
   Dieu vous gart, mes mignons.
Hée, Pou d'Acquest!

POU D'ACQUEST.
   Dieu vous gart, nostre maistre.

LE TEMPS.
Comment te va?

POU D'ACQUEST.
   Mieulx ne me pourroit estre.

LE TEMPS.
Estes-vous fort de pecune comblé ?

MESTIER.
A vostre fait ne nous povons cognoistre.

POU D'ACQUEST.
Et taisez-vous, le grant diable y puist estre!

Il est luneau [1], vous le ferez troubler.

LE TEMPS.
Que disent-ils ?

POU D'ACQUEST.
   Se nous aurons du blé.

LE TEMPS.
Ouy, on vous en apporte.

MARCHANDISE.
Que le Temps est d'une saulvaige sorte !
Par saint Jaques, je ne le puis congnoistre.

POU D'ACQUEST.
Et taisez-vous, le diable vous emporte.

MESTIER.
Que le Temps est d'une maulvaise sorte !

MARCHANDISE.
Malice bruyct.

POU D'ACQUEST.
   La bonne année est morte.

MESTIER.
Pour le present chascun veult estre maistre.

POU D'ACQUEST.
Que le Temps est d'une terrible sorte,
Par saint Jaques, je ne le puis congnoistre.

LE TEMPS.
Tenez, mignons, voyla qui est pour mettre
Sur vostre dos ; voyez que je vous baille.

MARCHANDISE.
Nous voulez-vous de telz bourdes remettre?
Et qu'esse cy ?

LE TEMPS.
   Que c'est? ce sont retailles [2].
Quoy, vous tremblez?

MESTIER.
   Pas ne sommes asseurez

POU D'ACQUEST.
Cecy, sang bieu, ce n'est chose qui vaille ;
Se ne sont pas banières a cousturiers [3].

MARCHANDISE.
Où prins aubert [4]?

MESTIER.
   Où prins tant de deniers ?
Le peuple l'a il davantaige ?

MARCHANDISE.
Que ferons-nous de tant d'avanturiers?

---

1. Jeu de mots sur les deux sens du mot « sacoutte », qui voulait dire « attention mysterieuse », et était en même temps synonyme de secousse.
2. Il est lunatique.
3. C'est-a-dire, d'apres Cotgrave, il a beaucoup de soucis, d'inquiétude au cerveau.
4. Rudes coups sur l'oreille. Le mot est avec ce sens dans le *Mystere de la Passion* :

  Je l'y donnai tel *oreillon*,
  Qu'il y aura du vermilion.
  Prends ce cop, suis-je m'nsonger ?

1. Lunatique.
2. Rognures de drap. Il y a ici une equivoque sur « la taille perpétuelle » que Charles VII imposa, et sur les « retailles », mauvaises bribes d'étoffes que le Temps veut donner pour vetement a Métier Marchandise, et Pou d'acquest
3. « Ce n'est pas avec de pareils morceaux que les tailleurs (couturiers) se font des banieres pour leur corporation. »
4. Argent. C'est le nom que dans l'argot de ce temps la on donnait à toute somme d'argent, composée de mailles comme un Haubert (cotte de mailles). L'expression « Aubert dans la foullouse », pour argent en bourse, est dans Rabelais

POU D'ACQUEST.
Hé, on a faict ung tas de francs archiers [1].
Pour achever de piller les villages.

LE TEMPS.
Plusieurs par moy receveront leurs gaiges,
Si je ne suis [alors] mort ou pery.

MESTIER.
J'ay si grant dueil qu'a peu que je n'enraige,
Ha! Temps qui court, tant tu nouz faitz d'ennuy.

LE TEMPS.
Ha, qu'esse-cy ? Me veult-on aujourd'huy
Supediter [2] ? G'y mettray bien police ;
Puisque a ce coup me metz à regiber [3],
Croyez de vray que j'envoyray briber
Ceulx qui m'ont tins long temps soubz leur pelisse.

GROSSE DESPENSE.
C'est moy, c'est moy qui suis bonne nourrisse ;
Je faitz faire banquetz delicieulx.
A plusieurs je suis assez propice.
Croyez d'ung cas que je ne suis pas nice [4],
Car je gouverne toutes gens somptueux.

POU D'ACQUEST.
Ne vous desplaise, je suis fantasieulx [5].
Qui estes-vous ?

GROSSE DESPENSE.
  Qui je suis ? Or y pense.

POU D'ACQUEST.
Ma foy, j'en suis tout melencolieux.
Mais qui estes-vous ?

GROSSE DESPENSE.
  Je suis Grosse Despense.

POU D'ACQUEST.
Grosse Despense ?

MARCHANDISE.
  Grosse Despence ?

GROSSE DESPENSE.
Pour vous en dire la briefve consequence,
De par le Temps suis transmise en ce lieu.

POU D'ACQUEST.
Hola, hola, que personne ne tence [6].
Mais aydez-moy à regarder sa pance ;
Je croy que c'est la mere Maulgrebieu [7].

MESTIER.
Grosse Despense, vertu bieu !

---

1. Sur la création, en 1448, de ces archers d'ordonnance, qui firent autant crier que ceux qu'ils remplaçaient, V. les notes des pièces qui précèdent.
2. Remplacer.
3. Regimber.
4. Niais.
5. Fantasque.
6. Touche, du latin *tangere*. Le verbe « tancer » prit plus tard le sens qu'il a encore.
7 Ce type de Grosse Despense, « la mere Maulgrébieu », pourrait bien être la maîtresse de Charles VII, Agnès Sorel, qui vécut jusqu'en 1450, c'est-à-dire deux ans après l'ordonnance pour la réaction des francs archers, dont il vient d'être parlé.

El va plus viste que le pas.

MARCHANDISE.
Partir nous convient de ce lieu ;
Grosse Despense, vertu bieu !

MESTIER.
Allons-nous en.

MARCHANDISE.
  Adieu.

MESTIER.
   Adieu.

GROSSE DESPENSE.
Je vous suyvray pas à pas.

POU D'ACQUEST.
Grosse Despense, vertu bieu !
Nostre estat n'y fourniroit pas.

MARCHANDISE.
Corbieu, nous ne vous cherchons pas ;
Pourvoyez-vous d'aultre pasture.

POU D'ACQUEST.
Vous avez faict un bon repas ;
Mon Dieu, que vostre pance est dure !

GROSSE DESPENSE.
Je ne dy pas ce que mon cueur procure ;
Je vous prometz que vous verrez beau jeu.

POU D'ACQUEST.
Nous direz-vous nostre bonne adventure ?
Vous amusez tousjours à la pasture ;
Ung temps viendra que nous sçaurons le neu.

LE TEMPS.
Qu'est-ce que j'o [1] tempester en ce lieu
Si longuement ?

POU D'ACQUEST.
  Je ne sçay, par ma conscience,
Se ce n'estoit cette Grosse Despense
Qui se complaint.

LE TEMPS.
  Et la cause pourquoy ?
La laissez-vous tomber en decadence ?

MESTIER.
Remedier n'y sçauroys, sur ma foy.

MARCHANDISE.
Temps qui court, ce n'est pas la loy
De nous bailler tout d'une instance
Pou d'Acquest et Grosse Despense.
Cela me faict craindre et doubter.

MESTIER.
Le fardeau est lourd à porter,
Sans deffault.

LE TEMPS.
  Tant de quaquet !
Entretenez Grosse Despense ;

---

1. Entends.

Voz dictz n'y fons pas un nicquet [1].

GROSSE DESPENSE.

Tenez, voyla vostre pacquet ;
Prenez estat de Marchandise.
Aller vous fault au brunicquet [2],
Puisque sur vous ay la main mise.

MARCHANDISE.

Nous brasse l'en tel saupicquet [3] ?

POU D'ACQUEST.

Aller vous fault au brunicquet.

GROSSE DESPENSE.

Il ne fault point tant de quacquet.
Vous ne sçauriez trouver remise.

POU D'ACQUEST.

Aller vous fault au brunicquet ;
Tenez estat de Marchandise.

GROSSE DESPENSE.

Or ça, il fault tout d'une mise,
Gens de mestier, soit gré ou grace,
Prendre vous fault cette besasse [4],
Combien que ne soyés mestiens [5].

MESTIER.

Que dyable fault-il que j'en face ?

POU D'ACQUEST.

Quoy ! reffusez-vous la besasse ?

1. V sur cette petite monnaie la *Farce du Pasté*.
2. Endroit ou l'on mettait le rebut. On disait aussi *berniquet*, d'où le mot *bernique*, *bernicles*, quand on envoie promener les gens.
3. Sauce piquante.
4. Voilà en action l'expression « être mis a la besace ». Peut-être vient elle de la.
5. Nous ne pouvons saisir le sens de ce mot P ut être faut il lire *mesten*, *merien*, ce qui serait une forme de *mesel* ou *meseau*, qui, nous l'avons vu, signifie lépreux.

GROSSE DESPENSE.

Puisque je ay povoir et audace,
Je y besongneray par bons moyens.

POU D'ACQUEST.

Mestier, prenez cette besasse,
Vous serez l'ung des mendiens.

MARCHANDISE.

Je ne m'en tiens pas trop content.

MESTIER.

Pugnis sommes à la rigueur.

POU D'ACQUEST.

On vous fera beaucoup de biens ;
Vous estes beau frère mineur [1].

MARCHANDISE.

Or ça, de par Nostre Seigneur.
Or sommes-nous de tous biens separez.

MESTIER.

A nostre faict n'y a plus de vigueur.

POU D'ACQUEST.

Le Temps qui court vous a bien reparez.

MARCHANDISE.

Il convient donc que soyons separez
Sans tenir cy si longuement quaquet.
Au Temps qui court point ne fault differer ;
Grosse Despense m'envoye au brunicquet.

MESTIER.

Pour conclure, nous avons Pou d'Acquest,
Qui dès pieça nous a baillé chagrin.
Pas ne convient que face gros ces ;
De mendiens je voys prendre le train.

1. C'était un des quatre ordres mendiants.

FINIS.

FIN DE LA FARCE DE POU D'AUQUEST.

LES GENS NOUVEAULX

FARCE MORALISÉE

(XVᵉ SIÈCLE. — REGNE DE LOUIS XI)

NOTICE ET ARGUMENT

Cette farce ne peut être que du commencement d'un règne, aussi la plaçons-nous à la première année de celui de Louis XI, qui plus qu'aucun prince, arrivant en maître dans une cour où jusqu'alors il n'avait eu qu'ennemis, à commencer par son père, dont il hérita, devait naturellement amener, avec lui, toute une suite de « gens nouveaux »

Que font-ils dans la farce? ce qu'ils firent en réalité à la cour et dans tout le royaume.

Après les plus magnifiques promesses, dont l'auteur nous expose en riant les amusantes chimères, ils reviennent aux abus des gens anciens.

Le Monde, qui un instant avait eu confiance, se trouve de plus belle pillé, rançonné, moqué.

Il en arrive à regretter les autres qui du moins, s'étant repus, devoraient moins, tandis que ceux-ci, qui arrivent avec un appétit tout frais, n'épargnent rien.

La morale de la fin répète ce qu'a dit le titre : il n'y a que gens nouveaux pour bien manger le Monde et le loger de mal en pire.

L'*Ancien Theâtre* de la Bibliothèque Elzévrienne, t. III, p. 232-248, a reproduit cette petite piece, d'après le recueil du *British Museum* où elle occupe, sans indication de date ni de lieu, six feuillets, c'est-à-dire douze pages, de quarante-six lignes chacune. Deux petites gravures sur bois figurent sur le titre et quatre autres à la fin

Charles Magnin, dans ses articles du *Journal des Savants*, ne pouvait oublier cette farce. Il la croit avec raison du répertoire des Enfants sans souci, et il en trouve, avec raison aussi, l'idée comique « assez habilement exploitée » [1]. Mais il se trompe, pensons-nous, lorsqu'il dit que le règne calamiteux dont les premiers temps la virent naître doit être celui de Charles VI.

S'il eût remarqué ce qui s'y trouve sur les gendarmes d'ordonnance, créés, comme on sait, par Charles VII, il se fût convaincu comme nous que ce regne ne peut être que celui du successeur de ce roi, le règne de Louis XI.

1. *Journal des Savants*, juillet 1858, p. 418.

FARCE NOUVELLE

MORALISÉE

DES GENS NOUVEAULX

QUI MANGENT LE MONDE ET LE LOGENT DE MAL EN PIRE

A quatre personnaiges, c'est assavoir:

LE PREMIER NOUVEAU	LE TIERS NOUVEAU
LE SECOND NOUVEAU	ET LE MONDE

LE PREMIER NOUVEAU commence.
Qui de nous se veult enquerir
Pas ne fault que trop se demente ;
Nostre renom peult on querir,
Com verrez à l'heure presente.

Des anciens ne vient la sente [1],
Combien qu'ilz fussent fort loyaulx.
Chascun à part soy se regente ;

1 Le sentier, la trace à suivre

FARCE DES GENS NOUVEAULX.

Somme, nous sommes gens nouveaulx.

LE SECOND NOUVEAU.

A gens nouveaulx nouvel coustume ;
Chascun veult veoir nouvelleté [1].
Bien sçavons que tel l'oyson plume
Qu'au menger n'est pas invité.
Et, pour vous dire verité,
Nous avons mons [2] mignons et beaulx,
Pour procéder en équité ;
Somme, nous sommes gens nouveaulx.

LE TIERS NOUVEAU.

Du temps passé n'avons que faire,
Ne du faict des gens anciens.
L'on l'a paint ou mys par histoire,
Mais, de vray, nous n'en sçavons riens.
S'ilz ont bien faict, ilz ont leurs biens ;
S'ilz ont mal faict, aussi les maulx.
Nous allons par aultres moyens ;
Somme, nous sommes gens nouveaulx.

LE PREMIER.

Gouverner, tenir termes haulx,
Regenter à nostre appetit,
Par quelques moyens bons ou faulx ;
Nous avons du temps ung petit.

LE SECOND.

Les vieulx ont régné, il souffit ;
Chascun doit rener [3] à son tour.
Chascun pense de son proffit,
Car après la nuyt vient le jour.

LE TIERS.

Or ne faisons plus de sejour,
Mais avisons qu'il est de faire.

LE PREMIER.

Compaignons, il est necessaire
D'aller ung petit à l'esbat.
A nouveaulx gens nouvel estat.
Puisque les gens nouveaulx nous sommes,
Acquerir de bruit si grans sommes
Que par tout il en soit nouvelles.

LE SECOND.

Faisons oyseaulx voler sans elles,
Faisons gens d'armes sans chevaulx,
Ainsi serons-nous gens nouveaulx.

LE TIERS.

Faisons advocatz aumosniers [4],
Et qu'ilz ne prennent nulz deniers,
Et, sur la peine d'estre faulx,
Ainsi serons-nous gens nouveaulx.

LE PREMIER.

Faisons que tous couars gens d'armes
Se tiennent les premiers aux armes
Quant on va crier aux assaulx ;
Ainsi serons-nous gens nouveaulx.

LE SECOND.

Faisons qu'il n'y ait nulz sergeans [1]
Par la ville ne par les champs,
S'ilz ne sont justes et loyaulx ;
Ainsi serons nous gens nouveaulx.

LE TIERS.

Faisons que tous ces chicaneurs,
Ces prometteurs, ces procureurs,
Ne seignent plus memoriaulx [2] ;
Ainsi serons-nous gens nouveaulx.

LE PREMIER.

Faisons que curez et vicaires
Se tiennent en leurs presbytaires
Sans avoir garces ne chevaulx ;
Ainsi serons-nous gens nouveaulx.

LE SECOND.

Or faisons tant que ces gras moines,
Ces gros prieurs et ces chanoines,
Ne mangeussent plus gras morceaulx ;
Ainsi serons-nous gens nouveaulx.

LE TIERS.

Faisons que tous les medecins
Parviennent tousjours en leurs fins
Et qu'ilz guerissent de tous maulx ;
Ainsi serons-nous gens nouveaulx.

LE PREMIER NOUVEAU.

Cheminons par mons et par vaulx
En pourchassant [3] nostre aventure.
C'est droict, c'est le cours de nature ;
Nostre cours dure maintenant ;
Les anciens ont faict devant
Leurs jours, il faut les nostres faire.
Gens nouveaulx ne se doivent taire ;
Car nous avons des anciens
Par succession tous leurs biens
Quelque part qu'ilz soient vertiz [4].

LE SECOND.

Pourquoy ne sont-ilz bien partis [5] ?
Ilz en avoient tant, mère dieux !

LE TIERS.

Ilz sont cachez en trop de lieux,
Voyre qu'on ne sçait où ilz sont.

LE PREMIER.

Massons qui vielles maisons font
En trouvent souvent à pleins potz [6] ;
Mais, quant à nous, *nescio vos*.

---

1. Joli mot que « nouveauté », qui le remplace, ne vaut pas. Montaigne s'en est souvent servi, entre autres fois dans cette phrase charmante (liv I, c IX) « Je dois a mon défaut de mémoire que les lieux et les livres que je revois me rient toujours d'une fresche *nouvelleté*. »
2. Messieurs. On dit encore par nous *mons* un tel, pour monsieur.
3. Pour régner.
4. Faisant l'aumône, donnant au lieu de prendre.

1. Recors.
2. « Ne signent plus d'actes, de mémoires. » Dans le *Recueil des ordonnances des rois de France*, t. III, p 184, on lit « actes ou memoriaulx », ce qui prouve la synonymie de ces deux mots.
3. Poursuivant.
4. Tournes, détournés.
5. Distribués, partagés, de *partir*.
6. Allusion aux tresors qu'on trouvait, et qu'on trouve encore quelquefois, enfouis en terre dans de vieux pots.

LE SECOND.

C'est ung point trop mal assorté [1],
Les gens vieulx ont tout emporté ;
Ilz ont fondé tant de chanoines,
Tant d'abayes, tant de moynes,
Que les gens nouveaulx en ont moins.

LE TIERS.

Que servent un tas de nonnains,
Que mon père jadis fonda,
Et cinq cens livres leur donna,
Dont je suis povre maintenant.

LE PREMIER.

J'en peulx bien dire peu ou tant.
Que peult estre tout devenu
Que nous n'avons le résidu ?
Il nous devroit appartenir.

LE SECOND.

C'est faulte de sa part tenir.

LE TIERS.

Or sus, ilz sont mors de par Dieu,
Et si ne sçavons en quel lieu
Estoyent leur tresors souverains.

LE PREMIER.

Voulentiers, à ses jours derrains [2],
Ung riche cèle sa richesse.

LE SECOND.

Unde locus, mais pourquoy esse ?
Pourquoy n'en ont-ils souvenir ?

LE PREMIER.

Ilz cuident tousjours revenir ;
Mais esperance les deçoit,
Et par ainsi on apparçoit
Que plusieurs ont esté deceuz.

LE SECOND.

Or prenons ung chemin, sus, sus ;
Chascun en son propos se fonde.

LE TIERS.

Il nous fault gouverner le Monde,
Vela notre faict tout conclus ;
Aux anciens n'appartient plus ;
C'est nous qui devons gouverner.

LE PREMIER.

Rien ne nous vault le sejourner [3] ;
Allons veoir que le Monde faict.

LE MONDE.

Et que sera-ce de mon faict ?
Pourquoy m'a laissé Zephirus [4] ?
Je suis tout destruict et deffaict.

Tous mes biens sont à Neptunus [1].
Jamais asseuré je ne fus,
Pource que j'avoye esperance ;
Mais maintenant je n'en puis plus,
Le Monde vit en grant balance.

LE PREMIER.

Ho, j'ay ouy le Monde, qu'on s'avance ;
Il faut tirer par devers luy.

LE SECOND.

Gardons-nous de luy faire ennuy ;
Traicter le convient doulcement.

LE PREMIER.

Et puis, Monde, comment, comment,
Comment se porte la santé ?

LE MONDE.

Honneur et des biens à planté [2]
Vous doint Dieu, mes bons gentilzhommes.

LE PREMIER.

Vous ne sçavez pas qui nous sommes ?

LE MONDE.

Ma foy, je ne vous cognoys rien.

LE PREMIER.

Par ma foy, je vous en croy bien.
Monde, nous sommes Gens nouveaulx.

LE MONDE.

Dieu vous guarisse de tous maulx ;
Gens nouveaulx, que venez-vous faire ?

LE SECOND.

C'est pour penser de ton affaire
Et de ton estat discerner.

LE TIERS.

Nous venons pour te gouverner
Pour ung temps a nostre appetit.

LE MONDE.

Vous y cognoissez bien petit.
Dieu ! tant de gens m'ont gouverné
Depuis l'heure que je fus ne !
En moy ne vis point d'asseurance ;
J'ay esté toujours en balance.
Encores suis-je pour ceste heure.
Le peuple trancille [3] et labeure,
Et est de tous costez pillé ;
Quant labeur est bien tranquillé [4],
Il vient ung tas de truandailles
Qui prennent moutons et poulailles.
Marchandise ne les marchans [5]
N'osent plus aller sur les champs,
Et chascun dessus moy se fonde,
En disant : Mauldit soit le Monde !
J'en ay pour retribution
Du peuple malediction ;

---

1. Accommodé, arrangé. Jeunesse dit dans la *Moralité de Charité* :

    Rien ne crains plus en plaiderie,
    Puisque nous sommes assorties

2. Ancienne forme du mot *dernier*, qui s'est conservée dans le patois wallon De « derrain » on fit « derranier », puis *dernier*.
3. Le demeurer, le reposer.
4 Zéphire, le vent favorable.

1. Sont a la mer
2 A foison, a *planté*, mot dont « planté », en ce sens, n'est que la contraction
3. Diminutif de « transir », avoir des transes, frissonner de froid ou de peur.
4 Rassuré
5 « Ni marchandise, ni marchands »

C'est le salut que j'en emporte.

LE PREMIER.
Vous gouverne on de tel sorte?
Qui faict cela?

LE MONDE.
Gens envieux,
Qui sont de guerre curieux
Et vivent tousjours en murmure [1],
Et jamais de paix n'eurent cure [2].
Ceulx-là ont mon gouvernement
Sans sçavoir pourquoy ne comment,
Ne à quelle fin ilz pretendent,
Je ne sçay que c'est qu'ilz attendent,
Et ne sçay qu'ilz deviendront,
Je cuide qu'ilz me mengeront,
Se Dieu de brief n'y remedie.

LE SECOND.
Taisés-vous, Monde, non feront;
Gens nouveaulx vous en garderont,
Quelque chose que l'on vous die.

LE MONDE.
Il vous court une pillerie
Voyre sans cause ne raison.
Labeur n'a riens en sa maison
Qu'ilz n'emportent; velà les termes.
Et si ne sont mie gens d'armes
Qui soyent mis à l'ordonnance [3]
Servans au royaulme de France.
Ce ne sont qu'ung tas de paillars,
Meschans, coquins, larrons, pillars.
Je prie à Dieu qui les confonde.

LE TIERS.
Paix! nous vous garderons, le Monde,
Et vous deffendrons contre tous.

LE MONDE.
Je seroye bien tenus à vous
Et le verroye voulentiers.

LE PREMIER.
Monde, il nous fault des deniers,
Et puis après aviserons
Que c'est que de vous nous ferons [4];
Il n'y a point de broullerie [5].

LE MONDE.
Vous venez donc par pillerie?
Je ne l'entens pas aultrement.

LE SECOND.
Nous venons, ne vous chault [6] comment;
Tantost vous le congnoistrés bien.

LE MONDE.
Ne me doit-il demourer rien?

LE PREMIER.
Vivre fault par quelque moyen.
Voicy pour moy.

LE TIERS.
Cecy est mien.
Monde, il fault avoir sa vie.

LE MONDE.
Je prie à Dieu qu'il vous mauldie.
Esse cy le commencement
De vostre beau gouvernement?
Gens nouveaulx sont-ilz de tel sorte?

LE PREMIER.
Monde, plains-tu ce que j'emporte?
Quaquettes-tu? Que veulx-tu dire?

LE MONDE.
Nenny, je ne m'en fais que rire.
J'ay assez plus que tant perdu [1].

LE SECOND.
Nous ne l'avons pas despendu [2];
Ceulx qui le diront seront folz.

LE MONDE.
Sont esté tels gens comme vous.
Ainsi je suis de tous assaulx,
Pillé des vieulx et des nouveaulx;
Je ne sçay quel part je me boute [3].

LE TIERS.
Ce n'est pas tout.

LE MONDE.
J'en fays bien doubte [4].

LE PREMIER.
Aussi t'y doibz-tu bien attendre.

LE MONDE.
Au moins, quant n'y aura que prendre [5],
Vous ne sçaurez que demander.
Las, je pensoye qu'amender
Il me deust de vostre venue [6].
Il n'est rien pire soubz la nue
Que Gens nouveaulx de maintenant.

LE SECOND.
Nous vous gouvernerons content.
Monde, cheminez quant et nous.

LE MONDE.
Voyre, mais où me menrez-vous?
Je le vouldroye bien sçavoir.

---

1. Séditions sourdes, conspirations. On sait que dans les anciennes versions de la Bible *murmurateur* veut dire séditieux.
2 Souci.
3 Encore une allusion, comme dans les pieces qui précedent, a l'ordonnance de 1448, qui avait reconstitué l'armée royale. V. les notes ou nous en avons parlé.
4. « Nous ferons de vous ce qu'il en faut faire. »
5. « Il n'y a pas là-dessus à s'embrouiller. »
3. « Ne vous importe... »

1 « J'en ai perdu autant comme autant, » c'est-a-dire tout.
2. « Ce n'est pas nous qui l'avons dépensé. »
3. « Je ne sais ou me bouter, ou me mettre. »
4. « C'est bien ce que je redoute. »
5. « Quand il n'y aura plus rien a prendre. »
6. « Je pensais que quelque chose de meilleur m'arriverait de votre venue » Nous ne pouvons mieux citer ici, comme exemple du verbe « amender », dans le sens de rendre meilleur, que cette phrase de Montaigne (liv. I, ch cxlvi) « Non-seulement ils n'*amendent* pas ce qu'on leur commet, mais l'*empirent* »

Or ça doncques, il fault sçavoir
Quelz gouverneurs cy on nous baille.

LE SECOND.
De vous nous aurons grain et paille,
Par ma foy, je n'en doubte pas.

LE PREMIER.
Cheminez encore deux pas,
Et puis nous vous abregerons.

LE MONDE.
Où esse que nous logerons?
J'en suis grandement en soucy.

LE SECOND.
Ne vous chaille; c'est près d'icy.
Sans cheminer jà plus aval,
Logez-vous icy.

LE MONDE.
Je suis mal,
Et à mal m'avez amené.
O povre Monde infortuné!
Fortune, tu m'es bien contraire,
Contraire dès que je fuz né,
Ne fuz qu'en peine et en misere.
Misérable, que doy-je faire?
Faire ne puis pas bonne chère:
Cher me sont trop les Gens nouveaulx.
Nouvellement sourdent[1] assaulx.
Vivre ne peult le povre Monde.
Monde souloye estre jadis[2];
Jadis portoye face faconde[3];
Faconde estoye en plaisans dis,
Dis je disoye, et je larmis
Larmes et pleurs de desplaisance.
Plaisir me fault[4], douleur s'avance.

LE PREMIER.
Vous estes logé à plaisance,
Monde, c'est le point principal.

LE MONDE.
Gens nouveaulx, soubz vostre asseurance,
Vous m'avez amené à mal.

LE SECOND.
Venez çà; n'estes-vous pas mieulx
Que vous n'estiez anciennement?

LE MONDE.
Je regrette le temps des vieulx,
Se vous me tenez longuement.

LE TIERS.
Vous desplaisent les Gens nouveaulx?
De quoy menez-vous si grant bruit?

LE MONDE.
Au premier[5], vous me sembliez beaulx,
Mais en vous n'y a point de fruit.

LE PREMIER.
Vous plaignez-vous pour si petit?
Sommes-nous gens si enragez?

LE MONDE.
Gens nouveaulx, petit à petit,
J'ay grant peur que ne me maugez.

LE SECOND.
Il fault que vous vous reclamez[1],
A vous le dire franc et court.

LE MONDE.
Vous estes si très affamez
Que ne povez entrer en court[2].

LE TIERS.
Vous parlez en parolles maigres;
Dictes vostre desconvenue.

LE MONDE.
Vous mordez de morsures aigres,
Gens nouveaulx, à la bienvenue.

LE PREMIER.
Les Gens nouveaulx auront leur tour,
Puis que une foys sont esveillez.

LE MONDE.
En me monstrant signe d'amour,
De nuyt et jour vous me pillez.

LE SECOND.
Il faut que vous appareillez
A nous bailler ung peu d'argent,
Monde.

LE MONDE.
Si souvent! si souvent!

LE TIERS.
Voire si souvent, plus encor.
Ça, de l'argent.

LE PREMIER.
Ça, ça, de l'or,
Monde, nous vous garderons bien.

LE MONDE.
Or ça, quand je n'auray plus rien,
Sur moy ne trouverez que prendre.

LE SECOND.
Nous sommes encore à prendre;
Monde, endurez cette saison.

LE TIERS.
Je cuide que ceste maison
Lui ennuye. Changeons de place,
Affin que soyons en sa grace.
Monde, voulez-vous desloger?
Nous vous ferons ailleurs loger
Honnestement, mais qu'il vous plaise.

---

1 Sortent par flots, comme d'une source.
2. « Jadis j'avais l'habitude d'être bien paré. » Il y a ici un jeu de mots sur monde et monde, « orné, paré, » du latin *mundus*.
3 « Avenante au bien dire, aux joyeux propos. »
4. « Me fait défaut »
5. *Primo*, d'abord.

1. « Que vous vous réclamiez, que vous fassiez appel contre nous. » *Se reclamer* était, dans ce sens, de la langue du droit
2 Autre terme de pratique, pour dire accorder des délais, l'expression « entrer en quartier », qui se trouve dans Cotgrave, avait le même sens.

LE MONDE.
Je ne suis pas fort à mon aise ;
Je suis en mal ; c'est grand soucy.

LE PREMIER.
Sus, sus, vous partirez d'icy.
Venez-vous en.

LE MONDE.
Dieu me conduye.

LE TIERS.
Pour guerir vostre cueur transy,
Sus, sus, vous partirez d'icy.

LE MONDE.
Gens nouveaulx, faictes-vous ainsi ?

LE PREMIER.
Il est conclus, n'en doubtez mye.
Vecy plaisante hotellerie.
Monde, logez-vous y, beau sire.

LE MONDE.
Ha, Dieu, je vois de mal en pire !
Que me faictes-vous, Gens nouveaulx ?
Vous m'estes faulx et desloyaulx ;
Vous me logez de mal en pire.

LE PREMIER.
Autant vous vault plourer que rire,
Monde, prenez bon reconfort.

LE MONDE.
Que ne descend tantost la mort,
Mordant par diverse poincture !
Privé me sens de tout confort ;
Fort est grant le mal que j'endure.

Dure dureté et passion dure,
Dures pleurs me convient getter,
Sans nul espoir, fors regreter
Regretz piteulx, et lamenter
Lamentz mortelz qu'on ne peult dire ;
D'ire me fault tout tourmenter ;
Tourmenté en [très] grant martire,
Tiré suis en logis mauldit.
Gens nouveaulx en font leur edit.
Ha ! Monde, où est le bon temps
Que tu plaisoys à toutes gens ?
Et ores tu es desplaisant.
Peuple, d'avoir bien ne te attens
Quant Gens nouveaulx sont sur les rens,
Toujours viendra pis que devant.

LE SECOND.
Vous estes en logis plaisant.
De quoy vous allez-vous plaignant ?
Vous plaignez-vous des Gens nouveaulx ?

LE TIERS.
Se plus vous allez complaignant
Encore aurez pis que devant ;
Ce ne sont que premiers assaulx.

LE MONDE.
Or voy-je bien qu'il m'est mestier
De le porter patiemment.
Chascun tire de son cartier [1]
Pour m'avoir, ne luy chault comment.
Vous povez bien voir clerement
Que Gens nouveaulx, sans plus rien dire,
Ont bien tost et soubdainement
Mys le Monde de mal en pire.

1. De son côté.

FINIS.
Farce nouvelle moralysée des Gens nouveaulx
qui mengent le Monde et le logent
de mal en pire.

FIN DE LA FARCE DES GENS NOUVEAULX.

LA VIE ET L'HISTOIRE DU MAULVAIS RICHE

MORALITÉ

(XVe SIÈCLE, RÈGNE DE LOUIS XI)

NOTICE ET ARGUMENT

Cette moralité est une des plus célèbres. Nous l'avons placée au xve siècle, sans aucune preuve certaine qu'elle en fût, mais d'après des probabilités, tirées du caractère même et du style, qui nous paraissent suffisantes. Elle a notamment, comme expression, des points de ressemblance remarquables avec le *Mystère de saint Fiacre*, qui la précède ici.

Elle fut, dès l'origine, imprimée plusieurs fois, mais d'abord sans indication de lieu et sans nom d'imprimeur, détails précieux qui pourraient guider pour la date.

Une seule chose nous éclaire un peu. En tête de l'une des premières éditions se trouve une vignette qui, sous prétexte de représenter le Ladre à la porte du mauvais Riche, nous fait voir bien plutôt Job sur son fumier, entouré de ses amis. Or, ceux-ci portent tous des habits du xve siècle. Ce sont des bourgeois du temps de Louis XI.

Cette édition, dont on ne connaît que l'exemplaire possédé par la Bibliothèque d'Aix, d'après lequel Pontier fit une réimpression en 1823, et Sylvestre en 1835, est en caractères gothiques, fort exactement reproduits par cette dernière réimpression.

Le titre n'y est pas le même que celui que nous donnons ici, d'après une édition lyonnaise du xvie siècle. Le voici : *Moralité nouvelle du maulvais riche et du ladre*, à douze *personnages*. Il se trouve aussi au frontispice d'une autre édition, sans doute contemporaine, mais d'un format différent, et qu'on n'a pas reproduite.

Une troisième, moins ancienne, plus rapprochée de celle que nous suivons, et dont on peut mieux préciser la date, car elle porte le nom de Simon Calvarin, qui fut libraire de 1558 à 1593, a modifié ce titre, d'après les idées littéraires du temps de renaissance classique où elle parut. La *Moralité* y est devenue *l'Histoire et tragédie du maulvais Riche, extraite de la Sainte Escriture*.

Quelques changements y ont été faits, et quelques rôles ajoutés. Au lieu de douze, elle a dix-huit personnages. C'est avec ce titre, ces changements et ces additions que Jean Oursel en donna plus tard, à Rouen, une édition populaire.

Cette légende, qu'aimait tant le peuple, car il y voyait le pauvre vengé des brutalités du riche, s'était popularisée par la peinture en même temps que par le drame.

Dans beaucoup d'églises, elle était représentée sur les plus éclatants vitraux. Sur ceux de la cathédrale de Bourges, elle a encore cette lumineuse mise en scène. A Saint-Étienne du Mont, elle l'avait de même, et Sauval nous apprend que deux jours de suite, à la Toussaint, le chapelain de Saint-Innocent faisait voir un tableau où ce que la légende a de plus saisissant, surtout pour l'instinct populaire, se trouvait figuré : « Là, dit-il, le mauvais Riche est représenté à l'agonie, assisté d'un confesseur qu'il n'écoute pas : de tous côtés, chacun le pille, sa femme, ses parents, les gens de justice ; et enfin on aperçoit les prêtres qui s'entre-battent devant l'église pour les torches de son enterrement. »

C'était la comédie de la légende. La pièce que nous donnons en est le drame, ou, suivant son ancien titre qui vaut mieux, « la moralité ». Le texte de l'Évangéliste s'y trouve exactement suivi.

Un personnage, « le prescheur », l'explique, puis la pièce, dont c'est l'analyse anticipée, commence.

Le Riche, que le Lépreux, le Ladre, ennuie du bruit des cliquettes qu'il doit toujours faire entendre pour qu'on ne l'approche pas, ordonne à son valet Trottemenu de lâcher contre lui ses chiens. Le valet obéit ; mais les chiens, au lieu de dévorer le Ladre, lèchent ses plaies. Il a Dieu pour lui, qui le regarde et le prend en pitié. Un ange le touche, il meurt, et l'ange apporte son âme au ciel. Lucifer le guettait, croyant qu'elle était sienne, et s'indigne de cette proie perdue. L'âme du Riche la lui rendra. Il fait tout pour qu'elle ne puisse lui échapper. Ses diables les plus zélés, Satan, qui n'est ici qu'un démon subalterne, Agrappart, Rahouart partent pour la saisir, la prennent, et la jettent en enfer. Les douleurs commencent, et les lamentations. Le Riche se réclame d'Abraham le patriarche ; mais Abraham ne peut, et ne veut rien : pour la vie qui fut sans pitié, il faut la damnation impitoyable.

La moralité se termine par ce dénouement sans merci, aussi inexorable que celui de l'évangéliste.

Nous avons pris la pièce, avec son titre et son texte, dans le recueil du *British Museum*, d'après la réimpression de l'*Ancien Théâtre* de la Bibliothèque Elzévirienne [1], mais en ayant soin de confronter chaque vers avec la réimpression de Pontier, ce qui nous a permis plusieurs rectifications indispensables.

[1] T III, p 267.

LA VIE DU MAULVAIS RICHE

Trotemenu vient de la porte,
Qui des nouvelles vous apporte
De povre ladre, qui est mors.

LA VIE ET L'HISTOIRE
DU
MAULVAIS RICHE

A traize personnaiges, c'est assavoir :

LE MAULVAIS RICHE.
LA FEMME du maulvais Riche.
LE LADRE.
LE PRESCHEUR.
TROTEMENU.
TRIPET cuisinier.
DIEU LE PÈRE.

RAPHAEL.
ABRAHAM.
LUCIFER.
SATHAN.
RAHOUART.
AGRAPPART.

Ici commence le Sermon.

LE PRESCHEUR.

Homo quidem erat dives qui induebatur purpura et histo [1] *et epulebatur quotidie splendide. Scribitur Luce.* XXII. *ca.* [2]

Mes chères gens, ceste parolle
Que nul ne doibt tenir pour folle,
Que j'ay cy devant proposée,
Dessus l'evangile est trouvée,
Ainsi que saint Luc le tesmoigne,
Qui fut present à la besongne,
Quant Jesuchrist nous enseigna
Ceste parole, et prescha,
Et leur dit maint enseignement
Pour aprendre leur saulvement,
Et pour le peuple endoctriner
Pour mieulx à la foy encliner,
Et pour la grace Dieu acquerre,
Qui pour nous vint mourir en terre
Et prendre nostre humanité
En la Vierge de grant bonté,
Qui est de grace tresorière
Et des saintz cieulx dame et lumière.
Or luy pryons de cueur entier,
Que grace nous vueille envoyer ;
Et, pour celle grace impetrer,
Nous dirons tous, sans arrester,
Le salut que l'ange apporta
Quant luy dit *Ave Maria.*
    Homo quidem erat dives, etc.
Mes très chères gens, long temps a
Qu'il fut ung hom à grant puyssance,
Qui de tresor eut grant finance
Et se delectoit moult forment [3]

A estre vestu noblement,
Comme de pourpre et de soye ;
C'estoit son soulas et sa joye ;
Et à vivre très largement
Avoit mis tout son pensement.
Mais de povres gens n'avoit cure,
Ains leur faisoit honte et laidure [1],
Dont il fut griefvement pugnis
Et en enfer à tousjours mis.
    Quant il vit que damné estoit,
Adonc forment se repentoit
De ce que plus n'avoit donné
Aux pouvres gens, et aulmosné [2].
Celuy riche homs que je conte
N'estoit ne roy, ne duc, ne conte.
A sa porte souvent venoit
Ung povre ladre, qui estoit
Moult aggravé de maladie,
Et avoit sa melencolie,
Et à manger moult desiroit
Du relief [3] qui luy demouroit
Et des myettes qui cheoyent
Jus de la table et degoutoyent.
Mais pour neant s'en dementoit,
Car nul ne luy en presentoit ;
Si sonnoit-il moult haultement
Ses cliquettes [4] abondamment,
Dont au mauvais riche despleut,
Et envoya plus tost qu'il peut
Son varlet par grant felonnie [5],

---

1. Ce mot dans toutes les réimpressions est mal écrit. Dans celle de Sylvestre, il y a « bille », qui n'a pas plus de sens que « histo », qui se lit ici. Le mot du texte de l'Evangile est « bysso », étoffe de soie.
2. L'indication du passage de saint Luc est fautive aussi ; c'est dans le chapitre XVI, versets 19-31, qu'il se trouve.
3. Grandement.

1. Affront. Dans la moralité d'*Ung empereur qui tua son neveu*, on lit :

    Tu souffriras huy grant laidure.

2. Fait l'aumône.
3. Restes. Ce mot, avec le même sens, est encore dans La Fontaine, fable du *Rat de ville et du Rat des champs*.
4. V. sur cet instrument que les lepreux devaient toujours porter et agiter afin que le bruit empêchât de les approcher, une note du *Mystère de saint Fiacre*.
5. Barbarie

Et luy dit : Va, si me deslie
Mes chiens, sans plus arrester,
Pour ce meseau [1] le devourer,
Qui si souvent vient à ma porte.
Va tost, et point ne te deporte [2].
　Et le varlet lors respondit,
Quant son maistre parler ouit :
Sire, voulentiers le feray,
Et voz chiens luy hareray [3].
Alors le varlet, sans attendre,
Alla aux chiens courant les prendre,
Et les hara appertement
Sur le ladre moult asprement;
Mais, par la vertu souveraine,
Oncques ne peult tant mettre peine
Qu'au ladre voulsissent mal faire,
Car pas à Dieu ne vouloit plaire,
Mais allèrent sans retarder
Au ladre ses playes lescher,
Dont au riche forment despleust,
Et du courroux que il en eust
Acoucha malade au lit.
Et le ladre, sans nul respit,
Mourut à sa porte devant,
Et puis le riche incontinant
Trespassa asse tost après,
Qui fut moult felon et divers
Et plain de maulvaise nature.
Oncques de bien faire n'eust cure,
Dont il fust en enfer dampné,
Et des dyables emporté,
Et le ladre, qui eut sa vie
Usee en si grant maladie,
Si fut porté en paradis
En grant soulas et en delis [4].
Et tout cela verrez-vous faire,
Mais qu'il vous plaise de vous taire [5]
Sans faire noise ne content,
Affin que cest esbatement
Se puist parfaire et accomplir
Ainsi que nous avons desir.
Priez pour moy, je vous en prie;
Dieu vous gart tous de villennie.
Commence qui doibt commancer.

TROTEMENU [6].

Hahay, or me fault-il lever.
Haro ! que je suis endormis,
Paresseux et effetardis [7],

Que pieça [1] ne suis appresté.
Je croy le soleil est leve,
Qui ha abattu la rosee.
J'ay dormy grande matinée;
Or me fault-il pourpenser
Comment me pourray excuser
Envers mon seigneur et mon maistre,
Que je voy en celle fenestre.
Mon seigneur, le bon jour ayez.
Je suis prest et appareillé
D'aller partout où vous plaira,
Soit delà la mer ou deçà;
Or me dictes vostre plaisir.

LE MAULVAIS RICHE.

Trotemenu, j'ai grant desir
De vivre planteureusement
Et d'estre vestu noblement
De drap de pourpre ou de soye;
Car j'ay assez or et monnoye
Pour mon estat entretenir
Ainsi qu'il me vient à plaisir.
Or va tost, sans plus retarder,
Sçavoir que nous pourrons manger,
Car il est de disner saison.

TROTEMENU.

G'y voys sans plus d'aretoyson [2];
A faire vo command m'encline.
Tout droit m'en vois en la cuisine
Sçavoir si le disner est prest.
Hau ! Tripet, dis moy : est tout prest?
Monsieur veult aller disner.
Or me dis, sans plus sejourner,
Se je iray dresser la table.

TRIPET LE QUEUX [3].

Ouy, va tost, sans faire fable;
Tu es trop mallement songneux.
Se fusses aussi angoisseux [4]
De labourer et de gaigner
Que tu es prest d'aller manger,
Ce fust merveilles de ton faict.

TROTEMENU.

Laisse-moy en paix, s'il te plaist,
Et me parle d'aultre acointance,
Car de la pance vient la dance [5].
Pour ce m'en voys, sans arrester,
Mettre la table pour disner,
Mais qu'elle soit très bien garnie
De viande et de vin sur lye [6].
C'est ung mestier qui bien me plaist.
Mon seigneur, sachez qu'il est prest.
Il ne fault que voz mains laver

1. Lépreux. V. aussi, sur ce mot, le *Mystere de saint Fiacre*, ad finem
2. « Ne te détourne ».
3. « Exciteray, en leur criant « haro », courez sus » On disait aussi harauder, comme on le voit dans les *Contes de Cholieres*.
4. Délices.
5. Cette invitation au public, pour qu'il eût a se taire pendant la représentation, est curieuse On la trouve, tournée au burlesque, dans les prologues de Bruscambille, et l'abbé d'Aubignac nous apprend, dans *Pratique du theatre*, qu'a l'hôtel de Bourgogne et au Marais Floridor et Mondory ne craignaient pas de s'interrompre de leurs roles les plus serieux pour crier Silence ! au parterre trop bruyant.
6 C'est le nom que La Fontaine donne aux souris ; il passait pour l'avoir inventé On voit qu'il est bien plus ancien que lui.
7. Pour « affétardi », qu'on trouve dans Cotgrave, « retardé par négligence ».

1. Depuis longtemps.
2. Sans plus de retard, de temps d'arrêt. Nous trouverons plus loin « arrestaison » avec le même sens.
3 Cuisinier, du latin *coquus*.
4 Soucieux « Et, lisons-nous dans le roman de *Lancelot du Lac*, 1520, in-4°, fol. 20, fut, cette nuict, la reine bien *angoisseuse* quand il lui dist qu'il ne viendroient mie »
5. Proverbe qui est resté. Nous le trouvons un peu plus tard dans le *Tresor des Sentences* de Gabriel Meurier.
6. Le meilleur, au-dessus de la lie, le vin sous, ou « sour lie », comme on le voit dans Baudoin de Sebourg, etait le pire.

Et vous seoir sans sejourner,
Car la viande vous attent,
Tripet le m'a dit en present,
Vostre queux, qui est moult isnel [1],
Qui vous a farcy ung porcel [2]
Et d'aultres viandes assez.

LE MAULVAIS RICHE.

Et le bon jour te soit donnez.
Comme tu es de franche crine [3]
Et as le cueur à la cuysine!
Tu ne feras jà malle fin.
Dame, venez à ce bassin
Voz mains laver, sans retarder,
Affin que nous aillons disner.
Delivrez-vous appertement,
Car la viande nous attent,
Ainsi que Trotemenu dit.

LA FEMME DU RICHE.

Monseigneur, sans nul contredit,
Allons laver quant vous plaira.
De ce ne vous desdiray jà,
Ne ne m'en verrez reffuser.

LE MAULVAIS RICHE.

C'est bien dit. Or allons disner.
Trotemenu, ferme la porte,
Et la viande nous aporte,
Et va tost sans plus sejourner.

TROTEMENU.

Je m'y en voys sans plus songer.
Tripet, baille çà la viande,
Puisque mon maistre la demande,
Et te delivre, je t'en prie.

TRIPET.

Trotemenu, à chère lye,
Viens avant, tost... que tu y metz!
Porte à monseigneur ce metz,
Si m'osteras de ceste paine.

TROTEMENU.

Sa dont. Dieu t'envoye bonne estraine.
Monseigneur, vecy la viande.
J'ay tost fait ce que on me commande,
Puisque la chose si me haitte [4].
Mais j'ay ouy une cliquette [5]
Sonner à la porte devant.
Je croy c'est ce meseau puant
Qui vient tous les jours au disner.
Il ne se veult pas oublier.
Que voulez-vous que on en face?

LE MAULVAIS RICHE.

Je t'en prie, va, si le chasse.
Il revient ceans trop souvent.
Hare luy les chiens vistement,
Se tu l'oz [6] plus riens demander.

LE LADRE.

Et que Dieu soit en ce disner.
Envoyez-moy aulcune chose,
Car plus avant aller je n'ose;
Trestous les jours mon mal empire.
Helas, comme mon cueur desire
D'estre saoulé des miettes
Du relief et des chosettes [1]
Qui jus de la table degouttent,
Se sont choses qui bien peu coustent,
Mais je les desire forment.
Si vous prie amoureusement
Que m'en vueillez rassasier.
Que Dieu vous vueille heberger
Lassus [2] en son sainct paradis.

LE MAULVAIS RICHE.

Trotemenu, mon bel amy,
N'as-tu pas ouy ce truant
Que je t'avoye dit cy devant
Que de ma porte tu chassasses,
Et que les chiens tu luy harasses?
Vas le moy chasser vistement.

TROTEMENU.

Sire, par le Dieu qui ne ment,
J'en iray faire mon debvoir,
Et si vous diray tout de voir,
Trestous vos chiens luy harray,
Sçavoir se chasser le pourra.
Çà, çà, Touret, et toy, Rosette,
A celuy à ceste cliquette,
Hare, hare, va là, va là.
Par Dieu, truant, or y perra.
Trop me faictes avoir riote [3]
Que tous les jours à ceste porte
Venez voz cliquettes sonner,
Qui fait mon seigneur estonner [4],
Et lui tournent à desplaisir.

LE LADRE.

Helas, mon amy, j'ay desir
Trop fort de manger du relief,
Dont mon cueur est à tel meschief,
Qu'il m'est advis certainement
Que je mourray cy en present,
Se je n'en suis rassasié.
Helas, ce sera grand peché
A ton maistre et à toy aussy.

TROTEMENU.

Sus tost, paillard, vuide d'icy,
Ou tu seras tout devouré
De mes chiens, et si atourné
Que jamais ne me feras paine.

---

1. Menues choses de gourmandise, comme dans ce passage du *Roman de la Rose*, vers 8414 :

> Febves et pois et tels *chosettes*,
> Comme fruits, etc.

2. La haut.
3 Querelle, reproches.
4. S'émouvoir, s'ébranler : « *Estonner* bois, roches et montaignes par force cris, » lit-on dans l'*Introduct. a la Chron.* du duc Philippe par Chastelain.

---

1. Prompt, habile.
2 Cochon de lait.
3 Un gaillard de bon et franc poil.
4. « Me plait. » — 5. La cliquette du lépreux.
6. « Si tu l'ois, l'entends. »

Hare, Touret, en malle estraine
Sur cest ort vil mesel puant;
Gomme il fait or le meschant.
Faictes le tost d'icy partir.

LE LADRE.

Vray Dieu, il me fauldra mourir.
En la garde Dieu me commant
Qui des chiens me fasse garant,
Si qu'ilz ne me puissent mal faire.
Helas, qu'il me vient à contraire
Que je ne me puis remuer!
Tres doulx Dieu, vueillez conforter
Ceste chetive creature
Qui vit en paine et en dure [1]
En ceste vie temporelle;
Dieu me doint l'espirituelle,
Quant ceste cy si me fauldra [2]
Que j'ay desir ce long temps a,
Car je voy bien certainement
Que ne vivray pas longuement;
Je le sens bien à mon poulmon.

LE MAULVAIS RICHE.

Trotemenu, j'ay grant tenson [3]
Et me vient à grant desplaisir
De ce truant que j'oz gemir.
Que fait-il ores le piteux?
De Dieu aymer n'est pas honteux?
Que ne as-tu les chiens harez
Et que par eux fust devourez,
Ainsi que commandé t'avoye?
Delivre t'en, se Dieu te voye,
Se tu me veulx faire plaisir.
Va-y tost; tu as bon loysir,
Puisque nous sommes tous assis.

TROTEMENU.

Par le grant Dieu de paradis,
Mon seigneur, g'y hay huy esté,
Et tous voz chiens luy hay haré;
Mais oncques mal ilz ne luy firent,
Ne pour le mordre ne se mirent.
Ainçoys l'aloyent couvetant [4]
Et ses deux jambes delechant,
Et lui faisoyent tant grant feste,
Je ne sçay, moy, que ce peult estre;
Je croy que Dieu y faict vertu.

LE MAULVAIS RICHE.

Par Dieu, tu es bien malostru,
Que cuides que Dieu s'embesongne,
D'une si très orde charongne
Et de si ville creature;
Se seroit pour luy grant laidure.
Je croy que tu es rassoté;
Fais que l'huys si soit bien fermé,
Que ce meseau n'y puisse entrer.
Va tost, Dieu te puisse cravanter [5],
Car riens donner ne luy feray.

TROTEMENU.

Mon seigneur, je le chasseray
Se je puis par quelque maniere.
Or sa, truant, passez arriere,
Tres ort vilain meseau pourry.
Que de Dieu soyez vous pugny,
Tant me faictes avoir de peine.

LE LADRE.

Amy, Dieu te doint bonne estraine.
Pour quoy me dis tant de laidure,
Se je suis povre creature,
De maladie entreprins?
Dieu, qui est sur tous prefix [1],
M'a battu, dont je suis malade
Par tout le corps et le visaige.
Aller ne puis n'avant n'arriere,
Car g'y ay perdu la lumière,
Et si sçay bien certainement
Que pas ne vivray longuement.
Je sens bien la mort qui m'aproche,
Qui tout homme prent et acroche.
Laisse-moy ester [2], je t'en prie.
Que Dieu te gard de villenie,
Je ne puis plus à toy parler.

TROTEMENU.

Pour veoir, tu me feras blasmer
Se ne t'en vas de ceste porte;
Tu ne sçais pas la grant riote
Que mon maistre pour toy demaine [3],
Car tu ne cessas de sepmaine
De tes cliquettes cliqueter,
Qui font mon seigneur estonner.
Je m'en revoys, adieu te dis.

LE LADRE.

Ha, très doulx Dieu de paradis,
Que ce mal me va angoissant!
Vray Dieu, par ton digne commant [4],
Oste moy tost de ceste vie,
Car de vivre trop il m'ennuye,
Et m'envoye avec tes amys
Qui sont à toy en paradis,
A celle digne compaignie
Où ne règne orgueil n'envye.
Si te requiers do bon guerdon [5],
Doulx Dieu, que me faces pardon
De mes pechez, et allegance,
Et me garde de la puyssance
Des las de l'ennemy d'enfer,
Qu'ilz ne me puyssent attraper;
Je le te requiers bonnement,
Et que à mon trespassement
N'ayent de mon ame puissance.

---

1. Sur la dure.
2. Me manquera.
3. Ennui, inquiétude, querelle. On lit dans Monstrelet (liv. I, ch. cxviii), « promouvant a toutes tensons, débats et dissentions ».
4. Réchauffant, comme s'ils le couvaient.
5. Tor turer.

1. Fixé au-dessus de tous
2. Demeurer ici
3. « Le grand bruit que fait mon maitre. » Le verbe *démener* se prenait alors activement « Grant bruict démènent li barons, » lit on dans le *Roman de Roncevaux*, p. 62.
4. Commandement
5. « Si j' te demando bonne récompense. » V. sur le mot *guerdon* notes des pieces précédentes.

DIEU LE PÈRE.

Abraham, j'ay grant cognoissance
Et compassion et pitié
Du povre Lazare, qui est
A long temps en grief maladie;
Pour ce, luy veulx donner la vie
Que j'ay promise à mes amys,
Pour ce, sera posé et mis
Par mes anges prochainement
En ton saing, je luy ay comment [1];
Mes anges y vueil envoyer.

ABRAHAM.

Vray Dieu, bien m'y doibs ottroyer,
Puisque c'est vostre voulenté.
Louée en soit la Trinité
Et vostre hault nom glorieux,
Qui est tant digne et precieux
Que nul ne le sçauroit nombrer;
On ne vous peult assez louer;
Soit faicte vostre voulenté.

DIEU LE PÈRE.

Raphael, il me vient à gre
Du povre ladre visiter;
Pour ce te convient devaller [2]
Là bas à luy incontinent.
Rendre luy vueil son payement
Du mal qu'il a tant enduré
Et si pasciamment porté;
Il aura joye sans finer.

RAPHAEL.

Vray Dieu, bien m'y doibs encliner
A faire vo commandement;
Pour ce m'en voys joyeusement
Le povre ladre conforter,
Et vouldroye son ame porter
Au sain nostre pere Abraham :
Car il a souffert grant ahan [3]
Tant comme il a este au monde;
Pour ce doit estre pur, et monde
Son ame et bien purifiée.

LE LADRE.

Vray Dieu, que ceste maladie
Forment me destraint et oppresse.
Longtemps ay souffert grant destresse,
Dont je loue mon createur,
Qui de tous maulx rend le labeur
A ceulx qui ont la congnoissance
De son nom et de sa puissance.
Vray Dieu, je ne puis plus parler.
En tes mains vueil recommander
L'ame de moy; je n'en puis plus.

SATHAN.

Haro, que je suis esperdu [4]!

Ce meseau nous eschappera;
Je voy Raphael par dela
Qui a ja son ame saysie.
Rahouart, vien ça, je te prie,
Allons à luy sans arrester
Sçavoir se luy pourrons oster [1].
Si le metrons à la chauldière
Où il n'a clarté ne lumière,
Et nous avançons, je t'en pry.

RAHOUART.

Sathan, trop avons fait pour ly [2].
Maulgré bieu de ce Raphael!
Comme il est songneux et ysnel [3]
De venir sa proye requerre!
J'ay tel dueil que le cueur me serre
Qu'il nous est ainsi eschappé;
Que Dieu en ayt ores maulgré [4].
Non pourtant, nous fault approuver,
Sçavoir se luy pourrons oster;
Or va delà et moy deçà.

SATHAN.

Sa, Raphael, or y perra,
Le ladre n'emporterez mye;
Il sera en no compagnie,
En enfer ennuyt hostellez [5].

RAPHAEL.

Certes, ja part vous n'y aurez,
Car vous y perdrez vostre paine;
Allez-vous en en pute estraine [6],
De par Dieu je vous le command.

RAHOUART.

Bien avons perdu se truant,
Sathan, par trop longue demeure.
Maulgré bieu que ne sçavons l'heure!
Or nous en allons, je t'en prie,
Là bas en ceste manaudie [7]
Où demeure le maulvais riche,
Qui est tant pervers et tant chiche.
De cestuy là me puis vanter
Que il ne nous peult eschapper :
Or y allons appertement.

SATHAN.

Maulgré bieu, je m'en voys huant [8];
Je suis plus songneux que tu n'es.
Or nous tenons de luy bien pres,
Si qu'il ne nous puist eschapper.

LUCIFER.

Agrappart, va, sans arrester,

---

1. Commandé.
2 Descendre.
3. Tourment, angoisse. Le mot *ahan* ne fut d'abord qu'une onomatopée, le bruit de l'homme qui souffle en faisant un effort. Plus tard il en vint le verbe *ahâner*, se donner beaucoup de peine, et le substantif *ahânier*, homme de rude labeur, qu'on appelle à toit *âner* dans certaines provinces.
4. « Décontenancé, troublé dans mes piojets. »

1 « Si nous pourrons le lui enlever... »
2 « Pour toi. »
3. Soigneux et prompt.
4 « Qu'on en ait désormais mauvais gré a Dieu. » On disait indifféremment, le maugré ou le malgré, comme dans le *Grand Testament* de Villon.

Vostre *malgre* ne vouldroye encourir.

5 « Logé aujourd'hui. »
6. V. sur cette expression le *Mystère de saint Fiacre*.
7. Lisez *manaudie*, demeure. Du verbe « maner », qui, comme le *manere* latin, voulait dire demeurer, étaient venus en outre *manoir* et *manant*, qui designaient l'habitant attaché au sol.
8 Blâmant.

Querre Sathan et Rahouart,
Qu'ilz viennent tantost celle part[1],
Car sçavoir vueil de leur commine[2],
Ne cuides pas que le devine,
Va tost; que tu es endormis !

AGRAPPART.

Maulgré bieu et tous ses amys,
Que je soys entré en mal an,
Je m'en voys pour querir Sathan.
Tous les dyables y ayent part.
Je croy que vela Rahouart;
Je m'en voys à luy sans tarder
Pour luy dire et denoncer
Qu'il vienne à Lucifer parler,
Et que Sathan vueille avancer.
Rahouart, dis moy dont viens-tu :
Mais as-tu point Sathan veu?
Se tu l'as veu, cy le me dy,
Et venez tous deux sans detry[3]
Parler à Lucifer, mon maistre.
Je ne sçay pas que ce peult estre,
Car il est bien fort courroucé.
Advis m'est qu'il est enragé.
Venez à luy diligemment.

RAHOUART.

Sathan, j'ay veu en present
Agrappart, qui se part d'icy.
Allons m'en sans faire estry,
Lucifer nous envoye querre :
Hastons-nous, allons y grant erre.
Je cuyde qu'il soit troublé
Du meseau qui est eschappe.
Ennuyt[4] auras malle journee.

SATHAN.

Que maulgré bieu de cest allee[5] !
Je croy que nous serons blasmez,
Très bien battus et frottez,
Et ne le povons amender.
Je vous salue, prince d'enfer :
A nous dire vostre plaisir.

LUCIFER.

Sathan, j'ay très grant desplaisir,
A pou que ne suis forcené[6],
Du Ladre qui nous est osté.
S'a esté par vostre ignorance,
Et aussi par la negligence
De Rahouart, que là je voy;
Mais, par la foy qu'a vous je doy,
Batus en serez et fustes[7].

SATHAN.

Or ça, que Dieu en ait maugres[8],
Nous n'eusmes repos de sepmaine
Pour ce Ladre, qui tant de peine
Nous a donné nuyt et le jour;
Or avons perdu no labour,
Et encores sommes battus.

RAHOUART.

Haro, que je suis esperdus
Et ay le cueur triste et marry
De ce que nous avons failly :
Mais endurer le nous convient.
Scez-tu de quoy il me souvient?
Je le te diray maintenant.

SATHAN.

Or le me dis incontinent,
Et puis nous allons reposer,
Car je suis travaille d'aller[1].
Dis-moi que c'est, je t'en requier.

RAHOUART.

Tu scez bien que nous fusmes hyer
Pour espier et escouter
Le riche, qui à son disner
Se faisoit servir haultement,
Quant il nous vint ung mandement
Que Lucifer nous envoya
Par Agrappart que je voy là,
Que nous venissions sans tarder
Par devers luy sans arrester.
Cela nous deffist nostre fait.

RAPHAEL.

Très doulx Dieu, j'ai eu bien tost fait,
Si comme m'aviez commandé,
Au povre Ladre où j'ay esté,
Qui est trespassé de ce monde.
Voicy son ame pure et monde[2],
Qu'avecques moy ay apportee;
Dictes-moy où sera posee,
Car elle souffre grant ahan.

DIEU.

Au sain de son père Abraham
Veulx qu'elle soit posee et mise :
Car rendre luy vueil le service
De la peine qu'il a souferte.
Or n'aura il jamais soufferte[3].
Mais joye et consolation.
Ce je luy donne en gardon[4],
Pour ce que si pascientement
A porté, et si longuement,
Sa douleur et sa maladie;
Pour ce vueil que luy soit merie
A cent doubles[5], c'est bien raison.

---

1. Dans cette partie, ici.
2. Pour « commination, » menace, du latin comminari.
3. Délai.
4. Aujourd'hui. Dans quelques provinces, on dit encore « anuy » avec le même sens.
5. Démarche, entreprise.
6. « Il s'en faut de peu que je ne sois furieux »
7. Battus de coups de baton (fu tis). Notre mot « fustiger » n'est qu'une forme de celui ci.
8. V. une note un peu plus haut.

1 Je suis las de courir.
2 Munda, sans tache.
3 Souffrance. On disait plutôt « souffrette », d'où est venu souffreteux. Dieu, lisons-nous dans la Farce de frère Guillebert,

Dieu n'entend point, aussi nature,
Que jeunes dames ayent souffrette.

4 Récompense, pour guerdon
5. « Qu'elle lui soit payée au double, qu'il en soit doublement récompensé » Le participe « mérie » vient du vieux verbe « mérir », qui signifiait acheter et récompenser. « Mérite, » dont un des premiers sens fut récompense, en dérive

DU MAULVAIS RICHE.

Or la mets sans arrestaison
Où je t'ay incontinent dit,
Où toute joye et delit
Aura, car je le vueil ainsi;
Aussy il a bien desservy,
Car souffert a grant maladie.

RAPHAEL.

Très doux Dieu, je vous remercie,
Car on ne vous peult trop louer;
Or bien sçavez gardonner
A chascun selon sa deserte [1];
Or sera ceste ame offerte
En la joye qui tousjours dure.
Sainct Abraham, prenez la cure [2]
De ceste ame que vous presente,
Qui a usé sa juvente [3]
En ardeur et en maladie;
Pource luy a Dieu remercie [4]
En joye, soulas et doulcour,
Sans avoir paine ne tresour.
Or la prenez, ne vous dis plus.

ABRAHAM.

Beau filz, tu soyes bien venus!
Que benoiste soit la journée
Que tu vins en ceste contrée!
Or t'est ta paine en joye doublée,
Qui ne peult estre racontée
De terrienne creature
Ne de bouche ne d'escripture,
Ainsi comme tu peux veoir.

LE MAULVAIS RICHE.

Haro, dame, saichez pour veoir
Que je me sens en maulvais point.
Je croy qu'un ver au cueur me point,
Qui tout le corps me faict fremir.
Je vous prie, sans plus de loisir,
Que me faictes tantost coucher,
Car je me sens trop engoisser [5].
Vostre main ung pou me prestez;
Tatez, que je suis eschauffez;
De douleur voys tout tressuant.
Je croy ce m'a faict ce truant
Meseau pourry, qui à ma porte
Nous a mené si grant riote [6].
Huy ne cessa de m'estonner,
De prescher et de sermonner
Qu'on lui donnast de no relief.
De dueil m'a eschauffé le chief,
Aussi le corps et le visaige.
Haro, a pou que je n'enraige [7];
Je me sens trop fort agravé.

Je vous prie que soye porté
Dessus mon lit; le cueur me fault.

LA FEMME DU RICHE.

Mon seigneur, vous avez trop chault;
Et si vous estes eschauffé,
Aussi yré [1] et courroucé.
Or vous rasseurez ung poy [2].

LE MAULVAIS RICHE.

Dame, par la foy que vous doy,
Je ne me puis plus soubstenir;
A terre je me lairray choir :
Portez-moy tost, sans plus attendre.

LA FEMME.

Monsieur, j'ay le cueur trop tendre,
Et me vient à grant desplaisir
Du mal que je vous voy souffrir.
Trotemenu, viens sans tarder;
Monsieur, fault vous aller coucher.
Je ne sçay quel mal luy est pris,
Dont tout le corps a entrepris.
Je croy, certes, qu'il se mourra;
Jà de ce mal n'eschappera.
Il le nous fault aller coucher.
Delivre-toy, je t'en requier,
Ainçoys qu'il soit plus agravé;
Moult est palle et descouloure.
Cela luy a faict ce truant
Qui à celle porte devant
Ne cessa huy de cliqueter,
Sçavoir s'on luy vouldroit donner
Des myetes de nostre table.
Se n'est pas chose trop coustable;
Mais monsieur trop le heyoit [3]
Pource que tousjours revenoit
Ceans à l'heure de disner;
Ses cliquetes faisoit sonner,
Dont mon seigneur est courrouce.
Or fault qu'il soit tantost couché.
Allons le coucher vistement.

TROTEMENU.

Ma dame, à vo commandement.
Allons y donc sans plus atendre.
Je voys la couverture estandre;
Allez, si le faictes venir.

LA FEMME.

Lasse, il ne se peult soubstenir.
Vien t'en m'ayder à le mener,
A pou qu'il ne peult mais aller.
Voy comment il est noircy.
Or sa, monseigneur, je vous pry,
Plaise de vous resconforter,
Il vous fault ung peu reposer
Et vous coucher sur vostre lit.

LE RICHE.

Par Dieu, dame, j'ay grand despit;

---

1. « Selon ce qu'il aura mérité. » *Deservir* signifiait alors « mériter » Le mot *deserte* se trouve dans le roman de *Berthe aux grands pieds*, avec le sens qu'il a ici :

   Bien voyent qu'ils auront de leur fait la *deserte*.

2. Le soin, *cura*.
3. Jeunesse, *juventa*
4. Payée. V. une note plus haut.
5. Remplir d'angoisses.
6. Bruit.
7. « Il s'en faut de peu que... »

1 Plein de colere, *ira*.
2. Un peu.
3. Haissait.

Trestout le cueur me frit et art [1].
Se m'a fait le truant paillart :
Faictes qu'il soit dehors boutés.

LA FEMME.

Mon seigneur, or ne vous troublés,
N'y pensez plus, je vous en prie,
Car je cuyde qu'il n'y est mye ;
Alle s'en est, à mon cuyder.
Non pourtant ; g'y voys envoyer.
Trotemenu, va tost courant
Sçavoir se le meseau puant
S'en est alié de ceste porte :
Trop nous fait ennuy et riotte,
Que ainsi vient de jour en jour.

TROTEMENU.

G'y voys sans faire nul sejour,
Sçavoir s'il est plus là dehors.
Haro, je cuide qu'il soit mors.
A ma dame le voys noncer.
Ma dame, sachez, sans cuider,
Que le meseau est trespasse ;
Là hors il gist tout enversé ;
Monseigneur plus n'estourdira.
Je cuide, quant il le saura,
Son mal luy sera allegé ;
Or luy soit l'affaire conte,
Madame, se c'est vo plaisir ;
Assavoir mon [2], se resjouir
Se vouldra quant il l'orra dire.

LA FEMME.

Tu as bien dit, je luy vois dire.
Monseigneur, de ça vous tournez
Et soyez tout reconfortez :
Trotemenu vient de la porte,
Qui des nouvelles vous apporte
Du povre ladre, qui est mors ;
Le corps gist illecques dehors.
Plus ne vous fera desplaisir.
Or pensez de vous resjouir ;
Car plus ne vous estonnera,
Ne riens ne vous demandera ;
De ce pencez estre certains.

LE MAULVAIS RICHE.

Dame, de mal suis trop attains,
Je croy que mourir me fauldra.
Tirez-vous près de moy deçà ;
Je cuyde et croy de certain
Pas ne vivray jusqu'a demain :
La douleur me tient en la teste.

LUCIFER.

Sathan, va tost et si t'appreste.
Que tu es paresseux et lentz !

Nous aurons aujourd'hui ceans
Le maulvais riche, sans doubter ;
Il ne peult plus avant aller.
Or va doncques icelle part,
Et maine avec toy Rahouart,
Et gardez qu'on ne le vous oste ;
Apportez le en ceste hotte
Et faictes qu'il soit bien liés
Par bras, par jambes et par piedz.
Je vous prie que vous hastez.

SATHAN.

Or sa, Dieulx en ayt maulgrez !
Rahouart, pensons de aller
Et de nostre affaire haster.
Prens ton croq et nous en allons :
J'ay desir que nous le trouvons
Avant qu'autre la main y mette ;
De ce me vouldroye entremettre
Et le liray estroictement
Et luy feray assez tourment,
Car il a tres bien desservy [1].
Avançons-nous, je te supply,
Affin qu'il ne puisse eschapper.

RAHOUART.

J'ai tres grant fain de le trouver.
Maulgre bieu, je m'en voys devant ;
De ce croq l'iray accrochant,
Puis sera mis en ceste hotte ;
Et affin qu'on ne le nous oste
Nous le lierons estroictement.
Je lui feray assez tourment.
Or escoutons icy dehors
Sçavoir se l'ame est plus au corps,
Affin que la puissons happer.

SATHAN.

Tu dis vray, il fault escouter
En quel point ils sont là dedens.
J'ai apporte deux bons liens
Pour la lier en ceste hotte ;
J'ay paour qu'on ne la nous oste.
Or allons sçavoir, je t'en prie,
Se l'ame est du corps departie,
Affin que j'en soyons saisis.
Maulgre bieu, il est encor vifz !
Je croy qu'il nous eschappera.
Bien mal advenu nous sera ;
Battre nous fera et rouller.
Il le nous vault mieulx emporter,
En ame et en corps, tout en vye.

RAHOUART.

Tu as bien dit, je m'en agrie [2] ;
Mais j'ay doubte que no puissance
N'ayt pas du corps la congnoissance,
Aussy du corps n'avons que faire.
Tu as souvent ouy retraire [3]
A nostre maistre Lucifer,
Qui est assez plus noir que fer,

---

1 Le mot *frire*, surtout s'il était suivi du mot *aider*, brûler, s'employait dans le style noble, ainsi au vers 2356 du *Roman de la Rose*.

> Et sachez que du regarder
> Fera son cuer *frire* et *arder*.

2. « Certainement », c'est par une contraction de ces deux mots qu'on fit *samon* ou *ça mon*, qui fut employé avec le même sens jusqu'au XVII° siècle.

1. Mérité. V. plus haut la note sur le mot « deserte ».
2. Pour « je m'en agréo », je m'en satisfais.
3. Raconter en abrégé.

Que l'ame du riche estoit nostre.
Or gardons qu'on ne la nous oste;
Attendons le departement,
Pas ne peult vivre longuement.
Va au chevet, g'yray aux piedz,
Que nous ne soyons enginez¹,
Et pense de bien espier.

SATHAN.

De cela ne me fault prier.
Maulgré bieu, qu'il vit longuement!
Je luy rendray son payement
De ce qu'il nous fait tant de poyne.
Nous ne cessames de sepmaine²;
Mais cachez qu'il l'achatera
Quant en enfer bouté sera;
Là luy feray assez souffrir.

LE MAULVAIS RICHE.

C'est faict, dame, il me fault mourir;
De ce mal jà n'eschapperay
Et plus avec vous ne seray.
Ung pou de moy vous approchez
Et d'icy ne vous eslongnez.
De ce siècle m'y fault partir³.
Or vient trop tard le repentir
De ce que ay peu aulmosné
Du mien et aux povres donné,
Et par especial au Ladre
Qui à ma porte fut mallade
Tant que du siecle trespassa;
Oncques ung morceau ne gousta;
Mais commanday qu'il fust batu,
Et laidangé⁴ et mal venu.
Je croy le dyable me tenoit,
Qui de ce faire m'enhortoit,
Qui me tenoit en avarice.
Trop je le creu, dont je fuz nice⁵.
Or me fault tout laisser et perdre,
Puis que la mort me vient enhardre⁶.
Je ne puis plus à vous parler,
Mon cueur ne le peult endurer.
Je m'en voys, plus ne parleray.

LA FEMME.

Lasse, dolente que feray,
Puis que j'ay mon seigneur perdu?
Trop mal il m'en est advenu;
Car il m'aymoit de bonne amour,
Et portoit honneur nuyt et jour.
Combien qu'il fust moult orgueilleux,
Et pou vers povres gens piteux,
Envers moy ne l'estoit-il mye.
Or ay perdu sa compaignie.
C'est fait, l'ame du corps se part.

SATHAN.

Advance-toy tost, Rahouart :

Voy-tu pas qu'il est trespassé?
Bien tost nous seroit eschappé.
Prens-en garde, je t'en requier.

RAHOUART.

Sathan, point ne t'en fault doubter,
Ne vois-tu pas que je la tiens?
Apporte ça ces deux liens,
Puis sera en la hotte mis.
Il a eu trop ses delitz¹
Au monde où il a vescu;
Oncques plus avers² homs ne feu,
Ne plus convoiteux, voirement.
Or l'emportons joyeusement
En enfer, où il sera mis.
Là sera batu et laudis³
Et aura paine sans cesser.

SATHAN.

A Lucifer l'allons porter,
Qui en aura joye moult grant;
Or nous en allons en chantant,
Car il a long temps desiré;
Or en fera sa voulenté.
Je vous salue, Lucifer,
Prince, maistre de tout enfer,
Nous vous aportons cy le riche,
Qui au grant peché d'avarice
Si a regné toute sa vie;
Or est en vostre seigneurie,
Faictes-en tout vostre plaisir.

LUCIFER.

Sathan, tu scez que mon desir
N'est qu'à mal faire et penser,
De ce ne me puis-je lasser;
Oncques de verité n'euz cure,
Ainçoys hay toute creature
En qui verité se demaine⁴.
Or va tost, sans faire demaine⁵,
Mettre ceste ame en la chauldière
Où il n'a clerté ne lumière.
Pencez de bien la tourmenter;
De ce ne vous vueillez lasser,
Je vous le command orendroit⁶.

AGRAPPART.

Si fort souffleray que rougir
Luy feray os et nerfz et chars.
Mal fut de son avoir eschars⁷
D'ung peu du relief de sa table
Quant il en refusa au Ladre
Au monde grant morceaux mengeoye,

---

1. Attrapés, pris au piége (engin).
2. « Nous n'eûmes pas une semaine de cesse, de répit. »
3. « Il me faut partir de ce monde. » *Siecle* est ici déjà dans le sens de vie mondaine, qu'il a encore dans les livres de piété.
4. Insulté, brutalisé. On trouve, dans Palsgrave, « laidangeux » avec le sens de « rebukful », brutal.
5. Niais par ignorance (*nescius*).
6. Saisir, attacher comme avec une « hait », licou.

1. Délices.
2. C'est la premiere forme du mot « avare. » *Aves*, dit Eust. Deschamps, dans le *Lai du Roi*,

   Aves gens hardis et preux..
   Non pas *avers*, convoiteux,
   Qui ne veulent qu'acquerir.

3. Mis a rude contribution. La « laude » étant un droit perçu sans pitié sur tout ce qui s'étalait aux foires et marchés du Berry.
4. Ou verité demeure, fait son domaine.
5. Bruit, embarras.
6. Ores (maintenant), endroit (ici).
7. Tres avare, on en fit les mots bizarres d'escharseté et d'escharsement (celui-ci est dans Montaigne (liv. III, chap. IX).

En esbattemens et en joye ;
Durement est le deschangé [1]
Quant de Dieu est si estrangé [2].
Avant, avant, tous cy endroit [3].

LE MAULVAIS RICHE.

Helas, j'ay faict maulvais exploit
Quant j'ay ainsi mon temps usé
Sans faire nulle charité ;
Oncques de bien faire n'euz cure
Aux povres gens, mais toute injure
Et toute desolation.
Or suis venu en la maison
Où me fault tant souffrir de maulx
Par la puissance aux infernaulx.
Père Abraham, je vous requier
Que vous me vueillez envoyer
Le povre Ladre que tenez,
Qui avec vous est hostellez,
En ce sainct paradis lassus [4].
Pour Dieu, qui descende çà jus [5],
Son petit doy vueille toucher
En eaue, pour moy adoulcer [6]
Ma langue, qui en la flambe art
Du feu d'enfer dont j'ay ma part.
Or en prens pitié, je t'en pry !

ABRAHAM.

Beau filz, tu l'as bien desservi ;
Or te souvienne des grans biens,
Des grans estats et des maintiens,
Des richesses que tu as euz,
Quant jadis au siècle tu fus ;
Ton corps en delit [7] abondoit.
Lors de Dieu ne te souvenoit
Ne de ses povres soubstenir,
N'oncques de tes biens departir,
Ne leur voulus riens donner.
Or t'en fault la paine endurer
D'enfer, qui jamais ne fauldra,
Mais de plus en plus te croistra,
Et le Ladre, qui a sa vie
Souffert si griefve maladie,
L'a portée paciemment,
Et enduré si doulcement
Le mal que Dieu lui envoyoit,
Saichez qu'il a fait bon exploit [8] :
Or est en consolation,
En joye et delectation,
Car il a moult bien desservy,
Et pas ne l'a mis en oubly
Celluy qui sçait remunerer
Et l'en a en joye doubler
A ceulx qui le veulent servir ;

1. Dur est le changement
2. Si éloigné.
3. Tous, tous, ici, a cette place.
4. Là au-dessus.
5. Ici bas.
6. On disait plus souvent « adoulcir ». Toutefois nous trouvons « adoulchier » dans la *Chanson d'Antioche*.
7. En délices.
8. « Service. » Amyot a employé le mot exploit dans ce sens : « Ti moléón n'arresta guere a choquer voyant le peu d'*exploit* que faisoient ses gens de cheval. »

C'est celluy qui sçait merir [1],
C'est celluy qui nul bien n'oublie,
C'est cil qui a la seigneurie
Dessus tous ceulx qui sont au monde,
Tant comme il dure à la ronde.
Tousjours aura joye et soulas.
Et tu demourras là en bas
En enfer avec les dyables,
Qui sont si très epovantables,
Que c'est merveille de le veoir.
Assez peulx complaindre et gemir,
Car prière n'y a mestier.

LE MAULVAIS RICHE

Père Abraham, je te requier,
Puis que mercy ne puis avoir,
Ne pour plaindre ne pour douloir [2],
Que le Ladre vous transmettez
Chez mon père, par vos bontez,
Où cinq frères ay encor vifz,
Que leur die, par bon advis,
Qu'ilz vueillent amender leur vie,
Affin que ilz ne vienent mye
Aux tourmens où je suis entré,
Où n'a mercy ne pitie,
Mais pleurs et grans gemissemens,
Et tant de si divers tourmens
Qu'il n'est clerc qui le sceust escripre,
Ne cueur penser, ne bouche dire.
Père Abraham, quant le sçauront,
Bien leurs vices adviseront ;
Or t'en souvienne, je t'en pry.

ABRAHAM.

Ta requeste ne te octry [3].
Ilz ont Moyse et les prophètes,
Qui sont saiges et moult honnestes ;
Croyent les, ilz feront que saige,
N'y auront poyne ne dommaige.
De cela ne leur fault doubter,
Car par eux pourront conquester
Le royaume de paradis,
Où il n'a que joye et delictz,
Qui tousjours dure sans cesser.

LE MAULVAIS RICHE.

Père Abraham, à brief parler,
S'aulcun des mors à eux allast
Qui les choses leur affermast
Qui sont doubteuses et obscures
Aux terriennes creatures,
Certes, trop mieulx ilz les croiroient
Et aussy moins redoubteroyent
Que ilz ne font pas sainctz prophètes,
Combien qu'ilz sont saiges, honnestes
Et que leurs ditz sont veritables
Et leurs enseignemens estables.
Pource te supplie et requier
Le Ladre y vueillez envoyer,
Affin qu'ilz amendent leurs vies
Et que leurs ames pas peries [4]
Ne soyent, ainsi comme je suis.

1. Mériter. V. les notes précédentes.
2. Gémir.
3. Octroie, accorde
4. Qui ne périssent pas, immortelles.

ABRAHAM.
En tes parolles n'a qu'ennuy,
Ne tu ne sçay que tu veulx dire.
Il leur devroit assez souffire
Des prophètes ouyr parler,
Car je t'en puis bien affermer
Que leurs parolles et leurs ditz
Sont assez de plus grans profitz
Que des mors qui sont trespassez,
Et faict trop mieulx encore assez.
Comme les mors croyre pourroient,
Quant les prophètes qu'ilz voyent
Ne vueillent croire ne entendre ?

Nul homs ne me fera entendre
Ne ne me pourroye accorder,
Qu'un mort les peust mieulx sermonner
Que Moyse, se ilz vouloient
Et à faire bien entendoyent.
Croyent les, et ilz feront bien
En faitz, en ditz et en maintien,
Car par eulx pourront conquester
La joye qui ne peult finer.
Laquelle joye vous ottroyt
Cil qui tout sçait et par tout voyt,
Qui vit et règne et regnera
In seculorum secula.

AMEN.

FIN DE LA VIE ET L'HISTOIRE DU MAULVAIS RICHE.

LA FARCE DE MAISTRE PIERRE PATHELIN

(XVᵉ SIÈCLE, REGNE DE LOUIS XI)

NOTICE ET ARGUMENT

La *Farce de Pathelin* est, sans comparaison possible, l'œuvre capitale de notre théâtre comique avant Molière. Charles Magnin l'a dit avant nous [1], et bien d'autres l'ont dit comme lui.

Pour M. Renan [2], examinant, lui aussi, ce vieux théâtre, *Pathelin* en est « la pièce la plus spirituelle et la plus achevée..., le chef-d'œuvre de cette littérature essentiellement roturière, narquoise, immorale, que produisit la fin du moyen âge, et qui trouva dans Louis XI un zélé protecteur et sa plus complète personnification. »

Ce n'est pas seulement une farce étonnante de comique, d'une force d'observation et d'une vérité dans les caractères qui ne s'est plus retrouvée que deux siècles après chez Molière, c'est aussi une œuvre vraiment littéraire. Elle importe par son style à l'histoire de notre langue, comme par son comique et son esprit à celle de notre théâtre.

« La faveur, dit M. Littré [3], dont *Pathelin* a joui tout d'abord est-elle uniquement due à la jovialité de cette farce, ou bien faut-il faire entrer en ligne de compte un certain mérite de style et un certain talent d'écrivain? Il est impossible de ne pas répondre affirmativement sur ce dernier point. La lecture montre partout un homme habile à manier sa langue, avec correction et avec élégance. En un mot, l'auteur de *Pathelin* sait écrire. »

Ce mérite du style, ajouté à tant d'autres dans cette farce, est ce qui fit la perpétuité de son succès pour les délicats, et en imposa, pour ainsi dire, les réminiscences à leur esprit.

Le peuple retint ce qui était fait pour devenir proverbe, comme la fameuse phrase : « Revenons à nos moutons. » Eux, les lettrés, se souvinrent des traits d'esprit, des finesses d'observation, des vives répliques, des amusants jeux de scène, et ne se firent pas faute de les citer : chez tous, chez Gringore, chez Marot, chez Rabelais, chez Béroalde, en son *Moyen de parvenir*, chez Noël Du Fail, en ses *Contes d'Eutrapel*, reviennent sans cesse les souvenirs de *Pathelin*.

Chez Rabelais, ils affluent à tel point, surtout pour ce qui est du rôle même de Pathelin, qu'on serait tenté de croire qu'il le joua, en quelqu'une de ces escapades de comédie, qu'il se permit à Montpellier « avec ses antiques amis », du temps qu'il étudiait. Il y fut acteur, il le dit dans « la *Morale et Comédie* de celuy qui avoit espousé une femme muette », d'où vint, comme on sait, un des meilleurs traits du *Medecin malgré lui* de Molière.

Pourquoi n'aurait-il pas tout aussi bien joué *Pathelin*?

Selon nous, il y a, dans le retour continuel des vers du principal personnage de la farce sous sa plume, mieux que des préférences de citation, quelque chose comme des souvenirs involontaires, des réminiscences inconscientes d'un rôle appris.

Le *Pathelin*, comme nous le verrons tout à l'heure, était encore une pièce presque nouvelle dans l'enfance de Rabelais. Du temps d'Étienne Pasquier, qui vécut à la fin du XVIᵉ siècle et au commencement du XVIIᵉ, il avait un peu vieilli, mais sans se faire oublier. On y revenait comme nous revenons à Molière, on l'étudiait comme un classique.

Le long chapitre que Pasquier lui consacre dans ses *Recherches de la France* [1], où il relève les détails de mœurs et d'usages qui s'y trouvent et les proverbes qui en viennent; où il admire ce qu'il y croit remarquable, avec un si franc enthousiasme, que « toutes les comédies grecques, latines et italiennes » lui paraissent inférieures à « cest eschantillon »; le travail important, disons-nous, du savant et spirituel magistrat n'est pas moins qu'une de ces études approfondies telles que les chefs-d'œuvre du grand siècle en font aujourd'hui entreprendre à nos lettrés et à nos érudits.

Pasquier n'oublie, à propos de *Pathelin*, rien de ce qu'il en a pu savoir. Aussi, comme il ne nomme pas l'auteur, pouvons nous dire qu'en son temps on ne le connaissait pas, ou que déjà on ne le connaissait plus; ce qui laisse au nôtre, plus ancien de trois siècles, bien peu d'espoir de faire sa connaissance.

M. de Tressan [2] attribue l'immortelle farce à Jehan de Meung, ce que rien ne permet d'admettre. Elle n'est ni de lui ni de son temps. Il ne faut pas en effet la chercher au delà du XVᵉ siècle. Le XIVᵉ n'y a rien à voir, même aux années les plus avancées du règne de Charles VI, et moins encore par conséquent à l'époque du roi Jean, où quelques érudits, notamment Génin, n'auraient pas été éloignés de la faire remonter : « On n'a, dit M. Littré pour couper court à cette erreur [3], on n'a qu'à comparer les textes écrits sous le roi Jean, c'est-à-dire dans le milieu du XIVᵉ siècle, avec le *Pathelin*, et l'on demeurera convaincu que ces textes et la pièce ne peuvent être contemporains : celle-ci est plus récente. »

L'attribution qu'on en a faite à François Villon est plus vraisemblable. La farce est de son temps et de son esprit. Il y pouvait tout faire : poete, en écrire les vers;

---

[1]. *Journal des Savants*, 1855, p. 721.
[2]. *Essais de morale et de critique*, 1859, in-8°, p. 302-306.
[3]. *Revue des Deux Mondes*, 15 juillet 1855, p 364.

[1]. Chap. LIX.
[2]. *Encyclopedie*, art *Parade*.
[3]. *Revue des Deux-Mondes*, 15 juillet 1855, p. 369.

fripon, en jouer les tours. Nous ne pensons pas cependant qu'elle soit de lui. La preuve qu'on tire des éditions communes de certaines œuvres de Villon et du *Pathelin* ne suffit pas, et même ne prouve rien du tout. Ce n'est pas avec Villon seulement qu'il fut imprimé. Galhot Du Pré le réunit dans un même volume au *Blason des fausses Amours* et au *Loyer des folles Amours*, et cependant on ne l'a jamais attribué ni à Guillaume Alexis qui écrivit le *Blason*, ni à Guillaume Crestin qui fit le *Loyer*.

Peut-être eut-il pour auteur quelque joueur de farce, dont le nom de Pathelin était le surnom, le nom de théâtre, et qu'on n'a pas connu autrement.

Deux vers de P. Grognet dans la *Louange et excellence des bons facteurs*, où l'on voit de plus que ce Pathelin ne jouait pas ses tours que sur le théâtre, lui donnèrent à penser :

Quant au regard de Pathelin
Trop practiqua son pathelin [1].

Ce qu'on lit dans un *mss.* du même temps [2] sur les auteurs qui alors composèrent « facéties », et parmi lesquels ce Patelin (*sic*) est aussi nommé, serait une autre preuve. Mais ce point est encore trop obscur pour que je m'y arrête. Je n'y reviendrai qu'avec plus de lumière.

Pour moi, jusqu'à présent, ce n'est pas un poete de vagabondage et de ribaudaille qui a écrit *Pathelin*, mais un homme d'esprit plus posé et de pratique plus mûre, c'est quelque poete de bazoche, comme on en voyait se mettre en besogne vers le temps des jours gras, pour les représentations de la Table de Marbre. Toute la derniere partie, la scène de la consultation et celles du jugement, sont, à ne s'y pas meprendre, d'un homme de Palais qui sait les tours et detours de la chicane, les finesses et tromperies de « l'avocacion », comme on disait, enfin tous les mystères de la pratique.

Ce qui lui a permis d'être si expert en cette partie la plus importante de la farce, est aussi ce qui l'aura empêché de s'y nommer.

L'homme de Palais a parlé, s'est amusé derrière le poete, mais à la condition qu'il laisserait sa gravité lui imposer silence quand, la farce finie, le moment serait venu d'en dire l'auteur.

Si par ces arguments, que nous croyons plausibles, nous contestons à Villon les droits qu'on lui attribue sur la farce de *Pathelin*, nous ne contestons pas moins, de par les mêmes raisons, au très-obscur P. Blanchet ceux dont on l'a gratifié pour la même œuvre, et en ne s'appuyant que sur le témoignage de Beauchamp [3] ; et enfin ceux aussi que Génin s'est avisé un peu tard de créer à son préféré Antoine de la Salle.

Pour celui-ci et pour Blanchet, on a d'autres raisons encore de les écarter. Quand la farce fut écrite, de 1468 au plus tôt, à 1473 au plus tard, suivant nous, que l'opinion de M. Littré ne dément pas [4], Antoine de la Salle aurait été trop vieux, et Blanchet beaucoup trop jeune : l'un aurait eu soixante-dix ans, âge où l'on n'écrivait plus guère de farces en ces temps sérieux ; et l'autre, ce qui est encore bien plus impossible, n'aurait eu que dix ans !

La date que nous donnons au *Pathelin* se trouvera justifiée par des faits élucidés au passage, dans les notes, d'après quelques particularités du temps. Nous ajouterons que l'absence de tout manuscrit de la pièce, d'une écriture antérieure à cette date, contribue encore à nous la justifier.

En fait de manuscrits, on n'en a même pas de contemporains. Au moment où cette farce commençait à se jouer, l'Imprimerie s'établissait à Paris. *Pathelin* profita pour sa popularité de l'invention faite pour donner un plus vaste essor à tout ce qui était, ou devait devenir populaire.

Elle donna bien vite des ailes au vieux chef-d'œuvre. De Paris où il était né — cette nouvelle question ne fait pas pour nous de doute, et nous le prouverons aussi par quelques notes, — il n'avait pas tardé à s'en aller par toute la France. De 1473 à 1486, nous trouvons déjà sa trace à Lyon, où Guillaume Le Roy, qui n'imprima que pendant cet espace de temps, en donna une édition, sans doute d'après une première publiée à Paris et que nous ne connaissons pas, ce qui donne, pour nous, la priorité incontestable à la sienne. Nous ne vous énumérerons pas celles qui suivirent, à commencer par celle de Beneaut à Paris en 1490. Il vous suffira de savoir que, pendant la fin du xvᵉ siècle et la durée du xviᵉ, *Pathelin* n'eut pas moins de vingt-cinq éditions.

Dès 1532, comme il avait déjà plus de soixante ans d'âge, ce qui est beaucoup pour le style d'une œuvre à une époque où la langue se renouvelle, et la Renaissance, on le sait, avait toute transformé la nôtre, *Pathelin* commençait à être moins compris. Le besoin de le rendre plus intelligible se mettait à poindre. On y pourvut par des éditions faites exprès où il était donné comme « restitué » ou « remis », ou « réduict en son naturel », « c'est à-dire, écrit Génin, nettoyé de la rouille de l'âge, éclairci et ramené par des corrections arbitraires à portée de l'intelligence de tous les lecteurs. »

Au xviiᵉ siècle, malgré cette remise à neuf et au clair, *Pathelin* était de moins en moins accessible. Les éditions en devinrent plus rares. Il n'en parut que deux, une à Paris en 1614, l'autre à Rouen en 1656 ; celle-ci eut cela d'intéressant qu'elle fut donnée dans la premiere ville normande, à l'époque même ou Molière y faisait avec sa troupe de très-fréquents séjours.

Peut-être est ce à l'émulation de ses farces — il en avait beaucoup dans son répertoire de province — qu'on dut l'idée de ce réveil du vieux chef-d'œuvre du genre ; peut-être l'avait-il joué lui-même à Rouen, et avait-il rendu ainsi nécessaire cette édition nouvelle. On y remarque deux choses curieuses : le chapitre d'Étienne Pasquier donné comme préface, et, pour la première fois, une mention du lieu de la scène : « A Paris près Saint-Innocent. » N'est-ce pas Molière, — il était du quartier, — qui l'aurait indiqué au libraire ?

C'est sur cette édition que l'abbé Brueys fit, en 1706, sans avoir été, faute de comprendre, bien au fond de l'esprit du texte, sa comédie de l'*Avocat Patelin* restée au répertoire du Théâtre-Français, jusqu'au moment où, il y a quinze ans environ, l'Opéra-Comique crut bon de la prendre et de la faire mettre en musique.

Le xviiiᵉ siècle ne s'en tint pas pour *Pathelin* à cet hommage douteux de Brueys. Coustellier en donna une jolie édition en 1723, et Durand, en 1762, une autre non moins élégante et plus correcte.

De notre temps, il a reparu trois fois : la première,

---

1. *Anciennes poésies* publiées par M. de Montaiglon, t. VII, p. 7.
2. *Les vertus qui font triompher la Royalle maison de France*, mss. de la Bibl. nat., n° 7032.
3. *Recherches sur le théâtre*, t. I, p. 228.
4. *Revue des Deux-Mondes*, 15 juillet 1855, p. 372

en 1853, par l'initiative de M. Geoffroy-Château ; la seconde, grâce à Génin qui lui consacra un fort beau volume, et, ce qui vaut mieux, un bon travail ; enfin la troisième par les soins de M. Paul Lacroix, dont le texte, publié dans la *Bibliothèque Gauloise*, est celui que nous avons préféré et le mieux suivi.

Tout cela dit, nous ne ferons pas aux lecteurs l'injure de leur raconter cette farce. Ils la connaissent déjà par la comédie de Brueys publiée dans le *Théâtre du* XVIIIe *siècle*[1].

Qu'ils dégagent ces trois actes des personnages un peu parasites, des amours un peu inutiles que le bon abbé y a greffés, ils auront la pièce primitive ou plutôt son squelette ; la vieille farce moins son langage à l'antique, mais aussi moins son esprit.

[1] Paris, Laplace, Sanchez et Cie.

MAISTRE PIERRE PATHELIN

FARCE A V PERSONNAGES

C'est a scavoir :

PATHELIN.
DAME GUILLEMETTE, sa femme.
GUILLAUME JOCEAUME, drappier.

AIGNELET, bergier de Guillaume.
LE JUGE.

MAISTRE PIERRE *commence*.

Saincte Marie ! Guillemette,
Pour quelque paine que je mette
A cabasser [1], n'a ramasser,
Nous ne povons rien amasser :
Or vy-je que j'avocassoye.

GUILLEMETTE.

Par Nostre Dame ! je y pensoye,
Dont on chante en avocassaige ;
Mais on ne vous tient pas si saige
De quatre pars [2], comme on souloit [3].
Je vy que chascun vous vouloit
Avoir, pour gaigner sa querelle ;
Maintenant chascun vous appelle
Par tout : Avocat dessoubz l'orme [4].

PATHELIN.

Encor' ne le dis-je pas pour me
Vanter ; mais n'a, au territoire
Où nous tenons nostre auditoire,
Homme plus saige, fors le maire.

GUILLEMETTE.

Aussi, a-il leu le grimoire [1],
Et aprins à clerc longue piece.

PATHELIN.

A qui veez-vous que ne despieche
Sa cause, si je m'y vueil mettre ?
Et si n'aprins oncques à lettre
Que ung peu ; mais je m'ose vanter
Que je sçay aussi bien chanter
Au livre [2], avecques nostre prestre,
Que se j'eusse esté à maistre
Autant que Charles en Espaigne [3].

GUILLEMETTE.

Que nous vault cecy ? Pas ung peigne.
Nous mourons de fine famine ;
Noz robes sont plus qu'estamine
Reses [4] ; et ne povons sçavoir
Comment nous en peussons avoir.
Et que nous vault vostre science ?

PATHELIN.

Taisez-vous. Par ma conscience,

---

1 Tromper de belles paroles pour avoir des marchandises a bon marché » Ce mot se trouve avec ce sens au chap II de l'*Histoire du petit Jehan de Saintré* « Il en a la cabassé la moitié, » dit la Dame parlant de Jehan, et des maîtres ouvriers qui lui ont vendu.

2. Du tout au tout, puisque « les quatre parts » sont le tout.

3. Comme on avait l'habitude, *solebat*.

4 Cette justice en plein vent, déjà connue au IVe siècle L'auteur de la comédie du *Querolus* nous parle en effet de juges qui rendent leurs arrêts sous des chenes, « adhibere judicant » Bruneau en ses *Observations et maximes sur les matières criminelles*, p. 12, va nous donner une idée des avocats sous l'orme en nous disant ce qu'étaient les magistrats qui y présidaient. « Juges guestrez sous l'orme, dit-il, qui n'ont point d'auditoire certain pour y rendre la justice le carrefour ou la place du milieu du village est leur salle d'audience, un vieux chêne, resté du déluge, sert de lambris, de parapluye et d'ombrelle, avec un gazon pour siége. » Le chêne de saint Louis à Vincennes était un de ces arbres de la justice accessible à tous, l'orme de Saint-Gervais, à Paris, que le nom d'une rue appela si longtemps, l'avait aussi abritée. Saint-Cloud avait son orme de prétoire, et c'est là, paraît-il, que Christophe de Thou présidant, en 1535, comme lieutenant du bailli de l'évêque de Paris, a ses hautes destinées de magistrat L'assignation, devant un pareil tribunal, n'était guere que dérisoire. Aussi pour dire « Attendez moi ou je n'irai pas », disait on : « attendez moi sous l'orme. »

1. La grammaire, c'est-a-dire le latin · « En France, dit Daunou, la grammaire était le latin » *Hist. litt. de France*, t. XVI, p 138.

2. Au lutrin, qu'on écrivait alors *lettrin*.

3 Souvenir des premiers vers de la *Chanson de Rolland*, ou l'on voit que Charlemagne resta en Espagne « sept ans tout pleins » On voit par un passage du 33e des *Arrêts d'Amour* de Martial d'Auvergne, que cette allusion au long séjour de Charles en Espagne était proverbiale Je Roux de Lincy ne l'a pas oubliée dans son livre des *Proverbes français*, 1re édit., t. II, p 30.

4. Rasées, râpées.

LA FARCE DE MAISTRE PATHELIN

LE BERGIER
Dietes hardiment que j'affolle
Se je dis huy autre parole....
l'or bée que vous m'avez apprins.

Si je vueil mon sens esprouver,
Je sçauray bien où en trouver,
Des robes et des chapperons !
Se Dieu plaist, nous eschapperons,
Et serons remis sus en l'heure.
Dea, en peu d'heure Dieu labeure [1] :
Car, s'il convient que je m'applicque
A bouter avant ma praticque,
On ne sçaura trouver mon per.

GUILLEMETTE.

Par saint Jacques ! non, de tromper ;
Vous en estes un fin droict maistre.

PATHELIN.

Par celuy Dieu qui me fit naistre !
Mais de droicte avocasserie....

GUILLEMETTE.

Par ma foy ! mais de tromperie :
Combien vrayement je m'en advise,
Quant, à vray dire, sans clergise [2],
Et de sens naturel, vous estes
Tenu l'une des saiges testes
Qui soit en toute la paroisse.

PATHELIN.

Il n'y a nul qui se cognoisse
Si hault en avocacion.

GUILLEMETTE.

M'aist Dieu, mais en trompacion.
Au moins, en avez-vous le los [3].

PATHELIN.

Si ont ceulx qui de camelos [4]
Sont vestuz, et de camocas [5],
Qui dient qu'ilz sont avocas,
Mais pourtant ne le sont-ilz mie.
Laissons en paix ceste baverie [6] ;
Je m'en vueil aller à la foire.

GUILLEMETTE.

A la foire ?..

PATHELIN.

Par saint Jehan ! voire ;
A la foire, gentil' marchande,
Vous desplaist-il, se je marchande
Du drap, ou quelque autre suffrage [7]
Qui soit bon à nostre mesnage ?

Nous n'avons robe qui rien vaille.

GUILLEMETTE.

Vous n'avez ne denier ne maille ;
Que ferez-vous ?

PATHELIN.

Vous ne sçavez.
Belle dame, se vous n'avez
Du drap pour nous deux largement,
Si me desmentez hardiment.
Quel' couleur vous semble plus belle ?
D'ung gris vert ? d'ung drap de Brucelle ?
Ou d'autre ? Il me le faut sçavoir.

GUILLEMETTE.

Tel que vous le pourrez avoir :
Qui empruncte ne choisit mye.

PATHELIN, *en comptant sur ses doigts* [1].

Pour vous, deux aulnes et demye,
Et, pour moy, trois, voire bien quatre,
Ce sont...

GUILLEMETTE.

Vous comptez sans rabattre :
Qui dyable les vous prestera ?

PATHELIN.

Que vous en chault qui ce sera ?
On me les prestera vrayement,
A rendre au jour du Jugement :
Car plus tost ne sera-ce point.

GUILLEMETTE.

Avant, mon amy, en ce point,
Quelque sot en sera couvert.

PATHELIN.

J'acheteray ou gris ou vert.
Et, pour ung blanchet [2], Guillemette,
Me fault trois quartiers de brunette [3],
Ou une aulne.

GUILLEMETTE.

Se m'aist Dieu, voire !
Allez, n'oubliez pas à boire,
Se vous trouvez Martin Garant [4].

---

1. Encore un proverbe. Nous le retrouvons presque avec les mêmes mots qu'ici dans le fabliau d'*Estura* publié par Barbazan, t. III, p. 67.

   En petit d'eure Diex labeure.

2. Sans avoir eu besoin d'étudier et d'y passer clerc.
3. La réputation, le bruit.
4. Le *camelot* était alors une étoffe de prix. Il est cité avec le *samit* et le *cendal* dans le *Roman de la Rose*, édit. Méon, t. III, p. 294.
5. Sorte de *cendal* ou de *satin* très fort, qui nous était venu d'Orient, et surtout de Damas, avec les autres étoffes de soie. En France, ainsi qu'en Angleterre, les riches avocats s'en faisaient faire des robes. V. le vieux poeme anglais, *The Squyr of lowe Degree*, v 835. Mais c'est seulement au xv° siecle qu'ils s'en étaient permis l'usage. Jusqu'alors le *camocas* n'avait servi qu'aux habits de cour ou aux riches tentures de palais et d'église.
6. Bavardage
7. Hardes, effets.

---

1 L'une des premières éditions, celle de Beneaut, en 1490, indique ce jeu de scene, qui est d'ailleurs figuré sur la gravure correspondante représentant Patelin contant ses projets à Guillemette.

2. Sorte de flanelle ou futaine blanche. Elle servait pour des vêtements de dessous qui en prirent le nom. A Toulouse, la rue des marchands d'étoffes de laine s'appelle encore rue des *Blanchets*. Du temps de Rabelais on en faisait des doublures (V. liv. I, ch. xx). Il parle aussi (liv. II, ch. xi) de *blanchets rayez*.

3. La *brunette* était une étoffe de laine tres fine, qui servait à mieux qu'à faire des *blanchets*, mais Pathelin ne se prive de rien. Cette *brunette* qu'on employait pour les robes des dames était opposée à la *bure* ou *bureau*, dont s'habillaient les femmes du peuple. De là ces vers du *Roman de la Rose*, cités comme proverbe dans la 39° Nouvelle de l'*Heptameron* :

   Aussi bien sont amourettes
   Sous bureau que sous brunettes.

4 Type des cautions et des garanties pour rire, dont le nom dit assez l'espèce et la famille de Peu d'acquêt, que nous avons vu dans une des farces qui précédent. Le Martin Gallant des *Repues franches* doit etre le même personnage, dont on a un peu altéré le nom. La manière dont « l'acteur », c'est-a-dire l'auteur des *Repues*, en parle, un matin qu'il était en quête de ce qui

PATHELIN.

Gardez tout.
(*Il sort.*)

GUILLEMETTE, *seule*.

Hé dieux! quel marchant!
Pleust or à Dieu qu'il n'y veist goutte!
PATHELIN, *devant la boutique du drappier*.
N'est-ce pas ylà? J'en fais doubte.
Or si est; par saincte Marie!
Il se mesle de drapperie.
(*Il entre.*)
Dieu y soit!

GUILLAUME JOCEAUME, *drappier*.

Et Dieu vous doint joye!

PATHELIN.

Or ainsi m'aist Dieu, que j'avoye
De vous veoir grant voulente!
Comment se porte la santé?
Estes-vous sain et dru [1], Guillaume?

LE DRAPPIER.

Ouy, par Dieu!

PATHELIN.

Çà, ceste paulme?
Comment vous va?

LE DRAPPIER.

Et bien, vrayement,
A vostre bon commandement.
Et vous?

PATHELIN.

Par sainct Pierre l'apostre!
Comme celuy qui est tout vostre.
Ainsi, vous esbatez [2]?

LE DRAPPIER.

Et voire!
Mais marchans, ce devez-vous croire,
Ne font pas tousjours à leur guise.

PATHELIN.

Comment se porte marchandise?
S'en peut-on ne soigner ne paistre [3]?

LE DRAPPIER.

Et, se m'aist Dieu, mon doulx maistre,
Je ne sçay; tousjours hay! avant [4]!

PATHELIN.

Ha! qu'estoit ung homme sçavant!
Je requier Dieu, qu'il en ait l'ame [1],
De vostre pere. Doulce Dame!
Il m'est advis tout clerement,
Que c'est-il de vous proprement.
Qu'estoit-ce ung bon marchand et saige!
Vous luy ressemblez de visaige,
Par Dieu, comme droicte painture.
Se Dieu eut oncq' de creature
Mercy, Dieu vray pardon luy face
A l'ame!

LE DRAPPIER.

Amen, par sa grace [2],
Et de nous quand il luy plaira!

PATHELIN.

Par ma foy, il me desclaira,
Maintefois et bien largement,
Le temps qu'on voit presentement.
Moult de fois m'en est souvenu.
Et puis lors il estoit tenu
Ung des bons...

LE DRAPPIER.

Seez-vous, beau sire:
Il est bien temps de le vous dire;
Mais je suis ainsi gracieux.

PATHELIN.

Je suis bien, par Dieu, precieux.
Il avoit...

LE DRAPPIER.

Vrayement, vous seerez...

PATHELIN, *acceptant un siege*.

Voulentiers. Ha! que vous verrez
Qu'il me disoit de grans merveilles!
Ainsi, m'aist Dieu! que des oreilles,
Du nez, de la bouche, des yeulx,
Oncq' enfant ne ressembla mieulx
A pere. Quel menton forché!
Vrayment, c'estes-vous tout poché [3]:
Et qui diroit à vostre mere,
Que ne fussiez filz vostre pere,
Il auroit grant faim de tancer [4].
Sans faulte, je ne puis penser
Comment Nature en ses ouvraiges
Forma deux si pareilz visaiges,
Et l'ung comme l'autre tache :
Car quoy? Qui vous auroit craché
Tous deux encontre la parroy,

---

lui manquait tous les jours, dit assez que l'un c'est l'autre La rime d'ailleurs, qu'on soignait alors, vaut mieux avec le mot Garant, comme on va le voir.

Lendemain m'alloye enquerant
Pour encontrer Martin Galant.

C'est sans aucun doute Garant qu'il faut lire, car l'homme des *Repues* va évidemment chercher ce que Guillemette souhaitait à son mari de rencontrer.

1 C'était une des formules pour dire : Comment vous portez-vous ? Dans la farce du *Poulier* du Recueil La Vallière, on la retrouve.

2 Vous agissez allegrement, à votre aise.

3 « Encore y trouve-t-on à se vêtir et à manger ? »

4. « Je ne vais pas moins. » — Hay! avant! est le refrain de la vieille chanson de Jean de Nivelle, qui devait être déjà populaire. Nous la trouvons plus loin dans la farce des *deux Savetiers*.

1 Encore une formule. La *Ballade* de Charles d'Orléans *sur la mort de sa maîtresse* l'a pour refrain, avec une très-légère variante :

Je prie a Dieu qu'il en ait l'âme.

2. Ici Génin, dans les notes de son *Pathelin*, à la suite du texte, fait remarquer que l'élision de la dernière syllabe d *âme* avec *amen*, ne doit pas se faire, rien ne s'élidant d'une réplique à l'autre, et qu'ainsi le vers, malgré l'apparence, est complet.

3 Frappé, de l'allemand *pochen* qui a le même sens. Borel, dans son *Trésor des Recherches*, donne « poché » comme un synonyme de *semblable*.

4. Contredire. V. sur ce mot, notes des pièces précédentes.

D'une matiere et d'ung arroy [1],
Si seriez-vous sans différence.
Or, sire, la bonne Laurence,
Vostre belle ante [2], mourut-elle ?

LE DRAPPIER.

Nenny dea.

PATHELIN.

  Que la vy-je belle,
Et grande, et droicte, et gracieuse !
Par la Mere-Dieu precieuse,
Vous luy ressemblez de corsaige,
Comme qui vous eust fait de naige.
En ce pays n'a, ce me semble,
Lignage qui mieulx se ressemble.
Tant plus vous voy, par Dieu le pere,
Veez vous là, veez vostre pere :
Vous luy ressemblez mieulx que goutte
D'eaue ; je n'en fais nulle doubte.
Quel vaillant bachelier c'estoit,
Le bon preud'homme ! et si prestoit
Ses denrées à qui les vouloit.
Dieu lui pardoint ! Il me souloit
Tousjours de si très-bon cueur rire !
Pleust à Jesus-Christ, que le pire
De ce monde luy ressemblast !
On ne tollist pas, ne n'emblast
L'ung à l'autre, comme l'en faict...

(*Maniant le drap d'une pièce qui est près de lui.*)

Que ce drap icy est bien faict !
Qu'est-il souef, doulx, et traictis [3] !

LE DRAPPIER.

Je l'ay faict faire tout faictis [4]
Ainsi des laines de mes bestes.

PATHELIN.

Hen, hen, quel mesnagier vous estes !
Vous n'en ystriez pas de l'orine [5]
Du pere : vostre corps ne fine
Incessament de besoingner !

LE DRAPPIER.

Que voulez-vous ? Il faut soingner,
Qui veult vivre, et soustenir paine.

PATHELIN.

Cestuy-cy est-il taint en laine ?
Il est fort comme ung courdouen [6].

LE DRAPPIER.

C'est ung très-bon drap de Rouen,
Je vous prometz, et bien drappé.

PATHELIN.

Or vrayement j'en suis attrapé ;
Car je n'avoye intention
D'avoir drap, par la passion
De Nostre Seigneur ! quand je vins.
J'avoye mis à part quatre vingts
Escus, pour retraire une rente [1] :
Mais vous en aurez vingt ou trente,
Je le voy bien ; car la couleur
M'en plaist très-tant, que c'est doulceur.

LE DRAPPIER.

Escus ? Voire, se peut-il faire
Que ceulx, dont vous devez retraire
Cette rente, prinssent monnoye ?

PATHELIN.

Et ouy dea, se je le vouloye ;
Tout m'en est ung en payement [2].
Quel drap est cecy ? Vrayement,
Tant plus le voy, et plus m'assotte.
Il m'en fault avoir une cotte,
Brief, et à ma femme de mesme.

LE DRAPPIER.

Certes, drap est cher comme cresme [3] !
Vous en aurez, se vous voulez :
Dix ou vingt francs y sont coulez
Si tost !

PATHELIN.

  Ne m'en chault, couste et vaille !
Encor' ay-je denier et maille
Qu'oncq' ne virent pere ne mere [4].

LE DRAPPIER.

Dieu en soit loué ! Par sainct Pere [5],
Il ne m'en desplairoit empiece [6].

PATHELIN.

Brief, je suis gros [7] de ceste piece ;
Il m'en convient avoir.

---

1. Ordre, d'où son contraire *desarroi*, désordre.
2. Tante — Du mot *ante* on fit *tante*, au XVIᵉ siècle, époque où le pléonasme euphonique commença d'être de mode, à cause de l'horrible hiatus qu'il fallait faire en disant *ma ante*, *ta ante* V. a ce sujet, le témoignage d'un contemporain, Sylvius, en sa *Grammaire latine française*, p. 94. V. aussi *Bibliothèque de l'École des Chartes*, 2ᵉ série, t. II, p 308. Du temps de Rabelais le changement était fait déjà. « La bonne Laurence » reparaît avec Panurge (liv. III, ch. VII), mais comme elle a vieilli depuis Pathelin, il l'appelle « ma grand'tante Laurence ».
3. Souple. On dit plus tard *traictable*, ou *tractable*, comme on le voit dans Cotgrave.
4. Du bas latin *factitus*, fait exprès, notre mot *factice* en vient
5. « Autrement, vous ne seriez pas digne de votre origine (*orine*), de votre pere »
6. Cuir de Cordoue Le meilleur en venait du temps des Maures Le mot *cordouanier*, dont on a fait *cordonnier*, en est resté.

1. Retirer un titre de rente
2. « Pour un payement tout m'est égal »
3. Le saint chrême, huile mêlée de baume, qui sert aux sacrements, passait pour une des choses les plus précieuses, et par conséquent des plus chères. Le *Despourvu* dit dans le *Vergier d'honneur* :

 Remply je suis pour ceste cause mesme
 De son amour, que tiens beaucoup plus chiere
 Cent mille fois que fin or, ni que *cresme*.

4. Panurge, ce bon disciple de Pathelin, a, dans Rabelais, (liv II, c XVI), une réminiscence pour ce vers « J'ay encore dit-il, six sols et mailles, que ne virent oncque pere ny mere. »
5. Saint Pierre. V. une note de la première pièce.
6. Et tout de suite, bientôt, selon Palsgrave, p. 855, qui cite ces deux vers comme exemple

 Empiece n'aurons dit la Bible,
 Se nous voulons tousjours tancer.

7. « J'ai pour cette piece comme une envie de femme grosse. » Jusqu'au XVIᵉ siècle, « gros » fut souvent pris dans le sens d'avoir envie. « Monsieur, dit un personnage des *Tromperies* de Larivey, il y a plus de huit jours que je suis *gros* de vous voir. »

LE DRAPPIER.

Or bien,
Il convient adviser combien
Vous en voulez? Premierement,
Tout est à vostre commandement,
Quant que il y en a en la pille;
Et n'eussiez-vous ne croix ne pille!

PATHELIN.

Je le sçay bien : vostre mercy!

LE DRAPPIER.

Voulez-vous de ce pers cler cy[1]?

PATHELIN.

Avant, combien me coustera
La premiere aulne? Dieu sera
Payé des premiers; c'est raison :
Vecy ung denier[2]; ne faison
Rien qui soit, où Dieu ne se nomme.

LE DRAPPIER.

Par Dieu, vous estes un bonhomme,
Et m'en avez bien resjouy!
Voulez-vous à ung mot[3]?

PATHELIN.

Ouy.

LE DRAPPIER.

Chascune aulne vous coustera
Vingt et quatre solz[4]?

PATHELIN.

Non sera.
Vingt et quatre solz! Saincte Dame!

LE DRAPPIER.

Il le m'a cousté, par ceste ame!
Autant m'en fault, se vous l'avez...

PATHELIN.

Dea, c'est trop.

LE DRAPPIER.

Ha! vous ne sçavez
Comment le drap est enchery?
Trestout le betail est pery,
C'est yver, par la grant froidure.

PATHELIN.

Vingt solz, vingt solz.

LE DRAPPIER.

Et je vous jure
Que j'en auray ce que je dy.
Or attendez à samedy[1]:
Vous verrez que vault? La toyson,
Dont il souloit estre foyson,
Me cousta, à la Magdeleine,
Huict blancs, par mon serment, de laine[2],
Que je soulois avoir pour quatre.

PATHELIN.

Par le sang bieu! sans plus debattre,
Puis qu'ainsi va, donc je marchande;
Sus, aulnez?

LE DRAPPIER.

Et je vous demande
Combien vous en faut-il avoir?

PATHELIN.

Il est bien aysé à sçavoir.
Quel lé a-il?

LE DRAPPIER.

Lé de Brucelle.

PATHELIN.

Trois aulnes pour moy, et pour elle
(Elle est haute) deux et demye.
Ce sont six aulnes... Ne sont mye...
Et ne sont... Que je suis bec jaune[3]!

LE DRAPPIER.

Il ne s'en fault que demye aulne,
Pour faire les six justement.

PATHELIN.

J'en prendray six tout rondement;
Aussi me faut-il chaperon.

LE DRAPPIER.

Prenez-la, nous les aulneron.
Si sont-elles cy, sans rabattre :
Empreu, et deux, et trois, et quatre,
Et cinq, et six.

PATHELIN.

Ventre sainct Pierre[4]!
Ric à ric!

LE DRAPPIER.

Aulneray-je arriere?

---

1. Bleu clair. = Le *pers* était la nuance entre le bleu et le vert.
2. C'est « le denier a Dieu ». Une fois qu'il était donné pour un marché, le prix ne pouvait plus ni monter ni descendre, aussi Guillaume dit-il aussitot apres « Voulez-vous mon dernier mot? » Qui, dit Charles d'Orléans dans un de ses *rondeaux*,

Qui du marché le denier a Dieu prent,
Il ne peut plus mectre rabat ne creüe.

On ne le gardait pas, il fallait le donner au premier pauvre qui passait. Dans la 28e des *Escraignes Dijonnoises* de Des Accords, à propos d'un marché de vins, un liard est mis sur table, « pour le denier a Dieu qui incontinent accepté par l'un des vendeurs est donné a un pauvre » Guillaume, on le remarque, ne tient pas compte du pieux usage, il empoche le denier, ce qui dé gage d'autant la conscience de Pathelin qui vient le voler.
3. Le dernier prix, ou l'on prend au mot.
4. Le *sol* équivalait alors a notre franc d'aujourd'hui, mais avec des différences qu'on évaluera plus loin, s'il était *sol tournois*, ou *sol parisis*. C'est celui-ci qui valait le plus.

1. C'était, comme a present encore, le jour du marché.
2. Sorte de plaisanterie que nous avons déja trouvée dans une des pieces précédentes Rabelais a répété celle-ci (liv II, ch xII) presque textuellement · « Considérez, dit Humevesne qu'a la mort du roy Charles, on avoit en plein marché la toyson pour six blancs » *mon serment* de laine. Ce « roi Charle » est Charles VII, mort en 1461, et dont le même passage rappelle les funérailles. Or, comme on le verra tout a l'heure, Pathelin dut être fait dix ans apres L'enchérissement de la laine, montée en dix ans de six blancs a huit blancs, est bien fort pour être vrai. Aussi ne serons-nous pas surpris a la fin de la scene d'entendre Guillaume s'avouer qu'il a volé son chaland.
3. Etourdi, sot comme l'oiseau qui s'échappe du nid ayant encore le bec jaune Dans les collèges et a la bazoche les nouveaux venus, non encore dénaisés, étaient appelés ainsi. Le mot, avec le même sens, est plusieurs fois dans Molière Dans la Farce de la *Pippee*, ou les personnages sont des oiseaux, nous aurions le Bec-Jaune au naturel.
4 Les gens plus pieux que Pathelin disaient Vertu Saint-Pierre! nous le verrons dans une des pieces suivantes.

PATHELIN.
Nenny, ce n'est qu'une longaigne[1].
Il y a plus perte ou plus gaigne,
En la marchandise. Combien
Monte tout?

LE DRAPPIER.
Nous le sçaurons bien.
A vingt et quatre solz chascune :
Les six, neuf francs[2].

PATHELIN.
Hen, c'est pour une...
Ce sont six escus[3] ?

LE DRAPPIER.
M'aist Dieu! voire.

PATHELIN.
Or, sire, les voulez-vous croire[4].
Jusques a jà quand vous viendrez?
Non pas croire, mais les prendrez
A mon huys, en or ou monnoye.

LE DRAPPIER.
Nostre Dame! je me tordroye[5]
De beaucoup, à aller par là?

PATHELIN.
Hé! vostre bouche ne parla
Depuis, par monseigneur sainct Gille,
Qu'elle ne dit pas evangile.
C'est très-bien dit; vous vous tordriez!
C'est cela : vous ne voudriez
Jamays trouver nulle achoison[6]
De venir boire en ma maison :
Or y burez-vous ceste fois.

LE DRAPPIER.
Et, par sainct Jacques, je ne fais
Gueres autre chose que boire.
Je yray; mais il faict mal d'accroire[7],
Ce sçavez-vous bien, à l'estraine?

PATHELIN.
Souffist-il, se je vous estraine

D'escus d'or, non pas de monnoye?
Et si mangerez de mon oye,
Par Dieu ! que ma femme rostit[1].

LE DRAPPIER.
Vrayement, cest homme m'assotist !
Allez devant : sus, je yray doncques,
Et les porteray.

PATHELIN.
Rien quiconques.
Que me grevera-t-il? Pas maille[2],
Soubz mon aisselle.

LE DRAPPIER.
Ne vous chaille :
Il vaut mieulx, pour le plus honneste,
Que je le porte.

PATHELIN.
Male feste
M'envoye la saincte Magdaleine,
Se vous en prenez jà la paine !
C'est tres-bien dit: dessoubz l'aisselle,
Cecy me fera une belle
Bosse !... Ha ! C'est très-bien allé !
Il y aura beu et gallé[3]
Chez moi, ains que vous en saillez[4].

LE DRAPPIER.
Je vous prie que vous me baillez
Mon argent, dès que j'y seray?

PATHELIN.
Feray. Et, par bieu, non feray,
Que n'ayez prins vostre repas
Très-bien : et si ne voudroye pas
Avoir sur moy dequoy payer.
Au moins, viendrez-vous essayer
Quel vin je boy? Vostre feu pere,
En passant, huchoit bien: Compere !
Ou Que diz tu ? ou Que fais tu ?
Mais vous ne prisez un festu,
Entre vous riches, povres hommes !

LE DRAPPIER.
Et, par le sang bieu ! nous sommes
Plus povres...

PATHELIN.
Voire. Adieu, adieu.
Rendez-vous tantost audict lieu :
Et nous beurons bien, je me vant' !

---

1 Nous avons déjà rencontré ce mot qui veut dire retardement.

2. Le sol parisis, monnaie dont se sert Pathelin, on le verra par son denier, valant un quart de plus que le sol tournois, les vingt quatre sols parisis que coûtait chacune des six aunes faisaient trente sols tournois, c'est a-dire un franc et demi tournois, qui, multiplié par six, donne bien neuf francs. A ce propos le chapitre d'Etienne Pasquier sur *Pathelin* dans ses *Recherches de la France*, liv. VIII, ch. LIX.

3. « Quand ! dit Pasquier, a l'endroit cité, vous voyez le drapier vendre ses six aulnes de drap neuf francs, et qu'a l'instant mesme il dit que ce sont six escus, il faut nécessairement conclure qu'en ce temps-la l'escu ne valoit que trente sols. » C'est ce qui était en effet a l'époque ou nous pensons que fut écrit *Pathelin*, les écus d'or vieux ou a la couronne valaient trente sols. Nous savons par Le Blanc, en son *Traité des monnoies sous Louis XII*, qu'en 1469, année ou nous trouvons ainsi un premier souvenir de notre farce, l'écu d'or avait été rabaissé a cette valeur, mais qu'un peu plus tard, en 1473, il remonta.

4. *Credere*, créditer, donner à crédit.

5. *Détournerais*, derangerais.

6. *Occasion* C'est une des formes de *ochoison*, qui était la transformation directe du latin *occasio* en français. Il n'était rare de voir l'o français remplacer l'o latin, comme ici. *Dame*, qui vient de *domina*, suffirait comme preuve.

7. Faire crédit.

---

1 Il y a, comme l'a tres-bien remarqué Génin, un souvenir de ce passage dans les *Feintises du monde* de Gringore :

Tel dit « Venez manger de l'oye »
Qui cheuz luy n'a rien appresté.

L'oie était alors le grand régal des Parisiens. Toute une rue du quartier Saint Denis n'était pleine que de « rostisseries » ou on l'appretait, et qui, pour les étrangers, semblaient une des merveilles de Paris. C'est la rue aux *Oues* (oies). L'église Saint-Jacques de l'Hôpital faisait face a l'entrée, d'ou était venu le proverbe, a propos des gens qui flairent les diners « Il a comme Saint-Jacques de l'Hôpital le nez tourné a la friandise »

2. Pas miette, pas le moins du monde.

3. *Regale* n'est que l'augmentatif de ce mot, dont *gala* est resté, ainsi que *galerie*, salle ou on « galloit ».

4. « Avant que vous en sortiez. »

LE DRAPPIER.

Si feray-je. Allez devant,
Et que j'aye or !

PATHELIN, *seul dans la rue.*

Or ? et quoy doncques ?
Or ! dyable ! je n'y failly oncques !
Non. Or ! Qu'il puist estre pendu !
Endea, il ne m'a pas vendu,
A mon mot[1] ; ce a esté au sien ;
Mais il sera payé au mien[2].
Il luy faut or ? On le luy fourre[3] !
Pleust à Dieu qu'il ne fist que courre,
Sans cesser, jusques à fin de paye !
Sainct Jehan ! il feroit plus de voye,
Qu'il n'y a jusque à Pampelune.

(*Il rentre chez lui.*)

LE DRAPPIER, *dans sa boutique.*

Ilz ne verront soleil ny lune,
Les escuz qu'il me baillera,
De l'an, qui ne les m'emblera[4].
Or, n'est-il si fort entendeur,
Qui ne treuve plus fort vendeur :
Ce trompeur-là est bien bec jaune,
Quand, pour vingt et quatre solz l'aulne,
A prins drap qui n'en vaut pas vingt !

PATHELIN, *rentrant chez lui.*

En ay-je[5] !

GUILLEMETTE.

Dequoy ?

PATHELIN.

Que devint
Vostre vieille cotte hardie[6] ?

GUILLEMETTE.

Il est grand besoin qu'on le die !
Qu'en voulez-vous faire ?

PATHELIN.

Rien, rien.
En ay-je ? Je le disoye bien.
Est-il ce drap-cy ?

GUILLEMETTE.

Saincte Dame !
Or, par le peril de mon ame,
Il vient d'aucune couverture[1].
Dieu ! d'où nous vient ceste aventure ?
Helas ! helas ! qui le payera ?

PATHELIN.

Demandez-vous qui ce sera ?
Par sainct Jehan ! il est ja payé.
Le marchand n'est pas desvoye[2],
Belle seur, qui le m'a vendu.
Parmy le col soye pendu,
S'il n'est blanc comme ung sac de plastre !
Le meschant vilain challemastre,
En est ceint sur le cul[3] !

GUILLEMETTE.

Combien
Couste-il doncques ?

PATHELIN.

Je n'en doy rien ;
Il est payé : ne vous en chaille.

GUILLEMETTE.

Vous n'aviez denier ne maille !
Il est payé ? En quel' monnoye ?

PATHELIN.

Et, par le sang bieu ! si avoye,
Dame : j'avoye ung parisi.

GUILLEMETTE.

C'est bien allé ! Le beau nisi[4]
Ou ung brevet[5] y ont ouvré :
Ainsi l'avez-vous recouvré.
Et, quand le terme passera,
On viendra, on nous gagera[6] :
Quanque avons[7], nous sera osté.

PATHELIN.

Par le sang bieu ! il n'a cousté
Qu'ung denier, quant qu'il en y a.

---

1 C'était l'expression d'usage : « des Allemands, lit-on dans le *Moyen de parvenir*, avoient acheté leurs denrées a leurs *mots*, à beaux quarts comptants. »

2. Rabelais s'est souvenu de ce passage (liv. IV, ch LVIII) · « La Panurge fascha quelque peu frere Jehan, et le feit entrer en resverie, car il le vous print au mot sur l'instant qu'il ne s'en doubtoit mie, et frere Jehan menassa de l'en faire repentir en mesme mode que se repentit G. Jousseaulme vendant a son mot le drap au noble Patelin... »

3 Le Duchat, dans ses *Remarques sur quelques proverbes françois*, explique ainsi ce passage : « *Il luy faut or, on le luy fourre*, dit Pathelin. Cette façon de parler fait allusion à ces pieces de monnaie qu'on appelle *fourrees*, parce que le faux monnayeur y a fourré un fían de faux aloi, qui couvre dessus et dessous une feuille de bon or » (*Ducatiana*, 2º part., p. 501)

4. « A moins qu'on ne me les vole. »

5 Ici encore Rabelais s'est souvenu. « Ainsy s'en va, dit-il, prélassant pays, faisant bonne troigne, parmi ses paroichiens et voysins, et leur disant le petit mot de Patelin *En ay-je.* » *Nouv. prologue du liv. IV.*

6 C'était une grande robe, taillée droite, fermée comme un fourreau et dessinaient audacieusement les formes, ce qui lui avait fait donner son nom, qu'on ne traduisait en latin *tunica audax*. Elle avait été surtout de mode au siecle précédent, du temps de Froissart, qui en parle maintes fois La pauvre Guillemette ne pouvait avoir que des robes de l'autre siecle. Ce détail est un trait de plus pour le type.

1. Feinte, moyen inavouable. L'expression « par couverture » est employée avec le meme sens, dans *Perceforest*, t. V, fol 3 . — Ici, d'ailleurs, l'équivoque entre *drap* et *couverture* a fait un peu forcer le sens.

2. Hors de sa voie, fou.

3 Tout ce passage est a peu près intelligible. Ce qu'on y devine, c'est que Guillaume, « le vilain challematic » — mot jusqu'ici inexpliqué, et sans doute inexplicable — n'aura pas un sou. « Etre blanc comme un sac de plâtre » voulait en effet dire « être roué ». Un vers de Marot dans son *epitaphe d'Ortiz*, le mire du Roi, le donnerait du moins à penser. Quant à la dernière expression, « il en est ceint sur le cul », qui se trouve chez Rabelais ! *Nouv. prologue du liv. IV*, elle a son équivalent dans cette autre encore populaire : « il en a dans les fesses ».

4. Obligation, par serment sous peine de l'excommunication, dont la formule commençait par le mot « *nisi*... », une farce de l'*Ancien Théâtre*, t. III, p 111, a pour titre *Farce nouvelle... des femmes qui demandent les arrerages de leurs maris, et les font obliger au Nisi.*

5 L'acte le plus simple qu'on pût faire par-devant notaire pour contracter obligation.

6 « On prendra chez nous des gages. »

7. *Quantum habemus*, ce que nous avons.

GUILLEMETTE.

Benedicite ! Maria !
Qu'ung denier ? Il ne se peut faire !

PATHELIN.

Je vous donne cest œil à traire,
S'il en a plus eu, ne n'aura,
Jà si bien chanter ne sçaura.

GUILLEMETTE.

Et qui est-il ?

PATHELIN.

C'est ung Guillaume.
Qui a surnom de Joceaume,
Puisque vous le voulez sçavoir.

GUILLEMETTE.

Mais la maniere de l'avoir
Pour un denier ? et à quel jeu ?

PATHELIN.

Ce fut pour un denier à Dieu :
Et encore, se j'eusse dict :
« La main sur le pot [1] ! » par ce dict,
Mon denier me fust demouré.
Au fort, est-ce bien labouré ?
Dieu et luy partiront [2] ensemble
Ce denier-là, si bon leur semble ;
Car c'est tout ce qu'ilz en auront.
Jà si bien chanter ne sçauront,
Ne pour crier, ne pour brester [3].

GUILLEMETTE.

Comment l'a-il voulu prester,
Luy, qui est homme si rebelle ?

PATHELIN.

Par sainct Marie la belle !
Je l'ay armé et blasonné [4],
Si qu'il me l'a presque donné.
Je luy disoye que feu son pere
Fut si vaillant. « Ha ! fais-je, frere,
Qu'estes-vous de bon parentaige !
Vous estes, fais-je, du lignaige
D'icy entour plus à louer ! »
Mais je puisse Dieu avouer,
S'il n'est attrait d'une peautraille [5],
La plus rebelle villenaille
Qui soit, ce croy-je, en ce royaume ;
« Ha ! fais-je, mon amy Guillaume,

Que vous ressemblez bien de chere
Et du tout à vostre bon pere ! »
Dieu sçait comment j'eschauffauldoye,
Et, à la fois, j'entrelardoye,
En parlant de sa drapperie !
« Et puis, fais-je, saincte Marie !
Comment prestoit-il doucement
Ses denrées si humblement ?
C'estes-vous, fais-je, tout craché ! »
Toutesfois, on eust arraché
Les dents du vilain marsouin
Son feu pere, et du babouin
Le fils, avant qu'ilz en prestassent
Cecy, ne que ung beau mot parlassent.
Mais, au fort, ay-je tant bresté
Et parlé, qu'il m'en a presté
Six aulnes ?

GUILLEMETTE.

Voire, à jamais rendre.

PATHELIN.

Ainsi le devez-vous entendre.
Rendre ? On luy rendra le dyable !

GUILLEMETTE.

Il m'est souvenu de la fable
Du corbeau, qui estoit assis
Sur une croix, de cinq à six
Toyses de hault : lequel tenoit
Un formaige au bec : là venoit
Un renard qui vit ce formaige :
Pensa à luy : « Comment l'auray-je ? »
Lors se mist dessoubz le corbeau :
« Ha ! fist-il, tant as le corps beau,
Et ton chant plein de melodie ! »
Le corbeau, par sa conardie [1],
Oyant son chant ainsi vanter,
Si ouvrit le bec pour chanter,
Et son formaige chet à terre ;
Et maistre renard vous le serre
A bonnes dents, et si l'emporte.
Ainsi est-il (je m'en fais forte)
De ce drap : vous l'avez happé
Par blasonner, et attrapé,
En luy usant de beau langaige,
Comme fist renard du formaige :
Vous l'en avez prins par la moe [2].

PATHELIN.

Il doit venir manger de l'oe :
Mais voicy qu'il nous faudra faire.
Je suis certain qu'il viendra braire,
Pour avoir argent promptement.
J'ay pensé bon appoinctement.
Il convient que je me couche,
Comme un malade, sur ma couche :
Et, quand il viendra, vous direz,
« Ha ! parlez bas ! » et gemirez,

---

1. Il était rare qu'on fit des marchés sans boire, et sans mettre, apres être convenu du prix, la main sur le pot pour ne s en plus dédire. Rabelais (liv. II, chap. xi) parle de certains marchés ainsi conclus, que « toute la nuict (la main sur le pot) l'on ne feit que despescher ».
2. Partageront
3. Ou bretter, batailler, jouer de l'épée bretonne, qu'on appelait brette a cause du pays.
4. Comblé d'honneurs et de noblesse.
5. Canaille, qui n'a de lit qu'un grabat, « peautre ». Dans un des fabliaux publiés par Méon (t. III, p. 365), on voit deux misérables qui « se vont couchier et pautrer ». Vous envoyer aux peautres, comme on le dit encore chez le peuple, c'est vous envoyer au grabat, au chenil — Il y a, au tome Ier des Contes d'Eutrapel, un souvenir de ce passage : « Tantôt il vantoit et trompetoit sa noblesse, ainsy que dit Pathelin, qui fust issu de la plus vilaine peautraille qui fust... »

1 Sa folie, étourderie Les compagnons de la Folie qui jouaient les farces a Rouen se faisaient appeler « les Conards », et se disaient « maistres en conardie », comme le Fol de la Farce de tout menage, qui était de leur répertoire.
2. La moue, la grimace V une note plus loin.
3. Arrangement, accommodement.

En faisant une chiere fade [1] ;
« Las ! ferez-vous, il est malade
Passe deux moys, ou six semaines ! »
Et s'il vous dit : « Ce sont trudaines [2] !
Il vient d'avec moy tout venant. »
« Helas ! ce n'est pas maintenant
(Ferez-vous) qu'il faut rigoller ! »
Et le me laissez flageoller [3] ;
Car il n'en aura autre chose.

GUILLEMETTE.

Par l'ame qui en moy repose !
Je feray très-bien la maniere.
Mais, si vous roncheez arriere [4],
Que justice vous en reprengne,
Je me doubte qu'il ne vous prengue
Pis la moitié, qu'à l'autre fois ?

PATHELIN.

Or, paix ! je sçay bien que je fais.
Il faut faire ainsi que je dy.

GUILLEMETTE.

Souviengne-vous du samedy,
Pour Dieu, qu'on vous pilloria :
Vous sçavez que chascun cria
Sur vous, pour vostre tromperie ?

PATHELIN.

Or laissez ceste baverie.
Il viendra ; nous ne gardons l'heure
Il faut que ce drap nous demeure.
Je m'en voys coucher.

GUILLEMETTE.
   Allez doncques.

PATHELIN.

Or ne riez point !

GUILLEMETTE.
   Rien quiconques,
Mais pleureray à chaudes larmes.

PATHELIN.

Il nous fault estre tous deux fermes,
Affin qu'il ne s'en apperçoive.
   (Ils sortent.)

LE DRAPPIER, chez lui.

Je croy qu'il est temps que je boive,
Pour m'en aller ? Ha ! non feray.
Je doy boire, et si mangeray
De l'oe, par sainct Mathelin
Cheuz maistre Pierre Pathelin ;

1 Mine triste, pâle Sur le mot « chiere », visage, V. une note des pieces précédentes Quant a fade avec le sens que nous lui donnons ici, nous le trouvons dans le poeme d'*Edouard le Confesseur*, vers 278?, a propos d'un agonisant « de couleur fade ».
2 Chansons de truand. Génin, sur ce mot, renvoie avec raison a celui de *Trutana* dans Ducange.
3 Lui jouer un air de ma façon, « de mes flûtes ». Le même sens se trouve pour ce mot dans un poeme que cite le *Menagier*, t. II, p. 27.
  Car si bel m'avoit *flajole*
  Que tout sus m'avoit affolé
4 Retombez, rechoyez, comme dans ce passage de la *Farce de olyet*.
  Si j y renche je suis contante
  Que vous me teniez ..

Et la recevray-je pecune :
Je happeray là une prune,
A tout le moins, sans rien despendre [1].
J'y voys ; je ne puis plus rien vendre.
  (Il frappe à la porte de Pathelin.)
Hau ! maistre Pierre ?

GUILLEMETTE, allant ouvrir.
   Helas ! sire,
Par Dieu ! se vous voulez rien dire,
Parlez plus bas !

LE DRAPPIER.
   Dieu vous gard, dame !

GUILLEMETTE.

Ha ! plus bas !

LE DRAPPIER.
   Et quoy ?

GUILLEMETTE.
   Bon gré, m'ame...

LE DRAPPIER.

Où est-il ?

GUILLEMETTE.
   Las ! où doit-il estre ?

LE DRAPPIER.

Le qui ?

GUILLEMETTE.
   Ha ! c'est mal dit, mon maistre :
Où est-il ? et Dieu, par sa grace,
Le sache ! Il garde la place
Où il est, le povre martir,
Unze semaines, sans partir...

LE DRAPPIER.

De qui ?

GUILLEMETTE.
   Pardonnez-moy, je n'ose
Parler haut ; je croy qu'il repose :
Il est un petit aplommé [2].
Helas ! il est si assomme,
Le povre homme.....

LE DRAPPIER.
   Qui ?

GUILLEMETTE.
   Maistre Pierre.

LE DRAPPIER.

Ouay ! n'est-il pas venu querre [3]
Six aulnes de drap maintenant ?

GUILLEMETTE.

Qui, luy ?

LE DRAPPIER.
   Il en vient tout venant,
N'a pas la moytié d'ung quart d'heure.

1. Sans dépenser rien.
2 Pour « aplombé » qui se trouve dans Cotgrave avec le sens de *repose*.
3. Chercher.

Delivrez-moy¹ ; dea ! je demeure
Beaucoup. Çà, sans plus flageoller²,
Mon argent?

GUILLEMETTE.

He ! sans rigoller ?
Il n'est pas temps que l'en rigolle.

LE DRAPPIER.

Çà, mon argent? Estes-vous folle !
Il me fault neuf francs.

GUILLEMETTE.

Ha ! Guillaume !
Il ne fault point couvrir de chaume³
Icy, ne bailler ces brocards.
Allez sorner⁴ à vos coquardz⁵,
A qui vous vous voudriez jouer !

LE DRAPPIER.

Je puisse Dieu desavouer,
Si je n'ay neuf francs !

GUILLEMETTE.

Helas ! sire,
Chascun n'a pas si faim de rire
Comme vous, ne de flagorner⁶.

LE DRAPPIER.

Dictes, je vous pry', sans sorner:
Par amour, faites-moy venir
Maistre Pierre.

GUILLEMETTE.

Mesavenir
Vous puist-il ! Et est-ce à meshuy?

LE DRAPPIER.

N'est-ce pas ceans que je suy
Cheuz maistre Pierre Pathelin ?

GUILLEMETTE.

Ouy. Le mal sainct Mathelin⁷,
Sans le mien, au cueur vous tienne !
Parlez bas !

LE DRAPPIER.

Le dyable y avienne !
Ne le oseray-je demander ?

GUILLEMETTE.

A Dieu me puisse commander !
Bas, se ne voulez qu'il s'esveille !

LE DRAPPIER.

Quel bas? Voulez-vous en l'oreille,
Au fons du puys, ou de la cave ?

GUILLEMETTE.

Hé Dieu ! que vous avez de bave !
Au fort¹, c'est tousjours vostre guise.

LE DRAPPIER.

Le dyable y soit ! quand je m'avise :
Se voulez que je parle bas,
Payez-moy sans plus de debas ;
Telz noises n'ay-je point aprins².
Vray est que maistre Pierre a prins
Six aulnes de drap aujourd'huy.

GUILLEMETTE.

Et qu'est cecy ? Est-ce à meshuy?
Dyable y ait part ! Aga ! quel prendre ?
Ha ! sire, que l'en le puist pendre,
Qui ment ! Il est en tel party,
Le povre homme, qu'il n'est party
Du lict y a unze semaines !
Nous baillez-vous de vos trudaines ?
Maintenant en est-ce raison ?
Vous vuiderez de ma maison,
Par les angoisses Dieu, moy lasso !

LE DRAPPIER.

Vous disiez que je parlasse
Si bas, saincte benoiste Dame ?
Vous criez !

GUILLEMETTE.

C'estes vous, par m'ame,
Qui ne parlez fors que de noise !

LE DRAPPIER.

Dictes, afin que je m'en voise :
Baillez-moy ?

GUILLEMETTE.

Parlez bas ! Ferez ?

LE DRAPPIER.

Mais vous-mesme l'esveillerez ;
Vous parlez plus hault quatre fois,
Par le sang bieu ! que je ne fais.
Je vous requier qu'on me delivre ?

GUILLEMETTE.

Et qu'est cecy ? Estes-vous yvre,
Ou hors de sens ? Dieu nostre pere !

LE DRAPPIER.

Yvre ? Maugre en ait sainct Pere³ !
Voicy une belle demande !

GUILLEMETTE.

Helas ! plus bas !

LE DRAPPIER.

Je vous demande
Pour six aulnes, bon gré saint George,
De drap, dame...

---

1. « Payez moi. » *Delivrer* avec le sens de payer se tr[ouv]e maintes fois alors, notamment dans Froissart. Nous le rencontrerons plus loin.
2. « Sans me jouer plus longtemps de vos airs. »
3. « Dire propos légers qui s'envolent comme brins de chaume d'un toit. »
4. « Chanter vos sornettes. »
5. « Aux godelureaux, aux coquets a qui vous vendez vos draps. » V. sur ce mot « *coquard* » une note des pieces qui precedent
6. « Bavarder » Ce sens, que donne Cotgrave, est le premier qu'ait eu ce verbe qui, de l'acception générale, passa plus tard à celle plus particulière de « babiller pour flatter »
7. La folie. Du nom de ce patron l'on appela « matelineurs » les gens trop prompts à s'emporter *Ils sont*, dit Régnier (Sat. XII).

Ils sont matelineurs, prompts à prendre la chevre.

1. Au fait, d'ailleurs.
2. « Ces sortes de noises ne me sont pas nouvelles. »
3. Saint Pierre. V. une note des pieces precedentes

GUILLEMETTE.

On le vous forge !
Et à qui l'avez-vous baillé ?

LE DRAPPIER.

A luy-mesme.

GUILLEMETTE.

Il est bien taillé
D'avoir drap ! Helas ! il ne hobe [1] !
Il n'a nul besoin d'avoir robe :
Jamais robe ne vestira,
Que de blanc ; ne ne partira
D'ond [2] il est, que les piedz devant [3] !

LE DRAPPIER.

C'est doncq depuis soleil levant ?
Car j'ay à luy parlé sans faute.

GUILLEMETTE.

Vous avez la voix si tres-haute :
Parlez plus bas, en charité !

LE DRAPPIER.

C'estes-vous, par ma verité,
Vous-mesme, en sanglante estraine [4].
Par le sang bieu ! veez-cy grant paine !
Qui me payast, je m'en allasse [5] !
Par Dieu ! oncques que je prestasse [6],
Je n'en trouvay point autre chose !

PATHELIN.

Guillemette ? Un peu d'eaue rose [7] !
Haussez-moi, serrez-moy derriere !
Trut [8] ! à qui parlay-je ! L'esguiere ?
A boire ? Frottez-moy la plante ?

LE DRAPPIER.

Je l'oy là ?

GUILLEMETTE.

Voire.

PATHELIN.

Ha, meschante !

Vien çà ? T'avoye-je fait ouvrir
Ces fenestres ? Vien moy couvrir !
Ostez ces gens noirs !... *Marmara,
Carimari, carimara* [1].
Amenez-les-moy, amenez !

GUILLEMETTE.

Qu'est-ce ? Comment vous demenez !
Estes-vous hors de vostre sens ?

PATHELIN.

Tu ne vois pas ce que je sens :
Vela un moine noir qui vole [2] ?
Prens-le, baille-lui une estole [3]...
Au chat, au chat ! Comment il monte !

GUILLEMETTE.

Et qu'est cecy ? N'a' vous pas honte ?
Et, par Dieu ! c'est trop remué.

PATHELIN.

Ces physiciens [4] m'ont tué
De ces brouilliz qu'ilz m'ont fait boire [5] ;
Et toutesfois les faut-il croire,
Ilz en oeuvrent comme de cire [6].

GUILLEMETTE.

Helas ! venez-le voir, beau sire :
Il est si très-mal patient [7].

LE DRAPPIER.

Est-il malade, à bon escient,
Puis orains [8] qu'il vint de la foire ?

GUILLEMETTE.

De la foire ?

LE DRAPPIER.

Par sainct Jehan, voire !
Je cuide qu'il y a esté.
Du drap que je vous ay presté,
Il m'en fault l'argent, maistre Pierre ?

PATHELIN.

Ha ! maistre Jehan ! Plus dur que pierre,
J'ay chié deux petites crottes

---

1. « Il ne bouge » C'est le mot du Franc-Archer, dans son *Monologue*, quand il s'aperçoit qu'il n'a bataillé que contre un mannequin :

Il n'a pie ne main, *il ne hobe*,
Par le corps bieu, c'est une robe.

2. D'ou, *unde*.
3. C'est ainsi qu'on emporte les morts.
4. « Avec votre accueil qui m'outrage... » Le mot sanglant s'employait souvent dans un sens insultant : « Elle appela sanglant sourd, et lui appela sanglante ordure, » lit-on dans une *Lettre de remission*, que cite Ducange au mot *Sanguleatus*. La « sanglante étrenne » était ce qu'on pouvait souhaiter de pis. *Le mal*, dit Eustache Deschamps,

Le mal Saint-Leu le puisse abattre !
Dieu luy doint la *sanglante estraine* !

5. Ce vers était resté proverbe : « Il n'est pas que de fois à autres, dit Estienne Pasquier, quand on tire un payement en longueur, nous ne disions *Qui me payast, je m'en allasse* »
6. « Chaque fois que j'ai prêté »
7. C'était un cordial depuis longtemps en usage. V. Legrand d'Aussy, *Vie privée des Français*, t II, p. 244. Quelquefois on le relevait de musc. Olivier de Serres, p. 908, parle « d'eau rose musquée. »
8. Particule d'imprécation, selon Palsgrave (p. 889), pour dire « Ça, ici, truand ! »

---

1. C'est le cri de malediction que prête Rabelais à la populace de Paris, « compissée », jusqu'à en être noyée, par Gargantua (liv I, ch. xvii).
2. C'est le moine bourru, croquemitaine des gens de Paris, qui, à l'entour de Noel, courait, disait-on, les rues la nuit, avec un grand bruit de chaines, et tordait le cou à ceux qui mettaient pour le voir la tête à la fenetre. V. Cyrano, *Œuvres*, 1699, t I, p. 66.
3. Pour le calmer, le dompter, l'arrêter : « Et puis, lit-on dans la *Chronique de Rains*, p 104, luy mist on l'estole entour le col, qui sinefie obedience »
4. Les médecins Les Anglais disent encore avec le même sens *physicians*, qu'on trouvera plus loin Les médecins n'avaient pas sous ce nom très bonne renommée, d'après la *Bible Guyot* :

Fisiciens sont appelez;
Sans fy, ne sont pas honorez.

5. Henri Estienne, en ses *Dialogues du langage françoys italianise*, cite ces deux vers et ajoute qu'ils sont « de cette tant célèbre farce intitulée *Maistre Pierre Pathelin* »
6. A propos, pour le mieux « La botte de la jambe droite lui estoit faite comme de cire, » dit Desperriers avec le même sens, conte 25
7. Souffrant, dans la peine
8. Pour *aux orain*, ce matin. V. notes des pieces precedentes.

Noires, rondes comme pelotes.
Prendray-je ung autre cristere ?

LE DRAPPIER.

Et que sçay-je ? Qu'en ay-je à faire ?
Neuf francs m'y fault, ou six escus.

PATHELIN.

Ces trois petits morceaulx becuz [1]
Les m'appellez-vous pilloueres [2] ?
Ilz m'ont gasté les machoueres.
Pour Dieu! ne m'en faites plus prendre,
Maistre Jehan : ilz m'ont fait tout rendre.
Ha! il n'est chose plus amere!

LE DRAPPIER.

Non ont, par l'ame de mon pere!
Mes neuf francs ne sont point rendus.

GUILLEMETTE.

Parmy le col soient-ilz pendus,
Tels gens qui sont si empeschables!
Allez-vous-en, de par les dyables,
Puis que de par Dieu ne peult estre [3] !

LE DRAPPIER.

Par celuy Dieu qui me fist naistre,
J'auray mon drap, ains que je fine [4],
Ou mes neuf francs !

PATHELIN.

   Et mon orine [5]
Vous dit-elle point que je meure [6] ?...
Pour Dieu! Faites qu'il ne demeure!
Que je ne passe point le pas !

GUILLEMETTE.

Allez-vous-en! Et n'est-ce pas
Mal faict de luy tuer la teste ?

LE DRAPPIER.

Dame! Dieu en ait male feste!
Six aulnes de drap maintenant,
Dictes, est-ce chose avenant,
Par vostre foy, que je les perde ?

PATHELIN.

Se peussiez esclaircir ma merde,
Maistre Jehan : elle est si très-dure,
Que je ne sçay comment je dure,
Quand elle yst hors du fondement.

LE DRAPPIER.

Il me fault neuf francs rondement,

Que, bon gre sainct Pierre de Romme...

GUILLEMETTE.

Helas! tant tourmentez cest homme!
Et comment estes-vous si rude ?
Vous voyez clerement qu'il cuide
Que vous soyez physicien ?
Helas, le povre chrestien
A assez de male meschance [1] :
Unze semaines, sans laschance [2]
A esté illec, le povre homme...

LE DRAPPIER.

Par le sang Dieu! je ne sçay comme
Cest accident luy est venu :
Car il est aujourd'huy venu,
Et avons marchande ensemble :
A tout le moins, comme il me semble,
Ou je ne sçay que ce peult estre!

GUILLEMETTE.

Par Nostre Dame! mon doulx maistre,
Vous n'estes pas en bon memoire.
Sans faute, si me voulez croire,
Vous yrez un peu reposer;
Car moult de gens pourroient gloser
Que vous venez pour moy ceans.
Allez hors! Les physicians
Viendront icy tout en presence.
Je n'ay cure que l'en y pense
A mal; car je n'y pense point.

LE DRAPPIER.

Et maugrebieu! suis-je en poinct ?
Par la feste Dieu! je cuidoye
Encor... Et n'avez-vous point d'oye
Au feu ?

GUILLEMETTE.

  C'est très-belle demande!
Ah, sire! ce n'est pas viande
Pour malades. Mangez vos oes,
Sans nous venir jouer des moes [3] !
Par ma foy, vous estes trop aise!

LE DRAPPIER.

Je vous pry' qu'il ne vous desplaise;
Car je cuidoye fermement...
Encor', par le sainct sacrement
Dieu !... Dea ! or voys-je sçavoir.

Il sort et retourne dans sa boutique.

Je sçay bien que je dois avoir
Six aulnes, tout en une piece :
Mais ceste femme me despiece [4]
De tous poinctz mon entendement...
Il les a eues vrayement?...
Non a, dea! il ne se peut joindre!
J'ay veu la mort qui le vient poindre;
Au moins, ou il le contrefaict...
Et si a! il les print de faict,
Et les mist dessoubz son aisselle,

---

1. Pointus, comme un *bec*. C'est le sens que donne Cotgrave.
2. Il y a ici un jeu de mots sur pilule dont « pilloueres » fut la premiere forme, et sur « piler », abîmer, gâter.
3. Il y a dans Rabelais (liv. I, ch. xlii) une réminiscence à rebours de ce passage : « Aydez moy de par Dieu, puisque de par l'aultre ne voulez », dit le moine à Gymnaste.
4. Avant que j'en finisse.
5. La consultation par les urines était fort en usage, et le fut tres-longtemps. Dans le fabliau du *Vilain mire*, d'où fut tiré le *Medecin malgré lui*, figurent des « physiciens » qui font « des jugements d'urine ».
6. Dans l'*Epistre dedicatoire* de son quatrieme livre au cardinal Odet de Chatillon, Rabelais se souvient de ce passage, qui l'amusait comme médecin : « A ung aultre voulant entendre l'estat de sa maladie, et l'interrogeant à la mode du noble Pathelin : « Et mon urine vous dit-elle pas que je meure ? ... »

1. Male chance.
2. Sans en être lâché.
3. Des moues, des grimaces : on lit dans le *Trésor de Brunetto Latini*, p. 579, à propos des magistrats, qu'ils doivent être « de bon corage, non pas de moes, ne de vaine gloire ».
4. Dépece.

Par saincte Marie la belle ¹!...
Non a! Je ne sçay si je songe.
Je n'ay point aprins que je donge ¹
Mes drapz, en dormant, ne veillant?
A nul, tant soit mon bien vueillant ²,
Je ne les eusse point accrues ³...
Par le sang bieu! il les a eues...
Et, par la mort! non a, ce tiens-je,
Non a!... Mais à quoi donc en viens-je?
Si a, par le sang Notre-Dame!
Meschoir puist-il de corps et d'ame ⁴,
Si je sçay qui sçauroit à dire
Qui a le meilleur ou le pire
D'eux ou de moy! Je n'y voy goute!...

PATHELIN, *à Guillemette.*

S'en est-il allé?

GUILLEMETTE.

    Paix! J'escoute
Ne sçay quoy qu'il va flageollant.
Il s'en va si fort grumelant,
Qu'il semble qu'il doive desver ⁵.

PATHELIN.

Il n'est pas temps de se lever?
Comme il est arrivé à poinct!

GUILLEMETTE.

Je ne sçay s'il reviendra point.
Nenny dea, ne bougez encore!
Nostre fait seroit tout frelore ⁶,
S'il vous trouvoit levé.

PATHELIN.

    Sainct George!
Qu'il est venu à bonne forge,
Luy qui est si tres-mesciéant ⁷?
Il est en luy trop mieux séant,
Qu'ung crucifix en ung moustier ⁸.

GUILLEMETTE.

En ung tres-ord ⁹ vilain broustier ¹⁰,
Onc lard es pois n'eschcut si bien!
Et, quoy, dea, il ne faisoit rien ¹¹
Aux dimenches!

PATHELIN.

    Pour Dieu! sans rire!
S'il venoit, il pourroit trop nuyre.
Je m'en tiens fort qu'il reviendra.

GUILLEMETTE.

Par mon serment, il s'en tiendra,
Qui vouldra; mais je ne pourroye!

LE DRAPPIER, *seul, chez lui.*

Et, par le sainct soleil qui roye ¹,
Je retourneray, qui qu'en grousse ²,
Cheuz cest advocat d'eaue douce.
Hé, Dieu! quel retrayeur de rentes,
Que ses parens ou ses parentes
Auroient vendu! Or, par sainct Pierre,
Il a mon drap, le faux tromperre!
Je luy baillay en ceste place.

GUILLEMETTE, *chez elle.*

Quand me souvient de la grimace
Qu'il faisoit en vous regardant,
Je ris! Il estoit si ardant
A demander...

PATHELIN.

    Or, paix, riace ³!
Je regnie bieu, que jà ne face:
S'il advenoit qu'on vous ouist,
Autant vaudroit qu'on s'enfouist.
Il est si très-rebarbatif.

LE DRAPPIER, *chez lui.*

Et cest advocat potatif ⁴,
A trois leçons et trois pseaumes ⁵!
Et tient-il les gens pour Guillaumes?
Il est, par Dieu! aussi pendable,
Comme seroit un branc prenable ⁶.
Il a mon drap, ou je regnie bieu!
Et il m'a joué de ce jeu...

Il va frapper à la porte de Pathelin.

Hola! Où estes-vous fouyé ⁷?

GUILLEMETTE.

Par mon serment, il m'a ouye!
Il semble qu'il doye desver.

PATHELIN.

Je feray semblant de resver.
Allez là?

---

1. « Que je donne » La premiere forme de « donner » était *doigner, dogner.*
2. « Tant me fût-il ami. »
3. Données a crédit « Adonc, fit le comte asavoir parmi la cité qui ses gens avoient rien *acru* (oris a crédit) .. on seroit payé » Froissart, liv II, chap LXXXII
4 « Puisse t il lui arriver malheur d'ame et de corps ! »
5 Endever
6 Perdu V. sur ce mot qui vient de l'allemand *verloren*, qui a le même sens, une note des premieres pieces
7 Si deux créances Il y a ici un jeu de mots sur les deux sens de *croire* avoir la foi, et faire credit, et de *mecroire*. n'avoir pas la foi, et refuser crédit *Mecreant* signifiait ainsi tout ensemble un incroyant et un terrible créancier.
8 *Moutier*, couvent
9. Sale
10. Brouet.
11. Il ne faisoit aucun don, aucune aumône.

1 Rayonne.
2 « Qui qu'en grogne, » comme dans la fameuse devise des ducs de Bourbon « Grousser », pour grogner, se trouve dans la farce des *Cinq Sens :*

    Et qu'esse-cy? en grousses *tu* ?

3 « Rieuse. » On disait aussi *riade*
4 Ce mot suivant les diverses éditions anciennes, est écrit *portatif*, qui ne signifie rien, ou *potatif*, comme ici, qui ne signifie pas davantage. Je crois qu'il faut lire « putatif », c'est-à-dire « qui passe pour être ce qu'il n'est pas » Le mot était déjà du temps On le trouve dans Eustache Deschamps C'est une expression du droit. En la prêtant au drapier, on la lui fait écorcher pour qu'elle soit comique.
5. C'est à dire de rien du tout, a la mode de Fécamp et de son bréviaire « A quel usage dictes-vous ces belles heures, dit Gargantua ? — A l'usage, dict le moyne, de Fécamp a trois psaumes et trois leçons, ou *rien du tout* qui ne veult » Rabelais, liv. I, ch. XLI.
6 « Il est à pendre, comme une vieille rapiere qu'on pend à son croc » Le *branc* était une sorte d'épée, a l'imitation du *brando* italien, aussi écrivait on quelquefois *brand*, d'où est venu le verbe *brandir*

7. Cachée en terre.

GUILLEMETTE, *ouvrant au Drappier.*
Comment vous criez !
LE DRAPPIER.
Bon gre en ayt Dieu ! Vous riez ?
Çà, mon argent !
GUILLEMETTE.
Saincte Marie !
De quoy cuidez-vous que je rie ?
Il n'a si dolente en la feste !...
Il s'en va : oncques tel tempeste
N'ouystes, ne tel frenaisie :
Il est encore en resverie ;
Il resve ; il chante, et puis fatrouille
Tant de langaiges, et barbouille :
Il ne vivra pas demye heure.
Par ceste ame ! je ris et pleure
Ensemble.
LE DRAPPIER.
Je ne sçay quel rire,
Ne quel pleurer. A brief vous dire,
Il faut que je soye payé.
GUILLEMETTE.
De quoy ? Estes-vous desvoyé ?
Recommencez-vous vostre verve [1] ?
LE DRAPPIER.
Je n'ay point apprins qu'on me serve
De tels mots, en mon drap vendant.
Me voulez-vous faire entendant
De vessies, que sont lanternes ?
PATHELIN, *simulant le délire.*
Sus tost ! la Royne des Guiternes [2]
A coup, qu'ell' me soit approuchee ?...
Je sçay bien qu'elle est accouchee
De vingt et quatre Guiterneaux,
Enfans de l'abbé d'Iverneaux [3] :
Il me fault estre son compere.
GUILLEMETTE.
Helas ! pensez à Dieu le pere,
Mon amy, non pas à guiternes ?
LE DRAPPIER.
Ha ! quels bailleurs de balivernes
Sont-ce cy ?... Or tost, que je soye
Payé, en or ou en monnoye,
De mon drap que vous avez prins ?
GUILLEMETTE.
Hé, dea, se vous avez mesprins
Une foys, ne souffit-il mye ?

1. Fantaisie, caprice, comme dans le *Roman de la Rose,* vers 2418.

Mes faux amans content leur verve.

2. Guitares.
3. L'abbaye d'Iverneaux (*de Hibernalis*), de l'ordre de Saint-Augustin, était située dans une vallée a une lieue de Brie-Comte-Robert. Elle dépendait du diocèse de Paris Ses abbés comptaient parmi les sept vingt-un (cent quarante et un) seigneurs qui avaient droit de censive dans certains quartiers de Paris, de la pour eux une certaine popularité qui trouve ici son écho.

LE DRAPPIER.
Sçavez-vous qu'il est, belle amye ?
M'aist Dieu, je ne sçay quel mesprendre !...
Mais quoy ! il convient rendre ou pendre [1].
Quel tort vous fais-je, se je vien
Ceans, pour demander le mien ?
Quel ? Bon gré sainct Pierre de Romme !
GUILLEMETTE.
Helas ! tant tormentez cest homme !
Je voy bien, à vostre visaige,
Certes, que vous n'estes pas saige...
Par ceste Pecheresse lasse [2],
Si j'eusse ayde, je vous lyasse !
Vous estes trestout forcene.
LE DRAPPIER.
Helas ! j'enraige que je n'ay
Mon argent !
GUILLEMETTE.
Ha ! quel niceté !
Seignez-vous ? *Benedicite !*
Faites le signe de la croix ?
LE DRAPPIER.
Or, regnie-je bieu, se j'accrois,
De l'année, drap !... Hen ! quel malade !
PATHELIN.
Mere de Diou, la Coronade,
Par fyé, y m'en voul anar,
Or renague biou, outre mar !
Ventre de Diou ! zen dict gigone,
Castuy carrible, et res ne donne.
Ne carillaine, fuy ta none ;
Que de l'argent il ne me sone [3].
Au Drappier.
Avez entendu, beau cousin ?
GUILLEMETTE.
Il eut ung oncle Lymosin,
Qui fut frere de sa belle ante :
C'est ce qui le faict, je me vante,
Gergonner en Lymosinois.
LE DRAPPIER.
Dea, il s'en vint en tapinois,
A-tout [4] mon drap soubz son aisselle.

1. « Rendre ou se laisser pendre. » Guillaume ne fait que répéter ici un proverbe qui était venu de la complainte du prévôt Hugues Aubryot en 1381
2. Ce doit etre sainte Marie l'Égyptienne qui, par ses fautes, sa pénitence et ses pérégrinations, mérite au mieux ce titre « de Pécheresse lasse. » La chapelle aux curieux vitraux qui était sous son invocation a Paris l'y avait rendue populaire Cette chapelle se trouvait dans une rue qui, a cause de la sainte, s'appela rue de l'*Égyptienne,* puis de la *Gipcienne,* et enfin, comme aujourd'hui encore, de la Jussienne.
3 Nous entrons ici dans la série des divagations en patois que personne n'a expliquées et que nous n'essaierons pas d'expliquer davantage. Ce fut dans l'origine l'un des plus grands effets de cette farce, et l'une des causes de son immense succès. Rabelais tacha de s'en faire un semblable, avec la harangue polyglotte de Panurge : « J'adjouterai, dit Pasquier, que nostre gentil Rabelais le voulut imiter, quand, pour se donner carrière, il introduisit Panurge par les sept ou huict langages divers, au premier abouchement de luy avec Pantagruel, le tout en la mesme façon qu'avoit fait Pathelin avec le resveu. »
4. Avec. — Rabelais s'est encore souvenu de ce vers (liv. I,

PATHELIN.

Venez ens[1], doulce damiselle ?...
Et que veut ceste crapaudaille ?
Allez en arriere, mardaille !
Cha tost, je veuil devenir prestre.
Or cha, que le deable y puist estre
En chelle viele prestrerie !
Et faut-il que le preste rie,
Quand il deust canter sa messe ?

GUILLEMETTE.

Helas ! helas ! l'heure s'appresse
Qu'il fault son dernier sacrement !

LE DRAPPIER.

Mais comment parle-il proprement
Picard ? D'ond vient tel coquardie[2] ?

GUILLEMETTE.

Sa mere fut de Picardie ;
Pour ce, le parle maintenant.

PATHELIN.

D'ond viens-tu, caresme prenant ?
Wacarme liefve, Gonedman,
Tel bel bighod gheueran[3].
Henriey, Henriey, conselapen
Ich salgned, ne de que maignen ;
Grile, grile, schole houden,
Zilop, zilop, en nom que bouden,
Distichen unen desen versen
Mat groet festal ou truit den herzen.
Hau, Wattewille ! come trie.
Cha, à dringuer, je vous en prie ?
Commare, se margot de l'eaue ;
Et qu'on m'y mette ung petit d'eaue ?
Hau ! Watwille ! pour le frimas,
Faictes venir sire Thomas,
Tantost, qui me confessera.

LE DRAPPIER.

Qu'est cecy ? Il ne cessera
Huy de parler divers langaige ?
Au moins, qu'il me baillast ung gaige,
Ou mon argent, je m'en allasse !

GUILLEMETTE.

Par les angoisses Dieu ! moy lasse !
Vous estes ung bien divers[4] homme !
Que voulez-vous ? Je ne sçay comme
Vous estes si fort obstiné.

PATHELIN.

Or cha, Renouart au Tiné[5],

Les playes Dieu ! Qu'est-ce qui s'ataque
A men cul ? Est-che or une vaque,
Une mousque, ou ung escarbot ?
Hé dea, j'ay le mau sainct Garbot[1] !
Suis-je des Foyreux de Bayeux ?
Jean du Quemin[2] sera joyeux :
Mais qu'il sçache que je le sée...
Be ! par sainct Jean ! je beréc
Vouleintiers à luy une fés.

LE DRAPPIER.

Comment peut-il porter le fés
De tant parler ? Ha ! il s'affole !

GUILLEMETTE.

Celuy qui l'apprint à l'escole
Estoit Normand : ainsi avient
Qu'en la fin il luy en souvient.
Il s'en va !

LE DRAPPIER.

Ah ! saincte Marie !
Vecy la plus grand' resverie
Où je fusse oncques-mais bouté.
Jamais ne me fusse douté
Qu'il n'eust huy esté à la Foire !

GUILLEMETTE.

Vous le cuydez ?

LE DRAPPIER.

Saint Jacques ! voire :
Mais j'apperçoy bien le contraire.

PATHELIN.

Sont-il ung asne que j'os braire ?
Halas ! halas ! cousin à moy !
Ilz seront tous en grand esmoy.
Le jour, quand je ne te verray,
Il convient que je te herray ;
Car tu m'as faict grand trichery :
Ton faict, il est tout trompery.
Ha oul danda, oul en ravezie
Corf ha en euf.

GUILLEMETTE.

Dieu vous bénie !

PATHELIN.

Huis oz bez ou dronc noz badou
Digaut an can en ho madou
Empedit dich guicebnuan
Quez que vient ob dre donchaman
Men ez cachet hoz bouzelou
Eny obet grande canou

---

ch. xxv). « Ainsi l'emporta en tapinois, comme fit Pathelin son drap »

1 Ici, in.
2 Cette farce, cette comédie.
3 Nous sommes ici en plein flamand, le mot *wacarme* suffirait pour le prouver C'était le cri de guerre des gens des Flandres, comme on le voit par le vers 2882 de *Renard le Novel* :

Flament sceut si crier wakarme

4 « Singulier, étrange » C'est avec ce sens que le mot se trouve dans la phrase si célèbre de Montaigne « C'est un sujet merveilleusement vain, divers et ondoyant que l'homme »

5 Héros oui figure avec sa massue cerclée de fer comme un

tonneau (*tinel* ou *tinne*), dans l'une des branches du roman de *Guillaume au court nez*. Le souvenir de ce roman de Guillaume l'héroïque, jeté au travers des ébahissements de Guillaume le drapier ahuri, est très-comique.

1. La dyssenterie — Par un de ces jeux de l'esprit populaire, dont nous avons tant d'exemples au moyen âge, et qu'aujourd'hui il est très-difficile d'expliquer en style décent, on avait donné pour patron spécial à cette maladie, saint Gerbold, Garbolt ou Garbot, évêque de Bayeux, la ville la plus célèbre par ses foires. Le sobriquet a double sens qu'on avait donné à ses habitants, et qui se trouve au vers qui suit, en venant V. a ce sujet Ducange au mot *Senescallus*, et Pluquet, *Essai historique sur la ville de Bayeux*, ch. xxviii.

2. Chemin.

Maz rechet crux dan holcon,
So ol oz merveil gant nacon,
Aluzen archet episy,
Har cals amour ha courteisy ¹.

LE DRAPPIER.

Helas ! pour Dieu, entendez y !
Il s'en va ! Comment il gargouille ?
Mais que dyable est-ce qu'il barbouille ?
Saincte Dame ! comme il barbote !
Par le corps bieu ! il barbelote
Ses mots, tant qu'on n'y entent rien.
Il ne parle pas chrestien,
Ne nul langaige qui apere ².

GUILLEMETTE.

Ce fut la mere de son pere,
Qui fut attraicte de Bretaigne...
Il se meurt : cecy nous enseigne
Qu'il fault ses derniers sacremens.

PATHELIN.

Hé, par saint Gignon, tu ne mens !
Vualx te Deu, vilain de Lorraine !
Dieu te mette en male sepmaine !
Tu ne vaux mye une vieilz nate
Va, sanglante botte chavate,
Va, coquin ; va, sanglant paillard :
Tu me refais trop le gaillard.
Par la mort bieu ! Çà, vien t'en boire,
Et baille-moy stan grain de poire :
Car vraeyment je le mangera,
Et, par sainct George, je beura
A ty !... Que veux-tu que je die ?
Dy, viens-tu niant de Picardie ³ ?
Jacque niant, que t'es ebaubis ?
Et bona dies sit vobis,
Magister amantissime,
Pater reverendissime ⁴,

Quomodò bruhs ? Quæ nova ?
Parisius non sunt ova.
Quid petit ille mercator ?
Dicat sibi quod trufator
Ille, qui in lecto jaret,
Vult ei dare, si placet,
De ocà ad comedendum :
Si sit bona ad edendum,
Pete sibi sine mora ¹.

GUILLEMETTE.

Par mon serment, il se mourra
Tout parlant ! Comme il escume !
Veez-vous pas comment il fume ?
A haultaine divinité
Or s'en va son humanité !
Or demourray-je povre et lasse !

LE DRAPPIER, *à part.*

Il fust bon que je m'en allasse,
Avant qu'il eust passé le pas.

(*A Guillemette.*)

Je doute qu'il ne voulsist pas
Vous dire, à son trespassement,
Devant moy, si priveement,
Aucuns secrez, par aventure ?
Pardonnez-moy ; car je vous jure
Que je cuydoie, par ceste ame,
Qu'il eust eu mon drap. Adieu, dame.
Pour Dieu, qu'il me soit pardonné ² !

GUILLEMETTE.

Le benoist jour vous soit donné !
Si soit ³ à la povre dolente !

LE DRAPPIER, *seul.*

Par saincte Marie la gente !
Je me tiens plus esbaubely
Qu'onques !... Le dyable, en lieu de ly,
A prins mon drap pour moy tenter.
Benedicite ! Attenter
Ne puist-il jà à ma personne !
Et, puis qu'ainsi va, je le donne,
Pour Dieu, à quiconques l'a prins.

PATHELIN, *après le départ du Drappier.*

Avant ! Vous ay je bien apprins ?
Or s'en va-il, le beau Guillaume !

---

1. Génin, qui voulait tout expliquer, n'eut de cesse qu'il n'eût appris ce que ce bas-breton signifiait Le Breton très breton nant Émile Souvestre prit la peine de le chercher pour lui Après avoir refait la plupart des mots, il lui envoya une traduction inutile à reproduire ici . « Il y a là, dit-il dans sa lettre d'envoi pour résumer cette divagation bretonnante, il y a des vers de prophétie, d'autres empruntés sans doute à des poëmes bretons du temps, d'autres inventés , le tout entremêlé d'une manière grotesque pour reproduire le désordre de la folie. »

2. « Qui en ait l'apparence. » — Ne pas parler langage chrétien était le plus terrible signe de damnation. Celui à qui s'adressait ce langage maudit en devenait ensorcelé . « Par la vertubieu, fait dire Rabelais à Panurge dans l'antre de la Sibylle de Panzous (liv. III, ch xvii), je tremble, je crois que je suis charmé Elle ne parle pas christian. » Dans Rabelais encore, à l'épisode de Pantagruel et de l'escolier limosin, le premier part à l'autre qu'il ne comprend pas « Mon amy, parlez vous christian ou patehnois ? »

3. Nous sommes ici en plein langage lorrain, le dernier de ceux que doit parler Pathelin, et dont Pasquier nous donne ainsi la nomenclature « Car en ses resveries il parle cinq ou six sortes de langages, limosin, picard, normand, breton, lorrain .. » Génin fait ici remarquer que Pathelin parle à Guillaume, qu'il a appelé « vilain de Lorraine », comme à un Lorrain, avec les propres expressions du pays A ty, niant, stan grai de poire. « Et, ajoute-t-il, comme le pauvre Guillaume entend tout cela avec l'air hébété d'un homme qui n'y comprend goutte, l'autre lui demande Arrives-tu de Picardie, que tu as l'air si ébaubi quand je te parle lorrain ? Alors, il passe au latin pour se rendre plus clair »

4. Rabelais, dans sa curieuse lettre à Antoine Gallet, seigneur de la Cour Compaing, que possédait Lestoille et qu'on trouve dans les récentes éditions de son *Journal*, a la date du 22 janvier 1609, prélude comiquement par ce vers macaronique, et par les deux qui suivent, en ajoutant · « Ces parolles, proposées devant vos reverences et translatées de patelinois en nostre vulgaire orleanois, valent autant à dire que si je disois Monsieur, vous soyez le tresbien revenu des nopces, de la feste, de Paris Si la vertu Dieu vous inspirait de transporter vostre paternité jusqu'en cestuy hermitage, vous nous en raconteriez de belles ! »

1. Voici la traduction de ce latin, dans lequel, pour qu'il soit mieux de cuisine, Pathelin rappelle à Guillaume l'oie qu'il lui avait promis à manger : « Que le bon jour soit pour vous, maître tresaimé, pere révérendissime. Que brouillez vous (*bruhs*) ? Quoi de nouveau ? Il n'y a pas d'œufs à Paris Que demande ce marchand ? Qu'il se dise que le trompeur qui est couché là dans ce lit veut lui donner, s'il lui plait, une oie à manger Qu'il se demande si l'oie est bonne à manger sans retard »

2. C'était une formule d'adieu. Jehan de Saintré (ch. xxvii) ne l'oublie pas en prenant congé de la reine « Ha ! madame, dit il, pour Dieu qu'il me soit pardonné. »

3. Ainsi soit-il.

Dieux ! qu'il a dessoubz son heaulme [1]
De menues conclusions !
Moult luy viendra d'avisions
Par nuyt, quant il sera couchie.

GUILLEMETTE.

Comment il a este mouchié [2] !
N'ay-je pas bien faict mon devoir ?

PATHELIN.

Par le corps bieu ! à dire voir,
Vous y avez tres-bien ouvré.
Au moins, avons nous recouvré
Assez drap pour faire des robes.

LE DRAPPIER, *chez lui.*

Quoy, dea ! chacun me pais de lobes [3] !
Chacun m'emporte mon avoir,
Et prent ce qu'il en peut avoir !
Or suis-je le roy des marchans ?
Mesmement, les bergers des champs
Me cabassent [4] ; ores le mien,
A qui j'ay tousiours faict du bien.
Il ne m'a pas pour rien gabé [5].
Il en viendra au pied leve [6],
Par la Benoiste couronnée [7] !

THIBAULT AIGNELET, *bergier.*

Dieu vous doint benoiste journée
Et bon vespre [8], mon seigneur doulx !

LE DRAPPIER.

Ha ! es tu là, truant merdoux !
Quel bon varlet ! Mais à quoy faire ?

LE BERGIER.

Mais, qu'il ne vous vueille desplaire ;
Ne sçay quel vestu de roye,
Mon bon seigneur, tout desvoyé,
Qui tenoit ung fouet sans corde [9],
M'a dict... Mais je ne me recorde

Point bien, au vray, ce que peut estre.
Il m'a parle de vous, mon maistre,
Et ne sçay quelle ajournerie.
Quant à moi, par saincte Marie !
Je n'y entends, ne gros, ne gresle.
Il m'a brouillé de pesle mesle,
De brebis, et de relevée [1] ;
Et m'a faict une grant levée,
De vous, mon maistre, de boucher [2]...

LE DRAPPIER.

Se je ne te fais emboucher [3]
Tout maintenant devant le juge,
Je prie à Dieu que le deluge
Courre sur moy, et la tempeste !
Jamais tu n'assommeras beste,
Par ma foy, qu'il ne t'en souvienne !
Tu me rendras, quoy qu'il adviennne,
Six aulnes... dis-je, l'assommaige
De mes bestes, et le dommaige
Que tu m'as faict depuis dix ans.

LE BERGIER.

Ne croyez pas les mesdisans,
Mon bon seigneur ; car, par ceste ame...

LE DRAPPIER.

Et, par la Dame que l'en reclame !
Tu rendras, avant samedy,
Mes six aulnes de drap... Je dy,
Ce que tu as prins sur mes bestes.

LE BERGIER.

Quel drap ? Ah ! mon seigneur, vous estes,
Ce croy, courroucé d'autre chose.
Par sainct Leu ! mon maistre, je n'ose
Rien dire, quand je vous regarde.

LE DRAPPIER.

Laisse m'en paix, va t'en, et garde
Ta journée [4], se bon te semble !

LE BERGIER.

Mon seigneur, accordons ensemble :
Pour Dieu ! que je ne plaide point ?

LE DRAPPIER.

Va, ta besongne est en bon poinct ;
Va t'en ! Je n'en accorderay,
Par Dieu, je n'en appointeray
Qu'ainsi que le juge fera.
Ha, quoy ! chacun me trompera
Mesouen [5], se je n'y pourvoie.

---

1. « Sous son casque » En avoir sui ou sous *le casque*, *le begum*, *le toquet*, voulait dire être affolé de quelque chose « Plusieurs fois, dit Tallemant dire le même sens (t IV, p 36), la dame avait eu sur son *toquet* » C'est de cette derniere expression qu'est venu le mot *toqué* pour dire un cerveau derangé.
2. Le peuple dit avec le meme sens *remouche*, qui se trouve déja au xvi° siecle dans le dictionnaire de Nicot, et un peu plus tard dans celui de Cotgrave.
3. « Moqueries, duperies. » C'est un mot qui ne tarda pas a vieillir Cotgrave, en 1611, le donne comme étant du vieux français (*old french*)
4. « Me trompent » V la premiere note de cette piece.
5. Moqué « Il est, lisons-nous dans *les Esprits* de Larivey, il est des coppieux de La Fleche, qui ne font que se *gabber* d'autruy. »
6. « Il en repondra tout de suite, » *ex tempore*, dit Cotgrave.
7. « Par la Vierge bénie et couronnée. »
8. « Bonsoir »
9. Estienne Pasquier constate la curiosité de tout ce passage, pour la connaissance de certaines choses du temps « Les sergens exploictans (porteurs d'exploits) portoient leurs manteaux bigarres, ainsi que nous recueillons de ces mots, *ne sçay quel vestu de roye*, et encore estoient tenuz de porter leur verge et c'est ce que le berger veut dire, quand il parle d'un *fouet sans corde* De cela nous pouvons apprendre que ce n'est pas sans raison qu'on appelloit les sergens a pied, sergens a verge, coutume que l'on voulut faire revivre par l'edit d'Orléans fait à la postulation des trois états, en l'an 1560, quand par articles expres on ordonna que fussions contraints d'obeir au commandement d'un sergent, et de le suivre, voire en prison, lorsqu'il nous toucheroit de sa verge »

1. « De l'apres midi » C'est encore le terme employé en droit.
2. Sans doute que dans l'assignation de Guillaume à Aignelet, il y avait quelques mots contre celui ci, qui s'etait fait le boucher de son troupeau Brueys a pris occasion de ce seul mot pour tout ce qu'il dit du commerce d Aignelet avec les bouchers auxquels il vendait les brebis qu'il avait en garde
3. Tenu en bride, comme un cheval a qui l'on a mis son mors.

Il en devroit être *embouché*

dit dans la farce du *Badin*, a propos de son mari, la femme qu'il a battue.
4. « Garde ton ajournement »
5. C'est le meme mot que *meshuy*, dorenavant.

LE BERGIER.

A Dieu, sire, qui vous doint joye !
Il faut donc que je me defende.
    Il frappe à la porte de Pathelin.
A-il ame là ?

PATHELIN.

On me pende,
S'il ne revient, parmy la gorge !

GUILLEMETTE.

Et non faict, que bon gré sainct George !
Ce seroit bien au pis venir.

LE BERGIER, *entrant*.

Dieu y soit ! Dieu puist advenir !

PATHELIN.

Dieu te gard, compains ! Que te fault ?

LE BERGIER.

On me piquera en defaut,
Se je ne voys à ma journée,
Monseigneur, à de relevée.
Et, s'il vous plaist, vous y viendrez,
Mon doulx maistre, et me defendrez
Ma cause ; car je n'y sçay rien.
Et je vous payeray tres-bien,
Pourtant, se je suis mal vestu.

PATHELIN.

Or vien çà ? Parles ! Qui es-tu ?
Ou demandeur ? ou defendeur ?

LE BERGIER.

J'ai affaire à ung entendeur
(Entendez-vous bien, mon doulx maistre ?)
A qui j'ay longtemps mené paistre
Ses brebis, et les luy gardoye.
Par mon serment ! je regardoye
Qu'il me payoit petitement...
Diray-je tout ?

PATHELIN.

Dea, seurement :
A son conseil doit-on tout dire.

LE BERGIER.

Il est vray et verité, sire,
Que je les luy ay assommées,
Tant que plusieurs se sont pasmées
Maintesfois, et sont cheutes mortes,
Tant feussent-elles saines et fortes.
Et puis, je luy fesoye entendre,
Afin qu'il ne m'en peust reprendre,
Qu'ilz mouroient de la clavelée.
« Ha ! faict-il ; ne soit plus meslée
Avec les autres : gette–la !
— Voulentiers ! » fais-je. Mais cela
Se faisoit par une autre voye :
Car, par sainct Jean ! je les mangeoye,
Qui sçavoye bien la maladie.
Que voulez-vous que je vous die ?
J'ay cecy tant continué,

J'en ay assommé et tué
Tant, qu'il s'en est bien apperçeu.
Et quand il s'est trouvé deçeu,
M'aist Dieu ! il m'a fait espier :
Car on les ouyt bien crier,
(Entendez-vous ?) quand on le sçait.
Or, j'ay esté prins sur le faict :
Je ne le puis jamais nier.
Si vous voudroye bien prier
(Pour du mien, j'ay assez finance)
Que nous deux luy baillons l'avance [1].
Je sçay bien qu'il a bonne cause ;
Mais vous trouverez bien tel clause,
Se voulez, qu'il l'aura mauvaise.

PATHELIN.

Par ta foy, seras-tu bien aise ?
Que donras-tu, si je renverse
Le droit de ta partie adverse,
Et si je t'en envoye absoulz ?

LE BERGIER.

Je ne vous payeray point en soulz,
Mais en bel or à la couronne [2].

PATHELIN.

Donc auras-tu ta cause bonne.
Et, fust-elle la moytié pire,
Tant mieulx vault, et plustost l'empire,
Quand je veulx mon sens apliquer.
Que tu m'orras bien descliquer [3],
Quand il aura fait sa demande !
Or, vien çà : et je te demande,
Par le sainct Sang bien precieux !
Tu es assez malitieux
Pour entendre bien la cautelle.
Comment est-ce que l'en t'appelle ?

LE BERGIER.

Par sainct Maur ! Thibault l'Aignelet.

PATHELIN.

L'Aignelet, maint aigneau de laict
Tu as cabassé à ton maistre ?

LE BERGIER.

Par mon serment ! il peut bien estre
Que j'en ay mangé plus de trente
En trois ans.

PATHELIN.

Ce sont dix de rente,
Pour tes dez et pour ta chandelle [4].

---

1. « Prenions sur lui le pas, l'avantage. »
2. C'est l'écu de trente sols dont il a été parlé plus haut. Il avait cours depuis le Philippe le Bel. Les *ecus au soleil* que Louis XI fit frapper un peu plus tard, par ordonnance du 2 nov. 1475, et qu'on appelait ainsi a cause du soleil placé au-dessus de la couronne, furent d'un aloi un peu plus élevé. (Leblanc, *Traité des monnaies*, p. 9.)
3. Jouer de la langue comme d'un *cliquet*. Dans le *Debat de la nourrice et de la chambriere*, la premiere dit a l'autre
« As-tu tout dit, *descliqué* tout ?
Garde de rien laisser derriere. »
4. « Pour tes menus profits. » Plus tard ces menus profits des gens de services, notamment des portiers, furent si considerables, qu'on

Je croy que luy bailleray belle !...
Penses-tu qu'il puisse trouver
Sur piez, par qui ces faicts prouver ?
C'est le chief de la playderie.

LE BERGIER.

Prouver, sire! Saincte Marie !
Par tous les saincts de paradis !
Pour ung, il en trouvera dix,
Qui contre moy deposeront.

PATHELIN.

C'est ung cas qui bien fort desrompt
Ton faict... Vecy que je pensoye :
Je faindray que point je ne soye
Des tiens, ne que je te visse oncques ?

LE BERGIER.

Ne ferez, Dieux !

PATHELIN.

   Non, rien quelconques.
Mais vecy qui te conviendra ;
Se tu parles, on te prendra,
Coup à coup, aux positions [1] ;
Et, en telz cas, confessions
Sont si très-prejudiciables,
Et nuysent tant, que ce sont dyables !
Et, pour ce, vecy qu'il faudra :
Jà tost, quand on t'appellera
Pour comparoir en jugement,
Tu ne respondras nullement,
Fors *Bée*, pour riens que l'on te die.
Et, s'il advient qu'on te mauldie,
En disant : « He, cornart puant,
Dieu vous mette en mal an, truant !
Vous mocquez-vous de la justice ? »
Dy : « *Bée.* « Ha! feray-je ; il est nice [2] ;
Il cuide parler à ses bestes. »
Mais, s'ilz devoient rompre leurs testes,
Que autre mot n'ysse [3] de ta bouche :
Garde-t'en bien !

LE BERGIER.

   Le faict me touche.
Je m'en garderay vrayement,
Et le feray bien proprement,
Je vous le promets et afferme.

PATHELIN.

Or t'en garde; tiens-toy bien ferme.
A moy-mesme, pour quelque chose
Que je te die ne propose,
Si ne respondz point autrement.

LE BERGIER.

Moy ! Nenny, par mon sacrement !

Dictes hardiment que j'affolle,
Se je dy huy autre parolle,
A vous, ne à autre personne,
Pour quelque mot que l'on me sonne,
Fors *Bée*, que vous m'avez apprins.

PATHELIN.

Par sainct Jean ! ainsi sera prins
Ton adversaire par la moe [1].
Mais, aussi, fais que je me loe,
Quand ce sera faict, de ta paye ?

LE BERGIER.

Monseigneur, se je ne vous paye
A vostre mot [2], ne me croyez
Jamais. Mais, je vous pry', voyez
Diligemment à ma besongne.

PATHELIN.

Par Nostre Dame de Boulongne [3] !
Je tiens que le juge est assis;
Car il se siet tousjours à six
Heures, ou illec environ.
Or vien après moy : nous n'iron
Pas tous les deux par une voye.

LE BERGIER.

C'est bien dit : afin qu'on ne voye
Que vous soyez mon advocat ?

PATHELIN.

Nostre Dame! moquin, moquat,
Se tu ne payes largement !...

LE BERGIER.

Dieux ! à vostre mot vrayement,
Monseigneur, n'en faictes nul doubte.

PATHELIN, *seul*.

Hé dea, s'il ne pleut, il desgoute [4].
Au moins auray-je une espinoche [5] :
J'auray de luy, s'il chet en coche,
Ung escu ou deux, pour ma paine.

Devant le Juge.

Sire, Dieu vous doint bonne estraine,
Et ce que vostre cueur desire !

---

exigea qu'ils y prendraient de quoi payer non-seulement leur chandelle, mais celle de la maison C'est ce qui nous donne le sens de ce que dit le portier Petit-Jean, des *Plaideurs*.

 On m'avait donné soin
 De fournir la maison de chandelle et de foin
 Mais je n'y perdis rien Enfin, vaille que vaille,
 J'aurais, sur le marché, fort bien fourni la paille

1. Aux questions posées
2. Niais, Nicaise. V. sur ce mot une note des pièces qui précedent.
3 Ne sorte.

1. « Par la bouche, par le bec. »
2 « A votre prix » — Le finaud équivoque ici sur le double sens de *mot* Il payera en effet Pathelin, à son *mot*, puisque le *bee* qu'il lui a appris sera son seul payement.
3 Sous Louis XI, même avant qu'il lui eût, en 1477, fait hommage de la ville, dont elle était la patronne, et de son comté, Notre-Dame de Boulogne était en grand crédit La dévotion du roi, qui finit par se manifester de la façon que nous venons de dire, avait entraîné celle de tout le royaume.
4. « Il vient encore quelque peu d'eau au moulin. » — « S il ne pleut, il desgoutte, » dit, dans les *Contes d'Eutropel*, le vieux Leupold, qui, lui aussi, se souvient de son *Pathelin*.
5 Petit poisson qui est le menu fretin de la peche. Le mot *epinocher*, dont nous avons fait le terme populaire *pignocher*, pour dire chercher des riens s'amuser a des vetilles, en est venu Estienne Pasquier (liv XX, lettre 5) s'est servi du mot *epinocher* avec le sens dont nous parlons. Il se trouve encore mieux dans la *Lettre* de M Favreau à Malherbe sur sa traduction de l'*Epithalame du cavalier Marin* « Mille autres vétilles, ou ils s'amusent a *epinocher*, et pointiller sur les syllabes et paroles, au lieu de s'attacher a la substance des choses. »

LE JUGE.
Vous soyez le bien venu, sire !
Or vous couvrez. Çà, prenez place.

PATHELIN.
Dea, je suis bien, sauf vostre grace :
Je suis icy plus à delivre ¹.

LE JUGE.
S'il y a riens, qu'on se delivre
Tantost ², affin que je me lieve ?

LE DRAPPIER.
Mon advocat vient, qui acheve
Ung peu de chose qu'il faisoit,
Monseigneur ; et, s'il vous plaisoit,
Vous feriez bien de l'attendre.

LE JUGE.
Hé dea ! j'ay ailleurs à entendre.
Se vostre partie est presente,
Delivrez-vous ³, sans plus d'attente.
Et n'estes-vous pas demandeur ?

LE DRAPPIER.
Si suis.

LE JUGE.
Où est le defendeur ?
Est-il cy present en personne ?

LE DRAPPIER.
Oui ; veez-le là qui ne sonne
Mot ; mais Dieu scet qu'il en pense.

LE JUGE.
Puisque vous estes en presence
Vous deux, faites vostre demande ?

LE DRAPPIER.
Vecy doncques que luy demande,
Monseigneur. Il est verité
Que, pour Dieu et en charité,
Je l'ay nourry en son enfance ;
Et, quand je vy qu'il eut puissance
D'aller aux champs, pour abregier,
Je le fis estre mon bergier,
Et le mis à garder mes bestes ;
Mais, aussi vray comme vous estes
Là assis, monseigneur le juge,
Il en a faict ung tel deluge ⁴
De brebis et de mes moutons,
Que sans faulte...

LE JUGE.
            Or, escoutons :
Au Drappier.
Estoit-il point vostre aloué ⁵ ?

PATHELIN.
Voire ; car, s'il s'estoit joué
A le tenir, sans alouer...

LE DRAPPIER, *reconnaissant Pathelin, qui se couvre le visage avec la main* ¹.
Je puisse Dieu desavouer,
Se n'estes-vous sans nulle faulte !

LE JUGE.
Comment vous tenez la main haute ?
A'vous ² mal aux dents, maistre Pierre ?

PATHELIN.
Oui ; elles me font telles guerre,
Qu'oncques-mais ne senty tel raige ;
Je n'ose lever le visaige.
Pour Dieu, faites-les proceder.

LE JUGE.
Avant, achevez de plaider.
Suz, concluez appertement ?

LE DRAPPIER, *à part.*
C'est il, sans autre, vrayement !
A Pathelin.
Par la croix où Dieu s'estendy !
C'est à vous à qui je vendy
Six aulnes de drap, maistre Pierre ?

LE JUGE.
Qu'est-ce qu'il dit de drap ?

PATHELIN.
            Il erre.
Il cuide à son propos venir ;
Et il n'y scet plus advenir,
Pour ce qu'il ne l'a pas apprins.

LE DRAPPIER.
Pendu soye, se autre l'a prins,
Mon drap, par la sanglante gorge !

PATHELIN.
Comme le meschant homme forge
De loing, pour fournir son libelle !
Il veut dire (il est bien rebelle !)
Que son bergier avoit vendu
La laine (Je l'ay entendu),
Dont fut faict le drap de ma robbe,
Comme il dict qu'il le desrobe,
Et qu'il luy a emblé la laine
De ses brebis.

LE DRAPPIER.
            Male semaine
M'envoye Dieu, se vous ne l'avez !

LE JUGE.
Paix ! par le dyable ! vous bavez !
Et ne sçavez-vous revenir
A vostre propos, sans tenir
La Court de telle baverie ?

---

1. « Plus à l'aise. »
2. « S'il y a quelque affaire, qu'on s'en libere au plus tôt. »
3. « Faites-vous quitte de votre affaire. »
4. « Dégât, dommage. » — Dans quelques provinces le mot *deluge* s'emploie encore dans le même sens.
5. « Votre homme à gages. »

1. Pasquier indique ce jeu de scene : « Ici se trouvent les deux parties, et mesmement Pathelin, qui tenoit sa teste appuyée sur ses deux coudes, pour n'estre sitôt apperçu du drappier. »
2. « Avez-vous » C'est une abréviation que Beze reconnait admise par l'usage en son temps, et qui l'est encore du nôtre, chez le peuple.

PATHELIN.
Je sens mal [1], et faut que je rie.
Il est desjà si empressé,
Qu'il ne scet où il l'a laissé :
Il faut que nous luy reboutons [2].

LE JUGE.
Suz, revenons à ces moutons [3] :
Qu'en fut-il ?

LE DRAPPIER.
Il en print six aulnes
De neuf francs.

LE JUGE.
Sommes-nous bejaunes,
Ou conarts [4] ? Où cuidez-vous estre ?

PATHELIN.
Par le sang bieu ! il vous fait paistre !
Qu'est-il bon homme par sa mine !
Mais, je le veux, qu'on examine
Un bien peu sa partie adverse ?

LE JUGE.
Vous dictes bien : il le converse [5] !
Il ne peut qu'il ne le cognoisse.
Vien çà ? Dy ?

LE BERGIER.
Bee !

LE JUGE.
Vecy angoisse [6] !
Quel *Bee* est-ce cy ? Suis-je chievre ?
Parle à moy ?

LE BERGIER.
Bée !

LE JUGE.
Sanglante fievre
Te doint Dieu ! Et te moques-tu ?

PATHELIN.
Croyez qu'il est fol, ou testu,
Ou qu'il cuide estre entre ses bestes ?

LE DRAPPIER, *à Pathelin*.
Or regnie-je bieu, se vous n'estes
Celuy, sans autre, qui avez
Eu mon drap ?... Ha ! vous ne sçavez,
Monseigneur, par quelle malice...

LE JUGE.
Et taisez-vous ! Estes-vous nice ?
Laissez en paix cest accessoire,
Et venons au principal.

LE DRAPPIER.
Voire,
Monseigneur ; mais le cas me touche :
Toutesfois, par ma foy, ma bouche
Meshuy un seul mot n'en dira.
Une autre fois, il en yra
Ainsi qu'il en pourra aller.
Il le me convient avaller
Sans mascher [1]... Or çà, je disoye,
A mon propos, comment j'avoye
Baillé six aulnes... Doy-je dire
Mes brebis... Je vous en pry, sire,
Pardonnez-moy ?... Ce gentil maistre,
Mon bergier, quant il devoit estre
Aux champs... Il me dit que j'auroye
Six escus d'or, quant je viendroye...
Dy-je, depuis trois ans en çà,
Mon bergier me convenança
Que loyaument me garderoit
Mes brebis, et ne m'y feroit
Ne dommaige ne villenie....
Et puis, maintenant il me nie
Et drap et argent plainement !
Ah ! maistre Pierre, vrayement,
Ce ribaut-cy m'embloit [2] les laines
De mes bestes ; et, toutes saines,
Les fesoit mourir et perir,
Par les assommer et ferir
De gros baston sur la cervelle...
Quant mon drap fut soubz son aisselle,
Il se mist en chemin grant erre [3],
Et me dist que j'allasse querre
Six escus d'or en sa maison...

LE JUGE.
Il n'y a rime ne raison
En tout quant que vous refardez [4].
Qu'est cecy ? Vous entrelardez
Puis d'un, puis d'autre. Somme toute,
Par le sang bieu ! je n'y voy goute !
Il brouille de drap, et babille
Puis de brebis, au coup la quille [5] !
Chose qu'il dit ne s'entretient.

PATHELIN.
Or, je m'en fais fort, qu'il retient
Au povre bergier son salaire ?

LE DRAPPIER.
Par Dieu ! vous en peussiez bien taire !
Mon drap, aussi vray que la messe...
Je sçay mieux où le bast m'en blesse,
Que vous ne un autre ne sçavez...
Par la teste bieu ! vous l'avez !

---

1. Il continue de feindre qu'il souffre des dents.
2. « Que nous l'y remettions »
3. De là est venu le proverbe, qui ne tarda pas à courir, avec une simple variante « Revenons à nos moutons » Il est dans Coquillard, *Monologue de la botte de foin*, dans le *Gargantua* de Rabelais, et Pasquier n'oublie pas d'en dire l'origine dans son chapitre sur Pathelin « Et quand il advient qu'en commun devis quelqu'un extravague de son premier propos, celuy qui le veut remettre sur ses premières brizées luy dit *Revenez à vos moutons.* »
4. Fous, étourdis V une des notes précédentes.
5. « Il vit avec lui, il le hante. » C'est ce dernier sens que Palsgrave (p. 582) donne au mot « je converse, I haunte ».
6. Ennui, tracas.

1 C'était une locution proverbiale que Leroux de Lincy n'a eu garde d'oublier parmi toutes celles dont cette face est remplie V son *Livre des proverbes français*, 1re édit, t. I, p LXXII La même expression se trouve dans la 30e des *Cent Nouvelles nouvelles*. « C'en est mon conseil que nous avallons sans mascher. »
2 « Me voloit »
3 Lestement, allègrement
4. « Platrez, et replatrez »
5. A tort et à travers, comme une boule dans un jeu de quilles, renversant à droite et à gauche.

LE JUGE.

Qu'est-ce qu'il a?

LE DRAPPIER.

Rien, monseigneur.
Certainement, c'est le greigneur[1]
Trompeur... Holà! je m'en tairay,
Si je puis, et n'en parleray
Meshuy, pour chose qu'il advienne.

LE JUGE.

Et non! Mais qu'il vous en souvienne!
Or, concluez appertement?

PATHELIN.

Ce bergier ne peut nullement
Respondre aux fais que l'on propose,
S'il n'a du conseil; et il n'ose
Ou il ne scet en demander.
S'il vous plaisoit moy commander
Que je fusse à luy, je y seroye?

LE JUGE.

Avecques luy? Je cuideroye
Que ce fust trestoute froidure[2] :
C'est peu d'acquest[3].

PATHELIN.

Mais je vous jure
Qu'aussi n'en veuil rien avoir :
Pour Dieu soit! Or, je voys sçavoir
Au pauvret, qu'il voudra me dire,
Et s'il me sçaura point instruire
Pour respondre aux fais de partie.
Il auroit dure departie
De ce, qui ne le secourroit!
Vien çà, mon amy? Qui pourroit
Trouver... Entens?

LE BERGIER.

Bée!

PATHELIN.

Quel Bee, dea!
Par le sainct Sang que Dieu crea!
Es-tu fol? Dy-moy ton affaire?

LE BERGIER.

Bée!

PATHELIN.

Quel Bee! Oys-tu tes brebis braire?
C'est pour ton prouffit : entens-y.

LE BERGIER.

Bée!

PATHELIN.

Et dy : Ouy ou Nenny,
C'est bien faict. Dy tousjours? Feras?

LE BERGIER.

Bée!

PATHELIN.

Plus haut! Ou tu t'en trouveras
En grans depens, ou je m'en doubte?

LE BERGIER.

Bée!

PATHELIN.

Or est plus fol cil qui boute
Tel fol naturel en procès!
Ha! sire, renvoyez-l'en à ses
Brebis? Il est fol de nature.

LE DRAPPIER.

Est-il fol? Sainct Sauveur d'Esture[1]!
Il est plus saige que vous n'estes.

PATHELIN.

Envoyez-le garder ses bestes,
Sans jour que jamais ne retourne[2]?
Que maudit soit-il qui adjourne
Tels folz, que ne fault adjourner!

LE DRAPPIER.

Et l'en fera-l'en retourner,
Avant que je puisse estre ouy?

PATHELIN.

M'aist Dieu! Puis qu'il est fol, ouy.
Pourquoy ne fera?

LE DRAPPIER.

Hé dea, sire,
Au moins, laissez-moy avant dire
Et faire mes conclusions?
Ce ne sont pas abusions
Que je vous dy, ne mocqueries!

LE JUGE.

Ce sont toutes tribouilleries,
Que de plaider à folz ne à folles!
Escoutez : à moins de parolles,
La Court n'en sera plus tenue.

LE DRAPPIER.

S'en iront-ilz, sans retenue
De plus revenir!

LE JUGE.

Et quoy doncques?

PATHELIN.

Au Juge.

Revenir? Vous ne veistes oncques
Plus fol, ne en faict, ne en response.
Montrant le Drappier.
Et cil ne vault pas mieulx une once.
Tous deux sont folz et sans cervelle :
Par saincte Marie la belle!
Eux deux n'en ont pas un quarat.

---

1. Le plus grand, du latin *grandior*; nous avons déjà vu ce mot.
2. Froidure est ici dans le sens de *frimas*, synonyme de *frume* : « Vous ne travaillerez ici que pour un profit a faire trembler, pour la *frume* »
3. « Peu de profit » Nous avons vu dans une des farces précédentes qu'on avait fait de Pou d'Aequest un type de théâtre.

---

1. « D'Asturie » Dans la chanson de Duguesclin (t II, p 300) se trouve le serment « par tous les saints d'Esture ».
2. « Sans ajournement pour qu'il revienne »

LE DRAPPIER.

Vous l'emportastes, par barat [1],
Mon drap, sans payer, maistre Pierre ?
Par la chair bieu, ne par sainct Pierre!
Ce ne fut pas faict de preud'homme.

PATHELIN.

Or, je regny sainct Pierre de Romme,
S'il n'est fin fol, ou il affolle !

LE DRAPPIER, *à Pathelin*.

Je vous cognois à la parolle,
Et à la robbe, et au visaige.
Je ne suis pas fol ; je suis saige,
Pour congnoistre qui bien me faict.

Au Juge.

Je vous compteray tout le faict,
Monseigneur, par ma conscience ?

PATHELIN, *au Juge*.

Hé, sire, imposez-luy silence !

Au Drappier.

N'a' vous honte de tant debatre
A ce bergier, pour trois ou quatre
Vieilz brebiailles ou moutons,
Qui ne valent pas deux boutons ?
Il en faict plus grand kirielle....!

LE DRAPPIER.

Quelz moutons ? C'est une vielle [2] :
C'est à vous-mesme que je parle,
A vous ! Et me le rendrez, par le
Dieu, qui voult à Noel estre né !

LE JUGE.

Veez-vous ? Suis-je bien assené [3] ?
Il ne cessera huy de braire.

LE DRAPPIER.

Je luy demande.....

PATHELIN, *au Juge*.

Faictes-lo taire ?

Au Drappier.

Et, par Dieu, c'est trop flageollé [4].
Prenons qu'il en ait affolé
Six ou sept, ou une douzaine,
Et mengez en sanglante estraine :
Vous en estes bien meshaigné [5] !
Vous avez plus que tant gaigné,
Au temps qu'il les vous a gardez ?

LE DRAPPIER.

Regardez, sire ; regardez !
Je luy parle de drapperie,

Et il respond de bergerie [1] !
Six aulnes de drap, où sont-elles,
Que vous mistes soubz vos aisselles ?
Pensez-vous point de me les rendre ?

PATHELIN.

Ha ! sire, le ferez-vous pendre
Pour six ou sept bestes à laine ?
Au moins, reprenez vostre halaine :
Ne soyez pas si rigoureux
Au povre bergier douloureux [2],
Qui est aussi nud comme un ver !

LE DRAPPIER.

C'est très bien retourné le ver [3] !
Le Dyable me fist bien vendeur
De drap à ung tel entendeur !

Au Juge.

Déa, monseigneur, je luy demande....

LE JUGE, *au Drappier*.

Je l'absoulz de vostre demande,
Et vous deffens le proceder.
C'est un bel honneur de plaider

Au Bergier.

A ung fol !.... Va-t'en à tes bestes ?

LE BERGIER.

Bée !

LE JUGE, *au Drappier*.

Vous monstrez bien quel vous estes,
Sire, par le sang Nostre Dame !

LE DRAPPIER.

Hé dea, monseigneur, bon gré m'ame :
Je luy vueil....

PATHELIN.

S'en pourroit-il taire ?

LE DRAPPIER, *à Pathelin*.

Et c'est à vous que j'ay affaire :
Vous m'avez trompé faulcement,
Et emporté furtivement
Mon drap, par vostre beau langaige ?

PATHELIN, *au Juge*.

Ho ! j'en appelle à mon couraige :
Et vous l'oyez bien, monseigneur ?

LE DRAPPIER.

M'aist Dieu ! vous estes le greigneur

Au Juge.

Trompeur !.... Monseigneur, quoy qu'on die....

---

1. Duperie, embûche, piége. *C'est*, dit l'un des fols, dans la *Farce de folle Bobance*,

> C'est de Bobance le barat
> De mettre gens en pôvreté.

2. « Comme une vielle il recommence toujours la même chanson. »
3. « Assommé. »
4. « Joué de vos flûtes. » Guillaume tout à l'heure lui reprochait sa vielle, Pathelin lui reproche ses flutes.
5. Malade, mal à l'aise.

1. Ce réveil de la raison de Guillaume, qui finit par voir clair dans l'imbroglio où veut le perdre Pathelin, a été fort bien remarqué par Génin « Ce triomphe naïf du pauvre Guillaume, dit-il, est du comique le plus fin, le plus délicat. Il ne faut pas croire que de pareils traits, dignes de Molière, abondent dans les autres farces du XVe et du XVIe siècle. »
2. Marot dans sa XIIe épître fait allusion à ce vers :

> Vous me tenez termes plus rigoureux
> Que le drappier au bergier douloureux.

3. Le côté, *versus*. « C'est bien mis à l'envers. » On disait avec le même sens, comme dans la 41e des *Cent Nouvelles nouvelles*, « changer le vers ».

LE JUGE.

C'est une droicte conardie [1]
Que de vous deux : ce n'est que noise.
Il se lève.
M'aist Dieu, il faut que je m'en voise [2].
Au Bergier.
Va-t'en, mon amy ; ne retourne
Jamais, pour sergent qui t'adjourne.
La Court t'absout : entens-tu bien ?

PATHLLIN, *au Bergier.*

Dy grand mercy ?

LE BERGIER.

Bée !

LE JUGE, *au Bergier.*

Dy je bien ?
Va-t'en, ne te chault ; autant vaille.

LE DRAPPIER.

Mais est-ce raison qu'il s'en aille
Ainsi ?

LE JUGE.

Ouy. J'ay affaire ailleurs.
Vous estes par trop grands railleurs :
Vous ne m'y ferez plus tenir :
Je m'en voys. Voulez-vous venir
Souper avec moy, maistre Pierre ?

PATHELIN.

Je ne puis.

Le Juge s'en va.
LE DRAPPIER, *à Pathelin.*

Ha ! qu'es-tu fort lierre [3] !
Dictes : seray-je point payé ?

PATHELIN.

De quoy ? Estes-vous desvoyé ?
Mais qui cuidez-vous que je soye ?
Par le sang de moy ! je pensoye
Pour qui c'est que vous me prenez ?

LE DRAPPIER.

Hé, dea !

PATHELIN.

Beau sire, or vous tenez.
Je vous diray, sans plus attendre,
Pour qui vous me cuidez prendre :
Est-ce point pour escervelle ?
Voy : nenny, il n'est point pellé,
Comme je suis, dessus la teste.

LE DRAPPIER.

Me voulez-vous tenir pour beste ?
C'estes-vous en propre personne,
Vous de vous : vostre voix le sonne,
Et ne le croy point aultrement.

PATHLIN.

Moy de moy ? Non suis, vrayement.

Ostez-en vostre opinion.
Seroit-ce point Jehan de Noyon [1] ?
Il me ressemble de corsaige.

LE DRAPPIER.

Hé dea ! il n'a pas le visaige
Ainsy potatif [2], ne si fade.
Ne vous laissay-je pas malade
Orains dedans vostre maison ?

PATHELIN.

Ha ! que vecy bonne raison !
Malade ? Et quelle maladie ?
Confessez vostre conardie :
Maintenant elle est bien clere.

LE DRAPPIER.

C'estes vous ! je regnie sainct Pierre !
Vous, sans aultre, je le sçay bien
Pour tout vray !

PATHELIN.

Or n'en croyez rien ;
Car, certes, ce ne suis je mye.
De vous onc aulne ne demye
Ne prins : je n'ay pas le loz tel [3].

LE DRAPPIER.

Ha ! je voys veoir en vostre hostel,
Par le sang bieu, se vous y estes [4].
Nous n'en debatrons plus nos testes
Icy, se je vous treuve là.

PATHELIN.

Par Nostre Dame c'est cela :
Par ce poinct, le sçaurez-vous bien.

Le Drappier sort.

Dy, Aignelet ?

LE BERGIER.

Bée !

PATHELIN.

Vien çà, vien ?
Ta besogne est-elle bien faicte ?

LE BERGIER.

Bée !

PATHELIN.

Ta partie est retraicte :
Ne dy plus *Bée* ; il n'y a force.
Luy ay-je baillé belle estorse [5] ?
T'ay-je point conseillé à poinct ?

---

1. C'est ici dans le sens de farce, plaisanterie. Ce qui nous le fait croire, c'est que dans quelques éditions il y a « comédie ».
2. « Que je m'en aille. »
3. Ou *lerre, loerre*, comme on le voit dans Ducange, au mot *Iorra*. C'est notre mot « leurre », appât de piège.

1. C'était le nom de quelque fou de cour. Nous n'avons pu découvrir lequel. Génin pense que c'est celui du roi Jean, et tache de le prouver, mais avec plus d'arguments que de raisons ; aussi ne peut-il convaincre personne.
2. Nous avons déjà trouvé ce mot, qui selon nous est une forme de « putatif » et qui signifierait encore ici « passer pour être ce qu'on n'est pas, avoir la mine et non la réalité ». Les évêques *in partibus*, qui n'avaient que le titre d'une prélature sans en avoir le revenu, étaient appelés évêques potatifs. Rabelais place dans sa fameuse bibliotheque de Saint Victor les *Potingues des evêques potatifs*.
3. « Je n'ai pas cette réputation. »
4. « Je vais voir chez vous si vous y êtes. » On dit encore, comme Regnard dans le *Distrait* (acte I, sc. IV), et peut-être en souvenir de ce passage : « Allez vous là-bas si j'y suis. »
5. Torsion, dans Cotgrave. *entorse*.

LE BERGIER.
Bee!

PATHELIN.
Hé dea! On ne te orra point!
Parle hardiment : ne te chaille[1] ?

LE BERGIER.
Bée!

PATHELIN.
Il est jà temps que je m'en aille.
Paye-moy ?

LE BERGIER.
Bée.

PATHELIN.
A dire voir[2],
Tu as très-bien faict ton devoir,
Et aussy bonne contenance.
Ce qui luy a baillé l'advance,
C'est que tu t'es tenu de rire.

LE BERGIER.
Bée !

PATHELIN.
Quel *Bee* ? Il ne le fault plus dire.
Paye-moy bien et doulcement.

LE BERGIER.
Bée !

PATHELIN.
Quel *Bée* ? Parle sagement,
Et me paye? Si m'en iray.

LE BERGIER.
Bée !

PATHELIN.
Scez-tu quoy je te diray ?
Je te prie, sans plus m'abayer,
Que tu penses de moy payer ?
Je ne vueil plus de baverie.
Paye-moy ?

LE BERGIER.
Bée!

PATHELIN.
Est-ce mocquerie?
Est-ce à tant que tu en feras ?
Par mon serment ! tu me payeras,
Entends-tu ? se tu ne t'envolles !
Çà, argent ?

LE BERGIER.
Bée !

PATHELIN.
Tu te rigolles !
A lui-même.
Comment! N'en aurai-je autre chose ?

LE BERGIER.
Bée !

1. « Ne te gêne point. »
2. Pour voire, *veré*, vraiment.

PATHELIN.
Tu fais le rimeur en prose !
Et à qui vends-tu tes coquilles ?
Scez-tu qu'il est ? Ne me babilles
Meshuy de ton *Bée*, et me paye ?

LE BERGIER.
Bée !

PATHELIN.
N'en auray-je autre monnoye ?
A qui cuides-tu te jouer ?
Et je me devoye tant louer
De toy ! Or fay que je m'en loë ?

LE BERGIER.
Bée !

PATHELIN.
Me fais-tu manger de l'oe ?
Maulgré bieu ! Ay-je tant vescu,
Qu'un bergier, un mouton vestu,
Un villain paillart, me rigolle ?

LE BERGIER.
Bée !

PATHELIN.
N'en auray-je autre parolle ?
Se tu le fais pour toy esbatre,
Dy-le : ne m'en fais plus debatre.
Vien-t'en souper à ma maison ?

LE BERGIER.
Bée !

PATHELIN.
Par sainct Jean ! tu as bien raison :
Les oysons menent les oes paistre[1].
A lui-même.
Or cuidois-je estre sur tous maistre
Des trompeurs d'icy et d'ailleurs,
Des forts coureux[2], et des bailleurs
De parolles en payement,
A rendre au jour du Jugement :
Et un bergier des champs me passe !
Au Bergier.
Par sainct Jacques ! se je trouvasse
Un bon sergent, te feisse prendre !

LE BERGIER.
Bée !

PATHELIN.
eu, *Bée* ! L'en me puisse pendre,
Se je ne voys faire venir
Un bon sergent ! Mesavenir
Luy puisse-il, s'il ne t'emprisonne !

LE BERGIER, *s'enfuyant.*
S'il me treuve, je luy pardonne !

1. C'était un proverbe · « Les oisons, lisons-nous dans les *Curiosités françoises*, d'Oudin, p. 398, veulent mener paistre leur mere » Leroux de Luncy donne cette variante qui se rapproche davantage de notre texte ·
L'oyson mene l'oie paistre
Le bejaune precede le musire.
2. Courtiers ou *courtiers*, maquignons.

CY FINE PATHELIN.

MM. DE MALLEPAYE ET DE BAILLEVANT

BAILLEVANT

S'on nous bailloit, par inventoire,
Deux mille escuz en une armoire,
Ilz n'auroient garde d'y moysir!

MESSIEURS DE MALLEPAYE ET DE BAILLEVANT[1]

(XVᵉ SIÈCLE, REGNE DE LOUIS XI)

DIALOGUE.

NOTICE ET ARGUMENT

Ce *Dialogue* — il n'est pas désigné autrement dans les anciennes éditions — passe pour être de François Villon. Galiot Du Pré le joignit à l'édition qu'il donna de ses œuvres en 1532 ; mais, ce qui pourrait faire naître quelques doutes, Marot l'omit dans celle qu'il publia plus tard. C'est l'exemple de Galiot Du Pré que suivirent les éditeurs qui vinrent ensuite : tous ont attribué le *Dialogue* à Villon.

Rien ne répugne à ce qu'il soit de lui, de même que le *Monologue du Franc-Archer*, que l'on y accole toujours.

Il est certain que Villon composa et joua « farces et moralités ». Lui-même, à ce titre, s'appelle un « bon folâtre » dans son *Grand Testament*, et Rabelais nous dit expressément que, retiré, sur ses vieux jours, à Saint-Maixent, il y faisait jouer la Passion « en gestes et langage poitevins ».

Cette *Farce* à deux personnages, qui fut certainement représentée — il suffirait pour le prouver de l'invitation au public qui se trouve dans les deux derniers vers — peut donc fort bien avoir été écrite et jouée par Villon.

Les deux personnages sont d'ailleurs de ceux de sa bande. Leurs noms indiquent ce qu'ils sont : Baillevent, un fanfaron, bailleur de riens ; Mallepaye, un gentilhomme de plate bourse, à qui Henry Estienne aurait donné plus tard ce beau marquisat d'Argencourt, dont il inventa le nom, et que, depuis, tant de pauvres diables se sont disputé.

Tout ce que la misère fanfaronne et chimérique peut imaginer de rêves et de souhaits, d'appels vantards à la bonne fortune, et de bravades contre le sort, d'espoirs en bulles de savon et de regrets en vessies crevées, se trouve ici, détaillé avec une verve singulière et renvoyé en lestes répliques de Mallepaye à Baillevent, et de Baillevent à Mallepaye, comme sur deux alertes raquettes.

L'époque tout entière, avec ce qu'on y rêvait, avec les mœurs de la cour et des champs, passe vivante et colorée dans cette intarissable litanie, dans ce flux inépuisable de paroles en l'air.

G. Colletet, faute de le comprendre, trouvait ce dialogue détestable. M. Campaux, dans son livre sur Villon, le trouve au contraire, car il le comprend, lui, d'un esprit étonnant et surtout d'une verve merveilleuse de la ville. Nous sommes de son avis.

MESSIEURS
DE MALLEPAYE ET DE BAILLEVANT

MALLEPAYE.
Hé ! Monsieur de Baillevant ?

BAILLEVANT.
Quoy

De neuf ?

MALLEPAYE.
On nous tient en aboy[1],
Comme despourveux, malureux.

BAILLEVANT.
Si j'avoye autant que je doy,

Sang bieu ! je seroye chez le Roy,
Un page apres moy :

MALLEPAYE.
Voire deux[1].

BAILLEVANT.
Nous sommes francs ;

---

1. On pense que nous sommes aux abois.

1. La grande marque de noblesse princière était d'avoir des pages. C'était encore ainsi sous Louis XIV. Les marquis en disputaient l'honneur aux ducs, ce qui a fait dire à La Fontaine

Tout marquis veut avoir des pages

« Les marquis à pages », comme on appelait ceux qui se donnaient cette vanité, sont souvent moqués dans les farces du théâtre italien.

MALLEPAYE.
Adventureux.

BAILLEVANT.
Riches ;

MALLEPAYE.
Bien aisés.

BAILLEVANT.
Plantureux [1] ;

MALLEPAYE.
Voire, de souhais [2].

BAILLEVANT.
C'est assez.

MALLEPAYE.
Gentilz hommes.

BAILLEVANT.
Hardis

MALLEPAYE.
Et preux [3].

BAILLEVANT.
Par l'huys [4].

MALLEPAYE.
Du joly Souffreteux [5]
Héritiers ;

BAILLEVANT.
De gaiges cassez [6].

MALLEPAYE.
Nous sommes puis troys ans passez,
Si minces ;

BAILLEVANT.
Si mal compassez.

MALLEPAYE.
Si simples ;

BAILLEVANT.
Ligiers comme vent.

MALLEPAYE.
Si esbaudiz [7],

BAILLEVANT.
Si mal tapiz [8],

MALLEPAYE.
De donner pour Dieu, dispensez,
Car nous jeusnons assez souvent.

BAILLEVANT.
Hé ! monsieur de Mallepaye,
Qui peult trouver soubz quelque amant [1]
Deux ou troys mille escus : quel proye !

MALLEPAYE.
Nous ferions bruyt.

BAILLEVANT.
Toutalesment.

MALLEPAYE.
Le quartier en vault l'arpent,

BAILLEVANT.
Pardieu ! monsieur de Mallepaye.

MALLEPAYE.
J'escriptz contre ces murs ;

BAILLEVANT.
Je raye,
Puis de charbon et puis de croye [2].

MALLEPAYE.
Je raille ;

BAILLEVANT.
Je faigs chère [3] à tous.

MALLEPAYE.
Nous avons beau coucher en raye [4],
L'oreille au vent, la guelle baye [5],
On ne faict point porchatz de nous [6].

BAILLEVANT.
Hélas ! serons nous jamais soulx.

MALLEPAYE.
Il ne fault que deux ou troys coups,
Pour nous remonter

BAILLEVANT.
Droictz ;

MALLEPAYE.
Drutz ;

BAILLEVANT.
Doux ;

MALLEPAYE.
Pour fringuer [7] ;

---

1. Bien fournis : « les plantureux de vivres, dit Froissart, adressoient (en donnaient) a ceux qui disetteux en estoient. »
2. De désirs.
3. Braves.
4. Quand la porte nous couvre.
5. Du joli mendiant. Ce devait être quelque type de roman ou de ballade.
6. Cassés aux gages, sans la moindre solde, comme les francs-archers que Louis XI avait dissous en 1479, après Guinegate ou leur ardeur à piller plutôt qu'à combattre avait fait perdre le gain de la journée.
7. Réjouis, malgré la misère, comme le sot de la *Farce du Gaudisseur*.

    Je me gaudis
Et en povrete m'esbaudis.

8. Logés — Il manque un vers à la suite de celui-ci. Aucune édition ne l'a donné.

1. Pour amas, tas de pierres, selon l'abbé Prompsault.
2. Je fais des traits tantôt au charbon, tantôt à la craie, tantôt noirs, tantôt blancs, rien n'y fait.
3. Bonne mine.
4. Semer dans le sillon (*raie*).
5. La bouche ouverte, béante. Dans les maisons de vigne, l'auge qui est au dessous du pressoir, pour recevoir le vin, s'appelle encore une *gueule bee*.
6. On ne fait pas état de nous, on ne nous recherche pas, nous n'avons pas « d'entregent », ce qui déjà était un grand point.

    Mieulx vault avoir *pourchas* que rente,

dit Johannes dans la farce de *la Nourrice et de la Chambrière*.
7. Faire les beaux, les *fringants*, c'était à qui, même chez les

BAILLEVANT.
Pour porter le houx[1].

MALLEPAYE.
Gens :

BAILLEVANT.
A dire dont venez-vous[2] ?

MALLEPAYE.
Francs,

BAILLEVANT.
Fins,

MALLEPAYE.
Froictz,

BAILLEVANT.
Fors,

MALLEPAYE.
Grans,

BAILLEVANT.
Gros,

MALLEPAYE.
Escreux[3].

BAILLEVANT.
Et si n'avons nulz biens acreux.

MALLEPAYE.
Nous debvons

BAILLEVANT.
On nous doibt ;

MALLEPAYE.
Fourraige[4].

BAILLEVANT.
Entretenus :

MALLEPAYE.
Comme pour creux[5].

BAILLEVANT.
Jurons sang bieu, nous serons creux[6].
Arrière piettons de village.

MALLEPAYE.
Ne suis-je pas beau personnaige !

BAILLEVANT.
J'ay train de seigneur :

MALLEPAYE.
Pas de saige.

BAILLEVANT.
Ressourdant, comme bel alain[1].

MALLEPAYE.
Pathelin en main[2], dire raige.

BAILLEVANT.
Et par la mort bieu, c'est dommaige
Que ne mettons villains en run[3].

MALLEPAYE.
Hé ! cinq cens escus !

BAILLEVANT.
C'est egrun[4].

MALLEPAYE.
Quand j'en ay j'en offre à chascun,
Et suis bien aise quant j'en preste.

BAILLEVANT.
Mes rentes sont sur le commun[5],
Mais povres gens n'en ont pas ung,
J'y romproye pour néant la teste.

MALLEPAYE.
S'il povoyt venir quelque enqueste,
Quelque mandement ou requeste,
Ou quelque bonne commission.

BAILLEVANT.
Mais en quelque banquet honneste
Faire acroire à cest ou à ceste[6],
La pramatique sanction[7].

MALLEPAYE.
Et si elle y croit ?

BAILLEVANT.
Promission[8].

MALLEPAYE.
Si elle promect ?

BAILLEVANT.
Monicion[9].

MALLEPAYE.
Si on l'admoneste ?

BAILLEVANT.
Qu'on marchande[10].

MALLEPAYE.
Si on faict marché ?

---

gens de métier, s'en donnerait le ton, comme on le voit par ces vers de Coquillard :

Tisserant, mesureurs de plastre
Fringuent, et font les capitaines

1. La branche de houx sur le bonnet, comme les Écossais de la garde du Roi, dont la hautaine allure faisait dire « fier comme un Écossais ».
2. Gens a faire dire avec étonnement d'où viennent-ils ?
3. Solide, de forte étoffe, comme le drap qu'on n'a pas encore décati.
4. De la paille ou du foin.
5. Entretenus toujours a vide.
6. « Jurons sangbieu — le juron a la mode — on nous croira. »

1. Sautant, saillant, comme beau chien, *alain*, ou *allan*. — Les dogues de boucheries s'appelaient alors « allans de boucher ».
2. Ayant bien en main Pathelin et ses ruses.
3. Terre ; *rum* ou *run* voulait dire trou.
4. C'est pénible, c'est un grand mal, de *œger*, *œgrotus*, malade. — Ici Baillevent continue la pensée de sa dernière réplique « C'est dommaige... »
5. Sur tout le monde.
6 A celui-ci ou a celle-la.
7. Par elle on avait des bénéfices, du fait de la cour de Rome, malgré Louis XI, qui a son avénement avait tout fait pour l'abolir.
8. Espoir d'abondance, comme dans la terre de promission.
9. Avertissement, monitoire, pour qu'elle exécute sa promesse.
10. Apres l'avertissement, admonestation, l'on entre en arrangement, on marchande.

BAILLEVANT.
    Fruiction¹.
    MALLEPAYE.
Se on fruict ?
    BAILLEVANT.
    La petition²,
En forme de belle demande :
D'ung beau cent escus.
    MALLEPAYE.
        Quelle viande !
    BAILLEVANT.
Qui l'auroit quand on la demande !
On feroit,
    MALLEPAYE.
Quoy ?
    BAILLEVANT.
    Feu :
    MALLEPAYE.
        S. Jehan voire³.
    BAILLEVANT.
On tauxeroit bien grosse admende,
Sur le faict de ceste demande⁴,
Si j'en quictoye le petitoire⁵.
    MALLEPAYE.
Quel bien !
    BAILLEVANT.
    Quel heur !
    MALLEPAYE.
        Quel accessoire !
    BAILLEVANT.
Je me raffroichiz la memoire
Quant il m'en souvient.
    MALLEPAYE.
        Quel plaisir ?
    BAILLEVANT.
S'on nous bailloit, par inventoire,
Deux mille escuz en une armoire,
Ilz n'auroient garde d'y moysir.
    MALLEPAYE.
Qui peult prendre⁶ !
    BAILLEVANT.
        Qui peult choisir !
    MALLEPAYE.
Gaigner !

    BAILLEVANT.
    Espargner !
    MALLEPAYE.
        Se saisir !
Nous serions par tout bien venu.
    BAILLEVANT.
Ung songe ;
    MALLEPAYE.
    Mais quel ?
    BAILLEVANT.
        De plaisir.
    MALLEPAYE.
Nous prendrons si bien le loisir
De compter ne sçay quantz escuz.
    BAILLEVANT.
Nous sommes bien entretenuz ;
    MALLEPAYE.
    Aymez :
    BAILLEVANT.
        Portez,
    MALLEPAYE.
    Et soustenuz.
    BAILLEVANT.
De noz parens.
    MALLEPAYE.
    De bonne race :
    BAILLEVANT.
Rentes assez et revenuz ;
Et s'aprésent n'en avons nulz,
Ce n'est que malheur qui nous chasse.
    MALLEPAYE.
Je n'en faix compte.
    BAILLEVANT.
        Je reimasse¹.
    MALLEPAYE.
Je volle par coups.
    BAILLEVANT.
        Je tracasse².
Puis au poil, et puis à la plume.
    MALLEPAYE.
Je gaudis, et si je rimasse ?
Que voulez-vous, il ne tient qu'à ce
Que je ne l'ay pas de coustume.
    BAILLEVANT.
D'honneur assez.
    MALLEPAYE.
        Chascun en hume.

---

1. Récolte
2. Et quand on est au moment de cueillir, « fruictei », on fait sa pétition.
3. Feu de la Saint Jean, grande réjouissance.
4. « On se laisserait volontiers taxer a une grosse amende pour avoir le profit d'une telle demande. » *Taux* se disait alors pour *taxe*.
5. « Si j'en étois a acquitter le droit de mise en possession. »
6. Sous-entendu « bien heureux, etc ! »

1. Pour remasse, remasche « N'ayant rien à mâcher, je remâche »
2. « Je m'inquiet, je vais ça et la en course en chasse »

BAILLEVANT.
Je destains [1] le feu.

MALLEPAYE.
Je l'allume.

BAILLEVANT.
Je m'esbas ;

MALLEPAYE.
Je passe mon dueil.

BAILLEVANT.
Le plus souvent quant je me fume [2],
Je batteroye comme fert d'enclume,
Si je ne me trouvoye tout seul.

MALLEPAYE.
Je ris.

BAILLEVANT.
Je bave [3] sur mon seuil.

MALLEPAYE.
Je donne à quelqu'un ung guin d'œil [4].

BAILLEVANT.
Je m'esbas à je ne sçay quoy.

MALLEPAYE.
J'entretiens.

BAILLEVANT.
Je faiz bel acueil.

MALLEPAYE.
On me fait tout ce que je vueil,
Quant nous sommes mon paige et moy.

BAILLEVANT.
Je ne demande qu'avoir.

MALLEPAYE.
Quoy ?

BAILLEVANT.
Belle amye, et vivre à requoy [5],
Faire tousjours bonne entreprise,
Belles armes, loyal au Roy.

MALLEPAYE.
Mais, trois poulx rempans en aboy,
Pour le gibier de la chemise.

BAILLEVANT.
Je porteroye pour ma devise
La marguerite en or assise,
Et le houlx par tout estandu [6].

MALLEPAYE.
Vostre cry, quel [1] ?

BAILLEVANT.
Nouvelle guise [2].

MALLEPAYE.
Riens en recepte, tout en mise,
Et toute somme, item perdu.

BAILLEVANT.
Je vous feroye, au residu,
Ung gorgias [3] sur le hault vert [4]
Le bel estomac d'alouette [5].

MALLEPAYE.
Robbe ?

BAILLEVANT.
De gris blanc, gris perdu.

MALLEPAYE.
Bien emprunté et mal rendu.

BAILLEVANT.
Payé d'une belle estiquette [6].

MALLEPAYE.
Puis la chaisne d'or, la baguette,
Le latz [7] de soye, la cornette [8] ?

BAILLEVANT.
De velours ;

MALLEPAYE.
C'est bel affiquet.

BAILLEVANT.
Quant nous aurions fait nostre emplête
La porte seroit bien estroicte [9]
Se ne passions jusqu'au ticquet [10].

---

1. « J'éteins. »
2. « Me chauffe, m'enfume... »
3. « Je bavarde. »
4. Un coup d'œil par le coin. L'expression *guigner* de l'œil est venue de la.
5. En repos, du latin *requies*. Pasquier dit, pour laisser en repos, « laisser en requoy ». *Recherches*, liv. 1, ch. x.
6. Il doit y avoir dans « cette Marguerite en or assise », et ce « houx partout estendu », un souvenir de l'aimable Marguerite d'Écosse, première femme de Louis XI, qui était morte n'étant que Dauphine, et qu'on n'avait pas oubliée, surtout chez les poetes. C'est elle qui est restée célèbre par le baiser donné à Alain Chartier.

1. Avec la devise, on avait le cri d'armes.
2. Façon nouvelle.
3. C'était une espece de justaucorps, de pourpoint, qui vous prenait haut au collet, et vous dessinait bien la poitrine. Ce fut longtemps le détail suprême de la mode, si bien qu'il en devint le mot. Du temps de Rabelais et de Montaigne on disait encore *se gorgiaser*, pour faire le pimpant « Ainsi, dit l'un (*Epître au Cardin. de Chastillon*), ainsi me suis-je accoustré, non pour me *gorgiaser* et pompei, mais pour le gré du malade, » et l'autre (Liv. III, ch. v) « Pourvu qu'ils se *gorgiassent* en la nouvelleté, il ne leur chault de l'efficace. »
4. Du vert le plus beau.
5. « Ce qui fera = le *gorgias* était toujours bien rembourré = comme un estomac d'alouette bien repue. »
6. C'est-a-dire « la marque » d'un gentilhomme attaché a quelque haut personnage ou quelque prince. On disait d'abord « l'étiquet », d'ou les Anglais ont fait le « ticket » On lit dans les *Ordonnances des ducs de Bourgogne* : « Que nuls ne preignent logis sans avoir l'*étiquet* de monseigneur le mareschal. »
7. Lacet.
8. C'était la bande qui retombait du chaperon, et dont on s'enveloppait le cou, en la rejetant sur l'épaule, derriere laquelle les deux bouts pendants formaient deux cornes. Ce fut tres a la mode sous Louis XI.
9. On prononçait *etraite* d'apres la prononciation picarde. La rime avec *emplette* l'indique. La Fontaine, qui était de Picardie, prononçait et rimait encore de cette façon.
10. Ici, nous revenons au mot « étiquette, étiquet » de tout a l'heure. « Le ticquet » était la large marque du marchand sur sa marchandise. Baillevent veut dire que, l'emplette faite comme il l'entend, il ferait tout passer, même la marque, la porte fût-elle des plus étroites.

MALLEPAYE.

Nectelet[1] ;

BAILLEVANT.

Gorgias ;

MALLEPAYE.

Friquet[2].

BAILLEVANT.

De vert ?

MALLEPAYE.

Tousjours quelque bouquet ?

BAILLEVANT.

Selon la saison de l'année,

MALLEPAYE.

Et de paige ?

BAILLEVANT.

Quelque naquet[3].

MALLEPAYE.

S'il vient hasart en ung banquet,

BAILLEVANT.

Le prendre entre bont et volée[4].

MALLEPAYE.

Aux survenans ?

BAILLEVANT.

Chère meslée[5].

MALLEPAYE.

Aux povres duppes ?

BAILLEVANT.

La havée[6].

MALLEPAYE.

Et aux rustes ?

BAILLEVANT.

Le jobelin[1].

MALLEPAYE.

Aux mignons de court ?

BAILLEVANT.

L'accollée[2].

MALLEPAYE.

Aux gens de mesmes ?

BAILLEVANT.

La risée.

MALLEPAYE.

Et aux ouvriers ?

BAILLEVANT.

Le Pathelin[3].

MALLEPAYE.

L'entretenir ?

BAILLEVANT.

Damoiselin[4].

MALLEPAYE.

Et saluer ?

BAILLEVANT.

Bas comme luy[5].

MALLEPAYE.

Et diviser[6] ?

BAILLEVANT.

Motz tous nouveaulx.
Pour contenter le femynin,
Nous ferions plus d'ung esclin[7],
Qu'ung aultre de quinze royaulx[8].

MALLEPAYE.

Hé cueurs joyeulx !

BAILLEVANT.

Hé cueurs loyaulx !

MALLEPAYE.

Prest !

BAILLEVANT.

Prins !

---

1. Propret.
2. Vif, éveillé, coquet. Ce mot venait de *frisque* dont le sens était le meme, et qui se retrouve encore au xviie siècle dans un conte de La Fontaine :

Frisques, gaillardes, attrayantes

3. Valet de jeu de paume. V. notes des pièces précédentes
4. Terme du jeu de paume, pour dire prendre la balle au bon moment, quand elle est encore en l'air, mais tout près de toucher terre pour rebondir. « Soit de *bond*, soit de *volee*, que nous en chault-il, dit Pascal (10e *provinciale*), pourvu que nous prenions la ville de gloire ? »
5. Accueil entre les deux, ni bon ni mauvais
6. C'était la dîme que le bourreau, a qui l'on n'eût pas voulu vendre, avait le droit de prélever sur les marchandises dans les marchés A cette condition, il devait faire pour rien toutes ses effroyables besognes « Si, lisons nous dans une lettre du président Champ-Rond donnée par Tallemant a son *historiette*, si par adventure icelui executeur vouloit faire le renchéri, je lui ferois bien connoître qu'il est obligé de faire cette exécution *gratis*, puis qu'il reçoit dans Chartres et dans les marchés circonvoisins un droit qui s'appelle *droit de havage* » Le mot *havage* ou *havée* devint synonyme d'aubaine Avant, dit la femme qui apporte a boire et a manger dans la *Farce de Colin*,

Avant Colin à coste havée
Entendez à ceste bu oignt.

1. Le patois, le baragouin *Mais*, dit Thévot dans la *Farce de Colin fils de Thevot le maire*,

Mais que dyable est-ce qu'il demande ?
Je n'entends point son *jobelin*

2. L'accolade, l'embrassade.
3. Les ruses et le langage de Pathelin pour tromper les marchands.
4. Galant, damoret On trouve dans les *Bigarrures* de Des Accords la jolie expression « jeux damoiselets », pour jeux de jeunes filles.
5. Cette fin de vers, qui d'ailleurs est sans rime, ne se comprend pas. Nous avons inutilement cherché par quoi la remplacer.
6. Pour « deviser », faire devis, conversation.
7. Le *schelling*, anglais, dont le cours n'avait pas tout à fait cessé chez nous depuis l'invasion De meme qu'on disait « esclin » pour *schelling*, on disait « esterlin » pour *sterling* « Chascun esterlin, lit-on dans un compte de 1400, doit peser iij oboles tournois »
. Monnaie d'or du temps de Philippe le Bel, ou il etait représenté en habits « royaux ». Il y en avait de deux sortes les gros royaux valaient vingt-deux sols parisis, et les petits la moitié.

MALLEPAYE.
Promps !

BAILLEVANT.
Preux !

MALLEPAYE.
Espéciaulx [1] !

BAILLEVANT.
Aymez !

MALLEPAYE.
Supportez ?

BAILLEVANT.
Bien receuz !

MALLEPAYE.
Nous devrions passer aux sceaulx [2]
Envers les officiers royaulx,
Comme messieurs les despourveuz.

BAILLEVANT.
De cognoissance avons assez.

MALLEPAYE.
On nous a veu si francs :

BAILLEVANT.
Si doulx.

MALLEPAYE.
Helas ! cent escuz nous sont deubz.

BAILLEVANT.
Au fort si nous les eussions euz,
On ne tinst plus compte de nous.

MALLEPAYE.
Nous avons faict plaisir à tous.

BAILLEVANT.
Chère à dire dont venez-vous ?

MALLEPAYE.
Emerillonez [3] ;

BAILLEVANT.
Advenans.

MALLEPAYE.
Cent écuz et juger des coups [4] !
On auroit beau mettre aux deux bouz,
Se ne nous tenions des gaignans [5].

BAILLEVANT.
Nous sommes deux si beaulx gallans.

MALLEPAYE.
Fringans ;

BAILLEVANT.
Bruyans ;

MALLEPAYE.
Allans ;

BAILLEVANT.
Parlans :

MALLEPAYE.
Esmeuz de franche volunté.

BAILLEVANT.
Aagez de sens,

MALLEPAYE.
Et jeunes d'ans.

BAILLEVANT.
Bien gays :

MALLEPAYE.
Assez recreans :

BAILLEVANT.
Povres d'argent.

MALLEPAYE.
Prou [1] de santé.

BAILLEVANT.
Chascun de nous est habité [2].

MALLEPAYE.
Maison à Paris ;

BAILLEVANT.
Bien monté,
Aussi bien aux champs qu'en la ville.

MALLEPAYE.
Il y a ceste malheurté [3],
Que de l'argent qu'avons presté,
Nous n'en arrons ne croix, ne pille.

BAILLEVANT.
Ou sont les cens et deux cens mille
Escus que nous avions en pille,
Quant chascun avoit bien du sien ?

MALLEPAYE.
Au fort se nous n'en avons mille,
Nous sommes, selon l'évangile,
Des bien heureulx du temps ancien [4].

BAILLEVANT.
J'aymasse mieulx qu'il n'en fust rien.

MALLEPAYE.
Trouvons-en par quelque moyen.

---

1. Pour spéciaulx, « d'un mérite particulier ».
2. Prompsault comprend ainsi ce vers « Nous devrions être employés de préférence, » sans doute parce qu'ayant certaines lettres « passées aux sceaux » du Roi, bien des privileges vous étaient acquis
3. Vifs comme l'émerillon, espèce de petit faucon.
4. Être juge du jeu, de la partie.
5. « On aurait beau mettre des enjeux aux deux bouts de la table, si nous ne nous tenions en garde contre les faux gagnants, la partie ne marcherait pas. »

1. Beaucoup. = Ce mot ne s'emploie plus = et même rarement — que dans la locution peu ou prou.
2. C'est-à-dire propriétaire, ayant des maisons bien louées.
3. Male chance, on disait plutôt malheure. Cependant nous trouvons dans la moralité de Charité :

Et si n'ont que malheureté
Je n'ayme pas fort leur venue.

4. C'est-à-dire des pauvres dont l'Évangile a dit qu'ils sont des bienheureux

BAILLEVANT.
Qu'en a à present [1]?

MALLEPAYE.
Je ne sçay.

BAILLEVANT.
Hé ung angin [2] parizien!

MALLEPAYE.
Art Lombart [3]

BAILLEVANT.
Franc praticien.
Pour faire à present ung essay.

MALLEPAYE.
Je vis le temps que j'avanssay
L'argent de chose et adressay
Tel et tel et tel bénéfice

BAILLEVANT.
Et mais pour moy, quant je commence [4]
Monseigneur tel, et luy pourchasse
Moy mesmes, tout seul, son office.

MALLEPAYE.
J'estois tousjours à tous propice.
Mais je crains

BAILLEVANT.
Et quoy?

MALLEPAYE.
Qu'avarice
Nous surprint, si devenyons riches.

BAILLEVANT.
Riches! Quoy? ceste faulce lisse [5],
Pouvreté, nous tient en sa lisse.

MALLEPAYE.
C'est ce qui nous faict estre chiches.

BAILLEVANT.
Nous sommes legiers,

MALLEPAYE.
Comme biches.

BAILLEVANT.
Rebondis,

MALLEPAYE.
Comme belles miches.

BAILLEVANT.
Et frayzez [6],

MALLEPAYE.
Comme beaulx ongnons [7].

BAILLEVANT.
Aussi coutellez,

MALLEPAYE.
Comme chiches [1].

BAILLEVANT.
Adventureux,

MALLEPAYE.
Comme Suysses,
A Nancy, sur les Bourguignons [2].

BAILLEVANT.
Entre les gallans;

MALLEPAYE.
Compaignons.

BAILLEVANT.
Entre les gorgias;

MALLEPAYE.
Mignons.

BAILLEVANT.
Entre gens d'armes;

MALLEPAYE.
Courageux.

BAILLEVANT.
S'on barguigne;

MALLEPAYE.
Nous barguignons [3].

BAILLEVANT.
Heureulx,

MALLEPAYE.
Comme beaulx champignons,
Mis jus [4] en ung jour ou en deux.

BAILLEVANT.
Nous sommes les adventureux,
Despourveuz;

MALLEPAYE.
D'argent

BAILLEVANT.
Planteureux.

MALLEPAYE.
De nouvelles plaisantes

BAILLEVANT.
Tant.

---

1. « Qui a de l'argent maintenant? »
2. *Engin*, génie, de *ingenium*
3. Ruse de banquier lombard, d'usurier
4. Dans toutes les éditions se trouve ce mot qui ne rime pas, et ne signifie rien. Nous avons cherché, sans le trouver, lequel mettre à la place.
5. Vilaine chienne. La lice que nous retrouvons dans La Fontaine (liv. II, fable VII), est la femelle d'un chien de chasse.
6 Ayant belles fraises, belles gorgerettes.
7. La même locution se trouve dans le *Monologue du Pays* par Coquillart

Moi qui suis gorgie, mignon,
Franc frais, *frais comme ung oignon*

1. C'est-a dire le pourpoint ouvert, comme pois chiches entr'ouverts par le couteau. *Coutele* est encore un terme de mégisserie qui veut dire entamé par le couteau.
2. Allusion à un grand événement, alors nouveau sans doute, la bataille des Suisses et des Bourguignons, en 1477, sous les murs de Nancy. On sait que Charles le Téméraire y fut tué.
3. « Si on marchande — nous marchandons. » En anglais le verbe « to bargain », qui, comme tant d'autres mots de cette langue, vient de notre vieux françois, et l'explique, signifie encore « marchander ». Dans le *Roman du Renard*, v 439, le mot se trouve avec le sens de marché, et sous sa forme anglaise :

Puis s'est mis Renart el retor
Qui n'a cure de sel *bargaigne*.

4. Mis par terre

Vous me chantiez un piteux chant
Je suis *mis jus* de ceste lutte

dit le mari dans la *Farce de Colin*.

MALLEPAYE.
Pour servir princes;

BAILLEVANT.
Curieux.

MALLEPAYE.
Et pour les mignons;

BAILLEVANT.
Gracieulx.

MALLEPAYE.
Et pour le commun;

BAILLEVANT.
Tant à tant [1].

MALLEPAYE.
Hé, monsieur de Baillevant,
Quand reviendra-il le bon temps?

BAILLEVANT.
Quant chascun aura ses souhais?

MALLEPAYE.
Cent mille escuz argent contant;
Sur ma foy, je seroye content
Qu'on ne parlast plus que de paix.

BAILLEVANT.
Nous sommes si francs;

MALLEPAYE.
Si parfaitz;

BAILLEVANT.
Si sçavans;

MALLEPAYE.
Si cauz [2] en nos faiz;

BAILLEVANT.
Si bien nez;

MALLEPAYE.
Si preux;

BAILLEVANT.
Si hardis;

MALLEPAYE.
Saiges;

BAILLEVANT.
Subtilz;

MALLEPAYE.
Advisez.

BAILLEVANT.
Mais!
Faulte d'argent et les grans prestz,

MALLEPAYE.
Nous ont ung peu appaillardis [3].

BAILLEVANT.
Habandonnez;

MALLEPAYE.
Comme hardis [1].

BAILLEVANT.
Requis;

MALLEPAYE.
Comme les gras mardis.

BAILLEVANT.
Et fiers;

MALLEPAYE.
Comme ung beau pet en baing.

BAILLEVANT.
J'ay dueil que vieulx villains ternys
Soient d'or et d'argent si garnis,
Et mignons en ont tant besoing.

MALLEPAYE.
Nous avons froit;

BAILLEVANT.
Chault;

MALLEPAYE.
Fain;

BAILLEVANT.
Soif;

MALLEPAYE.
Soing [2].

BAILLEVANT.
Nous traccassons [3];

MALLEPAYE.
Çà;

BAILLEVANT.
Là;

MALLEPAYE.
Près;

BAILLEVANT.
Loing;

MALLEPAYE.
Sans prouffit;

BAILLEVANT.
Sans quelque adventaige.

MALLEPAYE.
Mais s'on nous fonsoit or au poing,
Nous serions pour faire, à ung coing,
Nostre prouffit, d'aultruy dommaige [4],
Avez-vous tousjours l'éritaige
De Bailleven!

1. « Donnant, donnant. »
2. Prudents, adroits, *cauti*. C'est de ce mot qu'est venue *cautèle*.
3. « Mis sur la paille. » Le mot *paillard* ne signifia longtemps que paysan, vilain, gueux se vautrant sur la paille. La Fontaine l'emploie souvent dans ce sens.

1. Pendus, mis a la *hard*.
2. Besoin.
3. « Allons en chasse. » Ce mot se trouve déja plus haut.
4. « Si l'on nous mettait en fonds, avec or dans la main, nous serions gens à faire profit, en quelque coin de terre, de la ruine d'autrui »

BAILLEVANT.

Ouy.

MALLEPAYE.

J'enraige,
Qu'en Mallepaye n'a vins, blez, grains.

BAILLEVANT.

Cent franc de rente et ung fromaige,
Vous m'oriez[1] dire de couraige,
Vive le Roy !

MALLEPAYE.

Ronfflez villains !

BAILLEVANT.

Qui a le vent[2] ?

MALLEPAYE.

Joyeulx mondains.

BAILLEVANT.

Gré de dames?

MALLEPAYE.

Amoureux crains.

BAILLEVANT.

Et l'argent qui?

MALLEPAYE.

Qui plus embource.

BAILLEVANT.

Qu'esse d'entre nous courtissains[3] ?

MALLEPAYE.

Nous prenons escus pour douzains[4]
Franchement, et bource pour bource.

BAILLEVANT.

Ha monseigneur !

MALLEPAYE.

Sang bieu ! la mouste[5]
M'a trop costé.

BAILLEVANT.

Et pourquoy?

MALLEPAYE.

Pour ce.

BAILLEVANT.

Hay ! hay ! tout est mal compassé.

MALLEPAYE.

Comment ?

BAILLEVANT.

On ne joue plus du pousse[6].

MALLEPAYE.

Qui ne tire ?

BAILLEVANT.

Qui ? et la trousse.
Autant vault ung arcque cassé[1].

MALLEPAYE.

Monsieur mon père eust amassé
Plus d'escu qu'on n'eust entassé,
En ung hospital, de vermine.

BAILLEVANT.

Mais nous avons si bien sassé[2],
Le sang bieu, que tout est passé,
Gros et menu, par l'estamyne.

MALLEPAYE.

Si vient guerre, mort ou famine,
Dont Dieu nous gard', quel train, quel' myne,
Ferons-nous pour gaigner le broust[3]?

BAILLEVANT.

Quant à moy, je me détermine
D'entrer chez voisin et voisine,
Et d'aller veoir se le pot bout.

MALLEPAYE.

Mais regardons, à peu de coustz,
Quel train nous viendroit mieulx à goust,
Pour amasser biens et honneurs.

BAILLEVANT.

Le meilleur est prendre par tout.

MALLEPAYE.

De rendre ; quoy?

BAILLEVANT.

On s'en absoult,
Pour cinq solz, à ces pardonneurs[4].

MALLEPAYE.

Allons servir quelques seigneurs.

BAILLEVANT.

Aucuns[5] sont si petitz d'honneurs,
Qu'on n'y a que peine et meschance.

MALLEPAYE.

Et prouffit quel ?

BAILLEVANT.

Selon les eurs[6].
Mais entre nous fins estradeurs[7],

---

1. « On ne fait plus fleche de rien. Ce qu'on a et un arc cassé vaudraient autant » La trousse était le carquois. « Ceux qui sauront tirer de l'arc, lit-on dans les lettres de Jean, duc de Bretagne, de 1425, qu'ils aient arc, trousse, cappeline. » Le mot trousse, tel que l'emploient les chirurgiens, pour l'étui où ils placent leurs instruments, ne s'éloigne pas encore trop de son premier sens de « carquois ».

2. Presser pour faire passer à travers le sas, le tamis : « séchier au four, lit-on dans le Mesnagier, liv. II, ch. v, puis broyer et sasser »

3. De quoi brouter.

4. C'est-à-dire que pour cinq sous d'indulgences achetées aux pardonneurs (vendeurs de pardons) qui couraient alors les villes et les campagnes, on pouvait être absous de tous les vols qu'on avait faits.

5. Quelques-uns.

6. Chances, a la bonne ou male heur, comme on disait.

7. Batteurs d'estrade (estrada, campagne) On voit par les Vigiles de Charles VII, que les coureurs chargés d'éclairer s'appelaient « hommes d'estrade ».

---

1 « Vous m'entendriez. »

2 « Qui a la fortune pour lui »

3 « Courtisans, » mot écrit ici sans doute avec la forme affectée qu'on lui donnait alors en le prononçant.

4 Le grand blanc, qui valait douze deniers.

5 Le vin nouveau, mustum. V. une note du Mystère de saint Fiacre.

6. On ne paye plus.

Il nous fault esplucher la chance.

MALLEPAYE.
Servons marchans pour la pitance,
Pour *fructus ventris*, pour la pance.

BAILLEVANT.
On y gaigneroit ses despens.

MALLEPAYE.
Et de fonsser?

BAILLEVANT.
    Bonne asseurance ;
Petite foy, large conscience.
Tu n'y scez riens et y aprens.

MALLEPAYE.
De procès quoy?

BAILLEVANT.
    Si je m'y rens,
Je veulx estre mis sur les rencs,
S'ilz ont argent, si je n'en crocque.

MALLEPAYE.
Quelz gens sont-ce?

BAILLEVANT.
    Gros marchesens [1],
Qui se font bien servir des gens,
Mais de payer querez qui bloque [2].

MALLEPAYE.
Officiers quoy? c'est toute mocque ;
L'ung pourchasse, l'autre desroque [3],
Et semble que tout soit pour eulx.

BAILLEVANT.
Laissons-les là.

MALLEPAYE.
    Ho ! je n'y tocque [4] :
Il n'est point de pire défroque,
Que de malheur à malheureux.

BAILLEVANT.
Pour despourveux, adventureux
Comme nous, encor c'est le mieulx
De faire l'ost [5] et les gens d'armes.

MALLEPAYE.
En fuite, je suis couraigeux.

BAILLEVANT.
Et à frapper ?

MALLEPAYE.
    Je suis piteux.
Je crains trop les coups, pour les armes.

BAILLEVANT.
Servons donc cordeliers ou carmes,
Et prenons leurs bissatz [6] à fermes,
Car il n'y a pas grant débit.

MALLEPAYE.
Ils nous prescheroient en beaulx termes
Et pleureroyent maintes lermes
Devant que [1] nous prinssions l'abit.

BAILLEVANT.
Se en c'est [2], malheure et labit [3] !
Nous mourions, par quelque acabit [4] ;
Ame n'y a qui bien nous face.

MALLEPAYE.
J'ay ung vieil harnoys qu'on forbit,
Sur lequel je fonde ung aubit [5],
Et du surplus Dieu le parface.

BAILLEVANT.
Hé fault il que fortune efface
Nostre bon bruyt [6] !

MALLEPAYE.
    Malheur nous chasse;
Mais il n'a nul bien qui n'endure.

BAILLEVANT.
Prenons quelque train.

MALLEPAYE.
    Suyvons trasse.

BAILLEVANT.
Nous trassons, et quelqu'ung nous trasse [7].
A loups ravis [8] grosse pasture.

MALLEPAYE.
Allons.

BAILLEVANT.
 Mais où?

MALLEPAYE.
    A l'adventure.

BAILLEVANT.
Qui nous admoneste ?

MALLEPAYE.
    Nature.

BAILLEVANT.
Pour aller ?

MALLEPAYE.
    Où on nous attend.

---

1. Mot incompréhensible.
2. Il faudra débattre ; « cherchez qui arrange le marché » Entre autres sens, Cotgrave donne celui-ci au mot *bloquer*.
3. Rompt, brise. « Desroque » est ici pour *desroche*.
4. Je n'y vais pas frapper.
5. « Faire la guerre, » aller a l'armée, *host*.
6. « Bissacs, » besaces avec lesquelles les moines allaient prélever les dimes.

1. Avant que.
2. Si c'est ainsi.
3. Chute, du latin *labi*. On en avait fait aussi l'adjectif « labile », facile a tomber, qui est dans Montaigne (liv. II, ch xii)
4. Accident, mauvais coup. V. a ce mot ce que dit Lacurne Sainte Palaye dans son *Glossaire* pour justifier notre sens.
5. *Obit*, service funebre, du latin *obire*, mourir. Tel, dit Marot,

   .. tel pour sa mere pleure
   Qui voudroit bien pour son pere l'*obit*.

6 Bonne renommée.
7. Nous poursuivons a la trace, et l'on nous poursuit de même.
8 Ravissants. On disait même « ravissables » dans le meme sens. V. le *Roman de la Rose*, v 11,923.

BAILLEVANT.
Par quel chemin?

MALLEPAYE.
Par soing ou cure [1].

BAILLEVANT.
Logez où?

MALLEPAYE.
Près de la clousture
De monseigneur d'Angoulevent [2].

BAILLEVANT.
Comme yrons-nous?

MALLEPAYE.
Jusqu'à Claqdent [3],
Et passerons par Mallepaye.

BAILLEVANT.
Brief c'est le plus expedient
Que nous gettons la plume au vent;
Qui ne peult mordre si aboye [4].

MALLEPAYE.
Ou ung franc couraige s'employe,
Il treuve à gaigner.

BAILLEVANT.
Quérons proye.

MALLEPAYE.
Desquelz serons-nous?

BAILLEVANT.
Des plus fors.

MALLEPAYE.
Il ne m'en chault mais que j'en aye;
Que la plume au vent on envoye.

BAILLEVANT.
Puis après?

MALLEPAYE.
Alors comme alors.

BAILLEVANT.
La plume au vent!

MALLEPAYE.
Sus!

BAILLEVANT.
Là.

MALLEPAYE.
Dehors.

BAILLEVANT.
Au haut et au loing.

MALLEPAYE.
Corps pour corps
Je me tiendray des mieulx venuz.

BAILLEVANT.
On n'yra point, quand serons mors,
Demander au Roy les trésors
De messeigneurs les despourveuz.
La plume au vent!

MALLEPAYE.
Je le concluz
Pour les povres de ceste année.

BAILLEVANT.
Ne demeurons plus si confuz.
Au grat! la terre est dégelee [1].

MALLEPAYE.
Allons,

BAILLEVANT.
Suivons quelque trainée,
Ou faysons icy demourée.

MALLEPAYE.
Devant, vostre fièvre est tremblée :
Car nous sommes tous étourdiz.

BAILLEVANT.
Dieu doint aux riches bonne année,

MALLEPAYE.
Aux despourveuz grasse journée,

BAILLEVANT.
Et aux femmes, pesants maritz.
Prenez en gré grands et petitz.

---

1. Ennui, *cura*.
2. Personnage de farce, que nous ne savions pas si ancien Au commencement du xvii⁰ siecle, Nicolas Joubert en jouait le role, avec le titre de *Prince des sots*, dont il revendiqua les priviléges, contre les confreres de la Passion, dans un proces tres curieux, ou Julien Peleus fut son avocat — Angoulevent et Baillevent étaient deux types de billevesées bien faits pour aller ensemble, sous le même vent : l'un, Baillevent, donne ce que l'autre avale (engoule).
3. Domaine des souffreteux qui claquent des dents à force de trembler Le mot est deux fois dans Rabelais avec ce sens, liv. I ch xxv, liv. II, ch vii
4. « Qui ne peut mordre aboie. »

1. « Nous pouvons aller gratter, la terre n'est plus durcie par la gelée. » Le *grat*, c'est ce que nous appellerions aujourd'hui « la gratte », le profit. On ne garda ce mot que dans la locution « envoyer au grat », pour dire « envoyer paître, gratter la terre ».

FIN DE MESSIEURS DE MALLEPAYE ET DE BAILLEVANT.

L'OBSTINATION DES FEMMES

(XVᵉ SIECLE — RÈGNE DE LOUIS XI)

NOTICE ET ARGUMENT

Cette farce est de celles qu'en raison de leur peu de longueur, Charles Magnin [1] place dans la catégorie la plus populaire et la plus courante, « la catégorie des parades de carrefour ».

Elle n'en est, pour nous, que plus curieuse.

C'est dans le recueil de Londres qu'elle se trouve, en quatre feuillets, avec quarante-six lignes à la page, et une grossière gravure sur le titre.

A la fin, on lit comme à la dernière page de plusieurs pièces du même recueil : *Imprimé nouvellement, en la maison de feu Barnabé Chaussard, pres Nostre Dame de Confort*, ce qui nous permet de la placer dans le répertoire de cette troupe dont a parlé de Rubis [2], qui, en 1540, et trois ou quatre ans encore après, jouait à Lyon, « les jours de dimanche et les festes après le disner... la plus part des histoires du vieil et nouveau Testament avec la farce au bout »; et qu'il nous semble reconnaître dans ces « bavards de Confort », rappelés par Rabelais, pour qui les niais de la place Notre-Dame de Confort « chauffaient la cire », c'est-à-dire tenaient la chandelle [3].

Les pièces que jouait cette troupe lui appartenaient-elles en propre, et n'avaient-elles pas couru ailleurs? Nous ne le pensons pas. Elles nous paraissent même, — quelques-unes du moins, telle que celle-ci, — d'une date bien antérieure à celle de leurs représentations à Lyon.

Ces représentations sont du milieu du XVIᵉ siècle, la farce qu'on va lire nous semble être du XVᵉ.

Nous y trouvons la formule d'invocation « par Notre Dame de Boulogne! » qui ne fut populaire que sous Louis XI et Charles VIII; et le mari porte un nom, celui de Rifflart, qui, très-employé dans les plaisanteries du peuple et les farces, pendant le XVᵉ siècle, n'y avait plus cours au siècle suivant [1].

Deux mots vous diront les infortunes de ce mari, et par conséquent toute la farce. Comme sa femme le battait s'il ne travaillait pas, il se met à l'ouvrage. Il a commencé une cage, il l'achève. Quel oiseau y mettra-t-il? Une pie, dont le babil le distraira de celui de sa femme. Celle-ci survient, et après quelques gros mots contre cette cage, qui est une piètre besogne, elle demande, elle aussi, ce qu'il y mettra. La pie ne lui convient point. Elle y veut un coucou (cocu). Là-dessus, grande querelle, où la femme, à force de crier, finit par avoir le dernier mot. On mettra un coucou dans la cage.

Non-seulement le mari a cédé, mais il sort avec sa femme pour aller acheter l'oiseau!

---

1. *Journal des Savants*, mai 1858, p. 267.
2. *Histoire de Lyon*, liv. III, ch. LIII.
3. Rabelais, liv. II, ch. XII.

1 V. à ce sujet quelques détails curieux dans un article de la *Bibliothèque de l'école des Chartes*, 1ʳᵉ série, t. III, p 460, 465. — Le nom de Rifflard ne reparut qu'avec un personnage de la *Petite ville* de Picard, qui laissa son nom à son inséparable parapluie.

FARCE NOUVELLE

TRÈS BONNE ET FORT JOYEUSE

DE

L'OBSTINATION DES FEMMES

A deux personnaiges, c'est assavoir :

LE MARY
ET LA FEMME.

RIFFLART, *le mary, commence.*

Gens mariez ont assez peine,
A bien considerer leur cas;
L'ung tracasse, l'autre pourmaine.
Gens mariez ont assez peine :
Par chascun jour de la sepmaine,
De nuyt, de jour, velà le cas :
Gens mariez ont assez peine,
A bien considerer leur cas.
   A besongner ne fauldray pas :
Car, se ma femme sourvenoit,
Certainement el me batroit.
Nuyct et jour n'y faict que hongner [1].
Il me fault aller besongner
Pour eviter son hault langaige.
Je vueil assouvir [2] ceste caige :
Ce sera pour mettre une pie.

LA FEMME.

Que faict Rifflart?

RIFFLART.

      Quoy dea, m'amye,
Je remetz à point ceste caige.

LA FEMME.

Esse tout? que ta malle raige
Te doint Dieu, villain malostru !
Or dy, comment gaigneras-tu
Ta vie? Tu ne veulx rien faire.
Du mal Monsieur sainct Aquaire [3]
Puisses-tu estre tourmenté,

Et aussi que malle santé
Te doint celuy qui te forma.

RIFFLART.

Me maudissés-vous? Qu'esse là?
Dea, Finette, quant je me mis
En mesnage, tu me promis
Que feroys mon commandement,
Et tu me mauldıtz maintenant.
Faut-il qu'endure? Qu'esse cy?
Je feray cette caige cy,
Et deussés-vous vif enraiger.

LA FEMME.

Mais pourquoy faire?

RIFFLART.

      Pour loger
Une pie; c'est un bel oyseau.

LA FEMME.

Que dira elle?

RIFFLART.

    « Macquereau,
« Va hors, va larron. »

LA FEMME.

      Que vous estes.
Hé Dieu ! qu'il est de sottes testes !

RIFFLART.

Je ne suis point macquereau, non.

LA FEMME.

Si la pie par vostre non
Vous appelle, vous l'orrés bien.

RIFFLART.

Je suis aussi homme de bien
Que homme qui soit dessus mes piedz.
Et, vueil bien que vous le sachez,
Puisque je l'ay mis à ma teste,
Ce ne sera pour autre beste
Que pour une pie; je le vueil.

LA FEMME.

Se vous en avies plus grant dueil.

---

1. Grogner, gronder.
2. Achever Ce mot se trouve souvent avec ce sens, depuis Joinville jusqu'à Froissart « Quant le roy, dit par exemple le premier et *assouvit* la forteresse du bourg de Jaffe, » et le second « les tailles y estoient si grandes pour *assouvir* ce voyage que les plus riches s'en doloient. »
3. C'est à-dire du mal que font endurer les *acariatres* — On disait aussi d'un homme enteté, comme on le voit par les *Curiosites françoises* d'Oudin « Il a le mal saint Acaire » De même encore d'un maniaque Comment, dit le tavernier, dans la *Farce du Chaudronnier*,

    Comment pourrait il bien avoir
    La maladie saint Aquaire?

Et deussiez-vous vif enrager,
Et de malle rage manger,
Par la pasque Dieu, non sera.
Ung coqu[1] on y boutera,
Entendez-vous bien ?

RIFFLART.

Ung coqu !
J'aymeroye mieulx perdre ung escu.
Comment en serez-vous maistresse?
Je mourroye avant de destresse.
Une pie y sera mise.

LA FEMME.

Certes, j'en feray à ma guise,
Vueillez ou non.

RIFFLART.

Voyre, Finette,
Que jamais on ne me caquette.
G'y mettray une pie.

LA FEMME.

Vous, paillart?
Vueillez ou non, par Dieu, Rifflart,
Je mettray ung coqu dedans.

RIFFLART.

Vous en mentirez par les dens.
Par le sainct sang que Dieu me fist,
Puisque je l'ay dit il suffist.
Finette, n'en caquettez plus,
Ou, foy que doy au roy Jesus,
Ung coup aurez sur la narine,
Foy que doy saincte Katherine.

LA FEMME.

Vous ne le porterez pas loing.
Je vous bailleray sus le groing,
Entendez-vous, vilain jaloux?

RIFFLART.

Et, belle dame, taisez-vous ;
Paix !

LA FEMME.

Pourquoy ?

RIFFLART.

Taisez-vous meshuy.

LA FEMME.

Pour ung loudier[2], pour ung ivrogne.

RIFFLART.

Encores !

1. Un coucou. On n'appelait pas alors autrement cet oiseau, ce qui le rapprochait encore plus du type qu'on retrouve si souvent dans le théâtre de Molière, et auquel, par le plus singulier contresens, on a donné son nom. Que fait le coucou ? Il va pondre dans le nid d'autrui. Ce n'est donc pas le mari, mais l'amant, qu'on aurait dû appeler comme lui. Mais le nom de l'oiseau, venu de son cri, était ridicule, il servait même pour huer au passage les gens dont on voulait se moquer ; on donna donc dans la comédie du ménage à celui des trois qui faisait rire.
2. Paillard. Loudiere se trouve souvent dans les anciennes farces pour femme de mauvaise vie. Le vrai sens de loudier était matelas, paillasse. V. Montaigne, liv. III, ch. XIII.

LA FEMME.

Fy, fy !

RIFFLART.

C'est trop dit ;

Paix !

LA FEMME.

Pour qui ?

RIFFLART.

Taisez-vous meshuy.

LA FEMME.

Me tayrai-ge pour ung ivrongne?

RIFFLART.

Avoir pourriés sus vostre trongne......

LA FEMME.

De qui ? de vous ?

RIFFLART.

Et de qui doncques?

LA FEMME.

Faictes, faictes vostre besongne.

RIFFLART.

Avoir pourriés sus vostre trongne.....

LA FEMME.

De qui ? de vous ?

RIFFLART.

Et de qui doncques?

LA FEMME.

Par Nostre Dame de Boulongne,
Je ne vous crains en rien quelconques.

RIFFLART.

Avoir pourriés sus vostre trongne......

LA FEMME.

De qui ? de vous ?

RIFFLART.

Et de qui doncques?
Par la mort bieu, je ne vis oncques
Femme qui eust telle caboche.
Mais que j'aye mis cy une broche[1],
Ma caige sera assouvie.

LA FEMME.

Et qu'i mettra l'en?

RIFFLART.

Une pie.

LA FEMME.

Mais ung coqu.

RIFFLART.

Mais ung estronc.

Laissez-moy faire.

LA FEMME.

Quel follie !
Mais qu'i mettra l'en ?

1. Un petit clou, une broquette, comme on dit encore.

RIFFLART.
             Une pie.
Elle sera cointe [1] et jolie
Et si sera à demy ront [2].
             LA FEMME.
Mais qu'i mettra l'en?
             RIFFLART.
             Une pie.
             LA FEMME.
Mais ung coqu.
             RIFFLART.
             Mais ung estronc.
Aussi tost que les gens l'orront
Appeller macquereau, siffler,
Par mon ame, ce sera faict,
Il n'en fault point parler du pris [3].
             LA FEMME.
Un coqu dedans sera mis,
Qui est ung oyseau de grant bien.
             RIFFLART.
Par ma foy, je n'en feray rien,
Et ne m'en parlés plus, Finette;
Aussitost qu'elle sera faicte,
G'iray une pie achepter.
             LA FEMME.
Pourquoy faire?
             RIFFLART.
             Pour y bouter.
             LA FEMME.
Sainct Jehan, mais ung coqu jolis.
             RIFFLART.
Se sur vous je gette mes gris [4],
Vous dirés une pie.
             LA FEMME.
             Feray?
Par Dieu, ennuyct ne me tairay.
             RIFFLART.
Dictes pie; oues-vous [5]?
La chair bieu, vous aurez des coups.
Tenes, dictes la pie; feres?
             LA FEMME.
Mais ung coqu.
             RIFFLART.
             Vous en aures.
             LA FEMME.
C'est pour neant; avant me tueres.

1. Bien faite
2. Il parle toujours de la cage « elle sera de forme demi-ronde »
3. « Il n'est pas besoin de parler de ce qu'il coûtera. »
4. Griffes, d'apres la prononciation du temps. — Le Fol dit de meme dans la Farce de tout mesnage :

    A chat jamais ne me jouerai,
    Il est trop dangereux des gris.

5. « Entendez vous? »

RIFFLART.
Dictes une pie, je vous prie.
             LA FEMME.
Non feray, par saincte Marie,
Mais ung coqu.
             RIFFLART.
             Vous en aurés
Plus de cent coups, n'en doubtés mye.
Cuidés-vous que soit mocquerie?
Il faut que je vous serre à bon [1].
             LA FEMME.
Me turas-tu, traistre, larron,
Meseau [2] pourry? que veulx-tu faire?
Je compteray tout ton affaire
Au mère de nostre village;
Tu ne vis rien que de pillage.
Sanglant bougre d'ung vieil thoreau,
Je te donray sus le museau,
Se tu me frappes aujourd'huy.
             RIFFLART.
Par Dieu, se vous parlés meshuy
De coqu ne de tel oyseau,
Je vous rompray tout le museau,
Tant vous donray des horions.
Taisez-vous et ne disons
Meshuy mot, et je vous empry.
             LA FEMME.
Que me tayse? Je vous affi
Que c'est bien anvis [3], par ma foy.
             RIFFLART.
Certes, Finette, je t'en croy.
Or dy doncques, et je t'en pric,
Que ma caige est pour une pie,
Car je l'ayme bien, entens-tu?
             LA FEMME.
Et par Dieu c'est pour ung coqu;
Jamais ce propos ne lairray.
             RIFFLART.
Au fort tout luy accorderay.
Je n'y voy point meilleure voye;
Lo sang bieu, avant la turoye
Qu'elle change ceste opinion.
             LA FEMME.
Par sainct Jehan, ce ne feray mon,
Car la pie n'y sera mise.
J'en feray tout à ma devise.
Tu m'as tout rompu le cousté.
Ung coqu y sera boute,
Et ne m'en tien plus de langaige,
Ou, en despit de ton visaige,
Le mettre y veulx contre ton dit.
Je la brusleray par despit;

1. « Que je vous étrangle tout de bon. »
2. Lépreux.
3. Anvis, invitus, par force. « Et moy qui me tais bien envis », dit la femme dans la Farce d'un Chauldronnier. On trouve envis luy pour malgré lui dans la Farce des Cinq Sens.

Entens-tu, Rifflart?

RIFFLART.

Belle dame,
Je suis bien courcé [1], par mon ame,
Que vous avés si malle teste.
Les gens me tiendront pour beste
Se n'estoye maistre à ma maison ;
Aussi esse droict et raison,
Aultrement ne seroys pas saige.

LA FEMME.

Cela n'est pas à nostre usaige,
Et ne sert point à mon propos.
Femmes n'ont jamais le bec clos,
Et ce n'est pas de maintenant.
En ta caige certainement
Je mettray ung jolis coqu.
Or dy, me l'apporteras-tu,
Ou se je l'iray achepter?

RIFFLART.

J'ayme mieulx le vous apporter ;

Car j'en trouveray mieulx que vous.

LA FEMME.

A quoy dea le congnoissez-vous
Se il est masle ou fumelle?

RIFFLART.

Regarder luy fault soubz l'esselle.
Finette, là luy congnoist-on.

LA FEMME.

Bouter en Noël la saison,
Chantant l'iver soubz cheminée,
C'est une chose esprouvee.

RIFFLART.

Or allons vous et moy cercher
Se ung en pourriez trouver
Pour bouter dedans vostre caige.
Qui gouvernera le mesnaige,
Tandis que irons au marché ?
Bonnes gens, prenez tout en gré,
Nous en allons par cy le pas,
Ung chascun selon son degré ;
Veuillez prendre en gré nos esbas.

---

1. Abréviation de « courrouce », qui était commune chez le peuple Dans la farce du *Nouveau Marie*, le peie dit a sa fille

Que ne t'ostes-tu de sa voie,
Quand tu voy qu'il se veult *courcer* ?

FIN DE L'OBSTINATION DES FEMMES.

LA PIPPÉE

FARCE

(XVᵉ SIÈCLE. — RÈGNE DE LOUIS XI)

NOTICE ET ARGUMENT

C'est pour la première fois que cette pièce, une des plus curieuses du genre, paraît dans un recueil consacré à notre ancien théâtre. On ne la connut longtemps que par une simple mention du *Catalogue* de la Bibliothèque du duc de La Vallière, dont elle avait fait partie, et d'où elle passa, en compagnie de beaucoup d'autres manuscrits, à la Bibliothèque du Roi [1].

Une copie en fut faite sous la Restauration et donnée à M. Monmerqué, occupé alors à rechercher les origines de notre théâtre et ses premiers monuments.

Il la communiqua à son collaborateur du moment, M. Francisque Michel Celui-ci la revit sur le manuscrit qu'elle ne reproduisait que trop exactement ; il la joignit à plusieurs poésies du même temps, entre autres à la *Moralité de l'aveugle et du boiteux* et à la *Farce du musnier*, qu'on trouvera plus loin, et il publia le tout, en 1832, chez Sylvestre, en 1 volume in-8°, sous le titre de *Poésies des XVᵉ et XVIᵉ siècles, publiées d'après des éditions gothiques et des manuscrits.*

Chaque pièce avait une pagination distincte et pouvait être vendue séparément. mais à un nombre très-restreint, qui ne dépassa pas cent exemplaires.

Depuis lors, quelques-unes ont reparu avec une publicité plus grande : la *Moralité de l'aveugle et du boiteux* et la *Farce du musnier* ont notamment été données par M. Paul Lacroix, dans son recueil de la Bibliothèque gauloise. La *Pippée* seule n'a pas été reprise, bien qu'elle le méritât autant et plus que le reste.

Pourquoi ne la reprit-on pas ? parce que le texte, à peu près inextricable, en effraya tout le monde.

M. Raynouard lui-même en eut peur. Ayant à parler du volume où elle se trouvait, il dit son mot sur chaque pièce [2], mais, arrivé à la *Pippée*, il passa, craignant de s'engager dans les broussailles du texte.

M. Francisque-Michel, qui n'était pas encore le maître expert en redressement d'écritures que toute l'Europe apprécie, avait donné ce texte, tel que le donne le manuscrit, émané de quelque copiste sourd, écrivant sous une dictée quelconque, et dont, à la fin, la plume fatiguée laissait glisser les vers, sans les retenir au passage.

M. Francisque Michel avait toutefois fort bien commencé pour cette farce. Le titre y manquait, il y avait pourvu et de la façon la plus satisfaisante : elle ne peut réellement s'appeler que du nom qu'il lui a donné, la *Pippée*.

Il aurait pu dire pour le justifier, si c'eût été nécessaire, que ce titre était tout à fait dans les conditions de la littérature du temps et citer, comme exemple, certaine partie du *Jardin de plaisance* dont voici le sommaire [1] : « Comment le Dieu d'amour, pour resjouir Amans et Amantes, qui sont au Jardin de plaisance, ordonne faire une chasse appelée la Pipée du Dieu d'amour. »

Malheureusement, le titre trouvé, M. Michel ne s'ingénia pas aussi bien pour le texte.

Il n'y mit que le travail de ses yeux et de sa plume avec une exactitude dont, pour la première fois, nous lui ferons reproche. D'autres, en cela, nous ont devancé. En 1843, on lisait déjà dans une excellente note du *Catalogue de la Bibliothèque de M. de Soleinne* [2], sur cette farce et sa publication :

« Il est à regretter que l'on ait suivi le manuscrit original, qui est tellement fautif que le texte n'a souvent pas de sens. Cette farce serait un charmant modèle de style naïf si nous la possédions intacte, et nous croyons qu'il est facile de suppléer aux altérations que l'ancien copiste lui a fait subir. »

Ce qui est dit ici sur le charme naïf et l'esprit de la pièce est fort juste ; ce qu'on lit quelques lignes après sur quelques ressemblances entre elle et certaines poésies de Villon, d'où l'on pourrait conclure qu'il y a mis la main, est d'une justesse plus aventurée, mais qu'on peut défendre. Le seul point que je conteste, c'est ce que dit la note sur la facilité qu'on aurait à rétablir le texte.

Je viens de m'en donner la tâche, et je réponds qu'elle n'était pas facile. Que de mots à remplacer, que de vers à compléter, à remettre sur leurs pieds ! que de longs passages à rendre intelligibles ! que de lacunes à combler ! Nous ne les avons pas comblées toutes, nous avons dû même en faire de nouvelles pour débarrasser le texte de ce qui, impossible à comprendre et à éclairer, devenait inutile et gênant. Quelques vers ont dû ainsi rester sur le carreau. Ils ont rejoint ceux qu'y avait laissés le premier copiste et dont on pourrait calculer le nombre d'après celui des vers sans rime que la pièce a dû garder.

Maintenant toutefois, sauf de très-rares passages, nous la croyons intelligible d'un bout à l'autre. On peut sans trop d'ambages en saisir partout l'esprit, on suivre de point en point le roman. Il est très-simple.

Les personnages sont d'allégorie, comme dans le *Ro-*

---

[1]. Elle porte sur le *Catalogue* La Vallière le n° 3343, et aux *Manuscrits* La Vallière de la Bibliothèque, le n° 156.
[2]. *Journal des Savants*, juillet 1833, p. 385.

[1]. Le *Jardin de plaisance*, édit. goth., fol. CLXXXVII.
[2]. T. I, p. 184, n. 680.

mon *de la Rose*, qui d'ailleurs y reparaît par quelques réminiscences. Ce sont : Cuider, guide et patron des amoureux confiants et fanfarons, des *Cuidereaux*, comme les appelle Villon ; Bruyt-d'Amour, c'est-à-dire honneur et bonne renommée dans l'amour, qui regrette qu'on n'aime plus comme on aimait jadis et chante sa plainte en des vers qui rappellent la *Ballade des Dames du Temps de jadis*, par Villon ; puis Plaisant-Follie, la femme folle de tous les temps, sûre des mêmes succès avec les mêmes piéges.

Bruyt-d'Amour et Cuider, qui est un maître pipeur, s'ingénient d'en dresser un, dont Plaisant-Follie sera l'appât. Une pippée est faite, des gluaux sont tendus. Plaisant-Follie chante, et vite oiseaux jolis volettent alentour. C'est d'abord Bec-jaune qui s'en vient au saut du nid, et laisse à la glu le peu de plumes qu'il a encore. C'est ensuite Verdier qui, après s'être moqué de Bec-jaune, se prend aux mêmes gluaux où l'attirent et le retiennent les chansons de Plaisant-Follie. Enfin, c'est Rouge-Gorge, bel oiseau plus sérieux, mais tout aussitôt pris. Celui-là on le garde. Plaisant Follie est une vieille connaissance qui le veut à présent pour simple valet. Il la servira, elle et Cuider, que Bruyt d'Amour, content de leurs services et les trouvant dignes l'un de l'autre, lui donne pour mari.

La farce finit sans dire sa morale.

Ce n'est pas notret temps qui aura de la peine à la trouver.

FARCE DE LA PIPPÉE

VERDIER *commance*.
Est il bien foul ?

ROUGE GORGE.
Qui ?

VERDIER.
        Mais plus beste,
Le gallant qui se ront la teste,
Cuidant[1] estre le mieulx aymé.
Il y pert tout.

ROUGE GORGE.
Qui ?

VERDIER.
        On le blasme,
Je croys cent fois de sa follie,
Mais y vire ceste follie
De si long temps[2] que ne luy chault[3].

ROUGE GORGE.
Mais qui qui ?

VERDIER.
        Fasse froit ou chaut,
Il s'en ira la teste au vent,
Tremblant les fievres bien souvant,
Tant quen lit ne dort ne repose.

ROUGE GORGE.
Qui, qui ?

VERDIER.
        C'est la plus sote chose
Quonques teste d'homme songea.
Il vay, il vient hay ha ha,
Tant qu'il a teste débrisée.

ROUGE GORGE.
Mais dieux vecy venir rizée[1].
Mais dy moy de qui sy tu veulx.

VERDIER.
Ouy dea il en a troys tout neufz[2].
Il cuida trancher[3] au logis,
Mais on le fait bien deslogier,
Trompeter dehors le porpris[4].

ROUGE GORGE.
Encore.

VERDIER.
        Fusse pas bien pis
De luy faire perdre ses poynes.

ROUGE GORGE.
Et va, va, tes fiebures quartaines[5] !
Qui va baibillant le papier[6].

VERDIER.
Touttesfoys touffant[7] et brullant,

---

1. Croyant légèrement. Nous verrons tout à l'heure Cuider, personifiant la critique des amoureux présomptueux, jouer un des rôles de la piece.
2. « Mais il tourne (vire) cette roue (poulie) depuis si longtemps. »
3. « Peu lui importe. »

1. « Tu arrives à te moquer de moi. »
2. « Il a trois amours tout nouveaux. »
3. « Il crut pouvoir faire le maitre. »
4. Le pourpris (enceinte), mot qui se trouve encore dans La Fontaine et même dans Voltaire. Il est, avec la forme qu'il a ici, dans le *Roman de la Rose*, v. 2943 :

—Dehait ait, fors vous solement,
Qui en ces porpris l'afficna

5. Nous avons déjà vu cette expression, qui équivaut à « que le diable t'emporte ! »
6. « Le pépier, » cri du moineau On lit dans Ducange (*Pipiones*) : « Pipier, comme poucins ou pijons, ou autours. »
7. Étouffant

Le sot en eut sur son rimpier [1]
Tel cop à l'huys [2] d'ung drappier
Que tout le corps luy en trembla.

ROUGE GORGE.

L'on ne demande point cela,
Que malle feste en aist sainct Grys.

VERDIER.

Et quoy doncques?

ROUGE GORGE.

De quoy esse que tu rys,
Affin que j'en rye ma part?

VERDIER.

Je me rys dung maistre coquart [3],
Le plus follas que je viz oncques.

ROUGE GORGE.

Mais qui?

VERDIER.

Taist toy.

ROUGE GORGE.

Aux dyables doncques !
Fault il songer [4] si longuement?
Et dea, maistre Verdier, vrayment
Reverdi comme vert montant [5],
Vous farsez vous? avous bon temps [6]?
Vous avez beau cryer de gorge [7].

VERDIER.

C'est bien dit, mais toy, Rouge Gorge
Qui es bien plus roge qu'un coq,
Il n'y passe [8] si grosse garsse
Qui n'ait son lardon [9] ou sa farse.
Quant est du baston à deux boutz,
En jouez bien.

ROUGE GORGE.

C'est vous, Verdier,
A qui ces lettres s'adresset [10].
Avez voysins qui les dresset,
Vous en ont servi à tous metz [11].

VERDIER.

De quoy?

1. Pour « reintier », reins, mot qui s'emploie encore dans l'Orléanais.
2. A la porte.
3. Nous avons déjà vu que ce mot signifie un jeune beau faisant « le coq », ce qu'on appela plus tard un muguet, un godelureau.
4. Faire le reveur.
5. Le plus beau vert, celui du printemps qui commence a monter
6. « Avez vous si bon temps que vous puissiez le perdre? »
7. « Il vous fait beau crier a gorge que veux-tu . »
8. « Il ne passe ici . »
9. Moquerie, dont on vous piquait, comme si vous en dussiez être lardé « Jamais, dit Desperiers (nouv. 28), jamais homme ne passant a La Fleche, qui n'eust son lardon » Sous Louis XIV, les gazettes satiriques qui venaient de Hollande s'appelèrent des Lardons Le mot se trouve encore, avec le sens de « cancan », dans Regnard, Grécourt, J J Rousseau
10. Etaient adressées.
11. « Ils vous ont fait un service complet de ces cancans, de ces lardons. »

ROUGE GORGE.

N'en parlez plus jamais,
Je vous congnoys comme une pomme,
Ce n'est pas pour nyent [1] qu'on vous nomme

VERDIER.

Dy hardyement.

ROUGE GORGE.

D'estre fin homme [2].
La mer ne t'an sauroit laver.

VERDIER.

Et que va tu yci baver?
Ne vouldroys-tu dire aultre chose ?

ROUGE GORGE.

Sy fayz mon dea, mais je n'ose;
Sages gens sont tousjours doubteux [3].

VERDIER.

Ha le pauvret ! qu'il est honteulx
Et plain de simple regnardie [4].

ROUGE GORGE.

Puis qu'il fault que je le dye,
Tu es, toy, fin fol naturel.

VERDIER.

A Rouge Gorge,

ROUGE GORGE.

A Verderel,
Comme sont ces rouses de may,
Vous vous donnez beaucoup d'esmoy
Pour cella qui point n'y panse.

VERDIER.

Mais toy qui portes la despence
De cincq ou seix veilles matronnes,
A qui robbes et chausses donnes,
Cuidant toy, simple estallier [5],
Estre le chien au gros collier,
N'es-tu bien foul et estourdy?

ROUGE GORGE.

Tais toy, quar pour vray te le dy,
Je sçay le tour de mon baston,
Et m'en fays fors quancoyz dit on [6],
Que je suys auxi bien venu
Entre dames, et chier tenu,
Qu'on ne m'en fait tort en rien.

VERDIER.

Et moy?

ROUGE GORGE.

Pour ung homme moyen [7],
Tu es bien taillé, à vray dire,
Et croy qu'à te faire de cire

1. Néant, rien.
2. « D'être un homme fourbé à force de finesse. »
3. « Gens sages doutent toujours. »
4. « N'étant qu'aux elements de la science du renard. »
5. Celui qui tenait un etal au compte d'un marchand.
6. « Quoi qu'on en dise. »
7. Ordinaire, de moyenne taille.

FARCE DE LA PIPPÉE.

On y fauldroit, à mon advis[1].

JAUNE BEC.

Dieu gard'! et qui sont les devis[2]?
Dieu gard'! chacun, et moy avec.

VERDIER.

Et dont[3] nous vient ce jaune bec,
Ou bien bec jaune[4], toust m'est ung,
Qui veult le secret d'ung commun?
Samon[5], beau sire, dictes lui.

ROUGE GORGE.

Mais vrayment dont il est sailly[6]?
Je regarde moult sa faiczon :
Esse merle ?

VERDIER.

C'est ung moesson[7].

ROUGE GORGE.

En las perdu[8], c'est un mauvy[9],
A ce que puis cognoistre au signe.

JAUNE BEC.

Et vous estes deux œufz de cigne.
Vous monstrez bailleurs de brocquars.

VERDIER.

Qu'esse a dire?

JAUNE BEC.

Deux grans ponnars[10],
Tout auxi sotz que je vouloye.

ROUGE GORGE.

Il est en plume comme raye[11],
Ah Dieu! que ses plumes sont belles!

VERDIER.

Il cuyde ja voller sans esles ;
Que tu l'antends.

JAUNE BEC.

C'est bien du moins.

ROUGE GORGE.

Pleust a Dieu qu'il fust es mains
De la bonnete que tu scez !
Il auroit du plumage assez
Se il en rapportoit ja plume.

JAUNE BEC.

Scavez vous comment elle plume,
Vous deux qui en parlés massé[1]?
Je croyz que vous avez passé
Maintesfoiz par son estamyne.

VERDIER.

Pes[2], jaune bec.

ROUGE GORGE.

Pes, lourde mine.
Faut il parler des gentilz hommes ?

JAUNE BEC.

Pour Dieu tenons nous où nous sommes,
N'en rougissez ja pour le prix.
Rouge gorge s'en trouve pris
Et verdier a tel coud le bec,
Auxi bien que le jaune bec.
Il nen fault ja faire la lippe[3].

VERDIER.

Le jaune bec ne se esmeut
Comme ung chacun d'avent jeu.

JAUNE BEC.

Parlons a droit par fine amour.
Nous sommez soubz la cheminée[4],
Soit bien la queue examinée
D'ung chacun de nous qui vouldra.
Je m'en fays fort qui s'en fauldra
Cinq ou six plumes par ce compte.

ROUGE GORGE.

Le fol yci nous faira honte.
Se nous ne faussons le lieu[5].

VERDIER.

Allons nous en.

JAUNE BEC.

Adieu, adieu.
Sont il bien pellez les bailleurs[6].

---

1. « Je crois que si l'on t'eût voulu faire exprès (de cire), on t'eût manqué, en comparaison de ce que tu es. »
2. « De quoi, de qui devise-t-on ? »
3. D'où, *unde*.
4. Nous avons déja vu que par « jaune bec, bec jaune ou béjaune », on voulait dire un « jeunet », sans expérience, étourdi comme le moineau qui sort du nid, le bec encore jaune. Ici nous avons, pour ainsi dire, l'expression même mise en scène.
5. « Allons ! » C'est une expression que nous connaissons déja, et qui se retrouve jusqu'au XVIIe siècle.
6. Sortir. Villon a employé ce mot dans le même sens, quand il a dit :

> Necessité fait gens mesprendre,
> Et fait *saillir* le loup du boys.

7. C'est le nom du moineau (*sparrow*), dans Cotgrave, qui écrit « moisson ».
8. Pris dans un piége (lacs).
9. Une alouette huppée. De ce mot est venu « mauviette », nom appliqué à tous les petits oiseaux, rôtis ou non, en style de cuisine.
10. « Deux grands pondeurs. » *Ponner* se disait alors pour « pondre », et *ponnu* pour « pondu » : « *La veismes*, lit-on dans Rabelais (liv. V, ch. x), les cocques des deux œufs jadyz ponnus et esclouz par Léda. »
11. « Il n'est pas mieux emplumé qu'un poisson, une raie. »

---

1. Mot qui, suivant Cotgrave, se disait, comme par équivoque et abréviation pour « maître passé ». Dans la farce de *Jenin Landore*, le clerc dit à Jenin :

> C'est bien dit, macé.

2. Paix, silence !
3. La moue.

> Dieu seet s'il fist piteuse *lippes*,

lit-on dans la 1re des *Repues franches* On avait dit auparavant « la lope », comme en ce passage du *Roman du Renard*, v. 10,244 :

> Et Renard lui a fait la *lope*.

4. Nous sommes, entre nous, comme au foyer, sous le manteau de la cheminée. On disait encore, sous Louis XIV, des choses qui se faisaient *in petto*, en secret, qu'elles s'étaient faites sous la cheminée : « Chamillard, dit Saint Simon, fit fanc La Feuillade maréchal de camp sous la cheminée. »
5. « Si nous ne faussons compagnie, si nous ne partons. »
6. Pour bailleurs, donneurs de sornettes.

BRUYT.

Que suys-je? Je suys Bruyt d'Amours,
Triste, pansif en mes faiz,
Advis m'est que point meffaiz
A faire plaintes et clamours [1],
Car ceulx qui par leurs plaisans tours
Me deussent estre plus parfaiz
Vont empirant tous les jours.
O le bon temps de jadys,
O le bon temps de jadys,
Que tant triste je le dys
Quant m'est soubvenu
Du doulx chant et joyeulx dys,
Et de l'umain paradis
Où tu m'as tenu!
Or est sourvenu
Que les gens sont enradis [2].
Le temps est venu.
Bon temps, que onc ne mesdiz,
Qu'es tu devenu?
Où est la beauté de Jason,
D'Absalon et de Mérion?
Toute fleur de beaulté
Est passée.
Où est l'outrageuse entreprise
De Dymedes et de Perseus [3],
Pirithoüs et Theseus [4]
Alès moy leur semblance prandre,
En voisent [5] aux enffers dessendre
Pour avoir dame Proserpine.

CUIDER.

Jay bagues, j'ay danrrée fine
Argent my fault, argent my fault.

BRUYT.

Où est le cuer tresnoble et hault
De Dydo, qui tant réclama
Enee, et qui tant fort l'ama
Qu'elle mourut, par son default,
En ung grant feu?

CUIDER.

Argent my fault, argent my fault.

BRUYT.

Et Billus la doulce et la clere
Qui tant ama Cadmus son frere
Que en le poursuyvant moureut
Par folle amour.

CUIDER.

Argent my fault, argent my fault.

BRUYT.

Cilles et Pilles et Pollusaine [6]
Coulons avec Philomène
Aldre Cassandre. Au surplus
Savons quoy je n'en diray plus
Si ne faictes tair ce marpault.

CUIDER.

Argent my fault, argent my fault.
Ça mes enffans, ça mes minos [1],
Venez achapter dorellos [2],
Venez, ains qu'il soit plus tart [3].

BRUYT.

Et qui est ce maistre cornart
Qui reveille le guet ainsi?

CUIDER.

Dea, monseigneur, pour Dieu mercy
Ci, je ne vous regardès pas.

BRUYT.

Que portes-tu?

CUIDER.

Ce sont esbatz [4]
Pour appeller les jeunes gens.

BRUYT.

Mais quoy? mais quoy?

CUIDER.

Fatras sont gents [5]
Pour encluer [6] jeunes cornetes
Mais certes tielles [7] sornetes
Ne vous duisent [8] point je suppose.

BRUYT.

Et dy que c'est?

CUIDER.

Ce n'est point chose
Qui soit digne de grand mémoyre;
Ce sont dupetes et cuydoires [9]
Que j'aporte vendre à la cour.

BRUYT.

Et comment es-tu bien si lourt
Que d'aporter euideries vendre
A gens de court? Tu dois entendre
Quelle en est plaine et à relès [10].

CUIDER.

Grans et petis.

BRUYT.

Et clers et lais.

---

1. « M'est avis que je n'ai pas tort de faire plaintes et clameurs »
2. Enraidis, endurcis.
3. Diomede et Persée.
4. Il y a dans le texte « pirateulx et esteux. » Si, après avoir découvert ces noms là sous ce masque, nous n'avons pu déchiffrer quelques-uns de ceux qui suivent, on conviendra que ce ne doit pas être de notre faute.
5. « Ils vont »
6. Polyxene.

1 Petits chats, on écrivait d'ordinaire « minaut », comme dans la farce de *Jennot* :

Le diable emporte le minaut!

2 Bijoux, joyaux, mais surtout rubans, et franges de prix Les rubaniers s'appelaient pour cela *Doreloters* ou *Doroloters* (La Tynna, *Nomenclature des métiers de Paris au XIVe siècle*, p. 9). De ce mot vint « doreloter », qui signifia d'abord payer de rubans.
3 « Avant qu'il soit plus tard. »
4. Choses d'amusement.
5. « Chansons et quolibets sont assez gentils... »
6. Engluer, enjoler.
7. Telles
8 Plaisent.
9 Duperies, faux semblants, chimères.
10. C'e t à dire à en déborder.

CUIDER.
Grans et menus.

BRUYT.
Sages et foulz.

CUIDER.
Je me suis bien rompu le coulx
Pour peu.

BRUYT.
Mais pour nyant [1] à ce compte.

CUIDER.
Et comment?

BRUYT.
Toute danrée monte,
Mais cuiderie déchait [2] tousjous.

CUIDER.
Beau dieu je lay veu en tel cours :
Comment chait elle ainsi doncques ?

BRUYT.
Il en est plus qui ne fut onques.
La chouse jamais ne default [3] ;
Mais plus en y a et moins vault.
Il n'est que trop de cuideries,
Car les gallans ont industries
De les scavoir forger à mains [4].

CUIDER.
Et ainsi nous morrons de fain,
Entre nous chétiz merseros [5].
Or pleust à Dieu qu'on dit deux motz
Au seigneur, il y pourvoyret.

BRUYT.
Par mon serment, il ne pourroit.
Car c'est trop commun par deça,
Et de long temps [6].

CUIDER.
Or venez ça
Je ne crains de nestre acropis [7]
Jamais, je ne pêne.

BRUYT.
Encor pis [8].
Tu tenois à dames pourvoir
De cuideur.

CUIDER.
Ouy bien, pour voir.

BRUYT.
Soient dames ou damoyseles,
Tout est pourveu.

CUIDER.
Voyre les belles ;
Mais les laides en general
En prendront bien...

BRUYT.
Tu l'entens mal.
Voyre comment t'appelle-t-on ?

CUIDER.
Cuider, de nature est mon nom.

BRUYT.
L'on dit bien que cuider muse [1]
Mais tu de toy mesmes t'abuses.

CUIDER.
Pourquoy ?

BRUYT.
Car cuides que les femmes
Ung peu laides et ung peu noires
N'ayent assurées cuidoyres ;
Ce sont celles qui plus en ont,
Beaulx amys.

CUIDER.
Je l'ay perdu doncq
Or suys je marchant esperdu [2].

BRUYT.
Comment ?

CUIDER.
Mon voyage est perdu,
Vostre conseil m'est bien mestier [3].

BRUYT.
Se tu ne sces aultre mestier
Il te fault d'ung autre repaire [4].

CUIDER.
Fais par Dieu plus de douzes peres :
Je scay chanter, je scay baller,
Je scay chasser, je scay voller [5],
Prendre poisson à l'eschappée
Et pour bien faire une pippée
Ne crains homme de tous estas

---

1. Néant, rien.
2. Déchoit, baisse.
3. Ne manque.
4. « De les faire exprès, a la main. »
5. « Chétifs merceraux, » pauvres petits merciers.
6. « C'est trop ordinaire ici, et plus loin, et depuis longtemps. »
7. « Je n'ai pas peur de ne pas me reposer... » c'est-à-dire d'aller par voies et chemins
8. « On te fera d'autant mieux aller, on t'enverra d'autant plus promener. »

1. « Qui rêve, et se repaît de riens, perd son temps. » Du mot muser, on a fait « musard », qui s'emploie encore pour fainéant. Nous trouvons sur « cuider » un autre proverbe, d'un sens à peu près pareil, dans le *Roman de Cleomades* :

Mais on dit : Cuider fu un sot.

2. « Fourvoyé, égaré. » Ambroise Paré a dit dans le même sens (liv. XXIV, ch. LII) « Les troupeaux sont esgarés et esperduz par les champs. » C'était le participe du verbe « esperdre », qui se trouve encore dans Rabelais, Est. Pasquier, etc., mais dont l'usage était bien plus fréquent aux époques antérieures : Si vilains, lit sous-nous dans le *Roman du Renard*, v. 18,061 :

Si vilains ..
Jure et esmaie, si s'espert
Porce que sa jornee pert.

3. « M'est bien nécessaire, m'est d'un grand besoin. » La femme dit avec le même sens, dans la *Farce de Cohn* :

Louez Dieu en vostre mestier (besoin)

4. Repaître.
5. Chasser avec des oiseaux de vol, faucons, etc.

BRUYT.

Cuider, je te diray mon cas
Qui du parfont de cuer procede.
Se tu me scez donner remede
Tu gaigneras plus en ung mois
Que tu ne faiz en x x x troys
A vendre tes meschans pipetes
Car n'y a gallands ni dipetes [1]
Qui n'en aient trop.

CUIDER.
Il est bien vray.
Au propos.

BRUYT.
Je le te diray.
Je suis Bruyt d'Amours nommé.
J'ay long temps esté renommé
Que les jeunes gens me suyvoient
Et qu'en mon livre s'estonnoient [2]
Tous et toutes a venir voir.
Car chascun me vouloit avoir,
Chacun tendoit d'avoir le bruyt;
Mais maintenant chascun me fuyt.
Il n'est plus d'amours naturelles,
Savons une amour telle quelle,
Faicte de mesmes contenances
A grand' sequelles [3] de constances,
Fendues sur ung baston ployé [4].

CUIDER.
De tant tenu, tant de payé.
Je vous entens.

BRUYT.
C'est tout autant.
Ainsi est mon bruyt esteint
Par ne say quel Verdier tant fins
Et Rouge gorge mes voysins
Qui vont esbroullant la chaussée [5].
Il n'y a fille si hault chaussee [6]
Qui net son lardon [7] a tout prys.

CUIDER.
Vous voulsissiez que feussent pris
A quelque amorse friande.

BRUYT.
Oui, c'est bien ce que je demande,
Si tu en as l'art et le stille.

CUIDER.
J'en ay atrappé plus de mille,
Voyre cent mille, en mon temps
De Rouges gorges, Vers montant [1]
De Jaunes becs et Estourneaulx,
De Maulvyz et Chardonnereaulx [2],
Et de mains Pinssons et de Choutes [3] :
Je scay tous les points et les notes [4]
Quil y fault; ce n'est d'uy ne d'yer [5].
Je prans tout.

BRUYT.
Et vive Cuider!
Qui fait ainsi muser musars
Ce nest pas engin d'abusars [6]
D'avoir tel art et style en teste.

CUIDER.
S'il y a Verdier qui saille en feste [7],
Sa plume sera agrippée.

BRUYT.
Comment ?

CUIDER.
Faisons une pippée
Joyeuse en ces champs là derrière.
Que soit de bien à point manière [8].
Tout autant qu'il y en courra
D'oyseaulx, autant y demourra;
Mais quils soient boutés dedans.

BRUYT.
Mais ne fauldras tu point céans?

CUIDER.
Je suys juste comme ung reloge [9].

BRUYT.
Il te fault faire une loge
Pour te bouter en tapinage [10].

CUIDER.
La veez cy faicte d'aventage [11]
Pour l'abreger droit apoinctée.

BRUYT.
Ah! Cuider, que tu es fin!
J'apercois bien à tes houtys [12],
Que tu n'es pas des aprantis.
Tu as mains Jaunes becs trompés
Despuis vingt ans.

CUIDER.
Et des huppés,
Maistre, que vous ne comptés pas.

---

1. Mot que nous ne trouvons que dans Rabelais, et qui est ainsi expliqué par de l'Aulnaye dans son *Glossaire* du Pentagruel, p. 119 « DIPETE, descendant de Jupiter, de Dis » Ici le mot doit signifier « gentilshommes des plus hauts de la cour. »
2. S'émerveillaient.
3. Longues queues, longues suites, *sequelle*.
4. C'est-à-dire cotées comme les pains sur une « taille » de boulanger. Cette *taille*, sorte de bâton, sur laquelle a chaque pain l'on fait une « coche » ou petite fente, est encore en usage dans quelques provinces.
5. Locution proverbiale pour dire « faisant les fanfarons sur le chemin, et le défonçant à force d'y piaffer. » Elle était passée de la langue des camps dans la langue ordinaire Dans la *Vie d'Antoine* traduite de Plutarque par Amyot, il est parlé (ch. xxii) des Romains « qui eboulloient la levée »
6. La mode était alors aux « patins élevés, » ou plutôt aux « panthoufles hautes, » comme on le voit dans le *Monologue des Perruques* de Coquillart.
7. V. une des notes précédentes.

1 Verhers
2 Chardonnerets
3. Chouettes.
4. On prononçant « noutes ».
5 « Ce n'est ni d'aujourd'hui ni d'hier. »
6 « De trompeurs, d'abuseurs vulgaires. »
7. « Qui sorte pour aller en fête »
8. « Que la forme en soit bien à point »
9 Forme abrégée de « horloge », horloge.
10 Pour « en tapinois », bien caché, bien tapi.
11 Pour « à l'avantage », bien à point, de bonne façon.
12 Outils.

BRUYT.

Nè te fault il point de chaas [1]
Ou quelque oyseau demy cornu ?

CUIDER.

Ne chouete ne chat cornu
Ne me servent pas d'une escorce [2] :
Il nous fault bien une aultre amorse
A prendre à verdier si rusé.

BRUYT.

De la paille ?

CUIDER.

Vous vous abusés.

BRUYT.

Du blé ?

CUIDER.

A que vous estes beste !

BRUYT.

Des poys ?

CUIDER.

Vous vous rompez la teste,
Devisés et ny estes point.

BRUYT.

Et quoy doncques ?

CUIDER.

Véez cy le point.
Pour ceste pippée amoureuse,
Bien buvant et bien saveureuse
Savons ce qu'on dit a la farce:
Prennez moy une belle garce
Environ de quinze à seize ans,
Qui vous ait beaulx yeulx plaisans,
Qui soit refecte et bien charnue,
Ferme comme ung boys de quartier [3].
Véez là le cas.

BRUYT.

Quel psaultier
Pour moyne a dire ses matines !

CUIDER.

Voyre, et que elle aist belles tétines
Petites, fines, bien blanchetes,
Rondes comme belles pommetes
Pour dire : Gens, jouez des vostres [4],
En ung destour.

BRUYT.

Quell'patenostres
A fourer les poings d'un hermite !

CUIDER.

La belle jambete petite,
Les soullers bien chaussés estroit,
Les minces patins pour le froit,
Les cheveulx blons comme ung bassin [1],
Et la chemise dung fin lin [2]
Florant comme espice à l'aumaire [3].

BRUYT.

Quel couvrechief !

CUIDER.

Et quel suaire [4]
Pour accoler frère Frappart [5] !

BRUYT.

Il nous fault scavoir en quel part
Nous trouverons si fine espice.

CUIDER.

Je l'ay quise [6] toute propice ;
Il ne fault que vostre voysine,
Plaisant Follie.

BRUYT.

Est el' si fine.

CUIDER.

Cest la plus fine du pais
Et vous a tret [7] a mon advis
Sept ou huyt gallans dune tyre,
Et ny a celluy qui se tyre [8]
Cuidant estre des mieulx aymés [9].
Voyre et tout moufles [10].

1. « Comme un bassin de cuivre bien fourbi. »
2. C'était une des coquetteries du temps. Coquillart, dans le *Monologue des Perruques*, l'exige pour le coquard et la commere :

De fin lin la chemise blanche.

3. « A la huche. » C'est de ce mot qu'on a fait *aumoire*, puis *armoire*. On y mettait les choses de cuisine et de vaisselle les plus précieuses. « Les aumoires, lisons-nous dans une *lettre de remission* de 1405, dans lesquelles estoient les dictes tasses estoient entr'ouvertes. »
4. Couverture, drap de lit.
5. Dans le *Monologue des Perruques* de Coquillart se trouve presque la même expression :

Après on recloit les courtines,
On accole frare Frappart.

C'était le type du moine vigoureux et bon vivant, dont Henry Estienne et Rabelais ont fait tant de gorges chaudes.
6. « Trouvée, requise. »
7. « Trait, tiré. »
8. Qui « tire pays », qui s'enfuie. Il y a dans ces deux vers un jeu de mots sur « tire », piege, et « tirer pays ». On en trouve un pareil dans ce que dit le valet de la farce d'un *Ramoneur* :

Au moins l'on ne s'en retire,
Et vous envoyez celle tire
Qui vous tire

9. C'est ce qu'a dit Verdier au commencement de la Farce
10. « Moufle », dans son premier sens, ne signifiait que gant, mitaine, mais on en avait fait au figuré le synonyme de niaiserie, futilité, chose ne valant pas plus que « miton mitaine ». C'est ce qu'il veut dire ici « Et pour obtenir tout cela, il ne faut que niaiseries, sottes choses. » V. sur ce mot le *Glossaire* de De l'Aulnaye, p. 172.

1. Chat-huant. Nicot, dans son *Dictionnaire* au mot *Pipée*, indique comment on se servait des chats-huants, dans les piéges · « Selon ce qu'on dit, écrit-il, prendre des oiseaux a la pipée, qui est quand un homme caché dedans un buisson et bien entouré de rameaux couverts de gluons, ayant un chat-huant, ou hibou branché et attaché pres de luy, contrefait le pippi des oiseaux, ou bien pressant les ailes ou les pieds d'un oiseau vif le fait crier, car les oiseaux advolent a ce pippis, ou a ce cry, pour garantir leurs semblables du chat-huant qu'ils cuident les tenir, se perchent sur ces rameaux et s'engluent. »
2. « Pas plus qu'une écorce, pas plus que rien. »
3. Le mot « refaite » du vers précédent avait préparé celui-ci. Il veut dire bien dressée comme du « bois refait », bien équarri sur toutes ses faces.
4. « Faites valoir vos avantages, tous vos moyens. »

BRUYT.
> Or va mal.

CUIDER.
Tout y despend de grant quils ont[1],
Et ne savent où il en sont;
Tant seullement sont agrappis
Qui ny voist goucte[2].

BRUYT.
> Or va pis.

CUIDER.
Tout vient ainsi de l'un, de l'autre;
Et ne leur demeure arqx, ni pautre[3],
Que tout ny voyse a demoulu[4];
Et ny a si gentil goullu
Qui peust dire : Je en ay tasté.
Sont-ils bien ?

BRUYT.
> Or est tout gasté.
> Est elle ainsi faicte a la lance[5] ?

CUIDER.
Il ne fault que voir la semblance.
Elle vous a des yeulx petis,
Ung nez mignot assez tratis[6],
Ung menton fourchu tant fugant
Quoncques rasouer de grant gant[7]
Ne fut plus affilé quelle est.

BRUYT.
Voyre mais.

CUIDER.
> A vous voir que cest.
Ne vous en fault plus enquerir,
Tout fin droit vous la voyz querir,
Et vous en arez le regard.
Plaisant Follie, Dieu vous gard.

PLAISANT FOLLIE.
Dieu vous gard, Cuider mon amy.
Comment vous va?

CUIDER.
> Mains que demy[8],
Si vous ne me pretez secours.

PLAISANT FOLLIE.
Comment?

CUIDER.
Vray est que Bruyt d'Amours
Et moy auxi à l'eschappée,
Voulissons faire une pippée,
Pour happer ceulx que vous savez ;
Et que pitié de nous ayez,
Nous en demourons tout au bas[1].

PLAISANT FOLLIE.
Esse tout?

CUIDER.
> Et plus il ny a.
Nous jecterez vous de dangier[2]?

PLAISANT FOLLIE.
Je ne me vouldray point ranger
De ce, pour vous donner confort[3].
Et si m'ose bien porter fort
Quil ny a de Paris à Tours[4]
Cil[5] qui saiche mieulx les tours
Que je saye et en toutes places.

CUIDER.
Aportés engins et fallaces[6],
Et decepvons ici sans pere[7],
Heure il en est.

PLAISANT FOLLIE.
> Laissez-moy fayre.
Ai quant cops que les obliasse[8].

ROUGE GORGE.
Verdier, qui est-ce qui là passe ?
Agardés quel gentil brunete.

VERDIER.
A dire voir la bague est necte[9],
Quel logys à prandre dassault.

JAUNE BEC.
Pour moy. Troys! Troys!

VERDIER.
> Voyés quel sot,
Et une trompe[10] à la main destre,
Ce coquart là tranche du maistre
Et contreffaict de l'amoureux.

JAUNE BEC.
Pès ropieux[11], pès parasseux,
De rousge frangars[12], morfonduz.
Tant que vous aurez froit au cul

---

1. « Quelque grand bien qu'ils aient, ils le dépensent tout. »
2. « A peine sont ils pris qu'ils n'y voient goutte. »
3. Ni arc, ni « piautre », *aviron.* « Ils restent sans pouvoir se défendre, ni se conduire. »
4. « Tout y va ainsi a sa perte, a sa destruction, démolition (démolu) »
5. « Faite pour la joute. »
6. « Tractis », fin. V. sur ce mot une note de la *Farce de Pathelin.*
7. Nous ne comprenons pas ces deux vers, surtout le premier. Les mots inintelligibles qui s'y trouvent doivent en remplacer d'autres, signifiant sans doute : « Elle a langue si aigue que jamais rasoir ne fut mieux affilé » La comparaison de la langue des femmes avec un rasoir n'aurait pas été nouvelle alors. Nous lisons dans Guy de Cambray :

> Lor langhe est plus esmolue
> Que n'est razoir ne faux aguë

8. Moins qu'a demi.

1. « Nous en restons tout abattus. »
2. « Nous retirerez-vous de ce danger ? »
3. « Pour vous donner secours, je n'aurai garde de m'eloigner... »
4 Comme la Cour était alors en Touraine, Tours était une des villes dont le nom revenait le plus souvent, associé a celui de Paris Voir encore a ce sujet Coquillart, le *Monologue des Perruques.*
5. Celui.
6. Piéges et tromperies.
7. « Avec des ruses sans pareilles (sans paire). »
8. Ce qui doit vouloir dire « J'ai tant de tours, que j'en pourrais oublier sans me faire tort... »
9 Le bijou est propret, attrayant.
10. Comme un chasseur, pour « corner » la chasse.
11. « Roupieux », ayant au nez la roupie.
12. Ceci est pour Rouge-gorge « frangé de rouge ».

D'avant que soit ung pié de glasse [1].

ROUGE GORGE.

Villain, si ne vuydez la place,
Vous aurez tantost bel effroy.
Sus le logis [2] !

JAUNE BEC.

Tramblez, beffré [3],
Tramblez, Vermine vous menasse.

VERDIER.

Laisson ce fol ; maupreu luy face.
Alon poursuyvre nostre proye.

JAUNE BEC.

Vous y lairrés de la courroye,
A la parfin combien qu'il tarde [4],
Et respandrés vostre moutarde [5].
Je le vous conseil, amy doulx.

ROUGE GORGE.

Pour quoy ?

JAUNE BEC.

Ce n'est pas chau pour vous,
Actendez à l'aultre sepmaine.

CUIDER.

Bruyt, agardez que vous amayne.
Ay-ge follay [6] à mon voyage ?

BRUYT.

A Nostre Dame quel ymage
En ung couvent de jaccopins [7] !

CUIDER.

Pleust à Dieu que ces turluppins
Fussent ceints de telle cordelle [8] !
Y fist bien [9].

BRUYT.

Si fist mon [10]. Pucelle,
Au moins dictes-nous vostre nom.

PLAISANT FOLLIE.

Ne le scavez-vous ?

BRUYT.

Certes non.
Je vous recognoyz bien de veue.
Je vous ay milles foiz veue ;
Mais il n'est rien qu'on n'oblie.

1. « Avant qu'il y ait un pied de glace. »
2. « Ça, a ce logis ! »
3. Pour « beffés », moqués. « Beffe » voulait dire raillerie, satire : *Et*, lit-on dans la *Bataille des vij Ars*,

  Et li auctor se deffendoient
  Qui de granz plaies lors fesoient.
  De longues fables et de beffes.

4. « A la fin des fins, qui viendra, bien qu'elle se fasse attendre. »
5. « Votre bavardage. » On disait d'un bavard : « baveur, comme un pot à moustarde. »
6. « Failli, manqué. »
7. « Quelle image de Notre-Dame pour un couvent de Jacobins. »
8. La corde qui ceignait les reins des Jacobins.
9. « Ce serait bien. »
10. « S'il était ainsi. »

CUIDER.

On l'appelle Plaisant Follie.
Regardez ung pou sa fasson.

BRUYT.

Et cest vray, bon gré en ait on [1].
Cest ma garse, cest ma mignonne.
Or cza, ma toute belle et bonne,
Vous scavez assez qu'il nous fault.

CUIDER.

Je luy ay ja dit autant vault :
Chose est de légier [2] à scavoir.

BRUYT.

Il nous fault de la glux avoir,
Et nous serons prè maintenant.

PLAISANT FOLLIE.

Mais gardés qui soit bien tenant [3].

CUIDER.

Si bien tenant, que s'il y passe,
Verdier ne aultres oyseaulx de chasse,
Hardiement que partir n'en peut.

BRUYT.

Dis tu ?

CUIDER.

Demandez vous s'il pleust ?
Si vient Verdier ne Roge gorge,
Dicte hardiement qu'el ne se bouge [4] ;
Car s'il fiert la plume en la gluz,
Et vit auxi cler comme Argus
Qui avoyt cent yeulx entour soy,
Il ne fuit...

BRUYT.

Mais de quoy, de quoy
La glux qui fait nostre fait
Est-il fait ?

CUIDER.

De quoy il est fait ?
Il y a auxi grand mistere
A trouver ses propres estoffes [5]
Que la perre des philosophes [6],
Qui fait bien muser les musars.

PLAISANT FOLLIE.

Je les ay faitz de mes regars
Tirés de la clique de l'euill [7],
Au chapperon de Bel Acueill [8],
En les tendant de frans gluons [9]

1. « Bon gré, merci a qui me l'a amenée. »
2. « Facile. » Cette expression « de léger » s'est conservée, avec le même sens, jusqu'à Molière, qui a dit dans le *Misanthrope* :

  ... Il ne faut pas croire trop de léger.

3. « Regardez à ce qu'elle puisse bien tenir. »
4. Comme « gorge » se prononçait *gourge*, ce mot pouvait par assonance rimer avec « bouge. »
5. « Etoffes, matières. »
6. « La pierre philosophale. »
7. Du décliquement, du clignotement de l'œil.
8. « Sous le chaperon, le couvert, les enseignes de Bel Accueil ». C'est, on le sait, un des personnages symboliques du *Roman de la Rose.*
9. « Gluaux. »

Broyez ensemble.

BRUYT.

   Quels lardons
Pour larder ung jeune follet !

PLAISANT FOLLIE.

Il y a du ritz nouvellet [1],
Soubz ung doubz trait a l'asquart [2],
De belles mansonges le quart
Conflctes en belles parolles
Signiffiant promesses folles
Qui font ces folz plus blans que platre [3]
Au sault d'un guischet.

CUIDER.

   Quel emplastre
Contre une forcelle ydropicque [4] !

PLAISANT FOLLIE.

Tant plus est veneuls, plus fort picque
Et tant mieulx escache chacun [5].
Ce n'est pas comme ung gluz commun
Qui esvente et gaste pour tant,
Car il vault mieulx de xx ans
Que ne fait estre nouveau :
Lors arrache plume et peau
Jusques aux otz, et tout decippe [6].

BRUYT.

Quel panetiere !

CUIDER.

   Quel recippe [7],
Pour curer une gibessiere [8] !

BRUYT.

Je te requiers, mamye chère,
Que sus près [9] en fasson l'espreuve.

PLAISANT FOLLIE.

Le voullez vous ?

CUIDER.

   Si je vous treuve
Roge-Gorge et maistre Verdier,
Vous aray.

BRUYT.

Cuyder !

PLAISANT FOLLIE.

   Hau ! Cuider !

CUIDER.

Au quel respondrai ge ?

BRUYT.

   A tous deux.

CUIDER.

Je ne puis, c'est grand fait que d'eux [1].
Et je m'en voys icy sus
A mes herbeteaux à glus [2]
Et si ne peuvent pas actendre.

BRUYT.

Hau, Cuider !

CUIDER.

   Je ne puis entendre,
En dussiez vous yssir du sens [3].

BRUYT.

Que Cuider a depsçu de gens [4]
Et mis en grant mérancollie !

CUIDER.

Certes si a Plaisant Follie
Encore plus, ce que me semble [5].

BRUYT.

Vous ferez roge tiersangle [6].
Rien ne vous sauroit estopper [7].

CUIDER.

Sus sus ! il est temps de pipper ;
Toute nostre pippée est faicte.
Plaisant Follie ma pucelette,
Vous sarrez soubz ce arbresseau [8] ;
Mais quant il viendra quelque oyseau
Soit privé, saulvage ou boucaige [9],
Regardés bien de quel plumaige
Il est, ne quel semblant il fait :
S'il est gras, ne s'il est refait,
Ne s'il a cler argent claincant [10].
Il pourroit estre si meschant
Qu'il nous vaudroit des desarroys [11]
Pour la pippée.

PLAISANT FOLLIE.

   Je les cognois.
Allés voir, allés seurement.

CUIDER.

Plumés les moy subtillement,
Si qu'en plumant ne se descevent [12].
Faictes quilz ne l'apercevent.
Preniez aujourd'huy une plume

---

1. « Sourire nouvelet »
2. « A l'écart . »
3 « Confus, honteux » V sur cette expression si difficile a expliquer, une note de la *Farce de Pathelin*.
4. « Une poitrine trop gonflée »
5 « Chacun est pris, confus, aplati. »
6 « Dépece, disperse, dissipe »
7. « Quelle ressource, quelle recette ! »
8 « Pour pouvoir (*curare*) a remplir une gibeciere »
9 « La haut, auprès. »

---

1. « C'est beaucoup que d'eux. »
2. « A mes petits bâtons, sainements couverts de glu... »
3. « Dussiez-vous sortir de votre bon sens. »
4. « Déçu de gens. »
5. « Plaisant-Follie en a trompé encore plus, ce me semble. »
6. « Malin triangle. » Dans ce sens, « rouge » se disait pour une chose faite par excellence, en malice ou autrement. Cotgrave cite un proverbe qui justifie notre acception : « Les plus rouges y sont pris, » c'est-a-dire les plus malins.
7. « Rien ne saurait pareil, amortir (étouper) ce que vous allez faire »
8. « Vous vous soilez sous cet arbrisseau. »
9. « Bocager »
10 « Faisant du bruit. » On mettait aux pattes des oiseaux de proie, faucons, tiercelets, etc , qui servaient pour la chasse au vol, des rondelles et des chaînettes d'argent, qui faisaient du bruit, (clinquaient »,
11 Dommages.
12 « Ne voient qu'on les déçoit. »

Et demain deux qui costinuent,
Où quelle est la peau eschauffee¹.
Puis prennez en une riflée ²
A plain poin ; en pourrez tirer
Tant que l'on pourra soupirer.
Il ne vous aymera que mieulx.

PLAISANT FOLLIE.

Dictes vous ³ ?

CUIDER.

   Je parle des vieulx
Qui sont malicieux et caulx.
Mais si vient de ces sosercaux ⁴,
Qui se boutent à chère baude ⁵,
Plumés les moy bien sans eau chaude
Tant qu'il n'y demeure plumete.
C'est le point veulx je qu'on les mecte ;
Et si pleurent de la pipée,
Faictes leurs ung ris de Pompée ⁶.
Vous les voirrés jouer à l'eure ⁷ ;
Mais gardés que rien n'y demeure,
Le demeurant en est perdu.

PLAISANT FOLLIE.

Laissez moy, et du residu ⁸
N'aurez rien à faire aultre chose.

CUIDER.

Que dit le Roman de la Rose ?
« Foul est qui son amy ny plume
Jusques a la derniere plume ⁹. »
Noctés bien ces vers, belle seur.

PLAISANT FOLLIE.

Je scay ma leczon tout par cœur,
Il ne la me fault jà aprendre.
Allez à vostre loge actendre ;
Mais avant que ailliés tandre
Il nous fault dire une chanczon
Qui soit bien joieuse, dison ,

1. « Ou la peau est a vif. »
2. « Une rafle. » Nous avons un exemple énergique du mot *rifler* pour *rafler* dans le *Temple d'honneur et de vertu* de Le Maire de Belges, quand il dit qu'il voudrait

  Ardoir en feu, qui tout rifle et devore.

3. « Croyez vous ? »
4. « Petits sots, etourdis. »
5. « A chere lie, joyeuse et fanfaronne. » Baudement voulait dire gaillardement « Et dit Rabelais (liv. I, ch. IV), sur l'herbe drue, dansarent au son des joyeux flageollets et douces cornemuses tant *baudement* que c'estoit passetemps celeste les veoir ainsy soy rigouller. »
6. « La mine qu'on faisait à Pompée apres qu'il eut été vaincu par César. » Nous ne connaissons pas d'autre exemple de cette locution, qui devait être proverbiale.
7. « S'enfuir sans perdre une minute. »
8. On appelait ainsi ce qui restait d'une volaille « les esles et le residu, » lit-on dans le *Menagier* (liv. II, ch. v).
9. Il y a eu effet dans le *Roman de la Rose*, v. 10,8.7, un passage qui ressemble beaucoup a celui-ci

  Si le plumeront nos pucelles,
  Qu'il y fauldra plumes nouvelles.

Le texte — et l'on jugera par la des difficultés que nous avons eues a le rétablir — dit ici. « Le roman de la jouste ! » c'est guidé par la rime, et un peu par une vieille réminiscence, que nous avons deviné qu'il s'agissait du *Roman de la Rose*.

Pour commancer nostre pippée :
   (*Cantat.*)
« Lune des bois éfemerine ¹. »
  (*Jaune Bec paroist.*)

CUIDER.

Il a le guez ² a la cuysine,
Ce jaune bec en son sotoys ³

JAUNE BEC.

Estes vous là ou je vous voys,
Bourgeoyse, en vost' jardin soullete ?
Vous avez très belle gorjete.

CUIDER.

Toutesfoiz est truffant, broullant ⁴.

PLAISANT FOLLIE.

Dont nous vient si gentil gallant
Qui porte si briant cautelle ⁵ ?

JAUNE BEC.

Et par mon serment, damoyselle,
De nout maison, je viens tout dret.

PLAISANT FOLLIE.

De vout maison venez ?

JAUNE BEC.

   Si fait
Par mon serment. Ne mens de nient.

PLAISANT FOLLIE.

Tres bien et beau vous advient,
A parler la langue francoise ⁶.
D'où estes vous ?

JAUNE BEC.

   De là Ponthoise ⁷.
Et mect-on ung jour et quatre heures.

PLAISANT FOLLIE.

Dictes vous ?

JAUNE BEC.

   Ouy dea, nous demeures
Sout assises en Darnetalle ⁸
Ou croist la meilleure godalle, ⁹

1. Qui paraît chaque jour, mais passe vite, est éphémère
2. Le guet.
3. « En sa sottise. » On disait plus souvent « en son lourdois »
4. « Tout sot qu'il est, il voudrait tromper (truffer) et montrer son feu, brûler. »
5. L'habit des hommes était alors une longue « cotelle ».

  Jusques en terre longue cotte,

dit Coquillart.

6. « Cela vous sied bien de parler français. » Le personnage dont on se moque ici devait avoir un accent campagnard, normand sans doute, tres-prononcé.
7. « Plus loin que Pontoise. »
8. Il y a dans le texte « Boucle dalles », nom tout à fait incompréhensible. Nous y avons substitué celui du bourg de Darnetal, pres de Rouen, tres célèbre pendant le moyen âge, surtout à Paris, ou une rue en avait pris le nom C'est celle qui, transformant ce nom de *Darnetal* en Garnetal, puis en Garnetal, s'appelle aujourd'hui rue Grenétat.
9. Biere anglaise, *good a'e*, bonne ale, qui nous arrivait par la Seine. Ce fut le nom qu'on donna plus tard a toutes les bieres d'Angleterre ou de Flandre.

  Allez humer leur cervoise et *godale*,

dit Muot dans sa *Ballade sur l'arrivee de M d'Alençon en Haynault*.

Qui soit en toutes nous vallees
Et se prent en une eaue sallée,
Qui se pesche en greves plaines
En quoy les crapaux et les raines [1]
Chantent plus dru que poiz en pot.

CUIDER.

Mais escoutez le maistre sot,
Comme abillités ce qu'il nomme [2].

PLAISANT FOLLIE.

Advisez d'estre gentilhomme.
Ardez pour qu'on vous considere.

JAUNE BEC.

Dea c'est du cousté de ma mere,
Car mon pere fut bon masson.

CUIDER.

Il pert bien, à vostre fasson,
A vous faire si belle ydole.
Quant il vous fit, fit un droit molle [3]
Pour fondre une œuvre de villain.

PLAISANT FOLLIE.

Ung si beau compain [4] et si plain,
Tant gaillart et tant mignonet,
Doit avoir son cuer en lieu net,
Mais pour amoureulx moyen.

CUIDER.

Tel gerbe n'est pas sans lyen,
Ny tel coquart sans sa coquarde.

PLAISANT FOLLIE.

Regardés comment il le larde [5].
Où sont vous amours?

JAUNE BEC.

Je regarde;
Mais je ne scay, par mon serment.

PLAISANT FOLLIE.

Coles tu [6], beau sire, comment [7]?

PLAISANT FOLLIE.

La dame seroit bien heurée [8]
Qui auroit ung si bel amy.

JAUNE BEC.

Chacun ne fine point demy
A sa voullente [9], ne vous chaille;
Mais nonobstant, vaille que vaille,
Si m'arez vous [10], si vous voulez.

CUIDER.

Ah! dea, comme vous y allez!

Vous y jouez vous, jaune bec?
Vous y serez proie, et tout sec.
Enfin vous y lairrés les plumes.

PLAISANT FOLLIE.

Si nous, femmes, eussions coustume
De prier les hommes de ce,
Piéça prié je vous eusse.
Je panse que vostre stature,
Vostre façon, vostre figure,
Tout est si bien à ma plaisance,
Que n'est pas un homme de France
Qui, près de vous, me plaise mieux.
Ah! que vous avez de fins yeulx!
Beau sire, regardez de là [1].

CUIDER.

Haro [2] ! quelle estache véla
Pour lyer ung veau de village!

JAUNE BEC.

Puis je entrer en vous [3] en drugage [4]
Sans danger, pusselete belle?
Qu'esse qui tient a ma cotelle?
Je suys mallement detenu.

CUIDER.

Ça, ça, qu'y estes vous venu?
Que malle feste en ait saint gris [5].

JAUNE BEC.

Qu'esse a dire?

PLAISANT FOLLIE.

Vous estes pris,
Pris à la pippée jolie.

CUIDER.

Vous en aurez ains que [6] partir!

JAUNE BEC.

Plumé! me voullez vous routir?
A Dieu! comment vous me tatez!
Hay!

PLAISANT FOLLIE.

Souffrez.

JAUNE BEC.

Vous me gastez.
Le sang bieu de moy! je m'enfume.

PLAISANT FOLLIE.

Empreu [7].

CUIDER.

Et deux.

JAUNE BEC.

Vous me gastez,

---

1. Grenouilles (ranœ).
2. Ce que dit ce personnage devait être en *a parte*.
3. Moule
4. Compagnon.
5. Ce vers doit être aussi en *a parte*.
6. « L'attaches-tu avec tes gluaux ? » Ceci devait être dit bas a Cuider
  Nous enlevons ici deux vers qui ne sont qu'un gâchis tout a fait incompréhensible
8 Bien heureuse, pleine de beur.
9 « Chacune ne fait, n'acheve (fine) pas a moitié, suivant sa volonté. »
10. « Vous m'aurez pourtant. »

« 1. Regardez plus loin. »
2. Ce cri tout normand est bien placé pour annoncer la déconvenue de ce jaune bec de Normandie.
« 3 Avec vous »
4 Servitude, servage. Dans Palsgrave, p 215, « Druge » est donné comme signifiant « serviteur ». C'est le mot « Drudge » des Anglais, qui veut dire esclave
5. Nous avons déjà vu plus haut ce juron.
6. Avant que.
7. Et d'une, la première

Et fut pour faire des pastés [1] ?
De tous costés on me desplume.

CUIDER.

Il ne vous demourra ja plume
Ne plumete entour des costés.

JAUNE BEC.

Le sancg de my ! vous me gastez.

BRUYT.

Qui esse qui bruit comme ung veau ?

CUIDER.

C'est ung jaune bec tout nouveau
Qui est happé à la pippée,
Et je luy baille une lippée [2]
Du brevage que vous scavez.

BRUYT.

Est-il desplumé ?

CUIDER.

Vous voyez.

BRUYT.

Est-il net ?

CUIDER.

Net comme une poille [3].

BRUYT.

Or luy baillez troys cops de poille [4]
Et lenvoyez coquelarder.

CUIDER.

Ne le voullez vous point garder ?
Il est gentil balleneau [5].

PLAISANT FOLLIE.

La plume vault mieulx que l'oyseau.
Sus ! maître, troussés aultre part.

JAUNE BEC.

Or ça que le deable y ait part !
Comment j'ay este rapoussé [6] !
Harou ! que je suys près houssé [7] !
Quant je reguarde ma jacquete
Il n'y a plume ne plumete,
Je suys plus net qun parisi [8].

VERDIER.

Dont nous vient ce sotart yci ?

JAUNE BEC.

Il y pert [9], je says de beaux tours.

VERDIER.

Il se mocque.

JAUNE BEC.

Allez y entour,
Samon [1] vous n'en aurés pas mains.

ROUGE GORGE.

Ah ! Jaune Bec, par ces deux mains !
C'est maufait d'estre tant trompé.

JAUNE BEC.

Jay esté plumé et pippé
Voyre tout au long de la joue.

VERDIER.

L'on voit bien à qui on se joue.
Le pouvre sot croit de legier,
On luy a bien fait deslogier
Ses plumes devers le matin.

JAUNE BEC.

Vous vous en mocquez, Dom Martin [2],
Mais trouves vous y à la feste ;
Feussez vous plus roge [3] cent foiz,
Jà plumes nen rapporterés.

VERDIER.

Dis tu ? je le veux esprouver.

JAUNE BEC.

Faites, or sus, que je le voye.

VERDIER.

Damoyselle, Dieu vous doint joye
Et vous gart d'annuy et soussy !

PLAISANT FOLLIE.

Dieu vous doint joie, mon amy !
Qui estes vous et dont venez,
Qui avez de si haultes plumes ?

VERDIER.

L'amour qui m'enflemme et enlume [4]
M'envoye devers vous retraire [5]
Pour vous desclairer le contraire [6]
Que je souffre pour vous amer.

CUIDER.

S'on le peult guérir par plumer,
Il aura tantost médecine.

VERDIER.

Par ma foy vous estes bien fine
Me fere souveignette telle [7].

CUIDER.

Queue neufve à mectre à sa cotelle
Mon Verdier, vous y estes pris
A la pippée.

1. « Est-ce pour faire de moi des pâtés ? »
2. Gorgée.
3. « Une poêle bien fourbie. »
4. « Trois coups de serviette, de torchon » Ce mot n'est resté que pour le voile qu'on étend au-dessus de la tête des mariés. C'est d'un — poêle, — « palle en écharpe », comme il l'appelle, que Rabelais drape Diogene (liv. III, prol.).
5. « Gentil baladin, gentil a faire danser (baller). »
6. « Rapousté, » comme on dit encore dans le peuple, pour épousseté, secoué.
7. « Brossé, houspillé. »
8. « Il n'y a pas plus de plume sur mon corps que sur un sou parisis. »
9. « Il y paraît, » c'est-à-dire « on voit que je suis plume ».

1. « Certainement. »
2. Peut être y a-t il une allusion ici au moine Martin, dont le proverbe disait pour exprimer qu'il se mêlait de tout : Il fait a la fois la demande et la réponse. Verdier en effet se mêle un peu ici de ce qui ne le regarde pas, et, en se moquant, n'attend pas qu'on lui reponde.
3. « Plus fin » V. sur ce mot une des notes précédentes.
4. Pour « enlumine », éclaire.
5. Faire retraite, me retirer.
6. « Le sort contraire, le malheur. »
7. « Vous êtes bien rusée de me faire tel accueil ou vous ne semblez pas avoir de moi souveignette (la moindre souvenance). »

VERDIER.
　　　　Je suis espris,
De vous tant et par telle envie
Qu'il n'est chose qui soit en vie
Où je preigne plus grant plaisir.

PLAISANT FOLLIE.
Devisons nous deux à loisir.
Ensemble il ny a ci que nous.

VERDIER.
Qu'esse que je voiz la desoubz ?
J'ay peur quil y aist tromperie.

CUIDER.
Mon Verdier, vous y serez pris,
Chier vous coustera la follie.

PLAISANT FOLLIE.
« Une bergierecte jolye [1]
Et ung très gracieux pastour
Qui l'aultre jour en ung destour
Menoient grant chiere et grant liesse. »

VERDIER.
Vous me fetes quelque finesse.

PLAISANT FOLLIE.
« La bergiere print à chanter,
Et le pastour print a fleucter,
Comme ilz furent accoustumés. »

VERDIER.
Je regnie Dieu ! vous me plumés.

PLAISANT FOLLIE.
« Tantost ung gallant luy vint dire :
Entretenés le, ce bon sire,
Hardiment et vous aprouchez. »

VERDIER.
Par la mort bieu vous me pleumés.

PLAISANT FOLLIE.
« Il s'en aprocha de si prés
Qu'en la beisant cheut a travers,
Tant, qu'il luy escorcha le nes. »

VERDIER.
Par mon serment, vous me plumés.

PLAISANT FOLLIE.
« Il va de moy faisant ces vers,
Que je suys tumbée à l'envers
Disant que je ne voyois goucte. »

VERDIER.
Mes pleumes s'en vont de grand'route.

PLAISANT FOLLIE.
« Dea, disoit elle, Robinet,
Pour ung petit enffantinet
Que jay, soye fille ou filz,
Men fault il laisser le pais
De nous deux si beaulx et si gayz. »

VERDIER.
Tousjours est-ce que plumes j'ay ?

PLAISANT FOLLIE.
« Il nest point de si doulce vie
Que d'estre auprès de sa mye
Quant on l'ame de bon cuer fin ? »

VERDIER.
Prendra meshuy ce conte fin ?

PLAISANT FOLLIE.
Maintenant.

CUIDER.
　　　　Est il bien Jouhin [1] ?
On le pleume là au clin d'eul :
Il en crie et il maine deul ;
Et si ne sçait partir de la
Il y fault grant' estraine hon ! ha !

VERDIER.
Encore ne m'avez vous mye,
Je scay bien jouer des tallons.

CUIDER.
Au mains rapportez nous gluons.

VERDIER.
Pren-t-on ainsi les compaignons ?

CUIDER.
Ils vous ont bien cousté pour bons [2].
Enfroquez jà le marmiteux [3].

BRUYT.
Quesse !

CUIDER.
　　　　Ou est Verdier joieulx
Qui eschappe. Nous le perdons.

BRUYT.
Au moins rapportez nous gluons.
Maistre, nen soyez ja honteulx.
Comme il sen va le maleureulx
Sans estre pris à la boucaille.

PLAISANT FOLLIE.
Il est bien plumé, ne vous chaille,
Il ne s'en va comme une grue.
Il n'a pas la plume si drue,
Quil avoit quant il y entra.

BRUYT.
Le pis est qu'il s'en ventera
D'estre eschappé, je suys douttant.

CUIDER.
Vanter il n'en a le talent.
Il s'en reva la coue [4] au cul
Et si panse que ne soit nul
Qui cognoisse assez bien son fait,

---

1. Ceci, et la suite, qui forme comme un pot pourri de couplet, devait etre chanté.

1. Jouan, Jean, Janin, noms qui, tous, se donnaient par moquerie.
2. « Ils vous sont bien comptés pour bons, pour vrais. »
3. « Donnez vous l appairence malheureuse, *marmiteuse*, qui vous sied. »
4. « La queue. »

Tondés moy sil nen sonne mot.

JAUNE BEC.

Dont vous vient ce gentil fallot
Qui si gayement se pollie [1]?

VERDIER.

Je viens de voir Plaisant Follie
Ou plusieurs foulz ont esté pris.

JAUNE BEC.

Il ne fault point parler du prix,
Dessus vostre doy le payerez.

VERDIER.

Tout est bien.

JAUNE BEC.

Vous la gouvernez,
Tout le monde le set bien dire.

VERDIER.

Je la vous faitz plourer et ryre;
Bref, jen faiz tout ce quil me plaist.

JAUNE BEC.

Voyre, Verdier, mais le pis est
Que vous portés la renommée
De l'avoir plusieurs foiz plumée,
Et que du sien vous tennés près.
Agardés ce n'est bourde exprès :
Que gaingne-t-on d'ainsi mantir?

VERDIER.

Je croy bien, pour toy advertir,
Que jay bien pris aucunes fois,
D'elle, deux couvrechiefs ou troys,
Pour dire j'ay passé par là,
Tout par amour.

JAUNE BEC.

Trop bien cela.

VERDIER.

Si ay par aventure prises
D'elle deux ou trois chemises.

JAUNE BEC.

Trop bien a ry.

VERDIER.

Vela encor
D'elle je croy des verges d'or [2].

JAUNE BEC.

Et ces beaux gluons que vecy,
Vous les a-t-el' donnés auxi?
Qui fut cel' qui les vous donna ?
Sans rougir, dictes le nous, dea.

ROUGE GORGE.

Cest bien lardonné [3], par mon ame,

Fuy-t'en, Verdier, tu as jà fame
A mectre au tronc dune cadelle [1].
Or je mourrai en la querelle
Ou j'en viendray à mon dessus.

JAUNE BEC.

Ou vous arrez une marrelle [2],
Ou vous serez du tout deceus.

ROUGE GORGE.

Je my en voys [3].

CUIDER.

De par Dieu ça,
L'on vous voit venir Rouge Gorge,
Vous apportez vous à la forge
Où Jon affine les coquars?

ROUGE GORGE.

Le doulx menton, le doux regart,
Qui sont en vous, ma dame chière!
M'en vais à vous faire prière,
Qu'à vous je soye soudoyer [4].

PLAISANT FOLLIE.

Dont vient ce gentil escuier,
Plain de si gracieux devis?
Entrés dedans.

ROUGE GORGE.

J'y entre envis [5].
Car je ne scay pas votre style,
Ne suys pas encore en setille [6].

CUIDER.

Il craint le fil. A la parfin
L'aurons.

PLAISANT FOLLIE.

N'estes vous l'omme fin
Dont l'en parle tant en la ville,
Le Roge Gorge, l'homme abille,
Par tout le monde renomme ?

ROUGE GORGE.

A vray dire ainssi suis nomé,
Passé a des ans plus de quatre.

CUIDER.

Mais ung tres glorieux follatre,
Coquart qui ne scet ce quil fait.

---

1. « Se lustre, se lisse le plumage. »
2. C'était une sorte de bague sans chaton, faite comme serait une petite branche, une verge ployée en rond. Anneaux, lisons-nous dans l'*Amant rendu cordelier par ordonnance d'Amour* :

Anneaulx ou verge d'alliance,
Ou fust escript *Mon cœur avec*

Dans *Jehan de Saintre*, ch. XXVII, il est parlé de « vergettes d'or, toutes esmaillées à fleurs de souviegne-vous de moy. »

3. « Médit, plaisanté. » V. plus haut, une note sur le mot *lardon*.

1 « Tu as déjà une de ces réputations (*fame*) qu'on met sur un poteau avec un écriteau, un placard (*cadella*). » Il est parlé dans les *Lettres* de Pasquier, t. II, p. 306, « d'escriteaux mis au dos des gens justiciés, lesquelz estoient escripts en lettres *cadelces*, » et dans les *Aresta Amorum*, on lit « Permis ausdicts maichands de les pouisuyvre par attaches, plaquars ou *cadeleures*. »

2. Nous ne savons ce que le jeu de marelle vient faire ici, aussi pensons nous qu'il devait y avoir là un autre mot. C'est sans doute *merelle*, petite portion

(Chaque povre avait sa *merelle*,
dit l'*Amant rendu cordelier*.

3. « J'y vais. »
4. « Pour que je serve, comme quelqu'un qu'on soudoie. »
5. « Malgré moi (*invitus*). »
6. « En adresse, en ruse. » Dans la *Moralité nouvelle d'un empereur qui tua son neveu*, le neveu dit

Gallans, je vous ay fait mander,
Pour ce que vous cognois habiles
Car par vos moyens et *setilles*
Mon desir sera retrouvé.

PLAISANT FOLLIE.

Que doubtez vous, en vostre effaict,
Qu'estes ainsi si mal instruit [1] ?

ROUGE GORGE.

Je crains que vous avez le bruit
D'estre encor plus fine ouvriere,
Et qui mieulx scavez la maniere
De pleumer gens sans eschauder.
Je ne suys point à plumeder,
Quant est à moy, comme un garson.

CUIDER.

Mais cent fois mieux.

PLAISANT FOLLIE.

Mais Dieu non.

CUIDER.

D'autant quil y a plus à prendre.

PLAISANT FOLLIE.

Pour vous donner le cas entendre
Ou vous blasmés souvent les femmes
De choses que oncques ne panssames;
Mais ce sont baveux et chiffleux [2]
Qui tousjours nous portent tel blasme.

ROUGE GORGE.

Jay veu les gens à rouge flamme,
Les plus frisques, les plus mignons,
En rapporter de grans gluons [3].

PLAISANT FOLLIE.

Il nest pas vray.

ROUGE GORGE.

Je les ay vus,
Et plumés jusqu'aux os en sus.

PLAISANT FOLLIE.

Si leur cheoit une seule plume,
Pansez-vous pourtant qu'on les plume?

ROUGE GORGE.

Oui-dea!

PLAISANT FOLLIE.

Ils muent, c'est la saison.

ROUGE GORGE.

Par mon serment, avez raison,
Je ne l'entendoys à demy [4].

PLAISANT FOLLIE.

Rouge Gorge, mon bel amy,
Cil [5], qui bien veult amer à droit [6],
Ne doit pas croyre, quant quil voit,
Mais doit estre comme une sousche [7],
Aucunesfoiz faire le lousche;

Ou que auray ament mentiroit [1].

CUIDER.

Sans douter, le coquart le croit,
Le grant sens quil a n'est pas saige.

PLAISANT FOLLIE.

Et puis quant viendra au plumaige
Dire en effaict, qu'aucunes gens
Venus par ici, negligens,
Se sont laissés plumer les costes;
Mais ils n'estoient pas si fins hostes
Que vous, pour avoir tel oultrage.

ROUGE GORGE.

Je vous en croy bien.

CUIDER.

Quel forrage
Pour paistre moutons enherbé !
Il ne peut sortir qu'enragé
Pour sa répouse, ou loquetault [2].

BRUYT.

Est il pris ?

CUIDER.

Mieux pris ce marpault,
Que singes sont enmaillotes ;
Tant euglué de tous coustés,
Qu'il ne scet de quel part partir.

BRUYT.

Desplumé?

PLAISANT FOLLIE.

Je le fais sortir
Comme d'une toile d'iraigne [3].

BRUYT.

Ah ! Roge Gorge, or vous souviengne,
Quant vous fustes en ce point pris,
Que les plus roges y sont pris :
Ne l'avez-vous oncques mais sceu ?

ROUGE GORGE.

Si fait, mais Cuider ma deçeu :
Ah ! Cuider, que tant tu es cault !

BRUYT.

Tout se pourte bien, ne te chault :
La connois-tu? Regarde, c'est
Croquenel [4].

ROUGE GORGE.

Ne pance quel est...

BRUYT.

Nul ne recognoist sa follie,
Et comment elle est tant jolye.
Meschant, ne la cognoissez vous?

---

1. « Comment pouvez-vous dire alors que vous etes si mal instruit ? »
2. Siffleurs.
3. Nous enlevons ici quatre vers qui n'ont aucune suite ni aucun sens
4. « Je ne comprenais même pas a demi. »
5. Celui.
6. « De façon convenable, comme il faut »
7. « Immobile et muet comme une bûche. »

1 « Ou dire qu'il ment a qui soutiendrait que j'aurai des amants. »
2. Ou dépecé, deplumé, mis en loques
3. Araignée.
4. Une vieille connaissance de Rouge Gorge, que nous n'avons rencontrée que la, mais qui doit être de la même famille que la Croque-Quenouille de Rabelais, a qui son fuseau ne servait que pour battre son mari.

Or viencza, Cuider, amy doulx,
Pour les services et bien faictz
Qu'orain et aultreffoiz ma faitz
Je te donne Plaisant Follie
A femme pour toute ta vie,
Et veulx que soiez mariez,
Et que jamais ne vous déliez
Pour quelque rancune et discorde.

PLAISANT FOLLIE.
Je le veuill.

CUIDER.
Et je my accorde.

BRUYT.
Tenés luy loyalle brigade
Et la gardés saine et malade
Sans jamais rompre ceste corde.

PLAISANT FOLLIE.
Je le veill.

CUIDER.
Et je my acorde.

BRUYT.
Rouge-Gorge vous servira
A tousjours, et tant quil vivra
Sans raison ni misericorde.

PLAISANT FOLLIE.
Je le veill.

CUIDER.
Et je my accorde.
Nous troys ferons ung bon mesnage.

BRUYT.
Multipliés voustre mesnage,
Pippés fort, ne cessés de tandre,
Prennés quant que vous pourres prandre.
A vostre service les mes
Et veill que nen partiés jamais
Comme vous subgetz et rantiers.

CUIDER.
Bruans, Jaunes ecs, et Verdiers
Qui estes en vous grans cuidiers,
Tenés vous sarrés.
Car sil advient que je vous happe
A la pippée et à la trappe,
Vous y demourrés.
A Plaisant Follie ma femme
Hommage y randrés.
Et jamais vous nen partirés,
Et vous, mes seigneurs haulx et bas,
Qui avez ouy nos esbas,
En gré les prennés.

AMEN.

FIN DE LA FARCE DE LA PIPPEE.

FARCE DU PONT AUX ASNES

(XVᵉ SIÈCLE. — REGNE DE LOUIS XI)

NOTICE ET ARGUMENT

Tout le monde sait ce que signifie cette vieille locution : C'est le Pont aux ânes. Elle est employée pour dire : rien de plus facile. On ignore davantage quelle en est l'origine. M. Littré va nous l'expliquer par un passage de son *Dictionnaire de la langue française*[1], où il ne fait d'ailleurs que reproduire une opinion de Génin[2] auquel, ce qui nous a surpris, — car il est très-consciencieux en citations, — il ne renvoie pas.

Il nous dit d'abord, ce que nous savons tous, que si les ânes passent un pont, ce n'est jamais qu'à coups de bâton : « Dans une vieille farce, ajoute-t-il, on conseille à un mari de prendre exemple sur ce procédé pour morigéner sa femme. Le remède était facile et à la portée de tout le monde ; de là, le Pont aux ânes. »

La farce dont parle M. Littré et à laquelle il aurait pu renvoyer aussi très-facilement, puisqu'elle a été reproduite, d'après le Recueil de Londres[3], dans l'*Ancien Théâtre* de la Bibliothèque Elzévirienne[4], est justement celle que nous publions ici.

L'analyse s'en trouve à peu près faite par ce qu'il a dit. Un mari veut que sa femme lui obéisse, mais il a beau crier, parler de ses droits, invoquer l'*Evangile des Quenouilles*, qui était alors, de par les matrones filandières, le manuel des ménages, il n'arrive à rien, il n'obtient même pas que sa femme mette les pois au pot.

De désespoir, ne sachant plus que faire, il s'en va consulter un saint et savant homme, messire Domine De qui parle un bizarre charabia moins français qu'italien, et le justifie en disant qu'il est de Calabre, ce qui fait involontairement penser à saint François de Paule que Louis XI en avait fait venir, vers le temps où cette farce nous semble avoir été faite, et qui vint le trouver au Plessis-lez-Tours, c'est-à-dire près des bords de la Loire, où elle se joue.

Aux plaintes que lui fait le mari, messire Domine De n'a qu'une réponse : « Allez voir au Pont aux ânes. »

Il s'y décide, après s'être bien fait répéter, mais sans trop comprendre. Il trouve un bûcheron, qui daube rudement, avec son bâton de houx, sur les côtes et l'échine de sa bourrique Nolly et ne parvient qu'ainsi à lui faire passer le pont de la Loire.

Il devine, retourne chez lui, applique la recette, avec la plus belle trique de hêtre qu'il ait pu trouver sous sa main, et fait ainsi trotter la commère au feu, au pot, aux pois, au balayage, bref à toutes les besognes du ménage, dont elle se gardait si bien, en criant si fort.

Elle travaille et ne crie plus. C'est double profit.

Il n'a fallu pour cela qu'aller au Pont aux ânes et bien faire ce qui s'y fait.

Nous sommes de l'avis de Génin et de M. Littré. La farce a pu donner lieu au proverbe, dont nous ne connaissons pas d'exemple antérieur à l'époque où elle dut être jouée. La seule locution qui s'en rapprochât était celle-ci qui le complète : « Battre comme asne à pont. » On la trouve dans le *Roman du Renard*, v. 10,769, et dans un fabliau que cite le *Glossaire* de Lacurne de Sainte-Palaye :

> Demande, ou je te battrai tant
> Que mielx (mieux) ne fu asnes a pont.

---

1 Au mot Pont, t. II, p. 1210.
2. *Recreations philologiques*, t. II, p. 58.
3. Elle y occupe quatre feuillets oblongs, sans autre marque qu'une gravure sur bois grossière et insignifiante au verso du dernier.
4. T. II, p. 35-49.

FARCE NOUVELLE

FORT JOYEUSE

DU PONT AUX ASNES

A quatre personnages, c'est assavoir :

LE MARY,
LA FEMME,

MESSIRE DOMINE DE
ET LE BOSCHERON

LE MARY *commence.*
Où estes-vous, hay, dame Niche?
Se vous fussiés gente et faictice [1],
Il fust bien temps que je disgnisse [2].

LA FEMME.
Vostre mesnage est si très misse [3]
Qu'il n'y a ceans pain ne miche,
Ne de quoy faire souppe grasse.

LE MARY.
Sainct Jehan, si a, c'est vostre grace.
Devant que a ma journée allasse,
J'ay trouvé des pois là dedans.

LA FEMME.
Mais des febves [3].

LE MARY.
    Tant d'incidens!
Ma femme, vous m'estes trop fine [4].

LA FEMME.
N'en parlon plus, je vous entens;
Ilz sont tous prestz à la cuisine.

LE MARY.
Et à quoy tient-il qu'on ne disgne?

LA FEMME.
Allez faire bouillir le pot.

LE MARY.
Dya, c'est office de meschine [5].

LA FEMME.
Dya, c'est office de varlet.

LE MARY.
Si servirez-vous.

LA FEMME.
    Si me plaist.

LE MARY.
Vueillez ou non, vous servirez.

LA FEMME.
Ce sera donc un vif esplaict [1],
Que je serve et vous vous servez.

LE MARY.
C'est la raison, tant que vivrez,
Que de nous vous portez la peine.
Aussi en ce point le ferez,
Ou bien batue vous serez.

LA FEMME.
Je feray, ta fiebvre quartaine [2].

LE MARY.
Femmes doibvent couvrir la table,
Mettre dessus linge honorable;
Aux gens de bien, s'on les admeine,
Monstrer un semblant amyable
Et faire chère convenable.

LA FEMME.
Et ilz font, ta fiebvre quartaine.

LE MARY.
Femmes doibvent pour leur honneur
Tenir leurs barons [3] en doulceur,
Et faire loyaulté certaine;
Et, si leur font quelque rigueur,
Ilz prennent le dyable à seigneur.

---

1. « Gracieuse. » Nous avons déjà rencontré ce mot. V. une note des pièces précédentes.
2. « Que je dinasse. » La forme employée ici ne fut jamais française, mais elle n'en était que plus comique, de la part de ce mari, qui, on le verra, est assez recherché dans son langage.
3. « Pauvre (*miser*). »
4. « Non, mais des feves » La contradiction de la femme commence.
5. « Vous faites trop la fine. »
6. Servante. — Ce mot vient de l'arabe *miskin* pauvre, et notre mot *mesquin* doit en être dérivé, comme le pensait Edelestand Du Méril. Ce qui le prouverait, c'est que *meschine* (servante) s'écrivait quelquefois *mesquine*, comme dans la farce de *Bien mondain*, où la femme dit —

    Ailleurs chercherez vos *mesquines*,
    Car icy n'en trouverez pas.

1. « Un bel exploit, une belle prouesse. »
2. Cette imprécation par la fièvre quarte, que nous retrouverons, fut très-en usage jusqu'à Molière, qui dit encore dans l'*Etourdi*.
3. Le Baron, c'est le mâle, le mari, d'après l'*Evangile des Quenouilles*, qu'il va citer dans un instant.

    Et si vous y manquez, votre *fièvre quartaine!*

LA FEMME.

Et ilz font, ta fiebvre quartaine.
Meschant, malheureux, tel est-il.

LE MARY.

Aussi vray comme l'Evangil,
Et qu'alouettes sont grenoulles,
Il est, au livre des quenoulles [1],
Recité en catholicon [2]...

LA FEMME.

Et quoy?

LE MARY.

Qu'il faut que nous vaincon
Et que les hommes soyent maistres.

LA FEMME.

La croix bieu, si je tiens les lettres [3],
Ilz seront en aussi mal an [4]
Entrez, que le cul quoniam [5]
Qu'on reforma derrainement.
Somme, dessus l'appoinctement [6],
Je metz une opposition.

LE MARY.

C'est un arrest de parlement;
Il va sans appellation.
Il fault que nous'seigneurion [7].
Droict le veult et force l'emporte.

LA FEMME.

Et esse ton oppinion?
Me veulx-tu pugnir de tel sorte?
Ce sera quand je seray morte
Doncques que je t'obeiray;
Car tant que [8] l'ame du corps parte,
Un pas pour toy ne passeray.

LE MARY.

Si obeyras.

LA FEMME.

Non feray.

LE MARY.

Si feras.

LA FEMME.

Je fais veu à Dieu :

J'auroys plus cher [1] te veoir du feu
Brus'er au marché de la ville.

LE MARY.

Obeyras-tu.

LA FEMME.

Se je fille [2].

LE MARY.

Obeyras.

LA FEMME.

Demain, demain.
J'obeirais à ce villain,
Qui est plus yvre que un bracquet [3]!

LE MARY.

Tire du vin.

LA FEMME.

C'est tout acquest [4].

LE MARY.

Saque le pot [5].

LA FEMME.

Ilz sont tout cuytz.

LE MARY.

Disgneray-je point?

LA FEMME.

A l'autre huys;
Frappe tes varlets par les fesses.

LE MARY.

Sang bieu, ce sont droictes dyablesses
Que femmes qui sont aheurtées [6].
Cha, des febves.

LA FEMME.

Ilz sont mengées.

LE MARY.

Cha donc, des pois.

LA FEMME.

Ilz sont en cosse.
C'estoit pour une femme grosse,
De paour qu'el' ne perdist son fruyt [7].

LE MARY.

Et mon Dieu, je suis bien destruit,
Bien peneux, bien tablative [8].

---

1. Le *Livre des quenoulles, connoilles,* ou *quenoulles,* est une sorte de petit manuel, sous forme de conversation entre vieilles femmes filant leur quenoulle, où tout ce qu'on pouvait dire sur les devoirs, les superstitions du ménage, etc , etc , se trouve naïvement résumé La premiere édition datée est celle de 1475, chez Colard Mansion de Bruges Le livre s'appela un peu plus tard *Evangile des quenoulles,* parce qu'a chaque instant les matrones qui y parlent disent « vray comme l'Evangile. » Le mari de notre farce fait comme elles

2 En catéchisme abrégé.

3 « Si je tiens ce livre ... »

4 « Ils auront autant de malheur .. »

5 Il s'agit de quelque bref ou de quelque bulle, commençant par « quoniam » qui avait alors été réfo mée récemment, « derrainement »

6. « Puisque nous en sommes aux sommations. »

7 « Fassions les maistres, les seigneurs... » Ce mot se trouve souvent dans les *Fabliaux* Au XVIe siecle, Nic. Pasquier dit encore (liv. V lett. 1) « Ceux qui *seigneurioient* ores servent, et ceux qui servoient ores dominent. »

8. A moins que.

---

1. « J'aurais plus agréable, j'aimerais mieux... »
2. « Si je cede, si je file doux . »
3. « Plus affolé qu'un chien braque »
4. « Tenez que c'est fait »
5. « Tire le pot. » Ce mot *saquer,* conservé dans l'espagnol *saquar (sacar)* dont le sens est le même, se trouve dans la *Farce de frere Guillebert*

S on savoit notre acquaintance,
Mes gens me sacqueroient les yeux.

6 « Entêtées d'une chose, buttées a une idée. « Monseigneur, qui la voit *aheurtee* en ceste opinion, » lit-on dans la 17e des *Cent Nouvelles nouvelles*

7 La femme tend au mari la monnaie de son *Evangile des quenoulles,* où se trouvent à foison des pratiques superstitieuses comme celle dont elle parle.

8 On aurait dit plus tard « J'ai bien de la tablature. »

Or dit un proverbe approuvé
Que besoing fait vieille trotter.
Je n'y voys plus du cul frotter [1],
Car je suis au bout de mon sens.
Aurai-ge des pois?

LA FEMME.

Ilz sont baynes [2].
Il ne les fault que empotager [3].

LE MARY.

Il me cuide faire enrager.
Par mon serment, se Dieu ne m'ayde,
Ha, vrayment, j'y mettray remède,
Devant qu'il soit trois jours d'icy.

LA FEMME.

Je ne te crains.

LE MARY.

Ne moy aussi
Non plus qu'un enfant de dix ans.

LA FEMME.

Se tu ne veulx rien, me vecy;
Jo ne te crains.

LE MARY.

Ne moy aussi.
Si ne deust-on pas faire ainsi.

LA FEMME.

Somme [4], pour tous les mesdisans
Je ne te crains.

LE MARY.

Ne moy aussi,
Non plus qu'un enfant de dix ans.
Saincte sang bieu, quelz motz cuisans
Quel double mors [5], quel trenchefille [6];
El' desvide plus qu'el' ne fille
De babil sans comparaison.
Bien, bien, j'en diray la raison [7]
Se je parviens à mon entente.

MESSIRE DOMINE DE [8]

Jo so la persona prudente
Acouchat à nostre amente :
Presto jam de tanty quante
In amoriante vallente [9].

LE MARY.

Je voy, au long de ceste sente,
Un homme très bien apointe.

1 « Je n'y vais plus aller mollement. »
2 « Ils trempent comme dans un bain »
3 « Il ne faut plus qu'en faire un potage »
4 « Bref, pour en finir. »
5 « Comme elle mord a double rangée de dents. »
6 « Quel filet de langue bien coupé ! »
7. « J'en aurai raison. »
8. Génin, *Recreat. philolog.*, t II, p 56, traduit ce nom par le *Docteur*, le *Saint du jour* (*Dies*), c'est-a-dire le docteur a la mode. Ce que le mari dit plus loin, en l'appelant saint Jourd'hui, donne raison a Génin.
9 Cet italien macaronique, plus français et plus latin qu'italien, peut, croyons-nous, s'expliquer ainsi « Je suis la sage personne, je rends vite habile aux affaires d'amour tous ceux qui veulent savoir comment s'y conduire et y corriger (amender) »

MESSIRE DOMINE DE.

Jo so la persona prudente
Acouchat à nostre amente :
Presto jam de tanty quante
In amoriante vallente.

LE MARY.

Se Dieu me le debvoit de rente,
Ou qu'il eust forme de soleil,
Pour me donner quelque conseil [1].
Il me servira à ma guyse.

MESSIRE DOMINE DE.

Ve qui a done malle prisse,
Que homo per mo je reprisse
Comme lo parfaict amante
Debet servire [2], en sa devise
Dio lo commande et l'Eglise.

LE MARY.

C'est messire Domine de.

MESSIRE DOMINE DE.

Si queré juga de mestrisse,
La dosne debet estre prinse
De luy proximi parente.
Et s'el no sa conta ne misse
Comme servante s'y amisse [3].

LE MARY.

C'est messire Domine de.

MESSIRE DOMINE DE.

Per scientia tant esquisse
De long temps a me contisse
Jo so mestro cognossente;
De Calabria fina puisse
Tout y segreite s'y devist [4].

LE MARY.

C'est messire Domine de.
A, Seigneur, le bien abordé,
Le bien venant en ceste terre,
Par amour je vous viens requerre
De conseil, sans aller plus loing.

MESSIRE DOMINE DE.

Emin [5], te clame-tu ?

LE MARY.

Besoing.

MESSIRE DOMINE DE.

Besoing, a la veritat,
C'est verbo de necessitat [6].

1. « Il arrive comme si Dieu m'en devoit la rente, comme le soleil en plein midi. »
2. « L'homme qui a pris mauvaise femme (*done*) apprendra de moi comment, en parfait amour, on doit servir.. »
3. « Si la dame cherche a jouer a la maîtresse, il faut qu'elle soit reprise par ses proches parents, et si cela ne la contente pas, qu'elle serve comme servante. »
4. « Par cette science parfaite, de moi depuis longtemps connue, je suis maître tres-connaissant Venu, depuis, du fin fond de la Calabra, j'en dis ici tous les secrets »
5. Pour « emmy », ici, dans ces lieux.
6. « Besoin, a parler vrai, c'est mot de nécessité. »

Ot, fradel [1], dy qui te maine.

LE MARY.

Helas, Monsieur, pour vostre peine,
Je suis bien contant qu'i me couste
Un escu par dessus le couste [2],
Puis qu'il fault jouer d'estremye [3].

MESSIRE DOMINE DE.

Ot, fradel, favelle [4] mye,
Et jo te feray la raison.

LE MARY.

Helas ! c'est à nostre maison
Un dyable, monsieur, un dyable ;
Par ma foy, il est veritable ;
Je suis mort si n'est conjuré [5].
C'est ma femme ; elle a juré
L'ennemy [6], le pape et le roy
Qu'el ne fera jamais pour moy
Un pas, quelque petit qui soit,
Et que je serve tort ou droit,
Et que je bate et que je vanes.

MESSIRE DOMINE DE.

Vade, tenés le pont aux asgnes.

LE MARY.

Dya, monsieur, il y a bien pis.
Il me fault tirer l'eaue au puys,
S'on veult mettre le pot au feu.
Chascun mot el desavoue Dieu
Qu'el ne fera ne lict ne couche,
Et fault qu'en despit de ma bouche
Que je faces les febvres baynes.

MESSIRE DOMINE DE.

Vade, tenés le pont aux asgnes.

LE MARY.

Le dyable m'emporte, monsieur,
S'el me porte non plus d'honneur
Qu'elle feroit à nostre chien.
Mais pourtant je ne vous dy rien ;
Je vous requier bouche cousue ;
Il n'est chose qui ne soit sceue ;
Elle est plus tristresse que Ganes [7].

MESSIRE DOMINE DE.

Vade, tenés le pont aux asgnes.
Et vade le mode de faire [8].

LE MARY.

Ce sont motz mauldictz ou prophanes.

MESSIRE DOMINE DE.

Vade, tenés le pont aux asgnes.

1. Petit frere, *fratello*.
2. Par dessus le prix de la consultation ordinaire.
3. De moyen extrême d'extrémité.
4. *Favella*, parole.
5. Détourné, écarté.
6. Le diable.
7. « Plus tristesse que Ganelon. » C'est, on le sait, le traître de la légende de Roland à Roncevaux.
8. « Et va voir comment on s'y prend. »

LE MARY.

Voir les faulcons voller les cagnes [1],
Dessus la rivière de Laire [2].

MESSIRE DOMINE DE.

Vade, tenés le pont aux asgnes,
Et vade le mode de faire.

LE MARY.

Et bien doncq, pour vous complaire,
Je yray voir que ces asgnes font,
Et c'on leur fait dessus ce pont.
Et puis je vous diray, beau sire...

MESSIRE DOMINE DE.

Basta tant qui debet suffire [3].

LE BOSCHERON.

Sus, Nolly, sus, tire avant, tire.
Hury, ho ! le dyable y ait part,
Tant tu me donnes de martyre ;
Sus, Nolly, sus, tire avant, tire.

LE MARY.

Vecy ce que mon cueur desire ;
Il me fault tirer ceste part.

LE BOSCHERON.

Sus, Nolly, sus, tire avant, tire,
Hury, ho ! le dyable y ait part,
Et da, hay, que de malle hart,
Ou des loups soyes-tu estranglee ;
Sus, Nolly, sus, tire avant, tire.

LE MARY.

El ne marchera plus avant.

LE BOSCHERON.

Et sus, Nolly, tire avant, tire.

LE MARY.

Midieulx, son asgne est arrestée.

LE BOSCHERON.

Et da, hay, que la clavelée [4]
Vous puist serrer le musel [5].
Agarez [6], le chemin est bel,
Et si ne marchera jà pas.

LE MARY.

Le bon vieil asgne craint les bas [7],
Tout ainsi que fait nostre femme.

1. « Prendre les canards au vol. »
2. Loire.
3. « C'est assez (*basta*) pour voir d'une façon suffisante. »
4. La clavelée ou claveau est une maladie spéciale aux bêtes à laine, leur variole ; les ânes, que nous sachions, n'en sont pas attaqués. L'auteur, qui se souvient de son *Pathelin* et de la fameuse clavelée des moutons d'Aignelet, parle ici pour le paysan, qui, lui, ne s'y serait pas trompé.
5. Museau. C'est de ce mot ainsi écrit qu'est venu *muselière*.
6. Pour *agardez*, regardez Agardez, dit le sot dans la *Farce des Cris de Paris*,

Agardez, je le veux savoir ;

et Naudet dans la *Farce du Gentilhomme* :

Hay agarez, ma damoiselle.

On disait aussi « ardez », comme Marinette du *Dépit amoureux*
7. Le bât, la charge.

LE BOSCHERON.

Et da, hay, de par Nostre Dame.
Sus, Nolly, si te metray paistre.

LE MARY.

El ne faist non plus pour son maistre
Que ma femme feroit pour moy.

LE BOSCHERON.

Il frappe.

Et hay, de par le dyable, hay !
Tout aussi bien vous yrez.
Puisque j'ay ce baston de houx,
Je vous frotteray les costez ;
Trottez, Nolly, trottez, trottez ;
Vous avez trouvé vostre maistre.

LE MARY.

Vertu bieu, comme vous frottez !

LE BOSCHERON.

Trottez, Nolly, trottez, trottez.
Gens mariez, notez, notez ;
Tout se explique en ceste lettre.
Trottez, Nolly, trottez, trottez ;
Vous avez trouvé votre maistre.

LE MARY.

Et ne fault-il que boys de haistre
Pour frotter des costez sa femme ?
Ha, par le sainct jour Dieu, not dame.
Vous vous sentirez de la feste.
Par mon serment, je suis bien beste ;
Voilà le propre enseignement,
Et j'ay bien pou d'entendement,
Dont le sage homme me parla,
Hau, sainct Jourd'huy [1], esse-cela ?
J'en auray tantost la raison.
Ça, ça, qui est en ma maison ?
Que je soye servy à soupper.

LA FEMME.

Et qui vous a fait tant truper [2] ;
Meschant, les febves estoient baynes.

LE MARY.

Dya, j'ay esté au pont aux asnes,
Où j'ay aprins un tour de maistre.
Sus, tost, qu'on vous voye entremettre
De me servir à l'oiel et au doy [3].
Despechez-vous.

LA FEMME.

Pour qui ? pour toy,
Meschant villain ? le dos, le dos [4].

1. V. p. 151, note 8.
2. Pour « tréper », aller des pieds inutilement comme a la danse.
3. « Au doigt et à l'œil, » comme on dit encore aujourd'hui. C'était l'expression de la Coutume pour exiger que dans les partages les mesures fussent prises exactement. On lit dans le *Grand Coustumier de France*, p. 370, à propos de la « veue », *visite des juges*. « La veue doit être faite aux quatre angles de l'héritage, de bout en bout, de long en long, *a l'œil et au doigt*. »
4. « Tourne le dos, va-t'en. »

LE MARY.

Qu'on ne m'use plus de telz motz
Si hardy.

LA FEMME.

Pour qui, nostre maistre ?

LE MARY.

Sus, sus, au vin ; rinsez les potz,
Mettez la table sur le trahistre [1].

LA FEMME.

Par le vray Dieu qui me fist naistre,
Mourroys plus tost. A quel propos ?

LE MARY.

Qu'on ne m'use plus de telz motz
Si hardy.

LA FEMME.

Pour qui, nostre maistre ?

LE MARY.

Et pour ce gros baston de haistre
Dont je vous casseray les os.

LA FEMME.

Helas ! helas ! les rains, le dos !
Au meurdre sur ce trahistre Ganes !

LE MARY.

Dya, j'ay esté au pont aux asgnes ;
Je sçay comme il fault les conduire.

LA FEMME.

Helas ! je suis morte, Johannes.

LE MARY.

Dya, j'ay esté au pont aux asgnes.
Ferez-vous point les febves baynes ?
Hen, quoy, ferez-vous le pot cuyre ?
Dya, j'ay esté au pont aux asgnes ;
Je sçay comme il les fault conduire.

LA FEMME.

Helas ! besoing, je les vois frire,
Et si vois [2] allumer le feu.
Pardonnez-moy, au nom de Dieu,
Et je feray vos voulentez.

LE MARY.

Trottez, vieille, trottez, trottez,
Et servez quant il est besoing.

LA FEMME.

Helas ! espargnez mes costez.

LE MARY.

Trottez, vieille, trottez, trottez.

LA FEMME.

Vos chausses seront descrotez,
Et si vous chaufferay le baing.

1. Tréteau.
2. Vais.

LE MARY.
Trottez, vieille, trottez, trottez,
Et servez quant il est besoing.

LA FEMME.
Nobles dames qui avez soing [1],
Vous povez par cecy noter,
Le pont aux asgnes est tesmoing :

1. Ennui.

Besoing [1] fait la vieille trotter

LE MARY.
Adieu, seigneurs, et près et loing,
Qu'il vous a pleu nous escouter.
Le pont aux asgnes est tesmoing :
Besoing fait la vieille trotter.

1. Nécessité.

FIN DE LA FARCE DU PONT AUX ASNES.

MORALITÉ DE L'AVEUGLE ET DU BOITEUX

PAR ANDRÉ DE LA VIGNE

(XV° SIÈCLE — RÈGNE DE CHARLES VIII — 1496)

NOTICE ET ARGUMENT

Cette moralité, qui, on le verra, est bien plutôt une farce, a pour nous bien des points intéressants : on en sait la date exacte, on en connaît l'auteur, ce qui n'est pas moins rare, enfin l'on n'ignore rien, ni des circonstances dans lesquelles elle fut écrite et jouée, ni de l'ensemble du spectacle dont elle faisait partie avec la Farce du *Musnyer*, que pour cette raison nous avons eu soin de n'en pas séparer. Elle viendra à la suite.

L'auteur, André de La Vigne, qui a fait l'une et l'autre, la Moralité et la Farce, nous occupera d'abord On ne sait pas quand il naquit, on ignora même très-longtemps qu'il fût de La Rochelle. Ce n'est que par le procès-verbal qu'il dressa lui-même de la représentation, et qui paraîtra ici, pour la première fois à la suite des deux pièces, que l'on a connu ce détail.

Jusqu'alors on avait pu croire qu'André de La Vigne était, ou de la Bourgogne, à cause de cette représentation même qui dut être un des événements de sa vie, et qui fut donnée dans une ville bourguignonne; ou de la Savoie, à cause du long séjour qu'on savait — par la *Bibliothèque françoise* de Lacroix du Maine — qu'il avait fait à Chambéry, comme secrétaire du duc.

De la cour de Chambéry, sans qu'on sache comment ni par quelles influences, il passa à la cour de France, où il fut auprès d'Anne de Bretagne ce qu'il avait été auprès du duc de Savoie.

A son titre de secrétaire de la Reine il en joignit un autre, celui de « facteur », c'est à-dire de poete « du Roy [1] ». Lacroix du Maine dit « orateur », mais il se trompe. Il n'y a rien dans ce que fit A. de La Vigne qui sente « l'orateur », tandis que ce qu'il écrivit pour Charles VIII est du ressort du poete, de l'écrivain, du « facteur ». Ce titre est d'ailleurs, comme on le verra par le procès-verbal, celui qu'il se donnait lui-même. Il le justifia quand le roi fit son expédition de Naples. Il l'y suivit, et par son ordre en écrivit le *Journal*, qu'il lui présenta à Lyon, à l'une des haltes du retour.

Ce « Journal de l'entreprise et voyage de Naples » fut une des parties les plus importantes du livre qu'André de La Vigne publia plus tard, après la mort du roi, mais sans qu'on en sache au juste la date, sous le titre de *Vergier d'honneur*. Plusieurs autres pièces y furent jointes, notamment *la Louange des Rois*, écrite bien antérieurement, car, suivant Fontette [2], elle aurait été composée à l'occasion d'une ambassade de Louis XI au pape pour lui présenter la Pragmatique sanction ; et ferait ainsi remonter bien plus haut qu'on ne pense les travaux d'André de La Vigne en l'honneur de nos princes

A la fin du recueil, Octavien de Saint-Gelais avait mis 800 vers environ, *Complainte et épitaphe du feu Roy Charles VIII*, qui, en raison de la qualité du poète et du sujet du poème, avaient fait qu'au frontispice du volume le nom de Saint-Gelais avait pris le pas sur celui d'André de La Vigne, et qui furent cause aussi que le livre même fut, par quelques-uns, contesté à celui-ci au profit de l'autre. Nous aurions bientôt une preuve toute nouvelle et complète de leur erreur.

Pour ce *Vergier d'honneur*, André de La Vigne ne prenait plus le titre de secrétaire de la Reine, ni de facteur du Roy, Louis XII ne lui ayant pas, à ce qu'il paraît, continué les faveurs, d'ailleurs fort maigres, de Charles VIII.

Le pauvre poete en était revenu à sa qualité plus humble de secrétaire du duc de Savoie. Il n'en a pas d'autre sur le volume.

Tout nous ferait croire qu'avant même la mort de Charles VIII, dès la fin de l'expédition de Naples, cette chevaleresque et glorieuse déconvenue, André de La Vigne, une fois son journal écrit et présenté, n'avait plus rien été auprès de lui, ni auprès d'Anne de Bretagne ; et que le titre de « facteur du Roy », que nous allons lui voir prendre encore, était tout ce qu'il avait gardé de ses deux places.

Ce qu'il va faire, dès le mois de mai 1496, moins d'un an après le retour de Naples, nous sera ainsi expliqué.

Il n'est plus ni secrétaire royal ni poete de cour, il est entrepreneur de mystères, et il s'en va offrir ses services aux églises ou aux cloîtres qui ont quelque saint à fêter en quelque représentation d'apparat A-t-il une troupe avec lui? Je le pense, bien qu'en chaque endroit les acteurs ne lui manquent guère, chacun dans la bourgeoisie, le clergé et les métiers, se faisant une émulation de l'être

Pour quelques rôles toutefois, surtout dans la Farce, il lui faut une troupe à lui Je suis porté à croire qu'il l'a prise, à Paris, dans celle des *Gallants sans soucy*, qui est pensionnée par son ancienne patronne, la reine Anne de Bretagne [1].

Il y avait à Seurre, en Bourgogne, ville fort riche alors à cause de ses foires très-achalandées, une ancienne abbaye de Saint-Martin, dont le patron n'avait pas encore eu son drame, son *mystère*. André de La Vigne vint offrir

---

1. V. au t. VII, p. 5-17, des *Anciennes poesies françoises*, publié par M. de Montaiglon, des quatrains fort curieux de P. Grongnet sur la *Louange et excellence des bons facteurs* Notre poete n'y est pas oublié.
2. *Bibliothèque hist. de France*, t. II, n. 15854.

1. Le Roux de Lincy, *Vie de la reine Anne de Bretagne*, t. I, p. 193, et IV, p. 161-162.

de le faire et d'en organiser la représentation, dût-elle, ce qui fut en effet, exiger plus de deux cents personnes, sans compter les figurants ! Il fut agréé. Après une foule d'incidents, de retards dus aux malheurs des temps, aux craintes de la guerre, etc., que l'on trouvera tous racontés dans le procès verbal, il put donner sa représentation avec grand éclat, et sans trop d'encombre, mais en deux fois et avec une interversion dans le spectacle, qui ne manqua pas de singularité.

D'ordinaire, nous l'avons déjà dit, et nous aurons encore à le dire, ces grandes fêtes théâtrales avaient trois parties : le *Mystère* d'abord ou la *Sottie*, puis la *Moralité* et la *Farce*.

Cette fois, à Seurre, par suite de circonstances qu'on lira, on dut commencer par la fin, donner d'abord la *Farce*, et cela, qui plus est, non pas le même jour que le *Mystère*, mais la veille. Le public s'en accommoda, et la décence en fut satisfaite. Il y eut plus de convenance à mettre l'intervalle d'un jour entre la pièce sacrée et la farce, dont le cynisme est d'une étrange crudité, qu'à les faire se suivre immédiatement.

Quant à la *Moralité*, elle était trop inhérente au *Mystère* même, et trop réellement sa continuation, pour en pouvoir être séparée.

Le *Mystère* raconte la vie de saint Martin, la *Moralité* a pour sujet un des miracles opérés par les reliques, par « le corps saint », resté sur le théâtre, puis porté en procession. Il fallait donc qu'à la représentation l'une suivît nécessairement l'autre.

La longueur du *Mystère* nous empêchera de le publier. Nous imiterons ainsi l'exemple des précédents éditeurs : MM. Francisque-Michel et P. Lacroix, qui l'un, en 1832, dans son volume *Poésies des XVe et XVIe siècles*, l'autre, en 1859, dans son *Recueil de farces* de la Bibliothèque Gauloise, n'ont aussi donné que la moralité et la farce [1]

Seulement, ce qu'ils n'ont pas fait, nous les accompagnerons du *Procès-verbal* de la représentation, que M. Jubinal a seul publié jusqu'à présent, et dans un recueil trop distinct pour qu'on songe à l'y aller chercher [2]. De plus, nous allons faire ici en quelques mots l'analyse du *Mystère* que MM. Lacroix et Michel ont passé sous silence.

Saint Martin nous y apparaît tout entier, depuis sa jeunesse jusqu'à sa mort, et au delà, puisqu'il se survit par ses miracles.

Comme saint Fiacre, dont nous avons vu le *mystère*, jeune homme il est déjà tout aux idées pieuses, mais il y est, lui aussi, gêné par son père qui veut le faire soldat. Il obéit, et les camps ne lui font pas oublier la piété. Il en continue les pratiques malgré les railleries des autres soldats. C'est devant eux qu'un jour, sur la route d'Amiens, il donne à un pauvre la moitié de son manteau. Ces actions les émeuvent enfin, et touchent même les plus endurcis. Un chef de brigands qui, dans une forêt, l'a pris à son embuscade et veut le tuer, cède à la sainte persuasion de ses paroles et se convertit.

Bientôt le soldat a disparu tout à fait sous l'apôtre, et es conversions se multiplient autour de son apostolat. La mère du saint, restée païenne jusqu'alors, est une des premières à s'y laisser gagner.

L'évêque de Tours, saint Lidore, meurt ; tout d'une voix saint Martin est élu à sa place. Il se sauve dans un cloître pour échapper à cet honneur, et ce n'est que par la ruse qu'on l'en fait sortir. Un homme du peuple, « un rustaud de la ville », imagine d'aller heurter à la porte du cloître en criant que sa femme se meurt et veut un prêtre. Le saint se hâte de sortir à cet appel, on le saisit, et, quoi qu'il fasse, on l'intronise évêque.

Son épiscopat ne fut qu'austérité pour lui-même, charité pour les bons, rigueurs pour les méchants et les imposteurs. Il les poursuivit jusqu'au delà de la mort.

Auprès de Tours était la tombe d'un saint douteux qui passait pour n'avoir été qu'un faux martyr. L'évêque s'y rendit et somma le mort de sortir et d'expliquer sa vie.

Il obéit à l'évocation, un malfaiteur qui est là le reconnaît pour avoir été de sa bande, et le bandit retombe en criant : « Je suis damné ! »

C'est à Sulpice Sévère qu'André de La Vigne avait emprunté l'idée de cette scène dont l'effet devait être terrible.

Le reste du *Mystère* n'était qu'une série d'autres emprunts au même hagiographe et à la légende du saint. Il paraîtrait même que la *Moralité* qui le complétait en avait aussi été tirée. C'est du moins ce que nous pouvons conclure d'une lettre de Boursault à l'évêque de Langres, qui n'a jamais été citée et dans laquelle, en ne racontant qu'une anecdote, il se trouve nous avoir fourni d'avance l'analyse de la pièce.

« Est-il vrai, Monseigneur, écrit-il, — car vous pouvez le mieux dire qu'un autre, — ce qu'un homme d'une profonde érudition m'apprit il y a sept ou huit jours ? Il me dit qu'il y a peu de saints qui eussent fait plus de miracles après leur mort que saint Martin... Ses reliques rendoient la vue aux aveugles, l'ouïe aux sourds, la parole aux muets, et quelques auteurs disent même qu'elles ressuscitèrent des morts... Un jour qu'on devoit porter en procession les reliques du saint, deux pauvres qui étoient sur le chemin où elles devoient passer, et à qui l'on faisoit de grandes aumônes par la compassion qu'on avoit de leurs infirmités, craignant d'être guéris et de ne plus rien gagner, résolurent de prendre la fuite ; mais comment ? l'un étoit cul-de-jatte et l'autre aveugle. Le cul-de-jatte voyant que l'aveugle étoit vigoureux et fort et ne concevant point de plus grand malheur pour eux que de voir et de marcher : « Il nous est aisé, lui dit-il, « si tu veux me croire, d'empêcher que saint Martin ne « nous guérisse. Tu es aveugle, mais gras et robuste : « porte-moi sur tes épaules, et je te dirai par quel che- « min tu dois aller. »

« A peine la proposition fut-elle faite, qu'elle fut acceptée. L'aveugle se chargea du cul-de-jatte, et tous deux se sauvèrent de peur d'avoir le chagrin d'être guéris. L'homme dont je parle à Votre Grandeur m'a engagé sa foy qu'il avoit lu ce qu'il me dit dans une légende de saint Martin que l'on chantoit à Tours le jour de sa fête [1]. »

Voilà, comme nous le disions, voilà par cette anecdote, où l'on a pu saisir aussi le germe d'une fable bien connue de Florian, *l'Aveugle et le Paralytique* [2], la *Moralité*

---

[1] M. Francisque Michel l'avait découvert dans le *manuscrit* portant le n° 51 du fonds La Vallière, où il est suivi de la *moralité* et de la *farce*.

[2] *Mystères inédits du XVe siècle*, t. II, p. XLIII-XLIV ; ce procès-verbal se trouve à la fin du manuscrit qui contient le *Mystère* et les deux autres pièces. Il porte la signature d'André de La Vigne lui-même.

[1] Boursault, *Lettres nouvelles*, 1703, in-12, t. II, p. 154-156.
[2] Florian, *Fables*, liv. I, fable 20.

d'André de La Vigne toute racontée, sauf le dénouement qui est un miracle : la guerison des deux drôles rendus, malgré eux, l'un clairvoyant, l'autre ingambe. L'aveugle subit le prodige d'assez bonne grâce, et le boiteux s'en console en pensant aux ressources de la Cour des Miracles, où, pour quémander encore, en pauvre bien achalandé, il pourra se fournir de plaies et d'ulcères dont il se débarrassera le soir, après en avoir vécu toute la journée.

Est-ce bien dans une légende chantée le jour de la Saint-Martin que le savant, de qui Boursault tenait l'anecdote, avait lu ce qu'il lui conta ? N'est-ce pas plutôt dans notre *Moralité* même ? Je le croirais, car elle nous semble avoir fait longtemps partie, avec le mystère dont elle dépend, des cérémonies de la fête de saint Martin.

On sait par un sermon de Menot, qu'il prêcha lui même à Tours, sous François Ier, qu'un mystère s'y jouait alors, ayant pour sujet la vie du saint [1]. Or, comme celui d'André de La Vigne était de beaucoup supérieur à tous ceux qu'elle avait inspirés [2], il est très probable que c'est celui-là, et non un autre qui était représenté, son succès à Seurre ayant dû tout naturellement le recommander aux chanoines de Tours pour la glorification de leur patron.

1. *Menoti Sermones ab ipso Turonibus declamati*, 1525, in 12.
2. Onésime Leroy, *Histoire comparée du théâtre et des mœurs en France*, 1844, in-8, p. 430.

Qu'était devenu l'auteur après cette gigantesque représentation de Seurre ? Vivait-il encore lorsque sous François Ier Menot faisait allusion à son *mystère* ? Nous ne le pensons pas.

Quoique d'une pièce de Guillaume Cretin on ait voulu conclure qu'il vivait encore en 1514, nous croyons que des 1504 il était mort.

Le 30 avril de cette année-là, en effet, requête fut présentée au Parlement par maistre André de La Vigne, « escolier estudiant en l'université de Paris », afin d'obtenir defense contre Michel Le Noir, d'imprimer *le Vergier d'honneur* et les *Renards traversans*, ce qui, par arrêt du 3 juin, lui fut accordé avec privilège de publication exclusive pour lui-même, jusqu'au 1er avril de l'année suivante [1].

Cet André de La Vigne, « escolier étudiant », ne peut être le nôtre, mais probablement son fils, revendiquant sur deux des œuvres de son père son droit de propriété contre l'accaparement d'un libraire. Or, s'il fait cette revendication, c'est que son père, l'auteur même, n'est plus là pour la faire.

André de La Vigne, nous le répétons, devait donc être mort avant le mois d'avril 1504.

1. L. de La Borde, *le Parlement de Paris*, gr. in 4°, préface, p. xliii.

MORALITÉ

DE L'AVEUGLE ET DU BOITEUX

L'AVEUGLE.

L'aumosne au povre diseteux [1],
Qui jamais nul jour ne vit goucte !

LE BOITEUX.

Faictes quelque bien au boiteux,
Qui bouger ne peut pour la goucte !

L'AVEUGLE.

Helas ! je mourray cy sans doubte,
Pour la faulte d'un serviteur [2].

LE BOITEUX.

Cheminer ne puis ; somme toute,
Mon Dieu, soyez-moy protecteur !

L'AVEUGLE.

Helas ! le mauvais detracteur [3] ;
Qu'en ce lieu m'a laissé ainsi !
En luy n'avoye bon conducteur :
Robé [1] m'a ; puis, m'a planté cy.

LE BOITEUX.

Helas ! je suis en grant soucy
Meshuy [2] de gaigner ma vie !
Partir ne me pourroye d'ici,
En eusse-je bien grant envie !

L'AVEUGLE.

Ma povreté est assouvie [3],
S'en brief temps ne treuve ung servant.

LE BOITEUX.

Maleurté [4] m'a si fort suyvie,

1 Malheureux toujours en disette Ce mot, qui était a garder, fut employé encore par Furetière dans un de ses *factums* contre les académiciens du dictionnaire. « Ils travaillent a rendre la langue pauvre et disetteuse. »
2. Faute d'un valet.
3. « Le méchant qui m'a égaré et laissé ici. » *Détracteur*, avec ce sens, venait de « detraquer », qui voulait dire alors s'écarter,

se fourvoyer « Je seray toujours, dit Est Pasquier (liv. I, lettre 3), du party de ceux qui suivront le grand chemin de la raison sans se *destraquer* a quaibiei pour cuider contenter le vulgaire. »
1. Volé, radical de *derobe*, qui est resté avec le même sens dans l'anglais *rob*.
2 A présent.
3. « Complete, achevée. » V. sur ce mot, pris dans ce sens, une note de l'*Obstination des femmes*.
4. « Malechance. » V. une note des pieces précédentes.

Qu'à elle je suis asservant [1].

L'AVEUGLE.

Pour bon service desservant,
Trouveray-je point ung vallet?
Ung bon en eus, en son vivant,
Qui jadis s'appelloit Giblet.
Seur estoit, combien qu'il fust lct.
J'ay beaucoup perdu en sa mort.
Plaisant estoit et nouvellet [2].
Mauldite celle qui l'a mort [3]!

LE BOITEUX.

N'auray-je de nully [4] contort?
Ayez pitié de moy, pour Dieu!

L'AVEUGLE.

Qui es-tu, qui te plains si fort?
Mon amy, tire-t'en ce lieu [5]?

LE BOITEUX.

Helas! je suis cy au milieu
Du chemin, où je n'ay puissance
D'aller avant. Ha! sainct Mathieu!
Que j'ay de mal!

L'AVEUGLE.

   Viens et t'advance
Par devers moy, pour ta plaisance.
Ung petit nous esjoyrons.

LE BOITEUX.

De parler tu as bien l'aysance!
Jamais de bien ne joyrons!

L'AVEUGLE.

Viens à moy; grant chiere ferons,
S'il plaist à Dieu de paradis!
A nully nous ne mefferons [6],
Combien que soyons estourdis [7].

LE BOITEUX.

Mon amy, tu pers bien tes ditz.
D'icy bouger je ne sçauroye.
Que de Dieu soyent ceulx maulditz,
Par qui je suis en telle voye!

L'AVEUGLE.

S'à toy aller droit je pouvoye,
Content seroye de te porter
(Au moins, se la puissance avoye),
Pour ung peu ton mal supporter;

---

1. Asservi.
2. Neuf, naïf, comme dans ce passage du *Sermon des foux*.

 D'autres en a qui sont plus *nouvelets*
 Quant vont par ville ils parlent tout seulets.

3. Qui l'a fait mort, qui l'a tué
4. « De nul, de personne. »
5. « Retire-toi. » On disait « tirer pays, » pour s'enfuir. On dit encore chez le peuple « Tire-toi de là, » pour ôte-toi de là.
6. « Nous ne ferions tort à nul. » Le verbe « meffaire », quoiqu'excellent se perdit vite. « Pour *meffaire*, disait déjà l'abbé Regnier Desmarets au XVIIe siècle dans sa *Grammaire*, il est tellement vieilli qu'on ne s'en sert plus »
7. « Quoique nous soyons brisés, rompus » Dans ce sens, qui fut le premier du mot, *estourdi* venant d'*estour*, combat à coups de masse d'armes. V. Fauchet, *De l'origine des chevaliers*, 1601, in-4°, fol. 9.

Et toy, pour me reconforter,
Me conduiroye de lieux en lieux?

LE BOITEUX.

De ce ne nous fault deporter [1]:
Possible n'est de dire mieulx.

L'AVEUGLE.

A toy droit m'en voys, se je peux.
Voys-je bon chemin?

LE BOITEUX.

   Ouy, sans faille [2].

L'AVEUGLE.

Pour ce que tomber je ne veulx,
A quatre piedz vault mieulx que j'aille.
Voys-je bien?

LE BOITEUX.

   Droit comme une caille.
Tu seras tantost devers moy.

L'AVEUGLE.

Quant seray près, la main me baille?

LE BOITEUX.

Aussi feray-je, par ma foy.
Tu ne vas pas bien, tourne-toy?

L'AVEUGLE.

Par deçà?

LE BOITEUX.

   Mais à la main destre.

L'AVEUGLE.

Ainsi?

LE BOITEUX.

   Ouy.

L'AVEUGLE.

   Je suis hors de moy [3],
Puisque je te tiens, mon beau maistre.
Or çà, veuille-toy sur moy mectre:
Je croy que bien te porteray.

LE BOITEUX.

A cela me fault entremectre,
Puis après je te conduyray.

L'AVEUGLE.

Es-tu bien?

LE BOITEUX.

   Ouy, tout pour vray.
Garde bien de me laisser choir?

L'AVEUGLE.

Quant en ce point je le feray,
Je pry Dieu qu'il me puist meschoir [4].

---

1. « Il ne nous faut pas perdre cette idée. »
2. « Oui, sans faute. » Dans la *Farce d'un chauldronnier* :

LE CHAULDRONNIER.
 Est-il vray?
LE TAVERNIER
 Ouy, sans faille.

3. « Je suis on ne peut plus aise. »
4. « Qu'il m'arrive méchance, male chance. »

Mais conduys-moy bien?

LE BOITEUX.
           Tout pour voir [1].
A cela j'ay le serement [2] :
Tiens cecy ; je feray debvoir
De te conduyre seurement.

L'AVEUGLE.
Ha, dea, tu poises grandement !
D'ond vient cecy ?

LE BOITEUX.
           Chemine bien,
Et fais nostre cas sagement.
Entens-tu ? Hay !

L'AVEUGLE.
           Ouy, combien
Que trop tu poises.

LE BOITEUX.
           Et rien, rien ;
Je suis plus legier qu'une plume,
Ventrebieu !

L'AVEUGLE.
           Tien-te bien, tien,
Se tu veulx que je te remplume [3] ?
Par le sainct Sang bieu ! onc enclume
De mareschal si très-pesante
Ne fut !... De grant chaleur je fume !..
D'ond vient cecy ?

LE BOITEUX.
           Ha ! je me vante
Que charge jamais plus plaisante
Ne fut au monde, que tu as
Maintenant.

L'AVEUGLE.
           Mais plus desplaisante ?
Trois moys y a que ne chyas ?

LE BOITEUX.
M'aist Dieu, quant de ce raillas !
Six jours a, par sainct Nycolas !
Que bien ne fus à mon retrect.

L'AVEUGLE.
Et m'av'ous joué de retrect [4] ?
Par mon serment ! vous descendrez,
Et yrez faire aucun pourtraict
D'ung estron, où que vous vouldrez.

LE BOITEUX.
Content suis, pourveu qu'atendrez
Que venu soye.

L'AVEUGLE.
           Ouy, ouy, vrayement.

Sur ce poinct, le Boiteux descent, et l'Official va veoir se les moynes dorment : et qvant les chanoynes emportent le corps, ilz recommencent à parler [1].

Que dit-on de nouveau ?

LE BOITEUX.
           Comment !
L'on dit des choses sumptueuses.
Ung sainct est mort nouvellement,
Qui faict des euvres merveilleuses.
Malladies les plus perilleuses
Que l'on sçauroit penser ne dire,
Il guerist, s'elles sont joyeuses [2] :
Icy suis pour le contredire [3].

L'AVEUGLE.
Comment cela ?

LE BOITEUX.
           Je n'en puis rire.
L'on dit que, s'il passoit par cy,
Que guery seroye tout de tire [4],
Semblablement et vous aussi.
Venez çà : s'il estoit ainsi
Que n'eussions ne mal ne douleur,
De vivre aurions plus grant soucy,
Que nous n'avons !

L'AVEUGLE.
           Pour le meilleur,
Et pour nous oster de malheur,
Je diroye que nous allissions
Là où il est ?

LE BOITEUX.
           Se j'estoye seur
Que de tout ne garississions [5],
Bien le vouldroye. Mais que feussions
De tout gueris, rien n'en feray :
Trop mieulx vauldroit que fuyssions
Bientost d'icy !

L'AVEUGLE.
           Çà, dys-tu vray ?

LE BOITEUX.
Quant seray gary, je mourray
De faim, car ung chascun dira :
« Allez, ouvrez [6] ! » Jamais n'yray
En lieu où celuy Sainct sera.
S'en poinct suis [7], l'on m'appellera

---

1. C'est, sous une forme un peu changée, la répétition de sa précédente replique :

« Tout pour vray. »

2. « J'ay mon long bâton de sarment, pour cela. »
3. « Que je te remette en bon état, en te laissant te délasser sur mon dos. »
4. « Vous êtes vous moqué de moi, en étant sur mon dos qu'un sac de la pure farine (retrait). » Le *retrait* est le résidu grossier de la mouture. « Ils ont, dit Jean Bull aux serfs anglais dans Froissart, en parlant des seigneurs, ils ont les vins, les espices et les bons pains, et nous avons le seigle, le *retraict*, la paille, et nous buvons de l'eau. »

1. On voit par ce jeu de scene que la moralité n'était pas disjointe du mystere qui l'avait précédée ; elle ne faisait que le continuer.
2. « Si elles vont à lui avec joie, avec désir d'être guéries. »
3. « Je ne suis pas dans ces dispositions, je ne veux pas, moi, être guéri. »
4. « Tout de suite, sans crier gare. »
5. « Que nous ne fussions pas guéris entièrement. »
6. « Allez, faites ouvrage de vos mains, travaillez. »
7. « Si j'en suis en ce point. »

Truant, en disant : « Quel paillart,
Pour mectre en gallée [1] cela,
Assez propre, miste [2] et gaillart! »

L'AVEUGLE.

Oncques ne vys tel babillart!
Je confesse que tu as droit :
Tu scais bien de ton babil l'art.

LE BOITEUX.

Je ne vouldroye point aller droict,
Ny aussi estre plus adroit
Que je suis, je le vous promectz.

L'AVEUGLE.

Qu'aller là vouldroit se tordroit [3],
Et pourtant n'y allons jamais.

LE BOITEUX.

Se guery tu estoyes, je mectz
Qu'en brief courroucé en seroyes :
L'on ne te donroit, pour tous mectz,
Que du pain ; jamais tu n'auroyes
Rien de friant.

L'AVEUGLE.

   Mieulx j'aimeroye
Que grant maleurté me fust eschue,
Q'au corps l'on m'ostast deux courroyes [4]
Que se l'on m'eust rendu la veue!

LE BOITEUX.

Ta bourse seroit despourveue
Tantost d'argent!

L'AVEUGLE.

   Bien, je t'en crois.

LE BOITEUX.

Jamais jour ne seroit pourveue,
Ne n'y auroit pille ne croix!

L'AVEUGLE.

Mais dis-tu vray?

LE BOITEUX.

   Ouy, par la Croix!
Ainsi seroit, que je devise [5].

L'AVEUGLE.

Jamais de rien ne te mescrois,
Quant pour mon grant bien tu m'advise.

LE BOITEUX.

L'on m'a dit qu'il [6] est en l'église!
Aller ne nous fault celle part.

L'AVEUGLE.

Se là nous trouvons sans feintise,
Le deable en nous auroit bien part!
      Pause.

LE BOITEUX.

Tirons par delà à l'escart?

L'AVEUGLE.

Par où?

LE BOITEUX.

 Par cy.

L'AVEUGLE.

   Legierement!

LE BOITEUX.

Ma foy, je seroye bien coquart,
S'à luy j'aloye presentement.

L'AVEUGLE.

Allons!

LE BOITEUX.

 A quelle part?

L'AVEUGLE.

   Droictement,
Où ce gallant joyeux se verne [1].

LE BOITEUX.

Que vela parlé saigement!
Où yrons-nous?

L'AVEUGLE.

   En la taverne.
J'y voys bien souvent sans lanterne.

LE BOITEUX.

Je te dis qu'aussy fays-je moy,
Plus volontiers qu'en la citerne,
Qui est plaine d'eau, par ma foy!
Allons à coup [2]?

L'AVEUGLE.

   Escoute?

LE BOITEUX.

   Quoy?

L'AVEUGLE.

Cela qui mayne si grant bruyt...

LE BOITEUX.

Se c'estoit ce Sainct?

L'AVEUGLE.

   Quel esmoy!
Jamais nous ne serions en bruyt [3].
Que puist-ce estre?

LE BOITEUX.

   Chascun le suyt.

L'AVEUGLE.

Regarde veoir que ce puist estre!

---

1. « Aux galeres. » On disait en effet « mettre, envoyer en gallée ou en galere. » Montaigne dit « Si j'ai volé quelqu'un, envoyez moi plustot en gallere. » Nous trouverons dans une des pieces suivantes « Vogue la gallée » pour « vogue la galere! »
2. « Adroit, gentil. »
3. « Se fourvoiait. » Cotgrave constate encore de son temps la synonymie de « se tordre » et se « fourvoyer ».
4. « Qu'on me taillât sur le corps deux lanieres de peau. » On disait proverbialement « se tailler courroye dans la peau d'autrui », pour se faire profit des choses du prochain « Ah! lisons-nous dans *Jehan de Saintre* (ch xxiv), ah ' dit madame la Royne, vous taillez larges courroies d'aultruy cuir. »
5. « Il en serait comme je le dis. »
6. Le corps du saint.

1. « A sa demeure. » En argot « vergne » signifie encore ville, habitation.
2. « Tout de suite. »
3. « Honneur, bonne renommée. »

DE L'AVEUGLE ET DU BOITEUX.

LE BOITEUX.

Maleurté de près nous poursuyt :
C'est ce Sainct, par ma foy, mon maistre !

L'AVEUGLE.

Fuyons-nous-en tost en quelque estre [1].
Hellas ! j'ay grant paour d'estre pris.

LE BOITEUX.

Cachons-nous soubz quelque fenestre
Ou au coing de quelque pourpris [2].
Garde de choir !

L'AVEUGLE.
        J'ay bien mespris
D'estre tumbé si mal appoint !

LE BOITEUX.

Pour Dieu ! qu'il ne nous voye point !
Car ce seroit trop mal venu.

L'AVEUGLE.

De grant paour tout le cueur me poinct...
Il nous est bien mal advenu !

LE BOITEUX.

Garde bien d'estre retenu,
Et nous traynons soubz quelque vis [3] !

L'AVEUGLE, *qui le regarde.*

A ce Sainct suis bien entenu [4] !
Las ! je voy ce qu'oncques ne vys !
Bien sot estoye, je vous plevis [5],
De m'estre de luy escarté :
Car rien n'y a, à mon advis,
Au monde, qui vaille clarté !

LE BOITEUX.

Le deable le puisse emporter !
Et qui luy scet ne gre ne grace ?
Je me fusse bien deporté [6]
D'estre venu en ceste place !
Las ! je ne sçay plus que je face :
Mourir me conviendra de faim.
De dueil j'en machure [7] ma face...
Mauldit soit le filz de putain !

L'AVEUGLE.

J'estoye bien fol, je suis certain,
D'ainsi fuyr la bonne voye,
Tenant le chemin incertain,

Lequel par foleur [1] pris j'avoye.
Hellas ! le grant bien ne sçavoye
Que c'estoit de veoir clerement !
Bourgoigne voy, France, Savoye
Dont Dieu remercye humblement !

LE BOITEUX.

Or me va-il bien meschamment,
Meschant qui n'a d'ouvrer appris !
Pris est ce jour maulvaisement :
Maulvais suis d'estre ainsi surpris ;
Seur, pris seray, aussi repris,
Reprenant ma malle fortune :
Fortune [2], suis des folz compris,
Comprenant ma grant infortune [3].

L'AVEUGLE.

La renommee est si commune
De tes faitz, noble sainct Martin,
Que plusieurs gens viennent, comme une
Merveille, vers toy, ce matin.
En françoys, non pas en latin,
Te rens grace de ce bienfait :
Se j'ay esté vers toy mutin,
Pardon requiers de ce meffait !

LE BOITEUX.

Puisque de tout je suis reffait [4],
Maulgre mes dens et mon visaige,
Tant feray, que seray deffaict,
Encore ung coup, de mon corsaige [5],
Car je vous dis bien que encor sçay-je
La grant pratique et aussi l'art,
Par ongnement et par herbaige,
Combien que soye miste et gaillart,
Que huy on dira que ma jambe art
Du cruel mal de sainct Anthoyne [7].
Reluysant seray plus que lart :
A ce faire je suis ydoyne [8].
Homme n'aura, qui ne me donne
Par pitié et compassion.
Je feray bien de la personne
Plaine de desolacion :
« En l'honneur de la Passion,
Diray-je, voyez ce pauvre homme,
Lequel, par grant extorcion [9],
Est tourmente, vous voyez comme ! »
Puis, diray que je viens de Romme,
Que j'ay tenu prison en Acre [10],
Ou que d'icy m'en voys, en somme,
En voyage à sainct Fiacre [11].

---

1. « En quelque lieu. » C'est le mot *aitre* dérivé d'*atrium*, qui s'emploie encore dans cette locution « Connaître les aitres d'une maison » V. Génin, la *Chanson de Roland*, chant III, v. 212. Dans la *Farce des femmes*, la seconde dit

    J'ay ouy, par monseigneur saint Aignan,
    Aucun crier emmy cest e hu

2 Enclos. V. une note de la *Pipuee*.
3. « Escalier tourné en vis » Ce mot est avec le même sens dans Rabelais, et le *Moyen de Parvenir*.
4. Reconnaissant.
5. « Je vous assure. » Le fol dans la moralité de *Charité* :

    S'il chiet par terre, je plevy
    Qu'il nous fera tretous bien rire

6 « Je me serais bien passé. »
7. « J'on meurtris. » *Machurer*, qui est resté un terme d'imprimerie, signifiait plutôt, comme aujourd'hui encore, barbouiller de noir. V. la *Chanson d'Antioche* (II, v. 42) ou il est écrit *mascurer*.

1 Folie.
2. « Par fortune, par hasard. »
3. Nous avons ici, dans ces huit vers, un exemple de ces rimes *concatenees* ou *fraternisees*, auxquelles excellait Guill. Crétin, et qui exigeaient que tous les vers, à partir du premier, commençassent par la dernière syllabe ou le dernier mot du vers précédent.
4. « Remis sur pied. »
5. « Je ferai si bien que j'aurai encore le corps impotent. »
6. Brûle.
7. Le mal saint Antoine était l'érésypèle, avec ulcère.
8. Propre, expert, *idoneus*.
9. « Grande torture, » du verbe *etordre*, tortures.
10. A Saint-Jean d'Acre, chez les infidèles, en Palestine
11. Il guérissait surtout du *fic* et de la fistule.

LA FARCE DU MUNYER

(XVᵉ SIÈCLE. — RÈGNE DE CHARLES VIII — 1496)

NOTICE ET ARGUMENT

Après ce que nous avons dit dans la notice précédente sur la représentation de Seurre, à laquelle cette *farce* servit de prélude au lieu d'en être la dernière partie, nous n'avons, pour ce qui la concerne, que fort peu de chose à ajouter. L'analyse est à peu près tout ce qui nous en reste à faire, et ce n'est pas le plus facile à cause des hardiesses de l'esprit du temps et de ses façons de tout braver, même la propreté.

Un meunier est malade à mourir, et pour tous soins ne reçoit de sa femme que bourrades et imprécations. Elle lui rend, en une fois, à son agonie, tout ce qu'elle a souffert de lui pendant sa vie.

Les coups ne suffisent pas. Il faut que le malheureux voie déjà venir le galant avec lequel on se consolera de sa mort. C'est un prêtre, c'est le curé. Quoique la pièce soit jouée dans une représentation que préside un vicaire [1], ce curé n'a pas le plus beau des rôles, et encore moins le plus honnête. Il se laisse passer pour le cousin du mari, qui d'ailleurs n'y croit pas ; il se déguise en conséquence et ne reprend ses habits que lorsqu'après avoir bien mangé et bien bu, il entend le mari qui demande un confesseur. C'est lui qui le sera, il soit un instant et revient curé.

[1] V. plus loin le *procès-verbal*.

La confession est entrecoupée par des incidents de ventre qui ne se racontent pas ; le dernier tourne à la confusion du diablotin Bérith, espèce de petit apprenti de l'enfer qui s'était offert à Lucifer pour lui rapporter l'âme du meunier et qui la guettait, un sac tout prêt dans les griffes, à l'ouverture par laquelle le diable lui avait dit que s'échappait toute âme de damné. Or, à la suite des incidents inénarrables indiqués tout à l'heure, on devine ce qui s'échappe par là dans le sac de Bérith, et s'y loge à la place de l'âme. Il n'en est que plus rempli. Bérith le rapporte triomphant, l'ouvre sous le nez du maître diable qui pousse un pouah ! terrible, fait étriller Bérith pour seul salaire et ordonne à tous les siens de ne plus jamais lui rapporter âme de meunière ou de meunier:

Car ce n'est que bran et ordure.

« Il y a, dit le grave Raynouard qui ne craignit pas d'y consacrer quelques lignes d'un article du *Journal des Savants* [1], il y a dans cette farce des situations grossièrement comiques, et on y trouve quelque entente des effets dramatiques. » Il ajoute : « Le sujet en est pris dans un ancien fabliau. » Lequel ? Raynouard ne le dit pas, et nous n'avons pu le découvrir.

[1] Juillet 1833. p. 385.

LA FARCE DU MUNYER

DE QUI LE DIABLE EMPORTE L'AME EN ENFER

PAR ANDRÉ DE LA VIGNE

LE MUNYER, *couché en ung lict comme malade.*
Or, suis-je en piteux desconfort
Par maladie griefve et dure ;
Car espoir je n'ay de confort
Au grant mal que mon cueur endure.

LA FEMME.
Faut-il, pour ung peu de froidure,
Tant de fatras mectre dessus !

LE MUNYER.
J'ay moult grant paour, si le froit dure,
Qu'aulcuns en seront trop deçeus.
Ha ! les rains !

LA FEMME.
Sus, de par Dieu, sus !
Que plus grant mal ne vous coppic [1] !

[1] Ne vous frappe de plus grands coups (cops).

FARCE DU MUNYER

BERITH
Puis s'en va criant et hurlant.

LE MUNYER.
Femme, pour me mectre au-dessus ¹,
Baillez-moi...

LA FEMME.
Quoy?

LE MUNYER.
La gourde pie ²,
Car mort de si très-près m'espie,
Que je vaulx moins que trespassé.

LA FEMME.
Mais qu'ayez tousjours la roupie
Au nez?

LE MUNYER.
C'est bien compassé ³ !
Avant que j'aye au moins passé
Le pas, pour Dieu ! donnez m'à boire?
Ha! Dieu ! le ventre !

LA FEMME.
Et voire, voire.
J'ay ung très-gracieux douaire
De vostre corps, quant bien je y pense !

LE MUNYER.
Le cueur me fault !

LA FEMME.
Bien le doy croire.

LE MUNYER.
Mort suis pour toute recompense,
Se je ne refforme ma pance ⁴
De vendange delicieuse !
Ne me plaignez point la despence,
Femme, soyez-moy gracieuse !

LA FEMME.
Estre vous doybs malicieuse,
A tout le moins ceste journée,
Car vie trop maulgracieuse
M'avez en tous temps demenee.

LE MUNYER.
Femme ne sçay, de mere née,
Qui soit plus aise que vous estes !

LA FEMME.
Je suis bien la mal assenée ⁵,
Car nuyt ne jour rien ne me faictes.

LE MUNYER.
Aux jours ouvriers et jours de festes,
Je fays tout ce que vous voulez
Et tant de petits tours.

LA FEMME.
Pas faictes ⁶ !

LE MUNYER.
Haaa !

LA FEMME.
Dites tout ?

LE MUNYER.
Vous vollez,
Vous venez, et...

LA FEMME.
Quoy?

LE MUNYER.
Vous allez :
L'un gauldissez, l'autre gallez ¹,
Puis chez Gaultier, puis chez Martin ²,
Autant de soir que de matin.
Pensez que, dans mon advertin ³,
Les quinze joyes n'en ay mye ⁴ ?

LA FEMME.
L'avez vous dit, villain mastin :
Vous en aurez !

Elle fait semblant de le batre.

LE MUNYER.
Dictes, ma mye,
Au nom de la Vierge Marie,
Maintenant ne me batez point :
Malade suis, de fascherie...

LA FEMME.
Tenez, tenez !

Elle le bat.

LE MUNYER.
Qui se marye,
Pour avoir ung tel contrepoinct ⁵ ?
Je ne sçay robe ne pourpoinct
Qui tantost n'en fust descousu.

Il pleure.

LA FEMME.
Cela vous vient trop bien à poinct.

LE MUNYER.
Ha ! c'est le bon temps qu'avez eu,
Et le bien !

LA FEMME.
Comment ?

---

1. Sous-entendu « de la douleur du mal ».
2. « La gourde bienheureuse. »
3. Ce mot doit être ici pour « compati ». = « Voila qui est avoir bien de la compassion pour moi ! »
4. « Si je ne me refais le ventre »
5. « La mal assignée. » Dans *Raoul de Coucy* v. 147
    La dame l'a à son gant assené
    Là il y vint de bonne volenté.
6. « Vous ne le faites pas. »

1. « L'un, vous vous réjouissez avec lui, l'autre, vous le regalez »
2. C'était une locution pour dire aller de l'un chez l'autre de Pierre chez Paul, dirait-on aujourd'hui « Le meschant, dit Larivey dans les *Tromperies*, alloit tous les jours souper chez Gautier, chez Martin, avec cestuy-ci, avec cestuy-là. »
3. Tourment, vertigo. V. Desperriers, *Nouvelles*, 29 et 115.
4. Les *Quinze joyes Notre-Dame* étaient le comble de la félicité, et, par ironie les *Quinze joyes du mariage*, le résumé de tous les soucis en ménage. C'est à celles-ci que doit penser le pauvre meunier. Le livre charmant dans lequel un observateur du plus fin esprit, qu'on croit être Antoine de La Salle, les avait condensées en faisant de chacune un chapitre, était encore assez nouveau alors. On le croit de 1450.
5. « Pour s'entendre chanter telle gamme, pour se sentir battre telle mesure sur le dos. »

LE MUNYER.
            Ho ! Jhesu !
Que gaignez-vous à me ferir ?
        LA FEMME.
Il en est taille et cousu[1].
        LE MUNYER.
Vous me voulez faire mourir ?
Mais, se je puis ung coup guerir,
Mort bieu ! je vous fe...
        LA FEMME.
            Vous grongnez ?
Encore faictes ?
        LE MUNYER.
            Requerir,
Mains joinctes, vous veulx !
        LA FEMME.
                Empoignez
Ceste prune ?
    Elle frappe.
        LE MUNYER.
            Or, besongnez,
Puisque vous l'avez entrepris ?
        LA FEMME.
Par la Croix bieu ! se vous fongnez [2]...
        LE MUNYER.
Ha ! povre Munyer, tu es pris
Et trop à tes despens repris !
Que bon gre Sainct Pierre de Romme !...
        LA FEMME.
Vous m'avez le mestier appris
A mes despens, ouy, mais...
        LE MUNYER.
                En somme,
De grand despit, vecy ung homme
Mort, pour toute solution !
        LA FEMME.
Je n'en donne pas une pomme.
        LE MUNYER.
En l'honneur de la Passion,
Je demande confession,
Pour mourir catholiquement ?
        LA FEMME.
Mais plustost la potacion [3],
Tandis qu'avez bon sentement [4].
        LE MUNYER.
Vous nous morguez [5], par mon serment !
Quant mes douleurs seront estainctes,
Se par vous voys a dampnement [6],

A Dieu je feray mes complainctes.
        LE CURÉ, *devant la maison.*
Il y a des sepmaynes mainctes
Que je ne vys nostre Munyere.
Pour ce, je m'en voys aux actainctes
La trouver [1].
        LE MUNYER.
        Coustumière
A ceste extremité derniere
Estes trop [2].
        LA FEMME.
    Qu'esse que tu dis ?
        LE MUNYER.
Je conteray vostre maniere,
Mais que je soye en Paradis.
Avoir tous les membres roidis,
Estre gisant sur une couche,
Et batre ung homme ! Je mauldis
L'heure que jamais....
    Il plevre.
        LA FEMME.
            Bonne bouche,
Fault-il qu'encore je vous touche ?
Quesse cy ? Faictes-vous la beste ?
        LE MUNYER.
Laissez m'en paix ! Trop fine mouche
Estes pour moy.
        LA FEMME.
            Ho ! qui barbecte [3] ?
Qui gronde ? Qui ? Qu'esse cy ? Qu'esse ?
Comment ! serai-je point maistresse ?
Que meshuy plus ung mot je n'oye !
        LE CURÉ, *entrant.*
Madame, Dieu vous doint lyesse,
Et plante [4] dessus vous envoye !
        LA FEMME.
Bienvenu soyez vous ! J'avoye
Vouloir de vous aller querir,
Et maintenant partir debvoye.
        LE CURE.
Pourquoy ?
        LA FEMME.
        Par ce que mourir
Veult mon mary, dont j'en ay joye.
        LE CURÉ.
Il fauldra bien qu'on se resjoye [5],
S'ainsi est.

1. « Je lui en ai donné sur toutes les tailles et coutures »
2. « Si vous grondez. »
3. « La bouteille, la gourde pie, » qu'il demandait tout à l'heure
4. « Pendant que vous avez encore bon nez » *Sentement* avec ce sens se trouve dans la *Farce nouvelle et fort joyeuse du P...ct*
5. « Vous nous bravez avec insolence (morgue). »
6. Damnation.

1. « La trouver pour quelques tentatives. » On lit dans la 17e des *Cent Nouvelles nouvelles* « Elle luy bailla peu d'espoir de parvenir jamais a ses atteintes. »
2. « Vous avez trop l'habitude de ces extremites. »
3. Bavarde.

Mais quoy qu'on jase ou qu'on barbelle,

dit la femme dans la farce de *Frere Guillebert*
4. « Abondance, plénitude de biens. » V. une note des pieces précédentes
5. « Réjouisse. »

LA FEMME.
Chose toute seure :
A son cas fault que l'en pourvoye ¹
Sagement, sans longue demeure.

LE MUNYER.
Hellas ! et fault-il que je meure,
Heu, heu, heu, ainsi meschamment !...

LA FEMME.
Jamais il ne vivra une heure.
Regardez !

LE CURÉ.
Ha ! par mon serment !
Est-il vray ?... A Dieu vous command ²,
Munyer ! Aaa, il est despeché ³.

LA FEMME.
Curé, nous vivrons plus gayement,
S'il peut estre en terre perché.

LE CURÉ.
Trop longtemps vous a empesché.

LA FEMME.
Je n'y eusse peu contredire.

LE MUNYER.
Que mauldit de Dieu (sans peché,
Toutesfois, le puisse-je dire),
Soit la pu....!

LA FEMME, *allant à luy.*
Qu'esse cy à dire?
Convient-il qu'à vous je revoise ⁴ ?

LE CURÉ.
Gauldir faudra ?

LA FEMME.
Chanter ?

LE CURÉ.
Et rire ?

LA FEMME.
Vous me verrez bonne galloise.

LE CURÉ.
Et moy, gallois ⁵.

LA FEMME.
Sans bruyt.

LE CURÉ.
Sans noyse.

LA FEMME.
Des tours ferons ung million.

LE CURÉ.
De nuyt et de jour.

LE MUNYER.
Quell' bourgeoise !

1. « Pourvoir a son salut. »
2. « Je vous recommande à Dieu. »
3. « C'est fini, il est expédié. »
4. « Je reviense. »
5. « Porté au régal, a la galanterie, au plaisir. » Dans le *Livre du chevalier de la Tour Landry*, sur l'éducation des femmes, tout un chapitre, le 122ᵉ, traite des *Galoys et Galoyses*.

Tu en es bien ¹, povre munyer !

LA FEMME.
Heu !

LE MUNYER.
Robin a trouvé Marion :
Marion tousjours Robin treuve ².
Hellas ! pourquoy se marye-on ?

LA FEMME.
Je feray faire robe neufve,
Si la mort ung petit s'espreuve
A le me mectre d'une part ³.

LE CURÉ.
Garde n'a que de là se meuve,
Ne que plus en face depart.
M'amye !
Il l'embrasse.

LE MUNYER.
Le deable y ait part,
A l'amytié, tant elle est grande !
Ha ! en faict-on ainsi !

LA FEMME.
Paix, coquart !

LE CURÉ.
Ung doulx baiser je vous demande !
Il l'embrasse.

LE MUNYER.
Orde vielle, putain, truande,
En faictes-vous ainsi ? Non, mye !
Vecy pour moy trop grant esclandre !
Par le sainct Sang !
Il fait semblant de se lever, et la femme vient à luy et fait semblant de le batre.

LA FEMME.
Quoy ?

LE MUNYER.
Rien, m'amye.

LA FEMME.
Hoon !

LE MUNYER.
C'est le cueur qui me fremye
Dedans le corps et me fait braire,
Il a plus d'une heure et demye....

LE CURÉ.
Mais comment vous le faictes taire ⁴

LA FEMME.
S'il dit rien qui me soit contraire,
Couser le fais, à mon devis⁵.

LE CURÉ.
Vous avez pouvoir voluntaire

1. De la grande corporation des maris.
2. Souvenir du jeu de *Robin et Marion*, par Adam de La Halle, dont près de deux siècles n'avaient pas usé la popularité. Il en courait encore d'autres proverbes. Ils s'aiment comme Robin et Marion. — Être ensemble comme Robin et Marion. — J'en feray ce que Marion fit de danser. »
3. « Si la mort se dépêche un peu de mettre de côté. »
4. « Comment le faites-vous taire.
5. « Je le fais *couser* (*couser*), répondre suivant mon propos. »

Dessus luy, selon mon advis.
LE MUNYER.
Congé me fault prendre des vifs,
Et m'en aller aux trespassez,
De bon cueur, et non pas envis [1],
Puisque mes beaux jours sont passés !
LE CURÉ.
Avez-vous rien ?
LA FEMME.
Assez, assez !
De cela ne fault faire doubte.
LE MUNYER.
Qu'esse que tant vous rabassez [2] ?
LA FEMME.
Je cuyde, moy, que tu radoubte [3] !
LE MUNYER.
Vous semble-il que je n'oy goucte ?
Si fais, dea ! Qui est ce gallant ?
Il vous guerira de la goucte,
Bien le sçay.
LA FEMME.
C'est nostre parent,
A qui vostre mal apparent
A esté par moy figuré.
LE MUNYER.
De lignaige [4] est trop different.
LA FEMME.
Pardieu ! non est.
LE MUNYER.
C'est bien juré !
Comment, deable ! nostre curé
Est-il de nostre parentaige ?
LA FEMME.
Quel curé ?
LE MUNYER.
C'est bien procuré [5] !
LA FEMME.
Par mon âme !
LE MUNYER.
Vous dictes raige [6].

1. « Et non malgré moy. » Nous avons vu déjà souvent ce mot *enui*, du latin *invitus*.
2. C'est la premiere forme de rabâcher. On disait aussi *ja baster*.
3. « Radoter, » on écrivait aussi « radopter, » comme dans la moralité de *Charité*

C'est quant que faites que hongner,
Vous êtes toute radoptée

4. De famille.
5. « Bien avisé, bien trouvé. » Ce mot se trouve employé de meme dans la *Chronique de Duguesclin*, v. 9491

Par foi, ce dit Turquant, je viens de *procurer*
Comment vous et vos biens porrez soit bien garder

6. « Vous affolez. »

LA FEMME.
Hée ! hée !
LE MUNYER.
Ho ! ho !
LA FEMME.
Tant de langaige,
C'est-il à paine d'ung escu [1] ?
LE MUNYER.
Sainct Jehan ! s'il est de mon lignaige,
C'est du quartier devers le cu !
Je sçay bien que je suis coquu.
Mais quoy ! Dieu me doint patience !
LA FEMME.
Ha ! paillart, est-ce bien vescu
De dire ainsi ma conscience [2] ?
Vous verrez vostre grant science,
Car je le voys faire venir.
Elle vient au Curé.
LE CURÉ.
Qui a-il ? Quoy ?
LA FEMME.
Faictes silence !
Pour mieulx à nos fins parvenir,
Bonne myne vous fault tenir,
Quant serez devant mon villain,
Et veuillez tousjours maintenir
Qu'estes son grand cousin germain.
Entendez-vous ?
LE CURÉ.
Ouy.
LA FEMME.
La main
Luy mestray dessus la poitrine,
En luy affirmant que demain
Le doibt venir veoir sa cousine,
Et advenra quelque voisine,
Pour luy donner allegement.
Mais il vous fault legierement
De cette robe revestir
Et ce chapeau.
LE CURÉ.
Par mon serment !
Pour faire nostre effect sortir,
Se vous ne voyez bien mentir,
Je suis content que l'on me pende,
Sans plus de ce cas m'advertir.
LE MUNYER.
Ha ! très-orde vielle, truande,
Vous me baillez du cambouys [3] !
Mais, quoy ! vous en payerez l'amende,
Se jamais de santé jouys.
Quesse cy ? Dea ! je m'esbays

1. « Tant parler, pour ce qui ne vaut pas un écu. »
2. « Le fond de ma pensée. »
3. « Vous m'empettez de vieux oing, de sale chose » On appelait déjà *cambouis* ou *cambou*, ce qui servait à graisser les roues « Prenez cambois, dit le *Mesnagier* (II, 5), c'est le limon noir qui est aux deux bouts de l'essieu de la charrette. »

Qui deable la tient? Somme toute,
J'en despescheray¹ le pays,
Par le Sang bieu! quoy qu'il me couste.

LE CURÉ.
Que faictes-vous là?

LA FEMME.
  J'escoute
La complainte de mon badin.

LE CURÉ.
Il faut qu'en bon train on le boute.
 Au Munyer.
Dieu vous doint bonjour, mon cousin!

LE MUNYER.
Il suffit bien d'estre voisin,
Sans estre de si grant lignaige.

LA FEMME.
Regardez ce gros limozin²,
Qui a tousjours son hault couraige³!
Parlez à vostre parentaige,
S'il vous plaist, en luy faisant feste.

LE CURÉ.
Mon cousin, quelle est vostre raige?

LE MUNYER.
Hay! vous me rompez la teste.

LA FEMME.
Par mon serment! c'est une beste.
Ne pleurez point à ce qu'il dit,
Je vous en prie.

LE MUNYER.
  Ceste requeste
Aura devers luy bon credit.

LE CURÉ.
Vous ay-je meffait ne mesdit,
Mon cousin? Dond vous vient cecy?

LA FEMME.
Sus, sus! que de Dieu soit mauldit
Ce vilain! Et parlez icy.

LE MUNYER.
Laissez m'en paix!

LA FEMME.
  Est-il ainsi?
Voire ne parlerez-vous point?

LE MUNYER.
J'ay de dueil le corps tout transsi.

LE CURÉ.
Par ma foy, je n'en doubte point.
Où esse que le mal vous poinct?
Parlez à moy, je vous en prie.

LE MUNYER.
Las! mectez-vous la teste appoinct¹,
Car la mort de trop près m'espie.

LA FEMME.
Parlez à Regnault Croquepie,
Vostre cousin, qui vous vient veoir.

LE MUNYER.
Croquepie?

LA FEMME.
  Ouy, pour voir².
Pour faire vers vous son debvoir,
Il est venu legierement.

LE MUNYER.
Ce n'est-il pas.

LA FEMME.
  Si est, vrayement.

LE MUNYER.
Ha! mon cousin, par mon serment!
Humblement mercy vous demande
De bon cueur.

LE CURÉ.
  Et puis comment,
Mon cousin, dictes-moy, s'amende³
Vostre douleur?

LE MUNYER.
  Elle est si grande,
Que je ne sçay comment je dure.

LE CURÉ.
Pour sçavoir qui se recommande
A vous, mon cousin, je vous jure
Ma foy (dea! point ne me parjure)
Que c'est Bietris, vostre cousine,
Ma femme, Jehenne Turelure,
Et Melot, sa bonne voisine,
Qui ont pris du chemin saisine⁴,
Pour vous venir reconforter.

LE MUNYER.
Loué soit la Grace divine!
Cousin, je ne me puis porter.

LE CURÉ.
Il vous fault ung peu deporter⁵,
Et penser de faire grant chiere.

LE MUNYER.
Je ne me puis plus comporter,
Tant est ma malladie chiere⁶.

---

1. « J'en ferai débarras au pays. » Le mot *depêche* dans ce sens etait alors d'usage. « Sa mort seroit belle depesche, » lit-on dans *Tyr et Sydon* de Schelandre.
2. « Lourdaud. » On voit que Molière n'a pas été le premier à maltraiter les Limousins.
3. « Qui fait toujours le fier. »

1. « De mon côté. »
2. « Oui voire, » vraiment.
3. « Se calme. »
4. « Qui ont pris le chemin pour venir. » Le mot *saisine* était passé de la langue du droit dans celle de l'usage. Amyot, parlant de la sottise dont une époque de décadence s'était trouvée saisie, mise en possession, emploie l'expression « saisine de toute sottie ».
5. « Ôter l'idée. »
6. « Lourde, cher payée. »

  Chier nous est vendu
  En grand souffrance

trouvons nous avec le même sens dans la *Farce de Folle Bombance*.

Femme, sans faire la renchiere [1],
Mectez à coup la table icy,
Et luy apportez une chiere [2] ?
Cy se seera.

LE CURÉ.

Ha ! grant mercy !
Mon cousin, je suis bien ainsi ;
Et si ne veulx menger ne boire.

LE MUNYER.

J'ay si très-grant douleur par cy !

LE CURÉ.

Ha ! cousin, il est bien à croire ;
Mais, s'il plaist au doulx Roy de gloire,
Tantost recouvrerez santé.

LA FEMME.

Je vais querir du vin.

LE MUNYER.

       Voire, voire,
Et apportez quelque pasté.

LA FEMME.

Oncques de tel ne fut tosté [3].
Seez-vous ?

LE MUNYER.

       Cousin, prenez place !

LA FEMME.

Vecy pain et vin à planté.
Vous seerez-vous ?

LE CURÉ.

       Sauf vostre grace.

LE MUNYER.

Fault-il que tant de myne on face ?
Par le Sang bieu ! c'est bien juré.
Vous vous seerez.

LE CURÉ.

       Sans plus d'espace,
Que vous ne soyez parjuré.

LE MUNYER.

Ha ! si c'estoit nostre curé,
Pas tant je ne l'en prieroye !

LE CURÉ.

Et pourquoy ?

LE MUNYER.

       Il m'a procuré
Aulcun cas, que je vous diroye
Voluntiers, mais je n'oseroye,
De paour...

LE CURÉ.

Dictes hardyment.

LE MUNYER.

Non feray, car batu seroye.

LE CURÉ.

Rien n'en diray, par mon serment !

LE MUNYER.

Or bien donc, vous sçavez comment
Ces prestres sont adventureux ?
Et nostre cure mesmement
Est fort de ma femme amoureux :
De quoy j'ay le cueur douloureux
Et remply de proplexité [1],
Car coquu je suis maleureux,
Bien le sçay.

LE CURÉ.

       Benedicite !

LE MUNYER.

Le poinct de mon adversité,
C'est illec, sans nul contredit.
Gardez qu'il ne soit recite ?

LE CURÉ.

Jamais.

LA FEMME.

       Qu'esse qu'il dit ?
Je suis certayne qu'il mesdit
De moy ou d'aulcun mien amy :
Ne faict pas ?

LE MUNYER.

       Non, par sainct Remy !

LE CURÉ.

Il me disoit qu'il n'a dormy
Depuis quatre ou cinq jours en ça,
Et qu'il n'a si gros qu'un fremy [2]
Le cueur ne les boyaulx.

LA FEMME.

       Or ça,
Beuvez de là, mengez de çà,
Mon cousin, sans plus de langaige.

Ici la scene est en Enfer.

LUCIFFER.

Haro, deables d'enfer ! j'enraige !
Je meurs de dueil, je pers le sens ;
J'ay laissé puissance et couraige,
Pour la grant douleur que je sens.

SATHAN.

Nous sommes bien mil et cinq cens
Devant toy ? Que nous veulx-tu dire ?
Fiers, forts, felons, deables puissants,
Par tout le monde, à mal produyre [3] !

---

1. « Sans vous faire prier, sans faire la renchérie. »
2. « Une chaise, » mot qui n'est qu'une forme de l'autre, due à la prononciation parisienne.
3. « Jamais vous n'aurez un repas trempé (*tosté*) de meilleur vin » Dans la moralité de *Charité*, Jeunesse dit à propos d'une croûte trop dure

    Elle amolist quand on la *toste*,
    Mangez la, et puis la tostez

---

1. On pourrait croire que le meunier prononce mal par ignorance. Nous avons la preuve par un vers d'Eustache Deschamps dans le *Miroir de mariage*, p. 9, que perplexité se prononçait de cette façon Si, dit-il,

    Si suy en grant *proplexite*

2. C'est ainsi qu'on prononçait fourmi. On disait plus souvent encore *fromi*, prononciation conservée dans les campagnes.

3. « Puissants a mal faire. »

LUCIFFER.

Coquins, paillars, il vous fault duyre [1]
D'aller tout fouldroyer sur terre,
Et de mal faire vous deduyre [2].
Que la sanglante mort vous serre !
S'il convient que je me desserre
De ceste gouffronieuse lice [3],
Je vous mectray, sans plus enquerre,
En ung tenebreux malefice.

ASTAROTH.

Chascun de nous a son office
En enfer. Que veulx-tu qu'on face ?

PROSERPINE.

De faire nouvel ediffice,
Tu n'as pas maintenant espace ?

ASTAROTH.

Je me contente.

SATHAN.

Et je me passe
De demander une autre charge.

ASTAROTH.

Je joue icy de passe passe,
Pour mieulx faire mon tripotaige.

BERITH.

Luciffer a peu de langaige :
En enfer je ne sçay que faire,
Car je n'ay office ne gaige,
Pour ma volunté bien parfaire.

LUCIFFER.

Qu'on te puisse au gibet deffaire,
Fils de putain, ord et immonde !
Doncques, pour ton estat refaire,
Il te faut aller par le monde,
A celle fin que tu confonde
Bauldement [4] ou à l'aventure,
Dedans nostre abisme profonde,
L'ame d'aucune creature.

BERITH.

Puis qu'il fault que ce mal procure,
Dy moy doncques legierement
Par où l'ame faict ouverture,
Quand elle sort premierement ?

LUCIFFER.

Elle sort par le fondement :
Ne fais le guet qu'au trou du cu.

BERITH.

Ha ! j'en auray subtilement
Ung millier, pour moins d'un escu.
Je m'y en voys.

Ici la scène est chez le Munyer.

LE MUNYER.

D'avoir vescu
Si longtemps en vexation,
De la mort est mon corps vaincu !
Pour toute resolution,
Doncques, sans grant dilacion [1],
Allez-moy le prestre querir,
Qui me donra confession,
S'il luy plaist, avant que mourir.

LE CURÉ.

Or me dictes : fault-il courir,
Ou se je yray tout bellement ?

Il se va devestir et revestir en Curé.

LE MUNYER.

S'il ne me vient tost secourir,
Je suis en ung piteux tourment.

BERITH.

Voilà mon faict entierement.
Munyer, je vous voys soulager ?
L'ame en auray soubdaynement,
Avant que d'icy me bouger,
Or me fault-il, pour abreger,
Soubz son lit ma place comprendre :
Quand l'ame vouldra desloger,
En mon sac je la pourray prendre.

Il se musse soubz le lit du Munyer, atout son sac [2].

LE CURÉ.

Comment, dea ! je ne puis entendre
Vostre cas ? Munyer, qu'esse cy ?

LE MUNYER.

A la mort me convient estendre ;
Avant que je parte d'icy,
Pourtant je crie à Dieu mercy,
Devant que le dur pas passer.
Sur ce poinct, mectez-vous icy,
Et me veuillez tost confesser ?

LE CURÉ.

Dictes ?

LE MUNYER.

Vous devez commencer,
Me disant mon cas en substance.

LE CURÉ.

Et comment ? Je ne puis penser
L'effect de vostre conscience.

LE MUNYER.

Ha ! curé, je pers patience !

LE CURÉ.

Commencez toujours, ne vous chaille,
Et ayez en Dieu confiance.

LE MUNYER.

Or ça, doncques, vaille que vaille,
Quoy que la mort fort je travaille,
Mon cas vous sera relaté.
Jamais je ne fus en bataille,
Mais, pour boire en une boutaille,
J'ay tousjours le mestier hanté.

---

1. « Disposer. »
2. « Vous donner plaisir. »
3. « De ce gouffre mon champ de bataille. » *Gouffronneux* n'est qu'une forme plus exagérée du mot *gouffreux* qui est dans Cotgrave.
4. « Que tu jettes de belle façon. »

1. « Sans grand délai. »
2. « Il se cache (musse) avec (atout) son sac. »

Aussi, fust d'iver, fust d'este [1],
J'ay bons champions frequenté,
Et gourmets de fine vinée [2] :
Tant que rabattu et conté [3],
Quelque chose qu'il m'ait cousté,
J'ay bien ma face enluminée.
Après tout, le long de l'année,
J'ay ma volunté ordonnée,
Comme sçavez, à mon moulin,
Où, plus que nul de mere née,
J'ay souvent la trousse donnée [4]
A Gaultier, Guillaume et Colin.
Et ne sçay, de chanvre ou de lin,
De bled valant plus d'ung carlin [5],
Pour la doubte des adventures [6],
Ostant ung petit picotin,
Je pris, de soir et de matin,
Tousjours d'un sac doubles moustures.
De cela fis mes nourritures,
Et rabatis mes grands coustures [7],
Quoy qu'il soit, faisant bonne myne,
Somme, de toutes creatures [8],
Pour suporter mes forfaictures,
Tout m'estoit bon : bran et faryne [9].

LE CURÉ.

Celuy qui ès haults lieux domine,
Et qui les mondains enlumyne,
Vous en doint pardon par sa grace !

LE MUNYER.

Mon ventre trop se determine...
Helas ! je ne sçay que je face...
Ostez-vous !

LE CURÉ.

Ha ! sauf vostre grace !

LE MUNYER.

Ostez-vous, car je me conchye...

LE CURÉ.

Par sainct Jehan ! sire, preu [10] vous face !
Fy !

LE MUNYER.

C'est merde reffreschie.
Apportez tost une brechie [11]

1 « Soit d'hiver, soit d'été. »
2 « De fine vendange. »
3 « Tout compte fait. »
4. « Trompé, donné des bourdes au lieu d'argent. »
5. Monnaie du royaume de Naples, tantôt d'or, tantôt d'argent, qui avait cours au xv° siecle, comme on le voit par la vie de saint François de Paule (Acta sanctor., april, t. I, p. 183) Cette monnaie italienne dans une farce française ferait croire ou que celle-ci vient d'un conte d'Italie, ou qu'A de La Vigne l'aurait faite lorsqu'il était encore au service du duc de Savoie
6. « Par précaution contre ce qui pourrait arriver. »
7. « Et me fis meilleur marché (rabattis) de ce qui me coûtait un grand prix (grand coût, grant couture) » Il y avait alors ce proverbe
    Aussi dit on que le coust
    Fait souvent perdre le goust
8. « De tout le monde tirant bon parti. »
9. « Son et farine. »
10 Grand bien, quelque chose de bon (preu)
11 Bassin

Ou une tasse, sans plus braire,
Pour faire ce qu'est necessaire.
Las ! à la mort je suis eslis [1].

LA FEMME.

Pensez, si vous voulez, de traire,
Pour mieux prendre vostre delit [2],
Vostre cul au dehors du lit :
Par là s'en peut vostre ame aller.

LE MUNYER.

Helas ! regardez, si voller
La verrez point par l'air du temps !

Il met le cul dehors du lict, et le Deable tend son sac, cependant qu'il chie dedans : puis, s'en va cryant et hurlant.

Ici la scène est en enfer.

BERITH.

J'ay beau gauldir, j'ay beau galler !
Roy Luciffer, à moy entens !
J'en ay fait de si maulcontens [3],
Que proye nouvelle j'apporte.

LUCIFFER.

Actens, ung bien petit actens !
Je te voys faire ouvrir la porte.
Une chauldiere, en ce lieu-cy !
Et saichez comment se comporte
Le butin qu'il admeyne icy !

Ilz luy apportent une chauldiere ; puis, il vuyde son sac qui est plain de bran moullé.

SATHAN.

Qu'esse là ?

PROSERPINE.

Que diable esse cy ?
Ce semble merde toute pure.

LUCIFFER.

C'est mon ! Je le sens bien d'icy.
Fy, fy ! ostez-moy telle ordure !

BERITH.

D'un munyer remply de froidure,
Voy-en cy l'ame toute entiere.

LUCIFFER.

D'un munyer ?

SATHAN.

Fy ! quelle matiere !

LUCIFFER.

Par où la pris-tu ?

BERITH.

Par derriere,
Voyant le cul au descouvert.

LUCIFFER.

Or, qu'il n'y ait coing ne carriere
D'enfer, que tout ne soit ouvert !

1 Élu, pris.
2 « Votre aise. »
3. « J'ai fait jusqu'ici choses qui vous ont si peu contenté. »

Un tour nous a baillé trop vert!
Brou! je suis tout enpuanty.
Tu as mal ton cas recouvert [1]!

SATHAN.
Oncque tel chose ne senty!

LUCIFFER.
Sus, à coup, qu'il soit asserty [2]
Et batu très-villaynement.

SATHAN.
Je luy feray maulvais party.

Ilz le battent.

BERITH.
A la mort!

LUCIFFER.
Frappez hardiment!

1. « Tu as mal réparé tes sottises »
2. « Lié, serré de tres pres. »

BERITH.
A deux genoulx très-humblement,
Luciffer, je te cry' mercy,
Te promectant certaynement,
Puisque cognois mon cas ainsi,
Que jamais n'apporteray cy
Ame de munyer ni munyere.

LUCIFFER.
Or te souviengne de cecy,
Puisque tu as grace planyere,
Et garde d'y tourner arriere,
D'autant que tu aymes ta vie.
Aussi, devant ne de costiere [1],
Sur payne de haynne assouvye [2],
Deffens que nully, par envie,
Desormais l'ame ne procure
De munyer estre icy ravie,
Car ce n'est que bran et ordure.

1 « Devant ni de côté. »
2. « Complete. »

CY FINE LA FARCE DU MUNYER.

PROCÈS VERBAL

DE LA

REPRÉSENTATION DONNÉE A SEURRE EN BOURGOGNE

EN OCTOBRE 1496.

A la louenge, gloire, honneur et exaltacion de Dieu, de la Vierge Marie et du tres glorieux patron de ceste ville de Seurre[1], Monseigneur saint Martin, l'an mil quatre cens quatre-vingts et seize, le neufiesme jour du moys de may, avant-veille de l'Ascension, se assemblèrent en la chambre maistre ANDRIEU DE LA VIGNE, natif de La Rochelle, facteur du roy, venerable et discrete personne, MESSIRE OUDET GOBILLON[2], vicquaire de l'eglise Saint-Martin dudit Seurre[3], honorables personnes AUBERT DUPUYS, PIERRE LOISELEUR[4], PIERRE GOILLOT[5], GEORGE TASOTE, PIERRE GRAVIELLE, dit *Belleville*, bourgeois, et maistre PIERRE MASOYE, recteur des escolles pour lors dudit Seurre, lesquelz marchanderent de leur faire et composer ung registre, ouquel seroit couchée et declairee par personnaiges la vie Monseigneur saint Martin, en façon que la voir jouer, *le commun peuple pourroit voir et entendre facillement comment le noble patron dudit Seurre, en son vivant, a vescu sainctement et devostement,* lequel registre fut fait et composé ainsi qu'il appert cinq sepmaynes après ledit jour; et eust este jouée la dicte vie à la Saint Martin ensuivant, n'eust este le bruyt de guerre et l'abondance de gendarmes qui survindrent audit Seurre[6], dont fut la chose prolongee jusques au temps : et y donc pour ce faire si furent faitz et louez par le dit maistre ANDRIEU les parsonnages. Et pour iceulx bailler et livrer a gens suffisans de les jouer, furent commis honnourables personnes, sire GUYOT BERBIS, pour lors maire de Seurre; sire GUERIN DRUET, ROBIN JOLIQUEUR et PIERRE LOISELEUR, bourgeois dudit Seurre, lesquelz par bonne et mesurée délibération furent délivrez les ditz personnages à chacun selon l'exigence du cas, prenant et recevant le serment desdits joueurs en tel cas requis pour estre déliberez de jouer si tost que le temps viendroit à propos.

Depuis ce fait, chacun en droit soy mist payne d'estudier son parsonnaige et de se rendre au moutier[1] mondit sieur saint Martin ou à saint Michiel quand besoing en estoit pour aller voir cérymonyes, et façons de faire lorsqu'ilz joueroient publiquement. Laquelle chose ne fust possible de faire pour l'empeschement devant dit, si tost qu'ilz eussent bien voulu; mais quand ilz eurent tant actendu que plus ne povoient, véant[2] le temps pour ce faire passer, conclurent et dehbérèrent les dessusditz qu'ils joueroient le dymanche prochain après la foire de Sur[3], dont chacun fit ses preparatifs. Touttefois de rechief pour aulcunes malles nouvelles[4] de guerre courans en icelle foire ne fut possible de jouer le dit jour; et la sepmaine ensuivant se commancèrent vendanges de tous costez, pourquoy force fut d'actendre qu'elles fussent faictes, aultrement il y eust heu peu de gens.

Après toutes ces choses pour parfaire le dit mistere ne fut le bon plaisir desditz joueurs perdu; mais s'assemblèrent lesditz maistres, gouverneurs et joueurs en ladite église, et conclurent entièrement qu'ilz feroient leurs monstres[5] le mardi IIIe jour du moys d'octobre, et joueroient le dymanche ensuivant, jour de saint Denys. Laquelle conclusion ainsi prise, lesdits joueurs firent leur debvoir de quérir acoustrement et habillemens honnestes. Mon dit sieur le maire eust la charge de faire achever les eschaffaulx qu'il avoit fait encommencer à drecer dès devant ladite foire de Sur, lequel y print une merveilleuse sollicitude et grand deligence. Le maistre des secretz[6], nommé maistre GERMAIN JACQUET, fut envoyé querir à Ostun[7], et luy venu par le devant dit PIERRE GOILLOT,

---

1 C'est aujourd'hui un chef-lieu de canton de l'arrondissement de Beaune, département de la Cote d'Or.
2. C'est lui qui dans le *mystere* joua le rôle du pere de saint Martin.
3 Elle existe encore. C'est un curieux monument du XIVe siecle
4 Il joua le rôle de l'Empereur dans le *mystere*
5. Il joua le prince d'Antioche, on verra aussi plus loin qu'il fut chargé d'aviser aux dépenses comme « receveur des deniers du mystere »
6. On craignait que la guerre engagée dans le Milanais ne gagnat par le Piémont et la Savoie jusqu'en Bourgogne, que ces appréhensions fussent encombrées de troupes.

1 « Couvent »
2. « Voyant. »
3 « Seurre »
4. « Mauvaises nouvelles. »
5. « Leur défilé, leur parade à travers la ville. »
6. C'est a-dire « le machiniste decorateur en chef ». Plus tard, jusqu'au XVIIe siecle, on l'appela « le feintiste ».
7. Autun.

receveur des denyers dudit mistère, luy fut délivré toutes choses à luy necessaires pour faire les ydolles, secretz et autres choses. Quand ledit jour pour faire les monstres fut venu, on fit crier à son de trompette que toutes gens ayans parsonnages du dit mistère s'assemblassent à l'eure de mydi en Lombardie[1] chacun acoustré selon son parsonnage. Après lequel cry fait se rendirent les ditz joueurs au dit lieu, et furent mys en ordre l'un apres l'autre, monstré, acoustré, armé et appoincté si très bien, qu'il estoit impossible de mieulx. Et est assavoir qu'ilz estoient si grand train que quant Dieu et ses Anges sortirent du dit lieu chevauchant après les autres, les Deables estoient desjà oultre la tour de la prison, près la porte du *chevaut blanc*, prenant leur tour par devers chelz Perrenet de Pontoux, au long du marché aux chevaulx, devant la maison à Monsieur le Marquis[2] par auprès des murailles, et de là tout le long de la grant rue jusques au lieu que dit est, et n'y avoit de distance de cheval à aultre deux piedz et demy, et se montoyent bien à environ neuf vingts chevaulx. La ditte monstre faicte, chacun pensa de soy et furent baillées les loges le venredi[3] ensuivant aux joueurs pour le fournir de tapisserie et celles des villes prochaynes de Seurre[4]. Pourquoy le samedi tout le monde par le beau temps qu'il faisoit mist payne d'acouster les ditz eschaffaulx[5]. Laquelle chose faicte n'estoit en mémoire d'omme d'avoir jamais veu plus beaux eschaffaulx, mieulx compassez, acoustrez en tapisserie ne mieulx proporcionnez qu'ilz estoient.

Le lendemain qui fut dymanche matin quant on cuyda aller jouer la pluye vint si habondamment qu'il ne fut possible de rien faire; et dura sans cesser depuis trois heures du matin jusques à trois heures le disgner[6] sans faillir, qui fut chose fort griesve aux joueurs et aux autres. Et de fait, ceux qui estoient venus des villes circunvoisines se delibérèrent d'eulx en aller, quant ils virent le dit temps ainsi changé. Cecy venu à la cognoissance de mondit sieur le maire et autres, fut concluz quand on vit venir le beau temps, qu'on yroit jouer une farce sur le parc[7] pour les contenter et aprester. Pourquoi la trompecte fit le cry que tous joueurs se rendissent incontinant habillez de leurs habitz, en la maison Monsieur le Marquis et tous les aultres allassent aux eschaffaulx.

Le dit cry fait d'une et d'aultre, chacun fit son debvoir. Lors on mist les joueurs en ordre, et yssirent de chelz mondit sieur le marquis les ungs

après les aultres, si honnorablement que quant ils furent sur le parc, tout le monde en fut fort esbahy; ils firent leur tour comme il appartient, et se retira chacun en sa loge, et ne demeura sur ce dit parc que les personnages de la *Farce du Munyer*, ci-devant éscripte[1]. Laquelle fut si bien jouée que chacun s'en contentit entierement et ne fut fait aultre chose pour celuy jour.

Au partir du dit parc, tous les dits joueurs se myrent en arroy[2] chacun selon son ordre, et à sons de trompetes, clerons menestriers, haulx et bas instrumens, s'en vindrent en la dicte église Monsieur sainct Martin, devant Notre Dame, chanter un salut moult dévostement, affin que le beau temps vint pour exécuter leur bonne et dévoste entencion, et l'entreprise du dit *mystère*. Laquelle chose Dieu leur octroya; car le lendemain qui fut lundi, le beau temps se mist dessus, dont commandement fut fait à son de trompete par mes dessusdits sieurs les maire et eschevins du dit Seurre que tout le monde cloyst bon[3] et que nul ne fust si osé ne hardy de faire euvre[4] « mocquamque[5] » en la dite ville, l'espace de troys jours ensuivant, es quels on debvoit jouer le *mistère de la vie Monseigneur saint Martin*, et que tous joueurs se rendissent au moustier du dit Seurre.

Incontinent le monde se retira aux eschaffaulx, les dits joueurs aussi où ils debvoient, et puis furent mys en ordre par le dit maistre Andrieu, selon le registre, et marchoient avant à sons de trompetes, clerons, bussines, orgues, harpes, tabourins et aultres bas et haulx instrumens, jouans de tous costez jusques sur le dit parc, faisant leur tour comme en tel cas est requis, *qui estoit une si gorrine[6] et si très-sumptueuse besongne qu'il n'est pas possible à entendement d'omme de le savoir escripre*, tant estoit la chose belle et magniffique. Ce faict, chacun se retira à son enseigne, et commancèrent les deux messagiers à ouvrir le jeu ainsi que au-devant de ce présent registre est escript; puis après commença à parler Luciffer[7], pendant lequel parlement celuy qui jouoit le personnaige de Sathan[8], ainsi qu'il volut sortir de son secret par dessoubz terre[9], *le feu se prist à son habit autour des fesses*, tellement qu'il fut

---

1. C'est-à-dire « qu'on a pu voir escrite dans ce recueil, avant ce proces-verbal » Elle le précède en effet dans le manuscrit
2. « En disposition d'agir. »
3. « Eût à clore tout de bonne façon. »
4. « Ouvrage »
5. « Ni moquerie » C'est du latin bourguignon, la traduction du mot « moque », qu'on s'emploie en Bourgogne pour *plaisanterie*.
6. « Si bien à la grand'*gorre* (mode). » V sur ce mot plusieurs notes des pieces precedentes
7. C'est messire Oudot qui jouait le role
8. Il était joué par Symphorien Poincenot
9. C'est-à-dire de l'enfer, recouvert par la *Choppe d'Hellequin*, placé sous le premier échafaud du théâtre. Le chancelier de l'Hospital dans la Ve de ses *Epitres* latines, adressée au cardinal du Bellay décrit l'enfer et les diables tels qu'on les representait sur les théatres des campagnes. Voici la traduction du passage. « Le théatre représente la gorge béante de l'enfer avec de grandes dents destinées à macher les cadavres des damnés .. J'admire surtout le personnage destiné à représenter Lucifer il portera des cornes, son visage peint aura la couleur des charbons ardents, sa queue se déroulera en longs anneaux Un long cri est poussé du fond de l'abime . Satan a rompu ses chaînes et la foule des demons l'accompagne. »

---

1. La rue ou la place des principaux marchands ou changeurs (*lombards*), comme il y en avait toujours dans les villes à grandes foires, telles que Seurre.
2 Seurre, qui fut quelque temps le siége d'un duché-pairie sous le nom de Bellegarde, était de fait un marquisat possédé avant la Révolution par la maison de Condé.
3. Vendredi.
4 Ces « loges » étaient les places d'honneur, et il était naturel qu'on en réservât quelques unes à l'échevinage des villes voisines
5. Le théatre, les galeries et les loges
6 « Après dîner. »
7 Le parc du château de Seurre, placé dans l'un des trois faubourgs, existe toujours et est fort beau.

fort bruslé, mais il fut si soubdaynement secouru, devestu et rabille, que sans faire semblant de rien, vint jouer son personnaige; puis se retira en sa maison. De ceste chose furent moult fort espoventez les dits joueurs; car ils pensoyent que puisque au commencement incontinent les assailloit que la fin s'en ensuivroit. Toutefois moyennant l'ayde de mondit seigneur saint Martin, qui prist la conduyte de la matière en ses mains, les choses allerent trop mieulx cent foys que l'on ne pensoit. Après ces choses le père, la mère saint Martin [1] avecques leurs gens marchèrent oudit parc et firent ung commencement si très-veyf, que tout le monde tant les joueurs que les assistans furent moult ebahis. Et de fait, en abolissant la cremeur [2] devant dicte, les dits joueurs prindrent une telle hardiesse et audasse en eulx *qu'onques lyon en sa taynyère ne meurtrier en un boys ne furent jamais plus fiers, ne mieulx assurez qu'ils estoient quant ilz jouoient.*

On commença ceste matinée entre sept et huit heures du matin, et finist-on entre onze et douze. Pour le commencement de l'apres disnée, qui fut à une heure, le dit Sathan revint jouer son personnage, et pour son excuse dist à Luciffer :

> Malle mort te puisse avoiter,
> Paillart, fils de putain cognu,
> Pour a mal faire t'en ortoi,
> Je me suis tout brûlé le cul.

et puis parfist son personnage pour celle clause, et les autres joueurs ensuivant chascun selon son office.

Puis firent pause pour aller souper entre cinq et six heures, tousjours jouant et exploitant le temps au mieulx qu'ilz pouvoient.

Et puis à l'issue du parc, les dits joueurs se mirent en ordre comme dit est en venant jusques à la dite église Monseigneur sainct Martin dire et chanter dévostement en rendant grâces à Dieu ung *Salve Regina*.

Le landemain, qui fut mardy, et mercredy en suivant, entrerent et yssirent oudit parc ès heures devant dictes. Ainsi doncques comme cy-devant est escript fut joué le dit mistère du glorieux amy de Dieu monseigneur sainct Martin, patron de Seurre, *si tryumphaument, aultentiquement, et magnifiquement, sans faulte quelle qu'elle fust au monde qu'il n'est poinct en la possibillité d'homme vivant sur la terre le scavoyr si bien rediger par escript* qu'il fut exécuté par effect le XIIe jour du moys d'octobre, l'an de nostre Seigneur mil quatre cens quatre vingts et seize [1].

---

[1] Le rôle était joué par un jeune homme, Estienne Bossuet, dont le frere tenoit celui du second prêtre, et qui étaient tous deux de la famille du grand évêque de Meaux, famille dijonnaise, comme on sait, mais originaire de Seurre.

[2] « Brûlure » (*crematio*).

[1] A la suite vient la signature de l'auteur, et la liste « des deux cent et quelques acteurs du mystere. » Nous avons nommé les principaux.

FIN DU PROCES VERBAL

MYSTÈRE
DU CHEVALIER QUI DONNA SA FEMME AU DYABLE

(XVI° SIÈCLE — RÈGNE DE LOUIS XII — 1505)

NOTICE ET ARGUMENT

Ce petit *mystère*, qui semble avoir été fait pour encourager à la croyance en l'Immaculée Conception dont on ne voulait pas encore faire un dogme, mais un simple article de foi, eut une popularité qu'attestent trois éditions successives et qui prouverait que, pour beaucoup, la foi en cette Conception miraculeuse, si souvent invoquée dans la pièce, était déjà acquise et consacrée.

De la première édition connue l'on n'a qu'un fragment, le premier feuillet d'un exemplaire unique. Ce fragment, en caractères gothiques, est à la Bibliothèque nationale.

Une autre édition, en gothique aussi, qu'on croit un peu plus récente, mais qui n'est pas moins rare, car on n'en connaît guère que l'exemplaire qui appartient à M. de La Vallière, fixe, par une mention inscrite au titre, la date de la représentation à l'année 1505.

C'est celle qu'avaient donnée à ce *mystère* M. de La Vallière dans *la Bibliothèque du théâtre françois*, et les frères Parfaict, *Histoire du théâtre françois*.

Caron, le bizarre bibliophile, connut l'exemplaire dont nous parlons et en prit copie pour une réimpression à cinquante-cinq exemplaires qu'il joignit à sa collection de pièces curieuses. Fyot en avait fait une autre copie, mais de luxe, très-habilement figurée sur vélin. Elle fut acquise, pour 40 francs, à la vente Méon, par M. de Soleinne.

On n'avait encore à ce moment d'exemplaire complet que celui de M. de La Vallière. Depuis, on en a découvert un second, mais d'une édition différente, à dix-huit feuillets, de format d'agenda, avec quarante-six lignes à la page, et portant à la fin cette mention :

Cy fine le mystere du Chevalier qui donna sa femme au dyable. Imprimé à Lyon à la maison de feu Barnabé Chaussard, pres nostre Dame de Confort. MDLIII, le XVI° jour de juillet.

Cet exemplaire se trouve dans le Recueil de Londres, dont nous avons déjà tant de fois parlé. Il en est la dernière pièce. Comme tout le reste de ce recueil, il a été publié dans l'*Ancien Théâtre de la Bibliothèque elzévirienne*. Nous nous en sommes servi pour notre réimpression, mais sans négliger de recourir à l'édition de Caron, qui nous a fourni plusieurs variantes.

Le *Mystère du Chevalier*, un des plus courts que nous connaissions, met en scène, avec le Chevalier, la Châtelaine, sa femme, qui, toute à la piété, ne partage en rien ses folles pensées de dissipation et de luxe, auxquelles l'encouragent au contraire ses écuyers Anthénor et Amaury.

Il va de soi qu'il ne se livre qu'à leurs conseils et fuit ceux de sa femme. Avec l'argent dont il les gorge, ils engagent contre lui et un maître pipeur une terrible partie de dés, dont tout le gain leur reste à eux et au pipeur.

Le Chevalier n'a plus qu'à se pendre ou à se livrer au Diable, qui le guette et vient lui faire des offres. Il les accepte, renie toutes ses croyances, sauf quelques réserves pour celle qu'il a vouée à la sainte Vierge, et signe un pacte par lequel il s'engage à se livrer, lui et sa femme, après sept ans de la folle vie que le Diable lui promet en échange, et qu'il lui donne en effet.

Ils sont bientôt passés, au train surtout dont va la pièce.

Le Diable vient alors rappeler sa promesse au Chevalier qui, pour l'exécuter, emmène sa femme dans le bois, où les attend le maudit. La dame veut d'abord prier et entre dans une chapelle. Le Diable s'impatiente près de la porte en grondant contre le chevalier, mais bientôt, à la vue de celle qui sort, il décampe grant'erre : ce n'est pas la Châtelaine, c'est la Vierge elle-même qui vient, sous sa ressemblance, pour la sauver du pacte signé par le Chevalier et pour l'en sauver lui-même, en récompense de ce qu'il ne l'a pas reniée lorsqu'il reniait tout, même Dieu.

Le Diable disparaît confus, mais non pas avant de s'être laissé retirer des griffes par l'ange Gabriel le pacte de perdition.

LE CHEVALIER

QUI DONNA SA FEMME AU DYABLE

A dix personnaiges, c'est assavoir

DIEU LE PÈRE.
NOSTRE DAME.
GABRIEL.
RAPHAEL.
LE CHEVALIER.

SA FEMME.
AMAURY, escuyer.
ANTHENOR, escuyer.
LE PIPEUR.
ET LE DYABLE.

LE CHEVALIER *commence*.

Dame, vous povez bien sçavoir
Que Fortune m'a biens donné
Et qu'el m'a tresor amene
Pour maintenir ma seigneurie
En estat de chevalerie.
Il n'y a, en tout ce pays,
Plus riche homme que je suis.
 Je vis sans soucy;
 De vilains dis fy;
 De gens suis garny;
 Tant que j'en vouldray
 De biens suis garny.
 Je puis mettre au ny [1]
 Ceulx que je vouldray.

LA DAME.

Mon doulx amy, je vous diray,
Se des biens avez largement,
Merciez Dieu devotement,
Car sachez veritablement
Que sa grace les vous envoye.
 Qui bien s'i employe,
 Des cieulx la montjoye [2]
 Il peut acquerir.

LE CHEVALIER.

Je puis belle me maintenir [3]
Pour mon estat faire valoir.
 Nul ne m'ose desdire;
 Chascun me dit : « Sire,
 Dieu vous doint bon jour. »
 J'ay ce que vueil dire;
 Je puis rire et bruyre,
 Pour le faire court.
De mes biens seray plantureux
En donnant à ceulx de ma court.
De me servir seront joyeulx;

Doubter me feray [1], brief et court

LA DAME.

Dissimuler, faire le sourt,
Vault mieulx que pompe trop regner [2] :
Car on voit, par le temps qui court,
Presumptueux bien bas mener.
Moyennement [3] fault gouverner
Sans vouloir à hault monter tendre;
Fortune vient souvent miner
Ceulx qui veullent trop entreprendre.

LE CHEVALIER.

Il n'est nul qui me sceut reprendre
De mes faiz; si feray mon vueil [4].

LA DAME.

Qui veult follement tout despendre
Doit mourir en paine et en dueil.

LE CHEVALIER.

Dame, je vous deffens sur l'ocil [5]
Que n'en parlez plus.

LA DAME.

   Mon amy,
Puis qu'il vous plaist, dont je le vueil,
Car bien voy qu'en estes marry [6].

LE CHEVALIER.

Venez avant tost, Amaury,
Et vous, Anthenor; je vous donne
De mon avoir et abandonne
Une tres-grosse quantité,
Car je congnois, en verité,
Que me servez honnestement,
Sans me frauder aucunement.

---

1. « Mettre a néant, réduire a rien. »
2. « Le triumphe » Les *montjoyes* étaient des monceaux de pierres qu'on mettait de distance en distance sur les chemins en signe de victoire et d'actions de graces.
3. « Me conserver en belle apparence. »

1. « Me ferai craindre, redouter. »
2. « Mener trop grande pompe, quand on regne. »
3. « De façon moyenne, modeste. »
4. « Mon vouloir, j'agirai selon mes vœux. »
5. « Par mon œil » C'était une façon de jurer assez rare. Toutefois nous voyons par un passage du *Roman de la Rose*, v 8633, « et dit qu'il mettroit bien son oeil, etc , » qu'on s'engageoit volontiers en donnant son œil pour gage »
6. « Fâché.

LE CHEVALIER
QUI DONNA SA FEMME AU DYABLE

Je suis Papuy de gentillesse.
Chascun m'obeyst sans faveur.

QUI DONNA SA FEMME AU DYABLE.

Et pour tant ceste cy [1] aurés
D'or tout plain, et le partirés [2]
Ensemble comme il vous plaira.

AMAURY.

Chascun de nous vous servira,
Monseigneur, à tous voz affaires.
Pas ne debvons estre contraires
A vostre vouloir, sans doubtance,
Veu cest argent cy, qu'en presence [3]
Nous avez donne. Grant mercy.

ANTHENOR.

Monseigneur, n'ayez nul soucy.
Nous vous servirons en tel cas;
Ung tel maistre ne devons pas
Desdire à faire son talent [4].
Certes, j'auroys le cueur dolent
Se rien aviez qui ne fust bon.
Je vous mercie de ce don,
Qu'à present nous avez donné.

LE CHEVALIER.

A tous vueil estre habandonné,
Sans reffuser riens à nully.
Affin que je soye renomme,
A tous vueil estre habandonné.
Chascun si sera guerdonne [5],
Qui me servira sans ennuy,
Sans reffuser riens à nully.

LA DAME.

Helas, au cueur navré je suis
Quant mon doulx espoux et mary
Dissipe ses biens sans raison.
Quant se trouvera dessaisi
De ses biens en toute saison,
O Vierge de très grant renom !
Par ta sainte Conception
Me vueille preserver de blasme.
En toy est mon affection,
En toy est ma protection ;
Mère de Dieu, sans nul diffame
   O haulte dame !
  Guarde sa pouvre ame,
  Que mal ne l'entame
   Dont puisse perir ;
   Ta doulceur reclame
  Que mon cueur enflame
  Tant qu'en fin la flamme
   Ne puisse sentir.

AMAURY.

Anthenor, il nous fault partir [6]
Nostre avoir, quant nous aurons temps.

Selon ce que voys et entens,
Nostre maitre nous fera riches ;
Ne ressemble pas ces gens chiches
Qui n'osent pas leur saoul menger.

ANTHENOR.

Nous sommes hors de tout danger
Quant avons argent à puissance.
La chair bieu, bien prendray l'usance
De le flater soir et matin ;
Tant feray que aulcun grant butin
Me donra ; present je m'en doubte.

AMAURY.

Velà vostre part ; somme toute,
Faictes-en ce que vous vouldrez.

ANTHENOR.

Par devers nobis vous viendrez ;
Je prendray cecy et tant moins.

AMAURY.

Quant nous deux aurons les sacz plains,
Il fauldra de luy congé prendre.
Mais avant il nous fault contendre [1]
A le servir de belles bourdes
Pour tousjours attraper du caire [2].

ANTHENOR.

Je sçay tout ce qu'il y fault faire :
Baver, flater et bien mentir
Font souvent les flateurs venir
En grant bruyt [3], ès court de seigneurs

LE CHEVALIER.

J'ay regnom sus tous les greigneurs [4]
Pour mes largesses et honneurs
Que fais à tous ceulx de ma terre.
Certes, tous mes predecesseurs
Ne furent oncques possesseurs
De tant de biens sans avoir guerre.
Si tost que aulcun me vient querre,
Ung don je luy octroye bonne erre [5],
Et pour tant de tous suis prisé.
Grans possessions puis acquerre ;
Mon plaisir par tout je vueil querre
Pour estre mieulx auctorisé.
  Quant j'ay advisé
   Et tout devise,
  Ung tel advis ay
  Que mieulx m'en sera.
   Homme desprisé,
   De tous refusé,
   S'il est accuse,
   Nul ne l'aydera.

  Mais moy, j'ay grant port [6],
   Avoir et rapport,

---

1. « Cette bourse. »
2. « Partagerez. »
3. « Qu'à présent. »
4. « Sa volonté, son désir. » Nous avons vu, dans le *Mystère de saint Paul*, le mot *atalanté* », pour « ayant désir, volonté. » On disait aussi entalenté, comme dans ce passage de Martial d'Auvergne, l'*Amant rendu cordelier* :

  Combien qu'en ce temps de jadis
  N'en estiez guere *entallenté*.

5. « Récompensé. »
6. « Partagez. »

1. « Tendre ensemble, d'accord. »
2. Pour de « l'acquerie », du bien, plus ou moins honnêtement acquis.
3. « Grand renom, grand honneur. »
4. « Les plus grands, » *grandiores*.
5. « Largement, sans y regarder. » On dit encore « aller grand erre », pour « aller lestement, allegrement ».
6. « Protection, patronage. » Commines (liv. VI, ch. 1) dit dans le meme sens : « Lesquels, ayant le *port* du pape et du roy Ferdinand, cuyderent faire tuer Laurens de Medicis. »

Par quoy me tiens fort
Encontre tous cas :
Car, se j'avoye tort,
Par mon dur effort
Je vaincray la mort,
Noyses et debatz.

J'ay ce que desire ;
Puis chanter et bruyre.
Chascun me dit : « Sire,
Dieu vous doint bon jour. »
Nul n'ose desdire
Ce que je vueil dire ;
Saillir puis et bruyre
Quant vient à mon tour.

Mais que vault finance?
Qui n'a sa plaisance,
Ou qui ne s'avance
D'estre plantureux,
Par juste eloquence,
Chascun, sans doubtance,
Dit, par sa sentence,
Qu'il est maleureux.
Comment va, franc cuer gracieux?
M'amye, quelle chière faictes-vous?
Vous voyez que je suis sur tous
Honnoré par ma grant largesse.
Je suis l'apuy de gentillesse ;
Chascun m'obeyt sans faveur.

LA DAME.

Pensés à la fin, monseigneur,
Et sachez que joye dissolue
Devant Dieu n'est point de value.
Prodigues estes ; trop bien le voy,
Dont j'ay grant doubte [1], par ma foy,
Qu'en la fin n'en soyez marry.
Et que pensez-vous, mon amy,
D'ainsi le vostre dissiper?
Vos jours voulez anticiper
Pour mourir miserablement.
Se des biens avez largement,
Donnez aulmosnes pour Dieu,
Et certes, en temps et en lieu,
Vous vauldra, soyez-en certain.
Flateurs vous soutenez à plain,
Et leur impartissez [2] vos biens,
Tellement que n'avez plus riens.
Vous avez fait joustes, tournoys,
Et tout ne vous vault ung tournoys [3].
Que sont devenus vos chevaulx,
Sur quoy faisiez les grans saulx?
Vostre avoir fort se diminue.
Que vault tel pompe entretenue
Qui vient à tel confusion?
Ou nom de la Conception
De la très glorieuse Dame,
Que l'Eglise aujourd'hy reclame,
Vueillez sur ce poinct cy viser

Et de ce mal vous adviser,
Qui ainsi vous maine à declin.

LE CHEVALIER.

Me tenez-vous tant pour badin
Que je n'ay point de sens en moy?
Je n'en feray riens, par ma foy,
Pour chose que m'ailliez preschant ;
Et, se plus me venez preschant,
Puisqu'il me plaist, saichez sans faille
Qu'entre nous deux aura bataille.
Taisez-vous, ne m'en parlez plus.

LA DAME.

Puisque à cella estes conclus,
Plus ne pense à vous en parler ;
Mais je me doubte, au pis aller,
Que pis ne nous soit à tous deux.

LE CHEVALIER.

Or vous en taisez, je le veulx,
Que n'ayez sus vostre visaige.
Je suis assez prudent et saige
Pour me gouverner par honneur

LA DAME.

Dieu le vueille ainsi, mon seigneur ;
Aultrement marrie j'en seroye.

LE CHEVALIER.

Saichez que mon voulloir s'employe
A tout plaisir mondain avoir,
Et n'espargneray or ne monnoye
Pour accomplir tout mon desir.
Ung seigneur, tant qu'il a loysir,
Si se doit donner de bon temps.

LA DAME.

Aulcunes foys, par grans despens
Excessifz et trop oultrageux,
Plusieurs en viennent souffreteux,
Qui puis si se vont repentant
De ce qu'ilz ont despendu tant
Que plus n'ont de quoy bien faire.

LE CHEVALIER.

Ne cesserez-vous huy de brayre?
Je m'en voys et vous laisseray ;
Mon courroux en peu passeray
Avec mes gens. Qu'est cecy, dea,
A tant parler? Hau, Amaury !

AMAURY.

Monseigneur.

LE CHEVALIER.
　　　J'ay le cueur marry
Et troublé moult amerement.

AMAURY.

De quoy, sire?

LE CHEVALIER.
　　　Certainement
Ma femme est pie caquetoire [1] ;

---

1. « Crainte. »
2. « Partagez, distribuez. » Ce verbe « impartu » était tout à fait l'*impartire* latin.
3. « Un sol tournois. »

1. Cette expression se trouve dans Est. Pasquier, *Pourparler du prince*. « Lieux communs extraits de ces harangueurs et *pies caquetoires* de Rome. »

Si me veult par son consistoire
Me faire devenir hermite.
Elle m'a dit que je l'ay destruite
De donner en ce point le mien.
AMAURY.
Ha, monseigneur, ne croyez rien
De chose que femme vous die.
Avoir en pourriez maladie
Se le mettiés en vostre cueur.
Vous estes ung homme d'honneur,
Prudent, large et abandonné [1] ;
Se riens du vostre avez donné,
N'est nul qui vous en sceut reprendre.
ANTHENOR.
Par le sang, vous povez despendre
Tout vostre vaillant, vueille ou non.
Mais femmes si ont tel renom
Que pour riens ne se veullent taire.
Pensez de bonne chère faire
Tant qu'estes en bonne santé.
Quant mort serez, en vérité
Chascun vous mettra en oubly.
LE CHEVALIER.
Par la mort bieu, il est ainsy.
Il n'est tel que d'estre joyeux.
Quant je seray usé et vieux,
Je me tiendray lors à l'hostel.
AMAURY.
Par le sacrement de l'autel,
Vous avez très bien proposé.
LE CHEVALIER.
Chascun de vous soit disposé
De venir; on se peult esbatre
Jusques à troys heures ou quatre,
Pour passer ma melencolie.
ANTHENOR.
Quant vous plaira, ne doubtez mye,
Amaury et moy nous irons.
AMAURY.
Vostre voulenté nous ferons ;
Sire, bien y sommes tenus,
Quant par vous tous deux soustenus
Nous avons esté jusques cy.
LE CHEVALIER.
Cecy vous donne.
TOUS DEUX.
    Grant mercy.
Pensons tous d'aller à l'esbat.
AMAURY.
S'aulcun galant vers nous s'abat,
Pourveu qu'il soit de lieu de bien,
Nous trouverons quelque moyen
De jouer à quelque bon jeu.
ANTHENOR.
Vous dictes bien, par la mort bieu;
Encores ay-je cinquante escus.

LE DYABLE.
Si je puis venir au dessus
De ce Chevalier, par mon art,
Je le tireray de ma part,
En despit de sa faulce femme,
Qui ainsi chascun jour reclame
Celle Marie [1], qui tant nous fait
De despit et noz gens retraict
Par sa très orde baverie.
Par mon barat et tricherie [2]
Les auray tous deux, se je puis.
On sçait bien que cautellu [3] suis
Assez pour trouver la manière
De le faire en quelque manière
Cheoir en voye de desesperance.
Or, avant, il fault que m'avance
D'aller faire mon entreprise.
LA DAME.
Aller je m'en vueil à l'eglise
Pour ma prière humblement faire
Devers la Vierge debonnaire
Qui porta le doux createur,
Affin qu'elle garde d'erreur
Mon mary et que par sa grace
Veuille que son saint plaisir face.
Cy endroit m'agenoulleray
Et ma requeste lui feray.
O doulx confort, dame d'auctorité,
Noble sejour où la divinité
Se reposa pour les humains guerir ;
Tresor joyeux de grande dignité,
Lys odorant par ta virginité,
Jesus portas, qui tout peult remerir [4].
Très humblement à toy viens recourir
Et à genoulx icy te requerir
Que ta grace sus mon mary oppaire.
Par toy gardé soit, dame, de mourir
Vilainement, si que ne puist perir
Sa povre ame par aulcun vitupère.
Doulce Vierge, tresor très plantureux,
Advocate des pouvres langoureux
Qui sont tentez par leur fragilité,
Vers toy je viens, cueur très amoureux,
Fay que sente ton confort savoureux,
Car tu congnoys ma grand necessité.
Las ! mon mary, par prodigalité,
A consummé et fort debilité
Son domaine et sa possession.
Par toy, Vierge, soit stabilité
En bonnes mœurs, et de mal acquité
Pour le saint nom de ta Conception.
Tu as tant fait vers Dieu pour les humains,
Que de peril tu az engardé maintz
Et delivrez d'enfer. Doulce Marie,

---

1. « Prodigue, donnant avec abandon, sans y regarder. »

1. « La sainte Vierge. »
2. « Ruse et tromperie. » C'étaient les deux mots alors les plus employés dans ce sens.

Barat et tricherie sont en auctorite, lit-on dans une piece du temps, le *Debat du corps et de l'âme*.
3. Pour cauteleux.
4. Rachetei, *remerere*.

Si te suplie, oy mes pleurs et mes plains;
Garde mon ame qu'elle ne soit perie.
O doulx ruisseau, fontaine très serie,
Oy-moy, dame, si te vient à plaisir;
Pour mon mary humblement te supplie,
Car je voy bien que son sens fort varie;
Le bon chemin n'a pas voulu saisir.
  Oy mon vray desir,
  Confort gracieux,
  Par toy puist choisir
  Le règne des cieulx.
  Ouvre tes doux yeulx,
  Estens luy ta grace,
  Et que en tous lieux
  Ton sainct plaisir face.

   LE PIPEUR.

J'ay trop esté en une place;
Il convient aller gaingner.
Despendu ay jà maint denier
Depuis que n'aquestay un blanc [1].
Si trouver me puis sus le banc
Et quelque gavion de ludie [2],
Croyez que je ne fauldray mie
A abatre pain largement [3].
De piper ne crains nullement
Homme qui soit au monde vif.
Mais pas ne fault estre hastif
Du premier quant on trouve proye.
J'ay ycy cent solz en monnoye,
Et encor deux ou troys escus;
Mais que soye avec les plus drus,
J'en attraperay, quoy qu'il couste.

   AMAURY.

Sire, je vois venir sans doubte
Ung gallant vers nous, se me semble.

   LE CHEVALIER.

Laissez venir; mais qu'il s'assemble
Avec nous, enquerir fauldra
Qu'il est.

   ANTHENOR.

   Il vient devers çà,
Mon seigneur; desjà fort approche.

   LE CHEVALIER.

Or avant doncques sans reproche;
Enquerir fault de son estat.

   LE PIPEUR.

J'aperçoy là ung grand debat.
Il me convient vers eulx tirer.
S'ilz se veulent aventurer
Aux dez ou cartes, somme toute,
Mais que fussions dessus le couste [4],

Mon faict seroit bien.

   AMAURY.

   Hau, gallant.
Ne vueillez estre refusant,
Si vous plaist, de dire où allez.

   LE PIPEUR.

Pour esbatre, se vous voulez,
Avecques vous passer le temps,
Car vostre faict bien j'entens
Que vous estes de lieu d'honneur.

   ANTHENOR.

Venez parler à mon seigneur.
Peult estre que, quant vous orra,
Que voulentiers il s'esbatra
Aux dez; ainsi je le suppose.

   AMAURY.

Certes. il ne quiert aultre chose,
Ne vous aussi, à dire vray.

   LE PIPEUR.

Voulentiers parler je l'orray.
     Pause.
Sire, Dieu vous doint bonne vie.

   LE CHEVALIER.

Et vous, gallant, Dieu vous benie,
Que querez-vous en ce lieu cy?

   LE PIPEUR.

Que sçay-je? Pour passer soucy
M'en voys quelque lieu pour m'esbatre
Joyeusement, sans point debatre,
Heure et demye ou deux, sans plus.

   LE CHEVALIER.

A quel jeu?

   LE PIPEUR.

   A bons dez pellus [1]
Ou à quelque jeu que vouldrez.

   LE CHEVALIER.

Par la charbieu, à nous l'aurez.
Sus, Amaury et Anthenor.
J'ay cy apporté mon tresor;
Jouons ung peu pour temps passer.

   AMAURY.

Monseigneur, vous povez penser
Que de ce ne vous desdirons;
Mais aussi ce que gaignerons
Nostre sera.

   LE CHEVALIER.

   N'en faictes doubte.
S'aviez gaigne ma terre toute,

---

1. « J'ai déja dépensé maint denier sans acquérir un *blanc*. » On dit encore dans les campagnes « six blancs » pour deux sous et demi.
2. C'est de l'argot, de la langue verte, du temps. Il y faut, je crois, comprendre « quelqu'un bien *gavé* d'argent de jeu (*ludi*). » Dans Cotgrave *gavion* est donné avec le sens de gosier.
3. « A prendre large patine »
4. « Quand nous en viendrons a compter. » Palsgrave, p. 209, donne *coutz, coustage, coute*, avec le sens de dépense.

1. « Pelus » est ici pour « du plus ». On appelait ainsi les dés marqués d'un plus grand nombre de points que les autres, qu'on appelait « du moins ». On lit dans le *Dict du mercier*.

  J'ai dez du plus, j'ai dez du moins,
  De Paris, de Chartres, de Raims

On jouait surtout aux dés « du plus » *Ventre bieu*, dit Finet, dans la *Moralité des enfans de Maintenant*, ventre bieu! j'argue à toy Veux tu de ces beaux dez *pellus* ?

QUI DONNA SA FEMME AU DYABLE.

Si vouldroys-je que vous l'eussiez.

LE PIPEUR.

Voicy des dez. Sus, choisissez.
Quel jeu jouerons-nous?

ANTHENOR.

A la chance [1].

AMAURY.

Avant, sus, icy qu'on s'avance.
Prenez place cy, mon seigneur;
Nous vous debvons porter honneur.
Gettez le dé.

LE CHEVALIER.

Moy j'en ay dix.

AMAURY.

Et moy sept.

ANTHENOR.

Je n'en ay que six.

LE PIPEUR.

J'en ay douze; le dé est mien,
Veez-là pour bon.

LE CHEVALIER.

Sus, je le tiens;
En voylà pour cinquante escus.

LE PIPEUR.

A tout ; oncques maiz je ne fus
En lieu où eust si belle couche [2].
Je l'ay gagné : homme n'y touche ;
Je prendray cecy sur la buffe [3].

LE CHEVALIER.

Que nul homme si ne se truffe [4];
Il est sien.

LE PIPEUR.

Sus, qu'on mette en jeu.

AMAURY.

Velà pour moy.

LE CHEVALIER.

Je reny bieu,
Velà pour celluy qui l'aura.

LE PIPEUR.

Hazart [5]! hay, il m'eschappera.
Gentil demonstre tout hazart.
J'en ay dix : rencontre [hazart]
Je le pers.

LE CHEVALIER.

Je vueil donc jouer;

1. On y jouait à trois dés, comme on voit dans Rabelais (liv. 1er, ch. XIII), ou a deux, comme dans une des fameuses parties du chevalier de Grammont (*Mém.*, ch. XI). Ici, la partie est a trois dés.
2. « Une si belle somme couchée sur table. »
3. « Où j'en viendrai ici aux soufflets, aux *rebuffades*. »
4. « Ne se trompe. »
5. C'était le coup de douze, des trois quatre, quand on jouait comme ici la *chance* a trois dés. Ce coup de douze, trois fois quatre, ou deux fois six s'appelait chez les Romains *senio*, ainsi qu'on le voit dans le lexique du XIe siecle de Jean de Garlande : *Senio*, onis, *dicitur numerus senarius, gallice* hasard. »

Je puisse bieu desavouer
Se je ne gaigne à ceste foys.
Rien ne vient. J'en ay six et troys;
En despit de Dieu se puist estre.

AMAURY.

Je voys monstrer ung tour de maistre;
Hazart! j'ay gagné ceste main.

LE CHEVALIER.

Or suis-je bien filz de putain.
Je regnye bieu ; j'ay tout perdu.
Maintenant j'enrage de dueil.

LE PIPEUR.

Sans courroucer.

ANTHENOR.

Sus, je le vueil.
Couchez [1]; velà pour Anthenor.

LE CHEVALIER.

Je jouray cent escus encor,
Et puis trestout sera failly.

AMAURY.

Je jouray premier, je le dy.
Velà dix; c'est très bonne chance.

LE CHEVALIER.

Mes cent escus sont en balance.
Maulgré Dieu qu'oncques m'y boutay.
Je le pers; il m'a ja cousté
En ce lieu bien deux cens escus.

LE PIPEUR.

Sire, ne vous courroucez plus ;
Vostre courroux n'y vault pas maille.
Hé, garde bien que je ne faille.
Hazart, j'ay douze [2] ; tout est mien.

ANTHENOR.

Par la chair bieu, je n'y fais rien;
Bon gré en ayt-on de la feste.

LE CHEVALIER.

Qui aura argent si m'en preste,
Jusques à tant que soys a l'hostel.

AMAURY.

Quant à moy, j'ay ung serment tel
Que jamais riens ne presteray
A jeu de dez. Je vous diray :
Querir vous en fault aultre part.

ANTHENOR.

Mort bieu, je seroye bien coquart
S'argent à mon seigneur prestoye
Je regnie bieu, se j'en avoye
Mille foys plus que n'ay vaillant,
Si n'auroyt-il pas maintenant
Ung denier pour jouer à moy.

LE CHEVALIER.

Or avant donc ; à ce que voy,

1. Mettez l'enjeu.
2. Si Génin avait connu cette pièce, il n'aurait pas dit, dans ses *Recreations philologiques*, t. I, p. 132-133, que *hazart* était le coup de six.

Sans croix ne pille me lairrez.

LE PIPEUR.

Querez-en ailleurs où vouldrez,
Car de cestuy vous n'aurez point.

LE CHEVALIER.

Departir me fault en ce point
Sans avoir de nul reconfort.

LE PIPEUR.

La char bieu, je m'en voys, au fort,
Puisque j'ay ma bourse fournye.

ANTHENOR.

Boyve mon seigneur sa follye ;
S'il a tout perdu, c'est par luy.
Il ne me verra aujourd'huy,
Ne de cest an, se bon me semble.

AMAURY.

Puis que fourniz sommes ensemble,
Et qu'il est dessaisi d'escuz,
Alons m'en ; il n'y en a nulz
Endroit luy ; ce n'est q'ung coquart ;
Il se repent ; il est trop tart.
Mais il ne m'en chault, par ma foy.

ANTHENOR.

Ne s'attende jamais à moy,
Puis que le sien est despendu.
Quant à moy, j'ay bien entendu
A mon faict, je suis bien garny.

LE PIPEUR.

De bonne heure j'arrivay cy ;
Il y a cy plus pour le gueux.
Le chevalier est bien piteux
Qui a perdu le sien ainsi.
Mais au fort[1], puis que suis saisi
De ma part, je m'en vois galler.

LE DYABLE.

Au devant me convient aller
De ce chevalier que je voys.
A sa chière bien j'aperçoys
Qu'il est très fort navré au cueur.
Si monstre signe de seigneur,
Si je puis, annuyt[2] tant feray
Que luy et sa femme j'auray,
Ou peu je priseray mon faict.

LE CHEVALIER.

Ha, fortune, que tu m'as faict !
Suis-je par toy ainsi deffaict !
Ho, quel forfaict !
Quel desplaisir, voicy de rage !
Las que sera-ce de mon faict ?
J'ay tout perdu, il en est faict,
 Par mon forfaict.
Harau, peu s'en fault que n'enrage.
Quel horreur, quel cruel dommage,
Quel dueil, quel criminel orage,
 Quel dur oultrage

J'ay cy commis ! Ay très mal faict ;
J'ay diffamé tout mon lignage,
J'ay dissipé mon heritage
 Par fol couraige[1].
A peu que ne me pende fait[2].
O dueil passif et oultrageux !
O ennemy fier et courageux !
 O quels lours jeux
J'ay perpetré par ma follie !
Abisme de mal envieux,
Me sourdra de ire en tous lieux[3].
 Mes dolens yeulx
Seront plains de melancolie.
C'est dommaige qu'on ne me lye
Au gibet pour finir ma vie.
 Quel villennie
Je fais à tous chevalereux[4].
J'ay perdu toute seigneurie ;
Chascun de moy faict mocquerie
 Et me harie[5],
Et tout par mes faiz vicieux.
Ha, Mort, viens tost à moy bonne erre,
Prens ton dard et sus moy le serre
 Sans terme querre.
Mort, Mort, acours, je te requiers.
Que ne me engloutist la terre
Pour les maulx qu'ay voulu enquerre !
 Mort, Mort, deserre
Ta fureur ; plus vivre ne querre.
Je n'ay plus rien de quoy payer ;
On ne se veult en moy fier :
 Car desirer
Ay voulu, sans riens enquerre.
On me souloit auctoriser
Pour mon esta, et hault priser ;
 Mais dissiper
Me veult chascun et mener guerre.

LA DAME.

Le cueur me deult fort et me serre
Pour mon seigneur, que venir voy
Tout seul. Il a, en bonne foy,
Quelque chose qui n'est pas bonne.
Pieça ne le vis sans personne
Venir, comme il fait maintenant.
Monseigneur le très bien venant,
Comment vous va ? quelle chière ?
Quant j'aperçoy vostre maniere,
Vous me semblez tout esbahy.
Estes-vous trouble ?

LE CHEVALIER.

 Helas, ouy,
Et cause y a, ma doulce amye.

LA DAME.

Helas, pour Dieu, ne vueillez mye
Vous troubler si amerement,
Que pis vous en soit nullement ;

---

1. « Au fait. »
2. A jourd'hui.

1. *Courage* se disait pour tout ce qui était action.
2. « Il s'en faut peu que je ne me pende. »
3. « Me sera partout une source de fureur (ire). »
4. « Quelle honte je fais à tous ceux de la chevalerie. »
5. « Crie haro ! contre moi. »

Prendre fault tout en patience.

LE CHEVALIER.
J'ay ma substance
Perdue, sans doubtance.
Pour ce, quant j'y pence,
Navré suis au cueur.
Plus n'ay de finance,
N'argent à puissance
Pour avoir plaisance,
Et m'est deshonneur.

LA DAME.
Helas, mon seigneur,
Nostre Createur,
Si soyez tout seur,
Assez a pour nous ;
Se par vo foleur [1]
Avez par malheur
Perdu vo labeur,
Las ! appaisez-vous.

LE CHEVALIER.
J'estoye bien venu
Et entretenu,
En joye soustenu ;
Maintenant n'ay rien.
Je me voy tout nu,
De mal prevenu ;
Grant n'a ne menu
Qui me die : « Tien [2]. »

LA DAME.
Appaisez-vous, sire.

LE CHEVALIER.
Mon mal trop empire.

LA DAME.
Que vous vault vostre yre ?

LE CHEVALIER.
Bien mourir vouldroye.

LA DAME.
Jesus vous soit mire [3].

LE CHEVALIER.
Las ! plus ne puis vivre.

LA DAME.
Trop donner peult nuyre.

LE CHEVALIER.
Très mal y pensoye.

LA DAME.
Faict avez oultrage.

LE CHEVALIER.
C'est mon grant dommage.

LA DAME.
Fol ne croit langaige
Tant qu'il soit deceu.

LE CHEVALIER.
Pas n'ay esté saige ;
Du mien, par usage,
Ay faict vasselage [1],
Dont me sens deceu.

LA DAME.
Se Dieu plaist, vous serez pourveu ;
Ayez en la Vierge fiance.

LE CHEVALIER.
Par ma foy, je pers patience,
Quant je me voy tout desnué.
Encore ceulx que tenu ay
En bruyt [2], posé en estat,
Si me dient eschec et mat
Pour ce que n'ay riens plus vaillant.

LA DAME.
Quant Fortune va assaillant
Aulcun estant en dignité,
Chascun luy tourne le costé,
Mesmes ceulx qui deussent ayder
A souffreteux, et regarder
Dont [3] les biens leur ont peu venir.

LE CHEVALIER.
Je ne me veulx plus cy tenir.
Ung peu m'en voys esbatre aux champs
Pour faire là mes piteux chantz
Et mes regretz plains d'amertume.
J'ay le cueur plus gros q'ung enclume
De desplaisir que je reçoy.

LA DAME.
Je requier au souverain roy
Et à la glorieuse dame
Qu'ilz vous gardent de tout diffame.
Passez vostre mal doulcement,
Mon seigneur ; se Dieu plaist, briefvement
Serez mis en convalescence.

LE DYABLE.
Maintenant est temps que m'avance
De conduyre mon entreprise.
Le Chevalier chascun desprise
Pour ce que tout est despendu.
Mais que mes motz ayt entendu,
Il sera mien, point je n'en doubte
Et si auray la faulse gloutte [4]
Sa femme, qui sert à Marie.

LE CHEVALIER.
Or doy-je bien hayr ma vie,
Quant ainsi chascun me harie
Par mocquerie.
De mes servans suis dechassé ;
Fortune trop me contrarie ;
Noblesse est bien à moy perie :
Mon sens varie.
Las ! qu'ay-je faict le temps passé ?

---

1. Votre folie.
2. « Il n'y a ni grand ni petit qui me dise tiens. »
3. « Vous soit médecin, vous apporte remede. » On connait, pour ne citer qu'un exemple de ce mot mire, le fabliau du Vilain mire (paysan médecin), d'où est venu le Medecin malgré lui.

1. « J'ai fait décheoir de noblesse mes biens, en les vendant à des gens de peu. »
2. « Honneur, estime. »
3. « D'où (unde) »
4. « La gloutonne hypocrite. »

J'avoye grant avoir amassé ;
J'estoye en honneur enlyessé [1],
   Et n'ay cessé
De dissiper tout par follie.
Mon estat est bien abaissé.
De mes servans suis delaissé,
   Qui amassé
Ont tous mes biens par tricherie.
J'ay donné mes biens follement
Et despendu prodiguement
   Et largement
Sans avoir à la fin regard,
Dont je mourray honteusement.
Il me desplaist très grandement.
   A grant tourment
Fineray devant qu'il soit tard.
Chascun si m'appelle musart,
Et dit l'en : « Veez là un coquart [2],
   Chassez à part [3] ;
C'est dommage qu'il vit, vrayement. »
Ah ! Mort, mors sur moy de ton dart ;
Aultre chose n'ay esgard,
   Quant se depart
Ainsy de moy esbatement [4].

LE DYABLE.

Qu'as-tu, Chevalier ? Hardiment
Declaire-moy tout seurement
Le faict qui tant te touche au cueur.

LE CHEVALIER.

Qui es-tu ? Viens soubdainement ;
Esbahy me fais grandement
Quant tu me portes tel honneur.

LE DYABLE.

Ne te chaille, et soys seur
Que te puis oster la douleur
Qui te tient si amerement.

LE CHEVALIER.

A peine pourroit ton labeur,
Ou tu es trop puissant seigneur,
Me faire appaiser bonnement.

LE DYABLE.

J'ay en moy le gouvernement
Du monde ; sache vrayement
Que puis ung povre homme enrichir.

LE CHEVALIER.

S'ainsi estoit certainement,
Tantost seroys hors de tourment ;
D'aultre chose je n'ay desir.

LE DYABLE.

Dy moy, puis que tu as loysir,
Se tu veulx faire mon plaisir ;
Puis après riche te feray.

LE CHEVALIER.

Mais que je sache, sans faillir,
Qui tu es, seur te peulx tenir
Qu'à ton vouloir obeiray.

LE DYABLE.

Mon nom jamais ne te diray ;
Mais à ton faict remediray
Se tu veulx faire à mon dict.

LE CHEVALIER.

La mort bieu, je te serviray
Et ton vouloir acomphray,
Se tu fais ce que tu m'as dit.

LE DYABLE.

Ho, n'en parle plus, il suffist.
Bien sçay que chascun ci te fault [1],
Pour ce que n'as plus de quibus [2].

LE CHEVALIER.

Il est vray.

LE DYABLE.

   Venons au surplus.
Par moy tu seras remis sus :
Mais aussi mon vouloir feras.

LE CHEVALIER.

De ce ne feray nul reffus ;
Je te le prometz et conclus,
Et me dis ce que tu vouldras

LE DYABLE.

De ton sang lettre me feras
Et de ta main tu l'escripras,
Puis après tu seras pourveu.

LE CHEVALIER.

Ainsi que ditter la vouldras
Je te l'escripray ; c'est le cas,
Puis que à honneur seray pourveu.

LE DYABLE.

Saches que ton faict ay cogneu :
Ta propre femme t'a deceu ;
Pour tant la doys abandonner.

LE CHEVALIER.

Certes, nul mal ge n'y ay veu ;
De ton dit je suis tout esmeu.

LE DYABLE.

Viens çà, me la veulx-tu donner ?

LE CHEVALIER.

Se tu me vouloye guerdonner [3]
Et en grant estat m'ordonner,
Peult-estre je m'adviseroye.

LE DYABLE.

Se tu me la veulx cy livrer
Dedens ung temps, tost delivrer
Te feray assez de monnoye.

---

1. « Mis en liesse, en joie »
2. « Un sot, un niais. »
3. « Chassez-le, mettez le à part »
4. « Rien ne m'est plus, quand la joie s'éloigne de moi. »

1 « Te manque ici. »
2 Il n'est pas besoin d'expliquer ce mot, qui n'a pas changé de sens, et qui est d'ailleurs bien plus de ce temps que du notre. Il commençait à être en usage alors Un des premiers exemples que nous en connaissions est dans Coquillart, *Plaidoyer d'entre la simple et la rusee*.
3. Donner grande récompense (*guerdon*).

LE CHEVALIER.

Par la mort bieu, je te l'ottroye [1] :
Mais qu'en estat posé je soye,
Dedans sept ans je l'amenray.

LE DYABLE.

Fais m'en lettre, que je la voye,
Et tantost te mettray en voye
Que ton vouloir accompliray.

LE CHEVALIER.

Très voulentiers je l'escripray
Et de ma main la signeray,
Ainsi que tu la ditteras.

LE DYABLE.

Or escripz : je te nommeray
Et les pointz te deviseray
Ainsi comme tu la feras.
Or premierement tu mettras
Que la Trinité regnyeras
Et la foy de toute l'Eglise.

LE CHEVALIER.

Adea, ainsi ne m'auras pas.
Je m'adviseray sur ce cas ;
La cause requiert qu'on y vise [2].

LE DYABLE.

Se veulx estre mis en franchise,
Il te convient ce point passer.

LE CHEVALIER.

C'est ung cas de grant entreprise,
Et pour tant y m'y fault penser.

LE DYABLE.

Veulx-tu ton estat abaisser
Et vivre en tel mendicité ?
Accorde mon dit sans faulser,
Mis seras en grant dignité.

LE CHEVALIER.

De regnier la Trinité,
C'est ung dur point et detestable ;
Mais d'estre mis en liberté,
Cela m'est au cueur aggreable.

LE DYABLE.

Or le faitz tost, de par le dyable,
Se tu veux, ou bien je m'en voix.

LE CHEVALIER.

Or avant, pour estre vaillable [3]
Et en honneur, je le feray.

LE DYABLE.

Après aussi je te diray :
La Vierge Marie regnieras.

LE CHEVALIER.

Par ma foy, tant que je vivray,
Je n'en feray rien, c'est le cas.

LE DYABLE.

Pourquoy, meschant, ne peux-tu pas
Aussi bien regnier la mère
Comme le fils ?

LE CHEVALIER.

Passe ce pas [1],
La chose m'est si trop amère.

LE DYABLE.

Tu ne peulx en nulle manière
Avoir riens se tu ne le fais.

LE CHEVALIER.

Laissons en paix ceste matière ;
Pour mort ne le feroys jamais.

LE DYABLE.

Or avant donc ; tu me prometz
Que ta femme si amenras.
Escriptz ta lettre et la parfaictz,
Et puis après la signeras.

LE CHEVALIER.

Tantost achevée tu l'auras.
Veulx-tu plus rien ? Vela cy faicte.

LE DYABLE.

Il fault donc que je m'entremette
De te fournir de grant avoir.
Premierement, tu dois sçavoir
Que, pour parvenir à tes pointz,
Tu auras tes desirs conjointz
A faire ce que m'as promis.
Et, afin que tu soys remis
En honneur, près d'icy iras
En ung lieu que tu trouveras,
Lequel au doy te monstreray,
Et là dedans sache de vray,
Ung très grant tresor, c'est la somme,
Y est pour te faire riche homme
Et plus que ne fus oncques jour.
Voy-tu, regarde cy autour :
Voici le lieu que je te dis.
Or ne soys pas si estourdis,
Que ne vienne cy à ton terme.

LE CHEVALIER.

Puisque la lettre le conferme,
N'aye doubte que ne vienne cy.
Tantost seray hors de soucy,
Puisqu'auray argent et pecune.
Sang bieu, en voicy, sans faulte aulcune.
Je suis bien ; priser me feray.
C'est avoir cy [2] j'emporteray
Pour acheter habitz nouveaux
Et avoir mulles et chevaulx
Et estat comme il appartient.
Il ne me chault ja dont il vient [3],
Puisque j'en ay.

LE DYABLE.

J'ay tant brassé

---

1. « Je te l'octroie, je te l'accorde. »
2. « L'affaire vaut bien qu'on y regarde. »
3. « Pour avoir quelque chose de vaillant. »

1. « Passe sur ce point. »
2. « Ce bien-ci. »
3. « Il ne m'importe d'où il vient. »

Que le chevalier enlassé
Se est du tout à ma cordelle ¹.
J'auray aussi sa damoyselle ;
Ve la cy obligée dedans :
Quant ce viendra l'heure et le temps,
Pas ne fauldray à venir cy.

LE CHEVALIER.

M'amye, ne soyez en soucy,
J'ay eu de l'argent largement.

LA DAME.

Loué soit Dieu certainement ;
Mon amy, j'en ay très grant joye.
Sachez que Dieu les siens pourvoye ;
Jamais ne les laisse perir.

LE CHEVALIER.

Je ne en pense point enquerir,
Se Dieu ou dyable le m'envoye ;
Puisque j'ay argent et monnoye,
Ne me chault dont il soit venu.

LA DAME.

De quoy vous est-il souvenu
De dire ces motz ? Taisez-vous.
Au cueur deussiez avoir courroux
D'ains proferer telles parolles.

LE CHEVALIER.

Pour Dieu, delaissez ces frivolles ² ;
Je n'ay pour en nulle manière
D'avoir jamais necessité.

LA DAME.

Vous avez mon cueur incité ³.
A quoy pensez-vous, mon doulx sire,
Quand vous ouy proferer ou dire
Parolles si très detestables ?

LE CHEVALIER.

Taisez-vous, de par tous les dyables,
Qu'il n'ayt hutin ⁴ entre nous deux.
S'il fault que j'entre en mon courroux,
Le dyable vous chantera messe.

LA DAME.

Hé, Nostre-Dame, quel destresse
Est en mon cueur de ce faict cy !
Mais au fort, puisqu'il est ainsi,
Il me fault tout laisser aller.

LE CHEVALIER.

Plusne veulx que rire et galler,
Puisque suis pourveu de finance.
C'est bien raison que je m'avance
D'aller à l'esbat soir et main ;
Car j'ay or et argent à plain,
En despit des faux envieux.

AMAURY.

Anthenor, je suis bien joyeux :
Mon seigneur si est remplumé.
Il a en quelque lieu plumé,
Ou faict finance de cliquaille ¹.

ANTHENOR.

Allons vers luy, vaille que vaille,
Pour sçavoir s'il nous reprendra.
Peult-estre que encores nous donra
Quelque chose pour le servir.

AMAURY.

Jamais ne fault compte tenir
De gens, quant tout est despendu ;
Long-temps a que j'ay entendu
Ung mot qu'on dit à l'adventure :
L'amour si vault quant argent dure ;
Mais, quant finance est faillye,
A peine trouve on nulle amye.
Allons-nous en veoir qu'il dira.

ANTHENOR.

Encores tout joyeux sera
De nous prendre à belle faveur.
Voyez-le.

AMAURY.

   Dieu gard Monseigneur.
Comme se porte la santé ?

LE CHEVALIER.

Très-bien. J'ay argent à planté.
Amaury, je suis remis sus.

ANTHENOR.

On tiendra de vous compte plus
Qu'on ne faisoit, n'en ayez doubte.
Vous sçavez que chascun deboutte ²
Les gens quant ilz n'ont de quibus.

AMAURY.

Maintenant estes au dessus
De vos besongnes ³, bien le voy.
Si vous avez ⁴ mestier de moy

---

1. « A mon attache. » Dans l'*Apologie pour Herodote* d'Henry Estienne se trouve un curieux exemple de cette expression « le stratagème duquel usa une femme d'Orléans pour parvenir à son intention qui estoit d'*attirer a sa cordelle* un jeune escholier duquel elle estoit amoureuse. » On disait aussi pour être aux ordres, à la volonté de quelqu'un, « tirer a sa corde ». *Et*, dit Mauduict dans la *Moralité des enfans de Maintenant*,

  Et vueil tirer à vostre corde,
  En faisant vostre volonté.

2. « Ces balivernes. » V. sur ce mot ainsi employé une note des pieces précedentes.
3. Irrité.
4 « Dispute, noise, colere. » On lit dans le 78ᵉ des *Cent Nouvelles nouvelles* « Le *hutin* lui monta à la tête. » En expliquant ce mot, nous donnons la signification du surnom baigneux de Louis X, dit le *Hutin*.

---

1. « Ou vendu quelque chose pour en faire de l'argent qui sonne » Menot, dans un passage de la parabole de l'enfant prodigue, cité par Henry Estienne (*Apologie pour Herodote*, liv I, ch. xxvi), dit avec le même sens « Quand ce fol enfant mal conseillé *habuit suam partem de hæreditate* .. ideo statim, il en a faict de la cliquaille »
2. « Rejette, met (*boute*) dehors » Ronsard (liv. I, hymne 3) dit ..

  ... L'un de ces geants qui trop audacieux
  Voulurent *debouter* de leurs sieges les Dieux.

3. « Affaires » — « Lors, dit Commines (liv. III, ch ii), lors cogneut le dit Duc que ses *besongnes* alloient mal, car il n'avoit ame avec luy. »
4 « Besoin. » V. sur cette expression une note des pieces précédentes.

Ne m'espargnez en riens qui soit.

LE CHEVALIER.
Je suis bien marrie en mon cueur.
A toy, mère du Créateur,
   Pour ma douleur
Refraindre [1], viens à mon secours.
Garde moy de tout deshonneur,
   Et mon seigneur
Conferme [2] en grace tous les jours.
Humblement à toy me recours;
   Fais que des tours,
Dont je doubte [3], qu'il se defface;
Au nom de ta Conception,
   Sans fiction,
Soit tousjours en bien par ta grace.
Garde le de tentation,
   De lésion [4]
Que son ame ne soit damnée.
A toy, doulce Vierge honnourée,
   Sur tous louée,
Je viens en ma nécessité.
Tu congnoys du tout ma pensée,
   Dame prisée;
Deffens moy en adversité.

ANTHENOR.
Quant est de moy, s'il vous plaisoit
Quelque chose me commander,
Sachez, Monseigneur, sans tarder,
Que de bon cueur l'acompliroye
Et vostre serviteur seroye,
Et me tiens tel tant qu'auray vie.

LE CHEVALIER.
Je vous retiens de ma mesgnye [1],
Et, se riens vous avez mespris
Contre moy, sans estre mespris,
Vous le pardonne entierement.

AMAURY.
Je vous mercye très humblement,
Monseigneur, quant est de ma part.

ANTHENOR.
Pour ce joyeulx advenement
Je vous mercye très humblement.

LE CHEVALIER.
N'espargnez argent nullement;
J'en ay assez où nul n'a part.

AMAURY.
Je vous mercye très humblement,
Monseigneur, quant est de ma part.

LE DYABLE.
Il me convient avoir regard
Au terme que ce chevalier
S'est voulu à moy obliger
Et me livrer icy sa femme.
Je l'auray en corps et en ame,
L'eussent juré Dieu et les saints,
Car il m'a escript de ses mains
La lettre sellée de son signe.
Tantost fauldra que m'enchemine
Pour l'aller attendre au lieu dit.
Il est mien, sans nul contredit,
Jamais il n'en peult eschapper.
Marie ne me pourra tromper
Que ne l'aye, maulgré son visage.

LE CHEVALIER.
Je me sens au cueur molesté
Quant pense au cas que j'ay commis.
Au dyable je me suis submis
Et obligé, moy et ma femme.
O haro! suis-je bien infame
De l'avoir en ce point lyée
Et envers le dyable obligée?
De luy rendre quel dur meffaict!
Ha, traistre meschant, qu'as-tu faict?
C'est pour neant [5] : il fault qu'il se face.
Je luy doy mener en la place
Où luy fis obligation.
Or vient la confirmation
De mon jour, qu'il fault que je livre
Ma femme, se je veulx plus vivre.
Et pour tant je luy meneray.
Mais premierement luy diray
Qu'elle et moy passer temps yrons.
Puis après, quant au lieu serons,
Du demourant je m'en rapporte
A celluy qui ma lettre porte.
Si la veult prendre, si la prenne.
Affin que mon faict s'entretienne,
Desclairer luy fault mon vouloir.

LA DAME.
Je suis moult troublée en couraige
Que ne puis nullement sçavoir
Où mon seigneur prent cest avoir
Qu'il a maintenant à bandon [2].
A grand et à petit faict don.
Ne sçay dont vient ceste finance,
Mais, certes, quant au cas je pense,

LA DAME.
Ne sçay que vous povez avoir,
Monseigneur, vous estes pensif.
Dites-moy, pour Dieu, le motif
Qui vous tient ainsi en pensée.

LE CHEVALIER.
La verité tost declarée
Vous sera, quant le demandez.
Venir vous fault, plus n'attendez,
Avecques moy ung peu esbatre,

---

1 « De ma maison, de ma suite. » Il y a dans Alain Chartier (Œuvres, 1617, in-4°, p. 656) ce proverbe. « Selon seigneur, mesgnie duict (est agréable). »

2. « A volonté, comme si on le lui abandonnait. » — *Vous estes*, dit Saupiquet dans la *Farce des chambrieres*,

  . Vous estes bien heureuse,
   Nourrisse d'avoir *à bandon*
   Pain et vin en nostre maison.

« Souvent, lit-on dans la 67e des *Cent Nouvelles nouvelles*, souvent advient chose qui a dangier est plus chiere tenue que celle dont on a le *bandon*. »

1. « Calmer, refréner. »
2. « Maintiens, confirme. »
3. « Dont j'ay peur, que je redoute. »
4. « Tort qui puisse léser qui que ce soit. »
5. « Tes plaintes ne servent de rien. »

D'icy à trois jours ou à quatre,
En ce boys qui est près d'icy,
Point ne seray hors de soucy,
Tant que vous y soyez menée.

LA DAME.

Avez-vous voulenté fermée
A ce propous, mon bon seigneur?
Mais que ce soit sans deshonneur
Ne sans villennie de mon corps,
Je suis de tous vos bons accordz
Contente ; mais je suis en doubte
Pourquoy vostre vouloir se boute
De me mener en ce boys là,
Car il ne vous advint pieçà [1]
D'en parler. Ne sçay dont ce vient.

LE CHEVALIER.

N'en parlés plus ; il le convient ;
Avancez-vous ; il le fault faire.

LA DAME.

Puis que le cas est necessaire,
Allons y donc quant vous vouldrez ;
Vos gens avec nous menerez ;
Compaignie est bonne en tel cas.

LE CHEVALIER.

Non feray, car je ne veulx pas
Qu'il y ait nul que vous et moy.

LA DAME.

Cela me fait au cueur esmoy
Quant y voulez aller seullet,
Sans avoir paige ne varlet
Que vous et moy ; que veult ce dire ?

LE CHEVALIER.

N'en parlez plus.

LA DAME.

Nenny, beau sire ;
Puis qu'il vous plaist, je le veulx bien,
Pourveu qu'on ne me face rien
Avec vous.

LE CHEVALIER.

Estes-vous en doubte ?

LA DAME.

Nenny. Mais je crains, somme toute,
Aulcun que pourrons rencontrer.

LE CHEVALIER.

Ne vous en vueillez point doubter ;
Homme ne vous fera nul mal.
Devaller vous fault par ce val
Affin que nul si ne vous voye.

LA DAME.

Or allons, que Dieu nous convoye [2]
Et la doulce Vierge Marie,
A laquelle requiers et prie,
Au nom de sa Conception,
Que de cruelle affliction

Nous vueille garder et deffendre.

LE DYABLE.

Il me convient aller attendre
Le chevalier qui doibt venir
Et sa femme, pour parvenir
Au point où j ay pieçà tendu.
Puisque du tout il s'est rendu
A moy, et puis sa femme aussi,
Par ceste lettre que j'ay cy,
Qu'ilz ne soyent tous miens par sentence
Rien n'y vault le contredire.

LA DAME.

Je vous requiers qu'en ceste eglise
Voyse ung petit pour Dieu prier,
La Vierge où je me veulx fier,
Et puis après viendray à vous.
Mon cueur sera hors de courroux
Et de pensée, mais que humblement
J'aye presenté devotement
Ma petition à Marie.
Mon doulx seigneur, je vous en prie
Que vous m'ottroyez ma requeste.

LE CHEVALIER.

Vous me faictes mal en la teste
De tant quaqueter ; allez doncques
Et gardez, pour choses quelconques,
Que vous veniez incontinent
Qu'aurez fait.

LA DAME.

Croyez seurement,
Si feray-je ; n'ayez soucy,
Je reviendray en ce lieu cy
Tout maintenant sans arrester.
Devant toy me viens presenter,
Vierge, que chascun doibt prier
Et honnorer ;
Vueille entendre ma prière ;
Plourer, gemir et lamenter
Je dois bien, et me dementer,
Sans deporter ;
Assez y a cause et matière :
Mon mary, Vierge tresorière [1],
M'ameine en ce boys là derrière,
Mais la manière
Ne me veult jamais declairer.
Si te prie, estens ta lumière ;
En toy est ma fiance entière.
Soys ma bannière,
Viens moy, s'il te plaist, conforter.
Par ta saincte Conception,
Soye garantie, Vierge digne.
En toy est ma protection.
Sans fiction,
Humblement vers toy je m'encline ;
Helas, dame, je suis indigne,
Que ta doulce grace benigne
Sur moy consigne
Pour avoir supportation.
Mais tu es la vraye medecine

1 « Depuis longtemps. »
2 « Conduise. »

1. « Qui as tous les trésors de la grâce. »

Qui des cueurs oste la racine
  Très-maligne
Qui fait estre en perdition.
Garde mon mary, doulce dame,
De pensée villaine et de blasme
  De corps et d'ame,
Tant qu'à te servir il s'accorde.
Oste le de la voye infame.
Et moy, qui suis sa povre femme
  Qui te reclame,
Fais nous vivre en paix et concorde.
Le faulx Sathan point ne le morde.
Se sa vie a esté orde [1],
  Si le recorde [2]
Bien pour eviter la flamme
D'enfer. Oste le de la chorde
De peché remply de discorde ;
  Son faict recorde,
Devant Dieu [3], qu'il n'ayt diffame.

NOSTRE DAME.

Mon filz, grace je te preclame
Pour une qui est bien m'amye,
Laquelle n'a desservy mye
Qu'elle soit du tout reffusée ;
Car elle a tousjours sa pensee
A te servir et moy aussi.
Or est-elle en grant soucy
Pour ce que le faulx Sathanas
Tient son mary fort en ses las [4],
Et tant que luy a fait promettre
Et de son sang faire une lettre
Que sa femme luy livreroit.
Si te prie, filz, par bon droit,
Que la femme soit garantie,
Et pour le chevalier te prie
Que du dyable delivré soit,
Car Sathan très fort le deçoit
Par ses abus dyabolicques
Et par ses fallaces obliques,
Dont son ame est en grant danger.
Mon filz, ne te vueille venger
De luy, je t'en prie humblement.

DIEU.

Mère, vous sçavez plainement
Qu'à voz justes petitions
Ne fais point contradictions.
Vostre vouloir s'accorde au mien,
Et pour tant, mère, je veux bien
Que la femme soit delivrée,
Car à tort elle est obligée.
Mais au regard de son mary,
Mère, saichez qu'il est ainsi
Qu'il m'a regnyé, et l'eglise,
Par quoy il pert toute franchise,
Et de son sang lettre en a faict,
Dont il a grandement meffaict.
Or est ainsi que ne doy pas,
Veu le merveilleux faict et cas,
Luy pardonner legierement.

NOSTRE DAME.

O juge, voy planierement
Que ce qu'il a fait et commis,
Comme hors de sens et desmis
De raison il a perpetré :
Par quoy luy doit estre impetré
Remission en ce cas cy.
Et de rechef, mon filz, aussi
Tu sçès, quant il te regnia,
Que raison en lui fourvoya
Et n'eut pas à la fin regard.
Item et mesme, d'aultre part,
Oncques ne voulut regnyer
Mon nom. Pour tant je te requier
Qu'il soit de ce peril dehors
Et que luy soys mysericors [1],
Entendu l'orde abusion
Et la grant persuasion
Que le dyable son adversaire
Luy a faict par cas soubdain faire.
Mon filz, n'en prens pas par sentence
De son meffaict telle vengence,
Comme le cas bien le desire.

DIEU.

A vous ne veulx point contredire,
Doulce mère, c'est bien raison,
Jaçoit ce que sa desraison
A peine se peult pardonner.
Confort vous luy yrez donner
Et delivrer la damoyselle
Qui vous sert en vostre chappelle
En faisant sa petition.
A luy yrez en fiction
De sa femme [2], et puis vous menra
Au lieu où mener vous vouldra,
Cuydant que ce soit sa partie ;
Elle demourra endormie
Jusques à tant que vous viendrez.
Au faulx Sathan vous osterez
La lettre qu'il tient en sa main,
Et le chevalier tout à plain
Delivrerez, aussi la dame ;
Car vostre pitié me reclame
A luy faire grace et pardon.
Anges, tous allez à bandon [3]
La convoyer benignement.

NOSTRE DAME.

Je te mercye humblement,
Mon doulx filz courtoys et begnin.
Anges, mettons-nous à chemin
Pour aller vers ce chevalier.

---

1. « Sale, vilaine. »
2. « Rends-lui la mémoire. »
3. « Rapporte exactement ce qu'il a fait. » *Recorder* se trouve, avec le sens de rapporter, dans la *Moralité de Charité* :

  Je faiz ses sergens recorder,
  Faussement.

4. « Lacs, filets. »

---

1. « Clément, miséricordieux. »

  Il vous sera misericors,

dit le comte dans la *Moralité d'ung Empereur qui tua son neveu*, etc.

2 « Feignant d'être sa femme »
3 V. une des notes précédentes.

GABRIEL.

Pour l'honneur du roy droicturier,
Royne de très haulte excellence,
Le ferons par grant diligence.
Chantons, Raphael, en allant.

RAPHAEL.

En louant le roy tout puissant
D'ung mot très bel et gracieux,
Et la royne aussi des haulx cieulx,
Gabriel, je vous ayderay.

LE CHEVALIER.

Je croy que meshuy cy seray
En attendant ceste bourgoise.
Sang bieu, s'il fault que g'y voise,
Bien sçay qu'il y aura hutin [1].
Je la voy ; elle est en chemin.
Sà, dame, sà, venez avant.

NOSTRE DAME.

Sus, mon amy, allez devant.
Long-temps m'avez cy attendue ;
Mais j'ay pour vous grace rendue
A Dieu, qu'il vous vueille conduyre.

LE DYABLE.

Tantost je me pourray deduyre [2]
Du chevalier et de sa femme ;
En enfer porteray son ame,
En despit qu'a Marie servy.
Mais, haro ! je suis bien trahy :
Le chevalier n'amaine mye
Sa femme avec luy ; c'est Marie.
Bien sçay qu'ell' me fera meschef ;
Mais, au fort, je viendray à chef [3]
Du chevalier, car il est mien
Par ceste lettre que je tien.
Haro ! ne sçay que faire doye.

LE CHEVALIER.

Tout le cueur durement m'effroye
Quant aproche de ce lieu cy.

NOSTRE DAME.

Sire, ne soyez en soucy,
Allez hardiment, n'ayez peur :
Car la mère du Createur
Vous aydera, soyez certain.

LE CHEVALIER.

Je ne m'ose monstrer à plain ;
Je voy bien que je suis perdu.

LE DYABLE.

Je t'ay longuement attendu.
Faulx traistre, tu m'as bien trahy ;
Que m'as-tu amené icy ?

LE CHEVALIER.

Ma femme.

1. « Bruit, dispute » V une note plus haut.
2. « Amuser, avoir plaisir »
3. « Je viendrai a bout » *Mais*, dit le second fils dans la *Moralité des enfans de Maintenant*,

Mais quelque dueil qu'il puisse avoir
Il le fau t mectre à fin et *chef*.

LE DYABLE.
Tu mens faulsement.

LE CHEVALIER.
Regarde, vela cy vrayment.

LE DYABLE.

Haro ! voicy grant mocquerie ;
Tu amaines celle Marie
Qui tant nous faict grief et ennuy.

NOSTRE DAME.

Ha, faulx Sathan, venue je suis
Pour celle que livrée t'avoit.
Tu scez bien que tu n'as nul droit
Sur elle, qui est ma servante.
Va-t'en en la prison puante
A tousjours, sans jamais partir.

LE DYABLE.

D'icy ne me vueil departir
Tant que le cheva'ier j'auray :
Car par raison je monstreray
Qu'il est mien ; en voycy la lettre
De ses mains ; jamais ne peult estre
Il en a escript le libelle [1].

LE CHEVALIER.

O digne pucelle !
En ayde t'apelle ;
J'ay tant esté rebelle,
Ne soye debouté.
Fille maternelle,
Soys pour ma querelle
Contre la cautelle,
Royne de bonté.

O Vierge haultaine !
Oste-moy de peine ;
Mon cas te remaine
J'ay très mal vescu ;
Saincte souveraine,
Soyez-moi prochaine ;
O doulce fontaine,
Soyez mon escu [2].

NOSTRE DAME.

Faulx Sathan, tu seras vaincu,
Car par malice tu l'as faict.
Baille-moy la lettre ; de faict
Le chevalier nul mal n'aura ;
De tes mains delivré sera,
Et sa femme pareillement ;
Mon filz l'a dit par jugement,
Qui congnoit assez tes abus.

GABRIEL.

Sathan, ne fais plus de refus,
Baille tost la lettre à Marie ;
Ta cautelle sera perie ;
Tu as perdu le chevalier,
Lequel tu as fait obliger
De son sang par abusion.

1. « La teneur le *libelle*. »
2. « Mon bouclier, mon égide. »

QUI DONNA SA FEMME AU DYABLE.

LE DYABLE.
Je n'entens pas bien ung faict tel
De m'oster ce qu'il m'appartient.

NOSTRE DAME.
Or n'en parle plus, c'est pour neant.
Laisse ta lettre sans espace,
Car mon filz si luy a fait grace;
Pour tant la lettre avoir nous fault.

LE DYABLE.
Haro! de dueil le cueur me fault.
J'ay perdu ma possession,
Et tout par ton abusion.
Marie, tu destruis enfer.
Haro! que dira Lucifer
Quant il saura ceste nouvelle?
Bien sçay que pas ne l'auray belle;
Batu seray et tourmenté.
Je m'en voys d'ung aultre costé
Faire tant qu'auray aultre proye;
Je ne puis arrester en voye;
Maintenant il s'en fault fouyr.

NOSTRE DAME.
Vueille-toy, amy, resjouyr,
Et t'en va vers ta bonne femme,
Laquelle à genoux me reclame
En ma chapelle devotement.
Vis doresnavant sainctement,
Et de très bonne intention
Ayme ma Conception,
Et en fais grant solennité.
Il a pleu à la Trinité
De t'avoir preservé de mal.
Encore le faulx infernal
Si te tenoit fort en ses las.
Mon amy, jamais ne soys las
De Dieu servir devotement.

LE CHEVALIER.
Mercier vous doy humblement,
Glorieuse Vierge Marie,
Car vous me monstrez dignement
Signe de très grant courtoysie.
Par vous mon ame est appaisée,
Qui estoit subjecte à misère.
Qui bien vous sert il ne fault myc,
Car en la fin luy estes mère.
O royne de haulte excellence,
O dame de grant dignité,
O mère de très grant puissance,
O refuge en captivité,
Par vous je me sens acquitté
Du dyable, à qui lyé j'estoye;
Signe me monstre d'equité
Quant par vous suis en bonne voye,
Comment pourray-je grace rendre,
Comme vous pourray-je servir,
Quant çà jus [1] vous venez descendre
Pour hors du peche m'asservir?

1. « Ici-bas. »

Qui vostre amour peult desservir?
Bien est eureux, certainement,
Qui vous veult servir justement.
Tu m'as delivré de tourment.
M'en voys querir ma bonne femme;
Par elle je suis hors de blasme,
Par elle suis mis à delivre;
Se Dieu plaist, tant que pourray vivre,
Luy porteray signe d'honneur
Et l'aymeray de très bon cueur,
Car à elle je suis tenu.
Esveillez-vous, je suis venu,
M'amye, pour vous crier mercy.

LA DAME.
Helas! Monseigneur, qu'est cecy?
Qu'avez-vous?

LE CHEVALIER.
J'ay très fort mespris.
Contre vous j'avoye entrepris
De vous donner au Sathanas,
Et m'estoye ainsi pour ce cas
Obligé; en voicy la lettre.
Mais vous avez fait entremettre
Par vostre humble petition,
Au nom de la Conception,
La digne Vierge glorieuse,
Qui de son oreille piteuse
A vostre prière entendue,
Et des saincts cieulx descendue,
Est venue au lieu avec moy,
Voire cuydant en bonne foy
Que ce fust vous, ma doulce amye;
Et pourtant vous requiers et prie
Que me pardonnez ce meffaict;
Car je ay contre vous meffaict,
Car bien voy que vous estes bonne.

LA DAME.
Mon chier seigneur, qui s'abandonne
A Dieu servir ne peult perir;
Levez-vous. De parfait desir
Vous le pardonne doulcement;
Et pourtant, mon loyal mary,
Vivons desormais chastement,
Sans desirer aulcunement
Habitz curieux ne mondains.
Vous povez veoir les cas soubdains
Qui peuvent venir de jour en jour
A ceulx qui ont mis leur amour
Et leur cueur en mondanité;
Car ce n'est fors que vanité.
Ainsi nous devons sans cesser
Pour la saincte foy exaulcer
De la Conception très digne.
Pour tant tous de cueur vous supplye
Que chascun selon son povoir
De la servir face devoir,
Affin que, au pas de la mort,
La Vierge nous face confort.

FIN DU CHEVALIER QUI DONNA SA FEMME AU DYABLE.

LA FARCE DU CUVIER

(XVIe SIÈCLE — RÈGNE DE LOUIS XII.)

NOTICE ET ARGUMENT

Cette petite pièce est certainement, parmi les soixante-quatre qui forment le *Recueil de Londres*, une des plus curieuses et des plus spirituelles. Elle y arrive la quatrième, et tout d'abord en fait très-bien augurer. Sa place y est modeste. Six feuillets oblongs, c'est-à-dire douze pages à quarante-six lignes chacune, voilà son compte ; une grossière petite gravure sur bois au bas du titre, voilà sa seule illustration.

Ici encore nous avons un ménage en scène, mais pire que les autres, car le bruit qu'y mènent les époux s'y complique, en basse continue, de celui que fait la belle-mère, toujours criant, toujours exigeant, et cela, on le devine, toujours aussi à l'unisson des cris et des volontés de sa fille.

Le pauvre Jaquinot, le mari, ne sait à laquelle entendre. Pour savoir cependant à quoi s'en tenir de ses nombreux devoirs d'époux à tout faire, il se laisse donner une liste, « un rôlet, » des occupations par lesquelles il devra passer tous les jours : tirer l'eau, la chauffer, laver le linge, y compris les couches de l'enfant, etc.

On commence par la lessive. Il faut qu'il en prenne la plus lourde charge. Au moment où il la tient au-dessus du cuvier, pendant que de l'autre côté sa femme la soulève à peine, il lâche tout, et ainsi tout tombe au fond avec la femme que le poids a entraînée.

Dès qu'elle a pris pied dans le cuvier elle prie Jaquinot, elle le supplie de l'en tirer. Point : il regarde sur sa liste, sur son rôlet, et n'y voyant pas cette occupation inscrite, il refuse. Nouvelles supplications, mêmes réponses assaisonnées de la répétition goguenarde de tout ce qui se trouve sur le rôlet : laver, tirer l'eau, etc....

La mère survient et n'est pas plus heureuse. Faute d'avoir la force de tirer sa fille de l'eau, elle implore aussi Jaquinot qui répond par le même refrain : « Cela n'est pas dans mon rôlet. »

Enfin, mère et fille demandent grâce ; on fera tout ce qu'on voulait lui faire faire : on puisera l'eau, on lavera, etc. Il en exige la promesse par serment, on le jure ; il tend la main, la femme sort, et voilà un bon ménage tiré du cuvier.

Ch. Magnin, dans le *Journal des savants* [1], a très-longuement rendu compte de cette farce à laquelle il donne la même date que nous et reconnaît les mêmes qualités d'esprit et de force comique. Il écrit par exemple, citant ce qui est à la première page, *Farce très-bonne et fort joyeuse* : « Le titre le dit, et cette fois le titre ne ment pas. »

C'est très-juste.

[1] Mai 1859, p. 275.

FARCE NOUVELLE

TRÈS BONNE ET FORT JOYEUSE

DU CUVIER

A trois personnages, c'est assavoir.

JAQUINOT
SA FEMME

ET LA MÈRE DE SA FEMME.

JAQUINOT *commence.*
Le grand dyable me mena bien
Quant je me mis en mariage ;
Ce n'est que tempeste et orage,
On n'a que soucy et que peine

Tousjours ma femme se demaine
Comme ung saillant [1], et puis sa mère

[1] « Sauteur » On disait plutôt *sailleur*, comme on le voit dans Cotgrave.

LE CUVIER

Il fault faire au gré de sa femme.
C'est cela que l'on vous commande.

FARCE DU CUVIER.

Affirme toujours la matière [1].
Je n'ay repos, heur, ne arreste;
Je suis ploté [2] et tourmenté
De gros cailloux sur ma servelle.
L'une crye, l'autre grumelle;
L'une maudit, l'autre tempeste.
Soit jour ouvrier ou jour de feste,
Je n'ay point d'aultre passetemps;
Je suis au renc des mal contens,
Car de rien ne fais mon proffit.
Mais par le sanc que Dieu me fist,
Je seray maistre en ma maison,
Se m'y maitz.

LA FEMME.

Dea, que de plaictz!
Taisez-vous; si ferez que saige [3].

LE MARI.

Qu'i a-il?

LA FEMME.

Quoy, et que sçay-je!
Il y a tousjours à refaire,
Et ne pense pas à l'affaire
De ce qu'il fault à la maison.

LA MÈRE.

Dea, il n'y a point de raison
Ne de propos; par Nostre Dame,
Il fault obeyr à sa femme,
Ainsy que doibt ung bon mary,
Se elle vous bat aulcunes fois,
Quant vous fauldrez.

JAQUINOT.

Hon! toutesfois
Ce ne souffriray de ma vie.

LA MÈRE.

Non? Pourquoy? Par saincte Marie,
Pensez-vous, se elle vous chastie
Et corrige en temps et en lieu,
Que ce soit par mal? Non, par bieu,
Ce n'est que signe d'amourette.

JAQUINOT.

C'est bien dit, ma mère Jaquette;
Mais ce n'est rien dit à propos
De faire ainsi tant d'agios [4].
Qu'entendez-vous? Voyla la glose.

LA MÈRE.

J'entens bien; mais je me propose
Que ce n'est rien du premier an.

Entendez-vous, mon amy Jehan?

JAQUINOT.

Jehan! vertu sainct Pol, quest-ce à dire?
Vous me acoustrez bien en sire,
D'estre si tost Jehan [1] devenu.
J'ay nom Jaquinot, mon droit nom.
L'ignorez-vous?

LA MÈRE.

Non, amy, non.
Mais vous estes Jehan marié.

JAQUINOT.

Par bieu, j'en suis bien plus harié [2].

LA MÈRE.

Certes Jaquinot, mon amy,
Vous estes homme abonny [3].

JAQUINOT.

Abonny! vertu sainct George!
J'aymeroys mieulx qu'on me coupast la gorge.
Abonny! benoiste Dame!

LA FEMME.

Il fault faire au gré de sa femme;
C'est cela, s'on le vous commande.

JAQUINOT.

Ha! sainct Jehan, elle me commande
Trop de negoces [4] en effaict.

LA MÈRE.

Pour vous mieulx souvenir du faict,
Il vous convient faire ung roullet [5],
Et mettre tout en ung fueillet
Ce qu'elle vous commandera.

JAQUINOT.

A cela point ne tiendra [6],
Commencer m'en voys à escripre.

LA FEMME.

Or escripvez qu'on puisse lire,
Prenez que vous me obeyrez,
Ne jamais desobeyrez,

---

1 Nous avons déja vu que Jean, Janin, Génin, étaient des noms ridicules donnés aux maris. *Jean*, dit encore au xviiᵉ siecle Mᵐᵉ Deshoulieres

Jean, que dire de Jean, c'est un terrible nom,
Que jamais n'accompagne une epithète honnete.

2 Assommé, comme le pauvre âne à qui l'on crie *hary!* en le rouant de coups Dans la *Complainte douloureuse du nouveau marié*, celui ci dit

Quant de nouveau fu marié,
J'eux bon temps environ trois jours,
Je n'estoie point *harié*,
Je estoye tout ravy d'amours

3 « Rendu meilleur. » Jaquinot n'accepte pas le compliment. Pour lui, « abonnir, » c'est devenir bonace. Dans le *Roman de S. Graal*, v. 2377, quelques uns sont dans le même sentiment :

Ne se vourrent (voulurent) plus abonnir

4. Affaires, *negotia*.
5 « Un rôle, un registre exact »
6. « Qu'a cela ne tienne. »

---

1. « Enchérit toujours sur la chose »
2. « Battu. » Le peuple dit encore *peloter* dans le sens de battre
3. « Vous ne serez que sage. »
4. Paroles sans fin. Moisant de Brieux, dans son livre, *Origine de quelques coutumes et façons de parler*, 1672, in-8, p. 172, donne ainsi l'étymologie de ce mot « Voila bien des *agios*, faire bien des *agios*, ou une *kirielle*, pour dire faire un long discours, bien des affaires, bien de l'empesché. Ces façons de parler ont été puisés de deux différentes prieres ou litanies, dans l'une desquelles est souvent repété le mot ἅγιος, et dans l'autre κυριε ελεησον. »

De faire le vouloir mien.

JAQUINOT.

Le corps bieu, je n'en feray rien,
Sinon que chose de raison.

LA FEMME.

Or mettez là, sans long blason ¹,
Pour eviter de me grever ²,
Qu'il vous fauldra tousjours lever
Premier pour faire la besongne.

JAQUINOT.

Par Nostre Dame de Boulongne,
A cest article je m'oppose.
Lever premier ! pour quelle chose ?

LA FEMME.

Pour chauffer au feu ma chemise.

JAQUINOT.

Me dictes-vous que c'est la guise ³ ?

LA FEMME.

C'est la guise, aussi la façon.
Apprendre vous fault la leçon.

LA MÈRE.

Escripvez.

LA FEMME.

Mettez, Jaquinot.

JAQUINOT.

Je suis encore au premier mot ;
Vous me hastez tant que merveille.

LA MÈRE.

De nuit, se l'enfant se resveille,
Ainsi que faict en plusieurs lieux,
Il vous fauldra estre songneux
De vous lever pour le bercer,
Pourmener, porter, apprester,
Parmy la chambre, et fust minuict ⁴.

JAQUINOT.

Je ne sauroye prendre deduit ;
Car il n'y a point d'aparence ⁵.

LA FEMME.

Escripvez.

JAQUINOT.

Par ma conscience,
Il est tout plain jusqu'à la rive ⁶.
Mais que voulez-vous que j'escripve ?

LA FEMME.

Mettez, ou vous serez frotté.

JAQUINOT.

Ce sera pour l'aultre costé.

LA MÈRE.

Après, Jaquinot, il vous faut
Boulenger, fournier et buer ¹,

LA FEMME.

Bluter, laver, essanger ²,

LA MÈRE.

Aller, venir, troter, courir,
Peine avoir comme Lucifer,

LA FEMME.

Faire le pain, chauffer le four,

LA MÈRE.

Mener la mousture au moulin,

LA FEMME.

Faire le lict au plus matin,
Sur peine d'estre bien battu,

LA MÈRE.

Et puis mettre le pot au feu ³,
Et tenir la cuisine nette.

JAQUINOT.

Si faut que tout cela se mette,
Il faudra dire mot à mot.

LA MÈRE.

Or escripvez donc, Jaquinot :
Boulenger,

LA FEMME.

Fournier,

LA MÈRE.

Buer,

LA FEMME.

Bluter,

LA MÈRE.

Laver,

LA FEMME.

Et cuire.

JAQUINOT.

Laver quoy ?

LA MÈRE.

Les potz et les platz.

JAQUINOT.

Attendez, ne vous hastez pas :
Les potz, les platz,

LA FEMME.

Et les escuelles.

JAQUINOT.

Et, par le sang bieu, sans cervelle,

---

1. « Discussion » C'est le premier sens du mot *blason*, parce que dans les tournois le héraut chargé de sonner du cor (*blazen*), et de décrire, pour chaque chevalier, les pieces de son ecu, avait droit sur lui d'éloge ou de blame.
2. Fatiguer.
3. La mode.
4. Fût il minuit.
5. « Avec tout cela, il n'y a pas apparence que je puisse prendre au lit repos ni plaisir (*deduit*) »
6. « Le rôle est tout plein jusqu'à la marge »

1. « Tremper le linge, le mettre à l'eau. »
2. « Mouiller le linge légèrement avant de le mettre à la lessive. » Ce mot, que nous ne trouvons que dans Cotgrave, est encore en usage dans l'Orléanais, où on le prononce « échanger »
3. Ce mot, rimant avec *battu*, prouve qu'on le prononçait « fu »

Ne sçaurois cela retenir.
LA FEMME.
Mettez-le pour vous souvenir,
Entendez-vous ? car je le veulx.
JAQUINOT.
Bien laver les...
LA FEMME.
Drapeaulx breneux
De nostre enfant en la rivière.
JAQUINOT.
Je regny goy [1] ! la matiere
Ni les mots ne sont point honnestes.
LA FEMME.
Mettez-le, hay, sotte beste ;
Avez-vous honte de cela ?
JAQUINOT.
Par le corps bieu, rien n'en sera,
Et mentirez, puis que j'en jure.
LA FEMME.
Il fault que je vous face injure ;
Je vous batteray plus que plastre.
JAQUINOT.
Helas ! plus je n'en veulx debatre.
Il y sera, n'en parlez plus.
LA FEMME.
Il ne reste, pour le surplus,
Que le mesnaige mettre en ordre,
Que present me ayderez à tordre
La lessive auprès du cuvier,
Habillé comme ung esprevier [2].
Y est-il ?
JAQUINOT.
Il y est, hola !
LA MÈRE.
Et puis faire aussi cela [3]
Aulcunesfois à l'échappée.
JAQUINOT.
Vous en aurez une gouppée [4]
En quinze jours ou en ung moys.
LA FEMME.
Mais tous les jours cinq à six fois ;
Je l'entens ainsi pour le moins.
JAQUINOT.
Rien n'en sera, par le Saulveur.
Cinq ou six fois ! Vertu sainct George !
Cinq ou six fois ! Ne deux, ne trois.
Par le corps bieu, rien n'en sera.
LA FEMME.
Qu'on ait du villain malle joye !

Rien ne vault ce lasche paillart.
JAQUINOT.
Corbieu, je suis bien coquillart [1]
D'estre ainsi durement mené.
Il n'est ce jourd'huy homme nay [2]
Qui sceut icy prendre repos.
Raison pourquoy ? Car jour et nuict
Me fault recorder ma leçon.
LA MÈRE.
Il y sera, puisqu'il me plaist,
Depechez-vous et le signez.
JAQUINOT.
Le voilà signe ; or tenez.
Gardez bien qu'il ne soit perdu ;
Si je debvois estre pendu,
Des à cette heure ay proposé
Que je ne feray aultre chose
Que ce qui est à mon rolet.
LA MÈRE.
Or le gardez bien tel qu'il est.
LA FEMME.
Allez, je vous commande à Dieu.
En parlant à Jaquinot.
Or sus tenez là, de par Dieu,
Et prenez un peu la suee [3],
Pour bien tendre nostre buée [4] ;
C'est un des pointz de nostre affaire.
JAQUINOT.
Point je n'entens que voullez faire.
Mais qu'esse qu'elle me commande ?
LA FEMME.
Jouée [5] te bailleray si grande !
Je parle du lever [6], follet !
JAQUINOT.
Cela n'est point à mon rollet.
LA FEMME.
Si est vrayment.
JAQUINOT.
Jehan, non est.
LA FEMME.
Non est ? Si est, se il te plaist ;
Le voilà [7], qui te peusse ardre.
JAQUINOT.
Hola, holà, je le veulx bien ;
C'est raison, vous avez dit vray ;
Une aultre foys je y penseray.
LA FEMME.
Tenez ce bout là, tirez fort.

---

1. « Je renie Dieu ! »
2. « Un épervier. » Ce mot, soit qu'il signifiât un oiseau de proie, ou un filet, s'écrivait ainsi « esprevier ». Ici, « habillé comme un esprevier » veut dire « dans l'état d'un filet qu'on va jeter à l'eau. »
3. V. plus haut note sur le mot « déduit ».
4. Pour « grouppée, » poignée.

1. « Bien coquard, bien niais. »
2. « Né, au monde »
3. « Prenez de la peine jusqu'à en suer. »
4. « Lessive. » *Buanderie* n'est qu'un reste de ce vieux mot.
5. « Coup sur la joue, soufflet. »
6. « Je parle de prendre, de lever le linge. »
7. Ici l'on devait entendre le soufflet annoncé, qui décide Jaquinot.

JAQUINOT.
Sang bieu, que ce linge est ort [1] !
Il fleure bien le mux de couche.
LA FEMME.
Mais ung estronc en vostre bouche ;
Faictes comme moy gentilment.
JAQUINOT.
La merde y est, par mon serment.
Voicy ung très piteux mesnage.
LA FEMME.
Je vous ruray [2] tout au visage;
Ne cuidez pas que ce soit fable.
JAQUINOT.
Non ferez, non, de par le dyable.
LA FEMME.
Or sentez, maistre Quoquart.
JAQUINOT.
Dame, le grant dyable y ait part.
Vous m'avez gasté mes habis.
LA FEMME.
Faut-il faire tant d'alibis [3],
Quant convient faire la besongne?
Retenez donc [4], que malle rongne
Vous puisse tenir par le cor !
Elle chet en la cuve.
Mon Dieu, soyez de moy records [5],
Ayez pitié de ma pouvre ame ;
Aydez-moy à sortir dehors,
Ou je mourray par grant diffame.
Jaquinot, secourez vostre femme,
Tirez la hors de ce bacquet.
JAQUINOT.
Cela n'est pas à mon rolet.
LA FEMME.
Tant ce tonneau me presse,
J'en ay grant destresse ;
Mon cueur est en presse.
Las, pour Dieu, que je soye ostee.
JAQUINOT.
La vieille vesse,
Tu n'es que une yvresse [6] ;
Retourne ta fesse
De l'aultre coste.
LA FEMME.
Mon bon mary, sauvez ma vie.
Je suis jà toute esvanouye.
Baillez la main ung tantinet.
JAQUINOT.
Cela n'est point à mon rollet ;

Car en enfer il descendra.
LA FEMME.
Helas, qui à moy n'attendra,
La mort me viendra enlever.
Jaquinot lit son rollet.
JAQUINOT.
Boulenger, fournier et buer,
Bluter, laver et cuire.
LA FEMME.
Le sang m'est dejà tout mué [1] ;
Je suis sur le point de mourir.
JAQUINOT.
Baiser, acoller et fourbir.
LA FEMME.
Tost pensez de me secourir.
JAQUINOT.
Aller, venir, trotter, courir.
LA FEMME.
Jamais n'en passeray ce jour.
JAQUINOT.
Faire le pain, chauffer le four.
LA FEMME.
Sà, la main ; je tire à ma fin.
JAQUINOT.
Mener la mousture au moulin.
LA FEMME.
Vous estes pis que chien mastin.
JAQUINOT.
Faire le lict au plus matin.
LA FEMME.
Las ! il vous semble que soit jeu.
JAQUINOT.
Et puis mettre le pot au feu.
LA FEMME.
Las, où est ma mère Jaquette ?
JAQUINOT.
Et tenir la cuisine nette.
LA FEMME.
Allez moy querir le curé.
JAQUINOT.
Tout mon papier est escuré [2] ;
Mais je vous prometz, sans long plet [3],
Que ce n'est point à mon rolet.
LA FEMME.
Et pourquoy n'y est-il escript ?
JACQUINOT.
Pour ce que ne l'avez pas dit.
Saulvez-vous comme vous vouldrez ;

---

1. Sale
2. « Je vous jetterai. »
3. *Alibis forains*, c'est a dire se donner tant de prétextes pour aller ailleurs (*alibi*)
4. « Retenez donc le linge par votre bout » C'est parce que Jaquinot n'obéit pas, qu'elle perd pied et tombe dans la cuve.
5. « Recordant, souvenant. »
6. « Ivrognesse. »

1 « Changé, tourné »
2. « Nettoyé, débarrassé » Il n'y a plus rien dessus.
3 « Plaid, plaidoirie, débat »

Car de par moy vous demourrez.
LA FEMME.
Cherchez doncques si vous voirrez
En la rue quelque varlet.
JAQUINOT.
Cela n'est point à mon roulet.
LA FEMME.
Et sà, la main, mon doulx amy,
Car de me lever ne suis forte.
JAQUINOT.
Amy ! mais ton grant ennemy ;
Te vouldroye avoir baisé morte.
LA MÈRE.
Holà, hault !
JAQUINOT.
Qui heurte à la porte ?
LA MÈRE.
Ce sont vos grans amys. Par Dieu,
Je suis arrivée en ce lieu
Pour sçavoir comme tout se porte.
JAQUINOT.
Très bien, puis que ma femme est morte.
Tout mon souhait est advenu ;
J'en suis plus riche devenu.
LA MÈRE.
Et est ma fille tuée ?
JAQUINOT.
Noyée est en la buée.
LA MÈRE.
Faulx meurdrier, qu'esse que tu dis ?
JAQUINOT.
Je prie à Dieu, de paradis,
Et monsieur sainct Denys de France
Que le dyable lui casse la pance
Avant que l'ame soit passée.
LA MÈRE.
Helas, ma fille est trespassée.
JAQUINOT.
En teurdant [1], elle s'est baissée ;
Puis la pougnée est eschappée [2]
Et à l'envers est cheute la.
LA FEMME.
Mère, je suis morte, voyla,
Se ne secourez vostre fille.
LA MÈRE.
En ce cas je seray habille.
Jaquinot, la main, s'il vous plaist.
JAQUINOT.
Cela n'est point à mon roulet.
LA MÈRE.
Vous avez grant tort en effaict.

1. « Toidant le linge. »
2. « Ce qu'elle avoit pris, empoigné de linge, s'est échappé. »

LA FEMME.
Las, aydez-moy.
LA MÈRE.
Meschant infame,
La laisserez-vous mourir là ?
JAQUINOT.
De par moy elle y demourra ;
Plus ne vueil estre son varlet.
LA FEMME.
Aydez-moy.
JAQUINOT.
Point n'est au rollet :
Impossible est de le trouver.
LA MÈRE.
Dea, Jaquinot, sans plus resver,
Ayde-moy à lever ta femme.
JAQUINOT.
Ce ne feray-je, sur mon ame,
Se premier il n'est promis
Que en possession seray mis
Desormais de estre le maistre.
LA FEMME.
Si hors d'icy me voulez maistre,
Je le promectz de bon couraige.
JAQUINOT.
Et si ferez ?
LA FEMME.
Tout le mesnaige
Sans jamais rien vous demander,
Ne quelque chose commander,
Se par grant besoing ne le fault.
JAQUINOT.
Or sus, doncques, lever la fault.
Mais, par tous les sainctz de la messe,
Je veulx que me tenez promesse,
Tout ainsi que vous l'avez dit.
LA FEMME.
Jamais n'y mettray contredit,
Mon amy, je vous le promectz.
JAQUINOT.
Je seray doncques désormais
Maistre, puisque ma femme l'accorde.
LA MÈRE.
Si en mesnaige y a discorde
On ne sçauroit fructifier.
JAQUINOT.
Aussi je veulx certifier
Que le cas est à femme laid
Faire son maistre son varlet,
Tant soit-il sot ou mal aprins.
LA FEMME.
Aussi m'en est-il très-mal prins,
Comme on a veu cy en presence.
Mais desormais en diligence
Tout le mesnaige je feray ;
Aussi la servante seray,

Comme par droict il appartient.

JAQUINOT.

Heureux seray, se marché tient;
Car je vivray ci sans soucy.

LA FEMME.

Je vous le tiendray sans soucy.
Je vous le prometz, c'est raison ;
Maistre serez en la maison,
Maintenant bienconsi dere.

JAQUINOT.

Par cela doncques je feray [1]

Que plus ne vous seray divers.
Car retenez à motz couvers
Que par indicible follye
J'avoys le sens mis à l'envers.
Mais mesdisans sont recouvers [1]
Quant ma femme si est rallie [2]
Qui a voulu en fantasie
Me mettre en sa subjection.
Adieu; c'est pour conclusion.

1 « Contraire, en contradiction »

1. « Sont confus, comme gens sur lesquels on a pris le dessus »
2. « Réconciliée, ralliée. »

FIN DE LA FARCE DU CUVIER.

MORALITÉ
DE MUNDUS, CARO, DEMONIA
(XVIe SIÈCLE — REGNE DE LOUIS XII — 1506)

NOTICE ET ARGUMENT

Cette Moralité et la Farce dont nous la faisons suivre n'existent en original que dans l'exemplaire unique où elles sont réunies.

Il appartenait, au XVIIIe siècle, à un riche amateur, l'auditeur des comptes Barré, dont la bibliothèque se composait surtout de ces menues curiosités qui sont devenues la passion de nos bibliophiles.

Le duc de La Vallière vit chez lui cette rareté, et ne l'oublia pas dans sa *Bibliothèque du théâtre français*. La *Moralité* et la *Farce* y sont mentionnées en belle place, à leur date [1]. Les frères Parfaict, pour leur *Histoire*, firent encore mieux. Après avoir parlé de l'exemplaire unique, sans toutefois nommer le possesseur, ils rendirent longuement compte de la *Moralité*, et reproduisirent la *Farce* tout entière [2].

A la mort de l'auditeur des comptes, en 1743, G. Martin dressa en deux volumes le *Catalogue de la bibliothèque*, et la rarissime plaquette y figura sous le n° 3808. Elle fut achetée pour la Bibliothèque de Dresde, très-riche déjà en ces sortes de curiosités.

Sous la Restauration, M. Ebert, chargé du soin de cette belle collection, comme bibliothécaire du roi de Saxe, fit faire de la plaquette unique la copie la plus étonnante comme perfection d'exactitude et en donna communication à M. Durand de Lançon, qui la fit imprimer chez Didot, pour la société des Bibliophiles, dont il était membre. Exécutée en 1827, cette réimpression ne parut qu'en 1830.

Bien qu'irréprochable, elle ne suffit pas aux passionnés du genre. Il leur fallait un *fac-simile*. Ils l'obtinrent en 1838, grâce aux caractères gothiques fondus chez Crapelet, aux frais du prince d'Essling, d'après les anciens types de Pierre Sergent, pour la reproduction *fac-simile* de la *Moralité des Blasphémateurs*. Apres avoir servi pour celle-ci, ils servirent pour celle de *Mundus* et pour la Farce qui la suivait. On les tira ensemble à 90 exemplaires.

C'est d'après ce texte que nous les publions.

La moralité de *Mundus, Caro et Dæmonia*, dit son sujet par son titre, et mieux encore par ce qui le suit et le développe. Nous n'avons donc pas à donner, par une analyse, le détail de cet éternel combat de l'âme et du corps, de l'esprit et de la chair, avec le Diable pour juge du camp, toujours prêt à mettre la main sur l'âme si la chair l'a vaincue.

Il va sans dire qu'ici, puisque nous sommes dans une moralité, c'est l'esprit qui est le plus fort

[1]. T. I, p. 89.
[2]. *Hist. du théâtre français*, t. II, p. 145.

MORALITÉ NOUVELLE

DE

MUNDUS, CARO, DEMONIA

EN LAQUELLE

VERREZ LES DURS ASSAUTZ ET TENTATIONS QU'ILZ FONT AU CHEVALIER CHRESTIEN
ET COMME PAR CONSEIL DE SON BON ESPRIT AVEC LA GRACE DE DIEU
LES VAINCRA ET A LA FIN AURA LE ROYAUME DE PARADIS

Et est à cinq personnages, c'est à scavoir :

LE CHEVALIER CHRESTIEN.
LESPRIT.
LA CHAIR.

LE MONDE.
ET LE DYABLE.

LE CHEVALIER CHRESTIEN *commence*.

O Sire, Dieu de tout le monde,
Grace te rens de tes biens faictz,
Que m'envoye de pensée profonde;
Et te suplie que mes meffaictz
Me pardonnes, et tous forfais
Qu'ay commis contre ta bonté,
Vueilles effacer a jamais
Dont je suis gramment eshonté [1].
Meshuy je n'aurois raconté
Tous mes vices et mes offences.
Conçeu suis en iniquités,
Remply de pechez et leurs branches [2].
Tant sur semaines que aux dimanches
J'ay faict des maux un million.
Je te suplie par tes clémences
Que me faces remission.
J'ay la chair, le monde, et demon
Qui me font des maux infinis.
Pour ce, vray Dieu, plain de regnon [3],
En fin donne moy Paradis.

LE DYABLE *qui s'appelle demon*.

S'on vous demande qui je suis
Et de quel pays que je suis
Ou si j'ay fort grant revenu,
Dictes en, selon vostre advis,
Que je tombay de Paradis,
Sans faire un pas gros ne menu;
Car du tout ne suis pas tenu
De dire tout soudain mon nom.

Touttefoys je suis démon
Qui ne cesse tant qu'aye féru [1]
Et trompe quelque morfondu.
Que dis-je ? j'ay trompé mil hom.

LA CHAIR PRIMO.

Je suis la chair à ce pauvre hom,
Qui ne veut obeyr à mes ditz,
Ne vivre comme au temps jadis.
Il est aussi dangereux comme
Un cheval qui jecte la gourme ;
Je suis la chair à ce pauvre homme,
Aussi vray comme je le dis,
Il n'est pas bien faict à la somme [2].

L'ESPRIT PRIMO.

Je suis tout contraire à la chair,
Qui veut demeurer en ce monde
Aymant ses plaisirs et faconde [3],
Sans soucy si le temps est cher ;
Je suis contraire à la chair,
Car en Dieu est tout mon espoir.
Je suis l'esprit de la chair,
En laquelle tout mal habonde.

LE MONDE.

Je suis le monde insatiable,
Remply de cogitations [4],
De diverses affections ;
C'est une chose incomparable,
Pour attraper inestimable :
Je suis le monde insatiable ;

---

1. « Honteux. » L'emploi du mot avec ce sens n'était pas fréquent. Nous trouvons toutefois dans un des petits traités d'Amyot : « Si vous arguez publiquement, et devant tout le monde un homme, sans l'espargner ne luy rien celer, vous le rendrez a la fin eshonte. »
2. « Et ce qui en résulte. »
3. Renom.

1. « Qui ne m'arrête que lorsque j'ai frappé »
2. « A la charge que je lui fais porter. » C'est de ce mot dans cette acception qu'est venu « bête de somme ».
3. Propos de beaux discoureurs. »
4. Ce mot, quoiqu'il vienne du *cogitatio* latin, qui signifie simplement pensée, s'employait surtout pour « tourment, inquiétude ». Eust. Deschamps dit dans ce sens :

Le flux de cogitacions.

Ce sont là mes conclusions.

LE CHEVALIER CHRESTIEN.

Graces à Dieu mon createur,
Et à Jesus mon Redempteur
Je rens, pour les biens qu'il me faict.
Mon Dieu, qui m'as crée et faict,
En qui est toute ma fiance,
Je n'ay qu'en toy seul ma fiance
De salut et de reconfort.

LA CHAIR.

Vous vivez trop en desconfort,
Je vous pry, vivez sans soucy.
Vous avez esté trop icy.
Il faut bien vous reposer.
Si je sçavois bien composer
En plaisant art de rhetorique,
Je ferois quelque chanson frisque [1],
A dire à deux ou trois parties [2],
Pour oster ces melencolies
De vostre cueur.

LE MONDE.

    Et mais comment,
Vous tenez vous si doucement?
En tel douleur et desconfort,
Si vous ne reprenez confort,
Vous ne vivrez pas longuement.

LE CHEVALIER CHRESTIEN.

Mon esprit dit tout autrement,
Et ne veut pas que je vous croye;
Car sainct Paul dit si je vivoye
Selon vous, ma chair, je mourray,
Dont en Paradis je n'auroye,
A jamais rien [3].

LE MONDE.

    Tu n'entendz pas.

LA CHAIR.

Tu scais que tout va par compas,
Tout par moyen, et par mesure.

LE DYABLE.

Faut-il pas avoir ceste cure [4]
D'esbatre et recréer son corps,
Sortir aucunes foys dehors
Et jouer et hanter le monde?

LE MONDE.

Je prie à Dieu que l'on me tonde,
Si on ne se mocque de toy,
Si tu ne fais ainsi que moy.

L'ESPRIT.

Comment, qu'il vive ainsi que toy!
Non fera dea.

LE MONDE.

    Aha! pourquoy?
Suis-je plus excommunié
Qu'un autre et ay-je plus regnyé
Ne foy, ne loy, ne mon baptesme?

LA CHAIR.

Ma foy, quant je pense à moy mesme
Tu as tort.

LE MONDE.

    Je ne veux pas dire
Que l'en doive baiser et rire
Tousjours sans fin.

LA CHAIR.

    Et non dea non.

LE MONDE.

Il n'entend pas nostre chanson;
Mais apres qu'on a prié Dieu
En une eglise, ou aultre lieu,
Il faut bien faire apres grant chère
Et ne tenir pas si treschère
Sa personne [1], ne son scavoir:
He! penses tu jamais avoir
Honneur, ne en ton cueur lyesse,
Ne biens ne aucune richesse
Si ne hantes ceux qui en ont?

L'ESPRIT.

Lieve tousjours ton cueur amont [2]
Et de là te viendra secour,
Et ne te fie nuyt ne jour
Aux persuasions du monde.

LE MONDE.

Et je veux que l'en me confonde
Si jamais tu n'es que un nyais.

L'ESPRIT.

Mon amy, ne le croy jamais.
Ce n'est qu'un trompeur, je t'affie [3],
Et c'est fol celuy qui s'y fie:
Car quelques biens qu'il te promette
Il promect affin qu'il te mette
Au roolle [4] des faulx malheureux,
Et ne t'auroys pas dit tous ceux
Qui sont escritz, en quatorze ans [5].
Il a tant faict de meschans.
Et tant perduz, et tant damnez!
Si jamais n'eussent esté nez

---

1. « Et ne pas garder si renchérie sa personne.. »
2. C'est le *sursum corda!* « Leve toujours ton cœur en haut (a mont) »
3. « Je vous assure. » Dans la *Farce du Gaudisseur*.

LE SOT
Il est maistre, je vous *affie*,

et dans celle de *Colin*

LA FEMME.
Viendrez-vous?

L'AMANT.
Je vous en *affye*.

4. « Sur la liste. »
5. « En quatorze ans, je n'aurais pas achevé de te dire tous ceux qui y ont été inscrits »

---

1. « Gaillarde. » Nous avons déjà vu plusieurs fois ce mot avec le même sens.
2. La mode de ces chansons chantées en parties commençait alors. Plus tard elle se compliqua, on eut des *recueils* à quatre, cinq, et six parties, comme celui de Ballard en 1569, et celui de Fr. Roussel en 1577.
3. Toutes les épîtres de saint Paul ne sont pleines en effet que de conseils contre la chair, à laquelle il ne faut pas obéir, mais qu'il faut au contraire crucifier.
4. Ce soin.

Au monde, comme ilz ont este,
C'est un jugement arresté,
Mieux leur en fust; et n'escoutés
Telles parolles qui sont toutes
Contre le salut de ton âme.
O glorieuse Dame !
Qui dictes ces mots vrays et sainctz.
Que Dieu laisse les riches vains;
Et les affamez qui n'ont riens ;
A la fin les remplist de biens,
Entens tu bien ?

LE CHEVALIER CHRESTIEN.
   Las ! ouy, sire,
Graces a Dieu.

L'ESPRIT.
   Ainsi faut dire.
Davantage sainct Paul escrit
A Thimotée, auquel il dit :
Ceux qui veullent estre fais riches
Tombent aux lacz diaboliques [1].

LE CHEVALIER CHRESTIEN *dit au monde.*
Ne me haute donc plus, trompeur :
Car l'Escriture me faict peur.

L'ESPRIT.
Pourtant deffens toy de ce monde,
Par la parole simple et ronde
De la pure saincte Escriture.

LE CHEVALIER CHRESTIEN.
Ce n'est pas chose à l'adventure [2].

L'ESPRIT.
Nostre-Seigneur s'en deffendit [3]
Contre le mauvais esprit,
Quant il fut tenté au désert.

LE CHEVALIER CHRESTIEN.
O que telle parolle sert
Contre toutes tentations!

L'ESPRIT.
Oui, plus que lamentations
Des ignorans moult à malaises [4].
Escoute sainct Pol aux Epheses [5],
En exortant, lequel nous dit :
« Prenez le glaive de l'esprit,
Qui est la parolle de Dieu [6] »
Et, autres verbes, autre lieu [7] :
« La parolle de Dieu est vive
Et est moult plus pénétractive
Que n'est un glaive, et plus tranchante [1]. »

LE CHEVALIER CHRESTIEN.
La creature est bien meschante
Qui ne vacque à telle parolle [2].

L'ESPRIT.
Mon amy, le monde t'affolle,
Qui ne cerche que vanitez.
Fy de telles meschancetez,
Qu'ilz lisent plustost à la table :
Quelque mensonge, ou quelque fable,
Que la parolle de Dieu [3] !

LE CHEVALIER CHRESTIEN.
   Sire,
Vous me donnez vouloir de lire
Desormais la saincte Escriture.

L'ESPRIT.
Amy, c'est toute l'armature
Du bon chevalier chrestien.

LE CHEVALIER CHRESTIEN.
Je n'ay pas aprins a un an [4]
Autant que ay faict maintenant.

LE MONDE.
Si vous estes si retenant [5]
Des sermons que l'on preschera,
Le soucy vous depeschera [6]
Et ne vivrez pas longuement.

LA CHAIR.
Je vous pry, allons vistement
Disner, et me faictes grant chère ;
Si ainsi vous vous tenez guerre [7],
Tristesse si vous abatra.
Ne dict pas Salomon cela
Es Proverbes en un passage,
Que cueur joyeux faict florir l'aage ;
Tandis que trop de esprit faict
Asseicher les os, et defaict
Toute la pauvre creature.

L'ESPRIT.
Tu n'entends pas bien l'Escriture,
Et ce s'entend du triste esprit
Qui vit en soucy par despit,
Qui ne faict pas sa volunté,
Qui hait la divine bonté,
Et la loy qui par ses sentences
Reprent toutes concupisences,
Que la chair desire parfaire.

---

1 Saint Paul dit en effet dans la *première Épître a Timothée*, ch. vi, v. 9 « Mais ceux qui veulent devenir riches tombent dans la tentation et dans le piege, et en plusieurs désirs insensés et pernicieux qui plongent les hommes dans la ruine et dans la perdition. »
2. « Écrite a l'aventure. »
3 « S'en fit une deffense. »
4. « Oui, elles servent plus que les lamentations des ignorants, que leur peu de science met en grand malaise »
5. Ephésiens
6 « Prenez aussi le casque du salut, dit saint Paul aux Éphésiens (ch. vi, v 17), et l'épée de l'esprit, qui est la parole de Dieu »
7. Autre lieu, autres paroles.

1. Cela est tiré de l'*Épître aux Hebreux* (ch iv, v. 12) « Car la parole de Dieu est vivante et efficace, et plus pénétrante qu'une épée a deux tranchants, elle atteint jusqu'au fond de l'âme et de l'esprit. »
2. « Qui ne se laisse aller (*vaquer, voguer*) a telles paroles »
3 L'usage, même chez le roi et chez les gentilshommes, était de se faire lire a table quelque livre François Ier et Henri IV préféraient Plutarque.
4 « Il y a un an, depuis un an »
5 « Si vous vous attachez si bien.. »
6. « L'ennui vous expédiera »
7. « Si vous vous disputez, si vous guerroyez ensemble ainsi »

LE CHEVALIER CHRESTIEN.
Vois tu, l'esprit t'est contraire
Et dit selon la verité.

LA CHAIR.
Comment ?

LE CHEVALIER CHRESTIEN.
Bien.

LA CHAIR.
Il est despité :
Mais je n'en fais ne plus ne mains.

L'ESPRIT.
Escoute sainct Paul aux Romains
Qui dit qu'il faut mortifier
La chair et la crucifier,
Ou autrement : « Tous ceux mourront,
Lesquels selon la chair vivront. »

LA CHAIR.
Et vous, voulez-vous que je face
Comme vous tousjours la grimace,
Sans rire et sans esbatemens ?
J'aymeroys autant bestement
Vivre [1], et n'avoir pas esté née.

LE CHEVALIER CHRESTIEN.
Veux tu tenir emprisonnée
Mon ame à tousjours [2] en toy
Et vivre comme je apperçoy,
Selon ta sensualité ?

LA CHAIR.
Je veux bien la felicité
De Paradis.

L'ESPRIT.
Ha, je entends :
En ce monde veux bons despens [3],
Et à l'autre encore meilleurs [4].
Tous ces ditz sont trop perilleux
Et ne proffitent à personne.
Escoute ce que nous résonne
Le sainct sermon évangélite :
« La chair en elle ne profitte [5], »
Et, si tu en es à malaise [6],
Lys donc le texte de Genèse,
Et tu verras la cause comme
Tu ne vaux rien : car a tout homme [7]
L'esprit de Dieu, sans lequel
Ne pouvons rien ; il est itel
N'habitera point [8].

LA CHAIR.
Sa maison.

L'ESPRIT.
Car elle est chair.

LE CHEVALIER CHRESTIEN.
C'est de raison.

L'ESPRIT.
Comment veux-tu donc à Dieu plaire
Sans son esprit debonnaire ?

LE CHEVALIER CHRESTIEN.
Rendz toy donc à mon esprit,
Ainsy que Jésuchrist le dit ;
Car Dieu est esprit pour vray,
Et spirituelle est la loy,
Parquoy faut veritablement
Servir spirituellement
A Dieu, qui est spirituel,
Comme fist le bon Bathuel.

L'ESPRIT.
Ainsi à la Samaritaine
Dist Jésus [1].

LE CHEVALIER CHRESTIEN.
C'est chose certaine.

L'ESPRIT.
Sainct Jean au quart [2] nous est tesmoing.

LA CHAIR.
Je voy que j'auroye bien besoing
De ayde.

LE CHEVALIER CHRESTIEN.
Eh ! n'es tu bien sotte
De cuyder estre aussi forte
Que le glaive de l'esprit,
Lequel sainct Paul fort ferit [3],
Qui en fist, d'un persécuteur
Des chrestiens, un grant docteur.
Où il a eu peine et ahan [4],
Tant [5] le chevalier chrestien
A de leçons qu'il luy faut rendre,
Et de peine pour se deffendre
De la pauvre chair seulement,

L'ESPRIT.
Mais que tousjours ayes promptement
L'Escriture devant les yeux,
Et le cueur droit devant les cieux.
Avecques de Dieu l'armarie [6],
Escrite au livre d'Isaye
Tu vainqueras tous les péchez.

---

1. « Vivre comme une bête. »
2. « Pour toujours. »
3. « Large vie, a bonne dépense. »
4. On prononçait « meilleux », ce qui explique la rime qui suit.
5. « La chair seule ne profite pas »
6. « Si tu en es gêné »
7. « Tout homme a... »
8. « Il doit être tel qu'il n'habitera pas. » « Itel » se disait quelquefois pour *tel*, ainsi dans ce refrain chanté dans la *Farce du Ramoneur* :

   Jehan du Houx est *itel* qu'il est,
   Il n'en faut point tant sermonner.

1. « Dieu, dit en effet Jésus à la Samaritaine, est esprit, et il faut que ceux qui l'adorent, l'adorent en esprit et en vérité »
2. Au quatrième chapitre de son Evangile, où se trouve l'épisode du Christ et de la Samaritaine.
3. « Frappa fortement sainct Paul. »
4. « Effort. » V. sur ce mot, qui n'est qu'une onomatopée, une note des pièces précédentes.
5. « Autant. »
6. « Armurie. » Ce mot signifiait d'abord art de combattre, comme son radical « armoyer » voulait dire faire la guerre : « Et, dit le sire de Bracquemont dans Froissart, toujours ne peut-on pas jouer, ni toujours armoyer. »

LE DYABLE.

N'estes-vous pas bien empeschez
De parler de tant de propos ?
Quant Dieu fist la femme d'un os,
Il la bailla et sans dispance
A l'homme, faicte à sa semblance.
N'estoit-ce pas pour luy servir,
Et pour en faire à son plaisir,
Et pour vivre plus à son ayse ?
Regarde au premier de Genese
S'il n'est pas ainsi que je dis.

L'ESPRIT.

C'estoit pour remplir Paradis,
Que Dieu luy bailla une femme,
Donnant entendement à l'ame
De tout ce qu'elle avoit a faire.
Mais tu vins [1] brouiller leur affaire
Par fallaces et contreditz.
Furent chassez de Paradis
Par avarice et gourmandise,
Et firent une marchandise [2]
Moult chère à leur postérité,
Tant que tout fut desherité.
Si Dieu, nostre doux createur,
N'eust envoyé le Redempteur
Du monde, pour payer l'offence
Des pauvres gens, par ta semence
Tout fust perdu [3]. Parquoy tu vois
Que tu erres toutes les foys
Que tu parles de telz passages.

LE CHEVALIER CHRESTIEN.

Il expose à son advantage
Comme font plusieurs hereticques
Adultaires [4] et ypocrites,
Lesquelz extorquent l'Escriture
Pour avoir plus grasse pasture.
O le danger !

L'ESPRIT.

O la tempeste !

LE CHEVALIER CHRESTIEN.

C'est pour manger

L'ESPRIT.

La pauvre beste [5].

LE CHEVALIER CHRESTIEN.

Qu'elle est lupine [6] ta semence !
Pour ce, fuys toy de ma presence,
Car tu es faux et mensonger.
Tu fis a noz parens manger
Du fruit de vie, en promettant
Que bien et mal scauroient autant
Que Dieu, et seroient comme dieux.

L'ESPRIT.

O les pauvres gens malheureux

Aveuglez par eux
Qui s'arrestent à tes promesses !
Avaricieux
Et ambicieux !
Mais gardez-vous de ses finesses,
Pauvre orgueilleux,
Et luxurieux,
Et de tout infernales presses [1] !
Bref, s'une foys tu crois le monde,
La chair et ce demon immunde,
En enfer tu nous jecteras.
O la perte que tu feras,
Si pour avoir brefve alliance
Avec une vaine plaisance,
Tu perdois la gloire eternelle !

LE DYABLE.

Tu tourmentes bien ta cervelle.

LE CHEVALIER CHRESTIEN.

Ha, sire Dieu !

LE DYABLE.

Que luy veulx-tu ?

LE CHEVALIER CHRESTIEN.

J'ay bien besoing d'estre vestu
De ferme foy.

LE DYABLE.

Tu dis merveilles,
Et te desromptz bien les oreilles,
Ton entendement, et ton corps !
Dieu seroit-il misericors
S'il ne faisoit misericorde ?
A nul du monde ne t'acorde,
Tu es tout seul de ton costé [2].

LE CHEVALIER CHRESTIEN.

O si mon Dieu m'avoit osté
Fiance en luy et charité,
Bien tost serois deshérité,
Voire et despouillé de tout bien.

LA CHAIR.

Penses tu jamais avoir rien,
Si tu faictz toujours en ta teste ;
Tu ne seras jà qu'une beste
A faire ainsi qu'as commencé.

LE CHEVALIER CHRESTIEN.

Ha, ha ! c'est bien recommencé [3].
Je cuydois n'avoir plus que faire.

L'ESPRIT.

Il y a tousjours à refaire
A la chair qui veut dominer ;
Car tu ne luy scauroys donner
Tant de bandon [4] qu'elle demande.

---

1. N'oublions pas ici que l'esprit parle au diable, dont on sait quel fut le rôle avec Ève
2. « Un marché »
3. « Par le mal que tu avais semé, tout eût été perdu. »
4. Ce mot est ici avec le sens de « falsificateurs », et plus rapproché ainsi de son radical *adulterare* « falsifier, altérer »
5. « La malheureuse proie »
6. « De l'espece des loups »

1. « Foules, tumultes » Montaigne (liv I, ch. xxii) « Le sage doit au dedans retirer son âme de la *presse*, et la tenir en liberté et puissance de juger sainement des choses. »
2. « Tu ne fais accord avec personne du monde, tu seras seul de ton côté »
3 « Voila que tout va se trouver a recommencer. »
4. « Caprices, fantaisies. » V. sur ce mot une note des pieces précédentes.

Si une foys est aussi grande
Maistresse comme elle voudroit,
Mon bel amy, mieux te vaudroit
A jamais n'avoir esté nay.
LE MONDE.
Vous faictes trop du domine [1].
LA CHAIR.
Je croy qu'il nous veut faire paistre.
L'ESPRIT.
Si ne serez vous pas le maistre [2],
Car vous aymez trop voz plaisirs.
Et, s'il vit selon vos desirs,
Nous encourrons damnation :
Faicte en avons probation [3]
En plusieurs lieux de l'Escriture.
LA CHAIR.
Et ne suis-je pas creature
De Dieu aussi bien comme toy ?
L'ESPRIT.
Je le confesse.
LA CHAIR.
  Et donc pourquoy
Ne vivray-je selon nature
Ainsi que toute creature
Que Dieu nourrist et entretient ?
Si tost qu'à une beste vient
Apetit de boire et manger,
De se coucher, ou de ronger,
Ou de jouer à son parage [4],
Nul ne luy empesche l'usage,
Ne la liberté de nature.
L'ESPRIT.
Las ! miserable creature,
Et que tu es pauvre de sens !
LE CHEVALIER CHRESTIEN.
Si à elle je me consens [5].
L'ESPRIT.
Tu seras comme elle une beste
N'as-tu pas entendu le texte [6]
De l'Escriture, qui t'enseigne
Que tu as Jesus pour enseigne,
Et toute sa vie pour exemple ?
Veux tu enseignement plus ample ?
Tu ne scauroys estre charnel
Et ensemble spirituel.
LE CHEVALIER CHRESTIEN.
Ainsi que tu dis je vueil faire,
Mais, las ! je ne le puis parfaire,
Car tousjours ma chair me commande.
L'ESPRIT.
N'obéys pas à sa demande,
Si tu veux que je vive en toy ;

Car sa mort est la vie de moy,
Et ma vie sera sa mort.
LE CHEVALIER CHRESTIEN.
Je prendroys en toy reconfort,
Mais je ne puis bien voir comment;
Elle est continuellement
Après moy.
L'ESPRIT.
  Tant que tu vivras
Jamais autre repos n'auras,
Car Job dit que toute la vie
De l'homme est chevalerie [1].
Et pendant qu'il sera sur terre
Il faut donc qu'il sente la guerre
Qui a esté longtemps criée,
Et ne voie paix déclarée
Entre le corps et l'esprit.
Et pourtant veille jour et nuict,
Car pas n'as besoing de dormir.
Ne voys-tu pas tes ennemys
Qui veillent ? Donc, comment qu'il aille,
Tu auras tous les jours bataille,
Tant comme tu seras sur terre.
LE CHEVALIER CHRESTIEN.
J'auray si longuement la guerre !
CARO, MUNDUS, DEMON, *simul.*
Tant que vivras.
LE CHEVALIER CHRESTIEN.
  Si longuement ?
L'ESPRIT.
Veux tu avoir premièrement
La couronne que batailler [2] ?
LE CHEVALIER CHRESTIEN.
Mais tant de besogne tailler [3]
C'est un grand esbahyssement [4].
L'ESPRIT.
Ne croys-tu pas bien fermement
En Dieu et son fils Jésuchrist ?
LE CHEVALIER CHRESTIEN.
Ouy.
L'ESPRIT.
  C'est donc assez, il suffist.
Bataille donc en celle fin [5],
Et Jésus vainquera pour toy
Tous tes ennemys.

---

1. « Du docteur. »
2. « Lucore ne serez-vous pas le maitre. »
3. « Nous en avons la preuve (*probatio*) faite. »
4. « Avec ses pareils, ceux de sa race (*parage*). » Ce mot n'est resté que dans l'expression « haut parage », pour noble race.
5. « Si j'approuve ce qu'elle dit. »
6. La rime qui précède prouve qu'on prononçait *teste*.

---

1. Traduction charmante du premier verset du chap. tre. VII du livre de Job « Militia est vita hominis super terram » Cicéron a dit aussi : « Vivere militare est, » et Voltaire a mis dans *Mahomet* cet hémistiche dont Beaumarchais fit sa devise : « Ma vie est un combat ; » mais on n'a trouvé mieux que notre vieux poète.
2. « Veux tu avoir la couronne du triomphe avant que (*premierement que*) batailler ? »
3. « Abattre tant d'ouvrage. »
4. « Grand sujet de s'étonner en s'effrayant. » Amyot a employé le mot avec ce sens dans la traduction de la *Vie de Camille*, ch. XI. Commines a aussi employé « esbahir » dans le sens d'effrayer « Et si, dit il (liv. IV, tit. VI), les esbahissoit qui approchoit. »
5. « Ayant cette pensée pour but. »

LE CHEVALIER CHRESTIEN.

Tu dis bien,
Car sans luy nous ne pouvons rien.

L'ESPRIT.

Et pour ce, il dit expressement
Que nous devons incessamment
Prier.

LE CHEVALIER CHRESTIEN.

Helas ! c'est bien raison
Que prières et oraisons
Nous luy facions soir et matin.

LE MONDE.

Quel homelieur [1] en latin !

LA CHAIR.

Qu'il est fascheux en ses parolles !
Penses-tu que tu le consoles
Avec tes beaux preschemens ?
Mourir puissay-je si te mens,
Si ne le fais desesperer !

L'ESPRIT.

Comment oses-tu proférer
Telle mensonge ! Or, regardez
Que j'oye [2].

LE CHEVALIER CHRESTIEN.

Dieu me vueille garder !

LE MONDE.

Penses-tu que ne soyons pas
Creatures de Dieu ?

L'ESPRIT.

Helas !
Je le croy bien : mais il me semble
Que quant l'ouvrage ne ressemble
A l'ouvrier, c'est grant pitié,
Car, s'il n'y avoit amytié [3]
Entre l'ouvrier et l'ouvrage,
Il n'en viendroit point, à l'usage,
D'honneur, mais de contumelie [4].

LE DYABLE.

Voilà une belle homelie.
Veu que sommes tous creatures
De Dieu, selon les Escritures,
Devons nous tous chanter ensemble ?

LA CHAIR.

Et ouy dea.

LE MONDE.

Ainsi me le semble

LE CHEVALIER CHRESTIEN.

Que n'es-tu doncques avec Dieu
Au ciel ?

L'ESPRIT.

Ce n'est pas son lieu.

LE DYABLE.

Il est vray, je ne le conteste,
Les piedz ne sont pas à la teste,
Ne le nez là où sont les yeux.

L'ESPRIT.

Puis donc que tu n'as rien aux cieux,
Ne aux sieges de Paradis,
Tiens-toy là où tu fuz jadis
Adjugé pour ta demeurance [1],
Sans empescher nostre alliance,
Et le lieu où Dieu nous veut mettre.

LA CHAIR.

Et comment le veux-tu remettre
Ainsi tout qu'au commencement [2] ?

LE DYABLE.

Ce n'est pas trop preudement
Respondu quant à gens de sorte [3].

LA CHAIR.

J'aymeroys autant estre morte,
Que vivre en telle misère.
Je vueil tousjours faire grant chère,
Rire, gaudir, chanter, dancer,
Boire du meilleur sans tancer [4],
Hanter le monde, aussi la court,
Pour praticquer un bénéfice [5].
Car qui n'a pour lors [6] quelque office
Il n'est estimé ne prisé,
Mais plustost il est desprisé
Et mocqué des grands et petis.

LE MONDE.

Prou vaut mieux avoir que petit [7].

LA CHAIR.

Tu dis vray, il n'est que d'avoir.

LE DYABLE.

Rien ne proffite le scavoir,
Qui n'a de quoy [8].

LE CHEVALIER CHRESTIEN.

O malheureux,
Qui ne levez point les yeux,
Vostre entendement, ni pensée !
Hélas ! pauvre chair insensée,

---

1 « Reste aux lieux qui te furent adjugés pour demeure »
2 « Lui veux-tu donner la vie qu'on avait au commencement du monde ? »
3 « Avec quelqu'un de cette sorte, ce ne serait pas agir prudemment (preudement) »
4 « Sans crainte qu'on me tance, qu'on me gronde. »
5 « Pour être mis en possession de quelque abbaye. »
6 « Pour le moment »
7 « Mieux vaut avoir beaucoup (prou) que peu. »
8 Le « de quoy », comme le « quibus », qui est la même chose, avec le même nom latinisé, était l'affaire importante La Boétie (Servitude volontaire), parlant de l'avidité du despotisme prêt à tout pour tout prendre, dit « Il n'y aucun crime envers luy digne de mort que le de quoy » Un quatrain de Mellin de Saint-Gelais reproduit tout à fait la pensée du passage que nous annotons :

Ami, dis-moi, que vaut-il mieux avoir
Beaucoup de bien, ou beaucoup de savoir ?
— Je n'en scay rien, mais les savans je voy
Faire leur cour à ceux qui ont de quoy.

---

1 « Quel diseur d'homélies ! »
2. « Attendez que j'entende »
3 « Accord, sympathie, ressemblance »
4 « Honte, affront (contumelia). »

Qui de Dieu rien ne veux sentir,
Ne à l'esprit te consentir [1],
Où feras-tu ta demeurée?
Tu es bien en terre enterrée,
Et ne te veux point déterrer,
Crains-tu point te faire enterrer
En enfer, las! pauvre damnée?

LE MONDE.

Ce ne sera pas ceste année
Que paix auras avecque nous.

LE CHEVALIER CHRESTIEN.

Je ne cerche pas paix à vous :
Car vostre paix est corruptible,
Et tout vostre acord inutille,
Et n'est pas à vostre pouvoir
Me donner un seul jour de paix,
De repos, ne de patience.

LE DYABLE.

Qui t'a aprins tant de science?
Tu es sot quant tu es d'acord.
O ses ennemis sans discord [2],
On est en paix.

LE MONDE.

Il m'est advis
On mange, on boit, de sens rassis,
Et si on dort tout à son aise.

LA CHAIR.

On faict grant chère sans malaise
Et si faict-on rigaut sonner [3].

LE DYABLE.

Qui peut meilleure paix avoir?

LE CHEVALIER CHRESTIEN.

Dieu tout seul, et non pas toy, monde.
Car qui par grace a le cueur monde,
Charité et ferme fiance
En son Dieu, avec esperance,
Il est en paix et sans soucy.

LE MONDE.

Si ne fust un mais ou un sy [4].

1 « T'accorder, te soumettre. »
2 « Avec (o) ses ennemis sans discord. » O dans le sens d'avec est encore en usage dans quelques provinces. On disait d'abord od, comme dans la chanson de Roland
  Que jeł suivrai od mil de mes fedelz.
Ensuite on dit o tout simplement, exemples le vers que nous trouvons ici, et celui-ci de la *Moralité de Charité* :
  Qui êtes vous,
  Qui voulez demourer o moy?
3. « Et l'on boit aussi comme les sonneurs, quand ils ont fait sonner la cloche a Rigaud » C'était la seconde cloche de la cathédrale de Rouen. On l'appelait *la Rigaud*, parce que l'argent qu'elle couta avait été légué par l'archevêque Rigaud en 1275. (Farin, *Hist de Rouen*, 3ᵉ part , t. I, p. 198) Elle était fort dure a mettre en branle, et il fallait bien boire ensuite, d'où l'expression « boire en tire la Rigaud ». Cette étymologie donnée par le *Dictionnaire* de Trévoux, par l'abbé Tuet, en ses *Matinees senonnoises*, p 368, et par Génin, qui s'y range sans la prouver (*Recreat. philologiques*, t I, p 253), trouve enfin ici sa preuve dans ce vers que n'a cité personne.
4. « A moins qu'il n'y ait un *si* ou un *mais*. »

LE CHEVALIER CHRESTIEN.

Il n'y a point ne si ne mais.
Au fidelle c'est un jamais [1],
Car il baille tout son affaire
Au vouloir de Dieu, pour en faire
Tout à sa saincte volunté;
Car je croy que toute bonté
Est en Dieu, et misericorde,
Et en toutes choses s'acorde [2]
A son Dieu, luy en rendant
Grandes grâces, en le louant
Pour sa divine providence,
Car il faict tout par sapience,
Tant en terre comme aux cieux,
Et faict tousjours tout pour le mieux.
Celuy donc qui a telle foy
N'a pas parfaicte paix en soy?

LE DYABLE.

Il le faut costoyer de loing
Et luy laisser ronger son foing
Tant qu'il ayt changé ceste colle [3].
Il me faict faillir la parolle [4]
En respondant si librement.

LA CHAIR.

Il n'aura pas si promptement
Tousjours responces à la main.

LE DYABLE.

Adieu vous dy jusqu'à demain.
Faictes ce que m'avez promis.

LE CHEVALIER CHRESTIEN.

Las! que nous avons d'ennemys,
Qui nous font la guerre sans fin,
De jour, de nuyct, soir et matin,
Et puis la meilleure presse [5]
Que nous faict nostre chair sans cesse!

L'ESPRIT.

Il est vray, tu n'as ennemy
Lequel te face tant d'ennuy
Comme la chair. C'est un grant cas.
Ell' te suyt tousjours pas à pas,
Et boit et mange avecque toy,
Et couche aussi.

LE CHEVALIER CHRESTIEN.

O quelle joy
De coucher o son ennemy!

L'ESPRIT.

C'est pour nous monstrer, mon amy,
Qu'il se faut tousjours donner garde;
Mais bien est gardé qui Dieu garde.

1. « C'est un pour toujours, l'eternité! »
2. « Se donne, se livre. »
3 « En cette idée » Le mot « colere, » qui exprime une passion, une idée surexcitee, et qu'on appela d'abord « chaude colle », a celui ci pour radical.
4. « Il faut que les répliques me manquent. »
5. « La principale tyrannie, pression. »

LE CHEVALIER CHRESTIEN.

Il est vray, tant comme l'on dort
Demon s'efforce et tente fort.

L'ESPRIT.

Comme un lion ou une effraye [1]
Querant pour dévorer sa proye ;
Mais Jesuchrist qui tousjours veille,
Le bon Pasteur si deffent l'ouaille
De ce faux cruel ennemy.

LE CHEVALIER CHRESTIEN.

Nous y avons un bon amy
En ce bon et très-doux Jesus.

L'ESPRIT.

Si tres bon qu'il n'en perdra nulz
De tous ceux qu'il garde, et pourtant
Nous ne pouvons, ne tant ne quant,
Vaincre noz ennemys sans luy.

LE CHEVALIER CHRESTIEN.

Bon Jesus, grâces et mercy
Je vous rens, de tout mon pouvoir.

LA CHAIR.

Vrayement je n'ay garde d'avoir
Tous mes plaisirs, bien l'apperçoy.

L'ESPRIT.

Esse raison ?

LE CHEVALIER CHRESTIEN.

Non.

L'ESPRIT.

Je le croy.
Mais ainsi que l'ay advertie,
Il faut que je la crucifie
Avecques ses concupisences,
Si nous voulons que noz offences
Nous soyent pardonnez et remises.

LA CHAIR.

Ce sont icy dures devises [2].
Bien voy qui faut que je me rende.

LE MONDE.

Je prendray donc un autre bende [3] :
Vous estes pour moy trop rusé.

LE CHEVALIER CHRESTIEN.

Et toy, pauvre Monde abusé,
Remply de toute tricherie,
De fallace et de menterie,
Veux-tu point...?

LE MONDE.

Quoy ?

LE CHEVALIER CHRESTIEN.

Te repentir ?

LE MONDE.

Et si je ne scavoye mentir,
Et me mesler de tricherie
D'inventions et tromperie,
Je me perdroye, et pourtant
Nous te laissons jusques à tant
Que tu ayes affaire de nous.

LE CHEVALIER CHRESTIEN.

Dieu vueille avoir pitié de nous
Par sa saincte misericorde.

L'ESPRIT.

Nous n'avons garde qu'il s'accorde
Avecques nous ; mais c'est assez
Puisque nous les avons chassez
Hors du champ, et que nous tenons
Nostre chair dedans noz prisons.

LE CHEVALIER CHRESTIEN.

Mais dis comment la gouverner.

L'ESPRIT.

Il ne luy faudra pas donner,
Tout ce qu'elle demandera,
Sinon tant qu'elle sentira [1]
A faire œuvres de charite,
A travailler par équité,
Ainsi comme Dieu le commande.

LE CHEVALIER CHRESTIEN.

Bien respondez a ma demande :
Il faut donc la tenir souz bride
Et la cha ger, qu'elle ne regibe,
De grant travail et de labeur,
Car Dieu a dit que à la sueur
De nostre corps nous mangerons
Nostre pain.

L'ESPRIT.

Ainsi nous aurons
A la fin sa beatitude,
En vivant sans solicitude
Du vivre et du vestement,
Et travailler joyeusement,
Selon justice et equité
En foy parfaicte et charite
D'aymer Dieu, son prochain aussi.
Si nous faysons tousjours ainsi
Quelque grans assautz qu'on nous face
Nous vaincquerons tous par la grâce
De Dieu, lequel est moult plus fort
Que noz ennemys, et confort [2]
Mieux qu'ils scauroient ymaginer.

LE CHEVALIER CHRESTIEN.

Allons nous en donc besongner
De par Dieu puis qu'il le commande.

L'ESPRIT.

Allons nous en donc besongner.
Nos ennemys sont eslongnez,

---

1 « Orfraie, » l'aigle de mer, un des plus redoutables oiseaux de proie
2 Doctrines aux dures préceptes »
3. « Je me mettrai donc d'un autre parti, d'un autre côté. »

1 « Consentira. »
2 « Afficimit, donne de la vigueur. »

Dieu nous vueille garder d'esclandre [1].

LE CHEVALIER CHRESTIEN.

Allons nous en donc besongner

De par Dieu puis qu'il le commande,
Et jusques à tant qu'on nous mande
Icy, ou en un autre lieu,
Nous vous dirons à tous adieu
Qui doint à messieurs bonne vie
Et à toute la compagnie.

[1]. « Scandale. » De ce mot qui s'écrivit d'abord « escandal, » il ne fut pas difficile de faire *escandle*, puis esclandre.

FIN DE LA MORALITE DE MUNDUS, CARO, DEMONIA.

FARCE DES DEUX SAVETIERS

(XVIᵉ SIECLE — RÈGNE DE LOUIS XII — 1506)

NOTICE ET ARGUMENT

Ce que nous avons à dire de cette *Farce* se trouve à peu près dit dans notre notice précédente.

On y a vu comment le même exemplaire unique, de la Bibliothèque de Dresde, lui est commun avec la Moralité de *Mundus*, et comment, par suite, elle a eu avec celle-ci la chance des mêmes réimpressions d'amateurs.

Nous ajouterons qu'en raison de son genre plus populaire, les réimpressions d'autre sorte s'étaient moins fait attendre pour elle que pour la *Moralité*.

En 1612, par exemple, Nicolas Rousset l'avait réimprimée à Rouen, dans son *Recueil de plusieurs farces tant anciennes que modernes*, mais avec des lacunes, et une foule de variantes, pour rajeunir le style, qui nous ont fait préférer à son texte celui que nous avons suivi. Il est le même que celui dont firent usage les frères Parfaict, quand ils reproduisirent les *Deux Savetiers* au tome II, p. 130-147, de leur *Histoire du théâtre françois*, d'après l'exemplaire, alors à Paris, chez Barré, et aujourd'hui à Dresde. Par endroits seulement, pour éclairer le sens, ou redresser les vers, nous avons recouru au texte de 1612.

On sait que Caron a réédité tout le *Recueil* de Rousset, notre Farce eut ainsi encore une réimpression nouvelle.

Méritait-elle de reparaître si souvent? Nous le pensons. Elle procède du *Pathelin* par une foule de détails, par le mouvement des scènes, celui de la dernière surtout, et elle n'en est pas une trop indigne imitation.

Le savetier pauvre, qui s'appelle Drouet, est, comme celui de La Fontaine, fort joyeux et gaillard, beaucoup trop même au gré du riche qu'il assourdit de ses refrains. Pour le faire taire il vient le tenter de son argent, mais avec l'intention de ne lui en rien donner. L'autre voudrait cent écus, pas un de plus, pas un de moins.

« Va les demander au bon Dieu, lui dit le Riche ; qui sait s'il ne te les donnera pas ? »

L'autre y court et fait sa demande. C'est le riche, qui s'est caché derrière l'autel, qui répond.

« Cent écus, mon Dieu, crie le pauvre, cent écus, s'il vous plait.

— Soixante ducats, dit la voix.

— Non, cent écus, pas un de moins.

— Quatre-vingt dix-neuf! si tu le veux, prends. »

Et une bourse tombe aux pieds du pauvre, qui trouve alors que ce sera autant de pris, et l'empoche malgré ce qui manque. Ce n'est pas le compte du riche. Il court après lui, mais n'obtient rien, comme vous pensez. Ils vont devant le juge qui donne gain de cause au pauvre. Le riche en est pour ses écus, et, qui plus est, pour une robe qu'il a prêtée au gueux afin qu'il se présentât plus proprement en justice, et qu'il lui rend tout aussi peu que le reste.

FARCE NOUVELLE

TRES BONNE ET FORT JOYEUSE

DES DEUX SAVETIERS

A troys personnages, c'est a scavoir :

LE PAUVRE.
LE RICHE.

ET LE JUGE.

LE PAUVRE *commence en chantant*.

Hay, avant Jehan de Nivelle
Jehan de Nivelle a ii housseaux [1].
Le Roy n'en a point de si beaux ;

Mais il n'y a point de semelle.
Hay, avant Jean de Nivelle [1].

[1] On remarquera que c'est déjà, mais avec Jean de Nivelle pour type, la chanson de Cadet Roussel, son descendant direct, l'esprit est le même, l'air l'était aussi. Elle se trouve dans un recueil que réimprima Caron, *Chansons folastres.. des Comediens*, 1612, in 12. Elle a cinq couplets, mais qui pouvaient se multiplier. celui qui est ici manque.

[1] « Deux paires de bottes de voyage. »

LE RICHE.
Veoicy chose non pareille
De quoy j'ouys oncques parler
Que je voy mon voysin chanter
Tout le jour, et si n'a que frire.
Dieu guard, Dieu guard!

LE PAUVRE.
Et à vous, sire.
Avez vous que faire de moy?

LE RICHE.
Nenny, mais je suis en esmoy
D'une chose, voicy le cas :
Que je voy que vous n'avez pas
Un denier pour vous faire raire [1]
Ne un pauvre tournoys arrière [2],
Et chantez tousjours sans cesser.

LE PAUVRE.
Par sainct Jehan vous povez penser
Que n'ay pas peur de mes escus.

LE RICHE.
Tu peux bien penser au surplus
Que fais mon trésor sans lanterne [3].

LE PAUVRE.
Et moy le mien à la lanterne [4].

LE RICHE.
Amasse à quant tu seras vieux.

LE PAUVRE.
Voy [5], je seray toujours joyeux.

LE RICHE.
Argent est plaisance mondaine.

LE PAUVRE.
Commencement de toute peine.

LE RICHE.
Argent faict faire maintz esbatz.

LE PAUVRE.
Et a la fin faict dire helas !

LE RICHE.
Qui a cent escus tout comptant
Il peut galler, gaudir et rire.

LE PAUVRE.
Sainct Jehan! je n'en ay pas tant,
Je n'en ay n'a frire n'a cuyre.

LE RICHE.
Qui a escus il n'est en friche [6],

Vous n'avez guarde qu'il se tayse.

LE PAUVRE.
Qui a des poux en sa chemise [1]
Il n'est pas tousjours à son ayse.

LE RICHE.
Qui a escus, à brief parler,
Il peut faire beaucoup de choses.

LE PAUVRE.
Qui n'a souliers, et veut aller
Chaussé, faut au moins qu'ait des chausses.

LE RICHE.
Qui a cent escus tous comptant
Il est à la bonne heure né.

LE PAUVRE.
Qui au matin a froict es dens
Il n'est pas trop bien dejieuné [2].

LE RICHE.
Qui a cent escus en mittaine [3]
Est ayse, autant qu'homme fût oncques.

LE PAUVRE.
Et voire en la male semaine [4].
Et pourquoy ne l'estes-vous doncques ?

LE RICHE.
Qui a escus, ou autre avoir,
Il peut vivre joyeusement.

LE PAUVRE.
Par sainct Jehan il m'en faut avoir!
Qui diable vous en donne tant?

LE RICHE.
Qui, mon amy? Dieu, tout contant.
Aussi t'a il donné tes biens?

LE PAUVRE.
Non a par bieu [5], car je les tiens
De mon grand père a des ans vingt [6],
Tout de succession me vint.
Mais je n'en payeray pas taille [7].

LE RICHE.
Voysin, tu n'as denier ne maille
Que Dieu ne t'ayt vraiment donné [8] :
Chacun de luy est guerdoné.
Il te feroit riche à merveille,
Et demain nud jusqu'à l'oreille.
Il le faict et il le deffaict.

1. « Même un denier pour vous faire raser (raire). »
2. « Ni un sou tournois par devers vous. »
3. « Ne va pas penser que j'ai peur pour mes écus et que je ne vais les voir où ils sont qu'avec une lanterne. »
4. « Moi je fais le mien a la façon des lanternes. » Or, on disait « vide, creux comme une lanterne, » ce qui n'était pas grande recommandation pour un trésor fait de la même façon : Avant, lit-on dans la Farce de Colin,
   Avant, Colin, m'amour, allons
   Je suis creux comme une lanterne
5. « Voire, vraiment. »
6. « Il n'est jamais seul, sans être fréquenté, comme dans un désert. »

1. Ce vers, qui a toute la crudité du vieux temps, n'est déjà plus dans le texte de 1612 Au XVIII siecle, si prude pour les mots, les frères Parfaict l'ont remplacé par des points.
2. « Il n'est pas trop a l'aise pour rompre le jeûne. »
3. « En bourse, dans son gant. »
4. « Et même quand il est malade. » V. pour cette expression une note des premières pièces.
5. « Non, ce n'est pas lui, par bieu ! »
6. « Il y a vingt ans. »
7. « Mais on ne mettra pas a la taille (l'impôt) pour ce que je possède. »
8. « Tu ne peux rien avoir que Dieu ne te l'ait donné. »

LE PAUVRE.
Ha deà, voysin, il me plaist
Qui donne peu, assez ou prou¹.
Scauroit on trouver moyen où
Que peus avoir de la pécune?

LE RICHE.
Ouy, mais il a telle coustume
Que jamais il ne donne rien
A qui n'y va par bon moyen,
Et aussi à qui ne l'en prie.

LE PAUVRE.
Nostre Dame! il ne tiendra mye ²
Au prier; je m'en voys tout droict
Au moustier, car se Dieu vouloit
M'en donner, je serois reffaict;
Et le merciroys en effect
Se avoir pouvoys un loppin.

LE RICHE.
Dy moy, par ta foy, mon voysin,
Que luy demanderas tu content?

LE PAUVRE.
Luy demande des escus cent.
Velà tout, mais sans plus ne moins.

LE RICHE.
S'il ne t'en donnoit que deux vingtz,
A tout le moins prendroys cela?

LE PAUVRE.
Sainct Jehan! je ne les prendroys jà.
Ne suis je pas comme vous estes?
Il peust aussi bien mes requestes
Octroyer, qu'il a faict la vostre.

LE RICHE.
Voyre, par sainct Pierre l'apostre,
Je vous bailleray un eschat ³ :
Cent escutz dedans un sac
Voys mettre, un moins ⁴; par sainct Claude!
Taisez-vous et vous verrez rage ⁵.

LE PAUVRE.
Ha par sainct Jean! je feray rage,
Je ne seray plus savetier,
Je hanteray fort le gibier,
Ha! j'auray aujourd'huy argent!
Voys à l'esglise diligent
Sans plus sejourner au surplus ⁶.
O Dieu, qui donne les escus
A ce riche si largement,
Donne m'en cent tant seullement,
Et je te jure sur mon ame,
A toy, Dieu, et à nostre Dame,
Que se lês donne de bon cueur
Je vous feray tousjours honneur
Toutes les foys que vous verray.

LE RICHE *derrière l'outel*.
Demande, je te octroyray.
Mais que ce soit juste demande.

LE PAUVRE.
Or ça doncques il vous demande
De bon cueur, le pauvre Drouet,
A qui vous donrez sil vous plaist
Un cent d'escus tant seullement.

LE RICHE.
N'en voudroys tu point moins de cent?

LE PAUVRE.
Nenny par ma foy c'est le cas.

LE RICHE.
Tu auras soisante ducatz.

LE PAUVRE.
Par sainct Sire je n'en veuil nulz,
Car je veuil avoir des escutz,
De ducatz je n'ay point d'envie ¹.

LE RICHE.
Tu en auras quatre vingtz dix
De bons et fermes en un tas.

LE PAUVRE.
Beau sire, ymaginez le cas,
Et que vous fussiez devenu
Comme moy pauvre, quasi nud,
Et que je fusse Dieu, pour veoir :
Vous les voudriez bien avoir,
Cela est piéça tout commun ².

LE RICHE.
En voyla cent, il s'en faut un,
Pren les, ou laisse se tu veux.

LE PAUVRE.
Or ça, n'en auray-je donc plus?
Vous me faictes un grand forfaict.
Les prendray-je donc en effect?
Ouy, on ne scet qui va, qui vient.
Puis y a un point qui me tient,
Que m'en pourroye bien repentir :
Pourtant les me faut recueillir,
Pour un escu ne plus ne moins.

LE RICHE.
Ha par bieu! ne par tous les sains
Vous les rendrez, maistre couart!
Ca, que le dyable y ayt part,
Par la mort bieu, y les emporte.
Raporte, mon voysin, raporte.

LE PAUVRE.
Quel diable esse qui m'apelle?

LE RICHE.
Par nostre Dame, je lay belle

---

1. « Beaucoup. »
2. « Qu'a cela ne tienne » Le texte de 1612 diffère beaucoup ici, et dans la suite, où il est aussi très-écourté.
3. C'etait une sorte de dîme, prise surtout sur les vins. V. Cotgrave à ce mot
4. « Un de moins » — Il doit se dire cela en *a parte*.
5. « Vous verrez belles affaires. »
6. « Sans attendre davantage »

1. Il n'est pas étonnant que le savetier Drouet ne veuille point de ducats, qui étaient une monnaie étrangère à laquelle il n'entendait rien. Le cours n'en fut assez considérable en France que dans la dernière partie du regne de François Iᵉʳ, comme on le voit par son ordonnance de 1540, « pour le fait des monnoies. » Il valait alors 46 sols et quelques deniers.
2. « Cela est depuis longtemps tout naturel. »

FARCE DES DEUX SAVETIERS

LE PAUVRE.
Qui n'a souliers, et veut aller
Chaussé faut au moins qu'ait des chausses.

Ça! ces escus, ça! ces escus?

LE PAUVRE.
Vous estes un peu trop camus,
Dieu me les vient de donner.

LE RICHE.
Par la mort bieu! vous y mentez.
Mon argent?

LE PAUVRE.
Se house [1].

LE RICHE.
Se house?

LE PAUVRE.
Mais par bieu voyci belle chose [2].

LE RICHE.
Ça! mon argent?

LE PAUVRE.
Or y perra [3],
Et par sainct Jacques non fera,
Adieu, adieu, je les emporte.

LE RICHE.
Raporte, mon voysin, raporte
Ou je te feray adjourner [4].

LE PAUVRE.
Je ne veuil plus cy sejourner.

LE RICHE.
Vous y viendrez, par sainct Germain.

LE PAUVRE.
Sainct Jean, je n'y entreray ja,
Car mes abitz ne vallent rien.

LE RICHE.
Ha dea! je ten bailleray bien,
Qui sont meilleurs que tous ceux-ci.

LE PAUVRE.
Attendez moy doncques icy,
Je m'en voys parler a ma femme.

LE RICHE.
Non ne ferez, par nostre Dame!
Vous viendrez devant le prévost.

LE PAUVRE.
Voysin, je reviendray tantost.

LE RICHE.
Mettez la robe sur vostre dos.

LE PAUVRE.
Et comment la me donnez-vous?

LE RICHE.
Nenny non.

LE PAUVRE.
Dea et comment?

LE RICHE.
Je te la preste jusqu'à tant
Que soyons venuz de la court

LE PAUVRE.
Or sus donc, pour le faire court,
Allez devant, et ce pendant,
Je m'en iray porter largent
En la maison pour tout refuge.

LE RICHE.
Il le vous faut porter au juge,
Et le mestrons en sa sequestre [1].

LE PAUVRE.
Sainct Jean! non feray, nostre maistre.
Je ne m'en vueil point dessaisir.

LE RICHE.
Quel juge voulez vous choisir
Qui soit a cecy bien habille?

LE PAUVRE.
He! le prévost de ceste ville
Il a un si très-bon esprit,
Mais faudroit qu'il ayt un petit
A nostre cause regardé;
Tantost sentence aura donné
Sans y faire si long procès.

LE RICHE.
Mais il se commet tant d'excès!
En tout, on use tromperie.

LE PAUVRE.
He, non faict, par saincte Marie,
Il ny va qu'à la bonne foy.

LE RICHE.
Allons autre part.

LE PAUVRE.
Ha! voy, voy [2].
Mais où voudriez vous aller?

LE RICHE.
Et si tu me voulloys bailler
Mon argent, tu ferois bien mieux.

LE PAUVRE.
Ha point ne laurez, se m'aid' Dieu.
Adieu, adieu.

LE RICHE.
Allon, allon.

LE PAUVRE.
Ha, dictes, despechés vous donc.

LE RICHE.
Il ne men chaut, mais que j'aye droict

LE PAUVRE.
Monseigneur, Dieu avec vous soit.
Comme vous va puis le matin?

---

1. « Il met ses bottes (*houseaux*) pour s'enfuir. »
2. Pour comprendre cette rime, il faut se rappeler qu'on prononçait *chouse*.
3. « Il y passera, y périra. »
4. « Venir en justice. »

1. « En son dépôt. » C'était un mot du droit ecclésiastique, que le nôtre a gardé, mais qu'il a fait masculin.
2. « Moi, je vais la. »

LE JUGE.
Par bieu, il me va bien, Jennin [1].
Et comme se porte Jennette ?

LE PAUVRE.
Elle est ronde, grosse et grassette,
Elle se porte tousjours bien.

LE RICHE.
Comment dea ? je n'y entens rien.
Il est tantost faict de ma cause [2].

LE PAUVRE.
Il est vray qu'en ceste sepmaine,
Sans vous faire trop long sermon,
Voyre il est ainsi cest mon [3],
J'ay faict à Dieu une requeste,
Qui est très belle et très honeste,
Qu'il me donnast cent escus d'or,
Non pas pour faire grant trésor,
Entendez-vous bien ?

LE JUGE.
Ouy dea.

LE PAUVRE.
Par sainct Jean, me les octroya,
Et en euz cent, moins un, contant,
Que Dieu me donna vrayement,
Après que j'euz faict ma prière.
uis apres je m'en vins arrière,
Pour m'en aller en ma maison ;
Voicy mon voysin sans raison,
Pour me cuyder du tout tromper [4],
Qui s'en vint après moy cryer,
Et disoit qu'ils estoyent à luy.
Ainsi, monseigneur, je luy ny :
Je n'uz jamais de luy argent.

LE RICHE.
Monseigneur, qui le dict il ment.

LE PAUVRE.
Et attent, mon voysin, attent,
Laisse moy parler se tu veux.
Dictes qui a tort de nous deux :
Monsieur, donnés-nous jugement.

LE JUGE.
Tu te hastes trop mallement [5],
On ne juge pas si à coup [6].

LE PAUVRE.
Ha, monseigneur, vous mettez trop [7].
Je suis de loing, me depeschez.

LE RICHE.
Par nostre Dame non ferez,

Il me touche trop près du cucur.

LE PAUVRE.
Or, laissez parler monseigneur.

LE RICHE.
Monsieur, y a bien autre chose.

LE JUGE.
Sans faire plus d'arrest, ne pose,
Se tu ne dictz autre nouvelle
Sa cause sera bonne et belle.

LE RICHE.
Ha dea, monsieur, je ne dys pas
Où le mal gist ; voyla le cas :
Derrière l'austel or j'estoys
Et sa priere j'escoutoys,
Puis luy jectay cent escus là.

LE JUGE.
Or me respons dessus cela :
Tu les jectas là, et pourquoy ?
Tu pouvois bien penser à toy,
Que pas ne les refuseroit.

LE RICHE.
Ha, monseigneur, il me disoit
Qu'il nen prendroit ja moins de cent.

LE JUGE.
Ton dire est sans entendement,
Car il n'y a raison quelconque.

LE RICHE.
Que j'en aye la moictié doncque,
Car la perte seroit trop grande.

LE JUGE.
Va dire à Dieu qu'il te les rende,
Puisque les as donnez pour luy.

LE PAUVRE.
Ha dea, vous estes estourdy [1].
Je m'en voys donc puisqu'ainsy est.

LE RICHE.
Monseigneur, faictes luy arrest,
Car il veut emporter ma robe.

LE JUGE.
Vien ça, Drouet, que nul ne hobe [2].
Dy, ceste robe est elle tienne ?

LE PAUVRE.
Sainct Jean, monsieur, elle est mienne.

LE RICHE.
Vous me la rendrez au surplus.

LE PAUVRE.
Ainsi disoit-il des escus.
C'est un fort terrible sire ;
Vous scavez qu'il ne scait que dire :
Il demande, puis l'un, puis l'autre,
Puis d'un costé, et puis d'un autre,
La teste il a esservellée.

---

1. « Petit Jean, » nom d'amitié.
2. « C'en sera bientôt fait de ma cause » Il s'aperçoit que le juge et Drouet sont trop bien ensemble Dans le texte de 1612, c'est encore plus clair

    Ils se cognoissent, je vois bien
    Que suis en danger d'avoir tort.

3. « Les choses sont certes (c'est mon) ce que je vais dire. »
4. « Pour me vouloir tout à fait tromper »
5. « Tu as trop de mauvaise haste »
6. « On ne juge pas ainsi tout d'un coup. » On prononçait cop Le mot pouvait ainsi rimer avec trop.
7. Sous entendu « de temps ».

1. « Vous voilà confus. »
2. « Ne bouge. » Nous avons déja rencontré ce mot plusieurs fois.

LE RICHE.

Dea, monsieur, je luy ay prestée
Pour venir jusques icy.

LE PAUVRE.

Ha je vous nye tout cecy :
Par sainct Jean il ne en est rien.

LE JUGE.

Par bieu, Drouet, je t'en croy bien.

LE PAUVRE.

Hé ! je ne suis point couart.

LE RICHE.

Cà que le diable y ayt part
Et au juge, et au savetier,
Et a la femme, et au jugier,
Ne qui le fit onc estre juge !
Haro ! quel mal faict, quel deluge !
Mes cent escus sont ilz perdus !
Voire dea, voire cent escutz !
Que le grant dyable y ayt part !

LE PAUVRE.

Hay ! Jenin, hay ! pauvre couart !
J'auray robe, et or et argent.
Par ma foy il est mal content ;
Mais est-elle point retournée ?[1]
Je suis payé de ma journée.
Pardonnez-nous ; jeunes et vieux,
Une autre foys nous ferons mieux.

1. Il doit dire cela en examinant bien la robe.

FIN DE LA FARCE DES DEUX SAVETIERS.

LA CONDAMNACION DE BANCQUET

MORALITÉ

(XVIe SIÈCLE, — RÈGNE DE LOUIS XII)

NOTICE ET ARGUMENT

Cette Moralité singulière, que celle des *Blasphémateurs* nous semble seule dépasser en étendue, fut composée pour être une sorte d'enseignement en action contre tous les excès de la gourmandise. La manière dont elle fut publiée indique tout d'abord ce but.

C'est à la suite d'un manuel de sobriété qu'elle parut, en plusieurs éditions successives, cinq au moins, dont la plus ancienne, imprimée sans doute peu de temps après que la pièce eut été écrite, fut donnée en 1507 par Anthoine Vérard [1].

Le manuel en prose auquel la Moralité et ses nombreuses scènes servent d'annexes mérite que nous donnions son titre en entier : *La Nef de Santé, avec le gouvernail du corps humain, et la condamnation des Banquets à la louenge de la diepte et sobriété, et le tracté des passions de l'âme.*

Quoiqu'un livre d'une composition si étrange, et si souvent réimprimé, eût fait sans nul doute un certain bruit, Du Verdier n'en parla pas dans sa *Bibliothèque françoise*; La Croix Du Maine dans la sienne se contenta d'en reproduire le titre sans nommer l'auteur, disant qu'il était incertain [2].

Deux cents ans plus tard, au XVIIIe siècle, on le connaissait. D'après Beauchamp, dans ses *Recherches sur les Théâtres de la France*, et d'après le duc de La Vallière, *Bibliothèque du Théâtre françois* [3], il s'appelait Nicolas de La Chesnaye. Comment l'avaient ils su ? Le livre lui-même, mieux examiné, le leur avait appris, dans un de ses recoins, ainsi que va nous le dire l'abbé Mercier de Saint-Léger, par une note qu'il avait écrite sur le magnifique exemplaire qui, de la Bibliothèque de l'académicien Ballesdens, sous Louis XIV, avait passé dans celle de Guyon de Sardière, puis chez M. de Soleinne, dont le *Catalogue* reproduisit la note de l'abbé [4].

La voici : « Ce Nicolas de La Chesnaye, dit-il après l'avoir nommé, doit être le même que *Nicolaus de Querqueto*, dont Du Verdier, t. IV, p. 181, cite le *Liber auctoritatum* imprimé à Paris, aux dépens d'Anthoine Vérard, en 1512, in-8°, dont voyez ma Notice dans le *Catalogue des Livres imprimés avec privilèges*. A la fin de cette compilation latine de Querqueto, on trouve un acrostiche latin qui donne *Nicolaus de La Chesnaye*, et à la fin du Prologue de la *Nef de Santé*, imprimée dès 1507, aussi aux dépens de Vérard, il y a un acrostiche qui donne les mêmes noms, *Nicolaus de La Chesnaye.* »

Cet acrostiche de la *Nef de Santé* ne nous apprend rien de plus, mais heureusement celui du *Liber auctoritatum* est accompagné de détails plus explicatifs. La petite pièce latine, placée à la fin du livre, et dont chaque vers a pour initiale une des lettres du nom de l'auteur, porte ce titre : *Ejusdem Nicolai de Querceto* (sic) UTRIUSQUE JURIS PROFESSORIS... *lectoribus carmen exortativum.*

Ainsi nous savons quel était Nicolas de La Chesnaye. Le *Catalogue de la Bibliothèque Soleinne* le faisait un médecin de Louis XII, et le long attirail de médecins et de médecines, de malades et de maladies, qui se trouve dans la Moralité, ne le contredisait pas. Ce que nous venons de citer lui donne au contraire un complet démenti.

Nicolas de La Chesnaye n'était médecin ni du roi, ni de personne : il était professeur en l'un et l'autre droit, le droit civil et le droit canon, « professor utriusque juris ». Nous ajouterons qu'il aurait pu être maître en bien d'autres choses : ce qu'il dit de la médecine prouve qu'il eût été capable de la professer, et quand il parle cuisine, on croit avoir affaire au premier des maîtres-queux, à Taillevent lui-même.

C'est par l'étalage de ce premier savoir qu'il prélude.

De joyeux viveurs, Je-boy-à-vous, Pleige-d'autant, Gourmandise, Friandise, Bonne Compagnie ont fait dessein de se bien régaler et Disner se fait volontiers complice. Ils mangent à étouffer, mais jusque-là rien de mal encore. Les Maladies qui les guettent, Apoplexie, Pleurésie, Épilepsie, Paralysie, etc., les laissent passer Souper, de qui dépend la seconde table de la Journée, l'a tenue prête et des mieux garnies. Quoique déjà repus, ils y accourent et s'en donnent comme à celle de Disner.

Alors les maladies n'y tiennent plus, elles tombent à bras raccourcis sur ces gloutons, et ne les renvoient que fort éclopés.

Ils ne reviennent pas moins une troisième fois. Il y a chez Banquet de si beaux galas de nuit ! Ils y accourent d'autant plus empressés que le traître qui connaît son piège les y attire ne demandant rien. Les Maladies, avec qui il complote de compte à demi, toucheront les profits. On festoie à outrance. Au dessert, « à l'issue », comme on disait, les maladies se démasquent et se ruent, le traître Banquet en tête, et, pour le coup, daubent si bien que quatre des gloutons, Pleige d'autant, Je-boy-à-vous, Gourmandise et Friandise restent sur le carreau.

---
1. Depuis, elle n'a reparu que dans le *Recueil de farces* de Lacroix, dans la *Bibliothèque gauloise*. Nous en suivrons le texte, en recourant parfois à celui de Vérard.
2. *Biblioth. françoise*, de La Croix Du Maine, p. 927.
3. T. I, p. 89
4. T. I, p. 123, n° 635.

De la part des Maladies, pareille attaque, même si violente, était de bonne guerre, mais de la part de Banquet, dont ils ont eu l'aide, c'est félonie. Bonne Compagnie, qui survit au massacre, va s'en plaindre au tribunal de dame Expérience qui lui fait bon accueil et lui promet justice. Des docteurs, pris parmi les plus autorisés de la médecine, Hippocrate, Galien, Avicenne, etc., sont convoqués. Le procès s'instruit et dans toutes les formes.

La Chesnaye, professeur en l'un et l'autre droit, ne veut pas se retrouver impunément sur son terrain.

Tout se termine par une double condamnation Souper, qu'on a compris dans l'accusation, est condamné à porter, rivés aux poignets, des anneaux de plomb, afin d'être moins leste à porter des plats trop lourds, et on lui enjoint de ne pas approcher de Disner plus près de six heures. Pour Banquet, l'arrêt est plus sommaire : il sera pendu, ce qui s'exécute à l'instant, mais non toutefois sans que le pauvre diable se soit confessé avec force *med culpâ!*

La pièce fut-elle jouée? C'est probable. L'auteur y indique trop bien les jeux de scène et les accessoires, pour que la représentation n'eût pas précédé l'impression.

Les éditions, toutes répétées qu'elles fussent coup sur coup, n'auraient pas d'ailleurs suffi à lui faire la popularité qu'elle obtint, et qui fut très-grande. On alla, ce qui était le comble du succès populaire, jusqu'à figurer en tapisseries de haute lisse les principales scenes de la *Condamnation de Banquet*. M. Achille Jubinal en a retrouvé six qu'il a reproduites dans sa remarquable publication des *Anciennes Tapisseries historiques*, faite en collaboration avec M. Sansonnetti.

Nous le répétons, une pièce qui n'eût pas été jouée n'aurait pas obtenu pareil honneur. Il paraîtrait que celle-ci fut même reprise. D'après le *Journal* manuscrit du *Théâtre français*, par le chevalier de Mouhy, ouvrage malheureusement peu sûr, à cause de l'ignorance absolue où l'on est des sources où l'auteur a puisé, notre grande Moralité aurait reparu sur le théâtre dans les dernières années du même siècle. Sous la date de 1594, il écrit : « A l'hôtel de Bourgogne, reprise de la *Moralité de Banquet*. »

Nous n'avons plus, tout cela dit, qu'à laisser la parole à l'auteur dans l'espèce de prologue dont il a fait précéder sa pièce, pour expliquer dans quel but et par quels conseils il l'a faite :

Comment l'Acteur ensuyt en la Nef de Santé la Condamnacion des Bancquetz, *à la louenge de diette et sobrieté, pour le prouffit du corps humain, faisant prologue sur ceste matiere.*

« Combien que Orace en sa Poeterie ait escript : *Sumite materiam vestris qui scribitis aptam viribus*. C'est-à-dire : « O vous qui escrivez ou qui vous meslez de copier les « anciennes œuvres, elisez matiere qui ne soit trop haulte « ne trop difficile, mais soit seulement convenable à la « puissance et capacité de vostre entendement. » Ce neantmoins, l'acteur ou compositeur de telles œuvres peut souventesfois estre si fort requis et sollicité par plus grand que soy, ou par aucuns esprouvez amys, ou par autres desquels les requestes luy tiennent lieu de commandement, qu'il est contraint (en obeyssant) mettre la main et la plume à matiere si elegante ou peregrine que elle transcede la summité de son intelligence. Et à telle occasion, moy, le plus ignorant, indocte et inutille de tous autres qui se meslent de composer, ay prins la cure, charge et hardiesse, à l'ayde de Celuy qui *linguas infantium facit disertas* [1], de mettre par ryme en langue vulgaire et rediger par personnages en forme de moralité ce petit ouvrage qu'on peut appeler la *Condampnacion de Banquet* : à l'intencion de villipender, detester et aucunement extirper le vice de gloutonnerie, crapule, ebrieté, et voracité, et, par opposite, louer, exalter et magnifier la vertu de sobrieté, frugalité, abstinence, temperence et bonne diette, en ensuyvant ce livre nommé *la Nef de santé et gouvernail du corps humain*. Sur lequel ouvrage est à noter qu'il y a plusieurs noms et personnages des diverses maladies, comme Appoplexie, Epilencie, Ydropisie, Jaunisse, Goutte et les autres, desquels je n'ay pas tousjours gardé le genre et sexe selon l'intencion ou reigles de grammaire. C'est à dire que en plusieurs endrois on parle à iceux ou d'iceux par sexe aucunesfois masculin et aucunesfois feminin, sans avoir la consideracion de leur denominacion ou habit, car aussi j'entens, eu regard à la proprieté de leurs noms, que leur figure soit autant monstrueuse que humaine. Semblablement tous les personnages qui servent à dame Experience, comme Sobrieté, Diette, Seignée, Pillule et les autres seront en habit d'homme et parleront par sexe masculin, pour ce qu'ilz ont l'office de commissaires, sergens et executeurs de justice, et s'entremettent de plusieurs choses qui afflerent plus convenablement à hommes que à femmes. Et pour ce que telles œuvres que nous appellons jeux ou moralitez ne sont tousjours faciles à jouer ou publiquement representer au simple peuple, et aussi que plusieurs ayment autant en avoir ou ouyr la lecture comme veoir la representacion, j'ay voulu ordonner cest opuscule en telle façon qu'il soit propre à demonstrer à tous visiblement par personnages, gestes et parolles sur eschaffant ou aultrement, et pareillement qu'il se puisse lyre particulierement ou solitairement par maniere d'estude, de passe-temps ou bonne doctrine. A ceste cause, je l'ay fulcy [2] de petites gloses, commentacions ou canons, tant pour elucider ladicte matiere comme aussi advertir le lecteur, des acteurs, livres et passaiges, desquels j'ay extraict les alegations, histoires et auctoritez inserées en ceste presente compilation. Suffise tant seulement aux joueurs prendre la ryme tant vulgaire que latine et noter les reigles pour en faire à plain demonstracion quant bon semblera. Et ne soit paine ou moleste au lisant ou estudiant, pour informacion plus patente veoir et perscruter la totalité tant de prose que de ryme, en supportant tousjours et pardonnant à l'imbecilité, simplicité, ou inscience du petit Acteur. »

1. « Rend éloquentes les langues des enfants. »
2. « Garni. »

LA
CONDAMNACION DE BANCQUET

MORALITÉ

PAR NICOLAS DE LA CHESNAYE

LE DOCTEUR PROLOCUTEUR *commance.*

Non oculus saturatur visu,
Sed nec auris impletur auditu.
ECCLESIASTES, *primo capitulo :*
Non saturatur oculus visu, etc.

Salomon dit que l'œil de l'homme humain,
Soit de Romain ou d'autre nacion,
N'est assufy [1], en voyant soir et main,
Pays loingtain, edifice certain,
Palais haultain, pour recreation;
L'affection, pour occuppacion,
Ou action de joye et de plaisance :
Dessoubz le ciel n'a jamais suffisance.

 Tousjours voulons veoir
 Blanches ou vermeilles,
 Ouyr et sçavoir
 Choses nompareilles ;
 Les yeulx, les oreilles,
 Selon que j'entens,
 Ne sont pas contens.

Ce nonobstant, pour leur donner
Quelque briefve refection,
Avons bien voulu ordonner
Aucune compilacion,
Dont la clere narracion,
Les signes, les motz, la sentence,
Bailleront bonne instruction
A ceux qui nous font assistence.

Pour vous plus à plain informer
De ce qui sera recité :
Nous desirons de reformer
Excès et superfluité,
En detestant gulosité [2],
Qui consume vin, chair et pain,
Recommandant sobriété,
Qui rend l'homme legier et sain.

 Medecine consent assez
 Qu'on doit disner competemment [3];
 Car l'estomac point ne cassez
 Pour disner raisonnablement.

 Or faut-il souper sobrement,
 Tant les druz [1] que les indigens,
 Sans bancqueter aucunement,
 Car bancquet fait tuer les gens.

 Saichez que manger à oultrance
 Destruit les gens et moult peut nuyre ;
 Mais la vertu de temperance
 Fait l'homme priser et reluyre.
 Tous ces propos orrez deduyre,
 En escoutant et parlant bas :
 Et pourtant veuillez vous conduyre
 Paisiblement sans nulz debas.

Après ces motz, se retirera le Docteur et se yra seoir jusques à ce qu'il viendra faire son sermon. Et Disner vient en place, qui dit :

DISNER.

Quand Polemo venoit de son solas,
De divers mestz tout replet et tout las,
Il faisoit lors bon veoir sa contenance [2].

SOUPPER.

Xenocratès, qui ne l'espargna pas,
Discrettement refrena ses repas
Par ung sermon de doulce consonnance [3].

BANCQUET.

Bien peut gaudir, qui a foison chevance [4].

DISNER.

 Le gent gaudisseur [5]
 Devoit, de lieu seur,
 Prendre sa doulceur,

---

1. C'est la premiere forme d'*assouvi*, qui y trouve son étymologie. N'estre pas *assouvi, assufi*, c'est n'être pas a sa suffisance.
2. Gourmandise, « science de la gueule », *gula*, dont Martial a dit, la voyant tant inventer : *Ingeniosa gula est.*
3. « A sa suffisance. » Les Anglais ont encore dans le sens de suffisamment l'adverbe *competently.*

1. « Les bien fournis. » On en avait fait l'adverbe *drut*, pour richement. Ainsi Froissart dans une de ses poésies :

 Du pays les plus frisques dames
 Drut perlées.

2. L'hystoire de Polemo, gaudisseur de Athenes, est escripte au vi^e livre de Valere, au chapitre : *De mutacione morum aut fortunæ.* (Note de l'auteur.) Valere, c'est Valere Maxime, avec son livre *Factorum dictorumque memorabilium Libri novem.* Au liv. VI, ch IX, il y est en effet parlé de l'Athénien Polémon et de ses débauches de gourmand. (*Notes de l'auteur.*)
3. C'est Xénocrates dans Valere Maxime, qui, en sa qualité de philosophe, vient sermonner Polémon et le convertit à plus de sobriété.
4. « Qui a richesse a foison. » Ce mot *chevance* est encore dans La Fontaine.
5 Nous dirions « le gentil viveur ».

LA CONDAMNACION DE BANCQUET

BANCQUET

le fays plusieurs biens dissiper.

Sa joye et son bien.

SOUPPER.

Mais le bon Docteur,
Parfait orateur,
Sans estre flateur,
Luy remonstra bien.

BANCQUET.

Doctrine vault, mais on ne sçait combien.

DISNER.

Quant Luculus, pour festoyer Pompée,
Rendit si fort sa famille entrapée [1],
Le cuysinier devoit bien estre habille [2].

SOUPPER.

Par Plutarcus, la chose est designée;
Car il escript que, pour une disnée,
Il exposa jusqu'à cinquante mille [3].

BANCQUET.

Pecune doit tousjours estre mobile.

DISNER.

Plusieurs ont esté,
Yver et esté,
Qui ont fort gousté
Des fruitz de la terre.

SOUPPER.

S'il en est planté [4],
C'est grant lascheté,
Blasme ou chicheté,
Les tenir en serre.

BANCQUET.

Où les biens sont, illec il les fault querre.

DISNER.

Laissons les acquerans acquerre,
Laissons monter les haultz montans :
Puisqu'il n'est plus discord ne guerre,
Rien ne devons estre doubtans.

SOUPPER.

Mais que nous fault-il ?

DISNER.

Passetemps.

SOUPPER.

Comme quoy ?

DISNER.

Entretenement [5],
Frequenter les gens esbatans,
Pour vivre plus joyeusement.

BANCQUET.

Qui passe temps joyeusement,
Ne commet point de villennie ;
Mais Passetemps, presentement,
Est avec Bonne Compagnie.

SOUPPER.

Ilz mainent très-joyeuse vie,
Soir et matin, sans repos prendre.

DISNER.

De les trouver j'ay grant envie,
Pour leurs condicions apprendre.

BANCQUET.

Le cueur humain doit tousjours tendre
A veoir quelque nouvelleté.

SOUPPER.

A subtilles choses entendre,
Le cueur humain doit tousjours tendre.

LE FOL.

Ces trois folz ont grant volonté
De chercher leur malle meschance [1].
Quant on a bien ris ou chanté,
A la fin fault tourner la chance.
Ha ! vous voulez avoir plaisance ?
Bien vous l'aurez pour ung tandis [2];
Mais gens qui prennent leur aisance,
Se retreuvent les plus mauldis.

BONNE COMPAIGNIE, *gorriere* [3] *damoyselle, se tire avant, avec tous ses gens en bon ordre, et dit :*

Arriere, chagrins et marris [4]!
Car je ne quiers que plaisans ris,
Et de tous esbatz abondance.

GOURMANDISE, *femme.*

Et, moy, le gras beuf et le riz,
Chappons et poulletz bien nourris,
Car de la pance vient la dance [5].

FRIANDISE, *femme.*

Bon fait, attendant le disner,
D'ung petit pasté desjeuner,
Pourveu qu'il soit chault et friant.

PASSETEMPS, *homme.*

Riens, riens ! tousjours solas [6] mener ;
Jouer, chanter, dancer, tourner,
En babillant et en riant.

---

1. « Mit dans un si fort embarras (*ntrape*) les gens de sa maison. » *Famille* est ici tout à fait dans le sens latin de *familia*, qui s'étendait à tout, dans une maison, même a la domesticité.
2. Luculus, comme dit Plutarque en son livre *De Viris illustribus*, estoit excessif en convis, et quant il vouloit souper en ung lieu nommé Appolin, le repas coustoit cinquante mil.
(*Note de l'auteur.*)
3. Sous entendu *sesterces*.
4. « Abondance, plénitude. »
5. « Par une dépense bien entretenue. » Le mot entretènement, avec ce sens « de grosse dépense », n'est resté que dans ses vilains dérivés : *entreteneur*, *femme entretenue*, etc.

1. « Male chance. » Il y a pléonasme ici : « meschance » suffisant.
2. « Pour une fois. » Le mot *tant*, d'où vient *tandis*, avait le sens que nous donnons ici a ce dernier. V. les *Recréations philologiques* de Génin, t. I, p. 383.
3. « A la mode, a la grand'gorre. »
4. « Gens fâchés. »
5. Proverbe qui est resté dans le peuple et qu'on trouve déjà dans le *Grand Testament* de Villon (st. 25) :

Au fort quelqu'un s'en recompense
Qui est remply sur les chantiers ;
Car de la panse vient la danse.

6. « Plaisir. » Vieux mot que conserva le style marotique et que nous avons déja bien souvent rencontré.

JE-BOY-A-VOUS, *homme.*

Cela ne vault pas ung neret [1],
Mais vin vermeil et vin cleret,
Pour arrouser la conscience.

JE-PLEIGI-D'AUTANT [2], *homme.*

Je prise mieulx le muscadet [3] :
Quant on en verse plain godet,
Je le prens bien en pascience.

ACOUSTUMANCE, *femme.*

Quiconque ung train encommence,
Soit de mestier ou de science,
D'exercice ou de nourriture,
Laisser n'en peut l'experience,
Car nous avons clere apparence
Que coustume est autre nature,
Non pas nature proprement
Touchant nature naturée,
Mais ung train tenu longuement,
C'est quasi nature alterée.

BONNE COMPAIGNIE.

Il fault commencer la journée.
Sus, je vous ordonne qu'on fine
D'une tostée enluminée [4].

JE-BOY-A-VOUS.

Et de bon vin.

BONNE COMPAIGNIE.

  Quarte ou chopine.

JE-PLEIGE-D'AUTANT.

Tantost vous en feray l'amas.

BONNE COMPAIGNIE.

Et, au surplus, qu'on nous propine [5]
Deux platz de prunes de Damas [6].

Ce premier repas se fera sur une table ronde ou carree, et se la saison est qu'on ne puisse finer de prunes, il faut prendre prunes seiches ou en faire de cire qui auront forme et couleur de Damas.

GOURMANDISE.

Il faut remplir noz estomacz
Soit de trippes ou de jambon.

FRIANDISE.

Fy ! fy ! C'est pour Jehan ou Thomas [1] :
Il me suffist de pou [2] et bon.

JE-BOY-A-VOUS.

Voicy belle provision :
Pastez, prunes, pain, vin et tasse.

BONNE COMPAIGNIE.

Chascun preigne sa porcion,
Puisqu'il y a viande en place.

JE-PLEIGE-D'AUTANT.

Et comment Gourmandise amasse
Ces prunes, pour les enfourner !

JE BOY-A-VOUS.

Elle a mangé une lymace.

BONNE COMPAIGNIE.

Paix ! paix ! il n'en fault mot sonner.

PASSETEMPS.

Gente dame, pour vous donner
Ung peu de resjouyssement,
Quelque dance veulx ordonner
S'il vous plaist ?

BONNE COMPAIGNIE.

  Tost, legierement.

PASSETEMPS.

Pour commencer l'esbatement,
Ça, Friandise, ma mignonne,
Je vous vueil mener gentement,
S'il ne tient à vostre personne ?

FRIANDISE.

A vostre gré je m'abandonne
En tout honneur, sans mal penser.

PASSETEMPS.

Qui à villennie s'adonne,
Jamais pas ne puist-il passer !
  Il la prent par la main.
Quant ainsi vous tiens par la main
Et voy vostre visage humain
Plus doulx que d'une Magdaleine,
Il me souvient du joyeux train
De Paris, qui ronge son frain,
Tant est surpris de dame Helaine [3].

FRIANDISE.

Et quand je voy le doulx ymaige
De vostre gracieux visage
Où il y a beaulté foison,
Il m'est advis, en mon couraige,
Que je face le personnaige
De Medée, et, vous, de Jason [4] ?

---

1. Pour *noiret*, « un sou », c'est ainsi que cette monnaie de cuivre, si vite noircie par l'usage, était appelée du peuple ; par contre, il appelait « blanc » la petite monnaie d'argent qui suivait le sou.

2. « Je me fais fort, je donne caution (*pleige*), que je boirai autant de coups que l'on en boira pour moi. »

3. Vin fait avec le *musca leau*, raisin muscat.

4. « Qu'on finisse par une rôtie bien colorée. » On la mettait au fond du hanap passé de main en main, et elle restait à celui ou celle pour qui l'on buvait. C'est de ce mot *tostée*, et de cet usage, qu'est venu *toast*. Dans *Jehan de Saintré*, ch. LXXII, on trouve entre autres friandises « De la tostée à la poudre de Duc, du vin blanc, et ypocras au muscadet. » De cette coutume de la tostée était aussi venue l'expression « souffler la rôtie » pour « bien boire » ..
C'est moy, dit d'Assoucy en ses *Aventures*, ch. IX :

  C'est moy qui soufflois la rostie,
  Et qui beuvois plus d'ypocras.

5. « Qu'on nous présente, qu'on nous serve. » C'est le sens que le *propinare* latin a dans Plaute et Térence.

6. Le prunier de Damas nous avait été apporté, au temps des croisades, du pays dont il gardait le nom. V. Le Grand d'Aussy, *Vie privée des François*, t. I, p 269.

---

1 Le jambon était en effet le mets populaire et rustique. Dans les *Vigiles de Charles VII*, « le beau et gras jambon » est ce que Labour regrette de ne pouvoir plus manger. Gourmandise, qui mange tout gloutonnement, s'en satisferait bien, tout à l'heure, elle avalera une limace.

2. « Peu. »

3. Paris, filz du roy Priam, ravit Helaine, femme de Menelaus, roy de Lacedemonnie.   (*Note de l'auteur.*)

4 Jason se acointa de Medée, et, par le conseil d'elle, conquesta la Toison. Ces matieres sont traictées en l'*Hystoire de Troye*

BONNE COMPAIGNIE.
Sus, sus, sonnez une chanson :
Si verrez quelque sault gaillart !

PASSETEMPS.
Tantost monstreray la façon
De dancer sur le nouvel art.

Est à noter que, sur l'eschaffault ou en quelque lieu plus hault, seront les instrumens de diverses façons, pour en jouer et diversiffier, quant temps sera. Et sur ce present passaige pourront jouer une basse dance assez briefve [1]*, puis dira Disner :*

DISNER.
Il nous fault tyrer ceste part,
Où sont toutes joyeusetez :
Bonne Compaignie y depart
Ses jeux et gracieusetez.

SOUPPER.
Tous troys avons les voulentez
De la suyvir [2] à toute instance.

BANCQUET.
Ung beau salut luy presentez,
Pour impetrer son acointance.

DISNER.
Je prie à la divine Essence,
Qu'elle tienne en convalescence [3]
La dame et son estat notable.

BONNE COMPAIGNIE.
Dieu gard les seigneurs d'excellence !
Venez gouster de l'opulence
Des biens qui sont à ceste table ?

SOUPPER.
Pardonnez-nous, dame louable,
Se à vostre logis honnorable
Sommes venus sans inviter ?

BONNE COMPAIGNIE.
Cela, ce m'est chose aggreable.
Toutesfois, il est raisonnable
Que je oye voz noms reciter.

DISNER.
J'ay nom Disner.

SOUPPER.
Et, moy, Soupper.

BANCQUET.
Et, moy, Bancquet, gent et legier.

DISNER.
Pour gens à table occuper,
J'ay nom Disner.

SOUPPER.
Et, moy, Soupper.

BANCQUET.
Je fays plusieurs biens dissiper
Et hors heure boire et manger.

DISNER.
J'ay nom Disner.

SOUPPER.
Et, moy, Soupper.

BANCQUET.
Et, moy, Bancquet, gent et legier.

BONNE COMPAIGNIE.
Telz hostes doit-on bien logier :
Ilz sont de prix et de valleur.
Or, sus, mes gens, sans plus songier,
Faictes-leur boire du meilleur ?

DISNER prent la tasse.
Vostre vin a belle couleur.

Passetemps, Je-boy-à-vous et Je-pleige-d'autant leur baillent les tasses.

SOUPPER.
La saveur vault encores mieulx.

BANCQUET.
C'est vin pour guerir de douleur
Et pour enluminer les yeulx.

DISNER.
Dame de maintien gracieux,
Dictes, sans penser à nul vice,
Qui sont ces cueurs solacieux
Qui vous font honneur et service ?

BONNE COMPAIGNIE.
Tantost en aurez la notice [1] :
Veez cy Passetemps, au plus près ;
Je-boy-à-vous, homme propice,
Et Je-pleige-d'autant après.
  Elle les monstre.
Veez cy la frisque Friandise,
Qui au plat gentement s'avance ;
Veez cy la gloute Gourmandise,
Et puis veez cy Acoustumance.

DISNER.
Pour Dieu ! n'ayez à desplaisance
Se de leur estat enquerons ?

SOUPPER.
Ce sont gens de resjouyssance.

BANCQUET.
Ilz sont telz que nous les querons.

DISNER.
Ma dame, nous vous requerons
Que vers nous faciez le retour ;
Car tous troys certes desirons
De vous festoyer tour à tour.

BONNE COMPAIGNIE.
D'y prendre repas et sejour,
La chose point ne me desplaist :

---

que a escript Guido de Columna, et au paravant, Omere, Virgille, etc.
(*Note de l'auteur.*)

1. Les « basses danses » étaient pour les compagnies, les « hautes danses » pour les bateleurs. Parmi les premières, on préférait alors la *gaillarde*, la *volte*, la *pavane*, etc.

2. Cette forme du mot *suivre* est du temps, mais ne lui survécut guere.

3. « Bonne santé, vigueur. » Rabelais a dit dans le même sens (II, ch. XXIII) « Et par ce moyen fut guary, et reduyct a sa premiere convalescence. »

1. « La connaissance, » du latin *notitia*.

Employer y voulons ce jour,
Mes gens et moy, puisqu'il vous plaist.

DISNER.
Chez moy viendrez sans plus d'arrest,
Car je vueil commencer la feste.

BONNE COMPAIGNIE.
Je le vueil bien.

DISNER.
   Tout y est prest,
En salle plaisante et honneste.

SOUPPER.
Ma dame, sachez que j'appete[1]
Vous avoir au second repas ?

BANCQUET.
Et le dernier tour me compete[2] :
Vous y viendrez, ne ferez pas ?

BONNE COMPAIGNIE.
Ouy, nous yrons pas à pas,
Prendre refection humaine.

DISNER.
Dame bien faicte par compas[3],
Vous plaist-il bien que je vous maine ?

Il l'emmaine par-dessoubz le bras, et Soupper et Bancquet se retirent.

BONNE COMPAIGNIE.
Pour moy prenez beaucoup de paine,
Mais il sera remuneré.

DISNER.
Veez cy mon logis et demaine[4] ;
Veez cy l'estat tout preparé.
Or sus, Escuyer moderé,
Et vous, Escuyer proffitable,
Avez-vous si bien labouré[5],
Que tout soit prest pour seoir à table ?

Notez que l'Escuyer, le Cuysinier et les deux Serviteurs sont du commun, et serviront aux troys, etc.

L'ESCUYER.
Viande avez moult delectable,
Bonne saulce et bonne vinée.

LE CUYSINIER.
Pour brigade doulce et traictable,
Viande avez moult delectable.

LE PREMIER SERVITEUR.
Et si avez servant notable,
En moy qui ay myne affinée.

LE SECOND SERVITEUR.
Viande avez moult delectable,
Bonne saulce et bonne vinée.

DISNER.
Or, sus, l'eaue est-elle donnée[1] ?
Font semblant de laver.

L'ESCUYER.
J'en sers, comme escuyer de bien.

DISNER.
Veez cy vostre place assignée,
Ma dame ?

BONNE COMPAIGNIE.
Je le vueil très-bien.

DISNER.
Passetemps, valeureux crestien,
Prenez vostre lieu cy de coste,
Et puis chascun prengne le sien,
L'ung après l'autre, coste à coste.

BONNE COMPAIGNIE.
Cy sera la place de l'hoste.

DISNER.
Ha, je feray bien, n'en doubtez.

LE FOL.
Mais où sera moy et marotte ?
Devons-nous estre deboutez ?

DISNER.
Apportez l'assiette[2], apportez ?

L'ESCUYER.
Mais quoy ?

DISNER.
   Frictures à foison,
Brouet, potaiges, gros pastez,
Beau mouton et beuf de saison.

LE FOL.
Se les gens de vostre maison
Ne vous servent selon raison,
Ilz auront de ceste massue.

DISNER.
N'oubliez le gras oyson,
Le cochon et la venoison,
Quelque entremetz, et puis l'yssue[3].

---

1. « J'ai appétit, désir »
2. « Me revient, est de ma compétence (*competit*). »
3. « De la façon la plus accomplie, la plus régulière, comme au compas. »
4. « Domaine. »
5. « Travaillé, » du *laborare* latin.

---

1. C'est par là que l'on commençait même avant de s'asseoir à table ; aussi, comme l'eau était la première chose servie au repas, disait-on pour désigner le son du cor qui l'annonçait lui-même, « corner l'eau ». On lit par exemple, t. I, ch. XXXIII, du *Perceforest* : « Temps estoit de manger, les trompettes *cornoient l'eau* en plusieurs lieux. » Tous les détails de l'eau cornée, apportée, etc., et du repas commençant ensuite, se trouvent dans le *Desconnu*.

 A li cort (*cour*) ont l augé (*l'eau*) criée,
 Et li valet l ont apportée ;
 Quand ont lavé si sont assis.

2. C'était le premier service, qu'on appelait ainsi parce qu'il se servait après qu'on s'était assis et que les maîtres d'hôtel avaient, comme on lit dans le *Menagier* (liv. II, ch. IV), « ordené l'assiette ». Dans ce même ouvrage, au même chapitre, « assiette » est toujours donné comme synonyme de premier mets, dans le *Livre de cuisine* de Taillevent aussi. Il indique au *Banquet de monseigneur d'Estampes* : « pour première assiette : chapons au brouet de canelle, poules aux herbes, choulx nouveaux, et puis la venaison. »

3. « Le dessert, la desserte, la *sortie* de table. » Ce mot « issue » se trouve avec cette acception dans l'ordonnance de janvier 1563, faite pour prévenir le trop grand luxe dans les repas,

LE CUYSINIER.

Ça, gallans, de la retenue !
Ne voulez-vous rien despescher ?
Servez troys metz d'une venue ?
Si trouveront mieulx à mascher.

Le Cuysinier aura ses metz tous prestz sur quelque autre table et les baillera aux servans.

L'ESCUYER.

Je voy doncques ce plat coucher
Dessus la table promptement,
Et le poser honnestement,
Affin qu'ilz y puissent toucher.

LE PREMIER SERVITEUR.

Puis qu'il fault les metz approcher,
En servant gracieusement,
Je voys doncques ce plat coucher
Dessus la table promptement.

LE FOL.

Je ne cesse de me mouscher,
Affin d'estre plus nettement,
Mais compte on ne fait nullement
De moy non plus que d'ung vacher.

LE SECOND SERVITEUR.

Je voys doncques le plat coucher
Dessus la table promptement,
Et le poser honnestement,
Affin qu'ilz y puissent toucher.

DISNER.

Ma dame, je vous veuil trencher ?

BONNE COMPAIGNIE.

A vostre plaisir.

DISNER.

Or, tenez,
Dea, il ne fault pas tant prescher.
J'entens que tous y advenez.

PASSETEMPS.

Amplement nous entretenez.
Voicy beaulx metz frians et doulx.

DISNER.

Versez du vin et leur donnez
Du fin meilleur ?

LE PREMIER SERVITEUR.

Ce ferons-nous.

JE-BOY-A-VOUS.

Seigneur hoste, je boy à vous !

DISNER.

Et je vous pleige[1] tout contant !

BONNE COMPAIGNIE.

Mes amys, je boy à vous tous !

JE-PLEIGE-D'AUTANT.

Quant à moy, je pleige d'autant !

FRIANDISE.

Passetemps joyeux et bruyant,
Pour moy ung petit ragouter[1],
S'il y a rien de bien friant,
Vous me le deussiez presenter ?

PASSETEMPS.

De cela ne vous fault doubte .
Je feray vostre remonstrance.

GOURMANDISE.

Quant à moy, je veuil bien bouter[2],
Boire et manger jusqu'à oultrance.

LE FOL.

Ilz ont le meilleur temps de France,
Sans soucy, sans melencolye.

ACOUSTUMANCE.

Il n'y fault que perseverance,
Et c'est le poinct où je les lye.

Notez que Soupper et Bancquet les espient par quelque fenestre haulte.

SOUPPER.

Vela une feste jolye !
Ilz ne se sçavent contenir.

BANCQUET.

Qui trop en prent, il fait folye :
Cela ne se peut maintenir.

SOUPPER.

Si fort son estomac fournir,
N'est pas pour avoir alegance.

BANCQUET.

Laissez-les devers nous venir ;
Nous en aurons brief la vengeance.

Notat que les Maladies se viennent icy presenter en figures hydeuses et monstrueuses, embastonnées[3], et habillées si estrangement, que à peine peut-on discerner si ce sont femmes ou hommes.

APPOPLEXIE.

Regardez bien ma contenance,
Puis enquerez de mon renom,
Affin qu'en ayez souvenance :
Appoplexie, c'est mon nom.
De tous sens et de motion
Je prive le corps qui est beau ;
Mais c'est pour l'oppilacion[4]

---

même ceux des noces et des fêtes : « Le roi y ordonne qu'en quelques nopces, banquets, festins ou tables privées n'y ait plus de trois services, a savoir les entrées de table, puis la chair ou poisson, et finalement l'*issue*. »
1. V. une des notes ci-dessus.

1. « Remettre en goût. »
2. « Pousser, aller toujours de l'avant. » Rabelais (liv. V, ch. XXXV) dit dans ce sens : « *Boutons, boutons,* passons oultre » et Finet dans la *Moralité des enfans de maintenant :*

Comme rudement tu me *boutes*.

Du mot *boute*, dans le sens de « pousser », qu'il avait aussi pour les plantes et les fleurs, est venu « bouton, bouture ».
3. « Armées de bâtons. » *Et*, dit La Fontaine, avec le même sens, dans la *Chatte metamorphosee en femme,*

Et fussiez-vous *embastonnés,*
Jamais vous n'en seriez les maîtres.

On verra tout à l'heure que ces bâtons serviront.
4. « Obstruction. » Ce mot est dans Ambroise Paré (liv. XXIV, ch. XXXIX) : « Par opilation des remedes, qui ferment et bouchent les pores. »

Des ventriculles du cerveau.

PARALISIF.

Aussy, fais-je du bruyt nouveau ;
Moy, Paralisie, aygrement :
Les nerfz, qui sont dessoubz la peau,
Je mollifie lourdement.
Le sentir et le mouvement
Je desreigle, quand je les touche :
Là se treuvent finablement
Ceulx qui font les excès de bouche.

EPILENCIE [1].

Et moy, qui suis Epilencie,
Dois-je pas avoir renommée ?
Je suis la seur d'Appoplexie,
Qui s'est premierement nommée :
Par moy est la teste estonnée,
Par moy tous jeux sont en debatz ;
Par moy ont la malle journée,
Gormans qui prennent leurs esbatz.

PLEURESIE.

Pleuresie revient en place,
Qui est ung mal fort redouble.
Je fais mourir en brief espace
Bien souvent le plus hault monté.
Es pennicules du costé
Une apostume metz et couche [2] :
Par ainsi sentent ma durté,
Ceulx qui font les excès de bouche.

COLICQUE.

Et que direz-vous de Colicque,
Passion de travail comblee ?
C'est la très plus melancolicque,
Qui soit en toute l'assemblee.
Dedans collon [3] je suis collée,
Qui est l'ung des boyaulx plus bas :
Par moy ont la pance troublee
Gormans qui prennent leurs esbas.

ESQUINANCIE.

Sachez que plusieurs maulx je forge,
Moy, Esquinancie l'inhumaine,
Car je prens les gens par la gorge,
Et souvent a mort je les maine.
Au boyre, manger et alayne,
Le chemin je forclos [4] et bousche,
Et fais mourir de mort villaine
Ceulx qui font les excès de bouche.

YDROPISIE.

Ydropisie fait terreur,
A veoir sa façon destructive ;

Et dit-on que je suis erreur,
Dedens la vertu unitive :
Par matiere dessiccative,
Les povres paciens combas,
Et fais mourir de mort hastive
Gormans qui prennent leurs esbas.

JAUNISSE.

Et moy, on m'appelle jaunisse,
Icteriçia, en latin :
Combien qu'on me repute nice [1],
Si fais-je merveilleux hutin [2].
Peau blanche comme parchemin
Rends descouloureé et farouche [3].
Ainsi passent par mon chemin
Ceux qui font les excès de bouche.

GRAVELLE.

Est-il de moy quelque nouvelle,
Qui suis ung morbe official [4] ?
Medecins m'appellent Gravelle,
Torment assez especial.
Par faulte d'emplir l'urinal,
Mes suppos renverse et abas,
Et metz en detriment final
Gormans qui prennent leurs esbas.

GOUTTE.

Que direz-vous de moy la Goutte,
Qu'on dit Ciragie [5] ou Arteticque [6] ?
En mon cas homme ne voit goute,
Tant soit medecin auctentique.
Je suis podagre sciatique,
Pire que n'est la poignant' mousche :
Dieu sçait comment je poins et picque
Ceux qui font les excès de bouche !

APPOPLEXIE.

Quant nous sommes tous ensemble
Autour d'ung povre corps humain,
Respondez-moy, que vous en semble,
N'est-il pas cheut en bonne main ?

PARALISIE.

Corps qui est trop farcy de sain [7],
De vin, de pain, de chair friande,
Ne peut estre longuement sain,
S'il ne digere sa viande.

SOUPPER.

Et Bancquet sera avec luy.
Voicy les gens que je demande :

---

1. « Niaise, sotte. »
2 « Trouble, ravage. »
3 « De couleur fauve, comme celle des bêtes farouches. »
4 « Une maladie (morbe) m'attaquant aux parties principales. » On les appelait en effet « officiales », comme on voit dans Monde ville, fol. 1. Rabelais devait s'amuser de cette importance donnée a la gravelle, « morbe official, » et a ses suites quand il a dit (liv. I, ch IX) « Te pot a pisser est un official »
5 C'est-a-dire *chiragie* C'est la goutte des mains, comme a *podagre* la goutte des pieds
6. « Articulaire » C'était le nom technique qu'on donnait à la goutte A. Paré, liv XXI, ch. 1 « De la maladie articulaire, dite vulgairement goutte. »
7 « Suin, graisse. » Ce mot n'est resté que dans *saindoux*.

---

1. « Epilepsie » On disait aussi *espilencie*, comme Eust. Des champs « Je vouldroye qu'ils fussent mors du mal d'espilencie. » On appelle encore *epilance*, l'espece d'épilepsie à laquelle sont sujets quelques oiseaux, tels que le sansonnet, le rouge gorge.
2 « Je mets profondément un abcès, une fluxion, dans le tissu cellulaire du coté » Ambroise Paré dit « panniculè », comme on dit encore aujourd'hui (liv. I, ch II) « l'epiderme, le vrai cuir, le panniculè charnéux, meslé avec la griesse »
3. On sait que c'est le gros intestin.
4. « Je barre, je ferme au dehors. »

Dieu gard ces nymphes desbifées [1] !
Si pour quelque chose vous mande,
Y viendrez-vous bien eschauffées ?

EPILENCIE.

Mais que nous soyons estoffées
De nos bretelles [2] et bastons,
Nous y troterons comme fées,
Ou comme garoux ou luytons [3].

SOUPPER.

Bancquet et moy, nous attendons
Bonne Compaignie et ses gens,
Lesquelz festoyer entendons
De tous metz gracieux et gens :
De leur santé sont negligens,
Et pourtant chastier les fault ;
Si veuil que soyez dilligens
De leur faire ung petit assault.

PLEURESIE.

Mais voulez-vous que, de plain sault,
On les face morts tresbucher,
Ou qu'on les envoye en lieu chault,
Tous malades, pour eulx coucher ?

SOUPPER.

Premier, il vous fault embuscher
En mon logis secrettement :
Et puis je vous vray hucher [4],
Pour commancer l'esbatement.
Lors viendrez-vous soubdainement
A l'estourdy frapper sur eulx,
Pour leur monstrer visiblement
Que long Soupper est dangereux.

COLICQUE.

D'autant qu'ilz sont beaulx et joyeux,
De tant les ferons plus cornars [5] ;
Voire, pardieu, si roupieux [6],
Qu'ilz s'enfuiront comme renars.

ESQUINANCIE.

Vous les verrez, de toutes pars,
Partir dehors, comme esgarez.
Je croy qu'ilz seront bien espars,
Esparpillez et separez.

SOUPPER.

Quant temps sera, vous y viendrez,
Et besongnerez sans les craindre.

BANCQUET.

A moy aussi vous ne fauldrez,
Pour les parachever de paindre ?

YDROPISIE.

Sans rien dissimuler ne faindre,
Seront rencontrez face à face !
J'ay bien espoir de les contraindre
A tantost vuyder de la place.

SOUPPER.

Oh ! il souffist, le temps se passe :
Vous frapperez sur les manteaux ?
Je voys, tandis que j'ay espace,
Appointer mes billebateaux [1].

BONNE COMPAIGNIE.

Or ça, reboutons noz cousteaux.
La disnée est bien acomplye.
Faictes oster tables et treteaux,
Mon hoste, je vous en supplie ?

DISNER.

Ma dame Bonne Compaignie,
Maistresse d'excellent degré,
Vous et vostre belle mesgnye,
S'il vous plaist, vous prendrez en gré

LE FOL.

Sainct Jehan ! vous m'avez bien monstre
Que je suis fol totallement :
Au moins, si j'eusse rencontré
Ung voirre de vin seullement !
Ne suis-je pas bien acoustré ?
Je ne sçay comment on l'entend :
Puisque je n'ay rien impetré,
Je iray jouer au mal content [2].

BONNE COMPAIGNIE dit Graces.

Mon Dieu, qui, au commencement,
Le monde soubz le firmament,
Si richement edifias,
Des biens dont avons largement,
Te mercions presentement
De bon cueur.

JE-BOY-A-VOUS et JE-PLEIGE-D'AUTANT.

Deo gratias.

JE-BOY-A-VOUS.

Dieu, qui, par louables façons,
De cinq pains d'orge et deux poissons
Grant multitude sacias [3] :
De tes viandes et beaulx dons
Humblement graces te rendons
De bon cueur.

PASSETEMPS et JE-PLEIGE-D'AUTANT.

Deo gratias.

---

1. « Défaites, ayant mauvaise mine. » Semble, lit-on dans la Farce des Chambrieres,

Semble que soyez debiffre,
Vous avez la couleur tant pasle

2. « De nos petites épées. » La brette, dont le nom n'est resté que dans son dérivé bretteur, était une épée bretonne Du nom du mince baudrier qui servait a l'endosser est venu le mot bretelle.

3 « Lutins et loups-garous. »

4 « Appeler. » Cet appel des repas dîner ou souper, se faisait, comme nous l'avons vu, avec un cor. De ce mot hucher, on l'appelait huchet. On l'imitait en soufflant dans ses mains, c'est ce que Rabelais (liv. I, ch. xi) appelle « huchet en paume »

5 « Ridicules. »

Honteux, confus. » Nous avons déja vu ce mot.

1. Pour « billebadeaux », noms qu'on donnait aux chiens qui « billebaudaient », chassaient en désordre, et ne faisaient que se perdre en « billebaude ». C'est encore un terme de vènerie

2 Jeu de cartes que Rabelais (liv. I, ch xxii) n'oublie point parmi ceux qu'il fait jouer à Gargantua. Il dit « au maucontent ». Ce nom lui venait de celui qui étant mal content de sa carte tâchait de la changer. S'il n'y parvenait pas, il devenait le malheureux, le here, autres mots par lesquels on designait le même jeu.

3. « Rassasias ». C'est une forme plus voisine du radical latin satiare.

BONNE COMPAIGNIE.

Or ça, danseurs, estes-vous las?
Il fault reprendre l'ordinaire,
Et pour mener quelque solas,
Faictes jouer le lutenaire [1].

PASSETEMPS.

Madame, c'est moy à faire :
Je voys le cas executer.
Au demourant de nostre affaire,
Pensez de l'hoste contenter.

DISNER.

De cela ne fault sermonner.

BONNE COMPAIGNIE.

Il vous a cousté largement.

DISNER.

Je vous ay bien voulu donner
Ce repas amyablement.

BONNE COMPAIGNIE.

Puis que ne voulez autrement
Recompense de tous vos biens,
Je suis vostre totallement,
Et si vous offre tous les miens.

PASSETEMPS.

Toy, joueur, qui vois noz maintiens,
Tous pretz de marcher et passer,
Puis que le lutz en ta main tiens,
Sonne! Si nous feras danser.

L'instrument sonne, et les troys hommes mainent les troys femmes et danceront telle dance qui leur plaira, et cependant Bonne Compaignie sera assise.

L'ESCUYER.

On doit de soy-mesmes penser :
Gallans, allons croquer la pie.

LE PREMIER SERVITEUR.

Sus, il nous fault recommancer :
On doit de soy-mesmes penser.

LE SECOND SERVITEUR.

Je suis content de m'avancer,
Car autre chose je n'espie.

LE CUYSINIER.

On doit de soy-mesmes penser :
Gallans, allons croquer la pie [2].
Je n'en puis plus, se je ne pie [3]
Quelque pianche [4] bonne et fresche.

LE PREMIER SERVITEUR.

Je croy que j'auray la pepie,
Tant ay la povre langue seiche.

LE CUYSINIER.

Voicy ung plat, pesche cy pesche,
Combien qu'il n'y ait rien de chault.

LE FOL.

Au moins, donnez-nous une pesche
Pour faire ung peu gobe quinault [1]?

LE SECOND SERVITEUR.

Va, Fol, va! Qu'esse qu'il te fault?
Dois-tu si avant approcher?

LE FOL.

C'est à propos : ne bas ne hault,
Je ne trouve riens que mascher.

SOUPPER.

Gent Escuyer, mon amy cher,
S'il vous plaist, vous ne fauldrez pas
De venir servir et trencher [2]
Chez moy, à ce second repas?

L'ESCUYER.

Vous aurez des gens ung grant tas :
Pensez à la provision?

SOUPPER.

Pour entretenir tous estatz,
J'ay assez preparacion.

BANCQUET.

Et après la refection,
Ilz doivent chez moy banqueter;
Je vous prie par affection,
Que vous y vueillez assister?

L'ESCUYER.

Puis que me venez inviter,
Il appartient bien que j'aille;
Nous yrons le cas actinter [3],
Et n'en voulons denier ne maille.

LE CUYSINIER.

Vous serez servy, ne vous chaille [4],
De rosty, boully et gelée [b] :
Il n'y fault point de chair salee,
Mais connins [6], perdrix et poullaille,

LE PREMIER SERVITEUR.

S'on peut trouver quelque vollaille,

---

1. Lutenaire, *id est* joueur de lutz. (*Note de l'auteur*.)
2. « Boire » La *pie* ou le *piot* étaient « le boire ». La *Farce du Chauldronnier*, qu'on trouvera plus loin, finit ainsi

    Allons jouer de la machouere
    Et l'ho tel croquer la *pie*, etc

3. « Si je ne bois. »
4. « Vin » C'est un mot resté dans l'*argot* Une chanson du temps de Louis XIII disait

    Helas bonne *pianche*,
    Que feray-je sans toy?
    Tu me sers de retranche,
    Quand j'ay la plus grand soif.

1. « Le glouton. » C'est le sens que Cotgrave donne à ce mot, qui a surtout trait à la voracité du singe, *quin*, dans l'ancienne langue, et *quinault*.
2. « Découper » C'était l'office de l'écuyer tranchant, dont l'art trouva son manuel, en 1581, dans le curieux volume, *Il Trinciante di M. Vincenzo Cervio*, etc. Venetia, in-4°.
3. « Essayer, tenter » Nous avons déjà vu « actaintes » dans le sens de *tentative*.
4. « N'ayez souci. »
b On faisait surtout des ornements avec les *gelées*, on leur faisant prendre l'empreinte des armes du seigneur qui donnait le banquet et en les servant ainsi sur table. V. à ce sujet dans Le Grand d'Aussy, *Vie privée des François*, t. II p 322, « memoire pour faire un écriteau (*carte du menu*) pour banquet. »
6 « Lapins, » du latin *cuniculus*, qui se retrouvait encore mieux dans *connil*, autre forme du mot.

Soit en montaigne ou en vallée,
Vous serez servy, ne vous chaille,
De rosty, boully ou gelée.

LE SECOND SERVITEUR.

Je n'y feray chose qui vaille,
Si je n'ay la teste enyvrée ;
Mais si la boisson m'est livrée,
Je verseray plus dru que paille.

L'ESCUYER.

Vous serez servy, ne vous chaille,
De rosty, boully et gelée ;
Il n'y fault point de chair salée,
Mais connins, perdrix et poulaille.

SOUPPER.

Or, sus, Escuyer, je vous baille
La charge et le gouvernement.

L'ESCUYER.

Nous yrons tous, vaille que vaille,
Et au banquet consequamment.

BONNE COMPAIGNIE.

Est-il estat que vivre plaisamment,
Joyeusement, sans aucun plaisir prendre ;
Boire d'autant, manger pareillement,
Abondamment, et puis honnestement
L'esbatement et le jeu entreprendre.
A bien comprendre, et la matiere entendre,
Chascun doit tendre à tenir cest usage.
Il est bien fol qui cerche son dommage !
   Dansons, ryons,
   Sans nul soucy ;
   Chantons, bruyons,
   Dansons, ryons,
   Douleur fuyons,
   Et paine aussi ;
   Dansons, ryons,
   Sans nul soucy :
Ne se doit-il pas faire ainsi,
Qui peut et qui a l'aisement [1] ?

PASSETEMPS.

Il seroit bien fol, Dieu mercy,
Quiconque feroit autrement.

BONNE COMPAIGNIE.

On doit vivre amoureusement,
Et hanter les dames honnestes.

PASSETEMPS.

Je m'en mesle communement,
Mais je ne quiers que les plus nettes :
   Faces sadinettes [2],
   Plaisans godinettes [3],
   Belles à choisir,
   Fillons ou fillettes,
   Blanches, vermeillettes,
   C'est tout mon desir.

JE-BOY-A-VOUS.

Et je trouve ailleurs mon plaisir,
Car j'ay autre condicion.
Je prens voulentiers le loisir
   De vacquer à potacion [1] :
   Bouteille ou flascon
   De vin de Mascon,
   Je le trouve sain ;
   Celluy de Dijon,
   Et de Mont Saulion [2],
   Ou de Sainct Poursain [3].

JE-PLEIGE-D'AUTANT.

Je suis vostre cousin germain,
Car je croy que homme ne m'en passe :
Se vous buvez à verre plain,
Je joue aussi de passe passe.
   Ce bon vin j'entasse,
   Tousjours tasse à tasse,
   Par icy dedens :
   Pour une trincasse [4],
   Cela ne me casse
   Ne langue ne dens !

FRIANDISE.

Puisqu'il fault parler des despens,
Se la maison est raisonnable,
Ne laissez pourtant en suspens
Le manger qui est convenable :
   Je desire table
   Pourveue et sortable
   De bonne viande
   La plus delectable
   M'est plus prouffitable ;
   Pourtant la demande.

GOURMANDISE.

Et moy, qui suis ung peu gourmande,
J'appete [5] vivres à foison,
Comme ung seyticr de laict d'amande [6]
Et cinq pastez de venoison.
   Pour ung desjunon [7],
   Je ne vueil, sinon
   De vin une quarte.
   Avec ung oyson,

---

1. « Aisance, fortune. »
2 « Jolies, agréables. » Nous avons deja vu ce mot.
3. « Filles plus que joyeuses » V sui ce mot le Carpentariana, p 164 — Une chanson du XVIe siecle, dont l'air est devenu celui de « O clair de la lune, » commençait ainsi :
   Golinette,
   Toi que j'aime tant.

1 « A bien boire, » potare
2. C'est le vin de Saulieu, dans la Côte-d'Or, arrondissement de Semur. La situation de la ville située sur un versant de montagne justifie ce nom de Mont Saulieu ou Saulion, qu'on lui donne ici.
3. C'est un vin du Bourbonnais, qui ne compte guere aujourd'hui. Saint Pourçain, dans l'Allier, s'est fait un certain renom par sa coutelerie, ses huiles, ses laines, même sa biere, mais on ne parle plus de son vin,

De Sainct Pourçain le gentil bourbonnois,

comme disoit Pierre Danche en son *Blason des bons vins de France*.
4. « Un coup a trinquer »
5 « Je desire, j'ai appétit de .. »
6 C'était une des plus rares délicatesses, aussi faut il etre Gourmandise pour en demander tout un septier ! Il en est parlé dans les *Fabliaux*, qu'a publies Burbazan, t. IV, p 96, le *Menagier*, liv li, ch. 1, en donne la recette.
7. « Déjeuner. »

Nourry de saison,
Le flan et la tarte.

ACOUSTUMANCE.

Avant que le jeu se departe,
On voira comme tout ira.
Ce m'est tout ung, Marie ou Marte,
Mais quelque ung s'en repentira ;
Car tel gaudira,
Et tant joyra
Des biens savoureux,
Que mal sortira,
Car il sentira
Loyer douloureux [1].

LE ROI.

Et c'est la fin des amoureux,
Et des gourmans pareillement :
Premier deviennent langoureux,
Et puis ilz meurent meschamment.

Soupper parle à Bonne Compaignie.

SOUPPER.

Dame vivant triumphamment,
Je vous faiz declaration,
Qu'il est heure presentement
De prendre sa refection.

BONNE COMPAIGNIE.

Je suis de ceste oppinion :
Là se fait-il bon occuper.

SOUPPER.

Venez veoir l'abitacion,
Où j'ay preparé le soupper ?

Il l'emmaine par soubz le bras.

PASSETEMPS.

Nous yrons tous per ou non per [2],
Il est ainsi determiné.

JE-BOY-A-VOUS.

Si avoit-il bien a couper,
Au lieu ou nous avons disné.

JE-PLEIGE-D'AUTANT.

J'ay tout digeré et myné [3],
Et suis prest comme au par avant.

FRIANDISE.

Cheminons ! c'est trop sermonné,
Bonne Compaignie est devant.

GOURMANDISE.

J'ay intencion maintenant
De bien gourmander et manger.

ACOUSTUMANCE.

Je iray tant ces gens pourmenant,
Qu'ilz tresbucheront en danger.

SOUPPER.

Escuyer gentil et legier,

1 « Triste récompense »
2 « Comme il vous plaira, un par un, ou deux par deux »
3 « Rongé » On lit dans *Baudoin de Sebourg* (liv VI, p 616)
   Quand elle a fait de l'hom tout ce qu'elle voira,
   Et elle l'a miné si bien que rien n'y a,
   Dont luy tourne le dos, a un autre s'en va

Faictes laver et seoir voz gens ?

L'ESCUYER.

Pensez que je suis mesnagier,
Pour servir contes et regens.

LE CUYSINIER.

Serviteurs, soyez diligens
De servir l'assiette premiere.

LE PREMIER SERVITEUR.

De rien ne seront indigens :
Je y entendz de bonne maniere

LE SECOND SERVITEUR.

Devant ma dame la gorriere,
Voys presenter ce gibelet [1] ?

LE CUYSINIER.

Et toy, demoures-tu derriere ?

LE SECOND SERVITEUR.

Je voys servir ysabelet [2].

SOUPPER.

Madame, mangez, s'il vous plaist,
Et si tastez de tous noz vins ?
J'en ay du plus friandelet,
Qui soit point d'icy à Provins.
Sus, ho ! serviteurs barbarins [3],
Apportez-nous ces hustaudeaux [4],
Pouletz et chappons pelerins,
Cignes, paons, et perdriaux,
Epaulles, gigotz de chevreaux,
Becquasses, butors, gelinettes,
Lievres, conmns et lappereaux,
Herons, pluviers et alouettes ?

BONNE COMPAIGNIE.

Voz saulces sont-elles bien faictes,
Escuyer ?

L'ESCUYER.

Madame honnorée,
Veez-en cy de trop plus parfaictes,
Que cyve [5], ne galimaffrée [6] :

1. De ce mot, qui est resté dans l'anglais *giblets* (abatis), est venu celui de *gibelotte*. On voit dans Taillevent qu'on faisait volontiers le *gibelet* avec des oiseaux de riviere, assaisonnés d'epices et de verjus. C'était un plat assez en renom. *Cil* (ceux ci), lit on dans la *Bataille de quaresme et charnage*,
   Cil aiment poules et rost,
   Os eaux et gibelos,
   Entremellez de poucinets

2 « Dame Isabelle, Ysabeau »
3 Le sens de ce mot appliqué a des valets nous échappe.
4 C'est le jeune poulet, assez gros pour être chaponné, qu'on appelle encore, d'apres cet ancien mot, *heloudeau* ou *hetourdeau* dans quelques provinces On le savait roti. Le *Menagier* (liv II, ch ii) dit « Rost cinq cochons, vingt nétoudeaux. »
5 Le *cue* ou *cive*, dont le nom vient de *cepa* (oignon), est notre *civet*. Comme aujourd'hui, lievres et lapins y servaient surtout :
   Lievres et lapins en civet,
dit un fabliau donné par Barbazan (t IV, p 88). La recette du *cive* se trouve dans le *Menagier* (liv II, ch ii) et dans Taillevent qui l'assaisonne a outrance « Prenez canelle, gingembre, menues espices, verjus »
6 « Sauce paresseuse » dit le *Menagier* (liv II, ch v), mais qu'il veillait bien on y mettait « moustarde et pouldre de gingembre Elle servait comme on le voit dans Taillevent, pour « les poullettes ou chapon rostis et taillez par pieces. »

LA CONDAMNACION DE BANCQUET.

Tout premier, vous sera donnée,
Saulce robert [1], et cameline [2],
Le saupiquet [3], la cretonnée [4],
Le haricot [5], la salemine [6],
Le blanc manger [7], la galentine [8],
Le grave sentant comme basme [9],
Boussac [10], montée avec dodine [11],
Chaulhumer [12], et saulce madame [13].

1. Sauce aux oignons relevée de moutarde, dont Taillevent ne parle pas, ce qui nous étonne, car elle était connue avant Chalres VII, dont il fut le maître queux. Les *statuts des sauciers* de 1394 la nomment avec la *célestine*, la *sauce au pauvre homme*, la *cameline*. D'après Rabelais (liv. IV, ch. xl), elle porterait le nom de Robert, son inventeur, et il la déclare « salubre et nécessaire aux connils, roustiz, canars, porc fraiz, etc. »
2. Cette sauce, déjà nommée en 1394, comme on vient de le voir, et que, vers le même temps, Ch. d'Orléans rappelait dans un de ses *rondeaux*, se faisait avec une belle rôtie pour base, bien trempée, dit Taillevent « en vin vermeil tout pur ». Ensuite venaient le vinaigre et les épices, qu'on n'épargnait pas : « Quiconque, lit-on dans Ducange, au mot *Cameletum*, s'entremettra de faire sauce appelée *cameline*, qu'il la fasse de bonne cannelle, bon gingembre, bons clous de girofle. » Il n'y avait pas de bonne *galimafrée* (*fricassée*) de volaille sans sauce cameline. Le *Menagier* (liv. II, ch. iv) en veut « une quarte au saucier, » pour chaque dîner.
3. Sauce très-piquante dont le nom est resté. Le *Menagier* la recommande (liv. II, ch. v), « pour connins, ou pour oiseaux de rivière. »
4. Sorte de fricassée de « poulaille », avec pois nouveaux ou fèves nouvelles. Taillevent la fait même « aux amandes, avec gingembre et verjus, » quelquefois on s'y contentait de pois, fèves ou pois chiches. C'était alors ce que Taillevent appelle « cretonnée d'Espagne, » c'est-à-dire les *garbanzos*.
5. C'est déjà le vulgaire « haricot de mouton », qui s'appelle ainsi parce qu'il est fait de viande et d'os de mouton *haligotes* ou *haricotes*, c'est-à-dire mis en pièces. La recette qu'en donne le *Menagier*, qui le nomme « hericot de mouton » (liv. II, ch. v), ne diffère pas de celle d'aujourd'hui, moins les pommes de terre, bien entendu. Les oignons en plus grande quantité y suppléent.
6. Plat de poissons, brochets ou carpes, très-relevé d'épices « comme au brouet d'Allemagne », dit Taillevent. Nos mots de cuisine, *salmis* et *salmigondis*, que Rabelais (liv. IV, ch. lix) écrit *salmiquondins*, doivent en venir.
7. Taillevent en donne la recette pour le poisson, perche ou brochet, mais c'est surtout Didier Christol qu'il faut lire, en sa traduction du *De opsoniis* de Platine (1505, fol. 61), pour savoir comment de ce « brouet blanc », *jusculum album*, on faisait ce que Rabelais (liv. IV, ch. lix) appelle « des chappons au blanc manger. » C'était un composé de blancs de chapons et d'amandes pilés ensemble avec de la mie de pain mollet, du sucre, du gingembre, le tout passé au tamis, légèrement humecté d'eau rose, et ensuite épaissi sur le feu. Pour le servir, on le semait de pépins de grenades et de nompareilles de diverses couleurs.
8. Ce n'était alors qu'une préparation de poisson servie froide, mais très-réchauffée de vinaigre et d'épices, comme on le voit dans Taillevent. Le *Menagier* (liv. II, ch. v) n'en cite pas d'autre que « la galentine de poisson froid ».
9. Le *grave* était une sorte de purée de poisson ou de volaille, qu'on nommait ainsi parce que les morceaux en étaient menus comme grains de sable ou de *gravier*. Sous Louis XIII, le *grave* de brochet ou de carpe, dont Taillevent donne minutieusement la recette, se servait encore. Cotgrave l'appelle « hachis de poisson ».
10. C'était du lièvre faisandé, sentant la *bousse*, (la *pourriture*), comme on dit en Languedoc. D'après Taillevent, il se mangeait bouilli, et très-fortement épicé.
11. Sauce, que Taillevent dit être faite au lait ou au verjus, suivant ce qu'elle assaisonnait. La *dodine de lait*, par exemple, était pour les oiseaux de rivière. Jusque sous Louis XIII, ce fut une sauce « friande et delicate » V. la traduct. de *Lucien* par Richer, 1612, in-8, fol. 256.
12. Sorte de plat, dont il fallait sans doute se régaler d'abord par l'odorat, en se hâtant de le *humer* quand il était *chaud*. Il devait en effet, d'après la recette de Taillevent, être assez odorant : le brochet, qui en était la base, était assaisonné de force gingembre et safran.
13. Rabelais en parle (liv. IV, ch. l), et dit qu'on ne l'appelle ainsi que par altération du nom de Mondam, son inventeur. Taillevent en donne la recette qui diffère peu de celle de la sauce poi-

JE-BOY-A-VOUS.

Gourmandise, ma gentil femme,
Je boy à vous !

GOURMANDISE.

Souppons, souppons !
Laissez-moy en paix, par vostre ame !
Je vueil entendre à ces chappons.

FRIANDISE.

Avant que d'icy eschappons,
Nous sentirons bien les espices.

L'ESCUYER.

Veez cy cappes [1], lymons, popons [2],
Cytrons, carottes et radices.

JE-PLEIGE-D'AUTANT.

Gentilz galans, ne soyez nices
De verser du vin largement.

LE PREMIER SERVITEUR.

Nous sommes serviteurs propices,
Pour y entendre saigement.

PASSETEMPS.

Vous nous traictez honnestement,
L'hoste ?

SOUPPER.

Prenez en pacience.

ACOUSTUMANCE.

A parler veritablement,
Vous nous traictez honnestement.

FRIANDISE.

Tout est preparé nectement.

JE-BOY-A-VOUS.

Tout selon l'art et la science.

BONNE COMPAIGNIE.

Vous nous traictez honnestement,
L'hoste ?

L'ESCUYER.

Prenez en pacience.

LE FOL.

Ces gens n'ont point de conscience,
De tousjours le vin entonner,
Et si n'ont pas l'intelligence
De quelque chose me donner.
Mais, après morceaulx enfourner,
Quant les ventres seront largis,
Ilz auront, sans plus sejourner,
Ung bel effroy sur leur logis.

tevine. Dans l'une et dans l'autre ce sont des foies de volaille qui sont la base. On les hachait menus avec une rôtie de pain et des jaunes d'œufs.

1. Pour « câpres ». On s'en servait déjà pour relever les mets. Olivier de Serres, dans son *Théâtre d'agriculture* (anc. édit., p. 550), les trouve « toujours propres à confire », et A. Paré (liv. XX, ch. xxxvi), après les avoir recommandées avec le persil, le fenouil, etc., pour le bouillon de poulet, les déclare « bonnes à cause qu'elles aiguisent l'appétit et désopilent ».
2. Melons, qu'on appelait *popons*, *poupons*, du grec πέπων. Olivier de Serres, p. 540, nous prouve qu'on les appelait indifféremment de ces deux noms « Le naturel, dit-il, des melons ou *popons* est de n'estre transplantés, etc. »

Notez que les malades, par quelque fenestre, feront semblant d'espier les souppans, et ce est ce que le Fol monstre.

Regardez ces gracieux viz [1],
Qui font le guet par la fenestre ?
Tantost viendront, ce m'est advis,
Bouter chascun hors de son estre.

L'ESCUYER.

Visez à dextre et à senestre [2],
Affin que tous soyent contens ?

LE PREMIER SERVITEUR.

Quant à moy, je ne puis pas estre
De tous costez.

LE SECOND SERVITEUR.

Je y entends.
Croy que j'ay l'usaige et le sens
De servir aussi bien que toy.

LE PREMIER SERVITEUR.

Homme n'y a d'icy à Sens,
Qui s'y cognoisse mieulx que moy.

JE-BOY-A-VOUS.

Je boy à vous !

J-PLEIGE-D'AUTANT.

Se j'ay de quoy,
Tantost je vous iray plegier.

FRIANDISE.

Je n'en puis plus, si je ne boy.
Ça, la tasse, sans plus songier ?

Passetemps parle à Gourmandise et luy presente la tasse.

PASSETEMPS.

Voulez-vous point, après mangier,
Boyre ce vin nouveau percé ?

GOURMANDISE.

Contente suis de le logier.

PASSETEMPS.

Tenez, veez-le la tout versé.

GOURMANDISE.

Ça, ça, à beau cheval beau gué [3],
Cecy s'en va tout d'une alaine
Vous qui m'avez interrogué,
Je boy à vous à tasse plaine ?

PASSETEMPS.

Ho ! ne plorez plus, Magdalaine ;
Encor est le pot tout entier.

GOURMANDISE.

Je plore pour ma seur germaine,
Qui m'apprint si bien ce mestier.

SOUPPER.

Je voys visiter le quartier
De la cuysine cy auprès,
Pour veoir se dessoubz le mortier
Y a rien pour servir après.

BONNE COMPAIGNIE.

Partout iray là où vouldrez.
J'entretiendray de bon courage.
Mais j'entens que vous reviendrez
Incontinent ?

SOUPPER.

Si feray-je.

BONNE COMPAIGNIE.

Sus, gallans, qui avez l'usaige
De harper [1], ou instrumenter,
Trop longuement faictes du saige :
Une chançon convient fleuter :
Sçavez-vous point, j'ay mis mon cueur [2]...
Ou non pas, ou quant ce viendra...
D'ung autre aymer le serviteur...
Adviengne qu'avenir pourra...
Je demande où tard aura...
Allez, regretz, mon seul plaisir...
Jamais mon cueur joye n'aura...
Cela sans plus, l'ardent desir...
Pour joyeuseté maintenir...
Dictes, gentil fleur de noblesse..
J'ay prins amour, le souvenir...
De tous biens plaine est ma maistresse..

Icy dessus sont nommez les commencemens de plusieurs chansons, tant de musique que de vaul de ville [3], et est à supposer que les joueurs de bas instrumens en sçaurent quelque une qu'ils joveront prestement devant la table. Cependant Soupper vient vers le Cuysinier.

SOUPPER.

Or ça, n'est-il pas temps qu'on dresse
Les platz, pour fournir nostre yssue?

LE CUYSINIER.

Ho ! bon gré sainct Gris, je ne cesse.
Voyez-vous point comme je sue ?
Serviz serez d'une venue,
Incontinent, sans faire noise.
Veez cy fructerie menue,
Tarte couverte [4] et bourbonnoise [5] :

---

1. « Visages »
2. « A droite et à gauche, » *dextra et sinistra*.
3. « A bon cheval, il n'y a pas de mauvais passaige il passe tout ouls. » Cotgrave donne cette variante « a grand cheval, grand gué. »

1. « Jouer de la harpe »
2. Nous avons cherché la trace de la chanson, dont ce vers est le premier, et celle des onze autres qui suivent, sans rien trouver. La *Ballade faicte de plusieurs chansons*, donnée dans le *Jardin de Plaisance*, bien qu'elle soit à peu près du même temps, ne nous a rien fourni. Les chansons étaient, à ce qu'il paraît, aussi fugitives alors qu'aujourd'hui. D'un règne à l'autre, de Louis XII à François Ier, on ne les connaissait plus.
3. C'est la première fois que nous rencontrions cette forme du mot « vaudeville », qui déroute un peu ce que nous pensions de son étymologie, et même en question V pourtant ce que nous en avons dit dans le *Theatre du XVIe siècle*, Paris, Laplace, 1874, p 458 4e 9, note.
4. C'était, d'après la description qu'en donne Taillevent, une sorte de tarte au fromage
5. Autre tarte au fromage, d'après le même maître queux On prenait du plus fin fromage qu'on broyait, puis détrempait de creme et de jaunes d'œufs « Que la crouste, dit il, soit bien pétrie d'œufs, et soit couverte le couvercle entier, et orengée par dessus »

Vous avez des metz p'us de douze,
Pour servir ces trois marjollez :
Vous avez raton [1], tallemouse [2],
Gauffres, poupelins [3], darioles [4].

SOUPPER.

Servez-les à peu de parolles,
Escuyer, entendez-vous bien ?
Je voys faire des monopolles,
Dont il ne viendra pas grant bien,
Et soyez de bon entretien,
Tandis qu'à la table seront.

L'ESCUYER.

Je seray de si beau maintien,
Qu'à nul mal ilz n'y penseront.

LE CUYSINIER.

Qu'on aille veoir que c'est qu'ilz font ;
Qu'on aille ces platz desservir ?
Veez cy mon sucre qui se fond,
Et tout, par faulte de servir !

L'ESCUYER.

Allons donc la viande querir :
Si servirons le dernier metz.

LE PREMIER SERVITEUR.

Il ne faut rien laisser perir :
Allons donc la viande querir.

LE CUYSINIER.

De cela vous vueil requerir,
Car il en est temps desormais.

LE SECOND SERVITEUR.

Allons donc la viande querir :
Si servirons le dernier metz.

L'ESCUYER.

Il m'est advis que desormais
Vous vous rendez, quant à cecy.

Ilz desservent tous les metz de chair.

BONNE COMPAIGNIE.

Pour Dieu ! ostez ces entremetz ?
Nous demourons beaucoup icy.

LE PREMIER SERVITEUR.

Et je osteray cecy aussi.
Je voy que vous ne mangez point ?

---

1. Sorte de flan à la creme ou au fromage qu'on cuiait par les rues Ratons tout chauds.
2. Petite tarte triangulaire, aussi au fromage, qu'il fallait manger toute chaude Celles de Saint-Denis près Paris ont été célèbres jusqu'à ces derniers temps. Villon, dans son *Grand Testament*, parle déjà des talmouses.
3. Piece de four qu'on fait encore en province, et qui eut grande vogue jusqu'au xviie siecle Elle était pétrie, selon Richelet, de pur froment, de fromage, d'œufs et de sel. « On la beurre, ajoute-t-il, quand elle est cuite, c'est-à dire qu'on la fait tremper toute chaude dans du beurre. »
4. Gâteaux à la creme, dont le nom ne s'est pas encore perdu. Il y fallait, selon Taillevent, amandes à foison, « puis la creme foit frite au beurre, et largement sucré dans » Dans les *Repues franches* on voit figurer :

Darioles toutes entières.

V aussi Ducange, au mot *masritio*, et le *Menagier* (liv II, ch IV).

PASSETEMPS.

Nous avons bien fait, Dieu mercy !
Et fourny jaquette et pourpoint [1].

GOURMANDISE.

Je croy que la mousche vous poinct,
Ou vous songez, comme je cuyde :
Je n'ay mangé que tout à point ;
Encor y a-t-il ung boyau vuyde.

JE-BOY-A-VOUS.

Aussi, avez-vous belle bide [2] ?
Vous y pensez, Dieu sçait comment.

JE-PLEIGE-D'AUTANT.

Qui luy pourroit mettre une bride,
On la tromperoit lourdement.

L'ESCUYER.

Pour despecher legierement,
Çà, les platz ?

Le Cuysinier leur baille les platz de l'yssue, comme il est dit par avant.

LE CUYSINIER.

Tenez, veez-les là !

LE SECOND SERVITEUR.

Baillez-m'en deux pareillement,
Pour despescher legierement.

LE CUYSINIER.

Puisqu'ilz ont mangé longuement,
Portez l'yssue, et puis hola.

LE SECOND SERVITEUR.

Pour despecher legierement,
Çà, les platz ?

LE CUYSINIER.

Tenez, veez-les là.
Qui aultre service vouldra,
Si quiere ailleurs son advantaige.
Au fort, le Bancquet reviendra :
Je y voys faire le tripotaige [3].

L'ESCUYER.

Ma dame gracieuse et saige,
Cecy n'est point nouvelleté :
Nous avons rude et lourd usaige,
Supportez l'imbecilité.

BONNE COMPAIGNIE.

Vous nous donnez biens à planté [4],
Mais j'ay quelque suspicion,
Pour l'hoste qui s'est absenté
De nostre congregation [5] ?

L'ESCUYER.

Il fait la preparacion.

---

1. C'est à due « le moule du pourpoint, » le corps.
2. Pour « bed », d'où l'on a fait *bedon*, ventre.
3. « Le ménage, » comme dans La Fontaine, *la Lice et sa Compagne*.

Mères et nourrissons faisaient leur *tripotage*.

4. « A foison »
5. « De notre compagnie. »

BONNE COMPAIGNIE.
Quoy? Veult-il des gens recevoir?
L'ESCUYER.
Je n'en faiz autre mention.
Vous le pourrez tantost sçavoir.
Soupper qui vient solliciter les Maladies.
SOUPPER.
Estes-vous tous prestz?
JAUNISSE.
Ouy, voir.
SOUPPER.
Embastonnez?
GRAVELLE.
De bons bastons.
SOUPPER.
Pour frapper?
GOUTTE.
Pour faire devoir.
SOUPPER.
Serrez-les-moy [1] !
APPOPLEXIE.
Mais abatons.
PARALISIE.
Il faut que nous les combatons.
EPILENCIE.
Faisons debat!
PLEURESIE.
Faisons discord !
COLICQUE.
Entreprenons !
ESQUINANCIE.
Entrebatons!
YDROPISIE.
Monstrons rigueur !
JAUNISSE.
Monstrons effort !
GRAVELLE.
Voulez-vous qu'on les mette à mort,
Pour le refrain de la balade [2] ?
SOUPPER.
Nenny, mais batez-les si fort,
Que chascun soit rendu malade.
GOUTTE.
Vous me verrez faire gambade.
APPOPLEXIE.
Et je frapperay au plus hault.
Soupper leur monstre la compaignie, et ilz s'approchent.
SOUPPER.
Vous voyez toute la brigade?

1 « Empoignez-les-moi à pleins poings »
2. « Pour bien finir la chanson »

Allez besongner !
PARALISIE.
Il le fault !
EPILENCIE *commence le debat et dit :*
A eulx !
PLEURESIE.
A l'assault, à l'assault !
BONNE COMPAIGNIE.
Alarme ! Quelz gens sont-ce icy ?
ESQUINANCIE.
Vous avez l'estomac trop chault !
YDROPISIE.
Et vous, le ventre trop farcy !
GOURMANDISE.
Or je me rendz ! Pour Dieu, mercy !
SOUPPER.
Tous partirez de ma maison !
PASSETEMPS.
Ha ! l'hoste, faictes-vous ainsi ?
Bien voy qu'il y a trahyson !
Après ces motz, feront de grans manieres, abatront la table, les tresteaux, vaisselle et escabelles, et n'y aura personne des sept qui ne soit batu. Toutesfois, ilz eschapperont comme par force, l'ung déplayé [1]*, l'autre saignant. Et pourra durer ce conflit le long de une patenostre ou deux.*
Puis, quand ilz seront fuys, Jaunisse parlera.
JAUNISSE.
Nous les avons mis à raison.
Ilz s'enfuyent, les malheureux !
GRAVELLE.
Ilz ont eu horions foison.
J'ay trop bien deschargé sur eulx.
GOUTTE.
Ce sont gens gloutz [2] et dangereux,
Et ne sçavent que caqueter.
SOUPPER.
Ayez aussi propos songneux [3]
De les servir au banqueter.
APPOPLEXIE.
Sachez que nous yrons hurter [4].
SOUPPER.
Or, adieu, dame Appoplexie !
EPILENCIE.
S'ilz vous viennent plus visiter,
Appelez-nous ?
SOUPPER.
Je vous mercye.

1. « N'étant qu'une plaie. » Cotgrave dit « extremement blessé » (*extremely wounded*)
2. « Gloutons » ; nous avons déjà vu ce mot.
3 « Ayez soin à propos. »
4 « Frapper rudement », mot qui sous cette forme existe encore en anglais avec le même sens.

BONNE COMPAIGNIE.
Mais d'où vient ceste felonnye
De nous traicter si rudement?

GOURMANDISE.
Las! on m'a fait grant villennie :
Je saigne très-piteusement.

JE-BOY-A-VOUS.
J'ay souffert terrible tourment.

JE-PLEIGE-D'AUTANT.
J'ay tous les membres affollez [1].

FRIANDISE.
J'en clouche [2] merveilleusement.

ACOUSTUMANCE.
J'ay souffert terrible tourment.

BONNE COMPAIGNIE.
Ce Soupper est ung garnement :
C'est par luy que sommes foullez [3].

GOURMANDISE.
J'ay souffert terrible tourment.

ACOUSTUMANCE.
J'ay tous les membres affoulez.

BONNE COMPAIGNIE *monstre son sang*.
Regardez-cy, se vous voulez ?
Ce Soupper m'a icy attainte.

FRIANDISE.
Quelque vieille aux yeulx rebouslez [4]
M'a faicte en la teste une empreinte.

JE-PLEIGE-D'AUTANT.
Et une autre ne s'est pas fainte [5]
De me frapper sur la cervelle.

ACOUSTUMANCE.
On nous a baillé ceste estraincte.

JE-BOY-A-VOUS.
C'est pour nous piteuse nouvelle.

PASSETEMPS.
Oncques ne sentis douleur telle.
J'en ay les membres tous gastez.

GOURMANDISE.
Helas! moy, j'ay douleur mortelle.

JE-BOY-A-VOUS.
Où, ma mye ?

GOURMANDISE.
Par les costez.

BONNE COMPAIGNIE.
Qui sont ces nez esgratignez,
Et ces visages goufarins [1],
Qui nous ont si bien tatinez [2] ?
Ne sont-ce pas monstres marins?
Je croy que ce sont Tartarins [3],
Gotz ou Magotz vertigineux,
Babouins, bugles Barbarins [4],
Partans de Paluz bruyneux [5].

PASSETEMPS.
Or avons-nous esté joyeux,
Et prins repas delicieux,
En continuant jour et nuyt :
Mais, en la fin...

BONNE COMPAIGNIE.
Long Soupper nuyt.

JE-BOY-A-VOUS.
Le matin avons desjuné,
Consequemment très-bien disné ;
Dancé, saulté, et mené bruyt :
Mais, à la fin...

JE-PLEIGE-D'AUTANT.
Long Soupper nuyt.

FRIANDISE.
Chez l'hoste qui est detestable,
Avons tenu longuement table,
Pour manger chair, tartes et fruict :
Mais, en la fin...

ACOUSTUMANCE.
Long Soupper nuyt.

GOURMANDISE.
On peut bien disner à plaisance.

JE-PLEIGE-D'AUTANT.
On peut bien boire à suffisance.

PASSETEMPS.
On peut bien prendre son deduyt [6].

ACOUSTUMANCE.
Mais, en la fin...

BONNE COMPAIGNIE.
Long Soupper nuyt.
Or, ça, il n'en fault plus parler :
Nous avons eu maulx à planté.
En quelque lieu nous fault aller,
Pour recouvrer nostre santé.

Ilz se retrayent, comme pour eulx adouber [7].

---

1. « Étourdis de coups. »
2. Pour « j'en cloche, boite ». C'était la prononciation du temps.
3. « Blessés. » C mot qui alors avait un sens absolu, comme ici, et dans Olivier de Serres, p 977, ne s'emploie plus qu'avec le sens particulier de « pied foulé, etc., » d'où le mot *foulure*.
4. « Retournés, mis à l'envers, *a rebours* » Le peuple dit encore, dans le sens de remuer les yeux de façon à effrayer, « *ribouler* les yeux ».
5. « N'a pas fait semblant, mais y a été tout de bon. »

1. Pour *goufarins*, ou *goulafrins*, « visages de diable » Le diable, en effet, le grand avale-tout, etait appelé au moyen âge « le goulafre » V. Ducange, au mot *Gula*.
2. « Si rudement tâtés. »
3. « Tartares. »
4. « Bœufs sauvages de Barbarie. » *Bugle* était alors le nom de *Bufle*

Semblant doit faire d'être aveugle,
Ou plus simple que n'est un bugle,

lit-on dans le *Roman de la Rose*, v. 9732.
5. « Des marais couverts de brume (*pruina*) brouillard, » les *Palus-Méotides*.
6. « Son plaisir. »
7. « Refaire, réparer. » Le mot *radouber* de la langue des marins en vient. La forme *adober* était plus ordinaire.

L'ESCUYER.

Qu'esse cy? Ho!

LE PREMIER SERVITEUR.

Tout est gasté.

LE SECOND SERVITEUR.

Je n'y congnois ne pot ne verre.

L'ESCUYER.

Tout ce que avons cy aporté
Est rué bas [1].

LE PREMIER SERVITEUR.

Tout va par terre.

LE SECOND SERVITEUR.

Est-ce point d'un coup de tonnerre?

LE CUYSINIER.

Est-ce point d'ung coup de tempeste?

SOUPPER.

Relevez tout, et qu'on resserre?

L'ESCUYER.

Ha! vous avez fait ceste feste?
Quel maistre Antitus [2]!

LE PREMIER SERVITEUR.

Quel prophete!

SOUPPER.

J'ay monstré ung tour de fin hoste.

LE CUYSINIER.

Vous estes une faulse beste.

SOUPPER.

Ilz ont ceste premiere notte.
Sus, sus, gallans, il fault qu'on oste
Ces bagues et ceste vaisselle?
Entendez-y?

L'ESCUYER.

Je vous denotte :
Se riens y avez, querez-le.

LE PREMIER SERVITEUR.

Ce n'est pas de nostre querelle.

LE SECOND SERVITEUR.

Cela, c'est à faire à Marquet [3].

LE CUYSINIER.

Adieu ce gueux plain de cautelle?
Nous allons dresser le bancquet.

SOUPPER.

Je n'ay pas cy trop grant acquest,
Car je y pers vin, pain et formage.
On me doit bien nommer Jaquet [4] :
J'ay fait le fol à mon dommage.

L'ESCUYER.

Bancquet, gracieux personnage,
A qui desjà sommes submis,
Nous venons à vostre mesnage,
Pour faire ce qu'avons promis.

BANCQUET.

Bien soyez venuz, mes amys!
Ces gens sont-ilz levez de table?

LE CUYSINIER.

Ilz ont trouvez des ennemys
Qui leur ont fait guerre impoitab([1].

BANCQUET.

Soupper est assez decepvable [2],
Mais ne sonnez mot toutesfois,
Car je leur seray plus grevable [3],
Qu'il n'a esté, cent mille fois.
Parlons de feves et de pois,
Ou de ce qu'il m'est necessaire?

Il monstre sa viande.

N'ay-je pas estoffes de poix,
Pour ma comedie parfaire?

LE CUYSINIER.

Je prise bien vostre repaire.
Vous avez besongne en maistre.
Voicy vos platz tous paire à paire :
Il ne les fault qu'a table mettre.

BANCQUET.

A cela je vous vueil commettre,
Escuyer, et vous, Taillevent [4]?

L'ESCUYER.

Je m'en vueil tres-bien entremettre.

LE CUYSINIER.

Et moy, je m'en mesle souvent.

BANCQUET.

La table est mise gentement :
Nappes, touailles [5], serviettes,
Le pain y est, semblablement,
Tout entier, sans nulles miettes.
Disposez si bien les apprestes [6],
Vueillez voz platz si bien coucher,
Qu'ilz treuvent leurs viandes prestes,
Et qu'il ne faille que trencher [7].

---

1. « Tombé. »
2. On ne sait quel était ce docteur, dont la science fut certainement la cuisine, comme on le voit par la place que Rab. lui donne au ch. xL de son livre IV. Le Duchat pense que c'est un nom de son invention. On voit le contraire en le trouvant ici, en 1507, bien des années avant le *Pantagruel*.
3. « Cela regarde celui qui paye » Le « marquet » était une petite monnaie de Venise qui avait cours en France, et valait, suivant Cotgrave, quatre deniers tournois.
4. On donnait ce nom, d'après Cotgrave, au nais parasite qui pour un dîner se faisait moquer comme un pelerin de Saint Jacques pour une aumône.

1. « Impossible a supporter. »
2. Pour « decevant. » *Mais*, dit Marguerite de Navarre nouv. 29)

Mais ne voyant cet amour *decevable*,
Le temps m'a fait voir l'amour veritable.

3. « Plus a charge. »
4. Il lui donne le nom du cuisinier type de ce temps la, le célèbre maitre queux de Charles VII, si souvent cité par nous pour l'éclaircissement de cette piece, et dont le livre, tres-souvent réimprimé, était alors aux mains de tous ceux qui s'occupaient de la grande cuisine le *Livre du grand et tres-excellent cuysinier Taillevent*. On en donna des éditions jusqu'au commencement du xviie siecle.
5. « Petites nappes de toile. »
6. Pour « apprèts ».
7. « Découper. »

L'ESCUYER.
Il nous fault donc ces platz loger?
LE CUYSINIER.
Leurs propres lieux assignerons.

Tous les platz seront serrez sur vne petite table, et les nommeront l'ung après l'autre pour les asseoir, et les Serviteurs les presentent selon qu'on les nomme.

L'ESCUYER.
Apportez-les tost et leger,
Ainsi que nous les nommerons :
La hure de sanglier notable
Sera au milieu de la table [1].

LE CUYSINIER.
Et le faisant, bien disposé [2],
Sera auprès d'elle posé.

LE SECOND SERVITEUR, *portant deux platz*.
Esse ce cy?

L'ESCUYER.
Vela, bon homme.
N'apportez que ce qu'on vous nomme.

LE CUYSINIER.
J'ay oublié la vinaigrette :
Apportez-la tout d'une traicte?

L'ESCUYER.
Mais ne laissez pas la sallade,
Car c'est l'appetit d'ung malade [3].

LE CUYSINIER.
Encores ay-je beaucoup tardé
D'appeller le bouilly larde [4].

L'ESCUYER.
Tout le faict ne vault pas trois mailles,
Qui n'a les pigeons et les cailles.

LE CUYSINIER.
Encor n'ay je pas appellée,
Sçavez-vous quoy? Fine gelée.

L'ESCUYER.
Et pour viande bien douillecte,
La perdrix et la trimoillecte [5]

LE CUYSINIER.
Et après toutes ces merelles [1],
Il fault merles et torterelles [2].

L'ESCUYER.
Et pour bailler aguisement [3],
Belles orenges largement.

LE CUYSINIER.
Après chair, selon noz usaiges,
Il fault tartes à deux visaiges [4].

L'ESCUYER.
Je vueil aussi qu'on leur propine [5]
La belle tarte jacopine [6].

LE CUYSINIER.
Pour viande [7] commune et fritte,
Il fault avoir la cresme fritte [8].

L'ESCUYER.
Apportez aussi, pour la fin,
De pure cresme, ung beau daulphin [9].

LE CUYSINIER.
C'est bien raison que soit couchée
Auprès des autres la jonchée [10].

L'ESCUYER.
Presentez-moy, pour fruitz nouveaulx,
Des pommes, poires et pruneaulx.

LE CUYSINIER.
Reste, après toutes ces chosettes,
Avelaines, cerneaulx, noisettes.

LE PREMIER SERVITEUR.
C'est tout.

LE CUYSINIER.
Et bien voicy les places

1. « Toutes ces victuailles, toute cette provende. » On lit avec le même sens dans l'*Amant rendu cordelier* de Martial d'Auvergne

Chaque povre avoit sa *merelle*

2. Ces oiseaux, qu'on a depuis longtemps bannis des tables, n'étaient pas les seuls qu'on y servait, et dont nous ne voulons plus. Dans la description déjà citée, Gautier de Biblesworth nous montre « une grande variété de rôtis placés deux à deux, des grues, des cygnes, etc. »
3. « Aiguisement d'appétit » Rabelais parle de certains mets qu'il appelle ainsi « aiguillons de vin ».
4. On voit dans Taillevent que c'était une tarte au fromage « avec farce de moyeux (jaunes) d'œufs, et de sucre. »
5. « Présente. » Nous avons déjà vu ce mot
6. Il n'y en avait pas de plus friande et de plus recherchée, bien que, d'après la recette de Taillevent, elle nous paraisse au moins étrange On y mêlait ensemble des tronçons d'anguille, du fromage et des oranges!
7. Ce mot est ici dans le sens de plat, mets, qu'on lui donnait souvent.
8. C'était, d'après Taillevent, une espèce de pâte faite de jaunes d'œufs, de crème, de mie de pain ou d'oublies « esmiez (*emiettes*) à foison ».
9. On faisait des figures pour orner les tables soit avec de la gelée, comme nous l'avons vu plus haut, soit, comme ici, avec de la crème. Taillevent nous fait voir « daulphins, fleurs de lis, estoylles de cresme fritte ».
10 C'est-à-dire « le lait tout frais caillé, sur son éclisse de jonc (*jonchee*). » Ronsard a dit :

Sous un plumage plus blanc,
Que le lait sur la *jonchee*

---

1. C'est ce qu'on servait d'abord Dans un traité de la fin du XIIIe siècle, publié par M Thomas Wright, l'anglais Biblesworth nous montre la belle place qu'on donnait au sanglier, et dans quel bel appareil on le servait « D'abord, dit-il, on apporta la hure d'un sanglier toute preparée, le groin était orné d'un collier de fleurs. »
2. On le servait comme aujourd'hui avec toutes ses plumes, en ayant surtout bien soin de ne pas gâter la tête, qu'on détachait et qu'on replaçait ensuite avec une petite cheville de bois « Et, dit Taillevent, ne doit pas être cuit la teste. »
3. Un proverbe plus en usage, que donne Cotgrave, disait :

Qui vin ne boit apres salade
Est en danger d'être malade

4. C'était, suivant Taillevent, de la « venaison de cerf fresche parbouillée et lardée au long par dessus la chair. »
5. Sorte de fricassée de perdrix, tres assaisonnée D'après la recette qu'en donne Taillevent, toutes les épices, « graines de paradis canelle, gingembre, menue espice, clou, verjus, etc, » y passaient.

Où l'on mettra godetz et tasses.
BANCQUET.
Y est tout, le maigre et le gras?
L'ESCUYER.
Il y a beaucoup de fatras,
Mais je reserve ce quartier;
Car, pour compaigner l'ypocras [1],
On posera cy le mestier [2].
BANCQUET.
Je m'en voys mes hostes chercher,
Pour les advertir et sommer.
Serviteurs, il vous fault marcher,
Et voz deux torches alumer.
LE PREMIER SERVITEUR.
A ce je ne vueil reculler:
D'y aller assez me contente.
Ilz vont à deux torches.
LE SECOND SERVITEUR.
Je feray ma torche brusler,
Et vous suivray sans longue attente.
BANCQUET.
Dieu gart la dame belle et gente,
Et toute la brigade chere!
Je vous prie, soyez diligente
De venir faire bonne chere.
BONNE COMPAIGNIE.
Ha! Bancquet, il y a maniere [3]:
Car Soupper, atout [4] sa cohorte,
Nous a chassez de sa tanniere
A horions d'estrange sorte.
GOURMANDISE.
Sur ma foy, j'en suis presque morte.
BANCQUET.
Vous avez esté trop avant.
FRIANDISE.
Il m'a fallu gaigner la porte.
JE-BOY-A-VOUS.
Et moy après.
PASSETEMPS.
Et moy devant.
BANCQUET.
Soupper est homme decepvant,
Quant longuement en l'entretient:

Mais, moy, je suis assez sçavant,
Pour faire ce qu'il appartient.
Venez-vous-en?
BONNE COMPAIGNIE.
A moy ne tient,
Puisqu'il est conclud et deciz [1].
BANCQUET.
Mon lieu, ainsi qu'il se contient,
Est tout vostre.
BONNE COMPAIGNIE.
Mille mercis.
BANCQUET.
Regardez : les metz sont assis.
Prenez place de ce costé?
Seez-vous aussi, entre vous six;
Chascun selon la qualité.
BONNE COMPAIGNIE.
De biens y a grant quantité.
Ilz se seent.
JE-PLEIGE-D'AUTANT.
Voicy ung plantureux manger.
BANCQUET.
Prenez en gré.
PASSETEMPS.
En verité,
De biens y a grant quantité.
GOURMANDISE.
Se j'ay eu le dos tempesté [2],
Au briffer [3] je m'en vueil venger.
ACOUSTUMANCE.
De biens y a grant quantité.
JE-BOY-A-VOUS.
Voicy ung plantureux manger.
PASSETEMPS.
Je ne sçay en quel lieu charger [4],
Tant en y a.
FRIANDISE.
Ne moy aussi.
BANCQUET.
Prendre povez, sans nul danger,
De çà, de là?
FRIANDISE.
Il est ainsi.
BONNE COMPAIGNIE.
L'hoste, vous viendrez seoir icy,
Au moins se vous m'en voulez croire.
BANCQUET.
Dame, vostre bonne mercy!

---

1. On sait que c'était du vin sucré aux épices longuement infusées. Taillevent les y met toutes, entre autres le cinnamome et le gingembre.
2. C'était l'ensemble de flambeaux qu'on mettait sur table auprès des fruits et friandises pour éclairer le dessert. « Deux chandeliers d'or appelés *mestiers*, » lit on dans l'*Inventaire* de Charles V. « L'on homme, dit Olivier De Lamarche, *Estat du duc*, on nomme en la maison de Bourgogne, les flambeaux qui allument autour, *mestier*, et prend ce nom parce que le fruitier (celuy qui avait soin du fruit, du dessert) doit estre homme de mestier, et voit faire luy-mesme les torses (*torches*) et les flambeaux » Ce qui justifie ici le sens de ce mot, c'est qu'à la réplique suivante, Bancquet dira aux valets d'allumer les torches.
3. « Il y a maniere d'accepter ou non, il faut y regard. »
4. « Avec »

---

1. Abréviation de « décidé ».
2. « Brisé d'un orage de coups, » comme dit Molière dans *Amphitryon*.
3. « Mangé avidement » — « Oh! dit Noel Dufail en ses *Propos rustiques* (ch. xii), oh! le bon appétit tient, comme il briffe! » Le peuple dit aujourd'hui *bâfrer*, qui ne doit être qu'une altération de *briffer*.
4. « Commencer l'attaque. »

J'entendray à servir de boire.

JE-PLEIGE-D'AUTANT.

M'amour, voulez-vous ceste poire ?

GOURMANDISE.

Vela bien parlé à Martin [1] !
Mais dont vous vient ceste memoire
De servir de fruict si matin ?

BANCQUET.

Sus, compaignons, servez de vin,
Et gardez que boisson ne faille.

LE FOL.

J'en seray prophete ou devin ;
A la fin y aura bataille.

LE PREMIER SERVITEUR.

Il m'est advis que chascun taille,
Selon que l'appetit luy vient.

LE SECOND SERVITEUR.

Puisqu'ilz ont largement vitaille [2],
De boire fournir les convient.

LE FOL.

Et tousjours de moy ne souvient :
Jamais riens ne m'est dispensé !
Mais sçavez-vous que j'ay pensé,
Pour avoir au moins du pain bis ?
Jo iray changer tous mes habitz,
La derriere, en nostre jardin :
Puis, viendray, faisant du gros bis [3],
Comme ung Lombart [4] ou Citadin.
Dit-on pas, en commun latin,
Que les gens vestuz de fins draps,
Soit d'escarlate ou de satin,
Empoingnent l'honneur à plain bras.
Et pourtant, je ne fauldray pas
D'avoir vestures precieuses :
Tantost reviendray pas à pas,
Tenant manieres gracieuses.

Il s'en va habiller en Lombart.

BANCQUET *parle aux Maladies.*

Felles [5], furies furieuses,
Faulx et larvatiques regars [6],
Armez-vous d'armeures scabreuses ;
Chargez vos fleches et vos dars !
Car je vous dy que ces coquars,
Tendant à leur ventre remplir,

Boivent mon vin comme droncquars [1],
Et ne les peut-on assouvir.

APPOPLEXIE.

Incontinent nous fault vestir
Noz jaques et nos jaserans [2].

YDROPISIE.

Pour les aller faire sortir,
Incontinent nous fault vestir.

EPILENCIE.

Mon baston leur feray sentir,
S'ilz ne treuvent de bons garans.

PLEURESIE.

Incontinent nous fault vestir
Noz jaques et noz jaserans.

ESQUINANCIE.

Oncques les chevaliers errans,
Qui servirent le roy Artus,
Ne furent si grans conquerans,
Ne si plains de bonnes vertus [3].

PARALYSIE.

Voz hostes seront combattus,
Car ma force y esprouveray.

COLICQUE.

Ilz seront tous mors abatus,
Bancquet, car je m'y trouveray

GOUTTE.

De ma poictrine frapperay,
Et causeray une artetique [4].

JAUNISSE.

La couleur changer leur feray,
Par mon venin qui poinct et picque.

GRAVELLE.

Par les rains les agripperay,
S'il convient que je m'y applique.

APPOPLEXIE.

Par le cerveau les toucheray,
Et feray cheoir en lieu publicque.

YDROPISIE.

Vers l'estomach mon coup feray,

---

1. « Gloutons, ivrognes. » On disait aussi *drongart*. Dans la *Farce du Cousturier*, Esopet dit :

   Je n'en puis mais, s'il m'eust gardé ma part
   De la perdrix, deux morceaux ou bien trois,
   Sans la manger toute comme un *drongart*.

Le mot est resté sans presque d'altération, en anglais : *drunkard* y signifie toujours ivrogne.

2. Le *jaque* était la casaque en cuir, et le *jaseran* ou *haubert-jaseran* était la cotte de mailles qu'on mettait par-dessus. Le jaseran était aussi, comme on le voit par l'ordonnance de 1586 pour les *tireurs et batteurs d'or*, une sorte de collier d'or à mailles serrées. Les chaînes qu'on appelle encore *jaserons*, et qui auraient dû garder l'ancien nom, ne sont pas autre chose.

3. « Es histoires de Bretaigne la grant est escript que le roy Artus avoit ung ordre de chevaliers, qu'on nommoit *Compaignons de la Table ronde*. Et ceulx qui en estoient faisoient prouesses par le monde et s'appeloient *Chevaliers errans*. »

(*Note de l'auteur.*)

4. « Goutte articulaire. » V. une des notes précédentes.

---

1. « Voila bien parlé juste. Me croyez vous aussi bête que Martin ? » C'était, du côté de l'esprit, un nom qui n'avait pas grand crédit. « Il n'y a pas de Martin qui n'ait de l'âne, » disait un proverbe.
2. « Victuaille. »
3. « Du gros monsieur. » Nous avons déjà rencontré cette expression. V. notes des pieces précédentes.
4. Ils faisaient le change, la banque, et avaient une grande reputation de richesse.
5. « Félonnes. »
6. « Aux regards de spectres (*larvæ*) »

Et rendray mon homme ydropicque.
ÉPILENCIE.
Et par la teste le prendray,
Puis le feray epilenticque.
PLEURESIE.
Par les costez je le poindray,
Affin qu'il meure pleureticque.
ESQUINANCIE.
A la gorge m'attacheray,
Pour empescher le viaticque.
PARALISIE.
Les nerfs si bien luy seicheray,
Que tost sera paraliticque.
COLICQUE.
Par le ventre me cacheray,
Pour bouter en colon colicque.
BANCQUET.
Il n'y a si bon catholicque,
Ne clerc tout remply de sçavoir,
Que ne rendez melencolique,
Quant vous vouldrez.
GOUTTE.
          Vous dictes voir [1].
BANCQUET.
Sommes-nous prestz ?
JAUNISSE.
          On le peut veoir.
BANCQUET.
Bien armez ?
GRAVELLE.
          Il ne nous fault drille [2].
BANCQUET.
Adieu ! Je vous feray sçavoir,
Quant il fauldra bailler l'estrille :
Nul de vous ne se deshabille !
APPOPLEXIE.
Allez veoir la solennité.
YDROPISIE.
Mais revenez à tour de bille [3].
BANCQUET.
Mais que j'aye ung peu visité.
BONNE COMPAIGNIE.
Voicy grant curiosité,
Curieuse joyeuseté,
Joyeuse demonstracion,
Demonstrant gracieuseté,
Gracieuse formosité [4],
Formelle consolacion,
Consolant modulacion,
Modulant jubilacion,
Jubilant precieuseté,
Precieuse largicion,
Largesse et recreation,
Recreant toute humanité [1]

PASSETEMPS.
Voicy riche fertilité,
Fertile singularité,
Singuliere donacion,
Don de grant sumptuosité,
Sumptueuse solennité,
Solennelle refection,
Refaicte disposicion,
Disposée oblectation,
Oblectant en honnesteté ;
Honneste congregation,
Congregée en affection,
Affectant fine affinité.

BANCQUET.
C'est ce que David a chanté,
Quant il a dit : *Ecce bonum.*

JE-PLEIGE-D'AUTANT.
Boire ensemble par unité,
C'est ce que David a chanté.

JE-BOY A-VOUS.
Voicy la dame de beaulté,
Qui est quasi *super thronum.*

PASSETEMPS.
C'est ce que David a chanté,
Quant il a dit : *Ecce bonum.*

LE FOL *retourne, habillé sur l'italique mode, et dit :*
Maintenant suis-je de renom.
Je n'atens l'heure qu'on me huche [2],
Ne me nommez point par mon nom,
De paour de descouvrir l'embusche.
Je suis gentilhomme ou Jehan Busche.
Ego potabo de mero [3] :
Je y voys tout droit, se ne tresbusche,
Pour boire *in quantum potero.*

    Petite pause.

Yo vingo qua de terra longinquo [4],
Per lustrare el pays à l'estrade :
Si vide en il moulte gente frisquo,
Chi cui mangeno, en solasse amourade,
Ferculé a prou chi sont tan savourade,
Che voli ben par quelque administradore,
De tutiquante une poque goustade,
N'ay que piace a done ou a seignore.

---

[1] Nous avons encore ici un exemple des *rimes fraternisées*, que nous avons déjà signalées dans une des pieces précédentes et que Richelet, dans son *Abrege de versification*, définit ainsi : « Dans la rime fraternisée, dit-il, le dernier mot du vers est répété en entier, ou en partie, au commencement du vers suivant, soit par équivoque ou d'une autre maniere »

[2] « Qu'on m'appelle »

[3] « Je boirai du vin pur. » Le fol ne parle pas mieux latin qu'il ne parlera italien tout à l'heure

[4] Il est inutile de tacher de traduire cette macaronée baroque et insignifiante, ou le fol se réjouit d'être venu de loin dans un si bon pays ou il a trouvé tous les plaisirs

---

1. « Viat »
2. Pour « soudrille, soudard, » c'est à dire nous n'avons pas besoin qu'on nous prete main forte
3 « Quand votre tour de lancer la bille sera revenu »
4 C'est le latin *formositas*, beauté On disait aussi « formose » pour *beau* Il se conserva plus longtemps.

L'ESCUYER.

Messire de Campe de Flore,
Je croy que nul ne vous convie ?
Vous n'aurez cy honneur ne gloire.
Endate vie, endate vie ¹.

LE FOL.

Quel *date ?* Ce n'est pas ma vie ;
J'ayme mieux boire largement,
Mais, quant j'ay de souper envie,
On me reboute ² rudement.
Je cuyde, par mon sacrement,
Qu'ilz ont recogneu mon visage.
Qui est fol naturellement,
Bien envis ³ le tient-on pour sage.
Vous me nyez pain et potage,
Et ne me baillez que manger,
Mais j'auray cecy d'avantage,
Et deussiez-vous tous enrager.
Adieu !

Il croque une piece de viande, et s'enfuyt.

BANCQUET.

    Je vous feray loger !
Ah dea ! faictes-vous du rusé ?

LE PREMIER SERVITEUR.

Comment ! il est venu charger ?

LE SECOND SERVITEUR.

C'est ce fol qui s'est deguisé.

PASSETEMPS.

On luy avoit tout refusé.

JE-BOY-A-VOUS.

On luy en avoit fait renchere.

JE-PLEIGE-D'AUTANT.

Il en a de sa teste usé.

BONNE COMPAIGNIE.

Ne vous chaille, faisons grant chere.

Sur ce pas, vient le Docteur Prolocuteur, sur le meilleu de l'eschaffault, faire son sermon.

LE DOCTEUR PROLOCUTEUR.

Ne voyez-vous pas la maniere
De ces gens plains d'abusion,
Qui leur felicité planiere
Mettent en commessacion ⁴ ?
Chascun d'eulx, pour conclusion,
De faire grant chere s'efforce,
Et n'ont d'autre occupation
Que de boire et manger à force.

Vous voyez qu'ilz ont le courage,
Le desir et la voulenté,
De faire excès, aussi oultrage,
Et gaster les biens à planté :
Le bon conseil et le langaige
De Sainct Pol, ils n'ont pas noté ;
Qui, *ad Titum,* disciple sage,

Escript : *Sobru estote* ¹.
A Timothée, homme divin,
Il en parle pareillement,
Non pas en exaltant le vin,
Mais veult qu'on boyve sobrement ².
Boire et manger abondamment,
Il le deffend a tous humains.
En son espistre mesmement,
Où il enseigne les Rommains ³
    Sobrieté,
    Honnesteté,
    Et parcité ⁴,
    Loue et appreuve :
    Ebrieté,
    Gulosité,
    Voracité,
    Très-fort repreuve.

La Bible, en l'Ecclesiastique ⁵,
De tout cecy fait mention :
Isaye, prophete auctentique,
Dit aussi son opinion,
Et baille malediction,
Tout clerement en beau latin,
A ceulx qui font provision
De boire et manger trop matin ⁶.

Se tu veulx veoir les parabolles
De Salomon, roy redoubté ⁷,
Tu verras en briefves parolles
Les pointz que je t'ay recité.
Il descript la maleureté ⁸,
Aveuglement, confusion,
Que auront ceulx, par necessité,
Qui ayment trop potacion ⁹.

Et en ung chapitre devant ¹⁰,
Il a jà dit et exprimé,
Que qui se fourre trop avant,
Jà ne sera saige clamé.

---

1. « Allez, allez votre chemin. »
2. « Rebute, repousse. »
3. « Bien malgré soi (*invitus*) »
4. C'est le *comessatio* de Cicéron, « repas d'extra, débauche de table extraordinaire. »

1. « PAULUS, *Ad Titum,* secundo cap., docet omnes status ut sobrii sint. » (Note de l'auteur.) « Paul dans son Épître à Titus (ch. II) enseigne aux gens de tous états à être sobres. »
2. « Secundo, *ad Timotheum.* Sobrius esto. » (Note de l'aut.) « Paul à Timothée (ch. II). « Sois sobre. »
3. « Non in commessationibus et ebrietatibus. *Ad Romanos,* XIII. » (Note de l'auteur.) « Ne vivez pas dans les repas qui sont des débauches, ni dans les ivresses. »
4. *Economie, porcitas.*
5. « Quam sufficiens est homini vinum exiguum. Et iterum : Æqua vita hominis vinum in sobrietate, etc. *Ecclesiastici,* XXXI capitulo » (Note de l'auteur.) « Un peu de vin suffit à l'homme, » et encore « la vie bien réglée de l'homme veut qu'il soit sobre de vin ».
6. « Væ qui consurgitis mane ad ebrietatem sectandam et potandum usque vesperam, ut vino estuetis. ISAYE, quinto. » (Not de l'aut ur.) « Malheur à vous qui vous leverez le matin pour chercher l'ivresse, pour boire jusqu'au soir, et vous brûler de vin ! »
7. « Cui væ, cui patri væ, cui rixæ, cui foveæ, cui sine causa vulnera, cui suffusio oculorum, nonne iis qui morantur in vino et student calicibus epotandis ? *Proverbiorum* XXIII. » (N. de l'auteur.) « Qui voit le malheur le frapper, lui et son père, qui est en proie aux querelles qui est atteint de blessures sans cause, qui a toujours les yeux rouges ou obscurcis ? Celui qui séjourne dans l'ivresse et cherche où l'on boit le mieux. »
8. « La misère, la male heure. »
9. « Boisson. »
10. « Luxuriosa res vinum et tumultuosa ebrietas. *Proverbiorum* XX. » (Note de l'auteur.) « Le vin est chose de débauche, et l'ivresse chose de querelle. »

Pourquoy ? Car le vin est famé
D'avoir fureur tumultueuse,
Et pourtant aucuns l'ont blasmé
Comme chose luxurieuse.

Le vin fait des prouffitz cinq cens,
Quant discrettement on l'appete,
Mais quant il fait perdre le sens,
C'est une très-piteuse feste.
Est-il chose plus deshonneste,
Dit Beroaldus plainement,
Que d'ung homme devenu beste,
Et perdre son entendement [1] ?

Le vin perturbe [2] l'homme saige,
Le vin faict ung homme hebeté ;
Le vin corrompt sang et langaige,
Le vin engendre volupté,
Le vin faict perdre agilité,
Le vin rend cerveaulx furieux,
Le vin esmeut charnalité [3],
Le vin faict gens luxurieux.

Valere, qui, par escripture,
Recommande vertu propice,
Dit que le vin, c'est l'ouverture
De tout peche et de tout vice [4].
Alexandre, par grant malice,
Après vin, en seant à table,
Tua son fidelle complice,
Clitus, le chevalier notable [5].

Et, en ceste mode,
Très-dampnablement,
Fist le roy Herode,
Son faulx jugement [6].
Car soubdainement,
Et à grant meschief,
Fist villainement
Coupper le sainct chief.

Sainct Jherosme, docteur complect,
Qui les vertus baille à mesure,
Dit que ventre de vin replect
Facilement chet en luxure :
Ceste parolle non obscure,
Par Gracien saige et discret,
Fut inscree en la lecture
Du Droit canon et du Decret [7].

Et ainsi que les sainctz docteurs
Blasment ce vice par escript,
Les poetes et orateurs
Pareillement en ont escript.
Sçavez-vous que Terence en dit ?
Sine Baccho friget Venus [1] ;
Et n'y a point de contredit :
Par ce vin tous maulx sont venus.

Luxure qui nuyst à oultrance,
Et fait l'homme en enfer plonger,
Se refroide [2] par temperance
De peu boire et de peu manger.
Pas ne pensoit a ce danger,
Loth, qui en Segor demoura,
Car par trop vin boire et charger,
Ses propres filles defflora [3].

Noe, quant le vin esprouva,
S'enyvra moult ignoramment,
Tant que dormant il se trouva
Descouvert de son vestement [4] :
Son enfant vit visiblement
Sa fragile condicion,
Qui s'en moqua tout plainement;
Regardez quelle desrision ?

Que diray-je de Olofernes,
Qui faisoit, par contumelie,
Sonner trompettes et cornetz,
Cuydant assaillir Béthulie?
Il s'enyvra par sa folie,
Il se coucha, il s'alicta,
Et Judich, la dame jolye,
En dormant le decapita [5].

Le vin et l'engurgitement
Font faire des maulx à foison ;
Entendre le fault sainement,
Quant on en prent contre raison.
Et quant, par moderacion,
On en boyt peu et sobrement [6],
Lors *acuit ingenium:*
Il aguise l'entendement [7].

Mais ces grans buveurs et gourmans,
Qui de trop manger sont enflez,
Se trouvent pesans et dormans,
Tant sont bouffitz et boursoufflez.
Ilz ont les ventres si peuplez,
Ils ont la pance si gourdie [8],

---

1 « Quid fedius, quid turpius quam homo per vinum extra hominem esse, extraque humanum intellectum ? Hæc BEROALDUS » (Note de l'auteur.) « Quoi de plus hideux, de plus honteux, qu'un homme qui n'est plus homme a cause du vin, et qui soit, par lui, de l'entendement de l'homme? »
2. « Bouleverse, » *perturbat.*
3. « Désirs charnels »
4. « Vinum virtutibus januam claudit et delictis aperit VALERIUS, septi libri capitulo tertio » (Note de l'auteur) « Le vin ferme la porte aux vertus et l'ouvre aux crimes »
5 « Le roy Alexandre, estant a table, perça d'une lance le noble Clitus, comme dit Galterus et autres qui ont parlé dudit Alexandre. » (Note de l'auteur)
6 « Icy touche la decolacion de monseigneur sainct Johan Baptiste, faicte durant le convis » (Note de l'auteur.) « Pendant le repas, » *convivium*
7 « Venter mero estuans facile despumat in libidinem Hæc HIERONYMUS, et habetur in Decretis, Distinctio xxxv » (Note de l'auteur) « Le ventre échauffé par le vin se déporte volontiers vers la luxure. C'est ainsi que parle saint Jérôme, et même pense se louve dans les *Decrets* (xxxve distinction). »

1. « Sine Cerere et Baccho friget Venus, ait TERENTIUS » (Note de l'auteur) « Sans Cerès ni Bacchus, sans pain ni vin, Vénus est transie. »
2 « Se calme, se refroidit »
3. « Conceperunt duæ filiæ Loth de patre suo *Genesis*, ixº cap. » (Note de l'auteur.) « Les deux filles de Loth conçurent du fait de leur père »
4 « Noe bibens vinum inebriatus est, et nudatus jacuit in tabernaculo *Genesis*, ix » (Note de l'auteur) « Noe, ayant bu du vin, devint ivre, et se trouva nu, étendu sous sa tente »
5 « L'histoire de Judich est assez commune » (Note de l'aut)
6 « Sanitas est animæ et corpori sobrius potus. *Ecclesiastici* xxxi » (Note de l'auteur) « Boire sobrement est santé pour l'ame et le corps »
7 « Vinum modice sumptum acuit ingenium » (Note de l'aut)
8. Si épaisse si lourde » Son dérivé « dégourdi, » rendu léger, donne le sens de ce mot par son contraire.

Que, par force d'estre repletz,
Sont prestz de cheoir en maladie.

Dont viennent tant de gens malades,
Catherreux, gravelleux, gouteux,
Debilitez, fragiles, fades [1],
Podagres, poussifz et boiteux,
Febricitans [2] et paresseux,
Qu'on ne peut tyrer de la couche?
Dont viennent tels maulx angoisseux [3]?
Tout vient de mal garder la bouche.

D'où vient gravelle peu prisie [4],
    Ydropisie,
    Paralisie,
    Ou pleuresie,
Collicque qui les boyaulx touche?
Dont vient jaunisse, ictericie [5],
    Appoplexie,
    Epilencie,
    Et squinencie?
Tout vient de mal garder la bouche.

Le satirique Juvenal
Avoit bien tout consideré,
Quant il dist qu'il vient tant de mal
De long repas immoderé :
Et après qu'il a referé
Balnea, cœnas et sordes,
Quant il a tout enumeré,
Il dit : *Hinc subitæ mortes* [6].

Maintenant chascun et chascune
Est de gourmandise empesché;
La façon en est si commune,
Que on ne l'estime plus peché.
Mais il est escript et couché,
En la doctrine moysaique,
Que ce mal estoit bien cerché,
Et pugny par la loy antique.

Dieu dist à toute la caterve [7],
Jadis, pour information :
« Se tu as ung enfant protervc [8],
Vacquant à comessacion [9],
Repugnant à correction,
Luxurieux, infame et ort [10] :
Par vostre congregation,
Soit lapidé et mys a mort [11] ! »

Le sainct Canon, très-amplement,
A de ce vice discuté,
En parlant preablablement
A ceulx qui sont en dignité :
Qui maintiendra ebrieté,
Digne de reprehencion,
Il veult que sans difficulté
Soit privé de communion.

Et est en la Distinction
xxxv qui le mect [1].
Reprenant, par affection,
Celluy qui tel vice commect :
Il est donc bien fol qui permect
Que tant de vin en son corps entre;
Et infame, qui se soubzmect
A faire son dieu de son ventre.

Valere dit, par motz exquis
(Qui bien retenir les vouldroit,
De institutis antiquis,
Illec chercher les conviendroit),
Que à Romme jadis on trouvoit
Sobriete en florissance,
Et que nulle femme n'avoit
De boire vin la congnoissance [2].

Qui plus est, au sixiesme livre,
En traictant de severité,
Exemple à ce propos nous livre
D'ung grant bourgeois de la cité :
C'est Metellus, d'auctorité,
De meurs et de vertus imbut,
Qui tua, par atrocité,
Sa femme, pour ce qu'elle en but.

Successivement les Rommains
Perdirent ces condicions;
Car, quant ilz eurent soubz leurs mains
Cartage et plusieurs regions,
Ilz prindrent occupations
De jeux, d'esbatz, de vanité,
Et d'autres operations,
Qui procedent de volupté.

Ne dit pas Titus Livius,
En ses Decades memorables,
Que le consul Postumius
Trouva des choses execrables,

---

1. Imbéciles, faibles d'esprit.

    Ah! povres sotz, ah! povres *fades*!

lisons-nous avec le même sens dans le *Sermon des Foux*.
2. « Grelottant la fievre (*febri*). »
3. « Plains d'angoisses. »
4. « Si peu prisée, si redoutée »
5. « Jaunisse. » *Ictere*, avec le même sens, est aujourd'hui le terme médical. Du temps d'A. Paré, c'était celui qu'on trouve ici. Quelquefois, dit-il (liv. IV, ch. XII), les malades, après avoir esté guaris, tombent en *ictericie*, dite jaunisse. »
6. « Hinc subitæ mortes atque intestata senectus.

    JUVENALIS, satira prima. » (*Note de l'auteur*.)

« De là les morts subites, les vieillesses qui s'éteignent sans testament. »
7. « A toute la tribu, troupe (*caterva*). »
8. « Sans retenue. »
9. « Aux repas excessifs. »
10. « Impui, souillé. »
11. « Filius vester protervus est et contumax, comm..ssationibus

vacat et luxuriæ atque conviviis lapidibus eum obruet populus civitatis, et morietur. *Deuteronomii*, xxi cap. » (*Note de l'auteur*.) « Votre fils est sans retenue, rebelle aux conseils, livré aux débauches de la table et de la luxure, que le peuple de la ville l'accable de pierres et qu'il meure! »

1 « Diaconus, presbiter et episcopus Ebrietati et aleæ deservientes, nisi desierint, communione privantur. *Distinctione* xxxv. Et extra, *de Vita et honestate clericorum.* Clericus crapulosus vel ebriosus, monitus non desistens, ab officio vel beneficio suspandatur. » (*Note de l'auteur*.) « Diaconus prêtre et évêque dit Ceux qui se livrent à l'ivresse et aux jeux de hasard seront, s'ils ne s'en departent, privés de la communion. » (Distinction xxxv.) Et plus loin dans son chapitre sur la *Vie et l'honnêteté des clercs* « Que le clerc ami de la crapule et de l'ivresse, qui, après avertissement, ne se corrigera pas, soit suspendu de son office ou de son bénéfice. »

2 « Vini usus Romanis feminis olim ignotus fuit. VALERIUS, libro primo, capitulo *de Institutis antiquis.* » (*Note de l'auteur*.) « L'usage du vin fut autrefois inconnu aux dames romaines. »

Comme stupres¹ abhominables,
Poisons et meurtres remplis d'yre²,
Et autres cas desraisonnables,
Qui sont deshonnestes à dire³?

Après gourmander sans cesser,
Après boire excessivement,
Ilz s'en alloient exercer
Tous ces crymes notoirement,
En commettant occultement
Vergongne et choses enormalles⁴,
Qu'ilz nommoient vulgairement :
Cerimonies bachanales.

Le Senat et leurs familliers
Firent telle inquisicion,
Qu'ilz en trouverent par milliers
Et en firent pugnicion :
Velà la retribucion,
Qu'on gaigne de gulosité⁵,
D'abondante potacion,
Et d'autre superfluyté.

Le legislateur Ligurgus
Monstre bien, quant aux Anciens,
Qu'il avoit les yeulx bien agus⁶,
Et les sens discrets et sciens⁷ :
Car, aux Lacedemoniens,
Il deffendit, comme à novices,
De frequenter les Asiens,
De paour qu'ilz n'aprissent leurs vices⁸.

En Asie, par icelluy temps,
On menoit delicate vie⁹.
Car la plupart des habitans
Aymoit luxure et lascivie¹⁰.
Ligurgus, qui avoit envie
De regler sa bonne cité,
Craignoit que ne fust asservie
A pareille lubricité.

O gens plains de mondanité,
Querans vous remplir à foison,
Delaissez ceste vanité,
Et vous gouvernez par raison :
Car, pour vivre longue saison,
Et acquerir son sauvement¹,
Soit aux champs ou à la maison,
Il n'est que vivre sobrement.

LE FOL *revient à l'estour dy, comme pour empescher, et dit:*

Mais serons-nous cy longuement,
Escoutant maistre Salomon,
Cuydant, pour crier haultement,
Qu'on obeysse à son sermon :
Il a beau chanter la leçon
A ceux qui boyvent les grans tretz²,
Nous humerons ceste boisson,
Usque ad Hebreos fratres³.

BONNE COMPAIGNIE, *tenant une tasse.*
Ce vin n'est-il pas bon?

JE-BOY-A-VOUS.
Très, très!
Et si a joyeuse couleur.

PASSETEMPS.
Je croy qu'il est percé de fres.

JE-PLEIGE-D'AUTANT.
Je n'en beu pieça⁴ de meilleur.
Devinez se, pour le Docteur,
De boire je m'espargneray?
Je seray tousjours potateur⁵,
Et mon ventre bien fourniray.

BANCQUET *parle de loing.*
Et tandis je besongneray⁶.

GOURMANDISE.
Quoi qu'il vueille dire et prescher,
Je ne fineray de mascher,
Et ce bon vin entonneray.

BANCQUET.
Et tandis je besongneray.

JE-BOY-A-VOUS.
Sus, sus, il se fault racoupler⁷!

BANCQUET.
Et je voys mes gens appeller?

JE-BOY-A-VOUS.
De mon prouffit je songneray.

BANCQUET.
Et tandis je besongneray.

LE FOL.
Et tandis je me disneray⁸...
Mais où? Avec ces advocas,
Je ne sçay si j'en fineray!
Nul ne veult penser à mon cas!

---

1. « Hontes, choses infames (*stupra*). »
2. « Causés par la fureur. »
3. « En la quarte Decade de Titus Livius, au neufiesme livre, est mise au long l'hystoire des bachanalles et des grans crimes qui s'y commettoient, desquelz le consul Postumius Albinus fist faire la justice. De ce mesme parle Valere, au sixiesme livre, » etc. (*Note de l'auteur.*)
4. « Désordonnées, sans loi (*norma*). » Le mot *anormal*, qui est resté, s'employait aussi, et était même plus ancien que celui-ci.
5. « Gourmandise (*gula*). »
6. Ce fut, jusqu'au milieu du XVIᵉ siècle, la forme ordinaire du mot *aigu*. On lit encore dans le *Plutarque* d'Amyot (*Lycurg.*, ch XXXIX) « Ils accoustumoient leurs enfans par un long silence à estre briefs et *aguz* dans leurs responses. »
7. « Bien instruits de ce qu'il leur faut. » Ce mot est le radical de l'expression encore employée *à bon escient*.
8. « Ligurgus institua les loix en la Cité de Lacedemone. Et, pour ce que ceux d'Asie menoient vie dissolue, deffendoit à son peuple qu'il ne les frequentast. » VALERIO (*Note de l'auteur.*)
9. « Et Titus Livius, au livre preallegué, dit aussi que de Asie vint la luxure a Romme. Libro nono, tercia decad, in principio » (*Note de l'auteur.*)
10. « Habitudes lascives (*lascivitas*). »

---

1. « Salut » C'est encore dans le Berry le mot en usage.
2. « A grands traits »
3. « Jusqu'à ce qu'il en soit a l'épître aux Hébreux » C'est la dernière de saint Paul, et la fin des Ecritures.
4. « Depuis longtemps »
5. « Grand buveur (*potator*). »
6. « Je travailleray. »
7. « Nous remettre par couples. » Montaigne emploie le même mot pour l'âme et le corps, qui doivent aller de compagnie « Il les faut, dit-il (liv III, ch XL), raccoupler et rejoindre. »
8. « Je m'en donneray bien, en dinant. »

BONNE COMPAIGNIE.
Escuyer?

L'ESCUYER.
Dame?

BONNE COMPAIGNIE.
L'ypocras?

L'ESCUYER.
Il est encore en son entier.

PASSETEMPS.
Le voulez-vous garder *pro cras*[1]?

L'ESCUYER.
J'en serviray très-voulentier.

LE PREMIER SERVITEUR.
Voicy le gracieux mestier[2],
Pour faire la souppe jolye[3].

LE SECOND SERVITEUR.
Je verseray, s'il est mestier[4],
Dedans ceste tasse polye.

BANCQUET, *armé par la teste, vient crier* :
Appoplexie? Ydropisie?

APPOPLEXIE.
Qui esse là?

YDROPISIE.
C'est le Bancquet.

BANCQUET.
Où estes-vous, Epilencie?

EPILENCIE.
Me voicy preste en mon roquet[5].

BANCQUET.
N'oubliez crochet, ne hocquet[6],
Et amenez vostre assemblée.
J'ay desjà prins mon biquoquet[7]
Pour entrer en plaine meslée.

PLEURESIE.
La compaignie est affolée,
Se je l'embrasse par le corps.

BANCQUET.
Allons frapper à la volée,
Sans leur estre misericors.
A mort!

BONNE COMPAIGNIE.
Qui vive?

Notez que les banqueteurs se doivent montrer **bien piteux**
et les autres **bien terribles**.

ESQUINANCIE.
Les plus fors.

PASSETEMPS.
Voicy la trahison seconde!

GOURMANDISE.
Pleust à Dieu que je fusse hors!

PARALISIE.
A mort!

JE-BOY-A-VOUS.
Qui vive?

COLICQUE.
Les plus fors!

JE-PLEIGE-D'AUTANT.
Aurons-nous souvent telz effors?

APPOPLEXIE.
Faut-il que cest yvroing[1] responde :
A mort!

PASSETEMPS.
Qui vive?

YDROPISIE.
Les plus fors!

BONNE COMPAIGNIE.
Voicy la trahison seconde.

BANCQUET.
Qu'on tue tout

EPILENCIE.
Qu'on les retonde[2]!

BONNE COMPAIGNIE, *en eschappant, dit* :
Il se fault sauver qui pourra!

EPILENCIE.
Ilz veulent tenir Table Ronde,
Mais, par Dieu! on les secourra.

PASSETEMPS, *en eschappant*.
Meshuy, on ne m'y pugnyra[3]!

ACOUSTUMANCE.
Ne moy, s'ilz ne sont bien huppez.

BANCQUET.
Bon gré saint Pol! tout s'en yra :

---

1. « Pour demain. »
2. Ici « mestier, » ou mieux « petit-mestier, » doit s'entendre pour ces menues patisseries seches que faisaient les oublieurs, et que lappellent celles que nous appelons « petits fours ». D'apres les *statuts* de 1566, pour les pâtissiers, que le chancelier de l'Hospital rédigea lui-même, le pâtissier-oublieur devait pour être reçu maitre faire, le second jour des épreuves, « trois cents tours de mestier », c'est-à-dire trois cents oublies.
3. « C'est-a-dire pour en faire une trempée. » On sait que le mot « soupe » ne s'entendait alors que pour les tranches de pain mises dans le potage.
4. « S'il est nécessaire. » Nous avons déjà vu, pris dans le meme sens, ce mot que l'italien a conservé, notamment dans cette locution « fa mestieri », il faut
5. « Sous ma cape, mon rochet » Par ce dernier mot, dont l'autre, *roquet*, fut la premiere forme, on désigne encore le surplis a manches des évêques et le mantelet de cérémonie des pairs d'Angleterre.
6. « Bâton. » Les gens de campagne s'en servaient surtout, il était noueux et quelquefois armé d'une pointe. Dans une *Lettre de remission* de 1410, rappelée par Ducange, au mot *Hoquetus*, sont en scene deux bergers qui s'en étaient vigoureusement servis : « Adam Michel, pasteur, de son *hocquet* ou baston à berger, et le suppliant de son *hocquet* a picque »
7. Pour *bistoquet*, lourd bâton ou masse avec lequel on jouait au mail. La queue des jeux de billard, qui n'est qu'une espèce de « mail sur table », nous le represente assez, vue par le gros bout.

---

1. « Ivrogne. »
2. « Qu'on les écorche jusqu'au vif »
3. « Pour cette fois on ne m'y étrillera plus... »

Les principaulx sont eschappez.

PLEURESIE.

Ces quatre seront decouppez.

JE-BOY-A-VOUS.

Helas! ayez pitié de nous!

ESQUINANCIE.

Chargez sur eulx!

PARALISIE.

   Frappez! frappez!

GOURMANDISE.

Helas! que nous demandez-vous?
J'ay tant humé de brouet doulx [1],
Que j'en ay tout le ventre enflé.

ESQUINANCIE.

Je vous gueriray de la toux,
Puisque vous avez tant soufflé.

PLEURESIE.

Vous en serez escornifflé,
Car par les costez je vous picque.

JE-PLEIGE-D'AUTANT.

Helas! j'ay bien beu et riffle [2],
Mais fault-il mourir pleureticque?

GRAVELLE.

Sus, venez ça, venez, Colicque!
Si mettrons cestuy-cy à point.

COLICQUE.

Il maine vie dyabolique,
Pourtant ne l'espargneray point.

JE-BOY-A-VOUS.

Vous me percez chausse et pourpoint
Ung peu plus bas que la seinture,
Et puis la Gravelle me poinct
Aux rains qui me font grant torture.

APPOPLEXIE.

C'est à vous, belle creature,
Que je vueil livrer ung assault?

Colicque et Gravelle font assault à Je-boy-à-vous. — Appoplexie et Epilencie, à Friandise. — Esquinancie et Paralysie, à Gourmandise. — Pleuresie et Goutte à Je-pleige-d'autant. = Les autres deux abatront tables, tresteaux, et se demouront.

EPILENCIE.

Et je adjousteray ma poincture [1],
Pour le garder de faire ung sault.

FRIANDISE.

Pour Dieu! mercy! Le cueur me fault!
O traistre Bonne Compaignie!
Ton acointance, qui peu vault,
Me rendra morte et meshaignye [2].

APPOPLEXIE.

Ne vous en plaignez plus, m'amye:
C'est de ses beaulx faitz diligens.
Et comment ne sçavez-vous mye
Que Compaignie abuse gens [3]?
Compaignie a fait maintesfois
De grans folyes entreprendre;
Compaignie a fait maint galois [4]
Brigander et piller sans rendre.

EPILENCIE.

Par Compaignie, on veult aprendre
A jouer et tromper son hoste;
Par Compaignie, on se fait pendre,
Hault, hault, affin qu'on ne se crotte.

PLEURESIE.

Je te vueil trespercer la coste!
Tu es condempné par sentence.

GOUTTE.

Et je suis preste cy de coste [5],
Pour frapper sur, de ma potence [6]

JE-PLEIGE-D'AUTANT.

Helas! je fais grant conscience
De tant de vin que j'ay gasté.

GOURMANDISE.

Et moy, je pers la pacience,
Quant je pense à ce gros pasté.

ESQUINANCIE.

Vous en aurez le col tasté,
Car tantost vous estrangleray.

PARALISIE.

Affin que son cas soit hasté,
Tous ses membres affolleray.

COLICQUE.

Cestuy-cy je despescheray:
C'est des bons archipotateurs.

---

1. « Ma blessure, douleur vive » Se disait aussi au moral, car, dit le neveu, dans la *Moralité d'ung empereur*, etc

> En son escondire (son depart)
> Si fault que l'endure,
> Me seroit poincture
> Et aspre moisure
> Plus dure que rage.

2. « Grievement malade » Rabelais (anc. prol. du liv. IV), parle de « ceux qui tombent en meshain et maladie »
3. « Prohibe pedem tuum a semitis eorum. Proverb. 1. » (*Note de l'auteur*) « Détourne ton pied de leurs sentiers »
4. C'est une des premieres formes du mot « galant ». Nous l'avons déjà rencontrée.
5. « Je suis prest aussi de mon coté »
6. « De ma béquille. » V. *le Mystere de saint Fiacre*.

---

1 Ce mot se doit entendre du *chaudeau*, fait de lait sucré et d'aromates, qu'on apportait le lendemain des noces à la mariée dans son lit, et qui était une des friandises les plus enviées des gourmandes. Il servait aussi pour faire fête aux femmes en couches. On l'appelait pour cela « brouet de l'épousée » et « brouet de l'accouchée » V Ducange au mot *Brodium*.
« Devoré » C'est le même mot que *rafle* qui est resté *Et*, Lemaire de Belges dans le *Temple d'honneur et de vertus*,

> Et qui pis vault, veu avons la demoure
> Du noble Pan, en ceste année acerbe
> Ardoir au feu qui tout riffle et devoure

LA CONDAMNACION DE BANCQUET.

JE-BOY-A-VOUS.

Attendez ung peu : si diray
Adieu à tous ces auditeurs.
Adieu, gourmans et gaudisseurs !
Je voys mourir pour voz peschez.

FRIANDISE.

Adieu, taverniers, rotisseurs,
Adieu, gourmans et gaudisseurs !

JE-PLEIGE D'AUTANT.

Adieu, de verres fourbisseurs,
Qui maintz potz avez despeschez !

GOURMANDISE.

Adieu, gourmans et gaudisseurs !
Je voys mourir pour voz peschez.

BANCQUET.

Je vueil bien que vous le sachez :
Vous besongnez trop lachement.

JE-BOY-A-VOUS.

O Bancquet, qui gens remerchez [1],
Nous vous avons creu follement !

Icy font semblant de les mettre à mort, et les corps demourent là couchez.

COLICQUE.

Vous caquetez trop longuement :
Je vous osteray la parolle !

APPOPLEXIE.

Après, après, legierement,
Je vous feray la pance molle !

PLEURESIE.

Il convient que je parafolle [2]
De tous poinctz ce Pleige-d'autant.

ESQUINANCIE.

Et moy, Gourmandise la folle :
Je la vueil payer tout contant.

PARALISIE.

C'est fait : estes-vous pas content,
Bancquet, qui nous avez conduyt ?

BANCQUET.

Ung chascun cognoist et entend
Quel il fait soubz mon saufconduyt.

YDROPISIE.

Nous n'avons point eu le deduyt
De rien tuer, moy et Jaunisse.

JAUNISSE.

Velà Passetemps qui s'enfuyt :
Il lui fault monstrer qu'il est nice [3].

GRAVELLE.

Ça, que dit Bancquet, plain de vice ?
Sommes-nous bien en vostre grace ?

BANCQUET.

Vous m'avez fait ung grant service ;
J'ay boucherie belle et grasse.

GOUTTE.

Ilz sont quatre mors sur la place,
Voire et tout par vostre fumée.

EPILENCIE.

D'arrester n'avons plus d'espace [1].
Adieu.

BANCQUET.

Adieu, la gente armée [2] !

L'ESCUYER.

Voicy une layde menée !

LE PREMIER SERVITEUR.

Veez cy une meschante trainée [3].

LE SECOND SERVITEUR.

Voicy piteuse occision !

BANCQUET.

Quant la viande aurez levée,
Et la vaisselle bien sauvée,
Prenez vostre refection.

L'ESCUYER.

En voyant ceste infection,
Je n'ay ne goust n'affection
De manger en ce lieu maudit.

LE CUYSINIER.

Mettons en reparation
Ce qui va à perdicion [4],
Et nous en allons.

Ilz remettent ung petit à point [5] et s'en vont.

LE PREMIER SERVITEUR.

C'est bien dit.

LE FOL.

Ces gens sont mors sans nul respit,
Et pourtant je me voys mucier [6].

GRAVELLE.

Et bien, ça, en as-tu despit ?

LE FOL.

Helas ! ne m'en vueillez blecier !

GRAVELLE.

Tu contrefaitz de l'espicier [7],
Mais tantost sentiras mes mains !

LE FOL.

Alarme ! je ne puis pisser :
La Gravelle me tient aux rains !
Venez ouyr mes piteux plains,
Vous, l'Orfevre et l'Appoticaire :

---

1. « Entrainez après vous, remorquez. » Ce dernier mot est déjà, dans Rabelais, écrit *remolguer* (liv IV, ch. xxi), et dans Amyot (*Alcibiade*, ch. LXIX), déjà sous sa forme actuelle.
2. « Que je parafe de coups sur tous les côtés. »
3. « Niais, et pris comme les autres. »

1. « Nous n'avons pas le temps de nous arrêter davantage. »
2. Ironiquement « Adieu, la jolie armée. »
3. « Voila une vilaine suite que Bancquet traine après lui. »
4. « Mettons en réserve ce qui pourrait se perdre. »
5. « Un peu en ordre. »
6. « Cacher »
7. « Tu fais le donneur de douceurs, de douces épices. »

La Gravelle, dont je me plains,
M'a fait devenir lapidaire.

GRAVELLE.
Veulx-tu parler de mon affaire,
Et de mon train original?

LE FOL.
Je ne sçay plus que je doy faire :
Apportez-moy ung orinal :

Pause pour pisser le Fol. — Il prend ung coffinet en lieu de orinal, et pisse dedans, et tout coule par bas.

BONNE COMPAIGNIE.
Bancquet se montroit liberal,
Comme s'il fust chef d'ung empire,
Mais, à parler en general,
De tous les mauvais c'est le pire.
Mon train dechet, mon cas empire,
Et mon cueur se trouve esperdu;
Car, en ce lieu, dont je soupire,
Quatre suppostz avons perdu.

ACOUSTUMANCE.
Quatre suppostz[1] avons perdu.
Car la mignongne Friandise
A eu tout le corps pourfendu,
Et la popine Gourmandise[2].
Je croy que j'eusse este sousprise,
Se à fuyr n'eusse contendu[3] ;
Toutesfois, par ceste entreprise,
Quatre suppostz avons perdu.

BONNE COMPAIGNIE.
Quatre suppostz avons perdu,
Et, moy, je suis toute affolée.

PASSETEMPS.
Si grant assault me fut rendu,
Que je y eus l'espaulle avalée[4].

ACOUSTUMANCE.
Et moy, piteuse, desolée,
J'ay eu tout le dos confondu.

BONNE COMPAIGNIE.
Mais c'est du pis qu'en la meslee
Quatre suppostz avons perdu :
Il fault pourvoir au residu[5].

ACOUSTUMANCE.
Comment?

BONNE COMPAIGNIE.
Je vous diray comment.
Mon plaintif[6] feray haultement
Devant ma dame Experience,
Et je croy que facillement
Nous baillera bonne audience.

PASSETEMPS.
Dame Experience a prudence,
Pour la matiere discuter.

BONNE COMPAIGNIE.
Tirons droit vers sa residence,
Pour nostre affaire luy compter.

Vadunt[1].

Experience, dame honnestement habillée, sera assise en siege magnifique.

EXPERIENCE.
Dieu m'a donné le sens de gouverner,
Et discerner entre bon et mauvais.
Je sçay mes loix et decretz dicerner,
Gens ordonner, justes examiner,
Pour leur donner confort, targe et pavais[2].
Mais les meffais infectz et contrefaitz,
Pugnir je fais, quant j'en ay la notice :
Justement vit qui exerce justice.

Car *summum bonum in vita,*
Est justiciam colere[3].
Le Decret dit qu'on doit *ita*
Suum cuique tribuere[4].
A ce propos, *in Codice*[5],
Lege Nemo, tu trouveras
Qu'il en a parlé *publice*
Sur le paraffe *inter claras.*

Je suis sauvegarde,
Je voy, je regarde,
Je maintiens et garde
Gens de bon vouloir ;
Je picque, je larde,
Je poings et brocarde
La teste coquarde,
Qui ne veult valoir[6].

Experience je me nomme,
Plaine de grant subtilité :
Je n'excepte femme ne homme
Chascun sent mon utilité.
In Speculo, ma faculté[7],
Le bon Docteur enregistra,
Declarant sans difficulté
Que je suis *rerum magistra*[8].

Je suis la maistresse des choses,
J'en cognois la source et racine;
Clerement, sans aucunes choses,

---

1. « Confreres. » On donnait surtout ce nom de *suppôts* dans les confréries de plaisir
2. « Et aussi la rondelette et si florissante Gourmandise. »
3. « Ne me fusse efforcé » C'est le mot latin *contendere.*
4. « Mise a val, a bas, cassée. »
5. « Au reste. »
6 C'était la forme donnée au mot *plainte,* quand il signifiait accusation en justice. V. Nicot et Cotgrave.

1. « Ils y vont. » Cette façon d'exprimer en latin certains mouvements de scene se retrouve dans Shakespeare, chez qui toute sortie des acteurs, par exemple, s'indique ainsi « exeunt »
2. Bouclier, egide.
3. « Le suprême bien dans la vie est de pratiquer la justice »
4 « Accorder a chacun ce qui lui revient »
5. «xii ji C Cum devotissimam et pei glo oid super verbo alterium in prim exordn Decretalium Cum rex justus sederit super sedem justiciæ, etc L. nemo §. inter claras. C. de summa Trinitate et fide catholica » (*Note de l'auteur.*)
6. « La tête étourdie, qui ne veut chercher ce qui est la vraie valeur des choses »
7 «Dans le miroir, qui est à lui seul toute ma faculté de droit. »
8. « Experiencia est rerum magistra, proverbium commune quod notat. Spe. de testi. §. vii. v. Hoc quoque Experiencia est valde necessai a ad juris et justiciæ regimen id. spe. de libel. conce. circa pinc. Et supplet illiteratum de judi. de lega. §. viii. ver. Itemque est illiteratus. » (*Note de l'auteur.*)

Leurs derivacions j'assigne.
Souvent je medite et rumyne
Par astuce inquisicion [1],
Et puis après j'en determine
Et baille resolucion.

BONNE COMPAIGNIE.

Velà la Dame de renom,
Et ses conseillers au plus près.

PASSETEMPS.

Puisque vous en sçavez le nom,
Saluez-la par motz exprès ?

BONNE COMPAIGNIE.

Madame, qui bien regentez,
Et qui sur tout diligentez [2],
Jesus vous gard de villennie !

EXPERIENCE.

Et Dieu vous croisse vos bontez !
Qu'esse que de nouveau comptez,
Madame Bonne Compaignie ?

PASSETEMPS.

D'ung insult [3] dur et merveilleux,
D'ung effort grief et perilleux,
Vous devons faire les plainctis [4].

EXPERIENCE.

S'il y a rien de dangereux,
Ou de grave ou de pondereux,
Dictes tout, sans estre craintifz ?

BONNE COMPAIGNIE.

Je me plains de deux personnages :
De l'ung plus, et de l'autre moins ;
Car ilz m'ont fait de grans oultrages
Et monstré des tours inhumains :
En mes suppostz ont mis les mains,
Et, qui plus est, ont fait venir
Leurs consors, parens ou germains,
Pour tout mon train circonvenir [5].

EXPERIENCE.

Il les fault faire convenir [6].

BONNE COMPAIGNIE.

Pour Dieu ! Faictes-les attraper !

EXPERIENCE.

Mais, affin qu'on les puist pugnyr,
Quelz sont-ilz ?

BONNE COMPAIGNIE.

  Bancquet et Soupper.
Soupper me invita à sa table,
Où avoit viande à foison,
Mais sa voulenté detestable
Se estoit farcye de poyson :

Car, par couverte trahison,
Entre les beaulx metz magnificques,
Fist entrer dedans sa maison
Monstres hideux et terrifficques.

Oncques arpies draconiques [1],
Ou les furies infernalles,
Ou les troys faces gorgoniques [2],
Ne se monstrerent si très-malles :
Sur nous vindrent, noires et pales,
Frapper de bastons et de poings,
Comme fatales ou parcales [3],
Pour nous destruyre de tous pointz [4].

Soupper se mesloit avec elles,
Embastonné Dieu sçait comment,
Qui, sur moy et sur mes sequelles [5],
Deschargoit merveilleusement.
Batus fusmes piteusement,
Sans que nul nous vint secourir,
Et en feust esté aultrement,
Si n'eussions gaigné à courir.

Velà quant au premier article
De ma queruleuse [6] demande,
Soupper m'a mis cest offendicle [7] :
La justice vous en demande.
Quant à l'autre, qui est plus grande,
C'est contre le mauldit Bancquet ;
Car, en sa largesse et offrande,
J'ay trouvé venymeux acquest.

O mon Dieu ! que pourray-je dire
De ce très-terrible danger ?
J'ay le povre cueur tant plain d'ire,
Que à peine puis-je desgorger.
Ce faulx tyrant nous fist loger
Chez luy, pour colacion faire,
Mais après, comme ung Ogier [8],
Vint tout armé pour nous deffaire.

Les satelites ramena,
Qui premier batus nous avoient,
Et cautement leur enseigna
Comment envahir nous devoient
Et eulx, qui tous les tours sçavoient
De faire noises et tempestes,
Contre nous les bastons levoient,
Comme bouchiers sur povres bestes.

---

1. « Par recherche fine, information rusée (*astuta*). »
2 « Avez des soins diligents. »
3 Ce mot, dans son sens le plus sérieux, comme ici, r sta du masculin jusqu'au XVIIe siècle. V. une note du chant V du *Lutrin* dans notre édition de Boileau, gr. in-8, Paris, Laplace et Cie, 1873.
4. Portez les plaintes.
5. « Pour envelopper tous les miens. »
6. « Comparoître (*convenire*). »

1. « Jamais les harpies a queues de dragons. »
2 « Ou les figures des trois Gorgones »
3. « Les envoyées par le Destin (*Fatum*) ou les Parques (*Parcæ*) » Rabelais écrit encore (liv. IV, ch. XVIII) les *Parces* pour les Parques
4 « Les Arpies sont monstres ravissans, nommées Celeno, Abello, Occipite, habitans es isles Strophades. = Les Gorgones sont Medusa, Stennyo et Euryale, habitans es Orcades. = Les Furies infernales sont Alecto, Thesiphones et Megera. — Les Parcales, Cloto, Lachesis et Atropos De ces choses ont assez escript les anciens poetes. Et quant aux nouveaulx, Bocace, *de Genealogia deorum*, » etc (*Note de l'auteur*)
5. « Mes suites (*sequella*). » Ce mot s'emploie encore, mais dans une acception dénigrante.
6 « Plaintive (*querula*) »
7 « M'a fait cette offense »
8. Ogier le Danois, l'un des preux du roman des Douze Pairs Sa popularité ne survit plus que dans le jeu de cartes, où il est le valet de pique

Mais, en ce conflict, telle grace
Me fist Dieu, la sienne mercy !
Que je me partis de la place,
Moy et ces deux qui sont icy.
Le demourant est mort transsy,
Forclos[1] de vie et privé d'ame,
Et moy, je demoure en soucy,
Comme chetive et povre dame.

EXPERIENCE.

Quoy ? vous a-l'en fait tel diffame [2] ?

BONNE COMPAIGNIE.

Diffamée en suis, quoy qu'on die.

EXPERIENCE.

Certes, Bancquet est bien infame.

BONNE COMPAIGNIE.

Infamement m'a pourbondie [3].

EXPERIENCE.

Or me dictes, ma belle amye,
Quelz gens y perdez-vous ?

BONNE COMPAIGNIE.

Assez.

EXPERIENCE.

Pour Dieu ! ne me le celez mye ?

BONNE COMPAIGNIE.

J'en y ay quatre trespassez.
Pour moy fut folle marchandise,
De croire leur deception :
Car Friandise et Gourmandise
Sont mises à occision ;
Je-boy-à-vous, bon compaignon,
Y a prins son deffinement [4] ;
Je-pleige-d'autant, mon mignon,
Y est meurtry [5] pareillement.

PASSETEMPS.

Ces quatre miserablement
Sont là gisans, la bouche ouverte.
Si vous prions très-instamment,
Que la faulte soit recouverte [6].

ACOUSTUMANCE.

La trahison est toute apperte [7] :
Madame, par ma conscience,
Nous y avons si très-grant perte,
Que nous y perdons pacience.

Or, avez-vous plaine science,
Puissance, auctorité, vigueur :
Pourtant, madame Experience,
Pugnissez-les à la rigueur.

EXPERIENCE.

Pour besongner, par moyen seur,
Il affiert bien qu'on m'advertisse [1].
Que demandez-vous, belle seur ?

LES TROIS, ensemble.

Justice, madame, justice !

BONNE COMPAIGNIE.

Que Soupper, avec son complice,
Par qui la feste est departie [2],
Soit mys à l'extreme supplice !

EXPERIENCE.

Ha ! dea, il fault ouyr partie.
Audi partem, ce dit le Droit.
Il fault examiner le cas,
Et consulter, par bon endroit,
Avec docteurs et advocas.
En telz crimes ou altercas [3],
Il chet grant consultacion,
Car je ne vueil, pour mil ducas,
Avoir nom de corruption.
Toutesfois, pour commencement,
Affin qu'on ne nous puist reprendre,
Mes sergens yront promptement
Les malfaicteurs saisir et prendre :
Par ce moyen, pourrons entendre
Finablement la verité.

BONNE COMPAIGNIE.

Qu'on y aille, sans plus attendre !
Si verrez leur temerité.

EXPERIENCE appelle ses gens.

Ça, Secours et Sobrieté,
Clistere, Pillule, Saignie [4],
Diette qui est redoubtée,
Remede et toute la mesgnye [5],
Vous oyez Bonne Compaignie
Plaindre de Bancquet et Souppier ?
Si vueil qu'à force et main garnye [6]
Tantost les allez attraper ;
  Tous deux soient pris,
  Par vostre sçavoir,
  Dedans leur pourpris [7],
  Tous deux soient pris :
  Comme estes apris,

---

1. « Banni, enfermé au dehors de la vie. » Voltaire regrettait ce vieux mot et avait raison « Qu'on arrive, écrit-il à l'abbé d'Olivet, aux portes d'une ville fermée, on est quoi ? nous n'avons plus de mot pour exprimer cette situation, nous disions autrefois forclos Ce mot tres expressif n'est demeuré qu'au barreau. »
2. « Insulte »
3. « Il m'a fait caracoler en vraie cavale. » Le mot est dans le Monologue du franc archier :

Pour bien pourbondir un cheval
Il faisoit feu voire et flambe

4. « Son achevement, sa fin des fins »
5. « Il y est moit par le meurtrie » Le mot meurtri avec ce sens est encore dans l'Athalie de Racine.
6. « Réparée, punie. »
7. « Avérée. »

1 « Il est de droit qu'on m'informe régulierement. » Dans la Mort alité d'ung empereur, le mot affiert se présente avec le même sens

De les pugnir ne soyez nice
Selon leur meffaict et leur vice
Comme a juste prince il affyert.

2 « Par qui la feste fut donnée »
3. C'est l'ancienne forme du mot altercation La Fontaine s'en est encore servi dans sa fable la Querelle des chiens et des chats.
4. « Saignée. »
5. « Famille » Nous avons déjà vu ce mot.
6. « Main armée »
7. « Leur enclos, leur demeure. »

De tel charge avoir [1],
Tous deux soient pris
Par vostre vouloir.

SECOURS.
Madame, s'il convient pourvoir
A quelques haultz faitz pondereux [2],
Moy, Secours, y feray devoir,
Demonstrant faitz chevalereux [3] ?

SOBRESSE.
J'ay nom Sobresse [4], le piteux,
Le prochain parent d'Abstinence.
Combien que je soye marmiteux [5],
Si ay-je en maintz lieux eminence [6].

CLISTERE.
Clistere, qui fait dilligence
De purger les menuz boyaulx,
Vous servira sans negligence,
Aussi bien que les plus loyaulx.

PILLULE.
S'il fault trouver des tours nouveaulx,
Soubz fiction simulative,
Pillule en monstrera de beaulx,
Car il a force laxative.

SAIGNÉE.
Pour toucher de main pongitive [7],
J'en scay l'administracion ;
Saignie a vertu expulsive,
Et fait de sang effusion.

DIETTE.
Diette, qui mect à raison
Les malades et desolez,
Quand il sera temps et saison,
Vous servira, se vous voulez.

REMEDE.
De Remede point ne parlez ?
C'est le principal de la route [8].
Il corrige les dereiglez ;
Il fait rage, quand il s'y boute.

EXPERIENCE.
Je vous entens bien, somme toute :
Vous n'estes venteurs ne flateurs,

Mais il fault que, sans nulle doubte [1],
M'empoingnez ces deux malfaiteurs.

REMEDE.
Allons prendre ces hutineurs [2] !

SECOURS.
Allons les saisir vistement !

SOBRESSE.
Allons querir ces choppineurs !

CLISTERE.
Allons prendre ces hutineurs !

PILLULE.
Allons cercher ces affineurs [3] !

EXPERIENCE.
Lyez-les-moy estroictement ?

SAIGNÉE.
Allons prendre ces hutineurs !

DIETTE.
Allons-les saisir vistement !

REMEDE.
Soyons armez legierement,
S'il convient que nous combatons.

SECOURS.
Pour tenir nos gens seurement,
Portons cordes et bons bastons ?

Ilz prennent des cordes et leurs bastons, chascun different l'ung à l'autre.

SOUPPER *se treuve au lieu et dit :*
Que sont devenuz ces gloutons ?
Bancquet, sont-ilz allez esbatre ?

BANCQUET.
J'en ay fait comme de moutons !
Regardez : en voicy les quatre.

SOUPPER.
Je les ay batus comme plastre :
Soupper, en la fin, nuyt et mort.

BANCQUET.
Vous ne les avez fait que batre,
Mais, moy, je les ay mys à mort.
Compaignie a fouy si fort,
Et deux qui se sont separez,
Qu'ilz ont evité mon effort,
Mais ces quatre sont demourez.

DISNER *se retreuve au lieu.*
Qu'esse que vous deux murmurez ?
Y fault-il confort ne suffrage [4] ?

---

1. « Comme vous êtes instruits pour de telles fonctions. »
2. « De poids, de grande conséquence, » *of great consequence,* dit Cotgrave, chez qui seul nous trouvons le mot
3. « De façon vaillante et chevalereuse. »
4. Ancienne forme du mot « sobriété », et la seule que par exemple Rabelais emploie.
5. « Souffreteux. » Brantôme lui donne ce sens. « On dit, écrit-il au disc. 1er des *Dames galantes,* que le dict gentilhomme contrefaisoit ainsy du maladif et *marmiteux.* »
6. « Considération, supériorité. »
7. « Piquante, » du latin *pungere.* C'était l'un des noms donnés aux douleurs les plus vives : « Une tres-grande douleur, dit A Paré (liv VI, ch. xxiii), tensive, *pongitive* et bruslante. »
8. « De la troupe, de la réunion. » Dans la *Moralité de Charité,* le religieux dit :

    Avoit o (avec) luy une grant routte
    De disciples qui le suivoient.

Le mot *rout, aout,* réunion, n'est que celui-ci conservé sous la forme que lui ont donnée les Anglais.

1. « Sans rien redouter. »
2. « Faiseurs de noises, de hutin. » Nous avons déjà expliqué ce dernier mot.
3. « Trompeurs » Il était moins employé que le verbe *affiner* d'où il vient Ha ! dit le triacleur, dans la *Farce d'un pardonneur,*

    Ha ! que tu scais bien *affiner,*
    Et abuser les bonnes gens !

4. « Secours ou approbation. »

BANCQUET.
Ils sont mors et descolorez.
Veez-les là?

DISNER.
O le grant oultrage!

BANCQUET.
De ces gaudisseurs qui font rage
Ay fait une execution.

DISNER.
Bancquet, vostre mauvais courage
Vous mettra à destruction.

SOUPPER.
S'il en a fait occision,
Autant en emporte le vent[1].
Gens plains de dissolucion,
On les doit corriger souvent.

DISNER.
Mais on doit vivre honnestement,
Et estre loyal envers tous.

BANCQUET.
Bancquet doit ordinairement
Mettre gens dessus et dessoubz.

DISNER.
Moy-mesmes seray contre vous,
S'on veult pugnir les deffaillans[2].

SOUPPER.
Disner, ne vous chaille de nous[3]?
Tousjours eschappent les vaillans.

DISNER.
Adieu donc!

REMEDE *les monstre.*
Velà nos galans!

SOBRESSE.
Il les fault prendre en desarroy.

CLISTERE.
Sus, sus, saluons ces chalans!

PILLULE.
Tost les aurons, comme je croy.

SECOURS *s'approche et met la main à Bancquet, et dit* ·
Je metz la main à vous!

BANCQUET.
Pourquoy?

SAIGNIE.
Vous avez commis grande offense.

DIETTE *met la main à Soupper.*
Je vous prens!

SOUPPER.
Bancquet, aydez-moy!

BANCQUET.
Mettons-nous trop bien en deffence.

REMEDE.
Ha! vous ne feriez pas science[1].
Ilz font semblant de eulx deffendre ung petit.

SOUPPER.
Frappons, frappons!

BANCQUET.
Tuons, tuons!

SECOURS.
De par madame Experience,
Prisonniers vous constituons!

SOUPPER.
Pourquoy cela?

SOBRESSE.
Nous ne sçavons.

BANCQUET.
Vers personne offence n'avons?

SOUPPER.
En nous n'y a quelque meffait?

DIETTE.
La bourde[2] evidemment prouvons.

BANCQUET.
Et comment?

DIETTE.
Car nous vous trouvons
Avec le delict[3] qu'avez fait.

CLISTERE.
N'est-ce pas cy vostre forfait?

BANCQUET.
Jamais.

REMEDE.
En effect et substance,
Tant de la cause que du fait,
Nous voulons prendre congnoissance.

SOUPPER.
Vous nous faictes grant violence!

SECOURS.
Vous direz ce que vous vouldrez.
Devant la dame d'excellence,
Pede ligato[4], respondrez.

---

1. « Ah! Vous n'y seriez pas maître, vous n'y donneriez pas leçon »
2 Ce mot signifiait déja « mensonge, imposture ; » aussi, lit on dans la *Comédie de proverbes* · « S'il n'est pas vray, la *bourde* est belle. » Il en était venu le verbe *bourder*, qu'emploie Scarron dans son *Virgile*, à l'endroit de la consultation de la sibylle :

Dis nous nostre bonne aventure,
Mais dis nous la sans imposture,
Et sans la donner à garder,
Tu te plus souvent a *bourder.*

3. « Avec les corps du délit, » les quatre massacrés · Gourmandise, Friandise, Je boy a-vous, Je-pleige-d autant sont la par terre.
4. « Le pied lié » C'était la formalite et la formule.

---

1 Locution proverbiale déja vieille alors. Villon en avait fait le refrain de quatre couplets de sa ballade « en vieil langaige françois *Des seigneurs du temps jadis* »
2 « Ceux qui ont failli en cette affaire. »
3. « Ne prenez de nous souci. »

BANCQUET.
Faut-il qu'il soit!

SAIGNÉE.
Vous en viendrez!
Dea, il vous fault humilier.

REMEDE.
Cependant que Soupper tiendrez,
Il nous convient Bancquet lier.

PILLULE.
Voicy ung lien singulier,
Dont je luy voys lyer les mains.
Allez ce Soupper habiller [1] :
C'est raison qu'il n'en ait pas moins.

LE FOL.
Ces povres dyables sont ratains [2] !
Au moins, leur fait-on entendant.
Je cuyde qu'ilz sont bien certains.
D'eulx en aller par le pendant [3].
Ne les menez pas tout batant [4],
Ce seroit grant compassion.
Au surplus, ne faictes pas tant,
Qu'ilz meurent sans confession.

SECOURS.
Tost, que la malle passion
Vous envoye sainct Denis de France [5] !
Cheminez sans dilacion [6],
Ou vous aurez de la souffrance !

BANCQUET.
Voicy une piteuse dance !
Je n'ay pas ce jeu-cy apris.

SOBRESSE.
Vous aurez des maulx abondance :
A ce coup le regnart est pris.

CLISTERE.
Velà ma Dame en son pourpris.
Saluons-la sommierement [7] ?

PILLULE.
Gardons que ne soyons repris
De demourer trop longuement ?

REMEDE.
Dame de grant entendement,
Bon jour vous doint le Redempteur !
Voicy Bancquet, ce garnement,
Et Soupper, son coadjuteur.

EXPERIENCE.
O Bancquet, cruel malfaicteur,
Bateur, combateur, abateur,
Tout plain de forfait indecent !

BANCQUET.
Ma dame, je suis innocent !

EXPERIENCE.
Et, toy, Soupper très-decevable,
Aux corps et aux ames grevable,
Tu as fait des maulx plus de cent !

SOUPPER.
Ma dame, je suis innocent !

EXPERIENCE.
L'ung bat les gens, l'autre les tue,
L'ung corrompt, l'autre destitue [1],
Tellement que chascun s'en sent.

BANCQUET.
Ma dame, je suis innocent !

EXPERIENCE.
Ha ! vous parlerez autrement,
Ou la torture sentirez !
Sus, gardez-les soigneusement,
Et ung petit vous retyrez ?

SAIGNÉE.
Nous ferons ce que vous direz :
L'ung et l'autre sera serré.
Je croy que pas loing ne fuyrez,
Mais que je vous aye enferré.

Ils se retirent avec les prisonniers.

EXPERIENCE.
Conseil discret et modere,
Seigneurs, princes de medicine,
Quant bien vous ay consideré,
Ceste cause je vous assigne.
Vous avez theorique [2] insigne,
Vous avez engin [3] très-haultain,
Et de practique la racine,
Pour asseoir jugement certain.
Ypocras [4], docteur très-humain,
Et vous, le discret Galien,
Vous voyez bien, quant j'ay soubz main
Deux gens qui sont en mesme lyen :
Avicenne [5], seigneur de bien,
Et vous, l'expert Averroys [6],
Je vous prie, conseillez-me bien,
Quant les delictz aurez ouys.

---

1. Équivoque sur le mot « habiller » dans son sens ordinaire, et sur l'expression « habiller a souper », qui, a cause de l'importance du repas, indiquait un des grands points de l'art de la cuisine en ce temps-la : Amyot dans son Plutarque (*Parallele de Lycurgue et de Numa*, ch. IV) parle du « mestier d'habiller a soupper et de faire la cuisine ».
2. « Atteints, attrapés. »
3. « Par la pendaison. »
4. « Tambour battant, tout de suite. » Dans la farce de *Mahuet* :
   Il faut que tu voyses (ailles) a Paris..
   Tout battant porter la cresme
   Et nos œufs.
5. « Que saint Denis vous envoye sa malediction ! »
6. C'est le mot latin *dilatio*, délai.
7. « Par façon de *sommaire*, pour commencer. »

1. « Ruine, affaiblit (*destituit*). »
2. « Science de théorie. » On n'employait pas alors d'autre mot, c'est celui dont se servait aussi Montaigne : « Si faudroit il, a-t-il écrit, suivant l'ordre de la discipline, mettre la théorique avant la pratique »
3. Du latin *ingenium*, génie.
4. « Hippocrate, » dont le nom se prononça ainsi jusqu'au XVIIe siecle.
5. Les ouvrages de ce grand médecin arabe venaient d'être publiés en latin, pour la première fois, il n'y avait guere plus de vingt ans Ils avaient paru a Venise en 1483 sous le titre de *Canonis medicinæ libri*.
6. On l'avait connu vers le même temps qu'Avicenne ; mais, bien moins médecin que philosophe, il n'appartenait guere à la science de son compatriote que par les *commentaires* qu'il avait faits sur ses livres, et par le *Colliget*, dont il sera parlé plus loin.

YPOCRAS.

Ma dame, je me resjouis,
Quant me baillez ceste ouverture :
Vous sçavez bien que je jouys
De plusieurs secretz de nature?
Vous avez, par mon escripture,
Les Amphorismes[1] de renom,
Et si ay fait la confiture
Du boire, qui porte mon nom[2].

GALIEN.

Et moy, la Commentacion
Sur les livres de nostre maistre[3] :
Velà mon occupation :
De cela me scay entremettre.
Puis, par escript ay voulu mettre
Ung regime de santé[4].
Et aussi rediger par lettre :
De morbo et accidente.

AVICENNE.

Combien que j'ay nobilité[5],
Pour principer[6] et pour regner,
Si ay-je curiosité
De sçavoir les corps gouverner :
Et à celle fin de donner
Enseignement plus prouffitable,
J'ay prins plaisir à ordonner
Quatuor fen, livre notable[7].

AVERROYS.

Ypocras est docteur louable,
Galien est scientifique,
Avicenne est moult honnorable,
Prince puissant et magnifique ;
Mais mon engin philosophique,
Aquilinus, non indiget[8].
Car j'ay composé en phisique
Ce livre qu'on dit : *Colliget*[9].

EXPERIENCE.

C'est grant chose de vostre fait :
Ung chascun fort vous recommande,
Mais, pour pourveoir à ce meffait,
En present Conseil, vous demande :
Dont vient cela qu'apres viande,
Pour à l'appetit satisfaire,
Bancquet fait offense si grande,
Que tuer gens ? Se peult-il faire ?

YPOCRAS.

Il n'est au corps rien plus contraire,
Que manger oultrageusement ;
Et vauldroit trop mieulx en distraire,
Que d'en prendre si largement[1] :
Mais on ne peut pas proprement
Ne l'ung ne l'autre condamner,
Car il les fault, premierement,
Suffisamment examiner.

EXPERIENCE.

Doncques, pour en determiner,
Par grant deliberation,
Secours, faictes-les ramener :
Si orrons[2] leur confession.

SECOURS.

Ma dame, j'ay intencion
De tantost vous les presenter ?

REMÈDE.

Et, de paour de commotion,
Je y vueil plainement assister.

SECOURS.

Faictes ces prisonniers trotter
Devant madame Experience ?

REMÈDE.

Il n'y a point de cul froter[3] :
Vous en viendrez à l'audience.

BANCQUET.

En moy n'a point de resistance :
Je iray partout où vous plaira.

SOBRESSE.

Soupper vous fera assistance,
Qui du torment sa part aura.

SOUPPER.

Je ymagine qu'on nous fera
Quelque grace ou quelque doulceur ?

DIETTE.

Je ne sçay, moy, qu'il en sera,
Mais vostre cas n'est pas trop seur.

CLISTERE.

Sus, cheminez, maistre trompeur !
Venez à ma dame parler ?

BANCQUET.

Dea, mon amy ; gens qui ont peur
Ne peuvent pas si fort aller.

---

1. Pour « aphorismes ».
2. « Il declare avoir fait le livre des Amphorismes et composé l'ypocras. » (*Note de l'auteur*). L'hypocras, avant de passer sur les tables, faisait en effet partie, comme vin médical, de la pharmacopée du moyen âge, et s'appelait *Vin d'Hyppocrate* (vinum Hyppocraticum), d'ou, par abréviation, *Hypocras*.
3. « Galien a commenté les Amphorismes d'Ypocras. » (*Note de l'auteur*.)
4. Ce n'est pas à Galien, mais à l'école de Salerne, qu'on devait alors un régime de santé, *regimen sanitatis* Galien avait fait, lui, plusieurs livres *De sanitate tuenda*, traduits du grec en latin, puis du latin en français, publiés au xvi⁰ siecle, soit ensemble, soit à part, et dont un, entre autres, le 6⁰ sans lieu ni date, en caractères gothiques, est remarquable par deux gravures sur bois d'instruments indiqués ainsi *Un glotlotomon, par M François Rabelais, docteur en medecine,* et un *syringotome.* Les biographes n'en ont rien dit.
5. « Noblesse. »
6. « Dominer en prince. »
7. « Avicenne a fait ce livre qu'on nomme *Quatuor fen.* » (*Note de l'auteur*.)
8. N'est jamais en defaut, ayant le vol de l'aigle (*aquilinus*.)
9. Ce n'est pas en physique, mais en médecine, et c'est pour cela qu'il est ici, qu'Averrhoes a composé le livre dont il parle. En voici le titre, d'après la premiere édition *Liber de medicina qui dicitur Colliget,* anno 1482, *die* b *octobris* .. Venecyt, 116 fol. goth. à 2 col. in-fol.

---

1. « Diminuer la nourriture que l'exagérer. »
2. « Entendrons. »
3. « Il n'y a point à hésiter, reculer, tortiller des fesses. » Nous avons déja vu l'expression dans la farce du *Pont aux ânes* :

Je n'y voys plus du cul froller.

SAIGNÉE.
Si ne pouvez-vous reculer,
N'eschapper, ne circonvenir [1].

PILLULE.
Vostre vie on veult calculer,
Pour vous corriger et pugnir.

SECOURS.
Dame, nous avons fait venir
Ces povres meschans malheureux.

REMEDE.
Ilz ne se sçavent soustenir,
Tant sont debiles et paoureux.

EXPERIENCE.
Voulez-vous supplier pour eulx,
Et si congnoissez leur malice !

REMEDE.
S'ilz sont pervers et rigoureux [2],
Vous y mettrez bonne police.

BONNE COMPAIGNIE.
Ma dame, vous aurez l'office
De faire à tous droit et raison :
Je vous demande la justice
De ces gens plains de trahison.
Car chascun d'eulx, en sa maison,
A fait contre moy son effort :
L'ung, pour bailler coups à foison,
Et l'autre, pour tout mettre à mort.
Qu'il soit vray, ilz ont tant grevé
Mes gens et femmes principalles,
Qu'il y en a sur le pavé
Demouré quatre mors et pales.
Telles œuvres rudes et malles [3],
Formidables à referer [4],
Et atrocitez enormalles,
Ne se doyvent point tollerer.

EXPERIENCE.
Sus, vous avez ouy narrer
Le plaintif qu'elle a recité ?
Riens ne fault celer ou serrer :
On sçait jà vostre iniquité.
Confessez toute verité,
Et je vous prometz sans falace [5],
Que de ma possibilité
J'entendray à vous faire grace.

SECOURS.
Nous avons trouvé sur la place
Les quatre mors, et eulx auprès.

REMEDE.
Les meurtris [6] aussi frois que glace,
Nous avons trouvez en la place.

SOBRESSE.
Je y vy Gourmandise la grasse.

1. « Ni faire des détours. »
2. « S'ils ont été cruels »
3. « Mauvaises. »
4. « Terribles à raconter. »
5. « Sans promesse fallacieuse. »
6. « Les victimes du meurtre. »

DIETTE.
Je la regarday par exprès [1].

CLISTERE.
Nous avons trouvé sur la place
Les quatre mors.

SAIGNÉE.
Et eulx auprès.

SOUPPER.
Je ne scay que vous remonstrez,
Mais ce cas-là n'advint jamais.
Se Bancquet les a rencontrez
Et mys à mort, qu'en puis-je mais ?
J'ay suscité des passions,
Qui ont baillé des horions,
Mais oncques ne fuz homicide.
Bancquet fist ces occisions :
Ce sont ses operations,
Puisqu'il fault que je le decide.

BANCQUET.
M'as-tu donc baillé ceste bride [2] ?
M'as-tu pellé cest œuf mollet [3] ?

SOUPPER.
Bancquet les desgorde et desbride [4],
Comme on fait ung jeune poullet.

BONNE COMPAIGNIE.
Il en dit le cas tel qu'il est :
Soupper bat, mais de tuer, non.

SOUPPER.
Bancquet leur couppe le filet.

EXPERIENCE.
Aussi, en a-il le renom.

BANCQUET.
Si je prens occupation
Consonne [5] à ma condition,
Est-ce pourtant si grant forfait ?

EXPERIENCE dit a Remede.
Escrivez leur confession,
Leur dict et deposicion,
Remede ?

REMEDE.
Dame, il sera fait.

1. « Avec attention et intention » Chez le peuple l'expression « par exprès » est restée, tandis que nous disons simplement « exprès ». La façon de parler populaire est donc, comme il est dit fort justement dans le Dictionnaire de M. Littré, « moins une faute qu'un archaïsme. »
2. « Me crois tu capable d'accepter cette bride a veau ? » Un veau ne pouvant être bridé, la bride a veau passait pour la plus invraisemblable des impossibilités.
3. Peler un œuf mollet, autre chose invraisemblable, impossible !
4. « Les dégourdit et les dépece. » Degourdir, avec le sens que nous lui donnons ici, se trouve dans la Farce du Badin qui se loue

Mortbieu que j'ay bon appetit !
Pensez que je desgourdirois
Un jambon si je le tenois,
Avec une quarte de vin.

5. « Consonnante, conforme. »

BANCQUET.

Vous sçavez que Bancquet deffait
Tous corps humains par gourmander [1] :
C'est mon office, c'est mon fait.
Que m'en voulez-vous demander ?
Premierement fais aborder
    Appoplexie ;
Apres cela, vient, sans tarder,
    Epilencie :
Soubz la langue fais brocarder [2]
    L'Esquinencie :
Et, pour les costez mieulx larder,
    Vient Pleuresie.
Là se treuve, sans la mander,
    Ydropisie,
Et puis frappe, sans commander,
    Paralisie.
  Par guerre mortelle,
  Goutte s'y applicque ;
  Jaunisse, Gravelle,
  Viennent en publicque ;
  Mais, avec Colicque,
  Je boute en ung carre [3]
  Ce bon catholicque,
  Qu'on nomme Catharre.
Et à vous dire proprement,
Devant tous ces gens venerables,
Catharre est le vray fondement
D'egritudes [4] innumerables.

    YPOCRAS.

Il ne dit que motz veritables :
Catharre cause maintz deffaulx [5],
Mais tous ces morbes [6] detestables
Viennent par Bancquet qui est faulx.

    EXPERIENCE.

Et par Soupper ?

    BONNE COMPAIGNIE.

    Beaucoup de maulx,
Car il foule comme plastre [7].
Il ne fait pas mortelz assaulx,
Comme fait Bancquet, ce folastre.
Ha ! Soupper nous a bien fait batre,
Par ses souldars plains de cautelle,
Mais, à tout compter sans rabatre,
Sa bature n'est pas mortelle.

    EXPERIENCE.

J'examineray la querelle,
Et du conseil demanderay :
Se vous avez bon droit, querez-le [8],
Car justement procederay.

    SOUPPER.

Ma dame, je reciteray,

S'il vous plaist, mon intencion,
Pourveu que je ne irriteray
Vostre grant domination ?

    EXPERIENCE.

Dis tout sans adulacion,
Et fussent motz injurieux,
Pour ton argumentacion,
Je n'en feray ne pis ne mieulx.

    SOUPPER.

Nulz hommes, tant jeunes que vieulx,
Voire dès le temps du deluge,
N'esleurent jamais sur leurs lieux
Une femme pour estre juge.
Le Droit tant civil que divin [1],
Pour nous enseignement donner,
Dit que le sexe femenin
Ne doit juger ne condamner.

    BANCQUET.

A ce ne povez repugner,
Quant bien y aurez medité :
Pourtant voulons-nous impugner [2]
Vostre siege et auctorité ?
Il semble que ce soit Hector,
Ou quelque empereur, de vous veoir.
Digestis, lege : Cum pretor :
Là pourrez-vous de vray sçavoir
Que la femme ne doit avoir
Office tant honorifique,
Ne si grant honneur recepvoir,
Comme de siege juridique.

    EXPERIENCE.

Se j'ay puissance magnificque,
Que je puis largir [3] et estendre,
Vous n'estes pas scientificque [4]
Pour le discerner et entendre :
Non pourtant, se voulez aprendre
A lire le vieil Testament,
Là pourrez sçavoir et comprendre
Que femme siet en jugement.

En *Judicum* [5] n'est-il pas dit,
Que ceste dame Delbora
Jugea les gens sans contredit,
Et pour le peuple laboura [6].
C'est celle qui corrobora
Barach, le prince d'Israel,
Quant leur ennemy Sisara
Mourut par les mains de Jael [7].

Que vous a fait Semiramis,

---

1. « A force de gourmandise. »
2. « Gazouiller tristement »
3. « En un carré, une place à part. » C'est de ce mot, prononcé à l'anglais, qu'est venu *square*, que Cotgrave, d'ailleurs, lui donne pour traduction.
4. « Maladies (*ægritudines*). »
5. « Maintes lacunes de santé dans la vie. »
6. « Toutes ces maladies (*morbi*) »
7. « Il vous bat comme platre qu'on foule »
8. « Cherchez-le. »

1. « Mulier judex esse non potest. L. cum pretor. § non autem ff. de judi. Et est etiam remota ab omnibus officiis publicis et civilibus, l. II, ff. de re judi. » (*Note de l'auteur.*) « La femme ne peut être juge. . et est de même éloignée de tous emplois publics et civils. »
2. « Voulons-nous pour cela battre en breche votre siege ?... Non. »
3. « Distribuer avec largesse (*largiri*). »
4. « Vous n'avez pas science suffisante »
5. « Au livre des Juges (*Judicum*). »
6. « Travailla. »
7. « Sisara, prince de chevalerie de Jabin, roy de Canaam, fist guerre aux enfans de Israel, et par le conseil de Delbora, qui estoit juge et prophete, leurs ennemys furent vaincus et Sisara mort. L'hystoire est *Judicum* quarto capitulo. » (*Note de l'auteur.*)

Qui n'est pas des femmes la pire[1]?
Elle a jugé ses ennemys,
Et subjugué moult grant empire.
Se d'autres femmes voulez lire,
Esquelles sapience y a[2],
Vous povez ceste dame eslire,
Qui se nommoit Hortensia[3].

Hortensia, par eloquence,
Perora si très-doulcement,
Qu'elle eut finale consequence
De son desir entierement :
Des Triumvires proprement
Obtint sa cause par escript,
Comme Valere clerement
En son huitiesme le descript.

Diverses femmes très-habilles
Ont tenu l'esprit prophetique :
Bien y pert[4] par les dix Sibilles,
Dont la premiere fut Persique.
L'une, qui fut sage et pudique,
A Tarquin ses livres vendit ;
L'autre, par vision publique,
Octovien humble rendit[5].

Aucunesfois il est licite
Nous bailler jurisdicion.
Decimaquinta le recite,
En la troisiesme question,
Où il fait declaration,
Que femme, pour certain affaire,
Sans quelque reprehencion,
L'office de juge peut faire[6].

Aussi, puis-je determiner
De quelconque cas opportun,
Et si ne povez decliner
Mon decret, tant soit importun ;
Je puis dire et juger comme ung
Juge qui a puissance expresse ;
Parquoy le proverbe commun
Dit que je suis dame et maistresse[7].

SOUPPER.

O dame, vostre saigesse
Bruit[8] et regne par dessus tous,
Mais je vous prie en toute humblesse[1],
Que vous ayez pitié de nous.

EXPERIENCE.

Les conseilliers vous seront doulx :
On ne vous fera que raison.
Sus, sergens, entendez à vous?
Remenez ces gens en prison !

LE FOL.

Baillez-leur chascun ung grison[2],
Pour passer plustost la poterne?
Vien ça, visaige de busson[3]?
Iray-je porter la lanterne?

Clistere les maine en prison.

CLISTERE.

Sus, sus, venez en la caverne?
Le lieu n'est pas encores plain.

SAIGNEE.

Il y a mauvaise taverne :
On n'y trouve ne vin ne pain.

PILLULE.

Demourez là jusque à demain :
On vous fera vostre paquet.

DIETTE.

Nous vous laissons en ce lieu sain.

SOBRESSE.

Adieu, Soupper !

DIETTE.

Adieu, Bancquet !

EXPERIENCE.

Seigneurs, vous entendez le fait
De ce trouble et de ce maleur :
Bancquet est ung murtrier parfait,
Soupper bateur et mutileur,
Vous estes gens de grant valeur,
Pour sçavoir telz cas decider :
Conseillez-moy, pour le meilleur,
Comment j'y devray proceder?

YPOCRAS.

Nous ne faisons que commander
Qu'on se reigle, qu'on se tempere ;
Mais nul ne se veult amender :
Velà dont vient le vitupere[4].
Quant à part moy je considere
Les exces et potacions,
Se le monde ne se modere,
Il en mourra par millions.

---

1. « La royne Semiramis, apres la mort de son mary Ninus, regna longuement, comme il est escript au premier livre de JUSTIN. » (*Note de l'auteur.*)
2. « Chez qui il y a sagesse et savoir (*sapienoe*). »
3. « Hortensia, fille de Hortensius le grant orateur, soustint la cause des femmes de Romme par devant les Triumvires, et fist tant, par son eloquence, que de la pecune sur elle imposée fut remise une grant partie, comme il appert en VALERE, libro VIII, cap. III » (*Note de l'auteur.*)
4. « Bien y paraît (*paret*). »
5. « Icy parle des dix Sibilles, dont l'une vendit des livres a Priscus Tarquin ; l'autre fist la remonstrance a l'empereur Octovien, et dict ces vers : *Judicii signum*, etc. LACTANCIUS, *in libro Divinarum institutionum*, et SAINCT AUGUSTIN, *de Civitate Dei*, ont traicté ceste matiere. » (*Note de l'auteur.*)
6. « In aliquibus mulier potest esse judex. In *Decretis* causa quinta, questione tercia. » (*Note de l'auteur.*) « En quelques cas, la femme peut être juge. »
7. « Experiencia est rerum magistra Ut supra dictum est ubi alegat Speculum. » (*Note de l'auteur.*) « L'expérience est maîtresse de toute chose, ainsi qu'il est dit ci-dessus, à l'endroit ou le *Miroir* est allégué comme autorité. »
8. « A renom, crédit. »

1. Pour « en toute humilité ». Le mot ne s'employait guère qu'ainsi. Un des fils, dans la *Moralité des enfans de maintenant*, dit à son pere :

    Je vous avois quelquement, par jeunesse,
    Rien offensé, j'en demande en *humblesse*
    Pardon et grâce.

2. « Un âne. » Le mot est encore dans La Fontaine et Dancourt.
3. « Buson, buse. »
4. « Le blame (*vituperatio*). »

GALIEN.

A la verité, bien sçavons
Dont viennent ces faultes possimes [1] :
Largement oscript en avons,
Baillant deffences et regimes.
Ypocras, en ses Amphorismes,
Conseille bien la creature,
Et moy, par gloses infimes,
Ay commenté son escripture.

AVICENNE.

Ung chascun corrompt sa nature,
Par trop de viandes choisir,
Car qui abonde en nourriture
A peine peut-il sain gesir ;
Et pourtant ay-je prins plaisir
A denoter expressement
Que après appetit et desir
On doit manger non autrement.

AVERROYS.

Quant on a souppé largement
Tout a loisir, sans soy haster,
Comment peut estre proprement
L'estomac prest pour bancqueter ?
Nous retardons, sans point doubter,
Nostre digestion du tout,
Ainsi que quant on vient bouter
De l'eaue froide en ung pot qui bout.

YPOCRAS.

Comme l'eaue froide en pot bouillant
Peut retarder ou dommaiger [2],
Ainsi ung estomac vaillant
Est bien greve pour trop manger.
Mais, pour eviter ce danger,
Notez ceste reigle distincte,
Qu'on n'y en doit point tant loger,
Que la chaleur en soit extincte [3].

GALIEN.

Et pourtant me fut demandé,
Par disciples plains d'eloquence,
Ung regime recommandé
Pour durer en convalescence ;
Je leur respondis que abstinence
Est de si parfaicte valeur,
Qu'elle augmente l'intelligence,
Et nourrist l'homme sans douleur [4].

AVICENNE.

Je vous diray ce qu'il me semble
D'ung grant abuz et d'ung deffault,
Quant vii ou viii metz tout ensemble
En ung estomac loger fault ;
Se l'ung fait tempeste ou assault,
L'autre est picquant ou perilleux :

1. C'est encore du pur latin. *pessima*, tres mauvaise
2. « Peut apporter retard ou dommage »
3. « A multis enim cibis calor extinguitur YPOCRAS, in *Amphorismus* » (*Note de l'auteur*.) « La chaleur de l'estomac s'étaint sous la masse de la nourriture. »
4. « Abstinentia reddit hominem castum, ingeniosum, et nutrit sine dolore Hæc GALIENUS » (*Note de l'auteur*) « Par l'abstinence l'homme est chaste, l'esprit ouvert, et il se nourrit sans douleur. »

Le froit combat contre le chault [1],
C'est ung tonnerre merveilleux.

AVERROYS.

A Salerne loingtaine terre,
Les medicins d'auctorité
Firent, pour ung roy d'Angleterre,
Ung Regime de santé [2] :
Enseignemens y a planté :
Il ne les fault que visiter,
Combien que j'aye voulenté,
D'aucuns passaiges reciter.
Omnibus assuetam jubeo servare dyetam,
Ex magna cena, stomacho fit maximo pena.
Ut sis nocte levis, sit tibi cena brevis [3].

AVICENNE.

C'est très-bien dit, ce m'est advis :
Diette est reigle d'excellence,
Et l'estomach reçoit envys [4]
Long soupper ou grant opulence [5],
Ung mot qui est de preference,
Pour gens d'estude et de noblesse :
Ne quid nimis, ce dit Terence :
Le trop nuyst, la quantité blesse [6].

YPOCRAS.

Et se le soupper si fort nuyst,
Comme on luy baille le blason [7],
Le bancquet qui se fait de nuyt
Nuyt trop par plus forte raison [8] ;
Corporelle refection,
Greve, quant elle est diuturne ;
Mais plus, sans comparaison,
Replection qui est nocturne [9].

1. « Nihil quidem deterius est quam diversa nutrimenta simul adjungere. Hæc AVICENA. » (*Note de l'auteur*). « Rien de plus malsain que de meler ensemble plusieurs nourritures. »
2. C'est le livre que nous avons déjà indiqué plus haut, *Schola salernitana, flos medicinæ* ou *Regimen sanitatis,* ou *Regimen virile* Le premier texte connu, qui date du milieu du xiii° siecle, est d'Arnaud de Villeneuve, et n'a que 362 vers. Le préambule commence par une dédicace qui varie tantot au roi de France, *Francorum regi,* tantôt, mais plus souvent toutefois, au roi d'Angleterre, *Anglorum regi.* C'est ce qui fait dire ici que les médecins de Salerne firent le *Regimen* pour un roi anglais.
3. « A *Regimine sanitatis.* » (*Note de l'auteur*) Ces trois vers sont, dans la premiere partie tout hygiénique du *Regimen,* au chapitre *generales regulæ cibationis* (regles generales de la nourriture). Le premier est isolé vers le milieu, les autres, plus près de la fin, se suivent et forment le distique complet. On peut, je crois, les traduire ainsi :

   Je veux pour tous la diete a l'etat d'habitude,
   D'un grand souper souvent nait un plus grand danger.
   Pour nuit legere, il faut souper leger.

4. « Malgré lui (*invitus*). »
5. C'est ici dans le sens « d'abondance succulente ».
6. « Nam id arbitror apprime in vita esse utile, ut ne quid nimis TERENCIUS, in *Andria* » (*Note de l'auteur.*) « Je pense que le plus utile dans la vie c'est qu'il n'y a rien de trop. »
7. « Le blame, la critique » Nous avons déjà rencontré ce mot avec le meme sens V. les notes des pieces précédentes.
8. Nous avons vu, en effet, que le banquet se faisait aux flambeaux
9. « Si enim omnis replectio nocet stomacho, quanto magis nocturna ANNIDUS, in commento *Regimnis.* » (*Note de l'auteur.*) « Si l'excès de nourriture nuit toujours, combien plus nuit il s'il est nocturne ! »
   C'est-a-dire, « si la refection (ce qu'on a pris d'aliment) vous surcharge (*grève*) quand le repas a été de jour (*diurne*), a plus forte raison, et sans comparaison même, l'excès d'aliments (*repletion*) est nuisible, pendant la nuit. »

GALIEN.

Avec tous vos ditz je copule [1]
Ce mot pesé a la balance :
Qu'il meurt plus de gens par crapule [2],
Qu'il ne fait d'espée ou de lance [3] :
Et quant ebrieté s'y lance,
Velà le fait tout consommé :
Car ung geant plain de vaillance
Par vin est tantost assomme.

AVICENNE.

Perithous bien l'esprouva [4],
A ses nopces, comme sçavez,
Qui bien empeschié se trouva
Par Centaures, gens desrivez [5] :
Bons vins leur furent delivrez,
Dont leur gorge fut arrousée ;
Puis, quant ilz furent enyvrez,
Cuyderent ravir l'espousée.

AVERROYS.

Herodotus, referendaire [6]
De maint cas divers et louable,
Met des messagiers du roy Daire [7]
Une histoire quasi semblable :
Vers Amyntas le roy notable
Vindrent demander le tribut,
Qui tantost fit dresser la table,
Et Dieu sçait comment chascun but.

Après vin, voulurent sentir
Les dames et les damoyselles,
Lors fist-on parer et vestir
De baulx compaignons en lieu d'elles,
Ayans cousteaulx et alumelles [8] ;
Mais quant vint à joindre les corps,
En cuydant taster leurs mammelles,
Ilz furent tous tuez et mors [9].

YPOCRAS.

Cirus, que Thamiris grevoit,
Pour son pays depopuler [10],
Au jour que combatre devoit,
Fist son armée reculler,
Et en ses tentes appresler
De tous les metz qu'on peut gouster,
Tant de vin comme de vitaille :

Les ennemys, sans arrester,
Y entrerent pour en taster :
Dont ilz perdirent la bataille [1].

GALIEN.

Tous maulx viennent par gloutonnie :
Escripture en est toute plaine,
Mais la sobre parsimonie
Rend la creature toute saine.
Senecque, qui tousjours amaine
Quelque mot digne et vertueux,
Dit à la creature humaine
Cest enseignement somptueux :
« Scez-tu comment tu dois manger ?
Ung peu moins que saturité [2],
Et de boire toy corriger,
Pour eviter ebrieté [3]. »

AVICENNE.

Aulus Gelius a noté,
En son livre de Nuictz Actiques,
Que totale sobrieté
Regnoit sur les Rommains antiques,
Et se, par edictz domestiques,
Il convenoit reigle tenir,
Pareillement, par loix publicques,
Chascun se devoit abstenir [4].

AVERROYS.

Didimus, roy de Bragmanie,
Jadis fist declaration,
Comment tous ceulx de sa mesgnie
Et les gens de sa region
Prennent leur substantacion
Moderée et peu nutritive,
Sans jamais faire question
De viande delicative.

YPOCRAS.

Bragmaniens sont sobres gens [5],
Fuyans richesse et vanité,
Et pourtant les roys et regens
Ne les ont point inquieté.
Alexandre fust appresté
Pour les assaillir à oultrance,
Mais il montra benignité,
Quant il ouyt leur remonstrance.

---

1. « De tous vos dits, que je lie ensemble, je tue pour le sum(...) »
2. « Gloutonnerie et ivrognerie ensemble (*crapula*) »
3. « Plures interficit gula eum quam gladius. *Proverbiorum commune.* » (*Note de l'auteur.*) « Plus de gens meurent par la gueule en banquet, que par le glaive. »
4. « Les Centaures, aux nopces de Perithous, s'enyvrerent en telle façon, qu'ilz vouldrent ravir sa femme. Vide Ovidium, Bocacium, etc. » (*Note de l'auteur.*)
5. « Débordés. »
6. « Narrateur, rapporteur, » qui refert, qui rapporte.
7. « Darius »
8. « Dagues, poignards. » C'était plutot la lame même du poignard ou de la dague. On trouve dans les Comptes royaux de 1438 « Pour une dague a deux taillans d'un pié et demy d'alumelle. »
9. « L'hystoire des ambassadeurs de Daire est escripte en Herodote, ou il dit qu'apres ce qu'ilz eurent trop beu, demanderent les dames, lors fist on habiller en femmes de beaulx gallans qui les misrent a mort. » (*Note de l'auteur.*)
10. Toujours du pur latin *depopulare*, depeupler.

1. « Cirus, pour surprendre l'armée de Thamiris, se recula et laissa ses tentes plaines de vins et de viandes leurs ennemys s'enyvrerent et endormirent par quoy furent vaincus pour celle fois. Herodotus et Justin traictent ceste hystoire. » (*Note de l'auteur.*)
2. *Saturitas*, satiété, d'ou il nous est resté le verbe *saturer*.
3. « Seneca in libello *De quatuor virtutibus* dicit :

   Ede citra saturitatem,
   Bibe citra ebrietatem. »

   (*Note de l'auteur.*)

   « Arrête-toi de manger avant la satiété, et de boire avant l'ivresse. »
4. « Parcimonia apud veteres Romanos non solum domestica observatione, sed etiam animadversione legum custodita est. Aulus Gelius, *Noctium Acticarum.* » (*Note de l'auteur.*) « L'économie dans la façon de vivre fut observée chez les anciens Romains, non seulement par habitude domestique, mais par obeissance aux lois. »
5. « Ceulx de Bragmanie sont sobres, comme dit Galterus et Vincent Historial parlant des fais Alexandre. » (*Note de l'auteur*

GALIEN.

Senecque, parlant à Lucille,
Dit que thoreaux impetueux
Treuvent refection facille
En ung petit pré fructueux,
Et les elephans furieux
Es forests prennent leur pasture,
Mais à homme trop curieux
Ne suffist quelque nourriture.

AVICENNE.

Il luy fault les bestes sauvages
De divers lieux et regions,
Et ès mers, fleuves et rivages,
Pescher poissons par millions [1] :
Par forestz, par vaulx et par mons,
On prent viandes venaticques [2],
Et par mer, soles et saulmons,
Et plusieurs genres aquaticques.

Le repas ne sera jà beau,
S'il n'est cerche en plusieurs fins :
Il luy fault anguilles, barbeau,
Carpes et brochetz bons et fins,
Aloses, lamproyes, daulphins,
Esturgeons, macquereaulx, muletz,
Congres, merluz et esgrefins,
Rougetz, turbotz et quarreletz [3].

AVERROYS.

Quant au regard de frians metz,
L'appetit est insaciable :
Voire et si ne cesse jamais
A desirer vin delectable
Gordon, ce medecin notable,
In Lilio medicine,
De tant de vins qu'on met sur table,
A gentement determiné [4].

Il dit que quant, par volupté,
L'homme veult boire à plenitude,
Et que du vin la qualité
A grant vigueur ou fortitude,
L'estomach, pour la multitude,
Ne peut faire digestion [5],
Et velà dont vient egritude
Et mortelle confusion.

1. « Thaurus paucissimorum jugerum pascua impletur, et una silva pluribus elephantibus sufficit homo vero ex terra pascitur et mari. SENECA, *ad Lucilium* » (*Note de l'auteur.*) Les vers aux quels ce passage sert de note en sont la traduction assez exacte, sauf la derniere partie : « mais il faut a l'homme pour le repaitre la terre et la mer. »
2. *Venaticœ,* dont nous avons fait *venaison.*
3. Nomina piscium. (*Note de l'auteur.*)
4. Bernard Gordon, médecin de la Faculté de Montpellier, au XIIIᵉ et au commencement du XIVᵉ siecle, avait écrit un livre célebre rappelé ici, *Lilium medicinæ,* etc Il parut d'abord a Naples en 1480, in-fol., puis, traduit en français, a Lyon, en 1495, in 4º Sous le titre *Cy commence la pratique de tres excellent docteur et maistre maistre Bernard de Gordon qui sappelle fleur de lys en medecine.*
5. « Cum vinum accipitur in nimia quantitate aut in forti qualitate, tunc virtus digestiva stomachi et epatis non possunt superare nec digerere. GORDON, libro secundo Capitalo *de ebrietate.* » (*Note de l'auteur.*) « La force digestive de l'estomac et du foie ne peut suffire a prendre le dessus quand on a pris du vin en trop grande quantité ou d'une qualité trop forte. »

AVICENNE.

Si je fais interruption,
Pour parler devant mes antiques [1],
Supportez ma presumption,
Car je diray motz auctentiques :
Pour corriger excès publiques,
Ou pour conseiller mon amy,
J'ay mes reigles scientifiques,
Qui sont *Tercia fen primi.*

Non gaudeant les gaudisseurs
Qui usent de mauvais regime :
Ilz prennent saveurs et doulceurs,
Et ne font de diette estime.
Ilz commencent, dès devant prime,
De tous biens à leur bouche offrir,
Mais futur vient qui tout reprime :
Pas n'eschapperont sans souffrir [2].

YPOCRAS.

Il les fault laisser convenir,
Et prendre toute leur aisance;
Sçachez que, le temps advenir,
Sentiront torment et nuysance :
A present ont resjouyssance,
Lyesse et consolacion,
Mais après auront desplaisance,
Douleur et persecution.

Les excès qu'on fait en jeunesse,
De boire, manger ou saulter,
Ilz se retreuvent en vieillesse,
Et viennent les corps tormenter :
La mort font venir et haster,
Et c'est le vray entendement,
Que trop soupper ou bancqueter
Assomment gens communement.

EXPERIENCE.

Maintenant parlez clerement,
Et voulez declairer, en somme,
Que ce Bancquet evidamment
Ses adherans tue et consomme?

GALIEN.

Soupper n'est pas si mauvais homme,
Ne si rigoreux, quoy qu'on die.

AVICENNE.

Se sa malice ne consomme,
Si cause-il quelque maladie [3].

EXPERIENCE.

Affin que plus on ne follie [4]
Encontre vertu et police,

1. « Devant Hippocrate et Galien, mes anciens. »
2. « Non gaudeant malo regimine utentes, quoniam si in presenti non patiantur persecutionem, in futuro non evadent. AVICENA, *Tercia fen primi* » (*Note de l'auteur.*) « Ne vous réjouissez pas de suivre un mauvais régime qui n'en souffre pas à présent n'échappera pas dans l'avenir. »
3. « Si sa malice ne va pas jusqu'a tuer, au moins pourtant cause-t-il des maladies. »
4. « On ne fasse plus d'extravagance » Dans la *Farce du Goutteux,* celui-ci dit au valet

    Il est plus que fol qui *follye*
    Avec toy

Il fault pugnir leur grant folie,
Soit par prison ou par supplice.

AVERROYS.

Ma dame, pour pugnir le vice,
Sans quelque variacion,
Oyons de rechief leur malice
Et verballe confession.

YPOCRAS.

Oyons leur deposicion,
Icy devant vostre assistence ;
Puis, par deliberation,
Pourrez fonder vostre sentence.

EXPERIENCE.

Officiers plains d'intelligence,
Tant gens d'armes que pionniers [1],
Faictes totalle diligence
De ramener ces prisonniers?
Entendez-vous?

SOBRESSE.

Très-voulentiers.
J'en seray maistre cappitaine.

DIETTE.

Et moy second.

CLISTERE.

Et moy le tiers.

SAIGNÉE.

Tu seras ta fievre quartaine [2] !

PILLULE.

Par ma foy, si je ne vous maine,
Tu ne sçauras à qui parler.

SOBRESSE.

Dieu te mette en malle sepmaine [3] !
Despesche-toy donc d'y aller?

LE FOL.

Et ne m'en sçauroye-je mesler ?
J'ay gouverné la cour bacane [4],
Et sçay trop bien les aulx peler,
Quant je suis à ma barbacane [5].
Qui vouldroit ung roseau de cane,
Je suis homme pour le livrer,
Mais qui boit ainsi que une cane,
Il n'a garde de s'enyvrer.

PILLULE. *Ad carcerem.*

Or, sus, sus, Bancquet et Soupper,
Saillez hors de ce galathas?

DIETTE.

Il fault, sans broncher ne choper,

Que veniez devant les Estatz?

SOUPPER.

Comment se porte nostre cas?

BANCQUET.

Helas ! que dit-on de mon fait?

CLISTERE.

Vostre cas sonne fort le cas [1].

SAIGNÉE.

Vous estes ung murtrier parfaict.

BANCQUET.

Ho ! s'il fault que j'en soye deffait [2],
Je doy bien ma vie mauldire.

SAIGNÉE.

On pugnira vostre forfait,
Je n'en sçay autre chose dire.

PILLULE.

Dame qui gouvernez l'empire
Nous ramenons ces marmiteux :
L'ung se plaint fort, l'autre souspire ;
Dieu sçait comment ilz sont piteux!

EXPERIENCE.

Venez ça, povres malheureux?
Qui vous a faitz si rigoreux,
Que de tuer gens par desroy [3]?

SOUPPER.

Voire Bancquet, mais non pas moy [4] !

EXPERIENCE.

Vous festoyez gens par fallace;
Puis, les rendez mors sur la place :
N'est-ce pas merveilleux esmoy ?

SOUPPER.

Voire Bancquet, mais non pas moy!

EXPERIENCE.

Brief, tous esbatz ne sont pas gens [5],
De tuer en ce point les gens :
Il vauldroit mieulx soy tenir quoy.

SOUPPER.

Voire Bancquet, mais non pas moy!

EXPERIENCE.

Entens-tu : il charge sur toy?

BANCQUET.

Je voy bien que le bas me blesse.

EXPERIENCE.

Ainsi, par faulte de chastoy [6],

---

1. « Gens de pied (*peones*). »
2. Nous avons déja vu cette expression qui équivalait à la nôtre : « que la fievre t'étrangle » V notes des précédentes pieces.
3. Encore une locution déja rencontrée « Dieu te donne une semaine de malheur ! »
4. Sans doute pour « bacanal » Cette cour bacane qu'a gouvernée ce fou devait être quelque chose comme cette pétaudiere endiablée qu'on appelait « la cour du roi Petaud ».
5. Ce mot d'origine italienne s'entendait pour une sorte de créneau qui, en abritant le tireur, lui permettait de tirer du haut des murs.

---

1. « Votre cas est un mauvais cas, il sonne fort la casse. »
2. « Détruit »
3. « En les égarant, les mettant en désarroi. »
4. « Oui, s'il s'agit de Banquet, mais non, s'il s'agit de moi. »
5. « De gentille manière. »
6. « De bonne leçon, d'instruction » Ce mot *chastoy*, ou *castoy*, est le meme que *castoiement*, dont le sens est pareil, et qui au xive siecle, servit, comme on sait, de titre a un curieux livre de préceptes traduit du latin le *Castoyement d'un père a son fils*. Notre mot *châtiment* n'est qu'une derniere forme du mot, pris dans son sens le plus sévère et le plus d...

Tu as commis ceste rudesse :
N'est-il pas vray ?

BANCQUET.

Je le confesse.
Mais, dame d'excellent affaire,
Excusez ung peu ma simplesse,
Car je cuyde tousjours bien faire.

EXPERIENCE.

Escrivez cela, secretaire ;
Mettez les delictz et exces,
La confession voluntaire,
Et tenez forme de proces.

REMEDE.

Je metz par escript tous leurs faitz,
Leur transgression, leur ordure;
Quant les actes seront parfaictz,
Vous en verrez la procedure.

EXPERIENCE.

Soupper, de perverse nature,
Par ta foy, te repens-tu point
De mettre a mort la creature ?

SOUPPER.

Ma dame, raclez-moy ce poinct!

EXPERIENCE.

Quoy ! ne vins-tu pas bien en point,
Et bien arme, pour faire effort ?

SOUPPER.

Je n'en armay oncques pourpoint[1] ;
Au moins, pour mettre gens à mort.

EXPERIENCE.

Que feis-tu doncques ?

SOUPPER.

Ung discord[2],
Pour les faire ung peu haster,
Et combien que je frappay fort,
Ce ne fut pas pour les mater[3].

EXPERIENCE.

Venez ce propos escouter,
Compaignie, et vostre sequelle ?

BONNE COMPAIGNIE.

Ma dame, vous devez noter
Que Soupper nous fut fort rebelle;
Toutesfois, sa fiere cautelle,
Ou sa fureur pire que flame,
Ne fut pas en la fin mortelle.

EXPERIENCE.

Est-il vray, Soupper ?

SOUPPER.

Ouy, ma dame.

PASSETEMPS.

Bancquet nous tua Gourmandise,

Et aussi fist-il Friandise,
Qui estoit gracieuse femme.

EXPERIENCE.

Est-il vray, Bancquet ?

BANCQUET.

Ouy, dame.

ACOUSTUMANCE.

Soupper fist plus honnestement :
Il nous batit tant seullement,
Sans ce que nul en rendist l'ame.

EXPERIENCE.

Est-il vray, Soupper ?

SOUPPER.

Ouy, ma dame.

BONNE COMPAIGNIE.

Bancquet, par navrer[1] et batre,
Sans raison nous en tua quatre;
N'est-ce pas fait d'ung homme infame ?

EXPERIENCE.

Est-il vray, Bancquet?

BANCQUET.

Ouy, ma dame.
Je feiz venir les Maladies
Qui ont commis l'occasion:
Moy-mesmes, par armes garnies,
J'ay fait grant effusion.

EXPERIENCE.

Vous oyez la confession ?

YPOCRAS.

Nous l'entendons tout clerement.

EXPERIENCE.

Pourtant, j'ay bonne occasion
D'y asseoir certain jugement.
Le Code dit expressement,
Que, après confession notable,
Il ne reste tant seullement
Que de condamner le coulpable[2].
Ostez Bancquet abhominable,
Et vueillez Soupper emmener,
Affin que le Conseil louable
Puist de la matiere oppiner.

SECOURS.

Sus, sus, pensez de cheminer!
Il vous fault retraire tous deux.
Car la Cour veult determiner
Du cas qui est bien pondereux[3].

BANCQUET.

O dame au regard gracieux,

« Jamais je ne mis armes sur mon pourpoint. »
« J'elevai une dispute, une querelle »
« Les mettre a mort. » Ce mot n'a plus que le sens de *fatiguer*, mais aux échecs, *mat*, son derivé, garde le premier sens.

1 « Blesser. » C'est la premiere acception du mot. Pour n'en citer qu'un exemple « il *navra* d'un dard le cheval de Nestor, » lit on dans l'*Illustration des Gaules* de Lemaire de Belges, liv II, ch. xvII.

2 « In confitentem nullæ sunt partes judic. præter in condempnendo, l VIII, C. de confess, et per Glosam, *ibid.* » (*Note de l'auteur*) « Devant un coupable qui avoue, les juges n'ont rien a faire qu'a condamner »

3. V. ce mot plus haut.

Qui discord reduit et accorde :
En l'honneur du Roy glorieux,
Qu'on nous fasse misericorde !

LE FOL.

On vous fera misere et corde,
Par le col, en lieu de cornette [1],
Selon que le papier recorde :
La cause n'est pas encor necte.

PILLULE.

Il fault jouer de la retraicte.

CLISTERE.

Tirons-les ung peu à l'escart.

DIETTE.

Cependant que le cas se traicte,
Nous vous mettrons icy à part.

DISNER.

A ce coup est prins le regnard,
A ce coup est le loup honteux :
Soupper se trouve bien couard,
Mais du Bancquet suis plus doubteux.
Ilz ont fait meurtre douloureux
Sur ceulx qui ont beu à leur couppe,
Mais, s'ilz ont esté rigoureux,
On leur fera de tel pain souppe [2].

    Qui veult decevoir,
    Enfin est deceu :
    Peine doit avoir,
    Qui veult decevoir.
    A dire le voir,
    Tout veu, tout conceu,
    Qui veult decevoir,
    Enfin est deceu.

Je m'en voys jouer vers la Court,
Pour veoir que c'est qu'on en fera :
S'on ne les loge hault et court,
Je suis d'avis qu'on meffera [3].
Mais qu'esse que l'on gaingneroit
De les garder ? Par ma foy, rien.
Quiconque les espargneroit,
Je dys qu'il ne fera pas bien.

EXPERIENCE.

Ça, Ypocras et Galien,
Et vous autres par indivis [4],
De ceulx qui sont en mon lyen,
Qu'en doy-je faire à vostre advis ?
Ilz ont en leurs maulditz convis [5]
Tuez gens par rude maniere,
Et pourtant je voy, bien envys [1],
Telz gens regner soubz ma banniere.

Dieu, qui s'apparut en lumiere
A Moyse sur le buisson,
A noté par la loy premiere
Jugement d'estrange façon,
Disant que, pour l'invasion
Qui se fait contre ung personnaige,
Il fault peine de tallion,
Souffrant dommaige pour dommaige.

Car le Createur dit : « Je vueil
Que vous rendiez sommierement
Membre pour membre, œil pour œil,
Dent pour dent, jument pour jument [2].
Ceste loy fut antiquement
Baillée au peuple judaïque,
Comme il est escript signamment [3]
Ou livre qu'on dit Levitique.

AVICENNE.

Dame, vous avez la practicque
De toute jurisdicion,
Et si avez la theoricque,
Science et resolution :
Faictes-en la pugnicion,
Sans cry, sans motion ne noise.
Il y a interfection :
Vous entendez que cela poise.

EXPERIENCE.

Le Code qui le droit despesche,
Et est de bon conseil muny,
Nous dit, par ce que l'homme pesche,
Par cela doit estre pugny [4] :
Selon ce qu'il a desservy,
Soit franchement executé :
En la loy : *Si fugitivi*,
Bien amplement est discuté.

GALIEN.

Vous sçavez la perversité
De Bancquet, qui a faulx couraige ;
Sa principale habillité,
C'est de tuer gens par oultraige.
Puis qu'il vault pis qu'un loup ramaige [5],
Et neust à toute nacion,
Ce ne sera pas grant dommaige
D'en faire l'execucion.

---

1 Nous avons vu dans une des précédentes pièces que « la cornette » était la bande qui tombait du chaperon et dont on s'entourait le cou. Les conseillers, les avocats au Parlement, la gardaient comme insigne, ainsi que les professeurs du Collège Royal, ceux-ci par privilége de François Ier. Régnier y fait allusion dans sa IVe satire :

    Une cornette au col, debout, dans un parquet,
    A tort et à travers je vendrois mon caquet.

2 « On leur trempera une soupe, du même pain qu'ils leur en ont taillé une. » Le proverbe est dans les *Curiosités françoises* d'Oudin, p. 514.

3. « On fera mal. »
4. « Ensemble, avec égalité. »
5. *Convivia*, repas.

1. « Malgré moi (*invita*). »
2. « Qui occidet hominem, morte moriatur ; qui percusserit animal reddet vicarium, id est animam pro anima. Et sequitur · Fracturam pro fractura, occulum pro occulo, dentem pro dente. *Levitici*, capitulo XXIV. » (*Note de l'auteur*) « On tuera celui qui a tué, celui qui a frappé un animal en rendra un semblable un animal vivant, pour un animal vivant, et ensuite : Fracture pour fracture, œil pour œil, dent pour dent. »
3. « En propres termes. »
4. « Per ea que quis peccat per hæc et torquetur. L *si fugitivi*, c. de servis fugi. » (*Note de l'auteur*) « Qu'on le torture par les mêmes moyens dont il s'est servi pour son crime. »
5. « Loups des bois fourrés (*ramage*). » On disait dans le même sens « un épervier ramage ».

AVERROYS.

Aussi, l'Escripture remembre [1]
Ce mot qui se devroit prescher :
« Se nous avons ung mauvais membre,
On le doit coupper et trencher [2]. »
Bancquet est fort à reprocher;
Il est infect et est immonde,
Puisqu'il est pire que boucher :
Il le fault oster hors du monde.

EXPERIENCE.

Vous parlez de bonne faconde !
Remede, beau sire, escoutez :
Je vous dys, pour la fois seconde,
Que leurs oppinions notez?

REMEDE.

J'enregistre tout, n'en doubtez !
Et puis, aujourd'huy ou demain,
Leurs signetz [3] y seront boutez,
Et escriptz de leur propre main.

EXPERIENCE.

Or ça, se Bancquet le villain
Estoit depesché, somme toute,
Pourroit vivre le genre humain
Sans bancqueter ?

YPOCRAS.

Et qui en doubte ?

GALIEN.

Nous sommes d'avis qu'on le boute
Seicher au chault emmy ces prez [4].

AVICENNE.

Il fait venir catherre et goutte,
Et puis la belle mort apres.

DISNER.

Noble dame, vous penserez,
S'il vous plaist, deux fois à cecy,
Mais quand à l'ung commencerez,
L'autre s'en doit aller aussi.
Pour oster douleur et soucy,
De Bancquet se fault destrapper [5],
Et qui disne bien, Dieu mercy,
Il n'a que faire de Soupper.

Quant à moy, je suis le Disner,
Qui nourris gens à suffisance :
Homme ne se doit indigner,
Quant il a de moy joyssance.
Soupper est superabondance,
Bancquet est excès et oultraige,
Mais que le Disner vienne à dance,
Il suffist pour l'humain lignaige.

EXPERIENCE.

Disner, vous parlez de couraige [1] :
Je ne sçay se vous avez droit.
Vecy Conseil discret et saige,
Auquel demander en fauldroit.

AVERROYS.

Je croy que l'homme qui vouldroit
Faire ung repas tant seullement,
Tousjours santé garder pourroit,
Et si vivroit plus longuement.

YPOCRAS.

Qui ne mangeroit autrement,
Selon que notez par voz ditz,
Ce seroit vivre proprement
Comme ung ange de paradis.
On dit, *sub brevibus verbis*,
Que : *qui semel est Angelus*,
Mais quant à nous, *homo qui bis*...

EXPERIENCE.

Et reste ?

YPOCRAS.

Bestia qui plus [2].
Voulez-vous ouyr une voix,
Qui est prouffitable et honneste ?
Qui se repaist plus de deux fois,
Plusieurs le reputent pour beste.

DISNER.

Manger deux fois, c'est faire feste,
C'est prendre soulas et sejour.
Mains philosophes et prophetes
N'ont mangé que une fois le jour.
Regardez au livre des Pères ?
Vous trouverez gens largement,
Qui ont souffert paines asperes,
Peu mange, vescu sobrement :
Sans chair, sans vin aucunement,
Soustenoient la vie humaine,
Jeunoient continuellement,
Tous les beaulx jours de la sepmaine.
De ceulx estoient Anthonius,
  Arcenius,
  Evagrius,
Pambo, Poemen, Serapion,
Theodorus, Ammonius,
  Macharius,
  Pacomius,
Silvarius, Bissarion,
Agathon, Anastasius,
  Eulalius,
  Eulogius,
Paster, Pyoz, Ylacium,
Sisoys, Ypericius,
  Urcisius,
Et Lucius [3],

---

1. « Rappelle, remémore. » Le *remember* anglais en vient.
2. « Si manus tua vel pes tuus scandalizat te, abscide eum et projice abs te, etc. *Mathe*, xviii. » (*Note de l'auteur*.) « Si ton pied, si ta main peuvent te nuire, hate-toi de les couper et de les jeter au loin »
3. « Seings. »
4. « Qu'on le fasse sécher bel et bien pendu au soleil, au milieu de ces prés »
5. « Défaire » Mot déjà trouvé plus haut.

---

1. « D'abondance, de bon cœur »
2 Le proverbe « Qui veut faire l'ange fait la bête, » est à peu près la traduction de ce latin
3. Ce sont tous anachoretes de la Thébaide, dont il est en effet parlé dans les *Vies des Pères*

Toutes gens de devocion ;
Et pour gens d'autre nacion,
Je amaine à recordacion
Socrates et Diogenes,
Qui n'ont prins pour leur portion
Le jour que une refection,
Et si ont vescu sains et neetz.

EXPERIENCE.

Ha ! qui ne mangeroit que ung metz,
Nature pourroit decliner.

DISNER.

Madame ?

EXPERIENCE.

Quoy ?

DISNER.

Je vous promelz
Qu'il suffira bien de disner.

BONNE COMPAIGNIE.

Madame, vueillez pardonner
A ma rude temerité,
Se deux motz je viens sermonner,
Pardevant vostre dignité ?

EXPERIENCE.

Or dictes donc ?

BONNE COMPAIGNIE.

L'iniquité
De ce Bancquet ort et infect,
Et perverse crudelité [1],
A du tout sorty son effect :
Soupper n'a pas si fort mespris,
Quoy qu'il nous ait circonvenu,
Car le mal qu'il a entrepris
N'est pas, Dieu mercy, advenu.
Je croy qu'il soit bon devenu.
Pourtant faictes-luy quelque grace :
Ce seroit pour moy mal venu,
Se Soupper n'estoit plus en place.

EXPERIENCE.

Leur cas est moult fort intrinqué [2],
Je le vous dis sans riens celer,
Mais Soupper a moins delinqué [3]
Que Bancquet : cela est tout cler :
Si doit plus de paine porter,
Selon droit et bonne sentence,
Car tousjours est à supporter
Celuy qui a fait moindre offence.

La première distinction,
Sur ce mot *Jus generale*,
En la Glose, fait mention
De la paine dont j'ay parlé [4] :

Digestis, est intitulé,
En une loy, qui bien la lict,
Que le jugement soit reiglé
A la mesure du delict [1].
Bancquet a fait crime mortel :
On le doit pugnir et deffaire,
Mais à Soupper qui n'est pas tel,
Vueil plus gracieusement faire.

BONNE COMPAIGNIE.

Le Soupper est bien necessaire,
Puisqu'il faut prendre deux repas.
De Bancquet je ne parle pas :
Chascun sçait qu'il est adversaire [2].

PASSETEMPS.

Soit pour festoyer commissaire,
Ou poste qui va le grant pas;
Le Soupper est bien necessaire,
Puisqu'il faut prendre deux repas.

DISNER.

Ce sera tousjours à refaire,
Ce seront noises et debatz :
Quant les deux seront mys à bas,
Disner peut à tous satisfaire.

ACOUSTUMANCE.

Le Soupper est bien necessaire,
Puisqu'il fault prendre deux repas :
De Bancquet je ne parle pas,
Chascun sçait qu'il est adversaire.

EXPERIENCE.

Il suffist ! Faictes-les retraire.
Si procederons plus avant.

REMÈDE.

Puisque ma dame vous fait taire,
Retrayez-vous par-là devant.

EXPERIENCE.

Or ça, parfaisons maintenant
Ung jugement recommandable :
Chascun de vous est soustenant,
Quant à Bancquet, qu'il est pendable ;
Mais de Soupper desraisonnable,
N'avez fait quelque mencion ?

YPOCRAS.

Quant à Soupper, dame honorable,
Nous y mettrons restrinction.

GALIEN.

Premier, pour reformacion,
Et pour terme luy assigner,
Vous ferez inhibicion
Qu'il ne s'approuche de Disner
De six heues.

EXPERIENCE.

Il fault donner

---

1. *Crudelitas*, cruauté. Nous avons vu dans une des précédentes pieces le verbe *crudeliser*.
2. « Brouillé, compliqué (*intricatus*). » C'est la première forme du mot *intriguer*. On trouve dans les *Mémoires* de Martin du Bellay, p. 207, l'expression « affaire fort *vitrinquee* ».
3. « A moins mal agi. » Il n'est resté de ce verbe que *delinquant*.
4. « Nec ultra progreditur pœna, quam reperiatur delictum. C quæsivi de iis q ff ama pei ea. et notat glosa in C Jus generale, dist. prima. » (*Note de l'auteur.*) « La peine ne doit pas aller plus loin que le délit. »

1. « Et pœna est mensura delicti. L. sanctio ff de pe. » (*Note de l'auteur.*) « La mesure de la peine est le délit même. »
2. « Qu'il est absolument contraire. »

De ce cas l'exposicion.

AVICENNE.

C'est qu'entre eulx deux fault ordonner
Six heures par digestion :
Entre le Disner et Soupper,
Aura six lieues plainement,
Car six heures fault occuper
Pour digerer suffisamment.

AVERROYS.

C'est le premier commandement,
Mais il fauldra, secondement,
De Soupper les deux bras charger,
Affin que principallement
Il ne puist si legierement
Servir de boire et de manger.

EXPERIENCE.

S'il a servy, comme legier [1],
De chair de biches ou de cerfz,
Le voulez-vous pourtant loger
In metallum, comme les serfs [2] ?
Bien sçay que assez escript en a,
Par eloquence bien famée,
Le droit *Digestis de pena,*
La loy *in metallum* nommée.

YPOCRAS.

Pour tant, dame de renomée,
Qu'il a commis cas desplaisant,
Sa manche sera enfermée,
En deux poingnotz de plomb pesant.

GALIEN.

L'ung s'en yra par le pendant [3],
L'autre portera ceste paine.

AVICENNE.

Affin qu'on y soit entendant,
L'ung s'en yra par le pendant.

AVERROYS.

L'autre vivra en amendant,
Souffrant pugnition certaine.

YPOCRAS.

L'ung s'en yra par le pendant,
L'autre portera ceste paine.

EXPERIENCE.

Remede ?

REMEDE.

Dame très-haultaine,
Qu'esse qu'il vous plaist commander
Vous estes la source et fontaine
De tous biens qu'on peut demander.

EXPERIENCE.

Vous avez ouy assigner
La fin et resolution ?

Faictes aux Conseillers signer
Ung chascun son oppinion,
Et apres leur signacion,
Ayez regard et advertence [1]
De faire la description
Du vray dictum de ma sentence ?

REMEDE.

Dame de grant magnificence,
J'acompliray ce, franc et net.
Ça, seigneurs d'honorificence,
Chascun mette cy son signet !

*Ilz font tous semblant de signer en son papier, et
puis il retourne escrire son dictum.*

LE FOL.

Adieu, le petit Robinet !
Adieu Gaultier ! adieu Michault !
Demain, au joly matinet,
On les veult envoyer au chault :
L'ung sera logé au plus hault ;
L'autre aura les bras affollez.
Pourtant, Alizon et Mahault,
Venez y voir, se vous voulez.

LE BEAU PERE CONFESSEUR.

Gens crapuleux qui tousjours gourmandez [2],
Et demandez viande delectable,
Laissez ce train, vostre vie amendez :
Ne vous fondez ès morceaulx qu'attendez,
Mais entendez à vertu veritable :
Reigle notable ou mesure mettable
Est prouffitable et preserve de blasme :
Cas oultrageux nuyst au corps et à l'ame

Les mieux nourris
Deviendront vers :
Tost sont pourris
Les mieulx nourris.
Après tous ris
Et jeux divers,
Les mieulx nourris
Deviendront vers.

Ne sçay pourquoy ne vous remort [3]
Ce que voyez evidamment,
Que gourmans avancent leur mort
Et vivent deshonnestement :
Voulez-vous cheoir finablement
En enfer, le dampnable hostel,
Considerez-vous point comment
Gloutonnie est peché mortel ?

Prenez le chemin d'abstinence,
Laissez toute gulosité,
Car Adam, par incontinence,
Fut hors de Paradis bouté [4] ;

---

1. « A l'étourdie, a la légère. »
2. « In ministerium metallorum dampnati servi efficiuntur. L. in metallum ff. de pe. » (*Note de l'auteur*) « Les esclaves condamnés seront employés aux travaux des mines
3. « L'un, Banquet, sera pendu »

1. « Attention » On s'étonne de la disparition de ce mot, puisque son contraire « inadvertance » est resté.
2. « Faites de la gourmandise. »
3. « Vous ne vous remémorez pas, vous oubliez . »
4 « Incontinencia expulit hominem a paradiso Similiter peccatum Sodomiæ quanquam inveniatur actibui gulæ Hæc Crisostomus » (*Note de l'auteur*) « L'incontinence fit chasser l'homme du paradis De même j'attribue aux exces de gourmandise l'origine du crime de Sodome »

Après que la femme eut gouté
Du fruict deffendu qu'elle prist,
A son mary l'a presenté,
Qui en mangea, dont il mesprist.

Chrisostome est d'oppinion,
Et aultres gens de saincteté,
Que la prevarication
De Sodome la grant cité
Proceda de voracité,
De crapule et de gloutonnie,
Dont fouldre, plain d'atroxité,
Vint confondre la progenie [1].

O vil appetit,
Gloutte, grasse, gorge,
Qui non pas petit,
Mais foison engorge,
Qui masche et qui forge,
Par estrange guise,
Non pas le pain d'orge,
Mais viande exquise !

Sainct Gregoire, qui a presché,
Nous declaire tout plainement
Cinq especes de ce peché [2],
Qui sont : manger trop ardammant,
Preparer curieusement,
Ou prendre trop grant quantité,
Puis manger delicatement
Et devant terme limité.

LE FOL.

Le beau Pere dit verité
Tout haultement à vostre face :
Ne s'est-il pas bien acquité ?
Ouy, mais querez qui le face !
Nostre Bancquet meurt et trespasse :
Tantost l'yrons executer ;
Mais je doubte qu'en briefve espace
On le face ressusciter.

EXPERIENCE.

Ça, baillez-moy à visiter
Tout le propos de la sentence ;
Et puis yrez solliciter
Que nous ayons bonne assistance.

REMEDE.

Tenez, ma dame d'excellence,
Veez là tout le fait pertinent [3] ?

Il luy baille tous ses papiers.

EXPERIENCE.

Faictes comparer [4] en presence
Les prisonniers ?

REMEDE.

Incontinent

Que chascun viengne au jugement,
Pour ouyr la sentence rendre,
Et faictes venir promptement
Les prisonniers, sans plus attendre ?

SOBRESSE.

Il se fault garder de mesprendre.
Obeissons au mandement.

CLISTERE.

Allons donc ces prisonniers prendre :
Il se fault garder de mesprendre.

SAIGNÉE.

Mais qui est-ce qui les doit pendre ?

DIETTE.

Moy, qui en ay l'entendement.

SECOURS.

Il se fault garder de mesprendre.
Obeissons au mandement.

SOBRESSE.

Sus, sus, sortez legierement :
Venez-vous-en à l'auditoire ?

DIETTE.

Vous ne vivrez pas longuement
En ce monde-cy transitoire.

BANCQUET.

Je prie au benoist Roy de gloire
Humblement par devotion,
Que de mon cas qui est notoire
Me face vraye remission.

SOUPPER.

Las ! avez-vous intencion
De nous executer ensemble ?
Je n'ay pas fait transgression
Digne de mort, comme il me semble.

CLISTERE.

N'ayez paour.

SOUPPER.

Nenny, mais je tremble.
Oncques ne fuz en tel danger !

BANCQUET.

S'il est craintif, il me ressemble :
C'est assez pour couleur changer.

SAIGNÉE.

Veez cy noz gens prestz à juger,
Aussi eschauffez comme glace.

SECOURS.

Pour les condamner ou purger [1],
Madame, veez-les cy en place ?

SOUPPER.

Misericorde !

BANCQUET.

Pour Dieu ! grace !

---

1. « La race (*progeniem*). »
2. « Quinque sunt species gulæ, secundum Gregorium. Unus versus :
   Prepopere, laute, nimis, ardenter studiose »
   (*Note de l'auteur.*)
   « Il y a, selon Grégoire, cinq especes de gourmandise : celle qui se hâte, celle qui va lentement, celle qui absorbe avec excès, celle qui se jette sur les plats avec impétuosité, celle qui les étudie en les savourant. »
3. « Formulé de façon pertinente. »
4. « Comparoir. »

1. « Dégager, absoudre. » Le mot « purger », pris ici spirituellement dans son double sens, est resté, au Palais, dans « purge légale », et « purger une contumace ».

SOUPPER.

Ayez pitié des penitens!

LE FOL.

On vous fera la souppe grasse,
Mais vous n'en serez pas contens.

Les deux conduyront Soupper, et les autres, Bancquet.

EXPERIENCE.

Or, sus, faictes asseoir Bancquet
Sur la sellette devant nous;
Et ce Soupper, de peu d'acquest [1],
Se mettra là à deux genoux.

PILLULE.

Mettez-vous cy, despechez-vous?
Qu'on ne vous face violence!

SECOURS.

Ne sonnez mot par-là dessoubz
Et que chascun face silence.

EXPERIENCE *baillera à Remede le papier où sera escript le* dictum [2], *pour le prononcer, en disant :*

Tenez, scribe d'intelligence,
C'est escript fait à diligence,
Qui porte grant narracion.
Je vueil que, par obedience,
Par devant tous, en audience,
Faciez la recitacion.

Remede prent le dictum *reveremment, et le commence à lire hault et cler.*

REMEDE.

Veu le procès de l'accusacion,
Faict de pieça par Bonne Compaignie,
Qu'on peut nommer populaire action,
Car elle touche au peuple et sa mesgnie :
Veu l'homicide accomply par envie
Es personnes, premier de Gourmandise,
Et d'autres trois qui ont perdu la vie :
Je-Boy-à-vous, Je-pleige, et Friandise :

Consequemment, confession ouye
Que a fait Bancquet, sans quelconque torture [3],
D'avoir occis, apres chiere esjouye [4],
Les quatre mors qui sont en pourriture :
Et de Soupper confessant la bature [5],
Qu'il perpetra sans en rien differer;
Veu à loisir toute autre conjecture
Qui fait à veoir et à considerer.

En le conseil des sages et lectrez,
Qui en ont dit par grant discretion,
Voulons pugnir les delictz perpetrez,
Pour incuter [6] crainte et correction.
Car, au propos, pour exhortation,
Le Code dit, aussi fait l'Institute,
Que d'ung forfait la vindication
Sur les mauvais redonde et repercute.

Et, au surplus, ouy les medicins,
Tous opinans que le long Soupper nuyst,
Et que Bancquet, remply de larrecins,
Fait mourir gens, et se commect de nuyt :
Item aussi, par le procès conduit,
Discretement pesé et compensé,
Trouvons qu'il a l'homicide introduit
Par dol, par fraulde et par guet apensé [1].

Pourtant disons, tout par diffinitive,
A juste droit sans reprehension,
Que le Bancquet, par sa faute excessive,
En commectant cruelle occision,
Sera pendu à grant confusion,
Et estranglé pour pugnir le malice;
Voz gens feront ceste execution
Et le mectront a l'extresme supplice.

Quant à Soupper, qui n'est pas si coupable,
Nous luy ferons plus gracieusement.
Pour ce qu'il sert de trop de metz sur table,
Il le convient restraindre aucunement :
Poignetz de plomb pesans bien largement
Au long du bras aura sur son pourpoint,
Et du Disner, prins ordinairement,
De six lieues il n'approchera point.

Et s'il ne veult obeyr à cecy,
Mais decliner, contrefaisant du lourt [2],
Pour le reffus, nous ordonnons ainsi
Qu'il soit pendu au gibet hault et court.

SOUPPER.

Je dis grant mercy à la Court
De ceste condamnacion.

BANCQUET.

Helas! et nul ne me secourt!
Que j'aye au moins confession!

DIETTE.

Feray-je l'expedition?

EXPERIENCE.

Ouy, vous aurez cest office.

SOBRESSE.

Et je prens la commission
De Soupper.

EXPERIENCE.

Faictes-luy justice.

Icy met Diette à Bancquet la corde au col.

DIETTE.

Recevez ce colier propice :
Ce sera pour serrer la vaine.

---

1. « De triste mine, qui à présent n'en mene pas large »
2. « L arret. »
3. « Sans avoir été mis a torture quelconque, petite ou grande »
4. « Chere joyeuse. »
5. « La part prise dans les coups donnés »
6. « Faire entrer jusque dans la chair (*m oute,*. »

1. On avait dit d'abord, comme on le voit dans Monstrelet (liv. I, ch. xxvIII), « un aguet-appensé, » c'est a-dire un piege médité de longue main, ensuite vint « guet-apensé », qu'on trouve ici, puis « guet apens », mot dont l'origine explique ainsi la forme singuliere.
2. « Contrefaisant celui qui n'entend pas. » C'est une locution née du vieux proverbe consigné par Colgrave :

   A paroles *lourdes*
   Oreilles sourdes.

BANCQUET.

O monde, fy de ton service !
Ta prosperité est bien vaine.

LE BEAU PERE.

Laissez toute cure mondaine
Et pensez à Dieu seullement,
En luy priant devotement
Que de vostre ame ait mercis.

BANCQUET.

Quant au piteux deffinement
De mon corps, pense-je troncis [1]....

LE BEAU PERE.

Soyez pacient, mon beau fils !
Voicy pourtraicture certaine
De l'ymage du Crucifix
Qui racheta nature humaine.

Il luy baille le tableau où est l'ymage du Crucifix.

SOBRESSE.

Et voicy gardebras massis [2]
De fin plomb, taillez de mesure.
Tenez-moy Soupper, cinq ou six,
Et je feray la ligature.

Ilz prennent Soupper.

CLISTERE.

Ça, villain de faulce nature,
Tendez les bras ?

SOUPPER.

Aussi feray-je.

On luy met le plomb que l'on lyera à quatre esguillettes.

SAIGNÉE.

Endurez ceste fourniture,
Pour rabaisser vostre courage.

PILLULE.

Ha ! dea, vous souliez [3] faire rage :
On ne povoit à vous durer !

SECOURS.

Pour vostre merveilleux oultrage,
Vous fault ce travail [4] endurer.

SOUPPER.

Helas !

SOBRESSE *prent des esguillettes à ses chausses [5], pour lyer les poingnetz.*

SOBRESSE.

Voulez-vous murmurer ?

Dictes, hau, marchant de billettes [1] !
En mal an puissiez demourer !
Vous me coustez quatre esguillettes.

SOUPPER.

Voicy de bien pesans sonnettes :
C'est assez pour enragier dire.

SOBRESSE.

Allez ! vos besongnes sont nectes [2] !
Mais escoutez que je vueil dire :
Combien que vous soyez garny
De harnois pour faire bataille,
Toutesfois vous estes banny
Du Disner et de la vitaille.

SOUPPER.

Fault-il doncques que je m'en aille ?

SOBRESSE.

Pour bonne justice approuver
Allez tousjours si loing, qu'il faille
Six heures pour vous retrouver.

SOUPPER.

Or me cuidoye-je relever,
Mais j'ay ma force mal gardée.
Adieu ! je m'en voys achever
La peine qui m'est commandée.

Clamat.

DIETTE.

Ça, ça, ça, toute l'assemblée,
Tost aux champs pensons de marcher !
Soupper a la manche doublée [3] :
Reste le Bancquet despescher.

SECOURS.

Frere Gaultier [4], venez prescher
Ce preudhomme et admonnester ?

LE BEAU PERE.

Voulentiers m'en vueil empescher,
Pour loyer vers Dieu acquester.
Mon amy, on doit mediter
A la passion du Sauveur :
Cela vous peut moult proffiter,
Et pourtant prenez-y saveur.

SAIGNÉE.

Sus, emmenons ce malfaicteur !
Prenez devant, et moy, derriere ?

PILLULE.

J'en vueil estre le conducteur !
Sus, emmenons ce malfaicteur !

---

1. « Quant à mon pauvre corps, sa derniere et piteuse fin ne sera-t-elle pas d'être mis en tronçons ? »
2. « Massifs. » Le garde-bras faisoit sous ce nom partie de l'armure.
3. « Vous aviez l'habitude. »
4. « Cette gene. » On appelle encore *travail* la machine dont les maréchaux entravent les chevaux à ferrer.
5. On sait que les chausses — que remplaça la culotte — s'attachaient au pourpoint, — qui fut remplacé lui-même par le justaucorps, puis le gilet — avec un rang d'aiguillettes qui en faisaient le tour. Le costume d'Harpagon, taillé à l'antique, est encore, sous Louis XIV, un exemple de cette vieille mode.

1. La *billette* était une espece de scapulaire en forme de carré long, comme la billette du blason, que portaient les personnes dévotes et les moines, entre autres certain ordre des Carmes qu'on a pelait pour cela Carmes-Billettes, dont l'église existe encore à Paris. Les *pardonneurs* vendaient ces *billettes*, ainsi que des *pardons*, des *indulgences*. Appeler Souppeɪ, qui demande grâce, marchand de billettes, marchand de pardons, est donc une ironie.
2. « Vos affaires sont claires. » Nous avons déjà vu *besogne* avec le sens d'affaire.
3. Doublée de plomb grâce au garde-bras qui est dessous.
4. C'était un de ces moines confesseurs qu'on appelait beaux peres quand ils avaient à donner les dernieres consolations aux suppliciés.

CLISTERE.

Tu me faiz fort du caqueteur?
Beau sire, tyre-toy arriere.

SECOURS.

Sus, emmenons ce malfaicteur!

PILLULE.

Prenez devant, et moy, derriere.

EXPERIENCE.

Beaulx seigneurs, passons la barriere :
Compaignez-moi honnestement.
Et allons par ceste charriere[1]
Veoir accomplir ce jugement?

YPOCRAS.

Nous yrons voulentairement.

GALIEN.

C'est nostre seulle affection.

AVICENNE.

J'en vueil bien veoir le finement.

AVERROYS.

Et moy, la terminacion.

DIETTE.

Tost, deux motz de confession :
Beau pere, despeschez-le-moy?

LE BEAU PERE.

Ça, avez-vous contriction?

BANCQUET.

Mais ay soulcy et grant esmoy.

LE BEAU PERE *se siet et fait agenoiller Bancquet, en disant :*

Il vous fault mourir en la foy,
Sans penser à mondanité.
Mectez-vous cy en bon arroy,
Et dictes *Benedicite* ?

Lors le beau pere fait le signe de la croix, et Bancquet fait signe de soy confesser.

DIETTE.

Je vueil dresser de ce costé
Mon eschelle, pour monter hault.
Entends cy ung peu, degouste?

LE FOL.

Quoy! me veulx-tu livrer l'assault?
J'ayme mieulx faire ung petit sault,
Comme fait maistre Triboulet[2].

DIETTE.

Tu ne scez que c'est qu'il te fault.
Par ma foy, tu ne es que ung follet!
Au fort, allez, mon cas est prest :
J'ay gens, cordelles et cordons.

1. « Chemin des charettes » Le mot s'emploie encore dans l'Orléanais Il est dans Rabelais.
2. On savait déjà, par quelques vers du *Voyage de Venise* de Jehan Marot, que Triboulet avait été fou de Louis XII avant de l'etre de François Ier. Son nom, placé ici dans une piece plus ancienne que le poeme de Marot, confirme le fait.

LE FOL.

Je voys veoir se la chievre brait,
Affin que mieulx nous accordons.
Ne parles-tu pas de chardons?
C'est ce qu'il fault dessoubz ta fesse.
Sçavez-vous que nous regardons ?
Maistre regnard qui se confesse.

LE BEAU PERE.

Des pechez de vostre jeunesse,
Ne vous en accusez-vous pas?

Bancquet parle à genoulx devant le Confesseur, en tournant le visaige au peuple.

BANCQUET.

J'ay tousjours fait quelque finesse :
Devers le soir, en mes repas,
J'ay fait dancer le petit pas
Aux amoureux vers moy venus,
Et puis, sans ordre ne compas,
User des oeuvres de Venus.

J'ay fait les gourmands gourmander,
J'ay fait les frians friander,
J'ay fait choppiner choppineurs,
J'ay fait doulx regards regarder,
J'ay fait brocardeurs brocarder,
J'ai fait mutiner mutineurs,
J'ay fait ces gros ventres enfler,
Et vent par derriere souffler,
Comme souffletz de marteleurs.
J'ay fait rire, et riffleurs riffler.
Railler, router[1], ronger, ronfler,
Retribuant rudes douleurs.

J'ay fait assembler jeunes gens
De nuyt, pour faire bonne chiere :
Là sont gorriers[2], joliz et gens;
Là se treuve la dame chiere :
Le galant taste la premiere,
Comme pour la mener devant,
Et puis on souffle la lumiere....
Oh! je n'en dis point plus avant.

Bancquet fait faire moult de mal,
De peché, de vice, et d'ordure,
Veu le cas qui est enormal.
Je ne sçay comme Dieu l endure!
Il rend yvre la creature,
Il fait perdre l'entendement,
Et manger des biens de nature,
Tant qu'on vomist infamement.

J'ay fait, par trop ingurgiter,
Venir morbes innumerables :
J'ay fait causer et susciter
Egritudes intollerables :
Fievres, catherres formidables,
Viennent par ma subtilité ;
J'ay commis moult de cas pendables
Il fault dire la verité.

A tous mes privez familliers,
Ou mort ou grant langueur je donne.

1. « Roter, rostei » On prononçait alors ainsi.
2 V. ce mot dans les precedentes pieces.

J'ay tué des gens par milliers :
Je príe à Dieu qu'il me pardonne !
Par moy souvent la cloche sonne
Pour chanter curez et vicaires ;
Je n'ai fait proffit à personne,
Que aux prestres et appoticaires ;

Par moy est vendu à leur gré
Colloquintide et cassia,
Scamonea, stafizagré,
Aloes, catapucia,
Dyaprunis, ierapigra,
Bolus, opiate et turbie,
Sené, azarabacara,
Myrabolans et agarie [1].

Par pillules, jullepz, sirops,
Ou drouguerie laxative,
Faiz nourrir gens gresles et gros,
Dont je suis cause primitive :
Ma condicion inflative,
Mes oultrages et grans excès
Amainent gens à fin hastive,
Et font perdre vie et procès.

De tous les vices et pechez
Que m'avez oy nommer cy,
Et d'autres deffaulx et meschiefz,
Humblement crie à Dieu mercy !
J'ay mis moult de gens en soucy,
Et fait despendre [2] argent et or.

LE BEAU PERE.
Est-ce tout ?

BANCQUET.
Je le croy ainsi.

LE BEAU PERE.
Dictes vostre Confiteor ?

Bancquet fait semblant de dire son Confiteor, et le beau pere de l'absouldre.

LE FOL.
Foy que je doy à sainct Victor !
Ce beau pere gaingne à disner [3].
Je croy qu'il aura le tresor,
Tant bien sçait-il pateliner.
Chascun se mesle d'affiner,
Chascun veult souffler l'arquemye [4],
Mais je ne puis jamais finer
D'avoir finance ne demye

DIETTE.
N'est-ce pas fait, bon gre ma vie !
Je me morfondz de tant attendre.

LE FOL.
C'est le bourreau qui le convye,
Pour luy faire le col estendre.

Ilz se levent tous deux.

LE BEAU PERE.
Il vous fault la mort en gré prendre ;
Il vous fault monstrer homme saige.

BANCQUET.
Helas ! Dieu me gard de mesprendre !
Veez cy ung dangereux passaige !

CLISTERE.
Tant de fatras !

SAIGNEE.
Tant de langaige !

EXPERIENCE.
Diette ?

DIETTE.
Dame ?

EXPERIENCE.
Despeschez-le !

DIETTE.
Je voys jouer mon personnaige.
Sus : montons amont ceste eschelle.

Ilz commencent à monter.

LE BEAU PERE.
O Bancquet, il vous fault avoir
Memoire de la Passion ?

BANCQUET.
Beau pere, vous devez sçavoir
Que je y ay ma devocion ?

DIETTE.
Dea, affin que nous ne faillon
A poursuivre le petitoire [1],
Montez encore ung eschellon ?

BANCQUET.
Mais que j'aye ung peu d'adjutoire [2].

Il monte, et on luy aide, et dit :

Suis-je assez hault ?

DIETTE.
Encore, encore !
Vous commencez à approcher.
Veez cy vostre reclinatoire [3] !
Hola ! je vous voys atacher.
Mais toutesfoys, pour despescher,
Tandis que à mes cordes labeure,
Se rien voulez dire ou prescher,
Dictes maintenant, il est heure !

BANCQUET.
Helas ! puis qu'il fault que je meure,
Chascun vueille pour moy prier,
Affin qu'en la fin je demeure
Sans vaciller ou varier.
Je n'ay eu memoire
Que de tousjours boire
Du vin de hault pris.

---

1. Ce sont des mots de la pharmacopée du temps qui n'ont pas besoin d'être expliqués ici.
2 « Dépenser. »
3 Le dîner du père confesseur était porté sur le compte de toute exécution.
4. « Se faire souffleur d'alchimie, pour fabriquer de l'or. »

1. « C'est-à-dire à pousser jusqu'au bout mon droit de propriété sur le condamné. »
2. *Adjutorium*, secours.
3. « Voici d'où vous ne vous releverez plus. »

DIETTE.

Ce n'est pas grant gloire,
Mais fol ne veult croire
Tant qu'il est souspris.

BANCQUET.

J'ay mort desservie,
Par cruelle envie,
Pour estre trop fin.

DIETTE.

Fol est qui desvie,
Car de malle vie
Vient mauvaise fin.

BANCQUET.

Finesse m'affine ;
Je meurs et deffine,
Honteux, en ce lieu.

DIETTE.

Qui à mal s'encline,
Tost chiet et decline,
Quant il plaist à Dieu.

BANCQUET.

Adieu mes esbats !

DIETTE.

Ils sont mis à bas.

BANCQUET.

Plus n'ay de demain !

DIETTE.

Il fault dire : Helas !

BANCQUET.

Je suis prins au las !

DIETTE.

Voire soubz ma main.

BANCQUET.

Adieu, friandises petites,
Sucre, coriande, aniz,
Girofle, gingembre, penites,
Saffran plus luisant que verniz,
Sucre candis pour les poussifs,
Triassandali que on renomme,
Poivre, galingal et massis,
Mus, muscade et cynamome [1] !

Pour ce que j'ay bien fait gaigner
Les medecins bons et parfaictz,
Car ilz ont eu à besongner
A guerir les maulx que j'ay faictz,
Veu qu'ilz sont riches et refaictz ;
Je veulx qu'ilz me facent promesse,
Que, pour mes pechez et meffais,
Chascun fera dire une messe.

O jeunes gens, qui mon cas regardez,
Gardez,
Tardez

De faire abusion ;
Corrigez-vous, vostre vie amendez,
Mondez [1],
Fondez,
En bonne intention,
Vostre occupation,
Vostre operation
Soit en devocion,
Et jour et nuyt
Fuyez decepcion ;
Ayez oppinion
Et recordacion,
Que peché nuyt.

LE BEAU PERE.

Mon amy, soyez tout reduit
De prendre, pour bon saufconduit,
Jesus qui souffrit improperé ;
M'entendez-vous ?

BANCQUET.

Ouy, beau pere.

LE BEAU PERE.

Pensez à vostre conscience,
Prenez la mort en pacience,
Et la honte et vitupere :
M'entendez-vous ?

BANCQUET.

Ouy, beau pere.

LE BEAU PERE.

Tenez la foy.

BANCQUET.

Aussi feray-je.

LE BEAU PERE.

Soyez constant.

BANCQUET.

J'ay bon couraige.

LE BEAU PERE.

Pensez à Dieu.

BANCQUET.

En luy j'espere.

LE BEAU PERE.

M'entendez-vous ?

BANCQUET.

Ouy, beau pere.
Justice m'est amere mere [2],
Quant de la mort m'assigne signe :
Justice se confere fere [3],
Qui ma paine declaire clere,

---

1. C'est la liste de toutes les épices employées dans les sauces, et dont nous avons eu à parler plus haut.

1. « Purifiez. »
2. Banquet commence ici un couplet en rimes couronnées, où il fallait deux mots rimant eux-mêmes ensemble :

Ma colombelle belle
Je vais priant, criant

Une autre, qu'on appelait *emperière* (rime impératrice), parce que rien n'était au-dessus, du moins comme difficulté, voulait à la fin du même vers trois rimes de suite.

N'es-tu qu'un immonde monde, onde ?

3. « Cruelle, féroce (fera). »

Dont ma vigueur très-fine fine.
Justice, qui domine myne,
Pecheurs, comme regente gente,
Bien monstre qu'elle est diligente.

DIETTE.

Avez-vous dit?

BANCQUET.

Je me contente.

DIETTE.

Pardonnez tout, sans plus d'actente,
Et ne tenez couraige à nulz [1].

BANCQUET.

De pardonner c'est mon entente [2].

DIETTE.

Or sus, dictes vostre *In manus*.

Il le boute jus [3] de l'eschelle et fait semblant de l'estrangler, à la mode des bourreaulx.

LE BEAU PERE.

Credo, credo!

DIETTE.

Veez-le là jus?
Je croy qu'il soit jà trespassé.

LE BEAU PERE.

S'il est mort, *anima ejus*
Requiescat in pace.

DIETTE.

Enfans, plains de legiereté,
Qui ne voulez nul bien apprendre,
Fuyez mauvaise voulenté,
Et venez cy exemple prendre :
Le plus fringant deviendra cendre;
Il n'y aura nul excepté.

SECOURS.

Mais quoy! Ne veulx-tu point descendre?

DIETTE.

Ouy, mais que j'aye attainté [4].

EXPERIENCE.

Or est Bancquet executé :
Les gourmans plus n'en jouyront;
Disner et Souper fourniront
Pour l'humaine necessité.

YPOCRAS.

Yvrongnes, plains de volupté,
Maintenant par despit diront :
« Or est Bancquet executé,
Les gourmans plus n'en jouyront. »

BONNE COMPAIGNIE.

Pour le jugement d'equité,
Tous vertueux vous aymeront;
Et ceulx qui le faict blasmeront
Auront grant tort, en verité.

PASSETEMPS.

Or est Bancquet executé :
Les gourmans plus n'en jouyront,
Disner et Souper fourniront
A l'humaine necessité.

LE DOCTEUR PROLOCUTEUR.

Seigneurs, qui avez assisté
A la matiere delectable,
Bien voyez que gulosité
Est vergongneuse [1] et detestable.
Il souffit deux fois tenir table,
Pour competante nourriture :
Le Bancquet n'est point prouffitable,
Car il nuyt et corrompt nature.

C'est peché, c'est blame, c'est vice,
C'est oultraige et difformité,
De faire au corps tant de service,
Qu'on en acquiert infirmité.
Si avons Souper limité [2],
Et Bancquet mis à finement,
C'est fin de la Moralité :
Prenez en gré begninement.

LE FOL.

Begninement ou autrement,
Ce m'est tout ung, soit feu ou glace,
Mais je crains que finablement
Bancquet ne soit longtemps en place.
S'il vous plaisoit, de vostre grace,
Venir reposer sur le coulte [3],
Nous mangerions la souppe grasse,
Entre mydy et penthecouste,
Et adieu la brigade toute!

RONDEAU.

En l'hostel du trompeux Bancquet,
Et en celuy de long Souper,
Souvent viennent grands coups frapper
Sur plusieurs, après long caquet,
Les Maladies qui font le guet,
Pour soudainement les happer.

En l'hostel de ce faulx Bancquet,
Il n'y a Georget ne Marquet,
Qui d'elles se scache eschapper,
Sans aucun mal, ne destrapper :
Batent jusque au dernier hoquet,
En l'hostel de ce faulx Bancquet.

1. « Rancune à aucun. »
2. « C'est mon intention. »
3. « Il le jette à bas. »
4. Il avait parlé les mains appuyées sur les épaules du pendu, il demande qu'on le laisse reprendre pied sur l'échelle.

1. « Pleine de vergogne (*honte*). »
2. « Entravé »
3. « Sur le lit de plume », la *couette*. Le mot « courte-pointe », qu'on écrivit d'abord *coulte-pointe*, vient de la.

FIN DE LA CONDAMNACION DE BANCQUET.

LE PÉLERIN PASSANT

MONOLOGUE PAR PIERRE TASERYE

(XVIᵉ SIÈCLE — RÈGNE DE LOUIS XII)

NOTICE ET ARGUMENT

Le genre du *Monologue*, dont nous donnerons plus bas un autre spécimen, est le plus élémentaire de tous les genres dramatiques. On ne sera donc pas surpris de le trouver sur notre théâtre à ses commencements.

Il semble s'y être surtout produit de Louis XI à Louis XII. Le monologue du *Franc Archer de Bagnolet* date de l'époque du premier, et sous le second le Champenois Coquillart en écrivit, et fit jouer sans doute, de fort curieux : le *Monologue Coquillart*, le *Monologue du Puys*, le *Monologue des Perruques*. Leur longueur, qui fait honneur au souffle de l'acteur qui les récitait, nous oblige à ne donner aucun des trois, malgré ce qu'ils ont de séduisant par la verve, l'esprit, le mouvement, et la vive couleur dont l'époque, ses usages et ses modes les ont empourprés.

On trouvera du reste une partie des mêmes qualités dans le *Monologue du Résolu*, qui viendra plus loin, et dont l'allure est plus scénique, avec une action plus théâtrale.

Celui du *Pélerin passant*, que nous avons trouvé dans le Recueil de MM. Francisque Michel et Le Roux de Lincy, publié d'après le manuscrit La Vallière, n'est pas aussi intéressant par l'esprit, mais il a son intérêt pour l'histoire.

Sous prétexte de chercher un gîte, notre pélerin passe en revue toutes les grandes maisons de France, à commencer par celle du roi et de la reine, en leur donnant pour enseignes les armoiries ou les attributs qui les illustrent.

Il se rend à l'*Écu de France*, c'est le Louvre où est le roi ; à l'*Écu de Bretagne*, c'est le palais des Tournelles où loge Anne de Bretagne, la reine ; au *Chapeau Rouge*, c'est l'hôtel du premier ministre, le cardinal d'Amboise, etc., etc.

Et à propos de chaque logis, il ne manque pas l'occasion de dire ce qu'il pense, quelquefois avec une franchise assez amère, sur les personnages qui s'y trouvent. La reine et le roi ne sont pas les plus ménagés.

Il donne ainsi le premier exemple d'un genre de plaisanterie et de satire, qu'il est facile de suivre non-seulement jusqu'à l'époque d'Henri IV et de Louis XIII, mais jusqu'à la fin du règne de Louis XIV, et qu'on appelait *Logements de la Cour*, *Enseignes de boutique*, etc.

Plusieurs mazarinades sont faites sur ce ton, dont, un peu plus tard, Palaprat se vantait d'avoir l'esprit mieux que personne [1].

Ce monologue du *Pélerin passant* n'a pas que cette curiosité. Il est signé, chose fort rare. Il est vrai que la signature n'apprend rien, et que le Pierre Taserye, qui s'y nomme, n'en reste pas moins inconnu. Tout ce qu'on peut dire de lui, d'après quelques détails de son monologue même, c'est qu'il doit être Normand, et appartenir sans doute à la même famille que Guillaume Taserie, dont on a une pièce fort rare, jouée en 1499, selon Du Verdier, et imprimée plus tard à Rouen : *le Triomphe des Normands, traictant de la Immaculée Conception Notre-Dame* [2].

[1] V. nos *Variétés historiques et littéraires*, t. X, p. 225-227, note.

[2] V. les frères Parfaict, *Histoire du théâtre françois*, t II, p. 233 ; et Brunet, *Manuel du libraire*, dernière édition, t. V, col. 661-662.

LE PELERIN PASSANT

Ainsi qu'un pelerin passant
Je me partis un jour pensant
Au bien qui de scavoir redonde.

LE PELERIN PASSANT

MONOLOGUE SEUL

COMPOSÉ PAR MAISTRE PIERRE TASERYE

Ainsy c'un pelerin pasant,
Qui desire aler voir le monde ;
Villes, boys et chans tracasant,
Ainsy c'un pelerin pasant,
Je me partis un jour, pensant
Aulx biens qui de scavoir redonde [1],
Ainsy c'un pelerin pasant,
Qui desire aler voir le monde [2].

Et le subject où je me fonde :
On dict, par la foy de mon corps,
Qu'en quelque lieu qu'on abonde [3]
On ne voyt rien qui ne va hors.
Et ja soyt que de grans tresors
Je ne fusse pas fort chargé,
Et n'usse sceu finer pour lors [4]
D'un boisseau d'ecus bien range ;
Car on dict, ou je l'ay songé,
Qui porte argent porte sa mort.
Pourtant ce mot la bien rongé [5],
Jamais ne m'en chargeray fort.

Item, c'est un commun accord
Que tousjours un franc espryt
Qui ayme pais et fuyst discord,
Et en plaisance ne perit [6],
Tant prise largesse et cherit [7],
Que s'il n'a vaillant que deulx miches,
Sa liberalité fleurit.
Oy, oy, telz gens ne sont pas siches.

Que retorisiens soyent riches,
Chantres, ne [8] galans sans soucy [9] :
Souflez, y n'en font que les briches [10] ;

D'avoir pou y s'ayment ainsy [1],
Sy dyent aucuns sus cecy,
Que c'est le comble de folye ;
Mais les filosophes sans sy [2]
Ont vescu de semblable vye.

Par quoy de tous biens n'y envie,
Que la vye et le vestement ;
Voyla ma plaisance asouvie.
Que me fault il plus largement ?
Encore vingt ans seulement,
De bien et de mal quelque poy [3],
Et puys apres tout rondement,
Ausy riche comme le roy.

Les uns, les aultres vont [4] leur loy,
Justement en airés autant,
Dedens deulx cens ans, comme moy,
Sept piés de terre tout contant ;
Or y sufist en m'esbatant.
Je prins donc bourdon et manteau,
En m'en alant, riant, chantant,
Sur la poincte du renouveau,
Sur le printemps qui faisoyt beau,
Que les jours ne sont lons ne cours,
Entray, comme un leger chevreau,
En la ville par les faulxbours.

Je vis la tant de trous, de trous,
De caquetans et devisans,
De gentis gens, de betours lours [5],
De bien parlans, et bien disans,
Et croy que d'icy a dis ans
Je ne saroys [6], pour abreger,
Raconter les regres plaisans
Que g'y pratiquay sans songer.

Et quant vint l'heure de songer
Pour me recréer a plaisance,
Repatrier [7] et soulager,
Et prendre un peu d'esjouissance,

---

1. « Qui s'exhalent du savoir. » Eustache Deschamps a employé *redonder* avec le meme sens
> En temps d'este n a place plus plaisant,
> Car des beaux prez et des flours y *redonde*
> La douce odeur.

2. On remarquera que ce commencement forme un *triolet*, forme de poésie qui n'était pas alors fort commune.
3. « Qu'on arrive »
4. « Je n'aurais pu financer pour lors. »
5. « Portant (*pourtant*) avec moi ce mot-la bien ruminé (*rongé*). »
6. « Ne meurt pas de trop de plaisir. »
7. « Prise et chérit tant la largesse. »
8. « Et aussi » *Ne* est ici le *nec* latin.
9. Corporation de *joueurs de farces* dont nous avons déja parlé (V. l'*Introduction*) et que protégeait Anne de Bretagne.
10. « Ils ne font qu'en humer les briches. »

1. « Ils se plaisent a avoir peu. »
2. « Sans si ni mais » (c'est-a-dire contre qui rien n'est a reprendre).
3. « Quelque peu ».
4. « Suivent. »
5. De « bêtots », comme on dit encore dans quelques provinces, « de bêtes lourdes.
6. « Je ne saurais. »
7. « Revenir. »

Je m'en vins a l'Escu de France [1],
Un beau logis, parfaictement
Pompeux, acoustré richement,
Et, ainsy que vous debvés croyre,
Le plus beau qui fust sur la terre.

Je vys là tant de charios,
Tant de pages, tant de valès,
Tant de laques, d'estradios [2],
Tant de chevaulx, tant de mulès,
Tant de sos et de mariolès,
Et d'aultres gens sy tres grand nombre,
Que la moytié servoit d'encombre.

Le maistre estoyt mélencolique,
Mary sur aulcuns de ses gens [3],
Lesquelz luy avoient faict trafique,
Ou de son profist negligents.
Et combien que d'or et d'argent,
Et d'eritage fust fort riche,
Sy avoyt il bruict d'estre siche [4].

Et vela qui m'en fist partir;
Car les gens de ma qualité
Ne cherchent qu'à eulx resjouyr,
Parmy gens de joyeuseté.
Ce n'estoyt pas bien mon cas, somme :
Arière-deuil y destrinct l'homme.

De là, pour cuyder trouver gaigne,
Et estre logé à souhayt,
Alay a l'Escu de Bretaigne [5],
Dont la dame estoyt dehait,

Et dame de bien en effaict,
De noble race et bien famée
Par la commune renommée.

Mais on dict qu'el ne faict des biens,
Synon aulx gens de son pays [1].
Qui soyt ainsy je n'en scays riens,
Mais à quelque un dire l'ouys;
Voyla pourquoy le lieu fouys,
Sans en faire nules aproches,
Piteulx comme un fondeur de cloches [2].

De la m'en alay, tout fin droict,
Jusque à l'ancre de ce voyage,
Ou je trouvai le maistre froit
De n'acroire que sur bon gaige [3];
Il estoyt mur, grave, homme sage,
De bon conseil, de bonne sorte :
Dieu pardoinct, se sa femme est morte.

Il n'a nul filz, au premyer poinct;
Mais des filles il en a troys,
Ausy belles qu'il en est poinct,
Et ausy sages toutes foys.
S'il y eussent este, je croys
Que je n'usse poinct tant tardé ;
Mais quoy, je n'y fus poinct logé.

De là m'en alay, sans repaistre,
Jusques à l'Escu d'Alencon,
Où je trouvay un jeune maistre,
Gentil et de noble façon [4],
Et lui recordoyt sa lecon
Sa mere, une femme de bien;
Mais sans elle y ne faisoyt rien [5].

En efect, je n'y logay poinct,
Car je vis qui n'estoyt pas temps,
Y fault prendre les gens à poinct,
Et à l'heure qui sont contens :
Mais un temps viendra que pretens
Qu'il fera leans [6] bon loger,
Si ne meurt, vela le danger.

De là m'en alay au Daulphin,
En une hotellerye fort belle;
Y entray bauldement, afin

---

1. C'est-a-dire « chez le roi, a la Cour ».

2. Sorte de soldats d'Albanie qui nous étaient venus d'Italie, ou, de leur nom grec italianisé, on les appelait stradiotti Ils étaient vêtus a la turque, et comme ils étaient, de toutes les milices étrangeres, la plus bizarre, les autres, comme cela se fait toujours, avaient été confondues avec eux par le peuple. Estradiot voulait donc réellement dire « un soldat étranger ».

3. « Mécontent de quelques uns des siens. »

4. Louis XII, qui n'est autre ici que le maitre de l'Écu de France, avoit en effet cette réputation d'être « avaricieux et chiche ». Une sottie a huit personnages, ou paraissaient le Monde, Abus, Sot-dissolu, Sot-glorieux, etc., lui en fit aussi un reproche, en ajoutant que, non content d'etre avare, il encourageait les autres à l'être :

   Liberalite interdite
   Est aux nobles pour avarice,
   Le chief mesme y est propice,
   Et les subgectz sont si marchans.

Il ne se fâchait pas de ces vérites un peu rudes. Celles que les memes sotties lui apprenaient sur les autres l'en dédommageaient Jean Bouchet dit a ce propos dans une de ses Epistres morales et familieres, apres avoir parlé de la satire :

   En France elle a de Sottie le nom,
   Parce que soiz sont gens de grand renom,
   Qui a Paris jouent les grands folies
   Sur eschafault, en paroles polies
   Le roi Louis douzieme desiroit
   Qu'on les jouast devant luy, et disoit
   Que par tels jeux il savoit maintes fautes
   Qu'on lui celoit par surprise trop haulte

Dans les Annales d'Aquitaine, le même Jean Bouchet revient sur le fait et le confirme, en ajoutant, comme nous le disions, que Louis XII ne trouvait pas mauvais qu'on le reprit de sa parcimonie. Il vouloit toutefois que les dames fussent épargnées, la reine d'abord et les princesses, « toute plaisanterie pouvant estre, sauf le respect et l'honneur dus aux dames »

5. C'est a dire chez la reine, Anne de Bretagne.

---

1. C'etait un peu vrai Anne de Bretagne « la bonne Brette, ainsi qu'on l'appelait, n'avait guere souci que des Bretons, dont elle avait toute une garde. Pour ceux seuls, surtout s'ils étaient de ceux qui lui avaient été fideles dans les temps difficiles, de son duché, elle réservait dons et pensions V. Le Roux de Lincy, Vie de la reine Anne de Bretagne, t I, p. 156 157, t II, p. 143.

2. Nous avons déjà vu cette locution, a laquelle avait donné lieu l'ébahissement si naturellement piteux du fondeur qui, en brisant son moule, voit que sa cloche est manquée.

3. « Le maitre qui me parut froid de manieres, car il ne voulait faire crédit que sur bon gage. » Nous ne savons quel est ce maitre qui devait être « l'ancre du voyage », le salut du pelerin Ce qu'il dit de lui, sans le nommer, n'est pas suffisamment clair.

4 Le duc Charles d'Alençon, qui n'avait guere alors plus de vingt ans Il avait hérité du titre et des biens du duc René, mort en 1492 Il fut le premier époux, fort peu chéri, de la sœur de François Ier, Marguerite de Valois.

5 La mere du jeune duc d'Alençon était Marguerite de Lorraine, qui, restée veuve a trente ans, ne cessa plus de s'occuper que de l'education de ses enfants, et de piété. V. sur elle, Hilarion Lacoste, Vies et eloges des dames illustres, t. II, p. 260.

6. « En cet endroit. »

Que quelc'un doulcement m'apelle ;
Mais le maistre estoyt en tutelle [1],
Ainsy que je fus adverty ;
Dont sans loger je m'en party.

Ariver vins au CHAPEAU ROUGE [2] ;
Un grant logis, une grand court :
Mais l'entrée m'en semble farouge,
A le vous dire bref et court,
L'un braict, l'autre court et racourt,
Plus d'ambasades, tant de postes,
Je ne vis jamais autant d'ostes [3].

L'on y entre l'un après l'autre,
Et parle-t-on au maistre à peine,
Qui n'y prent à l'heure son ren,
Comme au four ou à la fontaine.
L'un aulx galerys se pourmaine,
L'autre aulx jardins, et pour le reste
C'estoyt un paradis terreste.

G'y vis tant de sos comme moy
Qui attendoyent estre logés,
Muchés en un coing à requoy [4],
Tant du pays de l'estrangés,
Tant d'uns et d'autres rebrachés [5],
Qu'on n'eust sceu qui debvoyt pestrir [6] ;
Et vela qui m'en fist partir.

Je fus à l'ESCU D'ORLEANS ;
Mais plus n'y a d'otellerye ;
Car le droict seigneur de leans
A bien changé de seigneurye,
C'est celuy qui tient l'armarye
De France [7] et la possession.
O la noble succession [8] !

Je fus à l'ESCU DE BOURBON,
Une maison de grant abord,
Où aultre fois il a faict bon ;
Mais l'oste de ceans est mort [9],
Que la dame lamentoyt fort [10].

Et une fille qu'elle a seulle [1] :
De les voir n'est cœur qui n'en deulle
De là je fus à CHASTLAU-D'UN,
Où pas grand sejour je ne fys,
Où je trouvay en bel arui [2]
La noble dame [3] et ses troys fys [4],
En paix et en amour confis,
Et ainsy que j'ay en memore,
L'estat n'estoyt pas faict encore.

Mais ains [5] qu'ilz eussent ordonné
De leurs estas et seigneuryes,
Je fus soubdain prins et mené
Tout droict à la sommelerye,
Visiter la sausonnerye [6],
Des taces [7] et hanaps du lieu
J'eus la repue, et puys adieu.

Je fus à l'ESCU DE CALABRE [8],
Hardy, vaillant, droict comme un arbre,
Et fort comment un elephant ;
Mais poinct ne se va eschaufant ;
Il est atrempé [9] et modeste,
Habandonné, large et honneste.

Par tout le pays il n'est bruict
Que de cest enfant [10] pour grand chere,
Et dict chascun qui fera fruict,
Ausy vertueux que son pere,
Le plus vaillant qui vint de mere,
Pour un Normand qui soyt ainsy,
Tesmoing la journee de Nansy [11].

Quant j'us couru longue saison,
Je m'en vins au CHEF SAINCT DENYS [12]

1 Ce « dauphin », qui ne l'était pas réellement, puisqu'au lieu d'etre fils du roi il n'était que son cousin, avec droit immédiat, il est vrai, à l'héritage du trône, était alors le jeune duc d'Angoulême, que Louis XII devait faire bientôt duc de Valois, et qui devint François Ier. Il n'avait guere que quinze ou seize ans, quand ceci fut écrit, et se trouvait par conséquent encore en tutelle.

2. Sous cette enseigne, il faut deviner, ce qui d'ailleurs n'est pas difficile, le cardinal Georges d'Amboise, premier ministre de Louis XII, dont la mort suivit de pres ce qu'on dit ici de lui et de sa cour.

3. « Hôtes. »

4. « Blottis, caches (mussés) dans un coin a ne rien faire (a re quoy). »

5. « Bien retroussés », comme gens affairés

Tous estoient bien *rebrachiés*
Et de combatire encoragiés .

it-on dans un fragment, cité par Ducange au mot *Rebrachiatorium*.

6. Il revient par ce vers a ce qu'il a dit sur ce qu'on etait la, comme au four dans une boulangerie, attendant son tour.

7. « L'armoirie de france l'écu. » Armoirie s'écrivait d'abord, comme ici, *armarie*, ou bien encore *armairie*.

8. On a ici facilement reconnu Louis XII, qui, de duc d'Orléans, était devenu roi de France.

9 Pierre II, duc de Bourbon, il était mort le 8 octobre 1503.

10 Anne de Beaujeu, fille de Louis XI, qui avait été régente de France pendant la minorité de son jeune frère Charles VIII Elle eut en effet une vive et longue douleur de la mort du duc de Bourbon, son mari.

1 La jeune Suzanne de Bourbon, seul enfant en effet qui fût resté de ce mariage. Elle était née en 1491, et epousa, en 1505, le fameux connétable de Bourbon.

2. Pour « arroy (*appareil*). »

3. C'est a-dire la dame comtesse de Dunois et vicomtesse de Châteaudun Elle était veuve, depuis 1491, de François, comte de Dunois, fils du celèbre compagnon de Jeanne d Arc, le batard d Orléans, a qui son frere le duc d'Orleans avait donné, en 1489, cette comté et cette vicomté

4 François II, comte de Dunois, qui mourut en 1512, apres avoir obtenu que Louis XII le fît duc de Longueville, Louis, mort en 1516, apres avoir pris une belle part aux batailles d'Agnadel, de Guinegate et de Marignan, et enfin Claude, qui fut tué en 1525 a la bataille de Pavie.

5. « Avant que. »

6. C'est-a dire « l'eschansonnerie », un des communs de tout grand hotel, comme de la maison du roi.

7. « Tasses. » On les confondait alors avec les coupes, et comme ici avec les hanaps

8. Il avait passé dans les armes de René de Vaudemont, duc de Lorraine, a cause de ses droits sur la Sicile et le royaume de Naples, comme descendant du duc d'Anjou, roi de Sicile, et comme prétendant choisi par les Napolitains eux-mêmes, en 1485.

9 « Tempéré, comme du vin trempe. »

10. C'était le jeune Antoine de Vaudemont, troisieme fils de René, et son successeur en 1508, la mort de ses deux aînés lui ayant laissé la place vacante

11 On sait que c'est le duc René, qui, avec une armée de Suisses, avait gagné, en 1477, devant Nancy, la bataille ou fut tué Charles le Téméraire

12. Il s'agit sans doute ici de l'Hôtel, avec collèga, que les abbés de Saint-Denis possedaient depuis le XIIIe siecle dans la rue Saint André des Arcs. Il était célebre pour l'étendue de ses bâtiments et de ses jardins. C'est la que Rabelais loge Pantagruel (liv. II, ch. XVIII), quand Thaumaste et Panurge ont devant lui leur fameuse dispute Il fut aliené en 1595, et démoli en 1607 (V *Journal* de Lestoille, 6 fév. 1607). Les rues Dauphine, Christine et d'Anjou en occupent en partie la place.

Dont le maistre de la maison
Entre aultres estoyt un fenys [1];
S'il est question de bons nys,
Je croys qu'il n'en soyt poinct d'aintel [2].
C'estoyt bons logis qu'a l'ostel.

Quant le maistre seut ma venue,
Lequel m'avoyt veu aultrefoys,
Y me print de sa retenue [3],
A quelques bons gages pour moys,
Dont je m'en loe [4] et loer doybs;
Car sy ceulx d'entour luy et sa fieulte [b]
Me firent tres bonne requeulte.

Tost apres fortune courust,
Ainsy qui pleust au Createur,
Et croys que de leans mourust
Le maistre et le gubernateur.
Lors comme fort navré au cœur

Devers l'yvert, male saison,
Je m'en revins à ma maison.

Je m'en vins au port Sainct Ouen,
Et de là au port de Sainct Jorc;
Mais le maistre estoyt à Rouen,
Ainsy qu'on me mist en memore.
De là alay plus oultre encore
En un logis d'antiquite
Qui se nomme la Trinité [1].

Auquel lieu se loger j'estoyes,
Je seroys pourveu grandement;
Et desloger n'en penceroye
Jusques à mon trespassement.
Sy requiers à Dieu humblement
Qui me submerge à ce passage
Et fin de mon pelerinage.
En prenant conge de ce lieu,
Le pelerin vous dict adieu.

1 « Un phénix. »
2. « De tel. »
3. « Il me retint avec lui »
4. « Je m'en loue »
b « Et les siens, sa famille » Cotgrave donne ce sens au mot *fieul*, qui était, en son temps, du patois picard.

1. Le grand hospice de la Trinité, rue Saint Denis et rue Grenetat Il existait depuis les premieres années du xiiie siecle, on y donnait l'hospitalité aux pelerins de passage, mais seulement pendant quelques jours. Voila pourquoi celui ci va dire que son seul souhait serait de n en jamais déloger, ce qui n'était pas possible.

FIN DU PELERIN PASSANT.

FARCE DE CALBAIN

LA FEMME
Et que tant vous estes fascheulx!
Cherchez vostre bourse aultre part.

FARCE DE CALBAIN

(XVIᵉ SIÈCLE — RÈGNE DE LOUIS XII)

NOTICE ET ARGUMENT

Encore une farce du recueil de Londres, et des meilleures. Elle y occupe six feuillets, c'est-à-dire douze pages, à quarante-six lignes chacune.

Charles Magnin [1] la trouve, avec raison, une des plus ingénieuses de cette collection, et, avec raison aussi, la signale comme une des imitations du *Pathelin*, qui reproduisent le mieux le modèle et le serrent de plus près.

A propos du monologue par lequel le mari la termine, et où l'on retrouve tout le mouvement de l'un de ceux du drapier, il ne peut s'empêcher de dire : « Ce dernier trait est du Guillaume Josseaume tout pur. »

Quoiqu'elle porte sur l'exemplaire de Londres la date de 1548, avec le nom du Lyonnais Barnabé Chaussard pour imprimeur, cette farce n'est pas de Lyon, mais de Paris ; et sa vraie date doit être plus éloignée.

En 1548, sous Henri II, *Pathelin* était déjà trop ancien pour qu'on l'imitât. Les lettrés seuls, tels que Pasquier, ne l'avaient pas oublié, et s'en occupaient. C'est sous Louis XI, Charles VIII et Louis XII, qu'il avait fait école par son esprit et son succès.

1. *Journal des Savants*, avril 1858, p. 210-211.

Nous croyons donc ne pas nous tromper en plaçant sous l'un de ces trois règnes la farce qui le reflète le mieux. Nous avons choisi le dernier, celui de Louis XII, à cause de quelques-unes des chansons que chantent Calbain et sa femme, et dont la popularité fut de ce temps-là.

Ces chansons — on aimait alors à en épicer la gaieté des farces [1] — sont ici toute la farce même.

Que fait le savetier Calbain, quand sa femme lui demande une robe neuve ? Il chante Pour chaque supplique nouvelle, refrain nouveau. Et la femme, à son tour, quand, sur le conseil d'un galant, elle a grisé Calbain jusqu'à l'endormir et lui a pris sa bourse pendant qu'il dort, que fait-elle au réveil, pour répondre à ses plaintes ? Elle chante aussi. Autant de réclamations, autant de couplets.

Il n'y a que Calbain qui ne chante plus, affolé qu'il est par cette gaieté si subitement revenue à sa femme et par sa bourse qui ne revient pas.

Cette jolie petite farce en chansons est du vaudeville et de l'opéra-comique, trois siècles avant l'opéra-comique et le vaudeville.

1. Frères Parfaict, *Histoire du théâtre français*, t. III, p. 34

FARCE NOUVELLE
D'UNG SAVETIER NOMMÉ CALBAIN

FORT JOYEUSE

LEQUEL SE MARIA A UNE SAVETIÈRE

A troys personnages, c'est assavoir :

CALBAIN,	ET LE GALLAND.
LA FEMME	

LA FEMME *commence.*
On doit tenir femme pour sotte,
Qui prent mary sans le cognoistre,
Et qui de son servant s'assotte
Pour en faire son privé maistre.
Quand je seroys femme d'ung prebstre,

Plus jolye seroys et à point.
De chanson il me veult repaistre ;
N'esse pas d'un dur contrepoint ?
Si je demande à avoir robe,
Il semble à veoir que le desrobe.
Je n'ay pas ung povre corset.

Nul ne congnoist quel discord c'est[1] :
C'est son deduyct[2] que de chanter.
Helas ! je n'oseroys hanter
Vers mes voysines en quelque place,
Pour ses chansons qu'il me vient presenter.
Il semble d'une droicte farce,
Je ne sçay plus que je face.
Je suis tousjours la plus dolente.
Helas ! je n'estoys pas contente
D'un tant bon et jolys ouvrier,
Qui estoit de nostre mestier,
C'estoit le meilleur, je me vante,
Qu'on trouve à faire bobelin[3] ;
Mais cestuy-cy sans cesse chante
Et ne respond n'à Pernet n'à Colin.

CALBAIN, *en chantant*.

En revenant du moulin ;
  Laturelure,
En revenant du moulin
  L'aultre matin,
J'atachay mon asne à l'huys,
Regarday par le pertuys[4],
  Laturelurelure,
Je regarday par le pertuys
  L'aultre matin.

Je veulx aprendre à parler latin
Affin de mauldire ma femme[5].
Car, quand elle vient à sa gamme,
Bien faut rabesser l'avertin[6].

LA FEMME.

Calbain !

CALBAIN.

  Hau !

LA FEMME

Et, Calbain, hau !

CALBAIN, *en chantant*.

Par bieu, je ne sçay qu'il me fault,
J'enrage tout vif que ne chante.
Adieu vous dis, les bourgeoises de Nantes,
Voz chambrieres sont bien de vous contentes.
Sa, des poys, sa, des febves,
Sa, des poys, sa, des poys[7].

LA FEMME.

Calbain, mon amy, parlez a moy.

CALBAIN, *en chantant*.

Jolys moys de may, quant reviendras-tu[8] ?

LA FEMME.

Et, Calbain, hau ! parleras-tu ?

CALBAIN.

Et la beaulté de vous, la gentil fillette.

LA FEMME.

Las, c'est ta femme Colette !

CALBAIN.

Et, Dieu, que vous estes esmeue !
D'où venez-vous ?

LA FEMME.

  De ceste rue.
De veoir ma commere Jacquette,
Qui a la robe la mieulx faicte
Et si la porte à touz les jours.

CALBAIN.

A-elle les poignetz de velours[1].
De satin ou de taffetas ?

LA FEMME.

Ouy, et œuvre par le bas[2],
Qui est à a robbe propice.

CALBAIN.

Et de quoy sont-ilz ?

LA FEMME.

      De letisse[3],
Et la fourrure de jennette.

CALBAIN, *en chantant*.

Allegez-moi, doulce plaisant brunette,
  Allegez-moy !
Allegez-moy de toutes mes douleurs ;
Vostre beaulté me tient en amourettes,
  Allegez-moy[4].

LA FEMME.

Et, mon amy, parlez a moy,
Et laissez ceste chanterie.

CALBAIN.

Boutez la nape ; bon gre ma vie,
Par le sang bieu, j'enraige de faim.

LA FEMME.

Auray-je une robbe demain,
Faicte à la mode qui court ?

---

1 « On ne peut s'imaginer comme nous sommes mal d'accord. »
2 « Son plaisir. »
3. « Semelles » Dans le Mystere la Nativite Nostre-Seigneur, on lit

  Pastours qui a gros mastins,
  Souliers à gros bobelins,

et dans Desperriers (*Nouv.* 73) « Il envoyoit quelque fois à ses enfans des formages, des jambons, et des souliers bien *bobelinez* » Le mot *abobeliner*, *rabobiner*, dans le sens de raccommoder une affaire, s'emploie encore
4. « Par le trou. »
5 Les malédictions avec anathemes ne se faisaient qu'en latin.
6 « Bien faut en rabattre de sa fantaisie »
7 C'est le refrain sur lequel, au XVIe siecle, on dansait encore en chantant la fameuse danse de la *Pricassee*, dont il explique le nom.
8 Je n'ai pas besoin de dire que ce commencement de chanson se chante encore

1. Nous trouverons un peu plus loin dans la *Farce des deux Amoureux*, des

  Mancherons d'escarlate verte,

qui sont de la même mode que ces poignets de velours.

2 « Ouvre par le bas. » Même mode dans le *Monologue des Perruques* de Coquillard

  Par devant le *sercot* (surcot) ouvert

3 D'apres ce qu'on lit dans Cotgrave et dans Palsgrave, p 239, qui donnent seuls ce mot « letisse », c'était une sorte d'étoffe grise, dont on ne se servait pour vetement qu'en la garnissant de fourrure. Ici, comme on le voit par le vers qui suit, cette fourrure était une peau de genette, ou chat sauvage.
4 On ne connaissait cette chanson que par le premier vers. Noel Du Fail (*Œuvres*, édit Guichard, p 41) la donne dans la liste de celles que chantent les paysans de ses *Propos rustiques*. Ici l'on a le couplet entier

FARCE DE CALBAIN.

CALBAIN, *en chantant*.

Ils sont à sainct Jehan des Choulx,
Les gens, les gens, les gendarmes,
Ils sont à sainct Jehan des Choulx,
Les gendarmes de Poitou [1].

LA FEMME.

Je croy, moy, que cest homme est fou.
Donnez-moy robe, car c'est raison.

CALBAIN, *en chantant*.

En dure en destringue en noz maison
En destringole Marion.

LA FEMME.

Allon, et plus ne varion,
Pour aller une robe achapter,
Mon amy, et pour vous Dieu priray.

CALBAIN.

Mon pourpoint est tout deschiré
Et ma robbe; la fièvre te tienne !

LA FEMME.

Mais regardez ung peu la mienne.

CALBAIN, *en chantant*.

Bergerotte savoysienne
Qui gardez les moutons aux boys,
Voulez-vous estre ma mignonne,
Et je vous donray des soulliers,
Et je vous donray des soulliers,
Et ung joly chaperon, etc. [2].

LA FEMME.

Mon amy, je ne demande sinon
Qu'une belle et petite robette.

CALBAIN, *en chantant*.

M'amour et m'amyette,
Souvent je t'y regrette,
Hé, par la vertu sainct Gus !

LA FEMME.

Je suis contente qu'elle soit de gris,
Mon amy, ou telle qu'il vous plaira.

CALBAIN.

Et tout toureloura la lire lire [3].

LA FEMME.

Helas ! je n'ay pas faim de rire ;
Je suis bien povre desolée.

CALBAIN.

Et voilà le tour de la maumarice ;
Toutes les nuitz il m'y recorde.

LA FEMME.

Mon amy, par ma foy je m'accorde
A faire que commanderez,
Par tel sy que me donnerez
Une robe grise ou blanche.

CALBAIN, *en chantant*.

Vive France et son alliance ;
Vive France et le roy aussi [1].

LA FEMME.

Helas !

CALBAIN.

Pouac, vous avez vessy ;
Vertu, qu'elle est puante !

LA FEMME.

Par Nostre Dame, je me vante
Que j'ay reffusé de la ville
Des compaignons des plus habille
Qu'on ne trouveroit aux faulxbours.

CALBAIN.

Par ma foy, tout au rebours
De ce que vous dictes, m'amye

LA FEMME.

Helas ! vray Dieu, tant il m'ennuye.

CALBAIN.

Bon gré ma vie, ma doulce amye,
De vous n'ay aulcun confort.

LA FEMME.

Et, vray Dieu, que vous estes fort
A avoir par amour ou prière !

CALBAIN.

Et tricque devant, et tricque derrière,
Tricque devant, tricque derrière.

LA FEMME.

Mon amy, parlez, et vrayement
Vous aurez tantost à boire.

CALBAIN.

Paix, paix, je m'en vois à la foire
Achepter du cuir, par mon ame, de vache [2].
Ma femme tousjours sans cesse agache
Son povre mary Calbain ;
Mais je n'en compte pas ung patain,
Aussi ne fais je pas ung oygnon.

LE GALLAND.

Et puis que dit-on et que fait-on ?
Chose qui vaille,
Chosse qui ne vaut pas la maille,
Non, par mon ame, ung festu

---

1. V sur cette chanson, encore populaire sous Louis XIII, une note de la *Comédie des Chansons* dans le *Théâtre français au XVIe et au XVIIe siècle*, p. 467.

2. Chanson qui fut très célèbre sous Louis XII et sous François Ier, mais dont on ne connaissait aussi que le premier vers. En 1502, frère Olivier Maillard, grand prédicateur du temps, étant à Toulouse, en chaire, avait improvisé douze couplets de « chanson piteuse, au son de cette chanson *Bergeronnette savoysienne*. » M. de Montaiglon les a publiés dans son recueil, *Anciennes poesies*, t. VII, p. 148. En 1537, à la suite du *Fossil* (*Fusil*) *de la pénitence*, parut une autre chanson, mais en latin, sur le même air, avec cette indication : « *Cantabile instar musicalis illius vulgatissimæ cantilenæ*, Bergerette savoysienne. » Enfin, nous trouvons dans le Recueil d'Ottaviano Petrucci, p. 45, que cet air avait servi de thème à une messe de Brumel, au XVIe siècle.

3. C'est la chanson que cite Rabelais (liv. II, ch. XII).

« Fringuez la Tourelourela ! »

Les Auvergnats la chantent encore.

1. Fragment d'une chanson qui fut faite sans doute à l'époque de l'alliance de l'empereur Maximilien, de Jules II, et du roi d'Aragon avec la France, sous le nom de *Ligue de Cambray*. Elle était dirigée contre Venise.

2. C'est encore la même plaisanterie que dans *Pathelin* : « par mon serment de laine. »

On demande : Et que fais-tu ?
On respond : C'est vostre grace.
S'on demande Benedicite,
Par ma foy, on va dire Grace.
Je ne sçauroys dire qu'on face.
Si le maistre demande un baston,
Le serviteur apporte de la paille.
Et que dit-on, et que faict-on ?
Chose qui vaille.

LA FEMME.

Non, par ma foy, des truandailles
A assez, mais non aultre chose :
Aprochez-vous.

LE GALLAND.

Helas ! je n'ose,
De paour des mesdisans,
Qui vont par mesdisans
Des sages, et ne sont que bestes.

LA FEMME.

Il est vray, car j'ay la teste
Toute rompue et esservellee
Pour avoir robe ! mais je suis desolée,
De mon mary, qui chante ainsi.

LE GALLAND.

Vivray-je tousjours en soucy
Pour vous, ma tres loyalle amye ?
Non dea, je ne vivray mye.
Fy de soucy, pour abreger.

LA FEMME.

Je vous pry venir heberger [1]
Et m'y donner vostre conseil.

LE GALLAND.

Je suis prest pour cas pareil
Faire ce que (me) commanderez.

LA FEMME.

Respondez à ce que diray,
Et à vous me tiendray tenue.
Premierement, suis toute nue,
Vous le voyez, et mon mary,
Qui est d'yvrongnerie pourry,
Me despent tout mon vaillant ;
Par quoy, homme de cueur vaillant,
Vous veulx requerir d'une chose.

LE GALLAND.

C'est vostre dict, faictes la prose.
Escoutez mes parolles aussi.
J'entens cest affaire icy
Mieulx que ne sçauriez declarer.
Allons vers luy, et vous serez,
Si je puis, bien revestue.

LA FEMME.

Je seray donc à vous tenue.
Vous sçavez bien patehner,
Mais, pour mieulx l'enjobeliner,
Dictes-luy ce qu'il ne fut onc.

1. « Entrer chez nous. »

LE GALLAND.

Je feray le cas tout au long.
Calbain !

CALBAIN.

Je viens du marché vendre mes poulettes,
Mes poulettes et mon cochet, nique, nyquettes

LA FEMME.

Mais parlez ! Estes-vous fol ?
C'est homme de bien vous demande.

CALBAIN.

Je suis Allemande,
Friscande, gallande,
Je suis Allemande,
Fille d'un Allemand

LE GALLAND.

Calbain, mon amy, comment !
Estes-vous fol ? Qu'esse qu'il vous fault ?

CALBAIN.

La semelle de cuyr vault
Troys solz parisis et demy.

LA FEMME.

Parlez à luy ; hau, mon amy,
Il fault reffaire ses houseaulx.

CALBAIN.

Voylà le meilleur cuyr de veaulx
Que jamais puissez-vous veoir.

LA FEMME.

Il est fol ! Il est bon à veoir.
De luy n'aurez aultre parole.

CALBAIN.

Troys solz, tout à une parolle,
Vous cousteront, par mon serment.

LE GALLAND.

Calbain, mon amy, comment !
Ne cognoissez-vous plus personne ?

CALBAIN.

Croyez qu'elle sera bonne,
Je vous asseure, et bien cousue.

LE GALLAND.

Quoy, vostre femme est toute nue ;
Que ne luy donnez-vous par amour
Une robbe de quelque drap gros ?

CALBAIN.

Colette, ça, du chief gros ;
Aporte vistement, tost depesche.

LE GALLAND.

Calbain, sus, qu'on depesche,
Je suis vostre amy Thomelin.

CALBAIN.

Où dyable où est mon bobelin,
Mon alaisne ? Ha ! la voicy.

LA FEMME.

Ma foy, se nous estions icy

Jusque à demain, nous n'aurions autre chose.

LE GALLAND.

Or escoutez ung peu ma prose.
Venez ung petit en secret.
Je voys bien qu'il n'est discret.
Sçavez-vous qu'il vous fauldra faire ?
Pour mieulx achever vostre affaire,
Vers lui vous vous retirerez,
Et de rechief bien luy prirez
Comme devant pour avoir robe.

CALBAIN.

Voila comment je me desrobe [1]
Par chanter je la tiens en lesse.

LE GALLAND.

Le nappe mettez, puisqu'il ne cesse,
Et le priez de desjeuner.
Ne le laissez pas trop jeusner,
Que tost ne luy donnez à boire,
Et puis luy en donnez encoire.
De ceste pouldre y mettez
Tant qu'enyvrer le verrez
Et que de brief s'endormira,
Prenez sa bource et ce qu'il y aura
Dedans. Puis allez achapter
Une robbe ; sans plus quaqueter,
C'est le conseil que je vous donne.

LA FEMME.

Vostre parolle sera très-bonne ;
Je vous remercie humblement.

CALBAIN.

Je ne sçay pas comment
En mon entendement
Plus fort je vous aymasse.

LA FEMME.

Si fault-il, quoy que je face,
Faire le conseil qu'on m'a dit.
J'auray une robe mardy
Ou mercredy tout au plus tard.
Calbain, mon amy, Dieu vous gard,
Comment se porte la santé ?

CALBAIN.

M'amye, je ne veulx plus chanter ;
Mais donnez-moy doncques à boire.

LA FEMME.

Je m'y en voys par accessoire [2] :
Vous en aurez tout maintenant.

CALBAIN.

J'en auray à boire, vrayement.

LA FEMME.

Or vous seez donc à la table,
Et desjeunez gratieusement.

CALBAIN.

Il est bon, par mon serment.

LA FEMME.

Buvez, mengez, faictes grand chère.

CALBAIN.

Donnez-moy donc encore à boire.
Il est bon terraminus minatores
Alabastra pillatores [1].
Je suis saoul de vin, m'amye ;
Je suis auprès de vous, m'amye.
Je vous pry, couvrez-moy le dos
Car, par ma foy, je veulx dodos.
  Couvrez-moy bien.

LA FEMME.

Ma foy, s'il y demeure rien
A la bourse, je veulx qu'on me pende.
Ha, je vous tiens, galande.
J'en ay, j'en ay, des escus, des ducatz !
Or allons achepter des draps
Maintenant pour faire une robe,
Et dea, il fault que je vous desrobe
Quant je vous ay de vin mouillé [2].

CALBAIN, en se resveillant.

Ha, je suis tout enquenouille [3],
Et de mon bon sens fatrouillé [4].
Par bieu, a peu que ne me course [5].
Et, Dieu ! où est ma bource ?
Et qui a ma bource robée ?
Et m'amye, ma rosée,
Rendez ma bource, je vous prie.

LA FEMME.

Il est entré en sa folye.
Dieu sçait quel maintien il tiendra !

CALBAIN.

Je t'en donray une de drap,
Ouy vrayement, et une cotte.
S'a esté quant tu m'as couvert.

LA FEMME, en chantant.

Ung ruban vert, tout vert, tout vert,
Ung ruban vert qu'il m'y donna.

CALBAIN.

Mauldit soit Calbain, qui ne donna
A sa femme une robe grise :
Car elle n'eust point sa main mise
Sus ma bource pour la rober,
Mais, m'amye, pour abreger,
Rendez ma bource, m'amyette.

LA FEMME, en chantant.

En cueillant la violette,
Mes aygneaulx y sont demeurez.

CALBAIN.

Je croy que de moy vous raillez.
Laissez là vostre chanterie.

---

1 Mots macaroniques dépourvus de sens, comme il y en a tant dans Rabelais. Calbain, qui tout à l'heure voulait parler latin, s'y essaye
2. « Quand je vous ai bien trempé, enivré de vin. »
3. « Entortillé »
4. « Embarbouillé. » V. note des pieces précédentes
5. « Il s'en faut de peu que ne m'impatiente, me courrouce »

1. « Je m'échappe. »
2 « Volontiers, par acquiescement. » *Accessoire* vient ici du latin *accedere*, consentir, accéder.

Rendez ma bource, je vous prie,
Ou, par bieu, y aura noyse.

LA FEMME.

Où voulez-vous que je m'en voyse?
Jamais je ne vous sceu complaire;
Dieu sache qu'il y a affaire[1]
A gouverner cest homme icy!

CALBAIN.

Par Dieu, vous l'avez prinse icy.
Le diable y ait, fault-il tout dire.

LA FEMME, *en chantant.*

Vous m'y faites tant rire, rire, etc

CALBAIN.

Par bieu, je n'y treuve que rire!
Me veulx-tu point rendre ma bource?
Sainct Jehan, s'il faut que je me cource,
Je te la feray bien rendre.

LA FEMME.

Vous ne pensez point d'aller vendre
Vos vieulx souliers parmy la ville?
Vrayement, si n'estoit que je fille
Aulcunes fois ung tantinet,
Vous mourriez de faim, marmouset.

CALBAIN.

Ha, ha, n'en auray-je autre chose?

LA FEMME.

Quant vous vous coursez, je n'ose
Aulcunes fois ung seul mot dire.

Par Dieu, voicy qui n'est pas pire.
Viens çà; tandis que je dormoye,
Puisque tu fais tant la rusee,
M'as-tu pas osté ma monnoye?
Regardez qu'elle est affaictee[2]!
Respondras-tu, hau, becquerelle[3]?

LA FEMME.

A-vous point veu la peronnelle
Que les gens d'armes ont emmenée?
Ilz l'ont habillée comme ung page;
C'est pour passer le Daulphiné[4].

CALBAIN.

Vrayement, je suis bien arrivé;
Par bieu, je vous galleray bien!

LA FEMME.

Mauldit soit le petit chien
Qui aboye, aboye, aboye,
Qui aboye et ne veoit rien.

CALBAIN.

Je voys bien qu'il me fault courser.

Par la chair bieu, vieille dampnée,
Je vous feray des coups chier!
Je sçay bien, tu me l'as ostee,
Ma bource; j'en ay belle lettre.

LA FEMME.

Si m'y touchez, je vous feray mettre
A la prison du chasteau, nicque, nicque, noque,
A la prison du chasteau, nicque nocqueau[1].

CALBAIN.

Sainct Jehan, me voylà bien et beau!
Tu sçais qu'il me fault achepter
Des souliers. Fault-il tant prescher?
Rendz-moy ma bource, si tu veulx.

LA FEMME.

Et que tant vous estes fascheulx!
Cherchez vostre bourse aultre part.

CALBAIN.

Le grant dyable y puisse avoir part!
Rendez vistement, depeschez.

LA FEMME.

Cest homme cy faict des pechez
Assez pour en confondre ung aultre.

CALBAIN.

Je te batray comme peaultre,
Si vistement ne rendz ma bourse!

LA FEMME.

Mercy Dieu, s'il fault que me course?
Que dyable esse qu'il vous fault?

CALBAIN.

Vous en aurez tout de plain sault.
Çà, rendez ma bource vistement.

LA FEMME.

Au meurtre! Tu m'as villainement
Meurdrie, vieil coqu joquessu[2].

CALBAIN.

Mais seray-je tousjours deceu
De ceste vieille becquerelle?
C'est la plus dangereuse femelle
Que je vis oncques de l'année.
Mais, par ma foy, vieille dampnée,
Je monstreray que je suis maistre!
Voluntiers me feroys paistre.
Non ferez pas.

LA FEMME.

Par le jour qui luyct,
Plus ne coucheray à ton lict.
Voire jamais ne te feis tort.
Penses-tu que c'est beau rapport,

---

1. « Qu'il y a fort à faire. »
2. « Faisant la fine, la dissimulée »

Taisez vous, vilain *affaicté !*

dit la femme, avec le même sens, dans la *Farce de Guillerme*
3. « Toi qui, d'ordinaire, as si bon bec »
4. V. sur cette chanson, dont la popularité, qui dura longtemps,
devant recommencer alors, une note de la *Comedie de chansons*
dans *le Theatre françois du xvi e et du xvii e siècle*, p 467

---

1. C'est ce qu'on chantait au jeu de la *nique noque* mis par Rabelais parmi ceux de Gargantua (liv. I, ch xxii) a chaque retour du refrain on s'accablait de chiquenaudes. C'est pour cela qu'elles s'appellent *niquenoques* en Poitou.
2. C'est la première forme du mot « jocrisse », qui ne devint ce qu'il est que sous Louis XIII, ou le type, dont il est le nom, parait déjà dans les ballets de Cour, avec ses poules qu'il mène ou l'on sait. V. à ce sujet, catalogue de la *Bibliothèque Soleinne*, t. III, p. 77, 94

Que tu m'appelles larronnesse?
Je faictz à Dieu veu et promesse
Que je te renonce à jamais.

CALBAIN.

Ha, taisez-vous, m'amye, paix, paix!
Je cognois bien que c'est ma faulte;
Mais j'ay la teste ung peu trop chaulde :
Suportez mes conditions.
Mais, sans plus de temptations,
Qui l'a prinse? Vous ne l'avez pas?
Mais, quant je regarde à mon cas,
Où la pourray-je bien avoir mise?
Elle l'a, non a, elle l'a prise :
Au fait, elle l'eust cogneu.
Ce cas me sera incogneu.
Au dyable puist aller la bource!
Mais pourquoy l'a-el prinse? Pour ce.

El ne l'a pas prinse; sy a;
Non a, sy a; non a, sy a.
Mais que dyable pourray-je faire?
Je ne sçay, pour le bien parfaire[1].
Je puisse estre envers Dieu infame,
Si jamais je me fie à femme :
Car ce n'est qu'altercation.
Or, pour toute conclusion,
Tel trompe au loing qui est trompé.
Trompeurs sont de trompés trompez;
Trompant trompettez au trompé
L'homme est trompé.
Adieu, trompeurs, adieu, Messieurs.
Excusez le trompeur et sa femme.

1. Il y a, comme notre notice l'a déja dit, il y a dans tout ce passage une imitation flagrante du monologue du drapier, se demandant si Pathelin lui a pris, oui ou non, son drap.

FIN DE LA FARCE DE CALBAIN.

FARCE DE FOLCONDUIT

(XVIᵉ SIÈCLE — RÈGNE DE LOUIS XII)

NOTICE ET ARGUMENT

Cette *farce*, qui pourrait passer pour *moralité*, est une des plus courtes que nous ayons à reproduire.

Elle se tient en deçà de la mesure que Du Verdier assigne au genre dans ce passage de sa *Bibliotheque françoise* : « Quand monologue passe deux cents vers, c'est trop ; farces et sotties, cinq cents. » Cette petite pièce n'en en a pas même la moitié.

Elle n'en vaut pas moins pour cela. Dans son cadre réduit est toute une action, et mieux, tout un enseignement.

Deux types de femme qui sont de chaque époque : *Tardive-a-bien-faire* et *Promptitude à-faire-mal*, veulent un jour, par caprice, changer leur train de vie, et tâter un peu de l'école de Faire-bien.

Il leur faut un guide. Celui qu'elles prennent est assez étrange : c'est Folconduit. Il accepte, mais à grand' peine ; il est même besoin de quelques bons soufflets pour qu'il consente à mener ces deux dames à la sagesse.

Quand elles sont devant le maître qui en donne leçon, le goût d'être sages leur passe vite. En voyant ce qu'il faudrait faire, et les livres qu'elles auraient à lire, elles décampent · Folconduit qu'elles avaient forcé de les mener à la sagesse les ramène chez lui. Il n'y a que là qu'elles peuvent vivre.

Nous avons trouvé cette petite farce allégorique et moralisée dans le volume, si curieux et si rare, que Caron réimprima à cinquante-cinq exemplaires, et dont voici le titre et la date : *Recueil de plusieurs farces tant anciennes que modernes, lesquelles ont été mises en meilleur ordre et langage qu'auparavant*, Paris, Nicolas Rousset, 1612, in-12, de 144 p.

La *farce de Folconduit* est la quatrième du Recueil, et il faut la ranger parmi les plus anciennes de celles qu'il contient.

Les livres, en effet, qui y sont recommandés comme manuels de sagesse sont tous d'une date bien antérieure à 1612. Ils remontent au commencement du XVIᵉ siècle et plus haut. C'est ce qui nous a engagé à placer cette pièce sous le règne de Louis XII.

FARCE NOUVELLE

DES FEMMES

QUI AYMENT MIEUX SUIVRE ET CROIRE FOLCONDUIT

ET VIVRE A LEUR PLAISIR

QUE D'APPRENDRE AUCUNE BONNE SCIENCE

A quatre personnages, c'est assavoir :

LE MAISTRE,	PROMPTITUDE,
FOLCONDUIT,	TARDIVE-A-BIEN-FAIRE.

LE MAISTRE.
Je tiens icy le grand college
D'humaine et divine science ;
A celle fin que je soulage [1]

Par mon sçavoir, la conscience,
Tous amateurs de sapience
Qui veulent a bien faire apprendre,
Viennent subito [1] a moy se rendre.

[1]. On prononçait *soulaige*, ce qui justifie la rime avec college.

[1]. *Subito*, sans retard.

PROMPTITUDE.

Folconduit.

TARDIVE-A-BIEN-FAIRE.

Est-il sourd?

FOLCONDUIT.

Holà !

PROMPTITUDE.

Ha ! mon Joanes, es-tu la?

FOLCONDUIT.

Holà, holà, dame Nicole,
Approchez que je vous accole.

TARDIVE.

Es-tu sourd? ne viendras-tu point?

FOLCONDUIT.

Sambieu, me voicy en pourpoint,
Qu'y a-t-il? espargnez ma peine.

PROMPTITUDE.

Beau sire, il faut que tu nous mène
A l'escole de Faire-bien.

FOLCONDUIT.

A ce faire ne cognois rien,
Cherchez conducteur autre part.

TARDIVE.

Si sçais-tu la science et l'art
Des femmes mener et conduire.

FOLCONDUIT.

Ouy, mais non pour à bien les duire[1],
Car sans cesse veulent parler.

PROMPTITUDE.

Autant par terre que par l'air.
Femmes sans cesse parleront.

TARDIVE.

Voire et quoy qu'on en dise, iront
Partout où bon leur semblera.

FOLCONDUIT.

Aucunes s'en repentiront,
Leur caquet enfin leur cuira.

PROMPTITUDE.

Quoy! Folconduit nous desdira,
Ma commère, il le faut charger.

TARDIVE en le frappant.

La sambieu, il s'en sentira.
Mais nous cuid il icy prescher[2]?

FOLCONDUIT.

Je vous prie, espargnez ma chair,
Je feray ce qu'il vous plaira.

PROMPTITUDE.

Or sus doncques, à peu de plaid[3],
Pense d'aller et de marcher;
Tant de langage ne me plaist.

FOLCONDUIT.

Avez-vous vostre panier prest?

PROMPTITUDE.

Ouy, ouy, mais ne le pille pas,
Car nous y aurions interest[5].

FOLCONDUIT.

Sans faire en ce lieu plus d'arrest
Venez, suivez-moy pas à pas,
Sans tenir règle ni compas,
Comme est des femmes la manière.

PROMPTITUDE.

Sçais-tu qu'il y a? parle bas,
Et me faist rendre[2] la première.

TARDIVE.

Et moy, demeureray-je arrière?

FOLCONDUIT, parlant au maistre.

Mes deux femmes je amaine,
Maistre, afin que preniez la peine
De leur recorder[3] leur leçon.

LE MAISTRE.

Longtemps est que sçay la façon,
De monstrer et apprendre aux femmes
Leurs manières, gestes et gammes,
Et à parler de sens rassis.

LES DEUX FEMMES, ensemble.

Maistre, mille et mille mercis,
Cela nous ne voulons apprendre.

LE MAISTRE.

A quoy donc voulez-vous tendre?
Si voulez, je feray lecture
Convenable à vostre nature,
Tous les jours des fois cinq ou six.

TARDIVE.

Maistre, mille et mille mercis.

FOLCONDUIT.

Dictes ce qu'elles apprendront,
Et quelle méthode tiendront,
Afin que quand auront rendu[4],
Je puisse entendre au residu[5]
Les faisant souvent repeter.

LE MAISTRE.

Leur faut (ce croy-je) interpreter

---

1. « Duire, » qui a souvent un autre sens, est ici pour induire, conduire, comme dans ce passage de l'*Institution religieuse* de Calvin, anc. édit., p. 548 « Considérant la justice et bonté du Père céleste, en ce qu'il le chastie il le duira pour cela a patience. »
2. « D'où vient qu'il lui plaît (*lui cuide*) ici de nous prescher ? »
3. « C'est assez plaider, discuter. »

1. « Dommage, préjudice. » Le mot, dont ce fut un des premiers sens, est souvent employé ainsi par Rabelais, La Noue, etc. Dans les *Estats des Officiers des ducs de Bourgogne*, p. 78, on ne peut comprendre le passage suivant qu'en donnant a « intérêt » la même acception « L'audition de plusieurs comptes a esté par plusieurs foys, et est encore présentement retardée et délayée au grand *interest* de mon dit seigneur. »
2. « Arriver. »
3. « Mettre ou remettre en mémoire, apprendre. » Dans Saint Simon, quelques personnes de confiance, et bien stylées, peu tâchèrent de rendre à la raison le prince de Conti, sont appelées « gens sûrs et bien *recordés* ».
4. « Récité ce que vous leur aurez dit »
5. « De resto, suffisamment »

Au commencement les *Régimes* ¹.

PROMPTITUDE.

De régir sommes assez dignes,
Sans que personne nous commande.

TARDIVE.

La subjection seroit grande
S'il nous convenoit obeir,
Ton livre ne voulons ouyr,
Ains ² commander en tous endroits
Absolument suyvant nos droits
Que debvons surtout maintenir.

LE MAISTRE.

Si ay-je aux sages vu tenir ³,
Que par raison et bienseance
Femmes doivent obeissance
A leurs marys.

PROMPTITUDE.

    Leur male rage!
Quoy! qu'ils nous tinssent en servage
Estant nées pour commander!

LE MAISTRE.

Si ne voulez vous amender
En ce, le *Livre de silence* ⁴
Vous liray, remply de science
Moult fructueux et salutaire.

PROMPTITUDE.

M'aist Dieux! je ne me scaurois taire;
Ce livre là ne nous duit ⁵ point.

TARDIVE.

Non, non, ce n'est pas là le point
Auquel voulons nous amuser.

FOLCONDUIT.

Encore faut-il adviser
Enfin quel livre on vous lira
Voulez-vous celuy de Lyra ⁶?

LE MAISTRE.

Le *Blason des folles amours* ⁷?

PROMPTITUDE.

Nous le pratiquons tous les jours,
Le livre nous est tout commun.

FOLCONDUIT.

Lisez maistre Jehan de Meun
Qui tout bien d'elles a escrit.

TARDIVE.

Non, c'estoit un homme maudict,
Ayant blasmé nos mœurs et faicts ¹.

LE MAISTRE.

Voulez-vous ouyr les secrets
D'Albert le Grand!

FOLCONDUIT.

    C'est très-bien dit.

PROMPTITUDE.

Nenny, nenny, il a mesdit
Par trop du sexe feminin.

TARDIVE.

Estre ne debvoit si sublin ²,
Ny parler si ouvertement.

LE MAISTRE.

Nous serons icy longuement,
Si vous ne declarez le livre
Que vous voulez que je vous livre
Pour vous apprendre ma science.

FOLCONDUIT.

Lisez-leur cil d'*Obedience* ³.

PROMPTITUDE.

Soufflez ⁴, j'en suis en grand esmoy.
De luy n'ay cure sur ma foy.

LE MAISTRE.

Si est-il excellent en ce
Qu'apprend à prendre patience;
Qui surmonte et vainc toute chose.
    Voulez-vous que je vous l'expose?

PROMPTITUDE.

Nenny, nenny, mais je vous prie
Quelle simplesse et niaiserie,
De patiemment endurer
Sans tancer ⁵ (au moins murmurer),
Chose qui me puisse desplaire!
Plustost mourir que de me taire.

---

1. Livre d'hygiene, comme *Regime très utile et très profitable pour conserver et garder la santé du corps humain*, qu'on avait, à la fin du xv⁰ siecle, traduit du *Regimen sanitatis*, d'Arnauld de Villeneuve, qui n'était lui même qu'un résumé des préceptes de l'Ecole de Salerne.
2. « Mais au contraire »
3. » Soutenir
4. » Je ne sais quel est ce livre, qui pourrait bien être d'une bibliotheque imaginaire, et inventé ici tout expres pour les besoins de la farce.
5. Ici le verbe « duire » a le sens de *plaire*, *convenir*.
6. La proposition n'est pas fort tentante, aussi les femmes ne répondent meme pas : le livre du cordelier Nicolas, qui s'appela *De Lyra*, parce qu'il était né à Lyre, dans le diocese d'Evreux, n'était qu'une sorte de commentaire en latin des Ecritures, publié en 1471, et dont il parut, peu apres, une traduction : *le Psaultier avecques l'exposition sur le de Lyra, en francois*.
7 Ce *Dialogue* en cent vingt six stances, de douze vers chacune, entre un gentilhomme, qui tient pour l'amour, et un moine qui le combat, est du bénédictin Guillaume Alexis, prieur de Bussy La premiere édition, donné en novembre 1486, par P Levet, est intitulée le *Blason de faulses amours* Jusqu'en 1530, il n'y en eut pas moins de dix, sans compter celles ou le *Blason* se trouve à la suite du *Pathelin* ou des *Quinze joyes de mariages*. En 1493, le succes etait devenu tel que l'ouvrage s'intitula le *Grand Blason de faulses amours*, et que l'auteur consentit a se laisser nommer le titulaire.

---

1. Les dix-huit mille vers que Jehan de Meung, le boiteux (*Clopinel*), ajouta au *Roman de la Rose* de Guillaume de Lorris ne sont guere en effet à la louange des femmes. Dans le nombre, on trouve ceux-ci entre autres

    Toutes estes, serez ou fustes
    De faict ou de volonté putes,
    Et qui très-bien vous chercheroit
    Toutes putes vous trouveroit

Suivant la legende, ils lui auraient valu une belle fustigation de la part des dames de la Cour.
2. « Tant faire du raffiné, du sublime. » C'est le sens que Cotgrave donne a ce mot, qui nous ferait ainsi croire que *sublime* se prononçait *sublin*.
3. « Celui d'*obedience* »
4. « Passez vite »
5. « Gronder, s'emporter »

TARDIVE.

Cuideriez-vous que sois contente,
Lorsque mon mary me tourmente
Ou ne fait tout à mon désir?

LE MAISTRE.

Dictes si vous voulez choisir
L'un des livres de ce memoire,
Et premièrement la *Maniere
Comment maîtresse, ou chambrière
Se doit par raison gouverner*,
En laissant, pour vous le donner
A entendre, habits dissolus [1],
Devis [2] et propos superflus.
Sans aussi faire tant les bestes,
Ny monstrer leurs mauvaises testes,
Principalement à l'Hostel [3].

TARDIVE.

Cure n'aurons de livre tel,
Gardez pour autre sa lecture.

FOLCONDUIT.

Ouy, car c'est toute vostre cure
De braver [4] et de caqueter,
De contredire et contester
Tant que le dernier vous demeure.

LE MAISTRE.

Ne sçay donc que leur lire à l'heure
Si ne veulent (propos final)
Que leur lise *le Doctrinal*

D'humaine et divine science [1].

PROMPTITUDE.

Chose à laquelle moins je pense.

TARDIVE.

Et moy aussi, allons, allons.

LE MAISTRE.

Allez, mieux valent les talons
Que le devant.

PROMPTITUDE.

Sus, Folconduit!
Je te prie, prends ton deduit [2]
Nous rendre en ton sçavoir instruites.

FOLCONDUIT.

Par plaisir vous fustes produites,
Du plaisir il vous faut donner,
Suyvez-moy sans vous destourner
Ça ni là, et vous verrez rage.
Et quoy? seroit-ce pas dommage
Vos beaux jours sans plaisir finer?

LE MAISTRE.

Ainsi se veulent gouverner
Toutes femmes par Folconduit.
Nulle science ne leur duit,
Vérité leur est adversaire,
Science ne les peut attraire
A se taire, ou à peu parler;
D'ailleurs veulent toujours aller
Par ville ou en pelerinage.
Adieu vous dy, pour ce voyage

---

1. « Indécents. » Rabelais se sert de la même expression (liv. IV, prolog.) « En habitz pompeux, dissoluz et lascifs »
2. « Contes, quolibets. » = Le verbe *deviser*, qui en vient, s'est maintenu davantage.
3. C'est-à-dire sans doute « à l'hôtel de Bourgogne », où se jouaient les *Farces*, quand fut réimprimée celle-ci en 1622, et où il n'était pas bon pour les femmes d'aller entendre tout ce qui s'y disait ou chantait.
4. Faire la belle, la bien parée. » On sait que ce fut là longtemps le sens de brave.

1. Plusieurs livres portaient alors le titre de *Doctrinal*. Le plus célèbre était le *Doctrinal de sapience*, traduit du latin, de l'archevêque de Sens, Guy de Roye, qui eut plus de douze éditions de 1478 à 1504. Un autre, dont la lecture serait plus utilement conseillée ici, était le *Do trinal des femmes mariees*, petit in-4°, dont le texte en stances de quatre vers commençait ainsi :

Femme, qui es en mariage,
A ton seul mari t'abandonnes.

2. « Fais a ton plaisir, pou.... »

FIN DE LA FARCE DE FOLCONDUIT.

MONOLOGUE DU RESOLU

PAR ROGER DE COLLERYE

(XVIᵉ SIECLE — REGNE DE LOUIS XII)

NOTICE ET ARGUMENT

Dans la notice du monologue du *Pélerin passant*, nous avons annoncé celui ci. Il n'est pas, comme l'autre, d'un inconnu.

Roger de Collerye, qui l'a écrit et fait jouer, sinon joué lui-même, a des *Œuvres* dont on peut parler, et une vie sur laquelle il est possible de donner quelques détails. Pierre Roffet, qui publia de ces *Œuvres*, en 1536, la seule édition connue et aujourd'hui rarissime, nous le donne comme étant à Paris, et n'ajoute rien.

Les *Œuvres* mêmes y suppléent. Plusieurs personnes y sont nommées, les unes de Dijon les autres de Troyes, celles-ci d'Auxerre. On chercha dans ces villes, où il avait eu des amis, si quelque trace de sa vie ne s'était pas conservée. L'abbé Le Beuf, à qui ce qui intéressait l'Auxerrois était particulièrement cher, fit des recherches de ce côté, et y réussit. Un article du *Mercure* de 1737 on recueillit le résultat.

Le bon abbé nous y apprit que le Parisien Roger de Collerye avait bien moins habité sa ville natale que la bonne cité d'Auxerre. Il y était prêtre, ce que ses poésies ne faisaient guere soupçonner. En 1494, l'évêque, monseigneur Jean Baillet, l'avait pour secretaire ; et en 1531, il était au même titre près de monseigneur D'Inteville qui avait succédé à l'autre, et qui mourut cette année-là.

Collerye, qui se sentait vieillir, et qui aurait voulu sur sa fin une indépendance que n'avait pas eue sa vie, tâcha d'obtenir alors une petite cure de campagne dans quelque coin du vignoble auxerrois. Il n'y parvint pas.

Ses œuvres, il est vrai, ne le recommandaient guere. Elles étaient bonnes pour ce qu'il avait été longtemps, meneur joyeux des bons vivans de la ville, boute en-train de folie, et enfin, pour lui donner ici le titre dont il faisait un si singulier cumul avec celui de secrétaire de l'Évêché, « président de la société des foux d'Auxerre »

Là, ses poesies lui étaient un mérite, ailleurs elles le desservaient, il n'eut donc pas sa prébende, toute modeste et chétive qu'il la desirât.

Quand il ne l'espera plus, il se reprit à ses vers, qui l'avaient empêché de l'obtenir Ils lui avaient fait ainsi tout le tort qu'ils pouvaient lui faire ; il tâcha, comme revanche, d'en tirer quelque bien. C'est alors que P Roffet les pubha. Le pauvre vieux Roger en eut il quelque profit ? On ne saurait le dire ; ce qui parait certain, c'est qu'il ne survécut pas longtemps à cette publication où revivait l'inspiration de ses jours joyeux, ses vers de jeune homme. Le titre du livre le disait : c'étaient les œuvres qu'il « composa en sa jeunesse ». Elles-mêmes le disaient encore mieux par l'entrain qui les mene, la gaieté qui les colore, et dont le seul voile est la melancolie des jours sans argent.

Le *Monologue du Résolu* se distingue, au milieu de cet ensemble de rondeaux, de ballades, de complaintes, de dialogues, par le souffle et la verve.

C'est du Marot des jours les plus gaiement inspirés, et cela avant Marot lui-même.

Ce monologue, joyeux récit d'une gaillarde entreprise où l'amant n'eut d'abord que les ennuis de sa bonne fortune, fut-il récité en public ? La formule finale ne permet guere d'en douter, et ce qui nous le confirme, c'est qu'il reparut, en 1597, à la suite des *Œuvres* de Coquillart, avec Pathelin, le *Monologue du franc Archer*, et plusieurs autres pièces, qui toutes se récitaient.

On a cru que Roger de Collerye jouait lui-même ; je ne le nierai pas Le président d'une « société de foux » devait, quoique prêtre, être un peu comedien.

On a pensé aussi, puisqu'il s'appelait Roger, et que le type de Bontemps revient souvent dans ses vers, qu'il fut lui-même le créateur et la première personnification de Roger Bontemps.

A cela je répondrai par une preuve sans réplique . le type existait avant que Collerye fût en âge d'y penser. En 1480, lorsqu'il était encore enfant, on avait joué une pièce, la *Moralité de l'homme pecheur*, dans laquelle un des personnages, *Franc-Arbitre*, paroissoit habillé en Roger Bontemps [1].

Maintenant, avant de passer au monologue, nous devons dire que nous avons suivi, pour le texte, l'excellente réimpression des *Œuvres* de Collerye publiée dans la collection Elzévirienne par M. Ch. d'Héricault.

[1]. V. *l'Histoire du theatre français*, des freres Parfaict, t. II, p. 69, et nos *Varietes histor et litt.*, t. VI, p. 54, note

LE RÉSOLU

Tant au soir, la nuyt qu'au despue,
Prompt, prest, preux d'attendre le choc,
Bon pied, bon œil, fiés comme ung suc,
Accoustré comme ung petit Duc.

LE
MONOLOGUE DU RESOLU

Qu'y vault le songer? pas le truc [1].
Tant au soir, la nuyt, qu'au desjuc [2],
Prompt, prest, preux d'attendre le choc,
Bon pied, bon œil, frès comme ung suc,
Acoustré comme ung petit duc,
Asseuré, plus ferme qu'ung roc,
Donner du taillant, de l'estoc [3],
Gardez vous d'estre prins au bric [4],
Baillez, comptez, payez en bloc;
Tousjours joyeulx, franc comme ung coq,
Aussi esveillé qu'ung aspic,
S'on vous menasse, dictes : pic;
A tous propos ayez bon bec,
Ne soyez longuement au nic [5],
Mais poursuyvez moy ric à ric
Voz amourettes chault et sec.
La fluste, le luc, le rebec
Quant et quant, vostre petit trac [6]!
Parlez françois, hébrieu ou grec,
C'est tout ung, je n'en donne ung zec [7].

    Vous entrerez, patic, patac;
Bon cueur, bon corps, bon esthomac!
A bien babiller qu'on s'aplique!
Baisez, fatrouillez, tric, trac,
Torchez, estraictes, ric, rac;
Montez, grimpez, c'est la pratique;
Le deduyct finy, l'or qui clique
Vous leur fourrerez au poignet.
Se quelque cornart en replique,
Je suis d'advis qu'on lui aplique
Ung beau soufflet en ung quignet [8].

    L'autrier [9] soir, mon œil guignoit
Une mignonne fort humaine
Qui contre moi se desdaignoit,
Ou à tout le moins se faignoit,
D'une face assez mondaine [10].

Devant son huys je me pourmaine
Soubz l'espoir de parler à elle.
Son mari vient, qui se demaine
Et me dit : « Galant, qui vous meine?
« De ce quartier tirez de l'elle. »
Pour garder l'honneur de la belle
Je n'y feiz pas longue demeure.
Puis le mari à sa fumelle
Hongne, frongne, grongne, grumelle
Par l'espace d'une grosse heure.
Près la maison, je vous assure,
Mot à mot je ouyz leur devis.
Le mari brait, la femme pleure :
« Enné! Si Dieu ne me sequeure [1],
« Je mourray d'ennuy, se je vis;
« Vous avez tres mauvais advis,
« Car sans cesser me tourmentez.
« Si mignons sont d'amours raviz
« En leurs esprîtz joyeulx et vifz
« Qu'en puis-je mais? Brief, vous mentez,
« Mon mary; si vous y sentez
« Quelque chose, si me le dictes. »
— « Ouy, par Dieu, car vous les temptez,
« D'ung tas de souhaictz les crettez [2],
« Et voz yeulx en font les poursuictes. »
Apres p'usieurs autres redictes
Proferees par ledict mari,
Tost apres se trouvèrent quictes
De leurs parolles trop despites [3],
De quoy je ne fuz pas marry.
Ung mot fut dict, dont je me ry,
Par la mignonne, fort propice,
Moult bien taillé et escarry
Qu'elle avoit aprins en Berry.
C'estoit ung mot de haulte lice.
Qu'il y ayt cautelle ou malice
En elle, non, comme je pence,
Aussi ne suis-je pas si nice,
Ne pareillement si novice,
D'en dire mal en son absence,
Encores moins à sa presence.
S'ainsi estoit, je mentiroye.
Elle est belle, bonne, en substance,
Je le prens sur ma conscience,

---

1. « Que vaut en amour la rêverie (le songer) ? Pas une tape. »
C'est le sens de ce dernier mot que Cotgrave donne a *truc*.
2. C'est-à-dire « au déjucher », quand on quitte le perchoir. Il est dans *la ballade du jour de Noel* de Marot.
3. « Du coupant et de la pointe. »
4. « Piége. » On lit dans l'*Enfer* de Clément Marot.....
    Tous ces mots alléchans
 Font souvenir de l'oyseau des champs
 Qui doucement fait chanter son sublet
 Pour prendre au bric l'oyseau nice et foiblet.
5. « Au nid »
6. « Votre petit train. »
7. Nous dirions « un zeste »
8. « En un petit coin » — *A litle corner*, dit Cotgrave
9. « L'autre hier, avant hier. »
10. « Faisait de la dissimulée, de la prude, mais d'une façon mondaine, à engager. »

---

1. « Ne me secourt » C'est la prononciation bourguignonne.
2. « Leur faites lever la crête » Ronsard dit dans un de ses poèmes, à propos de la moisson qui se lève.
    Et Cerés du ciel voit
 Deja crêter le blé qui couronner la doit
3. « Dites avec trop de depit. »

Dire autrement je ne sçauroye;
Or, en effect, je me feroye
Tuer pour elle et assommer,
Batre, navrer jusqu'a grand playe.
Foy de mon corps, elle est tant gaye
Que je suis contiainct de l'aymer.
Si quelcun m'en venoit blasmer
Contrefaisant le loriquart [1],
Je lui dirois tost, sans chommer,
Ung bien brief mot, pour le sommer
Et faire taire le coquart.
　Tantost je me tire à l'escart,
La nuyct survint, puis je me couche.
De soupper j'en donne ma part;
Le Resolu, comme il appart,
N'est pas fort subject à sa bouche.
Le jour venu je me descouche.
Fus-je [2] accoustré, fus-je agence,
Bien pigné, miré, je me mouche;
Je sors, je pars, puis je m'approuche
Près son huys, où je fuz tensé [3],
Pour en estre recompense.
Fortune envoya le milourt [4]
Jouer aux champs, mesgre, eslence,
Triste et pensif, presque insensé,
De jalousie sot et lourt.
La dame me veit sur le gourt [5]
Gay et gaillart, selon la mode;
Elle m'appelle brief et court;
J'entre gayment dedans sa court
Aussi fier qu'ung roy Herode.
Je vous estoys ceint sur la brode [6]
D'ung beau baudrier riche et plaisant,
Tant soit peu ne sentoys ma gode [7].
Alors à jazer je m'amode
Comme beau parlant, bien disant.
La petite tocque duisant,
Sur ma tête la belle image [8],
Pourpoint de satin reluysant,
Le saye [9] gaillard, non nuysant,
Robbe faicte selon l'usage,
Bonne trongne et bon visage,
La courte dague, la rapiere!

1. « Le bravache portant cuirasse (*lorica*), » le fendant.

　　Quel avortillon, quel coquart !
　　Il fai oit tant le *loricart*
　　Du temps qu'il estoit fiance,

dit la mere dans la *Farce du nouveau marie*.
2. « A peine fus-je . »
3. « Mal mené par le main »
4. « Le milord, le maitre. »
5. « Vetu a la mode. » *Gourt* est ici pour *gorre*. Il est avec le même sens dans le *Monologue du Puys de Coquillart*

　　C'est la façon du temps qui court
　　De ces valets dimancheres
　　On sont ce lui sur le *gourt*

6. « La croupe » En Normandie, on disait *brodier*.
7. « Mon empesé. » On sait que pour dire « passer a l emp is, » on disait *godronner*.
8. Petite *enseigne* d'argent ou de plomb qu'on portait au bonnet Les madones du chapeau de Louis XI peuvent nous en donner une idée.
9. « Manteau (*sagum*). » Rabelais emploie le même mot pour celui de Gargantua (liv I, ch viii), et dit qu'on le fit de « dix et huict cent aulnes de velours tenet en graines. »

Bien deliberé, bon courage!
D'argent, point; ce n'est que bagage,
Aussi je ne m'en charge guère.
Quant la mignonne, la gorrière,
Me veit acoustré en falot [1],
El me dist en ceste manière:
— « Ennemen, je me tiens bien fiere
« D'estre aymee d'ung tel dorelot. »
J'estois faict comme ung angelot [2]
Que l'on voit painct en une Église,
Demandez au page Charlot,
A la chambrière Melot;
S'il n'est pas vray, je m'en advise :
Dessoubz le pourpoint la chemise [3]
Froncée, puis le chappelet;
Et davantage, quant j'y vise,
Je portois sur moy, pour devise,
Le gris et bleu [4], qui n'est pas let.
— « Hé ! que vous estes proprelet !
« Tout vous siet tant bien ! » — « A ! a ! ma Dame,
« Vous le dictes, mais, sotelet ! »
— « Ennemen, non, mais gentelet,
« Je le preus sur Dieu et mon ame. »
Lors el me mist en telle game
Que je cuydois de prime face
Jouyr de son corps droit et ferme.
Et pensant faire mon vacarme,
Elle me dit : — « Sauf vostre grace,
« Mais cuidez vous que bien j'osasse
« Brizer ainsi mon mariage?
« Nenny, jamais. » Lors sans fallace
Je cheuz tout pasmé en la place,
Tant fuz navre en mon courage.
Tantost après, en brief langage,
Pensant la prier d'aultre sorte,
Le mary revient du vilage.
Fut-il descendu, pour ostage
Je me cache derrier la porte.
Ung point y a qui me conforte,
Car je croy que la creature
De mon ennuy se desconforte
Et qu'el ne sera plus si forte
A convertir, par adventure.
Elle est de si bonne nature,
Qu'a mon advis, el pensera
Que je n'ay point, par conjecture,
Icy esleu ma sepulture,
Et de ce danger m'ostera.
　Le mary vient, tary, tara,
Qui ne faict que brayre et crier.
Corps de moy, il m'advisera...
Non fera. Pardieu, si fera :

1. « En folatre, en gaillard. » Ce mot un peu plus tard ne s'employa plus que pour plaisant
2. « Un petit ange de cire. »
3. L'usage, ou plutôt le luxe, car ce n'était pas moins, en commençait alors On voit par la *Farce de folle Bombance* qu'on la portait de toile de Hollande, froncée devant la poitrine, et qu'on laissait passer le collet

　　Et au colel chemises blanches
　　A la mode napolitaine.

4. Le *gris*, dans le blason des couleurs, voulait dire attente, et le *bleu* jalousie.

LE MONOLOGUE DU RESOLU.

Je suis pis que n'estois hyer.
Tantost, pour me mieulx ennuyer,
Le mary murmure et quaquète
Puis de Gaultier, puis de Jacquette,
De son varlet, de sa chambriere,
Du chaudron, de la chauldiere,
De son cheval, de ses houseaux,
Des potz, de la cruche, des seaulx,
De la maison et du mesnage,
Du pain, du vin et du potage,
Du foing, de l'avoyne, du blé.
Sang bieu ! je seroys acable
S'il me trouvoit en ce lieu cy !
— « Quant vous prenez quelque soucy,
« Ma femme, c'est bien sur le tard.
« Puis mon varlet n'est qu'ung fetard [1],
« Ma chambrière ne vault guyère ;
« Vous n'avez façon ne manière
« De parler franc à leur visage. »
Or pensez alors quel courage
Ses propos me povoient donner,
De l'ouyr ainsi blazonner.
Eust-il bien cryé, bien presché,
Et mon cerveau bien empesché :
— « Sus, à coup, qu'on mette la nappe. »
Le corps de moy, Dieu, s'il attrape
Le povre gorrier resolu,
C'est faict, il est cuyct et moulu !
  De par Dieu, la nappe fut mise,
Le seigneur et la dame assise,
Et furent servis de leurs mectz.
Lors le mary, pour l'entremetz,
A commandé expressement
Que la porte, legerement,
Ou j'estoys caché, fust fermée.
— « Vous arez cy tant de fumée,
« Mon mary [2]. » — « Est-il vray, ma femme ?
« Je ne veulx donc pas qu'on la ferme,
« Puisqu'ainsi est : il le vault mieulx ;
« Elle est mauvaise pour les yeux. »
— « Ennemen, je la crains beaucoup ! »
Or, suis-je eschappé à ce coup,
Pose [3] que je sois en malaise,
Presque aussi plat qu'une punaise ;
J'eusse voulu, par mon blazon,
Estre saulté en la maison
De mon compaignon [4], sans respit,
Tant estoys marry et despit.
Eurent-ils disné, graces dictes,
Le mary, sans autres redictes,
S'en reva monter à cheval
Pour aller à mont et à val.
Est-il party, est-il vuyde,
Comme ung amoureux bien guydé
Derrier la porte, d'une tire,
Gaillardement je me retire,
Et pour mon ennuy compenser

Je vous vins ma Dame embrasser
Et la baiser falotement
Ung petit coup tant seulement,
Pour mieulx à ma foy la reduyre.
En soupirant el me va dire :
« Depuis l'heure que je fuz née,
« Ne me trouvé aussi tennée [1]
« De vous voir derriere la porte. »
— « Ma Dame, le dyable m'emporte,
« Pour l'amour de vous, sans mentir,
« Vouldroys mourir comme ung martyr. »
— « Enné, vous estes, se m'eist Dieux,
« Le plus doux, le plus gracieux
« Que je rencontré de ma vie. »
Et, sur ce point, j'euz grant envye
De luy donner à descouvert
Joyeusement la cotte vert.
Mais je differe ung petit
Pour tant que j'avois l'appetit
De la prier, premierement,
Qu'en jouyr tout soubdainement.
Car vous sçavez qu'avant aymer
La dame seroit à blasmer
S'el ne congnoist l'amant discret,
Leal, amoureux, et secret.
Sur ce point elle me va dire :
— « Disons quelque chose pour rire.
« Ainsi que le sçavez bien faire. »
Pour a son plaisir satisfaire,
Tantost me prins à barbeter,
Deviser, gaudir, caqueter,
En faisant ung tas de mynettes
Et façons assez sadinettes ;
Car je congnoissois la mignote
Estre bien frisque et dorelote.
Pour toujours mieulx l'entretenir,
Je luy voys telz propos tenir :
L'ung va, l'ung court et l'autre vient ;
L'ung est party, l'autre revient ;
L'ung est joyeulx, l'autre est course ;
L'ung est gaudy, l'autre est farsé ;
L'ung est plaisant, l'autre advenant ;
L'ung est franc et l'autre tenant [2].
Ceste cy ayme cestuy là ;
L'ung va par cy, l'autre par là ;
L'ung va devant, l'autre derrière ;
Ceste cy n'est pas fort gorrière,
Ceste là s'acoustre gaillard.
L'ung est moqueur, l'autre raillard.
Ma dame, il est bruyt par la ville
Que l'ung est sourd, l'autre est habille,
L'ung est pesant comme une enclume,
L'autre est leger comme une plume.
L'ung est trop gras, l'autre trop mesgre ;
L'ung est reffait, l'autre est allegre.

---

1. Le mot est dans le *Grand Testament* de Villon, et Marot y a mis en note : « Paresseux, qui fait tard sa besogne. »

2. Les cheminées etaient alors si mal construites que la fumée s'en allait moins par leur ouverture que par les fenestres et les portes laissées ouvertes.

3. « En admettant toutefois. »

4. « De mon voisin. »

1. « Tannée, tourmentée. » Meme mot dans la *Moralité des Enfans de Maintenant* :

Je te prie, point ne me tanne ;
Car je suis à toy marié.

Le peuple l'emploie encore.

2. « Tannant, tourmentant. » C'est le meme mot que tout l'heure.

On faict cecy, on faict cela,
L'ung va deça, l'autre delà ;
L'ung est a cheval, l'autre à pie ;
L'ung est guecte, l'autre espye ;
L'ung va le pas, l'autre le trot ;
L'ung en a peu, l'autre en a trop ;
Puis l'ung dict : Vaille que vaille,
Je l'aymeray quoy qu'il en aille.
  Tous ces petitz propos disoye,
Et puis la prier m'advisoye
Estre de son corps jouyssant.
Par aucuns coups, je soupiroye,
Et son doulx maintien aspiroye
D'un regart de mes yeulx issant.
Comme Dame bien congnoissant,
Par ung soupir fort savoureux,
D'ung vouloir gay et florissant
Elle me dist en se baissant :
— « Vous estes leal amoureux. »
— « Helas, voire, mais malheureux
« Se vous me faillez au besoing. »

— « A ung tel mignon plantureux,
« Resolu et avantureux,
« Je ne veulx faillir pres ne loing. »
Lois je torche mon petit groing [1]
En luy presentant le deduyt ;
Et fut faict à ung joly coing
Le coup amoureux, en grant soing.
Bien delibere ? bien conduict ?
Suis-je façonne ? suis-je duict ?
Me faut-il rien ? vous le voyez !
J'ay mes despens, j'ay mon pain cuyt,
A la voye [2] je suis tout reduit.
  Il est ainsi que vous l'oyez ;
Or, messieurs, soyez avoyez
De dire, en ung mot absolu,
Qu'on vous ici envoyez,
Non pas comme gens desvoyez,
Pour escouter le Resolu

1. « Mon museau pour la bien embrasser. »
2. « Au bon chemin d'amour. »

FIN DU MONOLOGUE DU RESOLU.

CRY ET SOTTIE DU JEU DU PRINCE DES SOTZ

PAR PIERRE GRINGORE

(XVIᵉ SIÈCLE — REGNE DE LOUIS XII — 1511.)

NOTICE ET ARGUMENT

Le poëte de cette *Sottie* est fort connu. Il le doit au roman de *Notre-Dame de Paris*, qui malheureusement l'a popularisé par une double erreur : en le faisant vivre sous Louis XI, et en l'appelant Gringoire.

C'est sous Louis XII et François Iᵉʳ qu'il vécut, et son vrai nom, tel qu'il l'a écrit dans les acrostiches qui lui servaient de signature à la fin de ses livres, était Gringore.

Où le roman ne s'est pas trompé, c'est lorsqu'il a fait de lui une sorte d'*impresario* pour mystères et farces. Il figure comme tel dans les comptes de la prévôté de Paris, avec le maître juré charpentier, Jean Marchand, son associé, qui bâtissait le théâtre après que lui, Gringore, avait construit la pièce [1].

De 1502 à 1515, il semble qu'il n'y ait presque pas eu de spectacles pour entrées de roi et de reine, ou pour réjouissances de jours gras, auxquels il n'ait pris part.

D'où était-il venu ? De Normandie suivant les uns [2], de Lorraine suivant d'autres, qui ont peut-être raison, car il y retourna et y mourut.

Ce n'est point par le théâtre qu'il avait commencé. Sa première œuvre, *le Chasteau de Labour*, est une allégorie mélancolique, où il gémit sur tout en homme qui connaît déjà la vie, et se plaint de l'amour en amoureux qui a souffert.

La date qu'il donna à ce livre est curieuse : il le data du 31 décembre 1499, le dernier jour du XVᵉ siècle. Espérait-il que les malheurs sur lesquels il venait de se lamenter prendraient fin avec le siècle qui finissait, et croyait-il ainsi les envelopper, avec lui, dans un même adieu ?

A la première année du siècle suivant, il a en effet des idées plus riantes : il chante le *Chasteau d'Amours*. L'espoir lui est-il revenu ? Ce ne fut pas du moins pour bien longtemps.

Apres une course en Italie, où il semble qu'il suivit l'armée royale, et d'où il rapporta les *Lettres nouvelles sur Milan*, la *Complainte du Milanois*, etc., il revient à la mélancolie. Il écrit, en 1502, les *Folles Entreprises* ; en 1504, les *Abus du monde*, et il ne met dans l'un et l'autre ouvrage qu'une longue litanie de plaintes contre tous les Etats, la Noblesse d'abord, puis l'Eglise.

En courant le monde, la politique l'a mordu, il veut mordre. Louis XII, à qui ses *Lettres sur Milan* avaient

dû plaire, qui peut-être même les lui avait commandées, ne mit pas obstacle à cette belle rage de satire ; loin de là, il s'en servit.

C'est pour lui, à n'en pas douter, que Gringore, devenu tout à fait écrivain politique, se fit, en 1509, apologiste populaire de la ligue de Cambray contre les Vénitiens, dans son pamphlet l'*Entreprise de Venise avec les Cités*, etc. C'est pour Louis XII encore, en 1510, que, se faisant l'adversaire du Pape, devenu l'ennemi de la France, Gringore écrivit : la *Chasse du cerf des cerfs*, où le pontife, « serf des serfs, *servus servorum* », comme il s'appelait, était on ne peut plus vigoureusement relancé ; puis l'*Espoir de paix*, pamphlet d'esprit pareil, et de même tendance, où la politique de Jules II était aussi vivement attaquée et celle du roi défendue.

Gringore ne s'en cachait pas : il signait le libelle, et sur le titre même en indiquant le but : « Ce traité, disait-il, est intitulé l'*Espoir de paix*, et y sont déclarés plusieurs gestes et faicts d'aucuns papes de Rome Lequel traité est à l'honneur du très-chrestien Loys, douziesme de ce nom, roy de France, compillé par maistre Pierre Gringore. »

Ce ne fut pas assez pour Louis XII Pere du peuple, il ne se négligeait pas auprès de ses enfants Pour les avoir de son côté, « à sa cordelle », comme on disait, il employait les moyens de la popularité les mieux entretenue.

Les libelles en cela pouvaient beaucoup, le théâtre pouvait davantage. C'est encore Gringore qui l'y servit.

Nous avons dit que, dès 1502, il était maitre. La politique ne l'en avait pas distrait, car les deux genres — il suffirait pour le prouver — se conciliaient déjà.

Pour y avoir plus d'action, il s'était mis de la corporation qui avait le plus d'influence, celle qui s'appelait indifféremment *Société des Sotz*, des *Enfans* ou des *Gallans sans soucy*. C'est elle qui jouait aux Halles, venait le carnaval, et, par son esprit, menait celui du peuple.

Louis XII ne l'ignorait pas ; aussi avons-nous vu [1] que les *Gallans sans soucy* n'étaient pas mal venus en cour. La reine les pensionnait.

Gringore ne parvint pas, parmi eux, à la première dignité, celle de *Prince des Sotz*, mais il eut la seconde, celle de *Mere Sotte*, avec le droit d'être « facteur », c'est-à-dire d'écrire *Sotties*, *Moralités* et *Farces*. Il ne lui en fallait

---

1. Sauval, *Antiquités de Paris*, t. III, p. 533, 534.
2. *Journal d'un bourgeois de Paris*, publié par Lud. Lalanne, t. I, p. 109.

1. V plus haut, p. 155, la *Moralité de l'Aveugle et du Boiteux* notice et argument.

pas plus pour faire, auprès de l'opinion, ce que voulait le roi, et continuer par le théâtre sa guerre commencée par le libelle.

En 1510, avaient paru ses deux pamphlets la *Chasse du cerf des cerfs*; et l'*Espoir de paix*, c'était l'escarmouche, en 1511, il donna le *Jeu du Prince des Sotz*, ce fut la bataille, et bataille publique, au grand jour, car c'est aux Halles, le mardi gras, qu'elle fut donnée devant la foule.

Le *Cry*, qui annonçait le *Jeu*, en était la fanfare; la *Sottie*, qui préludait, et la *Moralité* qui venait ensuite, en étaient l'action La *Farce*, qui terminait, se tenait en dehors, ce qui nous dispensera d'en parler, et nous épargnera beaucoup de peine : cette farce en effet, trop grasse, même un mardi gras, pouvait se jouer alors, mais ne peut pas se raconter aujourd'hui.

La *Sottie* est maintenue par la politique dans un ton relativement sérieux, qui la garde de ces gravelures Le Prince des Sotz y parait d'abord, entouré de toutes sortes de gens, qui par leur affairement, leurs appétits, leurs flagorneries, sont bien d'une cour. Les hommes d'Église y pullulent au premier rang, avec tous les ridicules et tous les vices sur lesquels, par ordre, Gringore doit insister.

Le peuple, *Sotte Commune*, n'a qu'un moment la parole, mais il en use bien, avec des franchises sur les affaires, où on ne le mêle que pour qu'il en souffre et les paye, avec des coups de boutoir, et des révoltes de bon sens, qui devaient merveilleusement réussir aux Halles.

Mère-Sotte arrive ensuite, vêtue de telle façon, que le moins clairvoyant reconnaissait en elle l'Église, la Papauté. Ses deux ministres, Sotte-Fiance, patronne des gens crédules, et Sotte-Occasion, guide des gens sans prudence, l'accompagnent et l'inspirent. Sa politique révèle bien vite, un vers, qu'on croirait d'aujourd'hui :

La bonne foi, c'est le vieil jeu,

la résume. Mère-Sotte y veut prendre, pour servir ses projets et les détacher du prince, les seigneurs et les prélats. Elle s'évertue de toutes ses forces, avec Sotte-Fiance et Sotte-Occasion. Les prélats consentent, les seigneurs résistent. Une querelle s'ensuit qui se termine en combat. Dans cette bagarre de horions donnés et reçus, d'habits déchirés ou mis en désordre, on s'aperçoit que, sous la pourpre de l'Église, c'est Mère-Sotte qui se cache Elle est huée, détrônée, et la *Sottie* s'achève pour faire place à la *Moralité*.

Le même thème s'y poursuit, mais plus à découvert. Les personnages n'ont plus que le demi-masque Ce sont Peuple François, Peuple Ytallique, et l'Homme Obstiné, qui n'est pas nommé autrement mais qu'on reconnait à ses deux ministres Hypocrisie et Simonie. Il leur dit ses desseins, et les dépêche à Peuple François pour le gagner.

On ne sait ce qu'il adviendrait de cette entreprise de fourbes et de chattemittes, quand survient, comme le *Deus ex machinâ*, le personnage de Punition divine, qui menace de fondre sur ceux qui ne se repentiront pas, et persisteront dans le mal.

On voit qu'auprès de la *Sottie*, d'un entrain si alerte et d'une pointe si mordante, cette moralité est d'une action bien bénigne et bien élémentaire.

Nous croyons donc avoir eu raison de prendre l'une et de laisser l'autre.

Cette campagne du *Jeu du Prince des Sotz* est la plus complète de Gringore au théâtre. Il ne la recommença pas, peut-être ne l'aurait-il pas pu. Lorsque, quatre ans après, Louis XII fut mort, les choses changèrent pour la liberté laissée aux farceurs Ce que Louis XII avait permis, avec avantage pour sa popularité, fut défendu par François Ier, sans profit pour sa gloire. Ou le *Père du peuple* s'était amusé, le *Père des lettres* se fâcha et sévit.

En avril 1515, à peine après quatre mois de règne, il faisait fustiger et presque mettre à mort par ses gentilshommes un pauvre diable de farceur, nommé maître Cruche, qui, avec sa lanterne magique, s'était moqué de lui et de ses amours [1]; l'année d'après, il faisait emprisonner à Amboise trois joueurs de farces. Pontalais, Jacques la Bazochien, Jean Serre ; enfin il ne fallait pas moins qu'une supplique de Marot [2] pour qu'il permit aux clercs de la Bazoche de continuer, à certains jours, leurs jeux de la Table de marbre. Devant le sort fait ainsi aux gens de *Farce* et de *Sottie*, Gringore n'avait plus qu'à partir.

En 1516, il est encore à Paris où il publie ses *Fantaisies de Mère Sotte*; puis on ne le retrouve plus qu'en Lorraine, chez le duc, dont, a-t-il dit :

Dont fus héraut à gages et profits.

Il change alors de nom; comme tout héraut d'armes, il prend celui de la famille du prince qu'il sert, il s'appelle Vaudemont.

Tout en lui se transforme à l'avenant du sérieux de sa charge. Naguère il combattait l'Église, maintenant il la défend : son *Blason des hérétiques*, ou *Chronique des Lutheriens*, fut un des premiers écrits contre l'hérésie de Luther. Il fait pour la duchesse les *Heures de Notre-Dame*, qu'il translate de latin en français, et enfin, revenu de la *Farce* aux œuvres dramatiques de plus haut vol, il compose le *Mystère de saint Louis*, un des meilleurs, le premier qu'on ait fait sur un sujet national, et celui, par conséquent, dont, quelle que soit son étendue, la publication serait le plus à désirer.

Ensuite, Gringore disparait sans qu'on sache même au juste l'époque de sa mort, qui ne dut pas toutefois dépasser 1544.

Venons maintenant à sa *Sottie*. Nous en emprunterons le texte au t. I — le seul publié — de l'excellente édition de MM. d'Héricault et de Montaiglon, et comme Gringore lui-même, nous lui donnerons pour prélude le *Cry*, programme en action qui précédait le *Jeu*.

[1] Œuvres de Gringore, t. I, notice, p xxx.
[2] Œuvres de Marot, épître viii.

SOTTIE DU PRINCE DES SOTZ

LE SEIGNEUR DE JOYE
Joyeuseté faire convient;
En ces Jours Gras c'est l'ordinaire

CRY

LA TENEUR DU CRY[1]

Sotz lunatiques, Sotz estourdis, Sotz sages,
Sotz de villes, de chasteaulx, de villages,
Sotz rassotez, Sotz nyais, Sotz subtilz,
Sotz amoureux, Sotz privez, Sotz sauvages,
Sotz vieux, nouveaux, et Sotz de toutes ages,
Sotz barbares, estranges et gentilz,
Sotz raisonnables, Sotz pervers, Sotz retifz,
Vostre Prince, sans nulles intervalles,
Le Mardy Gras jouera ses Jeux aux Halles.

    Sottes dames et Sottes damoiselles,
Sottes vieilles, Sottes jeunes, nouvelles,
Toutes Sottes aymant le masculin,
Sottes hardies, couardes, laides, belles,
Sottes frisques, Sottes doulces, rebelles,
Sottes qui veulent avoir leur picotin,
Sottes trotantes sur pavé, sur chemin,
Sottes rouges, mesgres, grasses et palles,
Le Mardy Gras jouera le Prince aux Halles.

Sotz yvrongnes, aymans les bons loppins,

Sotz qui crachent au matin jacopins[1],
Sotz qui ayment jeux, tavernes, esbatz
Tous Sotz jalloux, Sotz gardans les patins[2],
Sotz qui chassent nuyt et jour aux congnins[3] ;
Sotz qui ayment à fréquenter le bas,
Sotz qui faictes aux dames les choux gras,
Advenez y, Sotz lavez et Sotz salles ;
Le Mardy Gras jouera le Prince aux Halles.

    Mère Sotte semont toutes les Sottes,
N'y faillez pas à y venir, bigottes ;
Car en secret faictes de bonnes chières.
Sottes gayes, delicates, mignottes,
Sottes doulces qui rebrassez vos cottes,
Sottes qui estes aux hommes famillières,
Sottes nourrices et Sottes chamberières,
Monstrer vous fault doulces et cordiales ;
Le Mardy Gras jouera le Prince aux Halles.

    Fait et donne, buvant à plains potz,
En recordant la naturelle game,
Par le Prince des Sotz et ses supostz ;
Ainsi signé d'ung pet de preude femme.

---

1. Il ne variait guère. Quel que fût le *Jeu*, les *Sotz* ne changeaient pas beaucoup « la teneur du cry ». On en peut juger par le *Monologue des nouveaux Sotz de la joyeuse bande*, et par le *Monologue des Sotz joyeux*, qui, l'un et l'autre, ressemblent fort à ce qu'on va lire. M. de Montaiglon les a publiés dans son recueil, *Anciennes poesies françoises*, t. I p 11-16, et III, p. 15-18.

1. « Flocons de glaires, » dit l'abbé Prompsault qui trouve le même mot dans le *Grand Testament* de Villon, huict 62
2 Maris maıs, qui se tiennent à la garde des patins de leurs femmes pendant qu'elles dansent.
3. *Connins, connils, lapins.*

FIN DU CRY.

S'ENSUYT LA SOTTIE.

LE DROIT PREMIER SOT.
C'est trop joué de passe passe ;
Il ne fault plus qu'on les menace[1],
Tous les jours ilz se fortifient.
Ceulx qui en promesse se fient
Ne congnoissent pas la falace.
C'est trop joué de passe passe.

L'ung parboult[1] et l'autre fricasse,
Argent entretient l'ung en grace,
Los autres flatent et pallient[2],
Mais secretement ilz se allient ;
Car quelq'un fault bruvaige brasse.
C'est trop joué de passe passe.

---

1. « Il ne faut plus qu'on s'en tienne à la menace » Il est question de Jules II et des alliés qu'il s'était faits, en 1510, du côté du pape et de Venise contre la France.

1. « L'un met dans un pot et fait bouillir et rebouillir. »
2 « Cachent, dissimulent, masquent » Montaigne a dit dans le même sens (liv. II, ch. XII « Où ils ne peuvent guérir la plaie, sont contens de l'endormir et *pallier*. »

Je voy, il suffit : on embrasse,
Par le corps bieu, en peu d'espace.
Se de bien brief ilz ne supplient,
Et leur faulx vouloir multiplient,
Fondre les verrez comme glace.
C'est trop joué de passe passe.

LE DEUXIESME SOT.

Qu'on rompe, qu'on brise, qu'on casse,
Qu'on frappe à tort et à travers ;
A bref, plus n'est requis qu'on face
Le piteux ; par Dieu, je me lasse
D'ouyr tant de propos divers.

LE TROISIESME SOT.

Sotz estranges si sont couvers
Et doublez durant la froidure
Pour cuyder estre recouvers ;
Mais ilz ont esté descouvers
Et ont eu sentence bien dure.

LE PREMIER.

Nostre Prince est saige.

LE DEUXIESME.

Il endure.

LE TROISIESME.

Aussy il paye quant payer fault.

LE PREMIER.

A Boullongne la Grasse, injure
Firent au Prince [1], mais, j'en jure,
Pugnis furent de leur deffault [2].

LE DEUXIESME.

Tousjours ung trahistre à son sens fault ;
Ce sont les communs vireletz [3].

LE TROISIESME.

Aussi on fist sur l'eschaffault
Incontinent, fust froit ou chault [4],
Pour tel cas, des rouges colletz [5].

LE PREMIER.

Tant il y a des fins varletz !

LE DEUXIESME.

Tout chascun à son prouffit tend.

LE TROISIESME.

Espaignolz tendent leurs filletz.

LE PREMIER.

Mais que font Angloys à Callais [6] :

LE DEUXIESME.

Le plus saige rien n'y entend.

LE TROISIESME.

Le Prince des Sotz ne pretend
Que donner paix à ses supportz.

LE PREMIER.

Pource que l'Église entreprent
Sur temporalité, et prent,
Nous ne povons avoir repos.

LE DEUXIESME.

Brief, il n'y a point de propos.

LE TROISIESME.

Plusieurs au Prince sont ingratz.

LE PREMIER.

En fin perdront honneur et lotz.

LE DEUXIESME.

Et doit point le Prince des Sotz
Assister cy en ces Jours Gras ?

LE TROISIESME.

N'ayez peur, il n'y fauldra pas ;
Mais appeller fault le grant cours,
Tous les seigneurs et les prelatz,
Pour deliberer de son cas,
Car il veult tenir ses Grans Jours [1].

LE PREMIER.

On luy a joué de fins tours.

LE DEUXIESME.

Il en a bien la congnoissance ;
Mais il est sy humain tousjours,
Quant on a devers luy recours,
Jamais il ne use de vengeance.

LE TROISIESME.

Suppostz du Prince, en ordonnance !
Pas n'est saison de sommeiller.

LE SEIGNEUR DU PONT ALLETZ [2].

Il ne me fault point resveiller :
Je fais le guet de toutes pars
Sur Espaignolz et sur Lombars
Qui ont mys leurs timbres folletz.

---

1 Souvenir de ce que fit Louis XII, en soutenant Jules II dans Bologne, et de ce que le pape lui rendit, en formant peu après une ligue contre lui. V. sur ce siége de Bologne, les *Chroniques* de Jean d'Anthon, t III, p 176.

2 Une des punitions auroit pu être bien grave. L'année précédente, 1519, Jules II avait failli être pris par Chaumont d'Amboise, dans cette meme ville de Bologne, qui témoignait si haut de son impatitude envers la France « Il ne s'en fallut pas de la durée d'un pater » dit le *Loyal serviteur*, historien du Chevalier sans reproche, qui fut celui qui approcha de plus près Jules II pour le prendre

3 « Ce sont choses que le temps ramene, comme la rime certains mots dans un virelet. »

4. « Sans regarder s'il faisoit froid ou chaud »

5. Le « rouge collet » ici, c'est la décollation

6 On ne savait trop encore ce que ferait le nouveau roi d'Angleterre Henri VIII, de quel coté il se porterait, et c'était important, car il tenait Calais On craignait toutefois, ce qui s'réalisa,

qu il ne prit parti pour le pape, comme venait de faire son beaupere Ferdinand d'Aragon.

1 On sait que c'étaient des assises solennelles, qu à certaines époques le Parlement de Paris allait tenir dans les provinces pour juger certains cas, surtout les crimes des grands seigneurs, qui avaient échappé a la justice ordinaire.

2 Ce qu'en dit Du Verdier dans sa *Bibliotheque françoise*, t IV, p. 507, le fait assez connuitre « Jean du Pont-Alais chef et maistre de joueurs de moralitez et farces a Paris, a composé plusieurs jeux, mysteres, moralites, satyres et farces, qu'il a fait réciter publiquement sur eschaffault dans la ditte ville. » On est, par la 50° *Nouvelle* de Despériers qui 1 a pour heros, ses quereles avec le curé de Saint Eustache, dont le bruit de ses farces en plein vent aux halles troublait les offices et farces et sermons. Un compte découvert par M L Lacour lui donne le surnom de *Songe-Creux* Nous en concluons dans notre *Introduction aux Chansons* de Gaultier Garguille, que les *Contredits de Songe Creux*, jusqu'alors attribués a Gringore, étaient de Pont Alais Cette opinion a depuis lors été suivie.

LE PREMIER.

En bas, Seigneur du Pont Alletz.

LE SEIGNEUR DU PONT ALLETZ.

Garde me donne des Allemans ;
Je vois ce que font les Flamens
Et les Anglois dedans Calletz.

LE DEUXIESME.

En bas, seigneur du Pont Alletz.

LE SEIGNEUR DU PONT ALLETZ.

Se on fait au Prince quelque tort,
Je luy en feray le rapport ;
L'ung suis de ses vrays sotteletz.

LE DEUXIESME.

En bas, Seigneur du Pont Alletz,
Abrege toy tost, et te hastes.

LE SEIGNEUR DU PONT ALLETZ.

Je y voys, je y voys.

LE PREMIER.

Prince de Nates !

LE PRINCE DE NATES[1].

Qu'ella? Qu'ella?

LE DEUXIESME.

Seigneur de Joye[2] !

LE SEIGNEUR DE JOYE.

Me vecy aupres de la proye,
Passant temps au soir et matin
Tousjours avec le femynin.
Vous sçavez que c'est mon usage.

LE TROISIESME.

Cela vient de honneste courage.

LE PRINCE DE NATES.

Mainte belle d'amy matée[3]
J'ay souvent en chambre natee[4],
Sans luy demander : Que fais-tu?

LE PREMIER.

Vela bien congne le festu[5] !

LE SEIGNEUR DE JOYE.

Nopces, convis, festes, bancquetz,
Beau babil et joyeulx caquetz
Fais aux dames, je m'y employe.

LE DEUXIESME.

C'est tres bien fait, Seigneur de Joye.

LE SEIGNEUR DE JOYE.

Fy de desplaisir, de tristesse,
Je ne demande que lyesse ;
Tousjours suis plaisant où que soye.

LE TROISIESME.

Venez à coup, Seigneur de Joye;
Prince de Nates, tost en place.

LE PRINCE DE NATES.

Je m'y en voys en peu d'espace,
Car j'entens que le Prince y vient.

LE SEIGNEUR DE JOYE.

Joyeuseté faire convient;
En ces Jours Gras, c'est l'ordinaire.

LE GENERAL D'ENFANCE[1].

Quoy ! voulez vous voz esbatz faire
Sans moy ! Je suis de l'aliance.

LE PREMIER.

Approchez, General d'Enfance,
Appaisé serez d'ung hochet.

LE GENERAL.

Hon hon, men men, pa pa, tetet,
Du lo lo, au cheval fondu.

LE DEUXIESME.

Par Dieu, vela bien respondu
En enfant.

LE TROISIESME.

Descendez tost tost,
Vous aurez ung morceau de rost,
Ou une belle pomme cuyte.
Le Prince, devant qu'il anuyte[2],
Se rendra icy, General.

LE GENERAL.

Je m'y en voys. Çà mon cheval,
Mon moulinet[3], ma hallebarde;
Il n'est pas saison que je tarde;
Je y voys sans houzeaulx et sans bottes.

LE SEIGNEUR DU PLAT.

Honneur par tout! Dieu gard' mes hostes !
En vecy belle compaignie.
Je croy, par la Vierge Marie,
Que j'en ay plusieurs hebergez.

---

1 Ce personnage comique se trouve avec Pont-Alais, le prince des Sotz, etc., dans le grand conseil par devant lequel sont concedées, en style digne de ceux qui les accordent, les *Lettres nouvelles contenantes le privilege d'avoir deux femmes*. Nous les avons publiées au t. III, p. 141, de nos *Varietes hist. et litter*. — Le nom de « prince des Nattes » était venu a ce type, des larges nattes dont on tapissait les salles des banquets tandis qu'on en jonchait le pavé avec de l'herbe fraiche. Aussi, dans le *Monologue des Sotz joyeux*, le prince des Nattes a-t-il pour compagnon le seigneur des Jonchées.

2 Encore un personnage du grand Conseil où furent concedées les *Lettres* grotesques citées tout à l'heure. Il y figure comme « évêque de Joye » Dans le *Monologue des sotz joyeux*, il était marqué, mais toujours du même lieu, la Joye.

3. « Fatiguée de son amant. »

4. « En belle chambre. » Les nattes en étaient un des ornements de luxe et de confort les plus recherchés « Il étoit plus aise, lit-on dans la 57e des *Cent nouvelles*, que ceux qui ont leurs belles c ambres verrées, nattées et pavées »

5. Ainsi s'amusant a des riens impossibles, comme a enfoncer des brins de paille à force de cogner sur l'un des bouts « Il ressembloit, dit Montluc en ses *Memoires*, t. 1, p. 72, un *coigne festu*, et il ne vouloit rien faire ny laisser faire les autres. »

1. Il est nommé aussi dans les *Lettres nouvelles*. C'est le type des nais qui jouent à la guerre, et font des charges de cavalerie avec des chevaux de bois.

2. « Qu'il soit nuit. »

3. Il va en guerre avec des jouets d'enfant. — On voyait déjà de ces cavacades de gamins, et quand elles se multiplaient, on en tirait présage de guerre « Quant on voit, lit-on dans les *Evangiles des Quenouilles*, 1re journée, ch. xx, ces petits enfans courir parmi les rues à chevaulx de bois, à toutes lances, et desguisez par maniere de gens de guerre, c'est tout vray signe de prochainement avoir guerre et discension au pays »

LE PREMIER.

Entre vous qui estes logez
Au Plat d'Argent[1], faictes hommaige
A vostre hoste ; il a de usaige
De loger tous les souffreteux.

LE SEIGNEUR DU PLAT.

Pipeux, joueux et hazardeux,
Et gens qui ne veullent rien faire,
Tiennent avec moy ordinaire ;
Et Dieu scet comme je les traicte,
L'ung au lict, l'autre à la couchette[2].
Il y en vient ung si grant tas
Aucunesfois, n'en doubtez pas,
Par Dieu, que ne les sçay où mettre.

LE DEUXIESME.

Descendez, car il vous fault estre
Au conseil du Prince.

LE SEIGNEUR DU PLAT.

Fiat.
Puis qu'il veult tenir son estat,
Je y assisteray voulentiers.

LE SEIGNEUR DE LA LUNE[3].

Je y doy estre tout des premiers,
Quelque chose qu'on en babille.
S'on fait quelque chose subtille,
Je congnois bien se elle repugne.

LE TROISIESME.

Mignons, qui tenez de la Lune,
Faictes-luy hardiment honneur ;
C'est vostre naturel seigneur,
Pour luy devez tenir la main.

LE SEIGNEUR DE LA LUNE.

Je suis hatif, je suis souldain,
Inconstant, prompt, et variable,
Liger d'esperit, fort variable ;
Plusieurs ne le treuvent pas bon.

LE PREMIER.

Quant la Lune est dessus Bourbon,
S'il y a quelq'un en dangier,
C'est assez pour le vendengier ;
Entendez-vous pas bien le terme[4] ?

LE SEIGNEUR DE LA LUNE.

L'ung enclos, l'autre je defferme ;
Se fais ennuyt[5] appoinctement
Je le rompray souldainement,
Devant qu'il soit trois jours passez.

LE DEUXIESME.

Seigneur de la Lune, pensez
Que nous congnoissons vostre cas.

LE SEIGNEUR DE LA LUNE. (*Il descend.*)

Le Prince des Sotz ses estatz
Veult tenir ; je m'y en voys rendre.

L'ABBÉ DE FREVAULX[1].

Comment voulez vous entreprendre
A faire sans moy cas nouveaulx ?
Ha ! por Dieu !

LE TROISIESME.

Abbé de Frevaulx,
Je vous prie que ame ne se cource[2]

L'ABBÉ DE PLATE BOURCE[3].

Ha ! ha !

LE PREMIER.

Abbe de Plate Bource,
Abregez vous, vers nous venez.

L'ABBÉ DE PLATE BOURCE.

Je viens de enluminer mon nez,
Non pas de ces vins vers nouveaulx.

LE DEUXIESME.

Çà, çà, Plate Bource et Frevaulx,
Venez avec la seigneurie ;
Car je croy, par saincte Marie,
Qu'il y aura compaignie grosse.

L'ABBÉ DE FREVAULX.

Je m'y en voys avec ma crosse
Et porteray ma chappe exquise,
Aussi chaulde que vent de bise.
Pour moy vous ne demourerez.

L'ABBÉ DE PLATE BOURCE.

Plate Bource et Frevaulx aurez
Tout maintenant, n'ayez soucy.

LE TROISIESME.

Plat d'Argent !

LE SEIGNEUR DU PLAT.

Holla ! me vecy
Bien empesché, n'en doubtez point,
Car je metz le logis à point
De ces seigneurs, et ces prelatz.
Tout en est tantost, hault et bas,
Quasi plain.

LE PREMIER.

Le prince des Sotz
A voulu et veult ses Supportz
Traicter ainsi qu'il appartient.

---

1 C'était une hôtellerie de pauvres diables, comme on le voit de reste par celui qui s'en dit le seigneur.

2 Le lit était pour le maître, la couchette, plus basse, et quelquefois s'agençant avec le lit comme un tiroir qu'on tirait la nuit, était pour le valet.

3. C'est a-dire de la fantaisie, des lubies, des lunatiques. Dans les *Nouvelles Lettres*, il paraît aussi, mais avec le titre de cardinal.

4 « Le terme » n'est plus du tout facile à entendre aujourd'hui. Le sens nous en échappe complètement. Y a-t-il là une allusion à quelque dicton sur la maison de Bourbon ? C'est ce que nous ne saurions dire. Avec Pierre, mari d'Anne de Beaujeu, elle avait mis en danger celui qui régnait alors, Louis XII, mais depuis sa mort, en 1503, elle n'était guère à craindre

5. « Anuit, » aujourd'hui.

1. C'est a dire des « veaux frais ». Les « veaux » étaient un sujet de farce qu'exploitaient volontiers les confréries de farceurs, entre autres celle des Conards de Rouen, qui jouèrent même a une entrée de roi, dans leur ville, une farce dont les *Veaux* étaient le sujet et le titre. C'est la 33e du *Recueil* Le Roux de Lincy et F. Michel

2. « Ne se couroucé. »

3 Dans les *Lettres nouvelles*, il est monté en dignité Il n'est plus abbé, mais « L'évêque de Plate Bourse », un peu plus tard quand Henri Estienne écrira ses *Dialogues du nouveau langage françois italianisé*, il aura pour compère « le marquis d'Aigrecourt ».

LE SEIGNEUR DU PLAT.
Mot, mot, le vecy, ou il vient,
Prenez bon courage, mes hostes.

LE PRINCE DES SOTZ.
Honneur, Dieu gard les Sotz et Sottes !
Benedicite ! que j'en voy !

LE SEIGNEUR DE GAYECTÉ [1].
Ilz sont par troppeaulx et par bottes.

LE PRINCE DES SOTZ.
Honneur ! Dieu gard les Sotz et Sottes !

LE SEIGNEUR DE GAYECTÉ.
Arrière bigotz et bigottes,
Nous n'en voulons point, par ma foy.

LE PRINCE.
Honneur ! Dieu gard les Sotz et Sottes !
Benedicite ! que j'en voy !
J'ay tousjours Gayecté avec moy,
Comme mon cher filz tresayme.

GAYECTÉ.
Prince par sus tous estimé,
Non obstant que vous soyez vieulx,
Tousjours estes gay et joyeulx
En despit de voz ennemys;
Et croy que Dieu vous a transmys [2]
Pour pugnir meffaitz execrables.

LE PRINCE.
J'ay veu des choses merveillables
En mon temps.

LE PREMIER.
Tresredoubté Prince,
Qui entretenez la province
Des Sotz en paix et en silence,
Vos Suppostz vous font reverence.

LE DEUXIESME.
Vecy vos subgectz, voz vassaulx,
Deliberez de vous complaire,
Et à qui que en vueille desplaire
Aujourd'huy diront motz nouveaulx.

LE TROISIESME.
Voz princes, seigneurs et vassaulx
Ont fait une grande assemblee;
Pourveu qu'elle ne soit troublée
A les veoir vous prendrez soulas.

LE PREMIER.
Voz prelatz ne sont point ingratz,
Quelque chose qu'on en babille;
Ilz ont fait durant les Jours gras
Bancquetz, bignetz [3] et telz fatras
Aux mignonnes de ceste ville.

LE PRINCE DES NATES.
Où est l'abbé de la Courtille [1] ?
Qu'il vienne sur peine d'amende.

GAYECTÉ.
Je cuyde qu'il est au concille [2].

LE TROISIESME.
Peult estre; car il est habille
Respondre à ce qu'on luy demande.

L'ABBÉ DE PLATE BOURCE.
Je vueil bien que chascun entende,
Et qui vouldra courcer s'en cource [3],
Que tiens la Courtille en commande [4].

LE TROISIESME.
Le corps bieu, c'est autre viande.

L'ABBÉ DE PLATE BOURCE.
Au moins les deniers en embource.
Je suis abbé de Plate Bource
Et de la Courtille.

LE PREMIER.
Nota.

L'ABBÉ DE PLATE BOURCE.
Je courus plus tost que la cource
En poste.

LE PRINCE.
Raison pourquoy ?

L'ABBÉ DE PLATE BOURCE.
Pour ce
Tel n'est mort qui ressuscita [5].

GAYECTÉ.
Et où est Frevaulx ?

L'ABBÉ DE FREVAULX.
Me vella;
Par devant vous vueil comparestre.
J'ay despendu, notez cela,
Et menge par cy et par la
Tout le revenu de mon cloistre.

LE PRINCE.
Voz moynes ?

L'ABBÉ.
Et ilz doivent estre
Par les champs pour se pourchasser,
Bien souvent quant cuident repaistre,

---

1. Dans les *Lettres nouvelles*, où le seigneur de Gayecté ne pouvait manquer de figurer puisque le prince des Sotz y figure, il a, lui aussi, le rang d'évêque.

2 Sous entendu « ses ordres ».

3. C'était déjà la friandise à la mode en temps de carnaval Un des plaisirs de François Ier fut de les faire lui même V. La Ferrière, les Chasses de François Ier, 1869, in-18, p. 2.

1. Cet abbé n'est pas déplacé dans la compagnie, comme les autres Plate Bourse, Plat d'Argent, etc., il ne paye guere que d'apparence Déjà, comme plus tard dans le *Pedant joué*, ne disait-on pas en commun proverbe à propos de toutes vignes de courtille « Belle montre et peu de rapport ! »

2. Au concile national de Tours, où Louis XII en préparait un plus autorisé, celui de Pise, qui assignerait Jules II. C'est pour prévenir cette assignation, qu'au moment même où se jouait cette Sottie, Jules II s'apprêtait à convoquer lui-même un concile à Saint-Jean de Latran Il ne put s'assembler qu'en octobre 1511

3. « Qui voudra s'en courroucer, s'en courrouce. »

4. « Que je suis abbé commendataire de la Courtille » C'est-à-dire en bénéficier libre, sans obligation de résidence.

5. Parce que les vivants reviennent encore mieux que les morts.

Ilz ne sçayvent les dens où mettre,
Et sans souper s'en vont coucher.

GAYECTÉ.

Et sainct Liger, nostre amy cher,
Veult il laisser ses prelatz dignes?

LE DEUXIESME.

Quelque part va le temps passer,
Car mieulx se congnoist à chasser
Qu'il ne fait à dire matines.

LE TROISIESME.

Vos prelatz font ung tas de mynes
Ainsi que moynes reguliers;
Mais souvent dessoubz les courtines
Ont creatures femynines
En lieu d'heures et de psaultiers.

LE PREMIER.

Tant de prelatz irreguliers!

LE DEUXIESME.

Mais tant de moynes apostatz!

LE TROISIESME.

L'Eglise a de maulvais pilliers!

LE PREMIER.

Il y a ung grant tas d'asniers
Qui ont benefices à tas.

LA SOTTE COMMUNE[1].

Par Dieu, je ne m'en tairay pas!
Je voy que chascun se desjune[2]!
On descrye florins et ducatz[3],
J'en parleray, cela repugne.

LE PRINCE.

Qui parle?

GAYECTÉ.

La Sotte Commune.

LA SOTTE COMMUNE.

Et que ay-je à faire de la guerre,
Ne que à la chaire de sainct Pierre
Soit assis ung fol ou ung saige?
Que m'en chault il se l'Eglise erre,
Mais que paix soit en ceste terre?
Jamais il ne vint bien d'oultraige.
Je suis asseur en mon village;
Quant je vueil je souppe et desjeune!

LE PRINCE.

Qui parle?

LE PREMIER SOT.

La Sotte Commune.

LA SOTTE COMMUNE.

Tant d'allees et tant de venues,
Tant d'entreprises incongnues!

Appoinctemens rompuz, cassez!
Traysons secrettes et congnues!
Mourir de fievres continues!
Bruvaiges et boucons[1] brassez!
Blancs scellez en secret passez[2]!
Faire feux, et puis veoir rancune!

LE PRINCE.

Qui parle?

LA COMMUNE.

La Sotte Commune.
Regardez moy bien hardiment.
Je parle sans sçavoir comment,
A cella suis acoustumée;
Mais à parler realement,
Ainsy qu'on dit communement,
Jamais ne fut feu sans fumee;
Aucuns ont la guerre enflamee,
Qui doivent redoubter fortune.

LE PRINCE.

Qui parle?

LA SOTTE COMMUNE.

La Sotte Commune.

LE PREMIER SOT.

La Sotte Commune, aprochez.

LE SECOND SOT.

Qu'i a il? Qu'esse que cerchez?

LA SOTTE COMMUNE.

Par mon ame, je n'en sçay rien.
Je voy les plus grans empeschez,
Et les autres se sont cachez.
Dieu vueille que tout vienne à bien!
Chascun n'a pas ce qui est sien,
D'affaires d'aultruy on se mesle.

LE TROISIESME.

Tousjours la Commune grumelle.

LE PREMIER.

Commune, de quoy parles-tu?

LE DEUXIESME.

Le Prince est remply de vertu.

LE TROISIESME.

Tu n'as ne guerre ne bataille.

LE PREMIER.

L'orgueil des Sotz a abatu.

LE DEUXIESME.

Il a selon droit combatu.

---

1. « Le commun populaire » On verra que c'est surtout pour les paysans que parle Sotte Commune.
2. « Entre en discorde et en perversion » Ce sont les sens que donne Cotgrave
3 Ces guerres avec l'étranger faisaient en effet mettre au rabais decrier) les monnaies étrangères, telles que ducats et florins.

1. Le boucon, c'est le morceau, la bouchee, a l'italienne (borrone), c'est-a-dire le poison, dont a la cour de Borgia on avait fait si grande dépense Henri Estienne ne l'oublie pas dans ses Dialogues du nouveau langaige françois italianise, qui sont une si vive satire contre les modes italiennes de toutes sortes, dont nous étions envahis « Etes vous de ces gens la? Baillez vous le boucon, a ceux qui vont disner avec vous? Helas! le disner leur couste bien cher. »
2 Traités secrets avec blancs seings.

LE TROISIESME.

Mesmement a mys au bas taille [1].

LE PREMIER.

Te vient on rober ta poulaille [2]?

LE DEUXIESME.

Tu es en paix en ta maison.

LE TROISIESME.

Justice te preste l'oreille [3].

LE PREMIER.

Tu as des biens tant que merveille
Dont tu peux faire garnison [4].

LE DEUXIESME.

Je ne sçay pour quelle achoison [5]
A grumeller on te conseille.

LA COMMUNE *chante*.

Faulte d'argent, c'est douleur non pareille [6].

LE DEUXIESME.

La Commune grumelera
Sans cesser, et se meslera
De parler à tort, à travers.

LA COMMUNE.

Ennuyt la chose me plaira,
Et demain il m'en desplaira;
J'ay propos muables, divers;
Les ungz regardent de travers
Le Prince, je les voy venir;
Par quoy fault avoir yeulx ouvers;
Car scismes orribles, pervers,
Vous verrez de brief advenir [7].

GAYECTE.

La Commune ne sçait tenir
Sa langue.

LE TROISIESME.

N'y prenez point garde.
A ce qu'elle dit ne regarde.

LA MÈRE SOTTE, *habillée par dessoubz en Mère Sotte, et par dessus, son habit ainsi comme l'Eglise* [1].

Sy le Dyable y devoit courir
Et deussay je de mort mourir
Ainsi que Abiron et Datan,
Ou dampne avecques Sathan,
Sy me viendront ilz secourir.
Je feray chascun acourir
Après moy, et me requerir
Pardon et mercy à ma guise,
Le temporel vueil acquerir
Et faire mon renom florir.
Ha! brief, vela mon entreprise
Je me dis Mere Saincte Eglise,
Je vueil bien que chascun le note;
Je mauldiz, anatematise,
Mais soubz l'habit, pour ma devise,
Porte l'habit de Mere Sotte.
Bien sçay qu'on dit que je radotte
Et que suis fol en ma vieillesse [2];
Mais grumeler [3] vueil à ma poste [4]
Mon filz le Prince, en telle sorte
Qu'il diminue sa noblesse.
Sotte Fiance.

SOTTE FIANCE.

La haultesse
De vostre regnum florira.

LA MÈRE SOTTE.

Il ne faut pas que je delaisse
L'entreprise; ains que [5] je cesse
Cent foys l'heure on en mauldira.

SOTTE OCCASION.

Qui esse qui contredira
Vostre saincte discretion!
Tout aussi tost qu'on me verra
Avec vous, on vous aydera
A faire vostre intencion.

LA MÈRE SOTTE.

Ça! ça! ma Sotte Occasion,
Sans vous ne puis faire mon cas.

SOTTE OCCASION.

Pour toute resolution
Je trouveray invention
De mutiner [6] princes, prelatz.

SOTTE FIANCE.

Je promettray escus, ducatz
Mais [7] qu'ilz soyent de vostre aliance.

---

1 L'impôt de la taille, que Louis XI avait fort élevé et qui ne s'était pas abaissé sous Charles VIII, avait été fort diminué sous la bonne administration de Louis XII. On évalue la réduction qu'il lui fit subir à 2,600,000 livres, ce qui ne formerait pas moins de 68 millions d'aujourd'hui.

2. Louis XII y avait avisé. Plusieurs pillards des campagnes avaient été exécutés, et des lois, selon la Chronique, « nul n'eût été assez hardi pour lieu prendre sans payer, et les poules couloient hardiment aux champs et sans risques. »

3 Par une ordonnance de l'année précédente, 1510, Louis XII avait singulièrement rogné ongles et dents aux gens de loi. Pour que justice pût, comme il est dit ici, prêter l'oreille aux pauvres gens, il avait ordonné que tout, du moins au criminel, « fut jugé, non en latin, mais en françois. »

4 « Tu as si grands biens qu'on pourrait, sans te faire tort, tenir chez toi garnison. »

5. « Pour quelle raison, a quelle occasion »

6. Refrain, qui revenait dans bien des chansons. Rabelais en cite une, nous en connaissons une autre mise en rondeau par Roger de Collerye (*Œuvres*, p. 225), mais la plus jolie est celle qu'a donnée M. Francisque Michel dans un de ses Rapports sur les *Poèmes françoises* manuscrites qui sont en Angleterre.

7. Ici, la commune fait une prophétie qui ne s'est que trop réalisée. Dix ans avant Luther, elle l'annonce.

---

1 C'est-a dire comme le pape Jules II, c'est lui en effet que Mere Sotte represente, avec son avidité du temporel, ses violences promptes à l'anatheme, etc.

2. Jules II avait soixante ans.

3. « Gronder. »

4. « A ma guise. » Chacun, ayant alors ses messagers particuliers, « sa poste », qui lui obéissaient comme il voulait, on en était venu à dire, pour faire suivant sa volonté, « faire à sa poste » A la date de 1414, on lit dans la *Chronique* de P. de Fénin « Tout ce temps durant, y avoit au royaume de France doubles offices, car chacune partie contendoit de les faire *sa poste*. »

5. « Avant que. »

6 « De se lever. »

7. « A condition »

LA MÈRE SOTTE.
Vous dictes bien, Sotte Fiance.

SOTTE FIANCE.
On dit que n'avez point de honte
De rompre vostre foy promise.

SOTTE OCCASION.
Ingratitude vous surmonte;
De promesse ne tenez compte
Non plus que bourciers de Venise [1].

MERE SOTTE.
Mon medecin juif prophetise
Que soye perverse, et que bon est.

SOTTE FIANCE.
Et qui est il?

MERE SOTTE.
 Maistre Bonnet [2].

SOTTE OCCASION.
Nostre mère, il est deffendu
En droit, par Juif se gouverner.

SOTTE FIANCE.
Ainsi comme j'ay entendu
Tout sera congnu en temps deu;
Il y a bien à discerner.

MERE SOTTE.
Doit autre que moy dominer?

SOTTE FIANCE.
On dit que errez contre la loy.

MERE SOTTE.
J'ay Occasion quant et moy.

SOTTE OCCASION.
Nostre mère, je vous diray,
Voulentiers je vous serviray
Sans qu'il en soit plus replique.

MERE SOTTE.
Aussy tost que je cesseray
D'estre perverse, je mourray,
Il est ainsi pronosticque.

SOTTE FIANCE.
Vous avez tresbien allegue;
Ne le mectray en oubliance.

LA MÈRE.
J'ay avec moy Sotte Fiance.

SOTTE OCCASION.
Qu'est la Bonne Foy devenue
Vostre vraye Sotte principalle?

LA MÈRE SOTTE.
Par moy n'est plus entretenue;
El' est maintenant incongnue,
Au temps present on la ravalle.

SOTTE FIANCE.
Sy l'ay je veu juste et loyalle
Autresfois jouer en ce lieu.

LA MÈRE SOTTE.
La Bonne Foy, c'est le vieil jeu.

SOTTE OCCASION.
Vostre filz le Prince des Sotz
De bon cueur vous honnore et prise.

LA MÈRE.
Je veuil qu'on die à tous propos,
Affin que acquiere bruyt et lotz,
Que je suis Mere Saincte Eglise.
Suis je pas en la Chaire assise?
Nuyt et jour y repose et dors.

SOTTE FIANCE.
Gardez d'en estre mise hors.

LA MÈRE SOTTE.
Que mes prelatz viennent icy,
Amenez moy les principaulx.

OCCASION.
Ilz sont tous pretz, n'ayez soulcy,
Et deliberez [1], Dieu mercy,
Vous servir comme voz vassaulx.

SOTTE FIANCE.
Croulecu, sainct Liger, Frevaulx,
Çà, La Courtille, et Plate Bource,
Venez tost icy à grant source.

PLATE BOURCE.
Nostre mère,

FREVAULX.
 Nostre asottee,

CROULECU.
Nostre suport, nostre soullas.

PLATE BOURCE.
Par Dieu, vous serez confortée,
Et de nuyt et jour supportee
Par voz vrays suppostz les Prelatz.

MERE SOTTE.
Or je vous diray tout le cas:
Mon filz la temporalité
Entretient, je n'en doubte pas;
Mais je vueil, par fas ou nephas,
Avoir sur luy l'auctourité.
De l'espiritualité
Je jouys, ainsy qu'il me semble;
Tous les deux vueil mesler ensemble.

---

1. « Pensionnaires de Venise, du conseil des Dix. » Le mot *boursier* n'avait pas alors d'autre sens. « En l'Université de Paris, *boursiers*, comme estant nourris et alimentez de la bourse commune de leurs fondateurs, » dit Pasquier au liv. IX de ses *Recherches*.

2. C'est le juif converti, Bonnet de Lates, qui était venu de Provence à la cour des Borgia, où il s'était fait un crédit par ses prédictions d'astrologue, qu'il continua sous Jules II. Il s'était mis en état de tout prédire, grace à un anneau astronomique qu'il avait inventé pour mesurer la hauteur du soleil et des étoiles. Le livre dans lequel il l'avait décrit, et qu'il avait dedié à Alexandre VI, avait été récemment réimprimé à Paris : *Bonnet de Lates, medici provensalis, annuli per eum compositi, super astrologam utilitates*, 1507, in-4°.

1. « Decidés a... »

SOTTE FIANCE.
Les Princes y contrediront.

SOTTE OCCASION.
Jamais ilz ne consentiront
Que gouvernez le temporel.

LA MÈRE.
Veuillent ou non, ilz le feront
Ou grande guerre a moy auront
Tant qu'on ne vit onc debat tel.

PLATE BOURCE.
Mais gardons l'espirituel,
Du temporel ne nous meslons.

LA MÈRE SOTTE.
Du temporel jouyr voullons.

SOTTE FIANCE.
La Mère Sotte vous fera
Des biens; entendez la substance.

FREVAULX.
Comment ?

SOTTE FIANCE.
El' vous dispencera
De faire ce qu'il vous plaira [1],
Mais que tenez son aliance.

CROULECU.
Qui le dit ?

SOTTE OCCASION.
C'est Sotte Fiance.
Je suis de son oppinion.
Gouvernez vous à ma plaisance ;
Contente suis mener la dance,
Je, qui suis Sotte Occasion.

MÈRE SOTTE.
Il sera de nous mencion
A jamais, mes suppotz feaulx ;
Se faictes mon intencion
Vous aurez, en conclusion,
Largement de rouges chappeaulx.

PLATE BOURCE.
Je ne me congnois aux assaulx.

LA MÈRE SOTTE.
Frappez de crosses et de croix.

PLATE BOURCE.
Qu'en dis tu, abbé de Frevaulx ?

FREVAULX.
Nous serons trestous cardinaulx,
Je l'entens bien à ceste fois.

CROULECU.
On y donne des coups de touetz [2] :
Et je enrage quant on me oppresse.

1. « Elle vous accordera dispense pour faire ce qu'il vous plaira. »
2. « On peut alors fustiger en maitre. »

MÈRE SOTTE.
Mes suppotz et amys parfaitz,
Je sçay et congnois que je fais.
De en plus deviser, c'est simplesse.
Je voys par devers la noblesse
Des Princes.

PLATE BOURCE.
Allez, nostre Mère,
Parachevez vostre mistère.

MÈRE SOTTE.
Princes, et seigneurs renommez,
En toutes provinces clamez,
Vers vous viens pour aucune cause.

LE SEIGNEUR DU PONT ALLETZ.
Nostre Mere, dictes la clause.

LA MÈRE SOTTE.
Soustenir vueil en consequence
Devant vous, mes gentilz suppotz,
Que doy avoir preeminence
Par dessus le Prince des Sotz ;
Mes vrays enfans et mes dorlotz [1],
Alliez vous avecques moy.

LE SEIGNEUR DE JOYE.
J'ay au Prince promis ma foy,
Servir le vueil, il est ainsi.

LE SEIGNEUR DU PLAT.
Je suis son subgect.

LE PRINCE DE NATES.
Moy aussi.

LE GENERAL D'ENFANCE.
Je seray de son aliance.

LE SEIGNEUR DE LA LUNE.
Nostre Mere, j'ay esperance
Vous aider, s'il vous semble bon.

LE SEIGNEUR DU PONT ALLETZ.
Vella la Lune, sans doubtance,
Qui est variable en sustance
Comme le pourpoint Jehan Gippon [2].

LA MÈRE SOTTE.
Serez vous des miens?

LE SEIGNEUR DE JOYE.
Nenny, non.
Nous tiendrons nostre foy promise.

LA MÈRE SOTTE.
Je suis la Mère saincte Eglise.

1. « Mes mignons. »
Un fin mignon, un dorelot,
lit-on dans le Monologue de la Botte de foin, de Coquillard

2 Jehan Gipon était le type de l'Ecossais avec sa jaquette et son pourpoint a carreaux de couleurs variees Comme les Ecossais, dont le roi avait une garde, ne manquaient pas a Paris, on s'v amusait beaucoup, chez le peuple et aussi dans les farces, de ce jupon bariolé que portaient meme les juges écossais, les constables sous leurs robes. Il en etait venu un proverbe dont on trouve trace ici, et dans une des Epistres en coq à l'âne de Sygogne :

Il n'est rien plus beau ni plus etable
Qu'un teint de juppe de Constable.

LE SEIGNEUR DU PLAT.

Vous ferez ce qui vous plaira;
Mais nul de nous ne se faindra
Sa foy, je le dis franc et nect.

LE PRINCE DE NATES.

Le Prince nous gouvernera.

LE SEIGNEUR DU PONT ALLETZ

De fait, on luy obeira,
Son bon vouloir chacun congnoist.

LE GENERAL.

Je porteray mon moulinet,
S'il convient que nous bataillons,
Pour combatre les papillons [1].

SOTTE FIANCE.

La Mere vous fera des biens
Si vous voullez estre des siens ;
Par elle aurez de grans gardons [2].

LE SEIGNEUR DE JOYE.

Comment ?

SOTTE FIANCE.

El' trouvera moyens
Vous deslyer de tous lyens,
Et vous assouldra par pardons.

LE SEIGNEUR DE LA LUNE.

Elle nous promet de beaulx dons
Se voullons faire à sa plaisance.

LE SEIGNEUR DU PLAT.

Voire, mais c'est Folle Fiance.

SOTTE OCCASION.

Nostre Mère, pour bien entendre,
Doit sur tous les Sotz entreprendre ;
Vela où il fault regarder.
Se le Prince ne luy veult rendre
Tout en sa main, on peult comprendre
Qu'el' vouldra oultre proceder;
Et qui n'y vouldra conceder
En congnoistra l'abusion.

LE SEIGNEUR DU PONT ALLETZ.

Vela pas Sotte Occasion ?

LE SEIGNEUR DE JOYE.

Qu'en dis tu ?

LE SEIGNEUR DU PONT ALLETZ.

Je tiendray ma foy.

LE GENERAL.

En effect sy feray je moy.

LE PRINCE DE NATES.

Au Prince je ne fauldray point.

LA LUNE.

En effect, à ce que je voy,
Ma Mère, obeyr je vous doy,
Servir vous vueil de point en point.

LA MÈRE SOTTE.

Je voys mettre mon cas à point,
Je le vous prometz et afferme.

LE SEIGNEUR DU PLAT.

Et dea ! quelle mousche la point ?

LE SEIGNEUR DU PONT ALLETZ.

Je n'entens pas ce contrepoint,
Nostre Mere devient gendarme [1].

LA MÈRE SOTTE.

Prelatz, debout ! Alarme ! alarme !
Habandonnez eglise, autel !
Chascun de vous se treuve ferme !

L'ABBÉ DE FREVAULX.

Et vecy ung terrible terme !

L'ABBÉ DE PLATE BOURCE.

Jamais on ne vit ung cas tel !

CROULECU.

En cela n'y a point d'appel,
Puis que c'est vostre oppinion.

SOTTE OCCASION.

El' veult que l'espirituel
Face la guere au temporel,
Et par nous, Sotte Occasion.

LE PREMIER SOT.

Il y a combinaison
Bien terrible dessus les champs.

LE DEUXIESME SOT.

L'Église prent discention,
Aux seigneurs.

LE TROISIESME.

La division
Fera chanter de piteux chans.

LA COMMUNE.

Bourgois, laboureurs et marchans
Ont eu bien terrible fortune.

LE PRINCE.

Que veulx tu dire, la Commune ?

LA COMMUNE.

Affin que le vray en devise,
Les marchans et gens de mestier
N'ont plus rien, tout va à l'Eglise.
Tous les jours mon bien amenuyse [2],
Point n'eusse de cela mestier [3].

LE PREMIER.

Se aucuns vont oblique sentier,
Le Prince ne le fait pas faire.

LA COMMUNE.

Non, non, il est de bon affaire.

LE DEUXIESME.

Tu parles d'ung tas de fatras

---

1 Il y a ici évidemment un jeu de mots sur *papillons*, et soldats du *Pape*.
2 « Guerdons, » récompenses.

1. Le pape Jules II allait en guerre avec cuirasse et casque Cette année même, le 11 janvier, il avait pris en personne la ville de la Mirandole, et y était entré par la breche.
2 « Devient plus menu »
3. « Je n'avais pas de cela besoin. »

Dont ne es requise ne priée.
LA COMMUNE.
Mon oye avoit deux doigs de gras
Que cuydoye vendre en ces jours gras,
Mais, par Dieu, on l'a descryée ..
LE TROISIESME.
Et puis ?
LA COMMUNE.
Je m'en treuve oultragée,
Mais je n'en ose dire mot.
Non obstant qu'el soit vendengée,
Je croy qu'el ne sera mangee
Sans qu'on boyve de ce vinot.
LE PREMIER SOT.
Tu dis tousjours quelque mot sot.
LE TROISIESME.
El a assez acoustumé.
LA COMMUNE.
Je dis tout, ne m'en chault se on m'ot [2],
En fin je paye tousjours l'escot.
J'en ay le cerveau tout fumé.
Le dyable ait part au coq plumé [3] !
Mon oye en a perdu son bruyt !
Le feu si chault a allumé,
Après que a le pot escumé,
Il en eust la sueur de nuyt !
Le merle chanta, c'estoit bruyt
Que de l'ouyr en ce repaire !
Bon œil avoyt pour sauf conduyt.
Quant ilz eurent fait leur deduyt
Ilz le firent signer au père [4] !
LE TROISIESME.
Nous entendons bien ce mystere !
Je vous prie, parlons d'aultre cas ;
Le Prince n'y contredit pas.
LA MÈRE SOTTE.
Que l'assault aux Princes on donne !
Car je vueil bruit et gloire acquerre,
Et y estre en propre personne.
Abregez vous, sans plus enquerre.

1. Jeu de mots sur « mon oie » et « monnoie, » l'une qu'on met au rabais en la *decriant*, l'autre qu'on plume Certaines vieilles enseignes à l'Oie, avec ces mots « monnoie fait tout », sont encore de ce vieil esprit.
2. « Peu m'importe si l'on m'écoute »
3. Le coq, c'est le coq gaulois, la France, qu'on plumait peu à peu, en la dépossédant de ce qu'elle avait conquis en Italie. On en avait mieux auguré au moment de l'expédition contre Venise, qu'avait signalée la victoire d'Agnadel. Une vieille sculpture de l'église Saint Marc avait donné lieu à ces présages, d'abord réalisés C'était, suivant Lemaire de Belges en sa *Legende des Venitiens*, « un coq crevant les yeux à un *renard*, dénotant par le coq le roi tres chrestien, et par le renard la nature des Venitiens. »
4. Il y a dans ce fatras, embrouillé à plaisir, une allusion à tout ce qui s'était passé entre Louis XII, Jules II et les princes Louis XII allumant le feu contre Venise, écumant le pot pour le pape, puis s'arrêtant, puis par cette peur d'aller trop loin qui lui donna « la sueur de nuit », et enfin, quoiqu'il eût « bon œil pour sauf conduit », se laissant surprendre par la ligue nouvelle que les princes et le pape avaient conclue entre eux à leur plaisir, « à leur déduit ».

LE SEIGNEUR DU PONT ALLETZ.
L'Eglise nous veult faire guerre,
Soumbz umbre de paix nous surprendre.
LE SEIGNEUR DU PLAT.
Il est permys de nous deffendre,
Le droit le dit, se on nous assault.
LA MÈRE SOTTE.
A l'assault, prelatz, à l'assault !
(*Icy se fait une bataille de Prelatz et Princes.*)
LE PREMIER SOT.
L'Eglise vos suppostz tourmente
Bien asprement, je vous prometz,
Par une fureur vehemente.
LA COMMUNE.
En effet, point ne m'en contente ;
J'en ay de divers entremetz.
LE PRINCE.
A ce qu'elle veult me submetz.
LE TROISIESME.
Vous faire guerre veult pretendre.
LE PRINCE.
Je ne luy demande que paix.
GAYECTE.
A faire paix ne veult entendre.
LE TROISIESME.
Prince, vous vous pouvez deffendre
Justement, canoniquement.
LA COMMUNE.
Je ne puis pas cecy comprendre,
Que la mère son enfant tendre
Traicte ainsi rigoureusement [1].
LE PRINCE.
Esse l'Eglise proprement ?
LA COMMUNE.
Je ne scay, mais elle radote.
LE PRINCE.
Pour en parler reallement,
D'Eglise porte vestement,
Je vueil bien que chascun le notte.
LE DEUXIESME.
Gouverner vous veult à sa poste.
LE TROISIESME.
El ne va point la droicte voye.
LE PREMIER.
Peult estre que c'est Mère Sotte
Qui d'Eglise a vestu la cotte ;
Parquoy y fault qu'on y pourvoye.
LE PRINCE.
Je vous supplye que je la voye.

1. Le roi de France avait non-seulement la titre de « Roi treschrétien », mais celui de « Fils aîné de l'Eglise ».

GAYECTE.

C'est Mère Sotte, par ma foy [1].

LE PREMIER.

L'Eglise point ne se fourvoye
Jamais, jamais ne se desvoye,
El est vertueuse de soy.

LA COMMUNE.

En effect, à ce que je voy,
C'est une maulvaise entreprise.

LE PRINCE.

Conseillez moy que faire doy.

LE DEUXIESME.

Mère Sotte, selon la loy,
Sera hors de sa chaire mise.

LE PRINCE.

Je ne vueil point nuyre à l'Eglise.

LE TROISIESME.

Sy ne ferez vous en effect.

LE PREMIER.

La Mère Sotte vous desprise ;
Plus ne sera en chaire assise
Pour le maulvais tour qu'el a fait.

LE DEUXIESME.

On voit que, de force et de fait,
Son propre filz quasy regnie.

LE TROISIESME.

Pugnir la fault de son forfait ;
Car elle fut posée de fait
En sa chaire par symonie [2].

LE PREMIER SOT.

Trop a fait de mutinerie
Entre les Princes et Prelatz.

[1]. Pour comprendre ce jeu de scene, il faut se rappeler qu'à l'entrée de Mere Sotte, il a été dit qu'elle avait « par dessus son habit, ainsi comme d'église », mais qu'elle était « par dessoubs habillée en Mere Sotte. »

[2]. La simonie est, comme on sait, le trafic des choses spirituelles à l'aide des moyens temporels, l'achat des unes par les autres.

LA COMMUNE.

Et j'en suis, par saincte Marie,
Tant plaine de melencolie,
Que n'ay plus escuz ne ducas.

LE DEUXIESME.

Tays toy, Commune, parle bas.

LA COMMUNE.

D'où vient cette division ?

LE TROISIESME.

Cause n'a faire telz debatz [1].

LE PREMIER.

A mal faire prent ses esbatz.

LE DEUXIESME.

Voire, par Sotte Occasion.

LE TROISIESME.

S'elle promet, c'est fixion.
N'en faictes aucune ygnorance.

LE PREMIER.

Avec elle est Sotte Fiance.

LE DEUXIESME.

Concluons ainsi qu'on devise.

LA SOTTE COMMUNE.

Affin que chascun le cas notte
Ce n'est pas Mère Saincte Eglise
Qui nous fait guerre ; sans fainctise,
Ce n'est que nostre Mère Sotte.

LE TROISIESME.

Nous congnoissons qu'elle radote
D'avoir aux Sotz discention.

LE PREMIER.

El treuve Sotte Occasion
Qui la conduit à sa plaisance...

LE DEUXIESME.

Concluons.

LE TROISIESME.

C'est Sotte Fiance.

[1] « Tu n'as pas motifs pour faire tels débats. »

FIN DE LA SOTTIE DU PRINCE DES SOTZ.

LA FARCE DE DEUX AMOUREUX

PAR CLÉMENT MAROT

(XVIᵉ SIÈCLE — RÈGNE DE FRANÇOIS Iᵉʳ)

NOTICE ET ARGUMENT

On n'ignorait pas que Clément Marot avait été de la Bazoche. Sa ballade *Du temps que Marot estoit au Palais, et qu'il y apprenoit à ecrire*, ainsi que son épître 58ᵉ, *Au Roy pour la Bazoche*, en faisait foi. On savait encore qu'il avait appartenu à d'autres confréries de joueurs de farces, celle des *Enfants sans soucy*, pour lesquels il fit une ballade ; celle aussi — beaucoup moins connue — de l'*Empire d'Orleans*, dont un jour de *Jeu*, il composa le *Cry*, en assurant que ces confrères vaincraient tous les autres :

    Empiriens par-dessus la Bazoche
    Triumpheront.... ,

mais on n'avait aucune preuve qu'en dehors de ce que nous venons de citer, *Ballade*, *Épître*, *Cry*, il eût rien composé pour ces corporations de farceurs.

Grâce à la pièce que nous donnons ici, en lui restituant, sous bonne caution, son vrai titre et son réel caractère, la preuve cherchée sera désormais acquise.

Cette pièce n'est pas, il s'en faut, inconnue. Je ne sache pas d'édition de Marot, même la plus abrégée, qui ne l'ait donnée [1], et pour cause : le poete a rarement fait mieux. « C'est, dit l'abbé Lenglet-Dufresnoy, dans son édition [2], un des morceaux les plus agréables et les plus châtiés de Clément Marot. »

Dans toutes les éditions elle a le même titre : *Dialogue de deux amoureux*, qui n'implique rien de scénique, et duquel en effet personne n'avait conclu qu'elle dût être jouée.

Comment nous-même avons-nous pu penser qu'elle le fut ? de quelle façon avons-nous été amené à remplacer son ancien titre, *Dialogue*, par celui de *Farce* qu'elle porte ici ? C'est une découverte inattendue, mais que les recherches nécessitées par notre travail rendaient assez naturelle, qui nous y a conduit, en nous laissant tout étonné, il est vrai, que d'autres ne nous eussent pas devancé.

Parcourant, pour faire notre choix, les quatre volumes tirés du manuscrit La Vallière par MM. Le Roux de Lincy et Francisque Michel, sous le titre de *Recueil de Farces, Moralités et Sermons joyeux*, nous fûmes frappé, dans la seconde moitié du tome second, par la pièce qui portait, sous le nº 84, le titre de *Farce de deux amoureux recreatifs et joyeux*.

Elle était d'un ton, d'un esprit, d'un tour que n'avait aucune des autres, même les meilleures. En la relisant, il nous parut certain, par quelques reflets de ses vers sur notre mémoire, que nous l'avions lue ailleurs, et en très-bon lieu. Où ? il va sans dire que la recherche fut pour nous sans répit ni cesse jusqu'à ce qu'elle eût abouti.

Ce fut assez long, mais décisif, et sans le plus petit doute possible : la pièce anonyme du manuscrit La Vallière était du Clément Marot, et du meilleur ; la *Farce de deux amoureux recreatifs et joyeux* était, vers pour vers, sauf quelques variantes, et, à la fin, quelques détails, le *Dialogue de deux amoureux* !

Nous tenions enfin ce qu'on cherchait tant, une preuve de la collaboration de Marot au répertoire des *Enfants sans soucy* ou à celui de la *Bazoche* !

Ainsi nous furent expliqués quelques détails du *Dialogue* jusqu'alors inexplicables, notamment certaines allusions aux jours gras, qui en justifiaient les hardiesses un peu grasses ; ainsi nous pûmes aussi comprendre que le *Dialogue* de Marot figurât à la suite de la rarissime édition de Coquillard, en 1597, avec *Pathelin*, le *Monologue du Resolu*, le *Monologue du franc Archer*, et plusieurs autres pièces, qui toutes avaient été jouées [1].

Resterait à savoir pourquoi Marot avait change le titre de sa pièce, et l'avait appelée pédantesquement *Dialogue*, quand l'autre titre *Farce*, qui était le premier, le vrai, lui convenait si bien.

C'est facile à deviner. Sous François Iᵉʳ, — on l'a vu par la précédente notice — le théâtre n'était pas en faveur à la cour, et Marot fut de bonne heure courtisan.

Devenu valet de chambre du roi, il biffa de ses œuvres ce qui rappelait trop un temps plus libre, plus spirituel, mais d'habitudes et de hantises moins hautes.

Pour la même raison qui lui avait fait renier l'*Épitaphe du comte de Sales*, l'illustre farceur, et la *Complainte de la Bazoche*, où ses propres œuvres de théâtre étaient trop rappelées, il déguisa en *Dialogue* sa jolie *Farce de deux amoureux*.

Longtemps même, quoiqu'il y dût tenir, il la supprima. Elle n'est dans aucune édition de l'*Adolescence Clementine*, où elle avait pourtant si bien sa place. Ce n'est qu'en 1542, deux ans avant sa mort, qu'elle parut presque subrepticement, à la suite de l'édition des Œu-

---

[1]. Elle est même dans l'édition stéréotype de 1808, *Œuvres choisies de Clement Marot*, qui n'a que 140 pages.

[2]. In-4º, t. I, p. 156.

[1]. V. pour ce recueil, le t. I, p. 140, du *Catalogue de la Bibliotheque* de M. de Soleinne qui en possédait l'exemplaire peut être unique.

vres par Estienne Dolet, dans un petit recueil à part : *Les Cantiques de la paix*, par Clément Marot, ensemble ung *Dialogue et les estrennes faictes par iceluy* [1].

Le *Dialogue* s'y trouve à la p. VI, avec ce titre, *Dialogue nouveau fort joyeux*, où la farce ne se déguise pas trop, et reparaît presque.

[1]. La dernière édition du *Manuel du libraire* ne dit rien, à l'article Marot, d'ailleurs fort complet, de ce petit recueil, qui est à la Bibliothèque nationale.

Deux ans après, il figurait parmi les opuscules, dans l'édition de Lyon, *Œuvres... plus amples et en meilleur ordre que paravant*.

Depuis lors, il n'en est pas une qui ne l'ait reproduit.

Après vous en avoir dit l'histoire, est-il nécessaire de dire ce qu'est cette *farce* à deux ? Nous ne le croyons pas. Ces sortes de conversations d'un amoureux qui se plaint, et d'un autre qui, après l'avoir écouté, lui répond par le récit de son bonheur, s'analysent et se racontent d'elles-mêmes.

LA FARCE
DE DEUX AMOUREUX

RECREATIS [1] ET JOYEUX

C'est à scavoir

LE PREMIER AMOUREUX,
LE DEUXIEME.

LE PREMIER AMOUREUX *commence* [2].

Hé! compagnon?

LE DEUXIEME AMOUREUX.

Hé! mon amy [3] ?

LE PREMIER.

Comme te va [4] ?

[1]. C'est la première forme du mot *recreatif*. Il devint ce qu'il est resté peu après. On le trouve dans la XIe nouvelle de l'*Heptameron*. Il s'employait indifféremment pour les choses ou, comme ici, pour les personnes. Amyot, dans son Plutarque, dit par exemple de *Demetrius* qu'il était « gay et *recreatif* en compagnie »

[2]. Dans toutes les éditions de Marot, cette *farce*, devenue simple *dialogue*, prélude par un couplet de quatre vers

LE PREMIER *commence en chantant*
Mon cœur est tout endormy,
Resveille-moy, belle,
Mon cœur est tout endormy,
Resveille-le my

Par suite, c'est le second amoureux qui dit la première réplique « Hé! compagnon » L'ordre de toutes les autres en resterait interverti, s'il ne se rétablissait, comme nous l'allons faire voir, dès le second vers.

[3] Ce vers est sans rime Pour lui en trouver une, il faut rétablir le couplet donné par les éditions de Marot

Mon cœur est tout endormy.
Resveille-le my

Il n'y a pas de doute, après cela, que le couplet ne se chantât à la représentation de la *Farce*, et que c'est par pur oubli qu'il a été omis dans la copie du *Recueil* La Vallière.

[4]. Dans l'édition Lenglet Dufresnoy, cet hémistiche est dit par celui qui a dit le précédent L'ordre observé ici vaut mieux Il remet d'ailleurs les répliques en place, de façon à ce qu'elles se suivent dans la *Farce* comme dans le *Dialogue*.

LE DEUXIEME.

Corps bieu, beau sire,
Je ne te le daigneres dire
Sans t'acoler su ceste eschine [1],
De l'autre bras que je t'eschine
De fine force d'acolades.

LE PREMIER.

Et puys ?

LE DEUXIEME.

Et puys?

LE PREMIER.

Rondeaux, balades,
Chansons, disains, propos menus,
Conte moy qu'ils sont devenus;
Se faict il plus rien de nouveau ?

LE DEUXIEME.

Sy faict, mais j'en ay le cerveau
Sy rompu et sy alteré
Qu'en estoit j'ay delibere
De ne m'y rompre plus la teste.

LE PREMIER.

Pourquoy cela?

LE DEUXIEME.

Que tu es beste!
Ne scays tu pas bien qu'il y a
Plus d'un an qu'amour me lya
Dedens les prissons de ma mye?

[1]. « Sans l'accoler (embrasser) à bras le corps. »

LE PREMIER.

Esse encor la Bertelemye,
La blondelete?

LE DEUXIEME.

Et qui donc[1]?
Ne scays tu pas que je n'us onc
D'elle plaisir ny un seul bien ?

LE PREMIER.

Nennin, par Dieu, je n'en scay rien ;
Car sy tu m'en eusses parlé,
Ton affaire en fust myeulx alé.
Croys moy, que de tenir les chosses
D'amour sy couvertes et closses,
Y n'en vient que peine et regret.
Vray est qu'il fault estre secret,
Et seroyt l'homme bien quoquart[2],
Qui vouldroyt apeler un quart[3] ;
Mais en efaict y faut un tiers.
Demande a tous ces vieux routiers
Qui ont-esté vrays amoureux.

LE DEUXIEME.

Sy est un tiers bien dangereux,
Sy n'est amy, Dieu scayt combien.

LE PREMIER.

Et, mon amy, choisy-le bien,
Et quant tu l'auras bien choisy,
Sy ton cœur se trouve saisy
De quelque ennuyeuse tristesse,
Ou bien d'une grande leesse[4],
A l'amy te deschargeras[5],
Tout ainsy par le sang sainct Georges,
Comme sy tu rendrès ta gorge
Le jour d'un Karesme prenant[6].

LE DEUXIEME.

Y vault donc mieux, dès maintenant,
Que je t'en conte tout du long ;
N'esse pas bien dict?

LE PREMIER.

Et là donc[7].

Mais pour ce que je suis des vieux
En cas d'amours, y vauldroict mieux
Que les demandes je te face :
Combien, de qui, en quelle place,
Des reffus, des paroles franches,
Des circonstances et des branches
Et rameaux[1], car je les ay toux
Apris de mes compaignons doulx,
Alant avec eulx à la messe.
Or vien ça, conte moy quant esse
Que premierement tu l'aymois!

LE DEUXIEME.

Il y a plus de saize moys,
Voyre vint, sans avoir jouy.

LE PREMIER.

L'aymes tu encores?

LE DEUXIEME.

Ouy.

LE PREMIER.

Tu es un fol. Or, de par Dieu,
Comment doy-je dire? en quel lieu
Fut premier[2] ta pensée prise
De son amour[3]?

LE DEUXIEME.

En une eglise,
Là commencay mes passions.

LE PREMIER.

Vouela de mes devotions[4] !
En quel jour fuse?

LE DEUXIEME.

Par sainct Jaques
Ce fut le propre jour de Pasques ;
A bon jour bon œuvre.

LE PREMIER.

Et comment
Tu venoys lors tout freschement
De confesse et de recepvoir.....

LE DEUXIEME.

Il est vray, mais tu doibt scavoir
Que tousjours à ces grans journés
Les femmes sont mieux atournes
Qu'aux aultres jours, et cela tente.
O mon Dieu, qu'ele estoyt contente
De sa personne, ce jour là!
Aveques la grace quel a,
Elle vous avoyt un corset,

---

1. Lenglet-Dufresnoy met : « Et de qui donc? » Ce qui n'a pas plus de sens. Il croyait l'addition d'une syllabe indispensable pour compléter le vers. Il ignorait que, d'une réplique à l'autre, comme nous l'avons déjà remarqué dans une note du *Pathelin*, il n'y avait pas d'élision, et que, par conséquent, le second hémistiche n'avait pas besoin du monosyllabe qu'il y a greffé pour en faire un contre-sens.

2. « Bien sot » Nous avons déjà vu ce mot, et nous le retrouverons encore.

3. « Un quatrieme, comme confident. » Le mot *quart*, pris pour quatrieme, se trouve dans ce passage de Commines « Le premier tiant de ceste maison de Bourgogne fut Philippe le Hardy . . le *quart* a esté le duc Charles. »

4. Pour « liesse », dont c'est la premiere forme, plus approchée d'ailleurs du radical latin *lætitia*

5. Apres ce vers, l'absence de rime indique qu'il en manque un ici. L'édition Lenglet donne celui-ci.

Sçay tu comment l'allegeras?

6. Voilà de ces plaisanteries que Marot ne se fût pas permises, s'il n'eût su qu'il écrivait une farce pour un carnaval, pour un de ces jours « de carême prenant » dont il parle. Nous en trouverons d'autres plus loin, qui sont du même goût, à cause du même a-propos.

7. « Soit, parle donc. »

1. C'est-a-dire « des circonstances, et leurs tenants et aboutissants, leurs ramifications. »

2 « D'abord (*primo*). »

3. Il y a dans l'édition de Lenglet .

Fut premier ta pensee esprise
De son amour

Nous aimons mieux ce qui se trouve ici, comme esprit et langage du temps.

4. Dans la jolie édition stéréotype de 1808, qui a certainement été dirigée par un homme qui avait des lettres et du goût, ce qu'il y a de vif et de vrai dans cette saillie a été remarqué : « Nul auteur avant Marot, y est-il dit (p. 122), n'avait donné des modeles de ce ton naturel et franc, que La Fontaine a si bien imité depuis. »

De fin bleu, lassé d'un laset
Jaune, quelle avoyt par exprès[1];
Elle vous avoyt puys apres
Mancherons[2] d'escarlate verte[3],
Robe de pers[4] large et ouverte,
J'entens a l'endroit des tetins[5];
Chausses noires, petis patins[6],
Linge blanc, saincture houppee[7].
Le chaperon faict en pouppee,
Les cheveux en passe fillon[8]
Et l'œil gay en esmerillon,
Souple et droicte comme une gaule.
En effaict sainct Francois de Paule[9],
Et le plus sainct Italien,
Eust esté pris en son lyen,
S'à la voir se fust amusé.

LE PREMIER.

Je te tiens donc pour excusé
Pour ce jour la que fus tu?

LE DEUXIEME.

Pris.

LE PREMIER.

Quel visage eus tu delle?

LE DEUXIEME.

Gris[1],

LE PREMIER.

Ne te rist elle jamais?

LE DEUXIEME.

Poinct.

LE PREMIER.

Que veulx tu estre a elle?

LE DEUXIEME.

Joinct.

LE PREMIER.

Par mariage ou aultrement,
Lequel veulx tu?

LE DEUXIEME.

Par mon serment!
Tous deulx sont bons, et sy ne scay;
Je l'aymerois mieulx a l'essay,
Avant qu'entrer en mariage.

LE PREMIER.

Touche la, tu as bon courage,
Et sy n'es pas trop desgousté,
Tu l'auras, et d'aultre costé,
On m'a dict qu'elle est amyable
Comme un mouton.

LE DEUXIEME.

Elle est le dyable :
Cest par sa teste que j'endure;
El est par le corps bien plus dure
Que n'est le pommeau d'une dague.

LE PREMIER.

C'est signe quelle est bonne bague[2],
Compaignon.

LE DEUXIEME.

Voecy un moqueur.
J'entends dure parmy le cœur;
Car quant au corps n'y touche mye.
Des que je l'appelle ma mye,
« Vostre amye n'est pas sy noyre, »
Faict elle, vous ne sauriés croire
Comme elle est prompte à me desdire
Du tout.

LE PREMIER.

Ainsy?

LE DEUXIEME.

Laisse moy dire :

---

1. On lit dans l'édition Lenglet :

.. Qu'elle avoit fait expres,

ce qui est absurde. Ce lacet jaune que la belle porte « par exprès » est pour tenter Le jaune, dans le blason des couleurs de ce temps-la, signifiait « jouissance »

2 « Parements, retroussis des manches » C'est d'apres leur couleur que s'assortissait le reste, même, dans le costume des hommes, la nuance des plumes du chapeau « Et, dit Rabelais, liv I, ch xlvi, toujours le beau panache selon les couleurs des manchons bien garnys de paillettes d'or. »

3 L'écarlate n'était pas alors une couleur, mais une étoffe de laine « bon teint » Il y en avait de toutes nuances, de la *brune* (V. Ducange, t III, p 79), de la *blanche*, témoin ce passage de Froissart (anc édit, t. II, ch. clxxxii) : « Et fut, ce jour, le roy de Portugal vestu de blanche escarlate. » Dans le *Debat du corps et de l'ame*, on lit

Ou sont tes lits de plumes, tes nobles couvertures,
Et les draps d'*escarlate de diverses couleurs* ?

Comme l'écarlate rouge était la plus belle, ce fut la seule qui resta, et de l'étoffe le nom passa a la couleur

4. Le *pers* était un drap bleu tirant sur le violet. Les écoliers du collége de Dormans devaient en être vêtus et l'on a su par la quelle était réellement cette couleur « Le fondateur, lit on dans les *Antiquités de Paris*, de P. Bonfons, 1608, in-4°, fol. 152, v°, veut que les boursiers soient vestus de drap *pers* ou (selon les propres dictions de la Charte) *azurini coloris*, b uni, qui est bleu ou violet couvert »

5 C'etait de mode depuis longtemps déja. Coquillart, dans le *Pladoyer d'entre la simple et la rusée*, montre celle-ci prenant ses dupes

Par desordonnees fringueries .
Par robbes fendues, seins ouverts ..

6. Souliers fins a hauts talons « Et aussi, dit Ambroise Paré (liv XVII, ch. xiii), pour se monstrer plus grandes qu'elles ne sont, portent des *patins* a la façon des femmes italiennes et d'Espagne. »

7 C'est-a-dire laissant pendre a son extrémité une *houppe*, touffe ou frange de fils de soie ou d'or.

8 D'apres ce que dit Cotgrave a ce mot, c'étaient des cheveux en nattes, *enbunmelled tufts of have*. Une belle Lyonnaise, qu'avait aimée Louis XI, s'appelait la *Passe-fillon*, sans doute parce qu'elle se coiffait ainsi (V. la *Chronique de Jehan de Troyes*, anc édit, p 40 41.)

9 Il fut canonisé par Léon X, en 1519, douze ans après sa mort. Cette piece, on il est donné comme saint reconnu, ne peut donc pas être de 1514, ainsi que le veut Lenglet-Dufresnoy, elle doit être au plus tôt du carnaval de l'année 1520.

1. C'est-a-dire « renfrogné, désagréable ». *Grise mine* s'employait dans le sens de visage peu avenant. « Faire grise mine et mauvais recueil, » lit-on dans les *Aresta amorum*, p. 417. Le *gris-brun* était tout a fait la mauvaise humeur « Tu verras les maris sourire avec un visage *gris-brun*, » dit d'Allainval dans l'*Ecole des Bourgeois*, act III, sc. xiii.

2. Il y a ici une équivoque sur le double sens de *bague*, joyau, et *bague*, femme galante, d'ou est venu *bagasse*, qui nous échappe. On la comprenait alors, car l'autre aussitôt dit « Voici un moqueur. »

Sy tost que je la veulx toucher
Ou seulement m'en aprocher,
C'est paine; je n'ay nul credict,
Et scays tu bien qu'elle me dict :
« Un fascheux et vous c'est tout un;
« Vous estes le plus importun
« Que jamais je vy en effaict. »
J'en vouldroys estre ja deffaict [1],
Et m'en croy [2].

LE PREMIER.
            Que tu es belistre !
Et n'as tu pas ton franc arbitre
Pour sortir, dont tu es entre ?

LE DEUXIEME.
Arbitre? c'est bien arbitré;
Je le veulx bien, mais je ne puys.
Bien un an lay laissee; et puys
J'ay parlé aux Egiptiennes
Et aux sorcieres antiennes,
De chercher jusqu'au dernier poinct
Le moyen de ne l'aymer poinct;
Mais je ne m'en puys descoiffer.
Je pense que c'est un enfer
Dont jamais je ne sortiray.

LE PREMIER.
Par mon ame, je te diray,
Puisqu'il n'est pas à ta puissance
De la laisser ; sa joyssance
Te seroyt une grand'recepte [3].

LE DEUXIEME.
Sa joyssance je l'acepte;
Amenes la moy.

LE PREMIER.
            Non, atens.
Mais affin que ne perdions temps,
Conte moy cy par les menus
Les moyens que tu as recues
Pour parvenir a ton affaire.

LE DEUXIEME.
J'ey faict tout ce que l'on doibt faire.
J'ey soupiré, j'ey faict des cris,
J'ey envoyé de beaux escriptz,
J'ay dance et ay faict gambades ;
Je luy ay tant donné d'œillades
Que mes yeux en sont tout lassés.

LE PREMIER.
Encores n'est-ce pas assés.

LE DEUXIEME.
J'ey chanté, le deable m'emporte,
Des nuictz, cent foys, devant sa porte,
Dont n'en veulx prendre qu'à tesmoingtz
Trois pos a pisser pour le moingtz
Que sur ma teste on a cassés.

LE PREMIER.
Encores n'est-ce pas assés.

LE DEUXIEME.
Quant elle venoyt au moutier,
Je l'atendoys au benoistier [1]
Pour luy donner de l'eau beniste.
Mais elle s'enfuyoit plus viste
Que lièvres quant ils sont chassés.

LE PREMIER.
Encores n'est-ce pas assés.

LE DEUXIEME.
Je luy ay dict qu'elle estoyt belle,
J'ey baisé la paix [2] apres elle,
Je luy donnai des fruictz nouveaulx
Achaptés au Marché aux Veaulx,
Disant que c'estoyt de mon cru,
Je ne scay sy elle l'a cru,
Et puys tant de bouquets et roses :
Bref elle a mys toutes ces choses
Au renc des péchés effacés.

LE PREMIER.
Encores n'esse pas assés.
Il falloyt estre diligent
De luy donner.

LE DEUXIEME.
            Quoy ?

LE PREMIER.
            De l'argent,
Ou quelque chayne d'or poisante,
Quelque esmeraulde bien luisante,
Quelque pastenostre de prix [3];
Tout soubdain cela seroyt pris,
Et en prenant elle s'oblige.

LE DEUXIEME.
Elle n'en prendroict jamais, dis je,
Car c'est une femme d'honneur.

LE PREMIER.
Mais tu es un mauvais donneur,
Je le voys tres bien.

LE DEUXIEME.
            Non suys poinct,
Je croys qu'elle n'en prendroyct poinct,
En y eust il plains troys baris.

---

1. « Bénitier. » On disait aussi *benestier*, comme dans la *satire* II de Régnier. Suivant Ménage, la forme « bénitier » l'a emporté, parce que c'est ainsi que *benoistier* se prononçait a Paris.

2. C'est la plaque, d'argent ou d'or, qu'on donne a baiser aux assistants, apres l'officiant, pendant l'*Agnus Dei*, en répétant ces mots, pour chacun . *Pax tecum*. Une des légendes de la grande tapisserie de Montpézat disait :

> Comme Martin chantoit la messe,
> Son hoste estoit de lèpre plein.
> En baisant la paix eut liesse,
> Car il fust guery tout a plain.

3. Chapelets, qu'on appelait ainsi, a cause des *pater noster* qui s'y égrenaient sous les doigts. Il y en avait de tres-precieux en bois de *cestrum*, comme on voit dans Rabelais (liv. II, ch xxi) ; « a seigniaux (gros grains) d'or, » comme celui de la reine Clémence, en 1328, en perles, ou en jais « a seigniaux de jais, » etc. Dans l'*Inventaire des joyaux de Philippe le Bon*, en 1467, on en trouve qui sont « de coral, d'or et d'argent ».

---

1. « Délivré »
2. « Et tu peux m'en croire. »
3. « Ressource. » Charon (liv. II, preface) dit avec le même sens « La chose n'est de mise, ni de *recette* en ce siecle. »

LE PREMIER.

Mon amy, elle est de Paris,
Ne t'y fye, car c'est un lieu
Le plus gluant.

LE DEUXIEME.
   Par le corps bieu,
Tu me contes de grans matieres.

LE PREMIER.

Quant les petites vilotières [1]
Treuvent quelque hardy amant,
Qui veuille mestre un dyamant
Devant leurs yeux tout grans ouvers,
Crac, elles tumbent à l'envers.
Tu dis : Maudict soyt-il qui erre [2] !
C'est la grant vertu de la pierre
Qui esblouyt ainsy les yeulx ;
Tels dons, tels presens feroyent mieulx
Que beaulte, scavoir ne prieres.
Ils endorment les chamberieres;
Ils ouvrent les portes fermées
Comme s'elles estoyent charmees [3] ;
Ils font aveugler ceulx qui veoyent
Et taire les chiens qui haboyent.
Ne me croys tu pas ?

LE DEUXIEME.
   Sy fays, sy.
Mais de la tienne, Dieu mercy,
Compaignon, tu ne m'en dis rien.

LE PREMIER.

Et que veulx-tu ? el' m'ayme bien :
Je n'ay que faire de m'en plaindre.

LE DEUXIEME.

Il est vray, mais sy peult on faindre
Aucune foys une amytié
Qui n'est pas sy grand' la moytié
Comme on la démonstre par signes [4].

LE PREMIER.

Ouy bien quant aux femmes fines,
Mais la mienne est sy grant jeunesse,
Ne sçauroyt avoir grand' finesse.
Ce n'est c'un enfant.

LE DEUXIEME.
   De quel aage ?

LE PREMIER.

De quatorze ans.

LE DEUXIEME.
   O voyla rage [5] !
Elle commence de bonne heure.

LE PREMIER.
Tant mieulx, elle sera plus seure,
Car avec le temps on s'afine.

LE DEUXIEME.
Oüy elle sera plus fyne ;
N'es ce pas cela ?

LE PREMIER.
   Que d'esmoy !
Entens que son amour à moy [1]
Croistra tousjours avec les ans.

LE DEUXIEME.
Ne faisons pas tant des plaisans,
Pour tout il y a decepvance.
De quoy la cognoys tu ?

LE PREMIER.
   D'enfance,
D'enfance tout premierement
La voyois ordinairement,
Car nous estions prochains voysins ;
L'esté luy donnoys des raisins,
Des pommes, des prunes, des poyres,
Des poys verts, des cerises noyres,
Du pain benist, du pain d'espisse,
Des eschaudés, de la riglisse,
De bon sucre, de la dragée,
Et quant elle fut plus agée
Je luy donnois de beaux bouquès,
Un tas de petis afiquès
Qui n'estoyent pas de grand' valeur :
Quelque sainture de couleur
Au temps que le lendict venoyt [2] ;
Encor de moy rien ne prenoyt
Que devant sa mere ou son pere,
Disant que c'estoyt vitupere [3]
De prendre rien sans congé d'eulx.
D'huy [4] à un bon an ou deulx,
Luy donneray et corps et biens,
Pour les mesler avec les siens,
Et à son gré en disposer.

LE DEUXIEME.
Tu l'aymes donc pour l'espouser ?

LE PREMIER.
Ouy, car je sçays surement
Que ceulx qui ayment aultrement
Sont volontiers tous marmiteux [5] :
L'un est fasché, l'autre est piteux ;
L'un brulle et ard [6], l'autre est transy.
Qu'ay je que faire d'estre ainsy ?

---

1. Coureuses des rues de la ville. Du Lorens, dans sa *Coustume de Chasteauneuf-en-Thymerais*, ch. ix, art. 6b, dit que la femme mariée ne doit pas être « vilotiere » Il en resultait pour elle un tres-mauvais renom, comme on le voit ici, et dans un passage du *Roman de la Rose*, ou le plus vif reproche d'un mari jaloux a sa femme est celui-ci : « Trop estes vilotière »
2. « Qui se trompe en parlant ainsi »
3. « Comme si elles étaient mues par un charme. »
4. On prononçait *sines*, ce qui permettait la rime avec *fines*, qui se trouve ici.
5. « Voila ce qui s'appelle avoir le diable au corps, la rage d'amour ! »

1. C'est a-dire « pour moi. » Il y a dans l'édition Lenglet *moy* », ce qui est un contre sens.
2. C'était la foire des écoliers Elle se tenait entre Paris et Saint Denis, dans cette partie de la plaine qui s'appelle encore le champ du Lendit Elle commençait a la Saint Barnabé, le 11 juin, et finissait quatorze jours après, a la Saint Jean. (V. Sauval *Antiquites de Paris*, t. I, p. 668.)
3. « Chose blamable, » du latin *vituperare*.
4. « D'aujourd'hui. »
5. « De mauvaise humeur, chagrins » Le mot n'est pas commun avec ce sens Nous le trouvons toutefois dans Montaigne (liv III, ch. ix) « Je vois avec despit en plusieurs mesnages monsieur revenu maussade et *marmiteux* du tracas des affaires »
6. « Est en feu (*ardet*). »

Ainsy comme j'ayme ma mye,
Cinq, six, sept heures et demye
L'entretiendray voyre dix ans
Sans avoir peur des mesdisans
Et sans danger de ma personne.

LE DEUXIEME.

Corbieu ! ta raison est tres bonne,
Car d'une bonne intention
Ne vient doubte ne passion [1],
Mais, compaignon, je te demande
Quelle est la matiere plus grande
Qu'elle t'a offerte desja ?

LE PREMIER.

Ma foy, n'en mentiray-je jà ;
Je n'ose toucher son teton,
Mais je la prens par le menton
Et tout premièrement la baise.

LE DEUXIEME.

Ventre saint gris [2] que tu es aise,
Compaignon d'amours !

LE PREMIER.

　　　　　Par ce corps,
Quant il faut que j'aille dehors,
Sy tost qu'elle en est advertye
Et que c'est loing, ma départye [3]
Elle pleure comme un ongnon.

LE DEUXIEME.

Je puisse mourir, compaignon !
Je croys que tu es plus heureux
Cent foys que tu n'es amoureux.
O la grand'aise en quoy tu vis !
Mais pour quoy est-ce à ton advis
Que la mienne m'est sy estrange,
Et qu'elle prise moins que fange
Ma payne et mon pourchas [4] ?

LE PREMIER.

C'est signe que tu ne couchas
Encores jamais avec elle [5].

LE DEUXIEME.

Corbieu ! tu me la bailles belle,
J'en dévigneroys bien autant,
Or cy poursuyvrai-je pourtant
La chose que j'ey entreprise,
Car, tant plus on tarde à la prinse,
Tant plus doux en est le repos.

LE PREMIER.

Une chanson avec propos
N'aroyt pas trop mauvaise grâce,
Chantons la.

LE DEUXIEME.

　　　La dirons nous grasse,
De mesme le jour [1] ?

LE PREMIER.

　　　　　　Rien quelconques ;
Honneur partout.

LE DEUXIEME.

　　　Commencons donques :
Languir me fait content desir.

LE PREMIER.

A telles ne prens poinct plaisir,
Elles sentent trop leurs clamours [2].

LE DEUXIEME.

Disons donques : *Puys qu'en amours ;*
Tu la dis assés voulentiers.

LE PREMIER.

Il est vray, mais cy fault un tiers,
Car il est composé à troys.

LE PETIT ENFANT *commence* [3].

Messieurs, sy vous plaist que j'en soys,
Je serviray d'enfant de chœur ;
Car je la scais toute par cœur,
Il ne s'en fault pas une note.

LE DEUXIEME.

Bien venu, par saincte Penote !
Soys, mignon, le bien arrivé.

LE PREMIER.

Luy siet-il bien estre privé ?
Chantés vous clair ?

L'ENFANT.

　　　　　Comme laton [4].
Baillés moy seulement mon ton
Et vous voyerés sy je l'entens.

LE DEUXIEME.

Chantons donc pour passe temps [5].

---

1. « Ne vient chose a craindre (*douter, redouter*), ni dont on doive souffrir (*pati*).

2 C'est la première fois que nous trouvons ce juron, qu'Henri IV rendit si fameux Dans Rabelais (liv. IV, ch. IX), Xenomanes jure « sang saint gris ! » C'est-a-dire par le sang du meme saint Quel était-il ? le patron des cordeliers, « ces diables gris, » comme les appelle leur *Alcoran* ; c'était saint François d'Assise, qui, ainsi que tous ceux de son ordre, portait longue « robe grise » ceinte d'une corde, et se trouvait être ainsi le « saint gris » par excellence. Nous avons vu le drapier dans *Pathelin* jurer « ventre saint-Pierre ! » Dans Rabelais (liv I, ch. v), les buveurs jurent « ventre de saint Quenest ! » Le ventre saint gris est un juron de même sorte.

3 « Mon départ. »

4. « Ma poursuite, ma recherche » Rabelais dit (liv I, *Prolog.*) , « légiers au *pourchas*, et hardis a la rencontre. »

5. La même plaisanterie, encore plus accentuée, se trouve dans un sonnet du Dante.

1. Ce passage aurait dû suffire pour éclairer les éditeurs de Marot, et leur faire deviner que cette piece est une farce des jours gras.

2. « Leurs plaintes (*clamores*) »

3 Dans toutes les éditions ce « petit enfant » est remplacé par un « quidam », assez peu vraisemblable, quand il dit deux vers plus loin

Je serviray d'enfant de chœur,

et quand les autres l'appellent « mignon ».

4. C'est-a-dire « ma voix est claire comme cuivre (*laiton*) bien fourbi. »

5. Dans ces éditions du *Dialogue*, cette réplique du deuxieme amoureux n'existe pas. Le « quidam », après avoir dit ,

Et vous verrez si je l'entends,

termine tout en commençant a chanter .

Puisque en amour a si beau passe-temps.

FIN DE LA FARCE DE DEUX AMOUREUX.

FARCE DE MAISTRE MIMIN

(XVIe SIÈCLE — RÈGNE DE FRANÇOIS Ier)

NOTICE ET ARGUMENT

Le Recueil du *British Museum* nous fournit encore cette farce, qui en est la quarante-quatrième pièce, avec six feuillets de texte à cinquante-huit lignes par page, sans nom d'imprimeur ni de libraire.

Elle a, comme toutes les autres, été déjà reproduite dans *l'Ancien Théâtre françois* de la Bibliothèque Elzévirienne. Elle s'y trouve au t. II, p. 338-359, et Charles Magnin n'a eu garde de l'oublier dans les importants articles qu'il a consacrés à ce recueil.

Il croit pouvoir la placer dans la catégorie des *Farces* faites par des maîtres ou même des écoliers, et qui se jouaient dans les écoles [1]. Ce répertoire suivant lui, n'en aurait pas eu de meilleures. « C'est, dit-il, la plus ingénieuse de ces farces scolaires. »

Il l'analyse ensuite avec détail, et avec force citations, inutiles ici, puisque nous donnons, nous, la pièce entière.

Il nous suffira de quelques mots pour en préparer la lecture.

Raulet a mis à l'école son fils Mimin, pour qu'il apprît le latin et fût à même d'entendre la pratique. Pendant qu'il y est encore on l'a fiancé, et il ne sortira que pour les noces. C'était l'y laisser trop longtemps. Il s'est tellement gorgé de latin, qu'il n'a plus autre chose sur la langue; on ne peut lui arracher un mot français. Toutes ses réponses sont un charabia latinisé, où l'on n'entend goutte. Son père, sa mère, sa fiancée, qu'on a prévenus et qui accourent le chercher, s'en désolent.

Que faire, pour qu'il revienne à son langage naturel ? Le mettre en cage, dit sa mère Lubine ; on y met bien les perroquets et les pies, qui tout aussitôt parlent la langue qu'on veut.

L'idée parait bonne à tout le monde, et vite on prend une cage à poules où le pauvre Mimin est blotti. Sa langue s'y délie bientôt, et en bel et bon français. Plus de latin ! Il ne veut même pas dire adieu au *magister*, parce que ce mot n'est pas de la langue de sa mère. Là-dessus, le voyant si bien désensorcelé de son latin, on passe aux noces, et l'on y prélude par une chanson.

« L'idée de cette espèce de petit proverbe pédagogique, dit Charles Magnin, dont nous partageons tout à fait l'avis, n'est pas seulement originale et spirituelle ; les détails en sont presque toujours pleins de finesse, de grâce et de fraîcheur ».

Il aurait pu ajouter que, par d'autres points, la pièce est curieuse, et porte bien sa date. Il est évident pour nous qu'elle est un écho des *Macaronées*, dont les premières, celles de Folengo (Merlin Coccaïe) et d'Arena, avaient commencé à courir de 1517 à 1529 ; et qu'elle est aussi, par contre-coup, la critique ingénieuse de ces maniaques de latinité, de « ces escoriateurs de langue latiale », dont Rabelais s'est tant moqué au ch. VI de son livre II, en la personne si comique de « l'Escolier limosin ».

Geoffroy Tory l'avait devancé par *l'Avis au lecteur* de *Champfleury*, où Rabelais n'eut qu'à prendre à pleines mains ce qui s'y trouve contre « les escumeurs de latin » qui « transfrètent la verbocination latiale par les quadrives et platées de Lutèce ».

Notre farce va droit au même ridicule, et à sa façon lui fait sa petite guerre. Elle est donc certainement du même temps que le *Champfleury* qui date de 1529, ou que le second livre de Rabelais qui est de 1532.

---

[1]. *Journal des Savants*, juillet 1858, p. 410-414.

FARCE JOYEUSE
DE MAISTRE MIMIN

A six personnages, c'est assavoir :

LE MAISTRE D'ESCOLLE,
MAISTRE MIMIN estudiant,
RAULET, son père,

LUBINE, sa mère,
RAOUL MACHUE,
ET LA BRU MAISTRE MIMIN [1].

RAULET *commence.*
Lubine, hau ! ouy des bons jours [2] ?
Ne craignez vous point ceste main ?
D'où venez vous ?

LUBINE.
    Je viens du four
Scavoir se nous cuyrons demain.
Chascun si n'est pas aussi sain
Que vous.

RAULET.
  Vous en dictes de belles,
Comment, avez vous mal au sain ?
Vous deulent [3] encor les mamelles ?

LUBINE.
Il y a terribles nouvelles
De vostre fils.

RAULET.
   Mais, toutesfois,
Et quelles sont-ilz ?

LUBINE.
    Ils sont telles
Que il ne parle plus françois ;
Son maistre l'a mis à ces loix,
Il s'i est fourré si avant
Qu'on n'entend non plus que un Anglois [4]
Ce qu'il dit.

RAULET.
   A Dieu me command [5] !
Et que ferons-nous, Dieu devant [6] ?

LUBINE.
Qu'on en fera ? bon gré mon peché,

Vous savez qu'il est fiancé
De la fille Raoul Machue.
Plus belle n'y a en sa rue,
Ne qui aux festes mieux s'estricque [1].

RAULET.
C'estoit pour le mettre en pratique
Que je l'avois mis à l'escolle.

LUBINE.
Mais c'estoit affin qu'il affolle [2].
Ne sçavoit-il pas tous ces livres
Qui nous ont cousté deux cens livres ?
J'ay ouy dire à maistre Mengin
Qu'il avoit le plus bel engin [3]
Que jamais enfant peust porter ;
Il ne s'en fault que rapporter
A son nez [4], voyla qui l'enseigne.

RAULET.
Qu'il ne parle plus, je m'en seigne [5],
 Icy fait le signe de la croix.
Mot de françois, c'est un fort point ;
La fille ne l'entendra point,
Quant ilz deviseront ensemble.

LUBINE.
Helas ! non. Par quoy il me semble
Que nous allisson à l'escolle
Pour veoir s'il est en ceste cole [6].
Car pensez que, plus y sera,
Que si grand latin parlera
Que les chiens n'y entendront rien.

---

1. Le mot *bru* est ici pour « fiancée », sens qu'il a encore dans le patois normand, et qu'il avait dans l'ancien allemand, sous la forme presque identique de *brût*. Dans le *Recueil de Farces* de MM. Michel et L. de Lincy, s'en trouve une, la *Farce de Brus*, où ce mot a le même sens
2. « Je n'ai que faire de vos bonjours. »
3. « Vous font-elles encore souffrir ? »
4. Sur ce passage qui ferait croire que lorsque cette farce fut faite, on n'était pas loin du temps où les Anglais avaient occupé une partie de la France, V. la notice.
5. « Me recommande. » V. notes des pièces précédentes.
6. En suivant Dieu.

1. « S'attife, se pare. » Nous n'avons trouvé ce mot que dans Cotgrave, avec ce sens omis par M. Littré.
2. « Qu'il devienne fou. »
3. Intelligence, génie, du latin *ingenium*.
4. On eut au moyen âge, et plus tard encore, grande foi dans les signes, plus ou moins en faveur de l'esprit, qu'on pouvait tuer d'un nez plus ou moins long, plus ou moins bien fait. Un poete du XVIe siecle, Béranger de la Tour d'Albenas, a écrit sur ce sujet son poeme bizarre de la *Naseide*.
5. Je m'en signe.
6. Fantaisie, manie. On lit dans l'*Amant rendu cordelier* :

> Or, vois-je bien que pour parolle
> Ne pour rien qu'on vous sceust prescher
> Ne vous osteriez de la *colle*,
> Ou votre cœur se veult ficher.

RAULET.

Lubine, vous dictes tres bien ;
Mais il fault nous prendre en passant
Raoul Machue et son enfant,
La fiancée de nostre filz :
Car je croy, en un mot prefix [1],
Qu'il parlera françoys à elle.

LUBINE.

Et, par le peulx de ma cotelle [2],
Vous m'avez toute resjouye,
Quant j'ay ceste parolle ouye.
Or allons donc légierement.

RAULET.

Nous y serons presentement,
Il n'y a que un petit juppet [3].

LUBINE.

Hou, hou, cheminez bauldement,
Nous y serons presentement.

RAOUL MACHUE.

Mais qu'esse que j'os [4] ?

LA FIANCÉE.
                Seurement,
C'est Lubine ; hou.

RAOUL MACHUE.
            Avant, Pipet.

RAULET.

Nous y serons presentement,
Il n'y a que un petit juppet.
Des bon nuyt, hay [5] !

RAOUL MACHUE.
                Dieu gard, Raulet,
Mon frère, avec ma seur Lubine.

RAULET.

Et aprouchez-vous, s'il vous plaist.

LUBINE.

Des bon nuyt, hay !

RAOUL MACHUE.
            Dieu gard, Raulet.

RAULET.

Que fait la fille ?

RAOUL MACHUE.
            El' boult du laict [6].

LA FIANCLE.

J'ay fait, j'ay fait.

LUBINE.
            Ça, ma godine [7].

1. Clair et certain
2. « Le peu que j'ai de finesse. »
3. Nous ne savons pas le sens exact de ce mot, d'un patois quelconque, qui veut désigner certainement un espace de chemin.
4 « Que j'entends. »
5. « Hay, bonjour »
6 « Elle fait bouillir du lait. »
7 Ma gaillarde, ma joyeuse. — Un peu plus tard, *godinette* signifia quelque chose de pire. C'est un diminutif qui couvrit un augmentatif.

RAULET.
Des bon nuyt, hay !

RAOUL MACHUE.
            Dieu gard, Raulet,
Mon frère, avec ma seur Lubine.
Mon Dieu, et qui vous achemine?
C'est grand nouveaulté de vous veoir.

LUBINE.

Helas ! Dieu y vueille pourveoir.

RAOUL MACHUE.

Qu'i a-il ?

RAULET.
        Ce n'est pas grand chose ;
Mais tirons-nous à part, je n'ose
En parler devant vostre fille.

RAOUL MACHUE.

Comment, est le feu en la ville,
Ou maistre Mimin trespasse ?

RAULET.

Voicy tout. Nous avons cessé
De le tenir au pedagogue,
Pour en faire un grand astrilogue
Et un maistre praticien [1],
Affin qu'il gardast mieulx le sien
Qu'il peust susciter [2] de nous deux ;
Mais nous en sommes pou joyeulx :
Car il a tant prins et comprins,
Aprins, reprins et entreprins,
Et un grant latin publié [3],
Qu'il a le françoys oublié
Tant qu'il n'en sçauroit dire un mot.
Si me semble que le plus tost
Que pourrons aller et courir,
Qu'il nous le fault aller querir,
Affin que l'on y remedie.

RAOUL MACHUE.

Et dictes-vous qu'il estudie
En ce point si fort et si ferme ?
C'est danger qu'il ne fasse un cherme [4]
Pour faire venir l'ennemy [5].

LUBINE.

Allons ensemble, mon amy,
Le querir, affin qu'on le voye.

RAOUL MACHUE.

Or sus donc, mettons-nous en voye
Vistement ; il n'y a qu'aller.

1. « Homme de justice. » Henri Estienne donne assez plaisamment (*Apologie pour Herodote*, 1735, in-12, t. I, p. 362) l'histoire de ce mot, qui n'était que la contraction d'un autre, et qui, sous cette forme, était encore nouveau de son temps « Je crois bien, dit il, que du temps qu'on appelait les gens de justice *pragmaticiens*, en retenant l'origine du mot, les choses alloient aultrement, mais, depuis qu'on a retranché une syllabe de leur nom, en les appelant *praticiens*, ils ont bien sçu se récompenser de ce retranchement sur les bourses de ceux qui n'en pouvoient mais, aussi bien que ceux qui en estoient cause. »
2. « Avoir, lever (*suscitare*). »
3 « Récité en public. »
4. « Un charme, un talisman. »
5. « Le diable. »

Habille-toy, feras lidraye [1].

RAULET.

Or sus donc, mettons-nous en voye.

LUBINE.

Cuidez-vous qu'il aura de joye
De la veoir?

RAULET.

Tant en parler.
Or sus donc, mettons-nous en voye
Vistement; il n'y a que aller.

RAOUL MACHUE.

Mais d'où viens-tu de flagoller?
Menez-la par la main, Lubine.

LA BRU.

Je viens de querir ma poupine [2],
Que maistre Mimin, mon amant,
Me donna.

LUBINE.

C'est entendement.
Regardez que c'est que d'aymer!

LE MAGISTER [3].

Que tu ne me faces blasmer,
Aussi que j'ay de toy honneur,
Et que une foys tu soys seigneur [4],
Maistre Mimin, apprends et lis.
Responde : quod librum legis [5]?
En françoys.

MAISTRE MIMIN.

Ego non dirai;
Franchoyson jamais parlare;
Car ego oublaverunt [6].

LE MAGISTER.

Jamais je ne vy ainsi prompt
Ne d'estudier si ardant.
Sans cesser il est regardant
Toujours en sentence ou ypistre [7].
Or me cherche où est le chapitre,
C'est une science parfonde,
Des aventureux, qui du monde
Prennent ce qu'ilz peuvent avoir;
Car, puis qu'il le faut sçavoir,
Je te feray un si grant homme,
Que tous les clercs qui sont a Rome
Et à Paris et à Pavie
Si auront dessus toy envie

Pour ce que tu sçauras plus qu'eulx.

MAISTRE MIMIN.

Mundo variabilius
Avanturosus hapare
Bonibus, et non gaignare
Non durabo certanibus
Et non emportabilibus.
Qui bien faictas au partire
Capitulorum huyctare
Dicatur [1].

LE MAGISTER.

Voilà de grandz mots.
M'aist Dieux, telz gens ne sont pas sotz,
Qui parlent ainsy haultement.
D'un mot n'en ment pas seullement,
Et tout de luy, sans riens piller [2].
Que ce sera ung grant pillier
Une foys dedans ce royaulme!
Or m'allez chercher la pseaulme
Pourquoy le monde et son honneur
Ne pend qu'à un fil.

MAISTRE MIMIN *lyt*.

A gaudeno,
In capitro tertialy
Pendaverunt esse paly,
Mondibus ei honorandus
A un petitum filetus,
Vivabit soubz advantura,
Mantellus in couvertura
Remportaverunt bonorum.

LE MAGISTER.

Tenez, quel maistre Aliborum [3]!
Comme il fait ce latin trembler,
Et pert qu'il ne sçauroit troubler
L'eaue, à le veoir [4].

RAULET.

Ça, nous y sommes [5].

LUBINE.

Allez devant, entre vous hommes,
Et nous vous suyverons, moy et elle.
Faictes bien la sage, ma belle.

LA BRU.

Regardez : la fais-ge pas bien?

---

1. Il nous a été impossible de savoir ce que cet hémistiche voulait dire. Sur l'exemplaire de Londres le mot « lidraye » peut se lire « livraye », mais on n'y gagne rien. Ce n'est pas plus clair.

2. On disait indifféremment poupine ou poupée; dans la XIX.e Nouv. de l'*Heptameron*, nous trouvons les deux mots dans la même phrase : « L'enfant, suivant sa petitesse, aime les pommes, les poires, les *poupees*.... mais, en croissant, aime les *poupines* vives. »

3. Ici l'on passe chez le maitre d'école.

4. C'est-à-dire le premier.

5. « Réponds, quel livre lis tu? » Ici le maitre, avec son « quod librum », fait lui-même un beau solécisme.

6. « J'ai oublié. » Nous traduisons comme si c'eût été du vrai latin.

7. Epitre.

1. Il nous semble inutile de traduire les divagations macaroniques de maistre Mimin. Nous nous contentons d'en redresser le texte, d'après l'exemplaire de Londres. Il est altéré en quelques endroits, dans l'*Ancien Theatre* de la Bibliotheque Elzévinienne.

2. « Il dit tout cela de lui-meme sans rien emprunter à personne. »

3. Mot, dont le sens est difficile à définir, car il se prenait tantôt sérieusement, comme ici, pour signifier un savant en toutes sortes de science, tantôt ironiquement, comme dans La Fontaine, où *Aliboron* n'est plus qu'un baudet. Il se disait toutefois plus souvent en mauvaise part, contre les gens qui faisaient les entendus en tout. Dans le *Mystere de la Passion*, 1532, in-4o, feuillet 207, c'est une des injures que les Juifs disent à Jésus, et il courait alors une facétie en vers : *Maistre Aliboron qui de tout se mesle, et scait faire tous mestiers et de tout rien*.

4. « Et l'on ne dirait pourtant pas, à le voir qu'il serait capable seulement de troubler un verre d'eau. »

5. « Nous voila arrives chez le maitre. »

RAULET.
Vous yrez là devant.

RAOUL MACHUE.
Rien, rien ;
Tousjours le père de l'enfant
Va devant.

RAULET.
Venez.

RAOUL MACEUE.
Ennement [1],
C'est à vous à aller.

LA BRU.
Sus, sus !
Et que feroient les femmes plus,
Comme vous faictes, les retis [2] ?

RAULET.
Dieu gard, magister et mon filz ;
Comme vous portez-vous ?

MAISTRE MIMIN.
Bene.

LE MAGISTER.
Salue tes parens, domine,
En françoys.

MAISTRE MIMIN.
Ego non scia.
Parus, merus, Raoul Machua,
Filla, douchetus poupinis,
Donnare a mariaris
Saluare compagnia.

RAULET.
Nous n'entendons rien à cela.

LE MAGISTER.
Et il vous salue, mes amys.

MAISTRE MIMIN.
Patrius, merius, Raoul Machua,
Filla, douchetus poupinis.

LUBINE.
Parlez françoys, parlez quia.

MAISTRE MIMIN.
Quia ! latina parlaris.

LA BRU.
Mon père, sur ma foy, je ris
De le ouyr.

RAULET.
Il sçait beaucoup, dea.

MAISTRE MIMIN.
Patrius, merius, Raoul Machua,
Filla, douchetus poupinis,
Donnare a mariaris
Saluare compagnia.

1. Pour « certainement ».
2. « Les rétifs » On prononçait rétis, comme recréatis. V. la première note de la pièce qui précède.

LUBINE.
Et ça, de par sa mère, ça,
Levez-vous ; vous estes trop sage.

RAULET.
As-tu oublié le langage
Que ta mère si t'a apprins
Et parlé si bien ?

LE MAGISTER.
Sans mesprins,
Il semble qu'il ayt l'engin [1] rude ;
Mais il brusle et art [2] en l'estude,
Et parle aucunes foys si hault,
Que mon sens et le sien y fault [3].
J'affolle quand il m'en souvient.

LUBINE.
On scet bien d'où cela lui vient :
Ilz sont des maistres si pervers,
Qui batent leurs clercs pour un vers.
Vous l'avez trop tenu sous verge ;
Vous ne l'aurez plus.

LE MAGISTER.
Et qu'i pers-je ?
Me baillez-vous cest entremetz [4] ?

RAULET.
Le magister n'en peult mais ;
Il a fait le mieulx qu'il a peu.

MAITRE MIMIN.
Aprenatis carismedes...

RAOUL MACHUE.
Le magister n'en peult mais.

LUBINE.
Parleras-tu françoys jamais ?
Au moins dy un mot, joletru [5].

LA FIANCEE.
Le magister n'en peult mais ;
Il a fait le mieulx qu'il a peu.

LUBINE.
Au moins baise-la, entens-tu,
Tant tu sçais peu d'honneur ?

MAISTRE MIMIN *la baise.*
Baisas.
Couchaverunt a neuchias,
Maistre Miminus amitus,
Sa fama tantost maritus,
Facere petit enfanchon.

RAULET.
Le gibet ait part au laton [6] !
Magister, que veult-il dire ?

1 « L'esprit (ingenium). » V. une des notes précédentes.
2 « I'st tout feu (ardet). »
3. « Y défaille, s'y perd »
4. « Cette farce » On sait que les « entremets » étaient une sorte de spectacle, qu'on donnait aux convives entre les services, dans les grands repas.
5 « Mon mignon, mon jeune galant. » Cotgrave donne « joletru » avec le même sens.
6. Laton est ici pour latin.

LE MAGISTER.

C'est une fantasie pour rire ;
Les mots sentent un peu la chair.

RAOUL MACHUE.

Et dit ?

LE MAGISTER.

  Qu'il vouldroit bien coucher
Avecque la fille en un lit,
Comme faict un homme la nuict
Première, et estre, Dieu devant,
Avecq sa femme.

RAULET.

  Quel galand !

LUBINE.

Il a le cueur à la cuysine.

RAULET.

Vous esbahissez-vous, Lubine ?
M'aist Dieux, quand j'estois de son aage,
Et je trouvoye mon advantage,
Incontinent sur pied, sur bille
C'estoit [1].

LUBINE.

  Parlez bas, pour la fille ;
Ilz sont maintenant si enclines,
Les parolles seroient bien fines
Qu'ils n'entendissent en deux motz.
Or parlons, laissons ce propos.
Magister, vous nous avez dit
Que nostre fils, sans contredit,
Sçait plus que vous ; c'est la parolle :
Vous viendrez donc à son escolle,
Vostre foys [2] ; car il s'en viendra
Quant et nous [3].

LE MAGISTER.

  A moy ne tiendra :
Je iray voluntiers pour l'induire [4]
Et veoir s'on le pourra seduire
A parler françoys nullement.

RAULET.

Sçait-il plus chanter, voirement,
Pour nous rejouyr en allant ?

RAOUL MACHUE.

La fille chante bien vrayement [5].

LA BRU.

Sçait-il plus chanter voirement ?

LE MAGISTER.

Si fait, si.

LUBINE.

  Allons baudement.

Sus, prenez la fille, gallant.

RAOUL MACHUE.

Scait il plus chanter voirement
Pour nous resjouir en allant ?

LE MAGISTER.

Il fait rage.

RAULET.

  Chantez avant.
Ilz chantent quelques chansons à plaisir.

RAULET.

C'est assez ; il nous fault parfaire.
Çà, maistre, que est-il de faire ?
Pour le rebouter en nature
De parler françoys.

LE MAGISTER.

  Sa lecture
L'a mis au point où il en est,
Et de le laisser tout seulet
Ce seroit un très grant dangier.
Par quoy ne le fault estranger [1]
Qu'il ne soit jour et nuyt veille,
Et, s'il dort, qu'il soit reveillé,
Et qu'il n'ayt livre ne livret :
Car cela du tout l'enyvroit
Et lui troubloit l'entendement.

LUBINE.

Rien ; nous ferons autrement
Pour luy raprendre son langage ;
Nous le mettrons en une cage :
On y apprend bien les oyseaux
A parler.

RAULET.

  Les mots sont très beaulx.

RAOUL MACHUE.

C'est un très bon advis, Lubine.

LA FIANCLE.

Hé, mon Dieu, que vous estes fine !
Vous passez trestous nos voysins.
Dedans nostre cage à poussins,
N'y seroit-il pas bien à point ?

RAOUL MACHUE.

Et je croy qu'il n'y pourroit point.
Il est si grand, si espaullu,
Si formé et si potelu,
Que à peine y pourroit-il entrer.

LA FIANCLE.

Attendez, je la vois monstrer.
Mais que sa teste soit dedans,
Son nez, sa bouche avec ses dens,
Laissez aller le cul arrière,
Il suffit.

RAULET.

  Et puis, hay, quel chère [2] !

---

1. « Aussitôt j'étais en besogne et tenais ferme. » Cette expression « pied sur bille » a la même origine et le même sens que celle-ci, qui s'est maintenue plus longtemps : « avoir pied a boule ».
2. « A votre tour. »
3. « Avec nous, nous l'emmènerons. »
4. « Persuader. »
5. Cette réplique et les quatre qui suivent ont été omises dans l'*Ancien Théâtre* de la Bibliothèque Elzévirienne.

---

1. « Tenir à l'écart, éloigner. » Amadis Jamyn a mis ce mot en jolis vers :

 Si la femme est légère, il fault être leger,
 Si elle fait l'estrange, il s'en fault *estranger*.

2. « Quelle vie il va mener ! »

N'ayes point de paour, mon varlet.
Moy, qui suis ton père Raulet,
Et magister et Raoul Machue
T'aprendront à parler. Il sue
De paour qu'il a; c'est grand pitié.

        MAISTRE MIMIN.

Cageatus emprisonare,
Livras non estudiare
Et latinus oubliare.
Magister non monstraverunt
Et non recognossaverunt.
Intro logea resurgant.

        RAULET.

Que dit-il?

        LE MAGISTER.

Il est si ardant
A estudier qu'il meurt tout.

        LUBINE.

Il faut commencer par un bout.
Or sus, maistre Mimin, entrez.

        RAOUL MACHUE.

Et homme de bien vous montrez,
Et faictes ce qu'on vous conseille.

        LUBINE.

Qu'il est saige! voicy merveille :
Comme il y entre doulcement.

        MAISTRE MIMIN.

Anno!

        LUBINE.

Il s'est blessé l'oreille.

        RAULET.

Qu'il est saige! voicy merveille.

        LE MAGISTER.

C'est une chose non pareille,
Comme il est à commandement.

        LUBINE.

Qu'est-il saige! voicy merveille :
Comme il y entre doulcement.

        RAULET.

Magister, tout premierement,
Puisqu'en ce point assemblez sommes,
Parlons à luy entre nous hommes;
Il me semble que c'est le mieulx.
Or parlez à luy.

        LE MAGISTER.

Je le veulx.
Sans donner à aucuns nulz blasmes,
Nos paroles et ceulx des femmes,
Ce sont deux paires de boissons[1],

---

1. « Ce sont choses qui font la paire ensemble, sont jumelles » *Boisson* est ici pour *besson*, qui dérivé du latin *bis*, signifiant jumeau, sens qu'il a encore dans le Berry, comme on le voit de reste dans les romans de G. Sand On le disait surtout au XVIe siecle pour les petits des animaux, on lit dans Marot :

    Ce que voyant le bon Janot mon pere
    Voulut gaiger à Jacquet son compère
    Contre un veau gras deux aignelets *bessons*,
    Que quelque jour je ferois des chansons.

Pour ce que plus nous congnoissons
Et portons plus grant consequence.
Dieu t'envoit parfaite eloquence.
En beau françoys, maistre Mismin,
Or parlés.

        LA FIANCÉE.

Et non, non.
Femmes ont tousjours le regnom
De parler.

        LE MAGISTER.

Trop, aucunes foys.

        LA FIANCÉE.

Nous avons trop plus doulces voix
Que ces hommes; ils sont trop rudes.
Un enfant qui vient des estudes
Ne se doit point traicter tel voye.

        LUBINE.

Et non, non. Or dites : Ma joye.

        MIMIN *respond comme une femme.*

Ma joye.

        LUBINE.

Ma mère, je vous crie mercy.

        MAISTRE MIMIN *pleure.*

Ma mère, je vous crie mercy.

        LUBINE.

Et mon père Raulet aussy.

        MAISTRE MIMIN.

Et mon père Raulet aussy.

        LUBINE.

Et mon sire Raoul Machue.

        MAISTRE MIMIN.

Et mon sire Raoul Machue.
Ostez-moy, ma mere, je sue;
On ne sent pas ce que je sens.

        LUBINE.

N'a-il point parlé de bon sens?
Il n'est doctrine que de nous.

        LA FIANCÉE.

Sus, hommes, où en estes-vous?
Qu'il parlast pour vous, ouy, tantost;
Mais plus en deviendroit-il sot.
Or dictes : M'amye, ma mignonne.

        MAISTRE MIMIN *respond si cler.*

Or dictes m'amye, ma mignonne.

        LA BRU.

Mon cueur et m'amour je vous donne.

        MAISTRE MIMIN.

Mon cueur et m'amour je vous donne.

        LA BRU.

Et à magister, de cueur fin.

        MAISTRE MIMIN.

Nennin, magister c'est latin.
Je n'ose parler que françoys
Pour ma mere.

LA BRU.
A-il belle voix?
Parle-il de bon entendement?

RAULET.
C'est miracle!

RAOUL MACHUE.
C'est mon, vrayment.

LE MAGISTER.
Aussi fault-il avoir regard
Que les femmes si ont un art
Plus que je ne vueil point pardire.

LA BRU.
Aussi n'y a-il que redire;
Ce ne sont pas les papegays [1],
Les pies, les estourneaulx, les gays,
Que femmes, par leurs doulx langaiges,
Ne facent parler en leurs cages.
Comme ne l'eussons fait parler,
Mon amy?

LUBINE.
Il s'en fault aller;
Faictes ce tour et payez pinte.

MAISTRE MIMIN sifle.
Escoutez, ma mere, je truynte [2]
Comment un pincon ardenoys [3],
Hou, hou, hou, hou, hou, hou, hou.
Je vueil chanter à pleine voix;
Les oyseaulx y chantent si bien
En cage.

RAULET le met dehors et dit.
Mon filz, vien-t'en, vien :
Nous chanterons bien en allant.

MAISTRE MIMIN est dehors.
Je parle bien, bien, maintenant.

LE MAGISTER.
Il n'est ouvrage que de femme.

MAISTRE MIMIN.
Ay, mon père, Dieu vous avant;
Je parle bien, bien, maintenant.
Allons nous en boire d'autant
Trestous; ay, m'amye, sur mon ame,
Je parle bien, bien, maintenant.

LE MAGISTER.
Il n'est ouvrage que de femme.
Je le dy, sans que nul je blasme;
Mais pour parler ilz ont le bruyt [4].

RAULET.
Or allons, je veulx faire ennuyt
Bonne chère à nostre maison.

MAISTRE MIMIN.
Mengerons-nous le grant oyson
Qui me bequet dessus le nez?

RAULET.
Ouy dea.

LA BRU.
Venez, vous en venez,
Que je vous meine bien, vrayement;
Mais allons trestous bellement,
Car je suis bien fort travaillée [1].

MAISTRE MIMIN charge sa fiancée sur son col.
Vrayement, vous en serez portée
Presentement dessus mon col.

RAULET.
Tout bellement, estes-vous fol?
Elle est tendre de la forcelle.

MAISTRE MIMIN.
Chantez maintenant ré, fa, sol.

LUBINE.
Tout bellement, estes-vous fol?

MAISTRE MIMIN.
Mon père, qu'elle a le cul mol!

RAOUL MACHUE.
Si vous la plevis-ge [2] pucelle.

LE MAGISTER.
Tout bellement, estes-vous fol?
Elle est tendre de la forcelle.

RAULET.
Or chantons, en allant, la belle,
Nous trestous bien honnestement.

LE MAGISTER.
Au moins on a bien veu comment
Femmes ont le bruyt pour parler.

RAULET.
Ce ont mon [3]; je prens sur mon serment.
Au moins on a bien veu comment
Ilz parlent.

LE MAGISTER.
Bien legerement,
Aucunesfois, sans riens celer.

RAOUL MACHUE.
Au moins on a bien veu comment
Femmes ont le bruict pour parler.

MAISTRE MIMIN.
Il suffist, il s'en faut aller;
Chantons hault à la bien allée,
Et à Dieu, vogue la gallée [4]!
Ilz chantent.

1. « Perroquets » Ce nom de *papegai*, qui fut longtemps le seul qu'on donna aux perroquets, n'a été laissé qu'à l'espece américaine qui n'a pas de plumes rouges.
2. « Je sifle. »
3. « Comme un pinson des Ardennes. » C'est une espece particuliere qu'on appelle en ornithologie fringile montifringile.
4. « La réputation. »

1. « Fatiguée. »
2. « Je vous la garantis. » V. sur ce mot *plévir*, notes des pièces précédentes.
3. C'est a dire « ça mon (*certainement*) elles l'ont. »
4. Ce refrain, qui est devenu notre locution proverbiale « Vogue la galère! » était alors tres-populaire. Galiot-Dupré, jouant sur la ressemblance de la premiere partie de son nom avec *Gallee*, le portait noté, comme devise, sur sa marque de librairie.

FIN DE LA FARCE DE MAISTRE MIMIN.

LE BATELEUR

(XVIe SIÈCLE — RÈGNE DE FRANÇOIS 1er)

NOTICE ET ARGUMENT

Ce n'est pas pour son mérite littéraire et ses qualités d'ingéniosité ou d'esprit que nous avons choisi cette farce ; elle manque complétement de tout cela. En revanche, elle nous semble très-curieuse pour les détails de mœurs foraines, pour les particularités de la vie du bateleur du XVIe siècle, surpris là dans sa baraque même, au milieu des siens, pêle-mêle avec ce qu'il montre, et, comme on dirait aujourd'hui, en plein « boniment ».

Il y avait alors une grande variété de ces bateleurs, qui pour la plupart venaient de Normandie, comme celui ci, ou de Picardie, comme ceux dont Rabelais amuse Gargantua, et qui étaient, dit-il, « beaux bailleurs de balliverness, en manière de cinges verds [1]. »

Après avoir couru les foires de campagne et les petites villes, ils se hasardaient jusque dans la grande, ils faisaient dans Paris une halte de quelques jours, de quelques semaines ou même de quelques mois · les uns, en des jeux de paume, les autres en quelques grandes auberges, comme celle de Mendoce, rue Mauconseil, où, sous Henri IV, un saltimbanque italien attira tant de monde [2]; ceux-ci sous de misérables tentes en plein air, enfin ceux-là, et le nôtre est du nombre, dans la vieille bicoque du Château-Gaillard, au milieu des boues du quai de Nesle [3].

Le genre de leurs spectacles variait comme eux. Autant de bateleurs, autant de curiosités diverses.

On en voyait qui faisaient des tours de passe-passe, et jouaient des *gobelets*, ou des *bateaux*, suivant le mot du temps, d'où l'on pense que le nom de bateleur serait venu [4]. Il en était qui, entre autres « apertises », avaient l'art de danser « sur cordes tendues hault en l'air [b] », ou qui, chargeant quelques animaux à leur suite de faire leur métier, vivaient, comme dit Montaigne [6], « des singeries qu'ils apprenaient à leurs chiens ».

L'égrillarde bateleuse de Normandie, « la fille bastelière », dont le monologue est la première pièce du Recueil Le Roux de Lincy et Francisque Michel, fait ainsi

1. Liv. I, ch. xxiv.
2. Mignet, *Antonio Perez et Philippe II*, 1re édit p 281
3. V. plus loin, p 325, une des notes de la pièce.
4 Génin, *Récréations philologiques*, t II, p 65 66
5 Christine de Pisan, *Vie de Charles V*, 3e part, ch. x.
6. *Essais*, liv. II, ch. LXXII.

danser un chien savant « vestu de quelque toylle de couleur », afin d'attirer la foule et de la préparer mieux à lui acheter les herbes merveilleuses, dont elle raconte ensuite les prodiges, sur le ton de Rutebeuf, en son *Dict de l'Erberie*.

De plus entreprenants avaient un bien autre attirail ! Ce ne sont pas seulement quelques simples, mais toute une pharmacopée, ce n'est pas seulement un chien, mais toute une ménagerie qu'ils traînaient avec eux.

Le bateleur Mauloué qu'on voit dans le *Mystère de saint Christophe* [1], en société de ses compères Malassigné, et Malassis, n'en finit pas avec l'énumération de tout ce qu'il porte ou mène :

> Bastons, bacins, soufflets, timballe,
> Les gobelets, la noix de galle,
> Le singe, la chevre, le chien
> Et l'ours ....

Le Bateleur de notre farce ne va pas en si gros équipage. Sa femme Binette, et un Badin, l'une s'éplorant, comme une héroïne de légende, l'autre se laissant aller aux licences les plus folles et parfois les moins inodores du métier : voilà toute sa troupe. Quelques figures plus ou moins bien « peinturlurées » représentant les célébrités du genre, les vieux badins du temps jadis : voilà sa marchandise et son spectacle. Il tient en entier dans une « simple bannette ».

De toute la foule, que le Bateleur convie à le venir voir, et à lui acheter quelques-unes de ces figures, il ne se détache que deux femmes, qui sur chacune font les dédaigneuses, et dont le Bateleur comprend bientôt le jeu. Ce sont gaillardes bonnes pour vendre, et non pour acheter ; qui ne se font chalandes à la marchandise d'autrui que pour mieux achalander la leur. Elles l'avouent au drôle qui les devine, et ils finissent ensemble par une chanson, en gens dignes de s'entendre.

Comme le monologue de « la fille Bastelière », cette farce est d'origine normande. Elle fait partie du même recueil. Elle est la 69e des pièces du manuscrit La Vallière publié par MM. Francisque Michel et Le Roux de Lincy.

1 *Le Mystère de saint Christofle*, par Antoine Chevalet, 1527, 2e journée

LE BATELEUR

FARCE JOYEUSE A V PERSONNAGES

C'est à scavoir :

LE BATELEUR,
SON VARLET,

BINETE,
ET DEULX FEMMES.

LE BATELEUR *commence, en chantant, en tenant son varlet.*

Ariere, ariere, ariere, ariere,
Venés la voir mourir, venés;
Petits enfans, mouchés vos nés,
Pour faire plus belle manyere.
Ariere, ariere, ariere, ariere,
Voecy le monstre [1] des badins,
Qui n'a ne ventre, ne boudins
Qui ne soyt subjectz au derriere.
Ariere, ariere, ariere, ariere,
Voicy celuy, sans long fretel [2],
Qui de badiner ne fut tel,
L'experience en est plainiere.
Ariere, ariere, ariere, ariere,
Voicy celuy qui passe tout;
Sus, faictes le sault, hault, deboult [3],
Le demy tour, le souple sault,
Le faict, le defaict, sus, j'ey chault,
J'ey froid; est il pas bien apris?
En efect, nous aurons le pris
De badinage, somme toute,
Mon varlet.

LE VARLET.
Han! mon maistre?

LE BATELEUR.
Escoute :
Y fault bien se monstrer abille,
Tant qu'on ayt le bruict [4] de la ville;
Car cela nous poura servyr
Pour nostre plaisir asouvyr,
Entens tu bien?

1. « Le plus etonnant, le plus surprenant. » *Monstre* est ici dans le sens du latin *monstrum*, chose étrange, merveilleuse
2. « Bavadarge, babil » Dans la *Farce moralisee des deux hommes et de leurs deux femmes*, le premier mari dit a l'autre :

    Je te pry compere Mathieu,
    Que tu viengnes a mon hostel,
    Pour ouyr un peu le *frestel*
    De ma femme

3. « Tout d'une piece et en retombant sur ses pieds. » C'était un des sauts qui avaient le plus surpris Joinville chez les saltimbanques sarrasins « l'esoient, dit-il, trois merveilleux sauts, car on leur metoit une touaille (toile) dessoubs les pieds, et tournoient tout en estant *debout*. »
4. « La faveur, la renommée. »

LE VARLET.
Je vous entens.
Nous ne ferons que pase temps,
Pour resjouyr gens a plaisir.

LE BATELEUR.
Les fiebvres vous puisent saisir,
Mon varlet.

LE VARLET.
Mais c'est pour le maistre.

LE BATELEUR.
Mais un estron pour te repaistre,
Aussy bien junes-tu souvent.

LE VARLET.
Je desjunes souvent de vent,
Mon ventre est plus cler que veriere [1];
Mais si je lache le deriere
D'avanture, l'entendés vous?
Vostre part y sera tousjours [2].

LE BATELEUR.
Tu me veulx ases souvent bien,
Han! mon varlet, passe, revien.
Or, va querir ma tetinete,
Ma tretoute, ma mie Binete;
Et, de bref, lui faicz a scavoir
Qu'on la desire fort avoir ;
Car icy nous fault l'employer,
Et nostre scavoir desployer
En efect; nous aurons le bruict.

LE VARLET.
Le bruict aurons sans avoir fruict,
Car les dons apetisent [3] fort.

LE BATELEUR.
Or, va.

LE VARLET.
Je feray mon effort
Myeulx que varlet qui soyt en ville.
                    (*En chantant.*)

1. « Vitre ou vitrail d'église »
2. On prononçait *tousous*, ce qui permet la rime avec *vous*.
3. « Diminuent se apetissent. »

Je suys amoureulx d'une fille,
Et sy ne l'ose dire,
La toureloure, la [1]

Ma metresse, hau!

    BINETE *entre.*
      Qui est la?

    LE VARLET.

Venés.

    BINETE.
  En quel lieu?

    LE VARLET.
    Tant prescher.
Maintenant convient desmarcher,
Tant nous avons troté, marché,
Que nous avons trouvé marché
Pour nostre marchandise vendre.

    BINETE.

C'est donc marchandise à despendre [2].
Poinct ne profitons aultrement.
Toutes fois, alons.

    LE VARLET.
   Vitement,
     (*Il chante.*)

Ell' a les yeulx vers et rians [3],
Et le corps faict à l'avenant.
Quant je la voy, mon cœur soupire,
Et sy ne l'ose dyre,
La toureloure, la.

    BINETE.

C'est trop chanté, charge cela.

    LE VARLET.

Charger? j'ey encor à diner [4];
J'aymes beaucoup myeulx le trainer,
Aussy bien n'est-ce que bagage.

    BINETE.

Au moins fais toy valoir.

    LE VARLET.
    Je gage
Que je feray des tours sans cesse.

    LE BATELEUR.

Que tantot j'auray belle presse,
Varlet.

    LE VARLET.

Hau!

    LE BATELEUR.
  C'est bruict que de luy.

    LE VARLET.

Voici Binete d'Andely,

Venés, venés a la vollée [1].

    LE BATELEUR.

Venés la voir, la desollée,
Approchés tous.

    BINETE.
   Ah! mon baron [2]

    LE VARLET.

Que je soys de vous acollée.

    LE BATELEUR.

Venés la voir, la desollee.

    LE VARLET.

El est de present afollee,
On le voit a son chaperon [3].

    LE BATELEUR.

Venés la voir, la desollee,
Aprochés tous.

    BINETE.
   Et, mon baron!

    LE BATELEUR.

Or, me dictes que chanteron
Se pendant qu'on s'asemblera,
Mon varlet, qui commencera?

    LE VARLET.

Ce sera moy.

    BINETE.
   Mais moy.

    LE BATELEUR.
     Mais moy.

    LE VARLET.

Mauldict soyt-il qui ce sera?

    LE BATELEUR.

Mon varlet, qui commencera?

    LE VARLET.

Ce sera moy [4].

    BINETE.
   Mais moy.

    LE BATELEUR.
     Mais moy.

    LE VARLET.

Sy je vis jusqu'au moys de may,
Je seray maistre.

    BINETE.
   C'est raison.

---

1. V plus haut pour cette chanson, la *Farce de Calbain*, p 279.
2. « Depensu »
3. Les yeux verts, ou bleus tirant sur le vert, etaient une beauté La Fontaine la donne encore à Pallas, dans les *Filles de Minée*
 Tout le reste entourait la deesse aux yeux verts.
4. « Je n ai pas encore diné, la force me manque »

1. « Venez la prendre au bond, à la volée »
2. C'est-a-dire « mon seigneur »
3. Les femmes en deuil et les veuves portaient le chaperon, bien que ce ne fût pas coiffure de femme. Il en était encore ainsi sous Louis XIV pour les princesses veuves « Madame la duchesse reçut les compliments sur la mort demonsieur le Duc, lit on dans le *Journal* de Dangeau, à la date du 6 avril 1710 Elle estoit sur son lit et en *chaperon*, qui est un habillement des princesses du sang, quand elles reçoivent en cérémonie les compliments sur la mort de leur mari »
4. Nous avons déjà vu que *moi* se prononçait *me*. La rime avec *mai* nous le prouve de nouveau ici.

LE BATELEUR.
Chantons, et otons ce blason [1].
LE VARLET.
C'est bien dict, metresse, chantons.
BINETE, *en chantant.*
Or, escoustés.
LE BATELEUR, *en chantant*
Or, escoustés.
LE VARLET.
Or, escoutés, sy vous voulés,
Une plaisante chansonnete.
BINETE.
Vos gorges sont trop refoulés [2].
LE VARLET.
Sans boyre, la myenne n'est nete.
LES DEULX FEMMES *entrent, en chantant.*
Allons a Binete,
Duron, la dureté,
Allons a Binete,
Au Chasteau Gaillart [3].
LE BATELEUR.
Or sus, faictes un sault, paillart,
Pour l'amour des dames, hault, sus.
LA PREMIERE FEMME *entre.*
Ces gens la nous ont aperceutz,
Ils font quelque chose pour nous.
LE BATELEUR.
Aprochés vous, aprochés vous,
Et vous orés choses nouvelles.
LE VARLET.
Venés voir la belle des belles,
Arriere, arriere, faictes voye [4].
LA DEUXIEME FEMME.
Il fault bien que ceci je voye,
Car a mon plaisir suys subjecte.
LE BATELEUR.
Aprochés, qui veult que je gecte?
Hault les mains!
BINETE.
L'on vous veult monstrer
Que n'en sceutes un rencontrer
Qui tant fist de joyeuseté.
LE BATELEUR.
J'y ai esté, j'y ai esté,
Au grand pays de badinage.
LA PREMIERE FEMME.
A' vous quelque beau personnage
Pou nous [1]? car c'est ce qui nous mayne.
LE VARLET.
Tous nouveaulx faictz de la semayne,
Des plus beaulx que jamais vous vistes.
LE BATELEUR.
Valet, sa'vous [2] bien que vous dictes ?
Qui sera maistre de nous deulx?
Laissé moy parler.
LE VARLET.
Je le veulx.
Et Binete la desollée,
Fault-il pas qu'el' ayt sa parlée [3]?
BINETE.
Je parlerai.
LA DEUXIEME FEMME.
El' parlera.
Femmes ont il pas leur plancte [4]?
LE VARLET.
S'el'ne parle, el'afolera.
BINETE.
Je parleray.

1 « Cette cause de discussion médisante » V. sur *blason*, plus dans ce sens, une note des pieces qui precedent.
2. « Vous avez le gosier trop renfoncé, trop dans les talons pour chanter »
3 Le château Gaillard était une espece de petit fortin, bati en encorbellement sur la Seine, avec entrée sur le quai de Nesle — aujourd'hui quai Conti — en face de l'endroit ou fut percée, en 1641, la rue Guénégaud. On ne sait ni quand il avait été construit, ni pourquoi. Lorsqu'en 1668, C. Petit fit son *Paris ridicule*, c'était déja un mystere, aussi, apostrophant l'énigmatique bicoque, lui dit-il ·

A quoy sers tu dans ce bourbier?
Est-ce d abry, de colombier?
Est ce de phare ou de lanterne,
De quay, de port ou de soutien?
Ma foy! si bien je le discerne,
Je croy que tu ne sais de rien

Ce qu'on lit ici prouverait que, faute de mieux, il avait servi de refuge a des bateleurs, qui y donnaient leur spectacle, avec parade sur la petite place qui était devant. C'est la meme, car ces sortes de gens reviennent volontiers ou ils ont accoutumé la foule a venir, c'est la meme place qui vit se dresser le théatre des Marionnettes de Brioché. V. notre édition de *Boileau*, Paris, Laplace et Cie, 1872, in-8°, p 120 Le chateau Gaillard disparut au XVIIe siecle, on le remplaça par une arcade, qui enjambait l'abreuvoir au Pont-Neuf, et qui existait encore il y a vingt-cinq ans.
4. « Faites place, laissez passer »

1. Nous verrions qu'il s'agit de personnages en peinture. Les bateleurs en faisaient voir, qu'ils choisissaient d'ordinaire parmi les célébrités du moment Ainsi, l'on sait par les comptes de la ville de Ratisbonne, qu'un tableau representant Jeanne d Arc y fut montré de cette façon, et que les principaux habitants s'empresserent de l'aller voir. Un d'eux, en sa qualité de magistrat municipal, s'était donné ce spectacle aux frais de la ville, écrivit sur le livre de compte « Item, avons payé pour voir le tableau de la jeune fille qui a combattu en France, 24 deniers » A Paris, peu de temps apres le supplice de Marie Stuart, un tableau, qui le représentait, fut exposé au cloitre Saint-Benoît et y attira une telle foule, que le roi, craignant des troubles, fit défendre cette exposition, par un ordre, dont la copie existe a la Bibliotheque nationale (fonds Bethune, n 8897). — Ici, ce ne sont pas des personnages de cette importance dont on fait voir les portraits Le bateleur n'a pour les curieux que des peintures représentant de ses confreres anciens ou nouveaux.
2. Pour « savez-vous »
3 « Son tour de parole. » C'est aussi ce que demande la femme dans la *Farce de Jolyet*

Me voulez vous point escouter?
Au moins que j'aye ma parlée

4. C'est-a-dire leurs lubies, leurs caprices, suivant la *planète* sous laquelle elles sont nées « Or, lit-on dans le roman de *D. Flores de Grecce*, estoit ceste Orbaste si vieille qu'elle n avoit plus de dentz, et si n'ayma oncques ny autre, tant estoit née en mal gracieuse *planette*. »

LE BATELEUR.
El parlera.
LA PREMIÈRE FEMME.
Dea, s'el' ne parle, el' vous laira.
LE BATELEUR.
Et la place en sera plus nete.
BINETE.
Je parleray.
LES DEULX FEMMES, *ensemble.*
El parlera.
LE VARLET.
Femmes ont y pas leur planete ?
LE BATELEUR.
Ouy, quant ilz ont leur haultinete [1],
Tesmoing mon varlet.
LE VARLET.
Il est vray.
LA PREMIERE FEMME.
N'est pas donc !
LA DEUXIEME FEMME.
Qu'en dira Binete ?
(*Ilz chantent.*)
Qui a le cœur gay ?
BINETE.
Hault, qui en veult leve le doy.
LE BATELEUR.
A sept cens francs !
BINETE.
Mais a sept blans.
LE VARLET.
Nous ne sommes pas à sept blans,
Sangbieu ! il n'y a croix en France.
LE BATELEUR.
J'aymes autant vendre a créance.
Qui en veult ? je les voys remectre.
LE VARLET.
Encor fault il vendre, mon maistre.
LE BATELEUR.
Vendre, mais trocher [2] est le myeulx ;
De trocher je seroys joyeulx,
Sy de femme estoys myeulx pourveu.
E vous n'avés rien veu, rien veu ?
LA PREMIERE FEMME.
Vous ne nous monstrés que folye ;
Monstres quelque face jolye
Qui ressemble à la creature.
BINETE.
Vous voirés maincte pourtraicture
Des gens de quoy on faict memoyre [3].

LE VARLET.
Et vous n'aves rien veu encore
Depuis que vous estes coans ?
Voccy des badins antiens [1],
Voecy les ceulx du temps jadis,
Qui sont là sus [2] en paradis,
Sans soufrir paines et travaulx.
Voecy maistre Gilles des Vaulx [3],
Rousignol, Briere, Penget,
Et Cardinot qui faict le guet,
Robin Mercier, Cousin Chalot [4],
Pierre Regnault, ce bon falot [5],
Qui chants de Vires mectoyt sus [6].
LA DEUXIEME FEMME.
Est-il vray ?
LE VARLET.
Ils sont mis là sus,
Ils n'ont faict mal qu'à la boysson.
LE BATELEUR.
Chantres de Dieu sont tous receups.
LA PREMIERE FEMME.
Est-il vray ?
LE BATELEUR.
Ils sont mys là sus.
LE VARLET.
Myracles en sont aperceus,
Dieu veult qu'on le serve à bon son [7].
LES DEULX FEMMES *ensemble.*
Est-il vray ?
BINETE.
Ils sont mys là sus,
Ils n'ont faict mal qu'a la boysson.

1 On prononçait *anciens*.
2 « La haut »
3 C'est-a-dire sans doute « de la confrérie des Veaux » de Rouen, qui fut célèbre aux xv° et xvi° siecles, et dont on a entre autres farces celle des *Veaux* qui fut jouée a une entrée de roi a Rouen Elle a été publiée, avec celle-ci, dans le recueil de Le Roux de Lincy et Francisque Michel.
4. Nous ignorons quels sont tous ces anciens joueurs de farces, qui, par cela même qu'ils sont plus inconnus, rendent d'autant plus curieuse la piece qui les nomme.
5 « Ce bon drôle. » Il y avait a Rouen, d'ou il se pourrait bien que cette farce fût venue à Paris, une confrerie, rivale de celles des Veaux et des Conards, qui s'appelait confrérie des *Fallots* ou *Fallotiers*. Dans un ballet dansé par le roi, en 1627, le *Serieux et le Grotesque*, se trouve une entrée de *Fallotiers* de Rouen et de *Guespins* d'Orléans
6 C'est-a-dire qui mettaient bien haut les chants, les *Veaux-de-Vire.* » Ce souvenir, au xvi° siecle, des chansons d'Olivier Basselin au xv°, est curieux. Vauquelin de La Fresnaye en a aussi parlé au 2° chant de son *Art poetique*, et pour dire, comme ici, qu'on les avait chantées, en exprimant le regret qu'on ne les chantât plus

Et les beaux *Vire de Vire* et mille chansons belles,
Mais les guerres, helas ! les ont mises a fin,
Si les bons chevaliers d'Olivier Basselin
N'en font à l'avenir ouïr quelques nouvelles

Le Pierre Regnault de notre farce était un de ces « chevaliers d'Olivier Basselin »
7 « En chantant bien »

---

1. Pour « hutinette », leur humeur hargneuse, *hutine* Nous avons déja vu souvent ce mot *hutin* qui fut le surnom de Louis X
2 Troquer, échanger
3 Il faut se rappeler que ce mot se prononçait *memore* pour comprendre la rime du vers suivant

LE BATELEUR.

Je vous dis que Robin Moyson
De nouveau nous l'a revellé,
En atendant, *nole volle*,
Pour chanter en leur parc d'honneur [1] :
Un surnommé le pardonneur [2],
Un toupinet [3] ou un coquin,
Ou un grenier aymant le vin [4] ;
Pour devant Dieu les secourir.

LE VARLET.

Je ne veulx poinct encor mourir,
Car je m'ayme trop myeulx icy.

LE BATELEUR.

Voecy les vivans, voy les cy.
Maintenant je les vous presente,
Voyés.

LA PREMIERE FEMME.

Poinct n'en veulx estre exempte,
Que n'en aye tout mon plaisir.

LA DEUXIEME FEMME.

Veuilés nous les mylleurs choisir,
Afin que nous les achatons.

LE VARLET.

Je les voys choisir a tâtons,
Jusques au fond de la banete [5].

LA PREMIERE FEMME.

Dites-vous?

LE BATFLEUR.

Parlez à Binete.
De tout el' vous fera marché.

BINETE.

Nous aurons tantot tout cherché
Sans vendre, je n'y entens rien.

LE BATELEUR.

A combien, dames, a combien?
A un liard ! qui en vouldra,
Maintenant, dames, on voyra.

LA DEUXIEME FEMME.

Poinct n'en voulons.

LE BATELEUR.

Rien n'y entens.

Vous ne voulés que passetemps,
Pour rire en chambres et jardins.

LE VARLET.

Vecy les nouveaulx badins
Qui vont dancer le trihory [1] ;
Vecy ce badin de Foury,
Et le badin de Sainct Gervais,
Les voulés vous?

LA PREMIERE FEMME.

Que je les voye.
Replyés, tout me semble ville.

LE BATELEUR.

Bien, le badin de Soteville [2],
Ou le celuy de Martainville,
Les voulés vous?

LA DEUXIEME FEMME.

Eh ! c'est Pierrot.

LE VARLET.

Oui, c'est lui-même, mon frerot,
Aussy Boursier et Vincenot,
Sainct Fesin, ce mengeur de rost.

BINETE.

Voecy plusieurs petis badins
Qui vous avalent ces bons vins,
Seront ils de la retenue?

LA PREMIERE FEMME.

Son badinage dymynue,
Pour tout vray; mais ses compaignons
On ne prise pas deulx ongnons,
Car ils ne font que fringoter,
Ils ne nous feroyent qu'afoler.

LE VARLET.

Vous ne voulés rien acheter ;
Vous estes asses curieuses
De voir inventions joycuses.
Mais quant vient a faire payement,
Rien ne voulés tirer, vrayment,
Ainsy Dieu vous face, mesdames.

LA DEUXIEME FEMME.

De vous ne povons avoir blasmes ;
Nous mesmes voulons qu'on nous donne

LE BATELEUR.

Ainsy, honneur vous abandonne.
Vous voulés avoir vos plaisirs,
Accomplisemens de desirs,
Nous entendons bien vos façons.

LE VARLET.

Sy vient un rompeur de chançon,

---

1. « Bon gré malgré, veuillez (*volé*) ou ne veuillez pas (*nole*), qu'avez-vous pour chanter en leur parc d'honneur ? »
2. « Un marchand de reliques et de pardons » C'étaient d'assez bons drôles, mangeant et buvant bien, aussi figurent-ils, au commencement des *Repues franches*, pour leurs ripailles dans les campagnes :

    Venez y tous, bons pardonneurs,
    Qui savez faire les honneurs,
    Aux villages, de bons pa-tuz

3. Le *toupin* était un bouchon de taverne Le *toupinet* doit être la meme chose.
4. Ce Grenier doit être encore un de ces illustres de l'ancienne farce, qu'on ne connaît plus aujourd'hui. Le bateleur équivoque sur son nom et sur son goût . vin et grenier ne vont en effet guere ensemble.
5. Sorte de malle d'osier, ou les bateleurs entassaient toutes les choses de leur spectacle, costumes, accessoires, etc Du temps de Molière, il en était encore ainsi. On voit par son *inventaire*, qu'a publié M Soulié, tous ses costumes soigneusement empaquetés dans des bannettes d'osier.

1. Sorte de danse bretonne qui se dansait aux chansons, avec accord d'instruments. Elle était en grande vogue, surtout en Bretagne même « la danse du Trihory, lit-on dans les *Contes d'Eutrapel*, est trois fois plus magnifique et gaillarde que nulle aultre. »
2. Nous retrouvons celui-ci dans un ballet bouffon du temps de Louis XIII, dont on disait que Lestoille avait écrit les vers En voici le titre *Maistre Galimathias, pour le grand bal de la douanière de Billebahaut, et de son fanfan de Sottenville, dansé par le Roy*, au mois de fevrier 1626, le nom du « M de Sottenville, » de *Georges Dandin*, vient de la.

Un fleureteur, un babillart,
Faisant de l'amoureulx raillart,
Qui vienne saisir le coste,
Y sera plustost escouté
C'une plaisante chansonnete.

LA PREMIERE FEMME.
Dictes vous?

LE VARLET.
Parlés a Binete.

LA PREMIERE FEMME.
Sy d'aventure on nous gauldit[1],
Ou nostre mary nous mauldit,
Ou prendron nous nostre recours?
Qui nous veuille donner secours?
Synon d'ouyr quelque sornete.

LE BATELEUR.
Dictes vous? Parles a Binete,
Qui se tient au Chasteau Gaillart.

LA DEUXIEME FEMME.
Sy nostre mari est vieillart,
Qui ne faict rien que rioter[2],
Ou irons nous pour gogueter?

LE BATELEUR.
Binete vous en rendra compte.

LA PREMIERE FEMME.
De nous ne faictes pas grand compte;
Mais bien on s'en raporte a vous.

LE VARLET.
Aussy vous faictes, vous, de nous.

1 « On se rejouit avec nous. »
2 « Querellei, disputei. »

Une personne de valleur
N'apelle un chantre, batelleur
Ne farceur; mais a bien choisir,
Gens de cœur plains de tout plaisir,
De vos dons riens ne conprenons;
Mais nostre plaisir nous prenons
De chans[1], pour estre esbanoyés[2],
Sans jamais estre desvoyes.

BINETE.
De Dieu poinct ne vous defiés,
De lui serés glorifiés;
Sy on donne poy[3] c'est tout un.
Riés, chantes et solfiés[4],
Jeux et esbas signifies,
De jour, de nuict, quant il faict brun.
Subjectz ne soyes au commun,
Vostre plaisir nous asouvyt,
Qui plus vit de monde, plus vit.

LE BATELEUR.
Recreons nous, chantons subit.

LE VARLET.
Hardiment faisons nous valloir,
Soulcy d'argent n'est que labit[5].
De petit don ne poult chaloir,
Chantons et faisons debvoir.

1. « Nous prenons plaisir a chanter »
2 « Pour être réjouis, prendre nos ébats. » Le mot se trouve dans Marot au livre II de sa traduction des *Metamorphoses*
   Et Meander, qui va *s esbanoyant*
   Dedans son eau ça et là tournoyant

3. « Si on donne peu »
4. On voit que le mot n'est pas nouveau. On disait aussi *solmifier*.
5. « Affaire fugitive, chose *labile*. »

FIN DU BATELEUR.

FARCE DE TOUT, RIEN ET CHASCUN

(XVIᵉ SIÈCLE — RÈGNE DE FRANÇOIS Iᵉʳ)

NOTICE ET ARGUMENT

Cette farce a cela de singulier, d'unique peut être, qu'on en connaît deux versions tout à fait différentes, deux textes absolument dissemblables, bien que sur le même sujet.

La forme varie du tout au tout, le fond est pareil.

De ces deux pièces qui sont sœurs, et non jumelles, et qui même ne se ressemblent pas, la plus récemment retrouvée, mais, à n'en pas douter, la plus ancienne, est celle que nous donnons ici.

Elle est la 56ᵉ du *Recueil de Londres*, où elle occupe seulement 8 pages de 58 lignes, et elle a été reproduite au tome III, p. 199, de l'*Ancien Théâtre* de la Bibliothèque elzévirienne.

Avant de la connaître, on avait celle dont par le style elle est certainement l'aînée, et qui nous était arrivée vingt-cinq ans auparavant. Ce n'est en effet qu'en 1854 qu'elle nous fut révélée, avec tout le *Recueil de Londres*, par l'*Ancien Théâtre*, tandis que dès 1829 nous avions connu l'autre.

On devait celle-ci à un amateur de Besançon, M. Guillaume. D'après le manuscrit qu'il en possédait, il avait envoyé une copie à son confrère de la *Société des Biblio-* *philes*, M. Monmerqué, dont le premier soin avait été de la publier — mais à très-petit nombre — dans le tome IV des *Mélanges de la Société*.

Dès le titre, on voit qu'elle diffère de celle qui vint plus tard. Voici celui qu'elle porte : *Farce joyeuse et recréative à trois personnages, assavoir Tout, Chascun et Rien*. Comparez avec celui de l'autre, vous verrez qu'il n'est pas le même. Ce n'est qu'une variante, mais réelle, et qui, commencée au titre, se continue par toutes sortes de nuances jusqu'à la fin. Nous ne les détaillerons pas. Il suffit d'avoir dit qu'elles existent, en signalant, comme nous l'avons fait, la singularité de ces dissemblances sur un thème semblable.

Ce thème, il est temps d'en parler, n'a rien que de fort simple. Tout et Rien se disputent Chascun. Pour celui-ci le choix n'est pas difficile : c'est à Tout qu'il court, en se moquant de Rien. Malheureusement, sur un coup de dé, où Rien a tenu le cornet, la chance tourne, et Tout et Chascun reviennent à Rien.

Il n'en est pas plus fier. C'est, il le sait, la loi commune. Quoi qu'on fasse, il n'est pas de chose qui ne lui retourne.

FARCE NOUVELLE

TRÈS BONNE, MORALLE ET FORT JOYEUSE

A troys personnaiges, c'est assavoir :

| TOUT, | ET CHASCUN. |
| RIEN, | |

TOUT *commence.*
Il est bien heureux qui a Tout,
Car il a le vent à son gré.
En comptant par un chascun bout,
Il est bien heureux qui a Tout ;
Prise il est en Tout, par Tout ;
C'est un serviteur bien de het [1],

Il est bien heureux qui a Tout,
Car il a le vent à son het [1].
Tout je suis, nulluy ne me het ;
Chascun se veult de moy fournir ;
Car je puis le pauvre garnir,
Lyesse tenir,

[1] « A son gré, à son plaisir. » L'expression précédente en est venue.
Il le faisait de très bon *hait*,
lit-on dans la farce de la *Confession de Margot*.

[1] « A souhait » C'est une expression qui se conserva jusqu'au XVIIᵉ siècle. Saint Amant dit encore

Pourveu qu'à l'ombre des chopines,
Je me tienne sain et *de hait*

Tous biens maintenir
En prosperité ;
Argent retenir,
Les gens contenir
En felicité,
Sans estre odieux.
Les gens frequente en grande quantité.
Qui a Tout se trouve joyeulx.
Point ne suis melencolieux [1]
Maint entretenir par mon bien.

   RIEN, *en chantant.*

Il est bien ayse qui n'a guiere,
Encor plus aise qui n'a rien.
Qui n'a rien ne se soulcie [2],
Il n'a point peur de perdre Rien.
 Mais qu'il soit joyeulx
 En temps et en lieux,
 Il est trop heureux.

   TOUT.

Quoy parlez-vous ? Quoy, vertu bieu,
Jasez-vous en ce pas ?

   RIEN.

Ha ! je ne vous avisois pas.
Nadies, nadies [3], dominus Totus [4],
Avez-vous mestier d'un potus [5] ?
Voicy la bouteille pour boire.

   TOUT.

Qu'esse cy ? Vous perdez memoyre
Qu'icy de moy vous parlez.
Par bieu, si de rien vous gabez [6],
Je vous mestray en grant esmoy.

   RIEN.

Dyable ! quoy, vous parlez de moy [7] ?
Vous m'avez nommé dessus tous.

   TOUT.

Or me dictes, qui estes-vous,
Qui respondez si fierement ?

   RIEN.

Je suis moy mesme, seurement.
Voire dea, me cognoissez-vous ?

   TOUT.

Or bien, comment vous nommez-vous ?
Dictes vostre nom sans celer,
Affin que vous puisse appeller,
Sans chercher de çà ni de là.

   RIEN.

Or, regardez qu'il y a là.

   TOUT.

Par mon ame, il n'y a rien.

   RIEN.

Dea, vous me cognoissez bien :
Par mon ame, je suis joyeulx.

   TOUT.

Le diable te creve les yeulx,
Rien mauldit, mon faulx adversaire !
Mais, dis-moy, que viens-tu cy faire
En ce lieu, veu que tu scès
Que je suis Tout, qui par uxes [1].

   RIEN.

Vous este Tout et je suis Rien,
Qui cy me suis venu deduyre [2].
Partant, si je ne puis vous nuyre,
Toutesfois veulx-je proffiter.

   TOUT.

Mais qu'esse qui puisse inciter
Le cueur des gens à te vouloir ?

   RIEN.

Si ay vrayement ; j'ay du pouvoir ;
Car par cy, par là, fais ma cource,
Et tel regarde dans sa bource
Qui Rien ne treuve bien souvent.

   TOUT.

Tu ne es forgé que de vent,
Tout ton fait n'a a aulcune loy.

   RIEN.

Si viendront tous les gens à moy
Et par moy seront depourveuz ;
Plusieurs au monde sont venus
Qui vouldroient que fusse à faire.

   TOUT.

Toy ! Jesus, que sçaurois-tu faire ?
Mon ame, tu es trop infame.

   RIEN.

Souvent je fais battre les femmes
Jusques à s'arracher les yeux,
Prendre à l'un l'autre les cheveulx,
Crier, hurler, ne sçay combien.
Toutesfois on dit : Qu'esse ? — Rien.
Voila que j'ay en ma puissance.

   TOUT.

C'est moy qui ay la jouyssance
De tous biens et beaulx presens.

   RIEN.

Et moy qui ay la cognoissance
Sur le guernier des pauvres gens.

   TOUT.

Point ne cherche les indigens,
Mais les maisons des gros seigneurs ;
Et cherche bons enseignemens
A tromper, j'y ay bonne espace.

---

1. « Je ne suis point en peine de.. »
2. « Ne prend aucun souci. » Le verbe *se soucier* se prenait alors dans le sens absolu. « Aussi, lit-on dans le XL• des *Arresta amorum* N'estoit-il pas encore en âge de soy chaginer et il y en avoit encore bien d'autres qui se *soucyoient* pour luy. »
3. Abréviation pour *bona dies* (bonjour).
4. « Maître Tout. »
5. « Avez-vous besoin (*mestier*) de boisson (*potus*) ? »
6. « Vous vous moquez »
7. En disant « Si de rien vous gabez, » Tout en effet a parlé de lui, Rien

1 Il nous a été impossible de trouver ce que cela veut dire.
2 « Prendre du *deduit*, de l'amusement » Marot a dit, avec le même sens

Tant plus avant cette lettre lisois,
En aise grant tant plus me *deduisois*

RIEN.

Vertu bieu, tu tiens trop de place,
Autant derrière que devant,
Et si ne viens pas trop souvent
De paour de perdre ton alaine.

TOUT.

Souvent je fais la bource plaine,
Resjouyssans les langoureux.

RIEN.

Voire, mais tu rens trop paoureux,
Et qui t'a connu negligent;
Car tu portes or et argent
Par les lieux où passeras,
Et moy, pauvre, tu me craindras.
Car s'il ne vient un seul recors [1]
Tantost te diras estre mort,
Tremblant comme plume en balasse [2];
Toutesfoys qu'esse? Rien, qui passe,
Duquel on fait si peu de compte.

TOUT.

J'entretiens prince, duc, conte,
Leur baillant chemin et adresse.

RIEN.

Et puis après, se tu les laisse,
A moy, seigneur, gentement,
Plus que du pas [3] et vistement;
Sont bien ayses trouver ma porte.

TOUT.

Les despourveuz je reconforte,
Après qu'ilz ont bien travaillé.

RIEN.

Combien de fois suis-je baillé
Aux pauvres pour l'honneur de Dieu!
Puis si l'on a perdu au jeu,
Je suis le dernier reconfort.

TOUT.

Bran, bran! ton parler est trop fort.
Tout faict-on par Tout au commun.
Adieu, je m'en vois veoir Chascun,
Lequel m'a mandé pour service.
Je ne luy fauldray que je puisse,
Mais l'entretiendray en son estre [4].

RIEN.

Chascun, Jesus! hé! c'est mon maistre;
Plus souvent m'a qu'il ne t'a pas.
Comment dea, te mocques-tu pas?
Que seras-tu en son endroit?
Je ne sçay pas s'il me vouldroit
Mescognoistre pour le present;
Mais sus luy [5] suis-je bien souvent
Et quasi plus que tous les jours.

TOUT.

Tu me comptes terribles tours
Qui me font grandment esbahir.
Si m'a-il envoyé querir
Et me souhaite.

RIEN.
Je le croys.

TOUT.

Par mon ame, je m'y en voys,
Affin que son vouloir soit faict,
Car sans moy yroit mal son faict
Maintes foys je l'ay apperceu.

RIEN.

Tu seras bien plus tost receu
Que moy, car as robbe meilleur;
On ne prendra nul colibet [1].

TOUT.

On fera ton senglant [2] gibet
Qui te puisse rompre le col.

RIEN.

Pax vobis, je ne suis pas fol;
J'entens vostre benediction.

TOUT.

Je m'en voys sans dilation
Veoir Chascun; je n'y fauldray pas.

RIEN.

Et je te suivray pas à pas,
Pour veoir s'il me recognoistra.

CHASCUN *commence*.

Quand esse que le temps naistra
Que Tout me viendra entre mains?
J'espère que mon faict [3] naistra
Tel que j'auray de bons moyens.
Tout me fault, mais, comme j'entens,
Le chercheray là et icy;
Qui a Tout de Rien n'a soucy.

TOUT.

Et, par mon ame, me voicy,
Lequel avez tant desiré.

CHASCUN.

Vous soyez le bien arrivé,

que les gens de la campagne lui ont conservé, dans la *Farce des femmes* :

PERNETTE
Je m'en voys filler ma quenoile,
Passer le temps sus ma commère

1. « Nul propos de fantaisie » L'étymologie « quod libet », ce qu'on veut, ce qui plaît, était maintenue dans le sens même du mot. « Il n'est, dit Joinville, il n'est si bon livre après manger comme *quoblibez*, c'est-a-dire ou chacun die ce qu'il veut »

2. Nous avons déja vu le mot « sanglant » ainsi employé par la *sanglante* étienne, etc.

3. Faict a ici le sens de *bien, avoir*, comme dans cette phrase de Commines (liv. III, ch. 11) « Le roy estoit trop puissant et avoit son *faict* bien accoustré, » et cette autre de Molière dans l'*Avare* (act 1, sc. iv) : « Bienheureux celui qui a tout son *fait* bien placé. »

---

1. Pour « secours, secours ».
2. « Qui ballotte, qui danse »
3. C'est-a-dire « allant plus vite que le pas. »
4. « En son logis (*autre*). » Ce mot que nous avons déja vu venait du latin *atrium*. Il se retrouve dans l'expression « les *âtres* d'une maison »
5. Pour « chez lui ». Nous trouvons « sus » avec le meme sens,

Tout mon amy et le tout vostre,
Car très grant joye m'est venus,
Long temps a que vous desiroys.

TOUT.

Vous avez Tout à votre choix;
Puisque ainsi vous estes heureulx,
Doresnavant soyez joyeulx;
De luy ne sçauriez avoir faulte.

CHASCUN.

De grant joye le cueur me saulte;
Bien heureux suis je par ce bout.
Mais que me fault-il quand j'ay Tout,
Lequel m'estoit fort nécessaire?

RIEN.

Monsieur, si vous avez affaire
De Rien, le voicy en presence,
Qui fait bien tenir contenance,
Quant il voit que on le reclame.

CHASCUN.

Qui estes-vous?

RIEN.

Rien, sur mon ame.

CHASCUN.

De quoy me servirez-vous bien?

RIEN.

Monsieur, je serviray de Rien.
Advisez-vous; me-voulez-vous?

CHASCUN.

Mais, dictes, à quoy valez-vous?

RIEN.

A Rien.

CHASCUN.

A Rien! quel bon varlet!
Vous estes un peu sotellet.
Allez ailleurs chercher un maistre.

RIEN.

Advisez; me voulez-vous mettre
En quelque lieu de la maison?

CHASCUN.

Allez ailleurs querir raison;
Puisque j'ay Tout entre mes mains,
De Rien n'ay cure; Tout est mien[1];
Bien de vous me sçaurois passer.

TOUT.

Ha, maistre Rien, allez chercher
Ailleurs party; on le vous dit;
Car vous perdez vostre crédit,
Où Tout est. Vuidez de ce pas.

RIEN.

Et donc ne voulez-vous pas?

CHASCUN.

Nenny, nenny, vuidez la place;
Où tout est, vous perdez espace

1. « Mien, a moi. »

A fiequenter; à coup vuydez[1].

RIEN.

Par bieu, vous me appellerez
Que du faict n'y penserez point.

TOUT.

Ho, qu'il a bien failly sont point.
Mon ame, il s'est bien absenté[2]
Que luy avez-vous presenté,
Pour qu'il partist?

CHASCUN.

Non ame, Rien.

RIEN.

Et, par ma foy, je sçavois bien
Que de moy il vous souviendroit.
Pourquoy me huchez[3] orendoit[4]?
Que vous faut-il?

CHASCUN.

Quoy, un badin,
Serions icy jusqu'a demain.
Sortez tost, avancez le pas.

RIEN.

Je vous en feray repentir.
Par bieu, et je feray Tout taire.

CHASCUN.

Vieulx loudier[5], que sçaurois-tu faire?
Tout ton fait ne gist qu'en malheur.

RIEN.

Quelque jour vous feray frayeur.
Ainsi sera; notez-le bien.

TOUT.

Bien fol est qui a paour de Rien.
Car trop peu est malicieulx.

CHASCUN.

Helas, suis-je pas bien heureux
D'avoir Tout devant ma puissance?
Plus grosse n'est resjouyssance;
Soucy n'ay de chose du monde.

TOUT.

Bien heureux est-il en ce monde
Qui a Tout; nul bien ne luy fault.

CHASCUN.

Celuy suis-je.

RIEN.

Bou, bou, bou.

CHASCUN.

A, Nostre Dame, qu'esse là?

1. « Partez, videz la place tout de suite (a coup) »
2. « Eloigné a propos » Le mot *absenter* ne se disait alors qu'avec ce sens, comme dans ce passage du *Prologue* du liv. IV de Rabelais « Il s'estoyt *absenté* (éloigné) de toutes compaignies et vivoyt en son privé »
3. « M'appelez-vous? »
4. « Ici, maintenant » V sur ce mot une note de la *Morale du mauvais Riche*
5. « Vieille paillasse » V sur ce mot une note de l'*Obstination des femmes*, p 127

Jesus, c'est quelque deffortune [1].
TOUT.
Oncques ne fut telle fortune
Trouble. Jesus, que peult-ce estre?
RIEN.
Or tenez, suis-je pas bon maistre
De les avoir espoventez
Pour faire bou? Or vous ventez
De dire que ne me craignez pas.
Avez-vous veu?
CHASCUN.
Je ne sçay pas
Que ce villain vieulx assoty
Si souvent cherche par icy,
Tousjours portant quelque risée.
TOUT.
Alloz en malle destinée,
Villain, prince des estourdis
RIEN.
Ha, villain! or bref je vous dis,
Puis que avez autre que moy,
Qu'en la fin vous viendrez à moy
Aussi droit que compas de lune [2];
Car un jour la malle fortune
Tombera sur Tout et Chascun;
Puis s'en viendront tout à descun [3]
A moi; ainsi est ordonné.
CHASCUN.
Va t'en; tu as trop sermonne;
Va t'en tost, tu feras que sage [4].
Est-il au monde tel passage [5]
Qu'avoir Tout en gouvernement?
TOUT.
Chascun est en avancement
Quand il a Tout entre les mains.
CHASCUN.
Mais que dira-on par lieux mains [6]?
Chascun a Tout comme je sume [7];
Mais qu'il n'ait la malle fortune,
Tout il tient, il est remonté.
TOUT.
Vostre honneur sera remonte
Autant que l'on en sçauroit dire;
Mais que la roue ne vous vire,
Jamais n'eustes si grant honneur.

1. Tres-joli mot, qu'*infortune* ne remplace pas. Il nous donnait la nuance du malheur après la fortune, de la déchéance après la prospérité. Il s'employait rarement. Il est toutefois dans Cotgrave, ainsi que *defortune*, dont Rabelais s'est servi.
2. « Aussi juste que si c'etait mesuré avec un compas d'astronome »
3. « En descendant. » Ce mot *descun*, dont nous ne connaissons pas d'autre exemple, doit venir, comme *descensse* (descente), du latin *descensus*.
4. « Tu ne seras que raisonnable » Nous avons vu la même expression dans la farce du *Cuvier*.
5. « Telle vie meilleure à passer. »
6. « En maints endroits. »
7. Sans doute pour « comme je pense, je présume. »

RIEN *jecte le sort de fortune.*
Nostre Dame, voicy malheur.
Jesu! adieu, Tout, nostre maistre.
TOUT.
Dictes-moy que ce peult estre.
Dea, Monsieur, vous demande?
CHASCUN.
Mort d'une!
Ma foy, c'est la malle fortune.
Voici grosse subtilité.
TOUT.
Je me sens tout debilité
De mon sens, je le cognois bien.
CHASCUN.
Helas, aller me fault à Rien.
Voicy grosse desconvenance,
Malle fortune à grand meschance
Dessus moy tient son maintien.
TOUT.
Tout et Chascun s'en vont à Rien,
La fin le dit sans faulte aucune.
Car sommes subjetz à Fortune
Qui nous rend despourveuz de sens.
CHASCUN.
Ha, par mon ame, je me sens
Mal ordonné. Or sus, allons.
TOUT.
Je voys premier, et avançons;
Allons à Rien pour Mieulx trouver.
CHASCUN.
Monseigneur, vous venons louer,
Faire hommage et reverence.
RIEN.
Vertubieu, la grand contenance!
Esse pas vous, messieurs les braves?
Je vous tiendray comme esclaves,
Et vous me voulez dejecter.
Dea, vous me venez visiter.
Vrayement, je vous l'avoys bien dit.
TOUT.
Nous y venons, sans contredit,
Vous saluer a voix commune.
CHASCUN.
Puis que Sort et malle Fortune
Le veulent, nous vous servirons.
RIEN.
Par le sang bieu, nous le voulons.
Je vous retiens de ma cuysine,
Mais que tenies bonne mine.
Or ça, messieurs, voyez-vous bien
Que Tout et Chascun vont à Rien
En la fin; ainsi est ordonne,
Que tel cuide au monde estre né
Pour abonder où est Tout et Bien,
Et en la fin tout vient à Rien.
Voylà que c'est de nostre vie.
Prenez en gré, je vous supplie.

FIN DE LA FARCE DE TOUT, RIEN ET CHASCUN.

MORALLITÉ DE SCIENCE ET ANERYE

(XVIᵉ SIECLE — REGNE DE FRANÇOIS Iᵉʳ)

NOTICE ET ARGUMENT

Nous revenons, avec cette *Moralité*, aux choses vives du théâtre, à ce qu'il eut de plus nettement agressif, à ses franchises les plus crues et les plus énergiques.

L'Église est encore ce qu'il attaque, non plus dans les erreurs de son pontife, mais dans ses propres abus, dans tout ce qu'elle avait de complaisance, de facilités vénales pour les ignorants qui la perdaient, et de dédains pour les gens de savoir qui auraient pu la sauver.

L'hérésie est menaçante, terrible, la Réforme a éclaté. Ce qu'on dit de la « Bible en français » prouve que Luther a parlé, et que ses doctrines gagnent de proche en proche. Qui donc cependant a voix au chapitre? Qui des deux, Science ou Anerie, arrive aux dignités, et obtient les bénéfices? Anerie toute seule.

Le Badin, son clerc, en tire par quelque singerie tout ce qu'il veut, et on le voit se promener l'aumusse sur le bras, presque la mitre en tête, tandis que Science et son clerc demandent en vain, et se morfondent.

Sous ses allures de farce, cette Moralité est navrante, parce qu'on la sent vraie, et qu'en remontant vers l'époque, dont elle marque les abus et les fautes, on se rappelle tout ce que ces fautes et ces abus devaient amener de malheurs.

C'est une des plus remarquables pieces du Recueil La Vallière, où elle est la quarante-neuvième.

Génin, repassant tout ce répertoire dans l'édition de MM. Michel et Le Roux de Lincy, ne la laissa point passer sans y prendre garde.

Il y trouva des mots que le XVIIIᵉ siècle, aux moments les plus vifs de la révolte qui devait si vite tourner en révolution, n'aurait pas faits plus acérés : « Dans *Science et Anerie*, dit-il [1], Science demande : « Que vendez-« vous? » Anerie répond : « Des bénéfices; » le mot, ajoute-t-il, est vif! Beaumarchais n'eût pas trouvé mieux. Le reste est à l'avenant... La piece entière est résumée dans le mot de Montaigne : *Tout vice vient de bestise.* »

1. Génin, *Pathelin*, introduction, *la vieille Comédie.*

SCIENCE ET ANERYE

MORALLITE A IV PERSONNAGES

C'est à scavoir :

SCIENCE,
SON CLERQ,

ANERYE,
SON CLERQ qui est BADIN.

SCIENCE *commence.*

Tant de fins tours, tant de finesses,
Tant de maulx, et tant de rudesses,
Pertes, exès, calamytés,
Les uns eslevés en richesse,
Nobles delaissant leur noblesse,
Faisant tort aulx communites [1],
Tant de sos mys en dignites,
Tant de gens plains d'iniquictez,

Et tant de gens sans consience,
Tant de pompes et vanités,
Et toutes ces enormytés,
On faict sans moy qui suys Science.
J'ey veu que j'estoys florisante,
Aulx cœurs des princes reluysante ;
Qu'on prisoyt mes faictz et mes dis ;
Mais maintenant suys impotente,
Mesme l'eglise mylitante [1]

1. Aux affaires du « commun peuple » Cotgrave donne *communité* avec ce sens, et on lit dans la traduction de l'*Ethique* par Nic Oresme (liv VIII, ch XIV) « Politicques est art de gouverner royaumes et cités, et toutes *communités.* »

1. On sait que c'est l'église et ses combats sur terre tandis que l'autre, celle des Saints et des Bienheureux, est l'*Eglise triomphante* Cette expression, qu'on aurait pu croire plus moderne, est aussi au chap. IX des *Contes d'Eutrapel.* « Ce qui ne fut onc en ceste église visible et *militante.* »

ANERYE

Je vis sans soing et sans soulcy.
Malgré vous, Science, madame.

MORALLITÉ DE SCIENCE ET ANERYE.

Ne tient compte de mes edis.
Asnes mytrés, sos estourdis
Ont mes serviteurs interdis ;
Force m'est prendre en pacience,
Sans mes raisons et contredis,
Car vilains[1] par moyens mauldis
On faict sans moy qui suys Science.
Les philozophes anciens
Montroyent aulx princes les moyens
A bien leurs subjectz gouverner ;
Mais un tas de praticiens[2]
Pires que les magiciens,
Veulent aujourduy gouverner,
Tirer à soy et rapiner
Et quelque fraulde machiner
Sans avoir congé ne licence,
Prendre l'aultruy, et larcyner[3] ;
Telz finesses determyner,
On faict sans moy qui suys Science,
Seigneurs, imaginés comment
Gens vivent vertueusement,
Pourveu que je soyes en presence
Jugés et sans sçavoir comment,
Telz finesses certainement
On faict sans moi qui suys Science.

LE CLERQ DE SCIENCE *entre*.

Il me fault faire diligence,
Car il est temps, et grand saison
De me pourvoir.

SCIENCE.

  C'est negligence
De croupir aupres du tyson,
Et dictes pour vostre raison.

LE CLERQ DE SCIENCE.

J'apete[4] science aquerir.

SCIENCE.

C'est bien parlé, mais pour poison
Se nomme a qui la va querir[5].

LE CLERQ DE SCIENCE.

Il ne fault poinct si loing courir,
Science n'est pas esgarée.

SCIENCE.

On m'a cuydé faire mourir,
J'ey este quasy separée
De mon lieu.

LE CLERQ DE SCIENCE.

  Vostre los et fame[6]
Est il mys au bas ?

SCIENCE.

  C'en est faict.

LE CLERQ DE SCIENCE.

Par Dieu, pour vous c'est un ord[1] blasme ;
Qui peult avoir faict ce forfaict ?

SCIENCE.

Gens despourveuz de bonefaict[2],
Qui de moy ne font pas grand compte.

LE CLERQ DE SCIENCE.

L'homme ne peult estre refaict[3],
Sy n'a science en fin de compte.

SCIENCE.

Par science l'homme hault monte.

LE CLERQ DE SCIENCE.

Je le montys le temps passe,
Mais maintenant on le desmonte
Tout est aultrement compensé[4].

LE CLERQ D'ANERYE *en Badin, entre.*

Nadies, nadies[5].

LE CLERQ DE SCIENCE.

  Dieu gard, Clerice[6] !

LE BADIN.

Afin que je vous advertise,
Clerice suis je voyrement,
A vostre bon commandement.
Je sçay mon françoys et latin :
Vultis, vobis, seros, et in,
Voyela tout mon latin par cœur.

LE CLERQ DE SCIENCE.

Méchant, sauroys tu faire honneur
A ceste dame d'excellence ?

LE BADIN.

Et qui est-elle ?

LE CLERQ DE SCIENCE.

  C'est Science,
Combien qu'elle soyt mal en poinct.

LE BADIN.

Bran, bran, je ne la congnoys poinct ;
Je n'ay poinct de science envye,
Je ne la vis onq en ma vye.
J'en scay asés pour mon user ;
Je ne me veulx poinct amuser

---

1. Sous-entendu « sont élevés ».
2. « Gens de loi, hommes de justice. » V. sur ce mot la *Farce de maistre Mimin*.
3. « Prendre le bien d'autrui, et faire larcin »
4. « J'ai appetit, je désire. »
5. « Mais maintenant elle semble n'estre que poison pour qui la va chercher. »
6. « Votre louange (*laus*) et renommée (*fama*). »

1 « Sale, immonde. »
2. « Action, dessein » Montaigne a donné la même acception a ce mot. « Ce qui me convie, dit il (liv. III, ch. xcvi) a un *effect* si esloigné de ma nature »
3. « Réformé, rendu meilleur. »
4. Pour « compassé, arrangé, disposé. »
5. Pour *bona dies*, bonjour. Nous avons déjà vu cette abreviation dans la piece précédente. Le mot se disait souvent tout entier. *Et*, lit-on dans la *Farce du badin qui se loue*.

 Et il aura doncque vray mis
 Un *bonadies* de ma personne

Le mot est encore dans Régnier.

6. Vocatif de *clericus* (clerc).

Aveques elle, car gens sciens[1]
Sont pour le jourduy mendiens.
Je voys chercher alieurs pasture.

LE CLERQ DE SCIENCE.

Et où vas tu?

LE BADIN.

A l'avanture;
Poult estre que seray pourveu
Plustost c'un grand clerq, dea, pour voir,
Que j'ey d'aulcune la grace.

ANERYE entre.

Pour bien jouer de passe passe[2],
C'est moy, c'est moy, j'en suys ouvriere;
J'en prens, j'en donne, j'en amasse,
J'en ay une grande myniere[3].

LE CLERQ DE SCIENCE.

Qui est ceste grande loudiere[4]?

LE BADIN.

N'en dictes mal, je vous en prye.

LE CLERQ DE SCIENCE.

La congnoys tu?

LE BADIN.

Elle est ma mye.

LE CLERQ DE SCIENCE.

Qui est elle?

LE BADIN.

C'est Anerye.

LE CLERQ DE SCIENCE.

Anerye! Vierge Marye!
Elle taille nos manteaulx courts[5].

SCIENCE.

Mon amy, je te certifye
Qu'Anerye se tient aulx cours[6].

ANERYE.

Je voys, je viens, je suys, je cours,
J'ay grande domination;
A mes serviteurs faictz secours
Et leur donne provision.

LE CLERQ DE SCIENCE.

C'est une grande irision[1]
De voir Anerye eslevée.

SCIENCE.

C'est une malediction,
C'est par elle que suys grevée[2].
Elle est maintenant sy privée[3]
De ceulx qui ont gouvernement,
Elle a tant faict que suys privee
De tous mes droictz.

LE CLERQ DE SCIENCE.

Dictes comment?

SCIENCE.

Elle estudye incessamment
A faire inventions nouvelles.

LE CLERQ DE SCIENCE.

Nous congnoissons certainement
Qu'Anerye veult voler sans ailes.

SCIENCE.

Et qu'elle a faict des plays mortelles
Jadis dedens noble cité.

LE CLERQ DE SCIENCE.

Anerye, benedicite!
Qu'elle cause au pays de maulx!

SCIENCE.

Tant avons eu d'aversité,
Depuys qu'elle a fait ses grans saulx.

LE CLERQ DE SCIENCE.

Nous voyons par mons et par vaulx
Courir une estrange saison.

LE BADIN.

Pourveu seray, sy je ne faulx,
De benefices à foyson.
Je scay qui est *scriptorium*[4]
*A quo, a quà, non regula,
Da nichy beneficia.*

ANERYE.

Hola! les benefices, dea.
En tels poincts il fault bien entendre,
Qui sont estalés ça et la.

LE BADIN.

Comment donq, les voulés vous vendre?

ANERYE.

Tu n'es pas expert pour entendre
Ce que j'en veulx determyner.

LE BADIN.

J'en puys vendre, j'en puys donner,

---

1. « Savants (*scientes*). » Le sermonneur du *Sermon des foux* se sert de ce mot

En folye maistre dessus tous,
Comme chantres, musiciens,
Voulentiers ne sont pas *sciens*.

2. « Escamoter, tromper. » La Fontaine dans le conte du *Quiproquo* appelle l'Amour

L'aveugle enfant, *joueur de passe-passe*

3 C'était alors l'unique forme du mot *mine*. Dans le *Roman de la Rose*, v. 163 4, on lit à propos des métaux

Car tant (*tous*) par diverses manieres
Dedans les terrestres *minieres*
De soufre et de vif argent naissent.

4 « Cette grande paillasse. » V une des pieces précédentes.
5 « C'est elle qui fait que nous sommes si court vetus. »
6 « Aux cours de justice, et autres. »

1 Pour « dérision, moquerie », du latin *ridere*. Le mot est dans Colgrave
2. « Accablee, écrasée »
3 « Si familiere, si bien dans l'intimité. » Le mot *prive* a longtemps conservé ce sens On disait par exemple d'un domestique trop familier « Il se rend un peu trop *prive* avec ses maitres »
4 On prononçait *scriptorion*, ce qui explique la rime avec *foison*.

J'en domyne¹, j'en prens, j'en taille,
C'est a moy pour en ordonner :
J'en oste à l'un, à l'aultre en baille;
Je les espars² plus dru que paille,
Pourveu dea qu'on face debvoir.
Le plus souvent y a bataille,
Car à force les fault avoir.

LE CLERQ DE SCIENCE.

Dame Science, alons scavoir
Sy pouroys par vostre moyen
Estre pourveu.

SCIENCE.

Je le veulx bien.

LE CLERQ DE SCIENCE.

Anerye depart benefices,
En eslevant gens en ofices,
Ce que jadis vous ay veu faire.

SCIENCE.

Je n'en puy mais, c'est l'ordinaire.

LE CLERQ DE SCIENCE.

De nuict, de jour, en diligence
Je vous ay aquise, Science,
Au moins que j'ay je ne scay quoy.

SCIENCE.

Bref, il ne tiendra poinct a moy,
Avec vous j'iray volentiers.
    (Parlant a Anerye.)
Voecy un de mes famillyers,
Que j'ey à honneur introduict,
De par moy a este instruict;
On le voyt par experience.

ANERYE.

Je ne vous cognoys.

LE CLERQ DE SCIENCE.

C'est Science.

SCIENCE.

Je le plevis³ sientifique⁴,
Lysant de raison politique,
A luy n'y a quelque insolence⁵.

ANERYE.

Je ne vous congnoys.

LE CLERQ DE SCIENCE.

C'est Science.

ANERYE.

Ayés un peu de pacience,
Car je suys à aultruy¹ debteur².

SCIENCE.

Il est digne d'estre pasteur³ ;
Vous luy en donrés, sy vous plaist,
Gouvernement.

ANERYE.

A peu de plaist⁴.
Je n'y ay point encor pencé.

LE BADIN.

Anerye, je suys dispence⁵
D'obtenir quatre benefices ;
Donnés les moy, ils sont propices
A mon estat et faculté.
N'en faictes point dificulté,
Monsieur⁶ le veult et vous le mande.

ANERYE.

Il sera faict, puysqu'il commande;
Tu me sembles bien nouvelet.

LE BADIN.

Je suys pour son secret valet,
Long temps y a et longue espace.

ANERYE *baillant une amusse⁷ au Badin.*

Recommande moy à sa grace;
Tu es pourveu, voyla pour toy.

SCIENCE.

Anerye, à ce que je voy,
Vous pourvoyes un tas de sos
Qui ne sauroyent parler deulx mos
De latin congru⁸, et lesses
Plusieurs bons clers interessés⁹ ;
N'esse pas grosse reveryc ?

LE CLERQ DE SCIENCE.

Que voulés vous ? C'est Anerye
Qui mect en biens anes et veaulx.

SCIENCE.

Voecy des termes bien nouveaulx.
Que vendés vous ?

---

1. « A d'autres. »
2. Ce fut longtemps la seule forme du mot *debiteur*, au XVIe siècle, *debteur* et *debiteur* s'employeraient ensemble. Ils sont l'un et l'autre dans Rabelais, l'un au liv. III, ch. IV, l'autre au ch. XXXVII du même livre. *Debteur* dont on fit *detteu*, qui est dans La Fontaine, se maintint jusqu'au milieu du XVIIe siècle.
3. « Abbé, prélat. »
4. « A peu de dispute, de contestation (*plaid*). »
5. « J'ai permission, dispense. » On lit, avec le même sens, dans les *Memoires* de Martin du Bellay « Le pape ne pouvoit dispenser (donner dispense) a une femme d'avoir espousé les deux freres »
6. C'était quelque grand personnage, que ce seul mot faisait sans doute reconnaître
7. « Aumusse. » On sait que c'est une partie de l'habillement des dignitaires d'église, qui fut d'abord une coiffure, et qui se porte aujourd'hui sur le bras gauche. Nous verrons tout a l'heure qu'elle était en pelleterie (fourrure).
8. Convenable — Son contraire, *incongru*, est seul resté.
9. « Blessés, ayant préjudice. » Nous avons déjà vu qu'*intérêt* voulait souvent dire *préjudice, dommage*. Dans Olivier de Serre (anc edit , p. 687), un fruit attaqué et menacé de se gater s'appelle un fruit « intéressé » La médecine a conservé le mot avec le même sens, que lui donnait déjà d'ailleurs A. Paré

---

1. « J'en gouverne. » D'Aubigné prend ce mot dans le même sens, quand il dit (*Hist. univ*, liv. I, ch. XLII) « La Tartarie est *dominée* par le Cham (Khan). »
2. Indicatif de l'ancien verbe *espardre* qui se trouve aussi dans d'Aubigné « Les catholiques, dit-il (liv. II, ch CCXLI), quittent et s'*espardent* par le bourg. » Il se disait pour distribuer, partager, comme dans la *Farce du Pect* :

    Des biens que Dieu vous a *espars*
    Chacun en doibt avoir sa part

3. « Je le garantis, je le cautionne. » Nous avons déjà vu ce mot plusieurs fois
4. Ce mot se disait alors pour « homme savant » On lit dans le 53e *Conte de Desperriers* « Il n'estoit pas des plus *scientifiques* du monde. »
5. « Il n'y a pas de sa part la moindre audace ou insolence à demander ce qu'il veut. »

22

ANERYE.
Des benefices :
Les uns je despesche[1] gratis ;
J'en vends de grans et de petits ;
Les denyers m'en sont bien propices.

SCIENCE.
Que vendés vous ?

ANERYE.
Des benefices.
Je les dépars[2], je les eschange,
L'un a prive[3], l'aultre a l'estrange[4] ;
Mes que j'aye bonnes espices[5].

LE CLERQ DE SCIENCE.
Que vendés vous ?

ANERYE.
Des benefices.

SCIENCE.
Ah ! beste robuste, Asnerye,
Plaine de toulte tricherye,
Me veulx tu abolir[6] ainsy ?

ANERYE.
Je vis sans soing et sans soulcy,
Malgré vous, Science, ma dame.

SCIENCE.
Et ce faictz mon bon gré, mon ame ;
Tu en as cousu et taillé.

LE CLERQ DE SCIENCE.
Qui, grand deable, vous a baillé
Gouvernement ?

ANERYE.
C'est trop raillé.
On le veult, il vous doibt suffire.

LE CLERQ DE SCIENCE.
C'est pour les bons clers desconfire.
Vous avés beneficie
Un Johannes, un socie[7],
Qui ne scayt pour toute devise
Dire, quant il est à l'eglise,
Seulement un « per omnya ».

LE BADIN.
Qui moy, qui moy, sy feray dea !
Mot à mot, j'en prendrai le ton :

« Per omnya seculorum. »
N'ei ge pas l'oreille haultaine ?

LE CLERQ DE SCIENCE.
Va, ta forte fiebvre quartaine[1] !
Tu n'y entens ny gros, ny gresle.

LE BADIN.
Sy fault il bien que je m'en melle,
Puys que j'ey la peleterye[2].

SCIENCE.
Qui t'a apoinct[3] ?

LE BADIN.
C'est Anerye.

LE CLERQ DE SCIENCE.
Vous voyes bien qu'il ne scayt rien.

ANERYE.
Ah ! mon amy, qu'il chante bien,
A ce que voy et puys congnoistre.

LE CLERQ DE SCIENCE.
Faire d'un tel conard[4] un prestre !
Qu'esse icy ? à qui sommes nous ?

LE BADIN.
J'auray cornete de veloux[5]
Trainnante jusques a la terre.

ANERYE.
C'est le moyen pour bruict aquerre,
Car posé[6] c'un homme a science,
S'il ne tient terme d'aparence,
On luy laisse ronger son frain.

LE BADIN.
On me descongnoistra demain[7],
Puys que suys beneficié.
Chascun m'apeloyt socié[8].
J'auray nom maistre Johannès,
On en gressera les bonnès
Par force de me saluer.

LE CLERQ DE SCIENCE.
Y nous fault de propos changer
Et conclure, sans alibis,
Qu'on faict reverence aux abis,
Non pas aux gens siencieulx.

SCIENCE.
Ah ! seigneurs conciencieulx,

---

1. « J'expédie. »
2. Pour « je les départis, je les partage ».
3. « Aux familiers, aux intimes. »
4. « Aux étrangers »
5. « Bons profits secrets. » On sait qu'au Palais, juges et avocats ne furent d'abord payés qu'en épices. « En France, dit Loiseau (Offices, liv. I, ch. VIII), du commencement, les juges ne prenoient aucun salaire des parties, au moins pour forme de taxe, et contre leur volonté car les espices estoient lors un présent volontaire que celui qui avoit gagné sa cause faisoit par courtoisie à son juge ou rapporteur, de quelque dragée, confitures ou aultres espices . . A succession de temps, les espices ou espicartes furent converties en or, et qui se bailloit par courtoisie et liberalité fut tourné en taxe et nécessité »
6. « Detruire (abolere) »
7. « Un Jean Jean (Johannes), un simple acolyte, un petit compagnon (socius). »

1. « Que ta fievre quarte t'étrangle ! »
2. L'aumusse, qu'on vient de lui donner, et qui, nous l'avons dit, était une fourrure
3. Pour « appointé », engagé, gratifié.
4. « Sot, » comme les coufreres de la compagnie des Conards de Rouen.
5. Nous avons déjà vu que la cornette, de velours ou de soie, était un ornement de dignité que les gens de palais ou d'église portaient autour du cou, en la laissant flotter et pendre aussi bas que possible
6. Pour « cai étant admis, étant posé »
7. « On ne me reconnaîtra plus demain » A. Paré dit dans son Introduction ch XVIII « Ressemblant plus a un mort qu'a un vif, en sorte qu'on le descognoist. »
8. « Petit compagnon, petit frère. » V. la note 7, ci-dessus.

Ou estes vous?
LE CLERQ DE SCIENCE.
Ilz sont aucteurs.
SCIENCE.
Qui faict nouveaulx expositeurs
Aussy gloser glose sur glose?
LE CLERQ DE SCIENCE.
Qui faict les subtilz inventeurs
Maintenant avoir bouche close?
La Bible en françoys [1]?
SCIENCE.
Suys perye,
Car toult se faict par Anerye.
LE CLERQ DE SCIENCE.
Qui faict les bons clers ravaler?
SCIENCE.
Qui faict justice mal aler?
LE CLERQ DE SCIENCE.
Qui cause tant d'impos nouveaulx?
SCIENCE.
Qui faict au monde tant de maulx?
LE CLERQ DE SCIENCE.
Qui entretient la pillerye?
SCIENCE.
Conclusion : c'est Anerye.
LE CLERQ DE SCIENCE.
D'où vient qu'un homme de metier
On éleve aujourd'uy sy hault?
SCIENCE.
D'où vient qu'en clouestre et moutier
On crie comme en guerre a l'asault [2]?
LE CLERQ DE SCIENCE.
Et d'où vient que soufrir il fault
Qu'on perde privilege et droys,
Et justice soyt en default?
SCIENCE.
Anerye le veult.
LE CLERQ DE SCIENCE.
Je vous croys.
Qui défleure simples pucelles?
SCIENCE.
Qui entretient ces maquerelles?
LE CLERQ DE SCIENCE.
Qui entretient déception,
Larcin, usure, tromperye,
Dictes-m'en vostre opinion.
(NOTA que le Badin se pourmaine, tenant l'amuche sur son bras.)
LE CLERQ DE SCIENCE.
Qui esse qui cy se renie [3],
Tenant termes [4], ou sommes nous?

SCIENCE.
Conclusion : c'est Asnerye.
ANERYE parlant ou Badin.
Honneur, honneur.
LE BADIN.
Dieu vous benye.
ANERYE.
Monsieur, comme vous portés vous?
LE BADIN.
Gorier [1], je faictz la barbe à tous.
LE CLERQ DE SCIENCE.
Johannés faict du capitaine,
Johannés porte le veloux.
LE BADIN.
Johannés, ta fiebvre cartaine [2]!
SCIENCE.
Il tient termes.
LE CLERQ DE SCIENCE.
Il se pourmaine.
Nous deulx sommes petis novices
Près de luy.
SCIENCE.
Anerye le mayne.
ANERYE.
Je rempliray mes benefices.
LE CLERQ DE SCIENCE.
Anerye, nous sommes propices [3]
D'en obtenir.
ANERYE.
Rien, pas la maille.
LE CLERQ DE SCIENCE.
Gros anyers, gens plains de vices
En ont bien.
LE BADIN.
Or sus qu'on leur baille
Quelque chose, vaille que vaille,
Au moins pour soy entretenir.
ANERYE.
Ouy, mais non des beaulx.
LE CLERQ DE SCIENCE.
Elle raille;
C'est perdre temps de nous tenir
En ce lieu sy.
SCIENCE.
De revenir
Une aultre foys seroyt folye,
Car il nous peult bien souvenir
Qu'on pourvoyt gens par anerye.
Une chanson, je vous suplye,
En prenant congé de ce lieu,
Une chanson pour dire adieu.

---

1. On sait que la traduction de la Bible en langue vulgaire fut une des premieres armes de la Réforme. Cet hémistiche est une date.
2. Autre allusion aux premiers mouvements de la Réforme, qui commencerent par des révoltes de moines.
3. « Devient tout autre qu'il ne devrait être. »
4. « Faisant de la belle prestance. » C'est le sens que Cotgrave donne a cette locution « tenir terme ».

1. « Gentil galant. » V. sur ce mot gorier les pieces précédentes.
2. « Que la fievre t'étrangle de m'appeler Johannés ! je ne le suis plus. »
3. « Tout disposés »

FIN DE LA MORALLITE DE SCIENCE ET ANERYE.

FARCE DU CHAULDRONNIER

(XVIᵉ SIÈCLE — RÈGNE DE FRANÇOIS Iᵉʳ)

NOTICE ET ARGUMENT

Cette farce est la trentième du recueil de Londres, et l'une des plus courtes. Elle n'y occupe que quatre feuillets, encore le dernier est-il sans texte. Cinq grossières gravures, n'ayant aucune signification, deux au recto et trois au verso, en tiennent la place. La farce n'y forme donc en réalité que six pages, à cinquante-six lignes chacune. L'*Ancien Théâtre françois* de la Bibliothèque Elzévirienne l'a reproduite t. II, p. 105-114.

Le sujet doit, comme pourtant d'autre, venir de quelque fabliau, nous le retrouvons tout entier, au dénoûment près, dans la fable 1ʳᵉ de la VIIIᵉ *Nuit* de Strapaiole [1].

« Sonnuce, y est-il dit... se maria et prit pour femme une qui ne lui debvoit guère en lascheté, paresse et poltronnerie, laquelle avoit nom de Bedouyne. Un soir, après souper, ceste belle couple estant assise sur le seuil de l'huis de leur maison, afin de prendre l'air, parce que c'estoit en été, Sonnuce dit à sa femme : « Bedouyne, « ferme l'huys, car il est temps de s'aller coucher. — Fer« mez le vous mesme si vous voulez, respond elle, je n'en « feray rien. » Estant ainsy en ceste dispute, ny l'un ny « l'aultre ne vouloit fermer la porte, quand Sonnuce dit, « Bedouyne, je veux faire un accord avec toy que le premier qui parlera de nous deux fermera l'huys. » La femme, qui estoit toute poltronne de nature et obstinée par coustume, s'y accorda. Ainsy l'un ne l'aultre n'osoyt parler de peur de fermer la porte..... »

Dans la farce, même convention, mais après une querelle où le mari et la femme, ayant crié à qui mieux mieux, se mettent au défi de pouvoir se taire et de ne pas bouger. Une gageure faite, ils se tiennent l'un et l'autre, chacun dans son coin, immobiles et cois.

Survient un chaudronnier cherchant de l'ouvrage, et qui, les voyant en cette posture de saints de bois, s'en amuse. Il coiffe le mari d'un chaudron, lui met une grosse cuiller à la main en guise de crosse d'évêque et lui barbouille de noir tout le visage. Le mari continue à ne dire mot et à rester coi.

Le chaudronnier passe ensuite à la femme ; et là c'est un tout autre jeu qui, poussé bientôt un peut trop loin, attire sur la tête du galant un terrible coup de la cuiller qu'il a mise imprudemment dans la main de l'époux.

— J'ai gagné, dit la femme, qui n'eût pas bougé pour si peu, ni même pour d'avantage. —

« Là-dessus la farce finit et tous trois s'en vont boire, « croquer la pie », au cabaret, à condition que le chaudronnier n'embrassera plus la femme.

[1] *Les facécieuses Nuits de Strapaiole*, trad. par Louveau et P. de Larivey, nouv. édit., 1857, in 12, t. I, p. 123-124.

FARCE NOUVELLE

TRÈS BONNE ET FORT JOYEUSE

A TROYS PERSONNAGES

D'UN CHAULDRONNIER

C'est assavoir

L'HOMME
LA FEMME

ET LE CHAUDRONNIER.

L'HOMME *commence.*
Il estoit un homme.
Qui charrioit fagotz.

LA FEMME
Cestuy este-vous, par sainct Cosme,
Este-vous le plus sot des sotz.

L'HOMME
A, ma femme, à ce que je voy,

Vous me voulez suppediter [1].
LA FEMME.
Et, par mon âme, Jehan du bos,
Argent n'avez ne rien a vos,
Et se voulez tousjours chanter.
L'HOMME.
Me vault-il point mieux de chanter

[1] « Mettre au-dessous de vous, sous vos pieds ».

Que d'engendrer melencolye ?

LA FEMME.

Il se vauldroit mieulx consoler
A rabobeliner [1] voz soulliers
Que de penser à leur follye.

L'HOMME.

Et vous voylà bien empeschye.

LA FEMME.

Et je suis mon, sainct Coquilbaut [2].

L'HOMME.

Truy !

LA FEMME.

Becq !

L'HOMME.

En...

LA FEMME.

Bren !

L'HOMME.

A voz menton.
Mais avez ouy l'orderon [3],
Comment elle est bien gracieuse.

LA FEMME.

Mais avez-vous ouy l'oyson,
Comment tousjours d'une chanson
Nous fait la notte melodieuse ?

L'HOMME.

Je cuide qu'elle est envyeuse,
Quand elle me oyt si bien chanter.

LA FEMME.

D'ouyr vostre test' glorieuse
Comme un bel asne ricaner !
Quand noz truye veult porceler [4]
Et qu'elle grongne en son estable,
Sa chanson est aussi notable
Que la vostre, ni pu ny main.

L'HOMME.

A, c'est bien dit, c'est bien hannin [5].

LA FEMME.

Et oui, c'est bien dit, Guillemin.

L'HOMME.

A, frappez, ne vous faindez point [6].
Ça, avant.

LA FEMME.

Nostre Dame, non !

L'HOMME.

Si jamais j'empoigne un baston,
Je vous feray parler plus bas.

LA FEMME.

Qui, toy, dis-tu, qui, toy, poupon ?
Je te crain bien, povre chappon,
Ou chiabrena [1], ou pourpoint gras.

L'HOMME.

Pourpoint gras ! et vous, dame orda [2],
On vous appelle Girofflée [3].

LA FEMME.

Et vous Galiffre de banda.

L'HOMME.

Vous faictes tout le muglia [4].

LA FEMME.

Et vous la saulce moustarda.

L'HOMME.

Nic.

LA FEMME.

Mignon.

L'HOMME.

Notré.

LA FEMME, *en frappant*.

Gros menton [5].

L'HOMME.

M'as-tu frappé, vieille dontée [6] ?
Tien, happe-moi ceste testée [7].

LA FEMME.

Toi ce baston.

L'HOMME.

Toi ce bourdon [8].
Me vouldroit-elle suppedir [9] ?
Rendz-toy !

LA FEMME.

Non, plutôt y mourir !

L'HOMME.

Sainct Mort, c'est dure passion.
Par sainct Copin, je suis tonne [10].

LA FEMME.

Victoire et domination,

1. « Raccommoder. » On disait plutôt *bobeliner*, comme Rabelais (liv II, ch. xlix). *Rabobeliner* est toutefois dans le *Dict. des trois Langues* d'Oudin, et Pasquier (liv. X, lettre vii) en a fait *rabobelineur* qu'il applique plaisamment aux « copistes, abréviateurs, rabobelineurs de livres »

2. Ce saint reviendra plus loin, plus a propos. Nous dirons alors qui il est.

3. « L'ordure. » Le dernier mot de la femme, *bren*, n'est pas en effet autre chose.

4. « Mettre bas ses petits pourceaux. »

5. « On ne peut mieux *hennir*, blanc. »

6. « Ne vous ménagez pas. » Nous avons déja vu le verbe *feindre* avec ce sens.

1. On disait aussi *chiabraye*. Ce sont des mots que l'expression carnavalesque « chie-en-lit » remplace et explique.

2. « Ordure. »

3. « Assaisonnée a la girofle, » c'est-à-dire des plus épicées.

4. Nous ne chercherons pas à donner le sens de cette bordée d'injures, tirée du catéchisme poissard de ce temps-là, avec assaisonnement de désinences, qui prouvent déja l'influence de l'Italie et de ses farces.

5 Ces quatre répliques sont de plus en plus incompréhensibles

6. Ce trait comique se retrouve dans Molière, quand Sosie, menacé de très près par Amphitryon, s'écrie :

Messieurs, m'a-t-il frappé ?

7. « Ce coup sur la tête. »

8. « Bâton de pelerin. »

9 C'est le même mot que « suppédîter », que nous avons vu plus haut.

10 Pour « étonné, abasourdi, stupéfait. »

Bonnet aux femmes soit donné[1] !

LA FEMME.
Mot sans cillet [1].

L'HOMME.
Bonnet à vous, pour nous quel blasme !
Encores est-il plus infame
Qui se joueroit à ton caquet.

LE CHAULDRONNIER.
Hau ! chaudronnier !
Qui veult ses poesles reffaire ?
Il est heure d'aler crier
Chaudronnier, chaudron, chaudronnier,
Seigneurs, suis si bon ouvrier,
Que pour ung trou je sçay deulx faire.
Où esse que me doy retraire ?
Qu'esse icy ? Voicy ouvrier.
Haut là, hau ! N'y a-t-il nully
Ceans ? Si dea, en voicy deux.
Dieu gard ! N'avez-vous, damoyselle,
N'avez-vous chaudron à reffaire ?
Dieu gard, Dieu gard ! m'entendez-vous ?
Damoyselle, parlez à nous.
Est-elle sourde, ou s'elle est lourde [2],
Me regardant entre deux yeulx ?
Hau, damoyselle ! Semidieux,
Cuyde qu'elle soit incensée.
Et vous aussi, doulce pensée,
Maistre, n'avez-vous pas chaudron
A bobeliner ? Hau, patron,
Estes-vous sourt, muet ou sot ?
Par la chair bieu, il ne dit mot
Et se m'escoulte entre deux yeulx.
Mais je regnie mes oustieulx [3]
Se je ne luy ouvre la bouche.
Hau, Jenin, hau, conquetit mouche [4],
Faictes-vous cy du president ?
Il ne remue levre ne dent ;
Ce semble, à veoir, un ymage,
Un sainct Nicolas de village.
Nous en ferons, ou un sainct Cosme.
Vous serez sainct Père de Rome.
Vous aurez la barbe de fain [5],
Et puis quelque chose en voz main.
Et si, voicy voz deadesme,
Et pour une croce de mesme
Ceste belle cueillere aurez.
Et en l'autre main porterez
Au lieu d'un livre un pot pissoir.
Mon Dieu, qui le fera beau voir !
Car c'est un très gracieulx sire,
Benoist sainct, gardez-vous de rire,
Le miracle seroit gaste.
Affin qui soit mieulx regardé,
Paindre luy veulx de mes deux pattes,
Qui sont douilletz et delicates,
Son doulx et precieulx museau.
A, mon Dieu, qui sera beau !

LA FEMME.
Victoire aux femmes, et dehet !

L'HOMME.
Non pas en tout.

LA FEMME.
Et à quoy donc ?
Esse à caqueter ou mal dire ?
Par l'ame de moy, va li dire,
Je ne crain femme de la ville
A caqueter ny à plaider

L'HOMME.
De cela je ne m'y myré [2].
Femme le gaigne à caqueter.
Vous verriez plus tost Lucifer
Devenir ange salutaire
Que femme eust un peu de repos
Pour soy taire ou tenir maniere.

LA FEMME.
Voire, par bieu, teste d'osière [3].

L'HOMME.
Quoy ! sans remouvoir la testiere [4] ?

LA FEMME.
Ny dents ny lebvre ny poupiere.

L'HOMME.
Gaige deux patars [5].

LA FEMME.
En cest estre [6]
Vous demourerez vous assis
Sans parler à clerc ne à prebstre,
Non plus que faict ung crucifix.
Et moy, qui me tais bien envys,
Je me tiendray mieulx en pays [7]
Que chinotoir [8].

L'HOMME.
Velà beaulx dictz.
Qui perdera, dame, cervelle,
Il paye à la soupe payelle [9].

1. C'est-a dire « qu'on donne aux femmes le bonnet de président ou de juge (ce sont elles qui ont raison) »
2. « Je ne m'étonnerais, je n'admirerais pas. »
3. « Vilaine boule. » Les jardiniers appellent encore *tête d'osier* ou *têtards* les arbres étêtés de manière à former une boule
4 La poitrine Ce mot se trouve dans Rabelais avec le sens de *tétin* De d'Aulnaye, *Glossaire de Rabelais*, p 213
5 Petite monnaie, dont le nom ne s'est pas tout à fait perdu Elle valait un sou en Flandre et en Picardie, mais à Avignon seulement deux deniers (un double) Le *patar* s'appelait ainsi du *Pater*, dont c'était le prix dans les églises.
6. « Ici, à cette place »
7 « En paix en repos »
8 Nous ignorons le sens de ce mot, si l'on eût déjà connu les magots de la Chine, nous croirions que c'est ce qu'il désigne, mais c'est à peine alors si l'on avait quelques petits vases chinois V le *Glossaire* de L De Laborde, au mot *Porcelaine*.
9. *Payelle* voulait dire « poele », et par suite, comme on le voit dans Cotgrave, la soupe faite dans une poele On appelle encore *payelle*, dans les saunenes, la chaudiere qui sert à raffiner le sel

1. « Plus un mot, sans sourciller »
2 « Idiote. » On disait pour bete, sot, « lourd comme une bûche, » et Cotgrave cite ce proverbe

A paroles lourdes (*sottes*)
Oreilles sourdes

3 « Outils. »
4. « Avez vous pris une mouche que vous ne voulez laisser échapper ? »
5 « De foin

Sainct Coquilbaut, je vous adore [1].
Mais que diable ont-il en la gorge ?
Il ne se remuoit point un grain.
Hau, damoyselle de haudin,
Qui estes icy si propette,
Dieu vous y sache, ma brunette,
Et je vous prie, ma godinette,
Que un petit parlez à my,
Et si m'appellez vostre amy
En souriant. Heu voicy fier !
Chair bieu, je vous feray parler
L'un ou l'autre, comme il me semble.
A, par mon ame, elle ressemble
A Venus, déesse d'amour !
Quel musequin [2] ! Dieu, quel recour !
M'amye, allons, que je vous flatte ;
Vous avez la chair delicate,
Si estes patiente et doulce.
Elle souffre que je la touche
Plaisamment du tout à mon nez.
Par bieu, mon musequin parez,
Baiser vous vueil et acoller.

               L'HOMME.
Le dyable te puist emporter,
Truant, paillart !

           LE CHAUDRONNIER.
                 A my, ma teste,
Il m'a tué [3] !

               L'HOMME.
            J'en ay grand feste ;
Sainct Jehan ! encore en auras-tu !

               LA FEMME.
Par Nostre Dame, avez perdu,

---

1. C'est le même jeu que celui de « saint Côme, je vous viens adorer, » qui est parmi les jeux de Gargantua Un des joueurs faisait le saint Côme ou le saint Coquilbault, et sous prétexte de lui caresser le visage, par forme d'adoration, on le lui noircissait. Il est parlé de ce jeu dans la 25ᵉ Seree de J. Bouchet.

2. « Quel museau, quel minois ! » Ça, dit le triacleur dans la Farce d'un pardonneur,

    Ça, Margot, ça, ce musequin,
    Saluez ceste compagnie.

3. Il l'a frappé avec la cuiller qu'il lui avoit mise dans la main

Je suis demourée maistresse !
               L'HOMME.
Et viens çà, vien çà, larronnesse,
Pourquoy te laisses-tu baiser
D'ung tel truant?
               LA FEMME.
                Et pour gaigner
La gageure ! Eussé-je perdu
Par impatience?
               L'HOMME.
          Allons boire.
               LA FEMME.
Mais j'ordonne comme regent
Que le chaudronnier y viendra.
               L'HOMME.
Par l'ame de moy, non fera.
               LA FEMME.
Par l'ame de moy si fera,
Quelque jaloux que vous soyez.
               L'HOMME.
Puis qu'ainsi est, venez, venez ;
Mais du baiser vous attenez.
           LE CHAUDRONNIER.
J'ay eu tous mes oz fouldroyez.
Mes bonnes gens qui nous voyez,
Venez de la gageure boire,
Et annoncez et retenez
Que les femmes que vous sçavez
Ont gaigné le pris.
               LA FEMME.
              Dame, voire.
               L'HOMME.
Allons jouer de la machouere,
Et à l'hostel croquer le pye ;
Venez y tous, je vous emprie,
Et vous partirez jus et sus
Deux potz de vin qui seront beuz,
Et prenez en gre sus et jus.

FIN DE LA FARCE D'UN CHAULDRONNIER.

LA VIEILLE

COMÉDIE

PAR MARGUERITE DE VALOIS, REINE DE NAVARRE

(XVIe SIÈCLE — RÈGNE DE FRANÇOIS Ier)

NOTICE ET ARGUMENT

On n'ignorait pas que la sœur de François Ier, Marguerite de Valois, reine de Navarre, l'aimable auteur de l'*Heptameron des nouvelles*, avait composé des pièces de théâtre, et que ces pièces avaient été publiées de son vivant avec ses autres poésies; mais jusqu'à présent c'est tout ce qu'on en savait.

Personne n'avait songé à en faire connaître aucune. Elles restaient enfouies dans les éditions, fort rares aujourd'hui, de la *Marguerite des Marguerites*.

On nous saura donc gré d'avoir retiré de ce recueil celle de toutes ces pièces qui convenait le mieux au nôtre, et qui, de plus, est, croyons nous, la meilleure.

La reine de Navarre en avait fait de plusieurs sortes.

Quand elle se fut jetée dans la Réforme, et par conséquent vouée à la Bible, la fantaisie des comédies saintes la prit « Le docteur Roussel, écrit Florimond de Rémond[1], mit cette princesse dans le goût de lire la Bible, et elle s'y attacha avec tant de plaisir qu'elle composa une traduction tragi-comique de presque tout le Nouveau Testament, qu'elle faisait représenter dans la salle, devant le roy son mari : ayant recouvert à cet effet des meilleurs comédiens qu'elle put trouver »

Quatre pièces· *Comédie de la Nativité*, *Comédie de l'adoration des trois Rois*, *Comédie des Innocents*, *Comédie du Désert*, sont tout ce qu'on a conservé de cette œuvre singulière, de ce Nouveau Testament tragi-comique.

Brantôme, de son côté, en ses *Dames illustres*[2], parle de ce qu'avait écrit dans le genre dramatique Marguerite de Valois, et semble n'en connaître que des pièces qui n'ont rien de biblique, mais sont au contraire mondaines et profanes. « La reine de Navarre, dit-il, composait souvent des comédies et des moralités qu'on appeloit en ce temps-là des *pastorales*, qu'elle faisoit jouer et représenter par les filles de sa cour. »

1. *Histoire de l'heresie*, liv. VIII, ch. III.
2. Ancienne édition, p. 308-309.

La *Farce de Trop, Prou, Peu, Moins* et la comédie que nous donnons ici forment tout ce qu'on connaît de cette partie de son répertoire.

Deux autres farces, le *Malade* et l'*Inquisiteur*, que Le Roux de Lincy publia le premier à la suite de son édition de l'*Heptameron*, rentrent dans la catégorie des autres pièces : sans être bibliques, elles ont un but religieux. Ce sont des pièces-libelles, des farces-pamphlets contre l'Église et le pape.

La comédie qu'on va lire ici, et à laquelle nous avons donné le titre qu'elle porte, la reine de Navarre ayant oublié de lui en donner un, n'a, Dieu merci, rien de politique ni de religieux, elle n'a pas non plus grand'chose de théâtral, mais en revanche elle est d'une adorable fraîcheur de poésie et de sentiment [1].

Cette conversation en vers de mesures diverses, que colorent toutes les nuances de l'amour heureux ou malheureux, où l'on entend tour à tour la jeune fille qui aime et celle qui ne veut pas aimer ; l'épouse restée fidèle, quoique sans amour pour son mari ; et la femme éprise de son époux bien qu'elle n'en soit pas aimée ; puis, quand elles ont toutes parlé, les leçons, les conseils de la vieille qu'on ne veut pas écouter parce qu'elle a trop d'expérience et de raison : cette conversation, qui est toute la pièce, porte avec soi je ne sais quel charme ingénieux et quelle grâce exquise :

« Rien, a dit M. P. Lacroix, qui l'analyse dans son édition de l'*Heptameron*, rien n'est plus simple que l'action de cette petite comédie, en vers de dix, de cinq et de huit syllabes, mais rien aussi n'est plus gracieux que les détails du dialogue. On peut la regarder comme le chef-d'œuvre poétique de la reine de Navarre. »

1 Nous en avons pris le texte dans la *Marguerite des Marguerites*, 1547, in-8°, t. II, p 178-210.

LA VIEILLE.

LA J FILLE.
or dansons sans plus y penser

LA VIEILLE

COMEDIE

DEUX FILLES,
DEUX MARIEES,
LA VIEILLE,

LE VIEILLARD
ET LES QUATRE HOMMES.

LA PREMIERE FILLE *commence*.
Tout le plaisir, et le contentement,
Que peult avoir un gentil cœur honneste,
C'est liberté de corps, d'entendement,
Qui rend heureux tout homme, oyseau, ou beste.
Malheureux est, qui pour don, ou requeste,
Se veult lyer à nulle servitude,
Quant est de moy, j'ay mise mon estude
D'avoir le corps, et le cœur libre et franc.
Il n'y ha nul qui par solicitude
Me sceust jamais oster ce digne ranc.

LA SECONDE FILLE.
O qu'ilz sont sotz, et vuydes de raison,
Ceux qui ont dit une amour vertueuse
Estre à un cœur servitude et prison :
Et pour aymer, la dame malheureuse.
Leur faux parler ne me rendra paoureuse
D'aymer tresfort, sachant que tout le bien,
Au prys d'amour, se doit estimer rien.
Car qui amour ha dens son cœur enclose,
Il trouvera liberté son lyen,
Et ne scauroit desirer autre chose.

LA I. FILLE.
Mieux me vaudroit tenir la bouche close,
Que soustenir qu'il vault mieux à un cœur
D'estre vaincu, que d'estre le vainqueur
De ceste amour, que vous louez si fort.

LA II. FILLE.
Comme vaincu? Mais il en est plus fort.
Car le cœur seul, sans amour, n'est que glace.
Amour est feu, qui donne lustre, et grace,
Vie, vertu, sans qui le cœur n'est rien.

LA I. FILLE.
La liberté est suffisant moyen
Pour dechasser du cœur et paour, et honte.
Et quand à moy, je ne puis faire compte
De riens qui soit, qui le puisse arracher
Hors de mon cœur.

LA II. FILLE.
      Je ne veux point tascher
De vous oster ceste vertu aymée :
Mais je dis bien, que Liberté aymée
Doit estre amour.

LA I. FILLE.
    Or pour conclusion :
Vous soustenez plaisir, et passion,
Estre tout un, ce que ne puis entendre.
Mais liberté m'a tres bien fait apprendre,
Que tout plaisir en elle on peult trouver.

LA II. FILLE.
Mais c'est Amour, qui le fait renouver [1].
Car quand je puis aupres de moy tenir
Celuy que j'ayme, mal ne me peult venir.
Et tous les maux, qui me sont advenuz,
Je ne sçay plus lors qu'ilz sont devenus.
En ceste Amour, et en ce grand plaisir
La liberté seule se peult choisir.

LA I. FEMME MARIEE.
Il fait grand mal à femme honneste et sage,
Qui craint son Dieu, et ayme son honneur,
Quand son mary par un meschant langage
Ignorer veult la bonté de son cœur.
Si ma beauté merite un serviteur,
De qui je suis honoree, et aymee,
En dois je moins (pourtant) estre estimée,
Puis que mon cœur n'est de vice taché?
Non : mais plustost devrois estre blasmée,
Si je faisois de non pecher, peché.

LA II. FEMME MARIEE.
De vraye amour autre amour reciproque,
C'est le parfait de son plus grand desir.
Mais si amour de l'autre amour se moque,
Pour autre amour trop moins digne choisir,
C'est un ennuy, qui ne donne loisir,
Temps, ne repos pour trouver reconfort.
Le desespoir est pire que la mort,
Et jalousie est un vray desespoir.
O foy rompue, et trop apparent tort,
Par vous me fault pis que mort recevoir.

LA I. FEMME.
Or sus, ma sœur, vous pensez donc avoir
Un plus grand bien, que nommez jalousie :
Mais ce n'est riens, que d'une fantasie,

---

[1] « Rajeunir, renouveler. » C'est la premiere forme du mot *renover*, que l'on croyait un néologisme, à ce point que l'Academie et M. Littré ne l'admettent pas encore comme français

Au prys du mal que maugré moy je porte :
Cent fois le jour je souhaite estre morte.
Car mon mary si tresfort me tourmente,
Et sans raison, qui plus me malcontente :
Il ha grand tort.

LA II. FEMME.

Vostre mal n'est qu'au corps.
Il est bien doux, puis qu'il est par dehors.
Car vous n'avez peine, que d'escouter.
S'il vous failloit dens vostre cœur gouster
L'amer morceau, que je mache à toute heure,
Vous diriez bien, que si je plains, et pleure,
J'ay bien raison.

LA I. FEMME.

Raison, que dites vous ?
Estre au matin, au seoir, a tous les coups
Injuriée, blasmée, et plus reprise
Qu'une vilaine en adultere prise.
Moy, qui suis tant femme de bien. Hélas.
Me nommer telle ? A, je ne le suis pas :
Le cœur m'en part.

LA II. FEMME.

Le mien aussi me crêve.
Car ceste Amour, qui ne fait jamais trefve,
Me fait aymer, qui aymée ne suis.
Il ayme une autre ; et souffrir ne le puis.

LA I. FILLE.

Mais que peuvent ces deux femmes tant dire ?

LA II. FILLE.

Mais d'où leur vient si triste contenance ?

LA I. FEMME.

Quelle raison fait ces filles tant rire ?

LA II. FEMME.

D'avoir plaisir monstrent grande apparence.

LA I. FEMME.

Sachons un peu la cause de leur joye.

LA II. FEMME.

Je le veux bien.

LA I. FEMME.

Filles, celuy vous voye,
Qui peult donner tout bien d'un seul regard.

LA I. FILLE.

Dames, aussi celuy mesmes vous gard :
En vous pensons régner melancolie.

LA II. FEMME.

Et nous voulons sçavoir, si de folie,
Ou de vertus vous parlez en riant.

LA II. FILLE.

Mais, vous voyant ainsi pleurant, cryant,
Voudrions¹ scavoir si plus grand nostre riz
Est que l'ennuy, qui fait voz cœurs marriz.

LA VIEILLE.

Le temps, qui fait et qui defait son œuvre,

1. Ce mot se prononçait en deux syllabes comme tous ceux, tels que *sanglier*, *meurtrier*, etc , ou l'i au milieu du mot pouvait se contracter avec la voyelle suivante Il en fut ainsi jusqu'à l'epoque de Corneille et de Moliere.

M'a, cent ans ha, à son escolle prise.
Son grand tresor, qu'à peu de gens descœuvre¹,
M'a descouvert, dont je suis bien apprise.
Vingt ans aymay liberté, que l'on prise,
Sans point vouloir de serviteur avoir.
Vingt ans apres d'aymer feiz mon devoir :
Mais un tout seul, pour qui seule estois une,
Me fut osté, maugré tout mon vouloir,
Dont soixante ans j'ay pleuré ma fortune.

LA I. FEMME.

Voilà une dame autentique².
Quel habit ! quel port ! quel visage !

LA II. FEMME.

Helas, ma sœur, qu'elle est antique !

LA I. FILLE.

Voilà une dame autentique.

LA II. FILLE.

Cent ans apprend bien grand'pratique.
O quelle devroit estre sage !

LA I. FEMME.

Voilà une dame autentique.
Quel habit ! quel port ! quel visage !

LA II. FEMME.

Or faisons vers elle un voyage :
Nous n'en pouvons que mieux valoir.

LA I. FILLE.

En bonne foy j'ay grand vouloir
D'escouter sa sage doctrine.

LA II. FILLE.

Mais comme elle tient bonne mine !
Allons luy donner le bon jour.

LA I. FEMME.

Celuy, qui au ciel fait sejour,
Et en terre ha l'autorité,
Vous doint toute prosperité.

LA VIEILLE.

Mes filles, luy, qui ha puissance,
Donne à voz cœurs la congnoissance
De luy, et de vous mesmes aussi.
Qui vous ameine en ce lieu cy ?
Je vous requiers ne le celer.

LA II. FEMME.

Desir de vous ouyr parler,
Et de vous quelque bien apprendre :
Et aussi pour vous faire entendre
Quelque debat, en quoy nous sommes.

LA VIEILLE.

Helas, j'ay des ans si grans sommes,

1. Forme du mot *decouvre*, qui était déjà bien vieille alors, et qui n'a été reprise ici que pour la rime. Marot, dont la poésie a tant de rapports avec celle de la reine de Navarre, a fait de même :

Et cestuy la, qui sa teste *descœuvre*
En plaidoirie a fait un grand chef d'œuvre

2 « De grande autorité » C'est à peu pres dans le même sens que Froissard a dit « Paris, qui est cité si *authentique*, et le chef du royaulme de France. »

Que je croy que mon vieil langage
N'est plus maintenant en usage,
Et qu'à peine l'entendrez vous.

LA I. FILLE.
Ne prenez, madame, de nous
Ennuy à noz debats ouyr.

LA II. FILLE.
Nous esperons nous resjouir
Par vostre tressainte parole.

LA VIEILLE.
A fin donc que je vous console,
Chacune face son devoir
De me dire, et faire sçavoir
Son cas, pour y donner conseil.
Hastez vous, comme le soleil :
Car le serain est dangereux
A mon vieil cerveau caterreux.
Et par ma grande experience,
Je vous diray en conscience
Ce que faire il vous conviendra.
Et qu'à chacune il adviendra,

TOUTES ENSEMBLE.
Qui commencera de nous quatre ?

LA VIEILLE.
La plus sage, sans plus debatre.

LA I. FEMME.
Ce sera moy.

LA II. FEMME.
Et moy aussi.

LA I. FILLE.
Vrayment, mes dames, grand mercy :
Vous estes sages, et nous foles.

LA II. FILLE.
Sages, se disent de paroles :
Mais nous le sommes par effect.

LA VIEILLE.
Pour mettre ordre sur tout ce fait,
Vous, la première, en mariage,
Me declarez vostre courage [1].

LA I. FEMME.
J'ay un mary indigne d'estre aymé :
Je l'ayme autant, que Dieu me le commande.
Un serviteur, d'autre part, estimé,
Sans fin me cerche, et ma grace demande.
Honnesteté l'honneur me recommande,
Lequel je tiens ferme dedens mon cœur :
Mais ce mary me fait payer l'amende,
Où je n'ay fait ny peché, ny erreur.
Devant chacun parle à mon serviteur,
Qui ne me veult qu'obeir, et complaire
Si sagement, que, hors un faulx menteur,
Nul ne me peult accuser de mal faire,
Las, ce fascheux bien souvent me fait taire,

Où le parler me plairoit beaucoup mieux,
Et destourner, pour mieux le satisfaire,
D'un lieu plaisant en grand regret mes yeux.
Car s'il m'y voit parler, tout furieux
Devant les gens fait myne si estrange,
Que force m'est, suyvant les aymez lieux,
Qu'un bon propos en un fascheux je change.
C'est un ennuy, qui mon cœur ronge, et menge.
Mais quand je veux ce malheur eviter,
Et que du tout [1] à son vouloir me renge,
Pour le garder de tant se despiter,
Sans faire rien, qui le puisse irriter,
Il entre lors en plus grand resverie
De jurer Dieu, de diables inviter,
De m'accuser de toute menterie.
Et ci [2] seroit folie, ou moquerie
De le penser appaiser par douceur.
Il n'a repos que de me voir marrie,
Et mon repos augmente sa fureur.
Cent mille noms, pour croistre ma douleur,
Me va nommant, dont le moindre est, meschante.
Helas, c'est bien sans raison, ny couleur [3] :
Car je suis trop de ce vice innocente.
Voilà le chant, que nuict et jour me chante.
J'endure tout, et si [4] n'y gaigne rien.
Mais la vertu, et l'honneur, qui m'enchante,
Me font souffrir, dire ne sçay combien.
Si seray je tousjours femme de bien.
Ce, qu'il ne croit, dont il me tient grand tort,
Mais je ne puys trouver un seul moyen,
Pour recevoir, ny donner reconfort
A mon amy, qui m'ayme si tresfort ;
Car je crains trop honneur, et conscience.
Durer ne puis sans secours, ou sans mort :
Je perds le sens, raison, et patience.

LA II. FEMME.
Si mon ennuy il vous plaist d'escouter,
Qui dens mon cœur ha prins source et naissance,
Possible n'est que vous puissiez douter,
Que vous ayez jamais eu congnoissance
De nul plus grand. Car j'ay eu jouissance
Du plus grand heur, qui m'eust sceu advenir
Mais quoy ? le temps par sa longue puissance,
M'a fait cest heur tout malheur devenir.
Car plus parfait ne sçauroit soustenir,
Que mon mary, ceste mortelle terre.
Je le pensois toute seule tenir :
Las, je voy bien que trop folement j'erre
Il ayme ailleurs : voilà ma mort, ma guerre :
Je ne le puys souffrir, ne comporter [5].

---

1. « Votre pensée » La vieille avait bien raison de dire tout à l'heure qu'on n'entendrait pas son langage ce mot, dans ce sens, était ancien. On ne l'employait plus guère, depuis Froissart qui a dit « Le duc .. ne dist pas si tres-tôt ce qu'il avoit *sur le courage* (sur le cœur, dans la pensée). »

1. « Entièrement. » C'est de cette locution affirmative qu'en ajoutant *pas*, on a fait la negative « pas du tout ». Quand on se contente de dire « du tout », pour *nullement*, on fait donc un contre sens.

2. « Ci » est là pour alors.

3. « Prétexte. » On lit, avec le même sens dans le *Plutarque* d'Amyot (*Timoleon*, ch. xxx) « Il ne demandoit que quelque couleur pour s'in aller. » C'est de la qu'est venue la locution populaire « C'est une couleur, » pour dire un mensonge, une mauvaise raison.

4. « Pourtant. »

5. « Supporter » On lit, avec le même sens, dans un livre contemporain, les *Mémoires* de Martin Du Bellay, à propos d'une injure « Elle est telle, et nous revient a si grand ennuy, qu'il n'est possible que nous la puissions *comporter*. »

Je prie à Dieu qu'un esclat de tonnerre
Sa dame, ou moy, puisse tost emporter.
Je ne voy rien pour me reconforter.
Par tout le cerche, et de le voir j'ay crainte.
Car je ne puys, le voyant, supporter
Qu'il ayme ailleurs à bon escient, sans feinte,
Pour quelque temps je me suis bien contrainte
De l'endurer, celant ma passion,
Pensant qu'au jour il y ha heure mainte [1],
Et qu'amour fust jointe à mutation [2].
Rien n'a servy ma bonne invention,
Je l'ay perdu : il ha une maistresse,
Qui de son cœur prend la possession.
Il est bien vray, que le corps seul me laisse.
Son corps sans cœur augmente ma tristesse.
Plus j'en suis près, moins j'y prens de plaisir.
Si j'en suis loing, mon cœur souffre destresse :
Car de le voir sans cesser j'ay desir.
Soit près, ou loing, je n'ay que desplaisir.
Et le pis est, que mon amour augmente
Tant, que ne scay lequel je dois choisir,
Voir, ou non voir : car chacun me tourmente.
Toute la nuict sans dormir me lamente,
En regrettant l'amytié incongnue,
Que luy porte, et dont sa nouvelle amante
La joye en prend, qu'autrefois ay receue.
Je brusle, et ards : je me morfonds, je sue :
En fievre suis : mais mon seul medecin,
Qui me pourroit du tout guarir, me tue :
Et cy feray de ma pleinte la fin.

LA I. FILLE.

Liberté honneste [3]
A garder suis preste,
Sans m'en divertir.
Amour et folie
De melancolie
Ne se peult sortir.
Quand j'ay ouy parler,
Venir, et aller
Ces folz amoureux,
Je me prens à rire,
Et à part moy dire
Qu'ilz sont malheureux.
Fy d'affection :
Fy de passion
Qui le cœur tourmente.
Mon cœur est à moy.
Je n'ay mis ma foy
En don, ny en vente.

J'ay, quoy que je voye,
Le cœur plein de joye
Et de vray plaisir.
Si quelqu'un m'empesche,
Soudain m'en despesche [1]
Pour repos choisir.
J'ayme mon repos :
Je fuy les propos
D'amour, et sa bande.
Et qui me priroit
D'aymer, il n'auroit
Rien que sa demande.
J'ayme vérité :
J'ayme pureté
De cœur, et de corps.
Passion, Amour,
N'y fait nul séjour :
Je les metz dehors.
Des jaloux me rie :
Des fascheux m'arrie [2].
Tres bien mon temps passe.
D'un amour transy,
Qui requiert mercy
Contrefaitz la grace.
Je me moque d'eux :
Et nully ne veux
Pour mon serviteur.
Car leur amytié
Hayne, ne pitié,
Ne me touche au cœur
Leur cachez secretz,
Leur piteux regretz
J'escoute tres bien :
Mais de mon courage
Je suis bien si sage,
Qu'ilz n'entendent rien.
J'ay bien grand desir,
De faire plaisir,
A qui le merite.
Désolation
Par compassion
A joye je incite.
L'orgueil je rabaisse :
Les amoureux laisse
Sans point les hanter.
S'ilz pleurent, ou prient,
Tant plus fort ilz crient,
Me prens à chanter.
Brief, je n'ay soucy,
Un seul (Dieu mercy),
Qui le dormir m'oste.
Qui ayme le vice,
Folie, ou malice,
Las ! que cher leur coste [3] !
Liberté garder

---

1. « Chance et condition multiple, et diverse. »
2. « Tt que le changement accompagne toujours l'amour. »
3 La reine de Navarre affectionnait ce rhythme, surtout pour les chansons Dans un *manuscrit* qui appartint longtemps à un amateur toulousain, M. Fouques, s'en trouvait une qui fut populaire jusqu'au XVIIe siècle, et qu'elle avait rhythmée ainsi. Le titre était *Chanson de madame la sœur du roy*, et l'air : *Vouldray-je estre morte*. En voici deux couplets :

    J'aime en ce village
    Un jeune berger,
    Qui n'est point volage
    Ny son cœur leger ..

    Pas je ne puis vivre
    Si je ne le voy,
    Mon cœur pour le suivre
    S'absente de moy

---

1. « Je m'en débarrasse. » Rabelais dit de même, en son livre III, ch. XLIX « Par ma figue ! en seriez bien empeschez. ... je vous en *despeche*. »
2. Pour « me harrie, me fatigue » Nous avons déjà vu ce mot dans le *Mystère du chevalier qui donna sa femme au diable* : « Chascun me harrie. »
3. Pour « coûte ». Cette forme, qui se rapprochait du latin *constare*, et plus encore de l'italien *costare*, avait été très usitée aux siècles précédents, mais au XVIe on ne l'employait plus, comme ici, que pour les besoins de la rime.

Veux, sans m'hazarder
De jamais aymer.
Ayme, qui voudra : —
En fin les faudra
Tous desestimer.

   LA II. FILLE.

L'amour vertueuse
(Non point vicieuse)
Je veux soustenir,
Qui n'est moins duisante [1],
Que belle, et plaisante,
L'on la doit tenir.
Quand amour s'attache
Au cœur, qui n'a tache
De meschanseté,
Il luy donne grace,
Parole, et audace
Pour estre accepté.
Sans amour, un homme
Est tout ainsi, comme
Une froide idole.
Sans amour, la femme
Est fascheuse, infame,
Mal plaisante, et folle.
Amour en tournois
Fait porter harnois [2],
Et rompre les lances :
Piquer les chevaux,
Faire les grands saultz,
Et tenir les dances.
Qui n'ayme bien fort,
Il est salle et ort [3],
Et tres mal vestu.
De bien est forclus [4],
Et ne vault pas plus,
Qu'un poure festu.
J'ayme, et suis aymée,
Prisée, estimée,
D'un honneste et sage,
Lequel aymer veux.
J'en ay faict les vœux
Le long de mon aage.
Tousjours en luy pense,
Et n'ay contenance,
Ne bien, qu'à le voir.
Loing de luy j'estritz [5],
Et en pleurs et criz.
Fais bien mon devoir.
Puis quand le revoy
Assis près de moy,
Escoutant ses ditz,
J'y prens tel plaisir,

Que je n'ay desir
D'estre en Paradis.
Mon cœur n'est plus mien :
Il s'en court au sien.
Mais le changement [1]
Me donne tant d'ayse,
Que mes maux j'appaise
Tout en un moment :
Quoy que l'on me face,
Tourment, ou menace,
Le tout en gré prens.
D'amour mon cœur vole :
C'est la bonne escole,
Ou tout bien j'apprens.
Je ne pense pas
Faire tour, ne pas [2],
Sans penser en luy.
Il est de mes maux,
Peines, et travaux,
Refuge, et appuy.
Qui tient donc Amour
Pour prison, et tour [3],
Il ha tres grant tort.
Amour je soustiens,
Cause de tous biens
Jusques à la mort.
Car la servitude,
La peine, ou l'estude,
Qui est en Amours,
M'est liberté, joye,
Pourvu que je voye
Mon amy tousjours.

   LA VIEILLE.

Mes filles, tous voz differentz
J'ay maintesfois veu sur les rancz :
Telz debatz nouveaux ne me sont.
Assez y en ha, qui en ont,
Et de plus grans ont soustenus ;
Lesquelz devant moy sont venuz.
Et moy, qui cognois la racine
De tous ces cas, la medecine
Leur ay tresbien sceu ordonner.
Car à vous j'espere donner
Advertissement profitable.
Vous, qui souffrez mal importable [4]
D'un mary fascheux et jaloux,
Je vous requiers, appaisez-vous.
Car le temps l'ayde vous fera :
Et dedens son cœur deffera

---

1. « Agréable, » du verbe « duire », agréer, plaire.
2. « Armure de combat » Corneille se servit encore du mot dans le *Cid* (act. V, sc III).

   C'est la premiere fois
 Que ce jeune seigneur endosse le *harnois* ....

Scudéri critiqua l'expression comme surannée, et, quoique l'Académie eût desapprouvé ici Scudéri, Voltaire lui donna raison.
3. « Plein d'ordure »
4. « Mis dehors de façon a ne pouvoir rentrer. » C'est le même mot que *forclos*, dont nous avons parlé dans la *Condamnation de Banquet*.
5. Du verbe « estriver », se débattre, se tourmenter.

1. « L'échange, le troc. » Il semble qu'ici la reine de Navarre se souvient d'une chanson béarnaise, qu'elle avait pu entendre chanter à Pau, et que La Borde a rappelée dans son *Essai sur la musique*, t. IV. Voici, je crois, comment on peut traduire le passage, dont celui-ci paraît être un écho :

 Nos amours, entre eux, ont fait un mélange,
 Nos cœurs sont fondus ensemble, et si bien
 Que chacun de nous, ravi de l'échange,
 Ne sait vraiment plus lequel est le sien.

2. « Faire un mouvement ou un pas. »
3. « Cachot dans un donjon, dans une tourelle. »
4. « Impossible a supporter. » Montaigne se sert assez souvent de ce mot, notamment dans ce passage (liv. III, ch. II) « La foule estoit moins *importable* à chaque particulier. »

LA VIEILLE.

L'opinion [1], dont la beauté
Est cause de sa cruauté :
Ou bien, s'il est veau [2], ou beste,
Qu'il n'ayt raison, cerveau, ne teste,
Pour recevoir nulle science.
Aussi si vostre patience
Ne peult plus endurer, d'un veau,
Faites un tresplaisant oyseau [3] :
Car si ne le faites voller,
Il ne vous scauroit consoler.
Mais en chantant le temps, qui pleure,
A tout le moins aurez une heure,
Qui vous fera les vingt et trois
Supporter, en oyant sa voix.
Car le soupsonneux et meschant
Mérite bien chanter ce chant.
Ne pensez pas pour vous tuer,
Et à bien faire esvertuer,
A raison jamais le renger :
Mais il le fault en tout changer.
S'il est changé, et vous aussi,
Vous sortirez hors de soucy :
Vous n'aurez consolation,
Qu'en ceste transmutation.

LA I. FEMME.

Ma dame, j'ayme mieux souffrir,
Et à tourment, et mort m'offrir,
Nonobstant sa meschanseté,
Que faire un tour de lascheté.

LA VIEILLE.

Bien, bien : le temps y pourvoira.
Car quand bien laide vous verra
Autant, qu'il en fait, trop de compte.
Vous laissera, dont aurez honte,
Car d'un fascheux naivement [4]
Ne viz jamais amendement.

LA II. FEMME.

Et moy, que mon mary desprise,
Seray-je point de vous apprise [5] ?

LA VIEILLE.

Ouy vrayement : c'est bien raison.
Vous voulez estaindre un tyson
Avant la nuit : mais mieux vaudroit
Le laisser bruslant, que tout froid.
Vostre mary plein de feu vif,
S'il ayme ailleurs d'un cœur naif,
C'est vray signe, qu'il n'est pas mort.
Bien qu'il vous tienne un peu de tort,
En autre lieu tant sejourner :
Au moins il vous peult retourner [1],
Et ne vous en traite pas pis.
Le voudriez vous sur le tapis,
Tout le long du jour bien couché ?
Et son œil à plaisir bouche,
Sans pouvoir nulle beauté voir ?
Laissez luy faire son devoir,
Puis que rien ne vous diminue [2].
Ne craingnez point la continue,
Le temps la tournera en quarte [3] :
N'ayez peur que tant qu'il s'escarte,
Au logis groz d'enfant [4] revienne.
Faites comme luy, qui tient tienne :
Car la loyauté vous tourmente.
S'il est amant : soyez amante.
Quand il n'aymera rien que vous,
N'aymez aussi que vostre espoux :
Car il vous doit servir d'exemple.
Vostre amour est un peu trop ample,
Et n'est pas égale à la sienne.
C'est fait en juifve, ou payenne,
D'estre ainsi de son mary serve [5].
Rien ne guérira vostre verve [6],
Que de l'aymer tout en la sorte
Qu'il vous ayme, ou vous estes morte :
Ou peu, peu, ou prou : ou point, point.
Et si vous ne gaignez ce poinct,
Vous ne ferez que tracasser
Cœur, et corps, et membres casser.
Le temps, par qui esperez mieux,
Le vous rendra si laid, si vieux,
Que mal vous en contenterez :
Et bien souvent souhaiterez
Estre jalouze, et qu'il fust fort.
Mais plustost trouverez la mort,
Que de retourner en jeunesse.
Toutesfois s'amour, ou vieillesse,
Mettoit à vostre douleur fin :
Trompé y sera le plus fin.

LA II. FEMME.

Vous me donnez peu d'esperance.
Apres une longue souffrance,
Vous me promettez un tourment
Ou un remède promptement,
Que mon cœur ne scauroit vouloir.

LA VIEILLE.

Il ne vous fault donc plus douloir [7] :
Car j'ay dit ce, qui se peult faire.

LA I. FILLE.

Madame : et puis de mon affaire,

---

1. « La passion, la manie. »
2. Ce mot se disait surtout pour un mari insupportable. Il se trouve, avec ce sens, dans la *Farce des cris de Paris* :

    Et si le mari est si veau
    Que de malrraicter sa partie

3. « Faites une métamorphose changez le veau en oiseau. » Quel oiseau ? on le devine, le *coucou*.
4. Ce mot signifie ici « naturellement, sans effort, » comme dans ce passage du *Plutarque* d'Amyot (*Lycurgue*, ch. XLIII) « On l'invitoit à aller ouyr un qui contrefaisoit *naïfvement* le rossignol J'ai, dit-il, ouy le rossignol mesme. »
5. « Instruite » Régnier (*Sat* VI) a dit, avec le même sens

    A toy, qui, dès jeunesse appris en son escole

Les expressions *bien appris, mal appris* viennent de là.

1. « Revenir, faire retour. »
2. « Ne vous fait déchoir a ses yeux »
3. « Sa passion, qui est fievre continue, finira par devenir fievre quarte. »
4. « Troupe d'enfants, » comme on dit un gros de soldats.
5. « Esclave (*serva*) »
6. « Votre caprice, votre passion »

    Mès faux amants content lor *verve*,

lit-on dans le *Roman de la Rose*, vers 2418.

7. « Plaindre (*dolere*). » C'est un des vieux mots que regrettait La Bruyère.

Je suis bien : je m'y veux tenir.
Que sera ce de l'advenir?

LA VIEILLE.

Que ce sera? helàs, m'amye,
Je voy que vous ne scavez mye
La grand'puissance, qu'a le temps.
Hau, que j'en ay veu de contens,
Qui n'eussent sceu souhaiter mieux!
Mais tout soudain du hault des cieux
Les ay veu descendre bien bas.
Je prise, et loue voz estats.
La vertu, qui vous rend parfaite,
Vous ha ainsi joyeuse faite.
Toutesfois ne l'autorisez
Tant, que les autres desprisez[1].
Amour est un fin et faux ange,
Qui tres cruellement se venge
De ceux qui de luy n'ont fait compte.
Car un orgueilleux craint la honte.
Plus il vous voit honneste, et belle,
Envers luy cruelle, et rebelle,
Plus il desire droit frapper
En vostre cœur, et l'attrapper.
Ce que jusques icy n'ha fait,
N'ayant trouvé nul si parfait,
Qui meritast vostre amytié.
Si une fois vostre moytié[2]
Amour met devant voz beaux yeux;
Onques personne n'ayma mieux,
Que vous ferez, j'en suis certaine.
Ce sera la bonté haultaine.
Qui par le temps y pourvoyra,
Jusques la l'on ne vous verra
Aymer : car vous estes trop fine,
Je le voy bien à vostre myne :
Car de rien ne faites semblant.
Amour, qui va les cours emblant[3],
Et le temps, qui doucement passe
Sans que vostre vertu s'efface
Vous feront changer de propos ;
Trembler le cœur, battre le poux,
Et sentir le doux, et l'amer,
Que l'on peult souffrir pour aymer.

LA FILLE.

Je n'en croy rien : je tiendray ferme[4].

1. « Ne l'élevez, ne l'estimez pas autant que vous méprisez les autres. » *Autorise* se trouve avec le sens d'*estime* dans le *Menagier* (t II, p. 18) :

C'est le chemin de povreté
Une Dame qui n'est prisee
En ce monde n'autorisee

2. « Celle qui doit être la seconde partie de vous-même » On dirait que la reine de Navarre pressent ici le systeme de Goethe sur les *Affinites electives* Du mot « moitié », pris dans le sens qu'elle lui donne, et dont nous ne connaissons pas d'autre exemple de son temps, est venu ce joli synonyme, donné a épouse, « moitié, » que Corneille n'a pas dédaigné d'admettre dans le style héroïque, aux grands applaudissements de Voltaire, et que M. Emile Augier a si bien fait de regretter, en quelques uns des meilleurs vers de sa *Gabrielle*.

3. « Enlevant rapidement, par surprise » Il n'est resté du verbe, dont ce mot fait partie, que la locution « d'emblée ».

4 On prononçait *farme*, comme aujourd'hui encore dans quelques departements du Centre. C'est ce qui explique la rime avec *larme*.

Ne jà n'auray à l'œil la larme
Pour souffrir nulle passion,
Ne d'amour, ny d'affection.

LA VIEILLE.

Vous ne trouvez, par ignorance,
A ma prophetie apparence :
Mais quand le cas vous adviendra,
De la vieille vous souviendra.

LA II. FILLE.

Je crains, madame, et veux scavoir,
Si le temps aura le pouvoir
De changer ma grand' amytié.

LA VIEILLE.

Fille, vous me faites pitié.
Car vostre grand contentement
Ne sçauroit durer longuement.
Le cœur d'un homme est si muable[1],
Le temps est si tres variable,
Les occasions qui surviennent,
Les paroles qui vont, et viennent,
Qu'impossible est qu'amour soit ferme,
Combien qu'il le jure et afferme.
Las, ma fille, il m'a bien menty.
Il me presenta un party[2]
Au printemps de ma grand' jeunesse,
Tel qu'au ciel n'y avoit deesse,
A qui j'eusse changé mon lieu.
Mon amy j'aymois plus que Dieu,
Et de luy pensois estre aymée,
Dont de nully n'estois blasmée.
Or voyez que le temps m'a fait.
Un serviteur si tres parfait
Il m'a osté sans nul respit,
Dont j'ay souffert si grand despit
Que, soixante ans ha, le regrette.
Vieille je suis, mais je souhaite
Souvent le bien, que j'ay perdu.
Mon malheur avez entendu,
Qui de mon cœur n'est arraché.
Vous n'en aurez meilleur marché.
Car le temps, qui vous fait present
D'aise et de plaisir à present,
Ainsi qu'il ha d'amour le feu
Dans vostre cœur mis peu à peu,
Ainsi peu a peu l'estaindra :
Dont telle douleur soustiendra
Vostre esperit, et vostre corps,
Que l'ame en saillira dehors,
S'elle n'est de Dieu arrestée.
Helàs, je vous voy apprestée[3]
De souffrir autant de tourment,
D'amour, que de contentement.

1. « Changeant. » Puisqu'*immuable* est resté, on se demande pourquoi *muable* s'est perdu.

2 Ce mot pris comme synonyme de « mari » commençait d'etre a la mode. Il est encore employé. Son usage etait alors tel que Paré s'en est servi dans son livre des *animaux*, ch xii « Les tourterelles, en signe de viduité, ne couchent jamais sur branche verte, apres qu'elles ont perdu leur *party* »

3 « Prête a. » Malherbe, dans le même sens, a dit que les oiseaux

Apprêtés a chanter dans les bois se reveillent.

LA II. FILLE.

Hau, grand'vieille, qui vous croiroit,
En grand'peine et douleur seroit.
Mais plustost la mer haulseroit,
Et le hault ciel s'abbaisseroit,
Qu'il m'advint fortune pareille.
Je ne croys point ceste merveille.

LA VIEILLE.

Ma fille, par là passerez,
Et alors contrainte serez
Dire : la Vieille le m'a dit.

LA II. FILLE.

Hau, de Dieu soit mon cœur maudit,
Si je croy en vostre parole.

LA I. FILLE.

Ny moy, je ne suis pas si fole :
Elle ne produit que malheur.

LA VIEILLE.

Hà, vous aurez un serviteur,
Qui vous fera propos changer.

LA I. FILLE.

J'aymerois mieux vive enrager.
Mon cœur sans amour demourra,
Et libre vivra et mourra :
J'en fais la figue[1] aux amoureux.

LA I. FEMME.

Mon cœur craintif, et desireux,
Ne scait quel moyen il doit prendre,
Ou d'aymer un autre, ou d'attendre
Le temps, quelle me prophetise.
Mais j'estimerois à sottise
Refuser un bien, qui est près,
Pour en attendre un autre après.

LA VIEILLE.

Prenez le temps, si vous povez.
Car refuser vous ne devez
L'occasion, quand elle vient.
Si aux cheveux l'on ne la tient,
Elle s'enfuyt par violence,
Et ne laisse que repentance :
Pensez sagement en ce cas.

LA I. FEMME.

Ha, vrayment je n'y faudray pas.

LA II. FEMME.

Mon cerveau, mon cœur, ma memoire
Est tout troublé, et ne puis croire
Ceste Sibille prophetique,
Car plus mon esperit s'applique
A espérer bien par le temps[2],
Comme elle dit, rien n'y entens :
Car l'amour, que trop fort je porte
A mon mary, me rendra morte
Premier[1] qu'autre amour endurer ;
Et me gardera de durer
Jusqu'au temps, qu'elle vous promet.
Repos, dont en peine me met
Plus grande, que ne sentis onques.

LA VIEILLE.

Si n'aurez vous repos, qu'adonques
On pourroit tel songe songer,
Qui ne seroit mye mensonger :
Le bon docteur bien en parla.
Vrayment vous passerez par là
Toutes quatre, mal gré voz dents.
Et moy, de peur des accidens
Du serain, m'en vois retirer.

LA I. FEMME.

Quoy, nous lairrez vous souspirer
Sans nous dire rien, qui vaille ?

LA VIEILLE.

Or appaisez vostre bataille :
Je n'en puis plus porter le faix.
Je prie au Dieu de toute paix
Remplir voz cerveaux de raison

LA II. FEMME.

Elle s'en va en sa maison :
On ne la peult plus retenir.

LA I. FILLE.

Mais, qui la feit icy venir
Pour me dire une menterie ?
Que j'aymeray : c'est moquerie.
Amour en mon cœur ne sera.

LA II. FILLE.

Que mon amy me laissera !
La faulse Vieille aura menty.
Jamais ne sera departy
Moy de son cœur, ne luy du mien.

LA I. FEMME.

Rompre aussi mon chaste lyen,
Ou devenir layde, et hydeuse,
Comme m'a dit ceste fascheuse,
Hà, vrayment elle mentira.
Mon mary se convertira,
Me voyant digne d'estimer.

LA II. FEMME.

Le grand feu vous puisse allumer,
Qui veult que j'ayme, ou que j'attende
Que vieillesse, ou foiblesse amende
Mon mary : mais j'ay esperance,
Que par ma grand'perseverance
En brief retournera à moy,
Et lors seray sans nul esmoy.

LA I. FILLE.

Leur grand ennuy, et leur necessité
Leur feit chercher secours de creature.
Nostre plaisir par curiosité

---

1. On faisait la figue a quelqu'un, en lui montrant le pouce placé entre l'index et le doigt du milieu. On a cru que l'expression et le geste nous étaient venus d'Italie, à l'époque de la Renaissance ; nous les connaissions bien auparavant. on trouve « il fit la figa, » dans le *Roman de Jauffre* qui date au plus tard des premières années du XIII° siècle. L'origine sur laquelle on a bien disserté, est inconnue.
2 « A espérer bonheur avec le temps. »

---

1. « Avant que. »

LA VIEILLE.

Nous feit vouloir sçavoir nostre adventure.
Le temps, les ans, le sens, et l'escriture
De ceste dame apparentement [1] sage
Nous feit ouvrir le secret du courage,
Dont riens, que mal, n'avois peu recevoir.
Nous concluons par tout nostre langage,
Que de sçavoir l'advenir, c'est l'ouvrage
De celuy seul, qui sur tous ha pouvoir :
Lequel prions, selon nostre devoir,
Qu'ainsi que roy en terre il vous fait voir,
Vous doint regner au ciel pour heritage.

LE VIEILLARD.

Ma bonne Dame, ou allez vous ?
Ou portes vous ceste jeunesse ?

LA VIEILLE.

En bonne foy, mon amy doux,
Sur un lict par grande foiblesse.

LE VIEILLARD.

Je voy là bien grande jeunesse.
En venez vous ?

LA VIEILLE.

   Ouy, de ce pas.
Vray leur ay dit, comme la messe [2] :
Mais quoy ? ilz ne m'en croyent pas.

LE VIEILLARD.

J'y vois parler par tel compas,
Que je croy que lon m'entendra.

---

1. C'est la premiere forme, un peu allongée et portant avec elle son etymologie, de notre mot *apparemment*.
2. Nous avons trouvé cette locution dans *Pathelin*. De la part de la reine de Navarre, cette bonne amie des huguenots, elle est assez étrange.

LA VIEILLE.

Leur cerveau donc s'amendera,
Car je leur ay dit.

LE VIEILLARD.

   J'entens bien.
Mais confermant vostre entretien,
Je leur en diray d'avantage.

LA VIEILLE

J'attendray voir, si son langage
Sera mieux, que le mien, receu.

LE VIEILLARD.

Dames, si je ne suis deceu,
Trop grandement vous fourvoyez,
Dont ceste dame ne croyez.

LE I. HOMME.

Que veult ce vieillard à ces dames ?
Qu'il est caduc et defailly !

LE II. HOMME.

Pensez qu'il veult sauver leurs ames,
Sans que de nous soit assailly.

LE III. HOMME.

Pas n'aurons le cœur si failly,
Que d'un vieillard poulser ne battre.

LE IIII. HOMME.

Menons les danser toutes quatre,
Et vous les verrez bien tencer.

LE VIEILLARD.

Tencer, non : mais bien vous combattre
Ma vieille et moy de bien danser.

LA I. FILLE.

Or dansons sans plus y penser.

LE VIEILLARD.

Vous verrez leur orgueil rabattre.

FIN DE LA VIEILLE.

MORALITÉ DE L'EMPEREUR ET DE SON NEPVEU

(XVIᵉ SIÈCLE — RÈGNE DE FRANÇOIS Iᵉʳ)

NOTICE ET ARGUMENT

Cette pièce est moins une *moralité* qu'un *mystère*, à cause de l'intervention de l'élément sacré qui en fait le dénoûment, comme dans celui du *Chevalier*, qu'on a lu plus haut.

Nous la tirons encore du *Recueil de Londres*, où elle est la 58ᵉ, et occupe une assez large place : seize feuillets à quarante-six lignes par page.

Il n'en fallait pas moins pour l'action qui s'y déroule, et qui en fait un véritable drame, souvent d'un beau mouvement, et parfois aussi d'une éloquence réelle.

Le style, malheureusement, que gênent d'ailleurs des lacunes et des fautes de copie, n'y est pas égal. On le croirait de deux plumes différentes, on n'y trouve pas partout le cachet de la même époque.

Les rhythmes, qui s'y mêlent aux endroits les plus pathétiques, et qui nous feraient croire que quelques parties ont été chantées, troublent aussi la lecture par eurs coupes bizarres et par les mots singuliers que leurs exigences amènent.

Si l'on passe sur ces défauts : l'inégalité du style et l'étrangeté des rhythmes, on a là certainement une des meilleures pièces que le théâtre vraiment français, c'est-à-dire en dehors du mouvement de la Renaissance, nous ait laissée dans le genre sérieux.

Le principal personnage étant un empereur du temps, il allait de soi que la scène fût placée en Allemagne, seul pays qui fût alors un empire.

Quel est cet empereur? Rien ne nous le dit. Les grands vassaux dont il est le suzerain, le duc de Gueldre, le comte de Namur, ne sont aussi désignés que par leurs titres.

Il les a fait venir, au commencement de la pièce, pour leur dire que, devenu trop vieux, il veut abdiquer, et que, n'ayant pas de fils, c'est son neveu qu'il a dessein de prendre pour successeur.

Le duc et le comte, qu'il consulte, hasardent quelques réflexions, puis approuvent très-vite avec un zèle de vrais courtisans.

Le neveu est mandé, et, sans différer, déclaré empereur. Son oncle, après lui avoir donné les meilleurs avis pour gouverner avec loyauté et justice, lui abandonne tout le pouvoir, ne se réservant que le droit de juger ses actes et de l'en punir s'ils sont coupables.

Le neveu fait les protestations les plus solennelles, mais n'en donne pas moins pour prélude à son règne une abominable action. Il fait enlever par deux misérables une jeune fille qu'il aimait sans avoir pu s'en faire aimer, et se venge de ses refus par un viol. Ici l'action pourrait devenir scabreuse ; mais, par exception, l'auteur s'est souvenu qu'on était dans une pièce pieuse, et l'attentat se commet le plus décemment du monde.

La fille va se plaindre à sa mère, puis toutes deux courent au vieil empereur qui les écoute et jure qu'elles auront justice. Le duc et le comte intercèdent pour le coupable, qui pour eux est bien près d'être innocent, puisqu'il est maître.

Le vieil empereur ne les écoute pas : « Qu'on me l'amène ! » est sa seule réponse à leurs prières. Il vient, avoue son crime, et l'oncle, qui est allé chercher le couteau de son officier tranchant sur le dressoir, l'emmène dans un coin, comme pour le confesser mieux, et lui coupe la gorge. Le duc et le comte en restent tout tremblants ; mais, comme le vieil empereur redevient maître, ils l'approuvent.

Il a, lui, quelque remords. Dieu l'absoudra-t-il de ce qu'il a fait ? Il en doute, car son chapelain lui refuse l'absolution, et plus impitoyablement encore la communion. Il ne résiste pas, mais demande au moins que l'hostie lui soit montrée. On apporte le calice, et l'hostie en sort d'elle-même pour venir se poser sur ses lèvres.

Il avait fait un acte de terrible mais nécessaire justice ; Dieu fait un miracle pour lui dire qu'il a bien agi et qu'il l'approuve.

MORALITÉ NOUVELLE
D'UNG EMPEREUR

QUI TUA SON NEPVEU QUI AVOIT PRINS UNE FILLE A FORCE, ET COMMENT, LEDICT EMPEREUR, ESTANT AU LICT DE LA MORT, LA SAINCTE HOSTIE LUY FUT APPORTÉE MIRACULEUSEMENT

Et est à dix personnaiges, c'est assavoir

L'EMPEREUR
LE CHAPPELAIN
LE DUC
LE CONTE
LE NEPVEU de l'Empereur

L'ESCUYER
BERTAUT et GUILLOT, serviteurs du nepveu.
LA FILLE violée
LA MÈRE de la fille
Avec LA SAINTE HOSTIE qui se presenta à l'Empereur.

L'ACTEUR.

Seigneurs, dames et damoiselles,
Plaise vous ouir les nouvelles
Que racompter nous vous voulons
D'ung empereur saige et preudhoms [1]
Qui tout temps veult justice faire,
Et nous bailla bel exemplaire [2]
D'ung nepveu que seul hoir [3] avoit,
Lequel de si bon cueur amoit
Que l'empire lui resigna
Et du tout il le couronna.
Après ce qu'il fut couronné,
Il fut moult fort enamouré
D'une gracieuse pucelle,
Jeune fille plaisant et belle,
Et tant amour son cueur força
Que la jeune fille efforça [4]
Maulgré elle, par grant ardeur.
Lors vint la plainte à l'empereur,
Et telle justice en fist
Que de sa propre main l'occist,
Pour chascun droit et raison rendre,
Sans aux aucuns en rien attendre [5].
Et après vous verrez comment
Il receut le sainct sacrement
Par miracle que Dieu monstra,
Comme appercevoir on pourra
En peu d'heure, s'il plaist à Dieu.

L'EMPEREUR *commence*.

En grant douleur suis en ce lieu.
Chappelain, entendez à moy.
Je suis ancien, et cognoy
De Dieu la suppellative [1] grace.
Pource, tandis que j'ay espace,
De l'empire vueil disposer,
Et au service Dieu poser
Trestout mon age et tout mon temps;
Car de la mort nul n'est doubtant,
Ne sçavons combien l'heure est briefve.
Maladie sens qui me griefve [2]
Mon corps, et tient en grant traveil.
Si vouldroye bien avoir conseil
Que j'ay de mon empire à faire,
Car il me semble necessaire
Que d'autre que moy soit pourveu;
Or n'ai-je aultre que mon nepveu
Qui l'empire peust gouverner.
Si voulsisse determiner,
Se bon conseil l'osast à dire,
Que je resinasse [3] l'empire
A mon nepveu, et qu'il en fist
Son utilité et proufist.
Vueillez vostre opinion dire.

LE CHAPPELAIN.

Or me pardonnez, très cher sire.
Pour Dieu, ne vous vueille desplaire;
Determiner de telle affaire
Ne suis pas expert ne propice.
Le gouvernement et pollice
Doit aux nobles appartenir.
Pour vouloir tel conseil tenir

---

1. Celui qu'on appelait « prud'homme » devait être loyal, probe et surtout craignant Dieu : « Et les bons preudes hommes qui servent Dieu, » lit-on dans le *Livre des faicts du mareschal Boucicaut*, liv. IV, ch. II.
2. « Exemple, leçon. » « Nous y regarderions, lit-on dans l'*Ethique de Nic. Oresme*, liv. VII, ch. XIII, et nous seroit aussy comme *exemplaire*. »
3. « Héritier (*hoeres*). »
4. « Prit de force, viola. » C'était l'expression employée, même par la loi : « Quiconques, dit Beaumanoir dans les *Coustumes du Beauvaisis*, liv. XXX, ch. II, est pris en cas de lieme et actains du cas, si comme de murdre (meurtre) ou de traison, d'omicide, ou de *femme efforcier*, il doit estre traîné et pendus. »
5. « Sans differer en quoi que ce soit, ni par conseil de personne. »

1 « Suprême, superlative »
2. « Pese, accable. » On a fait, de ce mot, *grever* « Le vice, la mort sont subjects graves et qui *grevent*, » dit Montaigne (liv. III)
3. Pour « résignasse ». Le verbe *résigner* se disait surtout lorsqu'on se démettait d'un bénéfice en faveur de quelqu'un. Toutefois, il s'employait aussi pour *abdiquer* « Heraclytus, dit Montaigne (liv. I) *résigna* la royauté à son frère »

Fault parler à ung plus discret [1].

L'EMPEREUR.

Chappelain, trestout mon secret
Vous savez, n'autre que vous seul.
Pour ce dictez-moy, je le vueil,
Vostre opinion de ce fait.

LE CHAPPELAIN.

Certes, sire, puis qu'il vous plaist,
Je le vous diray : il me semble
Qui sera tres bon qu'on assemble
Les ducs, les barons et les contes,
Et qu'on leur expose les comptes
Du faict, qui leur semblera bon,
Et, selon leur opinion,
On pourra pourvoir à la terre [2].

L'EMPEREUR.

C'est bien dit : envoyez-les querre ;
Faictes les moy si tost venir.

LE CHAPPELAIN.

Voulentiers, à vostre plaisir.
Escuyer d'honneur, venez sa.

L'ESCUYER.

Que vous plaist ?

LE CHAPPELAIN.

On le vous dira :
Allez tantost dire aux seigneurs,
Ducs, contes, petits et greigneurs [3],
Qu'ilz viennent prendre leurs sentiers [4]
Devers la court.

L'ESCUYER.

Très-voulentiers.
J'en feray brief la diligence ;
Tantost les verrez en presence.
Duc de Guerdelain [5], plain d'honneur,
Vueillez venir vers l'Empereur,
Car expressement le vous mande
Pour une necessité grande.
Vous aussi, comte de Namur ;
Il a ung faict pesant et dur
Dont à vous se veult conseiller.

LE DUC.

Nous le ferons sans varier.
C'est raison, puisqu'il le commande.
Où est-il ?

L'ESCUYER.

En pensée grande
En sa chambre, car moult desire
Vostre conseil.

LE CONTE.

A vous, beau sire.
J'ay desir de veoir l'Empereur.

LE DUC.

Sire, Jesus, nostre seigneur,
En valleur, haulteur et prouesse
Vueille garder vostre noblesse.
Que vous plaist, prince, pour veus [1] ?

L'EMPEREUR.

Vous soyez les très bien venus.
Duc, soyez-vous en celle part.

LE CONTE.

Noble Empereur, Jesus vous gard.
Mandé m'avez, c'est verité ;
Vers vostre royal majesté
Je suis venu, et me vecy.

L'EMPEREUR.

J'ay ung pesant faict qui aussi
Est digne de moult grant conseil.
Messeigneurs, à vous me conseil
D'une chose que moult desire.
Grief accident moult fort m'entire [2] ;
Mon corps plus n'est à demy vis [3].
Se seroit bon, se m'est advis,
Tant qu'à moy nature domine,
Que l'empire brief je resigne
A personne qui soit habille.
Mon nepveu est en eage agille
Pour gouverner telle noblesse.
Ma virilité et vieillesse
Est amortie ; le corps tremble.
Et pour ce, seigneurs, que vous semble
De ceste resignation ?

LE DUC.

Cher sire, mon opinion
Assez à la vostre consonne,
Veu que n'avez aultre personne
Ydone [4] à la succession
Que vostre nepveu, qui renom
A d'estre bien morigine [5].
Se vous estes determine,
La chose me semble licite.

L'EMPEREUR.

Et vous ?

LE CONTE.

La chose est bien eslite [6],

---

1. « Pour votre volonté, vos vœux. » Ce dernier mot écrit, comme ici, se trouve dans la *Moralité des enfants de maintenant* :

Nostre vouloir est que s'il veult
Toujours poursuivir le sien veu.

2. « Me tourmente. »
3. « Vivant. »
4. « Propre (*idoneus*). » Le mot *idoine*, qui est une forme de celui-ci, resta longtemps dans la langue.
5. « Bien élevé, de bonnes mœurs. » Ce mot, qui chez Molière (*Fourberies de Scapin*, acte II, sc. 1) est déjà devenu comique, avait le sens le plus sérieux dans la langue chevaleresque. « Il falloit estre, dit Boucicaut (liv. III, ch. 1), vaillant aux armes et bien *morigene* »
6. « Est d'une pensée de choix »

---

1. « Discret » dans ce sens vient de *discernere*, et signifie quelqu'un ayant du *discernement*. Il se trouve dans le *Perceforest* (t. IV, fol 145) « Les gentils hommes de son royaulme luy vindrent dire qu'ilz vouloient avoir un roy, et que l'aisné de ses filz estoit bien au poinct d'estre chevalier, et assez homme *discret* pour gouverner le royaulme »
2. « Au pays. »
3. « Plus grands (*grandiores*), » mot que nous avons déjà vu plus d'une fois
4. « Leur chemin »
5. « Duc de Gueldre. »

Pourveu que ¹ vous n'avez aultre hoir.
Je dis avec vostre vouloir :
La chose n'en peult qu'amender ².

L'EMPEREUR.

Chappelain, faictes luy mander
Qu'il viengne tost par devers nous.

LE CHAPPELAIN.

Escuyer !

L'ESCUYER.

Que voulez-vous ?

LE CHAPPELAIN.

Allez, comme bon serviteur,
Vers le nepveu de l'empereur ;
Qu'il s'en viengne diligemment
Pour son bien et avancement.
A coup ³ son oncle l'a mandé.

L'ESCUYER.

Puisque le m'avez commandé,
Mon message luy yray dire.

LE NEPVEU.

L'ardeur qui me tire
Me vient tire à tire,
Par quoy je m'entire
En angoesse dure,
Sy ne sçay que dire
D'une que desire ;
Car son escondire ⁴,
Si fault que l'endure,
Me seroit poincture ⁵
Et aspre morsure
Plus dure que rage,
Car, pour sa traicture ⁶
Et plaisant figure,
Trop fort me figure
Et corps et courage ⁷.
Amour, quel hommaige
Pour son pucellaige
Et quel vasselaige
Vous pourrai-je faire ?
Mon haultain lignage
Et noble bernage ⁸
Ne faict avantage
Qui me puisse plaire.

L'ESCUYER.

Sire, ne vous vueille desplaire,
L'empereur à conseil vous atant,
Qui a vous pourvoir fort contant ⁹.

Venez devers luy, s'il vous plaist.

LE NEPVEU.

Allons, car trop fort me desplaist
D'estre en si dure penence ¹.
Oncle de tres noble puissance,
A vostre hault commandement
Je suis venu hastivement.

L'EMPEREUR.

Or entendés à moi, nepveu :
J'ay une assemblée eslevee
Pour ce que nature a grevée
Mon eage en mon corps declinant ;
Car je ne puis dorennavant
Bonnement entendre à police ².
Or ay-je en tout mon temps justice
Excercée gramment à droict,
En rendant à chascun son droict ;
Or ne peult nature souffrir ⁶
Que je le puisse plus régir,
Par vieillesse, qui trop domine.
Si sera bon qu'on determine
De vous remettre en nostre empire,
Affin qu'après moi il n'empire
Par faulte de gouvernement.

LE NEPVEU.

Mon cher oncle et mon seigneur,
A vostre vueil me couronner ³,
Ce nonobstant qu'en moy n'a sens,
Science ne instruction,
Mais, soubz vostre correction,
Je suis prest à vous obeir.

L'EMPEREUR.

Jeune cueur ne doibt point hayr
D'entreprendre belle entreprinse,
Car, puis qu'elles sont entreprinses
Par engin ⁴ vif et tres parfaict,
On apprent bien en excersant.
Monstrer debvez et mettre en œuvre
Le bien que l'on vous a donné,
Car qui en ce monde bien œuvre ⁵
Paradis lui est ordonné.
Duc de Guerlant ⁶, vostre advis
Veuillés dire sur ceste chose ;
Estre ne povons toujours vifz ⁷,
Il fault penser à la parclose ⁸.

LE DUC.

Chier sire, en mon entendement,

---

1. « D'autant que. »
2. « Les affaires ne peuvent qu'en devenir meilleures. »
3. « Tout de suite. »
4. « Son refus qui m'econduit (*m'escondit*). »
5. « Chose poignante. » On trouve dans Montaigne, avec le même sens, « les *poinctures* de la peur » (liv. I).
6 « Les traits de son visage. »
7. C'est-a-dire. « sous ces jolis traits et cette plaisante figure, je m'imagine qu'il y a trop de force et de volonté. »
8. Pour « baronnage ». C'était, a proprement parler, l'ensemble des seigneurs qui formaient une noblesse :

Guenelons a haï le *bernage* de France,

lit-on dans le *Roman de Roncevaux*, p. 197.
9. « A vif désir et volonté (*contendit*). »

1. « Inquiétude, peine. »
2. Ce mot s'entendait alors pour gouvernement en général. Montaigne dit (liv. I, ch. xvi), parlant de Platon et de sa *République* · « Platon en la *police* qu'il forge a discretion, » et d'Aubigné dans ses *Tragiques*, a propos des rois de France

Ploians la piete au joug de leur service
Gardent religion pour ame de *police*.

3. L'absence de la rime, et, qui plus est, du sens, indique qu'il doit manquer ici quelques vers.
4 « Esprit, intelligence (*ingenium*). »
5 « Travaille bien. »
6. C'est le même que le duc de Gueldre, nommé tout a l'heure. Ici seulement son nom de « Gueldelan » est abrégé.
7. « Toujours vivants. »
8. « A la fin, a la mort qui clôt tout. » L'expression « a la parclose » voulant dire alors finalement.

Vous avez bien parlé tout oultre ;
Mais, pour ouvrer plus seurement,
Jeune a bien besoing qu'on lui monstre.
Par la chaleur d'ardant jeunesse
On est aucunesfoys surpris,
Et, quant on rentre en vieillesse,
Il se repent qu'il n'a apris.
Au gouvernement et police
Appartient d'aymer loyaulté,
Et fouyr les tours de malice
Par qui maint homme est enchanté.
Estre en parolle veritable
Appartient à puissant seigneur,
Car, s'on le trouve en bourde ou fable,
Il acquiert ung grand deshonneur;
A grans langaigeurs [1] et flatteurs
Il doit tousjours fermer la porte.
De parolle sont rapporteurs
Souvent, qui peu de prouffit porte.
S'aucun vient faire sa complainte,
N'en avoir trop compassion,
Tant que la cause soit atainte
Par certaine information.
Ung prince se doibt emploier,
Quant pour son bien on luy conseille,
Sans pour argent en riens ployer ;
A beau parler clorre l'oreille.
Noblement avez gouverné,
Mais desoremais estes vieulx ;
Si fault qui soit determiné
En procédant de mieulx en mieulx.

  L'EMPEREUR.
Je vous ay bien entendu.
Qu'en dictes-vous, au residu [2] ?
Pensez de vous deliberer.

  LE CONTE.
Certes, à tout considerer,
La matiere est fort difficile :
Car il y fault prompt et habile
Qui avecques haute science
Soit militant, fort en science,
Entreprenant et courageux,
Aux ennemis avantureux,
En force, valeur et prouesse.
 Or ne peut vieillesse
 Prendre hardiesse,
 Car nature laisse
 Au plus fort victoire,
 Et veult que jeunesse
 Soit sur tous maistresse,
 Car sa grant soplesse
 La met en memoire.
D'autre part, considerer
 Et parler
Que jeune cueur n'a science
Pour le peuple gouverner
 Et mener ;
En amoureuse scillence,
Dont la saige prothance
 Est deffance,

Faict en tous ces dis et fais,
Disant que jeune cueur en sçait
 En science [1].
Nonobstant esse prudence,
Mais très bien luy remonstrez
Il est assez fort et hardy,
Et pour ce, cher sire, je dy
Que par luy sera pourveu.

  L'EMPEREUR.
Or entendez à moy, nepveu :
Nature, saige et grant maistresse,
Vous a mis en fleur de jeunesse,
Et à moi advient le contraire,
Car je decline en ma vieillesse.
Si est temps de laisser prouesse [2],
Et laisser au jeune parfaire.
Pour ce je puis conseil traire
De vous, si endroit [3], pour mieulx faire,
En siège royal couronner,
Car empereur je vous vueil faire.
Si prie à Jesus debonnaire
Que bien le puisse gouverner.
Ceste espée vous fault porter,
Si ne vous vueillez deporter [4]
Qu'à chascun vous faciez justice ;
De ce vous vueil bien exhorter,
Le povre et riche supporter,
Vous devez, selon vostre office,
Et à chascun estre propice,
Selon ce que le cas requiert.
De les pugnir ne soyez nice [5],
Selon leur meffaict et leur vice,
Comme à juste prince il affiert.
Saichez, mon nepveu, de certain,
Se ne le faictes, de ma main
Vous pugniray, n'en doubtez mye.
J'ay faict justice soir et main [6],
Et au gentil et au villain,
Tant comme j'ay peu en ma vie;
Pour ce je vous requiers et prie
Qu'en ce me vueillez ensuyvir [7].
Ne jugez pas par felonnie,
Par vengeance ne par envie,
Et bien vous en pourra venir.

  LE NEPVEU.
Je pence si bien maintenir
Chascun, de degre en degré,
Que Dieu et vous m'en sçaura gré.
Humblement je vous remercie
Quand m'avez pourveu ; en ma vie

---

1. Tout ce passage, que nous avons dû un peu rectifier, sans répondre de notre rectification, doit signifier « Il faut d'autre part considérer et dire que tout jeune cœur n'a pouvoir pour gouverner et mener peuple, amoureuse science, que la sagesse défend, dirige ses paroles et ses actions, il dit cependant que jeune cœur a toujours assez de science. »
2 Ce mot signifie ici « la lutte, l'action ».
3. « Ici même. »
4 « Détourner. »
5. « Négligent, faute de savoir. » *Nice* en ce sens vient de *nescius* Dans le *Lai du conseil*, on lit :

 Baron mauvais et nice

6 « Soir et matin »
7. « Imiter, suivre. »

---

1 « Bavards »
2. « Pour vous résumer. »

Ja par moy n'en aurez reproche [1],
Ne chose qui vostre honneur touche,
Ne blasme en nulle qualité [2].
Par moy sera faict equité,
Si je puis, en trestous estas,
Et pugniray selon le cas,
Très cher oncle, si plaist à Dieu.

L'EMPEREUR.

Ainsi vous pourra en tout lieu
Bien venir, et à vos subjectz.
Vostre peuple point ne rongés :
Onques ne le fis en ma vie ;
Et, combien qu'ayez la baillie [3]
Du noble empire excercer,
Pour à chascun son droit donner,
S'en retiens-je la segneurie
Tant que j'auray au corps la vie ;
Mais, en tant qu'au gouvernement,
En tes mains les metz pleinement,
Si vous prie, bien le demenez [4].

Vostre terre gouvernez,
  Et tenez
Voz juges paisiblement ;
La justice maintenez,
  Et donnez
A chascun vray jugement ;
Faulx juges ne soustenez
  Ne souffrez
Sans les pugnir aigrement [5] ;
Les esglises visitez ;
  Si pourrez [6]
Gaigner vostre sauvement.
  Aux povres ancelles [7],
  Veuves et pucelles,
  Et trestotes celles
  Qui feront clamours
  Ne soyez rebelles ;
  Ayez pitié d'elles ;
  Leurs bonnes querelles
  Soustenez tousjours.
Les pouvres pas n'oubliez ;
  Employez
Vostre temps en charité ;
Dons estre employez
  Suployez [8],
  Et soyez

Vostre temps en chasteté.
  Devez verité
  Et virginité
  A sa purité.
Gardez en tous cas
  Droit et equité.
  Pure loyaulté,
  Yver et esté,
Tenez en pourchas [1].

LE NEPVEU.

Très cher oncle, ne doubtés pas
J'ay bien entendu et note
Tout ce que m'avez recité.
J'acomplyrai de point en point
Tout ce que m'avez cy enjoint
A mon povoir, je vous prometz.
Je ne trespasserai [2] jamais
Voz bons enseignemens notables,
Car je les congnois prouffitables ;
Et faré, au plaisir de Dieu,
Si bien justice en tout lieu,
Se je puis, qu'en sera memoire.

LE DUC.

Dieu vous en doint au moins victoire ;
Vous estes nostre droict seigneur ;
Si vous promés tout sans faveur
Vous faire service et hommage.

LE CONTE.

Et moy de cueur et de couraige
Me tiendray vostre serviteur,
Et, comme souverain seigneur,
Vous serez de moi honnoré.

LE NEPVEU.

Or çà doncques, Dieu soit loué,
Puis que suis dessus ma besongne,
J'acompliray, qui que en grongne [3],
Mon plaisir, vouloir et pensée.
J'ay une fille fort aymée
Et de qui jouyr je ne puis.
Mais, puisque me sens où je suis,
Mon plaisir en acompliray.
Je suis empereur ; sçay de vray
Qu'on ne m'osera contredire.
Sà, Bertault.

BERTAULT.

Que vous plaist-il, sire ?

LE NEPVEU.

Où est Guillot ? Venez avant.

BERTHAULT.

Il estoit ici maintenant.

---

1 On prononçait « reprouche, » comme l'indique la rime qui suit.

2 « D'aucune sorte. » Qualité retrouve ici le sens de son radical latin *qualitas*, tué par Cicéron de *qualis*, quel.

3. « L'autorité. » On lit dans la *Coutume de Beauvoisis* par Beaumanoir, ch. XVII « Cil qui s'entremet de *baillie* garder, et de jostice se faire, doit estre sage. »

4. « Le dirigez. » Ce mot qui, depuis, ne s'est pris qu'avec le sens d'agiter, se disait alors, comme ici, pour diriger, conduire, et même en sous-entendant avec sagesse « Et cela, dit par exemple Joinville, qui ainsi se *demenne*, doit l'on appeler preudomme, pour ce que cette proesse lui vient du don de Dieu »

5. « Sévèrement » Il s'employait souvent ainsi quand il s'agissait de punition « Son secrétaire, qui l'avoit voulu empoisonner, dit Montaigne (liv. II, ch. XXVIII), il ne le punit pas plus *aigrement* que d'une mort simple »

6 « Ainsi vous pourrez. »

7. « Servantes (*ancillœ*). »

8. « Suppléez qu'on fasse des dons et qu'on les emploie bien. »

---

1 « En recherche constante. »

2. Pour « outre-passerai, » mot qui aurait pu se trouver ici. Le verbe *outre-passer* est un des plus anciens de la langue, il se trouve dans le roman de *Berte* Personne ne l'a mieux employé que Montaigne, dans cette phrase (liv I, ch. XXIV) : « L'archer qui *oultrepasse* le but fault (manque), comme celuy qui n'y arrive pas »

3 « Quels que soient ceux qui s'en plaignent. » C'était une sorte de formule de défi Les ducs de Bourbon en avaient fait leur devise « Qui qu'en grogne ! » avaient-ils dit, en faisant construire, malgré les plaintes du peuple, une tour qui en garda le nom : « la Qui qu'en grogne. » Un castel de Picardie, bâti dans les mêmes conditions de menaces et de plaintes, portait le même nom V. Génin, *Recreations philologiques*, t. I, p. 301

Où es-tu, dy, filz de putain?
GUILLOT.
Mon frère, baille sà ta main [1].
Or sà, qui a-il de nouveau?
Nostre faict seroit bon et beau,
Se puissions gaigner nostre escot.
BERTHAULT.
Avance-toy, et ne dis mot;
Je croy que nostre faict est bon.
Chier empereur de grant renom,
Vecy Guillot, qui est tout prest,
Et moy aussi, pour faire faict,
Si vous plaist le moy commander.
LE NEPVEU.
Gallans, je vous ay faict mander
Pource que vous congnois habilles :
Car par vos moyens et setilles [2]
Mon desir sera retrouvé.
Vray est que suis enamouré
D'une gente fille pucelle,
Et en tel point, pour l'amour d'elle,
Suis qu'onc ne souffris telle peine.
Pour ce je vueil, ribon ribaine [3],
Que la faciez icy venir
Tost.
GUILLOT.
   Je puisse Dieu devenir
Se ne la veez avant une heure.
BERTAULT.
Dictes-moy où elle demeure.
Par le sang que Dieu degouta [4],
Sa je puis, jà n'eschapera.
Vostre plaisir acomplirez.
LE NEPVEU.
Elle demeure icy emprès.
Pieça luy ay m'amour donnée.
Faictes que cy soit amenée
Droit ou tort [5]; vous aurez bon vin.
GUILLOT.
A tous il y aura hutain [6],
Se je puis, avant qu'il soit nuyt.
BERTAULT.
Aussi esse tout mon deduyt

1. La plaisanterie de Guillot, appelant Berthaud mon frere, apres le nom de « fils de putain », qu'il vient de lui donner, a été bien des fois reprise. Elle devait déja être populaire a l'époque ou cette piece fut faite.
2. « Subtilité, » mot que nous avons déja vu.
3 « Coute que coûte, n'importe comment, » locution déja bien vieille alors elle est dans un *rondeau* de Charles d'Orléans Rabelais s'en est servi (liv. IV, ch LIII), et Saint Gelais dans sa piece a *Ribard, le crediteur importun*, dit :

Tous moutons n'ont pas longue laine,
Chascun n'a pas sa bourse pleine,
Cela cent fois m'est advenu
Mais, si jamais m'estes tenu,
Vous payerez ribon, ribaine.

Dans la *Farce des Pattes-Ouintes* (graissées), un collecteur d'impôts, qui force an payement, s'appelle *Ribon-Ribaine*.
4. C'est de cette exclamation abregée qu'est venu le juron *par le sang Dieu*.
5. « Par un chemin droit ou de travers. »
6. « Il y aura du grabuge. » Sur ce mot *hutain*, V. plusieurs notes des autres pieces

De frapper l'un et bouter [1] l'aultre.
GUILLOT.
Se ne fust mon chapeau de fautre [2],
J'estoye arsoir [3] en mauvais point.
BERTAULT.
Et comment?
GUILLOT.
   Te souvient-il point
D'un qui tira sa grant espée?
Charbieu! la teste m'eust coupée,
Se je ne m'en feusse aperçu.
BERTAULT.
Tron! j'ay aucunnesfois receu
Des horions très bien assis,
Pour ung bien plus de xxvj,
Mais il ne m'en challoit [4] en rien.
GUILLOT.
Vien ça, il fault trouver moyen
De faire par aucun fin tour
Se qu'on nous a dit. Si entour
Demeure la belle mignotte.
BERTAULT.
Je n'ay pas paour que on la me oste,
Se je mès une fois la grape [5].
GUILLOT.
Voire mès, se on nous attrappe,
Par le ventre bieu, nous perdrons
Le molle de noz chapperons [6].
Vela nostre proces jugé.
BERTAULT.
Trout, avant, trout, c'est bien songe!
Es-tu pour si peu esbahy?
Crains-tu la mort?
GUILLOT.
    Sambieu, ouy.
Je n'ay que ma vie en ce monde.
BERTAULT.
Je vueil ici que l'on me tonde,
Se devant pas n'est pas trouvée,
Et tout à coup n'est eslevée [7]
Par quelque tour d'abilete.
LA FILLE.
Royne de bonte,
Dame de beaute,
Fontaine benigne,
En ma chastete

1. « Pousser. »
2. « Si ce n'eût été mon chapeau de feutre. »
3. Pour « hier soir. » Dans la *Farce moralisee des deux hommes et des deux femmes*, la premiere femme dit

Voicy de la perdrix d'arsoir
Que vostre commere apporta

4 « Il ne m'en souciait »
5 « Le grappin sur elle, pour la prendre. »
6. C'est-a-dire « la tête », comme on disait « le moule du pourpoint », pour le corps Dans un passage de Monstrelet (anc édit, t III, fol 54), se trouve l'expression avec son explication « Le bourreau luy osta *le moule de son chaperon*, c'est-a-dire la teste, et puis fust escartelé. »
7. « Enlevée »

QUI TUA SON NEPVEU.

Et virginité
Vueillez estre encline [1].
O vertu divine
Qui tout enlumine
Et sur tout domine,
Vueillez-moy garder,
Par ta grace digne,
Que mon temps se fine [2]
En pureté fine,
Sans moy violler.

BERTAULT.
Guillot, je l'ay ouye parler,
Despechons nous avant [3] à elle.

GUILLOT.
Dea, gardons qu'il n'en soit nouvelle;
Chascun de nous seroit destruit;
Car s'elle crie ou maine bruit,
Tant que le monde il y acoure,
Il fauldra partir de bonne heure
Et montrer les tallons aux gens.

BERTAULT.
Nous n'avons garde que sergens
N'autres mettent sur nous la main;
Nous luy jouerons d'ung tour fin.

GUILLOT.
Voire, mais comment?

BERTAULT.
Ce m'aist dieux!
Il lui fauldra bander les yeulx
D'une cornette [4] gentement.

GUILLOT.
Or y va donc premierement,
Et je serai de costé toy.

BERTAULT.
A cop, à cop [5]!

LA FILLE.
Ha! laissez-moy,
Messeigneurs; vous avez grant tort.

GUILLOT.
Or vous taisez, fille.

LA FILLE.
A la mort!
Vray Dieu, vueillés-moy secourir.

BERTAULT.
Dy, Guillot, pensons de courir.
Devant que quelc'un nous esmouche [6].

GUILLOT.
Je luy estouperay [1] la bouche,
Affin qu'elle ne crye plus.

BERTAULT.
Nous la mettrons en tel reclus [2],
Car il y a bien secret lieu.

LE NEPVEU.
Comment va?

GUILLOT.
Par le sanc bieu,
Nous avons fait nostre debvoir.

LE NEPVEU.
Où est-elle?

BERTAULT.
Alez la voir;
Elle est en ceste chambre là.

LE NEPVEU.
C'est très bien faict. Prenés cela
Pour aler boire du meilleur.

GUILLOT.
Sainct Mor, grant mercy, monseigneur.
Nous alons faire bonne chière.

LE NEPVEU.
Vous m'avez esté rude et fière;
Toutefois je vous tiens icy.

LA FILLE.
A, monseigneur, pour Dieu, mercy!
Ne me monstrés si grant rudesse;
En l'honneur de la gentillesse [3],
Je vous prie, laissez-moy aller.

LE NEPVEU.
Par bieu, vous avés beau parler,
Car je feray ce qui m'agrée.

LA FILLE.
Je suis fille deshonnorée.
Nostre Dame, secourez-moy.

LA MÈRE DE LA FILLE.
Vierge Marie, je ne voy
Ma fille dedans ne dehors.
Mon pauvre cueur me tremble au corps
Aussitost que j'en pers la veue [4],
Et grant pièce [5] a que ne l'ay vue.
Dieu, qu'elle soit bien adressée [6]!

LE NEPVEU.
Or ay-je acomply ma pencée,

---

1. « Propice, protectrice. » Le même sens est donné a ce mot dans le *Roman de la Rose*, vers 8751 :

   Vas-t-en au temple agenouiller,
   Et Jupiter enclin aore.

2. « S'acheve. »
3. « Hâtons-nous, en allant a elle. »
4. Nous avons vu que c'était une bande d'étoffe qu'on se mettait autour du cou, comme une cravate flottante.
5. « Vite! vite! »
6. « Ne nous fasse fuir. »

   Au baston se feit esmouchier,

lit-on dans le *Roman du Renard*, vers 14924.

---

1. « Boucherai, comme avec des étoupes. »
2. « Cachette, à l'écart. »
3. « De la noblesse. » Marot dans sa 220ᵉ épigramme :

   Riche ne suis, certes je le confesse,
   Bien ne pourtant, et nourri noblement;
   Mais je suis leu du Peuple et *Gentillesse*,
   De tout le monde.

4. « Des que je ne la vois plus. »
5. « Et il y a grand espace, grande *piece* de temps. » C'est de cette locution abrégée qu'on fit le mot *pieça*, qui avait le même sens.
6. « Qu'elle soit allée à bonne adresse, en bon lieu. »

Tout mon faict qu'onque desiroye ;
Autre chose je ne queroye.
J'en suis au dessus, Dieu mercy.

LA FILLE.

A, très doulce mère, vecy.
Triste, doulant et esplourée.
L'empereur m'a deshonnourée
Maulgré moy ; je le dy à vous.

LA MÈRE.

Ha, ma fille, que dictes-vous ?
Douleur me dois bien par droicture
De ceste piteuse adventure,
Car tu es banie des pucelles.
Vecy les plus dures nouvelles
Que jamais femme peult ouyr
De sa fille ; bien esbahir
M'en doy, car douleur plus amère
En sent necessités sa mère [1].
O efforceur faulx et mauldict,
Que luy as-tu faict ?

LE NEPVEU.

C'est mal dit
De dire que l'ay efforcée.
Se plus le dis, vieille damnée,
Tu pourras bien avoir la torche [2].

LA FILLE.

Je dis que vous m'avez afforce
Viollée, homme deshonneste.

LE NEPVEU.

Taisez-vous ! que vous estes betes !
Ne vous chault : qui est fait est fait.

LA MÈRE.

O cueur villain, triste et deffait,
Comment as-tu eu la pensée
D'avoir une fleur violée
Où chasteté se reposoit ?
Quel dure rage forcenée,
Quel plaisance desordonnée !
Helas ! qui le repareroit ?
Si justice faisoit son droit,
Ton faulx corps plus hault on pendroit
Que le gibet n'en pourroit estre.
Las ! qui tel horreur penseroit !
Jamais on ne le cuyderoit,
Noble cueur à tel fait commettre !

LA FILLE.

Helas ! or suis-je indigne d'estre
Avec les pucelles comptée.
Ma mère, qui m'avez portée,

Vous debvez estre bien marrie,
Quant de mon honneur suis banie.
Qu'ay-je affaire jamais de vivre ?
A! Mort, viens à moy, et me livre
Assault mortel, perce mon cueur ;
Puisque j'ay perdu mon honneur
Et le bien qu'on ne me peult rendre,
J'ayme mieulx mourir sans attendre,
Que vivre et estre reprouchée [1].

LA MÈRE.

Taisez-vous, mon enfant, m'amye.
Vous avez perdu vostre rose [2],
Mais on ne peult faire aultre chose.
Il a la domination ;
Du tout jà n'en aurons raison.
De vouloir cecy poursuyvir
Jamais n'en pourrions chevir [3],
Pour ce le vault trop mieulx celer.

LA FILLE.

Me doit-il pourtant violler
S'il est [4] le seigneur du pays ?
Pour tout l'avoir qu'il a conquis,
Ne qu'il en peult jamais attendre,
Il n'est pas en luy de me rendre
Mon honneur qu'il m'a huy tollu [5].
Demourra donc mon corps perdu
Par force, sans amende avoir [6] ?

LA MÈRE.

Se corps deusse perdre, et avoir,
Ma fille, si serez-vous vengée
De la grant honte et villannie
Qu'avez eu du faulx efforceur.
Allons devers l'ancien empereur,
Qui nous fera droict et raison.
Cher empereur de grant renom,
Je vous prie, faictes-moy justice
D'ung meurtrier et piteulx malice [7]
Que vostre nepveu efforceur
A faict, par cruelle ardeur,
Sur ma fille malleurée.
Il l'a par force defflourée.

---

1. Nous ne comprenons pas ce passage, où il se trouve certainement une faute ou une lacune de texte.
2. C'est-à-dire « être battue. » La même expression se trouve dans la 53e des *Cent Nouvelles nouvelles* « Se j'en sonnois mot, encores aurois je *la torche*. » On disait aussi *torchonner* pour battre, comme on dit *etriller*. La langue des écuries, où l'on *torchonne* le cheval apres l'avoir *etrillé*, avait fourni les deux expression Il en est resté « se donner un coup de *torchon* », pour dire se battre. Le *torchon* est surtout un coup d'épée. Il se trouve déja employé avec ce sens dans le *procès de la Pucelle*, ou Jeanne, parlant de son épée (27 fév. 1431), dit qu'elle était bonne à donner « de bonnes buffes et de bons *torchons* ».

---

1. « Objet de reproches, couverte de honte. » On trouve avec le même sens dans la 4e des *Cent Nouvelles* · « lasche, meschant, *reproche homme.* »
2. Expression qui venait du *Roman de la Rose*, ainsi que Villon le donne a entendre dans sa *Ballade* :

   Meung docteur très-sage
   Nous a descrit que pour cueillir la *Rose*
   Riche amoureux a tousjours l avantage

3. « Venir a bout. » Mot qui se conserva jusqu'a Molière, et qui était tres ancien dans la langue « Li soudans de Hamant, dit Joinville, ne se sot (sut) comment *chevir* du soudan de Babiloine. »
4. « Parce qu'il est. »
5. « Enlevé, » du latin *tollere*. Le verbe était *tollir*, ce qui rend singuliere la forme donnée au participe Elle était telle pourtant qu'on la trouve ici. Ronsard dit dans le 58e sonnet des *Amours :*

   Il m'a du cœur toute peine *tollue*

6. « Sans faire réparation » *Amende* se prenait dans le sens de ce dernier mot. « Pour Dieu ! lit-on dans la *Chronique de Rains*, prenés *l'amende* que li rois vos offre »
7. Ce mot se trouve quelquefois mis au masculin, comme ici. Froissart dit par exemple (t. I, liv. I, ch. vi) : « Son subtil malice et engin. »

QUI TUA SON NEPVEU.

Je vous prie, vueillez pugnir,
Et nous vueillez justice ouvrir;
Je vous en requiers à genoulx.

LA FILLE.

Ha! monseigneur, je viens à vous
Par grant courroux,
Priant que justice faciez.

L'EMPEREUR.

Mes damoiselles, approuchez,
Et dictes moy vostre pensée.

LA FILLE.

La plus desolée
Suis de la contrée,
Et toute esplorée ;
Vous orrez pourquoy :
J'ay esté emblée [1],
En chambre enfermée,
Et puis viollée
Comme maulgré moy.

De force me plains
En souspirs et plains,
Dont mon cueur est plains.
Faictes-moy justice,
Empereur hautains.
J'ay les bras tout tains [2].
Ne soyez lointains
Au pauvre n'au riche.

J'ay perdu honneur,
Bonté et valleur.
Helas! empereur,
Que j'aye raison
D'un faulx efforceur,
Qui, en sa challeur,
M'a de tout son cueur
Monstré trahyson.

J'estoye pucelle,
Las! or suis-je garce.
Celuy qu'on appelle
Chef de ceste marche [3]
M'a huy deceue.
L'empereur nouvel
M'a par force eue.
Mal de son revel [4] !

Se je n'ay vengeance
Du mal qu'il m'a faict
Par vostre ordonnance,
Dieu prie de faict
Qu'il m'octroye son ire,
Tant que tout deffait

Soit la vostre empire.
S'il est vo parent
N'y regardez pas ;
Jugez justement,
Regardez au cas.
Car j'ay fait pourchas [1]
Pour justice avoir,
Mon procès du cas,
Et amande avoir.

Faictes, puisqu'il a mesprins,
Qu'il soit prins
Et pugny pour ceste force
C'onque je n'avoye apris
Mais surpris.
Il me semble que on m'escorche [2].

L'EMPEREUR.

Tout ouy, je vueil qu'on s'efforce
Pour mander mon nepveu icy.

LA MÈRE.

Sire, je vous requier mercy,
Et vous suplie qu'on nous esgarde [3].

L'EMPEREUR.

Dames, je vous oy et regarde.
Qu'esse que vostre cueur desire ?

LA MÈRE.

Je vous requier justice, sire,
Pour jeune fille diffamée
A force et à tort.

LA FILLE.

Seulle et esgarée,
Très desconfortée,
Des dames privée [4],
Tant suis villanée [5].
Donnez-moy confort.

L'EMPEREUR.

Que querez-vous ?

LA FILLE.

Mort,
Ou vous avez tort.
Regardez, empereur,
Folle erreur,
Fellonneur,
Sans clameur,
Mon honneur
Faict par trahison
Mon seigneur.

L'EMPEREUR.

Quelle clameur !

---

1. « Enlevée violemment. » Il n'est resté de ce verbe que l'expression « d'emblée ».
2. « Tendus » On prononçait « teindus », d'ou le mot qui est ici et qu'il faudrait écrire « teinds ».
3. Ce mot, qui signifiait surtout frontière, se prenait aussi, comme ici, pour *pays*, *contrée*. Froissart dit, par exemple, parlant du château d'Aiguillon : « estoit bien seant et en bonne *marche* » C'est de ce mot, pris dans son sens le plus ordinaire, qu'est venu celui de *marquis*, chef préposé a la garde des frontières (marches).
4. « Qu'il lui arrive mal de son plaisir. » Le mot *revel* se trouve rarement. Dans Froissart et le *Perceforest*, il est écrit *reveil*, avec le même sens de plaisir, divertissement.

1. « Recherche, poursuite. »
2. On croirait, a la forme de ce passage, qu'il devait être chanté. l a tout a fait la coupe des couplets du *Noël*:

C'est aujourd'hui Noël
Solennel...

3. « Qu'on ait pour nous des égards. » C'est de ce verbe que ce dernier mot est venu.
4. « Privée désormais de la compagnie des honnêtes femmes. »
5. « Réduite a l'état de vilaine, de femme honteuse. »

LA MÈRE.

Justice crions;
Point ne varions
Ne ne mentirons
De ce que dirons
En aucun propos.
Force et ses supos [1]
Soit par vous pugnie,
Sans querir repos
Ne mettre en depos [2]
Heure ne demye.

LA FILLE.

Raison, je vous prie [3];
Car voicy partie
Qui offre à prouver
Sur ma vie
Qu'il n'est mie
Fort de vous preuve trouver [4].

L'EMPEREUR.

Puis de mon nepveu reprouver
Huy de tel force avoir commise [5].
La chose m'en sera submise,
J'en seray juge, quoyqu'il tarde.

LA MÈRE.

Je vous supplie qu'on y regarde,
Affin qu'aux aultres ne soit pis.

L'EMPEREUR.

Jugement sera accomply
Sur luy, comme le cas requiert.
Mandez-le moy [6].

LE DUC.

Il y affiert [7].
Presentement l'iray querir,
Ça, sire, plaise vous venir [8];
L'empereur vous attant icy.

LE NEPVEU.

A! mon ami, pour Dieu, mercy!
Plaise vous ma paix poursuyvir [9].
Bien sçay qu'il me fera mourir
Car j'ay, de mauvaise pensée,
Huy, une fille violée.
Las! or voy bien que je suis mort.

LE DUC.

Ne vous chaille [10], prenez confort;
Se je puis la paix je fairay.
Ha, cher sire, je sçay de vray [11]
Que du faict il est très doullent,

Et n'ose venir nullement
Pour vostre ire [1], comme je croy.

L'EMPEREUR.

Faictes du moins qu'il vienne à moy,
Pour sçavoir s'il s'excusera.

LA MÈRE.

Or on verra que ce sera.
Monseigneur, adieu vous dy.

LA FILLE.

Celle qui estoit à midy
Pucelle ores ne l'est plus;
De la force s'est mise jus
Vostre ordonnance [2]; or y pensez.

L'EMPEREUR.

Je feray tant, ne vous doubtez,
Que cause aurez d'estre contente.
Et pour venir à mon attente [3],
Puis que nul ne me peult veoir,
Querir m'en vois sur mon dressouer [4]
Les tranchans [5] de mon escuyer.
Les voilà soubz mon oreillier
Boutez, que nul rien n'en sçaura;
Car, se je puis, mon corps fera
Justice pour à Dieu complaire,
Et pour donner vray exemplaire
A plusieurs, se j'en viens à chef [6].

LE DUC.

A! sire, je viens de rechef:
Humblement vous requiert mercy.
Pardonnés luy, sire, et aussi
Tantost venra à vostre mand [7].

L'EMPEREUR.

De sault allant à sault venant [8]
N'aura point mès [9]; faictes qu'il viengne.
Qu'esse à dire? Fault-il qu'il craigne
Ne s'oze monstrer devant moy?
S'il ne vient, par la foy que doy
A Dieu, je l'envoyray querir.

LE CONTE.

Ha, sire, il vous convient venir;
Ne vous vueillez de rien doubter [10],
Car l'Empereur vous veult escouter
Parler, et, comme je suppose,
C'est pour veriffier la chose.
Il vous sera misericors.

---

1. « Ses aides, ses complices »
2. C'est-à-dire « quitter, mettre de côté. »
3. « Je vous demande qu'on me fasse raison. »
4. Ce passage peut, croyons-nous, se comprendre ainsi : « Sur ma vie, celui qui est ma partie adverse ne peut, quoiqu'il doive offrir de le faire, trouver la preuve que je ne dis pas vrai. »
5. « Je puis reprouver, maudire mon neveu d'avoir commis telle violence »
6. « Faites-le-moi venir. »
7. « C'est juste »
8. Ici il va tout droit trouver le neveu.
9. « Qu'il vous plaise faire ma paix avec lui. »
10. « N'ayez souci. »
11. Ici, il est retourné vers l'Empereur.

1. « A cause de votre colere »
2. « Votre ordonnance a été mise à bas (jus) par la force. »
3. « A mon dessein, ma volonté » Nous avons déja vu plusieurs fois le mot « attente » avec le sens d'*intention, volonté*
4. « Dressou, le buffet de ma salle. »
5. « Les couteaux »
6. « Si j'en viens à bout » Cette expression « venir a chef » était tres-usitée. Ce n'était qu'une abréviation de celle-ci « être a chef de piece », c'est-à-dire à complément, fin, couronnement d'une affaire, que nous trouvons chez la Boétie. Dans la 1re des *Cent Nouvelles nouvelles*, on lit aussi « a chef de piece », pour « finalement ». De ce mot est dérivé *chevir*, venir à bout, v. p. 362.
7. « Mandement, commandement. »
8. « Avec toutes ces allées et venues. »
9. « Il n'en aura pas plus (*mes*), il n'en finira pas. »
10. « Vous n'avez rien à redouter » On sait que ce dernier mot n'est que l'augmentatif de celui qui est ici.

LE NEVEU.

Justice fera de mon corps.
Seigneurs, soyez en mon ayde [1].
Certes, autrement ne le cuyde,
Ce coup icy [2], je vous emprie.
Oncle, Dieu vous doint bonne vie;
Vous m'avez mandé; que vous plaist?

L'EMPEREUR.

Tu sces assez bien pour quoy c'est :
Une fille palle et destainte
Par courroux, s'est de force plainte
De toy, et a dit en la place
Que de ton corps justice face,
Ainsi qu'à tel cas appartient.

LE NEPVEU.

Cher oncle, puisqu'il le convient,
Je vous diray la verité.
Vray est qu'avec elle ay esté ;
Mais, certes, que j'aye commis
L'efforcement qui m'est submis,
Oncques ne commis le meffait.

L'EMPEREUR.

Elle a cause, et mis en faict
Qu'on prouvera l'efforce assez,
Et aussi vous le confessez.
Si fault que justice soit faite,
Car la mère ne la fillette
Ne veullent richesse, ne avoir [3],
Fors seullement justice avoir.
J'en suis chargé par elles deux.

LE DUC.

A! sire, vous povez bien mieulx.
Considérez que la jeunesse
N'est pas pareille à la vieillesse,
Et supposez que ceste fois
Il ayt fait faulte; toutes foys
N'est-il si sage ou bien apris
Qu'aucune foiz ne soit surpris
En cas pareil, et puis qu'ainsi
Humblement vous requiert mercy,
Vostre grace vers luy s'estende
En pardon.

L'EMPEREUR.

  Affin qu'on l'entende :
Qui bien vouroit pugnir le faict,
On le pendroit à un gibet
Ou on luy trancheroit la teste.

LE NEPVEU.

Pour Dieu, mercy, oncle!

L'EMPEREUR.

    Tès-toy!
Je ne puis ouyr ta personne.
Donné t'avoye la couronne
De l'empire, et tu fis serment
De regir bien et justement.

Garder devoys eglises belles,
Veuves, orphelins et pucelles,
Et, qui veult ton fait regarder,
Celle que tu deusses garder,
Tu l'as toy mesme violée,
Et par force tant ravallée
Qu'elle vient à moy à refuge.
Et tu es digne d'estre juge?
Certe, nenny, jour de ta vie!
Quel deshonneur m'as-tu bastie
Pour avoir commis tel horreur!
J'ay esté trente ans empereur :
Onc tel deshonneur ne me vint.
Mais en ay pugny plus de vingt
Cruellement par tel peché.
Oncques je ne fus reproché
D'avoir espargné en justice
Nul homme, tant fust grant ne riche,
Et maintenant, se je t'espargne,
La noble empire d'Alemaigne
Est deshonnoré à tousjours.

LE DUC.

Ha, sire, bonté et amours
Peuvent bien faire la concorde.
Vostre doulce miséricorde
Plus grant proufit lui portera.

LE CONTE.

Au nom de Dieu, qui tout créa,
Plaise vous, par doulce ordonnance,
Luy octroyer sa pardonnance.
Sire, ne soyez escondit [1].

L'EMPEREUR.

Chascun de vous a assez dit,
Mais je n'y voy homme discret [2].
Parler vueil à luy en secret;
Vous aultres, vuydés hors de l'huys.
Je sçauray son vouloir, et puis
Sur sa response auray advis.

LE CHAPPELAIN.

Il est en très grant blasme mis ;
Je ne sçay s'il a droit ou tort,
Se par droit en doit prendre mort;
Nul ne le scet, si ce n'est Dieu.

L'EMPEREUR.

Or ça, vien près de moy, pour mieulx
Entendre ce que vouldras dire.

LE NEPVEU.

Par mon ame, mon très cher sire,
J'ay copulation charnelle
Par grant delict eu avec elle,
Et n'ay faict aultre mesprison [3].

L'EMPEREUR.

Or ça, de toy, qui avoys nom

---

1. On prononçait aide, comme aujourd'hui encore dans quelques provinces. C'est ce qui explique la rime avec cuyde.
2. « Autrement, je ne puis m'en tirer cette fois. »
3. « Ni argent, ni bien. »

1 Pour « escondisant », c'est-à-dire éconduisant, refusant.
2. « Discernant, jugeant bien » V plus haut le même mot, avec le même sens.
3. « Erreur criminelle, mauvaise action. » Le mot meprise, qui n'a plus qu'un sens assez bénin, ne signifiait pas moins alors que ce mot meprison qui n'est d'ailleurs qu'une de ses formes Ainsi dans Froissart (liv. I, ch. c), l'incendie de la ville d'Haspre 'est appelé une « mesprise ».

D'empereur au propre lieu de moy,
Ne m'as-tu pas fait grant esmoy,
Quant on peult nommer efforceur
Le lieutenant de l'empereur?
Quel reproche, quel desplaisir!
N'es-tu pas digne de mourir?
Respons, et me dy verite.

LE NEPVEU.

Helas, sire, se j'ay esté
Surprins de trop folle challeur,
Ne me monstrés si grant rigueur,
Car je vous congnoys tout seul vice [1].

L'EMPEREUR.

Par ma foy, je feray justice;
De ce cousteau seras occis:
J'ay fait justice jusque icy,
Au plaisir de mon Dieu : saint George!
Il en a tout parmy la gorge;
Jamais femme n'efforcera.
Venez ça, seigneurs, venez ça,
Portez au feu ce corps defaict.

LE DUC.

Ha, cher sire, qu'avez-vous faict?
Nostre Dame! amy, amy!

L'EMPEREUR.

J'ay faict justice, mon amy,
Et vous ne l'eussiez osé faire.

LE CONTE.

Il a detrenche tout parmy [2].

L'EMPEREUR.

J'ay faict justice, mon amy.

LE CHAPPELAIN.

En moy je n'ay sens ne demy,
Quant je me trouve en tel affaire.

L'EMPEREUR.

J'ay faict justice, mon amy,
Et vous ne l'eussiez osé faire.
Bien sçay que lui vueillez complaire
Et que vous l'aymez et craignez.
Se je vous en eusse chargez,
On eust mis la chose à demain;
Et pour tant ay-je de ma main
Faict justice, doubtant mon blasme [3].

LE DUC.

Dieu vueille avoir mercy de l'ame.
C'est justice moult exemplaire
A chascun pour justice faire.
Or est pour meschante challeur
Occis le souverain seigneur;
Ce nous est belle demonstrance.

LE CONTE.

Forfaicture faicte à oultrance
Jamais ne demeure impugnie.

Par justice vraye unie
Dieu veult pugnir l'œuvre cruelle.

BERTAULT.

Où es-tu, masson sans truelle?
Dieu met en mal an ton aumusse [1]!
Mais que fais-tu la?

GUILLOT.

Je me musse [2]
Que je ne soye regardez.
J'ai joué au soir tout aux dez [3],
Mais, avant nostre departie,
Je happé une grand partie
De l'argent qui estoit au jeu,
Et puis, tout aussi tost que j'eu
Faict mon faict, je fus resjouy.

BERTAULT.

Et que fis-tu?

GUILLOT.

Je m'en fuy,
Fusse pas faict en fin marchant?
Tu ne sçais : on nous va sarchant
Tous deux pour bouter en prison.

BERTAULT.

Et pour quoy?

GUILLOT.

Pour la mesprison
De la fille qu'avons emblée.
J'ay veu, en passant, l'assemblée
D'officiers et de bons sergens;
Mais je me boutay par [4] les gens,
Tellement qu'ilz ne m'ont point veu.

BERTAULT.

Il fault que chascun soit pourveu
De bonnes pierres en sa manche,
Et tenir dagues par le manche;
Ils n'auront garde de nous prendre.

GUILLOT.

Char bieu, ce seroit pour nous pendre
S'une foys estions attrappez.

BERTAULT.

Nous en avons bien eschappez
De plus terrible; ne te chaille,
Je ne donneray pas une maille
Mais que les puisse veoir à l'œil [5].

---

1. « Car je vous connais pour seul défaut d'être trop sévère. »
2. « Il lui a mis le tranchant, le couteau au milieu de la gorge. »
3. « Craignant les reproches, le blâme de ma conscience. »

1. « Il y a mauvais temps (mal an) pour ton capuchon (au musse) »
2 « Je me cache. »
3 Il parle de l'argent qu'il avait reçu, une fois le coup fait
4 « Parmi. »
5. « Ne te mets pas en peine, je ne donnerais pas un denier du danger que nous courons, nous pourrons les voir sans qu'il nous en coûte rien, a l'œil » Cette dernière expression, qui peut étonner ici, est du temps, quoiqu'on ne l'ait pas encore fait remarquer. Elle venait de ce que sur la vue, sur l'œil, d'après la mine des gens, on fait plus volontiers crédit Il y a dans Cotgrave un proverbe avec ce sens « Toute chose se vend au prix de l'œil », et cet autre qui a une signification pareille se trouve dans le Tresor des sentences de Gabriel Meurier

Un seul œil a plus de credit
Que deux oreilles n'ont d'auditi.

Allons hardiment.

GUILLOT.

Je le vueil.
Mais s'ilz sont dix pourtant ou douze?

BERTAULT.

Ne te chault, la fievre t'espouse !
Tu ne vaulx pas deux porions [1].
Mais que crains-tu?

GUILLOT.

Les horions
Et le danger qu'après s'en suyt.
Celui est saige qui s'enfuyt
Pour mieulx le danger eviter.

BERTAULT.

Me vouldroy-tu doncques planter
Quant se venroit à ung besoing?

GUILLOT.

Et nenny dya; mès ayes soing
Que nul ne te fera vilnie,
Si je puis, en ma compaignie;
On me congnoit par trop rebelle.

LA MÈRE.

J'ay ouy très grande nouvelle.
Fille, vous estes bien vengée
De la grant honte et villanie,
Qu'avez eu de l'empereur à tort,
Car son oncle l'a mis à mort
En sa chambre hastivement.

LA FILLE.

Ma mère, dictes-moy comment
Il est mort; esse par sentence?

LA MÈRE.

Il a jugé en conscience;
Pour eviter toute faveur,
Luy qui est haultain empereur
Huy la gorge lui a couppée.

LA FILLE.

Pour veu qu'il m'avoit diffamee
Par force, il ne luy a faict tort,
Or Dieu luy pardonne; il est mort.
Je luy pardonne de ma part.
Si requiers Jesus qu'il gard [2]
Toutes bonnes filles en cueur
D'estre séparées d'honneur
Par force, ainsi que j'ay esté.

LA MÈRE.

Je prie la haulte Trinité
Que vueille avoir de luy mercy
Et le mettre en repos; ainsi
Soit de tous loyaulx trespassez.

L'EMPEREUR.

Je suis de mort fort opressez,
Car le sang au corps m'est esmeu
A la cause de mon nepveu,
Sur qui j'ay justice acomplie.
Mon chappelain, je vous suplie
Que tost me puisse confesser.
Et si me vueillez apporter
Mon sauveur, car j'entens la mort.

LE CHAPPELAIN.

Ha, cher sire, prenez confort ;
Vous n'avez garde, se Dieu plaist.
Et nonobstant qu'à Dieu en est,
C'est bien fait de se confesser
Pour sa conscience adresser [1]
Et recepvoir son createur.

L'EMPEREUR.

Hélas, je vous prie, sans faveur,
Confession, par charité.

LE CHAPPELAIN.

Or dictes benedicité;
Mais vous n'avez garde pourtant [2].

L'EMPEREUR.

Absolution maintenant
Requier humblement, mon amy;
Et puis le *corpus domini*
Devotement recepveray :
Apportez-le moy.

LE CHAPPELAIN.

Non feray,
Certes, sire; je n'oseroye,
Et aussi trop je mefferoye
En la foy [3].

L'EMPEREUR.

Pour quoy mefferiés-vous?

LE CHAPPELAIN.

Hélas! vous sçavez, sire doulx,
Le grant peché qu'avez commis ?

L'EMPEREUR.

En faict de conscience, amy,
Certes, je me suis confessé
De tout ce que j'ay offensé.
Je n'ai rien failly, que je saiche.

LE CHAPPELAIN.

Ha, cher sire, sauf vostre grace,
Vous sçavez bien, sans nul destry [4],
Vostre nepveu avez meurtry,
Qui est ung très orrible vice.

L'EMPEREUR.

J'ay faict et accomply justice.
Je ne m'en puis à mains passer.
Que je m'en deusse confesser,
Certes, ce n'est pas mon entente;
Rien n'ay mespris. Donc sans attente
Vous requiers d'avoir mon sauveur.

---

1. « Deux poireaux. »
2. « Qu'il préserve. »

1. Ce mot est ici avec le sens de « redresser, mettre à droit ».
2. « Mais vous n'avez pourtant à avoir peur. »
3. Il veut dire qu'il ferait action trop coupable contre la foi.
4. « Destrif, détour. »

LE CHAPPELAIN.

Certes, non feray, mon seigneur,
Au moins en l'estat où vous estes,
Se aultre amendement ne faictes
Et se vous n'estes confessez.

L'EMPEREUR.

Vous en pourrez parler assez ;
Mais se confesse-on de bien faire ?
Se j'ay faict, pour à Dieu complaire,
Justice, ay-je pourtant peché ?
Ja ne me sera reproché
Que face peché de vertu ;
Il me seroit bien fort mescheu[1]
Se me monstroye repentans
D'avoir faict justice en mon temps.
Jamais ne m'en confesseray.

LE CHAPPELAIN.

Certes donc je vous laisseray
Pourtant que soyez en ce point.

L'EMPEREUR.

Comment ! Me donnerez-vous point
Le sacrement ?

LE CHAPPELAIN.

Je n'oseroye.

L'EMPEREUR.

Souffrés au moins que je le voye
De loing, avant que mort me prende.
Luy priray que de mal deffende
M'ame, si vray qu'il est entiers.

LE CHAPPELAIN.

Certes, je l'oy moult voulentiers ;
Il est en grant devotion.

L'EMPEREUR.

Jesus qui souffris passion,
Ayez huy compassion
De ma povre humanité ;
En ma desolation,
Ouy ma supplication
Par très grant benignité.
Je croy estre au sacrement,
En sanc et chair proprement,
Le corps de nostre sauvement.
Cil qui le croit fermement
Et le reçoit dignement,
Il prend divine saveur
Et infinie doulceur,
Car du ciel vient la liqueur
Descendre divinement
Quant le prestre dit de cueur
Des parolles la teneur
A l'autel secretement.
 Je te cry mercy,
 Mon Dieu, mon amy ;
 Car de l'ennemy[2]
 Ay esté lié ;
 J'ay moult defailly.

Las ! commis parmy
Des vii. ors pechés[1],
Orgueil, ire, envie,
Paresse, gloutonnie,
Usure et luxure ;
Helas, je n'ay mye
Mené saincte vie
Qui est bonne et sure ;
Point n'ay faict les œuvres
De misericorde
Dont les cueurs aviennent
Qui à toy s'accordent.
Et, se j'ay en foy
Erré nullement,
Pardonne le moy
Ains ton jugement.
Autre benefice
Que faire justice
J'ay faict jusques cy
Et, s'il y a vice,
Fais que de moy ysse[2].
Je te cry mercy.
Monstre-moy, doulx Dieux,
Se t'ay mis justice
Cy et en tous lieux.
Ma joye appetice[3] :
Qu'en ton corps propice
En bon point suffice[4],
Je te peusse avoir.

LE CHAPPELAIN.

Glorieux Dieu du hault manoir,
Chascun te doit cy graces rendre
Quant il t'a pleu vers luy descendre
Par divine operation.

LE DUC.

Vray Dieu, qui domination
A partout, en siècle et en terre,
Humblement te remercion
Et venons mercy te requerre.
Celluy est trop mauvais qui erre
Contre la divine puissance.
Chascun doibt bien ta grace acquerre
Et avoir de toy congnoissance.

LE CONTE.

A toy, vray createur du monde,
Rendons grace, et en tous lieux.
Ta grant misericorde habonde,
Dessus jeunes et dessus vieulx.
Beau miracle et euvre divine !
Octroye nous, beau sire Dieux,
Le règne qui jamais ne fine.

L'EMPEREUR.

O vray sauveur, moy, comme indigne
T'ay receu par ta doulce grace ;
Yssir as voulu de ta place
Pour jusque en ma bouche venir ;

---

1. « Il serait fort mal à moi »
2. Nous avons déjà vu en plus d'un endroit que l'ennemi c'est le baidle.

1. « Des sept sales pechés. » C'est a-dire les sept péchés capitaux
2 « Et s'il y a péché (vice), fais qu'il sorte (isse) de moi. »
3 « J'ai faim, appétit de cette joie. »
4 « Avec la grâce suffisante (suffice). »

Ainsi ne povez maintenir
Que justice tenir et fère
N'est pas chose qui a Dieu plaise ;
Qu'il soit vray il est cy monstré.

   LE CHAPPELAIN.
 Dieu de majesté,
 Haulte trinité
  En vertu unie,
 De ce qu'as monstré
 Par ta deité
 Je te remercie.
 Humblement te prie,
 Requiers et supplye
 Que tu me pardonne
 Si j'ay par folye
 Reffusé la vye
  A ceste personne.
Sire, priés Dieu qu'il vous donne
Confort et qu'il vous soit propice
Aussy vrayement comme justice
A esté tousjours par vous taicte.

   L'EMPEREUR.
Je requiers Dieu que m'ame mette
En son paradis, s'il luy plaist.
De recepvoir la mort suis prest
Quant plaira à mon createur.

   LE DUC.
Ainsi conclus que tout seigneur,
Qui a grant règne et grant pollice,
Doit, sans avoir à nul faveur,
Exercer et faire justice.
Car equité est artifice
Que béatitude congnoist,
Et chascun en son benefice
Jugera celuy qui tout voit.

   LE CONTE.
Comme voyés par experience,
Ung chascun selon son degré,
Si vous prye que nostre sentence
Vueillés tous recepvoir en gre.

   FIN D'UNG EMPEREUR QUI TUA SON NEPVEU.

FARCE DU GOUTEUX

(XVIe SIÈCLE — REGNE DE FRANÇOIS Ier)

NOTICE ET ARGUMENT

Dans cette petite farce, nous retrouvons le « maistre Mimin » de l'une des précédentes C'était sans doute un farceur célèbre en ce temps-là, qui faisait donner son nom aux rôles qu'il jouait, comme firent plus tard Gauthier Garguille, Gros-Guillaume, Turlupin, etc.

Ces rôles n'étaient pas d'une grande étendue, à juger par ceux où nous les trouvons. La *Farce du Goutteux* est encore plus courte que l'autre. Dans le recueil de Londres, elle n'a que quatre feuillets, à quarante six lignes par page, et dans le tome II de l'*Ancien Théâtre* de la Bibliothèque Elzévirienne, où on l'a reproduite, elle n'occupe que treize petites pages, de la 176e à la 188e inclusivement.

Le développement de la pièce n'en demandait pas davantage.

Ce n'est, comme l'a fort bien remarqué M. Charles Louandre[1], « qu'un proverbe en action. » Pour que rien ne manque, et que la farce-proverbe soit bien déjà dans les conditions du genre repris au xviie siècle, et mieux encore au xviiie, où Carmontelle lui redonna tout à fait la vogue, le proverbe qu'elle met en action s'y trouve rappelé à la fin par le principal personnage :

> Il n'est point de plus mauvais sourds
> Que ceux qui ne veulent ouyr.

Il était très-populaire et changeait quelquefois de forme. Ainsi Jehan de Meung, dans le *codicille* de son *Testament*, lui avait donné un autre tour : « N'est si mal sourd, dit-il, que cil qui ne veut ouïr goutte ; » et le *Tresor des sentences* de Gabriel Meurier devait, un peu plus tard que notre farce, lui trouver encore une nouvelle variante :

> Il n'est point de pire sourd
> Que celui qui feint le lourd.

[1] *Revue des Deux-Mondes*, aout 1854, p. 826.

Ici, ce n'est pas à un seul sourd, mais à deux que nous avons affaire, et dont le pauvre goutteux doit pâtir.

Son valet est le premier, qui, tout occupé d'un livre qu'il vient d'acheter, n'entend rien à ce que lui dit son maître, autant par distraction au moins que par surdité. Le goutteux lui demande à tue-tête l'apothicaire, et, n'entendant que la dernière syllabe, il s'obstine à vouloir aller chercher le vicaire.

Il y va en effet. Sur son chemin, il rencontre un chaussetier à qui il demande le presbytère. Le chaussetier n'est pas moins sourd que le valet ; qui plus est, il est aussi occupé des chausses qu'il veut vendre, que l'autre l'était tout à l'heure du livre qu'il voulait lire.

On ne s'entend donc pas encore. Le chaussetier, qui suit le valet jusque chez maître Mimin le goutteux, veut absolument lui faire essayer des chausses, au risque de lui en mettre de trop étroites qui le font horriblement souffrir.

Pris entre ces deux sourds plus têtus encore qu'infirmes, le pauvre Mimin ne peut que gémir et se rappeler le proverbe, qui malheureusement ne le soulage pas.

Le livre que s'obstine à lire le valet peut servir à donner la date de la farce. Ce sont les *Chroniques Gargantuines* qui furent le prototype du *Gargantua* de Rabelais, et que l'on ne connut pas avant 1526 au plus tôt. Notre farce est donc, comme elles, à peu près de cette époque. Charles Magnin[1] a remarqué le nom de Comédie qui lui est donné dans l'Adieu, et il y a trouvé « une marque de nouveauté », c'est-à-dire une trace qu'elle fut faite au commencement de la Renaissance qui nous avait apporté ce mot, avec tant d'autres des littératures grecque et romaine.

[1]. *Journal des Savants*, juillet 1858, p. 410.

FARCE DU GOUTEUX

FARCE NOUVELLE TRES BONNE ET FORT JOYEUSE

A troys personnaiges, c'est assavoir

MAISTRE MIMIN LE GOUTEUX
Son varlet RICHARD LE PELÉ, sourd

ET LE CHAUSSETIER

Cy commence LE GOUTEUX.

Hé, Dieu, helas, mauldicte goutte,
Que tant mon povre cueur desgouste,
Faut-il que par toy cy je meure ?
Mon varlet, hau ! vien ça, escouste :
Va moy querir, quoy qu'il me couste,
Ung medecin, et sans demeure.

LE VARLET *sourd.*

Monsieur, quand la grappe fut meure,
Incontinent l'on vendengea.
Gargantua [1] beut et mangea,
A son desjeuner seullement,
Douze vingt miches de fourment,
Ung bœuf, deux moutons et ung veau,
Et s'a mis du vin nouveau,
A deux petis traictz, dans sa trippe,
Deux poinçons avec une pipe,
En attendant qu'on deust disner [2].

LE GOUTEUX.

J'ay bien cause de m'indigner
Contre toy, sourd de Dieu mauldit.
Entens-tu point que je t'ay dit ?
Va-moi chercher ung medecin,
Ou me viens chauffer ung bacin [3],
Tant tu me faictz crier et braire.

LE VARLET.

Mon serment, j'en croy le libraire [4] :
Il m'a cousté dix karolus.

LE GOUTEUX.

Sourdault, va querir ung bolus [1]
Et ung cyrot bien delyé.

LE VARLET.

J'en eusse prins ung relyé ;
Mais il eust cousté davantaige.

LE GOUTEUX.

Faictz-moy faire quelque potaige.
Au medecin, entens-tu bien ?
Mon varlet sourd, va et revien.
Auras-tu point l'esprit ouvert ?

LE VARLET.

Vous voulez donc qu'il soit couvert
De cuyr ou de fort parchemin ?

LE GOUTEUX.

Helas ! je suis bien prins sans vert [2].
Mourrai-je icy en etermin [3]
Par ce meschant valet sourdault ?

LE VARLET.

Le libraire n'est point lourdault.
Couvert sera mignonnement.
Tenez-vous tousjours chauldement,
Car j'entens très bien vostre affaire,
Et du livre laissez-moy faire;
Vous en aurez du passe-tems.

LE GOUTEUX.

De mourir icy je m'atens ;
Car je n'ai plus sang ne couleur.
Tu m'agraves bien ma douleur.
Oncques pauvre paralitique
Ne fut tant que je suis ethique.
A crier je me romps la teste.
Hélas, ung homme est bien beste
Qui prent servant à sourde oreille,
C'est une teste nompareille

---

1. Ce Gargantua est celui de la légende, dont on fit les *Grandes et inestimables Chromcques du grand et enorme Gargantua*, en attendant que Rabelais s'en emparât pour en faire ce qu'on sait. La première édition connue de ces *Chromques* est de 1532, mais il doit en exister de plus anciennes. Bourdigné y fait allusion dans sa *Legende joyeuse de maitre Faifeu*, publiée en 1526. Rabelais (liv. II, prol.) a lui-même constaté le succes de ce livre qu'il appelle « Chromcques gargantuines ». Il dit par exemple : « Il en a esté plus vendu par les imprimeurs en deux mois qu'il ne sera achepté de Bibles en neuf ans. » On a de Ch. Brunet une *notice* sur ces *Chromques*, 1834, in-8°, et M. Gaidoz s'est occupé de la légende même dans sa brochure : *Gargantua, essai de mythologie celtique*, 1868, in-8°.
2. Rabelais, on le sait, a emprunté, pour les étendre singulierement, ces détails aux *Chromques gargantuines*.
3. « Un bassin a barbier, » pour qu'on le rase. Nous l'entendrons tout à l'heure demander le barbier. Ces sortes de bassins s'appelaient quelquefois « bacins barbones ». La Borde, *Glossaire des emaux*, p. 150.
4. Le sourd, dans ce qu'il répond, fait écho à la dernière syllabe de ce qu'on vient de lui dire : à *braire*, il répond *libraire* à *delye*, *relie*, etc. Dans toutes les pieces ou des sourds sont en scene on a repris ce procédé comique.

1. Le *bolus*, qu'on appelle plus souvent *bol*, est une portion d'électuaire, à prendre en une fois. La *casse*, par exemple, se prenait ainsi : « Il pourra, dit A. Paré (liv. VII, ch. v), user d'un *bol* de casse, ou d'une infusion de rheubarbe. »
2. C'est-à-dire « au dépourvu », allusion au jeu de « je vous prends sans vert », dont on s'amusait à certain moment de l'année. Chacun devait porter sur soi un brin de verdure, ou, dans le cas contraire, se mettre à la discrétion de celui qui l'avait surpris ainsi dépourvu. La Fontaine a fait sur ce sujet une petite comedie.
3. Le sens de ce mot nous echappe, peut-être est-il pour *exterminin*, *extermination* ?

Et qui n'entend ne my ne gourd [1].
Que mauldit de Dieu soit le sourd,
Et qui oncques le me adressa.
Jamais que mal ne me brassa ;
Il cognoyt bien que suis malade
Et que nuyt et jour ne repose ;
Il me vient lyre une balade [2],
Propos ne tient d'aulcune chose ;
Ha, nostre dame de Briose,
Je suis de luy mal rencontré.

LE VARLET.

Or ça, il est tout acoustré ;
Vostre livre est bien empoint.

LE GOUTEUX.

Voire bien. Amaines-tu point
De medecin pour mon affaire ?

LE VARLET.

Il y a tousjours à reffaire ?
Comment ! est-il cousu trop large
Vrayment, il est de bonne marge
Et de belle impression.

LE GOUTEUX.

Tant tu me faictz d'oppression !
M'as-tu faict chauffer ung bacin ?
Ouy dea, et de medecin ?
Autant entent l'un comme l'autre ;
Si j'estois sain, tu yrois au peaultre.
Sçaurois-tu barbier attrapper [3] ?
Autant gaignerois à frapper
Ma teste contre la muraille.

LE VARLET.

Il m'a couste sept solz et maille ;
Car j'ay baille demy trezain,
Deux solz et trois, puis ung unzain ;
Autant le convint achapter.
Attendez, je m'en vois getter [4] :
Ung et deux et trois, ce sont quatre.
Et puis il nous fault rabatre
Justement toute la moytie.
C'est le compte ; sans l'amytié,
Je ne l'eusse eu pour le prix.

LE GOUTEUX.

C'est bien à propos ; ilz sont pris.
Dieu me doint avoir patience.

LE VARLET.

Il a du livre en la science
A qui bien la sçauroit gouster.
Or pensez, maistre, de gouster,

Et vous voirez icy comment
Gargantua faict argument,
Lequel estoit bonum quercus [1],
Ung beduault à quinze culz.
Or si pour ung apothicaire
Luy estoit baille ung clistoire [2],
Querir convient et par où,
Par quelque pertuys ou quel trou ;
Que diriez-vous sur ce passaige ?

LE GOUTEUX.

Tu monstres que tu n'es pas saige.
Ton livre et toy n'est que follie.
Il est plus que fol qui follye [3]
Avec toy pour bien conquérir.
Fuis-toy d'icy et va querir
Ung médecin. Entends-tu bien ?

LE VARLET.

Qu'esse qu'il dit ? Qui en sçait rien ?
Par dé, à ce que puis cognoistre,
Je croy bien que ce soit le prestre
Qu'il demande, à vostre advis ;
Ha, j'entens tout vostre devis :
Demandez-vous pas le curé ?

LE GOUTEUX.

Ha Dieu, que je suis escuré [4].
Nenny, non, c'est l'apoticaire.

LE VARLET.

Or bien, le curé ou vicaire,
Ce vous est ung quel chappelain ;
Vous estes en maulvais pelin [5] ;
Pensez de vostre conscience.

LE GOUTEUX.

Tu me fais perdre patience
Par tes responces et lardons [6].

LE VARLET.

Ouy dea, il y a pardons
Se estiez confez [7] à celuy
Lequel a chanté aujourd'huy
A Romme sa première messe.
Je le voys querir, et promesse
Vous fait qu'il viendra, si le treuve.

LE GOUTEUX.

Voys en cy une toute neufve [8],
Va t'en, que bon gré en ayt bieu.

LE VARLET.

Trouver me fault en quelque lieu

---

1. « Ni a moitié, ni pas du tout » Gourd se prenait pour impotent, impuissant a rien faire. Il n'est resté que dans l'expression « mains gourdes »
2. Il se rappelle la leçon de Gargantua, dont son valet lui a tant parlé.
3. Le barbier ici est l'aide du médecin. Puisque le sourd n'a pas trouvé l'un, le goutteux espere qu'il pourra au moins trouver l'autre
4. C'est a dire « compter avec des jetons, » comme fait encore Argan dans la premiere scene du Malade imaginaire « Les maires d'hostel, dit Olivier de la Marche, Estat du duc de Bourgogne, e maistre de la chambre aux deniers, le contre rolleur jectent et calculent icelles parties. »

1. « De bon chene » Peut etre est il fait ici allusion a la massue que le Gargantua des Chroniques gargantuines avait reçue de Merlin, et qui était faite d'un arbre entier
2. Dans les Chroniques gargantuines, il est souvent parlé de médecine. Ainsi deux géants y meurent de la fievre faute d'une purgation qui ne vient pas a temps
3. « Qui extravague. » Nous avons déja vu ce mot
4. C'est a-dire « frotté, gratté, torturé, comme un vase qu'on écure »
5. C'est l eau de chaux vive dont se sert le tanneur pour peler ses peaux. On comprend ainsi ce que le valet entend, quand il dit a son maitre malade « Vous êtes en mauvais pelin »
6. « Mauvais propos » Nous avons déja vu ce mot.
7. C'est de cette forme du mot confesse, qu'est venue l'expression, son contraire, « découfes », sans confession.
8. « Voici encore une nouvelle invention ! »

Ung chapelain soubdainement.
Si faictes quelque testament,
N'oubliez pas ce qu'il m'est deu.

LE GOUTEUX.

Si maistre Jehan Babault m'eust veu,
Il me pourroit tout sain guairir,
Et de ma jambe oster le feu.
Je te supplie, va le querir.
Hé, Dieu me vueille secourir,
Je croy qu'il m'a bien entendu.

LE VARLET.

Parmy le col je soys pendu [1]
Se je sçay pas où ce peult estre
Que je rencontreray ung prebstre,
Lequel mon maistre ainsi demande.
Faire convient ce qu'il commande.
Je y voys chercher tout à ceste heure.

LE CHAUSSETIER.

Se ce drap icy me demeure,
J'en feray des chausses pour moy.
Plus ne vient marchand à ceste heure,
Car ce drap icy me demeure.
Je prie Dieu qu'il me sequeure.
Je l'acheptay à la Guibray [2] ;
Si ce drap icy me demeure,
J'en feray des chausses pour moy.

LE VARLET.

Hau, le chaussetier, dictes-moy,
Si m'enseignerez le vicaire.
Où demeure le presbitaire ?
Que dis-je ? Où c'est que peult estre
Un bon chappelain pour mon maistre,
Qu'il lui pleust donner reconfort.

LE CHAUSSETIER.

Voyla bon drap, ung morquin [3] fort,
De la tainture de Paris [4].

LE VARLET.

Il est vray, il n'y a pas ris ;
Sa robe est de la couleur.

LE CHAUSSETIER.

J'en ay encore de meilleur,

1. Nous avons trouvé la même expression dans le rôle de Guillemette du *Pathelin*.
2. Fameuse foire du faubourg de Guibrai, à Falaise.
3. Pour « moquin », qui dérivait lui-même de *camocas, camoquin*, sorte de fort belle étoffe, qui nous était venue d'Orient, et que nous avons déjà trouvée dans *Pathelin*. Il nous en est resté la *moquette*, qui n'est plus qu'une sorte de tapis, mais qui fut d'abord une espece de drap. On trouve dans le *Virgile* de Scarron :

    Une superbe jaquette
    Faite d'une riche moquette

4. Les teinturiers de Paris étaient déjà les plus célèbres, surtout au faubourg Saint-Marcel, ou, depuis la fin du siecle précédent, ceux de la famille Gobelin commençaient à se distinguer. C'est un peu plus tard que Ronsard, parlant de la médiocrité de sa vie, disait (liv. III, ode xxi) :

    Les moissons je ne quiers pas...
    Ny le riche accoustrement
    D'une laine qui dement
    Sa teinture naturelle,
    Es poisles du Gobelin
    S'yvrant d'un rouge venin
    Pour se desguiser plus belle.

Qui n'est point gros ne trop pressé.

LE VARLET.

Il demande estre confessé,
Et ne peult venir à l'esglise.

LE CHAUSSETIER.

Regardez ceste marchandise ;
C'est ung fin drap comme satin.

LE VARLET.

Dea, s'il n'eust chanté si matin,
Je luy eusse faict avoir messe.

LE CHAUSSETIER.

Vous estes homme de promesse,
Mais je seray payé content.

LE VARLET.

Sa douleur le va surmontant,
Empiré luy est aujourd'huy.
Il fault que quelc'ung vienne à luy
Puis qu'il veult estre confessé.

LE CHAUSSETIER.

Dictes-vous qu'il est trop pressé ?
Voyez qu'il a la lèse [1] grande.

LE VARLET.

C'est ung prestre que je demande.

LE CHAUSSETIER.

Je le vous dis, je le vous mande,
Quarante solz tout à ung mot [2].

LE VARLET.

Par dé, de ce suis bien marmot ;
Il n'entend pas ce que je dy.

LE CHAUSSETIER.

Quand vous les aurez ? Samedy ;
Mais vous payerez ou pinte ou pot.

LE VARLET.

Qui c'est mon, maistre Philipot,
Comme moy. Adieu, teste dure.

LE CHAUSSETIER.

Il vous en fauldroit trois quartiers,
Aultrement vous tiendroyent trop gourd [3]

LE VARLET.

Mon serment, je croy qu'il est sourd
Comme moy. Adieu, teste dure.

LE CHAUSSETIER.

Prendre fault premier [4] la mesure,
Qu'à besongner nous esbatons.

1. « Largeur. » On écrit aujourd'hui *laize*. Comme il est ici, ce mot indique mieux qu'il vient de *le*, dont le sens est le même, et que nous avons déjà vu dans *Pathelin*.
2. « Comme seul prix. » Une phrase des *Annales* de Jean d'Authon, p. 251, où l'on voit le peuple de Flandre, aux abois, disposé à se rendre, « prest à dire *le mot* et prix, » nous donne la même expression avec le même sens. Les marchands disent encore, « voila mon dernier mot, » pour « voila mon dernier prix. »
3. « Trop à l'étroit, » comme quelqu'un que le froid resserre, rend *gourd*.
4. *Primo*, d'abord.

FARCE DU GOUTEUX.

LE VARLET.

Comment ! tendez-vous ung baston [1]
Sur moy, pour demander un prebstre ?
Je m'en vois le dire à mon maistre.
Cela debvez faire à ung paige [2].

LE CHAUSSETIER.

Ce n'est donc pas pour vostre usaige ;
Allons donc sa mesure prendre.

LE GOUTEUX.

Helas ! j'ay beau ici attendre
Pinsonnet ou l'apoticaire,
Mon varlet ne me peult entendre.
Helas ! j'ay beau ici attendre.
Que la foyre le puisse prendre
Tout royde mort, s'il est plus guère.
Helas, j'ay beau icy attendre
Pinsonnet ou l'apoticaire.

LE VARLET.

En luy demandant ung vicaire,
Qui vint mon maistre confesser,
Voyez comme il me veult fesser.
Je m'en plaindray à la justice.

LE CHAUSSETIER.

Si la chausse n'est bien faicte,
J'en attendray le reproche.
Marche devant.

LE VARLET.

Dea. ne me touche.
Voyla ung sourd hors de raison

LE CHAUSSETIER.

Bevrons-nous point à la maison ?
Ouy, puisque c'est pour le maistre.

LE VARLET.

Cité serez à comparoistre,
A ma requeste, en jugement ;
Demain auray, par mon serment,
Tresves de vous et asseurance.

LE CHAUSSETIER.

Monstrez-moi tost la demeurance [3],
Car j'ai haste de besongner.

LE VARLET.

Ha, je vous feray empoigner,
Car vous me suyvez de trop court.
Mon maistre, hau ! voicy ung sourt
Qui me veult battre et faire ennuy,
Et n'ay onc sceu savoir de luy
Où est l'homme que demandez.

LE GOUTEUX.

Au diable soyez commandez
Tant vous me faictes de laydure.

LE CHAUSSETIER.

Prendre fauldroit vostre mesure.
Ça, la jambe. Bonsoir, mon maistre.

LE GOUTEUX.

Tu me fais bien besler et paistre.

Que mauldit soit le coquin !

LE CHAUSSETIER.

Voicy la pièce de morquin,
De quoy bien je le vous feray.
Mais, monsieur, je vous diray,
Votre varlet ne m'entend pas.

LE GOUTEUX.

Bien voy que suis à mon trespas ;
Ce n'est pas ce que je demande.

LE CHAUSSETIER.

Une chausse doibt estre grande
Pour y entrer plus à son ayse.
Ça, la jambe, ne vous desplayse ;
Elles seront prestes matin.

LE GOUTEUX.

A l'ayde ! larron, chien mastin,
Tu m'as bien achevé de paindre.

LE CHAUSSETIER.

Le drap, monseigneur, l'ay faict taindre
Pour Perrin, sans faulte nulle.

LE GOUTEUX.

Helas ! j'avois icy la mulle [1]
Que ce villain m'a faict seigner.

LE VARLET.

Il ne m'a voulu enseigner
La maison, aussi le vicaire,
Où demeure le presbitaire
Que vous me demandez ainsi.

LE CHAUSSETIER.

Dea, je fourniray aussi
De doubleure, cela s'entend.

LE VARLET.

Ma foy, mon maistre, il pretend
Tirer de vous je ne sçay quoy,
Voyre, et se congnoist autant
En medecine comme moy.

LE GOUTEUX.

Que j'ay soulcy et grant esmoy
Pour ces deulx lourdaulx insciens [2] !
Allez vous-en hors de ceans,
Que jamais je ne vous revoye.

LE CHAUSSETIER.

Je borderay ung peu la braye,
Et la decoupera qui vouldra.

LE VARLET.

Par ma foy, vous n'en bevrez jà,
Puisque vous m'avez voulu battre.

LE GOUTEUX.

La male mort vous puisse abatre,
Sans que puissiez avoir secours.
Il n'est point de plus maulvais sours
Que ceulx qui ne veullent ouyr [3].
Messeigneurs, pour vous resjouyr,
Oyons tous la comédie.
Supplyez à la maladie [4].

---

1 Ici, le chaussetier lui place sur le dos son aune, que le valet prend pour un bâton dont il veut le frapper
2. « Cela est bon pour un page » On les bâtonnait alors, et les fessait tres-volontiers
3 « La demeure, le logis. »

1. « L'engelure. » Nous retrouvons ce mot.
2. « Qui ne savent et ne comprennent rien (inscientes). »
3 V. sur ce proverbe, la Notice.
4 C'est-à-dire « priez pour le malade, pour le pauvre goutteux, qui fait le sujet de la pièce. »

FIN DE LA FARCE DU GOUTEUX.

FARCE DU BON PAYEUR

(XVIᵉ SIÈCLE — RÈGNE DE FRANÇOIS Iᵉʳ)

NOTICE ET ARGUMENT

Cette farce est la 52ᵉ du *Recueil La Vallière*, aux Manuscrits de la Bibliothèque Nationale ; et elle se trouve dans le tome III de la publication, à très-petit nombre, où MM. Le Roux de Lincy et Francisque Michel l'ont reproduite tout entier.

Ce n'est pas une des plus spirituelles du *Recueil*, quoique les répliques y aient quelquefois de la vivacité et du mordant, mais c'est sans contredit une des plus ingénieuses comme combinaison, et même complication scénique. Quoique la pièce soit très-courte, l'action y est double, et l'arrangement des deux parties ensemble n'est ni maladroit ni gêné.

Le sergent Lucas, qui est boiteux et borgne — notez ce dernier point — et qu'une ordonnance royale a mis à la réforme ainsi que tous les autres, se rappelle une vieille amende qu'un « bon payeur » — il va sans dire qu'il l'appelle ainsi par ironie — n'a payée jusque-là qu'en mauvaises excuses et par de continuelles remises.

Pour s'occuper, il va s'attacher impitoyablement à cette dernière dette. Le « bon payeur, » qu'il prend au « saut du lit, » le paye en sa monnaie ordinaire ; mais cette fois le sergent n'en veut plus.

— Laisse-moi du moins, dit l'autre, mettre mes chausses pour prendre ma bourse.

Le sergent n'y consent pas, et le payeur s'obstine alors à ne pas quitter son lit. On finit pourtant par s'entendre un peu mieux. Le sergent le laissera tranquille jusqu'à ce qu'il ait passé ses chausses :

— Tu le promets, sur ta parole ?
— Je le jure.

Là-dessus, le payeur se replonge sous ses draps, en criant que puisqu'il ne doit payer que lorsqu'il aura mis ses chausses, il ne les mettra de six mois, d'un an, et plus même s'il le faut.

Lucas, qui n'en peut tirer autre chose, retourne chez lui et avec d'autant plus d'empressement que le bon payeur, en cherchant à le renvoyer, lui a dit que sa femme s'en laissait conter de fort près par le vert galant. Ce soupçon ne le rend pas fort tendre dès qu'il est au logis.

La femme, qui s'appelle « Fine Myne » et ne ment guère à son nom, devine d'où il lui est venu, et s'en venge par un conseil dont il cuira au « bon payeur ».

Le sergent, à qui elle fait la leçon, retourne le voir, armé du meilleur fouet qu'il ait pu prendre, et le fait, en deux ou trois coups des mieux appliqués, courir à ses chausses et à sa bourse. Il s'habille et paye.

Lucas, content, mais qui craint d'être autre chose, ne quitte pas son fouet, en revenant au logis ; et la commère voit tout d'abord qu'il pourra s'en servir pour lui retourner son conseil de la bonne manière. Elle fait la bonne âme, mais Lucas n'y est pas pris. Il feint un de ces voyages dont les femmes et les galants n'ont pas encore éventé le piège, bien qu'il fût certainement déjà vieux quand Lucas s'en servit. A peine le croit-on parti, que le galant accourt et que le tête-à-tête s'engage. Lucas, qui guettait dans un coin, frappe alors violemment à la porte. La femme ouvre, et le galant se cache derrière elle.

— Que faisais-tu ? crie Lucas qui hurle comme si au lieu d'être borgne il était sourd.

— Je priais, je demandais à Dieu qu'il vous rendît l'œil qui vous manque, et ma prière était si pressante qu'il me semblait déjà qu'elle étaitexaucée ; oh ! oui, elle doit l'être.

Là dessus, comme pour s'en assurer, elle lui met la main sur l'œil qui lui reste, en lui demandant s'il voit enfin de l'autre. De borgne il est devenu aveugle. Le galant en profite pour décamper, et la farce finit.

Tout le monde aura reconnu la dernière scène. Le conte en était déjà partout alors : dans la *Discipline de Clergie*, par Pierre Alphonse [1] ; dans les *Gesta Romanorum* [2] ; dans le fabliau de la *Maulvaise Femme* [3] ; dans la 16ᵉ des *Cent Nouvelles nouvelles* avec ce titre : *le Borgne aveugle* ; dans le *Décaméron* de Boccace [4], et enfin dans l'*Heptaméron*, de la sœur de François Iᵉʳ [5].

Le plus curieux, c'est que lorsque MM. Legouvé et Scribe firent de ce dernier livre une comédie : *les Contes de la Reine de Navarre*, celui dont nous faisons l'histoire servit pour un des meilleurs récits [6]. Ils ne se doutaient pas qu'un farceur les avait devancés dans cet emprunt, et qu'une farce du XVIᵉ siècle avait mis en scène le récit de leur aimable Henri d'Albret.

[1] Chap. x, sect. vii, p. 48 et 123.
[2] Chap. cxlii.
[3] *Recueil* de Le Grand d'Aussy, t. IV, p. 188.
[4] VIIᵉ Journée, 6ᵉ nouvelle.
[5] Iʳᵉ *Journée*, 6ᵉ nouvelle.
[6] Acte IV, scène 2. — Le conte a été aussi repris par M. de Chevigné pour ses *Contes remois*.

LE BON PAYEUR

ET LE

SERGENT BOITEUX ET BORGNE

FARCE NOUVELLE A IIII. PERSONNAIGES,

C'est a scavoir

LUCAS, sergent boiteux et borgne
LE BON PAYEUR

FINE MYNE, femme du sergent
ET LE VERT GALANT.

LUCAS *commence.*
Puysque sergens ne sont plus rien [1],
Y me fault chercher le moyen
De trouver quelque vieille amende
A mon rôlle, j'y ay atente [2],
Il est vray, par sainct Saulveur !
Mort bieu ! voicy ce bon payeur
Qui me doibt, il y a long temps,
Cinquante deux, dont je pretends
Et mectre en son colet la main.
Tousjours de demain en demain
Me baille pour me bien tenir [3] ;
Mais ce demain ne peult venir,
Ce n'est qu'un menteur ordinaire.
Quel remède ? Il est necessaire
Que je le prenne au sault du lict.
J'y voys.

LE BON PAYEUR
A ! mort bieu, quel deduict !
Est-il heure de se lever ?

LUCAS.
Or sus, me veulx tu poinct payer
Ceste amende que tu me doibtz ?

LE BON PAYEUR.
Lucas le borgne, helas ! tu voys
Que je me leve, et mon ami,
Je suys encor tout endormy
Que je ne scay où est ma bource.
Ce seroyt chose bien rebource [4]
De bailler argent sy matin ;
Mais je douray d'un pot de vin
Tantost, et d'un petit pasté [1].

LUCAS, *sergent.*
Vray Dieu ! tant tu es enhasté [2],
Tu ne traces qu'eschapatoyre [3].

LE BON PAYEUR.
Tu voys pas, ne suis prest encoyre ;
Au moingtz lesse moy habiller.

LUCAS.
Sy tu ne veulx argent bailler,
La mort bieu je prendray des nants [4] ;
Te veulx tu moquer des sergans
Qui sont les oficiers du roy ?

LE BON PAYEUR.
Monsieur, nenin, dea, par ma foy,
Monsieur le sergant, mais de faict,
Y me fault aler en retraict [5] :
Pour quoy voules vous retirer ;
Et puys nous yrons desjuner,
Et là je vous contenteray.

LUCAS.
Retirer ! par Dieu, non feray,
Jusques a tant que tu m'es payé.

LE BON PAYEUR.
Han ! j'ey le ventre desvoye ;
Retires vous, sergant a mace [6].

LUCAS.
Se tu debvoys [7] faire en la place,

---

1. Allusion à un édit de 1518, qui avait porté une tres-rude attente aux privileges et attributions des sergents, par suit des plaintes contre leurs violences et leurs concussions Le droit qu'ils avaient de forcer a venir en prison quiconque avait été touché par eux de leur verge, « le fouet sans corde, » dont parle Aignelet dans *Pathelin*, leur avait, entre autres, été enlevé (Pasquier, *Recherches*, liv VIII, ch. LIX) En un mot, comparés a ce qu'ils avaient été, ils pouvaient — celui qui parle ici le dit avec raison — se considérer comme n'étant plus rien. Sur les restrictions successives apportées aux attributions des sergents, on peut consulter la *Conference des Ordonnances*, t III, liv XI, tit XIII, et liv XII, tit V

2. « J'y ai interêt, je dois m'y appliquer » *Attente* s'employait souvent ainsi. On lit par exemple, dans le *Printemps d Yver* « Toute son *attente* (application) estoit de complaire a sa chere captive »

3. « Pour que je me retienne de le saisir. »

4. « Bien contraire de ce qui doit être, bien à rebours. »

---

1. Le pot de vin et le pâté étaient les appâts ordinaires avec lesquels on gagnait messieurs les sergents pour obtenir des délais

2. « Pris, saisi de pies. » Le vrai sens, d'apres Cotgrave et t« embroche . De ce mot on avait fait « hâteur de rot », pour désigner l'officier de cuisine qui embrochait.

3. « Tu m'indiques (traces) que moyens pour t'enfuir, pour échapper » Le mot *echappatoire*, qu'on aurait pu croire plus moderne, était alors déjà ancien.

4. « Des gages » C'est de ce mot, que Cotgrave écrit « namps », qu'est venu *nantissement*.

5. Aux lieux d'aisances

6. C'est a dire « a masse d'argent, » comme les huissiers de la Chambre du conseil l'on l'appelant « sergant a masse, » il le flatte pour l'attendrir

7. Pour « quand bien même tu devrois... »

FARCE DU BON PAYEUR.

Je ne me retireray poinct.

LE BON PAYEUR.

Han ! vray Dieu ! le ventre m'espoinct
D'une sorte mauvaise et faulce,
Vous me feres faire en ma chausse,
Ce ne seroyt pas chose honneste ;
De vous tirer vous admoneste [1],
Et je promets vous advertir.

LUCAS.

Et de quoi, bon payeur ?

LE BON PAYEUR.

    Par ma foy,
Guetes vous [2], monsieur le sergent ?

LUCAS.

De qui gueter [3] ?

LE BON PAYEUR.

    Du vert galant ;
Car il entretient Ameline,
Qui est ta femme.

LUCAS.

    Saincte Katherine !
J'en ay ouy parler, beau sire,
A d'aultres.

LE BON PAYEUR.

    Dea, j'ose bien dire
Qu'il l'entretient, je le sçay bien.

LUCAS.

Sy croi ge, moy, qu'il n'en soyt rien,
Car ma femme ne daigneroyt.

LE BON PAYEUR.

Daigner ! bo, bo, qui s'y firoyt,
Le danger n'en seroyt ja mendre [4].

LUCAS.

Sy suis je asses fin pour entendre
Le cas, pas ne suys si bemy [5].

LE BON PAYEUR.

Le cas ! tu n'y voys qu'a demy,
Tu es borgne et sy es boueteulx.

LUCAS.

Myeulx voys d'un œuil que toy de deulx ;
Je me tiens tousjours sur mes gardes.

LE BON PAYEUR.

C'est pour nient [6], car tu ne regardes
La sepmaine que de travers.

LUCAS.

Tu me sers de mos tant dyvers,
Que tu me cuydes abuser ;
Scays tu quoy ? il te fault payer,
Ou j'auray des nans.

LE BON PAYEUR.

    C'est raison
Se j'eusse des biens a foysson ;
Mais de prendre rien n'y a ciens [1],
Monstres vous des plus paciens,
Ne soyés pas des plus mauvais.

LUCAS.

J'auray pos et plas.

LE BON PAYEUR.

    Lesse les,
Monsieur, y n'y a rien dessus.

LUCAS.

C'est comme sergans sont decuptz ;
Corbieu ! tu viendras en prison.

LE BON PAYEUR.

Ne vous monstrés pas trop félon,
Monsieur, ce seroyt mal cogneu.
Je n'yray pas, par sainct Symon !
Un pié chaussé et l'autre nu.
Le payement ne sera tenu,
Que ne me prometiés d'attendre :
Que parchausse [2] sois, sans mesprendre,
Je vous payeray incontinent.

LUCAS.

Bien donc, chausse incontinent,
Je promets que rien ne payeras
Tant que pas chaussé tu seras.

LE BON PAYEUR.

Le promectes vous ?

LUCAS.

    Ouy, dea, ouy.

LE BON PAYEUR.

Je ne parchausseray meshuy,
Par ma foy donc, ne de sepmaine,
Non pas de l'an.

LUCAS.

    Dieu, quelle fredaine [3] !
Voicy un homme de bien loing.

LE BON PAYEUR.

J'appelle les gens a tesmoing :
Cela vault une quinquenelle [4] :
Ma chause à la mode nouvelle
Je chausseray, sans cousturier,

---

1. « Je vous prie. » C'est le sens que ce mot a dans Froissart, et aussi dans Commines (liv. IV, ch. v) « Et (Louis XI) dit au herault plusieurs autres raisons pour admonester le roy d'Angleterre de prendre appointement avecques luy. »
2. « Méfiez-vous. » On lit dans l'Enfer de Marot, a propos des gens qui jouent trop imprudemment de la langue contre le prochain.

  Celuy qui tire ainsy hors sa languette
  Destruira brief quelqu un, s il ne s'en guette

3. « De qui me méfier ? »
4. « Moindre, » qu'on prononçait aussi maindre, comme nous l'avons vu pour saint Jacques le Maindre (le Mineur).
5. « Si besmi, si besmus, » c'est a-dire si sot. V. plus loin p 383, 2e col., note 3.
6. « Néant, rien. »

---

1. « Céans, ici. »
2. « Chaussé complétement. »
3. Se disait alors dans le sens de moquerie, mauvaise plaisanterie. « Que vous faites de nares (moqueries) et de fredaines, » lit-on dans Ducange au mot Narire.
4. « Un répit pour cinq ans (quinque anni). » C'é ait le mot employé par la loi. On appelait « privilége de quinquennon » le délai que le roi ou le Parlement pouvait ainsi accorder aux débiteurs.

Me voyla en advanturier [1].
Je suys quicte, par sainct Saulveur !

LUCAS.

Voyla le faict d'un bon payeur :
Il en scavoyt deulx, j'en ay d'une [2] ;
Mais sy plaist à dame fortune,
Je luy en bailleray d'un aultre.

LE BON PAYEUR.

Il est payé, au peaultre ! au peaultre [3] !
Me voyla quicte de l'amende.

AMELINE, *femme de Lucas, sergent.*

Ce beau touffet [4] de lavende,
Garny de plusieurs flouretes,
Je le donray, par amouretes,
A mon amy le Vert Galant.
A ! s'il scavoyt que le sergent,
Lucas le borgne, mon mary,
Fust dehors, bien seroyt mary
Qu'il ne me viensit bientost voir.

LE VERT GALANT *entre.*

Quant a moy, je m'en voys scavoir
Se Lucas sergant est dehors ;
D'ajourner [5] y faict ses effors,
Il est a l'ofice bien digne.
Qu'esse ? je voy Fine Myne,
Sa femme, qui file à son huys ;
O ! que tant malureux je suys,
Que je ne suys venu plustost !

AMELINE FINE.

Vert Galant, cha coustes un mot ;
Mon amy, prenes, par amour,
Ce touffeau faict de maincte flour
Par les mains de vostre humble amye.

LE VERT GALANT.

Je ne le refuseray mye ;
Mais en le recepvant, ma seur,
Je vous baiseray de bon cœur,
Pour l'amour du présent gentil.
Mais vostre mary, où est-il ?

AMELINE FINE.

Ou il est ? hélas ! Dieu le sarche [6] ;
Sur le vilage où tousjours marche,
Où il tourmente povre gent.
Il est actif et diligent,
Y rend maincte personne essrée [7],
A cela sçay son entregent :
Quant ses femmes n'ont poinct d'argent,
On dict qu'il se paye en derée [8].
C'est toult un s'il prend sa lisree [9]

De son costé, et moy du myn.

LE VERT GALANT.

Et voire, voire, j'entens bien :
Lui fault faire de tel pain soupe [1] ;
Mais quoy ! sy fault il que je soupe
Avecques vous par quelque soir,
Soyt de la brune ou soit de noir [2],
Dès qu'il sera hors.

AMELINE FINE.

Mon debvoir
Je feray de vous advertir ;
Mais présent [3], vous fault departir,
Car incontinent revyendra.

LE VERT GALANT.

Adieu donq, on vous revoyra
Plus à loisir, ma doulce amye.

LUCAS.

Mais qu'esse la ? Ne voi ge mye
Un galant qui jase à ma femme ?
Esse vostre cas, belle dame,
De tenir plet [4] à ce jaseur ?
Vous n'y acquerés poinct d'honneur ;
Et ausy on me l'a bien dict.

AMELINE FINE.

Et que de Dieu soit il mauldict
Qui onq pensa a desonneur ;
Je croys que c'est le bon payeur,
Qui ce faulx blason vous raporte.

LUCAS.

C'est mon [5], le grand deable l'emporte !
Car il m'a joué d'un faulx tour.

AMELINE FINE.

Et comment ?

LUCAS.

Hier, au poinct du jour,
Je le surprins en se couchant ;
Je luy dis : paye maintenant
Ceste amende que tu me doibtz.
Lors il me dist se je vouloys
Atendre qu'il fust parchaussé,
Qu'il me payroit ; j'en fis marche
Et luy promis sans plus tencer [6] ;
Pour quoy ne se veult point chausser,
Afin qu'il ne paye en efaict.

---

1. C'est-a-dire « tout nu ». Ce que dit Brantome (*Grands Capitaines*, édit. du Panthéon, p. 580), de la misérable milice, pillarde et en guenilles, qu'on appelait les *aventuriers*, fait très bien comprendre ce mot du bon payeur.
2. « Il savoit deux bons tours, m'en voila payé d'un. »
3. « Au diable ! au diable ! » V. une note de *Pathelin.*
4. « Bouquet, touffe de fleurs. »
5. « De donner ajournement, assignation. »
6. « Le cherche. »
7. « Mises dehors grant'erre, ne sachant ou aller. »
8. « En denrée, en nature »
9. Ce mot, que nous ne comprenons pas, est sans doute pour « livrée, » qui signifiait engagement, service, lien, même en langage d'amour.

1 C'était un proverbe, qui se trouve dans les *Curiosités françoises* d'Oudin, p. 514, et qui voulait dire « On le traite comme il traite les autres. »
2. C'est-a-dire « soit a la brune, ou plus tard, quand il fera noir. »
3. Pour « présentement, a présent », de même dans le *Nouveau Pathelin*, le pelletier dit :

J'en suis joyeux, mais a vray dire
Je ne vous cognois pas present

4. « Donner audience » L'expression de palais « les plaidz tenans, » voulait dire ce que signifie aujourd'hui « a l'audience ».
5. « Certainement, c'est lui. »
6. « Gronder. » Dans la *Farce moralisée de deux hommes et de leurs deux femmes*, le premier mari dit de la sienne :

C'est horreur de l'ouyr *tencer*

AMELINE FINE.

A ! rien, rien, prenés un fouet
Bien acoustre de careton [1],
Et, tout ainsy c'un charcton [2],
Faictes le devant luy claquer,
Et puys, s'il ne vous veult payer,
Taillés luy chausse au long du cuyr.

LUCAS.

Corbieu ! c'est parler à plaisir ;
J'ey desir d'un fouet trouver,
Et par ton conseil l'esprouver,
D'une bonne sorte, asés fine.
A, il n'est c'une femme fine.
Pour quelque fin tour aviser [3].
Et puys ne veulx tu poinct aner [4],
Bon payeur, sus, de par le deable
Chaussés vos chaulses, miserable.
(*Il le faut.*)
Chaulsés vous.

LE BON PAYEUR.

Han ! Nostre Dame,
Jesus, je payerai, par mon ame,
Je me chausseray, si je peulx.
Tenés, voyla cinquante deulx ;
C'est mal encontre d'un boueteux [5],
Le grand deable emporte le borgne.
Tromperye tousjours retourne [6]
A son maistre.

LUCAS.

Je les atourne [7]
Ces bons payeurs, qu'on me les baille
Afin q'une chausse vous taille,
Quant y ne viennent a raison !
Je m'en voys ça en ma maison,
Puysque j'ey receu mon payement.

AMELINE FINE.

Et, dites, mon conseil vrayment
Est il bon ?

LUCAS.

Ouy, par Dieu, de faict.
Mais garde d'avoir le fouet ;
On baille souvent, l'entens tu ?
Le baston dont l'on est bastu. [8]

Garde d'acouter sans long plaid,
Ce Vert Galant, y me desplaist.
Du temps passé je luy pardonne ;
A l'avenir, morbieu ! j'ordonne [1],
S'ensemble je puys vous trouver,
Incontinent de vous tuer ;
Il n'y aura poinct de remède.

AMELINE FINE.

Je ne scay dont il vous procède [2]
Synon que c'est par faulx raport.
A ! mon mary, vous aves tort
De m'imputer un tel oultrage.
Je n'ay poinct sy mechant courage,
Je suys de gens de bien extraicte,
Et de lignée bonne et parfaicte ;
Jamais il n'y eust que redire,
A poy que ne me voys occire,
Ou jecter en une maliere [3],
Sy en devant, ny en derriere,
Vous voyés en moi deshonneur
Ne m'espargnés poinct.

LUCAS.

Bien, ma sœur,
Gouvernés vous bien, en un mot.
Maintenant m'en voys au plustost
A dis heures d'icy, ce n'est près,
Pour y racorder mes explays [4].
Adieu, gardés bien a l'ostel.

AMELINE FINE.

Mais en est il encor un tel ?
Borgne, boyteulx, Dieu, quel rencontre !
Il porte plus grand malencontre,
Par Dieu, que le boys du gibet.
Poinct n'est rien plus ord, ne plus let ;
Voi ge au deable, le malheureulx [5] !
Ceste nuict, demon amour eulx
Jouyray, puysqu'il va dehors.

LUCAS.

Y fault mectre tous mes effors
A me mucher [6] icy endroict,
Et voire tout, car elle croit
Que je m'en suys dehors alé,
J'espiray du long et du lé [7],
Pour voir sy le galant viendra.

AMELINE FINE.

Par Dieu, en parle qui vouldra ;
Je voys atendre icy devant

---

1. Nous ne savons ce que veut dire ce mot. Peut-être faut-il lire « chasseton », ce qui eût été une sorte de nœuds, comme on en faisait a la corde des fouets, autrement appelés *chassoires*, ou *chassouères*. V. le *Glossaire* de L. de La Borde, au mot *Fouet*, p 321.
2. « Charretier. » Le mot est encore dans La Fontaine, qui l'écrit « charton ».
3. Cela dit, il se rend aussitôt chez le débiteur.
4. C'est-a-dire « mettre tes *hannes*, » mot qui en Bretagne signifie chausses, culottes. V. Francisque Michel, *Etude sur l'argot*, p 505.
5. « La rencontre d'un boiteux est mauvaise. »
6. La rime indique qu'on devait prononcer *retorne*, *retorgne*.
7. « Je les arrange, je les accommode »
8 Proverbe, qu'on trouve ainsi formulé par Gabriel Meurier (*Tresor des sentences*) :

C'e t fouet gref (rude) et felon
D'estre battu de son baston.

Il était, dès le XIIIe siecle, dans le *Roman du Renard*, vers 158 :

... Don fust (*fustis*, bâton)
C'on tint (tient) soivent est on battu.

1. « J'avise, j'arrange. »
2. « D'ou cela vous vient (*procedit*). »
3. « Il s'en faut de peu (poy) que je n'aille me tuer, ou ne me jette en une malediction. » Le mot *maliere*, dont nous ne connaissons aucun autre exemple, et qui peut être une faute de copie, doit venir, s'il est exact, de « *maleir* », synonyme de « maudire », suivant Cotgrave, qui du reste déclare que de son temps c'était déja un mot ancien, *an old word*.
4. « Premiere forme du mot « exploit, » qui le rapproche bien plus de son radical, *expletum*, copie, ou de *ex placito*, « qui vient du plaid ».
5. « Rien n'est plus sale ni plus laid. Qu'il aille au diable, le malheureux ! »
6. « Cacher » On disait plutôt *musser*, d'où est venu *chgne-musette*, nom du jeu de cache-cache.
7. « Du long et du large (lé). »

Mon cher amy, le Vert Galant,
Pour le faire céans entrer.

LE VERT GALANT.

Amour veult mon cœur pénestrer;
De sa sayete[1] noble et digne
Je suys navre[2], sans point doubter;
Icy ne puys plus arester,
Je veulx aler voir Fine Myne.
La voyla, la gente godine[3],
Mon soulas, ma joye et plaisance.
A! il fault bien que je m'avance
Pour l'aler saluer soubdain.
Honneur, ma dame au cœur humain :
Où est le faulx borgne Lucas?

AMELINE FINE.

Ceste nuyct ferons nostre cas,
Car il est alé sur les champs.

LE VERT GALANT.

Ainsy que deulx parfaictz amans,
Nous ferons bien nostre paquet.

AMELINE FINE.

En despit des jaloux meschans,
Passons le temps en ris et chans,
Seyons-nous bequet à bequet[4],
Car j'ey preparé le banquet;
Récréons-nous, faisons ébas.

LE VERT GALANT.

Je n'ey choze au monde sy chère,
Je suys de vostre amour transy.

AMELINE FINE.

Aussy suys je de vous aussy;
Prenons passetemps sans esmoy.

LE VERT GALANT.

Ma chère amye, baises moy
Pour rasasier mon désir;
Disons quelque mot à plaisir,
Monstrés qu'avés le cœur joyeulx.

AMELINE FINE.

En despit du borgne boeteulx,
Nous prendrons passetemps, nous deulx,
Tant que la nuyct durera toute.

LUCAS, *sergent, chante.*

Vous rirés ensemble, vous deulx,
Tantôt serés bien roupieulx[5],
Le borgne est près qui vous escoute.

LE VERT GALANT.

Qu'esse que j'os[6]? Dieu! qu'on me boute

Dehors, car nous sommes perdus.

LUCAS.

Morbieu! les os seront rompus
Se tu n'ouvres bientôt, vileine.

AMELINE FINE.

Jesus, benoiste Madelaine !
C'est mon mary, Dieu! que feray?

LE VERT GALANT.

Dictes où je me bouteray?
Il me tûra de mort cruelle.

AMELINE FINE.

J'ouvriray a tout[1] la chandelle;
Tenés vous bien derriere moy.

LE VERT GALANT.

Jesus, madame saincte Foy !
Hélas ! qu'esse que nous ferons?

AMELINE FINE.

Sy Dieu plaist, nous escaperons;
Ne vous chaille[2]. Laissés moy faire.

LUCAS.

Ouvre tost.

AMELINE FINE.

Qu'aves vous à braire?
Jamais ne fus plus resouye
Que quant j'ey vostre voys ouye.

LUCAS.

Ta male mort!

AMELINE FINE.

Je me dormoys,
Et en me dormant je songoys
Que Dieu vous avoyt pour le mieulx
Enlumyné[3] tous les deulx yeulx;
Je n'us oncques ausy grand joyes.
Helas! mon amy, que je voyes,
Car j'y ay ma credence[4] ferme;
Voyes vous pas cler quant je ferme
Cestuy cy qui est destoupe[5]?

(*Elle luy clost l'œuil de quoy il voist*)

LE VERT GALANT.

Dieu mercy, je suys eschapé
De craincte et de douleur mortelle;
Voyla la meilleure cautelle
Que jamais peust estre advisée.

LE SERGENT.

Où est, la vilaine rusée,
Ce paillard à qui tu t'esbas?

AMELINE FINE.

Lucas, cherche bien, hault et bas;
Car ceans il n'y a point d'homme.

---

1. Pour « sagette (*sagitta*, fleche). »
2. « Blessé » Le premier sens du mot : « Il fut *navré*, en la cuisse du dard de Menelaus, » dit J Lemaire de Belges, *Illustration des Gaules*, liv. II, ch. XVII
3. « Galante » V. sui ce mot et sur son diminutif « godinette », plus expressif encore, quelques notes des pieces qui précedent.
4. « Tête a tête, bec a bec. »
5. C'est-a-dire « il vous en pendra bientôt au bout du nez comme une roupie. »
6. « Qu est-ce que j'entends ? »

1. « Avec. »
2. « Ne vous mettez point en peine »
3 « Donné la lumiere, eclairé »
4 « Ma croyance, » de *credere*, croire. »
5. C'est-a-dire, « qui n'est pas couvert par une étoupe. »

LUCAS, *sergent*.

Bien peu s'en fault que ne l'asomme;
Tu m'es venu l'œuil estouper
Afin de le faire eschaper;
Tu m'as bien deceu, en efaict.
Je te prendray dessus le faict,
Une aultre foys, sans long babil.

LE VERT GALANT.

Combien c'un borgne fust subtil,
Un bouteulx cauteleux et fin,
Sera pour conclure à la fin :
Vous avés vou quelle finesse,
Que pour trouver une fin esse?
Soubdain il n'est que femme fine.
Par ceste fin, la farce finne[1].
En prenant congé de ce lieu,
Une chanson pour dire adieu.

1. « Se termine, finit »

FIN DE LA FARCE DU BON PAYEUR.

LE VIEL ET LE JEUNE AMOUREULX

(XVIe SIECLE — REGNE DE FRANÇOIS 1er)

NOTICE ET ARGUMENT

Cette pièce, qui n'est qu'un *Dialogue*, se trouve la septième dans le *Recueil La Vallière*, publié à 75 exemplaires par MM. Le Roux de Lincy et Francisque Michel.

Le titre en dit assez le sujet, qui, dès cette époque, était très rebattu déjà.

Il avait inspiré plusieurs de ces petites pièces à deux, comme celle-ci, qu'on n'appelait ni *Dialogue*, ni *Farce*, mais *Débats*, et dont une assez longue liste se trouve, avec ce nom, dans le *Jardin de plaisance* : *Débat de l'homme marié*, *Debat de la femme fannée*, etc., etc.

On en avait eu beaucoup d'un genre moins scénique, et qui ne se jouaient pas moins : le *Débat et Procès de Nature et de Jeunesse*, le *Débat du Corps et de l'Ame*[1].

Celui-ci, entre autres, qui avait pris, dans une des nombreuses versions qui durent en être faites, les proportions d'un vrai mystère, et s'appelait pour cela *Mystere du Debat du Corps et de l'Ame*, avait été joué à Amiens en 1489[2].

Les *Debats d'amoureux* foisonnaient surtout. Le *Jardin de plaisance* en cite plusieurs. Nous en connaissons un,

qui n'eut pas moins de quatre éditions. Il est tout à fait du même genre que notre dialogue, ainsi que son titre va le prouver : Le *Débat du jeune et du vieulx amoureux*[1], ou simplement, comme en trois éditions sur quatre : le *Debat du vieil et du jeune*. Dans toutes, le jeune cède le pas à l'autre pour parler d'abord : « Et premièrement parle le vieulx. »

Il en est de même ici, et ce n'est pas, comme on le pense bien, le seul point de ressemblance. Dans le *Débat* toutefois, le vieux, qui ne fait ici que gémir et récriminer, a plus de regrets que de plaintes. Avant de maudire l'amour, il raconte ses plaisirs, et trouve ainsi presque à le bénir encore.

Des lamentations au contraire, avec les plus amers reproches, sont tout ce qu'il trouve ici contre ce qui fut pourtant sa joie.

Le jeune lui riposte avec la plus vive ardeur. Il venge par les éloges les plus ingénieux et les plus variés les femmes que le vieillard accuse avec un acharnement de repentir qui devient de l'injustice ; et il finit par le ramener à plus d'indulgence.

Cette petite pièce n'est pas d'une grande force, mais elle est courte, et elle a pour nous le mérite d'être un spécimen du genre *Débat*, qui nous manquait.

---

1. Ces deux pieces ont été publiées en 1825 par M. de Bock à la suite d'une autre du même genre le *Debat de deux demoyselles, l'une nommee la Noire, et l'autre la Tannee*, in 8.
2. H. Dusaid, *Documents relatifs aux mysteres et jeux de personnages representes a Amiens pendant le XVe siecle*, 1842, in-8, p. 9.

1. Il a été publié sous ce titre par M. de Montaiglon, *Anciennes Poesies françaises*, t. VII, p. 211.

LE VIEL AMOUREULX

ET

LE JEUNE AMOUREULX

A DEULX PERSONNAGES

LE VIEL AMOUREULX *commence en chantant*.

Vray Dieu ! qu'amoureulx ont de peine.
Par Dieu ! j'aymasse mieux la mort.
Sur moy n'y a ne nerfs ne vaine
Qui ne se sente de remort.
Ainsy amours amoureux mord
Comme moy qui vaulx quasy mort,
Mortellement mourant au monde,

Pour avoir mené vye imunde,
En prenant mortelle habitude
Et chassé chasteté tres munde[1],
Avec honneur que l'homme esmunde[2]

---

1. « Tres pure (*munda*) » Puisqu'*immonde*, son contraire, est resté pourquoi « monde » a-t-il disparu ? C'était l'avis de Voltaire, qui, pour le faire survivre, l'a employé quelquefois.
2. « Détache comme une branche »

De sancté et de rectitude.
Pour plaisir j'ay sollicitude ¹,
Pour soulas ² désolation
Pour chagrin toute amaritude ³,
Pour gloire malediction,
Desplaisir pour mondanité ⁴ :
Vouela la retribution
D'amours et sa mechanceté.
Fole amour cause iniquicté,
Honte, reproche, villennye.
Fole amour en captivité
Rend un chacun.

   LE JEUNE AMOUREULX.
   Je le vous nye.
D'amour vient plaisance infinye
Passe-temps, soulas et plaisir.

   LE VIEL AMOUREULX.
Mais qu'on ayt la bource garnye :
On a des dames à choisir.

   LE JEUNE.
Dames prennent plus leur plaisir
A plaisanter et dire bien.
En amours n'y a synon bien
Nul mal, ni a qui en luy pence.

   LE VIEL.
Pour faire la grosse despence
Amour veult tousjours qu'on aporte
Chaine, bague de mainte sorte
Ou poinct ne se contentera.

   LE JEUNE.
Tes-toy, car avant que je sorte
Ton mauvais blason ⁵ te cuyra.

   LE VIEL *chante*.
Jamais amoureux bien n'aura.

   LE JEUNE.
Sy aura.

   LE VIEL.
   En quelle manière ?

   LE JEUNE.
Nuyct et jour se resjouyra.

   LE VIEL.
Quant de ses amours jouyra,

---

1. Ce mot est ici dans le sens d'*ennui, inquiétude*, qui est du reste celui de son radical latin *sollicitudo*.
2. « Amusement, satisfaction. »
3. « Amertume (*amaritudo*). »
4. « Frivolités mondaines. » Ce mot n'est resté que dans les livres de dévotion. Il revient quelquefois dans les sermons de Massillon. Marot avait déjà commencé dans sa traduction des *Psaumes* a lui donner une acception mystique :

 Quant à celuy qui en tout temps incline
  A se baigner dans la *mondanité*..

5. « Ton propos médisant. » Ce mot, nous l'avons déja dit, se prenait à la fois pour satire et louange, suivant les épithetes dont on l'accompagnait. Marot va nous en donner un exemple complet dans sa XIIIᵉ *Epistre* :

 Aussy n'est-il *blason* tant soit infâme
 Qui sceut changer le bruit (la reputation) d'honneste femme,
 Et n'est blason, tant soit plein de louange,
 Qui de renom la folle femme change.

D'or luy fauldra une mynière ¹.

   LE JEUNE.
Voyre si c'est une routière ²
Qui rencontre quelque bemy ³.
Mais dame de cœur bien entière
Ne voyt pas celuy à demy
Pour qui el' chante à voix plainière :
« Le jour que je voy mon amy...

   LE VIEL.
« J'en ay tout deuil et tout ennuy...

   LE JEUNE.
« J'en ay tout plaisir et soulas...

   LE VIEL.
« J'en cloche...

   LE JEUNE.
   « J'en suys resjouy
   « Tout ragaillardy...

   LE VIEL.
   « Et moy las. »

   LE JEUNE.
Je chante.

   LE VIEL.
   Et moi, je crie : hélas !
Caché dedans un reculet ⁴.

   LE JEUNE.
Sui-ge gay, sui-ge gentilet !

   LE VIEL.
Sui-ge pensif et douloureux ?

   LE JEUNE.
A ! je suys un enfant de let.

   LE VIEL.
Et moy un pauvre soufreteux.
Pale, deffaict, maigre, piteux
Qui ne me puys plus soutenir.

   LE JEUNE.
Veux-tu ce blason soutenir
D'amours ?

   LE VIEL.
   Je n'en puys pas bien dire,
Car y m'a faict tel devenir.

   LE JEUNE.
Sy tu t'y eusses sceu conduyre
Y t'eust faict florir et reluyre,
Repestre en repos, et gésir ⁵.

   LE VIEL.
Y m'a faict par une destruyre,
Dont j'ay faict ce chant à loisir.

---

1. V. sur ce mot p. 336, note 3.
2. « Coureuse. » Ce mot, devenu « rutière », désignait encore dans l'argot du temps de Vidocq une certaine catégorie de filles de joie. V. son livre *les Voleurs*, t. II, p. 73-76.
3. Pour « *besmy, besmus*, sot, niais. » *Besmus* avec ce sens se trouve dans Cotgrave.
4. « Un petit coin, à l'écart. » Cotgrave écrit *reculé*.
5. « Coucher dans un lit amoureux. »

(*Y chante.*)
« Las ! de mon triste desplaisir
« A vous belle je me complains.
« Vous y traictés mal mon désir,
« Sy tres avant que je m'en plains
    « Entre vos mains,
    « Par mons par plains [1],
    « Sans nul confort,
    « Dont sur ma foy,
    « Comme je voy,
    « Vous avez tort.
« Mainct homme en est crochu et tord [2]
« D'ame, de bien et de santé. »

LE JEUNE.

Mainct homme en est gaillard et fort
Possédant des biens à planté [3].

LE VIEL.

Mainct homme en est bien suplanté [4].

LE JEUNE.

Chacun doibt en amours hommage,
Car de luy vient force et beaulté.

LE VIEL.

Mais deuil, desplaisir et dommage.
Dido la royne de Cartage
S'occit par folement aymer.
Et Léander s'en mist à nage [5]
Tant qu'il fut noyé en la mer

LE JEUNE.

On doibt les sos amans blamer
Qui ne savent que vault amour ;
Et les sages moult estimer,
Qui d'aymer ont congneu le tour.

LE VIEL.

Ne voys-tu pas de jour en jour
Comme plusieurs en sont gastés !

LE JEUNE.

A ! ils ont faict trop long séjour,
Avec les filles assotés.
S'ils eusent congneu les bontés
Des sages femmes, et honnestes,
Pas ne fusent si mal traictes
Si vilains, ne si deshonnestes.

LE VIEL.

Femmes nous font bestes,
Et rompre les testes
Par cris et tempestes ;
Et tousjours sont prestes
Nous estre nuysantes.

LE JEUNE.

Femmes sont segretes [1]
En amour discretes,
Doulces, mygnonnetes
Et tant bien parlantes.
Y sont avenantes,
Cleres, reluysantes,
Trop plus suffisantes [2]
Que nous, bien disantes,
Et plus agreables.

LE VIEL.

S'y sont élégantes
Y sont arrogantes
Et s'y sont plaisantes
Mal sont profitables [3],
Et trop variables.

LE JEUNE.

Y sont amyables.

LE VIEL.

Y sont tous les diables.

LE JEUNE.

Y sont secourables.

LE VIEL.

Mais desraisonnables
Et trop hault montés.

LE JEUNE.

Or ça qui nous a elevés,
Nourris petis, alimentes,
Vestis, et lavés et frotés
Tenus netz, et de corps et d'ames ?
Respons.

LE VIEL.

Et c'ont este les femmes.

LE JEUNE.

Or ça ! qui nous a aletés,
Donné le papin [4], les totes [5]
Et de doulces dragés les drames [6] !
Respons.

LE VIEL.

Et c'ont este les femmes.

LE JEUNE.

Amour rend l'homme tout gaillart
Et sy faict sage le paillart

---

1. « Plaines. »
2. « Tordu, tourmenté. »
3. « En abondance, plénitude. »
4. « Deracine » C'est le premier sens du mot.
5. Pour « a la nage, » expression qui ne remplaça l'autre qu'assez tard Mme de Sévigné écrivait encore « Je ne comprends point le passage du Rhin *a nage* » (Lettre du 19 juin 1679), et Chaulieu, dans son *Ode a M. de Vendome*

C'est là qu'on le voit *à nage*
Fendre les flots écumants

1. C'est ici le même mot « que discretes », qui vient au vers suivant.
2. « Propres a tout, capables. » Nicot ne donne pas d'autre sens a ce mot dans son *Dictionnaire* Pour lui, par exemple, un « auteur suffisant » est un autem capable, propre a ce qu'il fait, « *idoneus author.* »
3. « Elles en tirent vilains profits »
4. « La bouillie. » Le mot se trouve dans l'*Inventaire de Charles V* « une peesle (poêle), a une cuiller d'argent blanc, pour faire *pappin*, » et dans les *Comptes* de Charles VI, pour une de ses filles, a la date de 1388 « a Jehan Tonquin, ferron, pour un petit trepié de fer pour mettre sur le feu a bruler le *pappin* de madame Jehanne de France . » On appelle *papet*, a Neuchâtel en Suisse, une bouillie tres épaisse, et, par suite, la boue des rues.
5. « Les totes » V pour ce mot une note des pieces qui précèdent.
6. Pour « drachme », mesure qui équivalait a la huitieme partie de l'once, et qu'employaient alors les apothicaires, chez qui se vendaient les dragées et autres sucreries.

Le sot sage et le viel honneste.
LE VIEL.
Jamais amour n'entra en teste
De vilain, je le congnoys bien.
LE JEUNE.
Tais-toy donc.
LE VIEL.
   Je ne dis plus rien.
LE JEUNE.
Et conclus.
LE VIEL.
   Que c'est le moyen
De paix, de grace et de concorde,
De maryage le lyen,
L'ennemy de noyse et discorde.
Par luy avons miséricorde
De Dieu et sa mere Marye.
LE JEUNE.
Il est certain, je me recorde,
Par amour l'homme se marye.
LE VIEL.
Par amour maincte compaignye
S'asemble a faire bonne chere.
Icy fais fin de ma matiere
Et me rens du tout en amours.
Combien qu'amours m'a esté chere
J'en ai porté mile douleurs.
Je m'en voys passer mes couroux,
En prenant congé de ce lieu
Et vous disant a tous adieu.

FIN DU VIEL ET DU JEUNE AMOUREULX.

MORALITÉ DE LA MÈRE ET DE LA FILLE

(XVIᵉ SIÈCLE — RÈGNE DE FRANÇOIS Iᵉʳ)

NOTICE ET ARGUMENT

Cette *Moralité* sera la dernière pièce que nous tirerons du précieux *Recueil de Londres*, où elle est la 54ᵉ, avec six feuillets de texte, à quarante-six lignes par page.

Au titre se trouvent deux petites gravures insignifiantes, et à la fin, comme particularité assez singulière, six empreintes sur bois de monnaies de l'époque.

L'imprimeur, ayant affaire ici à une « histoire romaine », aura cru intelligent d'y mettre comme *illustration* quelque chose qu'on pouvait au besoin, tant les figures sont peu nettes, prendre pour des médailles antiques.

Le sujet de la pièce vient réellement de Rome. Il se trouve raconté dans le livre des *Actions et paroles mémorables* de Valère Maxime (liv. V, ch. IV, art 7). Ses commentateurs, entre autres celui de l'édition de Berlin, 1753, in-12, renvoient même à Pline, pour un récit pareil, mais, malgré l'indication précise qu'ils donnent (liv. VI, ch. XXXVI), nous avouons n'y avoir rien trouvé.

Il est toutefois certain que « cette histoire romaine » n'est pas que chez Valère Maxime. Il en court, dans les *Morales en action*, un récit qui, sauf le fond du sujet, ne ressemble pas au sien. Il nous donne, ce que l'anecdotier romain a omis, le nom de la fille qui sauva sa mère : elle y est nommée Terentia, et il y est dit à la fin qu'en souvenir de sa belle action un temple fut élevé à la Piété filiale sur le lieu qui en avait été témoin.

C'était une prison, qui fut démolie exprès. La mère y avait été mise pour mourir de faim en expiation d'un crime que ni Valère Maxime ni les autres conteurs latins n'indiquent, mais que l'auteur de la moralité précise, sans doute de sa propre autorité : c'était, suivant lui, une trahison contre Rome, ce qui n'est pas mal imaginé du reste pour expliquer la rigueur du châtiment.

D'abord, le consul, que notre auteur appelle Oracius, avait condamné la coupable à avoir la tête tranchée ; mais, touché par les larmes de la fille, il avait changé — nous ne disons pas commué — la peine.

C'est par la faim et non par le fer qu'elle devait mourir.

La seule grâce qu'on lui fait est de pouvoir être visitée par sa fille. Celle-ci ne manque pas un jour, et chaque fois, car elle-même était mère d'un enfant à la mamelle, chaque fois elle allaite la pauvre condamnée et trompe ainsi la mort dont on voulait la frapper.

Tout se découvre enfin ; le consul, ému d'un si beau dévouement, pardonne et rend la liberté à la coupable.

Rien n'est plus naïf que cette petite tragédie, mais quelquefois aussi rien n'est plus touchant et d'une simplicité plus éloquente.

Nous avons suivi le texte donné par l'*Ancien Théâtre français* de la Bibliothèque Elzévirienne, t. III, p. 171, mais après avoir eu soin de le revoir sur l'exemplaire unique du *British Museum*.

MORALITÉ

ou

HISTOIRE ROMMAINE

D'UNE FEMME QUI AVOIT VOULU TRAHIR LA CITÉ DE ROMME, ET COMMENT
LA FILLE LA NOURRIT SIX SEPMAINES DE SON LAIT EN PRISON.

A cinq personnaiges, c'est assavoir :

ORACIUS	LA MÈRE
VALÉRIUS	ET LA FILLE
LE SERGENT	

ORACIUS *commence.*
Seigneurs Rommains, de geste[1] vertueuse,
Qui regentez la monarche[1] du monde,
Par sens, advis, peine laborieuse,
Avons acquis renommée doubteuse[2],

---

[1] « D'action. » Le mot *geste*, au féminin, signifiait surtout *chronique, histoire*, et ne s'éloignait pas, ainsi, du premier sens, puisqu'il désignait un « récit d'actions ».

En vieille *geste* est escritz de longs ans,

lisons-nous à la p. 86 du *Roman de Roncevaux*, qui est lui-même ce qu'on appelle une « chanson de geste », un roman d'histoire

[1] C'est la première forme du mot « monarchie ». On la trouve dans le *Testament* de Jehan de Meung, v. 919.

Et Tobie, et Jacob, et Noe qui fist l'arche,
Qui tindrent en leur temps du monde la *monarche*.

[2] « Redoutable. » C'est le premier sens, très ancien, du mot

Sans que en nous soit aulcune tache immonde,
Or, je vous prie que ci on me responde
S'il est aulcun qui ayt convalessence [1],
Qui trangresser vueille nostre deffence.
Vous sçavez bien qu'on a fait translater
De Salomon le saige les loix belles ;
Que tout chascun a voulu accorder
Le contenu d'icelles et garder,
Et promettant de pugnir les rebelles.
Nous ne faisons pas besongnes nouvelles,
Gardons nos loix et les entretenons,
Car à tousjours en avons bon renom.

VALERIUS.

Oracius consul le vénérable,
Les bonnes loix se doibvent maintenir,
Car les Rommains, par estre vertuable [2]
Et par leurs dictz très bien entretenir,
Ont faict plusieurs à l'empire obeyr
Et ont acquis le nom de loyaulté
Que par armes ont voulu soubtenir,
En approuvant la pure verité.

ORACIUS.

Par les Rommains nous sommes establis
Grans justiciers en icelle cité.
Le cas nous a grandement embellis [3],
Comme sçavez, à dire vérité ;
Et pourtant dont il est nécessité
Sçavoir s'aulcun a commis quelque mal,
Pour luy livrer, selon juste équité,
Sa déserte [4], selon le cas égal.

VALERIUS.

Vous en parlez comme juste et loyal ;
Par nous debvons estre la main tenant
A corriger tous vices ennormal [5] :
Car aultrement ne sommes pas sçachans.

ORACIUS.

C'est vray ; pourtant, s'on est sachant
Personne qui ayt offencé,
Qu'on nous le dye cy maintenant,
S'il est quelque vice brassé [6],
Je ne me suis pas appencé [7],
Qu'il y ayt quelque nouveau vice ;
Mais, s'il y a rien despensé [8],

Sachons le, pour faire justice.

LE SERGENT.

Sire, c'est droict qu'on accomplisse
Vostre vouloir toute saison,
Et, affin que à effect sortisse
Le cours de justice et raison,
Il y a en ceste prison
Une femme que l'on renomme
D'avoir faict quelque trahison
Encontre la cité de Romme.

ORACIUS.

Certes, vous estes bon corps d'homme.
Que on la face legierement [1]
Venir, à la fin que on luy somme
Sa fin et cruel jugement.

LE SERGENT.

Sire, vostre commandement
Sera faict sans dilation [2].
Sus, sus, sortez legierement
Pour recepvoir pugnition.

LA MÈRE.

O griefve desolation !
O suis-je mise en basse lame [3] !
O dure lamentation !
Mourir me fauldra à grant blasme.
Que feras tu, povre et infame femme ?
Tu souffriras huy grant laidure dure ;
Plus ne seras nommee d'ame dame.
Mort tient sur moy trop sa morsure sure.
Ton corps ira à corrompure pure ;
A ce jour d'huy toute lyesse lesse.
Nul n'est vivant qui me procure cure [4]
Car aujourd'huy trop ma noblesse blesse [5].

LE SERGENT.

Sire, voicy la pécheresse
Que vous m'avez baillée en garde ;
Devant vostre noble haultesse
Je la metz sans aultre avant-garde.

ORACIUS.

Ha, femme, quant je te regardo,
J'ay pitié de toy, vrayement,
Considerant la mort paillarde [6]

---

douteux. « Et sachiés, dit Villehardouin, ch. LXX, que ce fu une des plus *douteuses* choses qui oncques fust a faire. »

1 « Vigueur, énergie, volonte. » Se trouve avec le même sens dans Montaigne (liv. III) « S'il y a convalescence, c'est une convalescence maléficiée »

2. Forme assez étrange, et fort peu usitée, du mot « vertueux ».

3. « Illustrés, rendus plus dignes »

4. Pour « deserte », c'est-a-dire sa *part du banquet*, et, par extension, *ce qu'on lui doit, ce qu'il merite*

Bien voient qu'ils auront de leurs faicts la *deserte*,

lisons-nous dans le *Roman de Berte*.

5 Pour « anormal », qu'on employait déjà, et même plus volontiers.

6. « Machiné sournoisement. »

Cecy est brassé de pieça (depuis longtemps).
Que dira t on si on le sçait ?

dit Painet dans la *fa.ce qui porte son nom*

7 « Je n'ai pas farce à savoir »

8. « S'il y a rien d'accompli de cette sorte »

---

1. « Promptement. »

Légerement aures les noz (nôtres) vengez,

lisons-nous avec le même sens dans le *Roman de Roncevaux*, p. 72

2 « Sans délai. »

3 C'est a dire « tout pres du tombeau », que l'on désignait souvent ce mot « lame », a cause de l'épitaphe gravee d'ordinaire sur une lame de pierre ou de métal. On lit dans Froissart, expliquant (t. III, liv. IV, ch. XI) pourquoi s'est étendu sur la vie d'un personnage « La cause a esté pour embellir sa *lame* et sépulture », et dans Ronsard :

Pourquoy en vous moquant me faictes vous cet rit
De m'appeler squelette et *lame* de la mort ?

4. « Soin (*cura*). »

5. Cette « désolation » est en *rimes couronnées*, comme celle de Banquet, avant d'aller aussi au supplice. V. plus haut, p 270

6 Ce mot est ici dans le sens de « mauvaise », qu'il avait quelquefois Lorsque Commines (liv. VIII, ch. XI), apres avoir dit que Savonarole était « un hérétique », ajoute « et un *paillard* », il veut dire un mauvais homme, un scélérat.

Qu'endurer te convient briefment.
Sus, que on voye legièrement
Noncer ¹ que on soit cy en presence
Pour cy ouyr publicquement
Prononcer sur elle sentence.

LE SERGENT.

On en fera la diligence;
Plus ne se fault ramentevoir ²;
Puisque telle est la conséquence,
Laissez m'en faire le debvoir.
Oyez ³ : on vous faict assavoir
Que on s'en va juger une femme,
Laquelle a voulu concevoir
En elle trahison infame
Contre l'empire, dont en blasme,
On la va ce jour corriger.
A son deshonneur et diffame.
La vienne veoir qui veult juger.

LA FILLE.

O créateur et père droicturier ⁴,
Que deviendra ceste pauvre esgarée ?
Las qu'ay-je ouy en ce lieu publier ?
Mon cueur se doibt humilier,
Larmes gecter des yeulx par randonnée ⁵.
Cessez vos chantz, oyseaulx volans es cieulx,
Et vueillez huy avec moy lamenter.
Ne pourray-je mon esmoy differer
Et m'en aller ouyr juger ma mere ?
Je m'y en vois. Cognue ne suis d'ame ⁶,
Nul ne sçaura dont celle m'appartient ⁷.
Mais que dis tu, très-malheureuse femme ?
Veulx-tu ouyr juger a mort infame
Ta mere? Helas, jollye bien te tient ;
C'est dommaige que terre te soustient
Quant tu accords ⁸ d'estre huy en la presence
Du juge qui va donner la sentence.

LE SERGENT.

Sire, j'ay faict la diligence
De ce que la charge avoye.

ORACIUS.

Vous este homme d'intelligence;
Vostre habileté me resjoye.

LA FILLE.

Helas, helas, mon vray Dieu qui m'esmoye,
Voyant ma mère en un si piteulx ploy ¹ ;
Confortez-moy, de tous biens la montjoye ²,
Car je ne sçay que je dis, sur ma foy.

ORACIUS.

Or ça, m'amye, entends à moy :
Tu as, par tes faictz inhumains,
Au moins si n'eust tenu à toy,
Cherché la perte des Rommains.
Tes faictz sont pervers et villains ;
De toy me prens a esbahir ³.
Ceulx où tu es ⁴ à tout le moins
Tu as contendu ⁵ de trahir.

LA MÈRE.

Helas, vueillez-moy secourir,
Noble seigneur.

ORACIUS.

Certes, m'amye,
Tu as beau pardon requerir,
Car, pour vray, tu ne l'auras mye.
Par ta convoitise et envie
Tu as perpetre trahison,
Je te juge à perdre la vie,
Pour faire justice et raison.

LA MÈRE.

O mon vray Dieu, que tant prison ⁶,
Me fault-il en tel vitupere
Finir mes jours ceste saison,
Et endurer tel peine amère ?

LA FILLE.

Ayez pitié de ma doulente ⁷ mere,
Juste juge; pardonnez ce meffaict.
Ayez pitie de ma doulente mere,
Sans la juger ce jour de mort amere ⁸,
Mettez pitié à l'encontre du faict,
Las! elle meurt en peine et en misere.
Jugez aussi, sans que nul y differe,
Que je meure : car certes bien me plaist °.
Puisqu'ainsi est que sa vie vous desplaist,
Jamais ne quiers que mort, car dueil m'avere ¹⁰.
Helas, vraymant, mon solas ¹¹ est deffaict,
Se sentence de mort on y profère.
Juste juge, pardonnez ce meffaict.

---

1. « Annoncer (*nuntiare*). »
2. « Il n'est plus besoin de revenir sur l'affaire. »
3. « Écoutez. » C'est ainsi que commençaient toutes les proclamations, tous les « crys » faits en public. L'usage et le mot se sont conservés chez les Anglais qui ont gardé tant de choses de notre vieille langue et de notre ancienne pratique. Leurs proclamations commencent toujours par « oyez », et le Français, qui ne reconnaît pas un ancien mot de sa langue, croit qu'ils disent *o yes* (oh ! oui).
4. Ce mot se disait pour « justicier », tantôt, comme ici, avec l'idée de clémence à obtenir, tantôt avec l'idée de rigueur, comme dans ce passage de la *Moralité de Charité* :

> Car Sainte Église le deffent
> Que tu ne prestes nullement
> Pour en avoir quelque loyer
> Sinon Dieu te sera *droicturier*

5. « Par torrent, » du mot *randon*, qui signifiait *flot*, et qu'on trouve encore dans une des *Poesies diverses* de La Fontaine.

> L'hiver survient avec grande furie
> Monceaux de neige, et grands *randons* de pluie.

6. « De personne, d'ame qui vive. »
7. « D'où elle m'interesse, par quel coté elle m'appartient »
8. « Tu accordes, tu consens »

1. Pour « plaid, proces »
2. « Vous qui etes le trésor, l'amas (*montjoye*) de tous biens » Nous avons déjà vu et expliqué au passage ce mot « montjoye ».
3. « Je me prends a m'étonner avec indignation de toi et de ce que tu as fait »
4. « Au milieu desquels tu te trouves. »
5. « Tu t'es efforcée, du latin *contendere* »
6. « Que nous adorons, que nous aimons tant. »
7. « Désolé »
8. « Sans la condamner a mort »
9. « C'est bien ma volonté. »
10. « Ce deuil m'est certain, avéré. »
11. « Mon bonheur, ma consolation (*solatium*) »

VALÉRIUS.

Ceste fille pitié me faict,
Mais il fault justice accomplir.

LA MÈRE.

Souverain Dieu, qui tout deffaict,
Vueillez-moy ce jour secourir.

ORACIUS.

Or sus, à coup ! pour maintenir
Chascun en droict, il fault que bref
A ceste femme, sans faillir,
On voyse¹ tost trencher le chef.

LA FILLE.

O noble seigneur, quel meschef !
Trencher le chef ! vierge dame !
Si la besongne vient a chef²
Que feray-je, moy, pouvre femme ?
Seigneurs, vous n'auriez point de blasme
A ce que vouldray reciter :
Je vous prie de corps et d'ame
Qui vous plaise de m'escouter.

VALÉRIUS.

Or sus, vueillez le faict conter ;
Si orrons que vous vouldrez dire.

LA FILLE.

Puisque voulez descapiter
Ma mère, je requier, chier sire,
Affin la besongne assoufire³,
C'est que sentence sera muee⁴,
Et que j'aye part au martyre
En quoy ma mere est condamnee ;
Qu'elle ayt une jambe couppee,
Et moy une, je le veulx bien,
Puis sa langue luy soit ostée
Et la mienne, par tel moyen.
Pour la delivrer du lyen
De la mort, tranchez-moy les bras,
Car s'elle meurt, je congnoy bien
Que jamais je n'auray soulas.

ORACIUS.

Ma fille, par ma foy tu as
En toy vraye amour maternelle⁵ ;
J'ay bien veu des filles ung tas,
Mais oncques n'en vis une telle ;
Et pour ta requeste tant belle,
Ta mère, pouvre malheureuse,
Ne mourra, je le te revelle,
Par moy au moins⁶, de mort honteuse.

VALÉRIUS.

Vous alléguez chose doubteuse⁷ ;
Juge ne se doibt rappeler¹.

ORACIUS.

Valérius, chose piteuse²
Se peult en pitie modérer ;
N'avez-vous pas ouy compter
Que Trajan jugea son enfant
A mort, puis le voult³ repeter⁴.
C'estoit empereur triomphant,
Ha ! ce fut ung cas suffisant
Et qui estoit de noble arroy⁵ ;
Il en acquist regnon bruyant
Et ci tint justice en son ploy.
Zeleucus, pour tenir la loy
Que luy-mesme ordonne avoyt,
Jugea son fils, pour ung desroy⁶,
Que les yeulx on luy creveroit.
Toutesfoys, luy, qui roy estoit,
Revocqua le dit⁷ en comun,
Disant que luy-mesme il auroit
Ung œil creve et son fils ung ;
Cela fut faict devant chascun,
Et cela fist-il pour le mieulx,
Pour eviter plus grant envie ;
Je croy qu'il en eust gloire ès cieux⁸.

VALÉRIUS.

Dieu monstra là réallement
Comment justice est necessaire ;
Si plaist à Dieu moult grandement
Celuy qui veult justice faire.
Si ne sçay que voulez retraire⁹
Icy pour sauver ceste femme ;
Pensez donc bien sur cest affaire
Affin que nous n'y ayons blasme.

ORACIUS.

Le cas ne sera pas infame,
Doubter ne se fault de cecy :
Si ne perdrez bruyt ne fame¹⁰
Sur l'affaire, ne moy aussi.
Nous disons par sentence infame
Qu'icelle sera en prison
A tousjours, mais pour ce cas cy
Abohr, et sa trahison.
S'ordonnons qu'on ferme la porte
Et qu'âme nul n'y entrera
Jusques à ce qu'on nous raporte

---

1 « On aille. »
2. « S'accomplit. » V. sur cette expression une note des dernieres pieces.
3 « Achever, assouvir. » V. plus haut la note 1 de la *Farce de l'obstination des femmes*
4 « Changée. »
5. Le mot *filial* n'existant pas encore — il ne date que du xvii⁰ siecle — on disait « maternel » pour les ix affections, celle de la mere et celle de la fille l'une envers l'autre
6. « Ne mourra point, du moins de mon fait. »
7. « Qu'on peut contredire discuter, »

1. « Ne doit en appeler contre lui-même, se déjuger. »
2. « Digne de pitié. »
3. « Pour « voulut »
4 « Réclamer, pour lui faire grâce. » C'est encore un terme de droit, avec ce mot sans de *reclamer* Nous n'avons pas besoin de dire que ce qu'on lit ici sur Trajan et son « enfant » n'est qu'une légende. Trajan n'eut pas de fils. Pour avoir un successeur, il dut adopter Adrien
5. « Bon à montrer comme noble exemple. »
6 « Pour un grave desordre. » Ce mot *desroy* nous donne ici une des formes et l'un des sens du mot *desarroi*.
7 « L'arret »
8 Ce passage n'est que le développement d'une anecdote sur Zeleucus, roi ou plutot législateur des Locriens, et sur son fils, anecdote racontée par Valère-Maxime (liv. VI, ch. 1) C'est pour adultere — ce que notre pieuse *moralité* rougissait de dire — que le fils avait été condamné à perdre les deux yeux.
9 « Je ne vois pas ce que vous voulez retirer (*retranc*) de votre sentence. »
10 « Reputation (*bruyt*) ni renommee (*fama*) »

Pour certain que morte sera ;
Je concede bien sur cela
Que l'allez veoir et que parlez,
Par la treille [1], qui est yla,
Trestout le mieulx que vous pourrez.

LA FILLE.

Grant mercy, sire ; vous m'avez
Remply le cueur de toute joye.

ORACIUS.

Or sus, à coup, or l'emmenez,
Comme il est dit.

LE SERGENT.

Je n'attendoye
Aultre chose. Sus, sus, en voye [2].
Venez-vous-en en la prison ;
Plus vous n'empecherez la voye ;
Voicy voz dernière maison [3].

LA MÈRE.

Obéyr doy, c'est bien raison,
Encore me faict-on grant'grace.
Que mauldite soit trahison !
Celuy est fol qui la pourchasse.

LA FILLE.

Je vous lerray en ceste plasse :
Ung peu voy jusques à l'hostel,
Ma mere.

LA MÈRE.

Las ! en briefve espasse
Retournez [4], pour mon dueil mortel
Appaiser. O Dieu immortel,
Que voicy piteulx accidans,
Mourir me fauldra cy-de-dans.

LE SERGENT.

M'amye, aussi comme j'entens,
Jamais ne partirez d'icy,
Folye est si à vuyder prétens [5] ;
Crier vous fault à Dieu mercy.

LA MÈRE.

Mon cher amy, il est ainsi :
Mon Dieu, donnez-moy patience
Contre mon esmoy et soulcy,
Et pardonnez-moy mon offence.

LA FILLE.

Il est grant temps, comme je pense,
Que en prison soye retournant,
Où ma mère est, par sentence,
Sans estre beuvant ne mengeant.
Je viens d'habiller mon enfant ;
Il est couche, dont je m'en voys,
Affin d'estre reconfortant [6]
Ma mere en son cruel esmoy.

LA MÈRE.

Mon Dieu et souverain roy,

Fort suis atainte de famyne.
Mourir me fault, ainsy le croy,
Car la grant faim mon cueur amayne [1].
O vierge, des sainctz cieulx royne,
Confortez-moy en ce danger,
Car de brief fauldra que je fine [2],
Puis que n'auray riens que menger.

LA FILLE.

Mère, Dieu vous vueille alléger
Par sa très benigne puissance.
Comme en va ?

LA MÈRE.

Certe, au vray juger,
Fille, je me meurs sans doubtance.

LA FILLE.

De Jésus ayez souvenance,
Et prenez tout en patiance.
Ne tournez en désespérance
Le mal ; pas ne seroit science [3].

LA MÈRE.

O mon enfant, j'ay si grant indigence
Que n'est homme vivant qui le sceust dire.

LA FILLE.

Je cognoys bien et sçay d'intelligence [4]
Que famyne fort vostre corps empire,
Mais toutes foys mercyez nostre sire
Qui a souffert que de ce cas villain
Vous n'avez pas enduré le martyre,
Tel que le cas le requeroit à plain.

LA MÈRE.

Helas, ma fille, je meurs de fain !

LA FILLE.

Hélas, ce poyse à moy [5], ma mère.

LA MÈRE.

Que voicy pouvre et piteulx train :
Helas, ma fille, je meurs de fain !

LA FILLE.

Je n'ay vin, chair, paste ne pain
Pour vous ayder en vo misere.

LA MÈRE.

Helas, ma fille, je meurs de fain.

LA FILLE.

Hélas, ce poyse à moy, ma mère.

LA MÈRE.

O mon enfant, je souffre peine amère :
Las ! vueille moy donner allegement.

---

1 Pour « amenuise, » diminue, s'affaiblit. « Quand, dit Froissart (t I, liv I, ch. LIII), ceux de Warwich virent qu'ils n'estoyent confortés de nul costé, et que les vivres leur *amenuysoient* »
2 « Que je meure, que je finisse. »
3. « Ce ne seroit pas sagesse »
4 « Et devine d'instinct »
5. « Cela m'est bien pesant, bien douloureux » Dans la *Farce du badin, la femme et la chambrière :*

LE BADIN
Mais le bon bouquet voirement
Il est mine de maladie,
Dont il me poise.

---

1. C'est a dire « par le treillis, les barreaux. »
2. « En route »
3 « Votre dernière demeure »
4 « Revenez en un court espace de temps »
5. « C'est folie si vous prétendez a vider, quitter la place »
6. « Afin de pouvoir reconforter, nourrir »

Prens pitié de me voir tant austère [1] ;
Pour toy nourrir tant ay eu de tourment.

LA FILLE.

Hélas, a peu [2] que le cueur ne me fend
En escoutant vostre douleur cruelle ;
Dont, si vous plaist, sans user de rigueur
Rendre vous veux huy amour maternelle ;
Venez ycy allaicter ma mamelle [3]
Et en prenez vostre refection.
En ma jeunesse me fesiez chose telle
Dont j'en avoye ma substantation.

LE SERGENT.

J'ay en moy admiration
Comme ceste femme vit tant
Sans avoir quelque portion
De vivres, dont soit substantant.

LA MÈRE.

O, me voylà bien, mon enfant ;
Je suis bien refectionnée.
Grace au vray Père tout-puissant,
Quant de cecy t'es advisée.

LA FILLE.

G'y viendray chascune journée,
Ma mère, pour vous conforter.

LA MÈRE.

Ma fille, la Vierge honorée
Te vueille toujours convoyer.

ORACIUS.

Je m'esbahis, au vray narrer [4],
Que personne ne nous rapporte
Si la femme qu'ay faict serrer
En prison est en vie ou morte.
Oyez un peu que je diray :
Allez en prison où la femme
Est, et nous dictes sans delay
Si de son corps est party l'ame.

LE SERGENT.

Nenny, sire ; par mon baptesme,
Elle n'est encore en decours [5].

LA FILLE.

Mère, Dieu vous vueille tenir
En sante, ma mère et amye.

LA MÈRE.

En gloire puissiez parvenir,
Ma fille, dont je tiens ma vie.

1. « Durement, désespérément triste. » Le mot *austère* et ses dérivés se prenaient dans un sens beaucoup plus rude qu'aujourd'hui.
2. « Il s'en faut de peu »
3. Le mot « allaiter » se disait alors avec le sens qu'il a ici, et non avec celui que nous lui donnons aujourd'hui Entre autres exemples que nous pourrions donner voici ce qu'on trouve dans Monstrelet (liv. II, ch. xxxix) « Et durant le chemin, prirent plusieurs enfans *allaitans* leur mere, etc. »
4. « A vrai dire. »
5. « Sur le point de mourir » C'est, abrégée, l'expression « en décours de vie, » qui se trouve dans Rabelais (liv. II, ch. viii).

LA FILLE.

Ça, estes vous appareillee [1]
De venir allaicter ma mamelle ?

LA MÈRE.

Ouy dea, ma fille poise [2],
Cela ma force renouvelle.

ORACIUS.

Jamais je ne vis chose telle ;
Par mon serment, ceste femme a
En soy vraye amour maternelle,
Pour Dieu, regardez que c'est la.

VALÉRIUS.

A elle parler conviendra
Pour cognoistre ung peu sa mère ;
Je croy, quant elle nous verra,
Qu'elle fera bien maste chère [3].

ORACIUS.

Ha, femme, pour ta manière,
Ta mère icy on te redonne,
Mais qu'elle n'offence jamais.

LA MÈRE.

Jésus-Christ, amateur de paix,
Soit loué de ce cas icy,
Quant aujourd'hui de mes meffaictz
J'ay obtenu grace et mercy.

ORACIUS.

Certainement il est ainsi :
Ta fille ce bien nous procure ;
Oste-toy hors de tout solcy.

LA FILLE.

O souverain Dieu de nature,
Que voicy joyeuse adventure !
Je vous remercie humblement
Que à ma mère son injure
Luy pardonez si doulcement.

VALERIUS.

C'est par le bon gouvernement
Et le bien qu'en vous veu avons.
Or la ramenez prestement
Car ses meffaictz lui pardonnons.

LA FILLE.

Allons, ma mère, et Dieu louons
De ce cas, puisque ainsi va.

LA MÈRE.

Las ! je vois qu'en nulle saison
Oncques mère ne trouva
Telle fille.

LA FILLE.

Laissons cela ;
Je suis à vous bien plus tenue,
Car je cognoys tant qu'à cela
Que par vous suis au monde venue.

1. « Toute prête » Froissart dit avec le meme sens « Le roy estoit tout *appareille* de le recevoir. »
2. La rime et le sens disent que ce mot n'est pas celui qui devait être ici. Nous n'avons pu trouver comment le remplacer
3. « Triste mine. » Cette expression, « faire mate chere », se trouve avec le sens qu'elle a ici dans le *Menagier* (liv. III, ch. ii).

FIN DE LA MORALITE DE LA MERE ET DE LA FILLE.

SOTTIE DES BEGUINS

(XVIᵉ SIECLE — REGNE DE FRANÇOIS Iᵉʳ — 1523)

NOTICE ET ARGUMENT

Nous donnons cette pièce, ainsi que celle qui la suit, et qu'on n'en peut séparer, moins comme œuvre d'esprit, que comme document historique intéressant.

Le genre *Sottie*, qui visait surtout à la satire, et n'était même qu'une satire en action, ainsi qu'on l'a pu voir plus haut par la pièce de Gringoire, n'y a pas manqué à son rôle, sinon comme attaque directe, du moins comme allusion.

On y retrouve par échos et par reflets presque toute l'histoire de Genève pendant les années qui précédèrent son adhésion aux idées de la Réforme, alors qu'après une assez longue lutte avec le duc de Savoie, et sous la pression d'une occupation armée, elle préludait par sa résistance incessante, mais toutefois plus en paroles qu'en actions, à son émancipation complète, religieuse et civile.

C'est au moment où le duc de Savoie, Charles III, y semblait le mieux en possession d'un pouvoir sans conteste, auquel son mariage avec la riche infante de Portugal, Béatrix, ajoutait un prestige de plus, que notre *Sottie* genevoise osa dire que tout n'était pas pour le mieux à Genève sous l'occupation savoisienne.

Ceux qui jouaient la pièce, et qui avaient certainement parmi eux l'auteur lui-même, qu'on ne connaît pas, s'appelaient les *Enfants de Bontemps*, c'est de leur nom qu'ils s'aidèrent, sans avoir besoin d'y mettre beaucoup d'efforts, pour les premières allusions, les premières malices de la *Sottie*.

Mère Folie, qui la mène, paraît en habits de deuil ; elle est veuve. De qui ? de Bontemps, dont les enfants, en deuil aussi, l'entourent, et qu'elle pleure de toutes ses larmes, avec des regrets sans fin pour ce qu'il était, et des plaintes contre ce qui le remplace.

Un *poste*, c'est-à-dire un courrier, arrive : Bontemps n'est pas mort, il apporte de ses nouvelles dans une lettre écrite par Bontemps lui-même, et datée du lieu où il s'est enfui, tant il se trouvait heureux et tranquille dans la tranquille et heureuse ville de Genève. On devine qu'ici les malices et les allusions recommencent. Elles continuent dans la réponse que mère Folie fait écrire à Bontemps.

Il y est parlé de tout, même de M. de Savoie, qu'on veut bien nommer « prince assez bon », parce que ses gens sont là qui écoutent, mais à qui l'on rappelle surtout les promesses de bonne justice et de liberté qu'il a faites.

Puisque Bontemps n'est pas mort, on l'invite à revenir, sans pourtant trop le presser, sachant bien ce qu'il trouvera au retour ; et l'on se décide à reprendre les habits de folie et de plaisir.

Il y a si longtemps qu'ils ne servaient plus, que les femmes en ont fait des *braies* (des culottes). On n'a plus même le béguin des fous pour se coiffer à la mode de la confrérie !

Alors, et la *Sottie* tombe ici en pleine *Farce*, alors mère Folie offre un bout de sa chemise pour qu'on y taille des béguins. L'étoffe ainsi fournie devait manquer bien vite. On n'en a pas assez pour faire les béguins complets ; à tous il manque une oreille, la droite. Impossible de jouer avec ces bonnets borgnes, on ne jouera donc pas.

La *Sottie* finit sur cette nouvelle malice à l'adresse de la police de M. de Savoie et de ses censures, toujours prêtes à mettre le holà dans le franc parler des farceurs, et même au besoin à leur couper les oreilles.

Ce qui ajoute à la curiosité de cette *Sottie* audacieuse, c'est qu'elle fut représentée au Molard, la place principale de Genève, en pleine foire — la fête des Boides ou petites boutiques n'était pas autre chose — dans le moment le plus triomphant de la domination savoisienne, lorsque la nouvelle duchesse, l'infante Beatrix, y fit « son entrée et sa joyeuse venue », au mois d'août 1523.

Comme toute pièce d'opposition, la *Sottie des Beguins* — c'est nous qui lui donnons ce titre, et l'on sait maintenant pourquoi — eut un succès énorme. Sa publication suffirait pour preuve. Nous ne connaissons pas d'autre pièce jouée alors à Genève qui ait eu le même honneur. Elle fut qui plus est, réimprimée. Au siècle suivant, un imprimeur de Lyon, P. Rigaud, en donna une édition, qui servit à Caron, lorsqu'il fit son Recueil à cinquante-cinq exemplaires, dont elle est la deuxième pièce, et qui nous a servi à nous-même[1].

---

[1]. L'édition originale, sans nom d'imprimeur, sans lieu ni date, est fort rare. M. de La Vallière l'avait connue (V. la *Bibliothèque du théâtre français*, t. I, p. 90), et M. de Soleinne en possédait une fort belle copie figurée, faite par Fyot.

SOTTIE

A DIX PERSONNAGES

JOUÉE A GENÈVE, EN LA PLACE DU MOLARD,

LE DIMANCHE DES BORDES, L'AN 1523.

Personnages

FOLIE
LE POSTE
ANTHOINE
GALLION
GRAND PIERRE

CLAUDE ROLET
PETTREMAND
GAUDEFROID
MULET
L'ENFANT

MÈRE FOLIE, *vestue de noir, commence.*
Sur mon âme, quoy qu'on die,
Encore me fait-il bon voir,
Enfans, je suis mère Folie,
Qui pour passer mélancolie
Viens vous voir vestue de noir.
J'ay matiere de désespoir,
Je suis vefve de fort longtemps.
C'est, comme devez bien sçavoir,
De vostre bon père Bontemps [1].
Bontemps, tu laisses tes enfans
Et ta femme bien désolée.
Que maudite soit la journée
Que nous laissas ainsi dolens !
Parmi tant de malheurs volans,
A la male heure suis-je vefve.
Au vinaigre le cœur me crève
Quand je pense aux trespassez
Stephane Rolet, Nicolas,
Petit Jean, maistre Jaques [2], hélas !
Grand Mattey, Perrotin [3], Hector,
Et vous tous mes amis encor,
Ou estes vous ? ha ! fausse Mort,
Qui le pouvre et riche remords,
Tu prens tousjours ce qui mieux vault.

LE POSTE [4] PRINTEMPS, *à cheval.*
Laissez-moi passer, car je veux

Donner en toute diligence
Lettre missive et de créance
A madame mère Folie.

FOLIE.
Paix là, paix, qui est-ce qui m'écrie ?
Je suis Folie, qui es tu ?

LE POSTE.
Printemps, dame, de verd vestu
Qui viens en poste d'Italie.

FOLIE.
Et dis ?

LE POSTE.
Que je vous feray lie [1]
Par lettres que je porte ici.

FOLIE.
Si tu me fais de joie vestir [2],
Poste, tu en auras ta part,
Sus, sus ! tirez vous à l'escart,
Laissez-le venir qu'on le voye.

LE POSTE.
Honneur, dame, santé et joye !

Un jour apres nous arriva *un poste*
Très-bien parlant ..

lisons-nous dans Marot.

* Nous avons vu dans la *Notice* que les membres de la confrérie qui joua cette *sottie* s'appelaient les *Enfants de Bontemps*.
2. Ce farceur regretté par Mere Folie doit être « le grand Jacques », dont le fils reçut quatre florins le 4 mai 1510, pour avoir récité des histoires, a la venue de l'évêque. V. Grenus, *Fragments historiques sur Genève*, 1818, gr. in-8°, p. 95.
3. Il est nommé a la même date dans le recueil de Grenus, comme ayant reçu un florin « pour avoir fait quelques gaillardises ».
4. C'est le nom qu'on donnait au courrier de la poste :

1. « Joyeuse, » du latin *læta*, de l'italien *heta*. L'expression faire « chere lie » est plusieurs fois dans les fables de La Fontaine.
2. Mere Folie prélude aux propos assez gras qui viendront plus loin le mot dont elle se sert ici est resté, en ne changeant que son antépénultieme lettre.

Or tenez voicy des nouvelles.

FOLIE.

Quelles sont-elles?

POSTE.

Bonnes, belles.

FOLIE.

De qui?

POSTE.

D'un qui vous ayme bien.

FOLIE.

Et son nom?

POSTE.

Bontemps, qui revient.
Mais qu'on le vueille entretenir.

FOLIE.

Il est mort.

POSTE.

Je veux maintenir
Que non, lisez son escripture.

FOLIE.

Par la passion que j'endure
Il est vray, je cognois sa main.
Vrayment tu viens bien au besoing,
Sans ceci j'estoye abolie [1].
Or sus, mes enfans, je vous prie,
Venez tous, venez vistement,
Venez et ci voyez comment
Bontemps n'est pas encore mort.
Venez-vous? ha! vous avez tort.
Guillaume, le Diamantier,
Anthoine Sobret, Gaudefroid,
Claude Baud [2], Michel de Ladres,
Maistre Pettremand, Gallion,
Jean de l'Arpe, venez Jean Bron,
Ça grand Pierre, Claude Rolet
Prestre d'honneur, frère Mulet,
Venez et vous aurez nouvelles
De Bontemps.

ANTHOINE *étant parmi la trouppe* [3].

Tendez les eschelles,
Mère, et nous irons vous voir.
(*Puis quand ils sont tous montez.*)

GALLION.

Si nous pouvons Bontemps r'avoir
Si jouerons nous quoy qu'on die.

GRAND PIERRE.

Demain nous poserons le noir,
Si nous pouvons Bontemps r'avoir.

CLAUDE ROLET.

De tout nostre petit pouvoir
Avec vous, mere Folie,
Si nous pouvons Bontemps r'avoir
Si jouerons nous quoy qu'on die [1].

PETTREMAND.

Voyons ces lettres, je vous prie,
Premier qu'en parler [2] plus advant.

GAUDEFROID.

Qui lira?

MULET.

Le plus sçavant.

GALLION.

Anthoine est docte en tels affaires.

GRAND PIERRE.

Oui, car je l'ai veu très souvent
C'est un parmi les secrétaires.

ANTHOINE.

J'ai tant fréquenté ces notaires
Que j'en suis clerc jusques aux dents.

ROLET.

Lisez donc ce que dit Bontemps.

ANTHOINE *lit les lettres de Bontemps.*

Folie, je me recommande
A vous, et aux vostres aussi,
Par le Poste Printemps vous mande
De mes nouvelles que voicy.
Je suis en bon point, Dieu mercy,
En un port de mer, estendu.
L'on m'a partout les pieds fendu,
Je vous laissay y a quatre ans
A Genève bien desolez [3],
Quand arrivèrent ces gourmands [4]
Qui jamais ne furent saoulez.
Si d'eux ne fustes affolez,
Tenus estes à Dieu vrayment,

---

1. « Détruite, morte » *Le temps*, dit Saint-Gelais.

> Le temps me peut *abolir avant* rage
> Et mon malheur me garder de vous veoir
> Beaucoup de jours.

2. La famille des Baud était une des plus riches de Genève. En 1520, un de ses membres, Jean Baud, était syndic.

3. C'est-à-dire « en bas, parmi le public ».

---

1. Ce « nous jouerons quoy qu'on die, » où l'on retrouve ce qu'avait dit mere Folie en commençant, prouve qu'à Genève les joueurs de farces n'avaient pas toutes leurs aises On y était sui tout très-sévère contre les personnalités. Nous lisons dans les *Fragments historiques* de Grenus, p. 89, ce passage, extrait comme le reste des « registres latins du conseil » de la ville : « 6 mars 1506. Comédiens (*Lusores historiæ*) ayant eu l'effronterie de nommer quelques bourgeois sur leur théatre, sont condamnés a demander pardon a la justice, et a ceux qu'ils ont nommés publiquement »

2. « Avant que d'en parler... »

3. Allusion aux événements de 1515 a 1519, commencés par une plaisanterie du Genevois Pécolat, contre l'évêque de Maurienne, et terminés d'une manière terrible par l'intervention armée du duc de Savoie qui occupa la ville, et n'en sortit plus de longtemps Il allait au dela de ses droits, mais prenait ainsi l'avance sur la conspiration tramée entre Fribourg et Geneve, pour que cette dernière ville lui échappât tout, sans qu'il y gardât rien de ses prérogatives de suzerain et de protecteur.

4. Ce sont sans doute les partisans du duc de Savoie, qu'on appelait ses *mamelucs*, et qui étaient en antagonisme continuel avec les citoyens, qui se disaient *confederes* (eidgenossen), à cause de leur alliance avec ceux de Fribourg. C'est de ce mot *eidgenossen* que vint celui de *Huguenot* que nous trouverons plus loin, et qui n'a pas d'autre origine que cette confédération, d'abord toute patriotique, sans aucune visée religieuse.

Et non pas à ces prédicans [1].
Je m'enfuys, car j'avoys peur
D'estre exécuté par justice [2].
Quant vient ainsi une fureur,
De loin fuir est bien propice.
L'on me mettoit à sus un vice [3]
Parquoy je craignoys les sergens :
C'est que rompoye le col aux gens.
Maintenant si estes unis,
Si justice ne craint point force,
Si d'un bon prince estes fournis,
Si flateurs ont reçus l'estorce [4],
Si la voix du commun a cours,
Si liberté sont demeurez,
Escrivez moi et puis m'aurez.
Escrit là, où je suis, en haste
A deux heues près de Paradis,
Le jour de la présente datte,
Par le votre Bontemps jadis.

FOLIE.

Or sus, mes Fols, mes Estourdis,
Je vous prie, soyez hardis
De faire response au Bontemps.

ANTHOINE.

Je respondray bien sur ces dicts
Comme l'un de vos Estourdis,
Mais que vous en soyez contens.

GALLION.

Anthoine, despeschez Printemps.

PIERRE.

Vous estes nostre secrétaire.

PETTREMAND.

Quant à moi ainsi je l'entens.

GAUDEFROID.

Anthoine, despeschez Printemps.

MULET.

Escrivez lui par mots patents,
Qu'il vienne, ou bien que l'irons querre [5].

GALLION.

Anthoine, despeschez Printemps.
Vous estes nostre secretaire.

ANTHOINE.

Je suis content pour vous complaire,
Or me laissez un peu songer.

ROLLET.

Certes Bontemps fut en danger,
Puisqu'il le dit, en ceste ville.

PETTREMAND.

Il fit très bien de desloger.

GAUDEFROID.

Trop de gens le vouloyent ronger.

MULET.

Il avoit des galleurs [1] un mille.

GALLION.

Si l'on l'eust enfourne en l'Isle [2],
Parti n'en fust sans composer.

ANTHOINE *monstre la response qu'il a faite.*

La voyla : qui voudra gloser,
J'y ay laissé fort belle espace [3].

GRAND PIERRE.

Et s'il y a trop.

ANTHOINE.

Qu'on l'efface.

PETTREMAND.

Il dit bien.

GAUDEFROID.

Lisez, secretaire.

ANTHOINE.

Or, notez le plus nécessaire.

(*Anthoine lit la response qu'il a faite.*)

Nostre père et seule esperance,
Seigneur Bontemps, un million de fois
Dame Folie avec son alliance,
Vous ressalue par ces lettres cent fois.
De vous estoyt icy commune voix [4]
Que mort estiez, mais la vostre mercy [5],
Avons appris depuis deux jours ou trois
Par vos escrits qu'il n'estoit pas ainsi ;
Depuis le temps que partistes d'icy
Joué n'avons moralité, histoire [6].

---

1. Il doit être ici question des premières prédications de Zwingli et de ses adhérents qui commençaient à agiter une partie de la Suisse, et dont les villes mêmes ou elles n'étaient pas admises sentaient déjà le contre-coup. Geneve y répugnait. C'est par Berne que lui arriva la réforme, dont elle devint aussitôt le principal foyer A l'époque ou se jouait cette *sottie*, il était à Zurich, ou Zwingli tenait « le colloque » qui porta les premiers coups vraiment décisifs au catholicisme en Suisse.

2 On avait exécuté ainsi deux jeunes Piémontais accusés d'avoir trahi la cause du prince pour suivre celle de Pécolat. Celui-ci avait lui-même été plusieurs fois mis à la torture. Enfin Berthelier, à qui le duc ne pouvait pardonner l'alliance de Geneve et de Fribourg, due surtout à ses efforts, avait, en 1519, été arrêté, à l'instigation du prince, sur un ordre de l'évêque, puis exécuté sans jugement, parce que, ne reconnaissant pour juges que les syndics de la ville, il avait refusé de répondre au prévôt de M. de Savoie.

3. « On mettait sur moi l'accusation d'un crime. »

4 « L'estorce, » c'est-a-dire ici une disgrâce. Nous avons vu ce mot *estorce* dans *Pathelin*.

5. « Quérir, chercher. »

1. « Gents de gala. » Ce sont les gourmands dont il a été parlé tout à l'heure.

2. La prison de Geneve était une tour située dans l'île sur le Rhône. C'est la que Berthelier avait été enfermé, en attendant son exécution qui eut lieu sur une petite place entre la tour même et le pont.

3. « J'ai laissé belle marge, large espace pour ceux qui voudront faire des remarques, mettre des *gloses*. »

4. « Ici, sur vous, la commune renommée était... »

5. « Mais la vôtre (votre voix) réclame demande merci contre ce bruit »

6. *Moralités* et *histoires* étaient les pieces qu'on jouait de préférence a Geneve. Nous ne trouvons pas une seule *farce* mentionnée dans les *Fragments* de Grenus. Il est vrai que lorsque les *sotties* se permettaient ce que celle-ci va se permettre, elles valaient bien les *Farces* pour le moins. Nous avons déja parlé de quelques unes de ces représentations, en voici d'autres « 4 juin 1480. Le conseil donne six florins a ceux qui jouent l'*Histoire de Robert le Diable*.
— 25 octobre 1485 *Moralité du miroir de justice* jouée par personnages devant le duc, la duchesse et Mgr l'évêque en la place de la Fusterie : on paya six florins aux acteurs. — 7 dé-

Si nous eussions tant seulement roussy [1],
L'on nous eust fait aller en l'auditoire [2].
Il n'estoit plus question ni mémoire
De s'esjouyr à jeu de parlement [3].
Cartes ni dez, cela est tout notoire,
N'avoyent icy de cours publiquement.
Au résidu sçachez certainement
Que gens de bien sont icy d'union,
Prince assez bon avons semblablement,
Qui tous flatteurs met à perdition.
Si n'est justice en sa perfection,
Et le commun en liberté remis,
Il l'y mettra à sa discrétion ;
Car dès longtemps ainsi nous l'a promis.
Doncques Bontemps, notre père et ami,
Retournez y [4] ; ayant veu les présentes,
Nous vous eussions un bon cheval transmis,
Mais Printemps dit qu'avez jambes puissantes ;
Nous sçavons bien que toutes fois et quantes
D'un lieu partez, avez bonne monture.
A ce retour dessus vos pieds montez
Et venez tost comme un bœuf de pasture.
Pour le présent n'aurez autre escripture :
Nostre Seigneur vous rameine bientost.
Fait à Genève, un jour par adventure,
Par la Folie et ses nobles supposts.

FOLIE.
Or sus, que dictes vous, mes sots ?

GALLION.
Elle est très bien.

PIERRE.
Faitte par maistre.

PETTREMAND.
L'on n'y sçauroit oster ny mettre.
Il ne la faut que bien serrer.

GALLION.
Anthoine ne sçauroit errer.

MULET.
Il est très parfait secretaire.

ANTHOINE.
Poste, voylà tout vostre affaire ;
Portez-la s'il vous semble bon.

POSTE.
Je m'en voy monter.

GALLION.
Allez donc,
Recommandez nous à Bontemps.

POSTE.
Si ferai-je.

FOLIE.
Poste, entends ;
Rameine-le nous, je t'en prie.

POSTE.
Je le feray. Adieu, Folie.

FOLIE.
Et Dieu te conduise, Printemps.
(*Pause*.)
Puisque Bontemps n'est mort, enfans,
Certes nous poserons le vefve [1].

GRAND PIERRE.
L'on n'en sçai encor rien pour vray.

PETTREMAND.
Tu resve ;
Et nostre lettre de créance ?

GAUDEFROID.
En ces lettres n'ai grand'fiance

MULET.
Tu dis vray.

ROLET.
Si faut il resprendre
Nos autres habillemens vieux.

ANTHOINE.
Oui, et si il nous faut entendre
A jouer quelques nouveaux jeux.

GALLION.
Je m'y accorde.

GRAND PIERRE.
Je le veux.

PETTREMAND.
Voicy pour moy.

MULET.
Cestuy est mien.

ROLET.
Mon Dieu, qu'ils sont déjà caducques.

ANTHOINE.
Et pour couvrir nos grands perruques [2],
N'aurons nous point de chapperons ?

GALLION.
Je ne sçay où diable ils seront,
Icy ne sont ils pas ?

PETTREMAND.
Pour vray.
Les femmes en ont fait des brayes [3]
Ces jours passez.

GAUDEFROID.
Ouy vrayment,

---

cembre 1504. La duchesse de Savoie devant bientôt faire son entrée dans la ville, on prépare les *histoires* qui seront jouées devant elle, etc... »

1. C'est à dire « si nous nous étions seulement un peu brulé, roussi les doigts à ce jeu défendu »
2. « En justice, à l'audience »
3. Les syndics étaient assez prompts à défendre les spectacles ainsi ; le 10 mai 1504, à cause d'une maladie qui courait Genève, on refusa à des « joueurs d'histoires » la permission de jouer.
4. « Revenez-y. »

1. « Nous quitterons l'habit de veuve, le veuvage. »
2. En France, depuis l'accident de 1519, à Romorantin, où un tison jeté d'une fenêtre sur la tête du roi l'avait obligé de se la faire raser, on ne portait plus que les cheveux courts, mais la mode n'en était pas encore arrivée à Genève. On y portait toujours les cheveux longs, comme du temps de Charles VIII et de Louis XII, lorsque Coquillart fit à ce sujet son *Monologue des perruques*.
3. Des culottes.

Ces advocats de parlement
En auront leurs robbes fourrées[1].

MULET.
   L'on ne sçauroit la, mi, sol, ré,
Dire, sans cappe[2] bonnement.

FOLIE.
Vous avez promt entendement
Pour bien jouer sans chapperons.

ROLET.
Jouons donq.

ANTHOINE.
    Certes nous ferons,
Sans cappe tout demeurera[3].

FOLIE.
Et si j'en trouve.

GALLION.
    L'on jouera.

FOLIE.
Vous jourez donq, car j'en feray
Plustost du bout de ma chemise.

PETTREMAND.
Trop courte est.

FOLIE.
   Je l'allongeray
D'un Fol que pour ce enfanteray,
Puis sera bien longue à ma guise.
Le voicy.

GAUDEFROID.
   Certes l'entreprise
Est faitte gorgiassement[4].

L'ENFANT.
Donnez-moi le tettet, maman,
Je veux la lune.

MULET.
    Mais comment?
Il souffle déjà au cornet[5].

ROLET.
Le petit fait le verre net
Maintenant aussi bien qu'un grand.

FOLIE.
Ça, ça, puisqu'il y a du bran
En ma chemise, si faut-il
Que Claude Rolet, qu'est subtil,
Y couppe vos beguins[6], enfans.

ROLET.
Je le veux.

FOLIE.
   Or, frappez, dedans,
Et les taillez à haut collet.

ROLET.
Cestuy cy ne sera pas laid,
Je ne sçay que l'autre sera.

GALLION.
Le premier Anthoine l'aura,
Car il est nostre secretaire.

ROLET.
Tenez donq.

ANTHOINE.
   Qu'il sent le Rozaire[1]!

ROLET.
Cestuy sentira fleur de lys.
Qui l'aura il est bien poli;
Grand Pierre, il sera pour vous.

GRAND PIERRE.
Faittes que les autres en ayent tous,
Principallement Gallion.

ROLET.
De la pièce près du roignon,
Je lui en vay couper un beau,
Or tenez.

GALLION.
   Il est sous le seau
De Montpellier.

ROLET.
   J'en fourniray
Icy d'un beau pour Gaudefroid.

GAUDEFROID.
Baillez le moy donc tout de chaut[2]

ROLET.
Je donray cestuy à l'essay
A Pettremand qu'est bon Thybault[3].

PETTREMAND.
Pour mieux ressembler le quinault[4],
De cestuy m'embeguineray.

ROLET.
Cestuy pour moy je retiendray,
Car il est doré d'or d'escu.

---

1 Les chaperons, en Allemagne et en Suisse, étaient toujours garnis de fourrure, voila pourquoi on dit ici que les avocats ont plus ceux des *sots*, pour doubler leurs robes.
2. « Sans rien pour se couvrir la tête. »
3. « Rien ne marchera, tout restera en chemin. »
4. « De façon belle, gorgiasse. » Nous avons vu souvent ce mot dans les premieres pieces.
5. « Il boit déjà bien. »
6. C'etait le nom des bonnets de farceurs V. *Eutrapel*, édit. Guichard, p. 310.

1 « Le rosier, la rose. » On devine que ce n'est pas ce que doivent sentir ces béguins taillés dans un bout de chemise.
2. « Tout de suite, » comme on diroit aujourd'hui, chez le peuple « Chaud ! chaud ! » L'expression la plus ordinaire était « a la chaude, » que nous trouvons dans les *Esbahis* de Grévin :

  A la voir tant deliberer
  Il la faut avoir *a la chaude*

3. C'est-a-dire « bonne bete » Thibault était un des noms qui ne se prenaient pas en bonne part, du moins comme intelligence On en baptisait la niaiserie, la bêtise. C'est le prenom de l'Aignelet de *Pathelin*.
4. « Le petit singe (*Quin*). On lit dans le *Dictionnaire* de Nicot, p. 531. « QUINAUD, c'est un singe ou marmot. »

FOLIE.
Tu l'as taille tout près du cul;
Couillard, tu prens le gras pour toy.

MULET.
Et votre père Mulet quoy?
Sera-t-il point embeguine?

ROLET.
Si sera dea, ouy par ma foy.
Cestuy vous sera consigné.

FOLIE.
Puis qu'estes tous enfarinez[1],
Soyez prêts à jouer la farce.

PETTREMAND.
Nous sommes prests en cette place,
Commençons.

GAUDEFROID.
Dittes, Pettremand.

MULET.
Paix là, qu'attendez-vous?

ROLET.
Comment?

ANTHOINE.
Joüez.

GALLION.
Non fera, non.

PETTREMAND.
Pourquoi?

GAUDEFROID.
Je n'ay qu'une oreille[2].

ROLET.
Ny moy.

ANTHOINE.
Ny moy.

GALLION.
Ny moy aussi.

FOLIE.
Et vous faudra-t-il pour cecy
Derechef laisser l'entreprise?
Je les sens dessous ma chemise,
Mais certes jà ne les aurez.

PIERRE.
Les raisons?

FOLIE.
Ha! vous les orrez:

Seroit-ce à moy bien vescu,
D'oster les oreilles à mon cul
Qui a déjà perdu la veue?
L'entreprise est donques rompue.
Il ne m'en chault.

GAUDEFROID.
Ha! sans la droitte
Aureille, nous ne jouerons rien.

ROLET.
L'aureille qu'avons interprette
En mal ce que disons pour bien[1].

ANTHOINE.
Conclusion, il nous convient
Attendre Bontemps. C'est assez,
Pour le present, qu'aurons laissé
Son vefve, beuvons donc d'autant.

GALLION.
Je le conseille. Cependant[2]
Nous trouverons l'oreille droitte.

PETTREMAND.
Et passerons ainsi le temps.

GAUDEFROID.
A boyre.

MULET.
Ainsi sommes contents.

ROLET.
Beuvons tant que le fût en faille[3],
Sur les nouvelles de Bontemps.

GALLION.
De nos beaux yeux vaille que vaille,
Beuvons tant que le fût en faille.

GAUDEFROID.
Donnons à ce vin la bataille
Roidement comme beaux quettans[4].

MULET.
Beuvons tant que le fût en faille,
Beuvons en attendant Bontemps.

GAUDEFROID.
Beuvons de ce vin, ne vous chaille,
Paye l'ay à deniers contents.

MULET.
Beuvons tant que le fût en faille,
Beuvons en attendant Bontemps.

---

1. On voit que bien avant Gauthier Garguille et Turlupin, les farceurs se barbouillaient de farine. Nous le savions déjà par quelques passages de Montaigne qui a dit (liv. III, ch. x) « La plupart de nos vocations sont autant de farces, il faut jouer duement nostre rôle, mais comme rôle d'un personnage emprunté. C'est assez de s'enfariner le visage, sans s'enfariner la poitrine »

2. Le béguin des fous ou des Sots était à deux longues oreilles, pointues et ouvertes comme celles d'un âne. On en peut voir la forme avec tout le reste du costume de Mere Sotte, qui est le même que celui de Mere Folle, au frontispice du livre de Gringore, les Folles Entreprises, 1505, in-8, sur lequel Gringore est représenté en Mere Sotte, avec deux Sotz à ses côtés. Brunet a reproduit cette gravure, Manuel du libraire, dernière édition, t. II, col. 1747.

1. C'est-à-dire « On n'a qu'une oreille pour nous entendre, et qui n'entend que de travers, elle tourne à mal tout ce que nous disons pour bien » Cela va droit aux gens de police du duc et de l'eveque, et aux restrictions dont ils bâillonnaient les farceurs, à qui cependant il fallait toute liberté, surtout dans les sotties, pour lesquelles, plus qu'ailleurs encore, sans le droit de tout dire sur les choses et les personnes, il n'y avait rien. George de la Bouthere, dans une note de sa traduction de Suetone, 1556, in 4°, p. 156, Vie de Tibere, ch. xliv, en précise au mieux le caractere quand il dit que de son temps encore — sous Henri II — le rôle de Mere Sotte était de faire parler ses sottelets, « qui lui recitoient par bloquars les vices de toutes sortes de personnes »

2. « Pendant ce temps »

3. « Tant que le fût (la futaille) en devienne vide. » Dans le patois de Genève on dit encore une fuste pour un tonneau, de là est venu le nom de la rue de la Fusterie, citée plus haut dans une note.

4. C'est-à-dire, sans doute, comme beaux frères queteurs, qui ne se privaient pas du vin de dime.

FIN DE LA SOTTIE DES BÉGUINS.

SOTTIE DU MONDE

(XVIᵉ SIÈCLE — REGNE DE FRANÇOIS Iᵉʳ — 1524)

NOTICE ET ARGUMENT

Nous n'avons presque rien à dire sur cette *Sottie*. L'histoire s'en trouve dans la notice de la précédente, dont, à un an de distance, elle fut la continuation et qu'elle accompagne ici, comme dans les deux éditions qui en ont été données.

La note qui suit le titre, et qui est sans doute de l'auteur lui-même, explique ce qu'il en faut savoir beaucoup mieux que nous ne pourrions le faire.

On y verra, par quelques détails, comment l'autre *Sottie* avait porté coup, et par conséquent mécontenté le prince qui refusa d'assister à la nouvelle.

Toutefois, comme on y pressentait encore une pièce d'opposition due aux libéraux de la ville, les gens de cour n'y manquèrent pas afin d'en rendre bon compte au duc.

Ils furent trompés dans leur espoir d'espionnage.

La nouvelle *Sottie* frôle la politique, mais n'y entre pas. Mère Folie, qui jouait dans l'autre, est morte. — Peut-être cette mort n'est-elle qu'une defense de jouer = et Bontemps son mari, qu'on croyait ressuscité, n'a pas reparu ; c'est la Grand'Mère Folie qui les remplace. Elle est riche, mais ne veut rien faire pour les fous ses petits fils. Elle les renvoie à leurs métiers. Il faut qu'ils travaillent. Pour qui ? pour le Monde, qui en effet les fait venir.

Chacun, cordonnier, bonnetier, maçon, etc., lui apporte de son ouvrage. Rien ne le satisfait Qu'est-ce à dire ? est-il fou ? Hélas ! oui, le médecin consulté le declare tel, on lui en met les habits, et la conclusion peu consolante de la pièce est que le Monde n'est que folie.

SOTTIE

JOUÉE LE DIMANCHE APRÈS LES BORDES, EN 1524

EN LA JUSTICE

POUR CE QUE LE DIMANCHE DES BORDES FAISOIT GROS VENT, FUT CONTINUEE LADITE SOTTIE ET JOUA LA GRAND'MÈRE MAISTRE PETTREMAND, GRAND JOUEUR D'ESPÉE [1].

Monsieur le duc et madame estoyent en ceste ville, au Palais [2] et y devoient assister, mais pour ce qu'on ne leur avoit pas dressé leur place, et qu'on ne les alla quérir, ils n'y voulurent pas venir. Aussi pour ce qu'on disoit que c'estoyent huguenots [3] qui jouoyent, monsieur de Maurienne [4] et plusieurs autres courtisans y furent et tout plein de marchands, car la foire estoit alors ; et Jean Philippe [1] fit la plupart des despens.

Les enfans de Bontemps estoyent habillez de vestemens de fil noir, et n'avoyent que l'oreille gauche, comme ils estoyent demeurez l'an devant, et furent tous desolez pour n'avoir pere ny mere.

---

1. Ces joueurs d'épée se donnaient en spectacle comme des bateleurs. Nous trouvons, en 1428, « J. Fievet, joueur de l'espée à deux mains, » recevant 4 livres pour avoir joué devant Philippe le Bon (L. De Laborde, *Les ducs de Bourgogne*, 2 part., t. I, p. 248, n 33).

2. Le duc de Savoie habitait ce qu'on appelait alors à Geneve « le couvent du palais ».

3. Nous avons vu dans une note précédente ce qu'étaient les premiers « huguenots » de Geneve, c'est à dire ces *Eigenossen* (confédérés), dont le rôle tout patriotique, sans rien de religieux, se bornait à affermir chaque jour leur alliance avec les Fribourgeois, et a en faire une force contre le duc de Savoie et ses *mamelucs*. Ce dernier nom passait encore pour injure chez le peuple de Geneve, en 1807, selon Mallet, *Description de Geneve*, p 51.

4. L'évêque de Maurienne, un des personnages les plus influents de l'entourage du duc, et, on l'a vu par une des précédentes notes, l'un des plus hostiles aux libertés de la ville.

1. C'était l un des chefs de l'opposition Comme tel, en février 1526, il fut combattu par l évêque de Geneve dans sa candidature au syndicat De 1531 à 1535, il fut capitaine général de la milice genevoise. Il était tres-riche et tres-magnifique On en trouve la preuve dans les *Fragments historiques* de Grenus p. 110, par un fait qui est justement de l'époque ou fut jouée cette *sottie*, dont il paya les frais « 2 août 1523 Different survenu entre J Philippe et J Malbuisson sur ce que ce dernier avoit dit que le jour de l entrée de la duchesse, il seroit vetu plus honorablement et accoutré plus somptueusement que ledit Philippe, a cause de quoi Philippe fait faire, en dépit de Malbuisson, un habit de satin doublé de taffetas avec une casaque de velours tanné doublé de toile d argent blanche, ce qui lui coûtait 48 écus sol. »

Personnages.

LE PREBSTRE étoit frère Mulet de Palude
LE MEDECIN, Jehan Bonatier
LE CONSEILLER, Claude Rolet
L'ORPHÈVRE, le Bonatier
LE COUSTURIER

LE SAVETIER, Claude le gros Rosset
LE CUISINIER
GRAND'MÈRE SOTTIE, maistre Pettiemand
ET LE MONDE, Anthoine le Dorier

LE PREBSTRE *commence.*
L'homme propose et Dieu dispose.

LE MÉDECIN.
Fol cuide[1] d'un et l'autre advient.

L'ORPHÈVRE.
Du jour au lendemain survient
Tout autrement qu'on ne propose.

LE BONNETIER.
En folle teste, folle chose,
Point n'est vray tout ce que fol pense.

LE COUSTURIER.
Au temps qui court, n'y a fiance,
Maintenant joye et demain pleur.

LE SAVETIER.
Aujourd'hui, vous verrez monsieur,
Et demain simple maistre Jehan.

LE CUISINIER.
Tel cuide vivre plus d'un an,
Qui meurt dans trois jours.

LE MÉDECIN.
A propos,
Sommes les pauvres enfans sots,
Qui joyeusement l'an passé,
Voyants que n'estoit trespassé
Nostre père Bontemps, soudain
Posasmes le dueil, et d'un train
Reprismes nos habits de sots,
Pour jouer, mais nottez ces mots :
Pour ce que chaque habit estoit
Sans chapperon, tout demeuroit[2].
Touttefois notre mère Sotte
Renversa vistement sa cotte,
Et d'un beau bout de sa chemise
Nous embéguina à sa guise.
Or, en ces béguins par merveilles,
Ne se trouvèrent les aureilles
Droittes, mais se tenoyent à colle
Forte, au cul de ladite folle.
Ainsi, à faute de la droite
Aureille, comme on peut cognoistre,
Tout demeura.

LE CONSEILLER.
Vous dites vray,
Et là fut conclud, je le sçay,
Que nous attendrions Bontemps
Notre père, en nous esbattant
A boire.

L'ORPHÈVRE.
Depuis ce temps là
Jamais teste ne nous parla
De Bontemps.

LE COUSTURIER.
Et nous pretendons
De faire cinq cens millions
Passetemps pour esbattement.

LE SAVETIER.
Sur cela la mort promptement,
Au lieu de quelque allégement,
Nous a nostre mère emportée.

LE BONNETIER.
En paradis, au droit côté[1],
Puisse estre colloquée son âme.

LE CUISINIER.
Amen.

LE PREMIER.
Amen.

LE PREBSTRE.
Amen. La femme
Sotte n'estoit pas trop cassée.

LE SECOND.
Ainsi est-elle trespassée
En bon poinct.

LE TROISIÈME.
Et aussi en grâce
De tout le monde, Dieu lui face
Mercy à l'âme.

LE QUATRIÈME.
Ainsi soit-il.

LE CINQUIÈME.
Par ainsi comme chacun voit
Au lieu de faire esbattemens
Nous a fallu nos vestemens
Teindre de noir.

LE SIXIÈME.
Et d'advantage;

---

1. « Espere avec confiance. »
2. « Tout restait suspendu. »

1. « A la droite de Dieu. »

Contrefaire nous faut le sage,
Pour faire qu'on nous prise fort.

LE SEPTIÈME.

Nous n'avons à autre recours [1]
Maintenant, qu'à nostre grand'mère!

LE HUITIÈME.

Non, et si ne nous peut faire [2]
Grosse ayde; n'est-il pas ainsi?

LA GRAND'MÈRE FOLIE.

Ha! mes enfans, je suis icy,
Telle comme vous me voyez,
Il ne faut pas que vous soyez
Si sots que cuidiez que vousisse [3]
Estre tousjours vostre nourrisse,
Car je ne le pourroy pas,
Devoyés vous a le trespas
De vostre mère, et l'absence
De vostre père sans doutance,
Bontemps, ne vous y aide en rien ;
Je pourroy bien manger mon bien
Sans vous.

LE PREMIER.

Ouy et de belle heure.

LE SECOND.

Qu'est-ce donc de faire?

LA MÈRE GRAND.

Qu'on laboure,
Chascun très bien de son mestier.

LE TROISIÈME.

Nous n'y faisons pas volontiers,
Touttefois court une planette
Qui contraint les Fols à cela.

LE QUATRIÈME.

Nous ne sommes plus sous la comette,
Qui regnoit quand gela vela [4].

LE CINQUIÈME.

Le temps que Perrotin mesla [5]
Et fit jouer clercs et marchands
Est passé.

LE SIXIÈME.

Aussi est le temps,
Que de Nantor et du Villard,
Firent leurs nopces au Molard [6],

1. On prononçait « recors », ainsi d'ailleurs que l'indique la rime.
2. « Et encore ne nous peut-elle faire... »
3. C'est-à-dire « si sots que de croire que je voudrais. » Nous avons déjà vu cette forme, *vousisse*, pour « voudrais » dans la *Moralité de l'Empereur*.
Si voulisse determiner
4. Le sens de ce passage nous échappe malgré tout ce que nous avons fait pour le saisir.
5 « Le temps ou Perrotin réunit en compagnies, mêla ensemble. » V plus haut, sur ce farceur, une des premières notes.
6. C'est ainsi que les Genevois appellent leur place du Molard, centre de leur vieille ville, et principal foyer de son commerce. « Parcourez le *Molard* et les rues basses, dit J.-J Rousseau, parlant de sa ville natale, un appareil de commerce en grand, des monceaux de ballots, des tonneaux confusément jetés, une odeur d'Inde et de droguerie vous font imaginer un port de mer. »

De l'espousée du Sapey [1].

LE SEPTIÈME.

Le temps n'est plus tel que je l'ay
Veu, pour toute conclusion.

LE HUITIÈME.

Pourtant suivrons l'intention
De nostre grand'mère.

LE PREMIER.

Comment?

LE SECOND.

Que nous travaillons roidement,
Ou nous aurons bien froid aux dents.

LE TROISIÈME.

Par ma foy, en sommes contents.
Il ne nous faut que de l'ouvrage,
Qui nous en donra?

LA GRAND'MÈRE.

Qui? le sage
Monde, mes enfans, largement.

LE QUATRIÈME.

Voudroit-il point esbattement,
Quellesquefois de nous?

LA GRAND'MÈRE.

Ouy bien,
Mais qu'il ne luy en couste rien.

LE CINQUIÈME.

Bien tost vous en apporteray [2].
J'y vay, attendez moy icy.

(Pause [3].)

LE MESME.

Voicy aureilles Dieu mercy,
Et l'argent prenez en.

LA MÈRE.

Allons,
Mais marchez droits sur vos talons,
Sans fleschir, ni faillir en rien ;
Encor ne sçaurez vous si bien
Marcher qu'il n'y aye à redire.

LE SEPTIÈME.

Le monde devient tousjours pire,
Je ne sçay que sa fin sera.

LE HUITIÈME.

Nous ferons comme il nous fera,
Suivant seulement la grand'mère.

(*Vadunt ad Mundum.*)

LA MÈRE.

Dieu garde Monde.

LE MONDE.

Dieu garde mère!

1. Nous n'avons rien trouvé dans les *Fragments* de Grenus, ni ailleurs, sur ces farceurs, ni sur ces fêtes.
2 Sous-entendu « de l'ouvrage ».
3 Ces *pauses* étaient les entr'actes. Beze n'appelle pas autrement dans la Préface de sa *Tragedie françoise du Sacrifice d'Abraham*, les deux seuls qu'il y plaça. Acteurs et spectateurs en profitaient pour boire, le livret le disait « *pausa et hic bibunt*, comme aux jeux et comédies, » lisons-nous dans les *Contes d'Eutropel*, édit. Guichard, p 268.

Qu'est-ce qu'il y a de nouveau ?
LA MÈRE.
Je vous ameine un beau trouppeau,
De Sots, Monde, pour vostre train.
LE MONDE.
Quels sont-ils ?
LA MÈRE.
Ils sont, pour certain,
Orphelins, enfans de Bontemps,
Qu'est perdu et, comme j'entends,
Fils de ma fille le Sobret [1]
Qu'est trespassez.
LE MONDE.
Voylà que c'est
De moy [2]. Femme, je n'en prens point,
Qui ne sçache quelque mestier.
LA MÈRE.
Bien sçavent: l'un est savetier,
L'autre prebstre, l'autre masson.
Voyez bien là ce vieillasson [3] ?
Il est cordonnier ; cestuy-cy
Bon bonnetier, là, Dieu mercy ;
L'autre est sçavant, bon conseiller,
Qui vous conduira volontiers,
Ainsi comme il appartiendra.
LE MONDE.
Tout cela bien me conviendra,
Or bien je les retiens trestous.
LA MÈRE.
Adieu donq.
LE PREMIER.
Et nous lairrez-vous
Au Monde ?
LA MÈRE.
Ouy, mes enfans,
Souffrez en attendant Bontemps.
Adieu.
LE SECOND.
Adieu.
LE TROISIÈME.
Adieu soyez.
LE MONDE.
Or sus, maistres Sots, vous voyez
A peu près tout ce qu'il me faut.
Cousturier, faites-moy à haut
Collet une robe bien faitte [4].

LE COUSTURIER.
La voulez-vous large ou estroitte .
LE MONDE.
Que sçay-je ?
LE COUSTURIER.
Voyez celle-cy ?
Elle est très bien.
LE MONDE.
Encore si
Elle fust faite un peu plus large [2],
Je l'aimerois mieux.
LE COUSTURIER.
De vostre aage,
N'en portastes mieux faitte, là
Que ceste-cy.
LE MONDE.
Trop petite, ha !
Ostez, ostez, faittes m'en une
A mon gré.
LE COUSTURIER.
Ce sera fortune,
Si je la lui faictz, par saint Gille.
Monde, vous estes difficile
Par trop.
LE MONDE.
Venez çà, cordonnier.
Servez-moy de vostre mestier.
Et je vous contenteray bien.
LE CORDONNIER.
Tenez, monsieur.
LE MONDE.
Ce ne dit rien ;
Faittes-m'en d'autres à mon plaisir.
LE CORDONNIER.
J'ay beau les faire à mon loisir,
Bien cousus, de bonne matière,
Encore en seray-je en arrière :
Monde, vous estes degousté,
LE MONDE.
Masson, il nous faut remonter
Les fenestrages [3].
LE MASSON.
Ainsi estants,
Seront-ils bien à vostre gré ?
LE MONDE.
Je les veux plus hauts d'un degré.

---

1. C'est sans doute le nom de l'acteur qui avait joué, l'année précédente, le rôle de mere Folie.
2 « Trépassé ! voila ce que c'est que de moy, le monde »
3. « Ce vieux bonhomme »
4 Les collets bas avaient été à la mode jusqu'à François Ier, comme on le voit par ce vers des *Droits nouveaux* de Coquillard.

Un *collet bas* en fringuereau (homme à la mode)

Les hauts collets vinrent ensuite, comme il arrive toujours pour la mode, ou les extremes se touchent parce qu'ils se suivent. La vogue s'en conserva longtemps Sous la Fronde on en voyait encore, mais portés par des gens tout à fait hors de mode. De la vint l'expression « collet monté », pour toute chose surannée, pour tout mot vieilli, comme « sollicitude », qui fait tant se récrier la Bélise des *Femmes savantes* (acte II, sc vii).

1. On disait eh ette, prononciation dont on trouve encore un exemple dans *les Rats et les Belettes* de La Fontaine.
2 On prononçait lâge, ce qui justifie la rime avec *âge*
3. Ce mot, qui n'est plus qu'un terme de menuiserie pour désigner l'ensemble des fenêtres d'une maison, se prenait alors, comme terme de maçonnerie, pour les encadrements de pierre des croisées en plein cintre ou en ogive.

LE MASSON.

Ainsi ?

LE MONDE.

Non, mais un peu plus bas.

LE MASSON.

Vostre vouloir n'accorde pas
Avec le mien pour maintenant.

LE MONDE.

Bien, à demain. Ça vistement,
Bonnetier, baillez un bonnet.

LE BONNETIER.

Si cestuy-cy bon ne vous est,
Je renonceray au mestier.

LE MONDE.

C'est un bonnet de menestrier :
Comment, te mocques-tu de moy ?

LE BONNETIER.

Tenez cestuy-cy ; sur ma foy,
Il est bon.

LE MONDE.

Il est... ton gibbet [1]!
Va, va, trouve m'en un plus net.
Conseiller ?

LE CONSEILLER.

Que vous plaist, monsieur ?

LE MONDE.

Que vous en semble ? Suis-je seur
D'avoir la sentence pour moy ?

LE CONSEILLER.

Je croy bien que ouy.

LE MONDE.

Et pourquoy ?

LE CONSEILLER.

Pour ce que vous avez deduit
Très bien vostre cas ; est conduit
Le reste tout comme il falloit.

LE MONDE.

Mais par ma foy ne m'en challoit [2].

LE CONSEILLER.

Je le crois.

LE MONDE.

Certes non feray.
Or allez mieux estudier.
Ça, prebstre, venez deslier
Icy vos messes, que je voye
Comme elles sont.

LE PREBSTRE.

Dieu vous doint joye,
Monde : comment les voulez-vous ?

LE MONDE.

Ainsi que les demandent tous.

LE PREBSTRE.

Courtes ?

LE MONDE.

Ouy.

LE PREBSTRE.

Or tenez donc
(Il monstre les Messes escrites.)
De celles de dom Amibon,
Elles sont belles.

LE MONDE.

Ce sont mon [1],
Mais longues sont comme un sermon.
Baillez m'en d'autres de Millier.

LE PREBSTRE.

Ceux-cy de dom Rattelier,
En voulez-vous ?

LE MONDE.

Non, mettez là,
Elles sont trop courtes.

LE PREBSTRE.

Voylà,
Vous ne sçavez que vous voulez.
Il vous en faut qui soyent meslés
Et jettées au molle [2] sans peine,
Des prieres d'une sarbataine [3].

LE CONSEILLER.

Certes, Monde, il n'est possible
Que ne soyez mal disposé.

LE MONDE.

Pourquoy ?

LE CONSEILLER.

Au texte de la Bible,
Qu'est chose irrépréhensible,
Vous n'y trouverez pas bon goust.

LE COUSTURIER.

Croyez, Monde, qu'il n'est si fou
Qui ne le cognoisse.

LE MONDE.

Est-il vray ?

LE MASSON.

Ouy.

LE MONDE.

Qu'on sçache tost ce que j'ay ;
Sus, sus, portez de mon urine
Au médecin.

---

1. « Elles sont comme vous le dites. » On disait *ça mon* pour *certainement*.
2. Pour « moule ».
3. « Des prieres chuchotées comme dans un tuyau, une sarbacane. » La premiere et vraie forme de ce mot etait *sarbatane*, ou *sarbataine*, comme on lit ici. « Il est des peuples, dit Montaigne, ou, sauf sa femme et ses enfants, personne ne parle au roi que par sarbatane. »

---

1. « Il est bon pour qu'on te pende. »
2. « Je n'en avais pas de souci. » Il ne resta du verbe *challoir* que l'expression « il ne m'en chaut », pour *peu m'importe*.

LE SAVETIER, *en la regardant.*
　　Bien a la mine
Que c'est de maladie de teste.

LE CONSEILLER.

Allez tost, estes une beste,
Faittes cela que l'on vous dit.

LE SAVETIER.

J'y vay.

LE CONSEILLER, *dat ipsi pecuniam*[1].

　　Si vous n'avez crédit,
Bourez-luy[2] en la main cecy.
　　(*Vadit cum urina ad medicum*[3].)
　　　　　　　　(*Pause.*)

Monsieur, je vous apporte icy
De l'urine de nostre maistre
Afin que vous puissiez cognoistre
Quel mal il a.

LE MEDECIN.

　　Il est blessé
Du cerveau.

LE SAVETIER.

　　Que je soye
Blessé du cerveau, s'il n'est vray.
　　(*Dat medico pecuniam.*)

LE MEDECIN.

Or ça, *bene*, il faut que j'ay
Un peu avec lui conférence.

LE SAVETIER.

Allons donq, car j'ay espérance
Que vous serez bien contente.

LE MEDECIN.

Tantò melius, silete[4].
Bonsoir, Monde.

LE MONDE.

　　Monsieur, bonsoir.

LE MEDECIN.

Comment vous va? Ça, monstrez voir
Vostre main; vous estes dessus :
Qu'est-ce qui vous fait mal le plus ?

LE MONDE.

La teste : je suis tout lassé,
Tout troublé et tout tracassé
De ces folies qu'on a dit,
Que j'en tombe tout plat au lict

1. « Il lui donne de l'argent. »
2. « Mettez lui. »
3. « Il va vers le médecin avec le vase d'urine. » Ces indications en latin étaient d'usage, mais nulle part nous ne les avons trouvées si nombreuses. Le goût des Genevois pour la langue latine s'y retrouve. Nous avons vu dans une note précédente que les *Registres du conseil* d'où Genevus tira ses *fragments* étaient en latin. On fit plus après la Réforme toutes les pièces jouées a Genève furent en latin Ce qui disparaissait ailleurs s'y réfugiait « Dès 1538, le drame latin avait prévalu, » dit M Gaullieur dans son curieux travail *Des Mystères et de l'art dramatique en Suisse après la Reforme*, au commencement du volume *Etrennes nationales*, 1851, in 18.
4. « Tant mieux, taisez-vous. »

LE MEDECIN.

Quelles folies ?

LE MONDE.

　　Qu'il viendroit
Un déluge, et que l'on verroit
Le feu en l'air, par cy, par là.

LE MEDECIN.

Et te troubles tu pour cela ?
Monde, ne te troubles pas
De voir ces larrons attrapards
Vendre et achetter bénéfices ;
Les enfans ès bras des nourrices
Estre abbés, évesques, prieurs,
Chevaucher très bien les deux sœurs,
Tuer les gens pour leur plaisir,
Jouer le leur, l'autruy saisir,
Donner aux flatteurs audience ;
Faire la guerre à toute outrance
Pour un rien entre les chrestiens.
Si bien les astrologiens
Ont dit que tu auras tous maux,
Tu n'en dois pas estre esbahy.

LE MONDE.

Ce sont des propos du pays
De Luther reprouvez si faux.

LE MEDECIN.

Parlez maintenant des deffauts,
Vous serez à Luther transmis[1].
Monde, veux-tu estre remis
En bonne santé ?

LE MONDE.

　　Ouy bien.

LE MEDECIN.

Passe et ne t'arreste en rien
A ces pronostications,
Ainçois[2] pense aux abusions
Qui se font tous les jours chez toy,
Metz y ordre selon la loy,
Car je prens bien dessus ma vie[3]
Que n'as aucune maladie.

LE MONDE.

Si j'ai ma bourse qui est nette[4]

LE MEDECIN.

Pour ce, tiens toy telle diette :
Despense peu : où tu soulois
Manger perdrix, mange d'une oye.
Adieu, Monde.

LE CONSEILLER, *medico descendendo*[5].

Monsieur, maintenant vous voyez,

1. « C'est par ces défauts, dont vous parlez, que vous irez a Luther »
2. « Auparavant. » Il se trouve avec le même sens dans le *Monologue du franc archer*.

　　Le songbien ! il m eust tue *ainçois*
　　Qu on ne m eust secouru.

3. « Je réponds bien sur ma vie »
4. « Vide »
5. « Au médecin en descendant. »

Et cognoissez sans fiction
Du Monde la complexion,
Comment luy pourrions nous tout faire
A son gré?

LE MEDECIN.
Comment bien lui plaire?
Soyez bavards, ruffiens, menteurs,
Rapporteurs, flatteurs et meschans
Gents, et vous aurez chez luy bontemps.
Adieu, adieu.

LE CONSEILLER.
Adieu, monsieur.
(Pause.)

LE MONDE à ses fils.
C'est affronteur a bon propos,
Ce médecin, il est bien sot
Que de m'avoir presché en lieu
De me medeciner.

LE MASSON.
Mon Dieu,
Est-il vrai?

LE MONDE.
Ouy seurement;
Mais bien bran pour son preschement,
Je me gouverneray plutost,
A l'appétit de quelque sot
Que d'un prescheur.

LE SAVETIER.
Bien vous ferez
Selon vos appétits; prenez
Du mien.

LE MONDE.
Le veulx-je aussi.
(Icy faut habiller le Monde en Fol.)

LE CUISINIER.
Or sus, sus, Monde, es-tu braguard [1]
Maintenant.

LE MONDE.
Ha, je suis gaillard
Et en point à vostre mercy.
(Ibi ponendum velum super Mundi caput [2].)

LE COUSTURIER.
Marchons et nous ottons d'icy,
C'est trop demeuré en un lieu.

LE CONSEILLER.
Pour mettre fin à notre jeu,
Messieurs, vous notterez ces mots,
Qu'à l'appétit d'un tas de sots,
Comme l'on voit bien sans chandelle [3],
Le fol Monde s'en va de voile [4].

1 « Élégant, a la mode. » Nous trouvons ce mot, qui commençait a passer, dans la farce de la *Resurrection de Jenin Landore*:

Il porte l'oiseau sur le poing,
Et contrefait du gentilhomme,
Et tranche du *braguard*.

2. « Ici, il faut poser un voile sur la tête du Monde. »
3. On prononçait *chandoile* Dans le *Dict. des cris de Paris*, voici le cri du marchand.

Chandoile de coton, chandoile
Qui plustard clèr que nulle estoile.

4. « A toutes voiles. »

FIN DE LA SOTTIE DU MONDE.

LES TROIS PÉLERINS

(XVIᵉ SIÈCLE — REGNE DE FRANÇOIS Iᵉʳ)

NOTICE ET ARGUMENT

Dans cette petite pièce, la 66ᵉ du *Recueil La Vallière*, nous trouvons moins une *Farce* qu'une *Moralité*.

Sauf Malice, qui du reste n'abuse pas de son nom pour faire de l'esprit ni de mauvais tours, les personnages n'y sont que fort raisonnables, et assez raisonneurs.

Ce sont trois pélerins qui, partant de leur vallée, où il ne leur arrive pas grandes nouvelles du monde, s'en vont savoir un peu ce qui se passe. Ils ont appris que de grands changements se sont faits dans les mœurs, et que, notamment, les femmes y ont pris l'empire en toutes choses. Rien ne va plus que par elles.

Tout devient féminin, à ce point que les mots eux-mêmes changent de genre. Par exemple, on ne dit plus « le Désordre », mais « la Désordre » !

Nos Pélerins veulent voir ce qu'il en est de tout cela. C'est pourquoi ils sont partis. Ils rencontrent Malice, et l'interrogent sur ces choses de Désordre, dont on parle.

Est-ce vrai ? y a-t-il désordre partout ? Oui, partout : Dans les usages qui s'effémiment de la plus honteuse manière ; dans l'Église qui chaque jour s'affaiblit par les abus, tandis que ses ennemis deviennent plus forts et qu'on voit les meilleurs esprits passer du côté de Luther ; dans la justice, où se fait le plus misérable trafic d'arrêts et de sentences ; chez les marchands, qui s'ingénient à qui volera le mieux ; dans la guerre, désordre des désordres, qui s'attaque à tout pour tout détruire lorsqu'elle ne devrait porter son effort que contre les luthériens ; en amour, où les galants ne sont plus que des trouble-ménages : enfin, on ne saurait trop le dire, en toutes choses, dans cette France qui, pour comble de malheur, est devenue, par sa complaisance, la proie des étrangers de tous pays, empressés à ne lui payer son hospitalité qu'en la mettant au pillage !

Quelle est la conclusion de cette pièce, écrite par quelque plume catholique dans les premiers temps de la Réforme, et dont les leçons restent toujours nouvelles ? Les Pélerins se disent que puisque le désordre est partout, il n'est pas besoin de tant courir pour l'aller chercher.

Ils renoncent donc à leur voyage, et restent chez eux.

LES TROIS PÉLERINS

FARCE MORALE A IV PERSONNAIGES.

C'est a scavoir :

LES TROIS PÉLERINS | ET MALICE

MALICE *commence.*
Ou sont ces pelerins des Vaulx[1] ?
Veulent ilz poinct suyvre Malice
Par chans, vilages et hameaulx ?
Ou sont ces pelerins des Vaulx,
Quoy! veulent ilz estre enormaulx ?
Sortes, ou g'y metray police.
Ou sont ces pelerins des Vaulx ?

1. « Des valdes. » Il y a dans le texte ms. « des maulx », ce qui ne signifie rien. Ce que nous mettons a la place a du moins un sens, les pelerins allant toujours par monts et par vaulx, comme dit La Fontaine dans la fable de l'Ane chargé d'eponges

Nos gaillards pélerins,
Par monts par vaux, et par chemins..

Veulent y poinct suyvre Malice ?
LE PREMIER PELERIN *nomme.*
Quant à moy, j'en tendray la lyce[1] ;
Car je ne saroy me tenir.
LE DEUXIEME PELERIN.
Ausy la veulx je entretenir,
Je ne le veulx pas aultrement.

LE TROISIEME PELERIN, *badin.*
Ne moy ausy pareillement.
Et sy ne suys pas sy jenin[2],

1 C'est-a-dire « je soutiendrai la lutte du voyage, je me maintiendrai dans le champ (*la lice*) »

2. Ce nom, comme tous les autres diminutifs de Jean, se pre-

Que je ne fasse du chemin
Au millieu de la compaignye.

MALICE.

Que dis tu ?

LE TROISIEME.

A ! je me renie,
Si je faulx a courir, troter,
Pour le voyage descroter [1] ;
Car j'ey vouloir de ma nature
Faire voyage a l'aventure,
Ne me chaulx [2] sy je me forvoye.

LE PREMIER.

Premier que [3] de me metre en voye.
Chantons.

LE DEUXIEME.

Mais, en nous esbatant,
Chemynons tousjours en chantant.

LE PREMIER.

Vela bien alé sus avant,
Marchons et nous metons en ordre.

LE DEUXIEME.

Or, alons pour voir la désordre [4]
Qui se faict maintenant au monde.

LE TROISIEME.

Ne me chault mais que j'aie à mordre.
Or, alons.

MALICE.

Pour voir la desordre,
Cent bras et jambes fault desteurdre.

LE PREMIER.

Chemynons.

LE DEUXIEME.

Alons comme une onde.

LE TROISIEME.

Or, alons pour voir la désordre
Qui se faict maintenant au monde.

MALICE.

Sus donc, alés.

LE PREMIER.

Comme une aronde [5] ;

Mais en alant, veulx bien sçavoir
En quel lieu nous la pourons veoir,
Et comment elle est convertye.

MALICE.

Taisés vous, je suys avertye ;
Premyerement scays les contrés,
Où plusieurs se sont acoustrés
En estat de femynin gerre [1].

LE TROISIEME.

A ! ce ne sont poinct gens de guerre,
Ne vray supots du dieu Bacus ;
Car ilz ne bataillent qu'aux cus,
Comme ces barbes [2] morfondus,
Qui sont demi mors et fondus
D'estre sanglés parmy les reins ;
Ces senteurs de chemins forains [3],
Ces coquars afulés en gresne [4].
Désordre les tient y en rène [5],
Comme un trupelu [6], un mymin [7]
Qui veult devenir femynin ;
C'est envers eulx qu'elle se tient.

LE DEUXIEME.

C'est mon, désordre se mainctient
Avecque telz jens, j'en ai rage.

LE TROISIEME.

Il est de trop lâche courage,
Qui se contrefaict et desguise.

LE PREMIER.

Or ça, n'est el' poinct a l'eglise ?

MALICE.

Ouy, car ceulx de religion
Veulent tenir sa région,
Et mesmes grans histoyriens
Veulent estre luthériens [8]

---

nait dans un sens ridicule. Il se disait surtout pour soi, mari trompé

Pourroit-il estre vray ou faint
Que ma femme m'ayt faict Jenin ?

dit le mari dans la *Farce nouvelle d'ung mary jaloux*.
1. « Expédier vite. » C'est dans le même sens que Rabelais appelle « descrotteur de vigiles » un moine expéditif dans ses jeûnes.
2. « Peu m'importe. »
3. « Avant que (*prius quàm*). »
4. Ce mot était alors tout nouveau. Nous n'en connaissons même pas d'autre exemple à cette époque que dans cette phrase des *Mémoires* de Lanoue : « La souvenance de toutes ces turpitudes et de sordes nous doibt donner une grande componction en nos cœurs. » On ne lui donne ici le génie féminin — nous l'avons dit dans la Notice — que par allusion aux habitudes efféminées du temps et à l'influence des femmes qui étaient cause de tout le désordre.
5. Ancien nom de l'hirondelle. Ce mot ne se trouve plus que

dans l'expression « queue d'aronde », qu'emploient les charpentiers et les menuisiers pour certains agencements, ou ce qui fait la jonction et la consolide à la forme d'une queue d'hirondelle.
1. Ce mot est ici pour genre, d'après la prononciation affectée et efféminée du temps. Marot l'a employe de même, et aussi à la rime

Tout bien vient de femnin *gerre*,
Comment naequites-vous? Tout nuds,
Ainsy que povies vers de terre.

2. « Chevaux de Barbarie. » Il y a ici quelque équivoque sur ce mot, et la mode de porter toute sa barbe qui commença sous François Ier.
3. « Ces flâneurs de grands chemins. » Le *chemin forain*, qui se trouvait aux abords d'une ville, devait toujours être d'une belle largeur, c'est à dire avoir au moins le passage pour deux voitures.
4. « Habillés (*affules, affubles*) en écarlate (*graine*). » Dès le xiie siecle nous voyons la couleur rouge appelée *graine*, a cause de sa provenance végétale. Les chaperons de « mi-graine », dont parle Coquillard, étaient mi-partie d'écarlate et d'une autre couleur. L'arbre qui donnait cette « graine » de teinture rouge était l'yeuse.
5. « En bride. »
6. C'est, d'apres Cotgrave, le même mot que *trepelu*, qui signifiait souffreteux, pelé, pauvre diable.
7. « Un bouffon. » Ce passage justifie ce que nous avons dit, dans la notice de la *Farce du gouteux*, sur ce mot qui nous semblait être le nom d'un type de farceur.
8. Beaucoup d'écrivains s'étaient mis en effet du parti de la réforme, soit ouvertement, comme Beze, Berquin, etc., ou sans l'avouer bien haut, comme Érasme.

N'esse pas desordre, cela?
LE DEUXIEME.
Ouy, seurement.
LE TROISIEME.
    Et puys voyl
Pourquoy vient yver cet esté
Qui [1] nous mainctient en pauvreté,
Et de quoy le grand malheur vient.
Mais vraiement quand me souvyent
Justice la detient el' poinct?
MALICE.
Quoy donc?
LE PREMIER.
    Sainct Jehan, voyela le poinct;
Je veulx venir à cest endroict.
MALICE.
Justice faict ou tort ou droict,
Voyre, mais c'est à qui el' veult.
LE DEUXIEME.
On veoyt mainct pauvre qui s'en deult. [2]
LE TROISIEME.
On veoyt mainct riche qui s'en rit.
LE PREMIER.
Par argent justice s'esmeut.
LE DEUXIEME.
On veoyt mainct pauvre qui s'en deult.
LE TROISIEME.
On veoyt qui à grand paine peult
Se nourir, qui aultre nourist.
LE PREMIER.
On veoyt mainct pauvre qui s'en deult.
LE DEUXIEME.
On veoyt mainct riche qui s'en rit.
Est tel qui en terre pourit,
Et c'est du tort qu'on lui a faict.
MALICE.
Que vous semble?
LE TROISIEME.
    C'est trop mal faict.
C'est desordre, n'est-ce pas?
LE PREMIER.
    Ouy.
De l'estat nul n'est resjouy:
Un jour a l'audictoyre on faict
Des choses de tres grand efaict,
Qui sont quellequefois cailleux [3],
Mais en exploit [4] sont merveilleux.
LE DEUXIEME.
L'on juge ce cas perilleux;

Mais de peur d'en estre irité,
Y fault juger la vérité [1].
Ainsy désordre sera mise
Hors de ceulx qui l'auront submise
Et entour d'eulx entretenue.
LE TROISIEME.
Or ça ne s'est el' poinct tenue
En marchandise?
MALICE.
    Qu'est elle don?
LE PREMIER.
Prenés qu'elle n'en ayt pardon,
Sy desordre ne s'en retire?
LE DEUXIEME.
Ma foy, nenin, et pour vous dire,
Les faulx sermens, les tricheryes,
Les regnymens, les tromperyes,
Les moqueryes et faulx marchés
Qui s'y font, sont tretous caches
Entour desordre.
LE TROISIEME.
    Dont je dis
Et croys que Dieu de paradis
Se cource [2] à nous de telle afaire.
LE PREMIER.
Il est vray.
LE DEUXIEME.
    Ça, il faut parfaire [3].
En quel lieu peult elle encore estre?
MALICE.
Je vous le feray jà congnoistre
Devant que de moy séparer.
LE TROISIEME.
Ne se faict el' poinct apareir
En guerre, par terre ou par mer?
MALICE.
Et quoy donc, mainct faict inhumer,
Loin d'une eglise ou cymetiere,
Sans faire confession entiere;
Et fault qu'ils meurent en ce lieu,
Ouy, sans souvenance de Dieu,
Ne de sa mere, rien quelconques.
LE PREMIER.
A! vrayment, c'est desordre donques;
En ce cas n'a poinct d'amytié.
LE DEUXIEME.
Mais voicy où est la pityé,
Quant ce vient a donner les coups,

---

1. Pour « ce qui ».
2. « Qui s'en plaint, qui en souffre (*dolet*). »
3. C'est sans doute « cayeux » qu'il faut lire. Ce mot qui, d'après Cotgrave, signifiait *vereux*, *vermoulu*, donnerait une espèce de sens à ce passage.
4. C'est-a-dire « sous forme de procédure ».

1. « De peur d'avoir as'en plaindre, on fait le proces a la vérité, pour la condamner »
2. Pour « se courouce ». Ce mot avait souvent cette forme: « Se, dit Nic. Oresme au ch xLII de l'*Ethique*, se nous nous *courcons* trop fort, ou trop tost, ou trop tart » Marot dans l'*Epistre du despourvu*, dit aussi *source* pour *courouce*:

    Foible, failli, foulé, fasché, forclus,
        Confus, cource

3. « Il faut en finir. »

Ceulx là qui sont les myeulx secous[1],
Bras coupés, jambes avales[2],
C'est la désordre, alés, alés ;
Dont vérité je vous confesses :
Je ne veulx guerier[3] qu'aulx fesses,
A batre vin, bonne vendenge,
Que souffrir sy grosse ledenge[4],
D'estre en ce poinct martirisé.

LE TROISIEME.

En la fin nul n'en est prisé
De hanter guerre.

LE PREMIER.

A ! j'espèi
Sy l'on s'en va sur les Luthères,
Employer ma langue pour dire :
Que bientost leur convient desdire,
Ou par là, sans qu'ilz ayent remors,
De par mes mains seront tous mors ;
Et puys y s'en repentiront,
Ces bouraux ! ils en mentiront,
De ce que veulent mettre sus[5].

LE DEUXIEME.

En la fin en seront deceups.

LE TROISIEME.

Je le voyrois bien volontiers ;
Mais sur les chemins et sentiers
D'amours y pouroit on trouver
Désordre ?

MALICE.

Ouy.

LE PREMIER.

Y fault prouver,
Afin qu'en ayons congnoisance.

MALICE.

Depuys le jour de ma naisance,
En amours je l'ai fait regner.

LE DEUXIEME.

C'est donc mal faict de nous mener
En tel voiage, mes amys.

MALICE.

Quant on a en amours promis,

Et la promaisse ne tient poinct,
Desordre y est.

LE TROISIEME.

Voicy le poinct :
Et sy la femme d'avanture,
Qu'el' veuille frapper ou mauldire,
Ou le povre sot escondire,
Desordre est, n'est-ce pas ainsy ?

LE PREMIER.

Ouy, vrayment.

LE DEUXIEME.

Je le croys aussy,
Au moins assés souvent m'y nuict.

LE TROISIEME.

Et sy l'amant, sur la mynuict,
Est à trembler parmy la rue,
Et que, sans cesser, son œil rue[1]
Vers la fenestre, fort pensant,
Baisant la cliquete[2], en passant,
En danger d'engendrer les mulles[3],
Et d'amours n'a nouvelles nulles,
Synon, que, la chosse est certaine,
Bien souvent sa fièvre cartaine !
C'est desordre.

MALICE.

C'est mon, se croi ge !

LE PREMIER.

Et d'avantage, le dirai ge ?

MALICE.

Que feras tu don ? ne crains rien.

LE DEUXIEME.

Sy le mary se doubte bien
Que la femme face un amy,
N'est il pas bien sot et demy
De s'en courroucer tellement
Qu'il en garde l'entendement[4],

---

1. « Secoués, blessés. » Marot a dit dans sa *première Elegie*, parlant d'une lettre qu'il attend de sa maitresse :

    Or, ce seul mot, si on me le rapporte,
    Alegera la grand douleur des coups
    Dont j'ay esté en deux sortes secoux

2. « Mises à bas, abattues. » Rabelais a dit, avec le même sens (liv II, ch. xxix) « Pentagruel luy vouloit avaller (*abattre*) la teste tout net » L'expression des jardiniers, « avaler une branche », pour dire la couper pres du tronc, vient de la.

3. Pour « guerroyer », dont c'est la premiere forme

    En France irai pour Charles *guerroyer*,

lit on a la stiophe 189 de la *Chanson de Roland*.

4. « Préjudice, dommage. » Ce mot se disait surtout dans le droit coutumier, pour « injure immeritée, pouvant porter prejudice ». Le juge obligeait celui qui l'avait faite à la rétracter, et l'usage exigeait du rétractant un geste assez bizarre . « Dequoy, dit Ragueau, on est *Commentaires sur la coutume du Berry*, celuy qui a injurié un autre à tort se doit desdire en justice, en se prenant par le bout du nez »

5. « Ils auront le démenti de ce qu'ils veulent élever. »

1. « Monte impétueusement. »
2. C'est à dire « le marteau de la porte ». C'était un usage des amoureux, qui ne pouvaient pas aller plus loin, et qui s'attiraient ainsi d'assez vilains tours, dont parle Roger de Collerye dans son *Sermon pour une nopce* :

    Tous pôvres amoureux transifs,
    J en connois plus de trente six,
    Qui chassent fort, mais rien ne prennent
    Quand ils voient que bien peu comprennent
    Avec leur dame, ils vont les nuytz
    Baiser la cliquette de l'huyts.
    Bien souvent quand on les y voit,
    Quelqu un leur cliquette pourvoit,
    Autant les lundis que mardis,
    De bran ou de dyamerdis.

Au lieu d'une simple « cliquette », on mettait souvent un marteau sculpté en forme de « marmouset », comme ceux dont on ornait les buffets ou les dressoirs. Les amoureux y venaient comme à la cliquette et y laissaient aussi mutilement leurs baisers : de la est venue l'expression « croquer le *marmouset* ou le *marmot* », pour dire attendre. V. pour plus de détails nos *Varietes hist. et litter*, t. IV, p. 229-230.

3. Espece d'engelures du talon, que nous avons déjà vues dans la *Farce du gouteux*. On les trouve dans Rabelais (*Nouv. prol.* du liv. IV) « Au soir, ung chascun d'eux eut les *mules* au talon, le petit chancre au menton, la male toux au poulmon, la catarre au gavion, le gros fioncle au cropion. »

4. « L'idée, le souvenir. »

Tant que son bon sens soyt osté?

LE TROISIEME.

Y doibt faire de son coste,
Pour eviter plus grans dangers.

LE PREMIER.

Ains[1], si messieurs les estrangers
Sont toujours ci mieulx soutenus,
Entretenus et bien venus[2],
Mille fois plus que nos voisins,
Ne les pays circonvoisins :
Desordre y est el' pas?

LE DEUXIEME.

Quoy donques !
Je n'ay veu nul pays quelconques
Où on leur face ce qu'on faict.

LE TROISIIME.

Vous en voirés l'air sy infaict[3],
Qu'en la fin en aurons dommage.

MALICE.

Or, achevons nostre voyage.
Mais retenés tous ces notas[4]
Que desordre est en tous estas.
Sus, récréons nous un petit
De chanter.

LE PREMIER.

J'en ay apetit.

LE DEUXIEME.

Et aussy, pour nous resjouir,
Chantons.

LE TROISIEME.

Sus, faisons nous ouir.

(Ilz chantent.)

LE PREMIER.

Sy j'estoys tout pret d'enfouir[5],
De joye seroys resucité.

LE DEUXIEME.

Gectons hors toute adversité.

LE TROISIEME.

Gectons hors ennuy et soulcy.

LE PREMIER.

Soulcy n'est que mendicité[1].

LE DEUXIEME.

Gectons hors toute adversité.

LE TROISIEME.

Chacun de nous soyt incité
De chanter.

LE PREMIER.

Je le veulx ainsy.

LE DEUXIEME.

Gectons hors ennuy et soulcy.

LE TROISIEME.

Gectons hors toute adversité.

MALICE.

Devant que vous partiés d'icy,
Sy voyrés vous desordre en poinct.

LE PREMIER.

Chantons, nous ne la voullons poinct

MALICE.

Qui commence et ne veult parfaire,
C'est mal faict; voules vous pas faire
Ce voyage qu'avés comprins [2]?

LE DEUXIEME.

Nennin.

MALICE.

Vous en seres surprins,
De désordre, vous le voyerés.

LE TROISIEME.

Sortés d'icy, car vous errés.
Nous ne voulons poinct de desordre,
Et trouveres qu'on ne peult mordre.
Sus, sus, chantons mieulx que devant.
Arriere, vilain, arriere, avant.

(Ilz chassent Malice ; le premier rentre, abillé en Désordre, et dict :)

Désordre est embuchee[3]
Non pas loin d'icy;
El' est mal embouchée,
C'est sa nature ainsy.
Mais tout incontinent,
Chascun de nous labeure,
Sans estre impertinent,
De la gecter au vent.
Malice soyt chassée.
D'entre nous, sans mercy,
Qu'elle soyt esmouchee[4],
Sans faire demourée;
Nous le voulons ainsy.

---

1. « De même. »
2. Allusion au trop bon accueil que l'on commençait a faire déja en France aux étrangers, surtout aux Italiens, qui sous le regne suivant, celui d'Henri II, furent tout a fait maîtres a la Cour. Le Genevois Bonivard, dans son *Advis et devis des lengues*, constatait déja cet entrainement du François vers tout ce qui n'est pas lui, et l'opposait aux dispositions toutes contraires, qu'on remarquait chez les Anglais : « Les Angloys, disant-il, n'estiment aucune nation que la leur, ni chose bonne si elle n'est provenue de leur pays, et les Françoys estiment tellement les aultres nations que la leur, et n'inventent jamais rien et s'aident des choses par les aultres inventées. »
3 Pour « infecté. » A. Paré a dit de même (liv XXIV, ch xxxii) « Infects ou souillés de venin.. »
4. Impératif du verbe *notare* (remarquer), qu'on avait l'habitude d'écrire aux marges d'un livre en regard des passages qu'on croyait dignes de remarque On lit, comme ici, dans la *Marguerite des Marguerites*, 1547, in-8°, fol. 72 « Retenez ce *nota*. »
5. « D'être enterré. » C'était l'expression en usage « Et, lit on dans la *Chronique de Rains*, morut et fut *enfouis* licement a Saint-Denis. »

1. « Chose bonne pour les mendiants. »
2. Pour « entrepris ».
3 « Embusquée. » Ce mot « embuché » d'où vint « embuche », qui est resté, est la premiere forme d'*embusquer*, et fut longtemps seul employé « Ils envoyerent, dit Froissart, les compagnons *embuscher* en une vague abbaye. »
4 « Chassée comme on chasse une mouche. » Nous avons deja vu ce mot.

LES TROIS PÉLERINS.

LE DEUXIEME.

C'est bien dict, marchons sur la brune,
Et parlons des mangeurs de lune[1].
Ilz ont mangé mainct bon repas,
Et ne sauroyent marcher un pas,

Synon danser aveq fillete.
Ce sont ceulx qui desordre ont faicte
Et la font tousjours, mais argent
Les maintient en leur entregent[1];
L'un saillit, l'aultre regibet;
Mais ne vous chaille, le gibet
Sonnera toujours son bon droict.
En prenant congé de ce lieu,
Une chanson pour dire adieu.

[1]. « Diseurs de balivernes, faiseurs de riens en essayant l'impossible. » Rabelais disait déjà, comme on dit encore aujourd'hui, « prendre la lune avec les dents ». On lit au ch. XII de son liv. II : « Je ne suis point clerc pour prendre la lune avec les dents » Certains *almanachs* du temps de Louis XIII dont il est parlé dans le *Francion* de Sorel (1663, in-12, p 254), représentaient de ces « preneurs de lune » à leur premiere page : « Pour vous représenter, y est-il dit, leurs diverses postures imaginez-vous de voir ces preneurs de lune, qui sont en l'almanach de l'année passée, ou les uns taschent de l attraper avec des échelles qui s'allongent et s'accourcissent comme l'on veut, et les aultres avec des crochets, des tenailles et des pincettes. »

[1]. « Dans la position qu'ils se sont faite, parmi le monde, *entre les gens.* » Ces derniers mots sont réellement l'origine de cette expression, comme le remarque Lanoue, en son *Dict. des rimes*, 1596, in-12, p 299. On ne commençait que de s'en servir sous François Ier, et Béroalde y répugnait, « tant cela est fat, » dit il dans le *Moyen de parvenir*, édit. nouv , p. 59

FIN DES TROIS PÉLERINS.

LE MAISTRE D'ESCOLLE

(XVIᵉ SIÈCLE — REGNE DE FRANÇOIS Iᵉʳ)

NOTICE ET ARGUMENT

Nous tirons encore cette pièce du *Recueil La Vallière*. Elle en est la 68ᵉ. Nous la mettons à la suite de celle qui précède, parce qu'elle est du même temps et qu'on y trouve les mêmes idées, sinon le même esprit.

C'est aussi une plume catholique qui l'a écrite, mais moins finement taillée, et tenue par une main plus brutale.

On y sent la colère du pédantisme scolastique en lutte avec la Réforme, qui chaque jour fait des progrès, et dont, pour en avoir plus vite raison, les gens de Sorbonne voudraient qu'on ne fît qu'un seul auto-da-fé, en brûlant du même feu, sur le même bûcher, auteurs hérétiques et livres d'hérésie.

C'est dans ces doctrines que le maître d'école de cette farce, qui se dit « joyeuse » et n'est que sinistre, a élevé et instruit ses disciples.

Leur mère vient les voir au moment d'une promenade qu'ils sont allés faire par la ville. Elle s'entretient avec le maître, puis bientôt ses fils reviennent.

On les interroge sur ce qu'ils ont vu, et les plaintes contre les abus, les colères contre l'hérésie, — qui n'est pourtant que l'expiation, le châtiment de ces abus — recommencent.

Chacun de ces bambins venimeux, chez qui l'on sent toute la haine de leur temps, tout le fiel des leçons qu'ils ont prises, a son mot contre les novateurs, son souhait de vengeance contre leur personne et contre leurs livres.

Le maître, ravi, les applaudit par le plus complet « satisfecit », et pour faire plaisir à la mère, aussi ravie que lui, il leur accorde un congé, il leur donne « campos ».

Là-dessus commence la chanson finale. C'est le seul moment où cette pièce rancunière, qui ne parle que de haine et de bûcher, qui ne sent que le fiel et le roussi, devient un peu ce qu'elle dit être, et ce qu'elle n'est pas, une farce !

LE MAISTRE D'ESCOLLE

FARCE JOYEUSE A V PERSONNAGES.

C'est a sçavoir

LE MAISTRE D'ESCOLLE
LA MÈRE

ET LES TROYS ESCOLLIERS

LE MAISTRE *commence*.

Je suys recteur, grand orateur,
Remonstrant sans estre flateur,
Qui folye [1] ; les mal pensans
Escolliers ne sont enhorteurs [2],
Chascun d'eulx dispute en docteur
Pendant que d'icy sont absens.
Avoyr n'en veulx millier ne cens,
Charge tres grande n'est pas sens ;
Moy seul ne les pouroys instruyre ; .

1. « Quiconque fait le fou »
2. « Conseillers, » du vieux verbe *enhorter*, que nous trouvons dans ces vers du *Sermon des fous*

Escoute et enfans bien mes fitz
Je m'en acquitte et toy *enhorte*,

De ce que j'en ay me contens.
Leur aprendrai Donnest [1] et sens,
Principes et Caton [2] construyre ;

1. On appelait ainsi un abrégé fait pour les enfants de la grammaire d'Ælius Donatus, ou Donnat, qui enseignait au IVᵉ siècle. On fit de cet abrégé des éditions sans nombre, des premiers temps de l'imprimerie, entre autres une a Metz, dont le titre nous dira bien l'usage *Donatus novus, pro pueris valde utilis*.
2. C'étaient les distiques de Caton, dont on avait fait un livre pour les classes. Nous en possédons une édition de Fr. Estienne. CATONIS DISTICHA DE MORIBUS *Adjecta in adolescentulorum gratiam, latina et gallica interpretatione*, 1538, in 8. Dans la *Moralité des Enfants de Maintenant*, Instruction cite le Donet et le Caton.

Je leur aprendray voulentiers
Partie de ce que je sçay,
S'ils veulent sçavoir l A, B, C,
Ou le peaultier ou le *Donnet*,
les enseignemens *Cathonet*.

LE MAISTRE D'ESCOLE.

LE MAISTRE D'ESCOLE.
Je suis recteur, grand orateur,
Remonstrant, sans estre flateur,
Qui folye, et les mal pensants.

Tant sçavoir ne faict que destruire
L'homme, s'il ne se veult conduyre,
De son sçavoir faire debvoir.
Sçavoir est bon quand on faict bruyre [1]
Le sens que l'homme doibt avoir.

LA MERE DES ESCOLLIERS *entre.*

Maintenant me fault aler voir
Mes enfants, de beaulté compris,
Afin que je puisse ascavoir
S'ilz ont profité et apris.

MAGISTER.

Je n'aye poinct peur d'estre repris,
Ne charge dans ma concience,
Car bonne doctrine et science
A mes escolliers veulx montrer.

LA MÈRE.

Dieu gard! magister, peulx-je entrer?

MAGISTER.

Ouy, dea, entrés, sy vous voulés.

LA MÈRE.

Mes enfants veuillés moy monstrer,
Dieu gard, magister, peulx-je entrer?

MAGISTER.

Ne les a vous sceu rencontrer?
Ilz sont hors ce lieu à saulter.

LA MÈRE.

Dieu gard, magister, puys-je entrer?

MAGISTER.

Ouy, dea, entrés, si vous voulés.

LA MÈRE.

Où sont vos escolliers allés?

MAGISTER.

Je les ay envoys sur les champs
Coriger un tas de meschans,
Mais y demeurent longuement.

LA MÈRE.

Y les fault avoir vistement,
Car je veulx avoir cognoisance
S'ilz ont apris.

MAGISTER.

A! grand puissance,
Pencés qu'ilz n'ont perdu leur temps?

LA MÈRE.

A! Magister.

MAGISTER.

Je les entens.
Vous pourés voir bientost au fort [2]
Comme j'en ay faict mon effort.

LA MÈRE.

De leur bien Dieu soyt mercyé.

SOCIE, I. ESCOLLIER, *entre.*

Amyce.

1. « Parler, retentir. »
2. « A fond. »

AMYCE II., BADIN, *entre.*

Placet, Socie ?

LE III. ESCOLLIER, DE QUANDOQUE [2], *entre.*

Venite ad scolam [3]?

AMYCE.

Non, ne suys pas.

SOCIE.

Quoy?

AMYCE.

Licencié.

LE TROISIÈME.

Amyce.

AMYCE.

Placet, Socie?

LE DEUXILME.

Mais bien plus tost.

SOCIE.

Incensié.

AMYCE.

Je n'ay ne veulx un tel regnon [4].

SOCIE.

Amyce?

AMYCE.

Placet, Socie?

LE TROISIEME.

Venite.

AMYCE.

Ad scolam? Non, non.

LA MÈRE.

Mon filz!

AMYCE.

Ma mère!

LA MÈRE.

Mon mygnon,
Veulx tu abandonner ton maistre?
Celuy qui se veult entremaistre
De t'aprendre toute science.

AMYCE.

J'en sçay plus, sur ma concience,
Que vous, luy, toy, moy et deulx,
Vous le sçavez; monstrer le veulx.
Car, quant nous avons eu congé
D'aler jouer, me suys rengé
En lieu ou j'ey bien aperceu
Que le monde a esté deceu
Et premier [5] qu'entrer en propos,
Prenons un petit le repos [6]

1 « Plaît il, Socie ? »
2 On appelait docteur en *quandoque*, un sot passe maître qui disoit à tout Quelquefois (*quandoque*), peut-être. L'éleve, bien entendu, n'était pas plus fin que le docteur.
3 « Venez vous a l'école. »
4. « Renom »
5 « Et avant que. »
6 « La récréation. »

De chanter pour fere l'entrée.

MAGISTER.

Science soyt a tous monstrée,
Chantons.

L'ESCOLLIER IIJ.

Tout sera d'esvoquer
Des escolliers de Candoque [1],
Et pour estre mieulx esjouis
Chantons des chansons du pays
D'où nous venons.
(Ilz chantent.)

SOCIE.

Sans contredict
Vous n'en serés en rien desdict.
(Ilz chantent.)

LA MÈRE.

Magister, vous aurez le pris,
Mes enfans avés bien apris
En très grand science profonde.

MAGISTER.

Toy, premyer je veulx que te fonde [2]
A me déclarer sans rebus
D'où tu viens?

AMYCE.

De voir les abus
Qui se font au monde, sans doubte.

MAGISTER.

Comme quoy?

AMYCE.

Y font une roulte [3],
Ainsy comme y veulent prétendre;
Chascun d'eulx veulent faire entendre
Le faulx, mais je les feray reux [4].

LA MÈRE.

Il est plus grand clerc que vous deulx,
Mi Dieulx!

AMYCE.

Ce suys mon, ce suys mon [5].
Or, entrons à nostre sermon
Plus avant; mais sans long proces,
Y fault declarer les excès

Méchancetés, urbanités [1],
Leurs façons, leurs mondanités,
Qu'ils font par grande déraison,
Dont on n'en faict poinct la raison
Justement ainsy qu'on doibt faire.

MAGISTER.

A le dire plus ne difère :
Monstrés que suys maistre de sens
Qui vous aprens vos petis sens [2]
Pour vous garder de ce danger.

SOCIE.

Nul de nous n'en est estranger.
Ils ont faict en nostre pays,
Ce qu'il convient qu'ilz soyent hays.
Vela le poinct de nos leçons.

AMYCE.

Laisés moy dire leurs façons :
En karesme mangeussent [3] cher;
Sainctz, sainctes cuydent empescher,
Que pour Dieu ne soyent desprïés [4] :
Si d'eulx nous estions maistries [5],
Se seroyt une grande horeur [6].

LA MÈRE.

Et qui les maine?

AMYCE.

C'est erreur.
Mais contre eulx me suys despité,
Quant j'ey veu leur mondanite
Et leur meschant gouvernement.

MAGISTER.

Il y fault pourvoir aultrement,
Car y nous en pouroyt mesprendre [7].

AMYCE.

De leur sçavoir ne veulx aprendre,
J'ayme mieux vos enseignemens.

MAGISTER.

Et toy?

SOCIE.

J'ey veu des gouvernans
Un grand tas, menteurs et flateurs,
Malveillans, grans adulateurs

---

1. « Le tout sera pour s'amuser de faire venir (évoquer) des écoliers de *quandoque*. »
2. « Jo veux que tu te mettes. »
3. « Assemblée, troupe » Ce mot, d'ou est venu l'anglais *rout*, qui a le même sens, se disait surtout pour une troupe de sectaires, de disciples, comme ici et comme dans ce passage de la *Moralite de Charite* :

    Le benoist filz de Dieu sans doubte,
    Avoit o (avec) luy une grand *routte*
    De disciples qui le suyvoyent
    Et moult de bien y aprenoient

4. « Confus comme ayant trouvé leur maître » Dans la *Farce de la mere, du filz et de l'examnateur*, le fils dit

    Et si congnoys toutes mes lettres,
    J'en ai faict vous cent fois les maistres
    De nostre escolle.

5. « Oui, c'est bien ce que je suis. »

1. « Choses de la ville (*urbs*). » Ce mot, qui plus tard ne fut qu'un mot flatteur, un éloge, ne se prenait pas alors en bonne part, comme on voit. C'est Balzac qui le mit à la mode, avec le sens qu'il a gardé, et qu'il n'avait eu auparavant que dans de rares passages, notamment dans une strophe du *Sejour d'honneur* de Saint-Gelais.
2. « Qui vous donne minutieusement le sens de tout. »
3. « Mangerent. » Cette forme du prétérit se retrouve dans la *Farce du Cousturier* :

    Avez-vous touve que jamais
    Ne *mangeux* perdrix ne tel metz?

4. « Ne soient au nom de Dieu priés avec instance » Déprier est ici le *deprecari* latin.
5. Pour « maîtrisés », dont c'est la première forme. On lit dans Froissart, à propos de la ville de Dam « Elle vous venra bien à poinct pour *mestrier* Bruges et Lescluse. »
6. On comprend que ces mangeurs de chair en carême, qui ne veulent pas de prieres pour les saints ni pour les saintes, sont les huguenots
7. « Il nous en pourrait arriver malheur »

Qui preschent, non pas l'Evangille
Mais ont leur engin [1] fort agille
De prescher toute abusion.

MAGISTER.

Et toy ?

L'ESCOLLIER III.

J'ey veu confusion,
Qui mainte foys m'a faict seigner [2]
De voir les grands mal enseigner ;
Mais inspiration divine
Viendra, ainsy comme devyne,
Qui leur montrera leur ofence,
Et fera à chascun deffence,
Afin que n'ayons nuls debas,
Que leur mondanité soyt bas !
Lors nous aurons, selon ma guise [3],
Bonne garde.

MAGISTER.

Voire à l'Eglise.

AMYCE.

Sommes-nous clercs ?

LA MÈRE.

Ouy, jusque aulx dens.

SOCIE.

Nous avons veu leurs accidens,
Leur estat, leurs condicions.

LE DEUXIÈME.

Voyre et prins des discucions ;
C'est raison qu'ayons vengeance.

AMYCE.

Ainsy pour avoir alégance,
C'est bien raison que tout soyt dict :
Mais venes ca *abitavit* ;
Prenés, gectés, mon escollyere,
Qu'esse en francoys ?

LA MÈRE.

Une brellyère [4].

AMYCE.

Habitaculum.

LA MÈRE.

Une brays [5].

AMYCE.

Sainct Jehan ! ainsy ces marabays [6]

Se sont accumulés ensemble,
Tant que chascun d'iceulx ressemble
A ceulx de Sodome et Gomore ;
Tellement que leur cas abore [1],
N'esse pas chosse trop infame ?

MAGISTER.

Leur mondanité n'est pas femme [2].

LE II. ESCOLLIER.

Leur erreur n'est pas bon mynistre.

AMYCE.

Leurs sismes [3] et façons m'enflamme.

LA MÈRE.

Leur mondanité n'est pas femme.

MAGISTER.

C'est le diable qui les affame
Du feu d'enfer.

SOCIE.

C'est leur grand tiltre [4]

LE III. ESCOLLIER.

Leur mondanité n'est pas femme.

AMYCE.

Leur erreur n'est pas bon mynistre,
Confusion tient leur chapitre,
Et puys disent, tant sont nays [5],
Que c'est la mode du pays.
Et pour estre plus promps et chaulx,
En leur mal usent d'artichaulx [6].
Que eusent ils un estron de chien,
Pour chascun mets !

MAGISTER.

Tu dictz très bien ;
Je suys d'avis de ceste afaire.

LE III. ESCOLLIER.

Et quoy ?

SOCIE.

Pour en avoir le boult,
Y fault faire du feu de tout [7] ;
Car ils s'efforcent en leur guise
De vouloir rompre nostre eglise,
Dont ce nous est grand punaisie [8].

MAGISTER.

Qu'on les brulle sans efigie ;
Car aultrement s'on ne le faict,
Vous voyres le peuple, en efaict

---

1. « Esprit, génie (*ingenium*). »
2. « M'a fait souffrir. »
3. « Selon ce que je pense et desire »
4. « Un piége. » On trouve dans Cotgrave le verbe *breller* pour dire prendre les oiseaux au piége.
5. « Une boue, un marécage. » Il y a ici une allusion dénigrante aux mots « *habitavit* et *habitaculum* », dont se servaient les réformés pour désigner leurs retraites. Pour les catholiques, que la mere ici représente, ces refuges n'étaient que piéges ou lieux empestés
6. « Mécréants. » Ce mot *marabais* se prenait surtout pour juifs mélangés de *Maures* ou d'*Arabes* Il n'y en avait pas de plus injurieux. Il y eut longtemps dans Paris une tradition qui disait que ces *marabais* y tuaient les petits enfants et se faisaient des bains de leur sang. A plusieurs reprises ce fut contre les juifs, et contre tous ceux qu'on accusait d'être *marabais*, une occasion de vengeance, un prétexte de pillage. V. a ce sujet le *Journal d'un bourgeois*, année 1532, et le *Tocsin des massacreurs*, p. 90.

1 « Tellement que j'ai tout ce que les regarde en horreur. »
2. Ce vers complete ce qui vient d'être dit sur la ressemblance des réformés avec les gens de Sodome et de Gomorre.
3. C'était la forme populaire du mot *schisme*.
4. « Toute leur noblesse vient du diable. »
5. « Naifs, sots. »
6. Nous ne savons ce que ces *artichaux* viennent faire ici.
7. « Il faut brûler hommes et livres. » C'est malheureusement ce qu'on ne fit que trop.
8 « Infection, pourriture. » Le mot est dans Froissart (t II, liv. II, p 200) « Le roy se deslogea de Rosbeque, par la grant *punaisie* des morts. »

Qui poinct ne se contentera[1],
Et ce, pendant qu'on chantera !
Targés[2], vous verés par mistère
Ce qu'on faict, dont je m'en veulx taire.
Et pour mieulx vous faire ententis[3] :
Tous maistres sont bons aprentis.
            (Ilz chantent.)
            MAGISTER.
De mal faire on n'a nul repos.
            AMYCE.
Magister, donnes nous campos[4]
Vistement et vous despesches.
            MAGISTER.
Voicy de tres vaillans supos.
            TOUS *ensemble.*
Magister, donnés nous campos.
            SOCIE.
Neuf y en a.

1 « Qui fera le mécontent. »
2 « Retardez. » On disait souvent *targer* pour « tarder », ainsi l amoureux dans la *Farce du valet qui se loue*
    Je m'y envoys sais *targer*,
    Car riens n y vault le songer
3 « Pour faire que vous soyez mieux entendant, comprenant ce que je vous dis. »
4. *Campos* ne se prenait alors que pour le congé des écoliers
Je suys, lit-on dans la satyre X de l'*Espadon satyrique :*
    Je suis ayce comme au college
    Les escolliers qui ont *campos*.

            MAGISTER.
C'est à propos.
            AMYCE.
Troys vifs,
            LE III. ESCOLLIER.
Troys neufz,
            SOCIE.
Troys despesches.
            TOUS *ensemble.*
Magister, donnés nous campos.
            MAGISTER.
De bien chanter vous empeschés.
            LE III. ESCOLLIER.
Magister, qui a mon panyer ?
            SOCIE.
Magister, qui a ma pouquette ?
            MAGISTER.
Tu me sembles un gros anyer,
Y n'en fault plus faire d'enqueste.
            LA MÈRE.
Magister, vous aures le pris.
Priant Jesus de Paradis
Qui préserve la compagnye,
Une chanson, je vous suplye.

FIN DU MAISTRE D'ESCOLLE.

FARCE DES THÉOLOGASTRES

(XVIᵉ SIECLE — REGNE DE FRANÇOIS Iᵉʳ)

NOTICE ET ARGUMENT

C'est la première fois que cette pièce, d'une importance capitale pour l'histoire et pour le théâtre, figure dans un recueil.

Jusqu'ici, elle était, on peut le dire, à peu près introuvable. Il n'existe qu'un exemplaire de l'édition originale. Un bibliophile de Lyon, que nous avons personnellement connu, M. Coste, le possédait et en était très-légitimement fier En 1830, sa précieuse collection s'en était déjà enrichie. C'est alors qu'il voulut bien qu'un autre bibliophile, d'un goût aussi ardent mais plus lettré que le sien, M. Giatet Duplessis, que nous connûmes aussi beaucoup, en donnât une réimpression, mais des plus discrètes, telle que la rareté, nous allions presque dire la virginité de l'exemplaire unique, n'en fût qu'à peine effleurée.

M. Coste ne permit pas plus de *cinquante* exemplaires sui grand papier vélin, *dix* sur papier de Hollande, et *quatre* sui papier de couleur, c'est-à-dire *soixante-quatre* en tout. De plus, il fit ses conditions.

M. Duplessis aurait désiré une édition *fac simile*, reproduisant page pour page, ligne pour ligne, lettre pour lettre, les huit feuillets in-folio, en caractères gothiques, à cinquante-quatre lignes par page, de l'édition originale Mais celle-ci, suivant M. Coste, eût été trop déflorée par cette ressemblance qui eût fait de ces soixante-quatre exemplaires autant de ménechmes du sien ; il ne l'autorisa pas.

Tout ce que M. Duplessis put obtenir, ce fut une reimpression, in-octavo, de trente six pages, en caractères ordinaires. Elle fut faite à Lyon, chez Rossary, sous les yeux mêmes de M. Coste, qui nous a raconté lui même avec quel empressement il fit décomposer les formes dès que le nombre fatal des soixante-quatre exemplaires eut été tiré.

C'est la seule atteinte, le seul attentat qu'il voulut bien souffrir contre la rareté de son précieux livre ; il crut toute sa vie qu'on ne s'en était pas permis d'autre Il se trompait

En 1840, un professeur de Strasbourg, M. Guillaume Baum, ayant écrit un volume sur Lambert d'Avignon, l'un des premiers apôtres de la Réforme, s'imagina, bien que son livre fût en allemand, que la *Farce des Théologastres* y servirait très-bien de pièce justificative. Il la mit donc à la suite, avec une préface et des notes, en allemand, qui expliquaient cette addition, très-raisonnable du reste, comme on le verra par l'esprit même de la pièce.

M. Coste en eut-il connaissance ? Je ne le crois pas ; le volume de M. Baum ne dut pas venir jusqu'à lui, qui ne s'occupait que de livres anciens. Ce volume fut d'ailleurs très-peu répandu, non-seulement en France, mais chez le public allemand pour lequel il était écrit. Le bibliothécaire de Dresde, M. Graesse, qui, dans son *Trésor des pieces raies*, n'a pas manqué de consacrer un article à la *Farce des Theologastres*[1], n'a rien dit de la réimpression de M. Baum ; il ne la connaissait donc pas. A plus forte raison M Coste ne dut pas la connaître.

Quand il mourut, en 1854, l'exemplaire unique de la *Farce* n'avait pas quitté sa bibliothèque. Ce fut la perle du *Catalogue*, où elle figurait sous le n° 913 ; ce fut le joyau de la vente. Les enchères furent très-chaudes, enfin la Bibliothèque, alors impériale, l'emporta L'incomparable plaquette lui fut adjugée au prix de 1,500 francs, considérable alors, et qui serait pour le moins doublé aujourd'hui.

Dans l'existence de cette pièce, si étonnamment conservée par l'unique exemplaire, il n'y a pas qu'une simple affaire de bibliophile, il s'y trouve un véritable intérêt pour l'histoire.

La *Farce des Théologastres* est un des spécimens les plus curieux de la polémique étrange qui s'engagea partout, même sur le théâtre, entre ceux qui, aux premiers temps de la Réforme, défendaient l'Église et ceux qui l'attaquaient. Nous avons vu par les deux pièces qui précèdent comment les premiers entendaient la défense, nous allons voir par cette *Farce* comment les autres comprenaient l'attaque.

Ils la menent avec une remarquable connaissance de ce qu'ils combattent et une certaine verve de malice et d'ironie.

Ils sont hardis, mais sans trop d'imprudence. Ce sont, disent-ils à la fin, les Théologastres, c'est-à-dire les maniaques ignorants et aveugles de la Théologie, qu'ils attaquent, et non les vrais Théologiens.

A les entendre, ces *Theologastres*, qui représentent la Sorbonne, et les *Fratrez*, qui représentent les moines, perdent tout. Que savent-ils ? le texte des saintes Écritures ? Non, mais des gloses qui la tuent, qui l'étouffent, comme la fleur sous les ronces Le *Texte*, dont on fait un personnage, vient lui même réclamer ; *Raison*, qui joue un autre rôle, l'appuie de son autorité ; et *Foi*, qui intervient, déclare qu'elle ne peut vivre, si *Texte* ne redevient tel qu'il fut, et si *Raison* n'est pas écoutée.

Theologastres et *Fratrez* se débattent de leur mieux par des arguments, que l'auteur protestant a soin de ne pas faire irréfutables, cela va de soi. Ils sont à bout,

[1] T II, p 551.

quand arrive le *Mercure d'Allemagne*, c'est-à-dire le messager de Luther, ou tout au moins d'Érasme, qui dit ce qu'il faut faire : revenir à l'Écriture vraie pour sauver la Foi vive, et par conséquent nettoyer le *Texte* sali par la Sorbonne, sous prétexte de gloses *Raison* se charge de la besogne, et fait, sous le nez même de *Théologastres* et de *Fratrez* qui l'ont souillé, la lessive du *Texte*.

Ils s'en vont en très-grand courroux et *Mercure d'Allemagne* s'en moque. Il a tort. Que représente-t-il en effet dans la *Farce* ? Lui-même le dit : il représente Louis Berquin, ce malheureux gentilhomme de l'Artois, qui, pour avoir trop suivi les inspirations d'Érasme, sans aller jusqu'aux idées bien plus subversives de Luther, ne finit pas moins par être brûlé en Grève.

Au moment où se joua la *Farce*, dont quelques détails, annotés plus loin, semblent fixer la date de 1523 à 1525, il triomphait.

François Iᵉʳ, dont la Sorbonne et Rome n'avaient pas encore accaparé la conscience, lui avait donné raison, après un premier *auto-da-fé* de ses écrits et quelques mois à la Conciergerie. Mais la Sorbonne, avec Beda, le Parlement, avec le terrible Lizet, si impitoyablement raillés l'un et l'autre dans cette pièce même, le guettaient pour en finir avec ses doctrines, et surtout peut-être pour se venger de la *Farce*. Ils y parvinrent : Berquin fut brûlé, et avec lui ce qui restait de ses écrits.

La *Farce des Théologastres*, qui avait été une des armes les plus acérées de cette guerre, fut sans doute comprise dans cette destruction, et c'est sans doute aussi ce qui en aura fait l'extrême rareté.

LA
FARCE DES THÉOLOGASTRES

A VI. PERSONNAGES

et premierement

THEOLOGASTRES	RAISON
FRATREZ	LE TEXTE DE SAINCTE ESCRIPTURE
FOY	ET LE MERCURE D'ALLEMAIGNE

THEOLOGASTRES *commence*.

Per Fidem [1] quand je considère
La povreté et la misere
De ces theologiens nouveaulx
Qui ont laissé et mis en arrière
Le gros latin, et n'en font chere [2],
Fidem [3], il vient de grands maulx,
Omnes hunc leguntur [4] *græcum* [5],
Tithon, bison, taph, ypsilon [6].
Etiam de hebraico.
Non legi de totum duo.
Aliquid, sed scio bene.
Quod hæc qui loquutur grece
Est suspectus de heresi [7].

1 « Par ma foi ! »
2. « Et n'en font nul cas. »
3 Pour « per fidem ! » comme plus haut.
4. Pour « legunt (*lisent*) »
5 « Maintenant tous lisent le grec »
6. Ce sont ici des mots grecs estropiés Le dernier est le nom d'une lettre, *upsilon*
7. « Il en est de même de l'hébreu Je n'ai lu quoi que ce soit de l'une ni de l'autre langue, mais je sais bien que celui qui parle grec est suspect d'hérésie » Le sorbonniste Béda, le plus terrible persécuteur de Berquin, sous l'inspiration de qui semble avoir été faite cette farce, tenait tout haut les propos prêtés ici aux Théologastres dont il semble du reste avoir fourni le type « Nostre maistre Béda, dit H Estienne, en son *Apologie pour Hérodote* (t II p 46), en présence du roy François Iᵉʳ objecta à feu Guillaume Budé que l'hebrieu et le grec estoient la source de plusieurs heresies. »

Je n'y entendz rien quant à my.
Je ne sçay plus comment parler ;
Je suis, et par terre et par l'air,
De la foy la fondation [1] ;
Mais jay beau prier et hurler,
Je suis en parvipension [2].

FRATREZ.

Moy, je suis l'exaltation
De la devotion humaine,
Et souffre mainte passion
Pour entretenir son domaine.
Je sçay au may prescher la laine,
En aoust les gerbes à foison,
Et au Noel j'ay mainte paine
Pour prescher boudins et gambons [3].

FOY.

Helas, que j'ay de passions !
Je me meurs, entendes à moy.

THEOLOGASTRES.

Fratrez, nay je pas là ouy Foy

1 La base, le fondement
2. De *parvi pendere*, être en peu d'estime.
3 Fratrez, qui represente ici les moines, et parle des peines qu'il se donne pour aller prélever, en prechant, la dime de la laine : des gerbes, des jambons, etc , nous rappelle le chanoine de l'épigramme de Marot, et son soupir au milieu de ses concupiscences,

Qu'on a de mal à servir saincte Eglise !

Qui crye ?

FRATREZ.

Ouy, elle est malade.

THEOLOGASTRES.

Malade ? C'est bien au propos.

FOY.

Hélas, mon Dieu, que je suis fade [1] !
Secourez moy, mes vrais suppoz.

THEOLOGASTRES.

Dame, dont vous vient tels dépos
De santé [2] ?

FOY.

Par une colicque,
Qui me exime [3] de aise et repos,
Dicte : passion sophisticque.
Mon chef à mon cueur tant replicque [4],
Et s'est tant eslongné de luy,
Que Simonie [5] la phtisicque
M'a du tout mon bon bruict tolly [6].
Mereri et demereri [7]
Et une mode lunatique
Darguer m'ont tant aneanti
Le corps, que en suis toute ethicque.

FRATREZ.

Quel mal avez vous ?

FOY.

Sorbonique.

THEOLOGASTRES.

De Sorbonne ?

FOY.

Voire.

FRATREZ.

Comment ?

FOY.

Par une forme d'argument,
De cas mis sus [8], d'opinions,
De gloses, de conclusions :
Il m'y faut trouver medecine.

THEOLOGASTRES.

Où prinse [9] ?

FOY.

Où raison domine.

THEOLOGASTRES.

Où est-ce ? en la grande Bretaigne ?

FOY.

Nennin, non. — C'est en Allemaigne,
Où elle fait sa résidence.

FRATREZ.

Elle fait Dieu, qui la mehaigne,
Du cheu Luther [1].

THEOLOGASTRES.

Ho, pestilence !
Taisez ce mot.

FOY.

Quérés partout,
Et celuy qui ma santé toult [2]
Soit bruslé comme un héretique.
A ce faire chascun s'applique.
Maistre nostre Théologastre,
Et votre compain frère Fratre,
Puisque de foy vous vous nommes
Les principes illuminés [3],
Il faut que par vous ce se face.

FRATREZ.

Je ne sçay en aulcune place
Remède pour vostre salut.

THEOLOGASTRES.

Je suis à cela resolut,
Rien ne sçay pour sa sanature [4].

FOY.

Le texte de saincte Escripture
Me gariroit bien.

THEOLOGASTRES.

Il est rude,
Et n'y a point de certitude
Neanmoins jamais ne le vis.

FOY.

Vela fort frivolle devis [5] !
Que les docteurs illuminés,
De chapperons dodeminés [6],
Ne veirent jamais la tissure [7]
Du texte de saincte Escripture !
Helas ! saint Pol, que diras tu ?
Sciunt a Sancto Spiritu [8],
Sciunt, non pas science bonne,
Mais ung tas de cas de Sorbonne,

---

1. « Fauble. » *Bien sait*, lit-on dans la nouvelle d'*Amadas et Ydoine*,

    Bien sait qu'elle a este malade,
    Qui encor elle en a le cueur fade.

2. « Défaillance, décheance de santé. »
3. « Me jette hors, » on disait plutot *essime*. Dans la forme employée ici, le radical latin *eximere* est plus visible.
4. « Ma tête dispute tant avec mon cœur, » c'est a-dire, le pape, chef de la foi, s'est mis en telle querelle avec ce qui est le cœur de l'Église, la masse des fideles, etc.
5. On sait que la simonie, qui fut un des plus vifs griefs des reformateurs contre Rome, est le trafic des choses spirituelles en échange des temporelles.
6. « M'a enlevé toute ma bonne renommee. »
7. « Mériter et démériter. »
8. « De cas de conscience souleves a son sujet » On sait que du mot *cas*, pris en ce sens, est venu *casuiste*.
9. « Ou sera-t-elle prise ? »

---

1. « Elle se fait un Dieu de celui qui la maltraite et déchire (*mehaigne*), du déchu et maudit (*cheu*) Luther. »
2. « Enleve (*tollit*). »
3. « Puisque vous vous nommez les principes illuminés de Foi »
4. « Guérison, » du latin *sanare*, guéri.
5. « Propos »
6. « Que l'on reconnaît maîtres (*domini*) à leurs chaperons. » C'est de ces chaperons ou capuchons de maîtres, qu'est venu le nom de *domino*, donné a la robe avec capuce, qui rappelle, pour un usage si contraire, ce grave vêtement.
7. « La contexture, le texte »
8. « Ils savent par le Saint Esprit. »

Qui ne sont qu'une chose vaine.
Il n'y a eglise rommaine,
Triumphante, ne militante,
Ne subjecte, ne impérante,
Ne docteur si illuminé
Par qui je puisse avoir santé,
Que par texte.

FRATREZ.
   Point le congnoy.
Dont [1] est-il luy ? dictes-le-moy.

FOY.
Il n'est point de vos fainctz conciles,
Qui retournent les evangiles,
En induisant [2] pour chose pie
Judaique cérémonie.

FRATREZ.
Vous parlez d'argu [3].

FOY.
         Frère Fratrez,
Et nos maistres Theologastres,
C'est à vous grant présumption :
Vous dire ma fondation [4],
Sans avoir cognoissance pure
Du texte de saincte Escripture.
Qui cognoissez vous ?

THEOLOGASTRES.
               Maioris,
Et Alexandre *de Alis* [5],
Durant [6], Albert [7], Egidius [8],
Et Petrus Reginaldetus [9],
Bricot, Auget et Tartaret,
Ricquart, Lombard [10] avec Meffret [11],
Barlette [12] et de Voragine [13],

Gricq, Nider [1], *Dormi secure* [2],
Et *Sermones discipuli,*
Avecque *Summa Angeli* [3],
Occam [4] et Almain [5] et Holcot [6].

FRATREZ.
Je congnoy maistre Jehan Lescot [7],
Sainct Thomas et *de Urbellis.*

FOY.
Point ne veux de leurs ergotis [8].
Bien me bailleroit guerison
Le *Textuaire* Jehan Gerson [9] ;
Car il me fault, c'est ma nature,
Le texte de saincte Escripture
Sans *ergo,* sans *quod, ne, quia.*

THEOLOGASTRES.
Maistre Jean Gerson n'ares ia [10],
Car cest un malvais papaliste [11] ;
Sa doctrine plus ne consiste
Sur les apostres de Sorbonne [12].

FOY.
Chose ne queres quy soit bonne,
Il ne vous fault que des fatras.

TEXTE, *incipit allant au baston* [13], *esgratine et ensanglanté par le visage ; et parle enroué, on ne l'entent que à grant'peine et dit :*
Helas ! le temps futur, helas !
Me donras tu point alégeance
Je suis lapidé a oultrance
Jay este tant esgratine,
Tourne, retourné, graphine [14],
Jamais ne veis telle saison,
Mamie : ma fille Raison,
Allons par forme solative

---

1 « D'ou *(unde)* ? »
2 « En tournant par induction »
3 « Vous chicanez » C'est le sens que donne Cotgrave à l'expression « parler d'argu », d'ou est venu *argutie*
4 Dans le meme sens que plus haut, « base, principe »
5 Alexandre Ales ou de Ales, ou, comme ici, *de Alis*, théologien anglais du xiiie siecle, qui professa à Paris dans l'école des freres Mineurs, dont il prit l habit. On a de lui, entre autres livres, une *Summa theologica*, Nuremberg, 1481-1482
6. Durand de Saint-Pourçain, dominicain, puis évêque de Meaux, l'une des gloires de la scolastique au xive siecle, où on l'appelait *Doctor resolutissimus*. On a de lui quatre livres de commentaires sur les écrits de P Lombard.
7 Albert le Grand, cité ici pour la partie théologique de ses œuvres *Commentaires sur P. Lombard,* etc
8 C'est Gilles Colonne, autrement nommé Gilles de Rome, *Ægidius de Roma* Il fut un des meilleurs disciples de saint Thomas d'Aquin à Paris, et devint précepteur du prince qui fut Philippe le Bel On l appelait le *Docteur tres fondé*
9 Ce docteur et les quatre qui suivent sont assez obscurs ; on trouve la liste de leurs ouvrages dans la *Bibliotheca medii œvi* de l'abricius
10 P Lombard, le *Maitre des sentences,* qui au milieu du xiiie siecle vint de Padoue a Paris, où il fut évêque en 1259. Ses quatre livres de *Sentences* ont été commentés par plus de cent auteurs
11 Encore un inconnu de la scolastique, pour lequel nous renvoyons à l'abricius
12 Dominicain du xve siecle qui fut célèbre, autant que Menot et Olivier Maillard par la bizarrerie de ses sermons.
13 Jacques de Voragine, de qui l'on a, outre la *Legende doree* qui l'a rendu célèbre un recueil de sermons, *Sermones de tempore per totum annum.*

1 Dominicain célèbre par ses prédications au xve siecle Il a fait un *Traité de la revelation*
2. C'était un p tit manuel ecclesiastique, qu'on appelait *D r ni secure* (dors tranquille), parce que le prêtre l'ayant en poche n'avait pas à s'inquieter des questions dont il aurait a parler en chaire, elles y étaient toutes resolues.
3 « La *Somme de l'Ange* », c est-dire la fameuse *Somme theologique* de saint Thomas d Aquin *l'Ange de l Ecole.*
4 Docteur anglais, de l'ordre des cordeliers, tres célèbre au xive siecle , il prit parti pour Philippe le Bel contre le pape, et fut excommunié
5 Docteur en Sorbonne, et professeur au collège de Navarre, soutint Louis XII dans sa querelle contre Jules II, ses œuvres furent publiées à Paris, in fol.
6 Dominicain anglais du xive siecle, fut un des commentateurs de P Lombard.
7 Docteur connu dans l'ecole sous le nom de *Johannes Asculanus* ou *de Esculo*
8. Pour « ergotismes » Montaigne dit ergotiste, pour ergoteur
9. Gerson, dont le nom dit assez ici, fut un des docteurs qui se tinrent le mieux à la lettre des Ecritures , aussi l'appelait-on le *Docteur evangeliste et tres chretien.*
10 « Vous n'aurez point »
11 Il ne fut pas en effet un courtisan des pontifes, il combattit aux conciles de Pise et de Constance l'inviolabilité et l'infaillibilité du pape On a de lui sur cette matière le traité *De aufertibilitate Papa*
12 « Sa doctrine ne concorde plus avec celle des apotres de Sorbonne »
13 « S'appuyant sur un baton »
14 Ce mot que nous n avons trouvé que dans Cotgrave, est remplacé par notre mot *griffe,* blessé a coups de griffe

FARCE DES THÉOLOGASTRES.

Visiter vostre ante [1] : Foy-Vive ;
Nous y passerons nostre temps.

RAISON *incipit*.

Les erreurs et les argumens
De nos maistres Theologastres
Avecques leurs compaignons Fratrez,
A l'encontre des textuaires,
Vous ont donné de grans affaires,
Sans prendre avecques eux raison.

LE TEXTE.

Leur faict est plein de desraison
Par un tas de sotz argumens.

RAISON.

Il appert par leurs sentimens
Qu'ils ont faict sans moy.

LE TEXTE.

   Sur mon ame,
Ce leur a esté ung grant blasme
D'avoir ainsy judaisé,
De n'avoir point réalisé [2]
Leurs ditz de raisonnez moyens.

RAISON.

Encores ont-ils des moyens
Du frère de Berquin [3], Lizet [4].

LE TEXTE.

C'est la nature d'ung lizet
De faire dommaige à la vigne [5],
Le bon Gentilly en rechigne [6],
Tellement qu'il ne craint jamais
A sa vigne que les lisetz.

Parquoy ne se fault esbahir
Se cestuy cy veut envahir
La vigne de dame Raison.

RAISON.

Jesus ! que ung *liripipium* [1],
Auquel nos maistres tant soustiennent
Que le Sainct Esperit contiennent,
Couve d'horribles malefices !

LE TEXTE.

Attrappement de benefices.
Incontinent que un frere Fratre
Est nostre maistre theologastre,
Il luy convient, contre son orde [2],
Maulgré que Raison le remorde,
Bailler des beneficés tant,
Qu'il sera toujours huant [3]
Aux oreilles des collateurs [4].

RAISON.

Puis les papes leur sont fauteurs
A dispenser l'orde irritee.

LE TEXTE.

Vous avez veu l'acte intrinquée [5]
Qu'ilz ont contre le truchement [6]
D'Allemaigne faict?

RAISON.

Truchement?

LE TEXTE.

Voire !

RAISON.

  Le seigneur de Berquin.
Il leur exposoit le latin
D'Erasme qu'ilz n'entendent point [7].
Mais ilz le mirent par ung point
En prison [8], et, par voye oblicque,
Le cuidèrent dire heretique
Sans montrer erreur ne raison [9];

---

1. « Tante. » Nous avons déjà vu maintes fois ce mot *ante*.

2 « Rendu réels, confirmé »

3. Louis de Berquin, ami d'Erasme, qui fut, en paroles et en écrits, le plus rude ennemi des moines et des sorbonnistes, pendant dix ans au moins du règne de François 1er, qui le soutint longtemps, malgré les cris de Béda et de toute la Sorbonne, mais qui finit par l'abandonner. Ses écrits — dont il sera parlé plus loin — furent condamnés au feu en 1523, et lui-même, six ans plus tard, le 22 avril 1529, après de fréquentes alternatives de captivité et de délivrance, fut brûlé en place de Grève, par sentence du Parlement. V. l'article qui lui est consacré par MM. Haag dans leur *France protestante*, et pour les longues vicissitudes de son procès, le *Journal d'un bourgeois de Paris*, publié par Lud. Lalanne, p. 378, l'*Histoire de Paris*, de Félibien, t III, p. 984, et la *Collectio judiciorum sacræ facultatis parisiensis*, par d'Argentré, t. II, p. 40-43.

4 Pierre Lizet, alors conseiller au Parlement de Paris, dont il devint le président. On ne l'appelle ici « frere de Berquin » que par ironie. C'était en effet le plus rude ennemi des nouvelles doctrines, il les combattit par plusieurs ouvrages de *Controverse théologique*, qu'on a réunis en deux volumes. Quand il mourut en 1554, Beze, qui l'avait tourné en ridicule dans sa macaronée *Magister Benedictus Passavantius*, lui fit cette épitaphe :

  Hercules desconfit jadis
  Serpents, geans et autres bestes ,
  Roland, Olivier, Amadi ,
  Furent voler lances et testes ,
  Mais n'en desplaise à leurs conquestes,
  Lizet, tout sot et ignorant,
  A plus fait que le demeurant (le reste)
  Des preux de nations quelconques ,
  Car il feit mourir en mourant
  La plus grand besté qui fut oncques

5. Jeu de mots sur le nom du conseiller Lizet, et celui du coupe-bourgeon, qu'on appelle encore un *lizet* dans l'Orléanais.

6. « Le vignoble de Gentilly (près Paris) n'en est pas content. »

1. Le liripipion — on prononçait ainsi — était le chaperon des clercs gradués.

2. « Contre sa règle, sa discipline. » Orde est ici pour *ordo*, nom du petit livret ou les prêtres trouvent l'ordre de leurs offices et la manière de les réciter.

3 « Criant ses sollicitations. »

4 Le *collateur* était celui qui conférait les bénéfices.

5 « Embrouillé (*intricatus*). » Notre mot *intrigue* n'est qu'une forme plus moderne de celui-là.

6. « Traducteur, interprète. »

7. Louis Berquin avait en effet traduit d'Erasme le *Manuel du soldat chrétien*. Il fut brûlé, en 1523, avec ses autres écrits, mais, l'année du petit livret, Martin Lempereur d'Anvers le réimprima sous le titre de *Enchiridion du chevalier chrestien* . 1529, in-8° On sait que Berquin avait fait cette traduction par une lettre latine d'Erasme lui-même, datée de Bâle, au mois de juin 1525 : « Comme il a jugé à propos, dit-il en parlant de Berquin, de traduire en français mon *Manuel du chrétien*, je regrette qu'il n'ait pas aussi traduit mon *Traité du libre arbitre*, et celui qui concerne la *Manière de prier Dieu*. » Pour ce dernier ouvrage, Berquin nous semble l'avoir satisfait plus tard, car parmi ses ouvrages qui furent en suite l'objet des poursuites de la Sorbonne, figure une *Briève admonition de la manière de prier*, qui doit être une traduction du traité d'Erasme V d'Argentré, t II, p. 40-43

8 Le premier emprisonnement de Berquin eut lieu, de par un bref venu de Rome, le 20 mai 1523. François 1er, de retour de Madrid le fit sortir un peu plus d'un an après, en avril 1526

9. Berquin, en effet, n'était pas à proprement parler un héréti-

Pourquoy, qui est grant desraison.

LE TEXTE.

D'entre eux ceulx là sont ditz les coqs,
Qui scavent faire des ergotz,
Pour me troubler encore plus,
Surtout la *Maxima Quercus* [1],
Preschant du hault on l'oyt bien :
Que le Texte ne valoit rien,
Et que le bon c'estoit la glose.

RAISON.

Je m'esbahis qu'on ne l'expose [2]
Quand il dit telz choses.

LE TEXTE.

Plus fort :
Si aulcun de moy fait record [3],
Comme a fait Erasme, ou Fabri [4],
Ou le Melanthon [5] sera fabri [6]
En leur Sorbonne, tant ethique [7],
Qu'il sera censé hérétique.

RAISON.

Si aulcun en hebrieu escript
Ou en grec, ho! il leur suffit,
Quant a eulx, pour le reprouver [8].

LE TEXTE.

Il ne faut pas cela prouver,
Car c'est chose toute congneue.
Une chose non entendue
Par eulx, elle est hérétique.

RAISON.

Mais considérés leur practique

Et tous leur *queros* et *utrums* [1],
Qui ne valent pas deux estrons.

LE TEXTE.

Et puis leurs *proz* et leurs *contras* [2]
Davantaige leurs sorbons cas [3],
Lesquelz m'ont tant esgratine.

RAISON.

Si on veult estre bien disné [4],
Il convient en leurs actes estre.

LE TEXTE.

Ils usent d'ung parler silvestre [5] ;
Ilz suposent des hommes veaulx,
Asnes, chièvres, moutons, chevaulx,
Ou aultrement ; et les informent
D'ames raisonnables [6] ; puis forment
Ung gros *queritur* [7] pour attaindre
A savoir : s'il les fault contraindre
A tenir la loy chrestienne.

LE TEXTE.

Chacun a opinion sienne,
Et s'en vont, entre eulx sort gettant
Sus la robbe Dieu [8], triplicant [9]
Le sens de la saincte Escripture.

RAISON.

Encore qui plus me murmure [10] :
La saincte Foy que Dieu fonda,
Sans qu'a personne l'absconda [11].
Ilz maintiennent formellement,
Qu'à eulx appartient seullement
D'en disputer...

LE TEXTE.

Plus folles tricques [12] :
Ils disent tous que les Etiques
D'Aristote sont le primorde [13],
Par le quel il faut qu'on aborde
En la sacrée Théologie [14].

RAISON.

Par conveniente elogie
Theolongmqui vocari
Debent, et non Theologi [15] :

---

que. On voit, par une lettre d'Érasme, qu'il était loin notamment de pactiser avec Luther. Tout a l'heure, quand il viendra en Mercure d'Allemagne, on lui fera dire a lui même qu'il n'est pas luthérien.

1. « Le tres-grand chêne. » Jeu de mots sur le nom de Guillaume Duchesne, sorbonniste, qui fut, avec Béda, l'ennemi le plus acharné de Berquin. Il signait ses écrits latins *Quercus*, ou *A Quercu*.
2. « Qu'on ne le mette au pilori. »
3. « Se souvient, se recorde. »
4. C'est le célèbre théologien Lefevre d'Étaples, grand partisan de la Réforme, quoiqu'il ne s'en mit jamais. Il mourut catholique, laissant, entre autres ouvrages, une traduction française de la Bible (1530, in fol.), qui a servi de base a toutes celles des protestants, et dans laquelle se trouve ce respect du texte, qu'on vante déja ici. Son nom latinisé était *Faber Stapulensis*, presque tous ses livres en sont signés. Un de ses premiers ouvrages de morale porte, par exemple, ce titre *Fabri Stapulensis Ars moralis*, 1498. C'est de ce *Fabri* qu'on a fait le nom que le désigne ici.
5 Mélanchthon, trop connu pour que nous en disions rien.
6. Nous ne savons ce que veut dire précisément ce mot, placé la pour faire équivoque avec le nom dont il est la rime, mais on devine qu'il signifie « frappé, maudit »
7 « Jeu de mots sur « étique », maigre, efflanqué, et « éthique », terme de philosophie qui désigne la science de la morale. Les *Éthiques* sont, on le sait, un des principaux traités d'Aristote, dont on le sait aussi, la philosophie faisait loi en Sorbonne beaucoup plus que le *Centmes* C'est a quoi ce passage fait allusion. On y reviendra tout a l'heure plus directement.
8 V. plus haut une des premieres notes Sismondi, dans son *Histoire des Français*, t. XVI, p 364, cite les paroles d'un moine, qui confirme et complete ce que nous avons dit dans cette note · « On a trouvé, disait ce moine, une nouvelle langue qu'on appelle grecque, il faut s'en garantir avec soin. Cette langue enfante toutes les hérésies je vois dans les mains d'un grand nombre de personnes un livre écrit en cette langue, ce nom dont il est le nom du Nouveau Testament, c'est un livre plein de ronces et de viperes Quant a la langue hébraïque, tous ceux qui l'apprennent deviennent Juifs aussitôt. »

1. Formules de dispute · *Quæro*, je cherche ; *utrùm*, comment.
2 « *Pro* (pour), *contra* (contre) »
3 « Cas sorboniques »
4. « Bien nourri, bien régalé. »
5 « Rustique, agreste (*sylvestris*). »
6. « Les fournissent, les munissent d'âmes raisonnables » C'est le sens philosophique du mot *informer*. Rousseau, dans l'*Émile* (liv II), a dit avec la même acception « quand même une âme humaine *informerait* cette huître. »
7 « Une grosse recherche, enquete. »
8 C'est-a dire · jouant entre eux avec des dés (*sortes*) la robe du Christ, comme les soldats qui se la disputerent lorsqu'il était sur la croix
9. « Compliquant a force de plis et replis, de tours et détours. »
10 « Me fait le plus murmurer. »
11 « La cachât, » du latin *abscondere*.
12. « Niaiseries » C'est le même mot que *triquemques*, que nous trouvons dans cette locution du XVIe siècle, « arguments de triquemcques, » pour arguments vains et absurdes.
13 « Base, point de départ (*primordium*) »
14 V une des notes qui précèdent
15 « Voici l'éloge qui leur convient · on devrait les appeler les longs parleurs de théologie (*theolonginqui*), et non théologiens. »

Sont conformes les noms aux faictz.
LE TEXTE.
Cuidez-vous que foy et ses faitz
Ont grant besoin de quesiter [1] :
Si Dieu eust sceu suppositer
Nature de femme ou de beste,
D'une couhourde ou d'un rocher [2];
Et puis comme elle eust sceu prescher,
Et puis estre crucifiée,
Et après aulx sainctz cielz montée ?
RAISON.
Celuy seroit tenu pour beste,
Qui n'en tiendroit position.
LE TEXTE.
Du tout irrevérentialle
Adieu.
RAISON.
 Très orde et très sale.
Et puis le peuple s'en joue
Et fait-on apres eulx la moue [3],
Comme à sotz.
LE TEXTE.
 Laissons les, allons.
THÉOLOGASTRES.
Dame, qu'est-ce que nous ferons ?
Voulez-vous point la décrétale
Pour vous soullager ?
FOY.
 Décretale ?
Hélas ! vray Dieu ! pour quel usaige ?
Dit-on point en commun langaige,
« Depuis que le decret print ales [4]
Et gendarmes postèrent malles,
Et moines furent à cheval,
Toutes choses sont allé mal. »
FRATREZ.
Que voulez-vous ? ung sermonnaire ?
FOY.
Ung sermonnaire ! et à quoy faire ?
Ilz ne sont faictz que *propter nam* [5].
THÉOLOGASTRES.
Voulez-vous point Justinian ?
Lizet vous le baillera bien [6].
FOY.
Je n'ay que faire d'avoir rien
De Lizet ne de Lizander,

Qui prent mollin et n'est monnier [1],
Il entreprent d'aultruy le stille.
Qu'il en laisse faire au concile
De Foy et au papal degre,
Car Dieu ne lui en sçait nul gré.
Il ne sçait que tel monnoye vault.
FRATREZ.
Vous avez l'esperit fort chault.
Hugo qui cardinal se dit [2]
Y avez-vous point d'appétit ?
Dittes-le-nous.
FOY.
 Point ne me duyt.
THÉOLOGASTRES.
Que voulez-vous donc ? De Lira [3]
Ou Jehan de Turre Cremata [4],
Lucan [5], ou Ovide, ou Virgile ?
FOY.
Je vueil le texte d'evangile,
Aultrement dit : saincte Escripture,
Mon principe et mon ordissure [6];
Il est appelé aultrement :
Le Vieil et Nouveau Testament.
FRATREZ.
Ha ! les femmes l'ont emporté
Hors la Sorbonne et translaté [7],
Tellement que, sy n'eussions
Trouvé des gloses à foisons,
Chacun fust aussy clerc que nous.
FOY.
Ah ! soubz nom de prophète, loups,
Voylà vo point, voylà vo nyt [8] !
LE TEXTE.
O Dieu de lassus [9] soit benyt,
Nous voicy tantost parvenus.
Dame, le hault Dieu de la sus
Vous doint santé et bonne vie.
FOY.
Bien venu soit la compaignie !
Car longtemps a que le desire.

---

1 « Chercher (*quæsitare*). »
2 « Si Dieu eût fait passer (*suppositer*) la nature d'une femme ou d'une bête dans une gourde (*couhourde*) ou un rocher. »
3 « La grimace. »
4 « Ailes » On met ici *ales*, pour mieux jouer sur le mot *décretales* C'était un des plus maudits par les Réformés. On sait qu'un des premiers actes de Luther, a Wittemberg, fut de faire brûler le recueil des *decretales*.
5 « A cause (*propter*) ou car (*nam*). » Le mot *car* revenait à foison chez les anciens sermonnaires.
6 Lizet, cumulant la théologie et la jurisprudence, citait souvent Justinian dans les questions théologiques, et, par contre, P Lombard, dans les questions de droit.

1 « Celui qui prend un moulin et n'est pas meunier. »
2 Le Dominicain Hugo de Saint-Caro, de Vienne en Dauphiné cardinal de Sainte-Sabine Il vivait au XIIIe siecle. On a de lui d'énormes commentaires sur l'Ancien et le Nouveau Testament. Voici le titre de la derniere édition de ses œuvres . *Hugo de S-Caro seu de S-Theodorico cardinalis S.-Sabinæ, Opera omnia*, Venise, 1754, 8 vol. in-fol.
3 Le cordelier Nicolas de Lyra. V. sur lui, plus haut, une note de la *Farce de fol conduit*, p. 226
4. C'est le nom latinisé du dominicain espagnol Jean de Torquemada célèbre sorbonniste du XVe siecle, qui fut fait cardinal en 1439, apres le concile de Bale, ou il avait été le défenseur ardent du Saint Siege. Il a beaucoup écrit
5 Lucain
6. « Ma trame. »
7. Un des plus vifs griefs de la Sorbonne contre les Réformés, c'est que, grace a leur traduction des Ecritures, les femmes pouvaient les lire et les comprendre V. a ce sujet d'Argentré, t. II, p. 8-9
8 « Vos niches, vos attrape-niais. »
9. « De là haut »

RAISON.

Dame, je prie le haultain sire
Vous donner santé et liesse.

FOY.

Ha ! de science la princesse,
Rayson, vous soyez bien venue.

THEOLOGASTRES.

Dame, dont vient ceste venue ?
Que sont ces gens que tant prisés ?

FOY.

Et je croy que les congnoissés
Bien.

THÉOLOGASTRES.

Non, dame, sauf vostre honneur.

FRATREZ.

Ne moy aussy.

LE TEXTE.

Soyez asseur¹
Que bien vous congnoissons pourtant,
Car du mal nous avez faict tant
Que je ne sçay à qui le dire.

THÉOLOGASTRES.

Je n'ay garde de vous desdire,
Car ne vous entendz seurement.

FRATREZ.

Parlez, nommez vous proprement.

LE TEXTE.

Voylà auprès de vous Raison,
Et moy je suis dit de nature
Le Texte de saincte Escripture :
Nous congnoisses vous à present ?

THÉOLOGASTRES.

Avoir fauldroit un truchement,
Pour vous entendre et vous congnoistre.

FOY.

N'entendes vous point nostre maistre ?
Il se nomme de sa nature
Le Texte de saincte Escripture,
Et l'aultre Raison.

THÉOLOGASTRES.

Seurement,
Jamais ne le veiz nullement.

LE TEXTE.

Ha ! noz maistres theologastres,
Et vous, Fratrez opiniastres !
Vous perdistes en peu de temps
Raison dedans vos sentimens.
Comment, jamais vous ne me veistes ?

THÉOLOGASTRES.

Beau sire, gardez que vous dictes¹ !
Nous sommes pilliers de la foy.

RAYSON.

Pilliers sans comble², par ma foy !
Vous estes suffisans pilliers³ !
N'estes vous pas de ces galliers⁴,
Qui nous defendent l'evangile ?
N'est-ce point chose bien subtile ?
Jesuscrist dit : *Descendi de cœlo
Non ut faciam voluntatem meam,
Sed voluntatem ejus qui misit me, patris*⁵
Mais ceulx-cy sont oppositifz⁶ :
*Descenderunt de cœlo, id est de Christo,
Ut faciant voluntatem suam*⁷.
Moy, je leur ay ouy narrer
Que l'Eglise ne peult errer,
Et ilz disent qu'ilz sont l'Eglise :
Par quoy, par conséquence exquise,
Concluent : ne pouvoir errer.

FOY.

Voylà bien erre sans errer⁸ ?
Sy ung concile contredit
A l'aultre, rectement s'ensuyt :
Qu'en l'ung des deux ilz ont erré.
Or, par eulx, il fut decreté
La pragmatique sanction,
En la grant congregation
De Basle : depuis ont desdit
Cela qui fut à Basle dit,
Tellement que la sanction
Pragmatique a fait cession⁹.
Ung aultrefoys, par ung concile
Fut decreté, comme evangile,
Par eulx : que le concile estoit
Dessus le papaliste droit.
Depuis, par un aultre concile
A este decreté fictile¹⁰,
Et que le pape estoit dessus,
Parquoy formellement conclus :
Qu'en telz conciles ont erré,
Et oultre plus, s'ilz ont erré,

1. « Regardez bien a ce que vous dites. »
2. « Piliers sans couverture au dessus, qui ne soutiennent rien. »
3. « Pour ne rien supporter vous estes en effet suffisants. »
4. « Farceurs, mauvais plaisants. » On dirait aujourd'hui blagueur. Dans la *Farce du Gentilhomme et de Naudet*, il a ce sens :

NAUDET
Baillez moi la clef du cellier
Et de l'aumoyre.
LA DAMOYSELLE
Quel galier !
Par ma foy, je n'en feray rien.

5. « Je suis descendu du ciel, non pour faire ma volonté, mais celle de celui qui m'a envoyé, mon Pere. »
6. « Font tout l'opposé. »
7. « Ils sont descendus du ciel, c'est-a-dire du Christ, afin de faire leur volonté. »
8. « Voila bien errer, sans croire qu'on erre. »
9. Le concordat de 1517 avait en effet remplacé en France la pragmatique sanction de 1438, dont plusieurs décrets du concile de Bale avaient été la base, et que Louis XI, moins heureux que François Ier, avait, dès 1461, essayé d'abolir
10 « Fragile, faite de boue et de crachat. » *Fictilis*, en latin, signifie « d'argile ».

1 Pour « assuré » Dans la *Moralite des enfans de maintenant*, nous trouvons la même forme du mot

BON ADVIS
Bonjour vous doint nostre seigneur.
MAINTENANT
Pourquoi venons nostes asseur.

Ils ne sont point, en ce, l'Eglise,
Par la conclusion premise [1],
Que eux-mesmes veullent avérer :
Que l'Eglise ne peut errer.

RAISON.

Tous leurs faictz sont à fin civile [2].

THÉOLOGASTRES.

Il fault quelque raison subtile,
Pour les prouver tous héretiques.

RAISON.

Voylà vos fallaces et tricques [3],
Théologastres ! maintenant,
N'ont à moy d'aultre main tenant [4]
Que ergotz, *utrums, pros,* et *contras* [5],
Pour saint Paul formeront des cas [6].
Ung bon docteur de vray parage [7],
Tant par sens sçavant que par aage,
Pour son theume [8] commencera
De ce que saint Paul dit aura.
Maintenant un théologastre
Commencera comme un follastre,
Disant : *Ego, pono casum* [9].

LE TEXTE.

Hoc est in ruinam fidei [10].

FOY.

Helas ! que j'en suis gref [11] malade !

LE TEXTE.

Certes ilz m'ont faict si très fade,
Anagogie [12] ! tropologie [13] !
Puis après allégorie !...
Que suis d'eulx tellement parti [14]
Que ne sçay plus en quel parti
Me fauldra maintenant tenir.

FRATREZ.

Il vous faict assez bel ouyr.
Je vous demande : si Dieu sçait
Cathégoriquement, de faict,
Quantes puches [15] sont à Paris.

RAISON.

Et voylà de vos ergotis !
De par Dieu ! et le plus grant fault [16],

1. « Exposée plus haut, susdite. »
2. « Avec un but temporel, politique. »
3. V. une note précédente.
4. « D'autre défenseur. »
5. « Comment, pour et contre. »
6. « Au lieu de citer saint Paul, ils imagineront des arguments, des cas. »
7. « De bonne origine. » On sait que *parage* n'est qu'une abréviation de *parentage*.
8. « Theme, texte de sermon. »
9. « Moi, je pose un cas. »
10. « Cela est la ruine de la foi. »
11. « Grièvement. »
12. On nomme *anagogie*, dans la langue théologique, le ravissement de l'ame vers la contemplation des choses divines, ou les efforts tentés pour saisir le sens mystique de quelques passages des Ecritures.
13. C'était un discours allégorique sur la réformation des mœurs.
14. « Partagé, divisé, mis en morceaux. »
15. « Combien il y a de puces. »
16. « Et ce qu'il y a de plus fautif. »

C'est que cil qui crie plus hault,
Par un argument lunatique,
Je vouloys dire sorbonnique,
Pour calumnier vérité,
Sera appelé : *merite,
Magister noster* ; et l'endure [1] !

LE TEXTE.

Il nous fault avoir le Mercure
D'Allemaigne, pour abrégier.

FOY.

Raison, et vous l'irez cherchier.

THÉOLOGASTRES.

Ma dame, pour vous advertir,
Si voulés guérir sans faillir,
Nully [2] ne doibt mettre la main
Avo us, que nous.

LE TEXTE.

O digne main !
Que Foy seroit bien soustenue !

MERCURE D'ALLEMAIGNE *incipit.*

Je n'ay eu quelque survenue [3],
Depuis quelque espasse de temps.
Plusieurs y a dessoubz la nue,
Qui sont de present [4] mal contens.
Messeigneurs les théologiens
De Louvain, aussy de Paris,
Ont bien en bruict [5] les chrestiens,
Qui resveillent leurs esperitz.

LE TEXTE.

Si la bonté de Paradis
Nous veult donner bonne adventure,
Nous trouverons tantost Mercure
D'Allemaigne.

RAISON.

Le vela, je croy.

LE TEXTE.

Que benist en soit le grant Roy
De paradis ! Dieu vous gard, maistre !
Nous sommes venus vers vostre estre [6]
Pour aulcune male adventure.

MERCURE.

Ha ! Texte de saincte Escripture,
Et vous, Raison, accolles moy !
Comment se porte dame Foy ?
Est-elle saine ?

RAISON.

Elle est malade.

MERCURE.

Qui luy sert maintenant de garde ?

LE TEXTE.

Pour vray, c'est ce bon frère Fratrez

1. « Notre maitre, et le permet, le souffre. »
2. « Personne. »
3. « Quelque chose nouvelle, quelque accident. »
4. « Du temps d'aujourd'hui. »
5. « En mauvais renom, en mauvaise odeur. »
6. « Votre maison. » *Être* est ici pour *aitre* (*atrium*), d'où il nous est resté l'expression « les aitres d'un logis ».

Et nos maistres Théologastres.
Quant nous sommes là arrivés,
Nous les avons tous deux trouvés;
Mais ilz ne nous ont point congneus.

MERCURE.

Vous estes deux gens incongneus
A tels gens! o Vierge honorée!
Que nostre Foy est bien gardée,
Par gens de sy profond sçavoir.

LE TEXTE.

Nous sommes venus pour sçavoir :
Si vous y plairoit pas venir,
A la fin de luy subvenir
Encontre d'eulx [1].

MERCURE.

J'iray s'il fault,
Et si luy diray leur deffault.
Allons, sans tarder nullement.

RAISON.

Je prie le Dieu du firmament
Qu'il vous aide, sire Mercure.

MERCURE.

Et, Texte de sainte Escripture,
Comment estes vous embrouillé,
Gratiné [2], noircy, enrumé?
Jamais ne fustes en tel point.

LE TEXTE.

J'ay esté mis en si mal point
Par les cas de Sorbonne.

MERCURE.

Voire,
Par ma foy ilz feront accroire
A Dieu que l'on l'appelle Henry [3].

RAISON.

Tout le plus souvent je m'en ry.

MERCURE.

Y estes-vous aulcunes foys?

RAISON.

En leur cas? ma foy je m'en voys [4].
Ils n'ont que faire de Raison.

LE TEXTE.

Ils ont un grand tas de gergon :
Thomas dicit, Occam dicit [5].
Mais de dire : Le Texte dict,
Il n'en est point de mention.

MERCURE.

J'ay bien grande dévotion
De les veoir.

LE TEXTE.

Nous sommes venus,

Dame, le grand Dieu de là sus
Vous envoye bonne adventure.
Voicy vers vous monseigneur Mercure
D'Allemaigne.

FOY.

Bienvenu soit.
Je prie mon Dieu que ce soit
A ma briefve et bonne allégeance.

MERCURE.

Dame, Dieu vous donne plaisance.
Dont vous vient ceste maladie?

THÉOLOGASTRES.

Qui estes-vous? qu'on le nous die.

MERCURE.

Je suis Berquin.

FRATREZ.

Luthérien?

MERCURE.

Nenni, non, je suis chrestien.
Je ne suis point sorboniste,
Holcotiste, ne Bricotiste [1]
J'ay toujours avec moy Raison
Et n'use point de desraison
A personne.

THEOLOGASTRES.

Erasme et toy,
Fabri, Luther en bonne foy,
N'estes que garçons herétiques.

MERCURE.

Sachez qu'il est [2]! serrés vos tricques [3],
Et parlés tous deux par raison,
Ne nous usés point du blason
Des sentimens [4]; se j'ay erré,
Que l'on me demonstre mon erre
A la fin de le corriger.
Ne cuydes point icy jengler [5],
Comme Beda, qui proposoit [6],
Que ung livre condamné avoit,
Lequel jamais il n'avoit veu.
Allez ailleurs jouer voz jeu.
Vous ne faictes que follastrer!

THÉOLOGASTRES.

Point ne sommes pour te monstrer [7].
Il est dit, selon nostre loy,
Que nous, principes de la foy,
Pouvons tout dire sans rayson.

MERCURE.

Vela un mirable blason [8]!
Jesuscrist la raison donnoit
De son parler, et alleguoit

---

1 « De lui venu en secours contre eux. »
2. « C'est sans doute « graphine griffé), » comme nous l'avons déjà vu p us haut, qu'il faut lire
3. Henri doit etre mis la pour n importe quel nom, Pierre ou Paul, Jacques ou Jean.
4 « Je m'en vais, je me retire »
5 « Saint Thomas dit, Occam prétend »

1. « Disciple d'Holcot, ni de Bricot. » Ce sont des sorbonnistes nommés plus haut.
2 « Sachez le vrai de ce qui est »
3 « Mettez de coté vos arguments de tricquenicques »
4 « Ne vous melez pas du blame (blason) des sentimens »
5. « Jongler, faire des tours de passe-passe. »
6 « Déclarait »
7 « Démontrer, prouver. »
8. « Un admirable propos! »

Les anciens prophétiques ditz ;
Et saint Paul raisonnoit ses ditz
De ceulx de Jesus [1]; mais ce fol
Est dessus Jesus et saint Pol :
Il dira tout sans raysonner.

FOY.

Mercure, laissés les jargonner,
Entendez à moy.

MERCURE.
J'y consentz.
Dame, pour vous dire le sens,
La cause et fin de vostre mal,
Fault noter pour faict principal,
Qu'il fault bailler la sanature [2]
Au Texte de saincte Escripture ;
Or sus, Raison, sans plus songer,
A l'esclaircir fault besongner.
Il a tant chargé de levain [3],
Que sy vous n'y mectez la main,
Jamais ne sera en nature.
A ce doncques soit vostre cure.

(*Icy Raison lave le Texte, et cependant Mercure dit :*)

Cependant, affin que les Fratrez
Et ces maistres Théologastres
Ne vous baillent empeschement,
Je sçay remede promptement.

(*Icy Mercure parle aux Fratrez et aux Théologastres
cependant que Rayson lave le Texte :*)

Voicy, messeigneurs, une compresse
De l'efficace de la Messe,
Et voicy du *diaculum* [4],
Qui se nomme le *speculum*,
Autrement dict le grand miroer [5].
Or vous mirez, et vous verrés
Quelles hydres sont procréés
En Sorbonne ; puis séquement [6]
Aurés quelque autre enseignement
Que maintenant ne vueil nommer.

RAISON.

Vela le Texte fraiz et cler,
Pour vous guarir la Souveraine.

MERCURE.

Baisés le, affin que son allaine
Vous inflamme et face foy vive ;
Car maulgre que aultruy en estrive [7],
Pendant que [8] Texte cler aurés,
Tousjours en santé sy serés.
Et gardés vous bien de renchoir [9].

1. « D'après ceux de Jésus. »
2. « La guérison, la santé. »
3. « Il a été tant chargé du levain des gloses. »
4. C'est le *diachylum*, dont on faisait déjà des emplâtres, comme on le voit dans Ambroise Paré (liv. V, ch. x et xii) « Emplastre de diachylon *magnum*... une emplastre de diachylon *ircatum* »
5. Il veut sans doute parler du *Speculum humanæ saltuationis*, livre de dévotion populaire, qui eut si grand cours pendant le moyen âge.
6. « A la suite. »
7. « Y fasse opposition, contestation. »
8. « Tout le temps que... »
9. « Retomber, faire une rechute. »

FRATREZ

Je prie Dieu qu'il te puist meschcoir [1],
Garcon abuseur et menteur !

MERCURE.

Sainct Jehan ! mais, vous, frère prescheur !

THEOLOGASTRE.

Nous te ferons tantost ta saulse.

MERCURE.

Ung crignon ne crains vostre faulse
Collusion [2] ! ne cuidés plus
Par vos triumphes ne vos flux
De babiller et de blason [3],
Banny de madame Rayson,
Me livrer encore au Sénat.
J'ay esté par le grand Sénat
Jugé plus juste que vous n'estes,
Et vous tous reputés pour bestes [4].
On congnoit l'ouvrier à l'ouvraige
Vous avés, en ce, tel usaige
Observé que firent les Juifz,
Quand presentèrent Jesuscrist
A Pilate. Lui demandant :
Rayson pourquoy, dirent criant :
*Si non esset hic malefactor,
Non tibi tradidissemus eum* [5].
Mon bruict [6] avés voulu estaindre,
Mais plus m'en avez faict attaindre,
Maulgré vostre objice [7] damnable.

THEOLOGASTRES.

Se te servons jamais à table,
Nous t'abruverons de vert jus.

MERCURE.

Je n'ay que faire de vert jus
Et encore moins de Lizet,
A eulx je n'aconte un lizet
De Gentilly. Madame Foy,
Il nous a faict ce desarroy,
Car il a vos vignes gastées.
Il cuidoyt faire une flammée
De mes livres par sa finesse [8] !
Il a eu une tirelaisse [9],

1. « Arriver malheur. »
2. « Un chignon de vrais cheveux ne craint pas ce qui est faux.. »
3. « Ne croyez pas avec les tours de cartes dont vous entremelez vos babils et vos critiques. » La *triomphe* et le *flux* étaient, comme on sait, des jeux de cartes.
4. Berquin, que représente ici le *Mercure d'Allemagne*, fait allusion à l'une de ces alternatives de captivité et de délivrance, qui, pendant plusieurs années, agitèrent sa vie, et dont nous avons parlé plus haut. Il doit être ici question de sa première incarcération en 1523, après qu'on eut une première fois brûlé ses livres. L'Officialité, qu'il appelle ici « le Sénat », l'avait fait arrêter, mais le roi, évoquant l'affaire à son conseil, ce qu'il appelle « le grand Sénat » l'avait fait mettre en liberté.
5. «Si cet homme n'était pas un criminel, nous ne te l'aurions pas livré. »
6. « Ma réputation »
7. « Votre opposition, vos obstacles. »
8. Il paraît qu'il n'avait pas suffi au juge Lizet d'un premier auto-da-fé des livres de Berquin, il eût voulu qu'on recommençât, mais il n'y réussit pas aussitôt.
9. « Une déconvenue, il en a été de lui comme de celui qui, croyant tirer un cheval par la bride (laisse), n'aurait pour lui que cette bride »

Dont on dit qu'il est fort marry.
LE TEXTE.
Il m a faict de très grand ennuy.
MERCURE.
Bien pourra blesser Suidan [1],
Au diable Meridian
Il veult ressembler, la sangsue ;
Mais, dictes, n'est-il pas bien grue,
Et peu que ne dis [2] hors du sens,
De vouloir faire accroire aux gens
Qu'il entend grec ? Par saint Martin !
Bien sufflst s'il entend latin.
Mais quelque chose qu'on se joue,
Suydan en eut sur la joue,
Un jour quand il se devisoit,
De son livre qu'il composoit.
Et dit-on que Lizet *lesit*
Suydan, au lieu de : *legit* [3].
Puis ce fratrez preschant pardons
Les quelz on ne acquiert que par dons.
Absolvans de peine et de coulpe [4],
Regardes en quoy leur faict coulpe [5],
Sy indulgence coulpe efface,
Contrition n'a d'efficace
Pas un grain ; ou sy elle en a,
Rien ne vault ce mot : *A culpa*
Contritio delet culpam ;
Mais cela est mis *propter nam*,
Ilz sont excusez par cela.
FRATREZ.
Ne te chault, on te trouvera [6].
MERCURE.
Ha ! ne nous paiés point de mines !
Je ne crains point vos pouldres fines [7],
Ne vos contras, ne vos ergotz.
Sachies qu'il est [8], mes grands bigotz.

1 Il s'agit ici des *gloses* sur les livres saints tirés du *Lexique grec* de Suidas
2 « Il s en faut de peu que je ne dise »
3 « Aussi dit-on Lizet a lésé (*lesit*), au lieu de Lizet a lu (*legit*) Suidas »
4 « De faute (*culpa*). »
5. « Est fautif »
6. Ils retrouverent en effet Berquin. Deux ans après, en 1525, il était repris. Peut-etre le bruit, que cette *Farce* dut faire, y contribua t-il, en les irritant de plus en plus contre lui.
7 « Vos finesses », peut-être meme veut il dire « vos poisons ».
8 « Sachez ce qu'il en est. »

Si le texte vous n'entendes,
Je me loueray [1], se vous voulés,
A vous pour estre truchement.
FOY *en soy levant*.
Je prie le Dieu du firmament
Donner joye et prospérité
A ceulx qui m'ont donné santé,
A tousjours en sera mémoire.
LE TEXTE.
Et moy je prie le roy de gloire,
De mectre en son sainct sanctuaire
Erasme le grand textuaire,
Et le grand esperit Fabri,
Et vous, Mercure, mon amy,
Qui endurés tant de gros motz
Des theologastres et bigotz,
Qui sont tout pleins de calumnie.
RAISON.
Nous ennuyons la compaignie.
Prenons congié et hault et bas :
Messeigneurs, nous n'entendons pas
Toucher l'estat théologique,
Mais bien le theologastrique
Seulement. Nous congnoissons bien
Qu'il y a plusieurs gens de bien,
Théologiens et bien famés,
Lesquelz sont sans faulte animés
Et marris d'ung tas de fatras,
De conclusions et de cas,
Nolitions, volitions,
Qui ne valent pas deux oignons ;
Et tout cela que avons faict
Est pour blasmer ce meschant faict.
Pour tant prenes tout en bon sens.
THEOLOGASTRES *et* FRATREZ *ensemble*.
Nous nous en allons mal contens.
RAISON.
Laissez moy courir ces bigotz!
Pour parvenir à mon propos,
Et affin que ne vous ennuye,
Adieu, toute la compaignie.

1. « Je me mettrai en service chez vous. »

FIN DE LA FARCE DES THÉOLOGASTRES.

LES SOBRES SOTZ

LE BADIN
Fault que soyes, comme j'entens,
Sot par nature ou par usage!

LES SOBRES SOTZ

(XVIᵉ SIÈCLE — RÈGNE DE FRANÇOIS Iᵉʳ)

NOTICE ET ARGUMENT

Il s'agit ici d'une double confrérie de Basoche, que nous ne connaissons que par cette farce, mais dont le siége était à Rouen [1].

Les Sobres Sotz, c'est-à-dire les sotz de bonne vie et mœurs, qui boivent peu ou pas du tout, et les *Syeurs d'ays*, c'est-à-dire les scieurs de planches, qui s'appellent ainsi, nous n'avons pu deviner pourquoi, et dont le rôle était surtout, à ce qu'il semble, de jouer aux maris malheureux : voilà le personnel de cette double corporation de plaisir et de farce.

Le carnaval a commencé — celui de 1536, croyons-nous — *sobres sotz* et *syeurs d'ays* « entremêlés » donnent leur représentation de tous les ans, mais ne savent trop que dire, car on veille fort sur les spectacles à ce moment du règne du *Père des lettres*.

Ils ne parlent donc guère que par énigmes : et de la guerre qui est à craindre, et de l'expédition de Charles V à Tunis, et de la réforme que le roi vient de faire dans l'armée.

1. V. p 433 et 435.

Arrive un badin, qui d'abord s'installe dans le propos et y prend le haut bout pour divaguer sur tout, choses et gens. Il prend à partie *sobres sotz* et *syeurs d'ays*, prétendant qu'auprès d'un badin les uns et les autres ne sont rien. Puis il fait la nomenclature des sotz, fort nombreux à son avis, et d'une variété sans fin.

Il en trouve au Palais, il en trouve dans la religion, chez ceux principalement qui s'obstinent à vouloir la réformer, et qui n'aboutissent qu'à se faire brûler vifs, il en trouve dans les ménages dont il nous conte alors les déconvenues comiques, au grand ébahissement des *syeurs d'ays*, et à la honte non moins grande de leurs femmes.

Pour finir il met une petite sourdine à sa satire par un éloge aux femmes de France. En détail, il faut penser d'elles tout le mal possible, mais en général il faut les estimer comme les plus honnêtes du monde.

Ainsi finit par cette conclusion à double tranchant la *Farce des Sobres Sotz*, que nous avons prise dans le *Recueil La Valhère*, où elle est la soixante-troisième.

LES SOBRES SOTZ

ENTREMELLÉS

AVEC LES SYEURS D'AYS

FARCE MORALLE ET JOYEUSE A VI PERSONNAGES

C'est a sçavoir :

CINQ GALANS | ET LE BADIN

LE PREMIER SOT *commence.*

J'en ay.

LE DEUXIEME SOT.

J'en say.

LE TROISIEME SOT.

J'en voy.

LE QUATRIEME SOT.

J'en tiens.

LE CINQUIEME SOT.

Et moy, j'en faictz comme de cire [1].

1. C'est a-dire « aussi facilement que si c'était une molle. » Mᵐᵉ de Sévigné a dit encore, dans le même sens, pour une personne dont les sentiments étaient faciles à manier : « Elle a le cœur comme de cire », et Estienne Pasquier, dans le *Pourparler du Prince*, a donné, a propos de certains juges et législateurs de son temps, une curieuse variante de l'expression « On a fait de tout temps en chaque république un nez de cire a la loi, la tirant chaque législateur à l'avantage de luy et de ses favoris. »

LE PREMIER.

Voulés vous pas estre des myens ?
J'en ay.

LE DEUXIEME.

J'en say.

LE TROISIEME.

J'en voy.

LE QUATRIEME.

J'en tiens.

LE CINQUIEME.

J'espère avoir plus de biens
C'on n'en sauroyt conter ou dire.

LE PREMIER.

J'en ay.

LE DEUXIEME.

J'en say.

LE TROISIEME.

J'en voy.

LE QUATRIEME.

J'en tiens.

LE CINQUIEME.

Et moy, j'en faictz comme de cire.

LE PREMIER.

Dictes moy, lequel est le pire,
Le trop boyre ou le trop menger ?

LE DEUXIEME.

Le commun, et non l'estranger,
En pourcyt dire quelque chose.

LE TROISIEME.

Je le diroys bien, mais je n'ose ;
Car le parler m'est deffendu [1].

LE QUATRIEME.

C'est tout un [2], on n'a pas rendu
Compte de tout ce qu'on pensoyt.
Tel commençoyt et ne cessoyt
De poursuyvre tousjours son conte,
Qui là pourtant n'eut pas son compte
Tout froidement de le quicter.

LE CINQUIEME.

On ne se peult plus aquicter
Tout en un coup de grosses debtes.

LE PREMIER.

Faulte d'avoir grosses receptes,
Ou un bon recepveur commys,
La mort bieu ! s'il m'estoyt permys
D'avoir cent mile escus de rente !
Tel au monde ne se contente
Qui bien tost se contenteroyt.

LE DEUXIEME.

Le plus sage pour lors seroyt
Mis au rang des sos malureulx.

LE TROISIEME.

On veroyt le temps rigoureulx
Revenir a son premyer estre.

LE QUATRIEME.

Ceulx qui espluchent le salpestre
Auront fort temps l'annee qui vyent [1].

LE CINQUIEME.

A tel le menton on soustient [2]
En plusieurs lieux favorisé,
Qui ne seroyt pas trop prisé
S'il ne changoyt d'accoutumance.

LE PREMIER.

C'est grand cas d'avoir souvenance
De deulx cens ans ou envyron.

LE DEUXIEME.

Qui eust pensé que l'avyron
Eust eu sy grand bruyct, ceste anee [3] ?

LE TROISIEME.

Pourtant que la gent obstinée
Est plaine de rebellions [4].

LE QUATRIEME.

Qui eust pensé que pavillons [5]
Eussent este sy cher vendus ?

LE CINQUIEME.

Qui eust pensé que gens tous nus,
Qui ne servent synon de monstre,
Eussent porte sy bonne enconire

---

1. Il y a ici une allusion aux défenses dont furent frappés les farceurs sous François 1er, et que nous avons déjà rappelées dans la Notice de la Sottie du Prince des Sotz. La censure contre eux existait déjà, et très sévère, nous en trouvons la preuve dans la moralité de la Verité cachee, cette piece si rare qu'on n'en connait qu'un seul exemplaire. Le Preco dit au commencement :

Vous n'aurez pas un batelleur,
Qui n'ayt son contrerolleur,
Car ses propos sont trop infames

2. Il répond a la question du deuxieme :

Lequel est le pire
Le trop boyre ou le trop menger ?

1. C'est-a-dire, « ceux qui font la poudre auront fort a faire l'un prochain. » En 1535, et au commencement de 1536, qui est, croyons nous, la date de cette piece, on avait grande appréhension d'une guerre prochaine. Marot disait alors meme dans «a 2e Epistre du coq a l'asne a Lyon Jamet :

Mon Dieu ! que nous verrons de choses
Si nous vivons l'aage d'un veau !
Et puis, que dit-on de nouveau ?
Quand par le roy aurons-nous guerre

2 On disait « soutenir le menton a quelqu'un » pour « le tenir sur l'eau, afin de l'empecher d'aller au fond. » Cotgrave nous explique l'expression par ce proverbe « Celuy peut hardiment nager, a qui on soustient le menton, » et on lit dans le Perceforest, t III, fol 111 « Celle qui... en toutes mes emprinses me soustient tellement le menton que je ne puis perir. »

3 Cet « aviron » qui fit tant de bruit doit figurer ici la flotte de Charles-Quint, dont l'heureuse expédition contre Tunis, en 1535, eut un si grand retentissement, on ne parlait pas d'autre chose a Paris et partout.

Tu ne scais pas Tunis est prinse,

lit-on encore dans Marot dans sa 2e Epistre du coq à l'asne.

4. La gent obstinée, ce sont les protestants contre lesquels les persécutions continuerent cette année la jusqu'a ce que l'édit de tolérance du 15 juillet, a Coucy, les eût un peu arretées

5. Encore une allusion a l'expédition de Tunis.

Que d'estre en un camp estimés¹?

LE PREMIER.

Qui eust pensé gens anymés
Fondre au soleil comme la glace?

LE DEUXIEME.

Qui eust pensé qu'en forte place
On fust entré plus aisément?

LE TROISIEME.

C'est pour ce que le bastiment
Ne se sairoyt tout seul deffendre.

LE QUATRIEME.

Voyla que c'est que d'entreprendre
Menger la lune à belles dens.

LE CINQUIEME.

Tel se treuve en gros acidens
Qui en pence bien eschaper.

LE PREMIER.

Tel ne sairoyt un coup fraper
Qui toutefois se faict bien craindre.

LE DEUXIEME.

Tel prent grand plaisir à veoir paindre
Qui ne sairoyt bien faire un traict.

LE TROISIEME.

Tel va bien souvent au retraict
Qui de chier n'a point d'envye.

LE QUATRIEME.

Vive le temps!

LE CINQUIEME.

Vive la vye!
Elle vault mieux, comme j'entens.

LE PREMIER.

Or, vive la vye et le temps!
Mais qu'ilz ne soyent poinct rigoureulx.

LE DEUXIEME.

Chassons au loing ces gens peureulx
Qui sont efrayés de leur ombre.

LE TROISIEME.

Ne prenons jamais garde au nombre,
Mais au bon vouloir seullement;
Car où la volonté ne ment

Tousjours est bonne l'entreprise.

LE BADIN entre.

A gens qui ont la barbe grise
Ne vous fiés, se me croyés¹;
J'entens de ceulx que vous voyés
Qui sont gris par la couverture.

TOUS ensemble.

Pourquoy cela?

LE BADIN.

Car de nature
Y sont prodigues de propos.
Or, Dieu vous gard, les sobres sos,
J'avoys oublié à le dire,
Mais dictes moy, avant que rire,
Vous appelle-t-on pas ainsy?

LE QUATRIEME.

Ouy vrayment, ailleurs et icy.
Tousjours les sobres sos nous sommes.

LE BADIN.

Je le croys, mais estes vous hommes
Ainsy c'un aultre comme moy?

LE CINQUIEME.

Nennyn, dea.

LE BADIN.

Nennyn, et pourquoy?
Que j'en sache l'intelligence.

LE PREMIER.

Pour ce qu'il y a différence
Entre badins, sages et sos;
Les badins ne sont pas vrays sos;
Mais ils ne sont ne sos, ne sages.

LE BADIN.

Je n'entens pas bien vos langages.
Vous estes de ces sieurs d'ais;
Vous me semblés assés naudes²
Pour estre sortis de leur enge³.

LE DEUXIEME.

Ne nous faictz poinct telle ledenge⁴,

---

1 Ce passage est une ironie, une *contre verité* à l'adresse de aventuriers, ces troupes de rencontre qui ne faisaient bonne figure qu'au pillage et pas du tout à la bataille. Jamais, dans aucun camp, ils n'avaient été « estimés ». Aussi Marot, qui savait bien ce que pensait François Ier à leur égard, dit-il encore dans sa 2ᵉ *Epistre du coq à l'asne*.

Hau, capitaine Pincemaille,
Le roy n'entend point que merdaille
Tienne le ranc des vieils routiers

Il y a sans doute aussi, dans ce passage de notre *farce*, une malice contre les nouvelles *légions*, que François Ier avait créées, par ordonnance du 24 juillet 1534, pour donner à l'armée une organisation plus régulière, et qui, malgré le soin qu'il prit, ne se trouverent bientôt composées que de ces mêmes aventuriers, en haine desquels il les avait formées V. sur les légions et l'ordonnance de leur création, *Journal d'un Bourgeois de Paris*, publ. par Lud. Lalanne, p. 441, et ls m...it, *Anciennes Lois françaises*, t. XII, p 390.

1. Depuis que la mode de la barbe était revenue, comme nous l'avons dit dans une note des dernières pièces, on se moquait volontiers de ceux qui s'étaient, malgré eux, vieillis par une barbe grisonnante, et que cette apparence d'hommes graves n'avait pas rendus plus sages. Lyon, dit encore Marot dans son Epistre,

Lyon, veux tu que je le die?
Je me trouve dispos des levres,
Et d'autres bestes que les chièvres
Portent barbe grise au menton

2. *Naudet* se prenait pour sot, niais, nigaud. On disait aussi *naudin*, avec le même sens, dans le patois normand. Les Anglais en ont fait leur mot *noddy*. Dans la *Farce d'un gentilhomme et de Naudet*, celui-ci, qui n'a, cette fois, de niais que l'apparence, et qui a rendu la pareille au seigneur qui venait braconner dans son ménage, lui dit en le renvoyant au sien

Gardez donc votre seigneurie
Et Naudet sa *naudoterie*.
Ne venez plus *naudotiser*,
Je n'ai... plus seigneuriser

3 Pour « engeance », dont c'est la première forme.

4 « Pareille injure ». Nous avons déjà vu ce mot dans une des dernières pièces.

Ou tu te feras bien froter.
Qu'esse que tu viens barboter?
Dis nous tost que c'est qui te maine.

LE BADIN.

Par la benoiste Madalaine,
Y sont tous de la grand frarye [1]
Des syeurs d'ays. Saincte Marye !
Que j'en voys devant moy deboult,
Deça, dela, en bas, partout,
Tout est parfumé de sirye [2].

LE TROISIEME.

Tu es plain de grand moquerye.
Le deable emporte le lourdault !

LE QUATRIEME.

Mais gectons le de bas en hault.
Dois ce dire de haut en bas ?

LE PREMIER.

Y fault bien qu'il parle plus bas,
Sy ne veult se taire tout coi.

LE BADIN.

Je me tairay. Quand ? je ne say.
Vous estes tous sos, n'esse pas ?

LE CINQUIEME.

Ouy, vrayment.

LE BADIN.

A ! voicy le cas :
Sy vous estes sos en tout temps,
Fault que soyés, comme j'entens,
Sos par nature ou par usage.
Un sot ne sera pas un sage,
Vous ne le seres donq jamais.

LE TROISIEME.

Povre Badin, je te promais
Qu'il ne t'appartient pas de l'estre.

LE BADIN.

Non, vrayment, car il fault congnoistre
C'un badin, qui ne pense a rien,
Scayt plus d'honneur ou plus de bien
C'un sot ne scayt toute sa vye.

LE QUATRIEME.

Pour ce mot, j'auroys grande envye
De te soufleter à plaisir.

LE BADIN.

Vous n'en auries pas le loisir,
Ne faictes pas si lourde omosne.
J'ey maincte foys este au prosne,
Mais le cure n'en disoyt rien.
Or ça, messieurs, vous voyes bien
Quelle prudence gist en eulx.

Soufleter, dea ! alés, morveulx,
Un badin vault myeulx en chiant,
Mengeant, buvant, dansant, riant,
Que ne font tous les sos ensemble.

LE CINQUIEME.

Es tu badin ?

LE BADIN.

Ouy, ce me semble.
Suis je tout seul, donc? nennin, non;
Je sais des gens de grand renom
Qui le sont bien autant que moy.

LE PREMIER.

Tu ne sçays, pence un peu a toy,
Tu ne scays pas que tu veulx dire.

LE BADIN.

Je ne scay ; mais voecy pour rire ;
Je ne parle grec ne latin,
Je vous dis que je suys badin.
Et tel souvent on chaperonne
Homme savant [1], a qui on donne
Le bruict d'entendre bien les loix,
Qui est vray badin toutefoys ;
Mais prenés qu'il n'en sache rien.

LE DEUXIEME.

Comment se faict cela ?

LE BADIN.

Tres bien
Le veulx tu scavoir ? Or, escoute :
Y ne fault poinct faire de doubte
Que l'homme qui a belle femme,
Combien que sage on le reclame,
Bien estime en plusieurs lieux,
Qui soyt mys au nombre des dieux,
Eust-il cent mille francs de rente,
Si sa femme ne le contente,
Il sera badin en tout poinct.

LE TROISIEME.

Pour vray, je ne l'entendes poinct,
Je ne le pensoys pas si sage.

LE BADIN.

Un sot, retenés ce passage,
Fust il au nombre des neuf preux,
S'y d'avanture y vient aux lieux
Ou il soyt congneu seulement,
On luy dira tout plainement :
Un sieur d'ays, luy, c'est un sot.
Mais d'un badin on n'en dict mot,
Car partout on l'estime et crainct.

LE QUATRIEME.

A ce coup tu as bien atainct [2].
Or, parlons des fols maintenant.

LE BADIN.

Je le veulx bien, le cas venant

---

[1] « Frairie, confrerie. » Comme on n'y était confreres que pour se régaler, « frairie » était devenu synonyme de bombance

Un loup donc etant de frairie

dit La Fontaine, avec ce sens-la, dans la fable du *Loup et de la Cigogne*

[2] On devine qu'il y a ici une équivoque peu modore sui *scierie*, métier des scieurs d'ais, et un autre mot

[1] « Tel on coiffe du chaperon d'homme savant. »
[2] « Tu as touché juste »

Que sy ma parole est despite [1],
Je seray tousjours franc et quicte,
Comme le jour du mardi gras [2]

LE CINQUIEME.

Tu merites le tour du bras [3],
Quicte seras, je t'en asseure.

LE BADIN.

Je vous veulx compter en peu d'heure
Un cas qui, puys huict jours en ça,
Est avenu et de pieça,
D'un grand lourdault qui porte barbe :
Contre luy sa femme rebarbe,
Luy faict balier la maison ;
Souvent el' vous prent un tison,
Luy jectant au travers la teste,
En luy faisant telle tempeste
Tellement qui fault qu'il s'enfuye.

LE PREMIER.

C'est un des docteurs de sirye ;
Il a souvent des poys landrin [4] ;
Dictes, a il poinct nom Sandrin ?
Si je pouvois scavoir son nom,
Je luy feroys un tel renom,
Par Dieu, qu'il seroyt croniqué.
Du grand deable s'est il niqué [5] ?
Se va il jouer à son maistre !

LE DEUXIEME.

Mais, dictes moy, peut il point estre
De nos paroisiens en somme ?

LE BADIN.

Luy, mon amy, c'est un bon homme.
Y n'est pas grain de sainct Vivien [6],
Je vous le dis en bon escien,
Qu'il n'y demoura de sa vye.

LE TROISIEME.

On n'en parle pas par envye,
Certainement, je vous asseure.

LE BADIN.

Avant qu'il soyt la demye heure,
Tout aultre vous m'estimerés
Que ne pensés et pensères.
Venons à ces fols, il est temps.

LE PREMIER.

Nous aurons nostre passetemps
Pour le moins.

1. Pour « despiteux, méchant, hargneux ». C'est le sens de ce mot dans le livre Ier de la *Metamorphose* de Marot.

   Mais ceste gent fut aspre et despiteuse

2 Le mardi gras, Sots et Badins avaient liberté de tout dire On lira p 484 que cette farce dut être jouée ce jour la
3 « Tu es digne qu'on te permette d'y aller a *tour de bras* »
4 « Des pois gris, » c'est a-dire « n'est il pas souvent un avaleur de pois gris, un gobe tout ? »
5. « Moqué. » *Niqué* est ici pour « niqueté », plus employé.
6. « Il n'est pas graine de notre paroisse de Saint Vivien » C'est une eglise de Rouen, dans le quartier populeux de Martainville St Vivien au mois d'août, a son « assemblee, » avec grand concours d'ivrognes. Le Badin de « Martainville, » nommé plus haut, p 327, devait être de ce quartier, et le même dont parle Eutrapel, *Contes*, édit Guichard, p. 310 — La 64e piece du *Recueil La Vallière* « faire joyeuse des langues esmoulues pour avoir parlé du drap d'or de St Vivien, » vient de la même paroisse.

LE BADIN.

Nous avons des fols
Qui n'ont cervelle ne propos,
Car sy vous trouvent en la rue,
Gardés vous d'un coup de massue,
Ou pour le moins de leur point clos [1] ;
Ceulx cy sont tres dangereulx fols
Et ne s'y frote qui vouldra.

LE DEUXIEME.

Passons oultre, il m'en souvyendra
D'icy a long temps, sy je puys.

LE BADIN.

Or ça, ou esse que j'en suys ?
A ! j'estoys aux fols dangereulx.
Il est des fols qui sont joyeulx,
Comme Jenon, Pernot ou Josse [2],
Qui n'ont pas la teste plus grosse
Comme pome de capendu ;
De ceulx la on en a vendu
Cent escus ou deulx cens la piece.
Ces sos la sont plains de lyesse ;
Ce sont singes en la maison,
Ils ont moins de sens qu'un oyson.
Toutefoys ce sont les meilleurs,
Et volontiers les grans seigneurs
En ont qu'ils gardent cherement [3].

LE TROISIEME.

Ils sont traictes humainement
Par le commandement du maistre.

LE BADIN.

Par le corsbieu ! je vouldroys estre
De ces folz la en compaignye,
Ou pour le moins de la lignye [4],
Car ilz sont en tout temps requis.
Quant on voyt un sot bien exquis,
Et qui est des folz l'outrepasse [5],
On en veult avoir de la race,
Ne plus ne moins que de levriers.

LE QUATRIEME.

Ceulx la sont logés par fouriers,
Quelque temps qui puisse venir.

1 « D'un coup a poing fermé (*clos*) »
2. Ces noms, dont les deux premiers rappellent *Jean* et *Pernet*, se prenaient en mauvaise part, dans le sens de sot, de niais On trouve souvent Pernet dans les farces, et toujours avec un rôle a l'avenant de son nom Josse n'avait pas une meilleure réputation d'esprit Ce n'est pas sans intention que l'auteur du *Pathelin* a nommé son drapier *Josseaume*, diminutif de Josse
3 Il n'est pas besoin de rappeler ici que les rois avaient des bouffons attitrés, « Fous en titre d office » Les grands seigneurs se donnaient aussi ce luxe Langely, qui fut un des derniers de ces bouffons, n'était pas au roi, mais au prince de Condé. — Nous ne savons pas si l'on en tenait marché, comme les vers précédents le feraient croire, mais certains pays étaient chargés de les fournir C'est en Champagne, que Charles V prenait les siens « J'ai, dit Dieux du Radier (*Recreat. hist*, t. I, p. 1), j'ai appris d'un écheviu de Troyes en Champagne, qu'on voyoit encore dans les archives de cette ville une lettre de Charles V, ou ce prince, mandant aux maires et échevins la mort de son *fou*, leur ordonne de lui en envoyer un autre, *suivant la coutume* »
4 « De la lignee, de la famille »
5 « La merveille, qui les dépasse tous » Marot s'est souvent servi de ce mot Ainsi, dans sa 38e *Epistre a M de Guise*

   Va tost, epistre, il est venu, il passe,
   Et paît demain des princes l'outrepasse

28

LE BADIN.

Y m'est venu à souvenir
D'un homme, il n'y a pas long temps,
Qui de sa femme eut sept enfans,
Tous males, ainsy le fault il croire.
Vendist le plus jeune a la foyre
Beaucoup d'argent, cela est seur,
Et jura à son acheteur
Que des sept c'estoit le plus sage;
Mais, par mon ame, pour son age
C'est le plus fol qu'on vist jamais.

LE CINQUIEME.

Aulx aultres donq, je vous promais,
N'y avoit gueres de prudence.

LE BADIN.

Le marchant en eust recompence
De cinquante ou soixante escus.

LE PREMIER.

Et d'aultres folz n'en est il plus?
Or sus, amy, faictz ton devoir.

LE BADIN.

Messieurs, je vous fais ascavoir
Qu'il est des folz acariatres,
Estourdis et opiniatres,
Comme femme qui vend harens [1];
Ceulx là ont beaucoup de parens
Qui sont quasy ausy sos qu'eulx;
J'en nommeroys bien un ou deulx,
Sy je vouloys; mais chust! chust ! mot!
Je suys badin, et non pas sot.
Les sos, que voyes maintenant,
L'eussent nommé incontinent,
Car ilz sont sobres [2], ce dict on.

LE DEUXIEME.

Je te prie, oste ce dicton,
Nous ne parlons que sagement.

LE BADIN.

Je croy bien, mais c'est largement,
Et ne vous en sauriez garder,
On ne sauroyt par trop farder
Le penser qu'on a sur le cœur.
A! messieurs, sy je n'avoys peur
Qu'on me serast trop fort les doys,
En peu de mos je vous diroys
Des choses qui vous feroyent rire.

LE TROISIEME.

A ces jours cy y fault tout dyre [3]

Se qu'on sayt, on le prent à bien.

LE BADIN.

Par sainct Jehan, je n'en diray rien,
Y m'en pouroyt venir encombre.

LE CINQUIEME.

Viens ça, en scays tu poinct le nombre [1]?
De le scavoir il est besoing.

LE QUATRIEME.

Qui les peult esvner de loing
Est en ce monde bien heureulx.

LE PREMIER.

Ceulx qui se peuvent moquer d'eulx
Font bien du Ramyna gros bis [2].

LE BADIN.

S'on les cognoisoyt aux abis,
Et c'un chascun portast massue,
Je croys qu'il n'y a à Rouen rue
Ou l'on n'en trouvast plus d'un cent.

LE DEUXIEME.

Ton par'er me semble decent
Et qui resjouist les souldars.

LE QUATRIEME.

Parlons des glorieulx cocars,
Ce sont sos de mauvaise grace.

LE BADIN.

Quant on voyt ces fols en la face,
Et s'on leur donne le loysir
D'estre escoustes, c'est le plaisir;
Mais y se fault garder de rire.

LE CINQUIEME.

Et qui les vouldroyt contredire
Ne seroyt pas le bien venu?

LE BADIN.

Celuy la seroyt fol tenu,
Ausy bien que le glorieulx.

LE PREMIER.

Je suys grandement curieulx
D'avoir les aultres en memoyre.

LE BADIN.

En poursuyvant il vous fault croire
Que les folz qu'on nomme subtilz
Et ingenieulx sont gentilz
Et plains de recreations;
Ilz trouvent des inventions
Sy parfondes [3] en leurs espritz,
Qu'en donnant foy à leurs escriptz
Y sont cousins germains de Dieu.

LE DEUXIEME.

Je desire scavoir le lieu

. La reputation des harengeres était déjà faite, et depuis longtemps Villon, dans sa *Ballade des Dames de Paris*, parle de lles du Petit-Pont, dont les langues eussent défié les lames les eux affilées. « Brettes suisses. . ne gasconnes, ne thoulousaines » Il en était venu le mot « harangerie », qui se trouve dans le *Dictionnaire des Trois-Langues* par Oudin, avec le sens de propos grossiers, injures Dans *Mathéolus* liv II, v 3792, il est parlé de la Barbelée,

 Qui de *poissons* est vanderesse
 A Paris, et grant tanceresse

2. « Sobre » est ici par ironie Ces Sobres Sots ne s'appelaient ainsi que pour l'être moins que les autres, du moins en propos.

3 C'est ce passage qui prouve que cette farce fut jouée pendant les jours gras, ou toute liberté de langage était permise.

1 Il revient aux sots, pour demander s'ils sont au moins combien ils sont

2 « Du gros dos, du ronflant, comme un chat bien repu » Nous avons déjà vu ce mot

3 « Profondes. » Cette forme était déjà bien vieille au XVIe siècle, on ne disait plus « parfond » que substantivement, pour *fond*, comme dans cette phrase de Rabelais (liv I, ch XVIII) « Il sondoit le parfond, plongeoit es abysmes. »

Dont viennent ces sos que vous dictes.

LE BADIN.

Je croy que jamais vous n'en vistes,
Et sy n'en scay rien toutefoys,
Car il s'en trouve aulcune foys ;
Mais c'est bien peu, comme je pence.

LE TROISIEME.

Sy ne sont y pas sans prudence ?

LE QUATRIEME.

Laisés le parler, c'est à luy.

LE BADIN.

C'est asés, tantost, pour meshuy,
Encore dis ou douze mos.
Venons maintenant à ces sos
Qui sont mutins et obstinés :
Ces sos, cy bien le retenes,
Ce sont ceulx, ainsy que l'on dict,
Qui se font bruller à crédit,
Pour dire : « C'est moi qui babille ;
Je suys le reste de dix mille,
Qui pour le peuple voys mourir [1]. »

LE CINQUIEME.

On ne gaigne guere à nourir
Ces gens la qui sont sy mutins [2].

LE BADIN.

Ny grectz [3], ni ebreutz, ne latins,
Ne me feront croyre au parler [4] :
Qu'il se faille laiser bruler.
Bren ! bren ! bren ! y n'est que de vivre.

LE PREMIER.

Or, sus, sus, y nous fault poursuyvre ;
C'est asés parler de telz veaulx.

LE BADIN.

Y fault parler des sos nouveaulx.
Messieurs, n'en vistes vous jamais ?
On en voit tant en ce Palais [5],

Qui les uns les aultres empeschent ;
Les uns vont, les autres despeschent.
Les uns escoustent ce qu'on dict,
Les aultres sont encore au lict
Qui despeschent tousjours matierre
Et par devant et par derrière,
Et de cracher gloses et loix,
Aussy dru que mouches de boys ;
J'entens ceulx qui sont aprentys,
Incontinent qu'ils sont sortis
Hors d'Orliens ou de Poitiers [1],
Du de quoy [2] vouldroyent volontiers ;
Toutefoys y sont sy morveulx,
Que de cent on n'en voyt pas deulx
A qui ne faille banerete [3].

LE DEUXIEME.

Cela leur sert d'une cornete [4]
Pour contrepeter [5] l'avocat.

LE BADIN.

Chascun veult estre esperlucat [6],
Pour estre estimé davantage.

LE PREMIER.

Tout homme qui s'estime sage,
Il doibt estre fol réputé.

LE DEUXIEME.

C'est asés des sos disputé,
Des fols et des badins ausy.

LE TROISIEME.

Il est temps de partir d'icy,
Et Badin nous faict arager [7].

LE BADIN.

Par Dieu, j'oseroys bien gager
Que la pluspart de tous ces gens
Qui nous sont venus veoir ceans,
Pour escouster nos beaux propos,
Sont sieurs d'ays, ou folz, ou sos,
Prenés lesquelz que vous vouldres.

LE QUATRIEME.

Je croys bien, mais vous nous tiendrés
Plus sages que badins ou sos.
Ne ferez pas ?

LE BADIN.

Ouy ; à propos,

---

1. Dans les derniers mois de 1534, les exécutions avaient recommencé à Paris pour mettre fin à ce qu'on appelait « une nouvelle peste de hérésie d'aucuns Luthériens ». (Chron. du roy François Ier, publiée par G. Guiffrey, p. 110.) Un jacobin convaincu d'être de la nouvelle église avait, le premier, été brûlé vif devant Notre Dame, le 13 novembre, était vu nu le tour de Barthélemy Molon, fils d'un cordonnier, qu'on appelait dans Paris le paralytique, et que ceux de son église nommaient l'Évangeliste. Il fut brûlé au cimetiere Saint-Jean. (Chronique, p. 112, et Journal d'un Bourgeois, p. 444.) Le lendemain 14, au même lieu, même exécution. Jean du Bourg et un maçon qui avait refusé de baiser le crucifix furent brûlés vifs. La veille de Noel, un imprimeur de Paris, qui se rétracta inutilement, et une maîtresse d'école, qu'on découvrit être luthérienne, subirent le même sort. L'année suivante, les supplices continuerent par intervalles.

2. On n'y gagnait que d'être traité comme si l'on était leur complice. Des peines tres-rigoureuses avaient été décrétées contre quiconque se faisait l'hôte d'un luthérien. Voir à ce sujet une ordonnance dans les manuscrits Clérambault, à la Bibliotheque, t. LVII, p. 5047.

3. « Ni Grecs . »

4. « Ne me feront croire aux gens qui disent . »

5. C'est-à-dire dans « ce Palais de Justice, » ce qui prouve que cette farce est du répertoire d'une Basoche celle de Rouen sans nul doute. Cette ville en effet et sa paroisse de St Vivien ont été nommées tout à l'heure. Nous savons d'ailleurs que la plupart des pieces du Recueil La Valliere, dont fait partie cette farce, sont normandes.

1. On sait que les grandes ecoles de droit etaient alors à Orléans et à Poitiers. C'est de là que sortaient tous les apprentis magistrats, dont on parle ici.

2. « Gagner de l'argent, du quibus. »

3. Petit morceau de toile, « bane, » qu'on mettait autour du cou des enfants, comme une gorgerette, pour les empêcher de se salir.

4. Nous avons déjà vu que la cornette était la bande du chaperon qui venait flotter autour du cou sur la robe des gens de Palais.

5. « Contrefaire. » C'est un des sens que Cotgrave donne à ce mot.

6. « Faire l'homme alerte, bien éveillé. » Ce mot, que Noel et Carpentier, dans leur Dictionnaire étymologique (t. I, p. 508), font venir assez singulierement de experrectus ante lucem (éveillé avant le jour), était déjà devenu vieux, du temps de Cotgrave et d'Oudin.

7. Même mot que « enrager ».

Je t'ay dict, en d'aulcuns pasages,
Que sos ne sauroyent estre sages,
Mais badins le peuvent bien estre.

LE CINQUIEME.

C'est abus¹; il sera le maistre;
Car il est par trop obstine.

LE PREMIER.

A! c'est un badin affiné²,
On le congnoist apertement³.

LE BADIN.

Y fault bien parler aultrement
De nostre siage, à quant esse?

LE DEUXIEME.

A! tu nous eslourdes⁴ sans cesse.
Veulx tu poinct changer ton propos?

LE BADIN.

Syeurs d'ays ne sont en repos,
Syeurs d'ays sont en grand détresse.

LE TROISIEME.

A! tu nous eslourdes sans cesse.

LE BADIN.

Y sont logés cheulx leur metresse,
Qui leur torche⁵ bien sur le dos.

LE QUATRIEME.

A! tu nous eslourdes sans cesse.
Veulx tu poinct changer ton propos?

LE BADIN.

Nostre procès n'est encor clos;
J'ay bien aultre chose à plaider;
Car je veulx un petit larder
Cinq ou sis qui sont cy presens;
Ilz ont grand nombre de parens
Loges, chascun jour, cheulx leur maistre.

LE CINQUIEME.

Y vauldroict myeulx s'en aller paistre
Qu'estre sy martir marié;
Quant un homme est sy harié⁶,
Il est bien fache de sa vye.

LE BADIN.

Mon amy, c'est une furye
Que de femmes, car il est dict,
Et en leurs grans livres escript :
In usu, de que languybus⁷,
De leur rien dire c'est abus.

1. « Il abuse de notre patience pour répéter ce qu'il a déjà dit »
2. « Des plus fins »
3. « De la façon la plus certaine, la plus apparente »
4. « Tu nous ahuris »
5. « Frappe » Nous avons vu dans une pièce précédente comment « torche » voulant dire *coup*
6. Tourmenté »
7. Ce vers macaronique doit signifier « de l'usage, et à propos des langues. »

S'el' se fument¹, par les costés,
Y fault que bientost vous trotes,
Ains² es lhuys de la maison;
Ne dictes mot, c'est bien raison,
Y seront métresse, pour vray.

LE PREMIER.

Et je scay bien que je feray,
Sy je suys hors de mariage;
Je puisse mourir de la rage,
Sy je m'y reboulte³, beau syre!
Le mectre hors! dea, qu'esse a dire?
Et c'est trop faict de la metresse!
Et sy n'oseroyt contredire⁴.
Le mectre hors! dea, qu'esse a dire?
Par Dieu! je me mectroys en yre,
Et la turoys, ah! la tritresse!
Le mectre hors, dea, qu'esse a dire?
Et c'est trop faict de la metresse!
Or, ne m'en faictes plus de presse,
Car je seray le maistre en somme.

LE BADIN.

Y fault que la teste luy sonne;
Sy il ne veult se taire quoy.

LE DEUXIEME.

Je feray bien aultrement, moy,
De peur de me trouver aulx coups.
Sangbieu! je m'enfuyray tousjours,
Car je ne veulx estre batu.

LE BADIN.

Tu me sembles un sot testu.
Et n'as tu poinct d'aultre courage?
Mon amy, sy ta femme arage⁵,
Arage deulx fois contre elle une,
Et te saisis de quelque lune
Qui sente Colin du Quesnay⁶,
En luy disant : « J'en ay, j'en ay,
Vous arés cent coups contre deulx! »

LE CINQUIEME.

Quant un homme est prins aulx cheveulx,
Comme esse qu'il en chevira⁷?
Le deable emporte qui sy fira!
Y vault myeulx s'en courir bien loing.

LE BADIN.

Comment? n'aves vous pas un poing
Qu'on apelle martin baston,
Pour faire paix en la maison?

1 « Si elles se mettent en fureur. » On disait « fumeuse » pour femme colère. Dans le *Conseil au nouveau marié*.

LE MARY.

Je double qu'elle soit fumeuse,
Ou qu'elle soit un peu jalouse,
A donques que pourray-je faire?

2 « Et même »
3 « Si je m'y remets jamais »
4. « Et encore il n'oserait pas contredire! »
5 « Fait l'enragée »
6. « Saisis toi d'une belle fantaisie (*lune*), qui sente Colin du Coguet, c'est à dire Colin qui cogne »
7. « Qu'il en viendra à bout. »

Mais gardés d'estre le plus feible.

LE PREMIER.

Mieulx vauldroict asaillir un deable,
Que d'asaillir aucunes femmes.

LE BADIN.

Aulx bonnes ne faisons difemmes,
Qu'el' ne le prennent pas en mal;
Mais qui veult dire en general
Le bien, l'honneur et la prudence

Que l'on veoit aulx femmes de France,
Ce seroyt grand confusion.
Syeurs d'ays, pour conclusion,
Sans vous tenir plus long propos,
Sont plus sages que fols, ne sos;
Et no peult estre convaincu
Syeur d'ays, que d'estre cocu.
Mais, à vous tous je m'en raporte,
Tout le monde est de telle sorte,
Y n'en fault poinct prendre d'ennuy.
Chantes, c'est ases pour meshuy.

FIN DES SOBRES SOTZ.

FARCE DE LA CORNETTE

PAR JEHAN D'ABUNDANCE

(XVIᵉ SIÈCLE — REGNE DE FRANÇOIS 1ᵉʳ — 1544)

NOTICE ET ARGUMENT

On ne sait presque rien sur l'auteur de cette farce charmante ; on ne sait même pas si le nom de Jehan d'Abundance, dont il signa une partie de ce qu'il écrivit, était son nom véritable. Il prit quelquefois celui de « maistre Tyburce demeurant en la ville de Papetourte », et La Monnoie s'est demandé lequel des deux noms est vraiment le sien. Nous penchons pour celui de « Jehan d'Abundance ». Il le prit plus souvent que l'autre et il le fit presque toujours suivre des titres : « Bazochien et Notaire royal de la ville de Pont-Saint-Esprit », qui lui donnent quelque chose de sérieux, et pour ainsi dire le légalisent.

Si c'est à Pont-Saint Esprit qu'il fut notaire, c'est à Lyon qu'il fut auteur. La plupart de ses pièces, que nous nous contenterons de citer, en laissant à part ses autres poésies, sont datées de là. Elles n'ont pas toutes survécu. Quelques-unes : le *Couvert d'humanité*, moralité, Lyon, 1534 ; le *Monde qui tourne le dos a chascun*, Moralité, Lyon, 1536, *Plusieurs qui n'a pas de conscience*, Moralité portant la même date et le même nom de lieu, ne nous sont connues que par la *Bibliotheque françoise* de Du Verdier.

En revanche, il reste de lui, mais à l'état de rareté insigne, ou même seulement de manuscrit : *Mystere, moralité et figures de la Passion*, Lyon, 1544 ; le *Testament de Caresme entrant*, à VIII personnages, et le *Joyeux Mystere des trois rois*, a VII personnages.

Les deux premières pièces ont été imprimées, et se trouvent à la Bibliothèque Nationale, mais l'exemplaire de l'une et de l'autre passe pour être unique ; la troisième, le *Mystere des trois rois*, n'y existe qu'en manuscrit, sous le n° 8387, avec la date de 1541.

Elles viennent toutes trois de l'admirable collection de M. de La Vallière.

La farce de la *Cornette* en vient aussi. C'est la seule que l'on connaisse de Jehan d'Abundance. Il la fit sans doute pour accompagner une de ses Moralités, dans quelque grande représentation, comme celle que nous avons vue à Seurre en 1478. Elle ne paraît pas avoir été imprimée de son temps.

Ce n'est qu'à l'état de manuscrit qu'elle existait, au XVIIIᵉ siècle, chez le marquis de Calvière où la virent les frères Parfaict, et chez M. de La Vallière, d'où elle passa à la Bibliothèque du Roi.

En 1829, M. de Montaran, qui faisait une *Suite* à la *Collection Caron*, en fit prendre une copie sur le manuscrit La Vallière, et la publia, mais à vingt exemplaires seulement. Depuis, M. Peyre de La Grave en fit faire, a quatre exemplaires, dont un existe chez le baron Taylor, une copie autographiée.

La publicité de la pièce n'a pas été au delà. Elle est donc ainsi presque *inédite*. Nous n'en savons cependant pas qui mérite plus d'être connue. C'est, comme on l'a dit dans le *Dictionnaire universel du théâtre en France* de M. Goizet, celle qui, après *Pathelin*, est peut-être la plus comique et la mieux faite. On y sent déjà pointer quelque chose de mieux qu'une farce, la comédie de caractère.

Le type de la femme par exemple n'a qu'à grandir un peu pour devenir Béline ou madame Évrard, compliquée d'une coquette.

Elle a des amants et se fait passer aux yeux de son mari pour la plus honnête femme du monde, pour l'épouse la plus caressante, la plus empressée.

Deux neveux qui la guettent, car ses dépenses font courir de grands risques à l'héritage qu'ils attendent de leur oncle, se concertent pour que le pauvre homme sache enfin la vérité. Ils lui diront que madame va deci, delà, et toujours de travers, par de très-vilains chemins.

Le valet de l'amant saisit au passage ce qu'ils veulent dire au mari, et le répète à la femme, qui prend les devants, en les accommodant eux-mêmes de la belle manière : Ce sont, dit elle, de grands sots prêts à tout reprendre et à médire même sur des riens. Ne s'avisent-ils pas, par exemple, de trouver que la cornette dont leur oncle se coiffe est de mauvaise façon, et qu'elle va deci delà, toujours de travers.

Ce que les neveux ont dit sur elle, madame le dit de la cornette, et vous devinez par là le quiproquo.

Il continue lorsque les neveux arrivent près de leur oncle prévenu et furieux. Ce qu'il dit de sa cornette, en déclarant qu'elle est pour le mieux, ils croient qu'il le dit de sa femme, et ils s'en vont persuadés qu'il trouve fort à son gré qu'elle aille deci delà, toujours de travers !

La comédie de quiproquo, avec scènes à double entente, est déjà en germe dans cette jolie farce, en même temps, je le répète, que la comédie de caractère.

Quelle en est au juste la date ? On a dit 1535, nous croyons qu'il vaut mieux s'en tenir à celle de 1544, que porte le manuscrit La Vallière.

FARCE NOUVELLE

TRÈS BONNE ET TRES JOYEUSE

DE LA CORNETTE

A V. PERSONNAGES

PAR JÉHAN D'ABUNDANCE

BAZOCHIEN ET NOTAIRE ROYAL DE LA VILLE DE PONT-SAINCT-ESPRIT.

PERSONNAGES

LE MARY
LA FEMME

LE VALET
ET SES DEUX NEPVEUX

LA FEMME *commence*.
As-tu bien faict ton personnage,
Finet ? et aussy ton message,
Qu'en dis-tu ?

FINET.
Très bien.

LA FEMME.
Qu'a-t-il dict?

FINET.
Qu'a-il dict ?

LA FEMME.
Voire.

FINET.
Il se maudict,
Au cas qu'il ne vous ayme plus
Que luy mesme [1].

LA FEMME.
Et au surplus [2] ?

FINET.
Qu'en tout temps il vous servira
Et fera ce qu'il vous plaira.
Par mon serment, il est mignon.

LA FEMME.
N'est-il pas gentil compagnon,
Finet ?

FINET.
C'est un fin affiné,
De souspirer il n'a fine [3]

Tant qu'on lui a parlé de vous.

LA FEMME.
Ton maistre n'est-il point jaloux,
A ton avis ?

FINET.
Je crois que non.
Posé [1] qu'ayez mauvais regnon,
Pas n'entend que luy faictes tort.

LA FEMME.
Il se fie en moy le plus fort
Du monde.

FINET.
Et il a bien raison.

LA FEMME.
Femmes sçavent une oraison
Pour endormir marys.

FINET.
Envoyre [2],
Et puis Dieu le bon roy de gloire,
Et de si bonne courtoisie,
A qui a mal de jalousie,
Afin qu'il ne perde science,
Il luy envoye patience ;
Vous avez le cas epprouve :
Un tel en avez-vous trouvé,
Qui est aussi mou qu'une pomme,
Ma maistresse, de Capendu [3]?

---

1. « Il se déclare maudit, dans le cas où il cesserait de vous aimer plus que lui même. »
2. « Et après ? »
3. « Il n'a cessé... »

---

1. « En supposant.. »
2. « Tres certainement ! » c'est le duplicatif de « voire ! »
3 C'est une plaisanterie dans le genre de celle que nous avons déjà trouvée dans *Pathelin* « Oui, par mon serment, de laine. » — La pomme de *capendu*, qu'on appelle encore ainsi, n'avait ce nom que par altération de celui de *court-pendu*, qui lui convient au mieux, à cause de sa courte queue. Rabelais (liv. III, ch. xIII) et La Quintinie ne la nomment pas autrement.

LA FEMME.
A cela est mon cas pendu.
FINET.
Il vous gardera de froidure.
LA FEMME.
Comment ?
FINET.
C'est une couverture [1]
Se vostre ventre croist, c'est ombre.
LA FEMME.
Quoy qu'il en soit, je suis au nombre
Du mariage.
FINET.
C'est sans peine.
Mais que dites-vous du chanoine ?
J'ay parlé a luy aussi bien.
LA FEMME.
Le chanoine est homme de bien.
Je l'aime, mais Dieu sçait comment.
Il fournit à l'appointement
De quoy mon mignon j'entretiens.
FINET.
Et voire mais atout [2] les biens
Du crucifix.
LA FEMME.
Il ne m'en chaut.
Le crucifix, soit froid ou chaud,
Est toujours tout nud à la croix,
Et ne mange point.
FINET.
Je le crois.
Vous estes femme de credit.
LA FEMME.
Finet, si je luy avois dict,
En parlant à luy, que les nues
Fussent peaulx de veau devenues [3],
Il le croiroit.
FINET.
Saincte Marie !
Cependant vous estes nourrie,
Maistresse, de cannes et chapons.
LA FEMME.
Voilà comme nous eschapons,
Entre nous, femmes de gens vieux.
FINET.
Toutes fois, vous aimez trop mieux
Le compaignon, que le chanoine.
LA FEMME.
D'autant que forment [4] vaut bien mieux

1 C'est-a dire, « quoy qu'il vous arrive dans vos amours, votre mari aura la responsabilité de tout. »
2 « Avec. »
3. Nous trouvons dans Rabelais (liv I, ch. II, et v, p. 22) une locution proverbiale du même genre que celle-ci « Croire que les nues soient poesles d'airain, et que vessies soient lanternes » Elle est aussi dans la Comédie des Proverbes.
4. « Froment. »

En tout temps que ne vaut avoyne.
FINET.
De ce ne dics pas le contraire.
LA FEMME.
Sçais-tu bien ce qu'il te faut faire ?
Devers mon mignon tu iras,
Entends tu bien, et luy diras
Que luy ay fait faire au matin
Un très beau pourpoint de satin.
Là je m'envoy pour bonne guise
Donner du vent de ma chemise
A mon vieillard sans nul diffame.
Bonsoir, mon mary.
LE MARY.
Ha ! ma femme.
LA FEMME.
Vous n'escrivez plus, baisez-moy.
LE MARY.
Hé, folle, folle !
LA FEMME.
Tant d'esmoy
Ne nous est au corps profitable.
LE MARY.
Tu as le cœur si charitable
Que la larme me vient aux yeux.
LA FEMME.
En bonne foy, j'aymerois mieux
Estre morte que vous.
LE MARY.
Ma mye,
Pour moy je ne le voudrois mie ;
Vous estes en vostre jeunesse.
LA FEMME.
Ah ! mon amy, vostre sagesse,
Vostre bonté et vostre sens
M'ont mis au cœur ce que je sens :
Plaisirs et pensée amoureuse,
Dont je me tiens la plus heureuse
Femme, qui onc espousast homme,
Depuis Paris jusques à Rome.
Dieu a mon cas a bien pourvu.
Mon mary, vous avez tant vu,
Tant reçu de bien et d'honneur,
Que Dieu le souverain Seigneur
Vous a ci tres-bien guerdonné [1].
LE MARY.
Il est vray, mais il m'a donné
Un tresor qui est sans diffame.
LA FEMME.
Et quel tresor ?
LE MARY.
C'est vous, ma femme.
Car je connois qu'estes certaine

1 « Récompensé. »

Prude femme [1] et non point vaine,
Pour vouloir quelques faux tours faire.

LA FEMME.

Vrayment, je n'aurois pas affaire
A homme, qu'il ne cogneust bien.
Si je faisois ou mal ou bien,
Et crois que bien vous le sçavez.

LE MARY.

Ce regnon là pas vous n'avez,
Et ce m'estime si peu saige
Que je ne cogneuse au visaige.
Si une femme est vicieuse,
De lubricité curieuse ;
On dit : *nolo nulla portet.*
Ne soritur a usque nolla.
Meis in mala sola [2].
Ay je point esté escollier ?
J'en suis le chien au grand collier [3].

LA FEMME.

Ah ! Dieu m'en gard toute ma vie !
Car jamais je n'en eus envie.
Mon amy, vous en avez garde
De ce coup, car quand je regarde
Vostre face qui est si pleine,
D'honneur, je serois bien vilaine
Et digne d'estre mise en pièces.

LE MARY.

Ains ne croirai nulle en pièces [4].
Vous n'estes pas de telle sorte,
Et vous n'avez garde qu'il sorte.
D'un bon cœur que toute bonte.

LA FEMME *pleure*.

Dieu ne m'en donne volonté,
Non plus que j'ay fait cy devant ;
J'aimerois mieux mourir avant.

LE MARY.

Tenez, la folle pleurera !
Que maudict soit-il qui croira
Que tu pensasses jamais mal !

LA FEMME.

Ne prends plus autant de travail,
Mon cher amy. Quoy or sus doncques !
Si joyeulx je ne vous veis oncques,
Mais que vous soyez en santé.

LE MARY.

Depuis que mon cœur a hanté.

Vostre petit cœur, ma mignonne,
J'entends, ce m'est adroit [1], la notte
Du rossignolet en mon cœur :
Pour vous, je suis en grand vigueur,
Car jamais ne me portay mieux.

LA FEMME.

Baisez-moy.

LE MARY.

Je ne suis pas vieux.
Mais je blanchis de ma nature.

LA FEMME *le baise*.

Mon Dieu, voyci la créature
Que j'ayme oncques le mieux.
C'est la raison, maugré du vieux.
Je croy que n'ay point ma segonde [2].

LE PREMIER NEPVEU.

Dis, je ne sçay là où se fonde
Sa femme [3], c'est nostre parent,
Son mal fait [4] est si apparent,
Que je ne sçay qu'il en sera.

LE DEUXIEME NEPVEU.

Jehan, ne moy ; qui n'y pensera
Nostre oncle [5], en sera à honte.

LE PREMIER.

Il complaist à sa volonté,
A son plaisir, a sa requette [6].

LE SECOND.

Mon serment, il n'est qu'une beste.
Cette femme despend [7] son bien,
On ne sçait comment ne combien,
Dont il ne nous sauroit bien estre.

FINET.

Voila des parents à mon maistre,
Qui caquettent de ma maistresse ;
Mais je voys cy hors de la presse [8],
Je veux un petit escouter ;
Et puis je luy iray compter.

LE PREMIER.

Il nous convient enfin tant faire
Qu'elle n'ayt plus son affaire
Entre main : son bien luy depend.
S'il ne la chastie et reprend,
Il sera bien sot et cornet.

LE SECOND.

Il cuyde qu'elle soit femme de bien,

Le fol.

---

1. « Honnête femme, sûre (*certaine*), bien garantie. »
2 Nous ne savons trop ce que veut dire ce latin certainement estropié. En mettant toutefois, au lieu de *soritur*, qui ne signifie rien, *sortitur*, qui veut dire on tire au sort, il n'est pas impossible de deviner qu'il sagit là de l'éternelle loterie du mariage d'où l'on tire moins de bons que de mauvais sorts
3 « Le chien qui garde tout, qui répond de tout. » Nous avons déjà trouvé cette expression dans la *Farce de la pippée.* V p 132.
4 C'est-a-dire « de longtemps, de longue piece de temps ». Dans la *Farce des femmes qui font refondre leurs maris* :

THIBAULT.
Biens ne nous failliront en *pieces*
Ça, Dieu merci.

C'est de « piece » pris dans ce sens, qu'était venu l'adverbe « *pieça*, » qui avait la meme signification.

---

1 « Ce m'est bien à propos venu. »
2 « Je crois que je n'ai pas ma pareille pour tromper. » On comprend que ces deux derniers vers devaient se dire à part.
3 « Je ne sais ce que sa femme a dans la pensée, dans la fantaisie, mais. »
4 « La mauvaise conduite de sa femme. »
5 « Qui n'y fera penser, qui n'avertira. »
6 « A ce qu'il demande, à ce qu'il recherche, et requete lui-même. »
7 « Dépense »
8 « A l'écart. »

LE PREMIER.

Cela ne va pas bien.
Nous luy dirons ce propos là,
Et qu'elle va deçà delà
Par l'huys devant, par l'huis derrière [1]
Et que ce n'est pas la maniere
Courrir çà, là, de tous costés.

LE SECOND.

C'est très bien dict. Or escoutez,
Allons nous y exerciter [2].

FINET.

Voyre dea je le voys compter
A ma maistresse, elle est bien telle
Qu'elle sait assez de cautelle
Pour guarir ceste maladie.

LA FEMME.

Et puis, Finet?

FINET.

Que je vous die
Ce que j'ay oùy à ceste heure

LA FEMME.

Est-ce mal?

FINET.

A peu que n'en pleure [3].
De pire n'en pourroit pas estre.

LA FEMME.

Et quoy?

FINET.

Les parens de mon maistre
Disent que vous estiez infame,
Très vilaine et mechante femme,
Et, par une fureur et ire,
Ils sont deliberés de dire
A mon maistre par ci par là
Que vous alliez deçà, delà,
Devant, derrière, à tous coustos;
Que c'est une chose incréable [4];
Mon maistre vous a agreable;
Mais s'il sçavoyt que fussiez telle,
Vous hayroit de mort mortelle;
Assez bien dire je vous l'ose.

LA FEMME.

Hé quoy, il n'y a autre chose?

FINET.

N'est-ce pas assez?

LA FEMME.

Ce n'est rien.
Tais toy, car j'en cheviray bien [5].
Je m'en vois par moy en desbattre,
Maintenant mon mary abattre [1].
Et Dieu vous garde, mon mary,
Comment vous portez-vous?

LE MARY.

Comment?
A vostre bon commandement [2].
A vous du tout je me soubmets.

LA FEMME.

Je ne vous ennuyray jamais,
Ne dics chose qui vous ennuye;
Mais j'ay peur que je vous ennuye
Si je vous dis je ne scay quoy.

LE MARY.

Or, dis.

LA FEMME.

Jehan, je n'ose.

LE MARY.

Pourquoy,
Ma fillette?

LA FEMME.

Ce n'est pas chose
Qui soit de grand prix, mais je n'ose
Par peur de vous fascher.

LE MARY.

Non, non.
Me fâcher! n'avez ce regnon.

LA FEMME.

Cela ne vault pas le mot dire.

LE MARY.

Or, dis tout ce que tu veux dire,
Et ne mens ne mot ne demy.

LA FEMME.

Ce sont vos parens, mon amy,
Qui cuident avoir trop de sens [3],
Qui dient...

LE MARY.

Et quoy?

LA FEMME.

Sont innocens.
Les prendrez-vous à désagre [4]?

LE MARY.

Nenny.

LA FEMME.

Je vous en sçay bon gre.
Ils sont marys [5], n'en parlons plus.

LE MARY.

Je le sçauray.

---

1 « Donnant des rendez vous de tous côtés, a la porte de devant, a celle de derrière »
2 « Préparer »
3. « Il s'en faut de peu que je n'en pleure »
4 « Incroyable. » C'était la prononciation du temps On la trouve dans Commines (liv. II, ch xiv) « Je vis, dit il, pariant d'un terrible hiver, choses incréables du froid »
5. « J'en viendrai bien a bout (à chef). »

1 « Je m'en vais, par moi meme, en voir la fin et abattre tout ce que mon mari peu ra avoir contre moi »
2 C'était depuis longtemps une formule de salutation Nous l'avons déjà vu dans Pathelin
3 « Qui s imaginent avoir trop de raison... »
4. « En mauvais gré, désagrément. »
5. « Ils sont sans doute fachés (marris) de ce qu'ils ont dit. »

LA FEMME.
       Sans le surplus
Qu'ils ont dict de moy, c'est tout un [1].

LE MARY.
De vous, ma mie, y a il aucun
Qui ayt sur vostre honneur touché?

LA FEMME.
Mon honneur! bien seroit mouché [2]
Et puny qui l'oseroit dire,
S'il ne vouloit à tort médire.

LE MARY.
Je soubstiendray jusqu'à la mort
Que jamais ne me fîtes tort.
Je le prends sur ma conscience,
Mais comptez-moy de la science
De mes parens, ça, je le veux,
Qui sont-ils?

LA FEMME.
       Deux de vos nepveux,
Qui cuydent estre bien apprins.
Il est vray qu'ils ont entreprins
De venir parler en secret
A vous, disant qu'ils ont regret
De voir ainsi vostre cornette [3],
Et dient qu'elle est deshonnette,
Vilaine.

LE MARY.
       Ils s'en rompent la teste.
Se meslent ils tant de mon faict?
Ha! je sois maudict et deffaict,
Si jamais vers moy ont credit!

LA FEMME.
Ne dites pas qui vous l'a dict,
Et ne vous en déconfortez,
Ils ont dict que vous la portez [4],
Leurs propos disant ainsi, la,
Qu'elle va deça et dela,
Devant, derrière et de travers,
Et à l'endroit et à l'envers;
Mais, sans mentir mot ne demy,
El' vous faict très bien, mon amy,
Il est vray, c'est chose certaine.

LE MARY.
Leur sanglante fièvre cartaine,
Qui les puisse tuer tout roydes!
Mais veuillent ils mettre remedes
A mes habits?

LA FEMME.
Ne vous desplaise.

LE MARY.
Mais que la façon vous en plaise,
Ma mie, ce m'est bien assez [1].

LA FEMME.
Paix, monsieur! vrayment pensez
Hardiment que ce qu'il vous plaist
Jamais en rien ne me desplaist.
Vostre volonté veux tenir.

LE MARY.
Laissez-les hardiment venir.
Puisqu'ils parlent de ma cornette,
Je parleray à leur barette [2],
Si bien qu'il lui en souviendra.

LA FEMME.
Je m'en voys tandis qu'on viendra.
Je crois qu'ils s'en iront au grat [3];
Ils seront mieux pris qu'oncques rat
Ne fut.

FINET.
       Voire!

LA FEMME.
       Je te promets
Que leur donray leurs derniers mets.
Tu les verras bien desgouter.

FINET.
Je vous prie, allons escouter
Qu'il répondra.

LA FEMME.
       J'en suis contente [4].

LE I. NEPVEU.
Bonsoir, mon oncle, où est ma tante?
Estes vous seul?

LE MARY.
       Vous le voyez.

LE II. NEPVEU.
Dieu vous garde.

---

1. « Oui, mais sans le reste, sans ce qu'ils ont dit de moi, mais peu importe, c'est tout un. »
2 Pour « émouché (chassé). »
3 « Votre coiffure de mari. » On jouait déjà sur ce mot *cornette* et son double sens Dans la *Reconnue* de Belleau on parle d'un mari complaisant, qui

       Donne le drap et le ciseau
       Pour se tailler une *cornette*.

4. Il s'agit toujours de la *cornette*, ou chaperon à *cornette*. Pour comprendre les mouvements qu'on lui donne ici, il faut se rappeler qu'on y attachait une bande d'étoffe, qui tombait en flottant sur la poitrine et sur les épaules.

1. « Il suffit, ma mie, que l'air de ma coiffe te vous plaise. »
2. « Puisqu'ils parlent de ma coiffe ce je parlerai à la leur. » La *barrette*, dont le nom est resté au chapeau des cardinaux, était une espece de bonnet plat. L'expression « parler à la barrette de quelqu'un », pour lui parler vertement, presque en lui frottant les oreilles, était proverbiale, peut etre par équivoque sur *barrette* et *rembarrer*. On la trouve, pour un trait du même genre que celui qui est ici, dans l'*Avare* de Molière (acte II, sc III) « LA FLECHE. Je parle, je parle a mon bonnet. — HARPAGON. Et moi, je pourrais bien *parler a ta barrette*. »
3. « Qu'ils s'en iront paître » C'est le sens de cette locution « aller, envoyer au grat », qu'on retrouve encore sous Louis XIII, dans les *Poesies et Rencontres* de Neufgermain, 2e partie, p. 202 :

       Il sait parler latin, il sait parler gascon,
       Grave, sentencieux, disert, *nunquam errat*,
       Jusque la qu'il vainquit, disputant dans Mâcon,
       Un docteur maconnais, et l'envoya au grat....

4. « Volontiers. »

LE MARY.
          Bien vous soyez.
          LE II. NEPVEU.
Où est ma tante?
          LE MARY.
          El' n'est ceans.
          FINET.
Ces gens là ne sont pas sciens [1].
N'osent leur propos entamer.
          LE I. NEPVEU.
Oncle, vous devez présumer
Que nous quérons vostre proufit
Et vostre honneur.
          LE MARY.
          Il me suffit.
J'entends déjà vostre propos.
          LE II. NEPVEU.
Escoutez.
          LE MARY.
          Donnez-moy repos.
          LE I. NEPVEU.
Ne vueillez nostre cas dedire.
          LE MARY.
Je sçay bien ce que vous voulez dire.
          LE II. NEPVEU.
Jamais on ne vous en parla.
          LE MARY.
Elle ira deça et delà,
Devant, derrière et à travers
En depit de vostre visaige.
          LE I. NEPVEU.
Oncle, si n'estes point d'usaige [2],
Regardez bien qu'on en dira :
Le monde s'en moucque.
          LE MARY.
              Elle ira
Et par derrière et par devant.
          LE II. NEPVEU.
Voire dea, mais c'est trop souvent.
          LE MARY.
Elle ira, je le veux ainsi,
Et n'y aura ne car, ne si.
          LE I. NEPVEU.
Mais un chacun en médira.
          LE MARY.
Et bran en ton nez! elle ira
Partout, et si n'en faudra rien
Dire.
          LE I. NEPVEU.
    Puis qu'ainsy vous plaist bien,
Mais elle est fausse et deshonneste.

1. « Ne savent pas ce qu'ils doivent faire »
2. « Si vous n'etes point suivant l'usage »

          LE MARY.
Deshonneste! mais plus honneste
Qu'onc à ma lignee ne fut point,
Il plaist à ma femme en ce point [1],
Il me plaist aussi, et vela
Qu'elle ira deçà et delà.
Je veux cette façon tenir.
Et si j'ose bien soustenir
Que est aussi honnestement
Ainsi que, va comme autrement.
Pour Dieu jamais ne la vissiez!
          LE I. NEPVEU.
Plust à Dieu, oncle, que sçussiez
Le bel honneur qu'elle vous faict!
Car certes elle est tout vilaine.
          LE MARY.
Elle est vostre fièvre cartaine!
Et avez menty par vos dents.
Estes-vous venus cy dedans
Me corriger?
          LE I. NEPVEU.
          Mon oncle, c'est...
          LE MARY.
Bran! bran! estrons! elle me plaist.
          LE II. NEPVEU.
Nous n'en irons plus desbattant.
          LE I. NEPVEU.
Mais, oncle, elle vous couste tant.
          LE MARY.
N'ayez jà soucy du coustange.
Qui l'auroit traisnee par la fange,
Et foullée aux pieds, et salie,
L'amour ne luy seroit faillie [2].
Elle est à mon plaisir.
          LE I. NEPVEU.
              Voilà.
          LE MARY.
Elle ira derrière, delà
Tout partout, à mont et à val,
Son aller ne m'est pas travail;
Allez, et ne m'en parlez plus.
          LE I. NEPVEU.
Elle ira doncques.
          LE MARY.
          Il est conclus.
Il ne s'en faut plus eschauffer,
Je donne à l'ennemy d'enfer
Le premier qui m'en parlera.
          LE II. NEPVEU.
Aller si souvent?
          LE MARY.
          Elle ira

1. « Il plaît à ma femme qu'e le soit ainsi. »
2. « Quand bien même on l'aurait traînée dans la boue, foulée aux pieds et salie, le goût que j'ai pour elle ne lui manquerait pas. »

LE I. NEPVEU.
Nous craignons vostre déshonneur.

LE MARY.
Le jour de mes nopces sont plus
Que vous, ne que tout le surplus
De mon lignaige.

LE II. NEPVEU.
C'est raison.

LE MARY.
Ne venez plus à la maison.
Elle est plus honneste que vous.

LE I. NEPVEU.
Adieu, oncle, pardonnez nous.
Jamais ne vous en dirons rien
Tant que vivrons.

LE MARY.
      Vous ferez bien.
Si jamais m'en venez parler,
Je la feray plus fort aller,
Et par devant et par derriere,
Jusqu'à ce qu'elle fasse entiere [1].

LE II. NEPVEU.
Laissez lui donc associer [2].

LE I. NEPVEU.
Il ne s'en faut plus soucier,
Car il est de nous degouté.

(Ils s'en vont.)

LA FEMME.
Qu'en dis tu ?

FINET.
Ils ont bien jousté.

LA FEMME.
Elle ne m'a de rien cousté :
Que dis-tu ?

FINET.
Ils ont bien jousté.

LA FEMME, à Finet.
Elle est très-fine, la finesse :
Ne penses tu qu'en ma jeunesse
J'ay faict bons tours et à parens.

(Au mary.)
Et puis, mon mary, vos parens
Ont-ils parlé de la cornette ?

LE MARY.
Ils ont eu réponse fort nette,
Tousjours vers moy aurez credit.
Et, par ma foy ! s'ils m'avoient dit
Que fussiez mauvaise femme,
Sotte, déshonneste et infame,
Je croirois autant leur sornette
Comment j'ay fait de ma cornette.
La raison ? je vous cognois bien,
Et cognois qu'ils ne valent rien,
Et qu'ils sont de mauvaise sorte.

LA FEMME.
Moy ! j'aimerois mieux estre morte
Sur ma foy.

LE MARY.
      Sans jurer, ma mie,
Je vous cognois, n'en doutez mie.

LA FEMME.
Pour fin et pour conclusion
Ce n'est point par illusion,
Ce qu'à vous dis, ne par contens [1] ;
Ce n'est que pour passer le temps,
Et réjouir gens gratieux :
Sus, sus, allons de mieux en mieux.

FIN SANS FIN [2].

1. « Par discussions, disputes. » Dans la *Moralité des enfans de maintenant*

FABIEN
Faites tousjours *contens* et noises.

2. Ces mots étaient la devise de Jean d'Abundance.

1 C'est-à-dire, sans doute, jusqu'à ce qu'elle fasse l'évolution complete, jusqu'à ce qu'elle soit entierement à l'envers
2. « Laissez le donc s'associer comme il veut » Le second neveu doit dire cela tout bas à l'autre.

FIN DE LA FARCE DE LA CORNETTE.

MORALITÉ DE LA PRINSE DE CALAIS

(XVIe SIÈCLE — RÈGNE DE HENRI II — 1558)

NOTICE ET ARGUMENT

Un des plus grands événements de notre histoire au xvie siècle, et celui qui fonda le mieux la popularité du duc de Guise et de sa maison, fut certainement la prise de Calais, enlevé aux Anglais après une occupation de plus de deux cent dix ans.

On la célébra par toute la France et sur tous les tons, en latin, en françois, en prose, en vers, par des *Descriptions*, des *Discours*, ou des *Hymnes* [1].

Le théâtre ne pouvait manquer dans ce chorus, d'autant plus que, peu de mois auparavant, après la victoire de Saint-Quentin gagnée contre nous par les Anglais et les Espagnols, les gens de la ville d'Arras, qui appartenait alors à l'Espagne, s'étaient moqués « sur eschafaulx », et de Paris et du roi, « par la peu endormy [2] ».

Nous nous devions, après le succès de Calais, qui était une revanche, quelque pièce de réplique. Il n'est pas douteux qu'il en fut joué plusieurs, mais celle que nous reproduisons est la seule connue, encore l'est-elle fort peu ; personne ne nous paraît l'avoir mentionnée parmi

les écrits sans nombre qui forment pour ce grand fait historique une bibliographie spéciale

Nous l'avons trouvée dans le *Recueil La Vallière* publié par MM. Francisque Michel et Le Roux de Lincy. Elle y est la sixième des pièces.

Les gens d'Arras nous avaient tournés en moquerie, nous avaient « farcés » ; la pièce de riposte fut plus charitable.

Elle se fit *Moralité* grave, laissant à l'Anglais vaincu sa plainte, et ne permettant au Français vainqueur qu'une joie sérieuse et sans vantardise.

A la fin le sentiment religieux se fait jour, et l'on devine une plume catholique, peut être celle du prêtre d'Amiens, Antoine Fauquet, qui fit sur le même sujet un *discours* en vers et un *Hymne*.

Aux lamentations de l'Anglais, le Français lui répond qu'il n'a perdu là que ce qu'il avait injustement gagné, et plus injustement retenu, et que, d'ailleurs, ainsi Dieu l'a puni d'avoir quitté sa véritable voie, c'est-à-dire, pour parler sans allusion, d'avoir abandonné l'Église du Pape pour celle d'Henri VIII.

Les derniers vers sont un hosannah à la gloire de Dieu qui, pour récompenser la France de sa fidélité à la vraie foi, l'a remise elle-même dans ses vraies limites.

---

1 V. a ce sujet le recueil de M. de Montaiglon, *Anciennes Poesies françoises*, t IV, p 204.
2. *Id.*, p. 293.

MORALITE NOUVELLE

DE LA PRINSE DE CALAIS

A II. PERSONNAGES

LE FRANÇOYS *commence*.

Dieu gard, compaignon.

L'ANGLOYS.

Dieu vous gard.

LE FRANÇOYS.

De grace ! dictes de quel part
Vous venés et où vous tires [1].

---

1 « Ou vous vous en allés » L'expression complete était « tirer pays », ou « tirer de long », comme on voit dans La Fontaine, ou bien encore « tirer son train », comme dans Montaigne (liv III, ch XIII). « Les avocats et juges ont beau quereller et sentencier, nature *tirera* cependant *son train* »

L'ANGLOYS.

De Calays.

LE FRANÇOYS.

Quoy ! vous soupires ?

L'ANGLOYS.

Sy je soupire, quant à moy,
Compaignon, j'en ay le de quoy.

LE FRANÇOYS.

Et pourquoy ?

L'ANGLOYS.

J'en estoys bourgoys
Au temps qu'on le disoyt Angloys.

MORALITÉ DE LA PRINSE DE CALAIS.

Il y a plus de deulx cens ans [1],
Que de père en fils là dedens
Angloys y faisoyent leur demeure.
Mais maintenant à la male heure
Y nous fault retirer grand' erre [2]
Chétis [3], en estrangere terre.

LE FRANÇOYS.

Compaignon, certes passience,
Comme l'on dict, passe science.
Y fault donc sans vous tourmenter
Ce mal paciament porter.
Saves vous pas bien qu'Edouart
Tiers y planta son estandart
Apres ung siège douze moys
Et qu'il en chassa les Françoys,
Lesquelz y perdirent leur bien?

L'ANGLOYS.

Compaignon, cela je say bien.

LE FRANÇOYS.

Sy donques mon seigneur de Guisse,
En exerçant son entreprisse,
Réduict soubz royalle puissance
De Henry le hault roy de France
Calais, qu'on usurpoit sur nous,
Vous faict y pas grace à vous tous,
Qui dédaignant ce prince hault
Présumiez [4] d'atendre l'asault.
Après sa victoyre ensuyvie,
On void qu'il vous sauve la vye?
Cela vous dût payer contant.

L'ANGLOYS.

Esdouart en feist bien autant.
Mais de Guisse en moingtz de huict jours
La reprist et nos fortes tours,
Tant la Nieulle que le Risban [5],
Quant le second jour de cest an [6]
De furie estant canonnés,
Furent soudain habandonnés,
Et n'eûmes onques le loysir
De les deffendre ou secourir;
C'est pourquoy mainct regret j'en fais.

LE FRANÇOYS.

Ce sont du Seigneur Dieu les faits.

L'ANGLOYS.

Nous avyons sy fortes murailles!

---

1 Calais appartenait aux Anglais depuis 1347, il y avait, par conséquent, en 1558, deux cent onze ans.
2 « Au plus vite, » expression employée encore par les chasseurs, et qui était alors, depuis longtemps, du langage courant. Dans la *Farce de Jenin fils de Rien*

JENIN.
Ma mère m'envoye grant erre,
Par Dieu, monsieur, pour vous querir

3 « Chétif, malheureux »
4 « Présumiez assez de vous, étiez assez présomptueux pour. »
5. Le fort de Nieulay, du coté de la terre, et le Risban du coté de la mer, étaient les principales defenses de Calais. Ils furent tous deux pris le même jour, 3 janvier, le Nieulay le premier On sait qu'un *risban* — le mot existe encore dans le langage des fortifications — est un terre-plein garni de canons, destiné à la défense d'un port Dunkerque avait le sien, comme Calais
6. Le siége, commencé le 1er janvier, était terminé le 7.

LE FRANÇOYS.

Les hommes font bien les batailles,
Et Dieu de justice et de gloire
Donne à qui luy plaist la victoyre.

L'ANGLOYS.

Hélas! nous la gardions sy bien!

LE FRANÇOYS.

Compaignon, cela n'y faict rien;
Car si Dieu la cité ne garde
En vain posée y est la garde,
Ce n'est rien que des fortes soyt [1];
Mais si Dieu la garde une foys
En vain on y tiendra le siège.

L'ANGLOYS.

Nous disions que plus tost le liège
Sans floter fût fondu dans l'eau,
Et que de plomb ung grand fardeau
Plust tost floter on eut pu voyr,
Que d'asault ceste vile avoir [2],
Voyre bien que d'estre assaillye.

LE FRANÇOYS.

C'est le comble de la folye.
O gent par trop fiere et superbe!

L'ANGLOYS.

A! on nous a bien fauché l'erbe
Desoubz le pie.

LE FRANÇOYS.

Qu'a vous perdu [3],
Quant aux Françoys aves rendu
Cela que leur aviés pille.

L'ANGLOYS.

Vrayment vouela bien babillé.
Pille! le bien pris à la guerre!
Sy pour s'en servir on le serre
Ce bien est y pas bien aquis?

LE FRANÇOYS.

Sy les Françoys ont reconquis
Par le vouloir de Dieu leurs biens,
Les Angloys n'y ont donc plus riens.
Et bien ferez [4]. Qu'en dictes vous?

L'ANGLOYS.

Je ne présente tant de trous
Que ne trouvés plus de chevilles.
Pour bien raffiler mes aguilles
Y me fault chercher autre lieu.
Adieu, compaignon.

LE FRANÇOYS.

Or, adieu.

L'ANGLOYS.

Tu sembloys, Calays, dont je gronde,
Menacer les troys pars du monde.
Bien en vain tu te sentz fier

---

1 « Cela n'est rien qu'elle soit des plus fortes »
2. « Plutot que d'avoir cette ville par un assaut. »
3 « Qu'avez-vous perdu? »
4. « Vous ferez donc bien de n'y plus pretendre. »

A ton rampart superbe et fier
Par deulx cens dis ans imprenable.
Que ta perte m'est importable [1] !
Tu t'esjouissoys du butin
Que l'on feist dedens Sainct Quentin [2],
En démenant une grand feste
Pour une sy belle conqueste,
Car tu pensès par cela veoir
France hors du françoys pouvoir [3].
Mais tu rens ce butin au double,
Pour un petit denier un double.
O ! quel malheur à ceste foys !
Y te fault quicter [4] aux Françoys.
Adieu, Calais, la forte vile !
Or adieu, Guignes [5]; adieu mile
Mile et mile et mile maisons
Qu'aux Françoys batis nous avons [6].
Que pleust a Dieu que la tempeste
Du ciel tumbast dessus ma teste !
Ou que se deust la terre ouvrir
Afin de soudain m'engloutir !
Ou que passionné de rage
Je peusse venger mon courage !
Je me sens navre jusque au sang
N'ayant rien que ce baston blanq [7].

LE FRANÇOYS.

O fierté angloisse !
La doulceur françoisse
Te deust contenter.
Or t'en vas grand' erre
A ton Engleterre
Tes maleurs conter.

L'Angloys se tourmente,
Se plainct et lamente
Pour avoir perdu
Calais, que sans tiltre
Sans loy ne chapitre,
Avoyt detenu.

Soubz la grand espasse
Du ciel le temps passe
Par un cours léger,
Et n'est si hault prince,
Cité ne province
Qui ne sçayt changer.

Calais fut françoisse,
Puis el' fut angloisse
Par deulx cens dix ans,
Puis monsieur de Guisse
Nous l'a reconquisse
En bien peu de temps.

O Angloys ! courage !
Vys-tu poinct l'orage,
Tempeste et meschef [1] ?
Vys tu poinct ta perte,
Fort grande et aperte [2],
Menacer ton chef ?

Non ! ta voyle enflée,
Par orgueuil soufflee,
Ne te l'a permys,
Disant miserable
Calais imprenable
De tes ennemys.

Tu avoys fiance
A la grand puissance
Du superbe lieu,
Mais toute ta force
Estoyt sans escorce,
Oubliant ton Dieu.

Superbes montaignes
Aux humbles campaignes
On void esgaller,
Par grosses rivieres,
Bruyantes et fyeres,
Qui les font crouler.

Ainsy la tempeste,
Tonnant sur la teste
De ces fiers Angloys,
Fit qu'ilz s'abaisserent,
Et prendre laissèrent
Calais aux Françoys.

Malureux donq l'homme
Qui se fye en somme
Au bras de la chair !
Heureux se doibt dire
Qui de Dieu desire
Son secours chercher

De ceste victoyre
Or donques la gloire
Fault à Dieu donner,
Qui Calays nous donne.
C'est l'antique borne
Pour France borner.

---

1. Difficile a supporter. Nous avons déjà vu ce mot.
2. L'année précédente, le 10 aout la bataille de Saint Quentin, suivie, dix sept jours apres, de la prise de la ville, avait été un desastre pour la France et un immense avantage pour l'Espagne et l'Angleterre dont les troupes combinées avaient eu la victoire sous les ordres de Philippe II et du duc de Savoie Une partie du butin pris par les sept mille Anglais de Marie d'Angleterre avait été apportée a Calais, ou les fetes avaient duré plusieurs jours
3. On crut en effet la France perdue apres Saint Quentin « Mon fils est il a Paris ? » cormait déjà Charles Quint du fond de son cloitre. Il n'y vint pas. Guise fut plus prompt que lui. Quand il arriva d'Italie a marches forcées, le roi d'Espagne, qu'un reste de défense opinatre avait retenu dix sept jours devant Saint-Quentin, crut prudent de remonter vers les Pays-Bas.
4. « Livrer, abandonner »
5. La prise de Guignes avait suivi de pres celle de Calais, sa voisine.
6. Tous les biens que les Anglais possédaient a Calais et a Guignes furent confisqués On faisait ce qu'avait fait Edouard III, lorsque, deux siecles auparavant, il s'y était établi en maitre.
7. Les soldats d'une place venue a composition, qui ne s'étaient pas réservé le droit d'en sortir avec armes et bagages, en sortaient avec un baton blanc Il n'y avait de pire que de se rendre a discrétion D'Aubigné (liv III, ch xxx) parle d'une ville prise par Lesdiguieres a la suite d'une terrible canonnade, dont la garnison se livra, moitié d'une maniere, moitié de l'autre « Il eut au bout de neuf cents coups, les soldats de Gascogne rendus au baston blanc, ceux du pais a discretion »

1. « Malheur calamité »
2. « Evidente (aperta) »

FIN DE LA MORALITE DE LA PRINSE DE CALAIS.

LES TROIS GALANS

(XVIᵉ SIÈCLE — RÈGNE DE CHARLES IX)

NOTICE ET ARGUMENT

Nous avons ici moins qu'une farce, une vraie parade. Cette pièce des *Trois Galans*, par laquelle nous terminerons nos emprunts au précieux *Recueil La Vallière*, où elle est la 39ᵉ, n'a sa pareille que dans le répertoire des paradistes de l'ancien boulevard du Temple, le père Rousseau, Galimafré et Bobêche, quand ils brodaient sur quelque thème à leur usage, dont Brazier nous a donné le canevas : le *Commerce*, le *Voyage*[1], etc.

Ici, au lieu du paradiste nous avons le badin. Il rencontre « trois galans », qui ne demandent qu'à rire, et qu'il sert à souhait dès sa première réponse.

Il leur dit qu'il rêvait. Et que rêvait-il ? qu'il était Pape.

— Rien de mieux, dit un des galants.
— Point du tout, réplique le badin.

Et là-dessus, il parle de la ligue des princes, que le Pape a formée contre le Turc, et qui le mettrait en grand danger d'être tué, si, quoique Pape, il s'en allait à la bataille.

Il s'agit là évidemment de l'appel fait à tous les souverains de la chrétienté par Pie V, et dont les résultats furent la victoire de Lépante et la destruction de la flotte turque.

Cette farce est donc de 1570 à 1571.

Ne voulant pas être Pape, le badin fera mieux encore : il sera le bon Dieu.

Il fera de la Vierge Marie sa femme, de sainte Catherine sa sœur. Il placera en enfer tous ses ennemis : les taverniers, qui « brouillent le vin », c'est-à-dire y mettent trop d'eau ; les boulangers, qui ne font pas bon poids, et les brasseurs avec leur mauvaise bière, etc.

Le paradis sera pour ses amis et en belle place. Les trois galants, par exemple, y deviendront saint Pierre,

1. *Histoire des petits théâtres de Paris*, t. I, p. 190, 200.

saint Paul et saint Barthélemy. De tous les gens qui lui plaisent, il n'en exclura que les danseurs de morisque, quoiqu'il les aime de tout son cœur ; mais il craint qu'en dansant trop fort, ils ne brisent le plancher de son paradis.

Ah ! la bonne vie qu'on y mènerait ! Pas de femmes ! que des meilleures, pas de combats ! qu'avec des canons et des hallebardes de sucre candi.

Une fois sur ce thème, le badin fait de son paradis ce « pays de Cocagne », dont plusieurs siècles de rêveries descriptives n'avaient pas encore épuisé la description.

Il reprend un à un tous les détails appétissants du vieux fabliau, *C'est li fabliaus de Cocaigne*[1], d'après lequel l'Italien Petrus Nobilis avait donné, peu auparavant, en 1560, une carte menu, qui était bien moins de la géographie que de la cuisine[2].

Le titre, *Descrittione del gran paese de Cuccagna, dove chi più dorme più guadagna*, n'était que la traduction des premiers vers du fabliau :

Ce païs qui a nom Coquaigno,
Qui plus i dort, et plus i gaaigne.

Notre badin, après avoir amusé les trois galants de tout ce qu'il rêve en ce beau pays, dont la dernière forme devait être l'*Ile des plaisirs* de la fable de Fénelon, leur fait ses adieux. Il a hâte d'aller dire à sa mère qu'il est devenu le bon Dieu, et ce qu'il lui prépare dans le paradis comme il l'entend.

Tout finit alors par une chanson.

1. V. les *Fabliaux* publiés par Méon, 1808, in 8, t. IV.
2. V. sur deux autres descriptions en italien du pays de Cocagne, l'une et l'autre du XVIᵉ siècle, le *Catalogue de la Bibliothèque Libri*, 1847, in 8, nᵒˢ 1541 et 1676.

LES TROIS GALANS

FARCE NOUVELLE A IIII. PERSONNAGES

C'est à scavoir.

LE PREMIER GALANT
LE DEUXIEME GALANT
LE TROISIEME GALANT
ET UN BADIN

LE PREMIER GALANT *commence.*
Qu'est il de faire?

LE DEUXIEME GALANT.
Quoy? de rire,
Sans avoir espritz endormys.

LE TROISIEME GALANT.
Joyeulx, joyeulx.

LE PREMIER.
Promptz à bien dire.

LE DEUXIEME.
Qu'est il de faire?

LE TROISIEME.
Quoy? de rire.

LE PREMIER.
Y nous fault chagrin interdire.

LE DEUXIEME.
Et de soulcy?

LE TROISIEME.
Du tout demys [1].

LE PREMIER.
Qu'est il de faire?

LE DEUXIEME.
Quoy? de rire,
Sans avoir espritz endormys.

LE TROISIEME.
A joye mon cœur ay transmys [2].

LE PREMIER.
Desormais, ainsy que j'entens,
Cause aurons de nous resjouir.

LE DEUXIEME.
Soubz bonne espoirance j'atens
Tout bon heur dont pourons joyr.

LE TROISIEME.
Que reste il plus?

LE PREMIER.
Courroulx fuyr,
Et mectre tout ennuy au bas.

---

1. « Pas même la moitié d'un. »
2. « Mon cœur a passé à la joie. »

LE DEUXIEME.
Et apéter [1].

LE TROISIEME.
Bons mos ouir,
Et laisser noyses et debas.

LE PREMIER.
Que faut-y cesser?

LE DEUXIEME.
Les combas,
Et à bien faire s'employer.

LE TROISIEME.
Que faut il chercher?

LE PREMIER.
Les esbas,
Et de bon cœur Dieu suplyer
Qui nous veuille ayder en ce lieu.

LE DEUXIEME.
De plaisir faisons nostre apieu [2].

LE TROISIEME.
Et de soulas?

LE PREMIER.
Une memoyre [3].

LE DEUXIEME.
De plaisance et joye.

LE TROISIEME.
C'est bien dict.

LE BADIN *entre.*
Verdin, verdin, jolys,
In camera caritatis,
Sept, trois, quatre, dix faict *quot* [4];
Il demoura pour son escot
A la taverne, le quoquin!
Et faloyt-il qui bust du vin,

---

1. « Désirer, avoir des appétences. » Buffon a encore employé ce mot, comme ici, avec un sens absolu quand il a dit dans son *Traité de la nature des animaux* « L'homme peut plus connoitre qu'*appeter*, et les animaux plus *appeter* que connoître. »

2. Sans doute pour « épieu », aime

3. « Un mémoire, une chronique. » Même dans ce sens, *memoire* fut du féminin jusqu'au XVIIe siècle, on lit encore chez saint François de Salles « Elle tiendra de bonnes *memoires*, pour se rendre compte de tout. »

4. « Combien. »

LES TROIS GALANS

Il nous faut chagrins interdire
Sans avoir espritz endormys.

Et syn'avoyt denier ne maille;
Il reqaapa¹ vaille que vaille,
Mais on le print par le colet.

LE PREMIER.
Voecy quelque bon sotelet,
Vers luy il se fault adresser.

LE DEUXIEME.
Y nous fera le temps passer
A le veoir.

LE TROISIEME.
Y dort ou il ronge.

LE PREMIER.
Que faictz tu, mon amy?

LE BADIN.
Je songe.

LE DEUXIEME.
Tu songes et tu ne dors pas?

LE BADIN.
Vous n'entendés pas bien le cas.

LE TROISIEME.
Comme quoy?

LE BADIN.
Je veille et sy² dors.
Pourtant sy je branle le corps,
La teste dort.

LE PREMIER.
C'est aultre chose.

LE BADIN.
A! je ne peulx plus faire pose;
Il me fault vitement aler,
Voyr ma mere, pour reveller
Le grand secret de ma science.

LE DEUXIEME.
En as tu?

LE BADIN.
Par ma conscience,
Ma teste n'en peult tant porter.

LE TROISIEME.
Devant que de te transporter³,
Conte nous quelque cas nouveau.

LE BADIN.
Mais que nostre vache ayt vellé,
Bien sauray qu'el ara un veau⁴.

LE DEUXIEME.
Il est grand clerq.

LE BADIN.
Et noble voire.

LE PREMIER.
Il ne me semble pas badin.

LE TROISIEME.
Et vostre nom?

LE BADIN.
J'ey nom Naudin¹.

LE PREMIER.
Naudin, comment?

LE BADIN.
Belle memoyre²,
Per fidem ! dedens nostre escolle.

LE TROISIEME.
Escolier ne vis en tel rolle,
Et ne cuyday veoir en ce lieu.

LE BADIN.
J'aprins une croix de par Dieu
Toute nouvelle.

LE PREMIER.
Or, dis comment.

LE BADIN.
On disoyt antiennement :
A, b, c, d, e, f, puis g.

LE DEUXIEME.
Veulx tu doncques dire autrement ?

LE BADIN.
Et ouy vrayment.

LE PREMIER.
Or, dis comment.
Tu seras quelque jour abé.

LE BADIN.
Il y a donc g, c, puis b.
Or, quant un homme aura mangé
Trop, et qu'après dire viendra :
« J'ey c, » et qu'on luy respondra :
« Et b, » n'esse pas donc le poinct
De g, c, b ³?

LE DEUXIEME.
Il ne ment poinct.

LE TROISIEME.
Toute science en luy se hape.

LE BADIN.
Songeai après que j'estoys pape.

LE PREMIER.
Le pape, *benedicite !*

LE BADIN.
Ouy, par ma foy, je l'ay esté,

---

1 Pour « il réchappa ».
2 « Pourtant. »
3. « Avant que de te transporter hors d'ici. »
4. « Quand notre vache aura velé, je sauraı qu'elle aura un veau. »

1. V. sur ce nom et sur Naudet, une note de l'avant-dernière pièce.
2. C'est son sobriquet d'école.
3. Il y a la, sur la prononciation des lettres, quelque malice qui nous échappe absolument. C'est toutefois, sans nul doute, une allusion aux modifications que Ramus, Beze et d'autres de la meme secte, qui n'étaient pas seulement des révolutionnaires en religion, mais en grammaire, avaient voulu faire admettre alors jusque dans ces minuties de prononciation.

N'en ayez la pensée troublee,
Car j'ey faict faire l'asemblée
Des princes crestiens que menoye
Sur les Turcs, et les combatoye [1] ;
Et quant m'esveillay au matin,
J'aperceuptz que j'estoys Naudin ;
Et puys après je m'endormys.

LE DEUXIEME.
Il sera pape, mes amys,
Puysqu'il a songé.

LE BADIN.
    Non seray.

LE TROISIEME.
Et pour quoy ?

LE BADIN.
    Bien m'en passeray.

LE PREMIER.
Pourtant bien vous iroit la chape.

LE BADIN.
Si je venoys à estre pape,
Et que j'alase en la bataille,
On frape d'estoq et de taille,
Et ainsy malheur vient à coup [2] ;
Il ne fauldroit c'un méchant coup
De canon qui trop pince et mort,
Petouf! voyela le pape mort,
Et Naudin tout ensemblement.
Ne m'en faictes plus parlement [3] ;
Garde bien de m'y eschaufer [4].

LE DEUXIEME.
Quant tu serès armé de fer,
Tu n'aroys garde, non, Naudin.

LE BADIN.
J'ayme trop mieulx estre badin,
Et vivre ainsi tout désarme,
Que de mourir et estre arme ;
Je vous le dis par mos expres.
Mais aussy j'ey songé après
Songe merveilleux.

LE TROISIEME.
    Dy le nous.

LE BADIN.
Que j'estoys

[1] Ceci a trait aux efforts tentés par le pape Pie V, pour unir entre eux les rois de la chrétienté, et les lancer ensemble contre les Turcs, si redoutables depuis Soliman II « Son zele, dit Voltaire, juste cette fois pour un pape, sollicitait tous les princes chrétiens, mais ne trouvoit que tiédeur ou impuissance » Il n'eut que Philippe II et les Vénitiens avec lui, mais ils suffirent la bataille de Lepante, gagnée contre les Turcs en 1571, par les flottes d'Espagne et de Venise, couronna les efforts et les souhaits du pontife Notre piece doit etre d'une date assez rapprochée de ce grand événement.
[2] « Tout à coup, sans qu'on y pense. »
[3] « Ne m'en parlez plus » On disait « tenir parlement à quelqu'un, pour dire lui parler Ainsi Marot dans sa *Ballade contre Isabeau*
  Car des l'heure tint parlement
  A je ne sçais quel papelard
[4] « De m'y pousser. »

LE PREMIER.
Quoy ? mengé des loups ?

LE BADIN.
Nennin, c'estoyent bien plus beaulx dis :
Que j'estoys Dieu en paradis.

LE DEUXIEME.
Sy tu l'estoys, que feroys tu ?

LE BADIN.
Que je feroys ?

LE TROISIEME.
    Es-tu testu ?
Dy le nous, et plus ne varye.

LE BADIN.
Ma femme, la vierge Marye,
Et ma sœur saincte Katherine.

LE PREMIER.
Comment cela ?

LE BADIN.
    Or ça devine.

LE DEUXIEME.
Et nous troys ?

LE BADIN.
    Sainct Pierre et sainct Pol,
Et sainct Barthel'my au long col.
Au moins sy venoyt a la porte
Un fol pour entrer de main forte,
Vous luy barreres au passage.

LE TROISIEME.
Nous en ferons tres bien l'ussage ;
Y n'y entreroyt nulz sergens.

LE BADIN.
Non, car trop ils sont diligens.
Ils en pouroyent haper quelque un ;
Nous les metrons tous en un run [1] :
Les sergens, qui sont dangereulx,
De tourmenter ne sont peureulx.
Tout cela iroyt en enfer
Plaider avecques Lucifer
Pour accomplir tous leurs travaulx.

LE PREMIER.
Marchans de boys et de chevaulx
Yront y poinct en paradis ?

LE BADIN.
Nenin, car y sont trop mauldis,
Impetueulx, trop incertains,
Et tourmentent trop les humains.

LE DEUXIEME.
Et gens de guerre?

LE BADIN.
    Encores mains.
Enfer seroyt leur propre bien ;
Y renient et maugreent Dieu
Pour moins que rien, en tous cartiers.

[1] « En un trou »

LE TROISIEME.
Et ceulx qui boivent volontiers
Seront y poinct avecques vous?

LE BADIN.
Assis auprès de moy trestous,
Car j'aime les bons pigourniers [1].

LE PREMIER.
Les boulengers et les mounyers,
Loger les fauldroyt sans trufer [2]?

LE BADIN.
Trestous en enfer, en enfer!
Boulengers font le petit pain [3],
Mouniers desrobent le bon grain;
Partant, c'est leur droicte maison
Qu'en enfer.

LE DEUXIEME.
Vous avez raison.

LE TROISIEME.
Les povres laboureurs des champs
Qui à maulx sont tousjours marchans,
Et par la guerre desolés,
Ne seroyent ils point consolés
De vous, par œuvre meritoyre?

LE BADIN.
Je les metroys en purgatoyre
Pour parfaire leur penitence.

LE PREMIER.
Ménestriers [4], chantres de plaisance,
Qui n'ont jamais le bon cœur vain,
Et ayment tant fort le bon vein,
Seroyent ils point avecques vous?

LE BADIN.
Assis auprès de moy trestous;
Car telz gens de joyeuseté
Ont bien en leur temps merité
D'estre boutés en paradis.

LE DEUXIEME.
Et ainsi que je vous dis,
De morisques qu'on dict baleurs [5],
Aultrement les beaulx danseurs,
Seront ils poinct saulvés?

LE BADIN.
Nenin.

LE TROISIEME.
Dictes nous la raison, Naudin.

Car ilz sont tous de bonne sorte

LE BADIN.
Je leur feroys fermer la porte:
A fine force de danser
Y me pouroyent bien tost casser
Le plancher de mon paradis [1].

LE PREMIER.
Je me resjouis à ses dis.
Et où seroyent ils?

LE BADIN.
Par sainct Pierre,
Je les laiseroys sur la terre;
Au moins quant danser ils vouldroyent,
Mon plancher poinct ils ne romproyent;
Y danseroyent plus surement.

LE DEUXIEME.
Je vous demande voyrement
Ou seroyent les bons biberons
Qui du bon vin sont mouillerons [2]
Et des fins buveurs les plus fins?

LE BADIN.
Assis auprès des chérubins,
Car y sont supos de Bacus.

LE TROISIEME.
Et ceulx qui ont engins bécus [3],
Comme barbaudiers, barbaudieres [4]?

LE BADIN.
Y laveront les chauldières
D'enfer pour fere leur brassin [5].

LE PREMIER.
Taverniers qui meslent les vins,
Le viel parmy les nouveaulx,
Où seront ilz?

LE BADIN.
Tous diabloteaulx.

LE DEUXIEME.
Tous brouilleurs [6] donc seroyent dannés?

LE BADIN.
Voyre, et par moy tous condampnés.
Pas un seul n'en eschaperoyt.

1. Les coureurs de bons vins. Ce mot est formé de *pic*, mot (vin) et de *gournet* ou *gourmet*, qui signifiait un courtier de futailles, un entremetteur dégustateur pour la vente des vins.
2. « Cela soit dit sans se moquer (*trufer*). »
3. « Nous font maigre part » On disait proverbialement, selon Cotgrave, « faire le petit pain », pour « vivre chichement ».
4. Ce mot n'avait que trois syllabes, par une contraction des deux dernières, dont nous avons déjà vu des exemples.
5. Les danseurs moresques ou morisques étaient depuis long temps en grand renom chez nous Des le temps de Charles VII, Jean Chartier nous en fait voir dans le banquet donné aux ambassadeurs de Bohême, dansant dans un entremets, et faisant « mômeries »; et dans les comptes des ducs de Bourgogne, nous trouvons « Estevns Parensis, *danseur de la Morisque* » L d. Laborde, *Les ducs de Bourgogne*, 2ᵉ part, t. 1, p 248.

1. Les Morisques dansaient en effet avec force sauts, et tout éperonnés de ces grands éperons qu'on appelait a cause d'eux « a la morisque ».
2. « Sont mouillés, trempés comme des éponges. » Nous ne connaissions pas ce mot, qui du reste s'explique assez de lui-même.
3 « Ustensiles biscornus. »
4 Selon Cotgrave, « barbaudier » signifie brasseur de biere. On comprend alors les « engins bécus » du vers qui précède, et le « brassin » de l'un des vers qui suivent.
5. V. la note précédente.
6. Les « brouilleurs » étaient les taverniers qui trempaient le vin

Mechant est qui te brouille
Je parle aux taverniers

dit Basselin parlant au vin Louveau dans une des *Nuits* de Straparole, qu'il a traduites, appelle, ce que nous appelons de *l'abondance*, « un vin *brouille*, et demy d'eau ».

LE PREMIER.

Vostre bonté les sauveroyt
En quelque coing?

LE BADIN.

Non seroyt, non.
Je n'auroys que gens de renom,
Comme patisiers, rotiseurs,
Chantres, menestreurs et farceurs.
Au moins sy faisoys un banquet,
Les uns feroyent le saupiquet [1],
Et les aultres feront leur cas [2].

LE DEUXIÈME.

Voyre, mais on n'y menge pas
En paradis.

LE BADIN.

Feroys, je dis,
Qu'on mangeroyt en paradis :
Jambons, bonnes poules, bouilys;
Et aux vendredys, samedys,
De bons pouessons par adventure
Pour soustenir ma créature;
Et pour tout vous dire au certain,
Venir feroys les pierres pain [3].

LE TROISIEME.

Dictes-nous, en briesves sommes,
Puys qu'avons tant parlé des hommes,
Dictes nous, sans semer diffames,
S'en paradis yront les femmes.

LE BADIN.

Il n'y entreroyt que les bonnes;
Mauvaises n'y entreroyent pas.

LE PREMIER.

Naudin, mais dictes nous le cas
Pour quoy c'est qu'el' n'y entreroyent?

LE BADIN.

Et pour ce que s'els y estoyent,
Toutes par troupeaulx assemblés,
Avant que fussent desemblés [4],
Y mainneroyent un tel sabat,
Une sy grand' noyse et debat,
Qu'à moy Dieu, les sainctes et saintz,
Par leur caquet qui fort enteste,
Nous pouroyent bien casser la teste
Et engendrer grand' maladye.

LE DEUXIEME.

Naudin, y fault bien c'un cas dye,
Que l'homme passer ne se peult
De femme, au moins si une veult,
Vous scaves bien qu'un homme estes.

LE BADIN.

Je les feroys toutes muetes,
Sy tost qu'en paradis iroyent,
A jamais el' ne parleroyent

Jusqu'à ce que leur fisse signe.

LE TROISIEME.

Naudin en ce lieu nous assigne
Pour nous resjouir de beaulx dis.

LE BADIN.

Sy j'estoys Dieu de paradis,
On ne mengeroyt que perdreaulx,
Becaces, faisans, lapereaulx ;
Et ce qui viendroyt en memoire.

LE PREMIER.

Dea, Naudin, tu laisses le boyre;
Y fault parler de telz matières.

LE BADIN.

Je feroys que les rivières,
Sans en mentir poulce ny aune,
Seroyent du vin clairet de Byaune [1],
Et le reste de vin francoys [2].

LE DEUXIEME.

Par sainct Jehan, je le vouldroys
Que fussiés Dieu.

LE BADIN.

Et de la guerre,
Jamais ne seroyt sur la terre.
Car les canons et les bombardes,
Les piques et les halebardes
Seroyent tout de sucre candis [3].

LE TROISIEME.

Je me resjouis à ses dis.
En tres bel estat nous en sommes.

LE BADIN.

Je feroys venir les viels hommes
A l'age de vingt et deulx ans,
Qui seroyent corporus [4], et grans.

LE PREMIER.

Et vieles femmes?

LE BADIN.

Tout droict à quinze,
Et si tourneroyent comme un singe,
Et aussy doulce c'un aigneau.

LE DEUXIEME.

Ce cas là nous seroyt fort beau;
Bien preserveroyt des fassons [5].

LE BADIN.

Je feroys que les buissons
Et arbres, qui sont par troupeaulx,

---

1. « La cuisine a la sauce piquante. »
2. « Leur jeu. »
3. On disait proverbialement pour tirer parti de tout, « faire de pierres pains ».
4. « Séparées. »

1. « De Beaune. »
2. On appelait « vins français, » tous ceux qu'on récoltait au dela de la Seine.
3. Il est curieux que Béranger, dans son *Voyage au pays de Cocagne*, ait retrouvé, presque avec la même forme, les détails qui se trouvent ici

> Je vois de gros gardes,
> Cuirasses de bardes,
> Portant hallebardes
> De sucre candi.

4. « D'embonpoint. »
5. « Nous serions préservés, dispensés de faire les façons pour former les femmes. »

Aporteroyent de beaulx chapeaulx [1];
Les aubepines, des souliers;
Pareillement les groiseliers
Porteroyent pourpoinctz de velours.

LE TROISIEME.
Nos habis ne seroyent pas lours,
Ne nos adventures trop faulces.

LE PREMIER.
Quel remède d'avoir chaulses!
Cela me semble fort estrange.

LE BADIN.
Va toy mectre dedans la fange
Jusques au cul.

LE DEUXIEME.
Qui le feroyt?
Certes on les aporteroyt,
Comment il l'a dict, toutes faictes.

LE TROISIEME.
Comme auroyt on des eguilletes?
Voyla de quoy il me souvient.

LE BADIN.
L'erbe, qui dedens les prés vient,
Seroyent éguilletes ferrés.

LE PREMIER.
Et quant y seroyent defferrés,
Du fer en demourroyt un boult.

LE DEUXIEME.
Encores ne dis tu pas tout,
Et que mengeroyent les chevaulx?

LE BADIN.
Y prendroyent peines et travaulx,
Sans menger et sans se lasser.

LE TROISIEME.
Naudin nous faict le temps passer;
Il ne dict pas chosses infammes.

LE BADIN.
Je permetroys changer les femmes
Comme les chevaulx et les mules.

LE PREMIER.
On voyeroyt beaucoup de cédules
En plusieurs pays despecer [2].

LE BADIN.
Affin de tout chagrin chasser,
On seroyt franc dens les tavernes;
Je feroys de vessies lanternes,
Et pour mieulx venir a mon esme [3],
Jamais il ne seroyt Karesme:
C'en est autant de despesché;
Ce seroyt ausy grand peche
Dejeusner que tuer un homme [4].

J'assoudroys sans aller à Rome;
Entendés bien que je propose.

LE DEUXIEME.
Ce ne seroyt pas peu de chose,
Bien en priseroys les fassons.

LE BADIN.
Je feroys que tous les glassons
Seroyent formage d'Engleterre;
Si on vouloit faire la guerre,
On combatroyt à coup de poing.
Je permetroys rompre le foing
Sur le genouil sans nulz coustcaulx;
Y ne fauldroit poinct de courteaulx [1].
Pour s'enfuir sans nul besoing,
Jamais homme n'yroyt sy loing
Combastre; aulx maisons se viendroyt.

LE TROISIEME.
Vigne jamais ne geleroyt?

LE BADIN.
Non, par ma foy, sy j'estoys Dieu
Y me fault partir de ce lieu
Pour aler dire mon scavoir
A ma mere, et pour scavoir
Sy seray Dieu?

LE PREMIER.
Et sy vous l'estes?

LE BADIN.
Vos besongnes sont toutes faictes;
Jamais ne serés malureux.
Mais tous trois serés sy heureux,
Qu'on ne vit onques le semblable.

LE DEUXIEME.
Que vous nous soyez profitable,
Naudin.

LE BADIN.
Je vous ferai des biens,
Tant que jamais n'en voyrez riens;
Y vous viendront tous endormys.

LE TROISIEME.
Adieu, Naudin.

LE BADIN.
Adieu, amys.

LE PREMIER.
Mais conclués.

LE BADIN.
Pour consequence,
Et du sens avoir la sentence:
Plusieurs sots de tel propos sont,
Si povoient aroyent plus qui n'ont,
Y feroyent choses impossibles
Qui ne sont pas à culx posibles,
Comme avés veu en ceste place.
Or chantons donc de bonne grace,
En prenant congé de ce lieu,
Nous vous disons a tous adieu.

---

1. Sur la carte du pays de Cocagne, par Petrus Nobilis, rappelée dans la *notice*, ce ne sont pas les arbres qui produisent les habits et le linge, on les trouve, comme en des mines, dans les grottes aux flancs des montagnes.

2. « On verrait alors déchirer bien des actes (*cedule*), bien des contrats »

3. « A mon désir, a mon intention. » C'est le sens que Cotgrave donne au mot *esme*.

4. Dans la carte du *pays de Cocagne* par Petrus Nobilis, il n'y a qu'une prison, elle est pour les gens qui travaillent.

1. C'était une espece de cheval, qu'on avait écourté des oreilles et de la queue, dont on se servait surtout dans les chasses ou les courses rapides.

FIN DES TROIS GALANS.

FARCE DU PORTEUR D'EAU

(XVIIe SIÈCLE — RÈGNE DE LOUIS XIII — 1632)

NOTICE ET ARGUMENT

La date de cette pièce devrait l'exclure de notre recueil, si par son genre elle ne lui appartenait absolument. Cette date d'ailleurs n'a rien de formel. Ce n'est peut-être que celle d'une réimpression. Comme on l'a dit dans le *Catalogue Soleinne* [1], il peut y avoir eu des éditions antérieures, qui n'ont survécu par aucun exemplaire. La rareté de celle dont nous nous servons ici le donnerait à croire : l'exemplaire de la Bibliothèque nationale, où nous prenons le texte, est unique.

D'où lui vient-il ? Nous l'ignorons. Si l'on en croyait le *Catalogue Soleinne*, ce serait de la Bibliothèque de Barré, vendue en 1744, mais nous avons inutilement feuilleté le catalogue, nous n'y avons vu nulle part que cette collection, si riche d'ailleurs en livrets de ce genre, eût jamais possédé celui-ci.

Longtemps la *Farce du Porteur d'eau* n'exista que par cet exemplaire, et par deux copies, l'une sur vélin faite par Fyot, l'autre par Méon sur papier ordinaire. M. de Soleinne les possédait toutes deux.

1. T. I, p. 137, nos 695 et 696.

En 1830, M. de Montaran en fit faire une troisième, d'après laquelle Guiraudet réimprima la farce à vingt exemplaires, in-16, pour faire partie de la *Suite de la Collection Caron*.

On ne l'a pas réimprimée depuis. Elle sera donc ici presque entièrement nouvelle.

La qualité littéraire n'en est pas des plus hautes, mais, à cet égard, elle ne nous est que plus précieuse ; nous tenons là un vrai spécimen de farce absolument populaire, avec toutes les négligences et le laisser aller que comporte le genre : vers incomplets, rimes absentes ou remplacées par des assonances, etc., etc.

Le sujet est à l'avenant, comme on le verra par l'avant-propos, que nous reproduisons fidèlement avec le reste, et qui nous dispense d'une analyse.

Suivant une note du *Catalogue Soleinne*, l'expression « payer les violons », viendrait de cette farce qui finit par une noce, et la noce par des coups de poing au lieu de payement.

C'est possible, le lecteur en jugera.

FARCE PLAISANTE

ET RÉCRÉATIVE

SUR UN TRAIT QU'A JOUÉ UN PORTEUR D'EAU LE JOUR DE SES NOPCES DANS PARIS.

AVANT-PROPOS

Un porteur d'eau se voulant marier fit l'amour à une jeune fille, et là où ils convièrent leurs amis, luy ayant emprunté un manteau de vingt francs et un habit à l'equipolent, le galland s'en alla avec les estrines [1], les escots [2], et le manteau et l'habit et si peu que pouvoit avoir son espousée, et depuis le temps personne n'en a jamais ouy parler, qui est la cause que pour réjouir le lecteur on a mis ceste farce en public, laquelle sera jouée, en six personnages, sçavoir est : l'espousée, le porteur d'eau, la mère de l'espousée, l'entremetteur du mariage, les violons et tous les conviez ensemble.

1. Pour « étrennes, » c'est-à-dire les présents de noces. Cette forme *estrine* était très ancienne.
2. « Le prix du repas. »

Les acteurs :

LE PORTEUR D'EAU
L'ESPOUZÉE
LA MÈRE DE L'ESPOUZÉE

L'ENTREMETTEUR
LES VIOLONS
LES CONVIEZ

FARCE DU PORTEUR D'EAU.

En me promenant dans les rues
La couleur me vint toute émue
De ce que je vis en passant
Une très belle jeune fille.

FARCE DU PORTEUR D'EAU.

LE PORTEUR D'EAU.

En me promenant dans les rues,
La couleur me vint toute esmeues,
De ce que je vis en passant
Une très belle jeune fille,
El' me sembla assez habille
Pour accomoder un garson,
D'autant que son maintien très bon,
Sa beauté, et sa bonne grasse,
Qui les autres beautez surpasse
M'a si bien donné dans le cœur,
Qu'il me faut un entremetteur
Aller treuver incontinent
Affin de treuver allégeance,
Dans ma douleur et ma souffrance.
   (Icy il s'en va trouver un sien amy.)
Dieu te gard, compèr' mon amy !
Tu ne sçai qui m'amène icy ?

L'ENTREMETTEUR.

Ce sont tes piez je te l'asseure.

LE PORTEUR D'EAU.

Je le sçay bien, mais autre chose
Il y a que declarer n'ose.

L'ENTREMETTEUR.

Si tu as l'ame si couarde
Va-t-en quérir une hallebarde,
Tu en seras plus asseuré.

LE PORTEUR D'EAU.

Il est vray, mais vous vous gaussez,
Sus, taizez-vous, et escoutez.
Hier, je rencontray Magdeleine,
Vous sçavez bien vostre voisine ;
Si luy voulez pour moy parler,
De beaucoup pourriez m'advancer,
Car vous avez un beau langage,
Pour mesnager un mariage ;
Et si vous me faites cela,
Vers vous je ne seray ingrat.

L'ENTREMETTEUR.

Parbleu, compère, je l'entens,
Des martirs tu veux estre au rang.

LE PORTEUR D'EAU.

Soit, c'est tout un, cela n'importe.

L'ENTREMETTEUR.

Puis que tu veux donc que je porte
A elle parolle pour toy,
Je te dy que je le feray
Et la responce te rendray.

LE PORTEUR D'EAU.

Adieu, compèr', va, je te prie,
Fais comme tu aurois envie
Que moy, ou autre fist pour toy.

(Icy l'entremetteur va treuver la fille en lui disant de la façon :)

Tu ne scay pas, Magdeleine,
Icy le subject qui m'ameine.

L'AMOUREUSE.

Par ma foy non, je n'en sçay rien.

L'ENTREMETTEUR.

Tu seras estonnée ; dis moy :
De servir n'es-tu pas lasse ?
J'apperçoy ton temps qui se passe ;
Ne te veux-tu pas marier ?

L'AMOUREUSE.

Et à qui ? Hélas ! qui seroit
Le lourdaud qui voudroit de moy ?

L'ENTREMETTEUR.

Va, va, Magdelaine, tais toy ;
Je t'ay treuvé un amoureux.

L'AMOUREUSE.

Hé, qui est-il, le malheureux ?

L'ENTREMETTEUR.

Malheureux ! vrayment pas trop,
Je recognoy à ses propos
Qu'il gaigne assez bien sa vie ;
C'est pourquoy, si tu as envie
De te marier, dis-le-moy,
Et si as quelque peu de quoy
Pour avancer en un mesnage.

L'AMOUREUSE.

J'ay un peu d'argent de mes gages,
Que j'ay tasché à espargner.
Mais qui est-il ? de quel mestier
Se mesle donc cest amoureux ?

L'ENTREMETTEUR.

Ma foy, je te le veux bien dire :
C'est ce porteur d'eau nommé Gille.
Ne seras pas mal avec luy,
Car il est gaillard et jolly.

L'AMOUREUSE.

Il me faut sçavoir si ma mère
Veut consentir en ceste affaire.
Je m'en vay chez elle, a ce soir,
Et le tout luy feray sçavoir.

L'ENTREMETTEUR.

He bien, adieu donc, Magdelaine ;
Dis-moy des nouvelles certaines,
Lorsque tu y auras esté.
   (Icy la fille s'en va voir sa mère.)
Bonsoir, ma mère.

LA MÈRE.

            Madelaine,
Bonsoir, icy qui te meine ?

L'AMOUREUSE.

Pas grand chose, je vous veux dire :
Je suis lasse d'estre en martire,
Je voudrois bien me marier,
Ma maistresse tousjours me grogne,
Si je me joue avec quelque homme ;
Et si je vous dy en un mot
Mon chos' ne me laisse en repos.

LA MÈRE.

Quoy, ma fille, que veux tu faire ?
En mesnage y a bien affaire :

Il faut du beure et du fromage,
Et du sel pour mettre au potage,
Du pain, du bois et de l'argent ;
Et puis, quand on a des enfans,
A l'un il faudra une cotte,
A l'autre un bonnet ; je suis sotte,
En songeant comme j'ay esté.

LA FILLE.

Vous avez beau m'en destourner,
C'est une chose resolue,
Et dedans mon esprit conclue.

LA MÈRE.

Tu auras peut estre un ivrongne ;
Qui te dira : « Putain ! carongne !
Mort ! teste ! donne de l'argent. »
Puis il te cassera la teste.
Voila tout ce qui me moleste ;
Cela me mettroit en tourment.

LA FILLE.

Celuy que l'on veut me donner,
N'est pas des jeunes esventez :
Il gaigne jolyment sa vie ;
C'est pourquoy de luy j'ay envie ;
Et je ne m'en puis desister.

LA MÈRE.

C'est ?

LA FILLE.

Ce porteur d'eau, nommé Gille.

LA MÈRE.

Il est garçon assez habille,
S'il veut bien prendre garde à luy.

LA FILLE.

Chacun dit qu'il a le soucy
De se tenir honnestement.

LA MÈRE.

Il faut advertir tes parens,
Pour quand tu seras accordée.

LA FILLE.

Bonsoir, je crains d'estre tancée
De ma maistresse rudement.

LA MÈRE.

Bonsoir, va-t'en bien vistement.

L'AMOUREUSE.

Ha, bonsoir, monsieur un tel,
J'apporte des bonnes nouvelles :
Ma mere le veut bien.

L'ENTREMETTEUR.

Adieu, ne te soucie de rien,
Je vay treuver le pauvre Gille ;
Je le mettray hors de martyre ;
Il sera en contentement.

L'AMOUREUSE.

Allez, dittes luy hardiment
Qu'il prenne jour pour accorder.

(*L'entremetteur s'en retourne treuver le porteur d'eau.*)

Bonsoir, comme va ton affaire ?

LE PORTEUR D'EAU.

Hélas ! je n'en sçay rien, compère ;
Dittes un peu ce qu'avez fait,
Et si tout est bien avancé.

L'ENTREMETTEUR.

Veux-tu que te dise en un mot ?
Elle m'a tins tres bon propos ;
Ne te soucie plus de rien,
Sa mère et elle veulent bien.
Prens un jour pour accorder.

LE PORTEUR D'EAU.

Ha, bon, bon, bon, bonnes nouvelles !
Mettons icy tout par escuelles [1].
Compère, je vois querir du vin,
Car maintenant j'ay grande envie
De manger quelque fricanderie
En nous resjouissant sans fin.

L'ENTREMETTEUR.

Va, puis nous parlerons d'affaire.

LE PORTEUR D'EAU.

Hé bien, compèr', voila du vin,
Beuvons jusque à demain matin.

L'ENTREMETTEUR.

Non, non, il ne faut pas tant boire,
Mets toy tost sur ta bonne mine [2]
Affin d'aller voir Magdelaine,
Et puis on ira convier
Ceux que vous voudrez demander.

LE PORTEUR D'EAU.

Allons nous en de ce pas,
Après que nous aurons beu,
Je seray plus gracieux
A luy parler d'amourette.

(*Icy ils s'en vont voir l'amoureuse, et le porteur d'eau luy dit :*)

Dieu vous gard', ma mignonnette,
Et comment vous portez-vous ?

L'AMOUREUSE.

Assez bien, Dieu mercy, et vous,
Gille ?

LE PORTEUR D'EAU.

A vost' service, mon cœur.
Excusez si n'ay fait l'amour
Autant qu'on le fait en ce jour,
Vous sçavez bien que nous autres
Je ne sçavons pas discourir

---

1 Expression du meme genie que celle-ci, qui sort en ore : « Mettons les petits plats dans les grands » Chez le peuple « mettre par écuelle » se disait surtout pour les ripailles de mariage « Allons, hsons nous dans la *Comedie des Proverbes* (acte II, sc. VII), allons mettre tout par écuelle, pour solenniser les nopces »

2 « Habille-toi de ton mieux » L'expression « être sur sa bonne mine » est avec ce sens dans la *Suivante* de Corneille, a propos d'un cavalier beau danseur et bien vetu

FLORENCE
Je ne le vis jamais mieux sur sa bonne mine

Or bien sus, qu'est-il de faire
A présent?

L'AMOUREUSE.

Rien autre chose
Sinon qu'il faut vos parens
Avoir icy présentement.

LE PORTEUR D'EAU.

Pour moy je n'ay pas de parens,
Mon compère sera pour moy.

LA MÈRE.

Hé bien, mon pauvre Gille,
Vous voulez avoir ma fille?

LE PORTEUR D'EAU.

S'il vous plaist, et à elle aussi.

LA MÈRE.

Bien, voicy tous nos amys,
Que nous avons mandez icy.
Ils sont venus d'un franc courage
Pour accorder[1] le mariage.

LES CONVIEZ.

Or sus, Gille mon amy,
Il ne faut pas songer[2] icy :
Accordez-vous je vous supplie,
Puis que la voulez pour amie.

LE PORTEUR D'EAU.

Ouy dea, messieurs, c'est bien parlé :
Affin que soyez contenté,
Voicy une bague jolie,
Tenez, prenez, ma douce amie,
Je vous fay présent de mon cœur.

L'AMOUREUSE.

Je vous remercie de l'honneur,
Qu'il vous plaist ici de me faire.
Sus, avisons à nos affaires!
Quand vous voulez-vous marier?

LE PORTEUR D'EAU.

Il ne me le faut pas demander ;
Car je voudroys que ce fust fait,
Tant que j'ay cela à souhait.

L'AMOUREUSE.

C'est pour d'icy à quinze jours.
Avez-vous quelque accoutrement?

LE PORTEUR D'EAU.

J'en ay ung qu'est assez joly,
Le voilà, voyez-le plustost.
Chacun me dit à ce propos :
Il est bon pour vos fiançailles,
Puis vostre accordée taschera
Par quelque moyen qu'el' fera
D'en avoir un en quelque part.

(Ils s'en vont fiancer.)

LA FIANCÉE.

Or, avant, Gille, mon amy,

Sommes fiancés Dieu mercy,
Pour moy je le dis sans frivolle[1],
J'ay quelque sept ou huit pistolles,
Et vous, n'avez-vous rien?

LE PORTEUR D'EAU.

Pour moy, d'argent j'en ay bien peu.
Mais en quoy je me tiens heureux,
C'est que j'ay des bonnes maisons,
Là où je gaigne bien ma vie.
Sur personne je n'ay envie,
Car j'ayme tous les bons garçons.

LA FIANCÉE.

Hé bien, songeons à nos affaires.
Allons-nous en porter des aires[2]
Aux rotisseurs, et aux violons,
Nous voilà tantost à dimanche.
Mon pauvre Gill', mon espérance,
Fort bien nous nous resjouyrons.

LE PORTEUR D'EAU.

Ouy, mais je n'ay pas de manteau.

LA FIANCÉE.

Va, va, ne te soucie pas,
Bien tost on y pourvoiera
J'en auray un en quelque part.

LE PORTEUR D'EAU.

Bien donc, Magdelaine, ma mie,
Cherchez-en un, je vous en prie,
Car c'est demain, vous le sçavez,
Qu'il nous faut aller à l'église.
Soyons, d'une façon exquize,
Tous deux fort bien accommodez...
Voila le dimanche venu,
Nos gens sont-il pas couru
Au bruit de nos violons?

L'ESPOUSE.

Ouy dea, Gille, les voilà
Aprestez tout vostre cas.

LE PORTEUR D'EAU.

Chacun est-il prest?

LES CONVIEZ.

Ouy dea

LES VIOLONS.

Comment, monsieur le marié,
Vos violons n'ont pas de livrée[3]?

LE PORTEUR D'EAU.

Bientost vous en sera livré.

---

1. « Sans feinte, ni frivolité. » Ce dernier mot n'était pas encore fait c'est *frivole* plus substantivement qui en tenait lieu. Dans l'*Esclarcissement de la langue françoise* de Palsgrave, édit. Génin, p 851, on trouve cette citation :

En tes dilz et parolles,
N'y a sinon mensonges et *frivolles*.

2. « Des arrhes pour garantir le marché. » On prononce encore *aires* en Picardie, et ce fut aussi, jusque sous Louis XIV, la prononciation à Paris.

3 Rubans, à la couleur de la mariée, qu'on donnait à tous les gens d'une noce.

---

1. « Pour être aux accordailles. »
2. « S'attarder en rêveries. »

(Ils s'en vont à l'église et estant revenus le porteur d'eau commence à dire :)

Sus, messieurs, chacun entrez.
Ma foy, il m'a bien ennuyé
D'estre si longtemps là à jeun.

LES CONVIEZ.

Voilà ! sus, que nous estrenions [1] !
Sus, avancez-vous, violons,
Et jouez une entree de table,
Affin que tout chacun s'appreste
Pour bien dancer à ceste feste.
Les cogs dindes et cochons de lait
Estoient exquis à ce banquet.

LE PORTEUR D'EAU.

Hélas ! messieurs, prenez en gré
Si peu que l'on a apresté.

LA MÈRE.

Nostre gendre, apportez les plats,
Que chacun apreste son cas [2],
Affin de payer les escots.

LE PORTEUR D'EAU.

Je seroys fol et ignorant.
Voilà que me voy de l'argent,
Un bon habit, un bon manteau :
Ma foy ! je serois bien lourdaut,
Si j'estois icy d'avantage :
C'est tout vu pour le mariage,
J'ay moyen de prendre bon temps.
Voila mes gens, sans raillerie,
Qui mangent la fricanderie
Là-haut, ainsi que des gallans.

(Il s'en va sans dire mot.)

LA MÈRE.

Où est mon gendre ?

L'ESPOUSÉE.

Il est là bas !

Appelez-le.

LA MÈRE.

Gille ! Gille !

LES CONVIEZ.

Il faut qu'il vienne remercier
Tous les gens qu'il a conviez
Pour venir icy a ses nopces.

1. « Que nous ayons l'étrenne, les premiers plaisirs de la noce »
2. « Son argent » Nous trouvons le mot avec ce sens dans les *Mémoires* de Lanoue « Pour les quatre ce ne seroit que douze mille escus par an, ce qui seroit bien peu de cas »

LES VIOLONS.

Jamais n'avons veu telle chose :
Marié ne pas assister !
Il faut aller voir où il est.

LA MÈRE.

Hélas, mon Dieu ! tout est perdu :
La porte ouverte et le bahu,
Le manteau emporté encore.

L'ESPOUSÉE.

Comment, ma mèr', que dites-vous ?

LA MÈRE.

Il est vray ce que je dis.

LES VIOLONS.

Je voulons de l'argent.

LES CONVIEZ.

Je ne vous devons rien.
Comment, mort diable !
C'est chose admirable,
Je sommes dupez.

LES VIOLONS.

Par le grand Dieu ce n'est pas tout,
Je ne voulons pas de discours.
Or sus qui est qui nous paira ?

LES CONVIEZ.

Par bieu il faut
Sçavoir à qui en aura.
Monsieur l'entremetteur,
Vous serez battu à ceste heure.

L'ENTREMETTEUR.

Hélas, pardonnez-moy.

LES VIOLONS.

De l'argent.

L'ESPOUSÉE.

Mon manteau,
Et mon habit, et mes pistolles ·
Voyla un tour qui est drosle !

LA MÈRE.

L'argent pour le rotisseur
Vous le pairez, messieurs
Qui avez bien disné.

LES CONVIEZ.

Vous avez menty, j'avons payé,

(Ils commencèrent à se battre comme il faut. Voilà le trait du porteur d'eau.)

FIN.

TABLE DES MATIÈRES

Le mystère du *Martire saint Estiene*.
    (xive siècle. — Regne de Charles VI).
    Notice et argument............................ 1
Mystère de *la Convercion saint Pol*............... 7
Le Pasté et la Tarte, farce.
    (xve siècle. — Règne de Charles VII)
    Notice et argument............................ 12
Mystère de la *Vie de saint Fiacre*.
    (xve siècle — Regne de Charles VII).
    Notice et argument............................ 18
Marchebeau, moralité.
    (xve siècle. — Règne de Charles VII)
    Notice et argument............................ 36
Nestier et Marchandise, farce.
    (xve siècle. — Regne de Charles VII)
    Notice et argument............................ 44
Mieulx que devant, bergerie.
    (xve siècle. — Regne de Charles VII)
    Notice et argument............................ 54
Pou d'acquest, farce.
    (xve siècle. — Regne de Charles VII)
    Notice et argument............................ 61
Les Gens nouveaux, farce moralisée.
    (xve siècle. — Règne de Louis XI)
    Notice et argument............................ 68
La Vie et l'histoire du maulvais riche.
    (xve siècle. — Règne de Louis XI)
    Notice et argument............................ 74
La Farce de maistre Pierre Pathelin.
    (xve siècle. — Règne de Louis XI)
    Notice et argument............................ 86
Messieurs de Mallepaye et de Baillevant. Dialogue, par Fr. VILLON.
    (xve siècle. — Règne de Louis XI)
    Notice et argument............................ 113
L'Obstination des femmes, farce.
    (xve siècle. — Règne de Louis XI)
    Notice et argument............................ 125
La Pippée, farce.
    (xve siècle. — Règne de Louis XI)
    Notice et argument............................ 130
Le Pont aux asnes, farce.
    (xve siècle. — Règne de Louis XI)
    Notice et argument............................ 148
L'Aveugle et le Boiteux, moralité, par ANDRÉ DE LA VIGNE.
    (xve siècle. — Regne de Charles VIII—1496)
    Notice et argument............................ 155

Le Munyer, farce.
    (xve siècle. — Règne de Charles VIII=1496)
    Notice et argument............................ 162
Procès-verbal de la représentation de la Moralité de *l'Aveugle et du Boiteux* et de la Farce du *Munyer*, donnée à Seurre en Bourgogne, en octobre 1496.. 172
Le chevalier qui donna sa femme au diable, mystère.
    (xvie siècle — Règne de Louis XII=1505)
    Notice et argument............................ 175
Le Cuvier, farce.
    (xvie siècle. — Règne de Louis XII)
    Notice et argument............................ 192
Mundus, Caro, Demonia, moralité.
    (xvie siècle. — Règne de Louis XII—1506)
    Notice et argument............................ 199
Les deux Savetiers, farce.
    (xvie siècle. — Règne de Louis XII—1506)
    Notice et argument............................ 210
La Condamnacion de Bancquet, moralité.
    (xvie siècle — Règne de Louis XII)
    Notice et argument............................ 216
Le Pélerin passant, monologue par PIERRE TASERYE.
    (xvie siècle. — Règne de Louis XII)
    Notice et argument............................ 272
Le Savetier Calbain, farce.
    (xvie siècle. — Règne de Louis XII)
    Notice et argument............................ 277
Fol conduit, farce.
    (xvie siècle. — Règne de Louis XII)
    Notice et argument............................ 284
Le Resolu, monologue, par ROGER DE COLLERYE.
    (xvie siècle. — Règne de Louis XII)
    Notice et argument............................ 288
Sottie du Prince des Sotz, par PIERRE GRINGORE.
    (xvie siècle. — Règne de Louis XII—1511)
    Notice et argument............................ 293
Les deux Amoureux, farce, par CLÉMENT MAROT.
    (xvie siècle. — Regne de François Ier)
    Notice et argument............................ 307
Maistre Mimin, farce.
    (xvie siècle. — Règne de François Ier)
    Notice et argument............................ 314
Le Bateleur, farce.
    (xvie siècle. — Regne de François Ier)
    Notice et argument............................ 322
Tout, Rien et Chascun, farce.
    (xvie siècle. — Regne de François Ier)
    Notice et argument............................ 329

Science et Asnerye, moralité.
  (XVIe siècle. = Règne de François Ier)
  Notice et argument 334
Le Chauldronnier, farce.
  (XVIe siècle. = Règne de François Ier)
  Notice et argument....... 340
La Vieille, comédie, par MARGUERITE DE VALOIS, reine de Navarre
  (XVIe siècle. = Règne de François Ier)
  Notice et argument.. 344
Moralité de l'Empereur et de son Nepveu.
  (XVIe siècle. = Règne de François Ier)
  Notice et argument. 354
Le Goutteux, farce
  (XVIe siècle. = Règne de François Ier)
  Notice et argument..... 370
Le bon Payeur et le Sergent boiteux et borgne, farce.
  (XVIe siècle. = Règne de François Ier)
  Notice et argument........... 375
Le viel et le jeune Amoureulx, débat.
  (XVIe siècle. = Règne de François Ier)
  Notice et argument 382
La Mère et la Fille, moralité.
  (XVIe siècle. = Règne de François Ier)
  Notice et argument................. .. 386
Les Beguins, sottie.
  (XVIe siècle. =Règne de François Ier=1523)
  Notice et argument.... 392

Le Monde, sottie.
  (XVIe siècle. — Règne de François Ier—1524)
  Notice et argument........ 399
Les trois Pélerins, farce morale.
  (XVIe siècle. — Règne de François Ier)
  Notice et argument..................... .. 406
Le Maistre d'escolle.
  (XVIe siècle. — Règne de François Ier)
  Notice et argument......... 412
Les Théologastres, farce.
  (XVIe siècle — Règne de François Ier)
  Notice et argument. 417
Les Sobres Sotz, farce morale
  (XVIe siècle. = Règne de François Ier)
  Notice et argument............. 429
La Cornette, farce, par JEHAN D'ABUNDANCE.
  (XVIe siècle. — Règne de François Ier=1544)
  Notice et argument........................ 438
La Prise de Calais, moralité.
  (XVIe siècle. = Règne de Henri II—1558)
  Notice et argument........... 446
Les trois Galans, farce.
  (XVIe siècle. = Règne de Charles IX)
  Notice et argument.......... 449
Le Porteur d'eau, farce.
  (XVIIe siècle. = Règne de Louis XIII)
  Notice et argument. 456

FIN DE LA TABLE DES MATIÈRES.

CORBEIL. Typ. et stér. CRÉTÉ.

www.ingramcontent.com/pod-product-compliance
Lightning Source LLC
Chambersburg PA
CBHW051403230426
43669CB00011B/1750